KB176239

〈피타고라스 학파의 일출〉 표도르 브로니코브. 1869. 모스크바, 트레티야코프 미술관
피타고라스 철학은 여러 사상들의 집합으로 세계를 설명하는 원리로 수를 적용했고, 사물에 대한 응용에 윤리학적
의의를 지니며, 플라톤을 비롯해 후세 많은 철학 사상에 영향을 끼쳤다.

탈레스(BC 640?~550?) 밀레토스 학파의 시조. 고대 희랍
7현인 가운데 한사람
물은 만물의 원리이며, 자연계 모든 중요한 변화를 설명할
수 있는 불가결의 요건이라고 했다.

〈데모크리토스와 프로타고라스〉 살바트로 로사. 1663~
1664. 에르미타주 박물관
프로타고라스는 '인간은 만물의 척도이다'라며 어떤 사람
이 믿고 있는 것이 그 사람에게는 진리이며 다른 사람에
게는 진리가 아닐 수 있다고 했다.

〈플라톤 아카데미 모자이크〉 BC 1세기. 나폴리 국립 고고학박물관
사람이 어떤 문제를 하나의 전체로 이해하는가 못하는가에 따라 그가 변증론자인가 아닌가 정해진다.

에트나 화산 엠페도클레스는 자기가 신이라 확신시키기 위해 에트나 화산에 투신했다. 그는 물·공기·불·흙 네 원소가
만물의 기본 요소로, 이것들이 사랑과 미움의 힘으로 결합하고 분리하여 온갖 사물이 태어나고 멸망한다고 주장했다.

〈쾌락의 팔 안에서 알키비아데스를 끌어내는 소크라테스〉 장 밥티스트 레뇨. 1791. 루브르 박물관
소크라테스는 자연계에 대해서는 관심을 갖지 않았으며, 윤리 문제에 골몰하여, 보편적인 것을 윤리 문제에서 찾았으며, 처음으로 정의에 대해 주의를 기울인 사람이었다.

아리스토텔레스(BC 384~322)
인간은 많은 충동과 욕망을 가졌으나 어느 것도 인간을 지배해서는 안 된다. 도덕은 중용이 어느 정도 실현되는가에 따라 생겨난다.

〈디오게네소스〉 존 윌리엄 워터하우스. 1882.
세상의 온갖 인습을 타파하고자 했으며, 문명은 퇴폐적 제도 조직이라 여겨 토굴에서 살며 고립된 생활을 즐겼다.

플로티노스 석관 바티칸 박물관
플로티노스 철학은 이원론을 배격하고 세계는 모든 존재와 사고를 초월한 절대적이고 성스러운 '유일자'에 입각한 것이며, 이 '유일자'는 세계가 흘러 나오는 영원한 원천이라고 설명한다.

〈예수의 삶〉 가우덴치오 페라리. 1513. 산타마리아 델레 그라치에 성당
'내가 율법이나 선지자를 폐하러 온 줄로 생각지 말라. 폐하러 온 것이 아니요, 완전케 하러 함이로다. 진실로 너희들에게 이르노니 천지가 없어지기 전에는 율법의 일점·일획이라도 반드시 없어지지 아니하고 다 이루리라.'

〈바울의 개종〉 미켈란젤로. 1542. 바티칸 궁전 파올리나 성당
〈사도행전〉 속에 기적의 말로 묘사되어, 사도 바울은 구세주로서의 예수에 대한 신앙으로 개종, 신이 인간의 생명 속에 영을 불어넣어 준 것으로, 하느님이 인간에게 주신 선물을 '은총'이라고 했다.

〈토마스 아퀴나스가 이끄는 12명의 교사들〉 조반니 디 파울로. 1442~1450. 영국 국립도서관
덜 귀한 것은 좀 더 귀한 것을 위해 존재한다. 감각이 지성을 위해 있고, 위(胃)가 사람을 위해 있듯이, 피조물은 모두 전체를 위해 있으며, 또 전체는 하느님의 영광을 드러내기 위해 있다.

〈성 아우구스티누스 이단에 대한 이의 제기〉 1470. 바르셀로나 카탈루냐 미술박물관
나에 대한 지식은 감각적 경험이나 그 밖의 어떤 것에 의존하는 것이 아니다. 그것은 직접적이요 의심할 여지가 없는 것이다. '설령 내가 오류를 범한다 할지라도, 나는 존재한다'

▲〈갈릴레이가 베네치아 총독에게 자신이 만든 망원경을 선사하고 종탑에 올라 먼 바다 선박을 관찰하는 모습〉 주세페 베르티니. 1858. 안드레아 폰티 빌라
갈릴레이는 손수 망원경을 만들어 그것으로 달의 표면이 산악 지대 같다는 특색, 목성의 네 개 위성, 금성의 상변화를 발견했다.

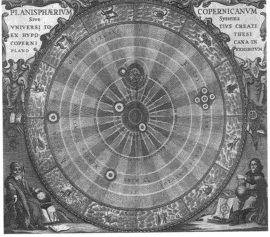

▶〈코페르니쿠스의 태양계〉 안드레아스 셀라리우스. 1646.
코페르니쿠스는 지구도 유성의 하나이며, 다른 유성들과 같이 태양의 둘레를 돌고 있다는 태양 중심설을 밝히기 위해 여러 근거를 제시했다.

▲〈입맞춤〉 구스타프 크림트. 1908. 오스트리아 갤러리 벨베데레
니체가 남녀의 순결을 비난한 것은 욕망이 없는 사람을 혐오했기 때문으로, 일을 성취하기 위한 절제는 좋지만 체념을 위한 절제는 잘못된 것이다. 〈입맞춤〉은 도덕과 가치를 재평가해야 하는 의무를 지니고 있다는 니체의 믿음을 표현했다.

◀〈눈먼 소녀〉 존 에버렛 밀레이. 1856. 영국 버밍엄 박물관
칸트는 우리의 신체로 포착할 수 없는 것은 우리에게 경험될 수 없다고 생각했다. 여동생의 손의 촉감과 머리에서 나는 냄새는 향유할 수 있으나 뒤에 있는 무지개는 경험할 수 없다. 경험에 있어서 대상의 성질과 정신이 부과하는 조건들을 분간하는 기준은 필연성과 보편성이다.

세계사상전집096
Sterling Power Lamprecht
OUR PHILOSOPHICAL TRADITIONS
즐거운 서양철학사
S.P. 램프레히트/김문수 옮김

동서문화사

디자인 : 동서랑 미술팀

머리글

역사란 과거를 다루는 것이다. 그러나 과거가 무엇인가에 대해서 사람들은 명확하게 이해하지 못하는 것 같다. 과거란 우리가 그것에 더 주의를 기울이거나 말하지 않고 그저 자신의 열정이 넘치는 현재만 누려도 좋은, 한때 있었다가 오늘에는 사라지고 없는 그런 것이 아니다. 시간은 사람들이 깨닫는 것 이상으로 긴 지속성을 지니고 있다. 그리고 과거는—생명력을 지니던 많은 부분들은—여러 제도나 노선, 사상이나 원리 등을 오늘 우리에게 제공해준다. 우리는 이러한 것들과의 관계를 통하여 이르를 수 있는 범위 내 구원(救援)을 이룩해 내지 않으면 안 된다. 미국에서 우리의 정치적 삶은 존 로크가 말하는 희망과 공포를 잘 나타내준다. 또 경제 생활에 있어서 애덤 스미스의 낙천주의를 보여주기도 했으나, 카를 마르크스, 극단적 인물에 의해 그림자가 드리워지기도 했다. 우리의 종교 생활은 사도 바울과 성(聖) 아우구스티누스 그리고 성 토마스가 이룩해 놓은 전통에 따라 움직이고 있다.

우리의 교육 생활은 바로 인간의 이성에 따라서 세계를 탐구하고 인간 생활을 평가하려 한 플라톤과 아리스토텔레스의 정의로운 기상을 바탕으로 한다. 과거의 실마리들은 복잡한 구조 속에 짜여 들어와, 너무 자주 얽히거나 끊어지거나 매듭이 지어지고는 했다.

과거로부터 우리에게 전해 내려온 것은 어느 하나도 본디 완전한 모습을 갖추어져 전해지지는 않았다. 그것은 지나간 것이므로 권위를 가지고 오늘날 우리를 구속하거나 흉내내고 되풀이할 모범이 될 수는 없다. 그렇다 하여도 과거를 알지 못하면 우리는 결코 우리의 오늘 모습을 알 수 없으며, 미래로 나아갈 현명한 계획표도 짤 수 없으리라. 과거의 경험과 자료를 통해서 우리는 이제 문명사회를 이룩하고 이성적 생활을 누리려는 온갖 노력과 투쟁에 필요한 자원을 찾아낼 수 있었다.

이 책은 서양 철학의 역사이다. 그러나 이 책의 목적은 단순히 과거 사실들만을 밝히는 데 있는 것만이 아니다. 이 책에서—다른 철학사(哲學史)들보다 더 직접적인 자기성찰을 통하여—의도하는 것은, 서구문명을 이루어 온 요소로서 이 시대에서도 지배적 위치를 차지하는 전통 철학들을 과거 사실들 속에서 발견하도록 이 책을 읽는이들의 길잡이가 되는 것이다. 때로 위대한 전통은 경험주의가 로크로부터 버클리와 흄, 우드브리지와 듀이에게로 발전해 온 것처럼, 더 분명하고 올바르게 발전해 나아간다. 때로 어떤 전통은, 마치 휴머니즘이 플라톤의 〈대화편〉에 잘 표현되어 있는 것처럼, 그 최초의 주창자인 어느 천재로 인해, 그것을 다시 거론하는 후세 모든 시도들의 가치를 뛰어넘는 고전으로 남기도 한다.

이 책은 인물 하나하나의 중요성을 가벼이 여기지는 않는다. 오히려 지은이는 여러 세기를 통해 위대한 지식인들이 베풀어주는 엄청난 혜택들을 밝혀 보려 한다. 그러나 역사는 개인들의 연속만을 보여주는 것이 아니다. 그 짧은 생을 살다 가는 역사 속 개인들이 오래도록 살아 숨 쉬는 전통들을 전하고 만들어내기 때문이다.

때로는 전통에 의존한다고 비난하는 소리를 듣기도 한다. 그리고 전통에 얽매이지 않는 자유로움을 추구하는 사람의 태도는 바람직한 부분이 있는 것도 사실이다. 지혜로운 사람은 언제나 과거를 따르려고만 하지는 않을 것이다. 그러나 우리 인간을 자유롭게 하는 묘법은 전통의 영향에서 벗어나는 데 있는 것이 아니라 전통의 의의를 바르게 이해하는 데 있다. 전통을 가벼이 여기고 이를 무시한다면, 그만큼 우리는 고립과 무지로 인한 오류와 부당성에 맞닥뜨리게 될 것이다. 오히려 자신의 문화는 물론, 다른 문화에 속한 전통들에 대하여 폭넓은 이해를 갖게 됨에 따라, 우리는 그 전통에 구속되지 않고 역사적 맥락에 따라 자기의 오늘 모습을 분석하기 위한 도구로서 이 전통을 이용할 수 있게 된다.

철학사를 연구하는 데에는 많은 훌륭한 이유들이 있다. 우리는 위대한 사상가들의 세계관을 하나하나 따로 분리하여 예술 작품과 같이 대할 수도 있다. 그것은 마치 시나 그림이나 교향곡처럼 그 세계관이 지니고 있는 아름다운 조화나 색채로 말미암아 가치가 높이 평가될 수도 있다. 역사상 유명한 인물들의 의견이나 다양한 신념들은 연구하는 이들이 편견으로부터 벗어나 자신의 지적 세계를 넓힐 수 있게 도와줄 것이다. 예컨대 서로 견해가 대립되는 철학들이 충돌하면서 진리에 대한 새로운 통찰이 나올 수도 있다. 이러한 통찰은 어느 한 사람의 견해를 따르기보다는 역사적인 연구를 통해서 얻게 되는 경우가 더 많다. 철학의 역사적 연구에 대해서는 위의 세 가지를 주된 이유로 들 수 있다. 또 한 가지, 비난의 소리를 듣게 되는 나쁜 이유도 있다. 역사를 옛 유물들을 모아놓은 박물관 정도로 보아서는 안 된다. 철학사는 '이치에 맞는' 사상 학파(思想學派)가 되지 못한 사람들에 의해서 주장된, 연달아 나타나는 즐거운 오류로서 연구되어서는 안 된다.

그러나 철학사를 연구하는 훌륭한 이유들 가운데에서 가장 중요한 것은 내가 선택한 이 책 이름에 잘 나타나 있다. 철학사 연구는 지적(知的) 전통에 대한 이해를 가져오며, 이 전통이 실제로 영향을 끼치고 있는 현대 사회에서 자신의 위치를 알게 해준다. 과거와 현재와 미래는 서로 복잡하게 연결되어 있다. 현재를 지혜롭게 살아갈 수 있는 것은, 우리가 '현실적(actual)' 구조의 한 부분을 이루는 과거를 이해하고 '잠재적으로 가능한(potential)' 의미를 갖는 미래를 예측할 때뿐이다.

이 책을 세상에 내놓으면서 감사의 말을 빠짐없이 기록한다면 내용이 너무나 길어질 것만 같다. 내 제자들은 25년 이상이나 질문과 이론을 던져줌으로써, 이 책에서 언급한 철학 사상과 전통의 의미를 나 자신이 한층 더 분명하게 이해하도록 도와주었다. 나는 새로운 세대 학생들로 하여금 이 전통을 좀 더 인간답게 지닐 수 있도록 도와줌으로써 내가 입은 은혜의 조금이나마 보답하고 싶다.

나의 원고를 서로 나누어 읽어주며, 내가 여러 부분을 읽어가는 동안 참을성 있게 들어준 친구들에게 감사를 보낸다. 특히 이 책을 쓰는 데 가장 큰 도움을 준 세 분에게 깊은 감사를 드린다.

첫째 우드브리지에게 헤아릴 수 없을 만큼 많은 은혜를 입었다. 이분의 사상사(思想史)와 역사 철학의 가르침은 지금까지 나내게 커다란 본보기가 되고 있다.

나는 제4장 '기독교 형성기' 부분에서 많은 도움을 준 동료 마틴 교수에게도 감사를 드린다.

그리고 끝으로 카츠 교수에게도 이루 말할 수 없을 만큼 많은 도움을 받았음을 밝힌다. 원고 모두를(그 일부는 두 번 넘게) 읽고, 섬세하고도 유익한 비평을 해주며, 이 책에 대해 개인적인 관심을 보여준 점에 깊은 감사를 드린다.

이 책에 서술된 역사적 사실을 요약하거나 해석함에 어쩌다 부족한 점이 있다면 그 책임은 오로지 나에게 있다. 하지만 나는 여러 제자들과 친구들이 베풀어 준 큰 은혜를 마음속 깊이 깨닫고 있기에, 그분들로부터 받은 도움이 헛되지 않기를 간절히 바란다.

S.P. 램프레히트
애머스트대학

서양철학사
차례

머리글

제1부 그리스 철학

제1장 그리스 식민지 철학…24
1. 역사와 전통…24
2. 밀레토스 학파…25
3. 피타고라스 학파…29
4. 헤라클레이토스…33
5. 엘레아 학파…34
6. 다원론적 학파…38
7. 과학적 전통…42

제2장 아테네 철학…45
1. 그리스의 소피스트들…45
2. 소크라테스…51
3. 플라톤…57
4. 아리스토텔레스…86

제3장 그리스적 로마세계 철학……118
1. 헬레니즘 시대의 성격…118
2. 키레네―에피쿠로스 학파…120
3. 키니코스―스토아 학파…127
4. 회의주의 학파(懷疑主義學派 ; the skeptical tradition)…134
5. 신(新)플라톤 학파…138
6. 구원(救援)에 대한 갈망…153

제2부 기독교 세계 철학

제4장 기독교 형성기…162

　　1. 예수와 기독교와의 관계…162

　　2. 사도(使徒) 바울…165

　　3. 가톨릭 교회 이념…172

　　4. 성 아우구스티누스…184

제5장 중세 초기…203

　　1. 스콜라 철학의 본질…203

　　2. 보편자 문제…211

　　3. 에리우게나로부터 아벨라르두스까지…218

제6장 토미즘의 종합…232

　　1. 아리스토텔레스의 부활…232

　　2. 성 토마스 아퀴나스…241

제7장 중세 후기…267

　　1. 스콜라 철학의 몰락…267

　　2. 둔스 스코투스…269

　　3. 윌리엄 오브 오컴…272

　　4. 중세의 종말…276

제3부 근세 철학

제8장 근세 철학으로의 전환…281

　　1. 과거와의 결별…281

　　2. 근세 철학의 배경…285

제9장 17세기 대륙(大陸)의 철학…296

  1. 데카르트…296

  2. 스피노자…316

  3. 라이프니츠…344

제10장 17세기 영국 철학…353

  1. 프랜시스 베이컨…353

  2. 홉스…363

  3. 뉴턴…378

  4. 로크…384

제11장 18세기 영국 철학…413

  1. 버클리…414

  2. 흄…429

  3. 리드…460

제12장 18세기 프랑스…467

제13장 칸트와 그 후계자들의 독일 철학…476

  1. 칸트…476

  2. 피히테…498

  3. 헤겔…503

  4. 쇼펜하우어…516

  5. 니체…522

제14장 19세기 영국과 프랑스……529

  1. 초기 공리주의자(公利主義者 ; utilitarian)들…531

  2. 콩트…540

  3. 존 스튜어트 밀…545

  4. 스펜서…557

제15장 20세기 유럽···567

   1. 베르그송···567

   2. 최근의 추세···578

제16장 미국 철학···590

   1. 제임스···592

   2. 산타야나···605

   3. 화이트헤드···622

   4. 우드브리지···635

   5. 듀이···650

맺음말···670

서양철학 역사를 즐겁게 산책하며 미래를 바라본다···672

참고 문헌···682

제1부

그리스 철학

그리스 철학

철학사는 이미 오래전 서구 역사가들이 세운 하나의 전통에 따라, 고대 그리스 사람들로부터 시작한다. 물론 그것은 지혜로운 전통으로서 받아들여질 만한 정당한 이유들을 가진다. B.C. 6세기부터 수세기에 걸쳐 고대 그리스 여러 도시국가에서는 주목할 만한 인물들이 여럿 배출되었다. 그리고 이 세계와 인간에 대해 깊이 생각하는 많은 사상들이 나왔다. 이 사상들은 여러 형태로 후세 사람들의 생각에 영향을 끼쳐오며, 오늘날까지도 우리의 지적 생활 속에서 커다란 역할을 하고 있다. 만일 우리 역사에서 고대 그리스 사람들을 무시한다면, 이는 곧 우리가 우리 자신에게서 문화유산의 어떤 근본 요소들을 빼앗아 버림으로써 현재 우리의 지적인 위치를 가늠하지 못하게 하는 셈이 된다.

그러므로 철학사는 전통에 따라 고대 그리스인들로부터 시작되는데, 여기서 우리는 전통이 무엇을 뜻하는지 꼭 알아두어야 한다. 철학이 그리스인들에게서 시작되었다든가, 또는 그리스인들이 최초의 철학자였다고 말하는 것은 올바른 생각이라고 할 수 없다. 이들보다 먼저, 그리스 말고 다른 나라에서도, 우리가 알기만 했더라면 철학사 제1장에서 다룰 만한 가치가 있을 성찰을 한 사람들이 있었는지도 모른다. 시간에서 최초의 순간이라는 것은 존재하지 않으며, 역사에서 시작이란 개념은 절대적인 것이 아니다. 그러나 마침 과거에 대한 역사적 자료의 제한성 및 그 밖의 요인 때문에, 우리는 철학사에 대한 서술과 연구를 어쩔 수 없이 그리스인들에서부터 시작하지 않을 수 없다. 우리가 아무리 철저하게 우리 역사 속으로 들어가더라도 과거를 그대로 되풀이할 수는 없다. 또 아무리 열정적으로 역사를 연구하더라도, 과거 모든 부분에 똑같은 주의를 기울일 수는 없다. 우리가 다른 시대나 다른 곳에 대해 열렬한 호기심을 불러일으키고, 이러한 문제들에 대해 객관적 판단을 구하려는 것은 마땅한 일이다. 이때 우리는 어쩔 수 없이 어느 부분만을 선택하여 주의 깊게 살펴보는 수밖에 없다. 그리고 이 선택 과정에서, 현시대의 관심과 요구와 문제와 목적을 이해하는 데 반드시 필요한 부분들에 주목하게 될 것이다. 역사란 그 전달이나 판단이 지나치게 꼼꼼할 만큼 정확한 경우라 하여도, 그 자체로 하나의 철학적 과업을 짊어지고 있다고 말할 수 있다. 과거의 어느 부분들은 오늘 우리 자신이나 인간의 전반적인 문제들을 설명하고 평가할 수 있는 경험적 판단 요소를 구체적으로 보여준다. 법률이나 종교의 역사는 로마 사람들이나 히브리 사람들에게서 시작했는지도 모른다. 그러나 철학사는—적어도 '서구 문명권'에 속한 우리로서는—그리스인들에게서 시작했다고 보는 게 마땅하다. 오늘날 우리 사회에서 지배적 구실을 하는 대다수 원리들은 모두가 그리스인들로부터 얻은 혜택들이다. 우리는 이들로부터 전해 내려오는 전통의 영향을 부분적으로 받으며 오늘날 새로운 전통을 만들어 가고 있다. 이 과정에서 현재 우리는 과거로부터 내려오는 전통을 지적 생활의 원천으로 확고하게 자리매김해 준다. 우리가 역사라는 학문의 본질을 이해한다면 이 같은 필연적인 한계에 부딪치며 연구를 한다 해도 편견을 갖게 되지는 않으리라. 오히려 우리는 역사를 바르게 이해할 수 있는 안목과 동시에 비판 정신을 가질 수 있다.

그리스 철학은 크게 세 장으로 나누는 게 편리하다. 즉 그리스 식민지 철학, 아테네 철학, 그리고 그리스 영향을 받은 로마 세계의 철학이다. 그리스 식민지란 그리스인들이 소아시아의 에게(Aege) 해안, 에게 바다의 섬들, 시칠리아 섬, 이탈리아 반도 남부 지방 등에 세운 도시들을 말한다. 이들 식민지는 B.C. 6세기와 5세기에 철학이 융성했다. 이 도시들은 해상무역으로 번성했으므로 일부 사람들은 생존 경쟁이라는 치열한 삶에서 벗어나, 지적 생활을 발전시켜 나갈 수 있는 삶의 여유를 누릴 수 있었다. 이 2~3세기 동안 식민지에서 어떤 사상가들은 독창적인 새로운 사상을 널리 퍼뜨렸다. 아테네 철학은 이보다 뒤에 일어났으나 B.C. 5세기에서 4세기에 이르자 크게 꽃을 피워, 오늘날까지도 인간의 정신이 다다를 수 있는 가장 찬란한 사상들로 손꼽히고 있다. 소크라테스가 살아가는 내내 제자들과 대화를 즐기던 곳이 바로 이곳이었고, 플라톤이 제자들을 가르치며 저술을 한 곳도, 아리스토텔레스가 자신의 생애 가운데 가장 중요한 활동을 수년 동안 이어간 곳도, 또 아테네 본토민이 아닌 많은 인물들이 자기 마음에 맞는 장소로서 스스로 선택하여 모여든 곳도 바로 여기 아테네였다. 그 뒤 아테네가 몰락하여 세력을 잃으면서 불안정한 시기가 닥쳐오자, 마침내 로마가 그리스 여러 도시와 지중해 연안을 모두 지배하게 된다. 그러나 로마의 정치 지배가 극에 달했던 이 시기에도, 지적 자극을 불러일으키며 지식을 전달해줌으로써 지적 활동의 토대를 마련한 것은 거의 모두가 그리스인들이었다. 따라서 이 책에서는 로마 세계의 철학을 그리스 철학사의 마지막 장에 두기로 한다.

제1장 그리스 식민지 철학

1. 역사와 전통

그리스 식민지 철학에 대한 우리의 지식은, 앞으로 우리가 살펴볼 어느 시대와도 뚜렷한 차이를 보여준다. 그 뒤에 이어지는 시대들은, 가장 주요한 사상과 원리를 주장한 책들이 완전한 모습 그대로, 대부분 오늘까지 전해지고 있다. 그러나 그리스 식민지 철학에 대한 우리의 지식은 전해 내려오는 학설(tradition)들이 매우 한정되어 있다. 예컨대 수많은 철학자들과 이들이 태어난 도시 이름, 또 이들이 뜻을 펼치며 살아온 시기만 보더라도, 전적으로 믿을 만한 것이 못 된다. 사실 이 자료들에 대한 증거는 때로는 모순을 안고 있어 정확하게 결론지을 수 없는 경우가 많다. 피타고라스라는 인물을 보더라도, 비록 피타고라스 학파들은 그의 역사성을 믿어 왔으며 또한 그것이 정당하겠지만, 그를 역사적 인물이라기보다는 오히려 전설적 인물로 여겨 온 사람들도 있다. 식민지 시대의 그리스 철학에 대한 지식은 주로 후세 철학자들이나 저술가들 책 속에 인용된 짧은 글들에서 얻게 된다. 플라톤은 자기보다 앞서 살았던 많은 철학자들에 대해 말했다. 아리스토텔레스도 초기 철학자들 사상 가운데 어떤 부분에 대한 요점들을 알기 쉽게 서술해 놓았고, 더 뒤에 나타난 다른 저술가들은 더 많은 지식을 전해주었다. *1 하지만 이들 가운데 어느 누구도 그리스 식민지 철학의 역사를 본디 모습대로 서술하기에 충분한 믿을 만한 자료를 제시해준 적이 없다. 이들이 지적하려는 것은 역사적 사실들이 아니라 의심스러운 부분들이었다. 이들은 자신들의 의견을 주장하기 위해 식민지 사상가들을 인용했는데, 문맥을 벗어나 그릇된 새 관점으로 인용하여 원래 의도와 전혀 다르게 바뀌었을 수도 있다. 인용된

---

*1 예를 들어 아리스토텔레스의 친구이며, 리케이온의 교장(校長)으로서 그의 계승자였던 테오프라스토스, 스토아주의자 크리시포스, 회의주의자 세크스투스 엠피리쿠스, 그리고 뒤이어 후기의 이교적(異敎的)이거나 기독교적 저자들.

문장들은 대체로 아주 짧고 간략했는데, 이 문장들은 흔히 모호한 뜻을 지닌 것이 많다. 그러나 이 단편적인 자료들은 식민지 사상가들의 사상을 충분히 반영하고 있든 그렇지 않든, 시간이 지나 B.C. 6세기에서 B.C. 5세기에 이르는 동안 그리스 식민지에서 발달한 철학 사상의 일정한 전통을 세워 놓았다. 이 전통은 식민지 그리스인들이 자신의 후계자들에게 무엇을 의미하는지 보여준다. 따라서 우리는 이 전통이 우리에게 무엇을 의미하는가 하는 관점에서 바라보아야 한다. 오늘날 우리는 오직 이렇게 세워진 전통을 토대로 이 그리스 식민지의 철학을 다룰 수 있다.

2. 밀레토스 학파

탈레스(Thales, 640~550 B.C.) : 밀레토스 출신. '고대 그리스 7현인' 가운데 한 사람. 그에 대해서는 많은 이야기가 전해지는데, 밤하늘의 별들을 살펴보다가 우물에 빠져서 하녀가 구해 주었다고도 한다. 일식(日蝕)을 예측하기도 하고, 밀레토스 시민들에게 정치·군사 분야에서 현명한 충고를 해준 것으로도 잘 알려져 있다. 아리스토텔레스에 따르면, 그는 어느 해 올리브 풍년이 들 것을 예상하고 재빨리 도시 안 모든 기름틀을 세내어 막대한 부를 얻었다고도 전해진다. 이 이야기 끝에 아리스토텔레스는 다음과 같은 재미있는 말을 덧붙이고 있다. "이로써 철학자도 자기가 원하기만 하면 부자가 될 수 있음을 우리는 알 수 있다. 그러나 철학자들의 마음은 더 높은 것을 추구한다."

아낙시만드로스(Anaximandros, 610~540 B.C.) : 밀레토스 출신.

아낙시메네스(Anaximenes, 585~525, 전성기 540 B.C.) : 밀레토스 출신.

크세노파네스(Xenophanes, 580~480 B.C.) : 그가 반드시 밀레토스 학파였다고는 단정할 수 없지만 밀레토스에서 태어났다고 알려져 있다. 그는 여러 도시를 다니면서 자기 생각을 전한 순회 설교가였다. 어쩌면 그는 엘레아를 방문했거나, 한때 이곳에 머물렀는지도 모른다. 만일 이곳에 머물러 있었다면 그는 밀레토스 학파와 엘레아 학파를 이어준 사람이라고도 말할 수 있다.

탈레스는 물이 만물의 원리라고 주장한 것으로 유명하다. 이 사상은 때로 물을 만물의 형성 질료(stuff, 원료)로 본 것으로 해석되어 왔다. 그러나 아마도 물이 자연계 모든 중요한 변화를 설명할 수 있는 필수적인 조건임을 주장하는 것으로 보인다. 왜냐하면 탈레스는 만물의 씨앗과 만물을 기르는 영양분이 젖어 있다는 사실을 지적했기 때문이다.

물에 대한 단편적 이야기가 무엇을 의미하든 탈레스의 중요한 점은, 그가 이 세계를 신이나 초자연적 힘의 활동으로 설명하는 이전 사람들의 노력—시인 헤시오도스—으로부터 생가의 방향을 돌리려 했다는 것이다. 그는 이른바 자연주의 세계관을 세워 역사적으로 확고한 자리를 차지했다. 즉 자연의 과정을 설명해줄 수 있는 눈에 띄는 요인을 자연 자체에서 찾아내려 했다. 그의 인품은 다음과 같은 글에 잘 나타나 있다.

'그는 대중의 훌륭한 지도자로서, 다른 이들이라면 사람을 희생양으로 바치거나 성자인 체하는 간사한 자들의 모호하고 위험한 충고를 받아들였음직한 위급한 때에도, 언제나 시민들의 편에서 훌륭한 조언자가 되어주었다.'[*2]

아낙시만드로스는 대담한 상상을 한 사색가로서도 이름이 높다. 그는 완전한 자연주의 우주론을 가장 먼저 세운 사람으로 전해진다. 그가 그려낸 우주론은 주목할 만하다. 그는 흙·공기·불·물이 그 무렵 그리스인들이 보통 생각했던 궁극적인 실체는 아니라고 했다. 오히려 그것들은 더 궁극적인 실체가 여러 변화를 거치면서 나타나는 모습들이라고 주장했다. 이 궁극적 실체는, 이러한 변화들을 통하여 여러 모습을 나타내기 때문에 무한정자(無限定者 ; the Boundless), 즉 끝이 없다고 부르는 게 가장 적절하다. 흙과 공기와 불과 물은 이 무한정자가 저마다 마르고 차고 덥고 젖은 모습을 띠고 나타난 형태들이다. 그러나 이 변형된 모습으로 나타난 것들은 우주 안에서 가장 중요한 역할들을 하지는 못한다. 이 네 가지 기본 요소는 각각 서로 다른 것들에 침투하는 경향이 있다. 그러나 이 서로 간의 침투는 균형의 원리에 따라 조절되므로, 모든 사물은 "자신들의 불의(不義)에 대하여 서로 마땅한 보상을 하도록 되어 있다."[*3] 이 세계는 어떠한 것도 결코 고정되어 있거나

---

*2 Gillbert Murray, The Rise of the Greek Epic(그리스 서사시의 기원) (Oxford, Clarendon Press, 1924), p. 262.

*3 휘브리스(Hubris), 이것은 '분에 넘친 오만'을 뜻하는 말이다. 이는 많은 그리스 저술가들에게

궁극적 상태로 머물러 있는 것이 아니다. 오히려 여러 형태의 세계들이—우리가 살고 있는 이 특정한 세계처럼 무수한 세계들이—이제까지 잇달아 생겨났고, 또 앞으로도 이 같은 생멸을 끝없이 이어갈 것이다. 그러나 이 무수한 세계 가운데 우리가 확실한 증거를 대고 말할 수 있는 것은 오직 현재 세계뿐이다. 아낙시만드로스에 따르면 지구는 원통처럼 생겼으며, 무거운 정도에 따라 물과 공기와 불이 그것을 둘러싸고 있다. 그러나 불은 많은 물을 증발시켰다. 이렇게 해서 생긴 안개는 불을 감싸고는, 거대한 바퀴 속에 가두어버렸다. 이런 식으로 원통형 지구를 둘러싸고 있는 바퀴는 셋이 있다. 따라서 우리는 하늘을 바라보더라도, 지구를 둘러싸고 있는 불을 그다지 많이 볼 수는 없다. 우리에게 보이는 불은 다만 안개 바퀴들 속 구멍을 통해서 발산되는 불의 조각들에 지나지 않는다. 별들은 지구에서 가장 가깝고 작은 바퀴로부터 쏟아져 나오는 불꽃들이며, 달은 중간에 있는 바퀴로부터 새어 나오는 불꽃이다. 그리고 해는 가장 큰 세 번째 바퀴로부터 새어 나오는 둥근 불덩어리이다. 일식이나 월식은 그 바퀴들 속 구멍이 일시적으로 막혀서 생기는 현상이라고 생각했다. 그리고 우주의 정교한 모든 구조는 수학적 균형을 유지하고 있다. 예컨대 원통형인 지구의 높이는 그 넓이의 3분의 1이며, 달의 무게와 해의 무게는 저마다 지구 무게의 18배와 27배라 한다.

아낙시만드로스는 이같이 대담하게 우주론을 주장했을 뿐만 아니라 생물의 기원에 대해서도 의견을 제시했다. 그는 최초의 생명체는 바닷속에서 나타났다고 말했다. 그리고 이 생명체를 둘러싸고 있는 물이 불에 의해 증발됨에 따라 육지가 바다 표면에 드러났고, 일부 동물들은 육지 위에 덩그러니 남겨졌다. 이 동물들 대부분은 그 즉시 죽고 말았겠지만, 몇몇은 운 좋게 살아남아 새로운 생물체를 탄생시켰다. 인간 또한 이전에 살았던 다른 종족에서 내려온 동물들 가운데 하나라는 것은, 인간이 유아기에 너무나 무력하며 포유 기간이 길다는 사실로 알 수 있다고 주장했다.

아낙시메네스는 아낙시만드로스의 무한정자(無限定者)설을 거부하고, 현

비난받은 전통적 악덕의 하나로서, 죄 지은 자를 파멸로 이끌어 간다(네메시스, nemesis)고 생각했다. 아낙시만드로스의 설은 오만한 사람이 마땅히 파멸을 당해야 하는 것처럼, 자연에 있어서도 보상이 따르는 것으로 보는 것 같다. 그러나 아낙시만드로스가 자연에 도덕적 성질을 부여했는지는, 남아 있는 단편글들만으로는 분명하지 않다.

재 세계의 고정된 물질들 가운데에서 궁극적 요소를 찾아내려 했다. 어떤 이유에서인지 분명히 밝히고 있지는 않지만 그는 궁극적 요소를 공기라고 보고, 공기 이외의 다른 모든 물질은 공기의 농후화와 희박화 과정에서 생겨나는 것이라고 보았다. 즉 공기가 농후해지면 바람으로, 그 다음엔 구름으로, 그 다음엔 물로, 그러다가 마침내 땅으로, 또 암석으로 바뀌다가 불이 된다. 공기는 궁극적인 질료(the ultimate material)일 뿐만 아니라, 이 세계를 하나로 이어주는 궁극적 힘이라고 보았다. 생명은 호흡에 의존하고 있으며, 이 호흡이란 바로 공기를 뜻한다. 만물이 저마다 자신의 위치를 차지하고 있는 것도 바로 이 공기 때문이다. 지구는 평평한 원반 모양이며, 하늘은 모자처럼 이 지구를 에워싸고 있다. 해와 달과 그 밖의 천체들은 희박해진 공기의 조각들이며, 이 희박해진 상태로 인해 불처럼 보인다. 그리고 이 천체들은 하늘을 배경으로 빛나고 있으며, 공기에 의해서 각각 자기 자리를 유지하고 있다.

크세노파네스는 우주론적 학설을 새로 주장하거나, 그전 사람들이 만들어낸 학설들 가운데 하나를 받아들이지는 않았다. 그러나 우주를 자기보다 앞선 밀레토스 학파의 자연주의적 관점으로 바라보고 결론을 이끌어내는 데 많은 관심을 기울였다. 그는 이 자연주의적 설명 방식을 무기로 삼아, 그 무렵 그리스인들이 호메로스(Homeros, Homer)나 헤시오도스(Hesiodos, Hesiod) 같은 여러 스승의 영향을 받아 믿고 있던 종교 사상이나 신앙을 공격했다. 그는 우리가 비록 정확한 세계의 본디 모습이나 현재 모습을 알 수 없다 해도, 어떠한 진리든 반드시 밀레토스 학파의 자연주의적 '비신학적 이론'과 맥락을 같이한다고 보았다. 신에 대한 기존의 통속적 관념들은 부도덕한 것으로, 사람들 사이에 저속한 도덕 관념을 심어 놓았다고 주장했다. 더구나 이러한 통속적 관념들은 지적으로 터무니없는 것이었다. 사람들은 보통 신들도 인간처럼 세상에 태어나는 것이며, 사람에 가까운 모습을 하고 사람처럼 활동한다고 생각했다. 크세노파네스는 이 의인적(擬人的) 신관(神觀)이 터무니없이 잘못된 것이라고 했다. 에티오피아 사람들은 신들이 들창코에 검은 살결을 가지고 있다고 믿으며, 트라키아 사람들은 신들이 푸른 눈과 붉은 머리털을 지니고 있다고 믿는다. 그는 또 소나 말이나 사자들이 그림을 그리고 말을 할 줄 안다면 신을 저마다 자기들 모습대로 표현했으리라 주장한다. 실제로는 신의 참모습을 아는 사람은 없으며, 또 앞으로도 결코 알지 못하리라고 그는 생각했다. 어느 특별한 기회에 어떤 사람이 신의 참모습을 말한다 해도, 그는 자기가 말한 것을 믿을 만한 아무런 확실한 이유도 가지지 못할 것이다. 크세노파네스에게는 일신교적 견해를 암시하는 듯한 짧은 글들이 몇 편 있었던 것으로 보인다. 그러나 이 단편적인 주장들은 서로 일치하지 않고 설명이 매우 애매모호하다. 이 주장들이 정말 크세노파네스가 한 것이라면, 그리고 정당하게 신이라 불릴 만한 존재가 있다면, 이것은 곧 우주 자체라 말할 수밖에 없음을 의미한다. 물론 이 마지막 추측은 역사적으로 아주 불확실한 것이다. 그러나 크세노파네스가 그 무렵 널리 퍼져 있던 종교적 신념을 비도덕적인 터무니없는 것이라고 공격한 것만은 틀림없다.

3. 피타고라스 학파

피타고라스(Pythagoras, 580~500 B.C.) : 그에 대해서는 알려진 게 거의 없다. 따라서 그의 사상을 여러 제자들의 사상과 분명하게 나눌 수가 없다. 전해 오는 바에 따르면 그는 사모스 섬에서 태어나, 정치적 이유로 크로톤으로 이주한 뒤 생애 대부분을 남이탈리아에서 살다가 죽었다. 그의 제자들은 이탈리아로부터 그리스로 돌아와 테베 또는 그 밖의 여러 도시로 다니며 자기들의 사상을 전했다. 그리하여 B.C. 5세기에는 널리 퍼진 하나의 교단을 이루었다.

피타고라스는 시대적으로 크세노파네스보다 먼저였을지도 모른다. 그러나 밀레토스 학파와는 아주 다른 사상을 주장한 사람이기 때문에, 크세노파네스보다 뒤에 다루기로 한다. 아무튼 역사를 통해 B.C. 5세기 피타고라스 학파는 이미 우리에게 잘 알려져 있다.

피타고라스 철학은 서로 완전히 일치하지 않는 사상들이 때로 뒤섞여 있다. 이들 여러 사상 가운데 핵심적이고 기본적인 것이 두 가지 있다. 그 하나는 수(數 ; number)가 이 모든 세계를 설명하는 기본 원리라는 생각이다. 피타고라스와 제자들은 수에 매혹되었다. 이들은 도형으로 수를 표시하는 방법을 연구했으며, 또 점을 모아 도형을 만들었다. 그들은 삼각형수(數)·직사각형수·정사각형수(이 마지막 정사각형수는 오늘날 수학에서도 자주 사용되는 매우 편리한 관념이다)라는 말을 사용했다. 이들은 직각삼각형에서 빗변의 제곱은 다른 두 변의 제곱을 합한 것과 같다는 이치를 발견했다. 이들은 주어진 정사각형의 두 배 면적을 가진 또 하나의 정사각형을 어떻게 그리는지 알아냈다. 선분(線分)을 이른바 황금분할 비율로 나눌 줄도 알았다. 정사각형의 변과 대각선은 그 길이에서 약분할 수 없다는 사실도 이미 알고 있었다.

피타고라스와 그의 제자들은 세계를 설명하는 원리로서 수를 적용하게 되면서 더없이 중대한 한 걸음을 내디뎠던 것이다. 이 적용은 특히 음악·의학·천문학 분야에서 성과를 거두었다. 이들은 음악에서 어떤 음과 그것의 8도 음정(옥타브)·5도 음정·4도 음정 사이에 일정한 비례가 존재한다는 사실을 발견했다. 그러므로 시끄러운 소리도 형식을 갖추면 음악이 될 수 있다는 것, 그리고 수가 그 형식의 원리임을 깨달았다. 의학에서는 육체를 어떤 요소들의 서로관계, 즉 더운 것과 찬 것, 젖은 것과 마른 것들의 서로관계로서 이해하면서, 건강이란 이 요소들 사이에 올바른 수적 비율을 유지하는 데에 달려 있다고 믿었다. 즉 병은 신체의 부조화를 뜻하고 건강은 신체가 조화로운 상태라는 것이다. 병과 건강과의 관계는 무질서한 혼돈과 질서 정연한 형식 사이에 존재하는 관계와도 같다. 여기에서도 수(數)가 그 형식 원리가 된다. 천문학 부분에서는 피타고라스 학파 안에서도 견해가 나뉘었다. 어떤 사람들은 아낙시만드로스의 천체도를 받아들여, 세 개의 천체권으로부터 지구에 이르는 거리 비율이 음악의 4도·5도·8도 음정 사이의 비율과 같다고 보았다. *4 뒤늦게 4세기에는, 다른 사람들이 지구 자체가 둥그런 하나의 구체(球體)로서 중앙에 자리잡은 불의 둘레를 돌고 있다고 주장했다. 그들은 이 중앙의 불이 곧 태양이라고 생각한 것 같지는 않다. 이들은 태양도 지구처럼 그 중앙의 불을 도는 하나의 둥그스름한 구체라고 보았다. 이들은 이 회전하는 천체의 체계

---

*4 시적(詩的)으로 설명된 이 생각은 천체들도 음악적 조화를 만들어내지만, 인간은 보통 그것을 들을 수 없다는 상상을 하게 만들었다. 이 '천체의 음악'에 대한 상상은 피타고라스의 이론을 오해한 것으로 보인다. 고대 그리스어에서 조화는 수학적 비례를 뜻했다. 진동하는 현(絃)이나 이와 비슷한 물질에 수학적 비례가 적용될 때에만 하나의 조화가 음악적인 현상으로, 즉 음악적 하모니를 이루며 나타난다고 보았다.

안에서 수적 비율을 정립하려고 시도했다. 그러나 오늘날 이 시도들에 대한 설명이 불분명하여 이해하는 데 혼란을 일으킨다.

피타고라스 학파는 그 밖의 것들에 대해서도 또한 수(數)를 적용했다. 이들 가운데 어떤 이는 결혼은 숫자 3에 해당하며 정의는 4에, 인간은 250에, 식물은 360에 해당한다고 주장했다. 몇몇 비평가들은 이러한 상관관계 속에서 어떤 의의를 찾아내고자 애썼다. 그러나 다른 사람들은 이를 무의미한 일이라며 보통은 무시해버렸다. 실제로 우리는 이 숫자들이 지니는 의의에 대한 기록이나 그 증거들을 찾아볼 수가 없기 때문에 이러한 암시적 이론들의 충분한 의도를 판단하기는 어렵다. 하지만 이 모든 암시적 이론 속에는 피타고라스적인 독특한 사상, 즉 가치 있고 훌륭한 것에는 정확하고 분명한 형식이 필요하다는 사상이 근간을 이루고 있다. 분명치 못한 것, 정확하지 못한 것, 무한한 것은 나쁜 것이며 분명한 것, 정확한 것, 제한적인 것은 좋은 것이다.

그러므로 수학은 사물들에 대해 적용할 때에는 도덕적 의의를 지닌다. 인간을 포함한 모든 존재는 그 요소나 활동이 적당한 비례를 나타낼 때 가장 훌륭한 모습을 띠게 된다. 이 사상은 플라톤 사상을 비롯하여 후세 많은 철학 사상에 영향을 끼쳤다.

피타고라스의 또 다른 중심 사상은 순결성(純潔性 ; purity)에 대한 생각이다. 피타고라스와 그 제자들이 결합하여 하나의 교단(敎團)을 이루게 된 것도 본디 이 순결성을 추구하기 위해서였다. 순결성의 추구를 강조하게 된 이유는, 그들이 오르피크교(Orphism)와 이보다 더 오래전부터 내려오는 그리스의 제례(祭禮)나 신앙들과 매우 가깝게 연결되어 있었으며, 또 직접 그 영향을 받았기 때문이다. 피타고라스 자신이나 그보다 뒤에 나타난 그의 추종자들도 영혼의 윤회(輪廻 ; transmigration, 환생)를 믿었던 게 틀림없다. 이들에 따르면, 오직 순결한 영혼만이 육체라는 감옥으로부터 벗어날 수 있다고 한다. 플라톤 시대로부터 오늘에 이르기까지 피타고라스 철학의 비평가들은, 끝없는 재생(再生 ; rebirth, 다시 태어남)에서 벗어나 육체로부터 완전한 독립이 가능한 존재성을 갖는 영혼은, 적당한 육체적 조화에 따라 그 건전성이 달려 있는 영혼과는 다르다고 지적해 왔다. 피타고라스 교단에서는 영혼에 대한 이 두 개념이 동시에 발전해가며, 때로는 같은 학파 안에서도 함께 연구되었다. 영혼이 어떠한 것이든지 영혼에게는 정화(淨化 ; purification)가 필요하다고 이들은 생각했다. 그리하여 영혼 정화를 위한 여러 방법이 제시되었다. 첫째로 영혼은 외적 오염으로부터 맑고 깨끗하게 정화될 필요가 있다. 이러한 정화를 성취하기 위하여 피타고라스 학파들은 많은 금기—아마도 원시시대로 기원을 거슬러 갈 수 있겠지만, 그 무렵 널리 퍼져 있던 미신으로서 그때까지 남아 있던 많은 금기—사항들을 지지하고 받아들였다 한다. *5 더 나아가 육체가 생리적으로 순결해지면 영혼은 구제를 받는다고 생각했다. 그리고 이러한 육체의 순결화를 위해 어떤 피타고라스 학파들은 의학에 관심을 가지고 위장 세척에 대한 지식을 발전시키면서 이것이 건강에 미치는 가치를 역설했다. 그러나 영혼의 정화를 위해 필요한 것은 무엇보다도 음악과 철학이라고 했다. 음악과 철학에 의해서 영혼은 나쁜 열정이나 속된 욕망 그리고 세상사에 대한 지나친 집착에서 자유로워질 수 있다. 이로써 피타고라스 철학은 언제나 그런 것은 아니지만, 매우 금욕주의적(禁慾主義的) 요소를 가지게 되었다.

피타고라스 학파는 영혼 정화 사상을 표현할 때 흔히 인상적인 비유를 사용했다. 예컨대 사람들이 올림픽 경기에 가는 것은 여러 이유에서라고 한다. 즉 가장 무가치한 사람들은 물건을 팔고 돈을 모으기 위해 가며, 이보다 훌륭한 사람들은 경쟁해서 상을 획득하기 위해 간다. 그러나 가장 훌륭한 사람들은 경기를 구경하고 지식을 얻기 위해 간다. 이와 마찬가지로 인간 생활에 있어서도 어떤 사람들은 이득을 얻기 위해 장사에 몰두한다. 또 어떤 사람들은 명예를 얻기 위해 자리를 다툰다. 그러나 가장 훌륭한 사람은 지혜를 얻기 위하여 사색에 몰두하는 것이다. 그리하여 피타고라스를 따르는 이들은 이 가르침에 따라 세상일이나 실제적인 문제, 또는 세속적인 사건 따위를 경멸하도록 스스로 노력하면서 다른 사람들에게도 그렇게 가르쳤다. 참되게 지혜를 사랑하는 사람은 이 세속적 세계로부터 영혼을 분리하여, 세상 사람들이 보통은 이해하지 못하는 더없는 행복(a bliss)을 누리도록 준비해야 한다고 그들은 주장했다.

시간이 지나면서 피타고라스 교단은 두 파로 나뉜 것 같다. 한 파는 수 개

---

*5 예컨대 피타고라스 학파는 콩이나 동물의 심장을 먹는 것, 말(斗, 곡식·액체 등의 분량을 재는 그릇 ; 열 되에 해당) 위에 올라앉는 것, 재(灰) 위에 그릇 자국을 남기는 것, 침구에 신체의 흔적을 남기는 것, 떨어진 물건을 줍는 것 등을 금지당했다.

넘의 과학적 적용이라 불러도 좋음직한 사상을 중시했다. 다른 한 파는 그들이 수를 연구하여 얻었으리라 여겨지는 정신적 문제에 대한 통찰 과정에서 신비로운 기쁨을 느끼게 되었다. 그러므로 한쪽에서는 천박한 목적으로부터 영혼을 맑게 정화하기 위해 고도의 도덕 교육과 단련이 필요하다고 보았다. 다른 쪽에서는 감각에 나타나지 않는 세계에 신비로운 관심을 품으며 정치나 시민 문제에는 무관심해졌다. 이 교단을 수학적·도덕적 학파와 마술적·신비적 학파로 나누어서 본다는 것은 매우 흥미롭다. 그러나 기록이 매우 혼란스럽게 뒤섞여 있고, 전해 오는 사상 또한 매우 모호하다. 오직 한 가지 우리가 확신할 수 있는 것은, 피타고라스 철학의 내용은 그다지 일관성이 없는 의견들이 서로 뒤죽박죽 포함되어 있다는 것이다.

4. 헤라클레이토스

헤라클레이토스(Herakleitos, 530~470 B.C.) : 에베소 출신. 그는 자기 나라에서 높은 종교직을 계승했다가 그 자리를 나중에 동생에게 양보하고 물러났다고 한다. 그가 공직에서 물러난 이유에 대해서는, 조용히 사색하는 생활을 더 좋아했기 때문이라고 보는 게 오히려 적절하다.

헤라클레이토스는 '늘 생각에 잠긴 사람'이라는 별명을 가지고 있었으며, 비웃는 듯한 태도로 사람들을 대하곤 했다. 사람들은 대부분 자신이 보고 듣는 것도 제대로 이해하지 못한다고 그는 주장했다. '만일 사람들이 언어를 이해하는 정신을 가지고 있지 않다면, 그들에게 있어 눈과 귀는 나쁜 증인이 될 따름이다.' 자연은 너무나도 복잡미묘하기 때문에, 자연에 대해 자기들이 관찰한 것을 그대로 믿는 사람은 '그 자리에 있으면서 없는 것과 다름없는 바보'와도 같다. 감각들은 이성이 피상적 현상 너머로 꿰뚫어 통찰하지 못한다면, 불안전하여 사람을 잘못 이끌어가기 쉽다.

헤라클레이토스가 남겼다는 말 가운데 가장 알려진 것은 바로 '만물은 유전(流轉)한다(All things flow.)'이다. 이 말은 보통 자연에는 영원한 실체가 존재하지 않는다는 뜻으로 해석되고 있다. 유전(流轉 ; flux, 이리저리 떠돎)만이 실재적(實在的 ; real)이다. 오직 변화한다는 사실만이 변하지 않는다.

그리고 전해 오는 말이 믿을 만한 것이라면, 헤라클레이토스는 보통 자기의 신념을 짤막한 경구 형식으로 표현했다. 기록에 따르면 그는 '강물은 쉼 없이 흐르기 때문에 아무도 같은 물에 두 번 들어갈 수는 없다'고 말했다. 심지어 헤라클레이토스의 충실한 제자 말에 따르면, 그 누구도 같은 강물에는 들어갈 수가 없으며, 강물에 들어서는 순간 사람도 같은 사람일 수가 없다고 했다. 그 이유는 그 순간에도 강물이나 사람이 모두 변하기 때문이다. 그러나 변화는 결코 제멋대로 무질서하게 일어나는 것이 아니다. 변화가 끝없는 것이라 하더라도 반드시 우주의 불변하는 법칙에 따라 일어난다. 오로지 감각적으로만 판단하는 사람은 자연에 깃들어 있는 법칙을 파악할 수 없다. 그러나 충분히 이성적인 사람은 자기가 보고 만지는 모든 것이 일정하게 뚜렷한 방식으로 바뀌어 가고 있음을 발견할 것이다. '태양도 자기의 법칙을 거스르지 못한다.' 실제로 모든 것이 이 법칙을 거스르지 못함을 헤라클레이토스는 꿰뚫어보았다. 변화는 법칙에 따라 질서정연하게 일어난다. 변화의 구조는 그 자체를 '이성(reason)의 구현'을 통하여 구체화(embodiment)하는 하나의 규칙성을 지닌다.

전통적 학설에 따르면, 불을 만물이 생성되는 궁극적 질료(質料 ; material, 물질)이면서 동시에 인간이 의식을 가지고서 이성적으로 생각할 수 있게 하는 생명원리(生命原理)라고 말한 사람도 헤라클레이토스이다. 이 생소한 말들은 상징적인 표현으로 여겨질는지 모른다. 왜냐하면 불이란 끊임없는 유전을 떠오르게 할 만큼 쉬지 않고 타오르며, 통찰력 있는 이성을 떠오르게 할 만큼 찬란하게 빛나기 때문이다. 그러나 이 단편적인 사실들만으로는 이러한 해석을 정당하다고 증명해 보일 수가 없으며, 불에 대한 헤라클레이토스의 이론과 그 밖의 이론과의 관계에 대해서는 아무런 단서도 남아 있지 않다.

5. 엘레아 학파

파르메니데스(Parmenides, 520~440 B.C.) : 엘레아 출신. 〈자연에 대하여 Concerning Nature〉라는 긴 철학시(哲學詩)를 썼으며, 많은 부분이 오늘날까지 남아 있다. 노년에 아테네를 방문했을 때, 그 무렵 젊은이였던 소크라테스를 만났다고 전해진다.

제논(Zenon, 490~430 B.C.) : 엘레아 출신. 파르메니데스의 제자.

파르메니데스는 전통적으로 헤라클레이토스와 정반대되는 견해를 가진 대표적 철학자 또는 주창자라는 평을 받고 있다. 즉 헤라클레이토스가 생성 변화(change)의 사실을 강조한 데 대하여, 파르메니데스는 진정한 실재(實在 ; genuine reality)의 고정불변성(fixity)과 영원성을 강조했다. 파르메니데스에 따르면, 끊임없이 다양한 유전(流轉)을 거듭하는 세계가 분명히 우리를 둘러싸고 있으며, 우리가 인간으로서 일상적인 삶을 살아가고 있는 이 세계는 허무하고 비실재적인 세계이다. 이 세계가 비실재적이라는 매우 뚜렷한 증거는, 이 세계에 대해서 우리가 내세우는 모든 의견이 모순에 차 있으며, 또한 모순을 면할 수가 없다는 사실로 알 수 있다. 어떠한 의견이든지 모순을 내포하고 있는 것은 거짓이다. 실재에 대하여 내릴 수 있는 올바른 정의는 오직 한 가지, 즉 불변·부동의 나누어지지 않는 '하나의 존재(存在, unit)'라 말할 수 있다. 그러나 파르메니데스는 감각적 대상이나 사건의 실재성을 무시해 온 많은 다른 철학자들처럼, 자기 이론을 적극적으로 내세우기보다는 그릇된 반박에 대해 공격하는 데 더 중점을 두고 있다. 그의 말이라고 전해 오는 한 단편 글에서 그는, '존재하는' 것은 '중심으로부터 모든 방향으로 꼭 같게 균형이 잡혀 있는 둥그런 큰 구체(球體)와 같은 것'이라 말하고 있다. 이는 모호한 표현이기는 하나 아마도 파르메니데스는, '존재하는' 것은 하나의 물질적 연속체를 이루며, 그 연속체에는 안이든 밖이든 결코 텅 빈 공간은 없다고 여긴 것 같다.

파르메니데스가 자기 견해를 설명하는 데 사용했다고 전해 오는 논증 방식은 변증법(辨證法 ; dialectic)이다. 이 변증법이란 어떤 주장을 부인했을 때 모순에 빠지는 것을 보여주어, 그 주장이 논리적으로 지지될 수 없음을 증명하려는 것이다. 이것은 결코 관찰된 사실들이 가질 수 있는 감각적 명증(明證 ; evidence)에다 호소하지는 않는다. 그 이유는 오히려 이 방법이 관찰이나 감각적 경험을 통한 모든 사실들이 허무하고 믿을 수 없다는 주장을 내세우려 하기 때문이다. 그의 논증들 가운데에는 다음과 같은 것이 있다.

(1) '존재하는' 것은 존재한다. 그리고 다른 것은 결코 존재하지 않는다. 왜

냐하면 '존재하지 않는' 것도 존재한다고 가정하여 보라. 이것은 모순이다. 이런 이유로 오직 '존재하는' 것만이 존재한다.

(2) '존재하는' 것은 불생·불멸이다. 왜냐하면 그것이 생성된다고 가정하여 보라. 만일 생성된 것이라면, 그것은 존재하는 것에 의해서 생성되었던가, 존재하지 않는 것에 의해서 생성되었으리라. 그러나 존재하지 않는 것은 무엇을 생성할 수가 없으며, 또 '존재하는' 것은 존재하는 것의 원인이라기보다 오히려 존재하는 것 바로 그 자체라 하겠다. 마찬가지로 '존재하는' 것이 소멸될 수 있음을 가정해 보라. 그렇다면 존재하는 것은 존재하는 것에 의해서 소멸되든가, 존재하지 않는 것에 의해서 소멸될 수 있다. 그러나 존재하지 않는 것은 어떠한 작용도 할 수 없으며, 존재하는 것은 만일 그것이 어떤 작용을 한다 해도 존재하는 것이므로 소멸될 수 없다. 이런 이유로 존재하는 것은 불생·불멸이다.

(3) '존재하는' 것은 불변적(unchanging)이다. 왜냐하면 그것이 변화한다고 가정해 보라. 그러면 그것은 존재하는 것을 멈추고, 존재하지 않는 것이 되리라. 그러나 '존재하는' 것을 존재하는 것이 아니라고 생각하든가, 또는 '존재하는' 것을 존재하지 않는 것이라고 생각한다면 이는 이치에 맞지 않는다. 그리고 이치에 맞지 않는 것은 분명히 거짓이다. 이런 이유로 '존재하는' 것은 불변적이다.

(4) '존재하는' 것은 불가분적(indivisible)이다. 왜냐하면 그것이 나누어진다고 가정해 보라. 그러면 그것은 존재하는 것에 의해서 나누어지든가, 존재하지 않는 것에 의해서 나누어져야 한다. 그러나 '존재하지 않는' 것에 의해서 나누어진다는 것은 나누어지지 않은 채로 있음을 뜻한다. 또 '존재하는' 것이 '존재하는' 것에 의해서 나누어진다는 것은 둘 다 동질적인 연속선 상에 있다는 것으로서 나누어지지 않는다는 말이다. 이런 이유로 '존재하는' 것은 불가분적이다. 만일 그것이 나누어질 수 없는 것이라면 물론 그것은 '하나의(one) 존재'이고 '유일한(唯一 ; single) 것'임을 뜻한다. 이 같은 파르메니데스의 주장, '특히 부정적인 주장'은 모두 변증법적 방법에 의해 논증되고 있다. 파르메니데스는 자신의 견해를 하나의 장편시로 발표했다. 제1부는 '진리의 길(Way of Truth)'로서, 위에서 간략하게 설명한 바와 같은 논증을 제시했다. 제2부는 '세속적 생각의 길(Way of Opinion, 속견론)'로서 둘 중에

하나 선택이 가능한 견해들, 그 가운데에서도 특히 파르메니데스 자신이 배격한 이 피타고라스의 견해를 간추려 제시했다. *6 그러므로 이 시 두 부분은 진리와 세속적 생각, 지식과 오류, 실재와 가상, 지성과 감각 사이의 대조를 잘 나타내고 있다. 그리고 이 대조는 파르메니데스식으로든 변형된 모습으로든, 후세의 철학적 사색 안에 지속적으로 나타난 것이 사실이다.

엘레아 학파인 제논은 파르메니데스의 학설을 널리 퍼뜨린 철학자로 알려져 있다. 그의 것으로 전해 오는 단편 글들 속에 나타난 생각들은 모두 파르메니데스의 짧은 글들 속에 이미 비치고 있다. 다만 제논의 글들은 파르메니데스의 생각을 좀 더 극적이며 생생하게 다루고 있다. 즉 제논은 역설(paradoxes)을 이용하여 철저하게 자기의 논지를 밀고 나갔다. 아마도 그는 온갖 대상과 변화의 실재성을 믿으려는 일반 사람들의 자연적 경향에 반대하여, 파르메니데스의 주장을 옹호하려 했으리라. 그렇지 않다면 일원론(一元論) 대신에 다원론(多元論)과 (영원성 대신에) 변화를 은연중에 암시하는 피타고라스의 이론에 반대하여, 파르메니데스의 주장을 옹호하고 있었는지도 모른다.

제논의 역설 가운데에서 가장 유명한 것은 다음과 같다.

(1)텅 빈 공간이란 생각할 수 없다. 공간 그 자체는 실재하는 것이 아니다. 공간이란 여러 부분으로 이루어진 하나의 연속체를 의미한다. 그런데 이 부분들(또는 점들)은 크기를 가지고 있든가 크기를 가지고 있지 않아야 한다. 만일 크기를 가지고 있다면, 그것들은 더 나눌 수 있으므로 점들이 아니다. 만일 크기가 없다면, 그것들은 아무리 모여도 크기를 가진 것을 이루지 못하리라. 이렇게 해서 실재(real)로서의 공간 개념은 터무니없는 것이 된다.

(2)만일 발빠른 아킬레스(Achilles)와 느림보 거북이가 달리기를 하되 거북이가 조금이라도 먼저 출발한다면, 아킬레스는 결코 거북이를 앞지르지 못할 것이다. 왜냐하면 거북이가 있던 지점에 아킬레스가 다다를 때에는, 그 거북이는 아무리 짧은 거리라 해도 그 지점으로부터 조금이라도 앞서 있게

---

*6 그럴직하게 전해 온 바에 따르면, 파르메니데스는 젊어서는 피타고라스 학파를 따랐다고 한다. 그리하여 그의 시에서 제2부는 자신이 한때 품었다가 그 뒤 부당하다고 여기게 된 속견론을 다룬 것이라 한다.

되기 때문이다. 그리고 이 같은 관계는 무한히 계속될 것이므로 아킬레스는 결코 거북이를 앞지르지 못하리라.

(3) 공중으로 쏜 화살은 실제로는 움직이지 못한다. 왜냐하면 그 화살은 언제나 그 자체의 길이와 꼭 같은 공간을 차지하고 있으며, 어떠한 것이라도 그 자체의 길이와 같은 공간을 차지하고 있는 것은 그 위치에 정지해 있기 때문이다. 분명히 그것은 있는 곳에서 움직일 수 없으며, 또 그것이 있지 않은 곳에서도 움직일 수가 없다. 이런 이유로 화살은 조금도 움직일 수가 없다.

이 역설들은 아무리 그 형식이 우스워 보여도 그 의도에 있어서는 너무나 진지하다. 이 이론들은 공간이나 움직임에 대한 일상적 개념에 대하여, 또는 감각의 명증성(明證性)에 대한 신뢰성의 개념에 대하여 의문을 제기해 보도록 생각해낸 것들이다.

6. 다원론적 학파

엠페도클레스(Empedoklēs, 444 B.C. 경 활약) : 시칠리아 섬 아크라가스 출신. 생애 대부분을 남이탈리아의 투리오이에서 보냈다. 그는 같은 시대 사람들에게 뛰어난 능력을 지닌 사람이라는 인상을 주었다. 악의적인 말들에 따르면 그는 사람들이 자기를 신으로 여기게 만들었으며, 이 때문에 극적으로 남몰래 에트나 화산 분화구 속에 몸을 던졌다고 한다.

아낙사고라스(Anaxagoras, 440 B.C.경 활약) : 이오니아의 클라조메나이 출신. 아테네에서 여러 해 머물며 정치가 페리클레스와 가깝게 사귀었다고 한다. 그는 나중에 죽음을 면하기 위해 아테네를 떠나야 했다. 그 실제적 원인은 아마 정치적 음모 때문이었으리라 추측하지만, 표면상으로는 해가 신이 아니라 뜨거운 돌덩어리라고 가르쳤다는 이유로 무신론자로 내몰렸기 때문이다.

데모크리토스(Demokritos, 460∼360 B.C.) : 아브데라 출신. 이집트와 아시아 곳곳을 여행했다고 한다. 수많은 주제에 대한 그의 방대한 저서 목록을 보면, 그의 저작이 얼마나 광범위했는지 알 수 있다. 그러나 이들 가운데 단편들만이 오늘날 전해진다.

우리는 전통적 견해에 따라 다원론자(多元論者)들을, 만물은 유전(流轉)한다고, 즉 끊임없이 변화한다고 주장한 헤라클레이토스의 사상과, 실재(實在)는 유일불변하다, 즉 실재는 하나만 존재하며 변하지 않는다고 주장한 파르메니데스의 사상을 재조정하려 한 사람들이라고 보아도 좋다. 적어도 이들은 우리가 보거나 만질 수 있는 복합적 사물에는 거시적(巨視的 ; macroscopic)으로 보았을 때 끊임없이 변화하는 성질이 있다고 보았다. 또 이 거시적인 사물들을 이루는 미시적(微視的 ; microscopic) 원소들 하나하나에는 변함없는 통일성이 존재한다고 보았다. 즉 변화하는 사물들은 변하지 않는 부분들로 이루어져 있으며, 사물 안에서 일어나는 변화는 똑같이 영구적이며 불가분적인 궁극적 원소들의 재분배 때문이라는 것이다. 이들은 이 세계를 다원론(pluralism)적으로 보았고, 원소들은 저마다 불가분적(不可分的)인 하나의 '존재(存在, unit)'라고 보았다.

엠페도클레스는 최초의 다원론자였으며, 그의 견해는 그의 후계자들보다는 일반적 그리스 사상의 전통적 생각에서 덜 벗어나 있었다. 그의 주장에 따르면, 만물을 구성하는 궁극적 분자에는 흙·공기·불·물 네 종류가 있다. 그는 이 입자(粒子)들을 뿌리(roots : rhizomata)라고 불렀는데, 아마도 그가 이 같은 비유적인 말을 한 이유는 만물의 생장이 뿌리로부터 시작하기 때문이다. 그러나 이들 네 가지 뿌리에서는 무한히 다양한 혼합물이 쉼 없이 생겨나고 있다. 그 이유는, 우리 인간의 눈으로 볼 때 이 네 가지 뿌리가 혼합되는 비율은 때에 따라 형성되는 거시적인 사물마다 무한히 다르기 때문이다. 이러한 혼합체들에 대해 우리는 그것을 구성하는 네 가지 가운데 우위를 차지하는 뿌리의 종류를 따서 이름 짓고 있다. 그러나 우리가 이름 지어 부르고 있는 혼합체, 예컨대 흙이라고 부르는 것에는 많은 변화된 종류가 있다. 아주 다른 수많은 거시적 사물들이 아무 차별 없이 하나의 이름으로 통용되는 경우도 흔히 있다.

엠페도클레스는 입자(粒子 ; particle)로 이루어진 공기의 실재(reality)를 증명하는 실험을 한 것으로 알려져 있다. 그는 사람들이 대체로 흙과 물과 불의 실재성을 인식하리라는 것을 의심한 것 같지는 않다. 그러나 공기는 다른 세 원소들보다 감각을 통해 알아차리기가 더 어려운 만큼, 사람들이 공기를 궁극적인 원소로 여기는 것을 주저하리라 생각했던 것 같다. 그러므로 그는 공기의 본질적 성질에 대해 증명해 보이려고 했다. 그는 공기가 어느 정도 들어 있는 그릇을 물속에 넣으면, 공기가 빠져나오기 전에는 그 속에 물이 억지로 밀고 들어갈 수가 없다는 사실을 보여줌으로써 이를 증명했다.

그뿐 아니라 엠페도클레스는 뿌리들이 혼합체로 결합된 뒤에 다시 분리되는 작용원인(作用原因 ; agencies)에 대해 설명하려 했다. 이 작용원인에는 사랑과 미움, 두 가지가 있다고 그는 믿었다. 즉 사랑은 뿌리들을 결합하여 거시적 사물들(macroscopic things)을 이루게 하는 힘이며, 미움은 거시적 사물들을 분해하여 다시 그 원소들 하나하나로 돌아가게 하는 힘이다. 그는 이 힘들을 원소들과는 별개로 밖으로부터 원소들에게 작용한다고 생각했던 것 같다. 사랑과 미움에 대한 그의 견해가 얼마나 의인화(擬人化)되고 비유적(比喩的)이었던가는 오늘날 남아 있는 그의 단편들만 가지고는 쉽게 판단할 수가 없다. 사랑에 의해서 원소들이 결합되면 거기에는 조화와 평화가 깃든다. 미움에 의해서 원소들이 분리되면 싸움과 불화가 일어난다. 이렇게 질서와 혼돈이 서로 끊임없이 주기적으로 순환한다. *7

아낙사고라스 또한 다원론적 견해를 이어간 사람이었으나, 세부적인 부분에서는 엠페도클레스와 의견이 달랐다. 아낙사고라스는 거시적 대상들의 성질이 매우 다양하기 때문에 원소의 종류를 흙·공기·불·물 네 가지로 제한할 수는 없다고 생각했다. 그는 수많은 종류의 궁극적 원소 또는 입자가 있다고 추론하여 이 원소들을 종자(種子 ; Seeds, Sphermata)라 불렀다. 이 종자는 수적으로는 무한하며 크기가 대단히 작은 것이다. 온갖 종류의 성질들은 이들 종자 가운데 어느 것이 지니고 있는 성질들이다. 그리고 한 복합물의 성질이라는 것은 여러 종류의 종자들이 혼합되어 그 복합물을 형성할 때 우세한 위치를 차지하는 종자로부터 온 것을 말한다. 종자들 가운데에는 다른 어떠한 것들보다도 더 순수하고 더 기체성을 띠거나 더 미묘한 종류도 있다. 이러한 것은 다른 것들처럼 복합물 속에 들어가 뒤섞이지 않으나 그럼에도 불구하고 만물을 지배하는 힘이며, 모든 것을 움직이게 하는 원인이 된다. 이것을 아낙사고라스는 '정신(精神 ; mind, nous)'이라 불렀다. 이것이 바로

---

*7 엠페도클레스는 그 후세 사람 아낙사고라스와 데모크리토스처럼, 여기에서 다루지 않은 문제들에 대해서도 사색했다. 그는 물질적 충격이 동물 몸에 감각을 일으키는 과정에 대한 이론을 폈다.

인간에게 생명을 불어넣어주며, 온 우주에 질서를 부여해준다. 아낙사고라스를 비판하는 사람들은, 플라톤 같은 고대의 비판자들까지도, 아낙사고라스가 그의 정신 이론을 충분히 이끌어 가지 않고 사건들이 나타나는 방식을 기계적으로 설명하고 있다고 불평했다. [*8] 그러나 아낙사고라스를 변호하는 관점에서 본다면, 그는 정신(mind)을 하나의 물질적 실체(material substance)로 여겼기 때문에, 정신이라는 관점에 따른 설명과 기계론(mechanism)적 관점에 따른 설명과의 차이에 결코 생각이 미치지 못했으리라 추측할 수 있다.

데모크리토스는 '웃는 철학자'라 불렸으며, 다원론적 견해를 날카롭고 철저하게 주장했다. 그는 다원론의 한 체계를 세웠는데, 이는 그리스가 후세 철학사상에 이바지한 위대한 공헌이자 주요한 철학적 관점의 하나가 되었다. 그는 물질의 궁극적 단위는 그 이상 분할될 수 없는 것이라 주장하고, 이것을 '원자(原子 ; atoma)'라 불렀다. 그러나 원자에 대한 그의 견해는 엠페도클레스나 아낙사고라스가 주장한 뿌리나 종자의 개념과는 다른 것이었다. 사상적으로 볼 때 그는 분명히 두 가지 점에서 발전된 견해를 취한 사람이었다. 첫째로 그는 여러 원자들은 오직 크기와 형태에 있어서만, 즉 양적인 측면에서만 서로 다르다고 주장했다. 그리고 거시적 대상에서 볼 수 있는 질적 특성들을 원자에 대해서는 인정하지 않았다. 그의 주장에 따르면, 복합물이 질적 특성을 지니게 되는 이유는 동질의 원자들이 결합하는 구조 방식 때문이라 한다. 따라서 우주 안에서 양은 질보다 더 궁극적인 것으로, 다시 말해 질은 양의 작용으로 생겨난다고 한다. 그러므로 모든 과학적 설명은 질적 차이를 분해하여 그 바탕이 되는 양으로써 정확히 측정하여 나타낼 수 있어야 한다. 둘째로 운동·변화·성장·쇠멸 등을 사랑·미움·정신과 같은 외적 힘에 기대어 설명하지 않았다. 오히려 그는 운동을 원자의 고유한 성질로 보았다. 그러므로 모든 변화는 원자 자체의 본성에 따라서 일어난다고 주장했다. 변화가 일어나는 것은 사실은 그 변화 과정 속에 있는 원자들의 자연적·자발적 결과라는 것이다. 엘레아 학파가 공간을 부인한 것과는 달리 데모크리토스는 텅 빈 공간(the void)의 실재성(the reality)을 긍정했다. 물론 공간

[*8] 〈파이돈 Phaedo, Phaidon〉, 97~99.

이 실체는 아니다. 하지만 그것은 원자들이 움직이기 위한 하나의 필수 조건이다.

텅 빈 공간이 없다면, 원자들로부터 우주 여러 과정을 이루고 있는 수많은 종류의 사물들은 생겨날 수 없으리라. 그리하여 데모크리토스는 '운동에 대해서는 기계론, 구조에 대해서는 원자론, 실체에 대해서는 유물론'*9이라는 견해를 나타냈다. 데모크리토스에 대해서는 여러 성찰들이 전통적으로 전해 오고 있지만, 그의 사상 가운데 가장 핵심적 이론으로 기억할 만한 것은 원자(atoms)와 공간(the void)에 대한 이론이다. *10

7. 과학적 전통

식민지 시대 그리스 철학은 후세에 전해 온 양식이 단편적이고 심지어 전설적인 부분까지 있었음에도 서양문화 전통에 크나큰 공헌을 했다.

이제까지 모든 세기를 통해 열매를 맺어 온 몇몇 사상들이 이 식민지 시대에 이르자 처음으로 세상에 모습을 드러냈다. 동물의 새로운 종(種)이 재래종의 우연한 환경 변화에서 생겨난다는 생각, 태양과 유성처럼 지구도 허공에 매달려 있다는 생각, 영원하지 않은 세계들이 계기적(繼起的 ; 연속적)으로 나타난다는 생각, 불변하는 자연 법칙을 끊임없이 변해가는 사물이나 사건들에 적용할 수 있다고 하는 생각, 보이는 현상(appearance)과 실재(reality) 사이의 구별, 물질의 원자적 구성에 대한 생각—이러한 생각들은 그것을 뒷받침해 줄 증거가 도저히 없을 것 같은 상상에 의해 이루어졌으면서도 여러 시대에 걸쳐 지적 자극을 불러일으켜 왔다. 또 후세 사람들로 하여금 더 충분한 증거를 찾도록 시도하게 하며, 모든 서양문명의 지적인 분야를 다채롭게 수놓아 왔다. 더 가치 있다고 할 수 있는 성과는 피타고라스의

---

*9 George Santayana, Three Philosophical Poets(3대 철학시인) (Cambridge, Mass, Havard University Press, 1910), p. 27.

*10 그는 프로타고라스의 상대주의(相對主義)에 대해 어떤 반박을 했고, 도덕에 대한 몇몇 이론을 지지했다고 한다. 프로타고라스의 상대주의에 대한 그의 반박론은 프로타고라스에 대한 플라톤의 반박이 역사적으로 더 중요시되었기 때문에 얼마간 잊혀졌다. 그의 도덕적 관점은 쾌락주의적 발전의 한 부분으로서 뒤에 퀴레네 학파, 에피쿠로스 학파의 전통과 관련하여 논할 것이다. 3장 1절 참조.

통찰, 즉 수(數)가 우주에서 일어나는 사건들의 얼크러진 구조를 알 수 있도록 효과적인 하나의 방법을 인간에게 제시해 준다는 통찰이다. 특히 16·17세기, 그리고 다시 20세기에서도, 과학자들이 자연의 설명 원리를 공식화하기 위하여 수학을 이용할 때면 언제나, 피타고라스는 사람들이 누리는 지적 생활의 중심인물이 되고 있다.

그리스 식민지 철학자들이 지니는 중요성은, 역사가가 서양문화에 기여한 자신들의 공헌을 소아시아나 메소포타미아의 여러 큰 제국(帝國)들과, 더욱이 그다지 주목받지 못한 이집트 사람들의 사고방식 등과 나란히 놓고 비교해 볼 때 더 분명해진다. 이러한 나라들에서는 지적 생활이 거의 전적으로 성직자 계급에 의해 기성 종교 이익을 이론적으로 수호하기 위하여 이루어졌다. 동양과 그리스의 정신 활동 사이의 대조는 물론 절대적인 것은 아니다. 그리스 사상가들의 주요한 관념들을 얻어 온 원천은 그리스가 아닌 곳들 —특히 이집트—이었다. 또 그리스 사상가 가운데에는 과거의 통속적 터부(禁忌)를 다시 부활시킨 피타고라스 학파들처럼, 독창적 진보 노선을 걷기보다는 오히려 과거로 되돌아가는 반동적 보수주의자들이 있었던 것도 사실이다. 그러나 이 같은 사실들을 모두 인정한다 하더라도 과거에 대해 우리가 알 수 있는 한, 식민지 시대 그리스 철학자들이 이들과 같은 시대나 이보다 시대적으로 앞선 모든 사상가 가운데에서 가장 뛰어나다고 역사가들이 단정하는 것은 마땅한 일이라 하겠다. B.C. 6세기에서 B.C. 5세기 사이에 아주 뛰어난 철학자들은 오래전부터 있어 온 우주개벽론(宇宙開闢論)을 따르던 계층의 사람들이 아니었다. 이들은 주위 세계를 새롭게 바라보며, 이 세계를 자신들이 발견한 사실을 토대로 분석함으로써 설명하려 했다. 자신의 경험이 미칠 수 없는 것들에 대해 말할 경우에도 스스로 관찰한 사실들에 비추어 자기들의 생각을 철저히 실험해 보았다. 이들은 생각을 실험하기 위해 꼭 필요한 관찰들에 대해 조건들을 세워 나가며, 관찰된 사실들을 실험을 통해 단계적으로 보충해 나갔다. 이들은 연구 대상이 될 수 없을 만큼 신성불가침적인 것이 있다고는 생각하지 않았다. 어떤 것을 귀중하다는 의미에서는 신성하다고 여겼으나, 연구와 비판의 대상에서 벗어날 수 있다고는 생각지 않았다.

그리스 식민지 철학자들이야말로 과학적 정신을 바탕으로 하는 서양문화의 원천이라 말할 수 있다. 이들이 세운 전통은 서양문화 역사상 주기적으로 흥망성쇠를 되풀이해 왔지만, 그 근원을 전에 나타난 어떤 중요한 사상으로도 거슬러 올라갈 수는 없다. 오늘날 과학이라는 말은 때로 논쟁거리가 되기도 한다. '아주 과학적'이라 말할 때, 이것은 마음이 따뜻한 사람, 도덕적인 사람, 종교적인 사람과는 대조되는 말, 또는 어떤 사건을 나타내고는 있지만 그것을 정당하게 뒷받침할 만한 증거를 갖지 못한 채 제 의견만 고집하는 그 밖의 방법들과 대조되는 말로 사용되고 있다. 그러나 그리스 식민지 철학자들에게는 과학적이라 함은 '탐구 정신'을 말한다.

따라서 과학이라는 말을 이 같은 대조적 의미로 해석하는 것은 옳지 않다고 하겠다. 이로써 과학이란 세계와 인간과 사회 같은 현상들(things)에 대하여, 편견 없고 꾸준한 성찰을 통해 얻은 지식이라 말할 수 있다. 과학적 정신은 하나의 성실한 호기심—말하자면 옛 전통에 사로잡혀 관찰력을 흐리게 하거나 판단력을 왜곡하지 않는 호기심이다. 바로 이러한 정신적 유산은 그리스 식민지 사상가들로부터 물려받은 '과학적 정신'으로 충만한 서양 문명 안에 지금까지 면면히 이어져 내려오고 있다. 이 정신적 유산이야말로 문화적으로 볼 때, 이 과학 정신으로 나타난 다채롭고 훌륭한 사상들보다 훨씬 더 중요한 것이다.

제2장 아테네 철학

1. 그리스의 소피스트들

프로타고라스(Protagoras, 480~410 B.C.) : 아브데라 출신.

고르기아스(Gorgias, 483~375 B.C.) : 레온티노이 출신.

히피아스(Hippias, 420 B.C. 경 활약) : 엘리스 출신.

프로디코스(Prodikos, 420 B.C. 경 활약) : 케오스 출신.

트라시마코스(Thrasymachos, 420 B.C.경 활약) : 칼케돈 출신.

이소크라테스(Isocrates, 436~338 B.C.) : 아테네 출신.

그리스 식민지에서 우주론적 사색이 사라지기에 앞서 한두 세대 동안 그리스인들 사이에는 또 하나의 철학적 움직임이 일어났다. 이 움직임은 기원전 5세기 후반 국력과 부의 절정에 이르렀던 아테네가 그 중심이었다. 그 대표적 인물들은 보통은 아테네 본토인이 아니라 그리스 여러 도시에서 온 사람들이었다. 이들은 아테네가 자기들의 뜻을 펼쳐나가기에 알맞은 조건을 갖추고 있다고 여겼다. 이 시기는 페리클레스 시대라고 불리며 정치적 업적, 문화의 번영, 그리고 예술의 위대함에 대한 인식 등이 그 어느 때보다도 널리 퍼져나갔다. 이처럼 아테네는 문화적 분위기 때문에 이름이 알려졌으므로, 수많은 사람들이 몰려와 머무르면서 사회에 참여했다. 이 같은 사람들 가운데 이른바 소피스트라고 불리는 이들이 있었다.

소피스트(sophist)라는 말은 전통적으로나 오늘날까지도 보통 비난하는 말로 사용되고 있다. 이는 지나치게 말을 꾸며대는 수사학적 허식, 얕은 지식, 심지어는 도덕적 불성실을 뜻하기도 한다. 옛 글귀가 잘 말해주듯 '좋지 않은 이론을 좀 더 좋게 보이려고 하는' 사람을 흔히 소피스트라 부른다. 그리고 그리스 역사상 이런 용어에 대해 부분적으로나마 증명해줄 만한 건들이 실제로 있었다. 플라톤은 소피스트를 '부유하고 뛰어난 젊은이들을 돈을 받고 낚아채는 사냥꾼'이라 평가했다. 아리스토텔레스는 소피스트의 특징을 '피상적인 지혜로 말장난을 하여 돈을 벌려는 사람'[*1]이라 표현했다. 플라톤과 아리스토텔레스가 이 같은 평을 한 B.C. 4세기에는 소피스트의 활동이 이미 타락해 있었기에, 이 정도 비난은 받을 만했다. B.C. 5세기에는 소피스트의 활동이 전성기를 맞았는데, 이들은 스스로를 '지혜로운 사람(智者 ; wise men)'이라 부르면서 지적 오만을 부리는 것으로 악명이 높았다. 이들은 거리낌없이 자기들이 훌륭한 예절, 사회적 성공을 위한 기술, 그리고 적절한 화술을 통해 집회를 움직이는 방법, 정치적 출세를 위한 술수 등을 가르친다고 주장했다.

소피스트들의 우쭐거리는 태도가 다소 오만했다 하더라도, 이들의 활동은 그리스 철학 발전에 큰 공헌을 했다. 이 공헌이란, 이들이 문화적·예술적·정치적 문제들에 대해 커져가는 지식인들의 순수한 지적 호기심을 만족시켜 줄 수 있는 이론적 토대를 마련했다는 사실이다. 이것은 페리클레스 시대의 눈부신 사회적 성취와 더불어 이룩한 철학적 성취라 말할 수 있다. 식민지 철학자들의 우주론적·자연주의적 관심을 이어간 몇몇 소피스트들도 없지 않았지만, 그 활동의 중점은 어디까지나 근본적으로 인간 중심적이었다. 따라서 이들의 활동이 그리스인의 생활에 미친 영향은 철학적 탐구의 대상을 물리적 자연으로부터 인간에게로, 이해 관계를 초월한 과학으로부터 실제적 인간 문제에 대한 근본적 관심에로, 좀 더 궁극적인 것으로부터 좀 더 직접적인 것에로, 세계에 대한 분석으로부터 세계를 다루는 기술과 방법의 제시로 바꾸어 놓았다는 사실이다. 이들이 관심을 기울인 분야는 문법과 수사학, 웅변술과 시학(詩學), 여러 문학적 양식들, 그 밖에 교육과 정치학 등이었다. 이들은 우주론적 탐구 문제에 대해서는 반드시 그런 것은 아니지만, 어떤 만족할 만한 해결을 얻는 가능성에 대해서는 대체로 회의적이었다. 알 수 없는 수수께끼 같은 객관적 세계에서도, 인간은 시민의 한 구성원으로서 사회 생활을 해 나가면서 자기의 능력을 유리하게 발전시켜 나갈 수 있다고 믿었다. 소피스트들은 예의 바르고 세련되고 세계주의적이었으며, 이 세계의

---

*1 Platōn, *The Sophist*, 223b. Aristotelēs, *De Sophisticis Elenchis*, 165a22.

번영을 누리며 살고 싶어했다. 이들은 잘산다(living well)는 말의 두 가지 의미, 즉 안락하거나 호화롭게 산다는 의미와, 고상하거나 훌륭하게 산다는 의미를 혼동한 것으로 보인다. 아마도 이들은 안락한 삶이 바로 훌륭한 삶이라고 때로 생각했던 것 같다.

소피스트라는 이름은 오늘날 흔히 나쁜 뜻으로 사용된다. 이러한 의미의 소피스트들은 플라톤이 묘사한 바로 그 소피스트들을 말한다. 이 장 첫머리에 소개된 사람들 가운데, 그 저서가 오늘날까지 전해 오는 사람은 이소크라테스뿐이다. 그는 화려한 문체로 교훈적인 논문들을 훌륭히 썼다. 그 밖에 다른 소피스트들은 현존하는 저서로서 알려진 게 없다. 플라톤은 그들을 주로 비체계적이며 냉정하고 매우 풍자적인 인물들로 그리고 있다. 플라톤은 히피아스에 대해 기억술을 발명한 사람이라고 익살맞게 칭찬하고 있다. 프로디코스에 대해서는, 거의 같은 뜻을 지닌 말들의 의미를 자세히 구별해 보려고 매우 부자연스런 잔꾀를 부렸다고 썼다. 플라톤이 진지하게 살펴본 사람은 프로타고라스, 트라시마코스 그리고 고르기아스였으며, 이들 가운데 호의를 가지고 다룬 사람은 프로타고라스뿐이다.

프로타고라스는 예로부터 '인간은 만물의 척도(尺度)이다'[2]라는 명제(命題)로 잘 알려져 있다. 우리가 프로타고라스에 대해서 아는 것은 모두 이 명제 속에 내포된 사상의 부연 설명으로서 다루어지는 것들이다. 프로타고라스는 모든 현상을 인간 자신에게 나타나는 그대로, 인간관계에서 작용하는 상황에 맞추어 판단해야 할 필요성에 대해 강조하려는 것으로 보인다. 그는 엘레아 학파와 피타고라스 학파, 또 다른 식민지 철학자들의 우주론적이거나 수리적(數理的) 사색과 같은, 자신에게는 환상적인 과장으로밖에 보이지 않는 것들을 거부했다. 그는 엘레아 학파로 하여금 감각의 명증성(明證性; evidence)을 배격하게 만든 변증법적 방법을 반대했다. 우리가 날마다 맞닥뜨리는 일상적 경험 대상들을 분석하여 뿌리나 종자(種子), 또는 관찰이 불가능한 원자(原子) 같은 것으로 설명하려는 원자론자들의 이론에 대해서도 반대했다. 또한 정사각형의 변과 대각선(맞모금)은 아무리 작은 단위라 하여도 공통 단위에 의해서는 측정될 수 없다는 피타고라스의 주장에도 반대

---

*2 Platon, *Theaetetus*, 152a.

했다. 실재(實在)의 속성을 무한정자(無限定者)나 수(數)나 점(點)과 같은 추상물에다 귀일(歸一)시키려는 데 대해서도 반대했다. 그는 이 모든 이해하기 어려운 이론에 반대하면서, 소박한 인간의 관점에서 직접 보거나 만져보거나 하며 여러 감각 기관을 통해 실제로(actually) 경험하는 것들만이 실재적(real)이라고 주장하려 했다. 아마도 그는 인간이 자기의 감각을 믿지 못하면 모든 분별 능력을 잃게 된다고 생각한 것 같다.

그러나 프로타고라스의 사상을 중요하게 다루는 이유는, 아무런 성찰도 받지 않는 평범한 인간의 경험을 신뢰했다는 점에 있는 게 아니라, 이 신뢰를 바탕으로 그 이상의 사상을 품게 되었다는 데 있다. 때로 '상식적 믿음(common-sense beliefs)'이라는 것을 지지하는 사람들에게서 볼 수 있듯이 프로타고라스 또한 처음 의견을 그대로 주장해 나아가는 과정에서, 더 많은 근본적 암시들을 인식하게 된다. 왜냐하면 만일 감각을 통해 관찰할 수 있는 것만이 실재적이라고 한다면, 실재(實在 ; reality)는 사람에 따라 완전히 달라질 수도 있기 때문이다. 포도주는 건강한 사람에게는 달지만 병든 사람에게는 쓰다. 같은 물이라도 어떤 사람에게는 따뜻하게, 어떤 사람에게는 차갑게 느껴진다. 같은 순간에 바라본 빛깔과 형태도 사람에 따라 다르게 보이며, 같은 사람이라도 때에 따라 다르게 보일 수도 있다. 그리고 꿈은 실제 겪는 것처럼 지각되며 환각도 마찬가지로 사실처럼 지각되는 것이므로, 꿈이나 환각들도 사람이 볼 수 있는 다른 어떤 것 못지않게 실재적이라 말할 수 있다. 그리하여 프로타고라스는 스스로 인간을 만물의 척도로 보았기 때문에, 개인적 경험을 넘어 객관적이며 보편적인 실재에 호소할 방법이 없었다. 그로서는 인간의 모든 경험으로부터 독립해 있거나, 또는 여러 사람의 경험에 공통적으로 있는 하나의 세계를 상상한다는 것은 무의미했다. 사람의 의견은 으레 그 사람에게 나타나는 것을 토대로 세워지는 것이라고 프로타고라스는 주장한다. 다시 말하면, 지각한다(perceive)는 것이 곧 아는(know) 것이 된다. 그러므로 어떤 사람이 관찰하고 있는 무언가가 그 사람에게는 실재적이며 다른 사람에게는 실재적이 아닐 수도 있다. 마찬가지로, 어떤 사람이 믿고 있는 어떤 사실이 그 사람에게는 진리이며 다른 사람에게는 진리가 아닐 수도 있다. 이같이 프로타고라스가 자기의 명제를 발전시켜 감에 따라, 그의 이론은 실재와 지식 둘 다 '개인에 따라 상대적인 것'이라는 속성을 가지게 되었다.

　실재(實在 ; reality)와 지식(知識 ; knowledge)에 대한 이 노골적이며 제멋대로인 듯한 상대주의(相對主義 ; relativism)는 몇 가지 양식으로 다루어질 수 있다. 확실한 증거로 구별할 수 있는 한, 모든 소피스트들이 근본적으로 상대주의적 관점을 받아들인다고 생각할 수 있다. 그러나 소피스트들은 저마다 다른 방식으로 이 상대주의를 발전시켰다. 상대주의는 지나치게 자기중심적인 개인주의로 되어버릴 수도, 관습에 의해서 억제당할 수도 있었으리라. 고르기아스는 프로타고라스와 같은 시대의 소피스트로서, 위에 말한 두 가지 방법 가운데에서 개인주의 쪽으로 치우쳤다고 볼 수 있다. 그는 다음과 같은 기발한 주장을 한 것으로 잘 알려져 있다.

　"첫째로, 아무것도 존재하지 않는다. 둘째로, 어떤 것이 존재한다 하더라도 그것을 알 수는 없다. 셋째로, 어떤 것을 알 수 있다 하더라도 그 지식은 전달될 수 없다."

　이 난해한 주장의 참된 의미는 확실하지 않다. 그러나 이 주장은 아마도 다음과 같은 것을 의미하리라. 첫째로 어떠한 것도 관찰자에게, 그것이 나타나는 현상(現象)보다 앞서서 그 현상으로부터 독립적인 대상으로 존재하지 않는다는 것, 둘째로 이러한 대상이 존재한다 해도, 사람은 오로지 자신의 관찰에 의지할 수밖에 없으므로 그것에 대해 알 수가 없다는 것, 그리고 셋째로 우연히 어떤 사람이 현상으로부터 독립해 있는 대상에 대하여 어떤 지식을 얻었다 해도, 다른 사람들이 그 사람과 꼭 같은 관찰을 할 수가 없기에 그러한 지식을 다른 이에게 전달할 수 없으리라는 것이다. 실제로 고르기아스의 주장이 이와 같다면, 이 견해는 훨씬 보수적인 프로타고라스의 눈에 현명한 것으로는 보이지 않았을 것이다. 프로타고라스는 오히려 실제적 목적을 위해서는 사람은 주위 사람들의 공감에 의하여 받아들여진 대상이나 의견을 실재나 진리로 받아들여야 한다고 가르쳤다. 상대주의적 관점 위에 섰을 때 우리는 대체로 이 가르침을 따르게 된다. 그 이유는, 눈치 빠른 타협에 의해서 성공을 하게 되면 자기 자신의 개인적 견해를 주장한 근거를 갖지 못하게 되기 때문이다. 프로타고라스가 인간이 어느 정도까지 사회적 관습에 복종해야 한다고 생각했는지는, 오늘날 정확하게 파악할 길이 없다. 그러나 알려진 바에 따르면 그는 적어도, 사람들이 자기 마음에 드는 의견만 지나치게 고집하는 것에 주의를 준 게 사실이다. 관습에 대한 올바른 존중은 개개인의 서로 다른 주장들을 효과적으로 조정할 수 있는 유일한 수단이다. 고르기아스는 관습을 무시하면서까지 상대주의를 강조한 것처럼 보인다. 이에 반대로 프로타고라스는 오히려 상대주의를 이용하여 사람들로 하여금 그들이 사는 시대와 도시의 관습을 적절하게 받아들여 원만한 관계를 유지하려 한 것처럼 보인다.

소피스트의 활동 가운데, 도덕 문제에 대한 그들의 상대주의적 적용은 가장 활발히 논의되고 있다. 우리가 알 수 있는 한, 소피스트들은 모두 이제까지의 도덕과 관습에 영향을 끼쳐 온 종교적 권위를 배격했다. 이들은 신의 존재 자체를 의심하며, 신이 존재한다 해도 사람은 자기 의지를 신의 의지에 예속할 필요는 없다고 보았다. 자기에게 좋은 것을 가장 잘 판단할 수 있는 것은 바로 자기 자신이라고 생각했다. 그리고 자기에게 좋은 것이란 다름 아닌 자신이 바라는 것이며, 자신에게 이익이 되는 것을 말한다. 어떠한 사람도 자기가 좋아하는 것을 신학적·정치적·사회적 억압 때문에 희생해야 할 의무는 없다. 플라톤의 〈대화편 Dialogues〉에서는 제우스가 모든 사람에게 '양심과 염치'*³를 주었다고 프로타고라스가 말한 것으로 되어 있다. 여기서 제우스를 내세운 것은, 프로타고라스에게는 단순히 하나의 수사학적 기교에 지나지 않는다. 그 견해의 요점은, 양심과 정의감은 인간의 내적 감정에서 우러나오는 개인적 신념으로서, 훈련을 통해 객관적 수정을 할 수 있는 것은 아니라는 생각이다. 사람들은 선악에 대하여 저마다 자신이 느끼는 바에 따를 뿐이다. 느낌이 서로 일치하지 않는 사람들 사이에서 객관적으로 타당한 논증의 근거란 있을 수 없다.

실재(實在)와 지식(知識)에 대한 이론과 마찬가지로, 도덕적인 측면에서의 상대주의 또한 철저한 개인주의로 빠져들든가 아니면 오히려 보수적인 방향으로 나아갈 가능성이 있다. 트라시마코스는 예로부터 철저한 개인주의 편에 선 사람으로 알려져 있다. 플라톤은 그를 '정의(正義)란 강한 자의 이익을 뜻한다'*⁴는 명제를 내세운 사람으로 묘사했다. 어떤 공동체 안에서 정의라 함은, 오로지 자기에게 복종하는 약한 대중들에게 자기의 기호나 취미

---

*3 *Protagoras,* 322.
*4 *Republic,* 제1권, 338c.

를 강요하는 가장 강한 사람의 의지일 따름이다. 물론 그가 내리는 벌을 성공적으로 피할 수만 있다면, 통치자의 의지를 전적으로 무시해도 좋을 것이다. 이로써 그는, 실제로 더 강한 사람은 그 통치자가 아니라 자신임을 증명해 보일 수가 있다. 그러나 프로타고라스는 다른 문제들과 마찬가지로 도덕적인 문제에 있어서도 상대주의를 극단적 개인주의로 몰고 가려 하지는 않았다. 그는 훨씬 더 신중해야 한다고 주장했다. 인생에서 성공하기를 바라는 사람은 자기 주위의 시선을 지나치게 무시해서는 안 된다. 그 이유는, 아무리 강한 사람이라 해도 자기가 속해 있는 도시나 공동체를 떠나 홀로 살 수는 없기 때문이다. 그는 지금 사회라는 구조 속에서 자기 목적을 실행해 갈 때에 더 많은 성공을 거둘 수가 있다. 확실히 어떠한 것도 처음부터 그 자체로서 좋다고 말할 수는 없다. 그러나 관습에 의해서 좋다고 말할 수 있는 것은 얼마든지 있다. 현명한 사람이란, 자신에게 이로움을 줄 수 있는 사회적 힘에다 자기의 취미와 욕망을 적절히 조화해 나갈 줄 아는 사람을 말한다. 현명한 사람은 주장할 때와 양보할 때를 안다. 관습은 시대에 따라 바뀌어 가며 집단에 따라 다르므로, 도덕이라는 개념도 바뀌어 간다. 아테네에서 좋다고 생각하는 게 스파르타에서는 나쁠 수도 있으며, 또 그 반대일 수도 있다. 잘살기 위해 사람은 변화하는 관습에 적응해 나가야 한다. 그러나 사람들의 사랑을 받고 다른 이들의 생각을 좌우할 수 있을 만큼 뛰어난 지성을 갖춘 사람에게는 어떠한 절대적·도덕적 명령도 구속력을 갖지 못한다. 그리고 어떤 사람이 매우 지성적이어서 자기 주변 관습을 받아들일 만한 지혜를 가지고 있다고 생각해 보자. 그렇다 하여도 자신의 욕망과 자기가 바라는 것을 가질 수 있는 기회에 대한 스스로의 평가 말고는 도덕적 문제에 있어서 어떠한 권위도 그를 지배할 수 없다.

2. 소크라테스

소크라테스(Socrates, 469~399 B.C.) : 아테네에서 태어나 아테네에서 생애를 마쳤다. 중류 가정 출신으로 아버지는 조각가이며, 어머니는 산파였다. 그는 아버지의 직업을 잇기 위해 훈련을 쌓았으나 마침내 이 직업을 버리고, 가족을 부양하는 데에는 관심을 두지 않았던 것으로 보인다. 그는 결혼한 뒤 자녀를 여럿 두었다. 부인 크산티페(Xanthippe)는 예부터 남편을 쥐고 흔든 사나운 여자로 전해오고 있다. 그러나 플라톤의 〈파이돈 Phaedo〉편이 믿을 만한 것이라면, 이들 부부는 서로 정이 두터웠다고 말할 수 있다. 그의 생애에서 가장 중요한 것은 도덕 문제에 대한 성찰이었다. 그는 자기 이야기를 듣고 싶어하는 사람이라면 누구든지 토론에 끌어들여 사람들 앞에서 끈기 있게 이 성찰을 수행해 나갔다. 길모퉁이에서나 광장이나 시장에서든, 언제나 그는 자기를 존경하는 사람이나 호기심 어린 방관자들에게 둘러싸이곤 했다. 그는 느닷없이 퍼붓는 직설적이 질문과 풍자적인 말들을 서슴지 않아 많은 적을 만들었다. 반면에 그의 인간적인 매력과 고결한 성품 때문에 친구들도 많았다. 그는 저술을 하나도 남기지 않았다. 그러나 그가 대화를 통해 사람들에게 끼친 영향은 매우 컸기 때문에, 그는 철학사에서 가장 중요한 인물로 인정받고 있다. 그와 가깝게 지내던 세 사람—플라톤·아리스토파네스·크세노폰이 그려낸 그의 모습이 오늘날에도 전해 오고 있다. 하지만 소크라테스에 대한 이 세 사람의 묘사는 일치하지 않으며, 우리에게는 이것들을 비교하여 어느 것이 확실한가를 판단할 만한 뚜렷한 근거가 없다. 이 가운데 플라톤이 전해준 묘사가 역사적으로 인정받고 있다. 따라서 플라톤의 〈대화편〉에 등장하는 소크라테스라는 인물이야말로 부당하게 이상화한 것이든 정확하게 그려놓은 것이든, 문학적 철학적 전통 속에 살아 숨 쉬고 있는 소크라테스인 것이다. 그는 성품이 밝고 재치가 있었으며, 만찬이나 연회를 즐겼다. 그는 마침내 '신을 모독하며 젊은이들을 타락시킨다'는 죄목으로 고발당했다. 아테네 의회는 유죄를 인정하여 그에게 사형 선고를 내렸다. 그의 재판과 죽음에 대해서는 직접 목격한 플라톤이 〈소크라테스의 변명 ; Apology〉〈크리톤 ; Crito〉〈파이돈 ; Phaedo〉에서 묘사하고 있다. 소크라테스의 인물됨에 대해서는, 아마도 플라톤의 생각을 담은 것이겠지만, 플라톤의 〈향연 ; Symposium〉 끝머리에서 알키비아데스의 입을 통해 잘 나타내고 있다.

소크라테스와 플라톤은 문헌 속에서 서로 얽혀 있기 때문에, 역사적 사실 부분에서 그들을 분리하여 논하기는 어렵다. 소크라테스는 플라톤의 〈대화편〉 가운데 후기 몇 편 말고는 모든 작품에서 대화를 이끌어 가는 주도적 인물로 등장한다. 플라톤이 소크라테스의 입을 통해 말한 것 가운데 어디까지가 소크라테스의 역사적인 말들이며, 어디까지가 플라톤의 문학적·철학적 천재성에 의해 보태어진 말들인지는, 오늘날 확신을 가지고 단정하기 어렵다. *5 이 문제에 대해 그럴듯한 하나의 가정은, 플라톤의 초기 〈대화편〉들은 그 내용이 주로 소크라테스적이며 후기 〈대화편〉들은 플라톤 자신의 성숙한 사상을 담고 있다는 것이다. 플라톤이 이끌고 간 성찰의 노선이 소크라테스에서 시작되었다는 것은 틀림없는 사실이다. 그렇지만 플라톤 또한 자신이 이어받은 사상의 테두리 안에 일생 동안 머물러 있었다고 생각하기에는 너무나도 날카로운 사상가였다. 그러므로 소크라테스가 심어 놓은 싹과 플라톤이 이룩한 발전 사이에 어떠한 분명한 경계선을 긋는다는 것은 불가능해 보인다.

소크라테스와 플라톤 사이에 사상적 구별을 할 수 있는 가장 유용한 방법은 소크라테스에 대한 아리스토텔레스의 비평에서 찾아볼 수 있다. 아리스토텔레스는 소크라테스를 직접 만난 적이 없었다. 그는 소크라테스가 세상을 떠나고 여러 해가 지나 태어났다. 그러나 플라톤과는 여러 해 동안 매우 가깝게 지냈다. 오늘날 우리는 플라톤 사상에 대해서 오로지 그의 〈대화편〉을 읽고 얻는 주관적 인상에 따라서 추측할 수밖에 없는 데 반해, 아리스토텔레스는 플라톤과 직접 토론을 했으므로 우리가 습득할 수 있는 것보다 더 많은 것을 플라톤으로부터 습득할 수 있었다. 아리스토텔레스가 저술을 한 것은 소크라테스가 아테네 사회에서 논의의 대상이 되고 나서 훨씬 뒤의 일이었다. 따라서 소크라테스의 가치를 과장하거나 깎아내릴 만한 어떠한 이유도 그에게는 없었을 것으로 보인다.

그러므로 우리가 아리스토텔레스의 견해를 받아들인다면, 우리는 소크라테스의 철학적 공헌을 평가할 수 있는 하나의 객관적인 지침을 갖게 될 것이

---

*5 최근의 가장 훌륭한 두 그리스 철학사가(哲學史家) 버넷과 테일러는, 플라톤의 〈대화편〉은 역사적 사실 그대로 인정할 수 있다고 주장했다. 그들이 이렇게 생각한 근거로는, 플라톤은 너무나 양심적이기 때문에 어떤 사람이 실제로 말하는 것을 듣지 않고서는 그 사람이 하지도 않은 말을 꾸며대지 못했으리라는 신념 때문이다. 이 극단적 견해에 대해 다른 학자들은 대부분 받아들이지 않는다. 그 견해를 물리치는 훌륭한 근거는 쇼레이(Paul Shorey)가 제시하고 있다. Paul Shorey, *What Plato said?* (Chicago, University of Chicago Press, 1933), p. 21.

다. *6 아리스토텔레스가 내린 이 평가를 적용하여 이것을 플라톤의 〈대화편〉에 연관지어 보면, 우리는 철학사에서 소크라테스의 위치를 다음과 같이 요약할 수 있다.

소크라테스는 도덕적 문제에만 파고들었다. 그리고 자연계에 대해서는 관심이 없었다. 오히려 그는 도덕적 문제에서 보편적 개념을 찾았다. 그는 정의(定義)라는 개념에 대해 처음으로 주의를 기울인 사람이다.

소크라테스가 관심을 가진 분야는 소피스트와 비슷했다. 그도 소피스트들처럼 이제까지의 우주론적 사색으로부터 시선을 돌려, 인간의 문제들에 대한 분석을 중심 과제로 삼았다. 그러나 그가 우주론적 문제에 관심을 기울이지 않은 이유는 소피스트들의 경우와 같지는 않았던 것으로 보인다. 소피스트들은 인간의 정신은 결코 물리적 세계의 본성에 대한 객관적이고 명백한 결론에 다다를 수 없다는 지각설(知覺說)을 주장했다. 이에 반대로 소크라테스는, 우리가 만일 플라톤의 〈대화편〉을 정당하다고 생각할 수 있다면, 소피스트들처럼 상대주의적인 것도 주관주의적인 것도 아니었다. 그는 많은 문제에 대해서 회의적이었다. 그러나 이것은 그가 완전한 회의주의에 이를 수밖에 없는 어떤 일반적인 인식론적(認識論的)사상을 품고 있었기 때문이 아니며, 근거 없는 억측과 참된 지식과의 차이를 그가 깨닫고 있었기 때문이다. 그는 어떤 사실의 문제에 대해서도 경험에 의한 명증의 필요성을 존중했다. 그러므로 경험하지 않은 어떠한 사실의 문제에 대해서도 의견을 품으려 하지 않았던 것으로 보인다. 플라톤의 글에서 소크라테스는, 자기가 무지하다는 것을 되풀이 고백하고 있다. 이 고백은 때로 말의 느낌을 살리기 위한 수사(修辭)적 목적을 위해 풍자적으로 말한 것일 수도 있겠지만, 그러나 참된 마음에서 우러나왔으리라 생각한다. 그는 재판을 받는 자리에서 아테네 사람들에게, 자기는 아낙사고라스처럼 태양은 신이 아니라 하나의 돌덩이라고 주장한 적이 없음을 증언했다. *7 그러나 이렇게 말했다고 해서 태양에 대한 자연주의적 설명이 도덕적으로나 종교적으로 위험한 짓이라고 생각한다

---

*6 Aristoteles, Metaphysics(형이상학), 9871b1—4. 1078b17—31.

*7 Platon, *Apology, 26c-d.*

는 암시 또한 조금도 주지 않는다. 오히려 그는 충분한 명증성이 없는 진리에 대해 의견을 고집하는 사람들과는 관계를 끊으려 했던 것으로 보인다. 그는 직접적으로 다룰 수 있는 문제나, 그 이유를 제시할 수 있는 문제만 다루려 했다. 무엇보다도 그는 도덕적 문제들에 대해 강조하려 했으며, 다른 사람들이 부적당한 성찰들을 억지로 이끌고 가며 이러한 문제들을 해결하기 어렵게 만드는 것을 그대로 내버려두지는 않았다. 그렇다고 그가 철학을 멸시한 것은 아니다. 다만 그는 억측으로 성급하게 결론지어진 의견과 주의 깊게 확증된 결론과의 차이를 예리하고 민감한 눈으로 지켜보았다.

소크라테스는 도덕론에 있어 소피스트들과는 정반대였다. 그는 객관적 타당성을 가진 기준에 따라 옳다고 증명되지 않는 한, 인간의 욕망을 신뢰하려 하지 않았다. 또 감정이라는 것에 대해서도 순수하게 선한 것으로 이끌어주는 지침이 된다고는 믿지 않았다. 언제나 그는 인간이 선택할 수 있는 어떤 특정한 목적을 넘어, 그 목적을 평가하고 판단할 수 있는 보편적 기준에 호소했다. 보편적인 것을 안다는 것 자체가 어려운 것일는지도 모른다.

그러나 보편적 개념이 존재함은 부인할 수 없으며 오랜 토론을 통해서 우리는 이 사실을 알아낼 수 있으리라. 보편적 개념에 대한 인식은 특정한 개념들을 판단하기 위한 예비적 과정이라 하겠다. 그러므로 언제나 소크라테스는 올바른 행위나 경건한 행위들을 예시함으로써 정의나 경건함의 본질을 논할 수 있도록 사람들을 지도하려 했다. 플라톤은 자주 소크라테스를 다음 구절*8처럼 특징적으로 묘사했다.

나는 그대에게 사람이 행할 수 있는 경건한 행위들을 말하도록 요구한 것이 아니라, 모든 경건한 행위를 경건하게 만드는 경건함 자체의 본질을 말하도록 요구했다.

소크라테스는 언제나—그에 대한 플라톤의 묘사를 보면—자신의 무지에 대한 겸허한 고백 속에서, 보편적인 것은 오랜 시간에 걸쳐 진지하고 끊임없는 지적 탐색을 통해 밝혀낼 수 있다고 하는, 확고한 신념을 암시해주었다.

---

*8 *Euthyphro*, 6d-e.

소크라테스의 주장에 따르면, 특수한 사물들이나 행위들은 관찰할 수는 있어도 정의 내릴 수는 없으며, 이와 반대로 보편적인 것은 정의 내릴 수는 있어도 감각적으로 관찰할 수는 없다고 한다. 그러므로 그는 도덕적 인식에 다다르는 수단으로서 감각을 경시하고 이성을 중시했다. 하지만 보편성은 귀납적 일반화를 통해서 찾을 수가 있다. 다시 말하면 보편적인 것이 나타나 있는 모든 사례에서 공통적 요소를 끌어와 찾아낼 수 있다. 그러나 이 방법에는 한 가지 피할 수 없는 문제점이 내포되어 있다. 왜냐하면 만일 보편성이 존재한다면 어떠한 것들인가를 알기 위해, 이보다 앞서 선택하고 기록하도록 우리를 이끌어 줄 보편적 지식을 또한 알고 있어야 하기 때문이다. 그렇기 때문에 소크라테스는 보편적 기준의 탐색을 거의 끝없는 탐구 과정으로 여겼던 것으로 보인다. 그는 결코 자신이 그 탐구를 끝냈다고 생각한 적이 없었다. 그러므로 그는 어떤 고정적으로 구체화된 도덕적 지식에 대한 옹호자가 되지는 않았다. 비유한다면, 그는 아테네라는 둔한 짐승을 자극하여 좀더 성실한 성찰을 하도록 이끌어 주는, 신께서 보낸 '등에(gadfly)'였다. *9 또 다른 비유를 든다면, 부인 대신 젊은이를 보살피고 아이를 낳는 대신 사상을 낳도록 도와주는 하나의 산파였다. *10 사람들이 탐구하는 보편적인 것의 정확한 본성에 대하여 궁극적 결론을 내리기까지는 못한다 하여도, 이렇게 탐구하는 가운데 틀림없이 많은 성취를 얻게 될 것이다. 사람들은 그 탐구를 통해 스스로를 더 잘 알게 되며, 자신의 능력과 한계를 더 잘 인식하게 된다.

소크라테스는 도덕적 성찰을 하도록 사람들을 격려하는 것이 자신의 사명이라고 생각했다. 그러나 이 사명에 대해서는 지나칠 만큼 신중하게 생각하면서도, 자기 자신에 대해서는 유머처럼 가벼이 여겼다. 그는 역사적으로 보았을 때 어떤 궁극적인 결론을 제시하고 고집한 사람이 아니라, 방법론과 목적을 제시해 준 사람이었다. 생애를 통해 그의 철학적 견해의 핵심은 플라톤이 전하는 다음의 한마디로 요약할 수 있다.

'성찰 없는 삶은 살아갈 가치가 없다(An unexamined life is not worth living).'

---

*9 Platōn, *Apology*, 30e.
*10 Platōn, *Theaetetus*, 149~150.

3. 플라톤

플라톤(Platon, 427~347 B.C.) : 아테네 귀족 출신. 젊은 귀족들은 보통 정치에 열렬한 관심을 가졌으나, 플라톤은 자기 나라에서 한 번도 활발한 정치 활동을 한 적이 없다. 성년이 되자 소크라테스의 제자가 되어, 소크라테스가 힘을 쓰던 토론에 열렬히 참여했다. 일생 동안 플라톤은 소크라테스의 인품과 철학적 탐구 정신과 탐구 방법에 의해 감동을 받아왔다. 그리고 아테네에서는 적극적인 정치 활동을 자제했으나, 매우 실제적인 부분에 관심을 쏟았다. 플라톤은 아테네에 '아카데메이아(Academy)'라고 불리는 널리 알려진 학교를 세웠다. 이것은 역사상 '아테네의 네 학교들' 가운데 첫 번째이며, 그 중요성에 있어서도 가장 으뜸가는 것이었다. 이곳에서 플라톤은 철학적 문제에 대해 강의하고 또 토론을 격려하며 이끌어 갔다. 이런 식으로 그는 사람들에게 개인 생활이나 국정에 있어 지침이 되리라 생각되는 원리들을 이해시키려 했다.

플라톤은 또 시라쿠사의 군주를 도와 이상적인 정치를 베풀게 하려는 바람으로 B.C. 367년과 그 뒤 한두 번 더 그곳에 다녀갔다는 기록이 있다. 그러나 플라톤의 올바르고 이상주의적인 노력은 보이지 않는 반대와 음모에 부딪혀 마침내 실패하고 말았다. 오늘날 플라톤의 저서들은 그 전부가 그대로 전해지고 있는 것으로 추측된다. 그것들은 대화 형식으로 되어 있으며, 대부분 소크라테스가 대화를 이끌어 가고 있다. 본디 소크라테스는 토론을 통해 문제에 다가가기는 하지만 분명한 결론에는 이르지 않았던 것으로 유명한데, 플라톤 전기의 〈대화편〉들은 소크라테스가 주제로 다루던 토론들을 성찰한 것이라 말할 수 있다. 후기의 〈대화편〉, 특히 〈국가편〉은 주의 깊게 짜인 철학적 견해들이 모순 없는 하나의 체계를 이룰 수 있도록 일정한 원리들을 확립하려 시도하고 있다.

이 밖에 플라톤의 이름으로 전해 오는 것으로 정말 그가 쓴 것인지 논의가 이어져 온 편지 13통이 있다. 이 편지들 가운데 비교적 내용이 길고 중요한 것은 실제로 플라톤이 썼다고 여겨지는 것으로서, 이것이야말로 그의 자서전적 사료(史料)가 되며 나아가 중요한 철학적 평론을 제공해준다고 볼 수 있다. 저서나 아카데메이아에서의 가르침을 통해 플라톤이 끼친 영향은, 그 무렵에는 물론 오늘날까지 2000년 넘게 서구 문명 속에 강력한 하나의 힘으로서 맥을 이어오고 있다.

플라톤 철학은 그 표현 형식이 철학자 대부분과는 다르다. 그는 철학에 대해서, 그리고 철학은 물론 실제로 모든 문제에 대해서도 체계화된 논문으로 발표하지는 않았다. 플라톤은—그의 일곱 번째 편지가 실제로 그가 쓴 것이라면—자기의 철학을 결코 저술 형식으로 축소하여 발표하는 일은 없을 것이라고 말하기까지 했다. 그에 따르면, 철학이란 다른 학문처럼 논술화될 수 있는 것이 아니라, 오로지 가까운 정신적 교제를 통해서만 사람의 영혼 속에 불꽃을 일으킬 수 있는 것이다. *12

그러나 실제로는 철학적 문제들을 철저하고 끈기 있게 다룬 많은 〈대화편〉을 저술했다. 이 〈대화편〉들은 스승 소크라테스의 방법론이나 목표에 대한 하나의 성찰로서뿐만 아니라, 플라톤 자신이 아카데메이아에서 철저하게 실천한 교육의 범례들이라고 볼 수 있다. 이는 플라톤과 그의 제자들 사이의 인격적 접촉 속에서 이루어진 결과라고도 하겠다. 전기의 소크라테스적 〈대화편〉들은 비록 그 토론들이 어떤 확실한 결론을 맺고 있지는 않더라도 언제나 자기들이 추구해 나아가는 분석 과정에서 확고한 신념을 보여주고 있다. 그러나 플라톤 자신의 독립적인 사상이 보다 많이 서술된 후기 〈대화편〉들은 아주 신중하게 분명한 결론을 내리고 있다. 이 다양한 신념과 결론들을 플라톤 자신과의 공감적 관점에서 종합하여 플라톤 철학이라 불러도 좋을 것이다.

플라톤의 〈대화편〉은 여러 인물을 묘사하여 사상을 다각적으로 표현하고 있다. 여기에 등장하는 인물로는 늠름하고 충동적이며 부도덕하면서도 다정한 알키비아데스, 허영심 많고 어리석은 파벌주의자 유티프론, 씩씩하고 탐구심 많은 젊은이 테아이테토스 등이 있다. 또 그 가운데에는 여러 유형의 소피스트, 즉 뽐내기 잘하는 트라시마코스, 고결한 프로타고라스, 아는 체하는 프로디코스 등도 있다. 그러나 무엇보다도 이 〈대화편〉들은 소크라테스에 대해 자세하게 말해 주고 있다. 또 소크라테스가 무례하리만큼 날카로운

---

*12 제 7편지, 341c-d.

질문의 화살을 던져 사람들을 괴롭힘으로써 마침내 그 가운데 몇몇을 격분하게 만든 이유와 과정을 설명해 준다. 왜 그가 친구들이나 숭배자들에게 사랑을 받았는지 그 이유도 밝혀 주고 있다. 이 묘사들은 역사적으로 믿을 만한 부분도 있고, 미심쩍은 부분도 있다. 알키비아데스에 대한 그의 묘사에서는, 투키디데스가 악의에 차서 폭로한 바와 같은 부패나 공공연한 배신 등은 찾아볼 수 없다. 플라톤이 그려낸 소크라테스는 크세노폰이나 아리스토파네스가 그려낸 소크라테스와는 같지 않다. 역사적으로는 불확실할지 모르나, 모든 묘사가 철학적으로는 큰 의미를 지니고 있다. 왜냐하면 이것들은 추상적인 사상을 구체적인 형태로 나타낸 것으로서, 인물들을 관찰하는 과정에서 독자를 이 추상적 사상으로 이끌어가기 때문이다.

이 〈대화편〉은 반어법을 사용하면서도 진지한 토론을 이어가는 가운데 서로 사상을 주고받는, 참으로 지성적인 희곡이라고도 말할 수 있다. 예를 들면 〈라케스 *Laches*〉는 용기나 사내다움을 토론하고 있다. 〈고르기아스 *Gorgias*〉는 웅변술을 가르치려는 소피스트의 주장을 다루었다. 〈파이돈 *Phaedo*〉은 죽음의 의미와 영혼의 운명을 성찰한 것이다. 〈향연 *Symposium*〉과 〈파이드로스 *Phaedrus*〉는 사랑의 본질과 그 저속하거나 고상한 형태를 성찰하고, 이 여러 형태의 사랑이 영혼에 끼치는 영향들을 생각해 보게 한다. 〈프로타고라스 *Protagoras*〉와 〈메논 *Menon*〉은 덕(德)을 가르칠 때의 그 가능성과 방법에 대해 토론한 것들이다. 〈티마이오스 *Timaeus*〉는 우주의 구조에 대한 그 무렵의 몇 가지 이론을 소개하고, 우주론에 대한 몇몇 심오한 암시들을 보여 준다. 〈국가편〉(*Politeia*; *Republic*)은 인간과 국가를 위한 바르고 훌륭한 삶에 대해 정의를 내리고, 인식에 대한 이론과 교육의 방안을 제시한 것이다.

플라톤의 〈대화편〉에 담긴 철학에 대해 생각해 보면, 두 가지 목적을 이루어냈다고 말할 수 있다. 즉 한편으로는 끊임없이 생각하도록 우리를 이끌어 준다. 이 과정들은 어떤 관념을 취하여, 그것을 정의하고 그 안에 함축되어 있는 의의를 찾아가게 한다. 그러므로 최초의 관점이 되는 주장으로부터 필요한 결론을 지향해 나아가며 남겨 놓은 관점들을 하나하나 끄집어내는, 말하자면 논리적 분석에 따른 방법이라 말할 수 있다. 만일 우리가 원한다면 이것들은 어떤 관념의 의의를 그것의 진리에 대해 미리 동의하지 않고 살펴볼 수 있게 해준다. 이러한 분석적 방법을 따르는 〈대화편〉들은 플라톤의 전기 작품으로서 소크라테스의 영향이 강할 때 쓰인 것들이다.

반대로 후기 〈대화편〉에서는 논리적 분석에다 자기가 사색해 오던 문제에 대한 객관적 진리를 확립하려는 노력을 더하고 있다. 예컨대 〈국가편〉에는 이 두 의도가 다 나타나 있다. 그 첫째 권—어떤 비평가들은 이것이 원래 독립된 하나의 〈대화편〉이었을지도 모른다고 생각한다—은 소크라테스적이며, 나머지 대부분은 플라톤의 독자적 색채를 더 분명히 나타낸다고 볼 수 있다.

그 이유는 먼저 정의(正義)라는 관념이 갖는 여러 형태의 의미와 함축성을 비판적으로 관찰한 다음에, 나아가 '정의'라는 말에 대해 정의를 내림으로써, 식견 있는 사람이 사태를 바르게 평가하고 건전하게 행동하기 위해 따라야 한다고 여겨지는 합리적 규범이나 기준을 그가 확립하려 했기 때문이다. 따라서 플라톤은 비록 체계적인 논문은 남겨 놓지 않았지만 그 자신이 모든 인간 문제를 체계적으로 연구하고 마침내 해결하기 위해 기틀이 될 수 있다고 믿었던 하나의 철학적 견해를 밝힌 것만은 사실이다. 플라톤은 이 견해에 대해, 누구든지 진정으로 잘살기를 바라는 사람에게는 결코 없어서는 안 될 것이라고 생각했다. 자기보다 앞서 사상을 펼친 몇몇 사람들과 같은 시대에 살아가는 많은 사람들을 날카롭게 비판하면서 어떻게 하면 사람들이 혼란 속에서 질서를, 변화 속에서 안정을, 의혹 속에서 확실성을 가장 잘 찾을 수 있는가를 제시해 주려 했다. 왜냐하면 그가 역설하고 있듯이, 우리 인간이 영광스럽게도 이성적 동물로서 인간의 참모습이 가능해지고 그 특권인 훌륭한 삶을 누리게 되는 것은, 오직 질서와 안정과 확실성을 얻을 때에만 가능하기 때문이다.

플라톤의 덕(德)에 대한 사상

플라톤은 철학적 관심을 이끌어내는 주제들을 여러 분야—윤리학·정치학·논리학·인식론·미학·형이상학 등—에서 탐구했다. 그러나 이 가운데 가장 큰 관심을 가지고 다른 분야로까지 이끌어간 핵심적 분야는 윤리학이었다. 플라톤의 가장 초기 작품으로부터 가장 후기 작품에 이르기까지 언제나 그가 직간접으로 그 의의를 찾기 위해 몰두한 가장 큰 문제는, 인간에게 가장 훌륭한 삶이란 무엇인가 하는 것이었다.

플라톤이 인간다운 훌륭한 삶을 다루는 데 기반을 둔 것은, 때로 공존할 수 없는 서로 다른 견해들과 함께 이미 전부터 그리스의 도덕적 전통 안에 있던 개념이다. 플라톤은 이 개념을 밝혀서 다른 견해들과 분명하게 대립시키는 데 천재적 재능을 지니고 있었다. 이 개념은 어떤 것의 좋은 상태는 그 사물의 가장 성숙한 모습, 다시 말해 가장 완전하게 발전된 모습이라는 것이다. 그렇다면 인간에게 있어서도 또한 좋은 상태란 그가 가진 잠재적 모습의 완성이라 말할 수 있다. 물론 다른 사물들에도 제각각 완성된 모습이 있을 것이다. 그러나 우리 인간이 본질적으로 가장 깊은 관심을 나타내며 깨닫고 성취하려는 것은 특히 인간에게 고유한 좋은 상태란 무엇인가 하는 것이다. 그래서 우리는 이 부분을 특별하게 부른다. 이것은 플라톤이 사용한 그리스어로는 '아레테(arete)'라 부르는 것으로, 흔히 '덕(德;virtue)'*13이라고 번역된다. 그러므로 플라톤이 말한 의미에서의 덕은 단순한 결백, 즉 악의 결여가 아니라 오히려 적극적인 탁월성의 성취이며, 인간의 온갖 능력이 이상적으로 발휘되어 완성에 이르는 것을 뜻한다.

플라톤은 자기가 말하고자 하는 '덕'이란 개념의 여러 의미에 대해 거듭 설명했다. 인간의 천성은 도덕적인 것만은 아니다. 실제로 인간의 천성은 선하지도 악하지도 않다. 그러나 이러한 천성은 마치 가공되지 않은 재료와 완성된 제품의 관계처럼 덕의 성취와 관계가 있다고 한다. 또 인간성 가운데 어떠한 타고난 요소에 대해서도 우리는 그것을 악이라고 비난하거나, 발전된 삶 속에서 그 정당한 위치로부터 배제해서는 안 된다. 어떠한 타고난 요소라도 그것을 전적으로 받아들이든가, 제멋대로 내버려두든가, 또는 다른 요소들을 지배하고 억압하게 해서는 안 된다. 플라톤의 생각에 따르면 인간다운 좋은 삶이란 인간성에 잠재되어 있는 모든 소질을 총체적으로 발전시킴으로써만 실현될 수 있다. 다시 말하면, 이러한 생활은 금욕을 통해서가 아니라 온갖 능력을 지속적인 활동 속에서 적극적으로 실현해 감으로써 성취될 수 있다. 플라톤이 피타고라스 학파들로부터 빌려와 표현한 말에 따르면, 인간의 선(善;good) 또는 덕(德;virtue)은 하나의 조화(harmony)를

---

*13 영어의 어원을 생각한다면 덕(德;virtue)은 'arete'의 적절한 번역이라 하겠다. virtue는 '인간'을 뜻하는 라틴어 'vir'에서 온 말이다. 그러므로 덕은 '인간다움' 또는 '사내다움'을 뜻한다. 이는 충분히 실현된다면 인간에게 가능한 완전성을 구체화할 성질이다.

뜻한다. 그러므로 훌륭한 인간이란 '자기 집 안을 잘 정돈한' 사람이라고도 말할 수 있다. 적절한 지도와 현명한 계획이 없다면, 사람은 여러 충동이 서로 갈등을 일으켜 마침내 혼란 상태에 빠져 버리든가, 어느 한 가지 충동에만 사로잡히게 될 것이다. 그러나 적절한 지도와 현명한 계획이 있다면, 질서가 지배하는 조화된 짜임 속에서 잘 조절된 갖가지 관심 대상을 얼마든지 성취해 나갈 수가 있다. 훌륭한 인간이란 마침내 완전히 자기 자신으로 돌아간 사람이라고 말할 수 있다.

이 같은 기본적 생각을 분명히 드러냄으로써 플라톤은 그 무렵 다시 퍼져 나가고 있던 다른 이론들을 물리쳐버렸다. 사실 플라톤의 기본 생각은 다른 두 이론의 중간적인 태도를 취하면서, 이 이론들이 제각기 가진 특성과 이 이론에 내재된 불충분성에 대해 상세한 분석을 제시해 주었다.

어떤 사람들은 사람다운 고유한 삶을 자기 밖에 있는 어떤 권위에 대한 복종이라고 생각했다. 이 외적인 권위란 시민의 법률이나 사회의 관습 같은 인간적인 권위일 수도, 신의 섭리 같은 신적인 권위일 수도 있다. 그러나 이러한 유형의 이론은 그것이 세속적 형태를 띠든지 종교적 형태를 띠든지, 우리가 느끼지 못하는 사이에 인간의 도덕적 자율성을 부인(否認)하게 된다. 플라톤이 사회의 관습을 존중하며, 시민의 법률에 대해서는 더 중요하게 여긴 것만은 사실이다. 그는 관습이나 법률에 대하여, 그것들이 모두 과거 사람들의 많은 경험을 통한 가르침이므로 함부로 반대하지는 않았다. 그렇다고 이것들을 그 자체로서 필연적 구속력이 있는 것으로 생각하지도 않았다. 법률이나 관습은 따라야 할 어떤 기준(standard)에 의해 평가되어야 하는 것이며, 그 자체가 기준이 되어서는 안 된다. 플라톤은 자신이 존경하는 소크라테스를, 때로는 법의 명령을 대담하게 무시하기도 하고 때로는 경건하게 받아들이는 사람으로 묘사했다. *14 마찬가지로 플라톤은 종교적 권위라는 것도 인위적 명령이나 사회적 강제를 뛰어넘는 어떤 궁극적인 것으로는 인정하지 않았다. 플라톤은 사람들이 자기 나라의 기성적 종교 의식에 참여하는 것은 적합한 행위라고 생각했다. 플라톤은 이러한 의식 참여를 훌륭한 취미 가운데 하나 정도로 여겼던 것 같다. 그러나 이른바 신의 명령을 절대적인 것으

---

*14 *Apology*, 31과 *Crito*, 51-54 참조.

로 받아들이는 게 도덕적으로 건전하다고는 생각지 않았다. 어느 때인가 플라톤은 소크라테스의 입을 통해서, 신이 어떤 행동을 원하기 때문에 그 행동이 올바른 것인가, 어떤 행동이 바르기 때문에 신이 그것을 원하는가에 대해 물은 적이 있다. *15 플라톤이 소크라테스로 하여금 대변케 한 그 대답은 분명했다. 신의 뜻이라 하여도 객관적 도덕적 타당성을 가진 기준에 따라 판단되어야 한다는 것이다. 아무리 신의 능력이 크다(신이 존재하고 또 그러한 능력을 가지고 있다고 하나의 사실로서 가정할 때—이 점에 대해 플라톤은 그 어떤 주장도 하지 않았지만) 해도 명령에 의해서 올바른 것을 그릇되게, 또는 그릇된 것을 올바른 것으로 생각하게 만들 수는 없을 것이다. 만일 신이 진정으로 인간의 고유한 도덕적 성실성과 일치하기를 바라지 않는다면 그러한 신의 뜻은 도덕적인 것이라 말할 수 없으므로 정당하게 인간의 순종을 받지는 못하리라 생각했다. 종교도 정치나 사회 현상과 마찬가지로 도덕적 비판의 재료가 되는 것이며, 이러한 비판을 올바르게 내리기 위한 근본적인 기준은 될 수 없다고 보았다. 종교나 정치나 사회 생활 그 어느 것이라도 올바르게 나아간다면, 인간의 실천적 삶에 지대한 공헌을 하는 게 사실이다. 그러나 이것들은 이런 실천에 대한 수단 정도로만 평가되어야 한다. 이것을 사람이 외적 권위로 삼고 복종해야 할 궁극적인 목적으로 떠받드는 것은 옳지 않다.

또 어떤 사람들은, 권위주의에 반발하여 주관주의적 태도에 부응했다. 여기서 플라톤은 소피스트들을 공격하고 있다. 이들은, 인간은 자기가 바라는 것이면 무엇이든 할 수 있는 도덕적 권한을 가지며, 자기가 가슴 깊이 품고 있는 욕망이 있다면 무엇이든 만족시킬 수 있는 권리가 있다고 생각했다. 이런 극단적 견해는 트라시마코스가 〈국가편〉에서 정의(正義)에 대하여 강자의 이익 *16이라고 표현한 데에서 찾아볼 수 있다. 좀 더 부드러우면서도 교활한 형태로 나타난 것은, 인간에게 좋은 것은 자기가 가장 원하는 것이라는 소피스트적 가르침에서 찾아볼 수 있다. 그러나 강자는 물리적 힘에 호소하든 또는 정치적 지배에 호소하든, 자신에게 최선의 이익이 무엇인지 알고 있을 수도, 모르고 있을 수도 있다. 또 힘을 행사하는 사람들 가운데에는 일그

---

*15 *Euthyphro*, 10a.

*16 *Republic*, 제1권, 338c.

러진 삶의 방식을 다른 사람들에게 강요하는 폭군이 나올 수도 있다. 욕망은 인간이 본질적으로 지닌 모든 잠재 능력을 언제나 자각하게 하지는 않는다. 욕망은 난폭한 힘과 마찬가지로 비판받을 필요가 있다. 사람에게는 자신이 바라는 것보다 더 많은 것, 또는 자신이 바라는 것과는 다른 것이 필요할지도 모른다. 도덕적 비판의 주요 과제 가운데 하나는, 인간이 가진 능력의 전체적 실현과 조화를 인간 스스로 간절히 바라게 하는 방법과 수단을 찾는 일이다. 오직 이 능력들과 그것의 가장 조화롭고 완전한 실현을 위하여 논리적 분석에 따라 여러 욕망이 철저히 성찰되었을 때에만 우리는 그 욕망들이 선한 삶을 위한 조건에 일치함을 알 수 있게 된다.

완전한 국가와 선한 인간

플라톤 철학의 기본 개념은, 어떤 것의 좋은 상태는 그 사물의 가장 성숙한 모습, 즉 가장 완전하게 발전된 모습에 있다는 것이다. 플라톤은 이 신념을 펼쳐 나가는 과정에서, 많은 질문을 끊임없이 던지고 또 답해야 했다. 그리고 이 잇따른 문제들에 대한 해답에 따라 도덕철학 체계를 이루었다. 다른 문제들 가운데에서 플라톤의 견해를 이해하는 데 가장 중요한 것은 다음의 세 가지이다. 첫째는 인간 본성의 성숙한 발달이 곧 인간의 덕(德)을 이룬다고 하는, '인간의 본성은 무엇인가' 하는 것이다. 둘째는 '인간이 완성 단계에서 찾아낼 인격의 특질은 무엇인가' 하는 문제이다. 셋째는 인격의 성장은 '어떤 방법에 의해 가장 효과적으로 이루어질 수 있는가' 하는 문제이다. 이들 가운데 첫째 문제에 대해서는 인성론적·심리학적 분석이 필요하다. 둘째 문제에 대해서는 도덕적 평가 기준으로 이용될 규범에 대한 정의가 필요하다. 셋째 문제에 대해서는 교육 이론에 대한 계통적 설명이 필요하다. 이들 세 문제들은 밀접한 관계를 이루며 서로 의존하고 있다.

인간의 본성을 살펴볼 때에 플라톤은 하나의 유추법(類推法 ; analogy), 두 사물이 여러 부분에서 비슷하다는 사실을 근거로 다른 속성도 비슷할 것이라 추론하는 방법을 사용했다. 그런데 이 유추법은 플라톤이 왜 이 방법을 끌어들였는지 그 목적을 거의 잊게 할 만큼 그 자체로 흥미를 끌게 되었다. 플라톤의 말에 따르면, 국가(도시 국가)는 '하늘을 배경으로 범위가 확대된' 하나의 인간과 같다. 국가는 일반인보다 더 크기 때문에 관찰하고 분석하기가 좀 더 쉬운 것뿐이다. 국가 안의 사회적 계급, 이 계급들 사이에 있을 수 있는 여러 관계, 사람들로 하여금 저마다 사회적 지위에 맞는 일을 수행하도록 교육하는 방법, 그리고 여러 사회 계급마다 특별히 갖추어야 할 덕과 전체로서의 국가가 특별히 갖추어야 할 덕—이 모든 유추의 핵심은 인간다운 훌륭한 삶을 이해하는 것과 깊은 관련성이 있다. 윤리학과 정치학은 긴밀한 연관성을 가지고 있기 때문에, 그 어느 쪽도 따로 철저히 분리해서 논할 수는 없다. 그리고 플라톤은 이 유추를 치밀하게 수행해 가는 과정에서 자기의 이론 속에 내포된 정치적 부분에 서서히 관심을 가지게 된 것이 분명하다. 이런 점에서 개인은 조직적인 사회 생활 참여를 통해서만 자신의 인간적 발전을 실현할 수 있다고 보는, 그리스 사상의 가장 구별되는 특징을 플라톤은 보여주고 있다. 그러므로 인간에 대한 연구를 사회적 맥락에서 수행해 가지 않을 수 없었던 것이다. 그러나 플라톤이 정치학적 유추(類推)를 떠올렸을 때 맨 처음 주제는 인간 개개인이었고, 자기의 주도면밀한 정치학적 성찰의 궁극적 관심도 한 개인으로서의 인간에 있었다는 사실을 잊지 않았다.

플라톤에게 미루어 짐작하는 출발점은, 국가는 분업의 원리에 따라 조직된다는 점에서 개인들의 단순한 집합체와는 다르다는 주장에서 비롯되었다. 다른 사람들을 위해서 어떤 사람들은 식료품을 마련하고, 어떤 사람들은 집을 짓고, 또 어떤 사람들은 의료품을 만들고 한다는 점에서 다르다는 것이다. 직업의 가짓수는 국가가 점차 커지고 부강해짐에 따라 거의 무한하게 늘어날 수가 있다. 다른 사람들의 수요나 오락이나 위안을 위해서 도움이 되는 일에 종사하는 사람들은 모두 생산자 계급을 이룬다고 볼 수 있다. 그러나 국가는 단순히 생산자들의 계급만으로 이루어지는 것은 아니다. 국가의 안녕과 행복을 위해서는, 시기하는 이웃 나라들의 공격으로부터 국가를 보호하면서 질서를 유지하고 공동 생활을 통솔할 만한 사람들을 선출할 필요가 있다. 플라톤에 따르면, 선출된 사람들은 또 다른 두 계급을 이루게 된다. 이 가운데 어떤 사람들은 국내외 적들로부터 나라를 보호하는 전사(戰士)가 되며, 다른 사람들은 시민의 복지를 위해 정책을 결정하고 계획을 세워 나가는 통치자가 된다. 이 통치자들은, 군인들로 하여금 나라를 방어하고 수호하게 하며 동시에 국가 전체를 위하여 생산자들이 자기 일에 종사할 수 있는 환경들을 제공해 준다. 이로써 국가는 플라톤이 묘사하고 있듯이, 생산자·

전사·통치자 세 계급으로 이루어진다.

그러나 국가들마다 서로 다른 우열의 차이가 있다. 국가가 완전무결하기 위한 필요조건으로는, 질서가 바로잡혀 있어야 한다는 것이다. 그리고 질서가 바로잡힌 국가는, 완전한 국가를 이룰 충분한 조건을 갖추게 된다. 바로 이러한 국가에서 우리는 플라톤의 철학이 추구하는 덕, 즉 절제와 용기와 지혜와 정의의 덕을 발견할 수 있다. 그러나 플라톤은 〈대화편〉에서 꼭 같은 덕목들을 제시한 것은 아니며, 때로는 신성함(piety)이라는 것도 포함했다. 그러나 특히 강조한 것은 위에서 말한 네 가지 덕이었다. 실제로 플라톤은 후세 사람들이 전통적으로 플라톤의 주요한 4덕이라고 지칭한 이 덕을 언제나 강조해서 역설했다. 관례적으로 플라톤의 덕에 대한 명칭의 번역어로 사용되고 있는 영어 virtue는 본디 플라톤이 뜻했던 충분하고 풍부한 의미를 제대로 전달하지 못하고 있다. 그러므로 우리는 플라톤의 '덕'이 뜻하는 모든 의미를 충분히 살피도록 반드시 주의해야 한다.

플라톤은 이러한 덕들이 질서가 바로잡힌 이상국가 안에서 구체적으로 어느 계급에 필요한지 설명하려 했다. 지혜(wisdom)는 물론 지배 계급에 깃들어 있어야 한다. 이것은 각 분야의 생산자들이 저마다 자기 업무의 능률적 완수를 위하여 반드시 갖추어야 하는 기술적 지식을 뛰어넘는 것이다. 또 이것은 하나하나의 목적을 이루게 하는 수단을 뛰어넘는 것이다. 오히려 지혜는 온갖 능률적 솜씨나 자유자재로 사용 가능한 수단들을 가장 잘 이용하여 그 실현을 기대하고 꿈꿀 수 있게 하는, 궁극적이며 포괄적인 목적에 대한 지식이다. 이것은 한 국가의 시민이 하나의 전체로서 성취하려는 목적에 대한 지식이고, 국가라는 공동 생활에 참여하는 모든 사람이 누려야 할 이상적 가치에 대한 지식이며, 참된 통일 국가가 열망하는 완전한 탁월성에 대한 지식이다.

용기(courage)는 전사 계급에 고유한 덕이지만, 육체적 용맹을 뜻하는 것은 아니다. 물론 용기에는 이러한 용맹도 포함되는 것은 사실이지만, 무엇보다도 마음을 흐트러트리는 향락에 탐닉하지 않고 절박한 고통에 대한 두려움을 극복하는 굳은 신념도 포함된다. 이것은 지혜로운 통치자로 하여금 국가 번영에 필요한 목적들을 충실하게 이행할 수 있게 한다.

절제(temperance)는 국가 전체에 걸쳐 누구나 갖추고 있어야 할 덕목이다. 이것은 '다만 어떤 일부 사람들에게만 요구되는 용기와 지혜 같은 것이 아니라', '국가 전체를 통하여, 약자 계급과 강자 계급과 중간 계급 사이에 지혜나 힘이나 그 숫자나 부(富)에서 좀 더 강하거나 약한 차이는 있더라도, 하나의 조화를 이루게 하는 덕'이다.*17 다시 말하면 절제는 균형의 원리이며, 모든 계급의 이해관계에 마땅히 요구되는 덕목이다. 이것은 꼭 필요한 것을 올바르게 평가하고, 하나의 인간으로서 자신의 존엄성이나 다른 이의 감정을 존중하는 등 모든 활동에 있어서 훌륭한 감식력을 갖게 한다. 그러므로 이 절제야말로 자기 자신 안에서, 그리고 한 시민으로서 맺은 다양한 관계 안에서 한 인간이 도덕적 조화를 이루게 한다.

플라톤이 말한 네 번째 덕은 정의(正義 ; justice)이다. 그러나 플라톤은 이 정의라는 덕을 다른 덕들과 동등한 또 하나의 덕으로 생각지 않았다. 오히려 플라톤은 정의를 다른 덕들이 함께 모여서 이루게 될 궁극적인 것으로 보았다. 이 덕은 모든 계급과 모든 사람이 다른 덕들을 발휘하고 서로에게나 국가 전체에 필요한 모든 임무를 완전히 수행할 때, 한 국가의 기능에 생기는 훌륭한 성질이다. 이것이 없다면 다른 덕들은 발휘하기 어렵게 되며, 그들의 원래 모습에 대한 불완전한 모방에 지나지 않게 된다. 이 정의라는 덕으로 인해 다른 덕들도 생기는 것이며, 또 다른 덕들은 모여서 이 정의라는 덕을 이루게 된다. 플라톤은 이 네 가지 덕은 관념상으로는 서로 구별할 수 있으나 현실적으로는 따로 떨어져 존재할 수 없다고 생각했다. 그는 언제나 '덕은 하나다'라고 말했다.

용기와 절제는 지혜가 없이는 있을 수 없고, 절제 없는 용기는 하나의 도발적 도전이 되며, 용기 없는 절제는 무력해진 평범함밖에 되지 않는다. 국가는 원칙적으로 하나의 통일체이다. 그러므로 현존하는 국가들은 몇 가지 덕의 결합에서 오는 한 국가의 완전성을 어느 정도 갖추고 있는가 또는 결여되어 있는가 하는 정도에 따라서 평가되어야 한다. 그리고 이 완전성을 그는

---

*17 *Republic*, 431-432 참조. 그 뒤 여러 세기를 통해 전통적으로 플라톤이 강조하는 덕에 대한 정의는 그 의미가 자주 모호해졌다. 때로 지혜는 자신의 일에 대한 타산적인 존중으로, 용기는 육체적 용맹으로 타락해 버렸다. 절제는 특히 그러했다. 이것은 하나의 금욕, 곧 이 세계의 온갖 유혹이나 식욕 같은 욕망들에 대한 단순한 절제로 인식되어 버렸다. 정의(正義)는 단순히 법률적인 개념이나 재산을 다룰 때의 정직함으로 뜻이 축소되어 버렸다.

디케(dike)라는 말로 나타냈다. 그런데 이 그리스어가 유감스럽게도 영어로는 '정의(正義, justice)'라는 말로 번역되고 있다.

플라톤은 국가에 대한 유추를 점차 개인에게로 적용해 갔다. 세 부류의 사회 계급은 세 '영혼의 부분들', 즉 인간 본성의 세 요소를 나타낸다. 생산자계급에 비교되는 것으로서는 인간 의식 속에 일어나는 욕망이나 감정 또는 욕정(慾情, passion) 같은 것이 있다. 이것은 때로 궤도를 벗어나 걷잡을 수 없게 되는 경우가 많기 때문에, 엄격하게 훈련되고 지도되지 않으면 사람을 광적인 방종과 무질서한 행동으로 이끌어 가기가 쉽다. 전사 계급에 비교되는 것으로는 기개(氣槪; spirit)가 있다. 인간의 본성 속에 있는 이 요소는 결코 다른 도덕적 전통에서 말하는 정신성을 뜻하는 게 아니다. 기개라는 것은 흔히 '기개 있는 사람'이라고 말할 때처럼 역동적인 기운이나 기백을 뜻한다. 그리고 통치자 계급에 해당되는 것은 지성 또는 이성(理性, reason), 즉 판단하고 예측하고 비판하고 알아내는 인간의 능력이다. 이 능력은 인간만이 가지고 있는 것으로, 이것이 바르게 사용되어 그 기능을 발휘할 때야말로 인간은 인간으로서의 영예를 얻게 된다. 완전한 인간이란 이 세 가지 부분이 뚜렷하게 각각 특징을 나타내면서 하나의 통일체를 이루고 있는 사람이다. 그리고 인간이 어떤 종류의 사람이 되는가는 이들 세 요소가 어떻게 발전하면서 서로 관계를 맺어 가는가 하는 데 있다. 플라톤은 인간에 대해 검은(욕정) 말과 흰(기개) 말 두 필을 몰이꾼(이성) 한 사람이 몰고 가는 마차에 비유했다.*18 한 국가의 통치자들이 그 국가를 통솔하고 체계화하기에 적합한 유일한 계급인 것처럼, 인간의 이성은 우리의 삶을 주재하고 통합하기에 적합한 유일한 요소이다. 통치자가 국가를 위해서 존재하듯이, 이성은 인간을 위해서 존재한다. 그러므로 단순히 최고 계급이나 최고 계급 일부가 아니라 이성을 가진 인간 전체가 도덕적 비판을 받아야 할 존재라 말할 수 있다.

플라톤에 따르면, 훌륭한 국가가 되기 위해 필요한 덕은 훌륭한 사람에게도 필요한 것이다. 지혜는 이성이 인간 사회의 조직적 삶에 고유한 목적을 파악하고, 인간의 본성에 속하는 다른 모든 요소를 통합적으로 실현해 나가

---

*18 *Phaedrus*, p. 246.

도록 이끌어 갈 때 생긴다. 용기는 기개가 어떤 자극적 열정이 제안해 오는 유혹을 물리쳐 버리고, 자연의 사건이나 사회의 부당성이 위협해 오는 고난이나 고통 앞에 굴복하기를 거부하면서 오로지 이성의 지시에 충실하게 복종할 때에만 생긴다. 그리고 절제는 인간의 많은 욕망이 저마다 다른 이들의 이익을 방해하지 않고 모든 인간의 삶을 통합적으로 풍부하게 하는 데 꼭 필요할 만큼만 표현될 때 나타나는 덕이다. 다시 말하면 이것은 하나의 균형이다. 이로써 복잡한 인간이 하나의 조화로운 존재가 되어, 모든 잠재 능력을 통합적인 활동 속에 아낌없이 발휘하여 내적 부조화가 사라지게 되면 마침내 정의가 실현된다. 그러므로 국가에서처럼 개인에게 있어서도 기초가 되는 세 가지 덕은 질서가 바로잡힌 사회 전체의 훌륭한 덕목을 이루게 된다. 인간의 도덕적 가치는 각 계층의 부분적 발전에서뿐만 아니라 그 각 부분들이 어떻게 결합되는가에도 달려 있다고 말할 수 있다. 그 어느 곳에서도 정의는 오직 통합된 전체 안에 있는 조화로운 인간에게서만 찾아볼 수 있는 것이다.

교육론(敎育論)

플라톤의 철학은 본래 도덕적 관심에서 출발했기 때문에 마침내 교육론에서 열매를 맺었다. 인간의 본성과 인간의 완성(完成)에 대한 플라톤의 관점은, 원시적 본성(the original nature)을 완성(fulfillment)이라는 궁극적 상태로 변화시켜 갈 방법에 대해 탐구하게 만들었다. 플라톤은 국가와 인간의 본성을 각각 세 계급과 세 요소로 보았던 것처럼, 국가가 시민을 훈련하고 인간이 스스로 올바른 발전을 이룩할 수 있는 세 가지 방법을 찾아냈다. 완전하게 도식적이지는 않지만 서로 밀접하게 관련된 문제에 대한 플라톤의 이론은 매우 체계적인 것으로, 다음과 같이 요약할 수 있다.

```
생산자 ┐
전  사 ├─ 국가를 이룸
통치자 ┘
```

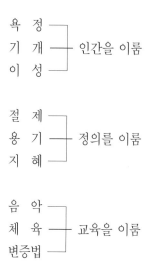

욕 정 ┐
기 개 ┼── 인간을 이룸
이 성 ┘

절 제 ┐
용 기 ┼── 정의를 이룸
지 혜 ┘

음 악 ┐
체 육 ┼── 교육을 이룸
변증법 ┘

　플라톤은 어느 경우에서나 세 부분으로 구별했는데, 이 부분들이 올바른 관계를 맺을 때에는 통합된 완전체를 이룬다고 보았다.

　플라톤의 교육론에서 음악과 체육은 기본 훈련의 주요 과제가 되어 있다. 이에 대한 플라톤의 모든 논의(discussion)가 전적으로 확실한 것은 아니지만, 질서 잡힌 국가의 젊은이들은 남녀 모두 이 두 기본 과목으로 훈련을 받아야 한다고 생각했음이 분명하다. 플라톤은 남녀 성별에 따라 사회적 차별을 하는 것을 원치 않았다. 그는 국가가 건강한 출산을 위해 일정한 노역(勞役)을 면제해 주어야 한다고 말했다. 그러나 이것 말고 다른 점들에서는 남자든 여자든 생산자들의 생산 활동이나 전사들의 군대 생활, 통치자들의 정치 생활에 참여해야 한다고 생각했다. 그래서 모든 젊은이는 제각기 자신에게 알맞게 음악과 체육 훈련을 받아야 한다고 주장했다. 누구라도 훈련의 혜택을 받지 못하게 되면 바로 그 순간부터 그는 교육 과정으로부터 밀려나, 자신이 속할 사회적 계급이—심지어는 특정한 계급 안에서도 그 지위가—결정되고 만다. 오직 음악과 체육 훈련 과정을 마친 사람만이 통치자 계급에 필요한 변증법(辨證法)적 교육을 계속해서 더 받을 수 있었다.

　플라톤이 사용한 음악(music)이라는 말은 오늘날 영어가 가진 뜻보다 훨씬 더 많은 의미를 포함한다. 즉 음악은 그리스 사회에서는 뮤즈(Muse) 신이 주재하는 예술 전반에 대한 명칭으로 되어 있다. 플라톤이 자세히 다룬 부문을 보면, 문학과 음악이라 불릴 만한 것들이 있다. 플라톤이 연구 분야들을 전체적으로 활용한 것은, 사람의 태도를 상냥하게 하고 감수성을 부드럽게 하며, 자신의 취미에 대한 가치를 분별할 수 있게 하기 위해서였다. 플라톤은 그즈음 실시되던 과목들이 이러한 유익한 성과를 올릴 수 있다고는 조금도 생각하지 않았다. 그래서 그는 이들 과목을 엄격하게 지도하고 관리할 것을 주장했다. 플라톤은 신과 영웅에 대해서, 죽음의 공포에 대해서, 또는 사악한 자가 행복해지고 바른 자가 불행해지는 일에 대해 엉뚱하게 이야기하는 것을 막으려 했다. 또한 듣는 사람으로 하여금 너무 유약하거나 난폭한 마음을 불러 일으키는 곡을 연주하거나 화음을 사용하는 것도 금지해야 한다고 생각했다. 플라톤은 절제된 예술은 도덕적 목적을 위해서 바람직하게 이용될 수 있으며, 젊은이들의 마음속에 절제의 덕을 북돋워 주리라 믿었다.

플라톤은 도덕적 목적을 위해서 체육도 지지했다. 음악이 영혼에게 좋듯이 체육은 신체에 좋다는 사람들의 말을 인정했다. 처음에 플라톤은 이 새로울 것 없는 기존의 생각을 그대로 받아들이다가, 얼마 지나서 곧 수정했다. 그 이유는, 육체적 원기·건강·체력·미모 등은 신체적 장점들이지만 영혼에도 영향을 주기 때문이다. 이것들은 정신을 깨끗하고 씩씩하게 해 주며, 강한 기질과 굳센 의지를 갖도록 이끌어 준다. 국가가 바라보는 관점에서는 체육은 훌륭한 전사를 길러내게 하며, 인간의 관점에서 본다면 용기라는 덕을 길러줄 수 있다.

플라톤은, 사람들 대부분은 음악과 체육을 공부하는 어느 기간까지만 교육을 받을 수 있다고 믿었던 것으로 보인다. 그러나 몇몇 사람에게는 그 예비적 훈련 과정을 마치고 교육을 이어갈 만한 자격이 있다고 그는 믿었다. 이들 몇몇 사람이란, 더 높은 수준의 훈련으로서 좀 더 오묘하고 어려운 지혜의 덕을 기를 수 있는 지적인 귀족들을 말한다. 분명히 한 국가가 정책을 세우거나 한 인간이 출세를 하기 위해서 단순한 추측이나 제한된 경험에 따른 세속적인 생각만을 좇을 수는 없다. 우리가 잘살기 위해서는 그때마다 변하는 일시적인 의견(causal opinions)을 뛰어넘는, 곧 참다운 인식(genuine knowledge)을 가지고 있어야 한다. 플라톤은 그의 이 같은 도덕적 성찰과 관련된 인식의 문제를 고려하지 않을 수 없었다. 그리고 이 문제에 대한 플라톤의 답변들은 그리스의 인습적 학설들과는 너무나 거리가 먼 것들이었기 때문에 흔히 플라톤 철학의 주요 핵심 부분으로서 다루어진다. 이는 우리 인간으로 하여금 훌륭한 삶을 살아가게 하려는 그의 탐구심에서 나온 것들임을 생각한다면, 그를 가장 잘 이해할 수 있을 것이다.

인식론(認識論)

플라톤은 그의 모든 〈대화편〉에서 세속적 생각(俗見, opinion)과 인식(認識, knowledge)에 대해 철저하고 절대적인 구별을 짓고 있다. 물론 세속적 생각과 인식의 차이는 확실성의 정도에 있다고 할 수 있다. 그러나 이 모든 차이점들이 확실성의 정도에만 그친다면 그 구별은 오로지 상대적인 것에 불과하리라. 세속적 생각이 제아무리 훌륭해도 개연성(蓋然性, probability)의 테두리를 넘지 못하며, 인식은 그보다 아무리 못해도 절대적으로 확실한 것이다. 이 차이와 이에 대한 설명의 배경을 이루는 것은, 세속적 생각과 인식이 저마다 관련된 두 대상 사이의 구별이다. 이 점에서 플라톤은 소크라테스의 주장을 받아들였으며 또 그것을 발전시켰다고 말할 수 있다. 세속적 생각이란 일어나는 어떤 개별적 행위나 존재하는 어떤 개별적 사물, 또는 개별적 행위와 개별적 사물의 어떤 집합체에 대한 판단이다. 이 모든 개별적인 것들(particulars)은 누가 보아도, 이제까지의 자기 자신과는 다른 것으로 되어 버리거나 또는 현재 상태 그대로 있지 못하고 끊임없이 변해 가고 있다. 그것은 덧없고 우연한 것이며, 어떠한 고정불변의 것으로 특징짓기는 어렵다. 그러나 이에 대하여 인식은 플라톤에게 있어 이데아(또는 form ; 이념, 순수한 이성에 의해 얻어지는 최고 개념)라 불리는 다른 대상에 대한 것이다. 이데아는 개별적인 것과는 달리 지성으로만 알 수 있는 대상으로 고정적·불변적이고, 시간의 경과에 따라 손상되지 않는 것, 그러므로 영원한 것이다. 이 같은 이데아가 '인식'의 대상이기 때문에, 인식은 존재할 수 있고 신뢰할 수 있으며 또 틀림이 없는(exact) 것이다.

개별자와 이데아 사이의 관계는 플라톤이 꾸준히 노력을 기울여 온 대상이었다. 우리는 모래밭 위에 여러 원들을 그린다. 그러나 기하학자는 참된 의미의 '원'을 다룬다. 우리는 한 옥타브(음정)의 음을 내기 위해 악기의 두 현을 조절한다. 그러나 과학적으로 훈련받은 음악가는 두 현이 만일 똑같이 팽팽하다면, 길이가 2대 1의 고정 비율을 갖지 않으면 안 된다는 사실을 알고 있다. 우리는 어떤 사람을 정의롭다고 생각할 수 있다. 그러나 지혜가 있는 사람은 정의(正義)의 본질(本質)에 대한 정의를 내린다. 개별자는 이데아를 따르고 모방한다고 플라톤은 늘 말했다. 이에 반하여 이데아는 개별자들이 조금이라도 타당하게 따르고 모방할 수 있는 이상(理想 ; 생각할 수 있는 가장 완전한 상태)을 밝혀준다. 원의 이데아는 오직 하나밖에 없으며, 원에 가까운 원형(圓形)은 무수히 많다. 정의의 이데아는 오직 하나밖에 없으며, 조금이라도 올바른 인간은 수없이 많다. 플라톤은 우리가 개별적인 것들의 일반화에 의해 이데아의 인식에 이를 수는 없다고 생각한 것으로 보인다. 그 이유는 개별적인 것들이 아무리 적합한 이데아의 필요 조건에 가까이 다가간다 하더라도, 이데아가 지니는 완전성을 남김없이 구현하지는 못할 것이기 때문이다. 어떤 개별적인 것들을 본다든가 또는 그 밖의 양식으로 감지한다는 것은 우리의 정신을 자극하여 이데아를 직관할 수 있도록 해 주는 계기가 될는지 모른다. 그러나 이데아(idea)는 우리가 보든가 듣든가 하여 감지하는 개별자들 가운데 하나는 결코 아니다.

눈에 보이거나 손으로 만져지는 것만이 실재적(實在的 ; real)이라는 생각에 대해 플라톤은 반대했다. 이러한 선입견에 반대하여 플라톤은 언제나 모든 대상 가운데에서 이데아야말로 '실재적(real)'이라는 말로 표현될 자격이 있다고 했다. *19 플라톤의 주장에 따르면 이데아는 개별적인 것들이 영원한 완전성을 손상함이 없이 그 실재성(reality)을 나누어 가지는 하나의 대상이다. 그러나 플라톤은 이데아의 실재성을 강조했지만 그렇다고 해서 다른 대상들도 존재한다는 사실을 부인하지는 않았다. 플라톤은 많은 개별적인 것들—우리 주위에 있는 사물이나 사건들—은 생성과 소멸을 되풀이하는 것이지만, 될 수 있는 대로 우리가 효과적으로 다루어야 할 너무나 중요한 것들임을 결코 의심치 않았다. 개별적인 것들은 이데아의 실례로서만 현명하게 다루어질 수 있으므로, 플라톤은 사람들이 이데아의 실재성(實在性)을

---

* 19 real이라는 영어는 플라톤의 문구 가운데 하나로서 일상적으로 사용되는 번역이다. 더 정확한 번역은 '있는 것' 또는 '진실로 있는 것'이다. 그러나 그가 사용한 그리스어가 영어로 어떻게 번역되든지, 이 문구는 앞뒤 문맥에 주의하지 않으면 오늘날의 독자들에게 오해를 불러일으키기 쉽다.

인정하기를 바랐다. 이데아를 인식하지 않으면 자신을 개선하거나 주변의 다른 것들을 처리하는 데 아무리 애를 써도 성과를 거둘 수 없다는 것이다. 실로 이데아는 인간의 우수성이나 개별적 사물의 의의를 정의할 수 있는 오직 하나밖에 없는 실재적 대상이라고 한다. 플라톤은 이데아라는 것을 어떤 절대적이거나 일반적 의미에서 실재적이라고 말한 적은 한 번도 없다. 그는 언제나 우리가 개별적인 것들을 매우 효과적으로 다룰 수 있는가에 대한 연구와 관련해서 실재적이라는 말을 사용했다. 말하자면 인간은 비록 누구나 다 깨닫고 있는 것은 아니지만, 두 세계 속에 살고 있다. 즉 개별적 사물들과 개별적 사건들로만 이루어져 '완전성'이라는 것을 찾아볼 수 없는 낮은 단계의 세계와, 모든 대상이 완전하고 불변적이며 고요하고 맑은 고차원적 이데아의 세계, 이 두 세계 안에 동시에 살고 있다는 것이다. 탁월한 정신과 훌륭한 목적을 가진 소수의 사람은 민감하게 이데아를 인식하고, 그 완전한 이데아에서 얻은 영상에 비추어서 이 낮은 단계에 속한 세계의 일들을 다스려 나가게 될 것이다. 이들은 이데아를 인식함으로써—다른 어떠한 것도 아닌 오로지 이 인식으로써—사람들에게 개별자들의 세계에서 좀 더 나은 질서 확립을 위한 기술을 제공해 주게 된다. 이런 이유로 이데아는 오직 개별자들을 판단하거나 그것들에 현명하게 작용을 할 때에만 '실재적'인 것이다. 그리고 이 같은 탐구에서 개별자에 대한 이데아의 우선권(priority)은 곧 플라톤이 말한 이데아의 실재성(reality)을 뜻한다.

이데아를 다루는 플라톤의 태도에서는 하나의 불충분성, 심지어는 혼란성도 엿보인다. 인간이라는 이데아는 존재하는 수많은 개별자들의 본질이다. 이에 대하여 정의(正義)라는 이데아는, 존재할 수도 있으나 아마도 결코 전적으로 현존하지는 않는 하나의 이상(理想)이다. 플라톤은 개별자들이 실제로 관련지어져 있는 이데아와, 마땅히 관련지어져 있어야 할 이데아 사이의 분명한 구별(플라톤이 닦아 놓은 기반을 바탕으로 아리스토텔레스가 뒤이어 밝힌 것과 같은 구별)을 짓지 않았다. 우리는 이따금 어떤 이상적인 이데아에 대한 요구가 쉽게 실현될 수 없을 뿐만 아니라 거의 실현될 수 없을 만큼 아주 얽히고 설킨 상황에 맞닥뜨릴 때가 있다. 그러나 이러한 경우에도 우리는 부득이 대결해서 싸워야 할 불완전성(不完全性)의 척도로서 이용하기 위해 그 이상적 이데아를 인식해야만 한다. 플라톤은 이 두 가지 유형의 이데아를 구별하지 않은 상태에서 깊은 도덕적 관심을 가졌기 때문에 '개별자의 세계'를 '그림자의 세계(a shadow world)'라 말했다. 또한 이데아를 현실적 세계에 대한 논리적 분석인 동시에 저 세계(that world)에 대한 도덕적 선언이라고 말했다. 이러한 유형의 이데아들에 대해 그가 꼭 밝혀야만 하는 것들 가운데 어떤 것은 다른 것에 엄격하게 적용될 수가 없다. 그의 저서를 읽으며 조금 우울해지는 것은 바로 이 때문이리라. 즉 그는, 자신이나 다른 사람들이 자기가 움직이고 활동하는 혼란하게 뒤얽힌 부패한 세계 안에서는 이상적인 이데아의 의의를 마음껏 실현할 수 없음을 깨달았기 때문이다. 이는 이데아가 나타내는 미(美)나 정교성(精巧性) 또는 균형과 같은 것들 대신에 이데아 자체를 사랑하고 이데아의 직관에 따라 마음속에 떠오르는 영상에 언제나 충실하라고, 지나칠 만큼 열심히 사람들에게 역설하는 이유이기도 하다.

플라톤은 〈국가편〉 제1권 끝머리에서, 지적인 삶이 가장 낮은 단계의 무지로부터 최고 단계의 인식에까지 발전해 나아가는 과정을 설명했다. 그는 이 발전을 이른바 '분할된 선(線)'으로 묘사했다. 즉 선을 네 부분으로 구분하여 억측(臆測 ; conjecture)·신념(信念 ; belief)·오성지(悟性知 ; understanding)·이성지(理性知 ; reason)라는 지적 발전의 네 단계를 표시하고 있다. 이 가운데에서 처음 두 단계는 양쪽이 다 세속적 생각의 경지에 있는 것이기는 하지만, 하나는 부적절하며 하나는 좀 더 쓸모가 있는 세속적 생각이라는 점에서 서로 다르다고 하겠다. 마지막 두 단계는 이에 비하여 양쪽이 다 인식의 경지에 이른 것이지만, 하나는 좀 더 기본적 인식이고 다른 하나는 좀 더 고도화한 인식이라는 점에서 서로 다르다. 억측은 예컨대 적(敵)의 힘을 자신의 잣대로 평가하는 것처럼, 선입견을 가지고서 또는 그저 한 번 흘끗 보고 난 뒤 주관적 기분에 따라 불시에 내리는 판단이나 짐작이다. 신념은 어떤 이상적 실례가 여러 차례 쌓인 것을 토대로 하여 내린 판단이다. 그리고 신념은 그 실례들이 얼마나 잘 선택되었는가, 실례들 선택의 바탕이 된 경험의 범위가 얼마나 넓은가, 일반화에 다다르기 위하여 그 실례들을 얼마나 적절하게 체계화했는가 등 몇 가지 근본 원인에 따라 그 능력과 기능이 달라진다. 예컨대 의사가 어떤 풀을 약으로 써서 어떤 병을 낫게 할 수 있다고 판단할 때, 이것은 하나의 신념이다. 이러한 신념은 참일 수도 있고 거짓일 수도 있다. 그러나 신념은 억측과 마찬가지로 어디까지나 개별자의 관찰을 바탕으로 하기 때문에, 어떠한 이데아나 원리를 인식하는 데에 이르지는 못하며, 그 신념을 가진 사람으로 하여금 여러 복잡한 상황에 잘 대처해 나갈 수 있도록 이끌어주는 믿을 만한 기준이 되지 못한다.

오성지(悟性知)와 이성지(理性知)는 인식이며, 이 안에는 이데아에 대한 인식도 포함된다. 사람들은 인간이 어떻게 이데아를 직접적으로 깨닫거나 직관할 수 있는지 놀랄 것이다. 플라톤은 우리가 이데아를 직관할 수 있다는 사실을 역설해 왔다. 그러나 그도 이 사실을 설명하기는 어렵다는 점을 인정하고 있다. 따라서 플라톤은 하나의 신화적 방식을 빌려 이 사실을 설명했다. 그가 가장 자주 이용한 신화는 피타고라스 학파에서 빌려온 것이다. 그러나 피타고라스 학파들이 이 신화를 문자 그대로 보려 했다면, 플라톤은 신화를 비유적 의미로 해석했다. 플라톤에 따르면, 인간의 영혼은 숙명적으로 '육체라는 감옥' 속으로 들어와 개별자의 세계에서 살게 되기 전에는 다른 곳에 있었다고 한다. 태어나기 전에 인간의 영혼은 불사적(不死的)인 신(神)과 순수한 이데아들과 더불어 하늘 세계에서 살았다는 것이다. 이러한 영혼들이 육체에 갇혀 개별적 세계에서 살게 되면서 이데아들을 잊어버리게 된 것이다. 그러나 때때로 어떤 사람들에게는 이 지상에서의 경험이 영혼을 자극하여, 탄생 이전에 알고 있던 어떤 이데아들을 떠오르게 해 준다. 이 인식은 특별한 게 아니며 그저 상기하는 것, 즉 다시 떠올리는 것일 따름이다. 이러한 이야기를 하면서 플라톤은 자기가 신화를 말하고 있음을 자각하고 있었으며, 또 실제로 자기가 그렇게 하고 있음을 독자들에게 일깨워 주려고 애를 썼다. 그러나 이 신화는 플라톤이 이용한 많은 신화들처럼, 플라톤이 진지하게 생각한 하나의 관점(point)을 가지고 있다. 이 관점이란, 인식에는 개별적 실례들이 아무리 무수히 쌓이더라도 결코 설명할 수 없는 하나의 요소가 깃들어 있다는 것이다. 그 요소란 결코 개별적인 게 아니라 이데아 또는 원리이며, 이것이야말로 한 번 인식된 뒤에는 이와 관련된 선택을 이끌어가며 개별자를 다루는 데 있어 탁월한 수단이 된다. 인간의 정신이란 감각에 주어진 사실들을 입증하는 데에만 머무르지는 않는다. 인간의 정신은 이 감각적 사실을 넘어서 꿰뚫어보며, 이들 사실의 해석과 평가에 필요한 이데아들을 발견할 수 있는 힘을 가지고 있다.

분할된 선(線)의 셋째와 넷째 부분인 오성지(悟性知)와 이성지(理性知)는 마치 세속적 생각의 경지에 있는 억측과 신념이 그러한 것처럼, 체계화 정도에 따라 그 차이점이 있다. 오성지는 예를 들어 기하학자가 눈 앞에 많은 도형을 놓고서 완전한 원의 성질을 생각할 때처럼 언제든지, 하나의 이데아, 더 나아가 하나밖에 없는 단일한 이데아라 하여도, 어떤 이데아를 파악했을 때 생기는 향상된 인식이다. 그러나 이데아들은 개별적 현상들과는 달리 서로 논리적 관계에 있다. 즉 이데아들은 다른 이데아들을 포함하고 있으며, 또 한편으로는 다른 이데아들 안에 포함되어 있다. 우리는 이데아들을 정교하게 결합하여 기하학과 같은 체계를 이룰 수가 있다. *20 만일 우리가 단일한 이데아나 또는 몇 가지 이데아들의 직관을 뛰어넘어서 논리적 관계로 맺어진 이데아들의 통합적 체계를 이루게 되면, 분할된 선이 최후의 부분인 동시에 지적인 생활의 최고 경지인 이성지의 수준에 가까이 다가가고 있는 것이다. 누구든지 이 같은 조직적이고 체계적인, 이성의 이상적 목표에 이르게 되면 이 세계에 대해 올바르게 설명해줄 수 있는 통일된 지식 체계를 얻게 된다고 플라톤은 믿었던 것으로 보인다. 그리고 이 같은 사람이야말로 '모든 시대와 모든 존재의 관찰자'가 되리라고 생각했다. *21

　플라톤을 비판하는 일부 사람들은 인식에 대한 플라톤의 이상적인 생각들을, 그를 일원론자(一元論者 ; a monist)로 보는 자기들의 견해가 정당하다는 증거로 여겼다. 만일 하나의 통합된 인식 체계가 그대로 세계 전체를 설명할 수 있다면, 이 세계는 어떤 의미에서는 사물의 한 조직체로 보아야 하기 때문이다. 그러나 이러한 식의 비판은 플라톤이 분명하게 말한 범위를 넘어선 것이라 하겠다. 플라톤은 자신이 이성의 높은 단계에 이르렀다고 주장한 적이 없으며, 또 다른 어떤 사람이 이에 이르렀다든가 또는 이를 것 같다는 암시를 내비친 적도 없다. 그는 이성지의 경지를 이미 성취된 것으로서가 아니라 인식의 이상적(理想的, ideal) 상태로서 제시했던 것이다. 이러한 경지는

---

*20 유클리드는 플라톤보다 약 100년 뒤인 B.C. 300년경에 살았다. 그러나 그의 기하학(幾何學)은 플라톤이 사람들에게 연구하기를 바란 바로 그 부류의 지적 과업이라고 생각할 수가 있다. 유클리드는 그의 〈기하학 원리〉에 나오는 정리들 대부분을 맨 처음 발견한 사람은 아니었다. 그러나 그는 여러 정리를 하나의 논리적 체계로 배열하고, 흩어져 있던 많은 기하학적 지식들을 '기하학'이라는 하나의 추론적 과학으로 바꾸어 놓은 천부적 재능을 가지고 있었다.

*21 *Republic*, 486a 참조.

우리의 모든 지적 노력이 가장 높은 단계로 완성하고자 지향하는, 인식에 대한 하나의 이상인 것이다. 그것은 우리가 가지고 있는 바와 같은 '오성(悟性 ; understanding)'에 따른 인식의 가치 척도이며, 우리의 온갖 지적 노력에 의미를 부여하는 것이다. 오성의 경지에서 사는 사람들이라 하더라도 적어도 좀 더 높은 단계가 이론적으로 가능하다는 사실, 즉 이 높은 단계를 기준으로 많은 과학들이 하나의 포괄적 학문의 부분이 되며, 또 개연적 생각밖에 되지 않던 것이 완전한 확실성으로 바뀌게 될 좀 더 높은 경지가 이론상 가능하다는 것을 알 수 있다. 사람의 오성에 따른 지식이 더욱더 체계화될수록 그 사람은 이성지의 이상적 경지, 즉 총체적이고 궁극적인 통찰에 따른, 진리에 대한 합리적 파악이라는 이상적 경지에 더욱 가깝게 다가가는 것이다.

그러나 우리는 플라톤의 기나긴 인식론의 전개와 관련을 맺고 있던 교육론을 다시 살펴보아야 한다. 앞에서 본 바와 같이 그는 사람들이 자기 주변에서 볼 수 있는 개별적인 것들에 사로잡혀 있기 때문에 이데아의 왕국으로 정신을 높여 가는 일이 드물다고 믿었다. 그러나 플라톤은 자기 나라의 몇몇 선택된 젊은이들에게 지적인 생활의 본질을 통찰케 해 줄 만한 고도의 교육 과정을 찾으려고 노력했다. 이 교육 과정은 수리적(數理的) 학문들—즉 산술학·평면기하학·입체기하학·천문학·화성학·변증론 등—로 되어 있다. *22 왜냐하면 이 학문들은 이데아를 직접적이고 체계적으로 다루는 것이기 때문이다. 그리고 변증론이라는 것은, 어떤 대상이나 문제를 이해하기 위한 모든 고찰을 체계적으로 통합하려는 플라톤의 가장 확고한 지적 노력을 나타낸다. '변증론자인지 아닌지는, 그가 어떤 문제를 하나의 전체로서 이해하는가 이해하지 못하는가에 따라 정해진다.'—플라톤은 이렇게 말했다. *23

플라톤은 어떻게 하면 지적 생활이 오성지의 경지로부터 이성지의 경지로 가장 잘 올라갈 수 있는가를 제시하려고 애썼다. 하지만 이 점에 대한 플라톤의 시사는 하나의 예언으로 그치고 만다. 그것은 앞에서 지적한 것처럼 아

───────

*22 천문학(天文學)과 화성학(和聲學 ; harmonics)은 플라톤이 뜻한 바로는, 수학의 한 분과(分課)였다. 천문학은 별들을 수많은 개별적 대상으로 바라보는 게 아니라, 움직이는 물체들의 원리나 법칙을 찾아내는 학문이다. 오늘날 벡터 해석 또는 역학(力學 ; mechanics, 기계학)이라고 부를 수 있는 것이었다. 화성학은 음악에서 특수하게 적용되는 수학적 비율(比)과 비례(比例)에 대한 연구였다.

*23 *Republic*, 제7권, 534b.

무도 실제로 이성지의 경지에 올라간 사람이 있다고는 생각지 않았기 때문이다. 또한 플라톤의 시사는 해석하기가 매우 어려우며, 이에 대한 그의 논의는 〈대화편〉 가운데에서 가장 애매모호한 구절의 하나로 꼽는다. 플라톤은 다른 모든 이데아를 이성의 포괄적 체계로 정리하는 일은 최고의 원리, 즉 원리들의 원리를 사용함으로써 가장 잘 이룩될 수 있다고 주장한다. 그리고 이 최고의 원리가 되는 것은 '선(善)의 이데아'라고 했다. 그러나 자기의 논점을 전개해 가는 과정에서 그는 엉뚱하게도 신비적인 말을 사용했다. 플라톤은 다음과 같이 말하고 있다. *24

선의 이데아는 모든 대상을 인식할 수 있게 하며, 또 이 대상들에다 참다운 본질을 부여한다. 그러나 선의 이데아는 다른 이데아들과 같은 종류에 있는 것이 아니라, 그 권위나 능력에서 이 모든 것을 초월한다.

이 구절은 읽는 사람에 따라 여러 다른 의미로 해석되어 오고 있다. 기독교 신학자들은 이 안에서 자신들이 좋아하는 유신론적 신앙을 이끌어냈으며, 다른 사람들 또한 자기 생각대로 어떤 예견이 깃들어 있는 것으로 해석해 왔다. 이처럼 아무도 이에 대해 확증을 가지고 해석할 수가 없는 것이다. 그러나 우리는 플라톤 철학의 중심적 과제는 언제나 도덕적인 것임을 기억할 필요가 있다. 우리는 선의 이데아에 대한 플라톤의 황홀한 언어를 도덕적 관점에서 이해한다면 판단을 그르치는 일은 없게 된다. 플라톤이 뜻한 바는 아마도 다음과 같은 것이었으리라. 어떠한 것도 그것이 가지고 있는 잠재적 기능이나 '이상의 실현'이라는 선(善, the good)의 상태에 비추어 보기 전에는 올바르게 인식되지 않으며, 또 다른 것과 비교해서 그것만이 지니는 가장 중요한 의미를 드러낼 수 없다. 사물들이 그들 원래의 모습으로 있는 것은 자신들의 고유한 가치를 지니고서 고유한 목적에 이바지하고 있기 때문이다. 그러므로 만일 사물의 궁극적 본질을 체계적으로 밝혀 주어야 한다면, '인식'이라는 것은 기능(機能 ; function)이나 가치(價値 ; value)나 선(善 ; good)의 이데아를 중심으로 형성되어야만 한다. 다시 말하면 인식은 그 형성 원리가 목적론적(目的

---

*24 *Republic*, 제6권, 507b─509c, 특히 509b 참조.

論的)이어야 한다. 그 안에 깃들어 있는 잠재적 가치로 사물을 분석함은, 사물들을 그 자체의 완전한 본성과 그것들 서로의 관계를 가장 잘 드러내어 인식하기 위한 오직 하나의 없어서는 안 될 방법이다. 다른 방법들을 이용해 설명할 수도 있기는 하지만, 이보다 적은 성과밖에 낼 수가 없다. 예를 들어 기계론적 설명은 사물들을 '부분들의 다양성'이라는 의미로 다루지만, 사물들의 많은 부분을 하나의 의미 있는 통일체로 통합하는 것을 무시해 버린다. *25 그러나 있는 그대로의 사물들은 단순히 순간적 사실이나 구조로서 존재하는 데 그치지 않는다. 이 사물들은 또한 순간적 사실을 초월하여 존재하는, 지나치게 이상적이긴 하나 사물들의 참된 목적이 되는 가치들의 터전이기도 하다. 오직 목적론적 설명만이 이 가치라는 것에 대해 고려해 볼 수가 있고, 또 우리 주변의 수많은 사물들이 봉사를 하기 위해 존재한다는 포괄적 목적론에 이를 수 있다. 우리는 이것 말고는 어떠한 방법에 의해서도 혼란을 제거하고 질서를 확립할 수 없으며, 변화의 정도를 조절하여 안전을 증진할 수 없고, 의혹을 떨쳐버리고 확실성을 얻을 수 없다.

플라톤의 이상주의(理想主義 ; idealism)

플라톤의 비판자들이 말했듯이, 플라톤은 정치에서는 귀족주의를 지지한 사람이었다. 능숙한 변론가나 웅변가가 의회에 행사하는 영향을 그는 결코 신뢰하지 않았다. 이상적으로는 국가를 지배하는 진정한 기술이 존재하지만, 현실적으로는 야심가가 너무나 손쉽게 이용하려 덤비는, 겉으로만 그럴 듯한 술수가 널리 퍼져 있다. 플라톤은 자기가 존경하는 소크라테스에게 아테네의 민중이 불경죄(不敬罪)를 씌워 사형을 내리는 것을 목격했다. 웅변가들이란 자기 나라에 무엇이 참된 이익이 되며 그 이익을 어떻게 늘려갈 수 있는지는 알지 못해도, 대중의 편견을 교묘하게 이용하는 재주만은 가지고 있다. 모든 세상 일에는 사이비적 기술과 참된 기술의 차이가 분명히 존재한다. 요리사가 사람들의 입맛을 만족시켜 줄지는 모르나, 건강을 위해 무엇이 진실로 좋은가를 가르쳐 줄 수 있는 사람은 오직 익숙한 의사뿐이다.

＊25 Phaedo, 97c—99d 참조. 이 구절에서 플라톤은 소크라테스에 대해, 인간의 행동들을 오로지 신체 각 부분들의 움직임 즉 해부학적 요소들로만 보려 한 아낙사고라스의 시도를 배격했다고 묘사하고 있다.

보석 상인이나 화장품 상인은 사람들의 몸치장을 해 줄 수 있을는지 모르나, 진실로 그들의 신체에 이로운 것이 무엇인지 말해 줄 수 있는 사람은 오로지 숙달된 체육가뿐이다. *26 마찬가지로 정치에 있어서도 인기 있는 연설가는 자기의 웅변으로 투표자 무리를 마음대로 휘두를 수 있을는지는 모르나, 정치적 활동의 본디 목적이 무엇이며 그 목적을 위한 최선의 방법이 무엇인지 말해 줄 수 있는 사람은 오직 노련한 정치가 말고는 없다. 인간에게 관련된 모든 일에 있어서 플라톤의 목표는 사람들을 교육하여 그들로 하여금 사이비적 기술을 버리고 참된 기술을 습득하여 연마케 하려는 데 있었다. 참된 기술이란 응용 원리들에 대한 철저한 이해를 바탕으로 이루어지는 반복된 훈련을 말한다. 이해(理解)는 가장 두드러지는 이데아를 인식함으로써 시작되며, 서로 연관성을 가진 많은 이데아를 변증론적으로 파악하는 과정에서 절정에 이른다. 오직 지혜로운 사람만이 참된 기술자, 즉 익숙한 의사나 숙달된 체육가나 노련한 정치가가 될 수 있다. 오직 건전한 교육의 모든 단계를 지나 이성의 경지에 오른 사람만이 국가를 다스리기에 적합한 자질을 갖추게 된다.

그러나 플라톤의 귀족정치 주장을 오해해서는 안 된다. 플라톤은 정치적 문제나 그 밖의 인간적인 문제들에 대한 비판의 기준을 세우는 데 관심을 갖기는 했으나, 그렇다고 채택할 국가의 어떤 강령(program)을 작성하고 있던 것은 아니다. 플라톤은 도덕적 지적 건전성(또는 완전무결성 ; integrity)의 중요함을 역설했지만, 이 건전성이 사람들 사이에 퍼져나가고 있다고는 생각지 않았다. 플라톤은 완전한 국가에 대한 그의 이상(理想)이 어느 기회에서는 실현되리라 믿는다고 고백했다. 그러나 이러한 실현을 예언하고 있었던 것은 아니다. 완전한 교육 제도를 세우기 위해서는 완전한 국가에 완전한 통치자가 필요할 것이며, 또 완전한 통치자와 완전한 국가를 형성하기 위해서는 완전한 교육 제도가 필요할 것이다. 플라톤은 실제로 맞닥뜨리게 되는 딜레마(dilemma ; 進退兩難, 이러지도 저러지도 못하는 어려운 상태)를 잘 알고 있었으며, 그 자신도 시라쿠사에서 개혁을 시도했다가 실패했다. 그로서는 상황이 진행되어 감에 따라 자연스럽게 완전성에 이른다는 것은 상

---

*26 이러한 비유들 *Gorgias*, 462c—466a에서 전개되고 있었다.

상조차 할 수 없는 일이었다. 만일 완전한 통치자와 확신에 찬 국가가 존재하게 된다면 머릿속에 그리던 완전한 미래가 실현될 수 있다는 게 그의 주장이었다. 그러나 그는 이러한 실현이 어떻게 이루어지는지 그 방법을 제시하는 게 자기의 탐구 목적은 아니라고 재빨리 덧붙였다. 그의 목적은 오히려 도덕적인 것으로, 서로 밀접한 관련이 있는 두 가지 성질을 포함한다.

첫째로 완전한 국가, 지혜로운 통치자, 절제, 정의(正義), 최선의 교육 제도와 같은 것들에 대해 마음속에 그리는 그림(心像 ; pictures)들—이 심상들은 판단의 중요한 기준을 분명하게 정해 주는 기본적 기능을 지니고 있다. 이것들이 이상(理想 ; ideals)을 나타내는 것임은 물론이다. 하지만 플라톤은 이상이라는 것을 본디 인간 활동의 숭고한 강령(grandiose programs)으로 여기지는 않았다. 그것은 실현될 수도 있고 실현되지 않을 수도 있다. 물론 우리는 그것을 실현하도록 힘써야 한다. 분명히 그것은 우리의 활동과 관계가 있다. 만일 이상들이 어떠한 실제적 의의도 가지지 않는다면, 이상이 아니라 쓸모없는 환상에 그치고 만다. 그러나 이상이란 본디 판단을 하기 위한 규범이다. 플라톤의 주장에 따르면, 인간의 행동은 만일 완전함의 원리에 대한 이해를 바탕으로 이루어지지 않으면 언제나 무질서하고 야만적이며, 심지어 사악하기까지 하다. 우리는 주위 사람들과 사건들은 물론, 우리 자신에게 있어서도 선악의 정도에 대한 분명하고 정확한 이해가 없이는 올바르게 행동할 수가 없다. 하늘의 이상 국가를 보고 있는 사람이 지상의 나라를 볼 때는, 결코 지상의 나라만 보고 있는 사람처럼 바라보지는 않으리라. 지혜로운 사람의 이상을 알고 있는 이는 누구든지 이 이상에 따라 평가되고 있다고 여길 것이다. 정의의 본질을 통찰하는 사람은 이 지상의 불의나 부정(不正 ; injustice)에 대한 자신의 비판이 어떻게 하면 정당화될 수 있을지 알고 있다. 이러한 사람은 자기 나라의 부정을 막거나 고쳐 나갈 수 있을지도 모른다. 그러나 플라톤은 이 점에 대해서는 아무런 증명도 하지 않았고, 이에 관심을 기울인 적도 없다. 하지만 그러한 사람은 저 자신의 삶이 소리 높이 변화를 요구하고 있음을 알 것이다. 그는 어떠한 가능한 개혁이든 열망했다. 그러나 특히 역설한 주장은, 모든 개혁에 필요한 선행 조건으로서 이해(understanding)가 뒤따라야 한다는 것이다. 서로의 장점과 단점을 바르게 평가하는 것은 하나의 도덕적 성취이다. 그리고 이 성취를 바탕으로 사람은 사회 질서를 바로잡기 위한 도덕적 성취를 이어나갈 수도, 또는 그러지 않을 수도 있다. 플라톤은 그의 사상의 절정으로서 바로 이 점을 〈국가편〉에서 논하고자 시도했다. 그는 완전한 이상국가의 모습을 갖추었다고 해서 실제로 이러한 국가가 생겨날 수 있다는 결론을 내린 것은 아니다. 그의 결론은 오히려, '천상에 존재하는 이상국가를 그려 보는 사람은 자기 자신의 삶을 그 그림에 따라서 살아갈 수가 있으리라' 주장했다. *27

둘째로 플라톤이 이상국가나 그 밖의 이상적인 것들에 대해서 묘사한 설계도는 그 자신도 인정한 것처럼, 실제적 활동의 강령으로서 구실을 하기에는 너무나 추상적이다. 이 설계도들은 우리가 지향해 나아가야 할 목적이며, 이 목적을 이끌고 나아가는 수단이 되는 것은 아니다. 그러므로 어떤 의미에서 그것은 실천 방법으로서 우리에게 다음에 해야 할 일을 알려준다기보다, 오히려 이 머나먼 목적과 관련된 방법을 찾아야 한다는 도덕적 필요성을 강조한 것이라 볼 수 있다. 더 나아가 완전한 교육을 성공적으로 마치고 변증론적 이해의 높은 경지에 다다른 사람도 훈련을 더 받을 필요가 있다고 지적했다. 이러한 사람에게 필요한 훈련이란 자기가 터득한 이상에 비추어 어떻게 일을 처리해 나갈 것인가를 습득하는 훈련이다. 이러한 습득은 이론적으로 배울 수 있는 것은 아니다. 왜냐하면 실천이라는 것을 몇 가지 규칙으로 완전히 단순화하는 것은 불가능하기 때문이다. 이러한 습득은 오직 실제로 행함으로써—몇 차례 실패를 겪어 보고 마침내 처세술, 재빠른 판단력, 적응력 등을 자기 것으로 만든 뒤에야—얻어질 수 있다. 우리가 만일 몇 가지 건전한 이상들이 인간에게 실천해야 할 세세한 목록을 부여해 주리라 기대한다면 그것은 잘못된 생각이다. 플라톤의 견해는 다음과 같이 표현되어도 좋다. 즉 지혜는 인식(認識) 이상의 것이다. 다시 말하면 인식은 지혜를 얻기 위한 필요 조건이지 충분한 조건이 될 수는 없다. 지혜는 완전함이라는 것이 이론적으로 무엇인지 알고 있는 사람 말고는 가질 수가 없다. 마찬가지로 지혜는 일을 처리해 본 경험을 가진 사람 말고는 가질 수가 없다. 그러므로 지혜(wisdom)란 어려움에 처했을 때 실제적으로 적응해 나갈 수 있는 지식(knowledge)이라고 볼 수 있다. 그리고 실제로 일어나는 수없이 많은 긴

---

* 27 *Republic,* 제9권, 592b.

급한 상황들을 모두 헤아려 담을 수 있는 이론이란 결코 세워질 수 없다고 주장한다. 그러므로 정부가 하는 일은 이상 국가를 정의하는 문제와는 전혀 다른 것이다. 거기에는 바른 정의란 무엇인가에 대한 인식도 필요하지만, 순간순간 바뀌는 현실적인 일들을 어떻게 하면 그 정의에 맞게 다룰 수 있을까를 결정하는 천재성(genius)도 필요하다.

플라톤은 후기의 한 〈대화편〉에서 국가의 최고 권위는 법률보다도 오히려 인간이어야 한다고 말했다. 그 자신의 말을 빌린다면, "만일 사람이 지혜와 훌륭한 능력만 가지고 있다면, 가장 좋은 것은 법률이 아니라 사람이 지배하는 것이다."*28 어떠한 법규나 법률 체계도 변천하는 정세의 얼크러진 혼란 속에서는 국가를 성공적으로 이끌어 나갈 수 없다. 지혜로운 이가 판단 기준으로 사용하는 이데아는 보통 한 걸음 한 걸음 시행으로 옮겨질 설계도가 되지는 못한다. 이와 마찬가지로 정치가에 의해서 제정되는 법률도 보통은 동요하는 정세에 대처할 정책이 될 수는 없다. 지혜로운 사람은 법률을 시행하면서 순간순간 맞닥뜨리는 돌발 상황들에 대처하여 그 법률을 다시 고쳐 활용해야 한다. 법률은 이데아와 마찬가지로 정치에서 고정된 원리들이지만, 정치적 삶은 때로는 정도를 벗어난 뜻하지 않은 사건들 때문에 결코 고정되어 있지만은 않다.

휴머니즘의 전통

플라톤은 서구 문화에서 휴머니즘(humanism ; 人本主義)이라고 불리게 된 전통에 대해 철학적으로 분명하게 정의를 내림으로써 역사적으로 이 전통을 처음 세운 사람이다. 휴머니즘을 식민지 그리스인들에게서 시작된 과학적 전통과 반대되는 사상이라 여김은 마땅하지 않다. 이는 오히려 식민지 그리스인들이 우주에 기울인 것과 같은 냉철하고 선입견 없는 탐구를 인간의 문제나 열망들에도 기울였음을 뜻한다. 이 사상이 휴머니즘이라 불리는 까닭은, 인간성을 멸시하고 어떤 비인간적 규범을 내세워 사람을 억누르는 신학(神學)에 반대하여 다음 같은 두 명제를 주장하기 때문이다. (1)인간의 최고선(最高善 ; the highest good)은 자신의 타고난 잠재력을 실현하는 데에 있다. (2)그

---

*28 *Statesman*(정치가), 294b—c.

실현을 가능하게 하는 오직 하나의 건전한 방법은, 열정과 의지를 절제하고 바르게 이끌어 줄, 인간이 원래 가진 이성의 힘을 사용하는 것이다.

플라톤의 도덕철학에서 시작된 전통을 표현하는 말로서 휴머니즘은 플라톤 시대에도 유행했는데, 플라톤이 철저하게 배격한 두 극단적 흐름의 중간적 사상이다. 서구 문화 역사 속에 이어져 내려오는 동안에도 휴머니즘은 꼭 같은 두 극단적인 사상적 흐름의 중도를 걸어왔으며, 실제로 오늘날도 그 중간적 태도를 취하고 있다. 더 분명히 말하면 주관주의(主觀主義)와 권위주의의 중간인 것이다. 그리고 극단적 두 사상과 한 점에서는 일치하며, 또 다른 한 점에서는 다르다고 볼 수 있다. 휴머니즘이 주관주의와 같다고 주장할 수 있는 점은, 인간을 그 자신의 고유한 도덕적 목적—이 목적을 받아들이기는 하지만 주목적(主目的)으로 추구하지는 않는 세계에서—을 가진 존재로서 다룬다는 사실이다. 그리고 주관주의와 같지 않은 점은 인간은 객관적으로 하나의 천성—그 이상적 잠재력을 이해하기 위해서는 분석되어야 하며, 예컨대 어떠한 욕망이 순간적으로 인간을 휘몰아 가거나, 그로 하여금 자신의 전체적 인격에 대해 올바른 요구를 하지 못하게 만든다 해도 참된 도덕적 의미로서 마땅히 존중되어야 할 천성—을 가지고 있다고 생각한다는 사실이다.

휴머니즘이 권위주의와 같은 점은, 순간적으로 의식되는 우연한 충동이나 덧없는 욕정을 불신하고, 이 충동이나 욕정에 규율을 주고 절제하게 하여, 대신 따르고 순종하고 이바지해야만 할 이상을 제시하고자 한다는 사실이다. 그리고 권위주의와 같지 않은 점은, 외부로부터 강제로 인간에게 이상적인 것을 요구하고 부여하는 것이 아니라, 분석을 통해 인간성 안에 본디 갖추어진 잠재력을 찾아내고 조화로운 발전을 꾀하는 것을 이상으로 추구한다는 사실이다. 주관주의는 언제나 제멋대로 나아가고는 했다. 이에 대하여 권위주의는 더욱이 종교의 이름으로 제창되었을 때조차도 언제나 억압과 독단주의로 흘렀다. 휴머니즘은 역사적으로, 극단적 사상들을 바로잡는 시정자(是正者)로서 이바지하는 데 하나의 전통이 되어 왔다.

오랜 역사를 가진 다른 전통들과 마찬가지로 휴머니즘도 여러 세기를 거치며 그 지지자나 해설자에 따라 여러 모습을 띠어 왔다. 그것은 성 토마스(St. Thomas, 1225~1274)에 의해 신학적으로 다듬어진 윤리학, 카스틸리오

네(Castiglione, 1478~1529, 이탈리아인)의 예술적 우아함, 문예부흥 시대의 상류사회가 지닌 이상(理想) 같은 여러 분야에서 부분적으로 표현되었다. 그러나 플라톤의 〈대화편〉 등을 휴머니즘적 전통의 분명한 표현으로 보고, 그 밖의 것들을 플라톤의 범주와는 다른 것으로 지적한 역사가들의 견해는 올바른 것으로 볼 수 있다. 휴머니즘에 대한 플라톤의 주장은 서구 문화의 온 과정이 제시하는 휴머니즘적 이상을 가장 사실적이고 적절하게 표현한 것이라 말한 철학 평론가의 주장은 조금도 과장이 아니다.

4. 아리스토텔레스

아리스토텔레스(Aristoteles, 384~322 B.C.) : 트라키아의 스타게이라 출신. 마케도니아 왕의 시의(侍醫) 니코마코스의 아들. 16세 때 플라톤의 아카데메이아에 들어가 20년 뒤 플라톤이 세상을 떠날 때까지 이곳에서 공부를 계속했다. B.C. 343년에는 마케도니아의 젊은 왕자 알렉산드로스의 개인 교사가 되었다. 3년 뒤 알렉산드로스가 적극적으로 정치 문제에 개입하자, 아리스토텔레스는 아테네로 돌아와 리케이온(Lykeion, Lyceum)이라는 학교를 세웠다. 이것이 '아테네의 네 학교들' 가운데 두 번째 것이다. B.C. 323년 알렉산드로스가 죽자 아테네 사람들은 마케도니아의 침략에 대해 더 적극적으로 저항했다. 아리스토텔레스는 반(反)아테네 일파의 동조자라는 혐의를 받고 칼키스로 도피했다가 이듬해 이곳에서 세상을 떠났다. 그의 방대한 저술은 다루는 대상의 범위로 보나 고유한 가치를 생각해 볼 때 놀랄 만한 업적이었다. 그 저서에는 물리학·천문학·해부학·생리학·형이상학·논리학·윤리학·정치학·수사학·예술론·심리학·박물학 등이 있다. 이 많은 저서들 가운데 어떤 것들은 그 뜻이 분명하고 표현도 매우 탁월하지만 어떤 것들은 때로 모호하고 얼핏 보기에도 모순이 있어, 정말 그가 쓴 것인지 저서의 진위가 꽤 의심되기도 한다. 특히 〈형이상학 *Metaphysics*〉이 그러한데, 오늘날 전해지는 이 책은 아리스토텔레스 사상의 발전 과정에서 제각기 다른 여러 시기의 논문들로 구성되어 있어 매우 난해하게 느껴진다. 근래의 연구, 특히 예거(Werner Jaeger, 1888~1961)의 연구는 아리스토텔레스의 사상 발전 단계를 세 시기로 구별하는 데 성공했다. 첫째는 순수하게 플라톤적인 시기, 둘째는 과도적 시기, 셋째는 아리스토텔레스 자신의 성숙기이다. 이들 세 시기는 논문이 뒤섞여 있어 얼핏 보기에는 연속된 한 권의 책처럼 여겨지는데, 아리스토텔레스의 견해는 서로 다른 사상적 갈래에 속한 독자들에 따라서 각각 다른 견해로 해석되어 왔다. 초기 플라톤적 논문들은 중세 기독교 신학자들에게는 더없이 알맞은 이론들이었다. 오늘날은 전적으로 자연주의적 색채를 띠는 후기 논문들을 가장 훌륭한 부분으로 여기는 것이 보다 일반적인 추세이다.

아리스토텔레스는 플라톤과 함께 그리스 사상의 절정을 보여준 철학자이다. 어떤 비판자들은, 마치 플라톤과 아리스토텔레스가 서로 정반대되는 관점에 서 있는 듯 두 사람의 철학을 날카롭게 대립시켜 보기도 했다. 중세 스콜라 철학자들이 때때로 둘을 이같이 대립시켜 보았으며, 근세 학자들도 이따금 이 견해를 따랐다. 물론 역사상 플라톤 철학과 아리스토텔레스 철학이라는 이름으로 전해 온 사상 체계들은 실제로 서로 반대되는 사상들이었다. 그러나 이제까지의 전통은 두 철학을 서로 반대되는 두 체계로 단순화함으로써 두 사람 사이의 차이를 역설해 온 것이다. 플라톤과 아리스토텔레스는 많은 문제들에 대해 서로 비슷한 견해를 품고 있었다. 아리스토텔레스는 자신을 플라톤 학파의 한 사람(platonist)이라고 스스로 생각해 온 것으로 보인다. 그는 어떤 문제를 연구해 갈 때, '다수의 의견과 지혜로운 이들의 의견을 고려'하겠다는 말로 토론을 시작한 일이 드물지 않았다. 여기서 그가 말한 '지혜로운 이들'이란 언제나 플라톤과 플라톤 학파의 사람들을 뜻했다. 그러나 마지막 시기에 가서는 점차 플라톤의 견해, 또는 자기가 플라톤의 견해라고 생각한 것에서 이탈해 간 것이 사실이며, 더욱이 중요한 부분에서 그러했다. 플라톤과 아리스토텔레스 사이의 모든 차이를 충분히 고려해 보더라도, 아리스토텔레스가 일생 동안 플라톤 사상의 많은 부분을 받아들였으며, 플라톤 속에 깃들어 있는 하나의 사상을 완성한 것은 사실이다. 실제로 아리스토텔레스의 철학은 플라톤의 가르침이 주는 감동(inspiration)과 교훈의 역사적 결과로 나타난 두 주요 사상 가운데 하나이다. [29]

---

[29] 이들 두 주요 사상 가운데 다른 하나는 플로티노스(Plotinos)의 철학이다. 제3장 제4절 참조.

역사가들은 때때로 플라톤과 아리스토텔레스를 두고 한 사람은 수학자, 다른 한 사람은 동물학자로 봄으로써 그 차이를 설명하려 했다. 이 견해는 꽤 암시적이기는 하지만 본질에 가까운 것이라고는 말할 수 없다. 플라톤은 오히려 인간 문제에서 출발했으며, 자연이란 인간의 이상을 추구하는 데 필요한 배경 역할만을 하는 것으로 보았다. 아리스토텔레스는 이와 반대로 자연에서 출발하여, 인간을 자연의 일반적 진행 과정에서 나타나는 전형적 (typical)이면서도 구별되는 한 가지 특수화된 사례(case)로 보았다는 게 더 정화하다. 그러므로 두 사람 사이의 차이는 강조점과 출발점에 있어서의 차이라고 볼 수 있다. 그러나 어떤 철학이든 그 핵심은 대부분 출발점에 달려 있다. 플라톤은 그가 정의한 이상(理想, the ideal)으로부터 출발했기 때문에 현실적 인간의 나태함과 결함들에 대해 매우 안타깝게 여겼다. 하지만 아리스토텔레스는 자연에 대한 분석을 그 출발점으로 했기 때문에, 사람이 아무리 노력하더라도 이상에 다다를 수 없게 만드는 자연적 한계성들을 인정했다. 플라톤은 좀더 이상주의적 열망에 불탔던 사람이며, 아리스토텔레스는 좀더 현실적인 분석에 몰두한 사람이었다.

아리스토텔레스의 근본적 가정(假定)

아리스토텔레스의 모든 성찰 속에는 하나의 기본 신념이 나타나 있다. 이 신념이란, 궁극적으로 실재(實在 ; reality)는 우리 주위에서 볼 수 있는 바와 같은 많은 구체적(concrete)·개체적(individual)인 사물로 되어 있다는 것이다. 사람과 동물과 식물, 막대기와 돌덩이, 산과 강과 바다, 해와 달과 별 등등 사물들은 얼마든지 있다. 이러한 많은 사물들을 아리스토텔레스는 가장 본래적 의미에서 실재적이라고 주장했다. 파생적 의미에서는 이러한 사물들의 여러 성질이나 사물들 사이의 여러 관계, 또는 그것들이 지니는 그밖의 상태나 모습들도 또한 실재적(real)이라는 것이다. 이 신념은 앞선 세대 사람들이 품고 있던 여러 견해와 반대된다. 예를 들어 세분된 미립자를 '실재'로 보고 이들 미립자에 의해서 거시적 사물들이 생겨난다고 생각한 원자론자들의 견해와는 반대된다. 또 다른 한 예를 본다면, 이데아니 형상이니 하는 것이 실재적 우위성을 가지며 구체적인 사물들은 이데아의 불완전한 모사나 모방에 불과하다고 하는 견해(아리스토텔레스는 이것을 플라톤 자신의 견해 또는 그 추종자들의 견해라고 보았다)와도 반대된다. 아리스토텔레스의 이 기본 신념 때문에 그의 철학에 대해 어떤 역사가들은 하나의 '상식(common sense)'의 개요, 즉 인류가 일반적으로 품고 있는 태도를 공들여 완성해 놓은 것이라고 말했다.

아리스토텔레스의 기본 신념을 더욱 자세하게 서술해 가면 이따금 독자들이 주의해야 할 어려운 용어들이 나타난다. 아리스토텔레스는 구체적·개체적 사물들 하나하나를 '우시아(Ousia)'라는 말로 표현했는데, 로마의 키케로(Cicero, 106~43 B.C.)가 라틴어로 'substantia'라고 번역했다. 근세 번역가들은 영어로 'substance(實體)'라고 번역했다. 그러나 '우시아'와 '실체'라는 용어는 주의해서 사용하지 않으면 혼란을 일으킬 수 있는 말들이다. '실체'라는 말은 후세 서구 철학적 문헌 속에서는, 원래 아리스토텔레스의 의도에는 없었던, 그리고 그의 원문을 읽을 때 그러한 뜻으로 해석되어서는 안 될 많은 의미를 지니게 되었다. 또한 그리스어 용어 자체로 볼 때 '우시아'라는 말은 구체적·개체적인 것들뿐만 아니라 다른 많은 존재 사실들도 의미할 수 있다. '우시아'란 문자 그대로 번역하면 '존재(being)'라고 말할 수 있다. 그러므로 어떤 사물을 실체(substance)라고 부른다면 아리스토텔레스의 철학적 성찰 범위 안에서는 '그 사물이 존재성(being)을 지니고 있다'든가 또는 '그 사물이 있다(is ; 존재한다)'고 말하는 것과 같다.

나아가 아리스토텔레스가 더 지적한 바와 같이, '우시아'가 가지는 또 하나의 의미는 그것이 구체적·개체적 실체들 말고 다른 많은 것들에 대해서도 사용될 수 있다는 점이다. 그리고 우리는 이제까지 사용한 방법을 무시하지 않고서는, 아리스토텔레스가 '우시아'라는 말을 사용한 것처럼 실체라는 말을 그렇게 광범위하게는 사용할 수가 없다. 예를 들어 '붉다'나 '차갑다'거나 '달다'고 말하는 것은 우시아를 가지고 있다는 뜻이다. 다시 말하면 그것들은 '존재한다'는 것을 뜻한다. 그러나 붉다거나 차갑다거나 달다고 하는 것은 명확하게 구체적이거나 개체적인 것들이 아니므로, 그것들을 실체라고 말하기는 어렵다. '붉은 것은 꽃이고, 찬 것은 물이며, 단 것은 포도주'라 말할 수는 있다. 이때 붉거나 차거나 달거나 한 것들은 성질로서, 성질이란 어떤 구체적·개체적인 것들의 성질로서만 실재적인 것이다. 또 다른 예를 들면, '가까이 있음과 멀리 떨어져 있음'은 우시아를 가지고 있으며 '앉아 있음과 서 있음'도 우시아를 가지고 있고, '때리는 것과 맞는 것'도 우시아를 가지고 있다고 한다. 마찬가지로 이들 가운데 어떠한 것도 실체라고 부를 수는 없다. 가까이 있음과 멀리 떨어져 있음은 구체적·개체적인 것들 사이에 일어날 수 있는 관계이며, 앉아 있음과 서 있음은 구체적·개체적인 것들이 취하는 자세이고, 때리는 것은 어떤 구체적·개체적인 것의 능동이며, 맞는 것은 피동이다. *30 아리스토텔레스로서는 성질·관계·자세·능동·피동 등과 같은 것들도 구체적·개체적 사물들과 마찬가지로 우시아를 가지고 있다거나 또는 존재한다고 말할 수 있으며, 사실이 그러하다고 말했다. 그러니 구체적·개체적인 것들이 관계나 성질과 같은 것들보다도 더 근본적인 의미에서 우시아를 가지고 있다. 따라서 아리스토텔레스도 말했듯이, 우리는 본디 의미에서의 우시아와 부차적 의미에서의 우시아를 보게 된다. 만일 아리스토텔레스의 우시아를 언제나 실체라고만 번역한다면 그것은 때에 따라서 언어상으로 구별하기 어려운 모호한 뜻이 될 수도 있다. 영어는 아리스토텔레스가 사용한 그리스어의 이 같은 한마디 한마디에 공을 들여 번역하지 않았다. 만일 우리가 구체적·개체적 사물들은 실체이며, 또 본래적 의미의 존재를 지니고 있고, 성질이나 관계 같은 것들이 '실체'는 아닐지라도 부차적 의미의 존재성을 가지고 있다고 말한다면, 아리스토텔레스의 본래 취지에 좀 더 충실한 표현이 되리라. 이로써 '실체는 궁극적으로 많은 구체적·개체적인 것들로 이루어지며, 그 밖의 어떠한 것도 어떤 방법으로든지 이러한 개체적인 것들과 관련되지 않고서는 실재적일 수 없다'는 아리스토텔레스의 기본 신념이 더 분명해진다.

아리스토텔레스는 그의 기본 신념에 대한 의의를 범주(範疇, categories)에 대한 논구에서 요약해 말하고 있다. 아리스토텔레스가 말하는 '범주'라는 용어는, 우리 주위를 둘러싸고 있는 이 세계를 분석하기 위해 사용하지 않을 수 없는 기본 개념이다. 진리를 찾고자 한다면 세계를 아무렇게나 마음 내키

---

* 30 passion(피동)이라는 말이 여기에서는 현재 흔히 쓰이는 것과는 아주 다른 의미를 띠고 있다. 그러나 이러한 용어를 사용한다고 해서 사상의 혼란을 일으키지는 않을 것이다. passion은 보통 아리스토텔레스의 원전 번역가들이 사용했는데, 여기에서도 그대로 썼다. action(능동)이 하나의 개체적·구체적 사물이 다른 사물에 행위를 가하는 것이라면 passion은 하나의 구체적·개체적 사물이 다른 사물의 행위에 의해서 행해지든가 행위를 받게 되는 것을 말한다.

는 대로 보아서는 안 된다. 세계는 우리의 생각에 앞서 이미 존재하고 있다. 다시 말해 우연적인 것으로부터 전문적인 것에 이르기까지 모든 성찰은, 그 성찰의 대상으로서 세계의 존재 또는 세계의 어떤 일부분이나 여러 부분의 존재를 미리 전제하고 있어야 한다. 그리고 우리가 세계를 분석하는 과정에서 사용하는 용어들은 그 세계가 어떤 모습으로 존재하느냐에 따라 달라진다. 세계에 대해서 우리가 사용하는 논술용어 가운데 어떠한 것들은 다른 것들에 비해 좀 더 기본적이다. 예컨대 인간이라는 말은 때에 따라서는 범주가 아닐 수도 있다. 별을 분석할 때에는 그러한 말을 사용할 필요가 없기 때문이다. 또 별이라는 말도 범주가 아닐 수 있다. 우리가 인간을 분석할 때에는 별이라는 말을 사용할 필요가 없기 때문이다. 그러나 그 가운데에는 온갖 대상의 어떠한 분석에도 반드시 필요한 말들이 있다. 사람과 별은 모두 실체이다. 다시 말해 구체적·개체적인 것들이다. 그리고 실체는 하나의 범주이다. 왜냐하면 우리 주위 세계에 대한 모든 탐구는, 인간이나 별에 대한 것이 아니라도 분명히 어떤 구체적·개체적인 것에 대한 탐구이기 때문이다. 마찬가지로 성질과 관계도 범주들에 속한다. 비록 성질에는 여러 종류—붉거나 차가운 것과 같은 감각적 성질, 온건함과 정의로움 같은 도덕적 성질, 건강함이나 튼튼함 같은 생리적 성질 등—가 있지만, 우리가 탐구 대상으로 삼을 수 있는 모든 실체에는 그 특징을 말해 주는 성질들이 있기 때문이다. 마찬가지로 여러 종류의 관계—'××의 위에' 또는 '××의 옆에'처럼 공간적 관계, '○○의 아들' 또는 '○○의 사촌'처럼 생물학적 관계, '××의 시민' 또는 '××의 적'처럼 정치적 관계 등—가 있지만 어느 경우에도 우리가 탐구할 수 있는 모든 실체에는 그 실체의 특징을 밝혀주는 관계들이 반드시 존재하게 마련이다.

아리스토텔레스는 세계를 정당하게 분석하기 위해 반드시 필요하다고 믿었던 체계적인 범주표를 제시하고, 열 개의 범주 목록을 들었다. 이 열 개의 범주란 무엇보다도 본디 의미의 실체, 그 다음에는 성질·분량·관계·시간성과 공간성·능동과 피동·위치(position)와 상태(condition)—이 열 가지를 말한다. 그런데 이들 열 개 범주 가운데 어떤 것들은 서로 거의 똑같아 보이기 때문에, 이 표에 난점이 없다고는 말할 수 없다. 그러나 이 표는 어떤 점에서 매우 주요한 의의를 가진다. 즉 세계에 대한 우리의 생각은 이 세계가 지니는 여러 성질에 따라서 달라지며, 세계의 성질은 사물들이 무한히 다양함에도 비교적 몇몇 논술 용어로 요약될 수 있는 어떤 보편적 특징들도 또한 나타내고 있다는 데에 의의가 있다.

아리스토텔레스는 여러 분야로 나뉘어 있는 그의 모든 철학에 범주이론(doctrine of categories)을 효과적으로 적용하여 이제까지 자신이 고찰해 온 문제들을 잘 해결할 수 있도록 한 가닥 빛을 던져 주었다. 예를 들면 그는 영혼이 실체인가 아닌가를 묻고, 이에 대한 해답으로서 그것은 실체가 아니라 능동적 활동이라고 단정했다. 이 예비적 고찰은 그 뒤 영혼에 대한 연구 방향을 정했기 때문에, 그의 심리학 전체가 이 방향에 맞게 형성되었다. 마찬가지로 그는 덕(德)은 활동인가 아닌가를 묻고는 이것이 활동이 아니라 상태라는 결론을 내렸다. 정의(正義)의 개별적 실례는 하나의 활동이지만 정의라는 덕은 하나의 상태, 즉 내면적으로 잘 단련되고 다듬어진 습관을 지니고 있는 상태라는 것이다. 아리스토텔레스는 이 같은 범주의 영역 아래 덕에 대해서 고찰하여 도덕적 삶의 본질을 밝힘으로써 그의 윤리학 전체를 알맞게 체계화했다. 연구 대상이 어떤 범주에 속하는가를 분명히 결정지은 다음에야 계속해서 유익한 문제들을 제시하고 또 그 대상에 대한 명쾌한 해답을 발견해 나갈 수가 있다. 이로써 아리스토텔레스의 범주론은 여러 분야로 나누어진 그의 철학을 하나로 통합해 주며, 각 분야마다 체계화된 원리들을 제공해 준다.

아리스토텔레스의 심리학

아리스토텔레스의 심리학 논문은 일반적으로 '영혼에 대하여(*Concerning the Soul*)'라는 명칭으로 불린다. 그렇지만 'Soul(영혼)'이라는 말은 아리스토텔레스의 의도에는 없던 종교적 개념들을 암시하고 있기 때문에 오늘날의 영어로는 그 개념을 결코 분명하게 전달할 수 없다. 그의 용어는 '프시케(psyche)'라는 말이었는데, 이것은 오히려 '생명(life)'이라고 번역하는 것이 좀 더 적합할는지도 모른다. 함께 무리지어 자연의 체계를 이루는 많은 실체들을 살펴볼 때 우리는 여기에 온갖 종류가 있음을 알 수 있다. 뿐만 아니라 우리는 더 나아가 이 여러 종류의 실체들을 연속해서 단계적으로 배열할 수 있다. 아리스토텔레스가 이 같은 단계적 계통을 세우기 위해 사용한 분류의 기본 원리는 조직의 복잡성 정도였다. 조직의 복잡성이 더해가면서, 어떤 실체가 발휘할 수 있는 기능의 복잡성도 이에 따라 점점 더 증가하게 된다. 그러므로 물질 조직의 복잡성이 더해질수록 그 물질의 기능도 점점 더 다양하고 복잡해진다. 예를 들어 흙덩어리와 사탕무는 성분에 있어서는 차이가 없을지도 모른다. 그렇지만 분명히 그 물질 조직에는 차이가 있다. 그리고 사탕무는 그 특유한 조직이나 구조의 결과로서 흙덩어리가 할 수 없는 어떠한 독특한 기능을 발휘한다. 이 기능들 가운데에는 영양 작용·발육 작용·번식 작용이 있다. 흙덩어리는 살아 있지 않으나, 사탕무는 살아 있다. 이 사탕무의 삶은 그 고유한 기능의 진행 과정이라고도 말할 수 있다. 그러므로 생명은 실체가 아니다. 그것은 없어서는 안 될 하나의 물질 조직이나 신체 구조에 일어나는 '행동 방식'이고 '활동'이며, '작용'이고 '기능'이다.

사탕무에서 보는 것 같은 식물적 생명은 생명의 첫째 단계이며 가장 단순한 단계이다. 둘째 단계는 동물적 생명이다. 동물적 생명은 식물적 생명에 필요한 조직 말고도 그 이상의 어떤 특정한 기관(器官)이나 구조가 생물체 속에 나타났을 때 생겨난다. 동물적 생명의 기능은 식물적 생명의 기능에다 느끼고(보고 듣고 냄새 맡고), 욕망을 가지고, 운동하는 기능을 더한 것이다. 식물적 생명과 동물적 생명 사이에 뚜렷한 경계선이 그어져 있지는 않다. 확실치 않은 중간적 상태로 보이는 어떤 생물(해면이나 말미잘 등)도 있다. 동물적 생명의 단계는 식물의 단계에서 발전하여 그 조직이 더 복잡해지고 기능의 범위가 더 넓어진 단계이다.

마지막 단계로서 이성적인 생명이 있다. 생각이나 믿음, 앎과 같은 모든 인식 활동은 동물의 신체적 구조가 충분히 적절하게 복잡해졌을 때 일어난다. 동물적 생명과 이성적 생명 사이에도 정확한 경계선이 존재하는 것은 아니다. 그러나 같은 동물이라도 인간은 뚜렷하게 합리성을 발휘할 수 있는 유일한 생물이라 말해도 좋을 것이다. 좀 더 높은 단계들은 좀 더 낮은 단계들을 전제로 존재하며 또 저마다 자기보다 낮은 단계들을 포함하고 있다. 다시 말해 동물적 생명은 식물적 생명의 기능이 없이는 결코 생겨나지 못하며, 이성적 생명은 식물적 생명과 동물적 생명의 기능이 없이는 결코 생겨나지 못한다.

위와 같은 관찰과 생명에 대한 유형 분석 결과를 정리해 보면, 생명(곧 영혼)은 일정한 종류로 이루어진 유기체의 활동력이라 말해도 좋으리라. 아리스토텔레스는 생명과 신체와의 관계는 자르는 작용과 도끼와의 관계, 또는 시각과 눈 사이의 관계와 같다고 말했다. 물론 생명과 신체를 같은 것으로 생각해서는 안 된다. 그렇지만 생명은 신체나 신체 비슷한 자연계의 다른 몸에서 따로 분리해낼 수도 없다. *31 다른 말로 하면, 생명(영혼)은 생물체의 형상(形相 ; form) *32이다. 자르는 작용이 도끼의 형상 또는 영혼이고, 시각이 눈의 형상 또는 영혼이라 말할 수 있는 것처럼, 각 단계의 생명들은 저마다 적합하게 이루어진, 일정한 유형을 가진 조직체들의 형상 또는 영혼이다.

아리스토텔레스의 윤리학

아리스토텔레스의 심리학은, 그의 윤리학(倫理學 ; ethics)은 물론 정치학과도 직접적으로 연결되어 있다. 인간의 기능은 많고 다양해서, 그 기능들이 서로 주고받는 관계에 대해서는 지도가 필요하다. 그리고 어느 누구도 주위 사람들로부터 떨어져 혼자서 자기의 역할을 제대로 해낼 수 없기 때문에, 인간의 목적 실현은 반드시 조직된 사회나 국가를 전제로 하게 된다. 윤리학과 정치학은 아리스토텔레스에게 있어서는 한 방향의 연구 아래 서로 의존하는 두 분야이다. 윤리학은 어떻게 하면 사람들이 가장 잘 어우러져 살 수 있는가에 대한 고찰이다. 그리고 인간은 다른 사람들과의 유기적(organized) 관계를 떠나서는 잘 살아갈 수 없으므로, 윤리학이 자신의 목적을 이루려면 어쨌든 정치학과 관련을 맺지 않을 수 없다. 인간은 정치적 동물이라고 아리스토텔레스는 생각했다. 이렇듯 인간이 정치적 동물인 것은 우연적인 게 아니

---

*31 아리스토텔레스의 심리학에는 위에 요약된 견해와 조화하기 어려운 이념을 표명한 구절들이 있다. 아마도 이 구절들은 아리스토텔레스 자신의 성숙한 성찰에 의한 것이라기보다도 오히려 초기 플라톤적 경향에 따른 것이라 하겠다. 그러나 이에 대한 설명이 어떠하든지, '이성'이야말로 영혼의 여러 부분 가운데에서 인간이 육체로부터 벗어나 자유롭게 존재할 수 있게 하는 유일한 부분이라고 아리스토텔레스가 쓴 것은 사실이다. 그는 결코 이성이 육체로부터 떨어져서 존재한다고 직접적으로는 주장하지 않았다. 사실 이 부분은 식물과 동물에게 있는 '육체적 생명의 유한성'에 대한 주장이다. (*Concerning the Soul* ; 영혼에 대하여, 413b24－33 ; 403a5－18 참조.) 그러나 그 뒤의 역사에서는 이 말들이 신학적 목적으로 영혼불멸성 이론을 증명하는 데 이용되었다. 그의 사상에서 시각(視覺)적인 것은 변하는 사물을 그 대상으로 가지므로 타락하게 마련인 데 대하여, 이성은 영원한 진리를 그 대상으로 가지므로 타락하는 일이 없다는 것이다.

*32 아리스토텔레스에게 있어서 형상(形相 ; form)이라는 말의 충분한 의의는 그의 형이상학이 연구되기 전에는 분명하게 밝힐 수 없으나, 여기서 이 말을 빠뜨릴 수는 없다.

라 본질적인 이유에서이다. 한 국가의 구성원이 아닌 자는 인간 이상의 존재이거나 인간 이하의 존재, 다시 말하면 신이거나 짐승이거나 그 어느 한쪽이라는 것이다. 신들은 독립적인 존재이므로 고립된 생활 속에서도 스스로 완전함을 성취할 수 있으며, 반대로 인간이 가지고 있는 것과 같은 사회적 발전의 가능성은 지니고 있지 않다. 만일 인간이 자기의 본성을 충분히 발휘하여 자기가 가진 몇 가지 소질이나 능력을 성취하기를 바란다면, 그리고 인간의 고유한 탁월성(excellence)과 행복을 누리기를 바란다면, 사회 생활을 통해서 자기에게 주어진 역할을 다하지 않으면 안 된다. 사람이 양육과 훈련을 받고, 가장 훌륭한 자아 실현을 할 수 있는 것도 다름 아닌 바로 이 사회 안에서 가능하다.

아리스토텔레스 윤리설의 기본 견해는 플라톤을 따르고 있다. 실제로 그는 철학적 사색의 다른 어떠한 부분에서보다도 윤리학에서 더 밀접하게 플라톤을 따랐다. 아리스토텔레스는 인간이 마땅히 추구해야 할 도덕적 목적을 '에우다이모니아(eudaimonia)'라는 말로 나타냈기 때문에, 아리스토텔레스의 윤리학적 주장을 우리는 '에우다이모니즘(eudaimonism)'이라 부른다. 'eudaimonia'라는 말은 보통 'happiness(행복)'로 영역된다. 하지만 그 의미는 오히려 플라톤이 말하는 '정의(正義 ; justice)' 개념에 훨씬 가깝다고 말할 수 있다. 다시 말해 이는 높은 인식의 단계에 이른 원숙한 사람의 완전한 행복을 뜻한다. 현대 영어에서는 '행복'이라는 말과 쾌락이라는 말이 때때로 서로 혼용되고 있는데, '에우다이모니아'는 쾌락과 같은 의미가 아니다. 쾌락에는 좋은 것과 나쁜 것이 모두 있을 수 있다. 그리고 인간이 누리는 행복의 한 부분일 수도 있고, 또는 그 반대인 불행의 한 부분일 수도 있다. 오직 선한 사람의 쾌락만이 좋은 것이며, 악한 사람의 쾌락은 나쁜 것이다. 물론 선한 사람은 많은 쾌락을 누리고 있을 것이다. 자기의 활동을 수행해 나가는 과정에서 마침내 자아실현을 이루면서 완전한 행복을 누리는 열정과 즐거움을 스스로 실천하는 삶의 과정 속에서 발견하지 못하고, 마지못해 의무감으로 덕행을 베푸는 사람은 완전한 선인(善人)이라 말할 수 없다. 그러나 한 사람이 누리는 기쁨의 양을 측정하는 것만으로는 그의 가치를 올바르게 평가할 수는 없다. 선한 사람이 느끼고 있는 종류의 기쁨은 찬미해도 좋을 것이다. 그러나 어떤 사람이 많은 기쁨을 강렬하게 누리고 있다는 바로 그 이

유만으로 그 사람을 선하다고 생각하는 것은 옳지 않다.

아리스토텔레스는 인간성에 대한 플라톤의 분석을, 그리고 플라톤이 제시한 덕목을 어느 정도 수정했다. 그는 인간성의 요소들(elements)에 대한 플라톤의 묘사와 그 덕목들이 조금 지나치게 도식적이라고 보았던 것 같다. 그는 인간성 안에는 많은 불합리한 요소들*[33]과 하나의 합리적인 원리가 있고, 이 불합리한 요소들의 일부는 이성의 지배를 받지 않으며 일부는 이성의 지배를 받는다고 지적했다. 그러므로 인간성은 선한 생활이나 행복에 맞도록 변화될 수 있는 바탕(raw material)이 되는 것으로 여겨졌으며, 다음과 같은 세 부분으로 나눌 수 있다고 생각했다.

　(1)이성의 지배를 받지 않는 불합리한 부분
　(2)이성의 지배를 받는 불합리한 부분
　(3)이성적인 부분

그리고 이들 세 부분에 대응하여 세 종류의 탁월성이 존재하며, 만일 실제로 행복이 온다면 이 세 갈래 길을 통해서 온다는 것이다.

인간성 가운데에서 이성의 지배에 속하지 않는 불합리한 부분에 대응하는 것으로서는 자연적 탁월성이 있다. 이것은 행운이나 요행의 결과로 주어진 것이다. 우리는 이러한 탁월성을 갖지 못한 사람들에 대하여 그들의 불행한 조건을 비난할 수가 없기 때문에, 이 자연적 탁월성을 덕(德)이라 부르는 것은 정당하지 않다. 물론 못생긴 것보다는 잘생긴 것이 더 좋고, 불구자로 태어난 것보다는 건강하게 태어난 편이 더 좋으며, 다른 사람의 노예가 되기보다는 자유 국가의 시민으로서 사는 것이 더 좋고, 몸집이 작은 것보다는 큰 것이 더 좋다. 이 조건들을 대조해 보면 어느 하나가 다른 하나보다 더 좋다. 그러나 행운을 타고난 사람이 그로 인해 아무리 많은 존경을 받는다

---

*33 아리스토텔레스의 모든 영역가(英譯家)들이 '불합리'라는 말을 사용하고 있으므로 이 책에서도 불가피하게 이 말을 사용했다. 그러나 이것은 한마디 설명을 필요로 한다. 불합리하다고 불리는 인간성의 요소들은 그 추론 과정에서 비논리적이라든가 잘못된 것임을 뜻하는 게 아니다. 단순히 합리적 요소가 아니라는 뜻이다. 이것들은 인간성의 무이성적(無理性的) 또는 전이성적(前理性的) 요소들로서—욕망·열정·감정 등 이성을 제외한 인간성 전체를 말한다.

하여도, 불운하게도 자연적 탁월성을 갖추지 못한 사람보다 반드시 더 많은 덕을 갖춘 것은 아니다. 이 점에서 아리스토텔레스는 플라톤과 뚜렷한 차이를 보여 준다. 플라톤은 못생긴 외모로 유명한 소크라테스를 매우 존경했다. 그러나 아리스토텔레스는 낭만적이기보다는 오히려 현실적인 사람이었다. 사람의 힘으로는 어찌할 수 없는 행복의 요소들이 행복의 복합적인 전체성 안에 부차적 요소들로서 여전히 존재한다는 사실을 인정할 만큼 그는 현실주의자였다. 우리가 살아가는 세계는 전적으로 이해할 수 있는 세계는 아니며, 그 일부는 도저히 우리의 노력만으로는 바꿀 수 없는 것들이다. 그리고 이성(理性 ; reason)을 발휘하여 우리의 타고난 많은 운명을 바꿀 수도 있겠지만, 우리는 자신의 힘으로 극복하고 제어하게 되기를 바랄 수 있는 것보다 훨씬 더 많은 요소들의 지배를 받는다. 그러므로 이 같은 요소들에 관한 한 우리의 행복은 타고난 행운에 달려 있다고 말하지 않을 수 없다.

인간성 가운데에서 이성(理性)의 지배를 받는 불합리한 부분에 대응하는 것으로서는 윤리적 덕(德 ; moral virtue) 또는 도덕적 탁월성(卓越性 ; moral excellence)이 있다. 이 윤리적 덕은 올바른 습관을 형성함으로써 갖춰질 수 있다. 아리스토텔레스가 말하는 윤리적인 덕은 플라톤의 절제(temperance)와도 같은 것이다. 그러나 이 문제에 대한 아리스토텔레스의 태도는 훨씬 더 다원론적이다. 아리스토텔레스는 인간은 누구나 많은 충동과 욕망에 휩싸여 있으며, 모두 깊이 고찰할 가치는 있으나 그 어느 것도 인간 생활을 그대로 지배하도록 내버려두어서는 안 된다고 주장했다. 어떠한 충동이나 욕망에 대해서도 가장 훌륭한 태도는 부족함과 과함 사이의 중용이다. 윤리적 덕은 이 중용이 어느 정도로 실현되는가에 따라서 생겨난다. 예컨대 용기의 덕은 비겁과 무모함 사이의 중용이고, 베풂의 덕은 인색과 낭비 사이의 중용이며, 우정의 덕은 냉정함과 아첨 사이의 중용이다. 정의의 덕은 다른 사람에 대한 악의적 무시와 소심한 굴복 사이의 중용이고, 온화함의 덕은 냉담함과 조급함 사이의 중용이며, 절제의 덕은 편협한 금욕과 방종한 탐닉 사이의 중용이다. 그러므로 충동과 욕망에도 여러 종류가 있는 만큼 많은 형태의 도덕적 탁월성이 존재한다고 말할 수 있다. 그러나 중용을 성취하기란 쉬운 일이 아니며, 실제로 좋은 습관으로 단단히 뿌리 내릴 수 있으려면 오랜 훈련과 실천을 필요로 한다.

우리는 어떤 특수한 경우에 뜻하지 않게 우연히도 일시적 기분에 따라 중용에 맞게 행동할 수도 있다. 그러나 깊이 몸에 밴 행동 습관을 지니고 있을 때에만 지속적으로 중용을 발휘할 수가 있다. 직접 피리를 불어 보아야 불 수 있게 되는 것처럼, 실제로 용감하게 행동해 보아야 용감해질 수 있고, 친절하게 행동함으로써 친절해질 수 있다. 덕이 있는 행동을 거듭함으로써 우리는 덕성스런 습관을 얻게 된다. 우리가 아직 어릴 때에는 물론 다른 사람들의 지도를 받을 필요가 있다. 그리고 마침내 스스로 자신을 이끌어 우리의 습관을 형성하고 개선하게 된다. 잘 닦인 세련된 습관의 소유, 이것이 다름 아닌 인격을 뜻하며, 인격은 그 몸에 밴 습관의 성질에 따라서 선과 악으로 나뉜다. 인격이란 오랜 기간에 걸쳐 지속적으로 쌓은 도덕적 훈련의 결과물이다. 그러므로 인격자라는 것은 언제나 행동할 때 온갖 유혹에 흔들림이 없는 사람을 말한다. 오히려 그는 자신이 이루어 놓은 습관에 맞추어 바르고 믿음직하게 행동하는 사람이다.

아리스토텔레스는 그의 윤리학적 기본 개념을 요약하는 어떤 주목할 만한 구절에서, 우리의 행위는 다음과 같은 세 가지 조건을 만족시킬 때에만 참으로 덕이 있는 것이라 보았다. (1)우리는 자기가 무엇을 행하고 있는가에 대한 지식을 가지고 행위를 해야 한다. (2)우리는 심사숙고하여, 행함 그 자체를 위해서 행위를 선택해야 한다. (3)우리의 행위는 안정된 습관으로부터 우러나와야 한다. *34 이 세 가지 조건은 모두 중요하지만, 이 가운데에서도 아리스토텔레스가 가장 강조한 것은 셋째 조건이었다.

그러므로 어떤 행위가 아무리 훌륭하다 해도 그 행위 하나만으로 미루어 덕이 있는 사람이라고 볼 수는 없다. 꽤 긴 시간의 흐름 속에 비추어 보아야만, 아니 그 삶의 과정 전체를 비추어 보아야만 그 사람이 덕이 있는지 여부를 판단할 수 있다. '제비 한 마리가 왔다고 해서 봄이 되는 것은 아니며, 하루 실천했다고 해서 행복한 사람이 되는 것은 아니다.'*35 행복이라는 것이 올 수 있다면, 그것은 가물에 콩 나듯이 아닌 오직 한결같은 실천을 통해서만 얻을 수 있는 것이라 말할 수 있다.

인간성의 이성적 부분에 일치하는 것으로는 셋째 유형의 탁월성이 있는데,

---

*34 *Ethics*(윤리학), 제2권, 제4장, p. 1105a30~34.
*35 *Ethics*, 제1권, 제7장, p. 1098a18~19.

다름 아닌 지적인 덕을 말한다. 이것은 가르침과 꾸준한 성찰에 의해서 체득된다. 그리고 이 지적인 덕에는 성찰하는 대상에 따라 여러 형태가 있다. 이는 자기 집안일에 대비하고 배려하는 사려 깊은 마음일 수도 있고, 자기 나라를 다스리는 정치적 관리 능력일 수도 있다. 또 자연의 운행과 온 우주 속에 분명히 깃들어 있는 제1 원리들(First Principles, 근본 가설)에 대한 사색일 수도 있다. 우리가 충분히 인식하고 있는 대상이 크면 클수록 우리의 지적인 덕의 정도는 더 훌륭한 것이 된다. 배려하는 마음이나 더욱이 정치적 관리 능력 같은 것은 우리가 추구하는 이상의 다른 목적들을 위해 주된 역할을 하기도 한다. 그러나 순수한 사색적 삶은 그 자체가 하나의 목적이 된다. 아리스토텔레스는 그의 심리학에서 이성적 생활을 인간에게 특유한 삶으로 본 것처럼, 윤리학에서는 사색을 인간이 누리는 가장 영예로운 것으로 보고 있다. 그러나 그 때문에 몇몇 비평가들은 그가 현실 문제로부터의 도피를 찬미했다고 해석했는데, 이것은 잘못된 일이다. 그 이유는, 만약 사색하는 사람이 그의 대상과 사회적 관계를 이어가지 않을 때에는 그 사색은 아무 쓸모가 없기 때문이다. 사색은 하나의 생활이며, 결코 삶으로부터의 도피가 아니다. 그것은 불완전하고 어느 한쪽으로 치우친 지혜를 성급하게 응용할 필요가 없는 생활이며, 이야말로 신이 이끌어 주는 삶이라고 생각할지도 모르는 생활이다. 사람은 사색적 생활을 지속해 나갈 때 가장 성스러워진다. 다른 모든 생활은 지적인 삶을 발전시켜 가는 데 이바지하는 것이며, 지적인 삶은 그 자체를 위해 계속 이어지는 것이므로 이런 삶이야말로 현실적·궁극적 목적이라 말할 수 있다. 그러므로 이 궁극적 목적에 의해 마침내 가장 높은 단계의 지혜를 얻게 된다고 말할 수 있다.

아리스토텔레스가 사색적 생활을 찬미한 것은[*36] 플라톤이 지적 발달의 최고 형태, 즉 분할된 선(線)의 비유에서 이성을 찬양한 것과 많은 공통점을 지니고 있다. 플라톤은 이성이 언제나 개인적 생활과 사회적 생활의 좀 더 나은 조화를 위한 수단이 된다고 강조했다. 이 점에서 그는 좀 더 혁신적인 사람이었다고 말할 수 있다. 반대로 아리스토텔레스는, 지식은 사용 여부를 떠나 그 자체로서 가장 큰 행복의 원천이 된다고 강조한 점에서, 이해(利

[*36] 서양 문명에서 사색적 삶을 찬미한 글들은 아리스토텔레스의 *Ethics*, 제10권, pp. 1176a30~1179a32에 있다.

害) 관계에 사로잡히지 않은 탐구가였다고 말할 수 있다. 그러나 두 사람 모두 이 두 점을 인정하고 있으므로, 두 사람의 차이는 저마다 어느 점을 더 강조했는가 하는 정도의 차이일 따름이다. 후세에서[37] 아리스토텔레스는 때때로 '사람들을 미혹하여 현실 문제로부터 동떨어진 사색으로 이끌어 간 사람'처럼 해석되었다. 그러나 실제로 아리스토텔레스가 말하는 사색적 삶이란, 환상이나 근거 없는 가능성에 대한 명상을 통해서가 아니라, 인간의 활동과 정치적 삶, 그리고 정치적 삶의 무대가 되는 이 세계 등을 지적으로 해석해 나가는 과정 속에서 가장 잘 영위된다는 것이었다.

아리스토텔레스의 정치 이론

아리스토텔레스의 국가에 대한 생각은 여러 모로 플라톤과는 차이가 있다. 왜냐하면 아리스토텔레스의 관심은 현실 문제를 판단하는 기준이 될 이상국가를 그리는 것이 아니라, 실제로 따라야 할 최선의 방법을 정하는 데 있었기 때문이다. 국가는 아마도 처음에는 그 성원들에게 살기 위해 꼭 필요한 여러 조건만을 확보해 주기 위해 형성되었겠지만, 나중에는 점점 더 광범위한 이상적 목적들을 이루는 데 이바지하게 되었다. 다시 말하면 국가는 사람들로 하여금 잘살 수 있게 해 주기 위해 생겨났고, 존속해 오며 또 소중하게 지켜오고 있는 것이다. 국가가 지향하는 목적에는 시민 교육, 사회에 유익한 정책의 법적 고정화, 그리고 적어도 가능한 한 일부 시민들을 위해서 사색적 삶을 추구할 수 있게 해 주는 배려 등이 있다. 현실적 국가 체제에서 아리스토텔레스는 플라톤과는 달리, 소수의 사람들을 최고 지위에 올려놓고 그들에게 어떠한 권위의 지배도 받지 않게 만들기를 원치 않았다. 오히려 그는 몇몇 집단 사이에 권력의 균형을 꾀하려 했다. 그는 가장 훌륭한 사람들에게 최고 직책을 맡기고, (입법과 사법 문제에서) 비판하는 권리를 일반 사람들에게 부여하고자 했다. 그는 무엇보다도 통치자나 일반 시민을 포함하여 모든 사람으로 하여금 똑같이 법의 지배를 받게 하려고 했다. '가장 훌륭한 법이야말로 최고의 권위를 가져야 한다'는 것이다. [38] 물론 어느 법이

---

*37 예를 들어 Petrarca가 지은 '*Life of solitude*(고독한 생활)'에서 은둔적 명상을 예찬하는데, 상아탑(the ivory tower) 사상에서도 찾아볼 수 있다.

*38 *Politics*(정치학), 제3권, 제11장, p. 1282b2.

정말 훌륭한 법인지 결정하는 문제는 영구적 과제로 남아 있다. 그러나 이는 어디까지나 실제적인 문제이며, 어떤 일반적인 이론적 해결책이 있는 게 아니다. 국가라는 것을 추상적으로 정의한다면 플라톤의 주장대로 모든 정책을 지혜로운 사람의 손에 맡기는 편이 오히려 안전할지도 모른다. 그러나 아리스토 텔레스는 현재의 국가를 구체적으로 다스려 나가기 위해서는 저마다 일정한 활동 영역을 가지는 여러 요소를 인식하고 깨닫지 않으면 안 된다고 한다. 오 랜 시험을 거쳐 온 법은, 아무리 지혜로운 사람이라 하여도 자신의 제한된 경험으로는 그냥 지나치게 될지도 모를 풍부한 지혜를 간직하고 있으리라. 국가 에 있는 법은, 인간에게 있는 습관과도 같은 것이라 하겠다. 다시 말하면 법 은 사회적 습관을 확립해 주며, 지명된 입법 기관이 제정하는 더 훌륭한 법에 의해 대체될 때까지는 정책을 세우는 데 가장 안전한 안내자가 된다.

이리하여 아리스토텔레스는 가장 적격한 소수의 사람들과 시민 대중과 법 률에 각각 고유한 임무를 할당했다. 그는 하나의 국가를 너무 거대한 통일체 로 만들지 말라고 충고했다. '국가의 본질은 복수성(複數性)을 띠고 있다는 점이다.'*39 권력 분할의 논리는 실제적으로는 가장 훌륭한 절차이며, 이론적 으로는 가장 건전한 이념이다. 국가의 고유한 통일은 행정적 중앙집권화로 이룩하려 해서는 안 된다. 오히려 이 통일은 서로 영향을 주고받으면서 협력 하는 여러 요소가 공통의 목적을 지향하는 과정에서 성취해야 한다. 만일 이 통일이 불안정하게 이루어졌다면 인간의 삶 또한 어디서나, 어떠한 상황 아 래에서나 불안정해지지 않을 수 없다. 윤리적·정치적 이론의 목적은 인간의 실제적 문제들을 해결하거나, 이를 통하여 삶의 모든 도덕적 위기를 없애버 리는 데 있는 것이 아니다. 오히려 그 목적은 사람이나 국가가 적어도 존속 하는 한, 날마다 실생활에서 맞닥뜨릴 수밖에 없는 도덕적 문제들이나 도덕 적 위기를 분명하게 드러내는 데 있다. 바꾸어 말하면 사람이나 국가가 반드 시 다루어야 할 실천적 요소들을 사람들에게 알리는 데 있다.

아리스토텔레스는 노예 제도를 찬성했는데, 이 점은 그의 정치 이론에서 사소한 문제이긴 하지만 상당한 관심을 끌어 왔다. 물론 아리스토텔레스도 자기 나라에 존재하던 노예 제도 형태를 찬미하지는 않았다. 그는 (아마도

---

*39 *Politics*, 제2권, 제2장, p. 1261a18.

군사적 정복의 결과로서) 그 무렵 노예 신분에 매여 있던 대다수 사람들이 전혀 노예 대우를 받을 만한 사람들이 아니라고 주장했다. 그래도 그는 일부 사람들을 '자연적 노예'라고 생각했는데, 이는 자기 나라의 정치에 참여할 만한 충분한 이성을 갖지 못하고, 자연적 지배자인 다른 사람들의 이성과 명령에 따르는 데서만 꼭 이득을 보려 하는 사람들을 뜻했다. 그러나 자연적 노예라고 할 이러한 사람들 말고는, (아리스토텔레스는 이 같은 자연적 노예들이 얼마나 되는지 그 수를 어림잡아 계산해 보려 하지 않았다) 그 밖의 모든 사람은 아리스토텔레스의 이론에 있어서 마땅히 정치 생활 참여가 인정되는 시민들이었다.

아리스토텔레스의 형이상학

아리스토텔레스는 심리학 말고도 자연의 많은 부분에 대하여 썼다. 그는 생리학과 해부학·천문학·물리학에 대한 책들을 남겼다. 그리고 아리스토텔레스는 여러 분야로 나뉘는 자연 연구 전반에 통하는 보편적 전제들이 있음을 점차 깨닫게 되었다. 즉 모든 특수 과학이 사용하고 있고 또 사용해도 문제시될 이유가 없는 극히 보편적인 어떤 진리들이 있다고 보았다. 그리고 이 전제들이나 보편적 진리야말로, 다른 과학들보다 시간적으로는 뒤에 형성되었지만 논리적으로는 앞서는 하나의 개별적 학문으로 자세하게 연구할 가치가 있다고 생각했다. 그가 스스로 연구를 통해 펼쳐 나간 이 학문을 우리는 그의 형이상학(形而上學; metaphysics)이라고 부른다.

'메타피지카(*metaphysica*; 형이상학)'라는 말은 아리스토텔레스 자신의 저술에는 나타나 있지 않다. 이 말은 그 시대에는 존재하지 않았던 것이다. 그것은 아리스토텔레스가 세상을 떠난 뒤, 그가 이룩한 저술의 전달 및 편찬과 관련하여 생긴 어떤 역사적 우연의 결과로서 만들어진 말이었다. 로도스의 안드로니코스는 B.C. 1세기 사람으로서, 아리스토텔레스의 많은 저서들을 모두 세상에 내놓으려 시도했다. 그런데 마침 그 가운데 하나의 저작에 표제가 붙어 있지 않음을 보고 그는 실제로 이와 밀접한 관계가 있던 물리학 저서 바로 다음에 넣기로 했다. 그리하여 이 표제 없는 저서는 '물리학 다음의 저서(the work *after* the physics)' 즉 '*metaphysica*'로 불리게 되었다. 그러므로 '메타피지카(형이상학)'라는 말의 본디 의미는, 아리스토텔레스 저술의 최초전집판에서 그저 이 표제 없는 저서가 차지한 위치만을 표시하는 데 지나지 않았다. 그러나 이 말은 그 뒤 널리 사용되어 오면서, 그 의미도 다양성을 띠어 갔다. 이 여러 의미 가운데에는 아리스토텔레스가 처음에 연구하려고 했던 것과 전혀 다른 것들도 있다. 우리는 아리스토텔레스의 '형이상학'이라는 말을, 안드로니코스가 물리학 저서 다음에 넣은 표제 없는 저서 안에서 아리스토텔레스가 이끌어 갔던, 바로 그 유형의 지적인 시도에 대해서만 사용해야 한다.

형이상학은 그 형성된 순서로 보아서는 맨 앞에 설 학문이 아니다. 그 이유는 그가 누구건 이미 자연의 여러 분야를 연구하지 않은 사람에게는, 형이상학에서 다루는 내용이 머릿속에 떠오르지 않기 때문이다. 그러나 이론적 순서로 보아서는 맨 처음에 위치해야 할 학문이라 하겠다. 왜냐하면 형이상학은 이 세계 전반에 걸친 지적 사상 체계를 제공해 주려는 학문이며, 이 체계 안에 들어와야 비로소 자연 여러 부분에 대한 다른 모든 탐구가 궁극적으로 받아들여지기 때문이다. 이러한 의미에서 형이상학은 아리스토텔레스도 지적했듯이, 어떠한 지식 체계 못지않게 아주 학문적이며 동시에 완전히 보편적인 것이다. 그것은 연구 대상으로서 자연으로부터 어떤 부분을 선택하여 정하거나, 또는 언제나 그런 게 아니라 그저 때때로 일어나는 자연의 어떤 부분들을 선택하는 것이 아니다. 오히려 그것은 자연 세계를 이루는 모든 실체와 관계와 그 과정을 뭉뚱그려 하나의 주제로 삼아, 어디서나 보편적으로 타당한 원리들을 진술하고자 한다. 다시 말하면 형이상학은 존재의 기본 특성들을 다루는 학문이다. 그러므로 전체가 아닌 몇몇 개별적 존재들에 타당한 부차적 원리들에 대한 진술 과제는 각 특수 과학들에다 남겨 놓겠다. *40

---

*40 위에 설명된 형이상학 개념은 아리스토텔레스의 논문들 가운데 가장 후기 또는 가장 완숙된 부분 속에 논술되어 있다. 그러나 초기 논문이나 좀더 플라톤적 부분에서는 아주 다른 개념이 나타난다. 이 초기 개념은 아리스토텔레스의 발전 과정에서 사라져 버렸지만 역사적으로 영향을 미쳤기에, 역사를 연구하는 사람으로서는 눈여겨볼 가치가 있다. 초기 개념에 따르면 형이상학은 가장 높은 존재에 대한 연구이며, 신학과 같은 뜻을 갖는다. 아리스토텔레스의 초기 개념들을 살펴보면, 존재에는 세 종류가 있다. 가장 낮은 종류는 지구상의 물체들이다. 이것들은 예측할 수 없는 방향으로 불규칙적으로 움직이므로 어떠한 과학의 주제도 되기 어렵다. 이보다 높은 종류의 존재는 천체들이다. 이것들은 완전한 원 운동을 하고 있으며, 과학의 정당한 주제가 될 수 있고 또 일반적인 법칙으로 서술될 수가 있다. 가장 높은 존재는 어떠한 물질도 들어와 섞이지 않는 순수한 형상이다. 이 가장 높은 존재를 아리스토텔레스는 신(神)이라 불렀다.

아리스토텔레스의 〈형이상학〉에서는 '4원인설(四原因說)'이 가장 널리 알려져 있다. '코즈(cause ; 原因)'라는 영어는 여기에서는 아주 다른 의미로 쓰인다. 이 말은 아리스토텔레스의 용어 '아이티아(aitia)'의 번역으로서 쓰이나, '아이티아'는 본디 그리스 법정에서 공격 방식을 뜻하는 말이었다. 따라서 형이상학에서는 아이티아란 자연에 대한 공격 방식, 즉 자연에 대한 탐구 양식을 뜻한다고 말할 수 있다. 만일 아리스토텔레스의 그리스어가 다른 어떠한 말로도 번역되기 전에 영어로 번역되었더라면, 어떠한 역자라도 아리스토텔레스의 '아이티아'를 'cause'로 번역하지는 않았으리라. 그러나 키케로는 아리스토텔레스의 '아이티아'를 이와 같은 뜻인 라틴어 법률 용어 '카우사(causa)'로 번역했는데, 키케로의 이 '카우사(causa)'로부터 우리는 'cause'라는 영어를 쓰게 된다. 언어의 이러한 기이한 변천 과정은 아리스토텔레스의 원문에서 쓰인 말의 의미를 애매모호하게 만들어 놓았다. 그러므로 우리는 아리스토텔레스가 쓴 본디 의미를 되찾아야 한다. 아리스토텔레스의 4원인 가운데에서, 일상적 회화에서 사용하는 'cause(원인)'라는 영어의 의미와 어떤 관계를 가지고 있다고 말할 수 있는 것은 오직 하나, 또는 많아야 둘뿐이다. '4원인설'을 논할 때에 우리는 꼭 '원인'이라는 말을 그리스어 '아이티아'의 의미로 생각해야 한다. 다시 말해, 자연에 대한 공격 방식 또는 자연 탐구의 실마리를 뜻하는 것으로 생각해야 한다.

아리스토텔레스는 플라톤이 선(善)의 이데아를 포함하는 인식론적 의의에 대한 논구에서 믿고 있었던 것처럼, 자연에 대한 모든 지식을 완전한 하나로 체계화할 수 있는 하나의 최고 원리가 있다고는 생각하지 않았다. 오히려 아리스토텔레스는 자연을 탐구하는 데 네 가지 길이 있으며, 이 네 가지는 모두가 정통적인 것으로 그 가운데 어느 것이 다른 것들보다 더 근본적일 수는 없

여기서 신이라는 말은 사실 그리스 문헌 속에서도 자주 의미하듯이, 어떠한 종교적 의미도 지니지 않으며 그 너머에는 그 이상의 어떠한 것도 존재하지 않는 궁극적 원리인 것이다. 이 가장 높은 존재는 (그것은 어떠한 물질의 혼입도 지니고 있지 않기 때문에) 이리저리 움직이지 않으면서도 땅과 하늘에 있는 모든 존재들의 움직임을 가능케 하는 근본 원리가 된다. 즉 우주에 가장 먼저 움직임을 일으킨, 우주를 움직이는 힘인 것이다. 아리스토텔레스는 형이상학에 대한 이 초기 견해로부터 더 완숙한 견해로 바뀌면서 존재의 3단계와 이에 따르는 신에 대한 사상을 폐기해 버렸다. 그는 모든 실체를 다 동등하게 다루며 이 실체들에 대해 모두 같은 종류의 분석을 할 수 있는 것으로 여겼다.

다고 주장했다. 자연을 탐구하는 이 네 가지 길이란 바로 그의 4원인을 말한다. 우리가 연구하려는 과제가 어떠한 것이든 우리는 정당하게 네 가지 다른 질문을 던질 수 있다. 만약 성공적으로 탐구를 관찰해 나갈 수 있다면 이 질문에 대한 네 가지 해답을 얻을 수 있으리라. 존재하는 어떠한 사물에 대해서든 우리가 낼 수 있는 네 가지 질문은 다음과 같다.

(1) 그것은 무엇으로 이루어져 있는가?
(2) 그것은 무엇인가?
(3) 그것은 무엇이 만들어 냈는가?
(4) 그것은 무엇에 유용한가?

그리고 이 질문에 대한 해답은, 우리가 탐구하고 있는 사물들이 무엇인가에 따라서 달라지겠지만 저마다 다음과 같은 말로 제시할 수 있다.

(1) 질료(質料 ; matter), 또는 질료인(質料因 ; the material cause)
(2) 형상(形相 ; form), 또는 형상인(形相因 ; the formal cause)
(3) 작용(作用 ; agency), 또는 운동인(運動因 ; the efficient cause)
(4) 목적(目的 ; purpose), 또는 목적인(目的因 ; the final cause)

온갖 실체는 질료(質料)와 형상(形相)의 결합으로 어떤 작용자의 활동에 의해서 생기며, 그것이 자연적으로 섬기도록 정해진 목적에 이용되고 있다.

아리스토텔레스의 4원인 가운데 처음 두 원인은 함께 다루는 게 바람직하다. 온갖 실체는 질료와 형상의 결합이라고 말함으로써, 분명히 아리스토텔레스는 자기가 플라톤의 이론이라고 여겼던 것을 배격하고 있었다. 즉 형상(이데아)과 개별적 사물을 두 가지 실재(reality)의 등급으로 나누어서 이데아를 근본적 실재로, 개별적 사물을 이차적 또는 파생적 실재로 다루는 것을 배격한 것이다. 아리스토텔레스는, 만일 플라톤의 이원론(二元論 ; dualism)이 받아들여지면 우리가 가장 분명하게 알고 있는 것은 존재하지 않게 되며, 또 존재하는 것은 분명하게 알려질 수 없는 것이 된다고 주장했다. 그러나 일상적 경험으로 알 수 있듯이, 개별적 실체들(substances)에 대한 지식은 '있을 수 있으며', 더구나 이 지식이야말로 우리가 받아들일 수 있는 가장 직접적이며 확실한 지식이라 말할 수 있다. 예를 들어 우리는 소크라테스가 사람이라는 것, 저기 보이는 어떤 사물은 배(船)라는 사실을 알고 있다. 그 밖의 수많은 사실에 대해서도 마찬가지이다. 그 어느 경우에도 형상은 존재하는 실체의 본질이다. 그리고 모든 실체의 존재에서 분리할 수 없는 요소이다. 적어도 실체가 존재하면서 본질을 가지고 있지 않다는 것은 있을 수 없는 일이다. 하지만 모든 실체는 그것의 형상이나 본질이 전부는 아니다. 만일 실체가 그 형상이나 본질만으로 전부이며 그 이상의 어떠한 것도 아니라고 한다면, 우리가 생각하거나 상상하는 대상은 그 순간 모두 존재하는 것이 되어 버리기 때문이다. 실체가 가지는 이 형상 말고 다른 어떤 것이 바로 아리스토텔레스가 질료라고 부르는 것이다. 모든 실체의 질료도 형상과 마찬가지로 그 실체의 존재와 떨어질 수 없는 요소이다. 이러이러한 본질의 사물이 실제로 있다고 말할 때, 우리는 언제나 실체 속에 질료를 인정하고 있는 것이다. 왜냐하면 이 같은 판단을 내림으로써, 존재하는 사물 안에 어떠한 본질이 구현되어 있음을 주장하고 있기 때문이다. 소크라테스는 사람이다. 그러나 플라톤도 크세노폰도 또 그 밖의 많은 개별적 인간들도 또한 사람이다. 형상은 여러 실체들 안에 지속적으로 깃들 수 있으며, 그럼에도 불구하고 이 실체들은 서로 다른 존재들이다. 형상은 개별성(individuality)의 원리를 바탕으로 한다. 즉 형상은 하나의 실체를 어떤 다른 종류의 사물이 아니라 현재와 같은 종류의 사물이도록 하는 것이다. 그러나 질료는 특수성의 원리를 바탕으로 한다. 다시 말해 질료는 각 실체로 하여금 같은 형상을 가진 수많은 다른 존재 가운데에서 수적으로 셀 수 있는 뚜렷한 존재가 되게 한다. 그러므로 어떠한 것도 실체이면서 형상과 질료를 갖지 않을 수는 없다. 아리스토텔레스 이후로 가장 흔하게 사용되어 온 언어를 살펴보면, 형상은 주어진 사물이 '무엇인가'에 대한 이름이다. 질료는 그것이 바로 '그것(that)'이 되게 해주는 사실에 대한 이름이다 (즉 전자는 유(類)에 대한 이름, 후자는 종(種)에 대한 이름—역자).

모든 실체는 형상과 질료의 결합이라고 하는 아리스토텔레스의 주장은 실체에 대한 인간의 인식에 관한 그 자신의 이론에 중요한 영향을 미친다. 한편 실체의 형상은 그 실체를 가지적(可知的 ; intelligible)인 것, 즉 인식될 수 있는 것으로 만들어 준다. 어떤 실체가 어떤 사람에게 대상화되어 그 사람이 그 실체를 인식하게 된다면, 그 실체의 형상 또한 그 사람의 마음속에 관념으로 깃들게 된다. 아니 그 사람의 마음속에 들어오는 것은 전체적 실체가 아니라 실체의 형상이라 할 수 있다. 그리고 이때 우리는 그가 그 실체가 무엇인지 인식하고 있다고 말할 수 있다. 그러나 실체라는 것은 형상만으로 이루어지는 것이 아니므로, 사람이 자기 마음속에 어떤 관념을 가지고 있을 때 실제로 그 형상을 지닌 실체가 존재한다는 결론은 내릴 수 없다. 만일 사람의 마음속에 있는 어떤 관념이 단지 근거 없는 환상에 그치지 않고 실체에 대한 지식이 되기를 바란다면, 관념은 하나의 형상으로서 질료 속에 구체화되어야 하며 이 형상은 그러한 관념이 지시하는 유형의 실체를 구성하고 있어야 한다. 또 실체의 질료는 그 실체가 존재한다고 단정하기에 앞서 사람으로 하여금 그 증거를 인내심을 가지고 찾게 만드는 것으로, 이 증거란 그 실체가 존재한다고 하는, 감각을 통한 어떤 암시를 말한다. 사람은 오로지 감각을 통해서만 자기가 어떤 개별적 실체와 맞닥뜨리고 있는가를 깨달을 수 있다. 실체는 질료를 지니고 있기 때문에, 그 실체의 본질에 대한 관념이 아무리 분명하다 하여도 우리는 그 관념으로부터 실체의 존재를 이끌어 낼 수 없다. 후세에 아리스토텔레스의 주장을 설명하는 데 사용된 말투로 한다면, 실체의 질료는 사람들로 하여금 현실적 존재로 되어 있는 실체들을 알기 위해 경험적 노력들을 경험적으로 해 나가지 않을 수 없게 한다.

질료(質料)에 대한 아리스토텔레스의 생각에 대해서는 좀 더 설명을 이어 가는 게 좋겠다. 항아리는 진흙으로 되어 있고, 돛배는 나무로, 제단은 돌로 되어 있으니, 이러한 예는 얼마든지 들 수가 있다. 요컨대 존재하는 사물 가운데 무(無)에서 생겨난 것은 하나도 없다. 진흙이나 나무, 돌 이런 것들은 순서적으로 앞서 존재하는 실체로서, 따라서 질료와 형상으로 이루어져 있는 것들이다. 이것들은 항아리·돛배·제단 등을 만드는 데 쓰이는 재료들이다. 이 것들이 재료가 되는 이유는 이것들 자체가 단순한 형상 이상의 존재들이기 때문이다. 다시 말하면 자체 안에 질료라는 요소를 가지고 있기 때문이다. 아리스토텔레스가 분명히 밝힌 것처럼 질료는 그로부터 진흙이나 나무나 돌이 생겨나는 어떤 불완전하고 무형적인 것을 말하는 것이 아니다. [41] 오히려 질료

---

[41] 불완전하고 형상 없는 질료가 우리 주위에 있는 자연 속의 현실적 또는 실체적 질료보다 앞선다는 생각은 어떤 사상가들의 지지를 받았다. 예를 들면 이것은 창세기 첫 구절에서, 또는 일부

는 온갖 존재하는 실체를 상상적인 것들과 구별케 하는 이름과 같은 것이다. 존재하는 실체들(상상적인 것이 아닌)이 인간이나 어떤 다른 행위자의 조작에 의해 새로운 것으로 변형될 수 있는 재료로서의 역할을 하는 것은, 그것들이 형상인 동시에 질료이기 때문이다.

아리스토텔레스의 4원인 가운데 셋째 것은 운동인(運動因)이다. 운동인이란 생명체든 무생명체든 사물에 변화를 일으키는 작용자(agent)를 말한다. '생성되는 것은 모두 어떤 것의 작용에 의해서 생성이 일어난다.'*42 운동인의 작용은 실체의 위치 변화든, 크기 변화든, 상태 변화든, 본질의 변화든, 어떠한 변화에 대해서나 필수적인 것이다.

넷째는 목적인(目的因)이다. 'final cause(목적인)'라는 영어에서 'final'이라는 단어는 '원인'이라는 단어와 마찬가지로 키케로에 그 뿌리를 두고 있다. 아리스토텔레스가 사용한 말은 '텔로스(telos)'였다. 이 '텔로스'를 키케로는 라틴어의 '피니스(finis)'라는 말로 번역했고, 이 '피니스'를 영국 학자들은 단순히 'final'이라는 말로 영어화했다. 'telos'란 목적, 즉 사물이 지향하는 목표—사물이 이 목표에 다다르든 그러지 못하든—를 뜻한다. 그러므로 목적인은 영어로 'final cause'라고 해서 시간적으로 마지막 원인을 뜻하는 게 아니라, 목적(purpose) 또는 가치(value)라는 의미로서 궁극적 목적을 말하는 것이다. 예컨대 도토리가 싹을 틔우고 자라서 참나무가 되든 또는 좋지 못한 환경으로 말미암아 원래 목적에 다다르지 못하든, 아리스토텔레스가 말한 것처럼 도토리의 목적인은 참나무이다. 사물이 존재한다고 할 때에는 반드시 목적론적 의미가 (위에 든 세 원리와 더불어) 포함되어 있다. 적어도 존재한다는 사실 안에는 어떤 특정한 목적을 위해 쓰일 수 있다는 의미가 필연적으로 포함되어 있다고 말할 수 있다. 이 목적들은 (사람 같은 이성적 존재의 경우처럼) 마음속에 분명하게 간직되어 있거나 의식적으로 탐구될 수도 있고, 또는 (무생물의 경우처럼) 전적으로 잠재적인 것이어서 의식이 따르지 않을 수도 있다. 약

스콜라 철학자들이 제1질료(第一質料)라고 부른 것에서 찾아볼 수 있다. 어떤 비평가들은 또이 생각을 아리스토텔레스로부터 시작한다고 주장한다. 그리고 아리스토텔레스의 〈형이상학〉, 특히 그 가운데 초기 부분 속에는 애매하게나마 이러한 견해가 마땅하다고 볼 만한 몇몇 구절이 있다.

*42 *Metaphysics*, 1032a13.

이라는 것은 주의 깊은 의사의 지시에 따라 신중하게 복용하든, 또는 아무 생각 없이 우연히 복용하든, 일정한 병에 대해서 특별한 효과를 보이는 것이 사실이다. 그러므로 실제로 의향이니 의도니 하는 의식을 내포한 목적이란, 좀 더 일반적인 형이상학적 의미를 갖는 목적의 특수한 경우에 지나지 않는다고 말할 수 있다. 그뿐 아니라 실체의 보편적 특징으로서 자연적인 유용성이 없다고 한다면 의식적으로 의도된 목적이란 전혀 있을 수도 없게 된다. 예컨대 만일 약 자체가 본디 어떤 병에 대해서 자연적 효과를 지니고 있지 않다면, 의사는 환자를 고치기 위해 그 약을 사용할 수 없다. 그러므로 의식적인 의도와는 별도로, 그리고 그보다 앞서서 자연 그 자체가 목적론적이 아니라면 의식적인 존재들도 자연의 목적을 이용할 수 없게 된다.

자연에 대한 아리스토텔레스의 목적론적 견해는 때때로 왜곡되어 왔다. 신학자들은 이것을 마치, 사물들이 본래 어떤 유용성을 가질 수 있는 것은 하느님이 이 같은 유용성을 위해 창조했거나 또는 사물들에다 이러한 유용성을 주었기 때문이라는, 하나의 섭리설로 해석해 왔다. 또한 활력론자(vitalist)들은 이것을 생물의 활력설(活力說)로 바꾸어, 이 활력이 생물의 '봉사'할 목적을 성취하기 위해 자각적으로 신체의 기관들을 만들어낸 것이라 해석했다. 그러나 아리스토텔레스의 의도는 결코 그러한 것이 아니었다. 아리스토텔레스가 생각한 목적인은 전부터 있던 어떤 계획에 대한 증거도 아니며, 생명력에 대한 증거도 아니다. 요컨대 목적론은 목적에 맞는 사물들을 만들어낸 운동인 같은 것을 암시해 주는 것이 아니다. 아리스토텔레스의 주장에 따르면, 오히려 목적인은 어떤 특별한 부류의 운동인으로 해석되어서는 안 된다. 이러한 사고방식에는 미신적 요소가 깃들어 있다. 목적인은 무엇을 생성하는 것이 아니라 오히려 결과로서 일어나는 것이다. 아무리 사물이 생성된다고 해도, 즉 사물이 아무리 기계적 제약을 받는다 해도 또한 그것은 틀림없이 어떤 유용성을 지니고 있을 것이다. 사물은 물론 어떤 방법으로든지 만들어지는 것이지만, 그 유용성은 만들어지는 것이 아니다. 진흙이나 나무를 만들어낸 작용자가 무엇이든 간에 진흙으로 항아리를 빚을 수 있고 나무로 집을 지을 수 있다. 만일 진흙이나 나무가 저마다 유용성을 가지고 있지 않다면 현재와 같은 모습으로 존재하지는 않으리라. 그래서 일반적으로 어떤 실체의 유용성은 그것이 지니고 있는 하나의 상태(ospect)—이것이 없이는 그 실체가 현재 있는 모습 그대로 존재할 수 없다—라 하겠다. 그러므로 목적은 질료·형상 그리고 작용과 마찬가지로 실체가 가지는 진정한 하나의 형이상학적 특징이다.

〈형이상학〉의 마지막 가장 원숙한 부분에서, 그는 4원인설과 자연의 변화 과정 사이의 관계를 논했다. 실체는 플라톤의 이데아처럼 영원한 본체라고 말할 수는 없다. 오히려 그것은 시간적으로 나타났다 사라져가는 것이며, 존재하기 위해서는 적어도 시간의 추이가 필요하다. 그러므로 변화야말로 실체의 정상적 상태라 말하지 않을 수 없다. 어떤 실체가 일시적이나마 눈에 뜨일 만한 변화 없이 지속하여도 시간을 통해서는 존속해 가며, 그것이 가지는 관계성에 있어서는 변화가 일어나고 있다. 소크라테스는 사람이다. 그러나 사람이라고 하면 곧 살아 있는 존재이며, 살아 있는 존재라는 것은 어떤 유형적 과정의 앞선 단계로부터 나중 단계로 나아가게 된다. 아리스토텔레스가 그의 심리학에서 영혼은 어떤 종류의 육체의 형상이라고 말한 것처럼, 마찬가지로 그의 형이상학에서는 모든 존재하는 형상들은 생멸하는 실체들의 본질이라고 말했다. 어떠한 실체라도, 만일 그것이 현재와 같이 고유의 성질대로 활동하거나 작용하지 않는다면 현재의 상태로 존재할 수 없으리라. 실체는 생성된 뒤 어느 기간 동안 존속하다가 사라진다. 만물이 실체로서 존재할 수 있는 (substantial) 보편적 조건은 바로 변화한다는 것이다.

더욱이 실체의 변화는 불규칙하고 변덕스러운 것이 아니라, 그 실체의 본질에 정해진 방향을 따라 이루어져 간다. 도토리는 그것이 자라난다면 참나무가 되지 결코 아가위나무가 되지는 않는다. 그리고 사탕무 또한 자라서 사탕무가 되지 장미나무가 되는 일은 없다. 도토리나 사탕무가 생장하는가 그렇지 못한가 하는 것은, 일정한 종류의 작용자가 그 나무들에 미치는 작용에 달려 있는 문제로서 우연적인 것이라 할 수 있다. 그러나 생장하는 방식은 그들 자체의 본질적 특징을 나타낸다. 아리스토텔레스의 주장은 일반적으로 모든 실체는 일정하게 '드러나지 않은 모습'(可能態 또는 ; 潛勢態 ; potentiality)을 지니고 있으며, 그 실체의 발전 과정은 이 드러나지 않은 모습의 범위 안에서만 이루어진다는 것이다. 실체가 가지는 고유한 가능성은 작용자들이 자기들의 변덕스러운 소망대로 그것을 무엇으로든지 만들 수 있을 만큼 불완전한 것은 결코 아니다. 확실히 드러나지 않은 모습은 언제나 다양하고 복수적(plural)이다. 소년은 장차 음악가나 군인이 될 수도 있으며, 조종사 또는 정치가가 될 수도 있다. 돌은 문 앞의 층계가 될 수도, 기둥의 머릿돌이 될 수도 있다. 도토리는 참나무로 자랄 수도, 땅속에서 썩어 버릴 수도 있으며, 또 어떤 동물에게 먹혀 영양분으로 흡수될 수도 있다. 그러나 실체가 지니고 있는 드러나지 않은 모습은, 다양한 가능성을 품고 있다 해도 언제나 확실하고 일정한 것이다. 따라서 변화란 곧 드러나지 않은 모습으로부터 현실태(現實態 ; actuality)로 바뀌어감을 뜻한다. 실체에 작용을 미치는 작용자가 아무리 강하다 할지라도, 그 결과로서 일어나는 변화의 과정은 그 실체가 가진 드러나지 않은 모습의 범위 안에 있다. 현실태란 어떤 순간에 어떤 실체가 '있는' 상태 또는 '하고 있는' 상태를 말한다. 그리고 드러나지 않은 모습이란 그 실체가 앞으로 변화될 수 있는 상태를 말한다. 그러므로 드러나지 않은 모습도 현실태와 마찬가지로 자연의 실제적 특색(actuality)인 것이다.

그러므로 많은 실체들의 현재 상태와, 이들 실체가 유리한 상황 아래 이르게 될 좀 더 완전한 실재는 하나의 대조를 이룬다고 그는 지적했다. 이 완전한 실재를 아리스토텔레스는 '완전태(完全態 ; entelechy)'라고 불렀다. 도토리의 완전태는 참나무가 되는 것이며, 소년의 완전태는 성인 남자가 되는 것이고, 성인의 완전태는 행복에 있다. 완전태란 실체들이 저마다 그 자체의 본성에 따라서 이상적으로 지향하는 성취의 상태를 말한다. 실체가 단순할수록 그 완전태는 더 자주 더 쉽게 현실화되며, 반대로 복잡할수록 그 실현은 어려워진다. 조직이 복잡한 실체일수록 완전태를 이루어내지 못할 가능성이 높아지며 혼란과 불운에 빠지는 경우가 많아진다. 따라서 도토리가 참나무로 되는 것보다 사람이 행복해지는 게 더 어렵다. 완전태는 그것이 실현되지 않은 때일지라도 잠재적으로는 존재한다. 그러나 완전태를 자기 자신의 현실화를 위하여 작용하는 어떤 비밀스럽고 내적인, 잠재되어 있는 힘이나 능력으로 여겨서는 안 된다. 힘은 내적인 것이든 외적인 것이든 모두가 현실태이지만 현실화되지 않은 완전태는 하나의 드러나지 않은 모습이며, 그 현실화의 바탕이 되는 것은 그 자신 말고 다른 요소들에 달려 있다. 그러므로 아리스토텔레스가 강조했듯이 완전한 것은, 어떤 의미에서는 불완전한 것을 존재케 하는, '존재의 조건'이라고 말할 수 있다. 만일 사물들이 현실적 불완전성의 정도를 헤아리는 기준이 될 수 있는 완전태를 잠재적으로 가지고 있지 않다면, 그 사물들을 보통 현실에서 있는 그대로의 불완전한 사물로 평가할 수 없다.

더 나아가, 아리스토텔레스는 자연에서 변화의 과정이 우발적인 이유는 바로 그 변화가 드러나지 않은 모습으로부터 현실태로 가기 때문이라고 지적했다. 어떤 철학은 드러나지 않은 모습을 부인하거나 무시한 채로, 변화라는 것을 전적으로 어떤 현실적 상태로부터 다른 현실적 상태로의 추이라고 생각하고 있다. 그리고 현실태는 언제나 특수한 상태로 결정된 것이므로 이 철학들은 변화를 피할 수 없는 필연적 유형에 따라서 일어나는 것으로 생각하게 된다. 그러나 자연 속에는 그러한 철학들이 생각하는 것보다 훨씬 더 많은 불확정적인 것들이 존재한다. 아리스토텔레스가 주장한 대로 드러나지 않은 모습은 언제나 다양하고 복수적(複數的)인 것이다. 어떤 하나의 드러나지 않은 모습이 현실태로 된다는 것은, 곧 다른 드러나지 않은 모습들은 현실화될 수 없으므로 전혀 드러나지 않은 모습이 아니라고도 말할 수 있다고 흔히 해석되기도 한다. 그러나 실체의 드러나지 않은 모습 가운데 하나를 현실화함으로써 다른 모든 드러나지 않은 모습을 (영구히 또는 일시적으로) 배제하도록 어떤 작용자가 활동하기 전까지 모든 드러나지 않은 모습은 동등한 위치에 있다. 아리스토텔레스는 우연성이라는 것을 완전한 불확정성으로는 생각지 않았다. 그 이유는 앞에서 말했듯이 드러나지 않은 모습은 일반적이고 특성이 없는 (amorphous)게 아니라 제한되어 있고 특정적인 것이라고 주장했기 때문이다. 한 실체의 드러나지 않은 모습이 범위를 어느 정도 가지고 있는가에 따라서 그 실체가 발전하는 데 있어서 변화를 일으킬 수 있는 가능성의 테두리가 정해진다. 그러나 이 같이 설정된 범위의 테두리 안에도 여러 가지 뚜렷한 변화의 방향이 있을 수 있다. 우리는 일상 생활 속에서 날마다 선택들을 하며 이에 따른 목적들을 추구함으로써, 실제로 자연의 우연성을 찾아볼 수 있다. 그리고 이 우연성은 드러나지 않은 모습의 충분한 의미와 그 다양한 가능성들을 파악하는 과정에서 이론적으로 이해할 수 있게 된다.

아리스토텔레스의 논리학

아리스토텔레스의 논리학 글들은 총괄해서 〈기관(機關) *Organon*〉이라는 이름으로 알려져 있다. 여기서는 그의 형이상학과 밀접한 관계가 있는 하나의 이론을 제시했다. 논리학은 지식의 본질이나 기준을 분석해 나가는 학문이다. 지식이라는 것은 세계에 대해 참된 것을 알려 준다. 그러므로 논리학에서는 그 형식적 원리들을 통하여 세계의 형이상학적 구조를 성찰한다. 사물에 존재라는 성질이 따르듯 사물에 대한 명제에는 진리(또는 오류)라는 성질이 따르게 된다. 그리고 명제들의 구조와 서로에 대한 작용 관계는 필연적으로 사물들의 구조와 관계에 의존하여 나란히 병행해 갈 것이다. 명제는 어떤 존재와의 관련성이 없다면 참도 거짓도 될 수가 없다. 아리스토텔레스는 형상(形相)을 파악함으로써 비로소 인식에 닿을 수 있다는 플라톤의 주장을 인정했다. 그러나 플라톤과는 달리 오직 형상이 어떤 실체에 대하여 올바른 술어로 설명될 때에만 그 형상에 대한 통찰을 인식(認識)이라 말할 수 있다고 했다. 실체란 (직접 또는 간접으로) 명제의 주어가 되는 것이며, 그 주어의 형상 또는 형상의 어떤 일부가 명제의 술어를 이룬다고 한다. 플라톤에게 인식의 단위는 하나하나 분리된 형상이었다. 그러나 아리스토텔레스에게 인식의 단위가 되는 것은 명제로 표현되는 판단이며, 그 술어 속에 형상이 나타난다고 보았다. 만일 직관에 따른 형상과 통합적 판단을 하는 형상, 이 두 역할을 분리해 놓는다면, 그 어떠한 지식도 될 수 없는 지식이 나올 수 있음을 가정해 볼 수 있다.

아리스토텔레스는 우리가 사물을 판단하는 데 사용하는 여러 명제의 유형들과, 이들 명제가 하나의 지식 체계 속에서 서로 연관을 갖게 되는 방식을 논했다. 명제의 성질이나 명제들 사이의 관계는 사물의 성질이나 사물들 사이의 관계와 나란히 병행해 갈 것이다. 형상은 되풀이될 수 있는 것이며, 따라서 어떤 명제들은 전칭적(全稱的 ; universal)〔예를 들어 '모든 인간은 죽음을 면치 못한다'〕이 된다. 실체들은 여러 점에서 분명한 것이며, 따라서 어떤 명제들은 특칭적(特稱的 ; particular)〔예를 들어 '어떤 사람들은 온순하다'〕이 된다. 실체 하나하나는 서로 다르며, 따라서 어떤 명제들은 단칭적(單稱的 ; singular)〔예를 들어 '소크라테스는 들창코다'〕이 된다. 실체들을 포괄하는 부류들은 크고 작은 차이를 가지고 있으며, 이들 부류를 가리키는 말을 저마다 유개념(類槪念 ; genera)과 종개념(種槪念 ; species)이라 부른다. 따라서 유개념과 종개념이 나타나 있는 명제들은 그것들 사이에 어떤 필연적 포함 관계를 가지게 될 것이다. 우리의 생각은 어디에서나 논리적이어야 하며 진리를 인식할 수 있어야 하는데, 이렇게 하려면 자연 세계의 사실과 구조에 따라야 한다.

아리스토텔레스는 계속해서, 하나의 과학적 사실이나 관련된 지식 체계들 안에는 여러 종류의 명제가 들어 있다고 말한다. 즉 과학들마다 몇 가지 특유한 근본 원리와 그 밖의 종속적인 명제들을—예를 들어 그것들이 개별적 연구들에 의해서 하나씩 발견되어 간다 해도, 근본 원리로부터 논리적 구조를 얻게 되는 일정한 종속 명제들을—가지고 있다는 것이다. 이 논리적 구조는 흔히 추리(여기서는 삼단 논법) 형식으로 나타낼 수 있다고 생각했다. 그의 생각으로는 이 삼단 논법이 가장 완전한 논증 방법이었다. '삼단 논법이란 하나의 전제(前提)로서 어떤 진술을 했을 때, 소전제로서 다른 어떤 진술을 끌어와 결론에 이르게 하는 형식의 논술 방법이다.'*43 아리스토텔레스는 이 삼단 논법을 매우 상세하고 능숙하게 다루었는데, 그 뒤로 이른바 형식 논리학(形式論理學)의 주요 부분이 되었다.

아리스토텔레스는 논리학을 그저 다른 사람이 이해하도록 지식을 표현하거나 정리하는 방법으로만 여기지는 않았다. 물론 논리학이 그러한 하나의 방법인 것은 분명하다. 그러나 그는 논리학을 그보다 훨씬 더한 사명을 지닌 것이라고 확신했다. 그는 논리학이 새로운 진리를 발견하고 지식을 확장해 나가는 기술이라고 주장했다. 논리학을 하나의 형식으로만 다루면 생각이 존재와 나란히 나아가야 함을 잊게 되리라. 그러나 과학의 가장 근본 원리들 자체는 논리학으로 증명할 수가 없다. 그 원리들은 주어진 주제에 대해 잘 아는 사람이라면 누구나 그 주제에 대한 어떠한 논의에도 필수적인 것으로 깨닫게 될 진리들이라 생각했다. 이 진리들을 주의 깊게 관찰하면, 특정 과학에서 다루는 실체들 속에 구현되어 있는 기본적 형식을 밝힐 수 있다. '논증된 지식의 전제들은 참이고 근본적이고 직접적인 것이어야 하며, 결론보다 더 잘 알려져 있고, 결론에 앞서 존재하는 것이어야 한다. 그리고 이 결론과 전제와의 관계는, 결과와 원인의 관계와 같다.'*44 전제들을 논증할 수 없다고 함은 그것들이 미결 문제임을 전제로 하거나 제멋대로 만들어낸 가정(假定)이기 때문이 아니라, 그것들이 해당 주제에 정통한 사람들이라면 누구에게나, 더욱이 증명이 없이도 명백한 사실이기 때문이다. 따라서 논증이 시작되기에 앞서 아직 논증되지 않은 진리를 찾지 못했다면, 논증은 결코 그 출발점을 얻지 못할 것

---

*43 Prior Analytics(분석론 전서), 24b19.
*44 Posterior Analytics(분석론 후서), 71b20.

이며, 과학이라는 것도 생겨날 수 없다. 이러한 논증할 수 없는 근본적 진리들은 과학—이 진리들을 근본 원리로 삼고 있는 과학—이 다루는 실체들을 직접 맞닥뜨림으로써 명확해진다. 만일 우리가 성찰과 분석을 하는 도중이거나 하고 나서만이 아니라, 그러한 성찰과 분석을 시작하기 전에도 만일 우리가 접할 수 있는 실체의 세계가 존재하지 않는다면, 생각한다는 것은 아무런 의미도 없게 되며 명제들은 '참'이 될 수가 없다.

자연주의적 전통

아리스토텔레스가 서양 문화 발전에 미친 영향은 참으로 어마어마하다. 중세 철학에서는 흔히 아리스토텔레스를 '그 철학자(The philosopher)'라 불렀으며, 단테(Dante)는 그를 '지자(知者)들의 스승(the master of them who know)'[*45]이라고 특징지어 불렀다. 그러나 그의 영향은 주로 전체 철학 체계에서 떨어져 나온 여러 독립적 관점들에 있다. 그의 모든 저작을 통하여 여러 분야에 걸친 그의 논구를 체계적 전체로 연결짓는 중추적·지배적 사상의 흐름 안에서 그는 큰 영향을 끼치지는 않았다. 그리고 영향을 끼친 특수한 부문들도 그 뒤에 다른 철학 속에 들어올 때는 아리스토텔레스 자신의 주장과는 매우 다른 의미로 바뀌는 것이 보통이었다.

아리스토텔레스의 영향은, 감각 속에 먼저 존재하지 않은 것은 어떠한 것도 지성 속에 존재하지 않는다고 말하는 중세 유명론자(唯名論者 ; nominalist)들의 주장에서, 또는 모든 관념은 그보다 앞선 인상(印象 ; impression)들의 모사라고 하는 근세 경험론자(經驗論者)들의 주장에서 분명히 엿볼 수가 있다. 그의 영향은 비록 뒤바뀐 형태로 나타난 것이기는 하지만, 물질을 가장 바탕이 되는 영원한 실체로 보고 그 밖의 모든 것을 물질 변천 과정의 인과적 부산물로만 보는 여러 형태의 유물론적 주장 속에도 나타나 있다. 그 밖에도 그의 영향은 플라톤을 원천으로 아리스토텔레스의 〈윤리학〉에 의해 보강된 인본주의적(人本主義的) 전통 속에 더욱 분명하고 정당하게 나타나 있다. 그 실례로서 토마스 아퀴나스는 윤리설(倫理說)에 있어서 마치 플라톤과 아리스토텔레스가 같은 입장을 취하는 것처럼 다루고 있다.

[*45] *Inferno*, canto 4, Ⅰ. 131.

이러한 개별적 영향들과는 다른 아리스토텔레스의 핵심적 견해를 간직하고 있는 전통을 서양 문화의 지적 생활 속에서 찾아내려는 역사가가 있다면 그는 대담한 사람이라 할 만하다. 그러나 이러한 시도를 거부하는 역사가가 있다면 그는 또한 태만한 사람이라 말하지 않을 수 없다.

아리스토텔레스의 중심 사상을 구현하고 있는 전통은 비록 체계적으로 이어져 오지는 못했으나 재발견을 거듭해 왔다. 그것은 논의의 대상이 될 말일지는 모르나, 자연주의(自然主義)라고밖에 달리 부를 수가 없다. 그 이유는, 아리스토텔레스 철학은 그 포괄적 범위나 여러 탐구 분야에서 볼 때 철두철미하게 그의 이른바 자연(phusis)의 사건 전개 과정에 있어서 구조나 잠세적(潛勢的) 가치에 대한 설명이기 때문이다. 영어의 '자연(nature)'이라는 말은 물론 여러 의미를 가지고 있다. 만일 자연이라는 것을 아무런 목적과 가치가 없는 한갓 물리화학적 힘의 체계라고 규정해 버리려 한다면, 우리는 아리스토텔레스가 그러한 의미로는 자연을 믿지 않았으므로 그의 견해는 자연주의가 아니라고 말해야만 할 것이다. 그러나 영어의 '자연'이라는 말을 아리스토텔레스가 사용한 '퓌시스(phusis)'라는 말이 뜻하는 대로 사용한다면, 그의 철학은 자연주의라고 불러야 할 것이다. 그리고 이러한 의미에서 '자연주의(naturalism)'라는 말은 '자연(phusis)'의 의미에 대한 상세한 설명을 뜻하고 있으며, 아마도 다음 세 명제로 요약할 수 있을 것이다.

그 첫째 명제는, 자연은 무한히 많은 실체들, 즉 그 배열이 새로 바뀜에 따라 끊임없이 새로운 현상으로 나타나는 고정된 본체가 아니라, 끊임없이 다양한 변화를 받고 있으며 그 모든 가능성이 실제로 남김없이 실현된 일이 없는, 많은 드러나지 않은 모습(潛勢態)을 가지고 있는 가공되지 않은 질료인 실체들—의 방대한 진열이라는 것이다. 둘째 명제는, 자연의 실체들이 가지고 있는 여러 가능성 가운데에는 생명과 정신과 아름다움과 행복, 그리고 전혀 가공되지 않은 자연의 질료들이 그들 고유의 목적에 따라 변화를 일으키며 이러한 성취를 이루어낼 때 거기에 따르는 모든 가치가 있다는 것이다. 그리고 셋째 명제는, 자연 안의 현실태는 생명 없는 진흙 덩어리로부터 날카로운 인식력과 예민한 심미적·도덕적 감각을 가진 인간에 이르기까지, 그 모두가 생명의 모든 과정 속에 고루 퍼져 있는 구조상의 제1성(齊一性; uniformiries, 일정한 규칙성)에 따라 생겨나 얼마 동안 존재하다가 사라져 버린다는 것이다.

이러한 의미에서 아리스토텔레스의 자연주의는 인본주의적 윤리학을 가장 잘 뒷받침하고 정당화하고 증명해 주는 일반적인 형이상학적 이론이라고 말할 수 있다. 인간에 대한 인본주의적 이론과 자연에 대한 자연주의적 이론이, 말하자면 서로 논리적으로 조화를 이루고 있다. 근래 그리스 철학 비평가들 가운데에서 이 점을 분명히 꿰뚫어 본 사람은 산타야나(Santayana)이다. '아리스토텔레스가 품은 인간성의 개념은 더할 나위 없이 건전하다. 이상적인 모든 것은 자연에 그 바탕을 두고 있으며, 자연적인 모든 것은 이상적 발전을 이루고 있다.'*46 인간이 인간만이 가지는 특유성 때문에 다른 자연물과는 매우 다른 존재로서 비록 인간의 독특한 모습을 띠고는 있지만 그의 생명은 자연 전체에 공통되는 일반적 특징도 보여준다. 이 같은 말은 자연 속에 있는 그 밖의 모든 것에 대해서도 할 수 있다. 인간은 자연 전체가 추구하는 목적은 아니다. 그러나 지성적이며 행복한 인간은 분명히 자연이 실현해 온 목적의 하나이고, 자연의 어떤 이상적 가능성을 예증하기 위한 목적의 하나이며, 자연이라는 것이 그저 가공 안 된 질료만을 지니고 있는 게 아니라 아름다움이나 도덕적 가치의 가능성을 지니고 있음을 드러내 보이기 위한 목적 가운데 하나이다.

---

*46 George Santayana, *Reason in Common Sense*(New York, Scribner, 1905), p. 21.

제3장 그리스적 로마세계 철학

1. 헬레니즘 시대의 성격

아리스토텔레스로부터 성(聖)아우구스티누스에 이르는 약 700년의 기간은 아테네에서 그리스 문명의 절정기를 누렸던 시대와는 그 성격이 매우 달랐다. 아테네는 B.C. 5세기 페리클레스 치하에서 예술적·정치적으로 절정을 이루었다. 그리고 아테네가 플라톤과 아리스토텔레스에 이르러 그 지적 절정에 닿았다 해도, 이들 두 사람 또한 그들 바로 앞에 이룩된 이러한 업적을 좇아 희망에 찬 사상을 품었었다. 펠로폰네소스 전쟁은 그 여파로 많은 파멸을 불러왔다. 그것은 스파르타의 승리였다기보다는 아테네와 그리스 모두의 패망이었다. 그리스 도시국가는 영원히 사라져 버렸고, 한때 그 안에 가득 부풀어올랐던 희망과 이상은 전쟁으로 시들어 갔다. 알렉산드로스 대왕은 아리스토텔레스보다 한 해 먼저 세상을 떠났다. 그리고 그의 제국이 나뉘면서 생긴 커다란 세 나라들이 저마다 한 세기 동안 독립을 유지하고 있었으나, 점차로 로마의 힘은 지중해 세계를 건너 팽창해 가면서 영토를 차례차례 그 강대한 통치 아래 예속시켜 나아갔다. 아리스토텔레스 이후의 아테네 사람들에 대해서 독일의 역사가 몸젠(Theodor Mommsen, 1817~1903)은 다음과 같이 썼다. '그들 또한 무력했다. 그리고 아티카(아테네)의 시(詩)와 예술 말고는, 같은 종류의 수많은 작은 도시들 가운데에서 이 찬란한 과거의 대표자들을 돋보이게 할 만한 것은 아무것도 없었다.'[*1]

그러나 그리스의 영향은 로마 문화와 사상을 지배했다. 그리스는 군사적·정치적으로는 패했으나 로마에 대해서는 여전히 스승이었다. 그리스 사상은 거대한 로마 영토의 지적인 삶을 형성해 가는 과정에서 새로운 곳에 맞게 크게 변형되었다. 역사가들에게는 아리스토텔레스의 죽음을 기준으로 이전과

[*1] *History of Rome*(로마사) (London, Richard Bentley, 1867), Vol. Ⅱ, p. 221.

이후 두 시대 문화의 성질을 특징지어 나타낼 수 있는 말이 필요했다. 그들은 보통 그 이전을 '그리스적(Hellenic)'이라 부르고, 그 이후를 '헬레니즘적(Hellenistic)'이라 부르고 있다. 헬레니즘 문화는 그리스 문화에 그 뿌리를 두고 있기는 하지만 그리스 문화와 같은 힘찬 기백은 찾아볼 수 없다. 그것은 엄청난 실제적 문제들 때문에 어딘지 위축되어 버렸으며, 성취의 즐거움을 누리기보다는 오히려 불행을 미리 막으려 애썼던 것처럼 보인다.

헬레니즘 문화의 특징은 한마디로 '신경의 탈락'*²이라는 말로 표현될 수 있다. 그리스적 로마 시대에는 법제 분야 말고는 그리스 시대보다 사상의 독창성이 적었다. 창조적 생각 대신에 폭넓은 지식이 존중되었다. 이 시대에는 주로 빌려온 사상을 제것으로 삼아 절충적으로 조화를 이루며, 시대적으로 앞선 철학자들에 대한 해박한 주석을 꾸미는 데 철학적 성찰을 기울인 사람들의 이름이 많이 나타난다. 헬레니즘 시대에 눈에 띄게 발전한 철학들은 모두가 그 바탕에 염세적 경향—비록 그 표현 형식들은 다양하며 때로 서로 다르기도 했지만—을 나타내고 있다. 철학자들은 세속적인 일을 제어해 갈 수 있다는 자신감을 버리고, 고난을 피해 조용한 피난처나 좀더 나은 왕국으로 탈출할 방법을 찾았다. 그들은 인간의 필연적 한계성을 슬퍼하며 싸움에서 벗어나 평화를, 공격을 피해 안전을, 또는 어떤 초자연적 근원으로부터의 구원을 간절히 바랐다.

그러므로 헬레니즘 시대의 철학은 도덕적이거나 어느 정도 종교적인 문제들이 그 중심을 이루고 있다. 여기서는 자연계에 대한 지식을 안심입명(安心立命)에 이르는 수단으로 삼을 때 말고는, 자연계에 대한 관심이 시들어가고 있음을 엿볼 수가 있다. 그것은 '처세술'에 대한 논담, 그것도 흔히는 맥 풀리게 하는 논담으로 변해 버리고 말았다. 그리하여 때로 헬레니즘 철학은 허용된 권위로서, 더 나아가 계시의 추앙받는 교리들까지 나타났다. 그리고 각 교리를 중심으로 저마다 같은 신앙을 품은 사람들끼리 모여 종파를 이루게 되었으며, 종파들은 안락한 삶을 위한 방법으로서 제각각 교리를 되풀이 전달했다. 이 교리들에 엄격히 따르지 않는 것은 대개는 구원의 희망을 위태롭게 하는 것으로 여겨졌다. 철학은 여러 '학파' 또는 '종파'의 신앙 고

---

*2 매우 유명해진 이 그럴듯한 문구는 머리(Gilbert Murray)의 〈그리스 종교의 5단계 *Five Stages of Greek Religion*〉(New York, Columbia University Press, 1925, p. 155)에서 인용한 것임.

백으로 바뀌어 버렸다. 서로 적대하는 학파들은 사심 없는 순수한 진리 탐구보다도 오히려 서로 논박하는 데 많은 시간을 보냈다. 새로운 신념을 제시한다는 것은 그즈음에는 온당치 못한 일이었고, 자신의 전통에 충실한 것이 훌륭한 덕이었다.

헬레니즘 시대에는 사상적으로 특기할 만한 학파가 다섯 있었다. 기독교, 즉 원시적 형태의 기독교도 이 가운데 하나이다. 그러나 그에 대한 논구는 뒤의 장으로 미루고, 본 장에서는 다른 네 학파만을 다루기로 한다.

2. 키레네─에피쿠로스 학파

아리스티포스(Aristippos, 435−360 B.C.) : 키레네 출신.
에피쿠로스(Epikouros, 331−270 B.C.) : 주로 아테네에서 활동함.
루크레티우스(Lucretius ; 96−55 B.C.) : 로마 출신.

키레네 : 에피쿠로스 학파의 전통은 쾌락주의(快樂主義)의 윤리설(倫理說)을 최초로 옹호하여 나온 사상이다. 쾌락주의란 쾌락, 다시 말해 기쁨이 참된 선(善)이며, 그 밖의 모든 것은 적어도 쾌락을 가져오게 되는 그 효용성 때문에 가치가 있다고 주장하는 이론이다. 처음 키레네 학파가 취한 쾌락주의 형태는 그 뒤에 나타난 에피쿠로스 학파의 쾌락주의와 성격상 전혀 다르다. 처음 형태로부터 그 뒤의 형태로 쾌락주의의 변천은 그리스적 로마 시대 철학의 일반적 성격을 나타내는 하나의 좋은 실례가 된다.

키레네 학파 가운데 가장 유명한 사람은 아리스티포스였다. 그는 소크라테스의 명성을 듣고 아테네로 가서 마침내 소크라테스와 교류했는데, 자기의 생각들이 소크라테스에게서 전적으로 영향을 받고 있다고 스스로 말했다. 그러나 그가 소크라테스의 견해에 대해 내린 해석은 플라톤이 내린 것과는 매우 거리가 멀었다. 그 이유는, 그가 자기는 소크라테스로부터 쾌락이 단 하나뿐인 본질적 선(善)임을 배웠다고 밝혔기 때문이다. *3 우리의 경험으

---

*3 플라톤의 〈대화편〉에서 몇몇 구절은 소크라테스에게도 쾌락주의적 견해가 있다고 본 것 같다. Protagoras의 마지막 부분 참조. 이러한 글귀에 나타난 쾌락주의는 아마도 변증법적 목적을 위해 가정되었으리라고 본다.

로 분명히 알 수 있는 것은 세계 자체의 본질이 아니라 오히려 우리 자신이 세계에 가까이 다가가고 있다는 사실이므로, 우리는 모든 것에 대하여 회의를 품을는지도 모른다. 그러나 쾌락, 곧 기쁨의 가치에 대해서는 아무도 의심할 수가 없으리라. 아리스티포스는 행복이 쾌락(기쁨)의 총계(a sum of pleasures)라고 주장했다. 그렇다면 가장 훌륭한 사람은 여러 원천에서 오는 쾌락에 민감해야 함은 물론, 가장 큰 쾌락(기쁨)을 얻기 위해서는 분별력을 발휘할 줄 알아야 한다. 이러한 사람이야말로 쉽게 육체적 쾌락이나 부와 명예와 사회적 명성 등에서 오는 쾌락을 얻을 것이며, 덧붙여 친구 관계나 지적인 대화에서 오는 쾌락도 누릴 것이다. 그러나 오로지 순간적인 덧없는 충동을 신뢰하는 사람, 또는 인간과 자연 세계의 작용을 필연적으로 지배하는 자연적 인과 관계를 깨닫지 못하는 사람은 그 누구도 행복해질 수가 없다. 그러므로 훌륭한 사람은 반드시 자기의 선택으로 말미암아 일어나게 될 총체적 결과를 예상하며 자신의 행동을 스스로 조절해 가야 한다. 즉 분별력 있는 사람이 되어야 한다는 말이다. 아리스티포스가 생각한 분별력이란, 플라톤이 말한 지혜의 덕과는 아주 다른 것이다. 그것은 초월적 가치(a transcendent value)에 대한 통찰이 아니라, 오히려 개인적 득실의 세속적 타산을 말한다.

데모크리토스(그의 유물론적·원자론적 우주론에 대해서는 제1장에서 내용을 개략적으로 설명한 바 있다)도 아리스티포스와 거의 같은 시기에 쾌락주의적 윤리학을 옹호했다. 그러나 그의 쾌락주의는 그다지 회의주의(懷疑主義)의 바탕 위에 서 있지 않았기 때문인지 좀 더 온건하고 규율적이었다. 데모크리토스는 이성(理性)은 감각적인 현상을 넘어서 모든 감각보다 앞서는 궁극적 원자까지 꿰뚫어볼 수 있다고 주장했다. 그 때문에 그것은 또 온갖 일시적 쾌락을 넘어서 영속적이며 따라서 최선의 쾌락에까지 꿰뚫고 들어가기도 한다는 것이다. 그러므로 데모크리토스는 격렬한 쾌락, 즉 거의 모든 육체적 쾌락과 감각적 쾌락을 배척했다. 그리고 우리가 어떤 직접적 욕망에 의하여 매혹되지 않고 조용히, 그리고 자연의 전체적 진행과 조화를 이루면서 행동할 때 따르는 고요하고 평화로운 쾌락을 권했다. 선한 삶이란 격정적인 삶이 아니라, 지적인 삶을 살아가는 사람들만이 충분히 누릴 수 있는 조용하고 안정적인 삶이라는 것이다.

에피쿠로스 학설은 필연적 패배 의식에 뿌리박고 있는 쾌락주의이다. 에피쿠로스는 보통 사람들과는 다른 삶을 살았는데, 그는 초년에 매우 불행했다. 병약한 몸으로 가난에 시달렸으며, 한때는 사모스 섬에서 정치적 이유로 추방되어 망명 생활까지 했었다. 그 뒤 B.C. 310년 그의 제자들이 아테네에 집과 정원을 마련해 주어, 에피쿠로스는 은퇴하여 그곳에서 남은 생을 보냈다.

이곳에 그는 '정원(Garden)'이라고 불린 학교를 세웠는데, 이는 바로 '아테네의 네 학원' 가운데 세 번째 것이었다. 그는 자신의 학원에서 친지들을 맞이했으며, 이들은 그의 슬기로운 말들을 거의 신화처럼 믿었다. 에피쿠로스의 머릿속에는 초년의 불운으로 받은 마음의 상처가 언제까지나 사라지지 않았다. 그는 자기가 적의에 찬 세상, 인간의 선과는 너무나 거리가 먼 세상, 만일 우리가 우리의 평온한 정원과 이 세상을 단절하기 위해 어떤 장벽을 쌓지 않는다면 우리를 괴롭히게 될 그런 세상, 마침내는 반드시 모든 사람을 파멸시키게 될 세상에 살고 있다고 확신했던 것 같다. 지혜라는 것은 이 세상과 자신을 될 수 있는 대로 오랫동안 단절하기 위해 자기 정원 둘레에 높고 튼튼한 장벽을 쌓는 것을 말한다. 그리고 오직 세상과의 이러한 단절에 따른 평온함 속에서 우리는 어떤 제한적인 일시적 즐거움이나마 찾을 수 있다는 것이다.

아리스티포스로부터 데모크리토스를 지나 에피쿠로스에 이르는 쾌락주의는 더 많은 행복을 얻을 수 있다는 자신감을 점차 잃어가는 모습을 보여주고 있다. '그대에게 내일이란 죽음뿐이니, 먹고 마시고 즐겨라' 이것이 에피쿠로스의 신념이며 전통이었다고 전해 오고 있음은, 에피쿠로스에게는 절대로 있을 수 없는, 옳지 않은 이야기라 하겠다. 감각적 생활이나 방종을 부추기는 듯한 이 격언적 표현은 에피쿠로스의 견해를 크게 오해한 것이다. 오히려 에피쿠로스는 이 적의에 찬 세상과 관계를 끊기 위해 자제의 필요성을 강조했기 때문에, 그가 제자들에게 한 충고는 거의 금욕주의적이었다. 그는 사람들에게 육체적 쾌락에 빠지거나 세속적 일에 관여하지 말라고 충고했다. 그는 인간에게 선한 삶이란 외적 변화나 내적 감정에 의해 흔들리지 않는 삶이라고 생각했다. 에피쿠로스의 윤리학은 도식적으로 표현하면 다음과 같다.

$$행복 = \frac{성취}{욕망}$$

어떤 도덕론자들은 이 분수의 분자 값을 크게 함으로써 우리의 행복을 증진할 수 있다고 권하겠지만, 에피쿠로스 학파는 오히려 분모의 값을 줄이면 더 행복해질 수 있다고 말한다. 그 이유는, 에피쿠로스는 적의에 찬 세상에서는 도무지 성취를 이루어 나갈 수 없다고 생각했기 때문이다. 그러므로 반대로 야망을 조금씩 내려놓을 필요가 있다는 것이다. *4

에피쿠로스는 평정주의(平靜主義 ; quietism)를 옹호하게 된 근거에 있어 데모크리토스와는 상당한 거리가 있었다. 데모크리토스는 자연의 장엄한 움직임을 찬미하고, 인간의 사소한 욕망 따위는 멸시했다. 그러므로 사람들에게 자연이 가지고 있는 웅대한 평정심을 배우라고 역설했다. 이에 반하여 에피쿠로스는 자연을 적의에 차 있으며 낯설고 사나운 것으로 여겼다. 그러므로 그는 사람들에게 자연의 침해로부터 자신을 보호하고, 또 자신 말고는 어떠한 자연 속에도 존재하지 않는다고 생각된 평정을 자기 자신 안에서 계발하도록 역설했다. 데모크리토스는 즐거움에 넘쳐 사람들에게 자기 훈련을 하도록 요구했으나, 에피쿠로스는 깊은 슬픔을 간직하고 있었다. 에피쿠로스는, 만일 자기가 안전하게 누릴 수 있다고 믿었더라면 더 많은 쾌락을 기꺼이 누렸을 것이다. 그는 인간이 처한 비참한 상황으로 말미암아 부득이 적은 쾌락으로 스스로 만족할 줄 알아야 한다는 것이었다. 그러나 현명한 사람은 결코 자기의 슬픔으로 말미암아 격정에 휩쓸리게 되지는 않을 것이다. 우주의 이치에 위배되는 격렬한 성품은 현명한 사람이라면 갖추어야 할 마음의 평온을 파괴해 버리고 만다.

에피쿠로스 학파에 대한 명확한 표현이 두드러진 글로는 루크레티우스의 시 〈사물의 본성에 대하여 On the Nature of Thing〉를 들 수 있다. 루크레티우스가 B.C. 1세기 이 시를 썼을 무렵까지는, 에피쿠로스주의의 주요한 이론은 그들의 고정된 전통으로 확립되어 있었다. 에피쿠로스의 쾌락주의는 이 학파의 중심적 교리였고, 데모크리토스의 유물론적 원자론은 이 쾌락주

---

*4 위의 분수에 대한 설명은 제임스(William James)가 말한 것이다. 그는 〈심리학 원리 Principles of Psychology〉(New York, Holt, 1890. Vol. 1. p. 310)에서 자존감(自尊感)은 성공을 포부로써 나눈 것(자존감=성공÷포부)이라 정의했다.

의에 형이상학적 뒷받침을 해 줄 만한 우주론을 제공했다. 루크레티우스는 에피쿠로스를 존경하는 스승으로서 우러러보며 열렬한 찬사를 보냈다. 루크레티우스의 위대성은 그의 사상이 새로웠기 때문이 아니라, 그의 시 안에서 에피쿠로스주의의 신념이 장중하고 유창한 서사시로 나타났기 때문이다.

이 세계는 인간을 위해서 만들어진 것이 아니며, 자연에는 어떠한 목적도 계획도 없다고 루크레티우스는 그의 시 첫머리에서 강조하고 있다. 만물이 생성하는 것은 물질의 일정한 법칙에 따른 것이며, 때로는 예측할 수 없는 맹목적 우연 때문이다. 존재하는 궁극적인 것은 오직 원자(元子)와 허공뿐이다. 원자는 형태와 크기가 저마다 다른 미세한 입자들로서, 이것들은 허공을 통하여 떨어진다. 그것들이 우연히 낙하의 방향으로부터 조금씩 빗나가면서*5 그것들은 서로 얼크러져 우리가 보고 있는 복합적인 물체들로 배열되었고, 우리 세계의 만물을 구성하게 되었다. 이 복합적인 모든 물체는 덧없기 그지없는 것들이다. 실제로 우리가 살아가는 이 세계는 분명히 지금과는 다른 이전의 세계와 앞으로 바뀌게 될 세계와의 과도적 구성체일 따름이다. 영원히 변치 않는 것은 오직 원자들뿐이다. 이 원자들은 견고하여 도저히 쪼갤 수 없으며 파괴할 수 없는 것이다. 복합적 물체들은 모두 원자의 결합에 의해서 생겨나며, 그 분리에 의해 해체되어 버린다. 영혼조차도 원자들로 이루어져 있다. 즉 공기·호흡·열의 원자, 그리고 무엇이라 이름 지을 수 없는 제4의 원자로 이루어져 있다. 영혼은 이들 네 종류 원자의 결합에 의해 생겨나며, 이 결합이 해체될 때 소멸한다—그러나 그 이름 없는 원자를 포함한 원자들은 모두 다른 원자들과 마찬가지로 영원히 존속한다.

이 세계는, 비록 어떠한 목적도 가지고 있지는 않으나 많은 놀라운 것들이 생겨나는 무대이다. 그 가운데 무엇보다도 가장 놀라운 것은 인종(人種)이다. 자연은 인간을 위해서 만들어진 것은 아니다. 그러나 자연은 인간을 탄생시켰을 뿐 아니라, 일시적이나마 인간이 성장하기에, 그리고 그들이 서서히 문명을 쌓아 올리기에 매우 적합하다. 자연 속에서 인간이 내던 소리는

---

*5 원자가 빗나간다는 생각을 함으로써, 루크레티우스는 데모크리토스의 가르침에서 떨어져 나갔다. 그는 자연계에서 일어나는 우연이 인간의 자유의지(自由意志 ; free will)의 기반으로서 필요하다고 보았다. 만일 자유가 없다면, 인간은 조금도 틀림이 없는, 자연의 무정한 진행 과정에 대항하기 위한 선택을 할 수가 없을 것이다.

오랜 세대를 지나며 서서히 이해력이 높아져 감에 따라 점차 체계적 언어로 발전해 나아갔다. 번개 때문에 일어난 불로 큰 피해를 입다가 우연히 요리를 하고 도구를 만드는 기술도 배우게 되었다. 그러나 인간의 생활 방식이 복잡해져 감에 따라 두 가지 불행한 발전이 이루어졌다. 그 하나는 자연의 자원을 사유재산으로 나누어 가지는 습관, 나아가 금(金)을 부의 기본 형태로 보고 이것이 있어야만 다른 모든 것도 손에 넣을 수가 있고, 이것이 없이는 감히 아무도 어떠한 물건을 가지려는 마음을 품을 수 없게 된 습관이었다. 이때부터 야심·탐욕·전쟁·범죄, 그리고 그 밖에 사람의 마음을 어지럽히고 괴롭히는 수없이 많은 악들이 생겨났다. 두 가지 불행한 발전 가운데 다른 하나는 신이 존재한다든가, 육체가 죽더라도 영혼은 살아남아 내세에도 무서운 시련을 받게 된다든가, 희생물을 바쳐 신들의 비위를 맞추어야 한다는, 모든 종교의 그릇된 믿음이다. 종교란 인간의 불안이나 이에 따르는 온갖 공포심을 불러일으키는 주요한 원인이 되므로 인간이 겪게 되는 가장 큰 불행이라 말할 수 있다.

루크레티우스의 시에 나타난 인류 문명의 본질에 대한 묘사를 보면, 그의 견해에 변화가 있었음을 짐작할 수 있다. 때로(특히 제5권에서) 인간은 이 적의에 찬 세계 안에서도 이성적 통찰이나 신중한 행동을 통하여 비교적 훌륭하게 짜인 사회 질서와 개인적 행복을 이룩할 수 있다는 기대를 품었던 것으로 보인다. 물론 이러한 질서는 일시적일 것이며, 모든 행복은 불안정한 것이다. 그렇지만 이 질서와 행복은 성취될 수 있으며—루크레티우스는 규범을 따르려는 노력에 의하여 그것들을 구하도록 사람들에게 권했다. 그러나 어떤 때에는—그에게는 보통 있는 일이었는데—루크레티우스는 문명이라는 것을, 분별 있는 사람이라면 경계하고 스스로를 방어해야 할 위험한 유혹물이라고 비난했다. 그는 문명이라는 것은 언뜻 보면 매혹적이기는 하나, 사람들로 하여금 그 문명의 올가미 속에 얽히어 도덕성을 타락하게 만드는 하나의 사기(a sham)로 보았던 것이다. 그는 인간이 만일 문명의 유혹으로부터 벗어나 자신의 내적 세계로 돌아와 고요하게 살아간다면 좀 더 행복해지리라고 여겼던 것으로 보인다.

비평가들은 루크레티우스를 자연에 대하여 아주 큰 학문적 관심을 품었던 사람으로 여겨 왔다. 확실히 그의 시 대부분은 자연 현상을 마치 분석이라도 하는 듯이 한결같이 세심한 눈길로 바라보고 있다. 그는 자연의 과정 안에서 잇따라 일어나는 놀라운 일들의 원인을 즐겨 제시하고 설명했다. 그러나 그가 이러한 원인에 대해 사색을 한 것은, 어떠한 자연의 사건도 기적이나 신의 뜻에 따라 일어난 결과가 아니라는 것을 증명하고 싶어했기 때문이었다. 그가 관심을 가진 것은 학문을 위한 학문, 즉 자연에 대한 인간의 지식을 보태기 위한 학문은 아니었다. 어떠한 특정한 사색을 반드시 참이라고 내세우려는 데 관심이 있었던 것도 아니었다. 그는 오직 자연에 대한 올바른 설명으로 사람들을 온갖 종교적 또는 초자연적 설명의 폐해로부터 벗어나게 하여 가능한 한 자기가 주장하는 도덕적 관점으로 사람들을 이끌어가려 했을 뿐이다. 예컨대 루크레티우스는 인간이 불을 갖게 된 것은 번개로 일어난 화재나, 폭풍으로 말미암은 나무들 사이의 마찰이나, 메마른 들판에 내리쬐는 태양열 때문이었으리라 주장하고 있다. 이 주장들은 모두 참일 수도 있으며, 그 어느 것도 참이 아닐 수도 있다. 그러나 불이라는 것이 프로메테우스나 그 밖의 어떠한 신의 선물이 아니라는 자신의 생각을 증명하기 위해 이러한 설명이 필요했다. 불을 얻게 되었다는 사실은 확실히 도덕적 결과를 가져왔다. 그러나 불을 얻게 해준 사건에는 어떠한 도덕적 의도도, 실제로 어떠한 의도나 도덕성도 없었다. 불에 대해서와 마찬가지로 다른 사물들에 대해서도 루크레티우스는, 그것들의 생성은 공간 속에서 원자들의 비의지적 자연 과정의 한 부분이라고 주장했다. 그리고 이 견해에 대한 분명한 이해를 바탕으로 사람들은 건전하고 겸허하게, 또 평화스럽게 살아갈 수 있도록 정신적 해탈을 얻을 수가 있다는 것이다. 루크레티우스의 과학적 관심이라고 여겨진 것은 실제로는 사람들에게 다음과 같은 충고를 받아들이게 하려는 예비적 수단일 따름이었다. *6

　　만일 사람이 참다운 이성 작용(理性作用 ; true reasoning)에 따라서 자기의 생활을 이끌어 갈 수 있다면, 마음의 동요 없이 소박하게 살아가는 크나큰 부(富 ; the great wealth)를 누리게 되리라. 이성에 따르는 생활에는 거의 어떠한 결핍도 일어나지 않기 때문이다. ……경건함이란 흔히 생각하

---

*6 *On the Nature of Things*(사물의 본성에 대하여), 제5권, 11. 1116－1117. 1198－1204.

듯 머리에 베일을 쓰고 제단 앞에 무릎 꿇는 게 아니라…… 오히려 평화로운 마음으로 모든 것을 바라볼 수 있게 됨을 뜻한다.

3. 키니코스—스토아 학파

안티스테네스(Antisthenes, 440~370 B.C.) : 아테네 출신
디오게네스(Diogenes, 412~325 B.C.) : 시노페 출신
제논(Zenon, 340~265 B.C.) : 키티움 출신
세네카(Seneca, 4 B.C.~65 A.D.) : 로마 출신
에픽테토스(Epiktetos, 60~120 A.D.) : 니코폴리스에서 활동
마르쿠스 아우렐리우스 안토니누스(Marcus Aurellius Antoninus, 121~180 A. D.) : 로마 출신

키레네 학파가 형성된 시기에 키니코스 학파(Cynicism ; 견유주의)로 알려진 하나의 사상적 흐름이 새로이 나타났다. 그리고 키레네 학파가 빈틈없이 각성된 에피쿠로스 학파로 발전해 갔듯이, 키니코스 학파는 원숙하고 엄격한 스토아 학파(Stoicism)로 발전해 나아갔다. 에피쿠로스 학파의 철학이나 스토아 학파의 철학은 모두 그리스적 로마 시대의 염세관(厭世觀 ; world-weariness)을 나타내 주는 사상들이다. 이 두 사상은, 인간은 사회의 일반적 관습이나 통속적 행복관에 의해서는 선한 생활을 이어갈 수 없다는 신념을 각각 독특한 방식으로 표현했다. 그러나 여러 부분에서 에피쿠로스 철학과 스토아 철학은 서로 다른 원리를 주장하고 있다. 에피쿠로스 철학은 사람들에게 어떻게 하면 이 적대적인 세계의 고된 삶에서 벗어날 수 있는가를 가르치려 한 데 비하여, 스토아 철학은 사람들에게 자신이 파멸하는 한이 있어도 이 세계의 악과 용감히 싸울 것을 권했다. 에피쿠로스 철학은 사람들에게 어떤 평화로운 도피처에서 일시적이나마 조금씩 기쁨을 찾도록 권했다. 그에 비하여 스토아 철학은 사람들에게 그들 개인의 행복과 불행에 집착하지 말고, 어떠한 목적을 위하여 아낌없는 노력을 기울이도록 역설했다. 개인의 행복은 이 목적에 비하면 아무것도 아닌, 사소한 것에 불과하다. '하늘이 무너져도 그대의 의무(義務)를 다하라'—이것이 스토아 철학자들이 늘 입에 달

고 있던 말이었다. 개인적 목적을 희생시켜 큰 손해를 보더라도, 의무에 대하여 변함없이 충실할 수 있음을 인간의 높은 특권으로 보았다.

키니코스 학파의 사상은 스토아 철학에 선구적 역할을 하는 동시에 부분적 배경을 마련해 주었다. 키니코스 학파도 키레네 학파처럼 소크라테스에게서 그 사상을 이어받았다고 주장했다. 그러나 이 키니코스 학파가 전승했다고 한 소크라테스는, 플라톤이 이어받은 소크라테스나 아리스티포스가 본 소크라테스와는 아주 다르다. 이 학파를 처음 주장했다고 알려진 안티스테네스는, '선한 사람에게는 나쁜 일이 일어나지 않는다'[7]고 한 소크라테스의 사상을 받아들여 발전시켰다. 그가 밝힌 이 사상의 의미는, 인간은 자기 자신의 능력으로 어찌할 수 없는 것에 대한 감정적 얽매임으로부터 완전히 벗어나야 하며, 재난의 공포로부터, 또 외부 사물에 대한 욕망으로부터, 다른 사람들의 좋고 싫음에 따라 흔들리는 태도로부터 벗어나 자유로워져야 한다는 것이다.

인습은 인위적인 것이며 따라서 나쁜 것이다. 그리고 자연적 욕구는 사람과 사람 사이의 결속 없이도 충족될 수가 있다. 사람은 아무런 사회적 의무도 지고 있지 않다. 그는 홀로 서서 오직 자기 자신에게만 의존해야 한다. 외적인 행운이나 기쁨과 고통, 관직, 우정이나 명예 등은 도덕적인 것과 모두 일치하지는 않는다. 지식조차도 사람으로 하여금 자기 자신을 이해할 수 있게 하며, 세상의 도덕으로부터 벗어나 온전히 자기 자신으로 존재할 수 있게 해 주는 것 말고는 중요하지 않다. 오직 덕(virtue)만이 선이며, 부덕(不德, vice)만이 악이다. 부덕은 사람이 사회의 잘못된 인습에 굴복하여 스스로 그릇된 방향으로 나아갈 때 생긴다. 하지만 덕은 사람이 자기 주위에 있는 모든 것에 대하여 질문을 던지며, 이 세계에서 자기의 정당한 위치를 확고히 하고 스스로 완전히 만족(self-sufficiency)하는 경지에 이르렀을 때 생겨난다.

디오게네스는 키니코스 철학의 전통에 어떤 새로운 사상을 기여하지는 않았으며, 그를 철학자라고 보기도 어렵다. 그러나 그는 너무나 생생하게 키니코스 학파의 태도를 실천해 보인 사람이었기 때문에, 실제로 키니코스 철학

---

*7 플라톤의 *Apology*, 41c–d에서 소크라테스가 이렇게 말했다고 썼다.

의 상징으로 여겨져 왔다. 일찍부터 전해 오는 일화에 따르면 디오게네스의 아버지는 화폐를 훼손한 죄로 옥에 갇혔다고 하며, 다른 일화에서는 디오게네스 자신이 이 사건에 관련되었다고 보고 있다. *8 이 문제의 어떠한 것이든지, 디오게네스는 이 세상에서 화폐와도 같이 퍼져 나가고 있는 온갖 인습을 깨뜨리려고 시도한 사람이라고 보아도 좋다. *9 이 문명이라는 것을 그는 제멋대로 세워진 기준과 미신에 의해 뒷받침되는 퇴폐적 제도들의 체계라고 생각했다. 그가 현존 문명을 배격한 것은 그 대신에 (아테네의 위대한 철학자들이 의도했던 대로) 더 훌륭한 어떤 사회 질서를 세우기 위해서가 아니라, 사람들 모두 자신의 개성이 구속받지 않고 완전한 자유를 누리게 하기 위해서였다. 그는 개(犬)의 생활 태도를 찬미했다. 개는 부족함을 거의 느끼지 않으며 육체적 기능에 대한 거짓된 수치심도, 어떠한 위선(僞善)도 가지고 있지 않기 때문이다. *10 예로부터 그는 커다란 통 속에서 살았다고 전해 오는데, 아마도 이는 아테네의 아크로폴리스 옆에 있던 크고 무거운 항아리를 가리키는 것이리라. 그의 성격이 어떠했는가는 그가 알렉산드로스 대왕과 만났을 때 이야기로 짐작할 수가 있다. 알렉산드로스는 괴이한 삶을 사는 디오게네스를 만나 보고 싶어 이 이상한 곳으로 그를 찾아갔다. 그러나 디오게네스는 대왕 앞에 머리 숙이기를 거부하며, 무심한 태도로 다음과 같이 말하여 알렉산드로스를 물러가게 했다—"내가 햇빛을 쬘 수 있도록 조금 비켜 주시오." 쾌락과 고통에 흔들리지 않으며, 자연적 사건이나 사회적 사건에 놀라지 않고, 또 시민들 사이의 인간적 유대에도 관심을 품지 않은 채, 그는 질서 있는 세계를 조롱하며 고립된 삶을 즐겼다.

키니코스 철학과 달리, 스토아 철학은 충분히 발전된 철학이었다. 스토아 철학은 독특한 방법으로 거친 시대의 감정적이거나 도덕적인 요구에 발맞추어 재빨리 헬레니즘 사상의 지배적 흐름의 하나가 되었다. 이 철학은 때로는 플라톤의 영향을 거의 물리쳐 버리며, 아카데메이아의 교과 내용으로 공인

*8 Diogenes Laertius, *Lives of Eminent Philosophers*에서 디오게네스에 대한 키니코스 학파의 비평 첫 단락. 이 책은 A.D. 200년경에 쓰였으며 역사적 가치가 모호한 일화들로 가득하다.
*9 화폐 훼손에 대한 이야기를 설명한 이 해석은 머리(Gilbert Murray)가 제시했다. 앞에 인용한 책 p. 117.
*10 우리가 쓰는 키닉(cynic)이라는 말(개를 뜻하는 그리스어)은 디오게네스의 이 말 때문에 생겨났다.

되기까지 했다. 이 철학은 또 기독교 발전의 기틀이 되는 정신과 사상의 복잡한 조직 속에 깊이 스며들어 가며, 2000년에 걸쳐 서양 문화 속에 강력한 하나의 힘으로 남아 있다.

스토아 철학은, 종교적 신념을 바탕으로 한 키니코스 철학이라고 특징지어도 좋으리라. 이는 선한 사람이란 세상사의 감정적 얽힘으로부터 완전히 벗어나 자유로운 사람이라고 하는 키니코스 학파의 생각을 그대로 받아들인다. 하지만 선한 사람은 세상의 도덕적 관계에서 벗어나리라는 키니코스 사상의 다른 부분을 거부했다. 왜냐하면 스토아 철학자들의 주장에 따르면, 우리를 둘러싼 이 세계란 온갖 만물과 모든 인간에게 자신의 위치와 본질적 의무를 부여하는 주요한 목적들을 표현하는 곳이기 때문이다. 스토아 철학자들은 두 가지 근본이 되는 덕을 높이 내세웠는데 그 하나는 소극적이며, 또 하나는 적극적인 것이라고 생각할 수 있다. 그 소극적 덕이란 무감동이나 냉담함, 다시 말하면 쾌락의 유혹과 고통의 공포에 대한 무관심이다. 이에 대하여 적극적 덕이란 온갖 사건 과정을 지배하는 우주 원리 또는 목적론적 방향에 대한, 냉철하고 이성적인 충실성을 말한다. 선한 사람은 개인적 야심이나 바람에서 자유로운 존재로서, 모든 것을 포용하는 이 우주의 목적이 자신에게 맡긴 의무를 아낌없이 성취하려 할 것이라고 스토아 철학자들은 생각했다.

어떤 상징적 의미가 스토아 학파를 창설한 사람과 이 학파의 사상을 글로 해설한 세 인물들의 사회적 신분에 부여될 수도 있다. 스토아 철학의 창시자로 불리는 학자는 제논인데, 전해 오는 바에 따르면 그는 동방의 셈족 계통 사람이라고 한다. 그는 아티카 해안에서 조난을 당한 뒤 아테네에 남아 '네 학원들' 가운데 네 번째인 스토아 학원을 세웠다. 이처럼 그는 뿔뿔이 흩어진 유대인의 한 사람, 즉 황폐해진 자기 나라를 떠나 지중해 세계의 여러 도시로 흩어져 간 셈족의 한 사람이었다. 고향을 잃은 다른 유대인들처럼 자기 나라를 등지고 나온 제논의 관심 대상도 문화적인 것이지, 시민적인 것은 아니었다. 그는 자기가 우연히 머무르게 된 특정한 곳에 대해서가 아닌, 자신이 가르치려 한 이상들과 신념에 대해서 충실성을 드러냈다. 그가 이룩한 공동체는 장벽들과 경계선이 없는, 서로 공감하는 하나의 목적을 바탕으로 세워진 것이었다. 그의 공동체는 이제까지 마땅한 것으로 생각해 온 온갖 경계선을 무너뜨리고, 신념과 도덕적 원리를 같이하는 사람들을 결합하고자 했다. 그것은 세속적인 공동체가 아니라, 세계적인 하나의 공동체였다. 세네카·에픽테토스·마르쿠스 아우렐리우스, 이 세 사람은 후기 스토아 철학자로서 이들의 저서는 오늘날까지 남아 있다. *11 이들이 속해 있던 사회적 지위는 매우 다르다. 세네카는 수사학자(修辭學者)로서 네로 황제의 스승이었고 에픽테토스는 주인의 호의로 자유인이 된 노예, 마르쿠스 아우렐리우스는 로마제국 황제였다. 이렇듯 스토아 철학은 각계 각층 사람들을 지적으로나 도덕적으로 하나가 되게 할 수 있었다. 그러므로 정치적 경계선의 테두리뿐만 아니라 사람들 사이에 존재하던 사회적 차별까지도 무너뜨리고 있었다. 스토아 철학은 역사적으로 세계주의적인 하나의 세력을 만들었다.

스토아 철학의 전통적인 생각에 따르면 선한 사람이란 완전하게 이성적(理性的)인 사람을 말한다. 플라톤과 아리스토텔레스가 본 선한 사람이란 열정이나 욕망을 이성으로써 지배하는 사람이었으나, 스토아 철학자들이 생각한 선한 사람이란 온갖 열정을 없애 버리고 오로지 이성적 사고에 따라서만 행동하는 사람이었다. 감정은 옳고 그름에 대한 공정한 판단을 방해하는 '도덕적 병'이라고 스토아 철학자들은 생각했다. 따라서 현명한 사람은 어떠한 사적인 욕망이나 감정도 가지려 하지 않을 것이다. 그는 온갖 두려움으로부터, 쾌락의 유혹으로부터, 여러 사건으로 인한 동요나 걱정으로부터, 영혼을 어둡게 하여 도덕적 가치 판단을 그르칠지도 모를 온갖 흥분으로부터 벗어나려 할 것이다. 그뿐만 아니라 심지어는 인간의 고통이나 불행한 사람에 대한 동정심으로부터도 벗어나려 할 것이다. 그가 동료를 위해서 아낌없이 봉사하며 기꺼이 자기를 희생하겠지만, 이는 개인적 성향이라기보다는 의무에 대한 그의 이성적 판단 때문이다. 말하자면 그는 신체적 욕구나 육체적 고통에 대한 의식을 피할 수는 없지만, 이러한 인간적 약점들까지도 완전한 행복에서 멀어지는 것이라 하여 경멸할 것이다. 흔히 스토아주의적 현자를

---

*11 제논의 시대와 위에 말한 세 사람들 사이에 존재하는 다른 스토아주의자들의 이름은 많은 역사 책들 안에 나타나 있다. 예를 들어 클레안테스(Kleanthes—그의 〈제우스에 대한 찬가 hymn to Zeus〉는 오늘날 전함), 크리시포스(Chrysippos—그 저서들은 디오게네스 라에르티우스에 의해 언급됨), 파나이티오스(Panaitios—스토아주의를 로마에 들여온 사람), 시돈의 보에투스(Boethus of Sidon), 포세이도니오스(Poseidonios) 등이 있다.

일컫는 '성인(聖人 ; sage)'이란 바로 욕망에서 벗어난 고요한 경지를 즐기는 사람들일 것이다.

스토아 학파의 윤리학적 견해는 이에 어울리는 형이상학에 의해서 뒷받침되었다. 스토아 철학의 저서들 속 어떤 구절을 보면 이 형이상학이 명확한 유물론적 형태로 나타나 있다. 이에 따르면 불이 궁극적 요소이고 생기를 주는 힘으로서, 우주의 영혼이기도 한 것이다. 그러나 이 유물론적 주장이 상징적 의미를 가진 것이든 헤라클레이토스의 영향을 받은 어떤 이전 사상의 부활이든, 스토아 철학의 또 하나의 이설(理說)에 비하면 훨씬 덜 중요하다고 말할 수 있다. 또 하나의 이론이란, 우주는 어떤 이성적 목적에 따라서 형성되어 있는 것이며, 자연의 과정은 목적적이고, 모든 사건은 단일적·예지적 계획 속에 포함되어 있다는 주장이다. 인간 육체 속에 인간의 영혼이 깃들어 있듯이, 이 물질적 세계는 말하자면 그 영혼을 가지고 있다는 것이다.

이러한 형이상학 논구는 스토아 철학자들의 저서 안에서는 어디서도 뚜렷하게 나타나 있지 않다. 이것은 '절망적 위기 상황을 헤쳐 나아가기 위해 조급하게 뜯어 맞춘 체계'[*12]로 불려 왔다. 스토아 철학자들은 우주의 목적이 지향하는 목표들을 분명하게 밝히지 않았으며, 그것은 불완전하고 모호하게 남겨져 있다. 이 점에 있어서 키니코스 학파의 회의주의(skepticism)가 스토아 학파에 끊임없이 영향을 끼쳤음은 의심할 여지가 없다. 그러나 우주의 목적은 어떠한 것이든지 이성적이며 숭고한 것이다. 이 목적이 실현하는 가치들은, 만일 현자(賢者)가 이것들을 깨닫기만 한다면 그의 냉철한 판단에 의해 인정을 받게 될 것이다. 아마도 현자는, 예컨대 우주의 목적에 대한 온전한 의미를 이해할 수는 없다 해도 우주의 목적을 수행해 가는 데 있어서 자기에게 맞는 역할이 무엇인지 이해할 수 있으리라.

스토아주의적 저서들 안에 공통적으로 나타난 생활 원칙은 "자연 그대로 살아라" 하는 것이다. 여기서 자연이라는 것은 물질적 세계를 말하는 것이 아니다. 그렇다고 해서 자연이 인간의 본성—이것은 매우 악한 것으로서, 발휘하기보다는 오히려 억제해야 한다—을 말하는 것도 물론 아니다. 이 말

---

* 12 Edwyn Bevan, *Stoics and Sceptics*(스토아주의와 회의주의) (Oxford, Clarendon Press, 1913), p. 32.

은 모든 것 속에 깃들어 있는 우주의 목적을 가리키는 말이다. 이는 섭리라 부르거나, 더 나아가 신이라 불러도 좋으리라. 이러한 자연에 대해서 사람들은 자기의 할 일을 다하려는 확고한 결심의 뒷받침이 될 어떤 신비적 공감을 느낄지도 모른다. 따라서 인간은 우주의 연극에 등장하는 배우와도 같다. 즉 인간은 저마다 연출해야 할 역할을 가지고 있으며, 이 때문에 자기 마음대로 대사를 꾸며내거나 자기 하고 싶은 대로 활동할 권리가 없다. 인생에서 그들의 지위가 높거나 낮거나 간에, 그들은 어떠한 부끄러움이나 자랑도 느껴서는 안 된다. 우주 연극에서 그들의 역할은 희극적일 수도, 또는 비극적일 수도 있다. 그러나 저마다 맡은 역할을 잘 연출하여 자기의 사명에 충실하기만 하면, 다른 것은 문제가 되지 않는다.

아, 우주여, 그대의 목적에 맞는 것은 모두 나에게도 맞는다. 그대에게 적합한 시기는 모두 나에게도 너무 이르거나 늦거나 한 일이 없다. 아, 자연이여! 그대의 계절이 가져오는 것 모두가 한결같이 나에게는 무르익은 과실이다. ……우연으로 보이는 것도 섭리 과정 안에 있다. 자연이 가져오는 것과 자연의 과정을 밟아가는 것은 자연 모든 부분에 대해서 이로운 것이다. ─춥든지 덥든지, 피곤하든지 휴식을 취했든지, 욕을 먹든지 칭찬을 듣든지, 죽어 가든지 일 때문에 바쁘든지, 그대의 의무를 다하여라. *13

스토아주의자들의 섭리에 대한 생각이 깊어가면 갈수록, 키니코스 철학의 철저한 현세 멸시 사상도 겸손과 기도의 정신에 의해 더욱더 강해졌다. 그러나 끝까지 스토아 철학에는 언제나 준엄한 요소가 깃들어 있다. 우리 유한한 존재들은 다른 사람들을 위해 봉사해야 하며, 모든 고난을 참고 견디어야 한다고 가르친다. 이러한 봉사는 결코 어떤 우정이나 애정이 우러나왔기 때문이 아니라, 엄격한 의무감 때문에 해야 한다는 것이다. 스토아 철학자들의 가르침에 따르면, 자연과의 조화까지도 감정적 공명(共鳴 ; congeniality)에서 보다는 오히려 이성적 동의에서 오는 것이어야 한다.

---

*13 Marcus Aurelius, *Meditations*(명상록) 제4권, par. 23, 제2권, par. 3, 제6권, par. 2.

4. 회의주의 학파(懷疑主義學派 ; the skeptical tradition)

피론(Pyrrhōn, 385~275 B.C.) : 투발루 출신
아르케실라오스(Arkesilaos, 315~241 B.C.) : 피타네 출신
티몬(Timōn, 320~230 B.C.) : 아테네 출신
카르네아데스(Carneadēs, 213~129 B.C.) : 키레네 출신
아이네시데모스(Ainesidēmos, A.D. 100년경) : 크노소스 출신
세크스투스 엠피리쿠스(Sextus Empiricus, A.D. 250년경) : 알렉산드리아 출신

에피쿠로스 학파·스토아 학파와 같은 시대에 그리스적 로마 세계에는 회의주의적 움직임이 일어나 널리 퍼졌다. 그리고 스스로 회의주의자라고 부른 사람들은 이 회의주의에 대한 신념이 매우 철저했다. 물론 어떤 특정한 문제에 대해서는 의심을 품으면서도 동시에 다른 점들에 대해서는 분명한 확신을 가질 수도 있으리라. 예를 들어 같은 철학자가 자기는 물질 구조를 알고 있다고 확신하면서도 동시에 덕(德)의 객관적 기준을 과연 알 수 있는지에 대해서는 스스로 의심할 수도 있다. 또는 신의 존재를 증명할 수 있다고 스스로 믿으면서도 물리적 세계의 본질을 정의 내리는 데 있어서는 의심할 수도 있으리라. 그러나 철학의 한 학파로서 회의주의는 그저 몇몇 또는 여러 특정한 관점들에 대한 단순한 의심에 그치는 것이 아니다. 오히려 그것은, 어떠한 대상에 대해서든지 참된 인식에 닿을 수 있는 가능성에 대한 보편적이고 고의적인, 말하자면 지적 의심인 것이다.

회의주의는 헬레니즘 시대에 이른바 '아테네의 네 학원들' 내부에서, 그리고 이 학파들을 옹호하던 지중해 일대 여러 도시 사람들 사이에서 논쟁에 의해 발전해 온 생각이다. 이 네 학원들이 A.D. 529년 황제(유스티니아누스)의 명령에 따라 공식적으로 폐쇄되기까지 모두 존속했다고 말하는 이들도 있다. 하지만 이 학원들이 수 세기에 걸쳐 면면히 이어 왔다는 것은 아주 불확실하며, 오히려 사실이 아닐 수도 있다. 아마도 이 가운데에서 아카데메이아가 가장 긴 역사를 가졌으리라. 그 이유는 아카데메이아가 때때로 자취를 감춘 적이 있기는 하지만 언제나 되살아나곤 했기 때문이다. 그러나 이 학원들이 존재했든지 존재하지 않았든지 간에 이들이 끼친 영향, 특히 '아카데메

이아' 학원, 에피쿠로스의 '정원' 학원 그리고 '스토아' 학원의 영향은 그리스 문화가 스며든 곳에서는 어디서나 크나큰 작용을 했다. 그리고 철학적 회의주의는 이 영향의 소극적인 부분이었다. 그 학파들의 이론이 굳어질수록 이들의 근거에 대한 비판도 더욱 고개를 쳐들었다. 때로 회의주의적 표현은 유머를 강조하여 지적 오락의 형태를 띠게 된 적도 없지 않았다. 그러나 회의주의는 단지 이러한 말투에 그쳤던 것으로는 생각되지 않는다. 때로 그들의 주장은 저명한 철학자들 사이에서 진지하게 논의되었다. 이는 어떤 통설에 너무 쉽사리 집착하지 않도록 주의를 불러일으키는 하나의 보강제 역할을 했다. 이 회의주의는 아카데메이아 학원에도 스며들어 갔기 때문에, 아카데메이아의 많은 지도자들은 전통적 회의론자로 불리고 있다. 회의주의는 아리스토텔레스 이후 지적 생활을 비난하며 철학을 실제적 구원 수단으로 보려 한 사상적 흐름에 따라 더욱 가속화되었다.

그리스 회의론자들은 오직 그들 저술의 단편들에 의해, 특히 반대자들의 말에 의해서 우리에게 알려져 있을 뿐이다. 회의학파 창시자로 불리는 피론은, 아마도 침묵을 회의론자다운 태도라 여겼기 때문인지 어떠한 저술도 남기지 않았다. 그러나 그보다 거의 400년 뒤 사람인 아이네시데모스는 확실히 피론의 견해로 보이는 글들을 요약한 〈8권〉을 저술했다. 피론은 일반적으로 회의론자들이 그들의 재치 있는 말을 내세우기 위한 하나의 핑곗거리가 되었다. 따라서 '피론주의(Pyrrhonism)'라는 말은 극단적 회의론과 거의 같은 의미로 쓰여 왔다. 그 가운데에는 세크스투스 엠피리쿠스의 저술로 여겨지는 어떤 짧은 기록들이 남아 있다. 그러나 오늘날 여러 회의론자들을 따로따로 떼어서 생각한다는 것은 어려운 일이며, 한 무리로 묶어 그들의 것으로 전해 오고 있는 개요를 보아도 좋을 것이다.

그리스의 회의주의는 키레네 학파나 키니코스 학파의 사상처럼 소크라테스적 바탕을 가진 것이었다. 이 회의학파는 말하자면 소크라테스의 '무지(無知 ; ignorance)' 뒤에 숨어 있는 진지한 도덕적 목적을 간직함이 없이 그 '무지'라는 말만을 이어받은 것이라 볼 수 있다. 그들은 오히려 이 말을 소피스트의 주관주의(主觀主義 ; subjectivism)와 같은 맥락으로 보았다. 그들은 인간이 개별적 사물의 세계에 대하여 다만 세속적 생각(俗見 ; opinion)만을 가질 수 있을 뿐이며 결코 인식(認識 ; knowledge)에 닿을 수는 없다고 한 플라톤의 확신을 따랐다. 한 걸음 더 나아가 그들은 플라톤의 이 확신이 지니는 가치를 전적으로 떨어뜨려 버렸다. 그 이유는 그들이 이데아 세계에 대한 플라톤의 긍정을 터무니없는 것으로 보고, 또 인식의 가능성을 완전히 부인했기 때문이다. 객관적 진리에 대한 확실한 기준은 결코 존재하지 않는다고 그들은 생각했다. 모든 사실은 사람들이 저마다 자기 생각대로 표현하는 것이다. 연역적 추리는 모두가 논증 없이 가정된 전제를 토대로 이루어지므로 신뢰할 만한 것이 못 된다. 귀납적 추리라는 것도 사물들의 참된 본성을 설명해 주지 못하는 개인적인 경험들을 토대로 하기 때문에 신뢰할 수 없다. 따라서 (자연에 대한 일반적 이론을 제시하는) 형이상학이나 물리학뿐만 아니라, 특정한 사물들에 대한 주장 하나하나까지도 신뢰할 만한 것이 못 된다. 객관적 진리를 전하려는 이러한 노력들은 끝없는 논쟁을 일으킬 수밖에 없으므로 이론상으로는 아무 쓸모도 없고, 또 그것들은 개인적 편견을 드러내므로 실제로도 무익하다. 큰 집단에 속한 사람들이 공통적으로 품고 있는 신념조차도 아무 근거 없는 독단에 지나지 않는다. 그 이유는 이러한 신념들은 인습과 사회적 압력의 결과이며, 이 사회적 인습이란 것도 개인적 희망이나 공포 못지않게 믿을 만한 가치가 없는 것이기 때문이다. 법률이나 관습은 실천적 목적을 위해서는 훌륭한 길잡이가 될 지 모르나, 합리적으로 옹호될 수는 없다. 회의론자들의 주장에 따르면 그들 자신을 비롯하여 우리 모든 인간은 구제받을 길 없는 무지 속에 머물러 있도록 운명 지어져 있다고 한다. 우리 인간은 어떠한 확실성도 갖고 있지 않다. 그뿐 아니라 개연성(蓋然性 ; probability)에 대한 근거조차도 거의 갖지 못한다. 우리는 그저 근거 없는 세속적 생각들을 되풀이하고 있을 따름이다. 따라서 현명한 사람이라면 모든 일에 대한 판단을 보류하는 것이 으뜸가는 덕임을 인정할 것이다.

회의론자들은 소피스트처럼 감각적 경험의 상대성(相對性)을 중시했다. 인간의 감각 기관은 천차만별이며, 그 누구도 자기의 감각 기관이 더 훌륭하다고 자랑할 수는 없다. 더욱이 이 기관들은 끊임없이 변하는 우연적 관계에 있는 사물들을 보여준다. 어떠한 감각도 외부적 요소(element)에 우리 마음이 거침없이 부여하는 해석으로부터 자유로울 수 없다. 감각을 느끼게 하는 대상은, 만일 그러한 대상들이 존재한다면 현재 느끼는 감각과 실제로 같을 수도, 같지 않을 수도 있다. 이 대상들은 우리의 감각 기관이 찾아내지 못하는 많은 성질을 실제로 가지고 있을 수도 있고, 또 우리의 감각 기관을 통해서 관찰할 수 있는 성질들을 가지고 있지 않을 수도 있다. 따라서 경험에 의존하는 것은 모두가 허무하고 쓸데없는 일이라는 것이다.

어떤 회의론자들은—전통적으로 여기서는 특히 카르네아데스가—자기들의 반어법을 종교적 신앙에 즐겨 적용했다. 그들은 온갖 종파가 다 같은 열정으로 고집하는 여러 상반된 신앙들을 기록하는 데 그치지 않았다. 더 나아가 그는 신앙마다 스스로 모순을 내포하고 있음을 지적했다. 만일 신이라는 것이 있다면 그것은 무형적이든가 유형적이든가 그 어느 쪽일 것이며, 또 전능하든지 능력에 한계가 있든지 그 어느 쪽일 것이다. 만일 무형적인 것이라면 인간은 그것을 찾아낼 수 없다. 인간은 어떤 것이 존재한다는 증거를 감각에 의해서만 구할 수 있기 때문이다. 만일 신이 유형적이라면 다른 물체들과 마찬가지로 변화와 쇠퇴와 사멸을 피할 수 없게 된다. 또 신이 전능하다면, 이 세상에 악과 무지가 널리 퍼져 있다는 점에서 볼 때 결코 덕을 갖춘 존재라고는 말할 수 없을 것이다. 만일 신이 능력에 한계가 있는 존재라면 그것은 좀 더 월등한 힘에 예속되어 있을 것이므로, 따라서 신이라고 불릴 자격이 없다고 보아야 할 것이다. 그러므로 신에 대한 모든 생각은 성립될 수 없다. 그렇지만 신은 또한 존재할지도 모른다고 회의론자들은 날카롭게 판단했다. 그리고 어떤 회의론자들은 사회적 관계(social reason) 때문에 인습적인 종교 의식에 따르기도 하며, 성직자가 되어 이러한 의식을 지도하기까지 했다. 그러나 신에 대한 인간의 관념은, '개인적 환상이 품는 주관적 영역 너머에 존재하는 것에 대한 인식에 닿을 수 있게 한다'고 공공연히 말하는 모든 사상이 그러하듯이, 아무런 가치도 없다.

도덕적 문제에 대해서 회의론자들은 독창적인 것을 뚜렷하게 가지고 있지 않았다. 그들은 소피스트들의 상대주의(相對主義)를 따랐는데, 여기에는 훨씬 더 파괴적인 의도가 담겨 있었다. 그 예로 카르네아데스는 한때 로마에 머물며 이틀 동안 정의(正義)에 대한 두 가지 연설을 했다고 한다. 첫날은 플라톤의 윤리학적 견해를 철저하게 지지했다. 그리고 이튿날에는 조리 있게 이 견해를 체계적으로 반박했다. 그는 모든 도덕적 기준들이란 주관적으로 선택된 것으로서, 객관적 타당성이 없음을 주장하고자 했던 것이다. 틀림없이 회의론자는 사람들이 자기가 좋아하는 것을 다른 사람에게 애써 강요하는 모습을, 흥미롭게 지켜보았으리라. 그렇지만 그 자신은 이러한 노력에 전혀 관심을 갖지 않았으며, 때로는 어떤 주장이나 행동에 일관된 태도를 보이려고도 하지 않았다. *14

5. 신(新)플라톤 학파

플로티노스(Plotinos, 205~270) : 이집트 리코폴리스 출신
포르피리오스(Porphyrios, 233~305) : 페니키아 출신
이암블리코스(Iamblichos, 330년경 죽음) : 시리아 칼키스 출신
프로클로스(Proklos, 412~485) : 이스탄불 출신

신(新)플라톤 철학이라는 말은 플로티노스로부터 시작된 철학에 대해 오늘날 부르는 명칭이다. 물론 이 말은 근대에 생겨난 것이다. 플로티노스 자신은 이런 말을 사용하리라고는 꿈에도 생각지 못했을 것이며, 다른 사람들에 의해서 이 말이 사용될 필요를 느끼지도 않았으리라. 그는 그저 자기가 플라톤의 진정한 철학적 견해를 부활시키고 있다고 생각했다. 그가 플라톤 철학을 되살리려고 한 것은, 때때로 아카데메이아 몇몇 지도자의 가르침 안에 들어온 스토아주의나 회의주의, 그 밖에 자신이 생각하기에 플라톤의 철학 사상이 헬레니즘 세계에서 받은 퇴폐적 요소들과 맞서기 위해서였다. 그러나 그가 플라톤으로부터 가져온 관념들은 그의 사상 체계에서, 본디 플라톤이 품었던 것과는 아주 다른 의미를 지니게 되었다. 이런 이유로 플로티노스가 플라톤 철학이라고 생각한 것을 우리는 신플라톤 철학이라 부르게 되었다.

그럼에도 역사가는 플로티노스 철학에 독특하고 중요한 위치를 부여하리라. 신플라톤 철학은 그 자체의 중요성과 면면히 이어 온 영향력의 관점에서 볼 때, 플라톤 사상을 받아들여 발전시킨 주요한 두 이론 가운데 하나가 되었다. 이는 처음 형성된 시기로부터 그 뒤 여러 세기에 걸쳐서 매우 영향력

---

*14 Edwyn Bevan, 앞에 인용한 책 p. 124에서 회의론자들의 태도에 대하여 다음과 같이 분명한 평가를 내리고 있다. "그대들이 알지 못하는 것에 굳이 마음 쓸 필요가 없음을 깨닫게 된 것은 놀라운 일이다."

이 컸기 때문에, 플라톤 철학에서 또 하나의 주요한 (아리스토텔레스적인) 이론은 수백 년 동안 거의 완전히 잊혀져 갔다. 그뿐 아니라 플라톤 철학 자체도 다소 빛을 잃어버렸다. 즉 그것은 적어도 플라톤 철학과 같은 것으로 여겨져 오며, 많은 플로티노스 신봉자들은 신플라톤 철학을 통해서 플라톤의 〈대화편〉을 해석하고는 했다. 아리스토텔레스와 플로티노스 둘 다 자신들 철학의 기원이나 정신을 모두 플라톤에 두고 있다. 그러나 두 사람은 저마다 독립적 태도를 지켜왔다. 아리스토텔레스는 플라톤의 여러 사상을 받아들이면서 자연주의적이며 다원론적(多元論的)인 철학을 이루었다. 이와 달리 플로티노스는 또한 플라톤의 여러 사상을 받아들이면서도 이상주의적이며 일원론적(一元論的)인 철학을 이루었다. 아리스토텔레스의 철학과 플로티노스의 철학은 전적으로 다르며, 어떤 점에서는 서로 완전히 대조를 이룬다. 플로티노스는 자기 견해가 아리스토텔레스의 견해와 얼마나 다른지 깨닫지 못했다. 그 이유는 아리스토텔레스의 저서들 가운데 플라톤적 영향이 짙은 초기 부분에 주의를 모두 쏟았으며, 원숙기의 아리스토텔레스를 초기 아리스토텔레스에 비추어 해석했기 때문이다. 그러나 주의 깊은 비평가라면 플라톤·아리스토텔레스·플로티노스가 저마다 다른 세 철학을 주장하고 있음을 알 것이다. 그리고 이때 플라톤의 주요한 의도와 가까운 사람을 아리스토텔레스로 보는가, 또는 플로티노스로 보는가는 플라톤을 해석하는 방식에 달려 있다.

신플라톤 철학 창시자와 그의 뛰어난 추종자들은 모두 로마제국 동쪽 지중해 연안 출신들이었다. 그들은 모두 정도의 차이는 있으나, 종교적 열망을―이 열망은 이들 영토에 여러 기이하고 이국적인 종교 의식을 싹트게 했다―품은 사람들이었다. 이암블리코스는 주로 시리아에 있었다. 그의 신플라톤적 철학은 저 동양적 환경에서 온 신비로우며 심지어 마술적이기까지 한 사상에 젖어 있었다. 프로클로스는 여러 해 동안 아테네에서 살며 아카데메이아의 장(長)이 되었다. 그의 저술 또한 정도는 덜하지만 같은 동양적 특성을 나타내고 있다. 그러나 플로티노스 자신과 그의 친한 동료이며 전기 작가(傳記作家)인 포트피리오스는 로마에 정착했다. 로마에서 그는 학교를 세우고 플라톤 철학에 대한 자기의 해석을 전파했다. 이곳에서 그는 플라톤과 아리스토텔레스의 저작에 대한 새로운 주석들을 토대로 제자들과 함께 책을 읽고 철학을 논했다. 그리고 로마에서 플로티노스는 여러 논문을 썼다. 이 논문들이야말로 고대나 문예 부흥기에 그의 추종자들이 쓴 어떠한 저술보다도 뛰어난 것으로, 신플라톤 철학의 정설로 굳어졌다. 그러므로 한층 더 신비로운 동쪽 여러 지방보다도 오히려 로마가 신플라톤 철학이 처음 싹튼 곳이라 말할 수 있다. 신플라톤 철학의 가장 우아한 형태는, 그리스 철학의 극치인 합리적·인문주의적 전통에서 직접 생겨난 것이었다. 여기에 동양적 마술과 미신적 요소가 덧붙여져 특색 있는 발전을 이룬 것은 그 뒤의 일이다.

플로티노스는 자기가 쓴 많은 철학 논문 거의 모두를 살아 있는 동안 포르피리오스에게 보여주었으며, 세상을 떠날 때 모두 그에게 맡겼다. 포르피리오스는 온 정성을 다하여 이 논문들을 엮어 세상에 내어놓음으로써 친구에 대한 우정을 나타냈다. 포르피리오스는 이 논문들을 여섯 권으로 나눈 뒤 각 권마다 논문 9편을 수록했다. 플로티노스의 저서가 〈에네아데스 Enneads〉, 즉 '아홉 벌(또는 9세트)'이라는 명칭으로 통하고 있는 것은 바로 이러한 논문 배열 방식 때문이다.

플로티노스의 이원론적(二元論的) 반대자들

플라톤과 플로티노스 사이에는 600년이라는 시대적 간격이 존재한다. 그리고 이 기간 동안 플라톤의 영향이 언제나 광범위하게 미친 것은 사실이지만, 때로는 그 영향을 색다르게 받아들인 경향도 나타나곤 했다. 플라톤 철학에 대한 온갖 신봉자들—그 가운데 정당하게 철학자라고 불릴 만한 사람은 얼마 되지 않으나—은 자주 플라톤의 〈대화편〉에 나타나 있는 구절이나 비유적 표현들을 택하여 그것들을 완전히 비플라톤적인, 더욱이 기이한 의미로 바꾸어 생각했다. 이 생각들은 대체로 영혼과 육체의 관계에 대한 플라톤의 상상을 우주론적 이원론(二元論 ; cosmological dualism)의 체계로 무리하게 꾸며 보려 한 데서 비롯되었다. 이 이원론은 널리 알려진 데 비하면 미숙한 것이었다. 그러나 여기서 이원론의 두 가지 형태는, 이것들이 널리 퍼져 나갔다는 점과, 좀 더 명성이 높았던 플로티노스의 철학적 배경을 밝혀 줄 수 있다는 점 때문에 유의할 가치가 있다.

신(新)피타고라스주의는 그 이름에서 보듯이 역사적으로 B.C. 6세기와 5세기 피타고라스주의의 연속이라고 말할 수 있다. 그러나 헬레니즘 시대의 그 발전된 모습을 보면, 피타고라스식 언어의 플라톤적 방법에 의해—비록 그것으로부터 전적으로 유래하지는 않았다 해도—영향을 받았음에 틀림없다. 플라톤이 이 피타고라스식 언어를 사용한 이유는, 한편으로는 다채로운 은유나 신화로써 효과적으로 가르칠 수 있다고 생각했기 때문이며, 또 한편으로는 신화들 안에 담겨 있다고 여겨진 어떤 합리적 요소를 끄집어내고자 했기 때문이다. 그러나 신피타고라스주의는 그 언어를 문자대로 해석하여, 고정적인 이론으로 바꾸어 버렸다. 그들의 사상적 중심을 이룬 것은 육체는 영혼의 감옥이라는 신념과, 인간의 구원은 영혼이 육체의 지배로부터 벗어남으로써만 이루어질 수 있다는 것이었다. 따라서 그들의 눈에는 다른 헬레니즘적 철학들(에피쿠로스 철학·스토아 철학·회의론적 철학)은 너무나 엄격하고 강요하며, 체념적으로 보였다. 그들이 갈망한 것은 이 지상의 불행과 직접 맞서 싸우는 용기가 아니라, 그러한 불행으로부터 도피하여 어떤 다른 왕국에서 황홀한 기쁨을 누리는 것이었다. 그들은 보통 영혼의 윤회와 전생(輪廻轉生)을 믿었으며, 지식(knowledge)을 상기(想起 ; recollection, 기억)라고 말한 플라톤의 비유가 이 믿음이 올바른 진리임을 증명한다고 생각했다. 육체와 모든 물질은 악이며, 영혼과 모든 정신은 참다운 선(善)이라고 여겼다. 영혼이 육체 속에 갇혀 있음은 그 전에 태어났던 육체들에 의해 영혼이 오염되었기 때문이다. 따라서 구원의 과정은 육체에 대한 영혼의 투쟁이다. 육체로부터의 해방은 금욕적 생활과, 육체적 욕망의 억제를 통해 이룰 수 있다. 이러한 가정(假定)을 수행해 가는 과정에서 신피타고라스주의자들은 여러 원시적 금기들을 되살렸다. 육체로부터의 자유는 또 어떤 신성(神性)한 존재의 초자연적 구원을 통해서도 이룰 수 있을 것이다. 이 가정을 수행해 가면서 신피타고라스주의자들은 동양의 여러 신비적 제례(祭禮)들을 들여왔다. 이 제례들은 흔히는 신이나 영웅이 죽음에 맞서 승리를 거두고, 어떤 신성한 천국의 더없는 기쁨(淨福 ; the supernal bliss)의 세계로 들어감을 찬미하는 것이었다. 신피타고라스주의자들은 자신들도 신의 제례에 참여함으로써 이 같은 승리와 기쁨을 얻을 수 있으리라고 기대했다. 신피타고라스주의는 여러 원시적 금기의 부활 또는 꿈이나 전조나 마력에 대한 신뢰, 심지어 성적(erotic)인 종교 양식과도 결코 동일시되어서는 안 된다. 그러나 매우 깊은 관계가 있는 것만은 분명하다.

그노시스주의(Gnosticism)는 신피타고라스주의에 비하여 순수한 색채가 적은(sophisticated) 사상이다. 그것은 우주나 역사의 본성에 대한 뚜렷한 철학적 이론을 가지고 있다. 그노시스주의자들의 저술은, 그들을 맹렬히 반대한 자들이 인용했던 단편들 말고는 오늘날 하나도 남아 있지 않다. 사투르니누스·바실리데스·발렌티누스 등의 이름이 오늘날 전해 오고 있는데, 이들은 모두가 A.D. 2세기 초기의 그노시스주의자들이다. 이들 세 사람이 활동하고 있을 무렵 그노시스주의는 이교도들 사이에서나 기독교도들 사이에서 다 같이 널리 퍼졌던 것으로 보인다. 그노시스는 지식을 뜻하는 그리스어이다. 따라서 그노시스주의는 그 어원으로 볼 때 '지식'을 강조한 것이라고 말할 수 있다. 그렇지만 그노시스주의자들이 가지고 있다고 스스로 자랑한 지식은 과학적으로 탐구하거나 어떤 지능을 써서 얻을 수 있는 게 아니었다. 오히려 그것은 하나의 계시(啓示), 즉 신비롭게 알려진, 그리고 보통 개인들이 저마다 가진 비밀스러운 구원 수단에 대한 지식이었다. 그것은 이 지식을 소유하는 사람들이 효과적으로 구원을 얻을 수 있는 신이나 영적 존재에 대한 지식이었다.

그노시스론자들이 이렇게 주장한 이유는, 자신들에게 신의 도움이 필요하다고 믿었기 때문이다. 신의 도움 없이는 구원을 얻을 수 없다는 것이 그들의 세계관이었다. 이 세상은 정신계와 물질계가 서로 맞서 싸우는 무대이다. 이 두 세계는 숙명적으로 상반된다고 그노시스주의자들은 믿고 있었다. 물질계 또는 눈에 보이는 가시적(可視的 ; visible) 세계는 악신이 창조하여 지배하고 있다고 생각했다. 보이는 세계는 그들이 플라톤의 말을 사용하여 데미우르고스(Demiurgos)라고 부른 악한 힘에 의하여 만들어졌으며, 이 데미우르고스의 지배를 받으면서 존속해 나아가고 있다는 것이다. 인간이란 물질 속에 갇혀 있는 영혼(spirit)이며, 이로부터 스스로 벗어날 수는 없다. 오직 적당한 비결을 전수받아서, 물질이나 데미우르고스로부터 그들을 구출해 줄 영혼들에게 호소할 수 있는 지식을 가진 사람들만이 거기서 빠져나올 수 있다.

그노시스주의자들이 호소할 수 있다고 믿었던 영혼들은 수없이 많았으며, 그노시스주의자들 저마다 달랐다. 기독교적 그노시스주의자들은 물론 그리스도에게도 호소했다. 그들은 그리스도가 인간의 형상을 띠고 있기는 하지만 인성(人性)을 초월한 존재라는 것을 부인하고, 오로지 그의 인격을 신성시했다. 그 밖에 다른 그노시스주의자들은 신들이나 영웅들 같은 온갖 종류의 동양적 숭배 대상이 되어 온 영혼들에게 호소하기도 하고, 또는 자기들 스스로 발견했다고 믿은 영혼들에게 호소하기도 했다. 플라톤의 형상이야말로 작용할 수 있으며 또 실제로 작용하는 힘이라는 생각을 품고, 이 플라톤의 형상에다 호소하는 사람들도 있었다. *15 그리고 많은 사람들은 오직 죽음에 의해서만 물질 세계로부터 인간이 완전히 구원받을 수 있으며, 이 죽음에서 인간의 영혼은, 만일 충분히 맑고 깨끗하게 정화된 영혼이라면 영원히 물질로부터 자유로워져서, 육체로부터 이탈된 영혼들(disembodied spirits)만이 누리는 더없는 기쁨의 세계(the blessed realm)로 들어가리라 믿었던 것으로 보인다.

하나의 존재(一者 ; the One)와 그 존재로부터의 나옴(流出)

플로티노스 철학은 무엇보다도 온갖 형태의 이원론(二元論)을 거부했다. 플로티노스는 서로 다른 두 세계가 존재하는 것은 아니라고 보았다. 있는 것은 오직 하나의 존재 체계, 실제로 여러 단계로 된 온갖 종류의 존재물들을 포함하는 거대한 존재 체계일 따름이라고 한다. 이 존재 체계가 의존하는 것, 또 그것의 존재 근원이 되는 것은 플로티노스가 하나의 존재〔一者 ; the One〕라고 부른 하나의 중심 원리(中心原理)이다. 합리적 견해에서 본다면, '일자'라는 것은 우리가 고찰 대상으로 삼는 모든 것을 위한 논리적 전제라고 말할 수 있다. 그러나 이는 논리적 전제에 그치는 것이 아니다. 이것은 또한 존재하는 다른 모든 것의 존재론적 필수 조건이다. 오직 '일자'만이 완전하고 충족한 존재이다. 이 하나의 존재 말고 다른 모든 것은 존재로부터 나오는 필연적 결과를 보여준다. 현명한 사람은 낮은 상태의 단계에서 벗어나 더 완전한 존재에 참여하려 할 것이다. 그러나 그때에도 또한 자기가 속해 있던 이전의 낮은 상태나 나중의 높은 상태와 마찬가지로 '일자'라는 이 완전한 한 존재로부터 나온 필연적 결과물임을 인식할 것이다. 따라서 그는

---

*15 사도 바울은 인간이 천사들이나 여러 왕이나 권세가들, 또 높음(height)이나 깊음(depth)이나 그 밖의 이러한 '피조물'에다 호소하려는 생각에 대해 말했을 때, 바로 그노시스주의자들에 대한 혹평을 하고 있었던 것이다. 로마서, 8 : 38~39 참조.

낮은 상태에서 벗어난 것에 대해 완전히 악한 세계로부터 다른 세계로의 비약이라고는 생각지 않을 것이다. 왜냐하면 그러한 생각은 철학적 환상이며 도덕적 오만에 지나지 않기 때문이다. 오히려 그는 자기가 불충분한 존재였기 때문에 앞서 여러 유한성(有限性)을 지니고 있었음을 이해함으로써, '일자'가 가지는 존재의 완전성을 좀 더 충분히 지니려 할 것이다.

인간이 만일 "필연적인 것들을 받아들이지 못한다면" 그는 현명한 사람이 될 수 없다고 플로티노스는 주장한다.[16] 그리고 필연적인 것들 가운데에는 인간 육체와 그 유한성이 있다. 육체는 두 가지 의미에서 필연적이다. 다시 말하면 육체란 영혼의 현재 상태를 제한하는 장소이다. 그리고 비록 그 상태가 일시적인 것이라 해도(우리는 그것이 일시적인 것임을 깨달아야 한다), 그것은 좀 더 훌륭한 다른 단계로 바꾸려는 모든 건전한 노력을 해 나아가기 위한 출발점이 된다. 한편 육체는 그 밖의 유한하고 불충분한 모든 존재물처럼 '일자'로부터 생겨난 필연적 결과물(outcome)이다. 그리고 만일 어리석게도 육체를 전적으로 악한 것이라 주장하며 저주하는 사람이 있다면, 그는 자신도 깨닫지 못하는 사이에 모든 존재와 모든 선의 근원인 하나의 존재를 저주하는 것이 된다.

플로티노스는 물론 신비주의자였다. 그러나 그의 신비주의는 신피타고라스 학파나 그노시스주의자들과 같은 신비적 종파들의 신비주의와는 매우 다르다. 그것은 결코 유한하고 가시적인 세계를 부인하지는 않았다. 오히려 그것은 우리 눈에 보이는 이 유한한 세계 속에, 무한하며 눈에 보이지 않는 불가시적(不可視的 ; invisible)인 존재가 우리 곁에 있음을 느끼는 신비주의이다. 그의 주장에 따르면, '일자'는 초월적인 존재이다. 아름다움(美)에 있어서 초월적이며, 선(善)에 있어서, 또 존재의 완전성에 있어서도 초월적이다. 따라서 '일자'는 그 무한성(이것을 우리는 유한한 것들에서 찾아볼 수 있다)에 대한 불충분한 표현들을 훨씬 뛰어넘는 존재이다. 사람은 마침내 유한한 현실 세계를 넘어서 초월적 '일자'와 하나가 되는 경지로 오르기를 바랄지도 모른다. 그러나 플로티노스는 또한 진지하게 '일자'는 내재적(內在的 ; immanent)이기도 한, 곧 모든 곳에 나타나는 것이라고 주장한다. '일자'

---

[16] Ennead Ⅱ, 제9논문의 Joseph Katz역(譯)에서 인용. *The Philosophy of Plotinus*(플로티노스 철학) (New York, Appleton-Crots, 1950), P. 100.

는 무한한 존재로서 유한한 것 속에 나타나 있다. '일자'는 이 유한하고 가시적인 세계의 특색을 이루는 낮은 단계의 아름다움, 낮은 단계의 선, 그리고 낮은 단계에 있는 존재의 원인이 된다. '일자'로부터 필연적으로 생기는 유한한 결과물들 속에 그 '일자'가 내재해 있음을 인식하지 못하는 사람은 결코 '일자'와 하나가 되는 경지에 이르지 못하리라.

플로티노스의 주장은, 그 자신이 즐겨 사용한 하나의 비유에 의해 가장 잘 설명될 수가 있다. 하나의 커다란 빛(光源)이 있다고 상상해 보라. 세상의 중심이 되는 이 빛은, 높이 빛나는 광채 때문에 모든 빛을 자신 안에만 간직하지는 않으리라. 오히려 그것은 모든 방향으로, 좀 더 낮은 정도의 세기(光度)로 빛을 발산할 것이다. 이 모든 낮은 단계의 빛들은 중심적 빛의 필연적 결과물들이고, 그것들의 발생과 상대적 광도를 중심이 되는 빛으로부터 받고 있을 것이며, 그 중심이 되는 빛의 광채를 유한성을 띤 여러 단계로 나타낼 것이다. 어둠은 빛과 반대되는 또 하나의 실체가 아니라, 끊임없이 퍼져 나가는 중심적 빛의 광채가 점점 감소되는 관념상의 한계, 결코 완전히 이르지는 못하는 한계를 뜻한다. '일자'라는 것도 바로 이러한 것이라 말할 수 있다. '일자'는 한마디로, 하나밖에 없는 존재인 것이다. 그러나 이것은 자기 홀로 존재하는 게 아니라 모든 단계, 모든 종류, 그리고 모든 형태의 파생적 존재를 생기게 할 만큼 완전한 존재성(存在性 ; full being)을 지니고 있다. 그렇듯 '일자'는 완전한 존재성을 지니고 있으므로 그 뒤 논자들의 말에 따르면, 그 결과로서 생기는 '존재의 충만성(plenitude of being)'이 나타난다. 따라서 적어도 유한한 존재가 있는 한, 이것 또한 '일자'와 마찬가지로 선하고 아름다운 것이다. 그러나 이것은 불완전한 존재일 따름이며, 따라서 오직 불완전하게 선하고 아름다울 따름이다. 비존재(非存在 ; nonbeing)란 '일자'와 대립하는 또 하나의 존재(being)가 아니다. 비존재는 '일자'의 존재성이 감소되어 가는 관념상의 한계, 결코 완전히 다다를 수 없는 한계를 말한다.

플로티노스는 비존재를 '물질'이라는 이름으로 부른다. 그 자신으로부터 흘러나온 이 말은 그를 기원으로 하는 전통 속에서 많은 혼란을 불러일으켰다. 그 이유는 '물질'이라는 말이 거의 모든 사상 체계(데모크리토스나 아리스토텔레스의 사상 체계 또는 이원론적 사상 체계 등)에서는 전혀 다른 의미를 지니고 있기 때문이다. 플로티노스가 말한 뜻의 물질은 현실적으로 존재하는 것이 절대로 아니다. 적어도 이것은 실재적인 존재로서, 또는 그 자체로서도 전혀 존재하지 않는다. 그러나 플로티노스의 용어에서 물질은 동시에 '일자' 자체가 아닌 모든 것의 한 모습이고 필연적 부분이다. 왜냐하면 '일자', 즉 이 하나의 존재 말고 다른 모든 것은 완전한 존재가 될 수 없기 때문이다. 다시 말하면 플로티노스가 말했을 만하며 또 실제로 말한 바 있는, '일자'가 아닌 다른 모든 것은 물질적 제한을 받거나, 또는 존재와 비존재가 뒤섞인 것이다. 물질성(物質性)이라는 것은 유한한 것들과 그들의 근원인 '일자' 사이의 상대적 거리를 나타내는 존재성(存在性)에 대해, 그 감소를 가리키는 이름일 따름이다. 순수한 물질(mere matter) 같은 것은 존재성을 갖지 못한다. 어떠한 것이든 만일 그것이 순수한 물질로만 되어 버린다면, 말하자면 그것은 존재하기를 완전히 그치게 될 것이다.

주요한 기본 존재(存在)들

플로티노스의 핵심적 통찰은 신비적이지만, 이를 옹호하기 위해 그가 사용한 방법은 조금도 신비적인 것이 아니며 전적으로 합리적이었다. 포르피리오스는 그가 쓴 플로티노스의 전기에서, 자기와 플로티노스가 같은 기간 동안에 '일자'라는 이 하나의 존재와 합일(合一)의 경지에 이른 적이 네 번이나 있었다고 주장한다. 그러나 플로티노스는 자기가 쓴 논문에서는 이러한 체험을 강조하지 않았다. 오히려 그는 온갖 논리적 방법으로, 모든 존재는 '일자'에 의존하고 있다고 인정해야 한다는 필연성을 독자들에게 증명해 보이려 했다.

따라서 플로티노스의 철학은 궁극적 목적과 그 기술적 성취 과정에서 뚜렷한 차이를 보이는 유형의 철학이라고 말할 수 있다.

플로티노스의 방법은, 우리 주위에서 이 세계가 의존하는 초월적 실재(實在)들의 증거를 경험에 의해 찾을 수 있다는 것이었다. 이 초월적 실재들을 그는 기본 존재(基本存在 ; hypostases)라 불렀는데, 그것은 이 존재들이 눈에 보이는 유한한 세계의 바탕을 이루며 이 세계를 유지하고 있기 때문이라고 한다. 이러한 기본 존재들은 수없이 많이 있다. '일자'라는, 완전한 하나의 존재성이 필연적으로 나타나면서 다른 모든 가능한 형태의 존재가 생기게 되므로, 그러한 기본 존재는 수없이 많음이 분명하다. 그러나 이 많은 기본 존재들 가운데 가장 중요한 것 세 가지가 있다. 즉 영혼(soul)의 단계와 예지(intelligence)의 단계, 그리고 마지막으로 '일자' 자체(the One itself)가 있다.

영혼의 단계는 눈에 보이는 유한한 세계의 바로 그 구조 속에, 그리고 이 세계의 모든 부분에 뚜렷이 존재한다고 플로티노스는 확신했다. 자연은 맹목적인 힘들이 기계적으로 뒤섞인 것이 아니라, 목적론적인 하나의 조직 체계이다. 그런데 목적론적 조직체라는 것은 오직 영혼들에 의해서만 유지될 수 있으며, 이 영혼들이 서로 끌어당겨 얽힘으로써 무수한 부분들이 긴밀하게 서로 관계를 맺게 된다. 예를 들어 인간의 영혼은 육체의 다른 많은 부분들을 하나의 유기적 통일체로서 유지하고 있다. 이처럼 자연의 훨씬 더 완전한 유기적 조직 속에는 세계 영혼(世界靈魂)이 깃들어 있다. 인간의 영혼은 부분들의 유기적 통일을 작은 규모로 이루고 있으며, 세계 영혼은 그것을 거대한 규모로 이루고 있다. 유기적 통합을 볼 수 있는 곳에서는 어디서나―그리고 이 통합은 어디서나 볼 수 있다―영혼이 활동하고 있음을 알 수 있다. 왜냐하면 유기적 통합은 완전히 유한한 것 속에 아직 실현되어 있지는 않으나 미리 예견되고 내포되어 있는 목적들에 대한 합리적 성찰에 의해 이루어지기 때문이다. 그리고 이러한 합리적 성찰을 할 수 있는 것은 오로지 영혼뿐이다. 전체로서의 자연에 있어서도, 자연의 한 단편인 인간과 마찬가지로 "살아 있는 이성이…… 생성된 존재 속에 그 생산성을 발휘하는 데 작용한다."*17 실제로 인간의 영혼은, 만일 자연이 이미 인간의 영혼과 같은 종류의 조직 체계를 가지고 있지 않았다면, 합리적인 생각을 하며 살아나갈 수가 없을 것이고, 자신의 특수한 목적론적 기능을 수행할 수가 없을 것이다. "모든 것은 성찰(contemplation)에서 나오며, 모든 것은 성찰 그 자체이다."*18

그러나 영혼의 단계(the level of soul)가 궁극적 실체라고는 말할 수 없다. 왜냐하면 성찰하는 것은 성찰의 대상이 되는 가장 높은 존재에 의해서만 가능해지기 때문이다. 그래서 플로티노스는 영혼의 단계는 더 높은 존재의 단

---

*17 Joseph Katz, 앞에서 인용한 책, p. 44.

*18 같은 책, p. 50.

계, 즉 예지(叡智)의 단계(the level of intelligence)로부터 나온다고 단언했다. 그는 자신이 이 부분에서 개별적인 것(個別者 ; particular)들은 이데아를 모방하여 따른 것이며, 이데아에서 분리되어 나온 가지(分有 ; participate)라고 주장하는 플라톤의 생각을 되풀이하는 데 지나지 않는다고 생각했다. 영혼의 단계는 불완전하게, 그리고 유한성과 시간의 제한을 받으며 예지 단계의 이상적 완전성(the ideal perfection)을 보여주고 있다. 예지 단계는 원리로부터 벗어나지 않으며, 또 변화가 이 단계 안에서 영원한 타당성(timeless adequacy)을 손상하는 일도 없으므로 좀 더 우위에 위치한다고 말할 수 있다. 예지는 영혼 속에 그저 잠재해 있을 뿐이며, 잠재해 있는 것은 그것이 현실로 나타난 것이 아니라, 언제나 예측할 뿐이다. 예지 단계는, 비록 그것이 더 낮은 영혼이나 육체의 단계를 가능하게 하며 이를 필연적이게끔 하더라도, 결코 영혼처럼 성찰에 의존하지는 않는다. 따라서 예지는 시간적·공간적으로 낮은 단계의 모든 생물이 가지는 어떠한 불완전성도 띠지 않는다.

그러나 예지의 단계도 궁극적인 것은 아니다. 그 이유는, 그 안에서는 많은 형상들이 유한한 것들과 마찬가지로 서로 뚜렷이 구별되기 때문이다. 그런데 존재의 가장 높은 원리는 실제로 완전히 유일하고 단순한 것이어야 한다. 따라서 플로티노스는 예지의 단계까지도 넘어선 곳에 하나의 존재, 곧 '일자'가 있다고 주장하기에 이르렀다. 실제로 만물에는 통일성이 내포되어 있다. 예를 들면 인간은 많은 부분들로 이루어져 있다. 그러나 적어도 인간은, 이 여러 부분이 어느 정도로 통일성을 갖추고 있어야만 비로소 존재할 수가 있다. 존재는 언제나 어떠한 종류의 통일성을 나타내고 있으며, 따라서 완전무결한 존재는 완전히 하나일 수밖에 없다. 플로티노스는 '일자'가 존재하며 그것이 바로 궁극적 존재임을 결정적으로 증명할 수 있다고는 생각지 않았다. 모든 논증은 전제로부터 출발하여 다양성의 영역에 속하는 결론으로 이어지는 것이기 때문이다. 단지 그는 이성에 의해서 미루어 짐작할 수 있는 데까지 이성의 과정을 밟아 나아갔으며, 마지막에는 이성까지도 초월해 있는 높은 존재를 제시해 보이려 했다. 순수한 합리성의 본질적 결과는 이성을 필요로 하지 않는, 그리고 이성을 뛰어넘는 신비적 앎(the mystic awareness)으로 드러난다고 믿었다. 이성은 바로 그 이성의 한계를 지적할 수 있으며, 그 다음에는 신비적 통찰을 다른 모든 것을 초월한 한 존재, 곧

'일자'에게로 돌리게 된다.

'일자'에 대해 우리는 그것이 존재한다는 것밖에 말할 수 없음을 플로티노스는 솔직히 인정했다. 이에 대해서 어떤 술어를 긍정함은 바로 주어와 술어와의 이원성을 받아들이는 게 된다. '일자'는 아름답다든가 선하다든가 하는 주장마저도, 비록 언어적 표현에 의해 다다를 수 있는 정도로서는 정당하고 진리에 가깝다고 할 수 있으나, 이는 말로 다 나타낼 수 없는 것을 표현하려는 부적절한 노력이 아닐 수 없다. 이러한 주장들은 '일자'를 묘사하는 방식이라기보다는 오히려 '일자'를 찬미하는 방식으로 여겨짐이 마땅하리라. 우리가 할 수 있는 것은, '일자'는 존재한다는 것, '일자'로부터 다른 모든 존재가 나온다는 사실을 받아들이는 것 말고는 없다. '일자'로부터 다른 모든 존재가 나오는 방식을 플로티노스는 유출(流出 ; emanation)이라 불렀다. 우리가 유한한 세계에서 흔히 볼 수 있는 것은 원인이 효력을 발휘하여 결과를 낳게 되는 인과성(因果性 ; causality)인 데 반하여, 유출은 이러한 종류의 인과성이 아니다. 효력이 나타나게 되는 것은 어떤 결핍으로 인해, 더 많은 무엇을 얻기 위한 어떤 노력이 필요할 때에만 일어나기 때문이다. 그런데 '일자'에게는 어떠한 결핍도 없으며, 자기 자신 말고는 어떠한 것도 필요로 하지 않는다. 플로티노스는 유출을 다른 대상에 대한 어떤 행위의 결과가 아니라 가장 높은 존재 원리의 순수한 본질에 따른 결과로 보았다. 이로써 우리는, '일자'는 완전하며 독립적으로 존재하는 것으로, 이 존재에 의해 그보다 낮은 단계의 모든 것이 또한 존재한다고 말할 수 있으리라. 예지 단계는 '일자'로부터 나온(流出된) 것이며, 영혼의 단계와 우리가 볼 수 있는 유한한 세계는 예지 단계로부터 나온 것들이다. 따라서 현실은 '일자'로부터 생성(生成)된 낮은 단계들의 모습(下向道 ; a downward way of becoming from the One)이라고 생각할 수 있다. 이 하나의 존재(一者 ; the One)는 시간과 공간 그리고 모든 차별성을 뛰어넘는 것이다. 그러면서도 이 존재는 시간과 공간 속에 생겨나는 온갖 것의 근원이 된다고 말할 수 있다.

구원(救援)의 상향도(上向道 ; an upward way of salvation)

플로티노스의 형이상학이 생성(生成 ; becoming)의 하향적(下向的) 개념 안에 나타났다고 한다면, 그의 윤리학은 구원(救援 ; salvation)의 상향적 개념(上向道)이라는 보상 개념 속에 나타났다고 말할 수 있다. 에피쿠로스 학파와 마찬가지로 플로티노스도 세속적 성공이나 명예나 권력을 얻기 위해 투쟁하는 삶을 비난했다. 그러나 그가 비난하는 이유는 그들과 달랐다. 에피쿠로스 학파가 이러한 경쟁적 삶을 비난한 것은, 물질적 세계(실제로 이것은 온갖 활동과 변화가 일어나는 현실적 삶의 무대이다)가 인간의 연약한 능력으로 대결할 수 있는 정도 이상의 실재성(實在性 ; reality)을 띠고 있다고 생각했기 때문이다. 그러나 플로티노스가 이 같은 경쟁적 삶을 비난한 이유는, 이 세계가 사람들이 무의식적으로 꿈꾸는 완전한 실재성을 갖고 있지 않다고 그가 생각했기 때문이다. 그는 이 유한한 현실 세계에서 누릴 수 있는 좀 더 높은 삶을 추구했다. 영혼이 성찰을 통하여 예지 단계로, 그리고 신비로운 하나됨(合一)을 통하여 '일자' 자체 속에 흡수되는 단계로 올라가는 삶을 추구했다. 그러나 영혼이 꿈꾸고 갈망하는 구원에 대한 그의 이론에 완전한 일관성은 없었던 것으로 보인다. 그는 구원의 상향도를, 개별성을 가진 존재들이 유한성의 한계들로부터 벗어나 자유를 얻게 되는 해탈(解脫)의 경지로도 보았으며, 또 구원을 얻는 개개인에게 더 완전한 존재성을 가져다 줄 잠성성의 실현으로도 보았기 때문이다.

　도덕적 견해에서 플로티노스는 플라톤의 〈대화편〉에 제시된 용어와 주장들을 따랐다. 그러나 플라톤의 이론들을 그는 변형했다. 플라톤은 이 세계에서 이데아에 대한 인식을 통하여 이루어질 수 있는 성취를 목표로 했다. 플로티노스는 이 유한한 세계를 완전히 벗어나 점차 높은 단계의 존재로 오르는 것을 목표로 했다. 플로티노스의 덕(德)들은 그의 형이상학에서 세 가지 기본 존재에 전적으로 일치하는 세 단계로 나뉘어 있다.

　유한한 현실 세계에서 볼 수 있는 영혼의 단계에 대해 플로티노스는, 플라톤의 〈국가편〉에 나오는 4주덕(四主德)을 권하고 있다. 플로티노스는, 더 높은 덕들에 대한 예비적 덕으로서 이 덕들을 다루고 있다. 그의 주장에 따르면, 절제는 개별적 목적들(particular ends)에 대한 욕망으로부터 영혼을 자유롭게 하는 것이다. 용기는 영혼을 개별적인 것(particularity)에로 이끄는 유혹에 의해 흔들리지 않는 마음이다. 정의(正義)는 영혼이 이기심(personal acquisitions)을 품고 있지 않을 때 그 결과로서 일어나는 모든 개별적 행동이다. 지혜는 예비적 덕들 가운데 가장 높은 덕으로서, 유한한 현실 세계에 존재하는 순수한 형상(pure forms)의 온갖 '모방물'들에 대하여 완전히 무관심해진 상태에서 순수 형상에 대한 성찰에만 몰두하는 것이다.

영혼의 단계에 대한 이 예비적 덕목들 위에 플로티노스는 예지 단계의 세가지 덕, 즉 예술(art)·우정(friendship)·논리학(logic)을 더했다. 더 정확히 말하면, 이들 셋은 영혼의 단계에서 모방되기를 요구하는, 예지 단계에 속하는 덕의 모습들이다. 플로티노스에 따르면, 예술은 어떤 특수한 재료들의 감각적 매력에 대한 것이 아니라, 이 재료들을 통해 표현될 수 있는 이데아(idea), 즉 형상(形相 ; form)에 대한 것이다. 우정도 그 이상적 경지에 이르러서는 어떤 사람의 다른 사람에 대한 애착이 아니라, 선(善)에 대한 열망 안에서 사람들에 대한 좋고 싫음의 구별 또는 차별성이 사라져 버리는 더 높은 이상적 통일(a higher ideal unity)을 말한다. 그리고 논리학은 눈에 보이는 가시적 세계에 있는 '모방물들'에 대한 집착으로부터 벗어난 순수한 형상들이 주고받는 영원한 서로 관계에 대한 반증론적 훈련이다.

플로티노스가 주장하는 구원의 상향도에서, 영혼은 마침내 한 존재(一者)와의 합일에 이를 수 있을 것이다. 이 '하나됨'의 경지는 말로는 표현할 수 없음을 그는 솔직히 단언했다. 이 경지는, 이제까지 말한 모든 덕의 수련을 통하여 유한성과 물질성의 오염으로부터 완전히 벗어나 맑고 깨끗해진 영혼만이 성취할 수 있다.

만일 사람이 자기 자신의 현재 단계를 뛰어넘어 모방하고 따르는 가장 높은 단계에까지 올라간다면, 그 사람은 여행의 목적지에 다다른 것이다. 만일 그가 이러한 경지로부터 떨어져 추락하게 되면, 그는 자신 안에 내재되어 있는 덕(德)을 불러일으킴으로써, 그리고 자신이 가지고 있는 '완전성(perfection)'에 대한 이상을 회상함으로써 자기의 빛을 되찾는 과정에서, 덕을 통하여 예지로, 그리고 지혜를 통하여 하나의 존재(一者 ; the one)로 올라갈 것이다. 신들이나 신성(神性)을 가진 축복받은 사람들의 삶이란, 이 세상 온갖 것들로부터 벗어나, 모든 지상의 기쁨을 버리고, 고독한 자(the alone)가 고독한 자에게로 비상(飛翔 ; flight, 높이 날아오름)하는 것과 같다. *19

따라서 인간의 이상적 목표는 그 존재론적 근원이 되는 이 '하나의 존재'에 있다. 플로티노스의 구원이란 바로 영혼의 상승적 비상—따로 떨어져 있다는 의미에서 고독한 존재가, 오직 홀로 존재한다는 의미에서 고독한 존재에게로 '날아오름'을 뜻한다.

플로티노스의 후계자들

아마도 포르피리오스 말고는, 후기 신플라톤주의자들은 플로티노스의 〈에네아데스〉에 비길 만한 철학적 탁월성을 드러내지는 못한 것으로 보인다. 그러나 포르피리오스에게는 철학자보다는 오히려 고전학자(古典學者 ; a scholar)라는 명칭이 더 어울린다. 그는 플로티노스의 논문들을 편찬했으며, 〈플로티노스의 생애 Life of Plotinos〉를 썼다. 또 〈기독교도 반박론 Against the Christians〉이라는 15권으로 된 책을 썼는데, 이것은 그 무렵 널리 영향을 끼쳤으나 단편(斷片)들 말고는 오늘날 남아 있는 것이 없다. 그 밖에 수사학(修辭學)·전기(傳記)·문학 비평 같은 그가 낸 책들 가운데 후세에 역사적으로 가장 중요한 역할을 한 것은 아리스토텔레스의 〈범주론 Categories〉에 대한 〈입문서 Introduction〉와 〈주석서 Commentary〉이다. 이 논문들은 다른 어떤 문헌보다도 그리스 철학으로부터 중세 스콜라 철학으로 넘어가는 전환기의 사상들을 잘 보여 주고 있다. 이 논문에서 포르피리오스는 유(類 ; genera)와 종(種 ; species)이 그 자체로서 실제적인 것인가, 또는 이것들을 생각하는 사람의 마음속에 개념으로서만 실재하는가 하는 의문들을 던지고 논했기 때문이다. 여기서 그는 역사상 플라톤 사상과 아리스토텔레스 사상 사이에서 대립적으로 논의되는 기본 문제들을 다루었다. 포르피리오스가 이 문제를 제시한 방법은 수백 년 동안 스콜라 철학자들의 주의를 끌었는데, 이른바 보편자에 대한 문제로 잘 알려져 있다.

이암블리코스는 플라톤과 아리스토텔레스에 대한 주석서를 썼으며, 그 또는 그의 학파로부터 나온 《이집트 신비에 대하여 On the Egyptian Mysteries》라는 책이 있다. 신플라톤주의가 이렇게 발전해 가는 과정에 예언·점성술·점·해몽·최면술·악마 신앙 등 잡다한 미신들이 들어왔다. 프로클로스도 플

＊19 Joseph Katz, 앞에서 인용한 책 p. 158.

라톤의 여러 〈대화편〉에 대한 주석서, 〈플라톤의 신학에 대하여 On the Theology of Plato〉라는 논문, 문법 논문들, 그리고 〈신학 원론 Elements of Theology〉 등을 썼다. 이 마지막 저서에서, 그는 영혼을 맑고 깨끗하게 정화 (淨化 ; purification)하기 위한 방법으로서 날마다 일정한 시간에 기도를 하며 여러 신을 찬미하는 노래를 부르고, 마술적 의식 같은 것들을 하도록 권했다. 신플라톤주의는 이런 식으로 3세기로부터 4세기에 이르는 동안 그 빛을 잃고 쇠퇴해 갔다. 기독교 사상과 손을 잡은 것 말고는, 다시는 플로티노스 자신의 〈에네아데스〉에서와 같은 뛰어난 탁월성을 가지고 재현되지는 못했다. 역사가는 신플라톤주의가 기독교 사상가들—특히 성 아우구스티누스에 의하여 응용되면서 터무니없는 환상으로 떨어지지 않도록 구출되었다고 단정하고 있으며, 또 그렇게 단정해도 좋을 것이다. 그러나 이 사상은 기독교적 철학 세계 안에 들어오면서 근본적으로 변형되었다. 예를 들면 플로티노스가 말하는 하나의 존재, 즉 '일자'는 하느님과 동일시되었다. 흔히 플로티노스의 〈에네아데스〉를 기독교적 신플라톤주의에 비추어 해석한 플로티노스의 영역서들은, 플로티노스의 그리스어 원문에서는 어떠한 근거도 찾아볼 수 없는 용어인 '하느님(God)'이라는 말을 사용함으로써 과오를 범해 왔다. 이암블리코스와 프로클로스, 그리고 성 아우구스티누스와 그 밖의 기독교적 신플라톤주의자들은 플로티노스 자신보다도 훨씬 더 멀리 플라톤으로부터 벗어나 있다.

6. 구원(救援)에 대한 갈망

헬레니즘 철학은 인간이 이 세계에 존재하는 여러 악을 헤쳐 나가며 가장 잘 살아갈 수 있는 방법들을 연구한 이론이었다. 이 철학의 옹호자들은 자연과학에 대해서는 거의 관심을 나타내지 않았다. 형이상학에 대해서도 형이상학적 여러 문제를 이용하면서도 신플라톤 학파들 말고는 별로 관심을 나타내지 않았는데, 이러한 문제들을 다루었다 해도 주로 이미 확고하게 규정된 자신들의 윤리학설을 뒷받침하려는 목적에서였다. 인간은 철학이 제공해 주는 도움을 받아 자연계 안에 좀더 나은 질서를 세울 수 있으리라는 그리스인들의 무모한 바람에 대하여 그들은 거의 멸시하는 태도를 보였다. 또 이러한 헛된 희망을 좇는 것은 어리석은 짓이라고 강조했다.

더욱이 헬레니즘 시대에서 구원이라는 것은 인격적이거나 개인적인 목적을 뜻했다. 헬레니즘 철학자들은 반사회적인 뜻을 품고 있지는 않았다. 에피쿠로스 학파들조차도 다른 학파들 이상으로 저마다 신중하게 개인적 삶을 이어가도록 권했을 뿐, 폭력적 의도를 품지는 않았다. 헬레니즘 사상가들 가운데에는 의식적으로 정치적인 사람은 하나도 없었다. 물론 스토아 철학자들 가운데에는 오직 나라를 위하여 헌신한 황제도 있었다. 그러나 그의 행동이 그의 생각에서 나온 것이라면, 그가 이처럼 온 힘을 다한 것은 자기가 헌신한 그 나라를 위해서가 아니라, 자기 자신의 영혼을 이 세계로 말미암아 더럽히지 않기 위해서였다고 말할 수 있다. 헬레니즘 철학자 가운데 특히 나라의 이익을 위해서나 인류에 이바지하는 삶에 대해 뚜렷하게 주장한 사람은 하나도 없었다. 이 철학자들은 사회 개혁에 대해서는 전적으로 무관심했다. 그리고 이들은 오로지 자신을 개혁하도록 권하는 데 여념이 없었다.

헬레니즘 철학자들은 지금 말한 이 점에서 서로 비슷한 태도를 가졌지만, 구원의 개념에 있어서는 많은 차이가 있음을 또한 찾아볼 수 있다. 왜냐하면 구원이란 늘 그렇듯이, 매우 복잡한 개념이기 때문이다. 구원이라고 할 때는 언제나 배척되는 어떤 것'으로부터' 소중히 여겨지는 어떤 것'에로', 그리고 어떤 신뢰할 만한 방법'에 의하여'라는 세 요소가 포함된다. 구원의 철학을 다룬 모든 문헌 속에 나타난 이론의 복잡성은, 방금 구별한 이 세 가지 가변적 요소들의 가치 변화를 살펴보면 이해할 수 있다.

다음 도표는 헬레니즘 철학들 속에 나타난 몇 가지 구원설(救援說)을 보여준다. 여기에는 본 장에서 논의된 주요 철학자들과 다음 장에서 논의될 기독교의 두 형태가 포함되어 있다. 역사를 공부하는 학생들이 언제나 기억해 두어야 할 일은, 원시적 형성기의 기독교는 헬레니즘 세계 안에 있던 하나의 경쟁적 종파로서, 다른 구원설을 주장하고 있었다. 로마제국 내의 지적인 관찰자들은 보통 이 사상을 중요한 것으로, 또는 오래 지속될 만한 것으로 생각지 않았다. 현대 기독교도들은 그 초기 모습을 그 뒤의 역사에 비추어 해석하려고 한다. 그러나 초기 기독교는 전적으로 헬레니즘적이었다. 사도 바울은 3대 로마 스토아 학자들과 플로티노스보다 앞선 시대에 살았던 사람으로서 전형적으로 헬레니즘적인 구원을 갈망했다. 성 아우구스티누스는 본 장에서 프로클로스 다음으로 가장 뒤에 언급한 사람이기는 하지만, 그의 거대한 사상 체계 속에 많은 신플라톤 철학을 그러모으며, 그의 철학을 계기로 막을 내리게 된 한 불안한 시대의 희망과 공포를 함께 나누었다.

구 원	~로부터	~에로	~에 의하여 (방법)
에피쿠로스주의	고통	쾌락	은둔
스토아주의	쾌락의 유혹	자연과의 조화	격정으로부터의 해방과 이성의 소리
회의주의	오류	오류를 범하지 않는 자유로운 경지	날카로운 비판
바울 사상	죄	죄 없는 의로운 상태	하느님의 은총
신플라톤주의	불완전한 존재	보다 완전한 존재	성찰과 신비로운 합일
아우구스티누스 사상	타락	하느님의 사랑	교회의 의식

제2부

기독교 세계 철학

기독교 세계 철학

　기독교는 원래 철학이 아니라 하나의 종교이다. 다시 말하면 기독교의 실천 활동은 지지자들에게 그러한 실천을 논리적으로 요구하는 어떤 철학을 품고 있어서 일어난 것은 아니었다. 오히려 그러한 실천을 통하여 세월이 지나면서 탄생한 갖가지 철학을 토대로, 그 실천을 다시 정당화하려고 시도했다. 기독교에 대한 철학적 해석들은 때로 실천에 여러 변화를 일으키면서, 기독교가 이제까지 점차로 보여 온 분파적 실천의 여러 모습을 가져왔다. 그러나 그리스도의 종교는 기원적으로 볼 때 그것이 낳은 모든 철학보다 앞서며, 마치 어떤 주제가 그 주제에 대한 이론과 관계가 있는 것처럼, 그 역사 속에서 이들 철학과 끊임없이 관계를 이어왔다.

　그러나 기독교나 그 밖의 모든 종교는 그 고유한 발전을 위해서는, 실제로 모든 인간 활동이 다 그러하듯이 이론적 설명과 의식적 정당화를 필요로 한다. 왜냐하면 아리스토텔레스의 〈형이상학〉 첫 문장대로, '모든 인간은 천성적으로 알고 싶어하기' 때문이다. 사람들이 지적으로 분명하게 설명할 수 없는 어떤 활동에 대해 오랫동안 만족하기는 어렵다. 사람은 자기가 하는 활동이 어떠한 것인지, 무엇 때문에 그 활동을 하고 있는지, 그 활동이 어떤 가치를 가지거나 또는 가치를 더해 주는지, 그 활동이 어느 정도의 타당성을 스스로에게 줄 수 있는지 알고 싶어 한다. 예컨대 실천이 역사적으로는 먼저이고 이론은 그에 뒤따르는 것이라 말하지만, 어떤 실천을 오랫동안 인간사의 한 소중한 부분으로서 이어가려 한다면, 여기에는 반드시 이론이 있어야 한다. 기독교가 기독교 철학을 탄생시킨 것은 기독교도들이 자기들의 신념을 정당화하고 희망을 뒷받침해 줄 만한 이론을 갈망했기 때문이다.

　그 초보적 단계를 넘어 발전해 나아가며 수백 년 역사를 갖게 된 어떠한 종교와도 마찬가지로, 기독교 또한 하나의 일관된 철학이 아니라 여러 철학을 탄생시켰다. 이것은 부분적으로는 종교적 실천의 복잡한 함축성 때문이라고 말할 수 있다. 고도로 발전된 종교일수록 이것을 설명하는 데에는 많은 종류의 이론들—신들 또는 하느님에 대한 이론, 인간과 그 기원 및 운명에 대한 이론, 종교적 삶이나 종교 제도에 대한 이론, 그 종교가 추구하는 가장 높은 가치에 대한 이론 등—을 필요로 한다. 그러나 기독교 철학이 여러 모습을 띠며 분파를 이루게 된 것은 부분적으로는, 지적인 부분에서뿐만 아니라 종교적인 부분에서도 기독교 자체가 겪어 온 내부적 갈등 때문이었다. 예를 들어 1세기와 2세기의 많은 기독교도들은 성 바울의 가르침을 전적으로 받아들인 것은 아니었다. 그것은 기독교도들이 한편으로는 이 교리를 정확하게 이해하지 못했기 때문이며, 또 한편으로는 이 교리가 옹호하는 종류의 종교적 삶을 실천하지 않았기 때문이다. 성 바울 교리는 후세에 와서, 성 아우구스티누스와 루터에 의해 크게 되살아났다. 그러나 이 부활된 교리들은 그들이 따르고 주장한 본디 모습과는 중요한 점에서 차이가 있었다. 가톨릭 교회는 오랜 심의 끝에 성 아우구스티누스를 성도(聖徒)로 인정하면서도, 그가 스스로 성 바울에게서 이어받았다고 생각한 사상을 세부 사항에 이르기까지 전적으로 받아들이는 것만은 거부했다. 그리고 근세 프로테스탄트 단체들은 루터에 의해 부활된 바울 사상의 철저한 엄격성을 그대로 받아들이지 않았다.

기독교는 하나의 종교라고 본 장 첫머리에서 말했다. 좀 더 올바른 역사적 평가를 내린다면 기독교는 여러 종교들이었다. 그 가운데 어떤 것들은 서로 가까운 관계에 있고, 다른 것들은 근본적으로 대립 관계에 있었다. 그리고 만일 기독교의 종교적 통일성이라는 게 한낱 말뿐이라면, 그것이 낳은 철학적 표현들은 심지어는 다원론적이라고 주장할 수밖에 없다. '은총'의 교리를 따르는 어떤 가톨릭 역사가들은, 가톨릭교에서는 그 종교적 통합을 구심점으로, 하나의 통일성을 갖추며 일관된 발전을 유지해 오고 있다고 주장한다. 그렇지만 여기에서도 분명하게 드러나는 것은 지적 일관성보다는 오히려 면면히 이어 온 제도의 지속성이다. 가톨릭 교도들은 흔히 근래에 와서는 성 토마스 아퀴나스 철학을 가톨릭 사상의 결정적 형태로서 보고 있다. 하지만 성 토마스 자신은 성 안셀무스 철학과 같은 다른 가톨릭 철학들에 대하여 거세게 반대했다. 또 오늘날 어떤 가톨릭 교도들은 성 토마스의 권위를 너무

지나치다고 여기고, 어떤 다른 철학—아마도 베르그송 철학—으로 대치하려 한다. 그리고 프로테스탄트들 사이에서는 각각 자신의 종교적 권위와 우월성을 주장하기 때문에, 철학 사상이 서로 극단적일 만큼 훨씬 더 다양한 성격을 띠고 있다.

어떠한 '기독교 세계 철학'에 대한 역사도 기독교가 낳은 모든 형태의 사상을 다 열거할 수는 없을 것이다. 다음 장들의 목적은 문예 부흥 이전 수세기 동안 일어난 여러 기독교 철학 가운데에서 가장 중요한 것들을 선택하여 논하고자 한다. 그리고 그 중요성을 결정한 기준으로는 주로 두 가지, 즉 사상 체계의 고유한 위대성과 후세 사상에 미친 영향의 정도를 고려했다. 그리고 이 두 기준은 실제로도 꽤 서로 일치한다는 사실이 밝혀진다.

제4장 기독교 형성기

1. 예수와 기독교와의 관계

기독교는 그 이름이 가리키는 것처럼, 그리스도라는 인물을 중심으로 한 종교이다. 그러나 '그리스도'라는 말은 고유명사가 아니라 하나의 칭호이다. 그리스어로서, 보통 메시아(Messiah)라고 영역되는 히브리말을 그리스어로 옮기기 위하여 사용된 말이다. 히브리 사람들은 메시아를 여러 가지로 생각했다. 때로는 개인적 인물이기도 했고, 때로는 유대 민족 모두를 뜻하기도 했다. 때로 메시아는 오직 유대인들에 대해서만 구원자로 여겨지기도 했고, 때로는 유대인들을 통하여 모든 인류에게까지 손길을 내미는 구원자로 여겨지기도 했다. 그러나 메시아는 구원 사상(救援思想)에서 언제나 중심적 존재였음에는 틀림이 없다. 그리고 예수를 처음 따르던 사람들은 대부분 유대인들이었으므로, 그를 메시아 또는 그리스도라고 불렀던 것이다. 그 뒤 기독교도들은 대개 유대인이 아니었기 때문에, 그들은 유대인들이 쓰던 말을 애매하고 부적절한 것으로 여겼다. 그들은 그 칭호를 하나의 고유명사로 만들어, 구세주 예수(Jesus the Christ) 대신 예수 그리스도(Jesus Christ)라는 말을 쓰게 되었다. 그리스도가 맡은 사명을, 그 무렵 자신들의 구원 사상에 따라서 '하느님의 아들(Son of God)', '주(Lord)', 또는 '구세주(Savior)' 같은 다른 말들로 표현했다. 이 기독교적 용어에는 여러 의미가 내포되어 있는데, 너무 막연하여 정확하게 정의할 수 없는 경우도 적지 않다. 그러나 어떤 용어에서도, 유대교와 기독교 사이에 의미가 서로 연결되어 있음은 분명하다. 유대인들의 '메시아'가 의미하듯이 기독교도들은 예수 그리스도를, 자신들이 그리는 하느님의 왕국을 선포하고 나타나게 할 인물이라고 나름의 용어로써 끊임없이 암시해 왔다.

그러나 나사렛의 예수는 기독교도가 아니라 한 유대교도였다. 확실히 그는 보통 유대인들과는 구별되는 신념을 가지고 남다른 삶을 살고 있었다. 그는 유대교의 위대한 예언적 전통 속에 들어왔다. 그리고 그 전통은 역사적으로 살펴본다면 다른 특징들도 지적할 수가 있겠으나, 무엇보다도 그즈음의 유대교를 개혁하여 좀 더 순수하고 훌륭한 종교로 만들려는 역동적인 노력을 의미했다. 우리는 예수가 어떤 일을 했으며 어떤 말을 하고 또 무엇을 믿었는지 자세하게 알 수 있는 근거들을 가지고 있지는 않다. 그 밖의 모든 초기 기독교 성서들은 더욱 확실히 그렇다고 말할 수 있으며, 신약성서의 4복음서도 선교를 위한 문서들이다. 즉 그것들은 누군지 쉽게 확인할 수 없는 어떤 저자들이 자신들의 신앙을 전하기 위한 것으로, 예수 그리스도가 바로 천주(天主)라는 자기들의 신념이 옳음을 증명하기 위한 문서들이다. 복음서들은 본디 역사적 의도를 가진 이야기들은 아니다. 그러나 실제로 그것들은 A.D. 1세기 중엽과 말엽의 기독교 발전에 대한 지식을 우리에게 알려주는 커다란 역사적 가치를 지니고 있다. 그것들은 초기 기독교에 대해서, 그리고 예수의 삶에 관련된 사건들에 대해서 어떤 암시를 주고 있으나, 이 암시들을 받아들이는 데에 있어 경계하며 주저하지 않을 수 없다. 그 말들 가운데 하나, 즉 복음서에 의해 예수를 추론하는 데 있어 아마도 가장 믿을 만한 것은, 예수가 자기 조상으로부터 내려오는 종교를 거부하려는 의도를 가지고 있지 않았다는 점이다. 복음서가 암시하는 바에 따르면, 예수는 자신의 행적과 가르침이 유대교를 배척하고 새로운 종교를 탄생시키리라고는 꿈에도 생각지 않았던 것 같다.

유대교는 모세의 율법, 즉 구약성서의 율법을 신의 뜻으로 받아들이고 숭배하는 종교였다. 이에 대하여 기독교는 그 처음부터 예수를 구세주로 받아들이는 종교였다. 따라서 예수 뒤에 첫 세대 기독교도들은 다음과 같은 말들을 예수의 말이라고 주장하지는 않았을 것이다. [1]

내가 율법이나 선지자를 폐하러 온 줄로 생각지 말라. 폐하러 온 게 아니요 완전케 하려 함이로다. 진실로 너희에게 이르노니 천지가 없어지기 전에는 율법의 일점 일획이라도 반드시 없어지지 아니하고 다 이루리라.

---

[1] 마태복음 5 : 17∼18.

이 말들은 충실한 유대교도라면 누구나 이해할 만한 태도를 예수의 말로 전하고 있다. 예수가 율법의 근본 의미에 대한 해석을 스스로 내리려 한 것은 분명하다. 물론 그렇게 함으로써 그는 하나의 혁명적 힘이 되어 온 것 같다. 그러나 그가 혁명적 힘이었음은 유대교라는 테두리 안에서의 일이며, 유대교에 반대했던 것은 아니다. 초기에 예수를 따르던 일부 추종자들은 구약 율법에 충실하면 예수를 구세주로 인정하는 것과 다름없다고 생각했다. 그러나 그들의 타협적 태도는 얼마 지나지 않아 금지되었는데, 많은 기독교 지도자들은 이 태도를, 그리스도라는 인물의 가치와 예수 가르침 전체의 충분한 타당성을 깎아내리는 것으로 여겼다. 이러한 절충주의 주장자들은 '유대주의자(Judaizers)'라고 비난받았다. 기독교는 모두 훌륭한 개혁 과정들을 거치면서 구약 성서와 구약 율법을 존중해 왔다. 그러나 기독교는 결코 이 구약 율법에 대한 유대인들의 태도를 그대로 받아들이지는 않았다. 그런데 예수는 이 태도에 따랐던 것이다. 그러므로 예수는 그의 계획된 충실성과 의식적 태도에서 볼 때 기독교도라기보다는 오히려 유대인에 속한다고 말할 수 있다.

유대교와는 분명히 구별되는 하나의 종교로서 기독교 기원에 대한 전체 역사는, 학자들의 세심하고 열정적인 연구에도 불구하고 모호한 채로 남아 있다. 그러나 이 기원들은 예수 자신의 생각이 아니라, 예수가 죽은 뒤 수년 동안 어떤 사람들에 의해 발전되고 전파된 예수의 가르침에 있음은 분명하다. 아마도 그 사상들은 어느 한 사람의 신앙과 가르침만을 따른 것은 아닌 것 같다. 그러나 기독교가 이루어지는 데 가장 독창적 힘을 발휘한 사람을 말한다면 사도 바울을 들 수 있다. 확실히 그는 오늘날 전해 오는 기록에 따르면 신약에서 예수의 가르침들을 전한 으뜸가는 사람이다. 예수를 구세주로 받아들이는 것은 인류를 유대인의 율법, 즉 모세 율법의 압박감으로부터 자유롭게 해줄 새 복음이 시작됨을 의미한다고 그가 주장했다는 점에서, 우리는 그와 비교할 만한 어떠한 인물도 찾아볼 수가 없다. 그렇다면 그는 예수보다도 오히려, 좋든 나쁘든 기독교 탄생의 기틀이 된 유대교와의 단절을 이룬 사람이다. 예수가 유대교의 기틀을 다시 마련하려 한 것과는 반대로, 사도 바울은 유대교 나라에 새로운 복음을 펼치려 했던 것이다. 그리고 그들이 저마다 의도했던 바에 따라 헤아려 본다면, 예수는 실패로 그쳤고, 사도 바울은 성공했다고 말할 수 있다. 그러나 사도 바울이 성공한 것은 그가 예수를 이용하여, 실패한 예수를 성공한 사도 바울 자신보다도 훨씬 더 강력한 인물로 등장시킴으로써 후세에 대한 역사적 소명(召命)을 예수에게 부여했기 때문이다.

2. 사도(使徒) 바울

사도 바울(St. Paul, 약 10 A.D.~약 60 A.D.) : 타르수스 출신. 유대인이면서 로마 시민. 그는 유대교 율법 전통을 따르는 교육을 받았다. 처음에 그는 예수 추종자들을, 종교적 완전성을 지닌 자기 조상으로부터 내려오는 종교에 위협적인 사람들이라 생각했다. 따라서 그들을 억압하고, 유대인 집회에 참석 못하도록 많은 시간과 노력을 바쳤다. 그 뒤 〈사도행전〉에 기적이라는 말로 묘사되듯이, 그는 예수를 구세주로 받아들이는 신앙으로 개종하여, 일찍이 새 종교를 열정적으로 공격했던 것처럼 열정적으로 자신의 믿음을 전도했다. 그는 로마 제국 동쪽 지역들을 숱하게 여행하면서 교회를 세우고, 이미 세워진 기독교 단체들의 믿음을 더 굳건히 했다. 전해오는 사도 바울의 글로는 그가 어떤 기독교회에 보낸 편지 여덟아홉 통과, 모두 그가 썼다고는 할 수 없는 편지들 사이에 들어 있는 짧은 편지글 몇 편이 있다. 정통적 유대교에 반대한 그와 격한 논쟁을 벌이던 유대교 지도자들은 그를 잡아 로마 당국에 넘겼다. 그는 자신의 사건을 카이사르에게 호소하여, 재판을 받기 위해 로마로 이송되었다. 역사적으로 그의 소식은 여기에서 끊겨 버렸다. 그는 순교한 것으로 전해진다.

사도 바울은 전문적인 철학자는 아니었다. 그는 자기 생각을 체계적으로 기술하고 발전시킬 기회를 갖지 못했을 만큼 자기 삶을 모두 선교에 바쳤다. 그의 전해오는 글들은 '우연한' 편지들뿐이다. 즉 그것들은 여러 교회에서 어떤 눈앞에 맞닥뜨린 위기에 대처하기 위하여 쓴 것으로, 그의 견해에 대한 완전한 요약을 제시해 주지는 못한다. 그러나 그는 어떤 견해들은 온 마음을 다하여 전했다. 그리고 이 견해들이 그 뒤 많은 기독교 철학들의 지배적 원리가 되었다. 이 견해들 가운데 핵심적인 것은 '죄'와 '은총'의 사상이었다.

죄(sin, 사회적 범죄 crime과 구별됨)와 은총(grace)은 고대 유대교에서는 그다지 관심을 갖지 않았다. 그렇다고 해서 바울이 생각한 죄와 은총 사상이 신피타고라스 학파나 그 밖의 그리스 전통과 그렇게 가까운 것도 아니었다. 이 두 사상은 사도 바울이 자신의 개인적인 종교적 체험에 대해서 내린 해석으로 보인다. 개종하기 전 초년 시절에 사도 바울은 내적 비열성(inner unworthiness)에 대한 중압감으로 정신적 압박을 느꼈다. 그가 조금도 주저하지 않고 받아들였던 유대인의 법, 즉 모세 율법은 신성한 법이요 신성한 하느님의 법이었다. 하지만 자신의 내부에서 그는 이 율법의 요구에 맞게 자신의 의지를 조화시켜 나아갈 능력이 조금도 없다고 느꼈다. 그리고 자신의 내적 체험을 일반화하여, 모든 이가 다 그러하리라고 생각했다. 만일 충분한 과단성을 가지고 있다면, 그는 자신의 외적 행동을 율법의 명령에, 비록 드물기는 해도 순응해 갈 수 있으리라. 그러나 이때에도 사람은 마음속에서 율법이 금하는 것을 동경하고 있음을 스스로 깨닫게 되리라. 그리고 이러한 동경에 대한 가책의식(苛責意識)은 그 사람으로 하여금, 하느님의 율법을 통해서 그에게 주어진 요구에 대해 자신의 본성이 도덕적으로 조화를 이루어 갈 수 없음을 스스로 인정하게 하리라. 율법을 신성한 것으로 충실하게 받아들인다 해도, 이는 인간에게서 죄를 덜어주기보다는 죄가 우리 인간들을 얼마나 강하게 지배하고 있는지 보여줄 뿐이다. '사람이 의롭게 되는 것은 율법을 따르는 행위에서 난 것이 아니라'고 바울은 말했다. [2] 인간은 육체적 동물로 머물러 있는 한, 죄의 영역에 속해 있다는 것이다. 선한 행위를 함으로써 이 죄의 굴레로부터 벗어날 수 있는 것은 아니다. 그가 겉으로 어떤 행동을 하더라도 그의 내면적 본성은 죄의 지배에서 벗어나지 못하기 때문이다. 인간의 자연적 능력들 가운데 어떠한 힘—이성, 타고난 성품, 교육, 또는 가장 굳은 의지—으로도 인간은 결코 죄의 지배에서 벗어날 수가 없다. 그러므로 인간은, 어떤 인간적이 아닌 힘이 그에게 들어와 그가 스스로 해낼 수 없는 일을 이루어 줄 때까지는, 그리고 그렇게 되지 않는다면, 하느님의 버림을 받고 하느님 나라가 임하는 은총(God's presence)에서 추방될 운명에 처하게 된다.

---

*2 갈라디아서 2 : 16.

따라서 사도 바울은 개종을 하게 되었다. 인간이 죄로 가득 차 있다는 신념이 그에게는 거의 히스테리에 가까울 만큼 하나의 강박 관념이 되었던 것으로 보인다. 개종은 그의 마음속에 하나의 새로운 힘을 가져다 주었다. 그 힘은 밖으로부터 온 힘으로, 그의 천성을 탈바꿈시키고, 죄를 몰아내고 그를 '영적' 인간으로 바꾸어 놓았다. 그리고 그 전처럼 여기서도 사도 바울은 자기 체험을 일반화하여, 자기 한 사람뿐만 아니라 다른 사람에게도 필요한 구원 수단으로 생각했다. 그의 가르침에 따르면, 영(靈 ; spirit)은 인간이 태어날 때 저절로 생겨나는 것이 아니라, 신이 인간의 생명 안에 불어넣어 준 것이다. 그것은 인간이 자연적으로 가지게 된 것이 아니라, 하느님이 주신 것이다. 오직 인간성이 변화될 때에만 죄의 지배가 끝나고 영의 지배가 시작될 수 있다. 오직 그렇게 될 때에만 인간은 내적 평화와 고요함을 얻을 수 있으며, 하느님을 받아들일 수 있게 된다. 이러한 인간성의 변화가 일어나면 겉으로 드러나는 행동에도 물론 변화가 일어난다. 육체의 일은 간음·투쟁·증오·질투 등이며, 영(靈)의 일은 사랑·온유·절제·선함 등이라고 사도 바울은 말했다. *³ 선한 행위란 아무리 그것이 중요하다 해도 훨씬 더 중요한 내적 변화가 외적 행위로 나타난 것일 따름이다. 내적 변화는 '죄를 용서 받고 의롭게 되는 것(義化 ; justification)'인데, 즉 인간이 하느님의 은총을 받을 수 있도록 하느님의 뜻을 따르는 것이다. 육체가 언제나 죄에 차 있는 것과 같이 영혼은 언제나 정의로운 것이다. 그러므로 영혼을 가진 인간은 이미 율법의 지배에서 벗어난 사람이다. 그는 올바른 삶을 살기 위하여 어떠한 외적 안내도 필요로 하지 않는다. 그는 확신을 가지고 자신 안에 존재하는 새로운 힘에 의지할 수가 있다. 그는 이미 육체적 동물이 아니라 영적 동물이기 때문이다.

그러므로 그는 마침내 자유로워진다. 즉 그는 죄로부터, 율법들로부터, 유대교 의식과 관례를 따라야 할 필요로부터 자유로워진다. 그는 자신감에 넘쳐서 희망과 축복으로 가득 찬 행복한 생활을 자유롭게 누리며, 영적 자극들(promptings)을 자유롭게 받아들임으로써, 하느님 앞에서 죄를 사하여 받고 의인이 되는 기쁨을 누릴 수가 있다.

---

*3 갈라디아서의 유명한 구절, 5 : 19~23 참조.

사도 바울은 성령(spirit)이 인간에게 주는 선물이라는 뜻으로 '은총'이라는 말을 사용했다. 그가 생각한 '죄'와 '은총'은 사람들이 취할 만한 도덕적 태도 이상의 것이며, 선과 악에 대한 의지 이상의 것이다. 이 생각들은 만일 사도 바울이 전문적인 철학 용어를 사용했다면 실체적 형상들(substantial forms)이라고 불렀을지도 모른다. 왜냐하면 이 실체적 형상들은 개개인이 갖추고 보여주게 될 성질들을 부여하기 때문이다. 인간은 죄로 가득 찬 성질들을 가지고 태어난다. 사람들 대부분은 성품이 죄로 가득 차 있기 때문에 일생 동안 죄에서 벗어나지 못하고 죄를 지으며 살아간다. 어떤 사람들은 은총을 받아 성품이 바뀌고, 올바른 행위를 하게 된다. 은총은 결코 인간이 스스로 이루어낸 것이 아니다. 이것은 하느님으로부터의 선물, 즉 하느님의 지혜로운 목적에 따라서 내려 주는 것이지만 사람들에게는 우연히 주어지거나 또는 주어지지 않는 것처럼 보이는 선물이다. 은총이 인간에게 내릴 때에는 언제나, 인간의 힘으로 조절하거나 지시할 수 없는 신의 활동이라는 의미에서 이를 하나의 기적이라고 말한다.

사도 바울의 사상은 이원론적(二元論的)이라고 불린다. 그러나 이것은, 예를 들어 신플라톤주의와 같은 이원론은 아니다. 사도 바울은 우주를 대립적인 두 힘의 투쟁으로 바라보지는 않았다. 오히려 그는 유대교가 여러 세기 동안 주장해 온 것처럼 이 세계는 하느님의 창조물이며, 하느님의 은혜로운 섭리를 보여주는 무대라고 믿었다. *4 그는 한편으로는 육(肉)과 영(靈)의 전적인 이질성을, 또 한편으로는 하느님 섭리에 대한 보편성을 주장했다는 점에서 완전히 모순이 없다고는 할 수 없을지도 모른다. 물론 오늘날 전해

---

*4 이 점에서 그는 서기 1세기 전반에 알렉산드리아에서 살았던 유대인 철학자 필론(Philon)과 가깝다. 필론은 사도 바울의 경우보다도 헬레니즘 시대 그리스 전통에 의해 훨씬 더 영향을 받았다. 그는 인간의 영혼은 신의 불똥으로서, 신의 세계로 올라갔다가 다시 물질 세계로 떨어졌다 하면서 떠돌아다닌다고 믿었다. 그리고 인간의 영혼을 도와서 신의 세계로 오를 수 있게 해주는 많은 '힘들' 즉 천사들이 있다고 믿었다. 그러나 그는 그노시스파가 지지한 것 같은 이원론에는 동의하지 않았다. 그는 조상 대대로 내려오는 유대교로 말미암아, 정신적 매개자에 대한 자기의 이론을 일반적인 우주론적 이원론 체계에 적용하지는 못했다. 필론이 사도 바울에게 영향을 미쳤는가에 대한 사실은 아직 해결되지 않은 역사적 문제로 남아 있다. 아마도 그는 뒤에 어떤 기독교 저술가들에게 영향을 미친 것으로 보인다. 그런데 그의 이론은 헬레니즘 세계에 널리 퍼져 있던 사상들의 한 표현을 나타냈으므로, 뒷날 기독교 저술가들은 아마도 그들 시대의 지적 분위기로부터 이런 영향들을 받을 수도 있었으리라.

오는 그의 '우연한' 편지들 속에는 그가 해답을 주지도 않았으며 주의조차 기울이지 않은, 하느님과 이 세계의 관계에 대한 숱한 철학적 문제들이 남아 있다. 뒤에 다른 기독교 사상가들은 그의 문구를 끌어와서는, 그가 있었더라면 결코 동의하지 않았을지 모를 엄격한 추론적 이론들에다 그의 사상을 억지로 끼워 맞추었다.[5] 그는 조상 때부터 내려온 유대교에 의해, 헬레니즘 시대의 좀 더 순수한 그리스적 사상가들 사이에[6] 퍼져 있던 극단적인 이원론적 사고를 억제당하고 있었다.

사도 바울의 이원론은, 만일 적어도 이 말이 허용된다면, 하느님과 물질 세계 사이의 문제가 아니라 하느님이 인류를 지배하는 두 법칙(天啓法 ; dispensation, 다스리는 법) 사이의 문제였다. 온 세계는 하느님이 창조한 세계이며, 물질과 영혼 또한 하느님의 창조물이다. 사도 바울은 다른 어떠한 것에 대해서나 마찬가지로 물질적 세계에 대해서도 '하느님이 보시기에 좋았더라'라는 성경에 나오는 말을 썼다.[7] 그러나 하느님은 자신이 창조한 세계를 다루는 데 있어, 지배(control)와 조정(regulation)이라는 서로 다른 두 방법을 사용하기로 했다. '구천계법(舊天啓法)'은 율법에 의한 것이며, '신천계법(新天啓法)'은 복음에 의한 것이다. 율법의 목적은 교육적인 것으로, 그 기능은 사람들로 하여금 죄를 깨닫게 하는 일이었다. 그러나 그 타당성은 부분적이며 일시적인 것이었다. 복음의 목적은 구원을 위한 것이며, 그 기능은 은총에 의해 인류를 구하는 일이었다. 그리고 그 타당성은 보편적이며 영원한 것이었다. 만일 사람들로 하여금 죄의식을 갖게 하는 데 성공했다 해도, 율법은 사람들로 하여금 자신을 전적으로 하느님의 자비에 내맡기도록 하는 것 말고는 그 이상의 어떠한 일도 할 수가 없었다. 이에 비하여 복음은, 인간을 영적 존재로 변화시켜 완전한 구원을 가져다 주었다. 사도 바울이 생각한 것처럼, 구원은 신비주의자들이 믿는 미래의 복락(福樂)이 아니라, 인간이 살아가면서 어떤 순간에라도 들어갈 수 있는 상태를 뜻한다. 사

---

[5] 이 점에 대해서는 사도 바울에 대한 저서들 가운데 가장 해박하고 정확한 책으로 알려진 Mattew Arnold의 저서 〈사도 바울과 프로테스탄트 사상 St. Paul and Protestantism〉에 잘 나타나 있다.

[6] 예를 들면 신피타고라스 학파나 그노시스파의 이원론 같은 것이다.

[7] 이 부분은 창세기 제1장에서 여러 번 나온다.

도 바울은 분명히 영혼의 불멸을 믿고 있었으나, 구원을 통하여 죽음을 극복할 수 있음을 굳이 암시하지는 않았다. 그는 신비주의 용어와 비슷한 말을 사용하기는 했다. 그는 인간은 '그리스도와 더불어 죽어야' 하고, '그리스도와 더불어 다시 태어나지' 않으면 안 된다고 말했다. 그러나 그가 말한 죽음과 부활은 육체의 죽음과 영혼의 부활이었다. 그리고 어떤 미래의 상태와 마찬가지로 이 지상에서 살아가는 동안에도 은총이라는 선물을 받아, 이로써 성품이 바뀌게 될 경우에는 이 죽음과 부활은 일어날 수가 있을 것이며 또 실제로 일어나기도 했다.

사도 바울은 일반적으로 '죄를 용서받고 의롭게 된다(義化 ; justification)'는 말로 은총의 상태를 나타냈다. 구원을 얻는다는 것은 하느님의 눈에 들어 죄를 용서받는 것이다. 그리고 그의 주장에 따르면 죄를 용서받아 의롭다 함을 받는 것은 결코 선한 행위에 있지 않다. 실제로 자기들이 쌓은 선한 행위가 하느님의 호감을 받기에 충분하다고 생각하는 사람들은 오만한 자들이다. 그러한 사람들은 아직도 자기들 내적 본성이 타락해 있음을 깨닫지 못하고 있는 자들로서, 은총의 필요를 마음 깊이 느끼지 못할 만큼 교만한 자들이다. 죄를 용서받고 의롭게 되는 것은 오직 신앙(faith)을 통해서만 가능하다. 그러나 사도 바울의 용어에서는, 신앙(faith)은 신념(belief)이 아니다. 사도 바울은 사람이 선한 행위 대신에 올바른 신념을 구원 수단으로 내세울 수 있다고는 결코 생각지 않았다. 신앙이란 사람에게 지성의 활동이라기보다는 오히려 의지의 활동이고, 사람이 하느님 성령의 힘과 그 이끌어주심(引導)을 주저하지 않고 무조건 신뢰하는 것이었다. 그리고 이러한 신뢰는 사람이 은총에 의해 감동되지 않는 한, 사람의 능력으로서는 결코 드러내 보일 수 없는 것이다. 신앙을 가진 사람들은 선한 행위에도 열정을 보일 것이다. 그들이 신앙을 가지고 있다면 그 실제적 결과를 반드시 드러낼 것이다. 그런데 신앙에 이끌려 드러난 행위보다는 오히려 그들 마음속에 자리잡고 있는 신앙이 그들을 하느님의 마음에 들게 하는 것이다. 그러므로 죄를 사함받고 의롭다 하심을 받는 것은 신앙에 의한 것이지, 행위에 의한 것이 아니다. 즉 그것은 인간의 생명 속에 내재해 있는 영혼의 직접적 성과(outcome)이다.

성령에 대한 사도 바울의 이론은 어떤 면에서는 전혀 분명치 않다. 그는 언제나 성령에 호소하고, 하느님 나라가 임하게 되는 결과를 지적하고, 또 성령이 결여되었을 때 나타나는 도덕적 타락을 주의하도록 충고했다. 그러나 결코 성령의 본성에 대해 일관된 이론을 발전시키지 못했다. 그는 하느님의 영, 그리스도의 영, 그리고 성령과 같은 문구들을 서로 맞바꾸어 사용했다. 기독교도들은 그가 살아 있었을 때에나 그 뒤에도 하느님과 그리스도의 성령 서로 간의 관계를 설명하는 문제 때문에 고심했다. 교회의 공식적 지도자들은 이 문제에 대한 논쟁을 해결하기 위하여 곧 삼위일체설(the trinity)을 긍정하게 되었다. 그러나 이 삼위일체설은 그 문제를 해결했다기보다는 다시 검토하여 수정한 것으로, 많은 이론들이 형성되었다가 대부분 논쟁을 불러일으키며 이단이라고 금지되고는 했다. 다른 점에서와 마찬가지로 여기서도 사도 바울은 눈앞에 맞닥뜨린 전도에만 온 힘을 기울였기 때문에, 자기가 제시한 사상들의 충분한 철학적 의미를 해결해 주지 못했다.

그럼에도 불구하고 지적·문화적 발전에 끼친 사도 바울의 영향은 폭넓고도 영속적인 것이었다. 첫째로 그리스도에게 인류를 구원할 능력이 있다고 하는 사도 바울의 주장은 유대교와의 단절을 그어 다시는 돌이킬 수 없게 만들었다. 즉 그것은 유대교 율법의 역할을 특정한 민족의 일시적 법전으로 역할을 떨어뜨려 놓았음을 의미했다. 그 뒤로 기독교는 까다로운 유대교 율법을 받아들이지 않던 로마 제국 시민들 사이에서 지지를 받게 되었다. 기독교는 곧바로 그 자체의 자주적 발전을 시작할 수 있었다. 또 그것은 그리스 철학과 로마 통치 사상의 영향을 자유롭게 받으며, 사상과 문화의 새로운 종합에 착수할 수 있었다. 둘째로, 그리스도가 어떤 부분에서 나사렛 예수와 일치한다고 하는 사도 바울의 주장에 따라 기독교도들은 자신들이 유대교 역사에서 가장 훌륭하게 보이는 모든 것을 이어왔다고 자부하게 되었다. 그리하여 기독교도들은 유대교 경전(구약 성경)을 물려받았고, 그 일신교적(一神教的) 사상, 그 도덕적 지혜와 건전함, 그리고 예수가 보여준 예언적 힘 등을 물려받았다. 따라서 기독교는 비록 유대교와 단절하고 유대교보다 더 세계주의적인 사상으로 발전하기는 했지만, 이름 높은 과거와의 문화적 연속성을 그대로 지켜나갔다.

셋째로, 그리스도가 단 하나뿐이며 꼭 필요한 구원 수단이라고 말하는 사도 바울의 주장은 하나의 새로운 문제, 그리스 철학에는 없는, 기독교에만 고유한 특징적 문제를 불러일으켰다. 이 문제란 이성(理性 ; reason)과 신앙(信仰 ; faith)의 관계에 대한 문제이다. 왜냐하면 사도 바울의 가르침대로, 만일 사람들이 자신의 구원을 성취할 힘을 자기 안에 가지고 있지 않다면, 인간의 이성은 종속적인 역할을 하지 않으면 안 되며 또한 다른 근원적 힘의 인도(引導)와 권위에 따를 수밖에 없을 것이다. 그리스 철학은 전형적으로 이성적인 삶을 찬미했으며, 이성을 자연의 탐구나 인간적인 일들의 처리를 위해서 마땅한 도구로 삼았다. 그러나 바울의 사상은 플라톤이나 아리스토텔레스의 휴머니즘과는 날카롭게 대립하고 있다. 사도 바울 자신은 이성을 결코 우습게 여기지는 않았으며, 그렇다고 중요하게 여기지도 않았다. 그는 '하느님의 어리석음이 인간보다는 지혜롭다'*8라 말하며, 그의 복음이 인간 이성의 세밀한 검토를 받아야 할 필요는 없음을 암시했다. 그는 인간의 삶에 '은총'이라는 선물을 가장 우선적인 것으로 보았는데, 이는 인간이 아닌 독립적인 어떤 근원으로부터 오는 것이므로 '이성에 의한 비판'을 부당한 것으로서 '죄의 흔적'으로 만들어 비판하고 있다. 후세 기독교 신앙 해설가들은 때때로 이성에 대한 사도 바울의 침묵을 불합리주의에 대한 명백한 옹호라고 보았다. 그들은 신앙을 이성이 움직이는 대로 내맡기지 않고, 오히려 이성이 찾아낸 것들을 신앙의 권위에 복종시키려 했다. 그리고 이성에 대한 거부가 아직 극단적이며 고의적인 불합리성을 띠고 있지 않던 때조차도, 이성은 신앙이 지배하는 범위보다 좁은 영역에 속한 인간의 일들만을 지배하고 있다고 흔히 생각했다.

3. 가톨릭 교회 이념

순교자 유스티누스(Justinus Martyr, 100~165) : 시리아 출신
테르툴리아누스(Tertullianus, 150~220) : 북아프리카 출신
오리게네스(Origenes, 185~254) : 알렉산드리아 출신
성 키프리아누스(St. Cyprianus, 200~258) : 카르타고의 주교
성 아타나시우스(St. Athanasius, 296~373) : 알렉산드리아의 주교

---

*8 고린도전서 1 : 25.

성 암브로시우스(St. Ambrosius, 340~397) : 밀라노의 주교
성 예로메(St. Jerome, 345~420) : 로마 출신

　사도 바울과 성 아우구스티누스 사이에 거의 4세기 동안 기독교 왕국을 이루는 형성기가 있었다. 사도 바울 시대에 로마 제국 여러 도시에서 살던 여러 기독교도 집단들은 어떠한 규율이나 조직의 통일성도, 공통적으로 받아들여진 신념도, 보편적으로 인정된 도덕적 실천 기준도 아직 가지고 있지 않았다. 성 아우구스티누스 시대에 이르러 교회는 어느 정도 공식적 제도, 정식화된 교리, 윤리적 이상 등을 가지게 되었다. 거기에는 언제나 또 의견을 달리하는 사람들이 있어 왔다. 그러나 교회는 세대가 바뀌어 가면서 점차 더 통일되고 조직적으로 되어 갔으며, 그 지도자들은 방해하는 소수 분파들을 억압하기 위하여 보통 강력한 대책을 마련했다. 다시 말하면, 비공식적으로 연합된 초기 기독교도 집단들이 가톨릭 교회로 계승된 것이다.

　가톨릭 교회는 철학적 성찰의 결과로 생겨난 것이 아니었다. 그것은 많은 요인들—주로 종교적·도덕적 요인들, 그리고 그 밖에 경제적·정치적·사회적 요인들—의 결과물이었다. 철학적 요인은 그 밖의 요인에 비하면 무시해 버려도 좋을 정도였다.

　사도 바울과 성 아우구스티누스 사이의 시기는 보통 교부시대(教父時代)라 불리며, 이 시대에 기독교적 신앙에 대한 자기들의 종교적이고 도덕적인 사상들을 나타낸 저술가들을 보통 교부(教父 ; Church fathers)라고 부른다. 교부들 가운데 어떤 이들은 철학을 의심의 눈초리로 보았으며, 때로는 그것을 믿음이 없는 자만이라 부르며 공공연히 버리기까지 했다. 때때로 철학적 역량과 훈련을 쌓지 않은 이들은, 그리스 사상을 신에 의해서 계시되고 고취된 신앙과 반대되는, 순전히 인간이 만들어낸 것이라고 보았다. 예를 들면 테르툴리아누스는 온갖 형태의 철학을 교회의 적이라고 공공연히 배척했다. 그는 복음은 하느님에게서 온 것이므로 인간으로부터의 어떠한 지지도 필요치 않다고 주장했다. 테르툴리아누스를 비롯하여 철학을 적대시한 그 밖의 사람들은 그들의 관점에서 본다면, 적의를 품을 만한 근거들을 실제로 가지고 있었다. 왜냐하면 기독교도들 가운데에는 그리스 여러 사상을 이어받아 이들 믿음 없는 이론들을 체계적 형태로 만들어, 기독교계에 퍼져 있는 여러

종교적 신념들과 모순되는 결론을 내린 사변적(思辨的 ; speculative, 사색적)인 사람들도 적지 않았기 때문이다. 주교회의(主教會議)나 더 나아가 주교들 하나하나 모두 이러한 사변적인 사람들을 이단적이라고 비난하고 기독교 사회로부터 몰아냈다. 이러한 비난들이 바로 철학 그 자체를 의심스러운 것으로 보이게 만들었다. 널리 퍼진 이단에 대한 공포심이 기독교 사회를 괴롭혔으며, 많은 기독교도들로 하여금 철학을 생명력 있는 기독교 신앙을 파괴하는 것이라고 보게 만들었다.

그러나 철학에 대한 모든 적대적 태도는 기독교에 대한 다른 견해로서 영구적으로 지속되지는 않았다. 왜냐하면 기독교가 널리 퍼지고 점차 영향력이 강해지면서, 어떤 기독교도들은 교양 있는 적대자들에 대하여 스스로를 변호하고 더 나아가 이 적대자들을 개종시키려 노력하지 않을 수 없었기 때문이다. 더욱이 그들은 자신들을 위하여 그들의 종교적 신앙을 하나의 합리적 모험으로서 정당화할 수 있을 만한, 하느님과 인간과 세계에 대한 견해를 형성하고자 시도하게 되었다. 기독교도들 가운데에서도 철학적 성향을 가진 사람들—순교자 유스티누스·오리게네스·성 아타나시우스·성 암브로시우스·성 예로메 등—이 나타나기 시작했다. 그리고 이들 가운데 몇몇은 교회의 높은 공직에 앉아 폭넓게 영향을 미쳤다. 철학적 성찰에 있어서 그들은 지중해 세계를 건너 널리 퍼져 나가고 있던 그리스 사상, 그 가운데 특히 플라톤 사상과 신플라톤주의 사상으로부터 빌려 온 개념들과 원리들을 이용했다. 그들이 이 사상들을 이용한 것은 실제로 의지할 수 있는 철학적 사상 체계가 달리 없었기 때문이다. 그러나 기독교도 거의 모두는 철학적 성찰에 의해 틀림없이 신앙이 굳어진다고 입증되었을 때 말고는 그러한 성찰을 받아들이려 하지 않았다고 말해도 좋으리라. 그리고 이렇게 받아들여졌을 때조차도, 신앙을 철학적 사색의 결과로서 입증될 수 있는 어떠한 이유들보다 앞서는, 더 신뢰할 수 있는 근거로 여겼다.

그러나 교부 시대가 지니는 철학적 의의는 그 시대에 이따금씩 나타난 철학들에 있는 것은 아니다. 그 의의는 오히려 그 시대의 뚜렷한 업적, 철학적 인물들이 별로 기여를 한 바가 없는 하나의 업적에 있다. 이 뚜렷한 업적이란 교회의 모습을 가톨릭 단체로 형성해 나아간 일이었다. 모든 거대한 제도는 비록 그것이 어떤 철학적 관심에서 생겨난 것은 아니라 해도, 그것에 맞먹을 만큼 큰 철학적 의의를 지닌 이념을 구현하고 드러내게 마련이다. 가톨릭 교회가 형성될 때 바로 그러했다. 가톨릭 교회는 자신들의 교리를 단단히 다지고 지지를 얻기 위하여 새로운 철학적 원리를 체계화할 필요가 있었다. 교회가 사실상의 보편성을 가지기 위해서는 하나의 새로운 이념을 형성해야 했던 것이다. 이 이념은 그 의미를 어렴풋이 깨닫고 있던 사람들 마음속에 서서히 싹트더니, 1,000년 동안이나 철학적 사색들에 제재를 가하며—훨씬 더 중요한 일로서—자신에게서 비롯된 여러 철학 체계 안에서 그 자체로 대전제(大前提)가 될 수 있었다. 기독교도들이 교회를 보편화할 수 있었던 것은 그들이 처음부터 보편성의 이념을 품고 있었기 때문이 아니다. 오히려 그들은 종교적·도덕적 문제들을 다루어 나가는 과정에서 교회가 보편적인 것으로 되었음을 깨달았으며, 그 뒤로는 자신들이 이미 가지고 있던 교회의 본질을 가장 잘 설명하고 정당화할 수 있는 이념을 명백히 정의하려 했던 것이다.

기원후 2~4세기 기독교도들이 맞닥뜨린 실제적 문제들 가운데 가장 시급했던 것은 통일성—신념 통일, 도덕적 실천 통일, 조직 통일—의 문제였다. 그렇게 하지 않는다면, 어떻게 기독교도들이 믿음 없는 세계의 세력들과 굳세게 맞서 나갈 수가 있겠는가? 더욱이 그들이 뜻이 맞는 계층의 사람들과 일관된 목표를 가지고 함께 활동하지 않는다면 어떻게 그 믿음 없는 세력들을 변화시키기를 바랄 수가 있겠는가? 그리고 어디선가 그들이, 자기들의 모든 소리를 대변해 주고 권위를 부여해 줄 수 있는 어떤 유력한 소리를 찾아내지 못한다면, 어떻게 그들은 조화와 일관성을 성취할 수가 있겠는가? 이 통일성의 문제는 서로 다투는 세력들 사이에, 그 가운데 어느 하나가 다른 모든 세력을 마침내 지배할 실질적인 자격을 가지고 있음이 밝혀지기까지 오랜 투쟁을 불러왔다. 실제적으로 가장 중요한 종류의 통일은 조직 체계 통일이었다. 먼저 조직이 체계적으로 통일된다면, 다른 부분의 통일을 구하는 수단은 쉽게 찾을 수 있기 때문이다. 그때는 어떤 유력한 권위가 신념과 실천을 규제할 수 있게 될 것이며, 적어도 신앙에 대한 좀 더 공적인 선언(공식적으로 허가된 신념과 같은 것)을 할 때에나 좀 더 외적인 인간 행동 문제들을 해결하는 데에 있어서 일관성 있게 대처해 나아갈 수 있을 것이다. 그리고 흔히 다른 인간적인 문제들과 마찬가지로, 교회의 경우에도 또한 어느 기간 동안 '실질적인' 권리를 잡고 있게 되면 그로 말미암아 이 권리에 법률적인 정당화를 꾀할 기회가 주어질 것이다. '실질적인' 권력에 의해 가톨릭 교회는 완전히 실현되었을 것이며, '법률적인' 정당화에 의해 가톨릭 교회의 보편성은 철학적 인정을 받음과 동시에 사회의 교양 있는 계층들 사이에서 점점 더 호감을 얻게 될 것이다.

조직 체계 통일을 위한 역사적 고투의 과정은 기독교가 퍼져 나가고 있던 로마 제국 여러 지역마다 다르게 전개되었다. 그러나 어떤 발전의 이론만은 그 사실들 사이에 명백하게 굳어졌다. 그 싸움은 한편 지도권을 손에 쥐려는 순전한 세력 다툼 과정이었다. 그러나 또 한편으로는 종교적 이념의 진리성과 윤리적 이념의 타당성을 증명할 수 있는 기준을 마련하기 위한 진지한 지적 논쟁 과정이었다. 유대교에서 개종한 초기 기독교도들은, 믿음 없는 세계로부터 바로 들어온 다른 초기 기독교도들과는 자연히 많은 점에서 차이를 보여 주었다. 더욱이 유대인 기독교도들과 다른 기독교도들 사이에 믿음이나 도덕적 실천에 대한 의견들이 매우 달랐다. 이러한 의견 차이를 조절하고, 공식적으로 허락된 종교적·도덕적 주장을 대신 받아들이게 하려면 어떤 규범이 마련되고 또 의견 차이를 판가름할 기준이 세워져야 했다. 그리고 이러한 기준을 세우려는 노력이야말로 세력 다툼을 하는 사람들의 열정으로 어지럽혀졌다 할지라도 실로 철학적인 일이었다.

기준(standard)의 탐구

기원후 처음 몇 세기 동안의 기독교 발전에 대해 현재 우리가 돌이켜본다면, 사도 바울의 견해야말로 진리를 정하는 적절한 방법에 대한 최초의 명확한 이론으로서 매우 뛰어나 보인다. 사도 바울은 그 자신 안에서 성령의 말씀을 들었다고 주장하며, 이 말씀은 하느님으로부터 내려온 것이므로 절대적으로 확실한 것이라 여겼다. 그러나 내적 증언에 호소하는 것은 전적으로 주관적인 어떤 것에 대한 호소였다. 따라서 사람마다 서로 다른 의견이나 실천들을 정당화해 버릴 수가 있었다. 거기에는 저마다 다른 의견들의 상대적 건전성이나 다른 실천들의 상대적 정확성에 대한 분명한 시도가 있을 수 없었다. 그러므로 바울이 하는 식의 호소는 실제로는 아주 혼란스러운 것으로, 초기 기독교도들 사이에 갈등과 논쟁을 불러왔다. 사도 바울은 성령의 내면적 소리가 갖는 권위에 대해서 어떤 객관적 시도가 필요하다는 생각을 명백하게 배격하고 있었다.

유대인들은 표적(標的 ; sign)을 구하며, 그리스인들은 지혜를 구한다. 그러나 우리는 십자가에 못 박힌 그리스도를 전할 뿐이다.[*9]

그러나 다른 사람들 또한 그리스도가 십자가에 못 박혔음을 주장했다. 자신과는 다른 견해에 맞닥뜨렸을 때, 사도 바울은 비방하는 것 말고는 다른 방법을 찾지 못했다. 그는 복음을 전할 때 품었던 확신에 대해 조금도 의심치 않으며 준엄하게 다음 같은 말을 했다.

그대들의 마음을 뒤흔들며 그리스도의 복음을 다르게 말하는 자들이 있다. 그러나 우리나 또는 하늘에서 온 어떤 천사라도, 우리가 그대들에게 이미 전한 복음과 다른 것을 전하는 자가 있다면, 그는 저주를 받을지어다.[*10]

초기의 기독교도들 사이에서는 바울의 주관주의(subjectivism)와 독단주의(dogmatism)에 반대하여 강력한 두 세력이 작용했다. 그 하나는 유대교의 거대한 전통으로서, 이 유대교 역사에서는 정의(正義)의 원리들을 인간의 경험, 인간의 고통, 인간의 공적에 비추어서 말하려는 노력이 끊임없이 이루어져 왔다. 다른 하나는 그리스 철학의 거대한 전통으로서, 지중해 세계에 널리 퍼져 있던 그리스 철학을 이 전통에 따라서 합리적으로 비판하고 지지할 만한 증거를 들어 보려는 온갖 시도가 이루어졌다. 따라서 사도 바울의 견해는 비록 그 뒤에 끊임없이 영향을 미치기는 했지만, 기독교 사회의 요구들에 대해 적절하게 대응하지 못했다. 이 점에서는 다른 두 전통이 기독교적 견해를 형성하는 데 효과적으로 이바지했다.

신앙에 대한 기준을 세우기 위한 두 번째 노력은 예수의 말에 호소하는 것이었다. 예수의 말이라 하여 입으로 전해 오는 것은 얼마든지 있었으며, 그

[*9] 고린도전서 1 : 22~23.
[*10] 갈라디아서 1 : 7~8.

의 가르침을 적은 기록들은 그가 죽은 뒤 불과 몇 해 동안 이루어졌다. 구술로 전해진 것이나 글로 쓰인 것 모두 오늘날 우리가 가지고 있는 형태의 4복음에 공헌을 했다. 사도 바울은 아마도 전해 오는 말들과 이들 기록 가운데 가장 앞선 것을 알고 사용했던 것으로 보인다. 초기 기독교도들이 특히 성령에 대해 한창 논쟁을 벌이던 시기에 예수의 말을 권위나 기준으로 삼게 되었다는 것은 무엇보다도 마땅한 일이었다.

그러나 전해 오는 말이나 기록, 또 이를 증거로 내세우는 견해들이 서로 일치하지 않았기 때문에, 그들의 주장은 모호한 것이 되고 말았다. 예수의 말에 호소함으로써 오랜 논쟁을 끝맺기는 했지만, 동시에 예수의 가르침에 대한 서로 다른 설명들 가운데 어느 것이 더 믿을 만한지 논쟁이 일어났다. 기독교 지도자들은 어느 문서가 가장 믿을 만한 것인지 결정하기 위해 다음 세 기준을 사용했다. 즉 누가 저술했는지 확실히 밝혀진 예수 제자들의 사도 정신(使徒精神 ; apostolicity), 저서들과 유포된 기독교적 실천과의 일치성, 그리고 유력한 교회가 쓴 저술의 인정(認定)이다. 이로써 공인을 받은 문서들은 《신약성경》이라는 정전(正典), 즉 신에 의해서 불어넣어졌다고 공식적으로 선포된 초기 기독교 경전의 내용으로서 인정받게 되었다. 이 성경에 수록된 것보다는 누락된 문서들이 훨씬 더 많았다. 여기에 사용된 기준들은 받아들이기 어려운 부분들도 있었다. 그러나 그 결과는 일반적 동의를 명령하기에 이르렀다. 성경의 권위는 일시적이나마 진정한 계시에 대한 기준을 주는 것처럼 보였다.

그러나 《신약성경》 같은 문헌은 어떠한 것이라도 여러 가지로 서로 반대되는 해석을 내릴 수가 있다. 확실한 기준을 추구하게 되면서, 그저 이처럼 글로 쓰인 자료에만 호소할 수는 없었다. *11 기준 탐구의 네 번째 해결책은, 《신약성경》은 물론 말이나 글로 전해진 모든 전통의 공식적 해석을 위하여

---

*11 16세기 종교 개혁에서는 진리의 기준에 대한 초기 기독교 사상 일부가 되살아났다. 루터(Luther)는 바울이 자기 안에 있는 성령의 말씀에 호소한 데에서 출발했다. 그런데 교황권에 정치적으로 맞서 싸우며 문제 해결을 위해 곧 성경 원본에 호소함으로써 자신의 주장을 모호하게 만들어 버렸다. 칼뱅(Calvin)은 루터보다 더 분명하게 이 두 번째 견해를 따랐다. 신자들이 스스로 진리를 체계적으로 세워 말할 권리를 가지고 있다는 원리를 이 두 사람 모두 확고하게 받아들이자 뒤에 신교의 여러 교파, 적어도 대다수 프로테스탄트들은 루터와 칼뱅의 주장에 대해 악평을 퍼부었다.

각 교단의 주교에게 호소하는 일이었다. 주교는 각 교단 안에서 일반적으로 가장 박식하고 힘이 있는 사람이었기 때문이다. 그의 말은 권위가 있었다. 초기 기독교 혼란기에 성직의 권위는 진리의 기준과 구별하기 어려웠다.

다음 다섯째로서, 현 논제와의 관계에서 종교적·도덕적 진리의 신뢰할 만한 기준에 대한 마지막 견해이다. 기독교 세계에서는 주교들 사이에 종종 의견 차이가 있었다. 어느 주교 한 사람에게만 호소한다면 여기저기 흩어져 있는 여러 기독교단의 문제들을 결코 해결할 수가 없었다. 따라서 다툼을 끝내고 세력을 서로 나누어 갖기 위하여 때때로 모임을 가진 주교회의에 호소하게 되었다. 물론 이 호소의 논리적 목적은 총회의의 권위를 인정하자는 것이었다. 총회의는 그리스어 어원으로 '사람이 살아가는 세계'의 회의이다. 실제로 전체 기독교 단체가, 어디에 있든 간에 대의제(代議制)에 따라서 다 함께 참여하는 회의인 것이다.*12 이러한 회의가, 그리고 오직 이러한 회의만이 쟁점들에 대해서 확고한 발언을 할 수 있었는데, 실제로 이것 말고는 호소를 들어줄 수 있는 단체 조직이 없었기 때문이다. 따라서 교회의 회의론을 형성함으로써 종교적·도덕적 문제들에 대한 판단 기준의 기나긴 탐구는 실질적인 해결을 보게 되었다. 그리고 이 실질적인 해결을 통하여, 오늘날 중요한 역사적 이념의 하나인 가톨릭 교회 이념을 조심스럽게 형성해 나아갔다.

노바티아누스의 이단설(異端說)

가톨릭 교회 이념은, 북아프리카의 두 교회에서 일어난 두 사건으로 위기를 맞게 되자 그 해결책의 하나로서 형성되고 제창되었다. 두 위기는 모두

---

*12 역사적으로 가톨릭교의 형성은 총회가 기독교 세계에서 궁극적 권위를 가지고 있다는 주장에서 절정에 이르렀다. 로마 가톨릭 교회는 로마의 주교 즉 교황의 말을, 모든 회의에서 최고 권위를 갖게 하자고 주장했다. 기독교 세계에서 로마 시가 중심 세력을 이루면서 로마의 황제 통치 전통과 로마의 경제적·군사적 힘이 로마 교황을 최고 권위로 세우는 데 사실상 유리하게 작용했다. 이러한 로마교황권의 인정은 3세기, 또는 그보다 더 일찍이 시작되었다. 그리고 19세기에 교황불류성(教皇不謬性)의 교리가 선언되면서 이 실질적인 최고 권위에 교리상의 기반이 부여되었다. 이 교리에 따르면 교황이 신앙과 도덕 문제에 대하여 직권으로써 말할 때에는 그 말에 오류가 있을 수 없으며, 따라서 절대적으로 따라야 한다는 것이다. 그러나 전체 가톨릭계의 견해에서 볼 때, 로마 가톨릭 교회는 많은 가톨릭 교회의 하나일 따름이며, 교황불류성의 신념은 가톨릭의 기본적 견해로부터 벗어난 오류의 출발점이 된다.

로마 당국이 기독교도들을 박해했기 때문에 일어났다. 250년, 데시우스 황제의 명령으로 그 영토 안에 사는 모든 주민은 로마제국의 여러 신과, 신의 자격을 갖춘 황제 자신에게 희생물을 바치라는 요구를 받았다. 로마 정부는 여기저기에서 일어나고 있던 종교들에 대하여 대체로 너그러운 태도를 보였었다. 그리고 로마 사람들은 데시우스의 명령이 관용의 원칙에 조금도 위배되는 것이 아니라고 생각했었다. 누구나 자기가 원하는 대로 다른 신들을 믿을 수 있도록 허용되어 있었다. 그러나 이번에는 시민의 충성심을 불러일으킬 목적으로, 황제를 종교적 숭배 대상으로 부르고 받아들이도록 사람들에게 요구했다. 하지만 기독교적 견해로는, 데시우스의 명령에 따르는 것은 기독교 신앙을 저버리는 것과 다름이 없었을 것이다. 이 명령이 카르타고 시에 내려지자 박해가 일어났다. 어떤 기독교도들은 달아나 목숨을 건지고, 어떤 이들은 순교를 택했으며, 또 어떤 이들은 순간의 위기에 굴복하여 요구받은 희생물들을 황제에게 바쳤다. 이 마지막 무리는 '이탈자'라 불렸다. 그리고 이 이탈자들로 말미암아 교회는 행정적으로나 교리적으로 큰 어려움에 부딪쳤다. 다음 해에 박해가 사라지면서 이탈자들 거의 모두는 교회에 다시 들어오고 싶어했는데, 교회는 이들을 받아들일 것인지에 대해 심각하게 의견이 나뉘었던 것이다. 지방의 한 기독교 지도자인 노바티아누스(Novatianus)는, 교회는 선택받은 사람들, 즉 참된 신앙을 보여주며 올바른 생활을 하는 기독교도들의 단체라는 이유로 이탈자들의 복귀를 받아들이지 않았다. 그러나 새로 로마 주교에 오른 코르넬리우스는 이탈자들을 받아들이도록 권했으며, 코르넬리우스의 주권 아래 있는 종교 회의는 노바티아누스를 파문해 버렸다. 노바티아누스는 강력한 기독교 전통을 가지고 있었다. 그 전 세대부터 몇몇 교인들은 교회의 본질에 대한 그의 이론을 지지해 왔다. 그러나 그는 코르넬리우스에 맞서 소수의 '청정파(Katharoi)' 즉 '순수파'의 움직임을 지지하면서부터 이단으로 몰렸고, 그의 이론은 노바티아누스주의라는 이름 아래 이단설로 규정되었다.

성 키프리아누스(St. Cyprianus)는 어느 기독교 지도자들보다도 효과적으로 코르넬리우스의 주장을 정당화하여 공식 이념으로 받아들였다. 교회는 이미 구제받은 사람들의 단체가 아니며, 오히려 소수의 사람이라도 구원받을 수 있도록 모두를 끌어들이는 '구원의 방주(方舟 ; ark of salvation)'라고 주장했다. 따라서 분열은 가장 큰 죄가 된다. 교회로부터의 분리는, 이미 우리가 알고 있는 신뢰할 수 있는 유일한 구원 수단으로부터의 분리를 뜻하기 때문이다. 그리고 교회 주교들은 사도들의 계승자로서, 속된 세상에서 기독교 진리와 신의 은총을 전할 수 있는 유일한 사람들이다. 교회 이념은 그 필연적 결과의 하나로서, 사도 계승(使徒繼承 ; Apostolic Succession)의 이념을 받아들였다. 주교 없는 교회도 없으며, 또 교회 없이는 구원도 없다는 것이다. '자기 어머니인 교회에 속하지 않은 사람은 아버지인 하느님을 받들지 않는 자이다.' 노바티아누스의 주장에는 확실히 도덕적인 진지함이 있었다. 그러나 키프리아누스는 어쩔 수 없는 상황을 받아들여야 할 필요성을 느끼고 있었으며 멀리 내다보는 정치적 경륜이 있었다. 성 키프리아누스의 주장이 나타내는 의미는, 교회는 아무 때나 그 안에 들어오고 나가는 개인들과는 아무 상관없이 실재하는 것이었다. 그것은 그 안에 우연히 모인 개인에 의해서 존재하게 되는 것이 아니었다. *13 오히려 그것은 이러한 모든 개인들에 앞서는 것, 시간적으로나 논리적으로도 앞서는 것이며, 다른 것에 의존하지 않고 그 자체로서 실재성을 가진 것이었다.

도나투스파(派)의 이단설

위에 말한 위기 가운데 두 번째 것은 가톨릭 교회 이념의 최종적인 형태를 갖추게 했다. 301년, 디오클레티아누스 황제는 다시금 로마 황제를 숭배하라는 명령을 내렸다. 카르타고에서는 또다시 박해가 일어났으며, 이번에도 '이탈한' 사람들이 있었다. 박해가 지나가자 이번에도 이탈자들은 되돌아오고 싶어 했다. 그러나 이번에는 문제가 더 심각했으며, 먼젓번 위기의 선례로써 쉽게 해결할 수 있는 게 아니었다. 왜냐하면 이번에는 이탈자들 가운데 성직자들이 끼어 있었으며 이들이 자신이 있던 자리로 돌아가려 했기 때문이다. 이들 이탈한 성직자의 재임명은 허락될 수 있겠는가? 엄격하게 교리

---

*13 성 키프리아누스가 배격한 이 설(說)은 후세에 몇몇 프로테스탄트 단체들에 의해 지지를 받았다. 이들 프로테스탄트 집단은 중세 철학의 유명론적(唯名論的) 전통으로부터 영향을 받아, 보통 모든 실재성(reality)을 저마다 다른 독립된 개인에다 두었다. 또 교회라는 조직체는 일시적으로 모여 그 구성원이 되는 이러한 개인들에게서 빌려왔거나 비롯된 실재성을 가지고 있다고 보았다. 이런 식으로 가톨릭과 프로테스탄트의 주장들은 자주 교회의 이념에 대해서 근본적으로 대립하고 있다.

를 따르는 사람들은 불완전한 인격의 성직자는 성식(聖式)을 주재할 수 없다는 이유로 재임명을 거부했다. 이에 대하여 다른 사람들은, 성식의 효력은 그것을 주재하는 성직자의 인격에 따라서 나타나는 것이 아니라는 이유로 재임명을 찬성했다. 이 사건은 313년 로마에서 심리되었다. 새로 강경파 지도자에 오른 도나투스(Donatus)는 이 재판에서 유죄 선고를 받았다. 그는 하나의 분파를 이루어 기독교도들을 이끌어 갔는데, 이 분파는 백여 년이나 존속했다. 그러나 그의 견해는 도나투스파라는 하나의 이단(異端)으로 불렸다. 그리고 상대파는 승리를 거두고 후세에 온 역사를 통하여 정통파(正統派)로서 인정받게 되었다.

신성한 가톨릭 교회

노바티아누스설(說)과 도나투스설의 패배로 하나의 교회 이념이 더욱 확고해지면서, 이미 일찍이 실현되었던 교회 행정상의 통일을 지적 동반자로서 정당화해 주었다. 이 이념에는 그 뒤 수 세기를 지나오면서 탐구된 형이상학적이고 인식론적인 심오한 의미가 내포되어 있었다. 이 가톨릭 교회 이념에 따르면, 교회는 그 자체로서 독립적으로 실재하는 것이지, 우연히 아무 때나 여러 개인이 그 구성원으로서 아무 데서나 집회를 이루고 실재하게 되는 것은 아니다. 더욱이 교회는 그 자체로서 독립적으로 신성한 것이다. 즉 교회의 본질은 가시적으로 보이는 역사적 사건들에 의하여 결정되는 것이 아니다. 교회의 성직은 그 지위에 있는 사람들의 인격에 관계없이 그 자체로서 신성한 것이다. 교회에서 행하는 성식(聖式)의 효력은 교회 자체의 성스러움에 의존하는 것이지, 그 성식을 주재하는 성직자의 성스러움에 의존하는 것이 아니다. 교회는 시대나 환경의 변화무쌍한 위기와 관계없이 신의 힘, 신의 성스러움, 신의 은총이 깃들어 있는 곳이다. 따라서 신의 뜻에 의해 세워진 구원 수단이며, 신성한 힘의 보고(寶庫)이다. 교회는 초기의 어떤 교리(敎理)들에 따라온 말에 따르면 '신성한 가톨릭 교회'이다.

사도 바울의 견해는 이미 이성과 신앙의 관계에 대한 문제를 불러일으켰었다. 인간의 이성은 보잘것없고 세속적인 것으로서, 어떤 방법과 수단들을 발견하는 것에 불과하며, 이는 신앙을 통해 성령을 지닌 사람이라면 누구에게나 명백한 목적들을 추구하기 위한 것이라고 그는 생각했다. 신앙은 어떠한 경험적 증명도 필요로 하지 않는, 이성에 앞서는 확신에 찬 것이었다. 만일 영성이 어떤 사람 속에 깃들고 그 영성이 하느님에게서 온 '성령'이라고 한다면, 성령이 하는 일은 조금도 의심할 여지가 없기 때문이다. 이성과 신앙의 차이에 대한 문제는 끊임없이 거론되었지만, 사도 바울의 이러한 견해는 이제 일부분 수정이 가해졌다. 가톨릭 교리에 따르면 성령은 본디 교회를 통해서 비로소 말을 하게 되어 있다. 교회는 한 개인이 성령을 통해서 계시받을 수 있다는 주장을 배척한 적이 없다. 여러 세기를 통하여 어느 다른 신비주의자들의 천부적 재능과 마찬가지로 사도 바울 자신의 권위는 누구도 부인할 수 없을 만큼 강력한 것이었다. 그러나 교회는 신비주의자들에 대하여, 그리고 그들이 성령에 의한 직접적 가르침을 주장한 데 대하여 의심을 품어 왔다. 교회는 성령의 정상적 기능을 교회로 옮겨 놓았다. 교회는 신비적 체험의 효력이 교회라는 공동체 조직의 공식적 교리와 그 실천들을 강화해 주었을 때에는 만족해 했다. 그러나 교회는 신비적 생활 방식 속에 내재된 개인주의를 두려워해 왔으며, 교회 규율에서 벗어나는 성향으로 기울어진 모든 신비주의를 금지해 버렸다.

가톨릭 교회 이념은, 무엇보다도 지적 생활과 온갖 철학적 사색들이 교회에 의해 통제되고 예속됨을 의미했다. 지적 생활은 금지된 것이 아니라, 기존 신앙의 교리에 예속되었다. 신앙에는 인간의 지성으로 탐구해야 할 많은 문제들이 내포되어 있음은 인정되었다. 그러나 신앙에 대한 탐구가 그 신앙을 배척하는 결과를 불러일으키는 것은 부당하게 여겨졌다. 과학자가 암석이나 혜성이나 식물의 생장을 탐구할 수 있는 것처럼, 신학자는 교리를 탐구할 수 있다. 그러나 과학자에게 자기가 탐구하는 대상의 실재성을 거부할 권리가 없는 것처럼, 신학자는 자기가 밝히려는 교리를 거부할 권리가 없다는 것이다.

가톨릭 교회 이념과 철학의 역사적 관계에는 더 중요한 것이 있다. 가톨릭 교회 이념을 인정함은 단순히 모든 합리적 사색에 대한 교리의 우월성을 의미하는 데 그치는 것이 아니었다. 이는 역설적으로 보일지 모르나, 새로운 종류의 합리주의가 나타남을 뜻했다. 교회에 의해서 인증된 신앙의 교리는 완전한 연역적 추론의 전제가 될 수 있었기 때문이다.

우리가 만일 의심할 필요 없는 어떤 확실한 명제들을 가지고 있다고 생각할 때는, 언제나 우리는 이로부터 3단 논법적이거나 그 밖에 다른 합리적 추론에 따라 결론에 이를 수가 있다. 이렇게 미루어 짐작하는 추론에 대해서 우리는 어떠한 경험적 증거도, 또 결론에 대한 어떠한 사실적 확인도 필요치 않을 것이다. 그리고 바로 이러한 철학적 상태가 가톨릭 교회 이념을 받아들인 결과로서 나타났다. 가톨릭 교회 이념이 지배적인 것이 될수록 철학은, 비록 전적인 것은 아니더라도, 계시된 교리에 의해서 확립된 전제로부터 나올 수 있는 논리적 결론을 탐구하는 것으로 바뀌어 버렸다.

4. 성 아우구스티누스

성 아우구스티누스(St. Augustinus, 354~430) : 북아프리카 카르타고 남서쪽 소도시 타가스테에서 태어남. 아버지는 로마의 관직에 있었고 죽을 때까지 거의 신앙을 갖지 않았으며, 어머니 모니카는 독실한 기독교도였다. 아우구스티누스는 카르타고에서 공부했으며, 뛰어난 문학적 재능을 보였다. 만년에 쓴 〈고백록 Confessions〉에서 그는 자신이 청년 시절을 제멋대로 속되게 보냈다고 썼다. 개종자들 대부분이 그렇듯이, 그도 개종 전 시절을 너무나 어둡게 써 나갔다. 아우구스티누스는 카르타고·로마·밀라노에서 수사학을 가르쳤다. 밀라노에서는 성 암브로시우스의 영향을 받았다. 아우구스티누스는 처음에는 마니교도(Manichees)의 유물론적 존재론과 아카데미 학파의 회의론적 인식론을 인정하는 성향으로 기울어졌다. 그러나 20대 초반에 그는 흔히 일컫는 두 가지 회개를 하게 되었는데, 그 나중 것은 앞의 것에서 발전하여 보완된 것이었다. 앞의 것은 주로 지적인 부분에 대한 회개로서, 아우구스티누스는 플라톤적인 문헌—대부분 신플라톤주의적인—을 읽고 나서 그 영향을 받아 이데아 또는 비물질적 실체의 실재성에 대한 확고한 신념을 갖게 된다. 나중 것은 도덕적이고 실천적인 부분에 대한 회개로서, 이는 기독교의 영향으로 그가 《신약성경》을 읽은 데에서 비롯된 것이다. 이로 말미암아 그는 기독교 신앙을 전하고 옹호하는 데 헌신하게 되었다. 이 두 가지 회개는 둘 다 중요한 지적·철학적 결과를 가져왔다. 두 번째 회개를 그는 〈고백록〉 제8권에 나오는 유명한 구절에서 극적으로 써 나아가고 있다. 아우구스티누스는 391년경 사제로 임명되고, 5년 뒤에는 카르타고에서 가까운 히포라는 도시의 주교가 되었다. 그리고 35년간이나 자기 교구의 일에 온갖 열정을 쏟으며 한편으로는 놀라울 만큼 많은 책들을 내어 놓았는데, 그 대다수는 자기가 이단이라고 생각한 것들을 논리적으로 반박한 것이었다. 아우구스티누스는 히포 시가 반달인(Vandals)들의 포위 공격을 받고 있을 때 세상을 떠났다.

성 아우구스티누스의 철학적 견해에서 서양 사상은 그 위대한 절정의 하나에 이르렀다. 한편으론 서로 반대되는 사상 조류로 보였던 이전의 몇몇 철학적 전통을 모아서 불완전하나마 효과적으로 종합했다. 또 한편으로 1,000년 넘게 중세·근세 사상가들의 생각 속에서 뚜렷한 구실을 해 온 어떤 논제들을 강하게 표명했다.

성 아우구스티누스는 자기 자신이 전통들을 모아 종합하는 역할을 하고 있다고는 생각지 않았다. 오히려 자기가 진리라고 믿어 온 것을 체계적·포괄적으로 나타내려 했으며, 이전의 여러 사상적 흐름들은 자신이 진리에 이르는 데 도움을 주었다고 생각했다. 오늘날 주의 깊은 독자들이라면 이전 여러 사상적 흐름들이 본질적으로 서로 다르다는 것을, 일찍이 성 아우구스티누스의 눈에 비쳤던 것보다 더 분명하게 깨달을 수 있을 것이다. 〈독백록 Soliloquies〉 같은 그의 초기 저서에서는 플로티노스의 신플라톤주의를 충실하게 따랐다. 거기서 그는 하느님(플로티노스가 말한 하나의 존재, 즉 '일자'와 같은)을 진리이자 선이며 지혜라고 보고, 참되고 선하고 슬기로운 모든 것은 '그 안에서, 그에 의해서, 그를 통해서' 참되고 선하고 슬기롭게 되는 것이라 주장했다. 성 아우구스티누스는 하느님은 영원한 진리를 뜻하는 것, 또는 이 진리보다 더 뛰어난 것이 있다면 그것이 바로 하느님이라고 말했다. *14 이러한 생각에 따르면, 하느님은 만물의 초시간적 근원이며, 세계의 형식적 궁극적 원인이 된다. 그런데 뒤에 그의 교구에서 일어나는 사건들

---

* 14 '만일 한층 더 뛰어난 무언가가 있다면, 그것이 오히려 하느님이다. 그러나 그러한 것이 아무것도 없다고 하면, 진리 자체가 곧 하느님이다.' 〈자유의지론 De Libero Arbitrio〉, 제2권, 제39장. Richard Mckeon 저(著), 〈중세철학자선집 Selections from Medieval Philosophers〉(New York, Scribner, 1929), Vol I, p. 56.

을 처리하는 데 온 힘을 쏟는 동안 쓰인 저술들 안에서는, 거의 본디 모습 그대로의 신플라톤주의를, 구약과 《신약성경》의 유대인적 기독교 유신론(有神論)—특히 사도 바울—으로부터 이어받은 이념 쪽으로 방향을 수정했다. 이제 그는 하느님을 능동적으로 모든 것을 변화시키는, 내재하는 성령의 힘이라고 말했다. 어떤 의미에서 하느님은 여전히 모든 것의 근원이며, 시간을 초월한 존재로 여겨지고 있다. 그렇지만 그는 비록 초월적 존재라 하여도 동적인 원인(動力因; efficient cause)으로서 다루어지고 있다. 그러므로 이전의 신플라톤주의는 결코 버려진 것이 아니라, 의미가 크게 바뀌었던 것이다. 성 아우구스티누스의 기본적인 철학적·신학적 이론들—하느님과 인간에 대한 이론, 죄와 은총과 구원에 대한 이론 등—은 서로 대립하는 두 주장을 동시에 지켜 나가려는 그의 노력에서 나온 것이다. 그의 사상에서 엿보이는 예리한 통찰력과 치밀함은 자기 사상의 바탕이 된 두 전통을 서로 조화시키고자 노력한 그의 지적 기교에서 비롯된다.

인식론(認識論)

성 아우구스티누스가 이전의 전통들로부터 영향을 받았다고는 하지만, 그는 독창성과 창조적 재능도 지니고 있었다. 그는 '내면적 삶의 스승'이라고 불리어 왔다. 변론적(辯論的) 토론이나 행정적인 일에 타고난 재능이 있었기 때문에, 실제로도 그는 마음과 의지의 작용을 잘 관찰하고 분석할 수 있었다. 모든 사람은 누구나 비물질적·정신적 존재로서 자기 자신의 존재에 대한 직관적 지식을 가질 수 있다고 그는 주장했다. 사람은 여러 가지 점에서 오류를 범할 수도 있다. 그러나 알고 있을 때와 꼭 마찬가지로, 오류를 범할 때에나 의심할 때조차도 사람은 절대적으로 자기 자신이 존재한다고 확신할 수가 있다. '나'에 대한 인식은 감각적 경험이나 다른 어떤 것에 의존하지 않는다. 다시 말하여 그것은 직접적이며 의심할 여지가 없는 것이다. 성 아우구스티누스는 이 견해를 널리 알려진 하나의 짧은 구절로 표현했다. "내가 오류를 범하는 순간에도, 나는 존재한다."(Si fallor sum.; If I err, I am.)

성 아우구스티누스가 자신의 인식론을 형성하는 데 성공한 바로 그때, 비로소 그는 이론적 회의론의 막다른 골목으로부터 벗어날 수 있었다. 그는 자기 한 사람에게 필요했던 것은 철학적으로도 꼭 필요한 것이라 여겼다. 따라서 성 아우구스티누스 철학의 어떠한 체계적 개요도 그의 인식론으로부터 시작하는 것이 가장 바람직하다. 회의론자들은 보통, 이데아란 그것을 품고 있는 사람의 개인적 생각이며, 또 감각이란 외적 대상을 있는 그대로 보여주는 것이 아닌 주관적인 영향을 받는 것이라고 주장했다. 성 아우구스티누스는 이러한 회의론적 주장에 맞서 자기의 인식론을 세웠다.

성 아우구스티누스는 이 회의론적 관점의 첫째 주장에 반대했다. 그는 전형적으로 신플라톤주의 사상을 따라, 이데아는 우리의 마음이 발견하기 전에도 이미 독립적으로 존재해 있던 실재적(實在的) 실체(real entities)라고 주장했다. 실제로 이데아는 우리의 직관에 의해 직접적으로 파악되는 것이지만, 우리가 그것을 직관하지 않았더라도 실제로 어떠한 영향을 받지 않는 것처럼, 이데아 자체도 우리의 직관에 의해서 어떠한 영향을 받지는 않는다. 이데아는 미루어 짐작하는 추론(推論)의 결과가 아니며, 감관(感官)을 통해서 또는 이데아 자체가 아닌 다른 어떤 것을 통해서도 다다를 수 있는 것이 아니다. 이데아에 대한 우리의 직관이나 직관에 의한 추론은 내면적 사실(mental facts)이지만, 그 이데아 자체는 결코 내면적 사실이 아니다. 그것은 시간이나 공간 속에 있는 것이 아니며, 따라서 물질적인 대상과는 달리 불변적이다. 성 아우구스티누스가 나중에 덧붙인 바에 따르면, 그것은 하느님으로부터 오는 '빛'을 받을 때 직관에 의해 우리의 마음과 직접 맞닥뜨리게 된다.[*15] 우리의 마음이 '빛'을 받으면 이데아를 보게 되며, 영원 불변의 진리에 대한 지식을 얻게 된다. 이 영원한 진리는 이데아와 같이 객관적인 것이다. 그리고 마음에 의하여 만들어지는 것이 아니라 마음에 계시가 되는 것이다. 따라서 진리는 마음에 대하여 권위를 가진다. 마음은 여러 이데아를 직관할 때마다 변할지도 모르나 이데아는 변하지 않는다. 따라서 이데아에 대한 진리도 변하지 않는다. 영원불변의 진리에 대한 지식—이것을 성 아우구스티누스는 '지혜(wisdom)'라고 불렀다.

회의론적 태도의 두 번째 주장에 반대하여 성 아우구스티누스는, 감각(感

---

*15 예수회(S.J.)의 Frederic Copleston이 지적한 바에 따르면 "아우구스티누스 사상에서는 신이 내려 주는 '빛'이 플라톤 철학의 상기(想起 ; reminiscence, 인간의 영혼이 참된 인식에 다다르기 위해, 태어나기 전에 보아 온 이데아를 되돌아보는 과정)를 대신하고 있다." *A History of Philosophy*(London, Burns, 1950). Vol. Ⅱ, p. 64.

覺)은 신체의 변화로 인해 마음속에 일어나는 결과가 아니라, 마음이 신체에서 일어나는 어떤 변화들을 자유롭게 선택하여 주의 깊게 살펴보는 내적 활동이라고 주장했다. 물론 인간의 신체는 모든 물체와 마찬가지로, 다른 물체들과의 관계 속에 끊임없이 변화하며, 다른 물체들과의 이러한 접촉에 의해 많은 영향을 받는다. 그러나 마음은 본질에 있어 신체와는 전적으로 다르다. 마음은 단순하고 비물질적인 실체이며, 신체는 복잡하고 물질적인 실체이다. 마음은 오로지 신체를 이용하고 있을 따름이며 신체로부터 비롯된 것이 아니다. 감각도 신체로부터 영향을 받은 것이 아니다. 감각은 신체에서 일어나는 변화들 가운데 어떤 것에 대해 마음이 관찰하는 것이다. 마음은 신체에서 일어나는 모든 변화를 관찰하지는 않는다. 그것은 오로지 그 자신의 목적과 관련된 신체적 변화만을 관찰한다. 보고 듣는 것뿐만 아니라, 모든 감각 기관을 통하여 우리는 신체 속에 진행되고 있는 어떤 변화를 알아차린다. 따라서 이러한 변화에 대한 어떤 정보(information)를 얻게 된다.

감각이란 앎(knowledge)으로 나아가는 길이다. 이는 일정한 목적을 가진 활동으로서, 마음의 의도와 그 마음의 작용에 관련된 신체가 처한 상황에 대해 무엇인가를 나타내 준다. 따라서 감각은 가장 단순한 상황에서도 이미 지적이고 의욕적인 요소들을 갖게 된다. 그것은 우리가 깨닫지 못하는 사이에 일어나는, 동물의 신체 및 동물의 신체와 접촉하고 있는 다른 물체들에 대한 판단이다. 이러한 종류의 앎이나 지식은 사람들로 하여금 유형적인 물질 세계를 다룰 수 있도록 도움을 주지만, 그 대상이 변화하는 세계에 속하는 물체에 지나지 않으므로 이데아보다, 영원불변의 진리에 대한 앎보다는 가치가 적다. 그러나 그 안에 이데아가 깃들어 있는 만큼, 그것은 참된 지식이다. 왜냐하면 이데아는 비록 그 자체로서 감각 세계를 초월한 실체이기는 하지만, 또한 우리가 감관(感官)을 통해 바라보는 사물들의 본질이기도 하기 때문이다. 바로 이 사실 때문에 물질 세계는 감각을 통해서 우리에게 알려질 수가 있다는 것이다. 이 낮은 종류의 이차적인 지식에 대해 성 아우구스티누스는 과학이라는 이름을 부여했다.

성 아우구스티누스의 인식론은 가톨릭의 주장에 매우 적절하게 일치했다. 성 아우구스티누스는 가톨릭의 정통적 견해로서 받아들여진 것, 즉 이성에 대한 신앙의 우위성을 인정했다. 그러나 그는 결코 이치에 맞지 않는 맹목적 신앙을 찬성하지는 않았다. 그가 주장한 바에 따르면, 알기 위해서는 먼저 믿음이 선행되어야 한다. 먼저 믿기만 한다면 우리는 신과 접촉할 수 있고, 신으로부터 '빛'을 얻을 것이며, 이는 마침내 영적인 문제에 대한 앎으로 이어질 것이다. 또 이에 못지않게 진실하게 평화로운 확신을 가지고 믿기 위해서는 '이해'를 필요로 한다. 실제로 우리는 이해가 없이는 완전한 기독교 신앙을 가질 수가 없다. 사람들은 흔히 나름대로 노력을 기울여 과학이라고 부르는 종류의 지식에 다다를 수 있을 것이다. 이와 같이 성 아우구스티누스는 비록 과학의 존립을 인정하여 시간적·현세적인 사물들에 대한 과학적 탐구를 위한 여지를 마련했지만, 그 자신은 이러한 지식을 쌓는 데 노력을 기울이지 않았다. 그는 '지혜'라고 하는 좀 더 높은 종류의 '앎'은 신이 내려 주는 '빛'을 필요로 한다고 주장했다. 그리고 이러한 '앎'은 신앙의 결과인 동시에 성취로서, 사람들에게 정신적 실재(實在)나 하느님에 대해 이해할 수 있게 해 준다.

하느님과 세계

성 아우구스티누스는 그 자신이 주장한 대로 하느님에 대한 자신의 이론, 즉 하느님에 대한 건전한 기독교 교리는 플라톤으로 거슬러 올라가는 철학적 전통과 역사적 관련성을 가지고 있다고 믿었다. 물론 그가 본 플라톤은 플로티노스가 본 플라톤이었으며, 그가 플라톤에서 찾아낸 하느님에 대한 이론은 다름 아닌 플로티노스의 '일자'(the One, 하나의 존재)'에 대한 이론이었다. 이 플라톤적 이론을 주장함으로써 성 아우구스티누스는 삼위일체설을 떠올리게 했다. 그는 다음과 같이 썼다. [16]

하느님에게는 사물을 존재케 하는 힘과 사물을 이해하게 해주는 합리성, 그리고 삶에 도덕적 질서를 부여해 주는 목적성이 있다. 만일 사람이 그 자신 안에 내재된 가장 훌륭한 것을 통하여 만물 가운데 절대적으로 가장 고귀한 것—즉 그분 없이는 어떠한 자연도 생겨나지 못하고, 어떠한

---

[16] The City of God, 제8권, 제4장. 이 장 머리말에서 성 아우구스티누스는 플라톤이 모든 다른 '이교도' 철학자들보다 사랑을 받고 있는 것이 마땅하다고 말했으며, 이러한 칭찬을 플라톤 해석에 가장 정통한 플라톤주의자들(즉 신플라톤주의자들)에게까지 확대했다.

교리도 마음을 밝혀 주지 못하며, 어떠한 행동도 유익한 것이 되지 못하는, 이토록 참되고 지극히 선한 하느님—에 이르도록 창조되어 있다면, 그는 만물을 조화롭게 하고, 우리로 하여금 만물을 이해하게 하며, 이로써 만물의 이치가 우리에게 정당화된다는 점에서 존중되어야 할 것이다.

이 구절은 세계와 인간에 대한 하느님의 세 관계, 즉 형이상학적·인식론적·윤리학적 관계를 되풀이 강조하고 있다. 이렇게 성 아우구스티누스가 플라톤적 전통을 끌어와 사용함으로써, 플라톤 사상은 기독교 교리와 일치한다는 신념이 확립되었다. *17

성 아우구스티누스가 교구를 다스리는 실제적인 일을 하게 되면서 그의 견해는 플로티노스와는 점점 달라졌다. 그가 저술 활동을 시작한 초기의 하느님 사상은, 플로티노스의 '일자'론과 마찬가지로, 하느님이 존재(being)와 선(good)의 유일한 근원이라는 것이었다. 하느님에 대한 기도문 속에서 그는 전형적인 신플라톤주의적 언어를 사용하고는 했다.

만물을 창조하신 하느님이시여! 무엇보다도 내가 당신께 소원을 말씀드릴 수 있도록 허락하여 주소서. ……하느님이시여! 당신은 저 스스로는 존재할 수 없는 모든 것을 있게 하시옵니다. ……하느님이시여! 당신으로부터 모든 선한 것이 끊임없이 저희에게로 흘러들어 오며, 당신에 의해서 모든 악한 것이 저희에게서 물러가옵니다. 하느님이시여! 당신의 위에, 당신의 밖에도 아무것도 존재하지 아니하오며, 당신이 없다면 또한 아무것도 존재하지 아니하옵니다. *18

성 아우구스티누스는 이처럼 신플라톤주의 영향을 받고 있음에도, 세계나 인간을 하느님으로부터 나온 존재라고 보는 데는 동의하지 않았다. 이 유출

---

*17 그 구절은 말씨로 보아 플라톤 〈국가편 Republic〉에 나오는 선(善)의 이데아에 대한 토론을 떠올리게 한다. 그런데 성 아우구스티누스가 플라톤의 영향을 받은 것은 플로티노스나 그 밖의 신플라톤주의자들을 통해서였기 때문에, 성 아우구스티누스가 본 플라톤 철학은 신비적이며 신학적인 성질을 띠었다.

*18 〈독백록 Soliloquies〉 제1부, 제2~4절.

설(流出說 ; emanation)이 기독교 신학에 (뒤에 스콜라 철학자들이 때때로 그랬던 것처럼) 도입되었을 때에는 언제나 범신론(汎神論 ; pantheism, 다신교)으로 바뀌는 경향이 있었다. 성 아우구스티누스는 하느님과 이 세계를 존재성(存在性)의 정도에서뿐만 아니라 그 종류에 있어서도 서로 다른 것으로 보았다. 그리고 그를 이끌어 신플라톤주의를 수정하게 만든 것은 유대교적 기독교 전통과 그 자신의 개인적 체험이었다. 유대교적 기독교 전통에 따르면, 하느님은 천국과 지상 세계를 창조했다. 그러나 그는, 그 자신 안에 자신과 맞서는 의지(will)를 생생하게 깨닫고 있었다. 반항적 의지가 생기거나 심지어 호응적 의지가 생기는 순간에도, 그는 하느님의 의지와 자신의 의지가 서로 맞서는 느낌을 받았다. 그리고 성 아우구스티누스가 창조론을 지지한 것도 이 이론이 '의지'라는 용어를 사용하면서 하느님을 논하고 있기 때문이다.

창조론은 유출설과는 매우 다르다. 창조론은 이 세계가 하느님이라는 존재의 형식적 본질로부터라기보다 오히려 하느님의 강력한 권능으로부터 생겨난다고 보는 것이다. 그러므로 창조의 이념에는 어떠한 범신론적 의미도 담겨 있지 않다. 성 아우구스티누스가 비록 하느님은 시간을 뛰어넘어 존재하며, 이러한 의미에서 초월적이라는 신플라톤주의적 전통을 따르고는 있지만, 하느님과 세계의 관계를 권능(power)의 측면에서 생각한 점에서는 유대교적 기독교 전통을 따른 것이다. 플로티노스와 마찬가지로 성 아우구스티누스에게도 틀림없이 하느님은 이 세계 안에 내재한다. 그러나 하느님이 내재한다는 것은 하느님의 실체가 아니라 그 권능이 내재함을 뜻한다. 플로티노스에게 '일자'는 완전한 하나의 존재(the One)인 데 대하여, 성 아우구스티누스에게 있어 하느님은 모든 것을 가능케 하는 전능한 의지(意志 ; almighty will)이다. 플로티노스는 적어도 세계가 존재하는 한 그것은 하나의 존재로부터 존재성을 나누어 가진다고 본 데 대하여, 성 아우구스티누스는 세계는 그 발생과 역사에 있어서 전능한 의지의 힘을 나타내는 것으로 보았다. 따라서 플로티노스가 말한 영적 세계(spiritual world) 이론은 성 아우구스티누스에게서는 영적 권능(spiritual power) 이론이 되었다.

성 아우구스티누스 이전에는 플라톤적 전통이 영원한(timeless and eternal) 세계에 대한 근원을 권능과 의지라는 측면에서 다룬 적이 결코 없었다. 이 새로운 견해는 중대한 문제들을 안고 있었다. 그러나 시간과 의식의 관계에 대한 새로운 이론을 세움으로써 이 문제들을 해결하려 했다. 한낱 인간은 그의 유한한 의식 속에서 어느 일정한 범위의 시간만을 파악하고 있다고 성 아우구스티누스는 지적했다. 즉 인간은 과거를 기억하고 현재를 누리며 미래를 기대한다—그리고 그는 과거와 현재와 미래(물론 제한된 양의 과거와 현재와 미래)를 한데 엮어 자신의 의식 작용 속에 포함한다. 인간이 유한한 의식 속에서 작게 하는 일을 하느님은 모든 것을 포용하는 그의 의식 속에서 무한히 광대한 규모로 한다. 즉 하느님은 시간에 따른 모든 과정을 영원불변의 형언할 수 없는 한 시각(視覺 ; vision) 안에 한꺼번에 가지고 있다. 물론 인간은 이 신적인 시각을 가질 수는 없으나, 적어도 이를 자신의 종합적인 능력 안에 어렴풋이 예시되는 한계 안에서 부분적으로나마 이해할 수가 있다. 하느님에게는 결코 과거도 미래도 없다. 하느님은 시간을 초월한 존재로서, 하나의 포괄적인 활동—몇 가지 점에서 창조적인 힘이고, 완전한 앎이며, 성취된 목적이라고 말할 수 있는 활동—으로서 시간 전체 과정을 이해한다. *19

성 아우구스티누스의 시간론(時間論)은 그동안 이어져 온 두 교리, 즉 창조(creation)와 섭리(providence, 하느님의 뜻) 이론을 다시 거론하게 만들었다. 창조를 어떤 때에, 더욱이 과거 어느 순간에 일어난 하나의 사건으로 보는 것은 옳지 않다. 오히려 그것은 이 세계의 초시간적 원인과, 시간 안에서 일어나는 사건들 전체 과정과의 관계를 말한다. 하느님은 변화하는 사물의 세계를 창조함으로써 시간을 창조하였다. 왜냐하면 시간은 변화를 나타내 주기 때문이다. 하느님은 이 세계보다 앞서 존재해 왔다고 말할 수 있다. 그러나 이 표현이 시간 속에서 살아가는 우리 피조물에게 아무리 자연스럽다고 할지라도, 연대적(年代的 ; chronological) 의미로 생각해서는 안 된다. 이는 논리적 의미로 받아들여야 한다. 즉 세계의 영원한 근원으로서 하느님은 자신의 권능의 결과물인 덧없는 이 세계보다 논리적으로 앞서는 존재이다. 하느님은 시간 속의 어떠한 사건과도 더는 밀접한 관련을 가지지 않는다. 따라서 그의 섭리를 시간의 흐름에 따라 점차로 성취해 나아가기 위한 하나의 목적으로 여겨서는 안 된다. 그의 섭리는 오히려 시간의 모든 과정이 총체적

---

*19 성 아우구스티누스의 시간론에 대해서 〈고백록〉 제11권과 〈삼위일체론〉을 보라.

으로 파악될 때, 그 전체 과정이 한꺼번에 종합적으로 나타나는 세계가 있다는 점에서 찾아볼 수가 있다. 인간의 관점에서는, 따로따로 일어난 것으로 보이는 개별적 사건들 속에 특정한 섭리(particular providence)가 일어나고 있다고도 말할 수 있다. 그러나 이러한 예의 특정한 섭리는 모든 사건의 움직임 안에서 충분한 의의를 갖는다. 이 모든 사건을 집합적으로 보여주는 것이 바로 하느님의 일반적 섭리(general providence)이다. 하느님의 섭리에 대하여 성 아우구스티누스는 다음과 같이 썼다. [20]

왜냐하면 그는 때로는 이것을, 때로는 저것을 하려고 하지 않기 때문이다. 하나의 포괄적이며 일관된 행위로 그는 자기가 하려는 모든 것을 한다. 그는 조금씩 되풀이하여 때로는 이러한 것들을, 또 때로는 저러한 것들을 하려 하지 않는다. 그는 자기가 전에는 하려 하지 않던 것을 나중에 하려고 하는 일이 없으며, 또 자기가 전에는 하려 하던 것을 나중에 하지 않게 되는 일도 없다. 왜냐하면 그러한 종류의 의지는 변화하는 것이며, 변하는 것은 영원하지 않기 때문이다. 그러나 우리의 하느님은 영원한 존재이다.

성 아우구스티누스는 하느님의 섭리가 인간과 같은 이성적 동물에게 있어서는 선택의 자유와 더불어 일어날 수 있다고 주장했다. 하느님 섭리에 대한 이론은 하느님이 예지(豫知 ; foreknowledge)하는 능력을 가지고 있음을 받아들이도록 요구한다. 그러나 하느님의 예지는 나중에 일어날 어떤 사건을 미리 아는 것을 말하는 것이 아니다. 이러한 예지야말로 인간을 외적 지배의 제물로 만들어 버리며, 선택의 자유가 지니는 도덕적 의의를 대부분 빼앗아 버릴 것이다. 성 아우구스티누스는 점술·점성술·예언과 그 밖에 이와 비슷한 미신들을 따르게 만드는 신적 예지 사상을 비난했다. 그는 이러한 미신적 신념이나 실천을 악으로 보았다. 하느님의 예지는 모든 시간을 한꺼번에 내다보는 하느님의 영원한 시각(視覺)에 비추어서 이해되어야 한다. 하느님의 예지와 인간의 자유, 이 둘의 관계는 영원한 것과 일시적인 것의 관계와 같

---

[20] 〈고백록〉 제12권, 제15장.

다. 인간에게 있어 어느 것이 먼저이고 어느 것이 나중이라는 식의 연속적인 것도 하느님에게는 모두가 무시간적인 하나의 종합 속에 포함되어 있다. 인간은 책임을 떠맡은 행위자가 되기 위해 하느님에 의해서 창조되었기 때문에 참으로 자유로운 존재이다. 인간은 하느님에게 귀의하여 그의 계율을 따를 때에도, 또 하느님으로부터 등을 돌리고 죄에 빠질 때에도 참으로 자유로운 것이다. 그러나 신의 예지가 인간의 자유와 나란히 존재할 수 있는 것과 마찬가지로, 도덕적인 부분에서 악의 발생은 전능한 하느님 의지의 정의로움(正義 ; righteousness)과 나란히 존재할 수 있다. 왜냐하면 하느님은 도덕적인 것을 선택할 수 있는 자유로운 세계를 바랐고, 그러기 위해서는 인간이 자유로이 악도 선택할 수 있는 세계를 창조해야만 했기 때문이다. 예컨대 인간의 모든 행동이 외적 필연성에 의해 묶여 버린, 참다운 선택의 자유가 없는 강요된 세계보다는, 스스로 선택하도록 의지를 취할 수도 있는, 자유롭게 허락된 세계가 더 좋다고 성 아우구스티누스는 믿었다.

　성 아우구스티누스의 인간관(人間觀)에는 악이나 죄의 본질에 대한 분석도 물론 포함되어 있었다. 그리고 여기에는 많은 논문에서 해결하려 시도했으나 결코 완전히 성공에 이르지는 못한 여러 글이 담겨 있다. 그가 생각하기에 악은 하나의 신플라톤주의적 개념으로서, 존재의 결핍 또는 타락을 뜻한다. 우리가 어둠을 보는 것은 오로지 아무것도 보지 않음에 의해서이고, 정적(靜寂)을 듣는 것은 아무것도 듣지 않음에 의해서 가능하듯이, 우리가 악한 것은 오로지 존재하지 않음에 의해서뿐이다. 이 소극적인 악의 개념은 신플라톤주의적 전통과 일치한다는 점에서는 만족스러운 것이었으나, 성 아우구스티누스는 이에 전적으로 만족하지는 못했다. 죄(sin, 사회적 범죄가 아닌 종교적이고 포괄적인 개념)는 그의 생각에 따르면 하나의 유대교적 기독교 개념으로서, 악의 개념보다 덜 형이상학적이며 심리학적 또는 도덕적 의의가 짙은 개념이다. 즉 죄는 좀 더 적극적인 하나의 개념으로서, 적어도 인간의 체험에서 매우 적극적 요소를 가진다. 이는 하느님에게로 귀의하는 것과는 대조적인 오만·자부·자신에서 오는, 인격의 도덕적 타락인 것이다. 성 아우구스티누스는 신플라톤주의식으로 '모든 자연은 존재하는 그만큼…… 확실히 선하다'고 말했다. [*21] 그렇지만 그도 주장했듯이, 도덕적 타락은 존재하지 않는 것과는 다르다. 이것은 곧 죄를 범하는 데에서 온다.

성 아우구스티누스는 원죄 사상(原罪思想)을 세움으로써 악과 죄 사이에 교리상 일치를 이루었다. 사실 이 사상의 근원을 찾아간다면, 기독교 사상을 통하여 사도 바울에게까지 올라갈 수가 있다. 그러나 성 아우구스티누스 이전에는, 그의 주장처럼 힘차고 분명하게 나타나지는 못했다. 성 아우구스티누스는 신플라톤주의와 유대교적 기독교 사이에 죄에 대한 이론이 가지는 논리적 간격을 인식하고 그 간격을 메우기 위해 가장 의도적인 시도를 했다. 그러나 그의 사상에 모호한 부분이 전혀 없을 만큼 완벽한 이론을 끌어내지는 못했다. 원죄 사상을 다룬 글에는 적어도 그가 사용한 신플라톤주의적 언어에 있어서, 여러 개인과 플라톤적 이데아를 가진 인간 사이에 혼동이 내포되어 있다. 예를 들어 그는 다음과 같이 쓰고 있다.[22]

하느님은 인간을 옳게 창조하셨다. 그는 이 세상에 존재하는 모든 자연물(인간을 포함한 모든 자연물)의 창조자이다. 그러나 그들 자연물이 가진 오점(汚點)의 창조자는 아니다. 인간은 스스로 타락했으며, 이로 인해 마땅히 저주받았으므로 타락하고 저주받은 자손들을 낳았다.

성 아우구스티누스가 이 글에서 '인간'이라 부른 것은 물론 아담을 가리킨다. 그러나 아담의 후예로서, 인간성의 구현물(具現物 ; embodiments)들이라 할 수 있는 모든 인간에게 따라다니는 타락을 설명하기 위해서 그는 인간을 인간성의 의미로 생각하지 않으면 안 되었다. 특정인(特定人) 아담에 있어서 타락은 바로 죄 자체였다. 그리고 인간의 이데아(forms, 형상)로 보아 타락은 존재의 결핍을 뜻한다. 그러나 생각해 보건대 앞엣것은 뒤엣것을 낳았다. 그리고 이러한 타락으로 말미암아 뒤에 오는 모든 인간은 이 타락한 형상의 실례를 보여주었다. 그러나 이 본질적 타락에 이끌려 인간이 살아가면서 저지르게 될지도 모르는 후천적인 죄와 관계없이, 본질적인 타락을 그들은 죄라고 여긴다. 인간은 어떤 죄를 실제로 범하기 전에도 이미 하느님의 눈에는 죄를 짓고 있는 것이다. 또 인간은 그가 물려받은 결핍된 성질에 따르는 행위들로 인해 자기가 지은 죄에 대한 책임을 지고 있으며, 그의 본래

---

*21 〈신국론神國論 ; City of God〉 제12권, sec. 5와 sec. 7.

*22 〈신국론〉 제13권 sec. 14.

성질이 은총이라는 신의 선물에 의해서 바뀌지 않는다면 결코 구원을 바랄 수가 없다. 인간은 처음에 은총을 (적어도 어느 정도) 받고 나서, 그 덕으로 그 뒤에 더 많은 은총을 받게 되지 못한다면 은총이라는 선물을 받을 자격조차 없다. 하느님은 어떤 사람들에게는 은총을 내리어 구하고 어떤 사람들은 구제하지 않는다는 것을 성 아우구스티누스는 경험을 바탕으로 한 사실이라고 믿었다. 그러나 그도 분명히 인정했듯이 이는 받아들이기 어려운, 그리고 하느님의 선한 본성과 일치하지 않는 하나의 사실이었다. 그는 이 견해의 문제점들을, 바른 사람을 구원하는 것은 하느님의 자비에 대한 증거이고, 악한 사람을 파멸하게 하는 것은 하느님의 정의로움에 대한 증거라고 주장함으로써 해결하려 했다. 그는 비록 우리가 하느님을 정의롭다고는 하지만 부득이한 경우에 신적인 정의(正義)는, 인간의 관점에서 지금 우리가 정의롭다고 생각하는, 마땅히 있어야 할 정의와는 다른 것이라고 고백했다. 그럼에도 불구하고, 구제받은 사람들과 파멸된 사람들에 대한 하느님의 관계인 자비와 정의는 하느님의 영광과 위엄을 드러내 보여주는 것이라 주장했다.

인간의 자유와 죄와 은총의 복잡하게 뒤얽힌 문제들에 대한 성 아우구스티누스의 생각은 그 무렵과 그 뒤 수 세기에 걸쳐 매우 신랄하고 기나긴 논쟁거리가 되었다. 그 무렵 그에게 가장 크게 반대한 사람은 펠라기우스(Pelagius) *23였다. 펠라기우스는 원죄(原罪 ; original sin)를 부인하고, 인간의 선택을 하느님의 의지와 관계없는 것으로 봄으로써 문제점들을 헤쳐 나갔다. 이 견해는 인간의 도덕적 지위를 강조하고, 하느님의 성정으로부터 벗어난 부분들을 제거하여 도덕적 관심을 만족시켰다. 그것은 모든 역사적 사건 뒤에는 하느님의 뜻이 있다는 것을 은연중에 부인함으로써 종교적 관심을 떨어뜨렸다. 성 아우구스티누스는 많은 반펠라기우스적 논문들을 썼으며, 그 다음 두 세기 동안 이어진 종교회의에서는 펠라기우스설(說)을 이단으로 몰아 비난했다. 그러나 교회의 교리 발전사(發展史)에서 자주 그러했듯이, 여기서 함부로 이단이라고 몰아 버린 소극적 선언은 쉽게 진리를 인정하는 적극적 정의(定義)와는 다르다.

성 아우구스티누스의 은총설은 죄에 대한 그의 이론처럼 문제점을 지니고

---

*23 한때 교황 사절(使節)이었던 영국 수도사. 420년경 죽음.

있다. 여기에서도 그는 자기가 의존했던 두 전통을 종합하려고 온 힘을 기울였다. 신플라톤주의식으로 그는 은총이라는 것을, 원죄의 결함을 극복하는 존재의 충실성으로 생각했다. 존재는 선한 것이며, 온갖 사물도 그것들이 존재하는 한 선한 것이므로, 존재의 충실성을 받아들이며 이를 더 충만하게 더하여 가는 사람일수록 점점 더 하느님의 마음에 들게 된다는 것이다. 그러나 유대교나 예수의 가르침에 따라, 은총을 자기 죄를 충분히 회개하는 사람들에게 하느님이 기꺼이 베풀어주는 용서라고도 생각했다. 은총은 유대교적 전통에 있어서는 신성함의 조건이며, 기독교 전통에 있어서는 신성함에 대한 보상이다. 성 아우구스티누스는 때로 이 두 견해에 모두 동의하여, 은총을 신성함의 조건으로도 또는 결과로도 보았다. 세월이 지나면서 교회 권위를 강조하는 일이 실제로 중요해짐에 따라, 그는 종교 생활에서 성례(聖禮)의 구실을 역설함으로써 이론적 문제점들을 완화하는 데로 기울어졌다. 실제적 목적을 가진 보통 사람들은 성례를 통해서 신의 은총이 내린다고 믿었다. 교회의 성례 의식을 통하여 신비로운 존재로서의 하느님을 숭배함으로써 사람들은 의롭게 살아가려는 다짐을 하게 되며, 신의 사랑을 다시 받게 된다. 하느님과의 신비적 교류는 형이상학적 변화이며, 동시에 도덕적 부활이다. 성 아우구스티누스는 알기 위해서 믿어야 한다는 자기의 주장을 결코 잊지 않았다. 그는 하느님의 무한한 신비에 대한 인간의 이해가 결코 완전한 것이라고는 생각지 않았다. 따라서 철학적 분석이 인간의 의무와 특권의 전부는 아니며, 바로 그러한 문제점들을 극복하기 위해 때로 인간은 기도 행위를 하게 된다는 것이다. 예를 들어, *24

오! 주여. 나는 의심하지 않고 확신에 찬 마음으로 당신을 사랑합니다. ……그러나 내가 당신을 사랑한다고 말할 때, 내가 사랑하게 되는 것은 무엇일까요? 우리 눈을 즐겁게 하는 육체의 아름다움도, 어느 순간의 영광도, 빛의 광채도 아니며, 온갖 노래에서 흘러나오는 감미로운 선율도 아

---

*24 〈고백록〉 제10권, 제6장. 성 아우구스티누스가 분석으로부터 기도로 쉽게 시선을 돌린 사실은, 성 아우구스티누스 철학이 수사학(修辭學 ; rhetoric)으로부터 탄생하자마자 곧바로 권위에 휩싸여 버렸다고 한 산타야나의 주장―오히려 과장이라고 말하는 편이 좋겠으나―을 어느 정도 정당화하는 것이라고 볼 수 있다.

님니다. 꽃이나 기름이나 향료의 향기도 아니며, 꿀과 같이 달콤한 맛도, 열정적인 포옹에 빠져들게 하는 팔과 다리도 아닙니다. 나는 하느님을 사랑할 때 그러한 것들을 사랑하지 않습니다. 그러면서도 나는 하느님을 사랑할 때 어떤 빛, 소리, 향기, 맛, 그리고 포옹을 사랑합니다—이들은 곧 내 안에 있는 인간의 빛이며 소리, 향기, 맛, 그리고 포옹입니다. 이곳에서는 어떠한 공간에서도 찾을 수 없는 그 무엇이 나의 영혼에 빛을 비추어 주며, 시간이 가지고 갈 수 없는 무엇이 메아리 되어 울립니다. 이곳에서는 숨결이 내어줄 수 없는 그 무엇이 향기를 뿜고, 아무리 먹어도 줄어들지 않는 무엇이 귀한 맛을 내며, 그리고 아무리 받아들여도 파괴되지 않는 무엇이 확고하게 남아 있습니다. 하느님을 사랑할 때 나는 이러한 것들을 사랑하게 됩니다.

역사철학

성 아우구스티누스의 가장 주목할 만한 저서로서 후세에 가장 많은 영향을 준 것은 〈신국론 The city of God〉이다. 이 책에서 성 아우구스티누스는 신기하고 재미있는 많은 이야기들을 담고 있으며 그의 변신론(辯神論 ; theodicy), 즉 기독교적으로 역사를 해석해 나아가며, 인간의 불행과 죄를 다스리는 하느님의 방법에 대해 정당성을 부여했다.

〈신국론〉은 시대에 알맞은 저서였다. 콘스탄티누스 황제는 313년 밀라노 칙령으로 기독교를 법적으로 공인함으로써 기독교를 로마 제국 안의 많은 이교(異敎)들과 동등한 위치로 올려놓았다. 그러나 4세기에는 극심한 혼란이 이어졌다. 로마 제국은 쇠퇴하여 힘을 잃어갔다. 이방인들이 쳐들어오고, 제국이 동서로 분열되었다. 교회는 도나투스파·아리우스파·델라기우스파 같은 이단으로 몰린 교리들과, 서로 대립하는 정치적 세력들에 의해 분열되었다. 360년경 율리아누스 황제는 이교 신앙을 부활시키려고 시도했으며, 20년 또는 그보다 더 오랫동안 기독교에 대한 적대 행동이 일어났다. 388년에 로마 원로원은 로마의 공식 종교로서 유피테르의 숭배를 인정할 것인가, 아니면 그리스도의 숭배를 인정할 것인가에 대하여 논쟁을 이어갔다. 그리고 393년 황제 테오도시우스 1세는 이교 신앙 의식을 금지했다. 2년 뒤 서(西) 고트인들은 다뉴브 강을 건너 제국 영토의 거대한 지역을 휩쓸었다. 시인 프루덴티우스는, 그리스도와 그의 신도들 때문에 하느님의 로마 시를 이방인들의 파괴로부터 구했다고 주장하는 글들을 썼다. 그러나 410년에 고트인들은 로마를 침략했다. 로마 제국 안팎으로 많은 사람들이 한결같이 '로마는 기독교 시대에 멸망했다'고 외쳐댔다. 기독교계는 프루덴티우스가 한 것보다 더욱 강력하게 현실적으로 자신들을 변호해 주기를 간절히 바랐다. 성 아우구스티누스는 413년부터 426년 사이에 쓴 〈신국론〉 62권에서 기독교를 옹호하려 했다. 그의 변신론은 그의 고향 히포 시(市)를 반달족이 약탈하고 로마 제국이 쇠퇴 몰락하는 와중에도 살아남아, 그 뒤 서구 문명 시대를 통하여 가장 널리 인정된 역사 철학의 하나로 손꼽혀 왔다.

성 아우구스티누스에 따르면, 역사는 대립하는 두 힘—지상의 나라와 천상의 나라—의 끊임없는 싸움이다. 이 싸움의 실례는 얼마든지 있다—즉 카인과 아벨, 홍수와 노아, 서민과 선지자, 헤롯왕과 예수, 현세(the world)와 천상의 교회(在天敎會; the Church Invisible) 등이 있다. 이 실례들 가운데 한쪽의 특색은 잔인성·오만·강탈·방탕이며, 다른 한쪽의 특색은 믿음·희망·자비이다. 싸움은 태초와 더불어 시작되었으며, 최후의 심판 때까지 계속될 것이다. '이 두 나라는 현시대에 이르러 저마다 얽히어 싸우리니, 앞으로 최후의 심판에서 분리될 때까지 서로 뒤엉켜 있을 것이다.'[*25]

지상의 나라는 흔히 국가 안에 나타난다. 국가는 대체로 탐욕적이고 천박한 야심을 특징으로 가지기 때문이다. 천상의 나라는 교회 안에 가장 잘 나타나 있다. 교회는 많은 훌륭한 사람들이 머무는 곳이기 때문이다. 그러나 성 아우구스티누스는 결코 국가를 지상의 나라와 동일시하거나 교회를 천상의 나라와 동일시하려는 것은 아니었다. 그는 교회와 국가의 관계에 대한 이론을 보여 주려는 것이 아니었다. 후세에 가서야 뚜렷해진 문제점들을 다룰 기회를 그저 갖지 못했을 뿐이다. 국가는 때에 따라서는 매우 훌륭한 제도가 될 수 있다고 그는 믿었다. 국가는 인간의 번영을 위하여 필요한 제도로서, 원죄와 사악한 사람들의 악행 때문에라도 더욱 그러하다. 키케로의 〈국가 res publica〉 개념에 대한 성 아우구스티누스의 공감 가는 분석을 살펴보면, 국가란 공통적인 이해 관계를 바탕으로 법의 지배를 받는 사람들의 공동체

[*25] 〈신국론〉 제1권, sec. 35.

이다. 만일 국가라는 것이 지상의 나라와 같은 뜻을 가지는 것이라면, 기독교도가 시민으로서 직업을 갖거나 시민의 의무를 지는 일 등은 정당하지 못하다고 해야 할 것이다. 기독교도 스스로 도나티스트(Donatist)들을 억압하기 위해 국가의 힘에 호소했던 것이다. 이 세계의 사물들은, 만일 올바르게 사용되기만 한다면 결코 악한 것이 아니다. 그리고 정부도 만일 올바르게 운영만 된다면 지상의 나라에 아첨하며 영합하지는 않는다. 국가의 존재는 이 세계의 악 때문에 필요해졌지만, 국가의 활동이 반드시 악한 것만은 아니다. 플라톤이나 아리스토텔레스가 가졌던, 정치적 삶의 존귀성에 대한 날카로운 의식이 상당히 성 아우구스티누스에게 결여되어 있었다. 따라서 그는 사람들에게 정치적 직책을 맡기 위해 애쓰라고 권하지는 않았던 것이다. 그러나 그는 기독교 원리들에 따라 활동하는 종류의 국가나 정부는 존중했다. 그가 역사 이래 존재해 온 국가와 정부들을 언제나 비난한 것은, 이들이 보통 그러한 활동을 제대로 하고 있지 않음을 경험적으로 관찰했기 때문이다. 국가의 구성원이나 통치자는 오직 교회의 가르침을 통해서만 기독교 원리를 배울 수 있기 때문에, 그는 교회를 국가보다 고귀한 제도라고 보았다.

마찬가지로 천상의 나라는 지상 교회(地上敎會)와는 다르다. 성 아우구스티누스는 만일 그가 많은 반대 논문을 쓴 바 있는 도나티스트의 교회 이론을 가져다 쓰지 않았다면, 이 견해를 주장하지 못했을 것이다. 성 키프리아누스처럼 그에게도 교회는 구원의 방주로서, 결코 선민(選民)의 단체는 될 수 없었다. 천상의 교회(the Church Invisible, 참된 교회)에는 누가 있고 누가 없는지를 아무도 알지 못한다. 오직 전지전능한 하느님만이 그것을 알 뿐이다. 현세의 교회에는 올바른 사람, 올바르지 못한 사람 할 것 없이 모두가 속해 있다. 교회보다 더 손쉬운 구원 수단은 없으며, 구원은 오직 교회를 통해서만 가능하다. 그러나 교회 안에는 구원을 받지 못할 사람들도 많이 있다. 교회는 비록 믿고 따르는 이들의 집단으로서는 불완전하지만, 그럼에도 불구하고 그 신적인 기원과 신성한 지위로 인해, 현실에 존재하는 모든 제도 가운데에서 천상의 세계에 이를 수 있는 가장 가까운 수단이 되고 있다. 국가와 교회 사이에 일어나는 모든 논쟁에서, 성 아우구스티누스는 언제나 같은 목소리로 마땅히 교회의 가르침에 편을 들어 주는 쪽이었다. 하지만 현실 세계의 좀 더 타락한 혼란 속에서처럼 교회 문 안에서도, 비참함의 정도는 덜할지라도 지상의 나라와 천상의 나라 사이의 싸움은 최후의 심판 때까지 쉬임없이 이어질 것이다.

플라톤·플로티노스·성 아우구스티누스

고대 시대에 플라톤·플로티노스·성 아우구스티누스, 이 세 사람은 이른바 플라톤적 전통의 역사상 가장 위대한 인물들이다. 이 전통에 이보다 더 적절한 말은 없다. 그러나 4~5세기까지 플라톤의 진정한 가르침은 신플라톤주의적 언어와 개념들로 가려져 있었다. 성 아우구스티누스의 천재성은 철학적으로 빈틈없는 신플라톤주의적 전통과, 그보다는 훨씬 더 단순하고 소박한 유일신교(唯一神教)인 유대교적 기독교 전통(학자들의 학구적 기독교와 대중의 통속적 기독교가 저마다 그런 성향을 보이고 있었다)을 결합한 데 있었다. 비록 그는 완전한 성공은 거두지 못했으나, 매우 능숙하게 이 두 전통을 결합시켰다. 성 아우구스티누스가 결합하려 한 이 두 전통은 서로 이점을 주고받았다. 유대교적 기독교 전통은 그 확고한 일신교 사상(一神教思想)과 예수의 말에 대한 신뢰로써 신플라톤주의를, 나중에 이 학파의 저술가들이 더욱더 빠져들게 된 마술·예언·미신 같은 터무니없는 짓으로부터 벗어나게 해주었다. 그 무렵에는 교육을 받지 않은 몇몇 기독교 지도자들 때문에 기독교가 반지성주의(反知性主義), 분별없는 독단주의, 난폭한 독재주의 같은 천한 성질에 빠져들어 가는 경향이 있었다. 신플라톤주의 전통은 그 자체가 지니고 있는 합리성과 지적 생활의 영광에 대해 강조함으로써 기독교를 그로부터 벗어나게 해 주었다. 이들 2대 전통이 어느 정도 통합을 이루게 하는 데 있어, 이 세계에 대한 지혜의 보고(寶庫)라는 교회의 개념이 성 아우구스티누스에게 큰 도움을 주었다. 이것은 성 키프리아누스에 의해 많이 변했다고는 하지만, 로마 제정(帝政)의 이념에 의해 후세에 유산으로 남겨진 개념이었다.

플라톤과 플로티노스 그리고 성 아우구스티누스는 비록 플라톤적 전통의 역사에서 서로 의존 관계에 있는 3대 인물이기는 하지만, 저마다 매우 다른 세 가지 형태의 전통을 보여주고 있다. 간단히 말하면, 이들 세 형태는 다음과 같다. 플라톤은, 역사 이래 인간의 타고난 소질과 능력의 이상적 실현을 뜻하는 정신적 가치들의 전거(典據 ; locus classicus, 출처나 근거)가 되고 있다. 플로티노스는, 유한한 존재들의 외적인 다양성에도 불구하고 만물은 모든 것을 포괄하는 하나의 정신 세계 안에서 저마다 자기 역할을 떠맡고 있다는 이론을 펼쳐 보였다. 성 아우구스티누스 이론은, 개인이나 민족으로 나누어진 생명들의 온갖 변화를 뛰어넘는 지혜롭고 선한 하나의 정신적 힘이 존재한다는, 신앙에 대한 역사적 전거가 되고 있다. 정신적 가치나 정신적 세계, 정신적 힘 등은 서로 배척하거나 필연적으로 모순되는 논제들은 아니다. 이것들은 서로 구별될 수 있는 논제들이다. 또 직관 이론과 신앙은 서로 모순되는 이론이 아니다. 이것들은 다만 그 가운데 어느 하나를 다른 것들보다 더 중시하는 사람들에게는 뚜렷하게 구별 지을 수 있는 성질들을 제시해 준다.

제5장 중세 초기

1. 스콜라 철학의 본질

거짓〔僞〕 디오니시우스(Pseudo-Dionysius) : 서기 500년경 많은 저서를 낸 어느 기독교 저술가에 대해 오늘날 사용하는 이름. 누구인지는 분명치 않다. 이 저서들은 디오니시우스 아레오파기테(Dionysius the Areopagite)가 쓴 것으로 되어 있으며, 그는 사도 바울이 아테네에서 기독교로 개종시킨 사람이다(사도행전 13 : 34 참조). 저서들에는 〈신비신학론 神秘神學論 ; *Mystical Theology*〉·〈신명론 神名論 ; *Divine Names*〉·〈천상계위론 天上階位論 ; *Celestial Hierarchy*〉 같은 제목이 주어져 있다. 이 저서들은 신플라톤주의적 내용을 담고 있으며, 프로클로스의 영향을 받아 시리아에서 쓰인 것으로 추측된다.

아니키우스 만리우스 세베리누스 보에티우스(Anicius Manlius Severinus Boethius, 480~524) : 정치계에서 높은 자리에 있었던 로마 사람이며 박식한 학자로, 고트족 왕에게 잡혀 옥에 갇혔다가 처형됨. 그가 감옥에서 쓴 〈철학의 위안 *The Consolations of Philosophy*〉은 중세와 근대에 기도서처럼 쓰였다. 좀 더 철학적으로 중요한 저서로는 아리스토텔레스의 논리학 책들을 번역한 것이 있고, 아리스토텔레스 논리학에 대한 포르피리우스의 〈해설 解說 : *Introduction*〉을 풀이한 것이 있다. 그를 기독교도로 보아야 하는지 이교도로 보아야 하는지에 대한 문제는 〈삼위일체 三位一體 ; *The Trinity*〉에 대한 세 논문이 정말 그의 것인가 아닌가에 달려 있다.

알쿠이누스(Alcuinus, 730~804년경) : 요크에 있는 학원에서 공부했다. 샤를 대제(샤를마뉴)의 청을 받아들여 팔라틴 학원의 원장이 되었다(782~796)〔이 학원은 나중에 샤를 대머리 왕(禿頭王 ; Charles the Bald)이 파리로 옮겼으며, 1215년 파리 대학에 통합된 여러 학원 가운데 하나이다〕.

만년에는 투르에 있는 성 마르탱 수도원의 원장을 지냈다.

페트루스 롬바르두스(Petrus Lombardus, 1100~1160년경) : 파리의 주교가 된 이탈리아 사람이다. 그가 12세기 중엽에 쓴 〈명제집 4권(命題集四卷 ; *Four Books of Sentences*)〉은 널리 알려져 있다.

성 아우구스티누스가 죽은 뒤로부터 샤를 대제의 통치에 이르는 약 400년은 서양 문명 역사에서, 이 정도 길이의 어느 다른 시기보다도 철학 부문에서는 그다지 생산적이지 못했다. 6세기의 첫 사분기에 뛰어난 사람이 둘 있는데, 바로 디오니시우스와 보에티우스이다. 이들은 각각 플라톤과 아리스토텔레스 전통을 대표하며, 무엇보다도 이 전통을 중세에 전달하는 다리 역할을 하고 있다는 점에서 중요하다. 그러나 이 두 사람 말고는, 이 400년간 철학적으로는 그야말로, 흔히 불리듯 암흑 시대이다. 4세기에 이르러 로마 제국 외부 민족들은 엄청난 대군으로 거듭 로마 제국 국경을 침략하더니, 마침내 이탈리아 본토에까지 쳐들어왔다. 군사와 정치 부문에서 로마의 권위는 바닥으로 떨어지고 그와 함께 학문과 미술도 시들어갔다. 서양 문명의 그리스적 로마 시대는 종말을 고하고 있었다.

서양 문명이 다시 한 번 꽃피웠을 때는 그 무대가 이제는 지중해 주변이 아니라, 오히려 그 서쪽과 북쪽이었다. 그리스를 정복한 로마 사람들이 그리스 사람들한테서 배워야 했듯이, 로마 제국을 약탈하고 무너뜨린 이방인들은 사방에 흩어진 사원(寺院)이나 수도원에서 그리스적 로마 문화의 명맥을 유지하던 사람들로부터 배우지 않을 수 없었다. 야만 민족들은 강한 체력과 정신력을 가지고 있었으며, 이는 오랜 훈련을 통해 연마되기만 하면 놀라운 결과를 가져올 수 있는 것이었다. 그러나 그저 단순히 그리스적 로마 문화의 부흥이 일어난 것은 아니다. 외부 민족들은 문학이나 철학에서 이렇다 할 만한 수준에 이르기도 전에 기독교화되었는데, 적어도 명목상으로는 기독교도가 되었다. 비록 그들 문화의 여러 사상과 기술이 고전 문화를 이은 것이기는 해도, 이 사상들과 기술들을 적용하여 해석한 주제는 기독교 신앙에 대한 내용이었다. 이제 서양 문명에는 완전히 새로운 시대가 시작된 것이다.

혼돈의 시대는 차츰 물러가고, 이른바 중세가 왔다. 중세 시대로의 변화는 길고 힘든 것이었고, 그 진보는 고르지 못했다. 그 전진의 여러 단계는 학원들의 창설로 마치 이정표처럼 가려 볼 수 있다. 맨 처음으로, 787년 샤를 대제가 영토 안에 있는 수도원들에 학원을 부설하고 뒷받침해 주겠다는 칙령을 내렸다. 이 학원들에는 이상하게도 교사들이 충분히 있었는데, 그중에는 가까운 서양 세계에서 온 사람들도 있었다. 또 이 시대의 처음 몇 세기에 걸쳐 기독교 지도자들은 전도의 사명을 띤 몇몇 탐험대를 로마 제국 가장 먼 변두리에 파견했다. 이 전도 사업으로 이윽고 여러 사원이 곳곳에 세워질 수 있었다. 이 사원들은 외부 민족들의 침입으로 말미암아 닦아 놓은 제국 내의 넓은 대로(大路)들로부터 멀리 떨어져 있었기 때문에, 이 사원들 속에서 고대 문화에 대한 지식과 학문이 어느 정도나마 다음 세대로 전해지고 보존되었다. 그 뒤 8세기와 9세기에는 전도하는 노력의 방향이 바뀌어, 결국 좀 더 중심적인 지역들이 자기들이 알고 있는 세계의 가장 먼 변두리로부터 지적 원조를 받아들이기 시작했다. 〈샤를 대제의 행적 The acts of Charles the Great〉이라는 책에 있는 다음과 같은 구절에는, 예컨대 학원 설립 운동에 대해 오로지 사실만을 기록한 역사라고는 할 수 없을지라도, 이 학원들의 설립 배후에 있는 이상주의적 열정이 잘 그려져 있다. 이 책은 9세기가 저물 무렵 어느 프랑스인 수도사가 쓴 연대기이다. [1]

그 이름을 온 세상에 떨친 샤를 대제가 홀로 서방 세계에 군림하기 시작했고, 학문 연구가 어디서나 거의 무시되어 하느님에 대한 참된 숭배가 빛을 잃었을 때, 마침 아일랜드로부터 온 두 스코틀랜드 사람이 영국 상인들과 함께 골(Gaul) 지방 해안의 뭍에 올랐다. 이 두 사람은 성경에 대해서는 물론 세속적인 학문에도 비길 데 없이 학식이 풍부했다. 그들은 팔 물건이 하나도 없었으므로, 물건을 사러 온 사람들에게 자꾸만 "지혜를 원하는 사람은 누구나 우리에게 와서 지혜를 받으시오. 우리는 지혜를 팝니다"라고 외쳤다. 이들이 그렇게 오랫동안 외치고 있자 사람들은 이상하게 생각했고 또 그들을 미친 사람으로 여겼다. 마침내 어떤 사람이 늘 지혜를 사랑하고 누구보다도 지혜를 갈망하던 샤를 대제에게 이 소식을 전했다. 그러자 대제는 곧바로 이들을 궁정에 불러 "보고받은 대로, 너희가 정말

---

*1 R.L. Poole, Illustrations of the History of Medieval Thought(London, William and Norgate, 1884), pp. 16~17에서 인용.

지혜를 가지고 있느냐?"고 물었다. 이들은 "예, 그렇습니다. 우리는 지혜를 가지고 있사오며, 주님의 이름으로 그것을 올바르게 구하는 사람에게는 누구에게나 그것을 나누어 드립니다"라 말했다. 그러자 다시 대제가 "지혜를 주는 대신에 너희는 무엇을 바라느냐?"고 묻자, 이들은 "그저 몸 누이고 쉴 곳과 고귀한 영혼, 그리고 우리가 여행하는 데 필요한 물건, 즉 음식과 옷이옵니다"라고 대답했다. 이 말을 듣고 대제는 크게 기뻐하여, 처음 얼마 동안 이들을 그의 궁궐에 머물게 하며 정성껏 대접했다. 그 뒤 샤를 대제는 전쟁이 일어나 바빠지자, 이들 가운데 클레멘트라는 사람에게 골 지방에서 살도록 명했다. 그리고 가장 귀한 계급과 중류 계급, 가장 낮은 계급으로부터 각각 수많은 소년들을 뽑아 이 사람에게 가르치게 했고, 이들에게 좋은 집을 주고 원하는 대로 얼마든지 식료품을 내어 주라고 명령했다. 다른 한 사람은 이탈리아에 파견하여 티치노 강변의 도시 가까운 곳에 있는 성 오스틴 수도원장으로 임명, 학문을 닦으려는 사람들이 모여 그에게 배우도록 했다.

이 이야기의 세부적인 내용들은 믿을 만한 것이 못 되는지 모르지만, 학원을 설립한 사람들과 또 거기서 가르친 교사들의 의도를 아주 충실히 그려 낸 것이라 말할 수 있다. 샤를 대제는 요크에 있던 알쿠이누스를 그의 궁정으로 데려와서 투르에 학원을 세우게 했는데, 이 학원으로부터 많은 교사들이 배출되어 다른 여러 곳에도 학원이 세워졌다. 이 학원들은 거기서 가르치는 어느 한 교사 또는 여러 교사의 능력과 명성에 따라 번성하기도 하고 사라져 버리기도 했다. 그리하여 요크와 캔터베리에 학원이 세워졌고, 파리·클뤼니·랭스·샤르트르에도 세워졌다. 뒤이어 뮌헨과 잘츠부르크에도, 로마·나폴리·파두아·볼로냐 그리고 플로렌스에도 세워졌다. 12세기와 13세기에 걸쳐 이 학원들 가운데 몇 개는 대학으로 발전했고, 이 대학들은 나중에 따로따로 분리된 여러 학부(법학부·의학부·신학부 같은)로 구성되었으며, 규정된 학업을 마친 학생들에게는 학위를 수여했다.

중세 초기(9세기부터 12세기까지) 학원들의 교과 내용은, 교육에 필요한 설비라든지 인재(人材) 같은 교육 자원이 있는 한 널리 인정된 표준에 따랐다. 그것은 주요한 두 부문으로 나뉘어 있었다. 3학과(trivium)는 기본적이며 예비적인 세 과목, 즉 문법·수사학·이론학으로 나뉘어 있었다. 4학과 (quadrivium)는 3학과보다 좀 정도가 높은 네 과목, 즉 산술·기하학·물리학·음악으로 이루어져 있었다. *2 그리고 철학은 날이 갈수록 더욱 '모든 학문의 여왕'이라고 일컬어지며 으뜸가는 합리적 정신으로, 다른 모든 학문이 이곳에서 절정에 이르게 되는 하나의 종합적 학문으로 여겨졌다. 그림이나 부조로 벽을 장식할 때, 또는 예배당이나 사원의 앞면에 여러 학과목을 상징적으로 묘사할 때, 철학은 흔히 한 아름다운 처녀로 그려졌다. 그 처녀의 머리는 구름들 사이에 있고, 또 그 손은 사다리를 들고 있다. 지식을 갈구하는 사람들은 이 사다리로 높이높이 하늘을 향해 올라갈 수가 있다는 것이다. 그리하여 철학은 신학과 밀접한 관계를 맺게 되었다. 신학도 또한 천상의 것들에 대한 학문이기 때문이다.

'스콜라 철학(Scholasticism)'이란 말은 중세 사상가들의 철학적 사색에 대해서 적절하게 쓰인 용어라 할 수 있다. 그러나 이 말은 근대에 이르러서 가끔 명예롭지 못하게 쓰였으므로, 그 불명예로부터 건져내주어야 한다. 16세기와 17세기 철학자들은, 비과학적이고 백해무익한 것으로 여겨진 중세 철학으로부터 자신들은 중요한 결별을 하고 있다고 자신만만하게 생각했다. 그래서 추종자들에게 스콜라 철학을 이론만 캐묻는 것, 쓸데없이 말재간만 부리는 것, 그리고 백성을 어리석게 하는 몽매주의(蒙昧主義 ; obscurantism, 반계몽주의) 등과 같은 뜻을 지니는 것이라고 가르쳤다. 중세 철학에 대한 이 같은 부당한 역사적 태도는 누구보다도 프랜시스 베이컨에 기인하는 것이긴 하지만, 또한 데카르트와 로크 같은 사람들도 빼놓을 수 없다. 그런데 이 태도는 적어도 프로테스탄트 세계에서는 19세기까지 고스란히 이어져 왔고, 또 어느 정도는 20세기까지도 내려오고 있다. 그러나 '스콜라 철학'은, 그 정당한 의미로는 중세 여러 학원에서 생활하고 일한 모든 사람의 철학적 성찰을 가리키는 말이다. 스콜라 철학은 어떤 하나의 철학적 이론 체계, 또는 단 하나의 철학적 발전 노선이 아니다. 그것은 근세 철학이 그러한 것과 마찬가지로 여러 부문의 철학을 가리킨다. 다만 중세를 이루는 9세기부터

---

*2 여기에 '물리학'과 '음악'이란 말은 그리스어의 의미로 쓴 것이다. 즉 '물리학'은 자연 과학 (natural sciences)을 의미하고 '음악'은 교양학과(liberal arts)를 의미한다. 다른 의미의 '음악'은 일곱 가지 교양학과 가운데 하나이다.

14세기까지의 여섯 세기 동안 학문의 중심이었던 학원(스콜라)과 연결되어 있다는 한 가지 사실만이 그 공통점이었다. 이 여러 부문의 철학들 속에는 가끔 서로 대립되는 철학적 주장들이 있었고 또 서로 다른 전제들, 방법들과 결론들이 많이 있었다. 학원들의 모든 사색 활동은 가톨릭 교회의 보호 아래서 이루어졌고, 대체로 기독교 신앙의 교리에 일치하는 것이었으나, 그러면서도 중세는 여러 철학적 견해들을 일구어냈다.

하지만 중세의 모든 철학을 통하여 하나의 변함없는 태도를 뚜렷이 볼 수 있다. 그것은 곧 위대한 그리스 사상가들, 교회에 속하는 그리스와 라틴 계통 교부(教父)들, 그리고 성경 구절들을 걸핏하면 끌어대는 태도로서, 이는 권위에 대한 깊은 존경과 이 존경에서 마땅히 나오는 결과였다. 이런 것을 끌어댈 때 그들은 보통 경의를 표했는데, 근세 초기의 많은 비평가들은 이 존경심이나 경의를 지적 노예성 또는 맹종으로 보았다. 그러나 사실 중세의 뛰어난 저술가들이 모두 그런 것은 아니었다. 그것은 오히려 그 무렵 학원에 널리 퍼져 있던 두 가지 특성을 잘 나타내 준다.

첫째로 권위에 대한 중세인의 존경은 철학이란 것을, 철학에 의해 나타난 문제가 아니라 철학에 주어진 문제를 이해하고 설명하려는 노력이라고 믿는 확신에서 우러나왔다. 아우구스티누스는 이미 신앙은 이성의 밝은 빛을 필요로 하나, 또한 그것은 이성이 작용할 재료들을 이성에게 주는 데 필요한 것이라고 주장한 바 있었다. 그의 후계자들도 이 주장을 자주 되풀이했다. 예컨대 성 안셀무스(St. Anselmus)가 쓴 다음의 글은 성 아우구스티누스의 주장을 다시금 확인하는 데 지나지 않았던 것이다. *3

나는 믿기 위하여 이해하려는 것이 아니라, 도리어 이해하기 위하여 믿는다. 이런 까닭에 나는 또한 내가 믿지 않으면 이해하지도 못한다는 것을 믿는다.

다시 말하면, 어떠한 사상가도 그의 경험을 초월한 곳에 있는 문제의 근본 원리들을 파악할 수는 없는 것이다. 마치 한 나라의 국민이 되어 본 적이 없

---

*3 Proslogium, 제1장.

는 사람이 정치적 권리와 의무가 무엇인지를 결코 알지 못하는 것과 같이, 종교 생활을 한 적이 없는 사람은 종교가 어떤 것인지 도저히 이해할 길이 없다. 그리고 성경과 교회의 신부들은 종교 생활을 온전하고 원만하게 해 나가는 데 길잡이가 된다. 그러므로 오직 권위에 대한 존경을 통해서만 종교가 무엇인지 잘 알게 되는 것이고, 이 종교를 이성적으로 검토하는 것이 다름 아닌 철학의 임무인 것이다.

둘째로 권위에 대한 존경은 지성(intellectual competence)의 상징으로 여겨졌다. 그것은 배움이 없는 정신에 대한 불신을 의미한다. 왜냐하면 스콜라 철학자들이 깨달은 바와 같이, 권위는 올바로 사용되기만 하면, 지성을 구속하는 것이 아니라 도리어 자유롭게 해방하는 것이기 때문이다. 주어진 문제에 대해 앞서 어떻게 말하고 어떻게 생각했는지를 충분히 알고 난 다음에 자신의 판단을 내리도록 미리 훈련이 된 사람만이 그 문제를 논할 자격이 있는 것이다. 바로 이 사실에 의해, 권위자의 말을 인용할 수 없는 사람은 토론의 대상이 되고 있는 문제와 관련된 역사에 대해 잘 알지 못하는 것으로 생각되었다. 권위자의 말을 인용할 수 있는 사람, 특히 그것을 충분히 인용할 수 있거나 또는 한 문제에 대해서 의견이 다른 여러 권위자의 말을 인용할 수 있는 사람은, 이 사실로 미루어 그 자신의 의견을 스스로 형성할 수 있다고 여겼다. *4 스콜라 철학자들은 교리가 이미 선포되고 엄격하게 정의된 문제에 대해서뿐만 아니라, 기성 교리가 관여하지 않은 문제들에 대해서도 권위를 끌어대고 권위자의 말을 인용했는데, 이는 정녕 놀랍고도 뜻깊은 사실이다. 라틴어가 보편적이고 국제적인 학술어였던 것처럼, 권위에 대한 존경은 학문이 튼튼한 기초 위에 서야 할 필요성을 인정하는 것이었다. 페트루스 롬바르두스는 학문을 장려하고 고무하려는 뜻에서 (12세기 중엽에) 여러 논제에 대한 그 이전 저술가들의 견해를 모은 〈명제집 Sentences〉을 지었다. 성 토마스 아퀴나스·둔스 스코투스·윌리엄 오컴 그리고 그 밖의 여러 사람들도 같은 뜻에서 〈명제집〉에 대한 주석을 썼다. 아벨라르두스(Abelardus)가 〈찬부(贊否) ; Yes and No〉를 (〈명제집〉과 같은 연대이거나 그보다 좀 더 일찍이) 쓴 것도 같은 이유에서였다. 이 〈찬부〉는 찬성과 반대 두 입장을 대립

---

*4 이 점은 Richard McKeon, *Selections from Medieval Philosophers*(New York, Scribner, 1929), Vol. I, p. 15에서 잘 밝힌 바 있다.

시킴으로써 문제에 대한 답들을, 여러 관점에서 저마다 그 득실을 따지면서 검토할 수 있게 했다. 성 토마스 아퀴나스의 위대한 저서 〈신학 대전 Summa Theologica〉에는 중세 시대에 권위를 존중하게 된 정확한 의의가 잘 드러나 있다. 그는 먼저 한 물음을 제기함으로써 각 논제에 대한 고찰을 시작했다. 그리고 이 문제에 대하여 긍정적으로 대답한 권위자들의 글과, 그 반대 입장에 선 다른 권위자의 글을 함께 실었다. 그 문제에 대한 하나의 예비적 검토로서 이렇게 여러 권위자들의 글을 인용하고 난 뒤에, 비로소 그는 그 자신의 주장을 힘 있게 펴 나가고, 자기와 생각이 다른 권위자들을 논박했다. *5 스콜라 철학자들이 권위에 대해 논하는 것은, 경박한 믿음이나 유치함을 드러낸다기보다 오히려 지적 성숙(intellectual sophistication)을 뜻하는 것이었다.

중세 철학이 학원에서 나왔다고 하는 사실은 그것이 저술된 방식에 잘 반영되어 있다. 중세 철학은 서양 문명의 다른 어느 시기보다도 많은 대화와 주석으로 제시되었다. 이 저서들의 배후에는 학원에서 날마다 전해지는 가르침이 있었다. 이 가르침은 가끔 대화로 시작하여 대화로 끝나는 것이었다. 그리고 강의를 하는 경우에도, 그것은 대부분 한 학생이 다른 학생에게 호응하거나 또는 어떤 논제에 대한 응답에 도전하기도 하면서 마치 논쟁하듯이 하나하나 따지면서 진행되었다. 더군다나 가르치는 일은, 주로 학원이 그 사본을 가지고 있는 게 자랑거리인 어떤 원전을 풀이하는 것이었다. 물론 책이라고는 전혀 없었고, 손으로 베낀 사본은 값도 비싸거니와 또한 매우 귀하기도 했다. 학자들은 사정이 허락하면 학원에서 학원으로 돌아다니면서, 그들이 이전에 접해 보지 못한 옛글을 보고 듣고는 했다. 그리고 또한 원전을 읽을 기회가 많지 않았기 때문에, 그에 대한 논평이나 그 내용과 의의를 요약한 서술들이 그 원전의 지식을 전파하는 보편적 방법의 하나였다. 중세 철학의 대화들을 통하여 오늘날 우리는 선생의 발 아래 모인 학생들의 모습을 찾

---

*5 권위에 대한 존경은 중세 철학자들과 근세 철학자들을 갈라놓은 가장 큰 원인이 되었다. 근세 철학자들은 가끔 이전의 철학들을 모두 틀렸다고 하여 집어치우고 아주 새로운 출발을 하려 했다. 중세 철학과 대조를 이루는 근세 철학 정신은 칸트가 그의 저서 한 제목으로 택한 문구 〈미래 모든 형이상학에의 프롤레고메나 Prolegomena to Every Future Metaphysics〉에 뚜렷이 나타나 있다.

아볼 수 있다. 또 여러 주석을 통하여 우리는 소중히 간직된 사본 주위에 선생과 학생이 동그랗게 모여 있는 모습을 떠올릴 수 있다.

2. 보편자 문제

보편자(普遍者 ; universals) 문제는, 서양 문명 역사상 그 어느 시기보다도 중세 초기에 가장 많이 논의되었던 문제이다. 그러나 그것은 사실 어느 시대의 어떠한 사상가도 관심을 가질 만한 문제였다. 그것은 인간의 경험을 분석하는 가운데 자연히 일어나는 문제였던 것이다. 우리 인간은 많은 개별적 사물들을 지각하고 바로 이것들에 대해서 말을 한다. 예컨대 우리는 '이것은 나무다, 저것은 바위다'라고 말한다. 우리는 일반적 용어를 가지고 개별적인 것에 대한 말을 한다. 우리는 개별자들을 종(種)이나 유(類)의 사례(특별한 경우들)로 다룬다. 그런데 이와 같이 함으로써, 우리는 가끔 각 개별물을 독특하게 해 주는 특성들을 무시한다. 즉 적어도 동일한 종류에 속하는 다른 개별물들과 구별할 수 있게 하는 특성들을 무시한다. 그러고는 한 개별물이 동일한 종류의 다른 많은 개별물들과 닮은 특성들만을 생각한다. 이렇게 되면 우리의 생각이 개별물들로부터 아주 동떨어질 수도 있고, 일반적 용어가 의미하는 것을 또 하나 아주 다른 종류의 대상으로 다루며, 이 대상을 다시 정의하여 일반화할 수도 있다. 이같이 생각해 볼 때, 일반적 용어가 의미하는 것은 전혀 다른 하나의 개별적 대상이 아니라 바로 보편자인 것이다. 그것은 이해될 수 있는 가지적(可知的) 대상(intelligible object)일 수는 있어도, 하나의 실제적 대상(physical object)은 아니다. 모든 유와 모든 종은 저마다 하나의 보편자이다. 또 특수물들을 설명하고 분석하는 데 쓰이는 일반적 용어가 의미하는 것도 다름 아닌 보편자인 것이다. 보편자의 문제란, 보편자들이 어떠한 종류의 존재를 가지고 있는가, 그것들이 자연 안에 현실적으로 존재하는가, 그렇지 않으면 오직 인간의 정신 속에만 존재하는가, 또 그것들은 개별물들에 대해서 어떠한 관계를 갖고 있는가 하는 것을 추구하는 것이다. 이 문제는 곧 자연의 본성, 사고의 타당성 및 사고가 사물들에 관계하는 방식과 직접적으로 관련된다.

중세 초기 사상가들이 어쩔 수 없이 보편자 문제를 다루게 된 것은, 여러 그리스 철학 전통이 신플라톤주의자들과 성 아우구스티누스를 거쳐서 그들에게 내려왔기 때문이다. 성 아우구스티누스보다 1세기 뒤에 보에티우스가 이 문제를 제기했는데, 그 뒤로 철학자들은 9세기부터 12세기에 이르기까지 보에티우스가 제기한 형식대로 계속해서 이 문제를 논했다. 보에티우스는 저서 〈포르피리오스의 해설에 대한 주석 *Commentary on the introduction of Porphyry*〉, 즉 아리스토텔레스 논리학에 대한 포르피리오스의 해설을 주석한 자신의 글들에서, 역사적으로 많은 영향을 끼친 몇 구절을 인용했다. *6

크리사오르여, 정의를 내리고 구분하고 증명하는 일뿐만 아니라 아리스토텔레스의 범주론에 있어서도, 유(類 ; genus)란 무엇이며 어떤 다름이 존재하는지, 또 종(種 ; species)과 고유성과 우연성에 대해 알아야 하므로, 나는 이런 문제들을 쓸모 있게 고찰하기에 앞서 옛사람들이 이 문제들에 대해 말한 것을 서론 삼아 간단히 검토하려 한다. 나는 유와 종에 대하여 그것들이 그 자체로 존재하는 것인지, 또는 오직 우리의 오성(悟性 ; understanding) 속에만 있는 것인지, 이것들이 형체를 갖춘 것인지, 형체가 없는 것인지, 그리고 이것들이 감각물(感覺物 ; sensibles)들로부터 떠나 있는 것인지, 또는 감각물들과 합치하고 있는 것인지 등에 대해서는 말하지 않으려 한다.

포르피리오스가 스스로 논하지 않겠다고 한 것을 보에티우스는 철저히 논했다. 포르피리오스가 제기하고 보에티우스가 논한 문제들은 바로 중세 초기 철학자들이 여러 세기에 걸쳐 논한 문제들이었다. 고대 철학 유산은 대부분 보편자 문제에 대한 이러한 고찰들을 다루며 중세로 이어져 내려왔던 것이다. 플라톤은 도덕적 판단 기준을 찾다가 마침내 형상들(forms) 또는 관념들(ideas)의 실재성(實在性 ; reality)을 주장하게 되었다. 그리고 플라톤 철학 전통에 있어서, 특히 이 전통이 신플라톤주의자들 손에서 발전함에 따라, 이 형상들은 이것들 아래 포함되는 개별물들보다 더 실재적인 것으로, 또 논리적으로나 존재론적으로나 개별물들에 앞서는 것으로 여겨지게 되었다. 아리스토텔레스는 현실적 존재의 일반적 특성을 연구하는 가운데 마침내 형상

＊6 Richard McKeon이 번역한 보에티우스의 저서에서 인용함. *Selections from Medieval Philosophers*(New York, Scribner, 1929), Vol. I, pp. 81, 91.

(form)과 질료(matter)는 개별물들의 요소들이로되, 서로 뚜렷이 분리할 수는 있으나 존재론적으로는 분리될 수 없는 두 부분이라고 보게 되었다. 그리고 아리스토텔레스적 전통에 따르면, 형상이 결코 독립적 실재물로서 존재한다고는 생각하지 않았다. 다만 개별자들의 객관적 성질이나 정신이 지식을 가지게 될 때에 비로소 개별물들로부터 추상(抽象)하고 또한 생각의 도구로서 마음속에 품은 관념이라고 생각하기에 이르렀다. 플라톤이나 아리스토텔레스가 보편자 문제를 직접 다룬 것은 아니다. 그러나 그들은 이 문제에 대하여 저마다 서로 화합할 수가 없어 보이는 견해를 내세웠던 것이다. 그래서 전통상으로는 플라톤과 아리스토텔레스가 보편자에 대한 두 주요한, 그러나 서로 대립하는 학파의 시조(始祖)로 이름나게 된 것이다. 플라톤주의는 보편자들이 '그 자체로서(per se)' 또는 '절대적으로' 존재한다고 주장했다. 아리스토텔레스주의는, 보편자가 정말 '그 자체'로서 있는 것이 아니며, 다만 그것은 중세 라틴어적 표현으로 하면 '절대적으로 아무것도 아닌 것(absolutely nothing)'*7이다. 플라톤의 주장을 실재론(實在論) 또는 (이 realism이란 말이 문학이나 철학에서 다른 의미로 쓰이는 경우와 구별하기 위하여) 중세 실재론, 논리적 실재론이라고 부른다. 아리스토텔레스의 주장은 유명론(唯名論)이라고 한다.

'실재론(realism)'과 '유명론(nominalism)'이란 두 낱말은 반드시 조심해서 써야 한다. 왜냐하면 이 두 학파는 중세 시대에 아주 다채롭게 그 이상을 표현했기 때문이다. 어떤 때에는 극단으로 치우치거나, 때로는 더 온건하게 표현되기도 했다. 그리고 온건한 실재론과 온건한 유명론은 각 학파 자체 내에서 다른 어떤 것보다 더 적은 차이를 가지고 있었다. 실재론이라 불린 철학자들은 개별물들에 대한 보편자의 관계 같은 문제에 있어서, 그들 가운데에서 다시 여러 분파를 이루었으나, 그들은 한목소리로 보편자(universals)는 그 자체로서 존속한다(subsist)고 주장했다. *8 유명론자라 불린 철학자들은 실재론을 반대하는 사람들이었다. 그들은 가끔 실재론자들에게 보편자를 한낱 '명칭'이나 입김(내용 없는 공허한 소리)으로 돌려 버린다는 비난을 받았

＊7 Richard McKeon의 Boethius 번역, op. cit, Vol I, p. 93 참조.
＊8 '존속(subsistence)'이란 말은 개별물들이 가지고 있는 종류의 실재성에 정반대되는, 보편자들이 가지는 종류의 실재성을 의미하는 데 사용되었고, 지금도 가끔 이런 의미에서 사용되고 있다.

다. 그들이 '유명론자'라고 불리게 된 것은 물론 이 비난 때문이었다. 그러나 이 비난은 논쟁이 한참 뜨거워지고 있을 때 나온 것으로, 사실을 지나치게 왜곡하는 것이었다. 유명론자들은, 보편적 개념들이 사물들의 본질 안에 어떤 객관적 기반을 가지고 있다는 사실을 부정하지는 않았다. 그들이 부정한 것은 보편적인 것들이 절대적으로 존재한다는 것이었다. 따라서 본디 의미로서 유명론은, 실재론적 주장을 거부하는 정도 말고는 별 의미가 없다.

중세 초기에는 보편적인 것들에 대한 문제가 두드러지게 나타났다. 그에 대한 해답이 기독교의 여러 신념에 곧바로 영향을 끼치게 되므로, 철학자들은 이 문제를 둘러싸고 격한 논쟁을 벌였다. 성 아우구스티누스는 일찍이 신플라톤주의로 눈을 돌렸는데, 이 철학이 정신 세계의 실재성을 주장했기 때문에 성 아우구스티누스 자신도 기독교로 개종하게 되었다. 다른 기독교도들은 이와는 아주 다른 근거에서 신앙에 다다르거나 신앙을 옹호했다. 그리고 어떤 기독교도들은 기독교를 철학적으로 변호하는 것이 아주 무익하고 헛된 일이라고 생각했다. 그러나 중세 초기에 앎을 추구한 사람이라면 다른 어떤 철학자들보다도 성 아우구스티누스의 권위를 대부분 으뜸으로 꼽았다. 따라서 신플라톤주의 철학을 아우구스티누스처럼 수용하는 것은 허용된 과정이었음은 물론, 합리적이고 결정적인 신앙의 계기가 될 수 있는 오직 하나의 충분한 근거를 마련해 주었다. 성 아우구스티누스가 신플라톤주의의 개념들을 바탕으로 몇 가지 기독교 교리를 아주 설득력 있게 주장했기 때문에, 그 뒤 여러 세기에 걸쳐서 사람들에게는 그의 교리들이 이 신플라톤주의 철학과 운명을 같이하는 것으로 보였다. 다음 세 가지 예를 들어 이 점을 설명할 수 있으리라고 본다.

물론 근본적 교리는 하느님의 존재이다. 성 아우구스티누스는 하느님은 영원한 진리와 같거나 이보다 더 우월하다고 말했다. 그러나 영원한 진리는 변화하는 세계의 사물들 하나하나를 살펴보는 과정에서 찾을 수 있는 것이 아니다. 진리는 오로지 변하지 않는 형상들이나 보편적인 것들을 직관(直觀 ; intuition, 생각하는 작용을 거치지 않고 사물이나 대상을 직접적으로 파악하는 작용)함으로써 찾아볼 수 있다. 만일 영원한 진리보다 우월한 것이 있다면(플로티노스는 영원한 형상들(forms) 위에 '일자(一者 ; the One)'를, 성 아우구스티누스는 하느님(God)을 두었다), 틀림없이 그것도 영원불변적일 것이다. 영원한 형상들의 실재성을 부인하고 이와 함께 영원한 하느님의 존재를 주장한다는 것은, 거의 이치에 맞지 않는 일로 보였다. 따라서 보편적인 것들이 가지는 절대존재성(the absolute being of universals)을 의심한다는 것은 기독교 신앙을 철학적으로 변호할 수 있는 근거를 없애 버리는 것과 같았다. 보편적인 것들의 절대적 존재성을 의심하는 것은 위험천만하게도 무신론(無神論)에 가까운 것이었다. 그것은 눈에 보이는 일시적 생성의 세계와 실재(reality)를 같다고 보는 것이며, 심지어는 하느님을 다만 인간의 정신 안에서 주관적 지위만을 갖는 하나의 관념으로 축소하는 것이었다. 이 교도들은 자신의 신들을 마치 높은 지위를 가지고 영예를 누리는 인간처럼 눈에 보이는 세상 여기저기에서 돌아다니는 아주 특수한 존재로 여기고는 했다. 물론 많은 단순한 기독교도들 또한 유치하게도 이와 비슷한 신관(神觀)을 가졌었다. 그러나 철학적으로 훈련된 많은 사람들은 이 같은 신인동형설적(神人同形說的) 의인관에 따른 사고방식을 미신적인 것으로 보았다. 따라서 학문과 지식이 있는 사상가들에게 있어 기독교 신앙은 보편적인 것들의 실재성을 긍정하는 것과 관련이 있어 보였다. 그리고 보편적인 것들이 시간을 초월하여 영원히 존재한다는 사실을 긍정하게 되면, 수많은 보편적인 것들이 의존하는 통일적 존재로서의 하느님 또한 긍정하게 되리라 보았다.

기독교의 또 하나 근본 교리는, 적어도 중세적 가톨릭 형태의 기독교에 있어서는 교회(敎會)의 교리이다. 여기서도 성 아우구스티누스는 그의 신플라톤주의에서 끌어온 방법을 이용했다. 특히 도나투스파에 반대하는 여러 작은 책자에서 그러했다. 노바티아누스파와 도나투스파의 이단 문제를 해결한 여러 결정 사항에 따르면, 교회는 사람들의 특수한 모임마다 다르게 표현되는 모든 양식과 관계없이 실재하는 것이다. 교회는 변화하는 세계의 모든 우연한 것들 위에 실재한다. 교회는 그 자체로 순수하게 존재하며, 경건하지 못한 사제들이 더럽힐 수 없는 순결함(purity)의 근원이 된다. 이렇듯 교회는 틀림없이 영원한 것이며 일시적인 것은 아니라고 생각했다. 그렇다면 그것은 보편적인 것들과 비슷하다. '보편적 교회(Church universal)'란 말은 어떤 다른 배경에서 시작된 것일지도 모른다. 그러나 어떻게 시작되었든 그것은 가톨릭 교회 이론을 성립하는 데 있어서 교회가 가지고 있다고 인정하지 않으면 안 되는 실재성을 가리키는 데 이용될 수 있다. 그러므로 보편적인 것들의 실재성에 의문을 품는 것은 중세 기독교 세계의 기본 권위를 위태롭게 하는 일이었다. 이는 보편적 교회를 하나의 허구가 되게 하는 것이며, 심지어는 일시적으로 어느 한 개인에게 엉뚱한 권력을 쥐어 주는 것을 뜻했다.[9]

중세에서 보편적인 것들에 대한 문제가 중요함을 보여주는 셋째 교리는 원죄(原罪)에 대한 교리이다. 사도 바울은 '아담 안에서 모든 사람이 죽은 것같이 그리스도 안에서 모든 사람이 삶을 얻으리라'[10] 이렇게 말했다. 성 아우구스티누스는 바울의 교리를 신플라톤주의 용어로 다시 바꾸어 말함으로써 원죄 개념을 표현했다. 아담의 죄로 인하여 인간은 죄를 짊어지게 되었다. 이러한 생각은 앞에서 말한 것처럼,[11] 이치에 완전히 들어맞지 않는 것일지도 모른다. 하지만 이는 적어도 보편적인 것들의 문제에 대해서 하나의 실재론적 주장을 필요로 한다. 이 교리에 대해 아우구스티누스가 밝힌 바에 따르면, 사람들은 죄인이다. 심지어 뚜렷한 죄를 저지르지 않아도 죄인일 수밖에 없는데, 이는 인간이 본디 죄를 짓고 있기 때문이다. 그렇다고 한다면 인간은 개별적 인간이기에 앞서, 그리고 개별적 인간이 아닌, 실재적 존재로 생각해야만 한다. 보편적인 것들의 실재성에 의문을 갖는 것은, 인류의 구원을 위해 교회 성찬 예식(聖餐禮式)이 반드시 필요하다는, 이 주요한 주장의 근거가 되는 인간성의 이론을 위태롭게 만드는 것이었다.

중세 초기 스콜라 철학자들은 보편적인 것들에 대한 문제를 두고 그 자체의 이점 때문에, 그리고 하나의 철학적 훈련으로서 논쟁을 벌였다. 그러나 이 논쟁 뒤에는 언제나 교회의 권위가 시끄럽게 끼어들었다. 때로는 이 논쟁에 교회 당국의 준엄한 징벌이 따랐다. 위의 세 가지 예에서 짐작할 수 있듯이, 교회 당국은 보통 실재론적 해결을 좋게 여겼다. 그러나 그 무렵의 상황은 그렇게 단순하지가 않았다. 극단적 실재론은 범신론(汎神論)으로 기울어지는 것처럼 보이기도 했다. 왜냐하면 만일 존재하는 모든 것이 일자(一者)라는 하나

---

[9] 이 철학적 관점에서 볼 때 중세 기독교 세계의 통일을 무너뜨린 것은 16세기 프로테스탄트들의 어수룩한 유명론(唯名論)이었다.

[10] 고린도후서 15 : 22.

[11] 본서 pp. 197—200.

의 존재로부터 나오고 또 이 존재와 함께하는 것이라면, 하느님과 그 피조물들을 따로 나누어 별개로 보는 기독교의 구별은 무의미한 것으로 보이기 때문이다. 유명론(唯名論)은 어떤 교리들을 철학적으로 밝히는 것을 어렵게 만들수도 있다. 그러나 유명론은 보통 정통 신념(orthodox beliefs)을 믿는다고 공언했으며, 교회의 권위에도 복종했다. 심지어 정통 교리를 실재론적 방식으로 논하고 해석하는 것을 배척할 때에도 자신들은 정통 신념을 믿는다고 주장했고, 교회의 권위에 복종했다. 실재론자들과 유명론자들은 양쪽 모두 상대방의 이단적 경향을 설명하기 위해 보통 변증법적 방법을 사용했다. 비록 제시된 해결 방법과 교리와의 관계가 거센 논쟁을 불러일으키며, 심지어 부당한 인신공격을 하기도 했지만, 보편적인 것들의 문제에 대한 분석은 언제나 초연한 태도로, 때로 충실하고 훌륭하게 펼쳐지고는 했다.

중세인들이 보편적인 것들의 문제에 몰두한 일은, 순전히 철학적 부분을 넘어 폭넓게 영향을 끼쳤다. 보편적인 것들의 절대적 실재성에 대한 긍정은 그 사회적 결과의 하나로서, 태어나면서 속해 있던 사회 계급 안에 사람들을 꼼짝 못하게 묶어 버렸다. 중세 말기에 봉건 제도의 계급 차별 붕괴와 때를 같이하여 유명론이 크게 힘을 떨친 것은 한갓 역사적 우연의 일치가 아니다. 더 나아가 미술에 있어서도 중세 실재론과의 연관성을 찾아볼 수 있다. 십자가 처형과 같은 기독교 사상을 그린 그림들은 실재론적 태도의 영향을 나타내고 있다. 예술가들은 복음에 나오는 십자가 처형 이야기에 일치하여 그리기도 했지만, 때로는 십자가 아래 성 아우구스티누스·성 예로메·성 암브로시우스 같은 인물들이 모여 있는 모습을 그리기도 했다. 이 그림들을 시대착오적인 것으로 보아서는 안 된다. 이들의 일부는 역사적 사건을 묘사한 것이지만, 또 일부는 교리(敎理)를 묘사한 것이기도 하다. 한편으로 생각해 보면, 교리란 중요한 역사적 사건을 두드러지게 보여주는 보편적인 것에 대한 정의이다. 이러한 그림을 창작해 낸 예술가들은, 온 인류가 십자가의 발 아래에서 경배해야 함을 보여주는 것 이상의 어떤 일을 하고 있었다. 이들은 조형 미술 기법을 모두 쏟아부어, 자신들이 그릴 수 있는 형상 위에 최선을 다해 영원한 보편자를 그려냈다.

3. 에리우게나로부터 아벨라르두스까지

요한네스 스코투스 에리우게나(Johannes Scotus Eriugena, 810? ~877?) : 아일랜드 출신으로 대륙에서 주로 샤를 대머리 왕의 궁궐에서 원숙기를 보냈다. 거짓(僞) 디오니시우스의 저작을 라틴어로 번역했고, 거짓 디오니시우스의 저작 몇 편과 보에티우스의 〈철학의 위안〉에 대한 주석서를 썼다. 그의 주요 사색적 저술은 〈자연구분론 *The Division of Nature*; *De divisione naturae*〉이다. 이 책은 다섯 권으로, 대화 형식으로 씌었다.

성 안셀무스(St. Anselmus, 1033~1109) : 이탈리아 아오스타에서 태어나 프랑스에서 공부했다. 그 뒤 베네딕트 수도회에 들어갔으며, 프랑스의 베크 수도원에서 부원장을 거쳐 원장이 되었다. 1093년 캔터베리 대주교에 임명되었다. 그의 주요 저서로는 〈논변 *Proslogium*; *Discourse*〉·〈독백록 *Monologium*; *Soliloquy*〉, 그리고 〈왜 신은 인간이 되었는가 *Cur Deus Homo*; *Why God became Man*〉 등이 있다.

페트루스 아벨라르두스(Petrus Abelardus, 1079~1142) : 프랑스 낭트 근교에서 태어나, 프랑스 여러 학교에서 공부했다. 처음에는 어느 곳에 자신의 학원을 세웠다가 파리로 옮겼다. 엘로이즈와의 유명한 연애 사건 뒤에 성 드니 사원에 들어가 은둔 생활을 했다. 1121년부터 1125년까지 르 파라클레에 있는 자신의 학원에서 가르쳤다. 4년간 브르타뉴의 어느 수도원 원장 자리에 있다가 다시 파리에서 12년 동안 가르쳤다. 1141년에 이단으로 선고받은 뒤로는 클뤼니에서 은둔 생활을 했다. 저서로는 〈찬부 *Sic et Non*; *Yes and No*〉, 윤리학 논술인 〈너 자신을 알라 *Scito te ipsum*; *Know Thyself*〉, 신학 논술 17편, 〈포르피리오스에 대한 주해 *Glosses on Porphyry*〉가 있다.

여기서는 중세 초기 여러 스콜라 철학자들 가운데 에리우게나·성 안셀무스·아벨라르두스 세 사람을 선택하여 고찰해 보기로 한다. 그것은 이들이 그 무렵 가장 알려진 사람들로서, 보편적인 것들의 문제에 대해 취해진 주장들의 주요한 유형들을 대표하기 때문이다. 에리우게나는 신플라톤주의 전통에 속하는 이단적 실재론자(實在論者)였다. 그의 저서에 있는 19개 명제는

855년 종교회의에서 이단 선고를 받았다. 성 안셀무스는 매우 온건한 실재론자로서 교회의 축복을 받았다. 아벨라르두스는 유명론자(唯名論者)였다. 그는 클레르보의 성(聖) 베르나르두스에게, 심지어 교황에게까지 반감을 불러일으켰다. 그러나 이 반감은 이른바 그의 유명론 때문이라기보다는, 그가 의견을 말할 때의 도발적 태도 때문이었다.

에리우게나

에리우게나는 거짓〔僞〕 디오니시우스의 뒤를 이어, 플로티노스와 신플라톤주의 철학자들 속에 잠재해 있던 회의주의 성향을 강조하고 고의로 드러내는 하나의 철학을 발전시켰다. 하느님은 그로부터 모든 것이 나오는 '일자(一者 ; the One, 하나의 존재)'라고 그는 생각했다. 그러나 인간은 하느님의 존재는 확실히 알 수 있을지라도, 하느님의 본성은 알 수 없다. 하느님 자신도 그 자신의 본성은 알 수 없다. 사람들과 하느님이 신의 본성을 알지 못하는 것은 지력(知力)이 약해서가 아니다(실제로 인간의 지력은 약하지만). 그것은 실제로 모든 언어를 뛰어넘는 하느님의 본성 때문이다. 다시 말해 하느님의 본성은 어떠한 말로도 다 표현할 수 없는 것이다. 사람들은 긍정이나 부정의 과정을 거쳐서 앎을 추구한다(에리우게나는 이 생각을 거짓 디오니시우스로부터 직접 이어받았다). 하지만 하느님에 대한 모든 긍정은 불충분한 것이다. 이 모든 긍정은 인간이 하느님에 대해 취할 수 있는 태도는 나타낼 수 있어도, 하느님의 본성을 나타낼 수는 없다.

예컨대 하느님은 인격적 존재라고 사람들은 말한다. 그러나 인격적 존재라 함은 개체 또는 많은 것들 가운데 하나임을 뜻하는 것인데, 하느님은 개체성(個體性 ; individuality)을 초월한다. 또 하느님은 선하고 지혜롭다고 말한다. 그러나 하느님은 이런 언어들도 초월해 있다. 실제로 인간은 긍정적 규정을 해 보려는 헛된 노력을 그만두고 부정적으로 하느님을 규정해 보는 게 더 나을 것이다. 그렇다면 우리는 하느님이 인격적 존재도 아니며 선하지도, 지혜롭지도 않다고 말할 수 있는데, 정확하게 말하면 이 같은 부정적 표현이 옳을 것이다. 그렇다고 해서 이 부정들이, 하느님은 인격적 존재가 아닌 다른 어떤 존재이거나, 또는 하느님이 악하고 지혜가 한정된 존재임을 뜻하는 것은 아니다. 이 부정들이 정확하게 의미하는 것은, 하느님의 본성이,

우리가 볼 수 있는 이 세계의 개별적이고 특수한 사물들에게서 나타나는 모든 구별을 초월해 있다는 것이다. 교회의 권위로써 사람들이 꼭 받아들이게 되어 있는 삼위일체설도 하나의 비유적 표현으로서, 이것은 하느님이 참으로 어떤 존재인가를 밝히는 게 아니라, 그저 피조물들의 세계와 하느님의 관계를 밝히는 것이다. 하느님은 어떤 종(種)에도, 어떤 유(類)에도 속하지 않는다. 하느님은 본질을 뛰어넘는 존재이다.

모든 실재(實在)는 하느님으로부터 나온다. 에리우게나는 그것이 분리에 의하여 나온다고 했다. 즉 그것은 어떤 특정한 말로 규정됨으로써 이름을 갖게 되는 것이다. 다시 말하면, 온전한 존재가 제한된 범위 속에, 즉 개별화와 한정에 의하여 나타나는 것이다. 이 하향적 생성 과정에 있는 모든 단계의 실재는 저마다 그 아래 단계에 있는 실재를 알 수 있다. 그리고 오직 하느님만이 자신으로부터 나오는 모든 단계의 실재를 안다. 실제로 이 모든 단계는 하느님이 그것들을 알기 때문에 생겨난다고 말할 수 있다. 왜냐하면 하느님은 이것들을 알고 있기 때문에, 이것들의 형상들이나 관념들을 소유하게 되며, 또 이것들은 '그 자체로서보다 그 관념으로 더 참되게 존속하기' 때문이다. *12 따라서 하느님으로부터 나오는 모든 것은 본질적으로는 하느님에 존재한다. 존재한다는 것은 하느님이 인식하는 대로 인식됨을 뜻한다. 유한한 사물들이 하느님으로부터 나오면서 지니게 되는 특수성(또는 개별성) 안에서, 이 사물들은 생겨났다가 사라져 버리는 온갖 우연적 성질 때문에 최초의 순수함을 잃게 된다. 따라서 특수성은 악이라고 말할 수 있음은 물론, 비존재나 결핍을 뜻한다. 그 본질에 있어서만 만물은 신의 관념일 수 있기 때문에, 모든 것은 그 본질에 있어서만 영원하고 또 전적으로 실재적(real)이다.

물론 인간의 지식은 매우 제한적이다. 인간은 감각(感覺)과 이성(理性) 두 가지를 다 지니고 있다. 그러나 인간은 자신을 초월하는 단계의 실재(實在 ; reality)에 대해서는 오직 소극적 지식만을 가지고 있다. 인간은 좀 더 높은 단계들이 '있다는 것'은 알 수 있을지 모르나, 그런 단계들이 '어떤 것'인지는 알지 못한다. 자기보다 아래 단계에 있는 실재에 대해서는 적극적인 지식을 가질 수 있다. 왜냐하면 만물에 대한 관념이 하느님 안에 있는 것처럼, 인간의

＊12 *The Division of Nature*, 제4권, 제8장. McKeon. *op. cit*, Vol. 1, p. 127에서 인용.

단계보다 낮은 모든 것에 대한 관념이 인간에게 내재되어 있기 때문이다. 그러나 인간의 지식은 이런 것들이 유한성(有限性 ; finitude)을 가지고 나타날 때에만 알 수 있다. 감각은 사물들이 하느님 안에 있는 근본적 통일성 대신에, 그로부터 갈라져 나온 다양성, 즉 그 여러 모습을 보여준다. 그리고 이성이라는 것도 비록 사물들의 관념을 파악하기는 하지만, 사물들이 나타나고 사라지는 과정에서, 분리와 관계의 드러나는 모습만으로 사물들을 보는 것이다. 따라서 이성을 통한 인간의 지식은 단편적일 뿐만 아니라, 또한 필연적으로 불충분한 것이다. 인간의 이성은 그 자체의 능력만으로는 하느님 안에 있는 완전한 본질 그대로 사물들을 바라볼 수 없기 때문이다.

에리우게나에게 있어 구원(救援)이란 헤아릴 수 없는 하느님의 존재 속에 스며들어 가는 것이다. '일자(一者)'가 그보다 낮은 단계의 실재로 내려감으로써 그대로 '일자'로 있으면서 '다(多)'가 되는 것처럼, 낮은 단계들의 실재는 그들의 근원인 신에게로 돌아감으로써 그대로 '다'인 채 '일자'가 되는 것이다. 이와 같이 생각할 때 구원은 어느 정도 하나의 합리적인 과정인데, 이는 존재와 앎이 하나이기 때문이다. 그러나 그 합리성은 한갓 인간적 합리성을 뛰어넘는다. 왜냐하면 높은 곳을 향한 구원 추구의 과정에서 인간이 품게 되는, 특수성을 지닌 사물들에 대한 불충분한 관념들은 하느님 안에 존재하는 사물들의 본질인 충분한 관념들만 못한 하위 개념들이기 때문이다. 그러므로 구원은 또한 부분적으로나 궁극적으로 결국 하느님에 대한 신비적 성취를 뜻한다. 그것은 하나의 영적 이해(a spiritual apprehension, 영적 깨달음)에서 절정에 이르게 되는데, 이 영적 이해 속에서 인간의 특수성은 마치 '떠오르는 태양 앞의 별들'처럼 하느님이라는 존재의 충만함 속에서 사라져 버린다.

에리우게나는 자신이 충실한 기독교도라고 생각했으나, 마침내 교회 당국의 심기를 건드렸다. 그는 범신론자(汎神論者)라는 비난을 받았다. 그러나 이 비난의 옳고 그름에 대한 문제는 범신론이란 말의 모호한 정의에 달려 있다. 그가 교회 당국을 자극하게 된 근본적인 이유는 아마도 그의 회의론(懷疑論)이나 신비주의 성향보다도 오히려 그가 비타협적인 합리주의자였기 때문일 것이다. 그는 건전한 이성(理性)과 참된 권위(權威)는 충돌할 수 없다고 분명하게 주장했다. 하지만 그는 신앙을 이성에 앞세우지는 않았다. 그는 권위란, 예전 사상가들이 이성의 힘으로 이미 깨닫게 된 진리를 체계적으로 표현한 것이라고 생각했다. 인간이 권위를 사용한다고 해서 절대로 잘못을 저지르지 않을 수만은 없다고 그는 생각했다. 이전 사상가들도 절대로 잘못을 저지르지 않았던 것은 아니었다. 〈성경〉은 아마도 절대로 잘못이 있을 수 없는 것이라고 말할지도 모른다. 그러나 성경의 의미는 잘못을 저지를 수 있는 존재인 인간에 의하여 해석될 수밖에 없다. 〈성경〉은 대체로 비유적이다. 그리고 비유에는 충분한 해석이 필요하다. 게다가 에리우게나는 〈성경〉보다도 이교도 철학자들의 글에서 더 많은 도움을 받았다. 그는 이스라엘 사람들이 이집트 땅에 들어갔듯이, 기독교인들도 이교도의 글을 인용할 수도 있다고 주장하며 자신을 변호했다. 마침내 그는 철학적 문제에서 오직 자신의 판단만을 신뢰할 뿐이었다.

성(聖) 안셀무스

성 안셀무스는 에리우게나보다 200여 년이나 뒤에 나타난 또 다른 유형의 중세 실재론(中世實在論)을 대표한다. 이 실재론은 기독교 교리와의 관계에서 좀 더 정통적인 유형에 속한다. 그의 철학은 아우구스티누스로부터 많은 영향을 받았다. 그도 성 아우구스티누스처럼 믿음이 이성에 앞서며, 사람들이 이성을 통해서 하느님을 이해하려고 추구할 때 문제가 일어난다고 생각했다. 그는 하느님은 시간을 초월해서 존재하며, 다른 창조물들과 더불어 시간과 공간도 창조했다고 생각했다. 그리고 성 아우구스티누스처럼 철학을 하나의 기도(祈禱)로 생각하여, 자신의 철학적 재능을 온통 하느님을 찬미하는 데 바쳤다. 이 점에 있어서 그는 성 아우구스티누스보다 더 열정적이었다. 사람들 대부분은 초에 불을 켜거나 노래를 부르기도 하고 선한 일을 하며 하느님을 찬미한다. 하지만 성 안셀무스는 경건한 마음으로 헌신하며, 논리학과 변증법으로 하느님을 찬미하려 했다. 그의 저서 가운데 가장 널리 알려진 〈프로슬로기움 *Proslogium*〉은 보통 영어로 '*Discourse*(論辯)'라고 번역되지만, 이 저서는 특별한 종류의 논변이므로 '*Prayer*(祈禱)'라고 번역하는 게 더 낫다.

하느님에 대한 믿음이 이미 확고했으므로, 성 안셀무스는 플라톤 철학 전통의 주요 신념들에 따라 보편자의 절대적 실재성을 긍정한 사람답게 이에 합당한 증명을 해 보이려 했다. 그 증명들 가운데 많은 영향을 미친 점으로 보아 두 가지가 가장 주목할 만하다. 그러나 이 두 증명은 성 안셀무스가 전적으로 처음 제시한 것은 아니었다. 성 아우구스티누스의 저서 안에 이미 두 증명에 대한 내용이 들어 있었다. 그러나 그 결정적 형성은 성 안셀무스에게서 이루어졌다.

성 안셀무스의 〈독백록 *Soliloquy*〉에 대한 논쟁은 성 아우구스티누스의 〈독백록 *Soliloquies*〉과 같은 논쟁을 되풀이하고 있다. 무수한 선(善)이 신체의 감관(感官 ; senses)들에 의하여 경험되거나 정신(mind)에 의하여 인식된다고 그는 미루어 생각했다. 그 가운데 어떤 것들은 빨리 달리는 말처럼, 그 유용성 때문에 선하다(좋다)고 말할 수 있다. 다른 어떤 것들은 아름다운 미술 작품처럼 그 내재적인 성질 때문에 선하다(좋다)고 말한다. 그러나 유용한 것이든 본질적인 것이든 모든 선은, 그것들을 선하게 하는 하나의 존재를 통해서 선한 것이다. 그리고 이 하나의 선, 곧 최고의 선은 다른 어떤 것을 통해서가 아니라, 오직 그 자체로 선하다. 이 최고선이 선을 지니고 있다고 말함은 옳지 않다. 왜냐하면 그 경우에 최고선은 다른 것을 통하여 선함을 드러내기 때문이다. 곧 그것은 선함 자체이며, 하느님이다.

이 같은 논증은, 물론 선(善) 대신에 존재로써도 할 수 있다. 성 안셀무스는 선을 가지고 논증한 뒤 곧 존재를 가지고 논증했다. 이 세계에는 많은 존재들이 있다. 모든 존재는 반드시 어떤 것을 통해서 있거나 또는 아무것도 아닌 것[無]을 통해서 있어야 한다. 그러나 무(無)를 통해서 존재하는 존재(being)란 하나도 없다. 또 많은 존재들이 독립적 다수의 궁극적 원인을 통해서 존재할 수도 없다. 왜냐하면 많은 독립적 원인들은 만일 그것들이 존재를 가지고 있다면(사실 원인들은 반드시 존재를 가지고 있다) 모두 꼭 같이 존재에 참여하며, 따라서 하나의 좀 더 궁극적인 원인에 의존하고 있을 것이고, 이 궁극적 원인은 다름 아닌 존재 자체이기 때문이다. 그러므로 지극히 높은 어떤 존재, '다른 모든 것을 지탱하고, 초월하며, 포함하고, 꿰뚫어 보는(penetrate)'*13 존재가 있다. 이 존재는 물론 하느님이다. 성 안셀무스는 변증법(辨證法)에 의하여 자기 신앙을 옹호할 수 있는 데 대해서 틀림없이

---

*13 *Soliloquy*, 제14장.

종교적 환희를 느꼈을 것이다. 그는 다음 같은 글을 썼다. [*14]

하느님은 어느 곳에나, 그리고 언제나 계신다. 그는 계시지 않은 곳이 없기 때문이다. 그리고 그는 어느 곳에도 어느 때에도 계시지 아니한다. 그는 결코 공간이나 시간 속에 들어올 수 없기 때문이다. 그는 자기의 본성(本性) 안에 장소나 시간의 구별을 받아들이지 않는다. 그는 여기에도 계시지 아니하고 저기에도 계시지 아니하며, 그 어느 곳에도 계시지 아니한다. 이때에도 계시지 아니하고 저때에도 계시지 아니하며, 다른 어느 때에도 계시지 아니한다. 그는 우리가 지금 경험하는, 이 움직이고 변화하는 현재에도 계시지 아니한다. 과거에 계셨던 것도 아니며 미래에 계시게 될 것도 아니다. 왜냐하면 이런 방식으로 존재하는 일은 그 어느 것이나, 오직 제한되고 변화하는 사물들만의 성질이기 때문이다.

성 안셀무스는 〈프로슬로기움〉에서, 하느님의 존재에 대한 다른 논증을 펼치며 위의 두 논증보다 훨씬 더 많은 영향을 주었다. 이 논증은 하느님의 존재에 대한 '본체론적(本體論的 ; 또는 존재론적) 논증'이라 불리는데, 하느님이라는 관념은 이미 그 안에 하느님의 존재를 주장하고 있기 때문이다. 성 안셀무스는 〈시편(詩篇)〉 제14장 1절에 있는 말을 인용하여 이 논증을 다음과 같이 극적으로 시작하고 있다.

"어리석은 자는 그 마음에 이르기를 하느님이 없다 하도다."

어리석은 자는 이같이 말함으로써 자신이 어리석음을 증명할 따름이니, 이는 그의 말이 자기모순에 빠지는 것이기 때문이라고 성 안셀무스는 더 나아가 주장했다. 어리석은 자는 자신의 오성(悟性) 안에 하느님의 관념을 가지고 있으면서도 하느님의 존재를 부정한다. 그리고 하느님에 대한 관념은 그보다 더 위대한 것을 생각할 수 없는 존재에 대한 관념이다. 그런데 그보다 더 위대한 것을 생각할 수 없는 존재는, 오직 오성 안에만 존재하는 것은 아니다. 왜냐하면 실재(實在 ; reality) 안에도 존재하는 것이 오성(悟性 ; understanding) 안에만 존재하는 것보다 더 위대하기 때문이다. 따라서 그보

[*14] *Soliloquy*, 제22장.

다 더 위대한 것을 생각할 수 없는 존재는 오성 안에도, 실재 안에도 존재하지 않으면 안 된다. 즉 하느님은 존재한다.

하느님의 존재에 대한 성 안셀무스의 본체론적 논증은 그 무렵이나 그 뒤에도 종종 반대에 부딪혔다. 그 무렵 마르무티에의 수도사 가우닐로는 짧은 논문 〈어리석은 자를 두둔하여 In Behalf of the Fool〉에서 이를 논박했다. 가우닐로는 그보다 더 위대한 것을 생각할 수 없는 존재에 대한 관념은 실재 안에도 물론 존재한다고 생각해야만 한다고 했다. 하지만 사람들이 실재 안에 존재한다고 생각하는 것이 언제나 실재 안에 존재하는 것만은 아니다. 오히려 무엇이 존재하고, 무엇이 존재하지 않는가에 대해서 사람들은 때로 잘못을 저지른다. 하느님의 존재를 부정하는 사람이 어리석은 사람임에도 불구하고, 그 사람의 마음속에 어떤 것에 대하여 부정하는 관념이 있음을 오로지 지적하는 것에 의해 그가 부정하고 있다는 사실 자체를 부정해 버릴 수는 없다. 가우닐로는 자기의 주장을 의기양양하게 비유를 들어 설명했다. 우리는 인류가 사는 다른 모든 곳보다 더 아름답고 훌륭한 어떤 섬에 대한 관념을 마음속에 가질 수 있다. 그러나 이 섬의 관념으로부터는, 그러한 섬이 정말 존재한다는 것에 대하여 어떠한 결론에도 이를 수 없다. 실제로 그 섬이 정말 있다는 것을 의심한 사람이 아니라, 그런 섬에 대한 관념이 있다고 해서 마땅히 있으리라고 상상한 사람이 더 어리석은 바보이다.

성 안셀무스는 가우닐로에게, 그가 자기의 주장을 오해하고 있다고 응답했다. 그보다 더 위대한 것을 생각할 수 없는 존재에 대한 관념을 다루는 과정에서 가우닐로가 사용한 논법(reasoning)의 종류는 다른 어떤 관념에 대해서도 적절하지 못하다고 성 안셀무스는 말했다. 그리고 가우닐로에게 우스운 약속을 했는데, 만일 가우닐로가 하느님과 완전한 섬에 대한 관념 사이에 유사성을 유지할 수 있다면, 자기는 '그가 잃은—그러나 다시는 잃지 않게 될—섬을 그에게 주겠노라'고 말했다. [*15] 가우닐로와 성 안셀무스 사이의 쟁점들은 정확하게 결론짓기 어렵다. 그리고 이 논쟁을 다루는 역사가는 자칫하면 이 두 사람이 분명히 주장한 것보다 더 날카롭게 정의된 견해들을 이들의 것으로 말하기 쉽다. 그러나 성 안셀무스에 대해 주장하는 많은 다른 비

[*15] St. Anselm, *Apologetic in Reply to Gaunilon*, 제3장.

평가들(특히 칸트 같은 근세의 비판자들)처럼, 가우닐로가 성 안셀무스의 의도를 오해했다고 보는 것이 옳지 않을까 생각한다. 가우닐로와 성 안셀무스는 '관념'이란 말을 서로 다른 의미로 사용하고 있던 것으로 보인다. 가우닐로는 이 용어를 하나의 마음의 상태 또는 개념(a mental state or concept)의 뜻으로 사용했다. 또 마음속에 있지 않은 실재적 존재를 이론적 방법에 따라 마음의 상태로부터 이끌어 낼 수는 없다고 주장했다. 성 안셀무스는 이 용어를 하나의 형상 또는 플라톤적 이데아의 뜻으로 사용하고 있었다. 그런데 이 형상 또는 이데아는 오성(悟性) 안에 있을 수도 있지만, 그 자체로 실재적인 것이다. 이 마지막 의미는 중세 실재론자들 사이에서 마땅한 의미로 여겨졌으며, 여기서 '관념들'은 영원불변한 진리가 대응하는 대상들이다. 성 안셀무스는 정신적인 것으로부터 비정신적인 것으로 넘어가고 있었던 게 아니라, 본질(essence)로부터 존재(existence)로 넘어가고 있었다. 그는 중세 용어에서 실재(subsistence)나 존재(existence)로 불리는 존재의 영역들(the realms of being)이 하나의 존재인 하느님(the one being God) 안에서 만난다고 주장하고 있었다. 다른 모든 경우에는 본질(本質)은 어떤 종류의 대상이며 존재(存在)는 또 다른 종류의 대상이다. 그보다 더 위대한 것을 생각할 수 없는 존재는 모든 것을 할 수 있는 전능한 존재이어야만 한다. 능력은 무능함보다 나은 것이기 때문이다. 그보다 더 위대한 것을 생각할 수 없는 존재는 또한 반드시 자비심이 있어야 한다. 자비심이 무관심이나 냉담함보다 나은 것이기 때문이다. 그 존재는 또 반드시 실재(exist)해야 할 것이다. 실재가 비실재보다 낫기 때문이다. 그보다 더 위대한 것을 생각할 수 없는 것의 실재성을 부정하는 것은, 우리가 생각하고 있는 것이 실제로는 우리가 생각하고 있는 것이 아니라고 주장하는 거나 다름없다. 이같이 볼 때 하느님은 실재라기보다 오히려 본질이라고도, 본질이라기보다는 오히려 실재라고도 말할 수가 없다. 하느님은 이 둘이 합쳐진 것이다. 존재론에 대한 성 안셀무스의 이론은 조금도 잘못이 없다고 말할 수는 없어도, 이에 대한 가우닐로의 비판 또한 공정하다고는 말할 수 없다.

위에서 성 안셀무스에 대해 내린 해석이 정확한 것이라고 한다면, 성 안셀무스는 신플라톤주의 전통의 영향에 있어서 전환점에 서 있다거나 심지어 쇠퇴기에 들어서는 시점에 있다고도 볼 수 있다. 〈모놀로기움〉에서 하느님의 존재에 대한 성 안셀무스의 논증은 전적으로 신플라톤주의적이다. 왜냐하면 여기서는 특수한 존재물들이 좀 더 높은 존재의 세계, 곧 형상(形相)들의 세계로부터 나오는 것으로 다루어지고 있기 때문이다. 그러나 〈프로슬로기움〉에서 그의 본체론적(本體論的) 논증은 비록 하느님에게 있어서는 본질과 실재가 일치한다는 결정적 예외를 두고 있기는 해도, 그 밖의 것들에 있어서는 플라톤이 형상들과 개별물들을 다룬 것처럼 본질들과 실재들을 뚜렷이 다른 두 존재 세계로서 다루고 있다. 이런 식으로 그는 보편적인 것들의 문제를 논의하는 데 있어 하나의 방향 전환을 시작했다. 이 방향 전환은 아벨라르두스 같은 유명론자들과 성 토마스 아퀴나스 같은 온건한 실재론자들을 위한 길을 닦았다.

아벨라르두스

아벨라르두스는 12세기 스콜라 철학자들 가운데 가장 눈에 띄는 인물이다. 그의 원숙기는 성 안셀무스가 이미 죽고 없는 다음 세대로 볼 수 있다. 이 세대는 스콜라 시기의 어느 세대보다 교사들의 경쟁의식이 심했으며, 논쟁은 격렬하고 신랄했다. 아벨라르두스에 대해 마치 잎은 많으나 열매가 없는 나무, 또는 연기는 많으나 불이 없는 난로와 같다고 성 안셀무스는 평가했다. 몇몇 스콜라 철학자들—오늘날 저서가 전해지지 않고 반대자들의 논증만이 전해 오는 몇몇 스콜라 철학자들—은 전통적으로는 보편적인 것들의 문제에 대한 논쟁에 있어 극단론자들로, 또 자신들을 공격한 사람들에겐 귀찮은 존재들로 보였다. 로스켈리누스(Roscellinus, 1050~1120년경)는 프랑스 여러 학교에서 가르친 교사였는데, 유명론자(唯名論者)들을 대표하는 사람으로 보인다. 그는 유(類 ; genera)와 종(種 ; species)이 다만 낱말들에 지나지 않으며, 이들에 대한 명제들은 사물들의 성질이 아니라, 문법의 임의적인 규칙들을 반영하는 것일 뿐이라 말했다는 평가를 받았다. 샹포의 기욤(William of Champeaux, 또는 Guillaume, 1070~1120)은 파리에 있는 성당학교 교사였는데, 실재론(實在論)을 대표하는 사람으로 보인다. 이 사람은 처음에 보편적인 것들만이 오직 실재적인 것이고, 같은 종에 속하는 모든 개체는 같은 실체를 가지고 있으며, 우연히 서로 다를 뿐이라고 말했다 하여 논박을 당했다. 그 뒤 이에 대한 아벨라르두스의 비판을 받고 나서 기욤은 자신의 주장을 크게 수정한 것으로 짐작된다. 즉 그는 오직 개체들만이 현실적으로 존재하며, 서로 닮은 개체들을 종이나 유라고 생각하기에 이른 것 같다. 이 여러 논쟁의 상세한 부분들은 분명치 않다. 이것은 로스켈리누스와 기욤의 저술이 남아 있지 않기 때문이다. 그러나 몹시 거센 논쟁이 벌어졌던 것만은 확실하다. 그리고 아벨라르두스(그는 로스켈리누스와 기욤 모두에게 가르침을 받았다)는 이 논쟁을 벌이는 과정에서 재치 있는 답변을 하면서, 변론에서 승리하는 기회를 얻어 매우 즐거워했던 것으로 보인다.

아벨라르두스는 자기가 한 주장이 아리스토텔레스의 주장과 비슷하다고 믿었다. 하지만 그는 아리스토텔레스주의를 주로 포르피리오스와 보에티우스가 아리스토텔레스에 대해서 쓴 주석(註釋)을 통하여 받아들였다. 아벨라르두스는 모든 실재는 개별적인 사물들이기 때문에, 보편적인 것들의 문제는 전혀 존재론적 문제가 될 수 없다고 주장했다. 그 문제는 우리가 개별적인 사물들에 대해 논의할 때 비로소 생기는 것이므로 전적으로 논리적인 문제이다. 오직 낱말들만이 보편적인 것이 될 수 있다. 아벨라르두스는 보편적인 것들을 사물들의 실체, 더욱이 본질이라고 보는 것은 실재론자들이 잘못 생각한 것이라 주장했다. 그들은 이같이 생각함으로써 길을 잃고 사물들 사이의 많은 차이들을 무시하거나, 이 차이들을 그 사물들의 진정한 존재와는 관계없는 것 또는 외부로부터 가해진 우연한 것으로만 보게 되었다. 개별물들이야말로 실재적이며 그 구체적 존재(existence)의 충만함과 완전함으로 인해 실재적(real)이라고 말할 수 있다. 만일 우리가 모든 개별물 하나하나를 그 전체적이며 특유한 현실성(actuality)에 의해 따로따로 다룰 수 있고 또 필요할 때마다 끌어올 수 있다면, 우리에게는 보편적 용어(名辭)가 조금도 필요치 않을 것이다. 우리가 보편적 용어들을 끌어와 사용하는 것은, 실제적인 상황들로 말미암아 하나의 언어를 많은 개체에다 동시에 적용할 수 있는 명제들을 만들어야 했기 때문이다. 그러나 하나의 낱말을 많은 개체들에 동시에 적용하게 되면서 우리는, 이 개체들이 충만한 존재들이라는 사실을 자칫 놓치게 되며, 이 개체들 사이에 서로 비슷한 어떤 부분들만을 주의해서 보게 된다. 따라서 우리가 출발할 때 가졌던 충만한 실재성 가운데 많은 것들을 잃어버리게 된다. 우리가 보고 먹는 빵은 언제나 어떤 개별적인 빵 덩어리이다. 하지만 보통 우리는 세상에 존재하는 많은 빵 덩어리들 가운데서 어떤 특별한 것을 고를 필요는 없다. 빵이라고 불리는 것이면 어느 것이든 먹을 수 있기 때문이다. 우리에겐 이런 빵이 필요한 것이다. '빵'이란 말은 보편적인 용어(名辭)이다. 그것은 많은 개별적인 빵 덩어리들을 뜻하는 일반적인 말인데, 이 빵 덩어리들은 아무리 이것들이 특수하게 만들어진다 하여도 '먹을거리'라는 가치를 지닌다는 점에서는 같다. '빵'이란 낱말의 보편성은, 이 낱말이 수많은 빵 덩어리에 모두 적용될 수 있다는 사실에서 성립된다. 어떤 빵 덩어리도 그저 빵이기만 한 것은 아니다. 빵 덩어리마다 다른 것과 구별되는 특성들(빛깔·무게·크기·공간적 위치 등)을 가지며, 보편적 낱말이 의미하는 것을 능가하는 자연의 풍부성을 또한 지니고 있다. 따라서 보편적인 것들을 다루는 과정에서, 우리는 현실적 존재에 대한 탐구를 수행하고 있는 게 아니라, 동시에 많은 개별물들에 대하여 제한을 두지 않고 막연하게 논의하는 우리 인간의 논의 방식을 분석하고 있을 따름이다. 그러므로 보편적인 것들은 비록 같은 이름으로 불리는 많은 개별물들에 대해서 충실하다 할지라도, 이 개별물들 어느 하나에 대해서도 그 현실성을 온전히 지시하는 데 있어서는 불충분하다고 볼 수 있다. 따라서 보편적이라는 것은, 이 보편성에 의하여 한 뭉치로 묶여 있는 개별물들보다 더 실재적이기보다는, 오히려 실재성이 감소하는 특징이 있다. 보편성이란 어떤 것이 현실적으로 존재하거나 존속하는 방식을 뜻하는 것이 아니다. 그것은 정신이 보통 하나의, 또는 하나 이상 되는 개별물들의 어떤 선택된 부분만을 다루는 방식이다. 이같이 개별물들을 다룰 때, 정신은 종종 이것들을 올바로 다루고 생각할 수 있으나, 그렇다고 해도 현실적으로 존재하는 어떤 하나하나에 대해서 그 완전한 개체성을 결코 말해주지는 못한다.

오직 낱말들만이 보편적일 수 있다는 자기의 주장을 옹호해 나아가는 과정에서, 아벨라르두스는 인간의 생각(思考 ; thinking)에 대한 심리학에 주의를 기울이게 되었다. 생각한다는 것은 지각(知覺 ; perception)하는 것을 대신하는 대용물(a substitute)이라고 그는 주장했다. 즉 그것은 어떤 점에서 지각만큼 충분한 것이 못 되며, 또 다른 점에서는 지각보다 더 쓸모 있는 대용물이 될 수 있다. 생각한다는 것은 존재론상으로는 지각하는 것만큼 충분하지 못하다. 왜냐하면 지각이 신체의 감관들에 의존하여 개별물들을 온전히 우리 앞에 제시해 주는 것과 달리, 생각은 이렇게 하지 못하기 때문이다.

그러나 생각은 논리적으로는 지각보다 더 유용하다. 그것은 신체 감관을 필요로 하지 않는 것이므로, 우리 앞에 현존하는 것뿐만 아니라 우리 앞에 없는 것까지도 다룰 수 있게 해주며, 또 지각이 절대로 설명해 주지 못하는 사물들 사이의 관련성에 대해서도 알게 해주기 때문이다. 생각의 과정은 사물들에 대한 심상(心像 ; images)들을 사용함으로써 이루어진다. 즉 상상력을 통하여 현존하는 개별물들에 대한 내재적 상징들을 구성함으로써 생각은 이루어진다. 이 심상(心像 ; images)들은 어떤 개별적인 것에 대해서 아주 충실한 것일 수 있다. 예를 들어 우리가 아주 친한 벗을 떠올릴 때가 그러하다. 하지만 이 심상들은 아주 막연하고 모호할 수도 있다. 우리가 사람이나 동물 같은 일반적인 실체들을 생각할 때 그러하다. 모든 심상은 전에 가졌던 어떤 지각(知覺)을 바탕으로 일어나며, 또 이 모습들을 비춰준다. 그러나 심상들은 언제나 선택적이다. 심상들은 기껏해야 하나 또는 몇 안 되는 특성만을 포함하며 다른 모든 특성들을 배제해 버린다. 그리고 이것들은 혼동되기도 한다. 그것은 심상들이 오직 하나의 개별적 사물로부터 나온 게 아니라, 어느 정도 비슷한 많은 개별적 사물들로부터 나온 것이기 때문이다.

비록 상상력에 의존하는 것이기는 하지만, 인식은 상상력 이상의 것이다. 어떤 심상과 관련된 낱말이 어떤 대상을 가리킬 때 인식작용이 일어난다. 그리고 인식은 구체적일 수도, 추상적일 수도 있다. 심상이 뚜렷하면 할수록 마음은 하나의 단일한 개별적 대상에 대응하는 낱말을 더욱 잘 연결하게 된다. 따라서 인식은 더욱 구체적인 것이 된다. 심상이 흐릿할수록 마음은 그에 대응하는 낱말을 많은 개별적 대상들에다 더 자주 동시에 연결하게 되고, 인식은 더 추상적이 된다. 흐릿한 심상은 개념들을 말한다. 개별적 대상들에 연결된 낱말들처럼 뚜렷한 심상들에 연결된 낱말들은, 단수 명사(單數名辭)들이다. 흐릿한 심상들(confused images), 즉 개념들에 연결된 낱말들은 바로 보편성을 띤 것(普遍者)들이다. 보편적인 것은 개별적 대상도 심상도 아니다. 모든 심상들은 현실적으로 존재하는 모든 사물과 똑같은 정도로 개별적이다. 오직 낱말들만이 보편적일 수 있다. 이 낱말들은 마음속에 일어나는 무수한 사건으로서의 심상들을 지시하는 게 아니라, 마음이 심상들을 그 대상들에 연결하는 것을 가리킨다. 참과 거짓은 마음이 그 심상들을 사물들에 연결하는 행위에서 일어난다.

이렇게 생각해 볼 때 아벨라르두스에게 있어서 보편성(普遍性 ; a universal)은 많은 사물들에 대한 부분적 이해를 뜻한다. 이는 절대적 실재성을 가진 사물도, (그가 개념들이라 부른 흐릿한 심상들처럼) 주관적인 마음 상태를 가리키는 것도 아니다. 이는 낱말들이 인지 과정(認知過程 ; intellectual processes)에서 그 기능을 발휘하는 방식이다. 이것은 실재하는 사물들과 관계를 맺고 있으며, 이 관계의 참·거짓은 이 실재하는 사물들이 객관적으로 어떠한 것인가 하는 데 달려 있다. 그러나 이것은 오직 내적 성찰(內的省察 ; reflection)이라는 테두리 안에서만 일어난다.

보편적인 것들의 문제에 대한 아벨라르두스의 답은, 교회로 하여금 실재론적 이론들이 제공하는 듯싶은 기본 교리들을 잃게 할 수도 있는 것이었다. 성 베르나르두스는 아벨라르두스를, 모세 대신 플라톤을 택한 자라 불렀다. 또 플라톤을 기독교인으로 만들려고 시도하다가 자신만 이교도가 되어 버리고 말았다고 비난했다. 그러나 이 비난은 이중으로 잘못된 것으로, 성 베르나르두스를 이해하지 못하는 데서 비롯된다. 성 베르나르두스는 플라톤과는 거리가 먼 사람이다. 성 베르나르두스가 이상하게도 개념을 모호한 심상과 동일시한 것은, 형상(形相)들이야말로 인식의 가장 분명한 대상이 될 수 있다고 보는 플라톤의 고요한 확신과는 완전히 대립하는 것이었다. 그리고 비록 성 베르나르두스가 자신의 기독교 사상에 있어 인습에 사로잡히지 않은 만큼 아마도 이단적이었다고 분명히 말할 수 있지만, 그는 결코 이교도는 아니었다. 성 베르나르두스는 교회의 권위에 찬성했으며, 우리가 교회의 교리를 이해하든 못하든 이를 믿고 받아들여야 한다고 말했다. 성 베르나르두스는 심지어 여러 교리는 우리가 이해할 수 있는 그런 것이 아니라고까지 주장함으로써 성 아우구스티누스의 전통에도 반대했다. 그에게 있어 신앙이란 이해하려고 해서는 안 되는 것이었다. 오히려 신앙은 권위에 의존하는 것이며, 이해(understanding)는 감관 경험(感官經驗 ; sense experience)의 범위 안에 들어오는 문제들만을 다룰 수 있다고 말했다. 교회 지도자들이 아벨라르두스의 영향을 두려워했다는 사실은 역사를 공부하는 이에게는 조금도 놀라울 것이 없다. 왜냐하면 만일 신앙이 이성의 영역을 뛰어넘는 것이라면, 어떤 의미에서 신앙은 비이성적인 것이며, 또 비이성적인 것은 이치에 닿지 않는 것에 매우 가깝기 때문이다.

제6장 토미즘의 종합

1. 아리스토텔레스의 부활

알 파라비(Al-Fārābi, 950년경 죽음) : 바그다드 학원에 있던 아라비아인 학자.

아비켄나(Avicenna, 아라비아 이름으로는 Ibn Sīnā, 980~1037) : 바그다드 학원에 있던 아라비아인 학자.

알가잘리(Al Ghāzāli, 1058~1111) : 바그다드 학원에 있던 아라비아인 학자.

아비케브론(Avicebron, 본명 Salomon ben Jehuda ben Gabirol, 1070년경 죽음) : 스페인 코르도바에 있던 학원의 유대인 학자.

마이모니데스(Maimonides, 1135~1204) : 스페인 코르도바에 있던 학원의 유대인 학자.

아베로에스(Averroës, 1126~1198) : 코르도바에서 태어나 무어족 칼리프(마호메트의 후계자)의 궁정의(宮廷醫)로 일하다가 추방되어 모로코에서 십자가에 처형됨.

로버트 그로스테스트(Robert Grosseteste, 1175~1253년경) : 옥스퍼드에서 가르치며 총장 칭호를 받음. 나중에는 링컨 주교가 됨. 그는 자연 과학에 대한 책을 썼는데, 소리·광선·혜성·색채·무지개·열·운동 등을 다루었다. 또 아리스토텔레스의 그리스어 저서들을 라틴어로 번역했다.

보베의 빈센티우스(Vincent of Beauvais, 1190년경~1264년경) : 프랑스 수도사. 1250년경 〈스페쿨룸 마이우스 *Speculum Maius*〉란 책을 썼는데 이 책은 백과사전 같은 것으로, 한 부문은 자연물 전반에 걸친 박물학 개론서이다.

뫼르베케의 기욤(William of Moerbeke, 또는 Guillaume, 1286년경 죽음) : 교황 우르바누스 4세의 궁정에 머무르면서 아리스토텔레스의 그리스어 저서를 라틴어로 번역했다.

성 알베르투스 마그누스(St. Albertus Magnus, 1206~1280) : 독일 슈바벤에서

태어났다. 1223년 성 도미니크 수도회의 수도사가 되어 파두아에서 공부했
다. 그 뒤 파리에서 박사 학위를 받고 파리와 콜로뉴에서 가르쳤다. 저서로
는 자연 과학에 대한 것으로 〈식물론 De Vegetalibus〉과 〈동물론 De
Animalibus〉, 아리스토텔레스 저서들에 대한 해설서들, 페트루스 롬바르두
스의 〈명제집 命題集〉에 대한 주석, 그리고 보편성 문제를 다룬 윤리학 저
서 몇 편이 있다.

성 보나벤투라(St. Bonaventura, 1221~1274) : 이탈리아 토스카나에서 태어났
다. 그는 파리에서 가르쳤으며, 프란체스코 수도회에 들어가 1257년 이 수
도회의 회장이 되었다. 1273년에 최초의 추기경이 되었다. 그는 천사 같은
박사(Seraphic Doctor)라 불렀다.

로저 베이컨(Roger Bacon, 1212년경~1292) : 옥스퍼드에서 그로스테스트로부
터 배웠으며, 프란체스코 수도회의 수도사가 되었다. 옥스퍼드에서 가르쳤
으며 짧은 기간 동안 파리에서도 가르쳤다. 그도 스승처럼 자연 과학에 주로
관심을 가졌다. 그는 여러 논쟁을 불러일으켰다. 천문학에 대한 그의 견해
가운데 몇 가지가 1278년 '기이한 이론'이라는 비난을 받아, 그 뒤 얼마 동
안 이단이라는 죄명으로 옥에 갇혔었다. 저서로는 〈오푸스 마이우스 Opus
Maius〉·〈오푸스 미노르 Opus Minor〉·〈오푸스 테르티움 Opus Tertium〉,
그리고 철학과 신학의 문제를 짧게 풀이한 것들이 있다. 그는 때로 기적의
박사(Doctor Mirabilis)라 불리기도 했다.

13세기 스콜라 철학은 큰 변화를 맞이했다. 이 변화는 아리스토텔레스의
원전을 찾게 됨에 따라 이 원전의 의미를 차츰 더 많이, 그리고 더 정확히
알게 된 데에서 주로 비롯된다. 아리스토텔레스 논리학 사상 일부—범주(範
疇 ; categories)와 삼단 논법—는 중세 초기에 포르피리우스와 보에티우스를
통하여 전해졌다. 그러나 6세기부터 12세기에 이르기까지 아리스토텔레스의
나머지 사상은 대부분 잘못 판단되거나 심지어 세상에 알려지지도 않았다.
이 여러 세기 동안 스콜라 학자들 사이에 널리 이루어진 해석들은 그 의도로
보아 신플라톤주의적이었으며, 또 아리스토텔레스의 원저 가운데에서 초기
의 좀 더 플라톤적이며 신학적인 부분들에 기초를 두고 있었다. 플로티노스
의 〈에네아데스 Enneads ; 哲學全書〉 3권을 편찬한 책이 9세기에 〈아리스토

텔레스 신학 *The Theology of Aristotle*〉이란 제목으로 세상에 나왔다. 아리스토텔레스의 과학 저서들과 〈형이상학 Metaphysics〉의 좀 더 자연주의적인 저서들은, 12세기가 저물 무렵과 13세기에 사본(寫本)이 발견되어 라틴어로 번역될 때까지는 서부 유럽의 기독교 세계에 거의 알려지지 않았다.

아리스토텔레스의 저서들이 겪은 운명의 역사는 여러 우여곡절들을 거친다. 전하는 바에 따르면, 이 저작들은 아리스토텔레스의 유언에 따라 테오프라스토스가 맡았다. 그는 아리스토텔레스를 이어 리케이온(Lykeion ; <small>아테네의 작은 숲 속에 있던 아리스토텔레스의 학원,
테오프라스토스 이후로 학생들은 '소요학파'라 불림</small>)의 원장이 된 사람이다. 이 저서들은 다시 테오프라스토스의 계승자들에게 전해져 내려온 것으로 보인다. 기원전 1세기에는 로도스의 안드로니코스(Andronicos)가 이 저서들을 정리하여 편찬했다. 기원후 2세기에는 아프로디시아스의 알렉산드로스가, 6세기에는 보에티우스가 이들 저서 가운데 몇몇 주석서(註釋書)들을 세상에 내놓았다. 고대에 그 저서들은, 연구되지 않을 때조차 매우 존중되었다. 스트라본에 따르면, 이 저서들은 한때 전쟁의 파괴를 피하여 소아시아 북서부 어느 지하에 감추어져 있었다고 한다. 그러나 이 시기에 서로 많이 뒤섞이고 더러워졌다고 한다. 그 뒤 이 저서들은 술라(Sulla) 장군의 개선 때 로마로 옮겨져, 예루살렘 사원에서 가져온 일곱 가닥의 촛대와 더불어 개선 장군의 영광을 더욱 빛내기 위해 거리에 전시되었다. 하지만 신플라톤주의적 태도가 권위를 가지게 되면서, 아리스토텔레스의 저서들은 서부 유럽 학자들과 사상가들의 세계에서 자취를 감추어 버렸다.

아리스토텔레스의 저서들은 기독교 세계에 거의 알려져 있지 않던 여러 세기 동안, 다른 곳에서 소중히 보존되어 왔다. 이것은 5세기와 6세기에 시리아어로, 그 뒤에 다시 아랍어와 히브리어로 번역되었다. 이슬람교나 사라센 문화가 펴져 나간 곳에서는 어디서나 아리스토텔레스주의 철학이 꽃을 피우고 있었다. 처음에는 동방의 아랍 사람들 사이에서, 그 다음에는 이슬람교가 북아프리카에 널리 펴져 나가면서 스페인의 무어족 사이에서 크게 유행했다. 알파라비·아비켄나·알가잘리 등 아리스토텔레스주의 철학자들은 잇달아 바그다드의 학원에 명성을 가져왔다. 이들은 신플라톤주의적, 신비주의적으로 아리스토텔레스 철학을 가르쳤다. 이때에 알가잘리는 그들에게서 방향을 바꾸어 유대교의 일신론(一神論)을 옹호했다. 뒤이어 아리스토텔레스주의 철학자들은 이 같은 명성을 스페인의 코르도바에 있는 학원에 가져다 주었다. 여기서 아리스토텔레스는 유대인 학자들의 철학자가 되어, 이들로 하여금 기독교 세계에서는 종종 허락되지 않던 지적 자유를 무어인들 아래서 맘껏 누리게 했다. 유대인 아리스토텔레스주의자로서 아비케브론과 마이모니데스가 있었다. 신비주의적 아리스토텔레스주의는 또한 유대인의 밀교(密敎) 구석구석으로 스며들어 갔으며, 이런 형태로 서부 유럽 모든 나라에도 전해졌다.

13세기 이전 서부 유럽에서 가장 위대한 아리스토텔레스주의 철학자—지적 천재성과 기독교 세계에 끼친 영향에 있어 가장 위대한 사람—는 사라센의 학자 아베로에스였다. 그는 한때 코르도바에서 무어인 통치자의 궁정의(宮廷醫)로 일했다. 그는 뒤에 코르도바에서 추방되어 북아프리카로 떠났으나, 그런 과정에서도 사라센 문화가 이어지는 곳이라면 어디에서나 의학과 법학 및 철학에 대한 관심을 널리 퍼뜨렸다. 그의 영향은 정복자였던 노르만족 사람들에 의해 시칠리아와 살레르노, 나폴리에 있는 학원들로 전파되었다. 기적·예언·섭리·기도의 효과를 믿는 기독교 신앙에 반대하여, 그는 하나의 철저한 자연주의적 철학을 가르쳤다. 기독교 신앙의 창조론에 반대하여, 그는 물질의 불멸성과 물질 세계의 끝없는 존재성을 가르쳤다. 정신적 실체들과 앞으로 다가올 심판에 대해 주장하는 기독교 신앙에 반대하여, 그는 영혼이 신체에 의존하는 것으로 언젠가는 사멸하게 됨을 가르쳤다. 그는 신학을 전적으로 철학에 종속시켰다. 그의 철학과 이슬람 교도들의 신학 사이에는 걸보기에 여러 모순점이 있었다. 이에 대해 그는 신학이 비유를 쓰는 것과 달리, 철학은 과학적으로 문자 그대로 해석하기 때문이라고 설명함으로써 정통 이슬람교 세계에서 자신의 지위를 유지하려 했다. 정통 이슬람교 신앙을 내세운 사람들 사이에서 그가 스스로 어떤 운명을 짊어졌든, 그는 기독교도들 눈에는 역사상 가장 두려운 이단자들 가운데 한 사람으로 보였다. 기독교인 화가들은 때로, 그가 유다와 아리우스와 함께 성자들의 발 아래 꿇어 엎드려 있는 모습들을 그렸다. *1 그럼에도 불구하고 교회권 내에 머무른

---

*1 단테(Dante)는 확실히 아비켄나와 아베로에스를, 플라톤·아리스토텔레스, 그리고 그가 흠모하던 버질(Virgil ; Vergilius)과 함께 림보(limbo ; 지옥 변두리에 있는 곳으로, 그리스도 탄생 이전의 착한 사람들과 세례를 받지 않고 죽은 어린아이들 영혼이 가는 곳)에 넣음으로써, 에피쿠

서양 지식인들 사이에서 그를 열렬히 따른 제자들도 적지 않았다.

12세기 끝무렵 기독교 세계에서 아리스토텔레스는 미움받는 유대인, 미움받는 무어인, 그리고 미움받는 이단자들과 널리 연결되어 있었다. 그는 아우구스티누스의 이상(理想) —직관적 지혜와, 이성에 앞서 이성을 뛰어넘는 신앙—을 무시한 이성주의(理性主義 ; rationalism, 합리주의)의 상징이었다. 1210년에는 파리 대학에서 아리스토텔레스의 저서를 금지했고, 이와 비슷한 명령이 13세기 내내 되풀이하여 선포되었다. 그러나 아리스토텔레스의 저서에 대한 관심은 끊임없이 솟아났다. 이 저서의 여러 부분이 라틴어 번역으로 세상에 나왔는데, 이 번역서들은(스페인과 시칠리아에서처럼) 아라비아어 책을 번역하거나, 새로 손에 넣은 그리스어 사본들을 직접 번역하는 경우도 있었다. 옥스퍼드의 로저 베이컨처럼, 형이상학보다 자연과학에 더 관심을 가졌던 몇몇 스콜라 학자들은 아리스토텔레스의 과학 저서들을 자유롭게 검토할 수 있었다. 1260년까지 로버트 그로스테스트와 되르베케의 기욤은 아리스토텔레스의 형이상학·심리학·윤리학·정치학을 새로이 그리스어 원문에서 라틴어로 번역했다. 아리스토텔레스를 잘 알고 그의 사상을 다른 여러 사상들과 연관시키려는 많은 학자들의 관심은 폭발적으로 커져 갔고, 로버트 그로스테스트와 되르베케의 기욤은 차츰 양보하지 않을 수 없었다. 아리스토텔레스의 여러 사상을 긍정적으로 받아들이는 사람들은 아리스토텔레스 자신과 그에 대한 아베로에스의 해석 사이를 뚜렷이 구분했다. 그럼으로써 아리스토텔레스에 대한 권위층의 태도에 많은 변화가 일어났다. 13세기 중엽에 이르자 그 전의 금지는 임시적 조치로 여겨졌다. 즉 아리스토텔레스 저서의 완전한 번역이 나와 사라센 사람들의 해석을 대신하는 올바른 해석이 수립될 때까지만 금지하기로 한 것이었다. 1215년에는 〈기관機關 ; Organon〉에 대한 금지가 완전히 풀렸고, 다른 저서들도 하나씩 널리 쓰이기에 이르렀다. 1263년 교황은 아리스토텔레스의 저서 전부를 새로 번역하게 했다. 14세기에 파리 대학에서 석사 학위를 얻으려면 아리스토텔레스 철학 전반에 걸친 지식을 반드시 지녀야 했다. 아리스토텔레스주의적인 스콜라 학자로서

로스 학파들처럼 지옥의 여섯째 장소에 넣지 않았다. 그러나 단테는 성 토마스가 죽은 지 한 세대가 지나서야 이 글을 썼던 것으로, 이때에는 적어도 지식인들 사이에서, 철학자들로 하여금 아리스토텔레스를 받아들일 수 있게 만든 모든 사람들의 공헌이 좀더 안전하게 인정되었다.

이단으로 몰렸던 사람들은 이제는 아리스토텔레스주의자로서가 아니라 아베로에스주의자로서 비난을 받게 되었다. 그리고 아리스토텔레스는 실제로 기독교도로 받아들여지지는 않았지만, 그의 사상이 몇 가지 철학적 문제를 논의하는 데 도움이 된다고 인정했다.

기독교 철학자들이 아리스토텔레스를 받아들이는 과정에서 가장 주목할 만한 인물은 성 알베르투스 마그누스와 그의 제자 성 토마스 아퀴나스이다. 성 알베르투스는 아리스토텔레스의 저서들을 모두 다시 쓰려는 웅대한 계획을 세웠다. 그는 아리스토텔레스에게 결함이 있거나 불완전해 보이는 부분들에 대해서는, 자신의 글을 덧붙여 철학적 진리를 체계적으로 완성하려고 시도했다. 성 알베르투스는 그 무렵 존재하던 아리스토텔레스의 라틴어 번역서 가운데 내용이 충실한 것이면 조금도 주저 없이 가져다 썼다. 그러나 때로 이 번역서들이 아주 빈약하여 이해할 수 없는 경우에는 스스로 많은 사본들을 검토하고 새로 번역하기도 했다. 이때 그는 이 번역에 아리스토텔레스가 말하고자 했거나 말했어야 했다고 스스로 판단한 것을 설명해 넣었다. 성 알베르투스는 이 웅대한 계획을 대단히 성공적으로 이끌어 나아갔다. 마침내 그는 13세기에 아리스토텔레스에 대한 새로운 번역서를 내놓았다. 이 번역서는 역사적으로 완전히 신뢰할 만한 것은 못 된다 하여도 누구나 아리스토텔레스 사상에 쉽게 다가갈 수 있게 했으며, 아리스토텔레스는 기독교를 철학적으로 지지하는 데 없어서는 안 될 존재가 되었다.

아리스토텔레스가 다시 등장했다고 하여 중세 철학에서 플라톤의 영향이 아주 사라진 것은 아니었다. 그러나 아리스토텔레스의 부활은 중세 초기 널리 퍼져 있던 몇 가지 추측들에 끝을 맺었다. 그것은 플라톤 철학과 아리스토텔레스 철학이, 이 둘 가운데에서 하나만을 택해야 할 완전히 대립되는 주장이라는 무비판적 신념에 끝을 맺게 해주었다. 스콜라 학자들 가운데에서 가장 위대한 사람이었던 성 토마스 아퀴나스는 어느 때에는 두드러지게 플라톤적이고, 또 어느 때에는 대단히 아리스토텔레스적이다. [2] 아리스토텔레스의 부활은 또 보편적 개념들을 그 자체로 실재적인 것으로 보며, 사물들 하나하나를 이 보편적 개념에서 나온 것으로 다루는 극단적 실재론(實在論)

＊2 성 토마스는 두드러지게 플라톤적이었을 뿐만 아니라, 아리스토텔레스와 함께 거짓(僞) 디오니시우스를 하나의 철학적 권위로서 자주 다루었다.

의 물결에 종지부를 찍었다. 이것은 플로티노스의 물질관에서 아리스토텔레스의 물질관으로 되돌아감을 뜻했다. 즉 이것은 개체성이, 다른 어떤 것에 속함으로써 존재의 충만함이 결여되거나 타락하는 것이 아니라, 유한한 존재들이 그 자체로 순수하게 존재하는 구체성이나 실체성(實體性)으로 생각되기에 이르렀음을 뜻한다. 따라서 아리스토텔레스의 부활은, 물리적 세계에 대한 관심과 이에 대한 연구가 다시금 형이상학의 새로운 한 분야로서 인정되었음을 뜻한다. 13세기의 많은 사람들에게, '아리스토텔레스는 하나의 계시(啓示)로 나타났다. 그는 사람들에게 우리 눈에 보이는 자연은 신학적 암호문 이상의 어떤 것이며, 자연을 그 자체로 연구하면 많은 것을 얻을 수 있다고 가르쳤다.'*3 비록 성 아우구스티누스로부터 13세기에 이르는 동안 사상가들이 영원한 진리와 영혼의 운명에 온통 관심을 쏟기는 했었으나, 서부 유럽에서 물리적 세계에 대한 관심이 완전히 결여된 때는 한 번도 없었다. 그러나 중세 초기에는 자연을 다룬 책들이, 고대의 저자나 여행가들에 의해 전해진 공상적인 이야기들과 관찰된 사실들 사이에 거의 구별을 두지 않았다. 13세기 중엽 〈강요(綱要) ; *Speculum*〉란 저서를 펴낸 보베의 빈센티우스만 보더라도, 이 중세 초기의 태도에서 벗어나지 못하고 있다. 하지만 성 알베르투스 마그누스는 아리스토텔레스의 부활에 자극받아 식물·새·물고기·곤충·동물·광물의 표본을 수집하면서, 자연에 대한 관심을 이렇게 나타냈다. '실험을 통한 증명만이 이런 문제에서는 신뢰할 만하다(Experimentum solum certificat in talibus).'*4

아리스토텔레스 사상이 부활하고, 플라톤주의적 권위에 대한 존경심도 계속 이어졌다. 그런데 이 플라톤주의는 거짓(僞) 디오니시우스와 극단적 실재론자들을 통하여 퍼진 것보다 플라톤 자신의 주장에 어느 정도는 더 가까운 플라톤주의였다. 13세기에 아리스토텔레스는 자연계 연구 분야에서 주요한 지침이 되었다. 이와 더불어 플라톤은 기독교 신앙에 의해 생겨난 좀 더 깊은 문제들을 이해하려는 노력에 있어서도 여전히 하나의 지침이었다고 말할 수 있다. 프란체스코 수도회장이며 교회 추기경이었던 성 보나벤투라

---

*3 A.E. Taylor, 'Ancient and Medieval Philosophy," in *European Civilization*, ed. E. Eyre(New York, Oxford University Press, 1935~1939), Vol. Ⅲ, p. 820.

*4 Etienne Gilson, *Histoire de la philosophie medievale*(Paris, Payot, 1922), Vol. Ⅱ, p. 12.

(1221~1274)는, 아리스토텔레스는 자연물들을 분석하는 데에는 충실했으나 형이상학에서는 약했다고 말했다. 13세기 프란체스코 수도회원들은 도미니크 수도회원들만큼 아리스토텔레스를 좋게 여기지는 않았다. 그들은 아리스토텔레스에 대한 새로운 열의에 대하여 최대한 양보하면서도, 아우구스티누스의 '빛의 형이상학(照明說 ; doctrine of illumination)'을 지지했다. 성 보나벤투라는 이 문제를 요약하여, 아리스토텔레스는 과학에서 뛰어났고 플라톤은 지혜에서 뛰어났으며, 성 아우구스티누스는 그 어느 쪽에도 다 뛰어난 사람이라고 말했다. 하지만 도미니크 수도회원들은 대체로 성 토마스 아퀴나스를 본보기로 아리스토텔레스를 좀 더 충실히 받아들였다. 그러나 성 아우구스티누스가 본 아리스토텔레스는 플라톤의 학원에서 성장하여 신학에서 절정에 이른 형이상학을 가르친, 바로 그 아리스토텔레스였다. 13세기 기독교 세계의 거의 모든 스콜라 학자들에게는, 그저 자연주의적이기만 한 아리스토텔레스는 이단적인 사라센 사람들이 꾸며낸 것으로만 보였다.

아리스토텔레스의 부활은 보편적 개념에 대한 문제를 새롭게 해결했다. 성 알베르투스가 체계적으로 논하고 성 토마스가 받아들인 이 이론은 온건한 실재론(實在論 ; moderate realism)이라 불리기에 이른다. 이것이 실재론이라고 불리는 것은, 보편적 개념으로서 마음속에 있는 것은 또한 사물들의 형상으로서 사물들 속에도 현실적으로 존재한다고 단정하기 때문이다. 그리고 이것이 온전하다고 주장하는 것은, 보편적 개념들 또는 형상들이 절대적으로 존재함을 부정하기 때문이다. 아리스토텔레스의 가르침에 따르면 특수한 사물들은, 질료(質料 ; matter)와 형상(形相 ; form)이 결합되어 하나가 된 것들이다. 질료는 개체화(個體化 ; individualization)의 원리가 되며, 형상은 이해에 바탕을 둔 가지성(可知性 ; intelligibility)의 원리가 된다. 형상이 질료 속에 있지 않다면 개별적 사물들이 생겨날 수 없을 것이다. 질료가 형상을 가지지 않았다면 인식이 생겨나지 못할 것이다. 어떤 사물에서도 그 실재(actuality) 또는 본질(quiddity or whatness, 즉 사물을 사물이 되게 하는 것)을 이루는 형상이—이 사물들 하나하나를 인식하는 그 어떤 정신 속에서도—그 사물의 관념 또는 본질이 된다. 같은 형상이 객관적으로는 사물의 본성이 되고 주관적으로는 마음의 관념이 되지 않는다고 하면, 그 사물은 가지적인(intelligible, 지성으로 이해될 수 있는) 것이 못 될 것이며, 마음은 인식적인(cognitive, 인지되는) 것이 못 될 것이다. 그리고 어떤 마음이 어떤 형상을 그 관념으로서 가지게 되면, 그 마음은 이 형상을 자기의 본성으로 지니고 있는 개별적 사물들 하나하나에 더는 몰두하지 않고, 많은 개별물들이 공통적으로 가지는 본성으로서 여길 수 있다. 이렇게 생각할 때, 그리고 이렇게 생각할 때에만 형상은 하나의 보편자(보편적 개념)라 불릴 수 있다. 물론 이 형상이 실제로는 오직 한 사물의 본성일 수도 있지만, 위와 같이 생각할 때에 비로소 형상이 보편자일 수 있다. 성 알베르투스의 방식대로 이 점을 표현한다면, 보편적 개념은 '비록 그것이 절대적으로 존재를 부여할 수 없을지 모르지만, 많은 것들에 존재를 부여하기에는 적합한 본질이다.'[5] 그러므로 정확하게 말한다면, 보편적 개념은 오직 지성 속에만 있다. 지성을 떠나서는 형상은 언제나 질료 속에 개별화되어 하나의 개체로서만 존재하기 때문이다.

존재의 질서에 있어서 사물들은 보편적 개념들에 선행한다. 문젯거리는 언제나 이 문젯거리에 대한 인식에 앞서 존재하기 때문이다. 즉 사물은 인식되었든지 그렇지 않든지 언제나 그 자체로 있는 것이며, 또 마음이 그것을 알게 되는 때에만 그 형상이 (그것들의 질료를 벗어 버리고) 마음속에 들어와 관념화되기 때문이다. 그러나 인식의 질서에 있어서는 보편적 개념이 어떤 의미에서는 사물들에 선행한다고 말할 수 있다. 보편적 개념은 전적으로 또 완전히 이해될 수 있는 것이기 때문이다. 실제로 보편적 개념들 속에는, 모든 사물 속에 머무르면서 마음이 관념들을 가지게 될 때 이해를 가능하게 하는 그 하나하나마다의 개별적 질료에 대한 원리가 없으므로, 이 보편적 개념들이야말로 완전히 이해할 수 있게 하는 유일한 대상들이다. 오직 하느님의 창조적 정신 세계에서만 보편적 개념들이 사물들에 앞서 존재하며, 또 이 보편적 개념들이 나중에 이 사물들의 실재 또는 본질이 된다. 오직 하느님에게서만, 그의 창조적 목적을 나타내는 인식들이 존재의 질서와 인간 인식(人間認識)의 질서에 앞선다.

성 알베르투스 마그누스와 성 토마스 아퀴나스의 이 온건한 실재론은 스

---

[5] *Short Natural Treatises on the Intellect and the Intelligible*, Treatise Ⅱ, 제2장. Richard McKeon 역(譯), *Selections from Medieval Philosophers* (New York, Scribner, 1929) Vol. Ⅰ, p. 359.

콜라 철학을 다룬 역사서에서 다음과 같은 적절한 공식으로 요약되었다. 즉 보편적 개념들은 결코 절대적으로 존재하지는 않는다 하여도 '사물 앞·사물 안·사물 뒤(*ante rem, in re, post rem*)'에 존재한다. 이 짧은 라틴어 문구로 온건한 실재론이 온전히 정의되어 있다. 즉 보편적 개념들은 하느님의 예견과 창조적 능력의 이성적 계획으로서 '사물들에 앞서' 있으며, 사물들의 본성으로서 '사물들 안에' 있고, 유한한 이성적 피조물들이 사물들에 대해서 가지게 될 관념들 또는 인식(認識)으로서 '사물들 다음에' 있다.

2. 성 토마스 아퀴나스

성 토마스 아퀴나스(St. Thomas Aquinas, 1225~1274) : 아퀴노의 한 백작의 작은아들. 나폴리 근처에서 태어났다. 그는 몬테카시노의 베네딕트파 수도원(그의 삼촌이 수도원장이었다)과 나폴리에서 공부했으며, 가족의 반대를 물리치고 도미니크 수도회 수도사가 되었다. 그 뒤 파리와 콜로뉴에서 성 알베르투스로부터 가르침을 받았다. 그는 공부에 푹 빠져 말이 거의 없었으므로 학생들로부터 '벙어리 소'란 별명을 들었다. 그는 파리대학에서, 또 이탈리아로 돌아와 9년 동안 교황청에 소속되어 가르쳤으며, 도미니크 수도회 부속 학원들을 위한 교과 과정을 세우고 많은 저서들을 펴냈다. 그의 주요 저서로는 〈존재와 본질 *Being and Essence*〉, 아리스토텔레스의 물리학·천문학·심리학·형이상학·윤리학·정치학에 대한 주석들, 페트루스 롬바르두스의 〈명제집 *Sentences*〉에 대한 주석, 아베로에스주의자들을 논박한 여러 저서—이 가운데 〈대이교도 대전(對異敎徒大全) ; *Suma contra Gentiles*〉이 가장 널리 알려져 있다—그리고 엄청나게 방대한 〈신학 대전 *Summa Theologica*〉이 있다. 이 〈신학 대전〉은 영국 도미니크 수도회원들의 도움으로 영어로 옮겨졌으며, 29권으로 되어 있다. 성 토마스 아퀴나스 또한 예로부터 '천사 같은 박사'로 불렸다.

성 토마스 아퀴나스가 이루어 낸 신학과 철학의 체계는, 이를 따르는 몇몇 이들로부터 최상의 종합이란 찬사를 받아 왔다. 이것은 확실히 중세 스콜라 철학의 가장 주목할 만한 절정들 가운데 하나로서, 성 아우구스티누스의 체계와 나란히, 하느님과 인간과 세계의 관계를 나타내는 중요한 가톨릭 이론이라 해도 과장이 아니다. 그리고 그 요소들이 비록 성 아우구스티누스의 사상을 이루는 소재들과 꼭 같은 것은 아니었다 해도 그의 이론은 확실히 하나의 통합을 이루어 냈다. 성 토마스 아퀴나스는 아리스토텔레스 부활에 대한 논의가 뜨거워지고 있을 때에 저서들을 펴냈다. 그는 눈에 보이는 세계, 그리고 인간 인식(人間認識)의 본성과 발전에 대해서 신플라톤주의적 분석을 버리고 아리스토텔레스의 분석을 취했다. 하지만 그는 아리스토텔레스에게서 받아들인 것들을 그의 종합에 덧붙일 때 매우 비판적인 정신을 보여주었다. 그의 체계는 온갖 사상을 그저 기계적으로 뒤섞어 놓은 것은 아니었다. 이것은 그 자신의 독창적 천재성의 결과물이었다. 또 선행자들과 동시대인들의 사상적 요소들이 그 자체로 가치가 있을 때, 그리고 그의 사상 체계 전체에 대해 스스로 포괄적인 견해에 따라, 적절한 곳에서 진리에 대한 그의 전체적 이해에 도움이 될 때에만 그 요소들을 끌어들여 종합했다.

성 토마스는 혁신가였다. 13세기 지적 환경에서 볼 때, 그는 대담한 혁신가였다. 성 토마스의 사상 체계가 유행하고, 이윽고 교황이 온 세계의 가톨릭 대학과 신학교에서 그의 체계를 연구하도록 허락했다고 해서 역사가는 그의 정신에서 대담한 독창성을 못 보고 그냥 지나쳐서는 안 된다. 그의 참된 정신은, 그가 스스로 판단하기에 일상 생활의 모든 경험적 사실들과 가톨릭 모든 정통 교리에 대해 동시에 충실한 하나의 전체적 견해를 플라톤과 아리스토텔레스, 심지어 때로는 아베로에스 철학을 활용하여 어떻게 설명할 수 있는가를 들여다보는 정신이었다. 성 토마스의 정신이 독창적이면서도 동시에 대담하지 않았다면, 그는 자신이 살았던 세기에 널리 의혹을 받아 오던 여러 사상을 그토록 적절하게 받아들이지 못했을 것이다. 또 서양 문화의 여러 전통에서 가장 견고한 지적 체계들 가운데 하나를 이루어 내지 못했을 것이다.

신학(神學)과 철학(哲學)의 관계

성 토마스는 신학과 철학을 근본적으로 다르게 보았다. 신학은 계시(啓示) 안에 주어진 교리들을 가지고 출발한다. 철학은 관찰을 통하여 경험된 주제들을 가지고 출발한다. 신학자와 철학자 둘 다 이성(理性)을 사용하며,

저마다 자기들의 지식을 합리적으로 논리의 원리들에 맞추어 발전시켜 나아갈 수 있다. 신학과 철학은 때로는 똑같은 명제들을 내세우기도 한다. 예컨대 하느님이 존재한다는 명제를 똑같이 내세울 수도 있다. 또 같은 논저 안에서 이 두 가지를 함께 찾아볼 수도 있다. 다름 아닌 성 토마스 자신도 그의 〈신학 대전 神學大全〉에서 많은 철학적 문제를 다루었으며, 아베로에스 학파의 철학적 주장을 논박한 〈대이교도 대전 對異教徒大全〉에는 꽤 많은 신학적 요소들이 들어 있다. 이처럼 그는 신학과 철학을 결합하는 것을 바람직한 일로 여겼다. 이성의 한 가지 기능은 우리의 모든 지식을 정리하여 하나의 체계 속에서 서로의 관계를 파악하는 것이다. 그리고 이 과제는 본디 진리가 하나의 모순되지 않은 완전성을 가지는 것이므로 가능한 것이다. 그러나 한편 신학과 철학이 같은 명제들을 다루며 서로 사상이 일치하는 때에도, 이 두 가지 인식은 뚜렷이 구별되는 것으로 결코 서로의 영역을 넘나들수는 없다. 신학과 철학은 서로 다른 수단으로 이 명제들에 이르기 때문이다. 신학은 계시된 전제(前提)들로부터 연역적 방법을 통해서 나아가며, 철학은 관찰된 사실(事實)들로부터 미루어 짐작하며 나아간다.

신학과 철학은 매우 중요한 부분에서 서로 다른 문제들을 다룬다. 예컨대 신학은 하느님의 삼위일체성을 다루는데, 철학은 이에 대해서 아무것도 말할 수 없다. 그리고 철학은 열(熱)이나 소리에 대한 문제를 다룰 수도 있는데, 신학은 이에 대하여 밝힐 기회를 갖지 못한다. 물론 철학에 의하여 다다르는 지식은 그 어떤 것이든 신학에 의하여 주어질 수도 있다. 실제로 이처럼 많은 것들이 신학적 방법에 따라 주어지지는 않았지만, 주어진 것도 없지는 않다. 그러나 신학과 철학의 근본적 차이는, 이 두 가지 인식의 분야를 추구해 나아가는 절차나 방법에 있다. 신학은 하향적(즉 권위주의적)인 것으로, 신앙에 계시된 교리들의 모든 의미와 암시들을 찾아내기 위해 이성을 사용한다. 철학은 경험적인 것으로, 인간 경험의 사실들로부터 결론들을 이끌어내기 위해 이성을 사용한다. 철학은 자연적 지식(natural knowledge)이다.

성 토마스는 짤막한 여러 논저 가운데에서 그의 주제들을 철학적으로 다루었으며 신학적인 특징을 전혀 보이지 않았다. 하지만 두 대전(大全)에서는 신학적 체계로 그의 철학을 펼쳐 나아가며, 하느님으로부터 시작하여 하느님의 창조물로 나아가고 있다. 이러한 논술 방법을 꼭 따라야 하는 것은 아니지만, 철학적으로 올바른 것이라고 그는 생각했다. 신학과는 별개로 철학을 탐구할 때에는 하느님에서부터 출발해도 좋고, 눈에 보이는 이 세계로부터 출발해도 좋다. 철학이 체계적이고 명백한 것이 되려면, 반드시 선행(先行)하는 것으로부터 출발해야 한다. 그러나 성 토마스가 아리스토텔레스에 동의하여 말한 대로, 선행하는 것에는 뚜렷이 다른 두 종류가 있다. 존재(存在)의 질서에 선행하는 것은, 인간 인식(人間認識 ; human knowledge)의 성장 질서에서 선행하는 것과 같지 않다. 하느님은 존재 질서의 의미에서 선행하며, 눈에 보이는 이 세계는 인간 인식의 의미에서 선행한다. 성 토마스는 인간 인식의 점진적 발전을 설명하는 일보다는 존재의 본성(the nature of being)에 더 많은 관심을 가지고 이에 바탕을 둔 논술 방법을 선택했다. 그러나 그는 인식론적 방법 또한 많은 탐구자들에게 도움이 될 수 있음을 인정했다.

이 장에서 우리는 이 인식론적 방법을 다루기로 한다. 인식론적 방법이 사상사(思想史)를 연구하는 이들로 하여금 처음부터 아우구스티누스주의와 토마스주의와의 차이를 알 수 있게 해 주기 때문이다. 이 차이는 주로 두 가지 요인에서 비롯된다. 첫째로는 성 토마스가 그의 스승 성 알베르투스로부터 배운 온건한 실재론(實在論)을 채택한 것, 둘째로는 성 아우구스티누스가 이루어 놓은 체계에 성 토마스가 아리스토텔레스 자연주의를 많이 들여와 합쳐 놓은 것에서 비롯된다.

성 토마스는 과학과 지혜를 구별한 성 아우구스티누스의 주장을 옳지 않다고 여겼다. 그는 이 주장에 반대하여, '먼저 감관(感官 ; sense) 속에 존재하지 않는 것은 그 어떠한 것도 마음(the mind) 속에 존재하지 않는다'*6고 보는 인식론(認識論 ; theory of knowledge)을 지지했다. 인간의 정신은 영원

---

*6 이 문구는 중세 철학사에서 때로 유명론(唯名論)의 전형적 주장으로 인용되고 있다. 실제로 이 문구는 반실재론적(反實在論的) 전통에 적용될 수 있다. 보에티우스는 아리스토텔레스의 윤리학을 해설하는 과정에서(포르피리오스의 〈범주론 서론 Introduction to the Categories〉에 대한 그의 주석에서) 이 문구를 인용했고, 아벨라르두스는 포르피리오스에 대한 〈주해(註解) ; Glosses〉에서 이것을 되풀이 인용했다. 그러나 이 문구는 또한 성 알베르투스와 성 토마스의 주장도 표현한다. 즉 사물에 깃들어 있는 형상(形相)이 인간의 인식 안에서 관념이 될 수 있다고 하는, 이른바 온건한 실재론을 요약하고 있다.

한 형상(形相)들을 그 즉시 직접적으로 이해하게 되는 것은 아니라고 그는 주장했다. 인간의 정신은, 자연계에 있는 자연적 실체들의 형상들을 보거나 듣거나 하여 알아가는 과정에서 관념들을 얻기 전에는 실제로 그 안에 관념을 가지고 있지 않다. *7 인간 오성(人間悟性, understading)과 진리의 관계는 박쥐의 눈과 태양의 관계와 같다고 성 토마스는 말했다. 그는 인간이 하느님과 비물질적 실체들에 대하여 어느 정도의 지식을 가질 수는 있다고 논했다. 왜냐하면 인간의 정신이 먼저 자연계에 있는 실체들의 형상에 어디서든 맞닥뜨리게 되면, 정신은 신의 도움 없이 그 자신의 여러 능력을 통해서 이 형상들을 성찰할 수 있고, 또 그것들에 대해 여러 진리를 알 수 있기 때문이다. 그러나 인간이 철학을 통해서 이르게 되는 하느님에 대한 인식은 과학의 꾸준하고 현실적인 방법을 떠나서는 얻어질 수가 없다. *8 보이는 세계 아닌 다른 세계에 대한 인식은, 오직 이 보이는 세계가 그 자체를 뛰어넘는 어떤 것과 관련성을 가질 때에만 철학적으로 가능하다. 철학을 통해서 우리가 얻게 되는 좀 더 높은 것들에 대한 인식은, 성 토마스가 생각한 이른바 자연신학(自然神學)을 이룬다. 그러나 그가 보기에는, 자연 신학이란 신학(자연신학과 반대되는 의미로 계시 신학이라 불러도 좋다)의 한 분야라기 보다는 오히려 철학의 한 분야이며, 또 자연적 지식을 바탕으로 한다. 우리는 그러

---

*7 성 토마스는 영원한 형상(形相)들이 물질화되어 있는 실체들을 미리 감관을 통해 경험하지 않고서는 인간 정신이 이 영원한 형상들을 파악할 수 없다고 주장했는데, 1277년 파리 주교는 이를 옳지 않다고 비난했다. 교회 당국자들은 성 토마스가 아우구스티누스주의에서 분리되는 것을 두려워했다. 이는 파리 주교가 아우구스티누스의 견해에 대한 성 토마스의 부인을 비난했으며, 또한 주로 아베로에스 학파에서 끌어온 200여 가지 주장들에 대해 비난한 사실을 통해 알 수 있다.

*8 이 주장은 아우구스티누스주의보다는 아리스토텔레스의 자연주의와 더욱 일치하며, 유럽의 철학적 사색 과정에서 거대한 역사적 변화를 보여준다. 그것은 철학에서 새로운 변화가 일어나고 있음을 나타낸다고 볼 수 있다. 성 토마스가 죽은 뒤 얼마 지나지 않아 프란체스코파는 성 토마스의 인식론을 거세게 비판했는데, 그 이유는 이 인식론에서 자연주의적 존재론이 나오게 되었기 때문이다. 그러나 근대 사상은 일반적으로 성 토마스가 품었던 생각, 즉 과학적 방법이 자연 인식에 대해서 쓸 수 있는 유일한 방법이라는 생각에서 전개되어 왔다. 근대 사상은 또 일반적으로, 신학적 진리에 다다르기 위해서는 계시에 의거해야 한다는 성 토마스의 주장을 거부했다. 이로써 과학적 방법을 인식의 유일한 수단으로 받아들였다. 성 토마스는 근대의 많은 발전을 보고 매우 개탄했을지도 모르나, 실제로 그의 인식론은 이러한 여러 발전을 위한 준비 단계가 되었다.

한 형상들을 고찰함으로써 하느님이나 그 어떤 실체적 실재를 인식하게 되는 것이 아니다. 유(類)가 그 아래 속하는 종(種)보다 더 실재적인 것이 되지 못하듯이, 어떠한 정도의 추상적 형상(形相)도 이 형상의 실체[또는 기체(基體 ; substance)]가 되는 것보다 더 실재적인(real) 것이 되지는 못한다. 형상이란 다름 아닌 사물의 본질을 말해준다. 어떤 형상이 이 형상을 가지고 있는 사물로부터 추상적으로 이끌어져 나올 때, 이 형상은 곧 하나의 관념이 된다. 그리고 관념이란 어떤 사물이 지성(the intellect) 안에 존재하는 방식, 어떤 사물이 인식되는 방식이다. 성 토마스가 믿은 것처럼, 우리는 존재들의 단계를 발견할 수는 있지만, 추상적 형상들을 어떤 종류의 논리적 단계에 배열하는 과정을 통하여 실재를 인식할 수는 없다. 따라서 우리는 모든 자연 지식 분야에서—더 낮은 단계의 실재들뿐만 아니라 높은 단계의 실재들에 대한 인식에 있어서도—자연, 즉 보이는 세계에 대한 분석에서 출발해야만 한다. 우리 인간은 오로지 이러한 겸허한 방법을 통하여 수많은 지식을 얻은 뒤에야 비로소 단계적 지식을 본질적으로 재정리할 수가 있다.

가시적(可視的, 눈에 보이는) 세계

온건한 실재론을 받아들이고, 과학과 지혜를 구별 지은 성 아우구스티누스의 주장은 버림으로써, 성 토마스는 그의 사상 체계 속에 아리스토텔레스의 자연주의를 많이 끌어들일 수 있었다.

자연적 지식의 발전 단계에서 우리는 눈에 보이는, 가시적 세계에서 출발한다고 성 토마스는 생각했다. 그리고 이 눈에 보이는 세계를 관찰하고 연구할 때, 우리는 이 세계에 대한 많은 진리들을 발견할 수 있다. 이 가시적 세계에 대하여 성 토마스가 설명한 진리들 가운데에는 다음과 같은 것들이 있다. (1)가시적 세계는 합성된 실체들의 세계이다. 성 토마스가 아리스토텔레스에 동의한 대로, 실체들이 합성된 것이라고 말하는 이유는, 그것들이 모두 질료와 형상이 합쳐서 이루어진 것이기 때문이다. (2)합성된 실체들은 모두 생멸의 과정을 겪는다. 즉 발생했다가 소멸한다. (3)이 실체들은 현실적 존재로서 존속하는 동안 많은 부분, 즉 크기·성질·위치·자세·활동 등에서 변화를 겪는다. 그렇지만 이러한 모든 변화를 통해서 이것들은 여전히 같은 실체들인 채로 남아 있다. 따라서 우리는 실체(substance)와 속성들(accidents)

사이의 차이를 발견하게 된다. *⁹ (4)합성된 실체들은 현실적으로 나타난 부분보다 잠세적(潛勢的 ; potential)인 부분이 훨씬 더 많다. 이것들은 앞으로 변할 수는 있으나 아직 변화를 겪지 않은, 그리고 또 그렇게 될 수도 있고 안 될 수도 있는 성향들을 가진다. 이것들은 실현될 수도 있고 실현되지 못할 수도 있는 여러 완성들(fulfillments)을 지향한다. 따라서 우리는 어느 합성된 실체의 전존재를 어떤 한 시점에, 또는 계속해서 존재의 모든 시점에 현실적으로 존재하는 것과 같은 것으로 볼 수 없다. (5)이 합성된 실체들은 우연한 것이다. 이들은 두 가지 점에서 우연한 것들이다. 하나는 이들이 그 발생, 계기적(繼起的 ; successive, 연속적) 속성들의 변화, 소멸에 있어, 이들의 밖에서 작용하는 다른 합성된 실체들에 의존한다는 것이다. 다른 하나는 이들이 불안정한 존재의 전체 질서 안에서 어떤 필연적 존재에 의존하게 되는데, 이 필연적 존재는 자연의 질서를 결정하는 것이며 그 자체는 우연성을 전혀 지니지 않는다. 이는 우연한 것이 필연적인 것을 포함하며, 아래에 있는 것이 위에 있는 것을 포함하기 때문이다. (6)이 합성된 실체들의 세계는 존재의 누진적 단계를 보여준다. 즉 하나의 질서 잡힌 단계 안에서 여러 종류의 다양성을 나타내고 있다. 이 단계는 무기적(無機的 ; inorganic) 실체들로부터 시작하여 식물과 동물을 거쳐 인간에 이른다. 그리고 합성된 실체들의 세계에서 이 단계는 여러 단계의 천사들을 거쳐서 필연적 존재, 즉 하느님에게로 올라가는 더 큰 단계의 일부이다. 우리가 하느님의 존재를 증명하고 나서야 비로소 이해하게 되는 이 존재의 단계는, 하느님의 창조적 힘에서 비롯되는 것이다. *¹⁰

따라서 자연계에서는 종(種 : species)들이 상승하는 단계로 질서가 유지되는 것을 보게 된다. 합성된 사물들은 요소들보다 더 완전하다. 식물은 광물보다 더 완전하고, 동물은 식물보다 더 완전하며, 인간은 다른 동물보다 더 완전하다. 더욱이 이 여러 그룹 안의 몇몇 경우에서, 어떤 종이 다

---

*9 성 토마스는, 여기에서 〈범주론 Categories〉에 있는 아리스토텔레스의 이론, 즉 열 가지 범주 가운데 하나는 가장 일차적 의미의 존재를 나타내며, 나머지 아홉 가지는 부차적 의미의 존재를 나타낸다는 그의 주장을 다시 내세우고 있다.

*10 Summa Theologica, Pt. I, qu. 47, art. 2.

른 종들보다 더 완전한 것을 볼 수 있다. 그러므로 전체를 완전케 하려는 신의 지혜는, 사물들 사이 분화(分化)의 원인이 되는 것처럼, 또한 사물들 사이 불평등의 원인이 되기도 한다. 왜냐하면 사물들 사이에 오직 하나의 선(善)만 존재한다면, 전체는 완전한 것이 못 될 것이기 때문이다.

(7)눈에 보이는 세계는 철저하게 목적론에 따라 이루어진 것이라고 성 토마스는 믿었다. 이 세계에서는 선(善)의 모든 단계가 실현되고 있으며, 또한 많은 유형의 목적들이 추구되고 있다. 목적의 여러 유형 가운데 세 가지가 쉽게 눈에 띈다. 세계 모든 부분은 저마다 자신의 고유한 작용을 위해서 존재한다. 눈이 무엇을 보기 위해 존재하는 것이 바로 이런 경우이다. 또 덜 귀한 것들은 좀 더 귀한 것들을 위해서 존재한다. 감각이 지성을 위해서 있고, 위(胃 ; stomach)가 사람을 위해서 있는 것도 마찬가지이다. 그리고 피조물 하나하나는 모두 전체를 이루기 위해서 존재하며, 또 전체는 하느님의 영광을 드러내기 위해서 존재한다.

성 토마스는 낮은 단계로부터 높은 단계에 이르는 이 계층적 존재를 살펴보면, 형상과 질료의 관계에 차이가 있음을 발견할 수 있다고 주장했다. 낮은 단계들에서는 형상이 아주 완전히 질료 속에 묻혀 있으므로, 이러한 구조를 가진 실체들은 형상이 들어 있는 질료를 떠나서는 전혀 활동하지 않는다. 즉 낮은 단계에 속한 실체들의 활동은 모두 물질적 활동이다. 바로 이런 것이 식물들의 활동(영양 섭취·성장·생식)이며, 또 나아가 동물들의 활동(감각·이동·욕망)이다. 높은 단계에 있는 천사들에게는 질료가 전혀 없다. 인간은 동물과 천사의 중간에 있다. 인간은 낮은 단계에 속한 모든 생명 활동을 하고 있지만, 또한 특별히 인간적 활동인 사고와 판단을 하기도 한다. 식물이나 동물의 영혼은 그 활동이 전적으로 신체 기관에 의존하고 있기 때문에, 그 신체와 마찬가지로 썩을 수 있으며, 따라서 사멸하는 것이다. 그리고 인간의 영혼도 낮은 단계의 영혼을 닮은 정도에 따라서 이와 꼭 같은 결론을 내릴 수가 있다. 그러나 정신적이며 지적인 영혼은 신체적이 아닌 활동을 할 수 있고, 따라서 낡아 없어지지 않으며, 또 신체를 떠난 존재를 가지고 있으므로 사라져 없어지지도 않는다. 지적 영혼은 인간 영혼의 다른 부분들이 가지고 있지 않은 독자적 지위를 가진다. 인간의 영혼이 그 자체만으로, 신체와는 별개로 그 기능을 발휘할 수 있는 한, 그것은 그 자체로 독립적으로 존재한다.

성 토마스는 자기가 아리스토텔레스의 심리학을 따르고 있다고 믿었다. 그는 성 아우구스티누스보다 더, 인간 영혼이 육체에 더 밀접하게 결합되어 있다고 보았다. 그는 초기 그리스 사람들이 영혼을 형체를 가진 실재물로 봄으로써 과오를 범했다고 말했다. 플라톤과 플라톤주의자들(그는 이 무리에 성 아우구스티누스도 집어넣었다)은 영혼과 육체를 너무 분리했다. 성 토마스는 영혼이 육체 속에 있음은 마치 뱃사람이 배에 타고 있는 것과 같다고 하는 이론(그는 이 이론을 플라톤주의자들의 주장이라고 했다)을 명백히 배척했다. 그는 말하기를, 아리스토텔레스가 초기 그리스 사람들과 플라톤주의자들 사이에서 올바른 관점을 취했으며, 이는 아리스토텔레스가 영혼을 살아 있는 신체의 형상(form)으로 다루었기 때문이라고 했다. 사람의 태아는 그 잉태의 처음 순간부터 식물적 영혼(생장 기능을 가진 혼)을 가지고 있고, 또 그 자신의 여러 능력에 의해서 동물의 영혼으로 발전할 수 있다. 그러나 여기까지는 자연적 유기체의 여러 능력이 영향을 미칠 수 있다. 그 다음에는 하느님이 이 발전해 가는 태아 속에 하나의 비물질적이고 이성적인 영혼을 넣어주면서 하나의 기적이 일어난다. 하느님은 인간 영혼이 완전히 하나의 통일된 형상이 되도록 이성적 영혼을 넣어 준다. 그리고 살아 있는 한, 인간은 자신의 육체로서 개체화된 형상을 가지는 하나의 물질적 존재이다. 이는 마치 다른 모든 합성된 실체들이 물질에 의해 개체화되어 있는 것과 같다. *11 그러나 지적인 영혼(the intellectual soul)은 현세의 삶을 살아가는 동안 자신을 개체화하는 물질에 전적으로 의존하는 것이 아니므로, 육체가 사라진 뒤에도 살아남는다. 하지만 이 같이 가기 위해서 영혼은 그 자체의 자연적이고 궁극적인 생존 방식으로서 어떤 육체를 또한 필요로 한다. 따라서 일반적 기독교 전통에서처럼 성 토마스에게 있어서도, 영혼불멸설(靈魂不滅說)은 또한 육체 부활설(肉體復活說)을 필요로 하는 것이었다. 인간 영혼 전체에 대한 성 토마스의 이론은 아리스토텔레스의 자연주의와 기

---

*11 성 토마스는 자기의 견해에 대해, 이성적 영혼이 육체 없이도 존재할 수 있다고 하는 아리스토텔레스의 관점을 확대한 것이라고 생각했다. 본서 p.92, *31에서 아리스토텔레스와 비교할 것.

독교 이원론의 불안정한 결합이다.

성 토마스는 우리 눈에 보이는 세계에 대해 철학으로는 해결할 수 없는 문제들이 있다고 믿었다. 즉 자연에 나타난 여러 증거를 토대로 인간의 이성만으로 해결할 수 없는 문제들이 있다는 것이다. 그 하나의 예로서, 이 보이는 세계가 이제까지 늘 있었던 대로 앞으로도 언제나 존재할 것인가, 그렇지 않으면 시간적으로 한계가 있는가 하는 문제가 있다. 성 토마스는 이 보이는 세계는 유한한 시간 동안만 존재해 왔고, 또 이 세계와 시간은 동시에 존재하게 되었다고 주장했다. 그러나 이 지식은 우리가 자연을 관찰하여 얻은 지식의 일부가 아니라 신앙이나 계시(啓示)로부터 오는 것이다. 인간 이성이 세계를 분석하는 과정에서 찾아낸 것은, 이 문제에 대한 해답은 둘 다 맞는 것이며 또 둘 다 증명은 될 수 없는 것이라고 했다. 성 토마스는 물질적 세계가 끝없이 존재한다는 사실을 증명했다고 주장한 아베로에스 학파를 반박했다. 그러나 성 토마스는 그 주장에 대립하는 어떤 증명을 하기 위해서가 아니라, 이성(理性)이 여기서는 그 자체의 능력을 초월하는 문제를 다루고 있다는 것을 밝히기 위해 반박한 것이었다. 성 토마스는 다음 같이 말했다. *12

세계가 언제나 존재해 온 것은 아니라고 말하는 이 명제는, 오직 믿음에 의해서만 깨달을 수 있다. 그것은 결코 증명될 수 없다. ……왜냐하면, 하느님이 이루려 하는 절대적이며 필연적인 의지에 대한 요소들 말고는 하느님의 뜻을 이성(理性)을 가지고 알아낼 수는 없기 때문이다. 그런데 하느님이 그 피조물들에 대해서 이루려는 것은 절대적으로 필연적인 것들이 아니다. 따라서 세계가 시초(始初)를 가지고 있다는 명제는 믿음에 의존하는 것이며, 증거로 보여지거나 증명될 수는 없다. 그러므로 누구라도 오직 믿음에 관련된 문제를 증명할 수 있으리라 짐작하고서, 그럴듯한 논증에 휘말리지 않게 이 점에 대해서 잘 생각하기를 바란다. 예컨대 어떤 사람이 이런 일을 한다고 하면, 믿음이 없는 사람들의 웃음거리가 될 것이다. 또 이 믿지 않는 사람들은 우리가 믿음을, 설득력이 없는 이유들을 근

---

*12 *Summa Theologica*, Pt. I. qu. 46, art. 2.

거로 받아들이고 있다고 생각할 것이다.

천사론(天使論)

합성된 실체들이 실체의 유일한 유형들은 아니다. 이 밖에도 단순한 실체들이 있다고 성 토마스는 주장했다. 단순한 실체들은 존재의 단계에서 말하자면 합성된 실체들보다 높은 곳에 있다. 이들은 조금도 물질의 도움을 받지 않는, 비물질적이므로 자연히 불멸하는(immortal) 것이기 때문이다. 단순한 실체들은 여러 유형의 천사들이다—곧 천사(天使 ; angels)·대천사(大天使 ; archangels)·권천사(權天使 ; principalities)·능천사(能天使 ; powers)·지천사(知天使 ; cherubim)·치천사(熾天使 ; seraphim) 등등이다. 이들은 그 수가 매우 많다. 물질적이거나 합성된 실체들보다 훨씬 더 많다. 성 토마스는 그의 천사론(天使論)을 아주 세밀하고 훌륭하게 만들어냈다. 어느 천사들을 둘씩 비교해 보아도 같은 종(種)에 속하는 천사는 없으며, 이는 같은 종의 개체들이 생기면 반드시 거기에는 그 개체들의 개별화를 위해서 물질(또는 질료)이 있어야 하기 때문이라고 그는 생각했다. '이 실체들에 있어서는 같은 종에 속하는 개체를 하나 이상 찾아볼 수 없고, 개체가 아무리 많다 하여도 그 개체들과 꼭 같은 수의 종이 존재한다.'[*13]

천사들은 어떤 장소에 물질적 실체들처럼 있는 게 아니라, 오직 저마다 스스로 자신들의 힘을—어떤 곳에든지—행사하는 그곳에 있다. 이들은 이곳에서 저곳으로 움직일 수 있으나, 그 움직임은 연속적인 것이 아니다. 그것은 이들이 중간 장소들을 거치지 않고 한 장소에서 다른 장소로 이동하기 때문이다. 그런데 천사론은 어느새 철학을 뛰어넘는 지식의 분야가 되었다. 천사들은 우리 인간 지성의 한계를 넘은 곳에 존재한다. 우리는 이들을 알 수는 있지만 이들 자체에 의해서는 아니고, 다만 이들이 우리에게 영향을 줄 때에만 간접적으로 알 수 있다. 성 토마스는 합성된 실체들의 세계를 분석하는 데 아리스토텔레스의 여러 원리를 사용했지만, 그의 천사론을 펼쳐 나가는 데에는 이 원리들을 사용하지 않고 신플라톤주의 여러 원리를 사용했다. 특히 하느님의 존재가 충만하려면 가능한 모든 종류의 존재가 실제로 있어

[*13] *Concerning Essence and Existence*, trans. George G. Leckie(New York, Appleton-Century -Crofts, 1937), p. 23.

야만 한다는 신플라톤주의의 원리로써 그의 천사론을 확립했다. 성 토마스가 물질 세계를 초월한 존재로 관심을 돌림에 따라 그의 아리스토텔레스주의는 더욱 제한되고, 플라톤주의 전통의 테두리 속에 들어갔다.

하느님의 존재에 대한 증명들

존재의 단계에 대한 성 토마스의 이론은 하느님을 논하는 데 있어서 절정에 이르렀다. 이 논의는 아리스토텔레스적 요소와 플라톤적 요소를 함께 포함한다. 성 토마스는 하느님의 존재는 저절로 알 수 있는 게 아니라 증명을 필요로 하며, 또 이 증명은 우리를 둘러싼 이 세계를 통하여 우리에게 분명히 드러나는 하느님 존재의 결과들로부터 출발해야만 한다는 주장을 굳게 지켜 나아갔다. 이 점에서 아리스토텔레스의 영향을 엿볼 수 있다. 하느님이 존재하지 않는다는 명제는, 실제로 그릇된 것이기는 해도 자기 모순적인 것은 아니다. 플라톤이나 신플라톤주의의 영향은, 우리 인간들 같은 유한한 존재들은 존재 단계에서 우리보다 위에 있는 존재들의 본질을 알 수 없다는 성 토마스의 주장에 잘 나타나 있다. 우리는 오직 감각적 사물들을 통해서만 자연적 지식을 얻을 수 있다. 축복받은 사람은 좀 더 높은 단계의 지식을 가지고 있음이 확실하다. 믿음을 통해서 이들은 하느님의 본질을 본다—이 점에 이르러 성 토마스는 성 아우구스티누스를 끌어왔으며, 심지어 '빛(照明 ; illumination)'이라는 말까지 사용했다. 그러나 이 현세의 유한한 삶(mortal life)을 살아가는 동안에는 사람들은 하느님의 본질을 볼 수 없다. 심지어 은혜의 빛을 받아 하느님의 본질을 볼 수 있게 된 축복받은 사람들도 하느님을 완전히 이해하지는 못한다.

성 토마스는 하느님의 존재에 대해서 다섯 가지 증명을 했다. 처음 세 가지 증명들은 나중에 우주론적(宇宙論的) 논증이라 불렸다. 그 이유는 이들이 우주나 세계의 몇몇 경험적 특징들을 증거로 내세우고 있기 때문이다. 이 증명들은 아리스토텔레스 〈형이상학〉 신학 부분에 의거하고 있거나 적어도 그것을 따르고 있다. 네 번째 증명은 좀 더 플라톤적 논증으로서, 성 안셀무스의 〈독백록〉에 제시된 논증과 비슷하다. 다섯 번째 증명은 뒤에 목적론적 논증이라 불렸는데, 이 세계는 분명한 계획에 따라 움직이고 있다는 명제에 기초를 두고 있기 때문이다. 이것은 유대교와 기독교 전통에서 역사적으로 가장 오랜, 하느님에 대한 논증으로서 〈시편詩篇〉에까지 거슬러 올라간다. 그러나 성 토마스는 어디서도 성 안셀무스 〈프로슬로기움〉의 본체론적(本體論的, 또는 존재론적) 논증을 끌어들이지는 않았다. 실제로 그는 이 논증을 명백히 거부하여 그 무렵 혁신가로서의 대담성을 보여준다. 13세기 몇몇 스콜라 학자들(성 알베르투스도 그중 하나이다)은 본체론적 논증에 대하여 어떠한 비판도 하지 않았다. 이 세기 전반기의 스콜라 학자들은 대부분 이 논증을 주의 깊게 다루기는 했으나, 어디까지나 아우구스티누스주의자들이었으므로 성 안셀무스의 본체론적 논증을 조금 수정하는 정도에 그쳤다. 이들은 하느님의 존재를 부정하면 모순에 빠질 수밖에 없다고 생각했다. 성 토마스야말로 이 본체론적 논증을 거부하기 위한 철학적 근거들을 맨 처음 제시한 사람이었다.*14 그는 우리 인간이 존재(存在)의 단계에서 우리보다 더 높은 존재들이 있다는 것은 알 수 있어도, 이 존재들의 본질은 알 수 없다는 자기의 이론에 맞게 성 안셀무스의 본체론적 논증을 거부해야만 했다.

하느님의 존재에 대한 성 토마스의 우주론적 논증 가운데에서 기본적인 것으로, 그의 〈신학 대전(神學大全)〉에 있는 다섯 가지 논증 가운데 세 번째 것을 들 수 있다. 논증은 매우 간결하다. 자연 안에 있는 모든 것은 존재할 수도 있고 존재하지 않을 수도 있다. 이것들은 태어나고 죽는 과정을 거치기 때문이다. 이 모든 것은 생겨났다가 사라진다. 그러나 모든 존재가 그저 가능하기만 한 것은 아니다. 왜냐하면 그저 가능하기만 한 것은 그 자체로 존재하기 위해서 자기 자신 아닌 다른 어떤 것을 필요로 하기 때문이다. 만일 모든 가능한 것이 다른 한갓 가능한 것에 의해서 생겨난다고 하면, 모든 존재는 우연한 것이 되어 버린다. 그러나 우연한 것이 생기려면 필연적인 어떤 것이 있어야만 한다. 따라서 필연적으로 존재하는 어떤 것이 있지 않으면 안 된다. '이것은 모든 사람이 하느님이라 말하는 것이다.'

하느님의 존재를 증명하기 위한 성 토마스의 우주론적 논증의 다른 두 형식은, 움직임(運動因 ; motion)으로써 논증하는 것과 그 결과(形成因 ; efficient cause)로써 논증하는 것이다. 이 세상은 움직이고 있다. 그런데 움직인다는 것은 자기 자신 아닌 다른 것에 의해 움직임을 받는 것이다. 이 움

---

*14 성 토마스가 자신의 주장을 분명히 밝힘에 따라, 스콜라 학자들은 대부분 마땅하다는 듯, 본체론적 논증을 거부하게 되었다.

직임은 잠재된 본성으로부터 실제 모습으로 나아가는 것이다. 다른 것을 움직이게 하는 것은 실제 모습인 것이다. 그리고 잠재된 본성이 드러난 순수한 실제 모습이 궁극적으로 움직임의 근원이 된다. 만일 그렇지 않다면 그 근원에 작용을 미치는 다른 어떤 것이 있어야 하는데, 그 자신은 움직임의 근원이 되지 못하기 때문이다. 따라서 다른 것에 의해 움직여지지 않는, 맨 처음 움직이게 하는 존재가 있어야 한다. 그리고 '이것은 모든 사람이 하느님이라 말하는 것이다.' 이와 비슷하게 또한 어떤 일을 현실적으로 일으키는 원인들이 있다. 그런데 원인들의 연속에서 수없이 많은 중간 원인들 말고 최초의 원인이 없다고 하면, 그 결과들은 나타날 수 없다. 따라서 최초의 원인이 있어야 한다. '이것은 모든 사람이 하느님이라 말하는 것이다.'

네 번째 논증은 사물들의 선(善 ; goodness)에 많은 등급 또는 단계가 있다고 하는 사실에서 출발한다. 어떤 것은 덜 좋고, 어떤 것은 더 좋다. 그런데 사물들이 덜 좋거나 더 좋은 것은, 이들이 최고의 선을 가진 존재를 덜 또는 더 닮아 있기 때문이다. 그러므로 다른 모든 사물에 있는 선의 원인이 되는 어떤 것이 있어야만 한다. 그리고 '이것은 모든 사람이 하느님이라 말하는 것이다.'

다섯째 논증은 이 세계가 존재하는 것은 어떤 목적이 있기 때문이라는 사실에서 출발한다. 생각하는 기능이 없는 자연적 물체들도 여러 목적을 위해서 활동하는 것이며, 따라서 목적들은 우연히 성취되는 것이 아니라 계획에 따라 이루어지는 것이다. 그러므로 이들은, '마치 화살이 궁수(弓手)에 의해 어느 방향으로 겨누어지듯이', 지성을 가진 한 존재에 의해 어느 목적을 향하여 겨누어지고 있다. '이것은 모든 사람이 하느님이라 말하는 것이다.'

성 토마스가 생각한, 그리고 다섯 가지 증명으로 그 존재를 논증한 하느님은 무시간성(無時間性)과 시간적 질서의 관계처럼, 그가 창조한 세계와 관련을 맺고 있다. 하느님은 최초의 원인이지만, 이는 마치 그가 오랜 옛날에 존재했고 활동했던 것처럼 시간적으로 최초임을 뜻하는 게 아니라, 존재론적으로 최초임을 뜻한다. 즉 하느님은 끊임없이 이어지는 원인들 안에서 최초의 원인이 되는 것은 아니다. 그는 어떤 연속들 사이에 끼어 있는 것이 아니다. 그는 연속 전체가 의존하는 근원으로서 연속 밖에 존재한다. 그래서 그는 움직임을 받지는 않으면서 움직이게 하는 존재이며, 하느님 말고 그 밖의 모든 것은 다른 것에 의해 움직임을 받는 것이다. 그러나 움직여지지는 않으면서 움직이게 하는 존재로서, 그는 모든 움직임의 원천, 과거의 움직임은 물론 현재와 미래 모든 움직임의 근원이다. 하느님은 무시간적 존재이므로, 그의 존재 안에는 잠세적(potential)이기만 한 것은 없다. 그리고 모든 존재 가운데에서 그는 홀로 순수한 현세태로 존재한다. 다른 모든 것은 우연적인 것이며, 그만 홀로 필연적이다. 그리고 그의 선함과 목적은 그가 하는 일들에 분명히 드러나 있다. 그러나 성 토마스가 말한 모든 것을 우리가 하느님에 대해서 말한다 하여도, 우리는 하느님의 본질에 대해서 매우 적극적으로 의미 있는 무엇을 말했다고 주장할 수 없다. 오히려 우리는 세계와 하느님의 관계를 말하듯이 하느님에 대하여 말한 것이다. 하느님의 존재에 대한 논증들은 세계에 대한 분석과 함께 출발하며, 이 증명들로써 인간 정신은 깨달음을 얻고, 세상에서 인간이 갖는 여러 특권과 의무를 더 잘 이해하게 된다. 이 특권들과 의무들이 무엇인가에 대하여 성 토마스는 섭리와 자유·악·율법과 기적·인간의 덕(德), 그리고 은총 등을 다루는 과정을 통하여 설명했다.

세계와 하느님의 관계

하느님은 세계 최초의 원인(原因 ; first cause)이며 또 최초의 예지적 원인(第一原因 ; intelligent first cause)이므로, 이 세계는 하느님의 섭리를 보여준다. 무릇 세계가 존재한다고 말하는 것은 창조론(創造論 ; providence)에 나타나 있고, 또 세계가 무엇인가 하는 것은 섭리론(攝理論)에 나타나 있다. 성 토마스는 성 아우구스티누스처럼, 하느님을 시간적으로 시작도 없고 끝도 없는(timeless) 존재로 보았다. 그래서 하느님은 창조와 섭리의 원리에 따라 모든 사물과 사건 하나하나에 대하여, 다른 모든 것에 대해서와 마찬가지로 직접적으로 밀접하게 관련을 맺고 있다. 그러나 성 토마스는 유한한 실체들의 인과적 힘에 대해, 성 아우구스티누스가 신플라톤주의 원리에 따라 강조할 수 있었던 것보다 더 많이 강조했다. 그는 섭리에는 두 가지가 있다고 주장했다. 어떤 목적을 향하여 여러 사건의 질서를 세우는 것이 그 하나이며, 이 질서를 실제로 나타나게 하는 것이 다른 하나이다. 섭리의 첫째 측면에서는 하느님의 의도가 직접적이며 지배적이다. 두 번째 측면에서는, 하느님의 의도가 종속적 또는 이차적 행위자들에 의해 실현된다. 성 토마스는, 현세의 일시적인 질서에서는 유한한 실체들이 순수한 작용인(作用因 ; genuine agents)이 된다고 주장했다. 하느님은 세계와 더불어 시간도 창조하므로 어디까지나 최초의 원인이다. 그러나 그가 창조하는 사물들은 두 번째 원인들이다. 성 토마스가 섭리에 대한 이론을 확립해 가는 과정에서 생각해낸 두 번째 원인들은 한갓 외형만을 가지거나 가공적인 원인들만이 아니라, 하느님 세계의 구조 체계 안에서 참된 효과를 발휘하며 작용하는 원인들이다. 성 토마스는 '두 번째 원인들의 가치'(두 번째 원인들이 그 자체로 가치를 지닌다는 것)에 대해서 자주 논했다. 하느님은 유한성을 가진 행위자들이 유한한 정도의 힘을 가지고 활동하게 될 세계를 창조했다. 누구든지 직접 관찰하여 알 수 있다고 성 토마스가 생각한 것처럼, 자연계에는 세 종류의 유한한 행위자들이 있다. 어떤 것들은 예측되는 일 없이, 즉 무의식적으로 행위가 일어나는데, 돌이 아래로 굴러 떨어지는 것 등이 그런 예이다. 어떤 것들은 기호(嗜好)를 가지고 의식적으로 움직이지만, 자신들의 본능적 충동에 대한 의미를 이해하는 능력은 가지고 있지 않다. 늑대가 그 먹이를 움켜잡는 것이 그런 예이다. 하지만 사람은 판단을 하고 나서 행위로 나아간다—사람은 적어도 그렇게 할 수 있으며, 또 보통 그렇게 한다. 즉 사람은 자신이 추구하는 목적과 이러한 목적을 이루는 수단에 대해 성찰하고 이해한 뒤에 결정하고 행동한다. 위의 세 가지 행위는 모두 자연적 우연에 속하는데, 하느님의 섭리가 바로 이런 종류의 세계를 생기게 한 원인이다. 그런데 오직 셋째 유형의 행위에 있어서만은 자연적 우연성(natural contingency)이 그 행위자의 이성적 본성을 통한 자유 선택으로 바뀐다. 돌과 늑대도 참된 행위자(true agents)이기는 하다. 하지만 이들의 행위는 이들이 존재하는 상황 안에서 자기들의 본성에 따라 이루어지는 단일한 사건 과정을 따른다. 사람도 참된 행위자이다. 그러나 사람의 행위는 자신을 둘러싼 주위 상황의 여러 가능성을 살핀 뒤에 나오는 것으로서, 이 가능성들 가운데 선택하게 된 의도적인 결과들이다. 오직 이성적 행위자만이 자유로운 행위자일 수 있다. 자유는 자연적 우연성과 합리성이라는 두 요인이 함께 일어난 결과이다.

'개별적 행위자들의' 어떤 개별적 행동들은 우연적이다. 따라서 이런 경우에는 이성(理性)의 결정이 판단의 두 갈림길에서 어느 쪽으로도 갈 수 있으며, 어떤 하나의 결말을 맺도록 결정되어 있지 않다. 그러므로 바로 이 사실, 즉 인간이 이성적이라고 하는 사실로부터 그만큼 인간은 필연적으로 자유로운 선택권을 가지게 된다. *15

만일 하느님이 시간적(일시적) 존재이며 오직 시간적으로만 인간의 행위에 앞선다면, 하느님의 섭리가 인간이 자유를 누리게 되는 가능성을 없애 버리거나, 인간의 자유가 신의 섭리에 대해서 예외적인 것이 되리라.

그러나 하느님은 시간에 선행하며 또 시간의 창조자이므로, 하느님의 섭리와 인간의 자유는 이론적으로 서로 모순되지 않으며, 또 실제로 이 두 현상은 함께 일어나고 있다.

성 토마스는 그의 섭리론(攝理論)에서 악(惡)의 문제에 대해 답을 했다. 정통 기독교가 언제나 주장한 대로, 세계는 하느님의 자비심을 표현한 곳이다. 그렇지만 세계는 또한, 정통 기독교가 언제나 주장해 왔듯이 많은 악을 지니고 있다. 이 악에는 자연적 악도 도덕적 악도 있다. 이 정통 교리에 따라 성 토마스는, 하느님이 세계를 창조하였으되 악이 생겨나도록 창조했음을 인정하면서 동시에 하느님을 악의 근원이라고는 할 수 없다고 주장했다. 하느님 안에는 전혀 결함이 없으며 그가 창조한 세계 안에도 결함은 없다. 하느님의 이러한 선한 성품은, 꼭 선하기만 하여 악에 빠질 수 없는 것과, 선한 곳으로부터 떨어져서 악하게도 될 수 있는 것 모두 이 유한한 피조물들의 세계(有限世界)에 일어날 수 있게 했다. 선한 곳으로부터 떨어져서 악하게 될 수 있는 가능성을 전혀 내포하지 않은 창조란, 하느님의 자비심에서 비롯된 무한한 창조성을 올바로 나타내는 것이 아니다. 선한 곳으로부터 떨어져서 악하게 될 수 있는 것들이 순수한 행위자가 될 때, 이들 가운데 여러 악이 생겨난다. 하느님의 섭리는 행위자들이 악을 일으키는 세계에서 질서를 바로잡으며, 또 하느님은 여러 악이 실제로 일어날 것을 예견한다. 그러나 이러한 악이 일어나는 것을 내버려두기는 해도, 그 자체를 원하는 것은 아니다.

---

*15 *Summa Theologica*, Pt. I, qu. 83, art. 1.

악들은 때로 두 종류, 즉 자연적 악과 도덕적 악으로 분류된다. 하지만 성 토마스는 이 두 가지 악을 똑같은 방법으로 설명했다. 물리적인 자연 재해나 고통 그리고 죽음 같은 자연적 악들은, 존재의 유한성(有限性)에서 비롯되는 피할 수 없는 결과이다. 또한 이런 악들이 생겨나지 않는다면 어떤 선한 것들은 절대로 생겨날 수 없다. 따라서 여러 악은 하느님의 창조적 자비심이 충만함을 증명한다. 이는 '마치 침묵의 순간들이 존재함으로써 노래가 즐거운 것이 되는 것과 같다.' 악이 없다면 우리 눈에 보이는 이 가시적 세계의 아름다움과 훌륭함을 드러내 보여주는 많은 것들을 깨닫지 못하고 놓쳐버리게 될 것이다. 도덕적인 악들은 이 같은 유한성을 가진 피조물들 가운데 특별한 경우일 따름이다. '인간이 자유롭게 행동할 수 없다면 인간의 덕(德)과 같은 귀한 가치들이 드러날 수 없다.'*16 이성적 피조물들에게는 자유야말로 하느님이 가지는 창조적 힘의 선함을 가장 잘 드러낸다. 하지만 이 자유로운 유한한 행위자들이 선보다도 오히려 악을 선택하는 일이 실제로 가능하지 않다면, 다시 말해서 이런 선택이 때로 실제로 생기지 않는다면 자유란 전혀 존재할 수 없다.

　성 토마스는 아베로에스주의자들의 순수하게 자연주의적인 아리스토텔레스주의에 맞서기 위하여, 하느님 섭리의 본성을 설명하는 방법으로 기적(奇跡)에 대한 이론을 펼쳐 나갔다. 그는 하느님 섭리는 자연적 원인들의 작용과 자연적 결과들의 발생 과정 안에서 이 규칙성과 일관성을 보여 준다고 주장했다. 하지만 이러한 섭리는 보통 일정한 결과들을 일으키는 원인들의 작용 없이 우연히 일어날 수도 있는 여지를 남겨 둔다. 하느님은 시간적 질서 속에서 그의 섭리 과정을 나타내는 계획을 벗어나 행동하는 일은 절대로 없다고 성 토마스는 강조했다. 그러나 하느님은 때로 그의 계획 가운데에서 피조물들에게 할당한 섭리로부터 벗어나 행동하는 일이 있다. 그렇다면 기적은 사물들에 대하여 주어진 일상적 질서 밖에 있는 하느님의 행위라고 정의할 수가 있다. 기적은 하느님이 뒤늦게 생각을 바꾸어 일어나는 것이 아니다. 하느님은 어떤 것에 앞서 있지도 또 뒤에 있지도 않은, 무시간적 존재이기 때문이다. 또 기적들은 모든 특수한 유형의 사물들이 그렇듯 하느님의 섭

---

*16 악의 문제를 세밀하게 논한 것에 대해서는, *Summa contra Gentiles*, 제3권, 제71장 참조. 위의 구절은 제71장, 제73장에서 인용.

리 안에서 일어난다. 이는 하느님의 창조력이, 모든 가능한 유형의 존재들로 하여금 창조된 세계의 구조 안에 들어 있게 하기 때문이다. 기적들은 섭리의 특별한 예이다. 이들은 마치 특수한 섭리와 일반 섭리의 관계처럼 자연의 규칙성과 관련이 있다.

덕(德)과 은총

성 토마스의 도덕 철학(道德哲學)은 플라톤과 아리스토텔레스에서 나온 인본주의적 전통과, 성 바울에서 나온 기독교적 전통을 종합한 것이다. 따라서 이것은 두 부분으로 이루어진다. 처음 부분에서 성 토마스는, 행복을 이성(理性)의 지시 아래에서 인간성 가운데 가장 단계가 높은 여러 잠재적 가능성들(potentialities)을 성취하는 것으로 다루었다. 두 번째 부분에서는 지복(至福 ; blessedness, 더없는 행복)을 하느님을 보는 것으로 생각했는데, 하느님을 보는 일은 인간의 자연적인 여러 능력을 뛰어넘는 것으로서 성자들만이 지닐 수 있는 것이다. 이러한 도덕 철학을 펼쳐 나가면서 그는 두 가지 덕목을 제시했다. 이는 바로 플라톤의 네 가지 자연적 덕인 4주덕(四主德), 즉 절제·용기·정의·지혜와, 성 바울의 세 가지 신학적 초자연적 덕인 믿음·소망·사랑이다.

성 토마스는 자연적 덕들을 도덕적인 덕과 지적인 덕으로 나누었다. 그는 여기서 아리스토텔레스를 따랐다. 도덕적인 덕과 지적인 덕은, 마치 기호(嗜好 ; appetite)와 이성(reason)과도 같이 서로 다르다. 깊은 사색적 통찰은 인간이 하는 일 가운데에서 가장 뛰어난 것이다. 이 통찰(아리스토텔레스는 이를 theoria라 불렀다)을 지향하는 이성은 그 자연적 성취에 이르며 지혜를 얻게 되는데, 이 지혜는 4주덕 가운데 가장 고귀한 것이다. 하지만 이성은 또한 여러 열정을 이끌어 내어 다른 세 주덕으로 나아가는 데에도 필요하다. 이 역할을 하는 과정에서 이성은 깊은 사고와 배려를 하게 되며, 도덕적 덕들을 이루어 내는 데 있어서도 필요한 하나의 요소가 된다. 인간이 4주덕을 성취하여 얻으면 자연적 행복을 얻게 되며, 자연적 선을 이루게 된다.

성 토마스의 도덕 철학은 언뜻 아리스토텔레스적 경향이 짙어 보이지만 실제로는 그렇지 않다. 그 이유는 부분적으로는 그가 자연적 행복을 인간의 풍부한 탁월성 가운데 낮은 단계에 지나지 않는 것으로 보았기 때문이기도

하며, 또 그가 자기의 아리스토텔레스주의를 원죄(原罪)라는 기독교 전통 사상의 범위 안에 포함했기 때문이기도 하다. 인간은 행복의 본성을 이해할 수도 있고, 또 자신의 자연적 이성을 발휘하여 행복을 얻기 위한 조건들을 찾아낼 수도 있다. 이 사실은 아리스토텔레스와 아베로에스의 저서에서 명백하게 밝힌 바 있다. 이 두 사람 다 도덕성에 대한 초자연적 근거에 조금도 호소하지 않거나, 이런 근거를 중시하지 않으면서 분석을 해냈다. 그러나 인간은 이제 피조(被造)된 자신들의 능력들만으로는 자신들이 생각하는 행복을 성취할 수 없다. 그들은 원죄의 무거운 짐을 짊어지고 있으며, 하느님 은총의 도움이 없다면 심지어 자연적 행복을 향해서조차 더 멀리 나아갈 수 없다. 행복에서 그 완성을 보게 되는 이른바 '인간성'은 아담의 타락 이전 죄가 없었을 때 가졌던 오점 없는 인간성이다. 이것은 아담의 타락으로 말미암아 모든 사람이 가지게 된 부패한 인간성이 아니다. 부패한 인간성은 은총을 통해서 거듭나야만 비로소 여러 주덕(主德)을 만족스럽게 실천하도록 이론적으로나마 토대를 마련할 수 있다. 오직 죄사함을 받고 구원된 인간만이, 그 성취를 누리며 행복하게 될 종류의 성정(nature)을 가지게 된다.

더 나아가 인간 행복의 본성을 철학적으로 주장할 때에도 성 토마스는 모든 것이 하느님께 의존한다고 되풀이함으로써 그의 아리스토텔레스적 자연주의에 한계를 두었다. 그는 무죄 상태에서는 인간성의 여러 소질이 완성됨으로써 자연적 행복이 이루어진다고 인정했다. 그렇다면 인간적인 것이든 신적인 것이든, 어떠한 명령에나 복종하는 일을 덕(德)으로 보는 철학자는 오류를 범하는 것이라 말할 수 있다. 성 토마스가 생각한 하느님은 아무 명령이나 내릴 수 있는 존재가 아니다. 하느님은 전적으로 이성적인 존재이며, 그의 의지와 지성은 일치하고 있다. 비록 인간성이 위에서 말한 바와 같이 자연적 성취를 이룰 수 있는 것이기는 해도, 이 인간성은 모든 피조물의 본성과 같이 신의 창조성(創造性)과 섭리(攝理)를 표현한다. 하느님은 인간을 지금과 같은 상태로 창조해 놓고서는 자연적 행복을, 인간성이 완성되면 자연히 얻어지는 것이라는 현명한 철학자의 분석과 다른 것이 되게 할 수는 없었으리라. 즉 하느님을 비이성적 존재로 생각할 수는 없다. 그러면서도 이 세계는 하느님의 세계이므로, 도덕 철학은 인본주의적 시도 이상의 것이 아닐 수 없다고 성 토마스는 생각했다. 그의 도덕 철학 또한 하느님의 의지에 기초를 두고 있었다.

인간은 자연적 피조물 단계를 뛰어넘는 존재이며 또한 불멸의 영혼을 가진다. 그러므로 모든 자연적 덕을 성취한다고 해서 인간의 궁극적 목적, 곧 지복(至福, 또는 淨福 ; blessedness)에 이를 수 있는 것은 아니다. 예컨대 인간이 아담이 타락하기 이전의 순진무구(純眞無垢)한 상태를 되찾는다 하여도, 인간 스스로 지복을 얻을 수는 없다. 지복을 얻는 데에는 세 가지 신학적 덕, 즉 초자연적 덕이 있어야 하는데, 이 지복은 어디까지나 하느님의 은혜가 사람에게 내리는 분에 넘치는 선물이다. 홀로 이 초자연적 덕들을 산출할 수 있는 원인이 될 뿐만 아니라 이 여러 덕이 지향하는 대상은 곧 하느님이다. 하느님이 모든 대상 가운데에서 가장 뛰어나듯이, 신학적 덕들은 인간이 이를 수 있는 가장 고귀한 상태이다. 믿음은 자연적 지혜를 뛰어넘어 인간의 이성으로써는 찾을 수 없는 진리에 이르게 하는 지적 통찰이다. 소망(所望)은 자연적 인간에게는 어리석은 것으로 보일지 모르지만, 하느님에게는 지혜가 되는, 경건하고 헌신적인 행위를 하려는 의지의 지향이다. 그리고 사랑은, 궁극의 가치로서 믿음이 인식을 통해 가려내고 소망이 마음속에 그리는 것과 하나가 되는 열렬한 기쁨이다. 이 여러 덕이 생기게 하려면, 이는 오직 주입(注入 ; infusion, 불어넣음)을 통해서만 가능하다. 이 여러 덕이 움트고 자라려면 하느님의 은총이 있어야만 한다. 이 여러 덕의 경우에는, 4주덕에서처럼 부족함과 과함 사이의 중간이란 것이 전혀 없다. 좀 더 정확히 말하면, 이 여러 덕의 경우에는 과함이라는 것이 있을 수 없다. 인간은 현세의 삶에서 이 여러 신학적 덕들을 어느 정도는 가질 수 있다. 하지만 현세에서는 이 덕들이 불확실하게 일어나며, 또 소유하더라도 반드시 다시 잃게 마련이다. 이 여러 덕은 오직 낙원(또는 천국)에 있는 성자만이 확실하고도 충분하게 누릴 수 있다.

이런 식으로 성 토마스의 도덕 철학은 인간성의 여러 가능성에서 출발하여 하느님에 대한 직관(直觀), 즉 하느님을 보는 것에서 목적에 이른다. 성 토마스는 플라톤과 아리스토텔레스의 인본주의적 원리들을 받아들였다. 그러나 그는 자연적 행복에 대한 그리스의 학설을, 심지어는 그가 기독교도가 아닌 철학자들 가운데에서 가장 위대하다고 본 두 사람의 학설까지도, 지복을 기독교적으로 이해하는 데 필요한 예비 지식 정도로만 보았다. 그는 그리스의 인본주의적 원리들을, 인간이 한갓 자연적 지식을 뛰어넘는 앎의 단계에 다다르려면 하느님의 도움이 있어야 한다고 하는 바울의 외침 안에 포함했다. 성 토마스가 윤리학설(倫理學說)을 길게 논의한 의도는, 선을 향한 영혼의 발전 과정 전체를 통하여 하느님의 은총이 필요함을 밝히려는 데 있었다. 선(善, the good)에 대한 어느 정도의 지식과 얼마간의 도덕적 성취는 은총 없이도 가능하다. 그러나 자연적 인간의 부패를 치유하여 인간성을 아담의 타락 이전의 흠 없는 상태로 회복시키며, 나아가 이 회복된 인간성을 신적인 근원(根源)을 향하여 끌어올리는 데에는 하느님의 은총이 있어야만 한다. 또한 이 신적인 근원은 인간은 물론, 모든 사물의 최종 목적이기도 하다.

정치학설(政治學說)

성 토마스의 정치학설은 아리스토텔레스가 그러했던 것처럼, 그의 윤리학에서 뻗어 나온 것이다. 국가를 교회의 아래 단계에 놓은 점에서 그는 성 아우구스티누스의 이론을 따랐다. 그러나 국가를 자연적인, 그리고 윤리적으로 가치 있는 제도로서 중시한 점에서 그는 그리스 사상의 몇 가지 요소들을 이어받았다. 이웃들과 관계를 끊고 혼자 고립되어 살아가는 인간은 행복할 수 없다고 그는 믿었다. 인간은 서로 가깝게 교류하며 살아야 한다. 그리고 이처럼 서로 관계를 이어가면서 살아가려면 안정과 질서가 필요하며, 오직 여러 정치적 제도들만이 이러한 안정과 질서를 유지해 나갈 수 있다. 국가는 세 가지 목적을 위해서 도덕적으로 필요하다. 첫째로, 국가는 여러 인간 관계를 조정하여 계층적으로 질서를 잡아 준다. 둘째로, 국가는 국민들 가운데에서 다른 이들과 잘 어울리지 않는 성원들에게 복종을 요구하며, 사회 평화와 질서를 해치는 자들을 처벌한다. 셋째로, 국가는 모든 사람을 교육하여 자연적 덕들을 갖추게 하며, 또 교회가 신학적 덕들을 가지고 교육하는 적절한 기회를 갖도록 방법과 수단을 제공한다. 이렇게 한다면 국가는 인류를 위한 하느님의 의지에 일치하여 나아간다고 볼 수 있다. 성 아우구스티누스는 자신이 이상적으로 생각하는 국가와, 이 세상에 현실적으로 존재하는 도시들을 구별했지만, 아우구스티누스주의의 영향은 국가를 부패와 악에 결부했다. 성 토마스의 정치학설은 국가를 이

같이 좋지 못한 것과 결부하지 않았다. 국가는 본질적으로 악한 것이 아님은 물론 오히려 이성의 표현이고, 정당하고 이상적인 여러 목적을 가지고 있다고 명백하게 주장했다.

성 토마스의 정치학설은 법에 대한 개념을 중심으로 전개된다. 법에는 인간의 법, 자연의 법, 신의 법 등 여러 종류가 있다. 그러나 일반적으로 법은 공공복리를 증진하기 위한 이성의 원리이며, 이 공공복리를 보호할 책임이 있는 사람이라면 누가 이를 선포해도 상관없는 것이다. 하느님은 이러한 책임을 가지고 있으며, 또 신의 법은 가장 높은 단계에 있는 법이다. 인간 이성은 좀 더 아래 단계에서, 좀 더 좁은 영역에 대해서 이러한 책임을 가지고 있으며, 자연의 법(이 자연법은 올바른 이성의 규칙들이다)은 도덕의 객관적 표준이 된다. 국가의 통치자 또한 비록 이상의 것들보다는 훨씬 적은 정도이지만, 이러한 책임을 떠맡고 있다. 따라서 인간의 법도 존중되고 지켜져야 할 가치를 지닌다. 하지만 인위적인 법들은 오직 이들이 법의 일반적 정의에 따를 때에만 참된 법이 될 수 있다. 즉 자연의 법을 보충하며 신의 법이 가르치는 지시를 따를 때에만 존중되고 지켜질 만한 것이 된다. 그래서 성 토마스의 정치학설은, 인간이 나쁜 법에 굴복하기를 거부하며 사악한 통치자에 맞서 싸울 권리와, 더 나아가서는 그 의무조차도 인정하고 있다. 그러나 성 토마스는 반란을 일으키도록 사람들을 부추기는 것과는 거리가 먼 사람이었다. 그는 반란을 일으켜야만 할 경우는 아주 드물게 일어나리라 믿었다. 그는 시민들이 저마다, 권세를 쥐고 있는 사람들의 생각과 다른 판단을 하기에 앞서 인내해야 한다고 주장했다. 더욱이 그는 사람들에게, 자신들의 죄에 대해 하느님이 내리는 벌로서 사악한 통치자를 겸손하게 받아들이라는 충고까지 했다. 현세적 삶의 우여곡절을 겪으며, 국가를 상대로 공공연한 투쟁에 뛰어들어 바쁘게 보내느니보다는 회개하고 기도하며 스스로를 하느님의 자비에 맡기는 게 현명한 일이라고 그는 생각했다. 법에 대한 일반적 정의를 통해서 살펴본 성 토마스의 날카로운 논리는 그가 기존 질서를 존중함에 따라 적절하게 온건한 태도를 취하게 되었다.

자연적 덕이 신학적 덕에 이르는 예비적 지식에 지나지 않듯이, 국가는 그 본성으로 보아 교회에 예속되는 것이다. 국가는 자연적 인간과 자연적 행복에 관심을 가진다. 교회는 전인(全人 ; a whole man)과 그 지복(至福)에 관심을 가진다. 인간은 현세의 일시적 행복을 위해서는 어느 정도 국가에 의존하지만, 자신들의 구원을 위해서는 전적으로 교회에 의존한다. 최선의 삶이란, 인간이 소중하게 여기는 모든 것이 하느님을 보는 데 얼마나 더 도움이 되는가에 따라서 가치가 평가되는 종교적 생활이라고 성 토마스는 결론을 내렸다.

토미즘의 전통

아주 정확하다고 말할 수는 없지만 아리스토텔레스적 기독교와 플라톤적 기독교로서 저마다 특징지을 수 있는 토미즘(Thomism ; 토마스주의)과 아우구스티니아니즘(Augustinianism, 아우구스티누스주의)은 오늘날 기독교권 내 철학의 가장 뛰어난 두 업적으로 남아 있다. 이 두 사상은 저마다 권위를 가지며 서양 세계에서 가톨릭 정통 신앙이 된 많은 신념을 공유하지만, 다른 여러 부분에서는 뚜렷한 대조를 이루고 있다. 이러한 대조는 다른 무엇보다도 두 사상이 서로 다른 인식론(認識論 ; the ories of knowledge)에 기초하기 때문이다. 성 아우구스티누스는 지혜와 과학을 구별했는데, 지혜로운 통찰을 과학의 끊임없이 고찰하는 태도보다 훨씬 높은 단계에 있는 것으로 보았다. 이로써 뒷날 그의 영향을 받아, 자연 세계에 대한 과학자들의 탐구할 권리를 인정하면서도 실제로는 과학적 탐구 결과를 인간의 좀 더 고차원적인 관심과는 거리가 멀다고 얕잡아 보며, 신앙의 주요 사상을 과학적 방법과 결론들로부터 전적으로, 또는 거의 전적으로 독립시켜 논술하고 체계화하여 모든 신학과 철학적 관념론(觀念論)이 생겨나게 되었다.

성 토마스는 지적인 삶을 이렇게 둘로 나누는 것을 옳지 않게 여겼다. 그는 신앙이 이성 못지않은 고유한 역할을 가지며, 따라서 신학은 철학으로부터 많은 도움을 얻을 수는 있어도 철학에 의존하는 것은 아니라고 주장했다. 그러나 그는 이에 못지않게 인식(認識 ; knowledge)은 인간이 보이는 세계에서 감관을 통해 맞닥뜨리게 되는 인간적인 최초의 기원(起源)들을 가지고 있으며, 또 자연적 사건들의 과정을 관찰하는 일을 떠나서는 어떠한 과학적 확실성이나 철학적 확실성도 얻을 수 없다고 단호하게 주장했다. 바로 이 점에서 그의 영향을 받아, 계시(啓示)를 인정하며 권위에 기초를 둔 신앙을 자랑스럽게 여기면서도, 자연 신학과 자연 종교가 자연 과학과 사회 과학이 받는 것과 똑같은 검토를 받으며, 또 똑같은 종류의 증거를 제시해야 함을 인정하는 신학과 이성적 우주론(宇宙論)들이 뒤이어 나타난 것이다.

그러나 역사가는 아우구스티누스 전통과 토마스 전통 사이에 존재하는 차이점들이 이 둘의 개인적 견해 차이보다 훨씬 더 두드러지는 것임을 덧붙여야 하리라. 왜냐하면 한편으로 성 아우구스티누스는 성 토마스와 마찬가지로, 인간 세계에서는 보이는 세계에 대한 호기심을 충족하기 위해 이 세계를 과학적으로 탐구할 필요가 있다고 인정했기 때문이다. 그리고 다른 한편, 성 토마스는 그 자신이 성 아우구스티누스만큼 모든 시간과 생각들을 과학적인 문제들에 바치고자 하지는 않았다. 그의 스승인 성 알베르투스는 자연적 실체들과 그 과정들을 관찰하고 실험하는 데 확실히 많은 관심을 기울였지만, 성 토마스는 이런 데 관심이 없었다. 성 토마스는 몇몇 철학적 전통을 훌륭하게 종합했다. 이 종합은 아마도 더할 나위 없는 최상의 종합일지도 모른다. 그러나 그의 저서는, 그가 깊이 의존했던 아리스토텔레스의 저서에서처럼 인간이 가질 수 있다고 스스로 생각한 인간의 관심들을 모두 다루고 있지는 않다. 성 토마스가 살았던 세기(世紀)에는 자연 과학에 대한 요구가 성 알베르투스와 로저 베이컨에서처럼 크게 일어나기 시작했고, 이는 그 뒤 여러 세기에 걸쳐 날로 커져 갔다. 또한 새로운 철학들이 나타나 과학적 관심과 연구의 중요성을 더욱 강조했다. 그리고 성 토마스가 아리스토텔레스를 '그 철학자'(누구나 다 아는 바로 그 철학자란 뜻)로 찬미하면서 아리스토텔레스의 여러 원리가 정당하게 존중되고 인식되도록 노력한 사실—바로 이 사실은 아리스토텔레스가 과학에 종사하는 사람들과 과학적 경향이 짙은 철학자들에게 쉽게 악평을 받게 된 역사적 배경이 되었던 것으로 보인다. 성 토마스는 과학에 대해서 개인적으로 흥미를 가지지 않았기 때문에 그저 아리스토텔레스의 과학적 의견들을 만족할 만한 것으로 인용하고는 했다. 그리고 이 의견들 가운데 어떤 것들이, 비록 아리스토텔레스의 근본적 철학 원리에 비해 사소한 것이기는 했으나 불충분한 증거에 기초를 두었으며 때로 그릇된 것이었으므로, 마침내 성 토마스는 과학적 경향이 짙은 사상가들로 하여금 아리스토텔레스를 과학 발전의 장애물로 보게 하는 데 한몫을 했다. 그래서 성 토마스 뒤에 나온 과학 철학자들은 토미즘과 함께 아리스토텔레스도 싫어하게 되었다.

토미즘은 오늘까지 서양 문화의 위대한 전통 가운데 하나로 남아 있다. 성 토마스보다는 성 아우구스티누스가 프로테스탄트(新教) 개혁 초기에서나 우리 자신이 살고 있는 현대에서도 프로테스탄트 사상가들이 가장 많이 의지하는 고대의 권위이기는 하지만, 성 토마스는 날이 갈수록 가톨릭 신학과 일반 가톨릭 이론의 공인된 권위가 되어 왔다. 성 토마스 영향 아래 가톨릭 교회는, 이성을 사용하여 미루어 짐작하는 추리 논법과 이성에 의한 증명이 신학에서 가치가 있다고 주장해 왔다. 가톨릭 교회는 신학을 순수하게 계시로만 성립하는 것으로 받아들이기를 꺼렸으며, 또 직관에 호소하거나 비이성적으로 덮어놓고 믿는 일에 대해서도 의심쩍게 생각해 왔다. 가톨릭 교회는 인간의 자연적 이성 능력은 정통 신앙을 뒷받침하는 데 이바지하는 지식에 이를 수 없다고 하는, 이른바 신앙제일주의를 위험한 이단이라고 비난했다.

가톨릭 역사가들은 때로 토미즘을 최상의 종합이라 부른다. 앞서 말했듯이 성 아우구스티누스는 플라톤 사상, 유대교와 기독교의 일신론적 전통, 특히 성 바울 사상을 이미 종합한 바 있었다. 성 토마스는 아리스토텔레스의 여러 사상을 그의 체계 안에 끌어들였으며, 심지어는 아리스토텔레스주의자로서 기독교를 적대시하는 사람들의 글도 대담하게 가져다 썼다. 이로써 그는 아우구스티누스의 사상적 종합을 크게 변화시켰다. 그는 눈에 보이는 가시적 세계에 대한 이론에 있어서는 자연주의의 방향으로, 인간의 인식에 대한 이론에 있어서는 경험론의 방향으로 이를 변화시켰다. 토미즘은 그런 종류의 마지막 위대한 종합이다. 이는 고대 철학들의 우수한 점들(merits)을 저울질하려고 힘쓴, 그리고 이 철학들 가운데 참된 가치를 지닌다고 생각되는, 따라서 전반적 사상 체계에서 떳떳한 지위를 차지하는 요소들을 함께 모아 하나가 되게끔 노력한 마지막 종합이다. 따라서 토미즘은 오랜 시기를 거쳐 온 지성사(知性史)의 한 절정이며 결말이라 할 수 있다.

제7장 중세 후기

둔스 스코투스(Duns Scotus, 1266년경~1308) : 영국 태생이란 말도 있지만, 보통 스코틀랜드에서 태어난 것으로 알려져 있다. 프란체스코 수도회에 들어가, 옥스퍼드와 파리에서 공부하고 가르쳤다. 1307년에 쾰른에 파견되었다가 이곳에서 죽었다. 그가 썼다고 전해지는 책은 많지만 어떤 것은 가짜임이 거의 확실한데, 이른바 스코틀랜드 학파라 부를 수 있는 것들이다. 그가 쓴 것으로 보이는 저서 가운데에서 중요한 것으로는 〈명제집 命題集〉에 대한 주석서 두 권, 그 밖에 논리학 논문들인 〈형이상학에 대한 제문제 *Questions on the Metaphysics*〉·〈자유 토론집 *Quodlibeta*〉, 그리고 〈제1 원리론 *De Primo Principio*〉이 있다. 그는 '명철한 박사'라 불렸다.

윌리엄 오브 오컴(William of Ockham, 1280년경~1349) : 영국 서리에서 태어났다. 프란체스코 수도회에 들어갔으며, 옥스퍼드에서 공부하고 가르쳤다. 그의 저서 가운데에는 〈명제집〉에 대한 주석, 아리스토텔레스의 〈자유 토론집 *Quodlibeta*〉에 대한 주석, 그리고 논리학 논문 몇 편이 있다. 그는 (교황이 아비뇽에 머무르던 시대 초기에) 교황에 반대하여 황제 루이 4세를 지지했다. 정치 문제에서 세속적 권력이 위에 있음을 주장한 그의 정치학적 저서들은, 〈평화의 수호자 *Defensor Pacis*〉의 저자인 파두아의 마르실리우스(Marsilius of Padua, 1270~1343)에게 영향을 주었다.

1. 스콜라 철학의 몰락

성 토마스 아퀴나스가 세상을 떠난 뒤로 15세기까지는, 이성을 자연과 초자연적 세계에 대한 진리를 체계화하는 수단으로 보는 토미즘적 확신에 대한 반동의 시기였다. 이 시기에 가장 눈에 띄는 두 학자는 둔스 스코투스와 윌리엄 오브 오컴이다. 이들의 철학은 성 토마스 학파와 의식적으로 대립하는 것이었다. 이들은 성 토마스의 주지주의(主知主義 ; intellectualism)와 대립시켜 일반적으로 주의주의(主意主義 ; voluntarism)라 불리는 주장을 내세 웠다. 이들은 중세 전체에 걸친 스콜라 철학의 주된 흐름에 대해서 폭넓게 비판을 가했다. 이들이 이러한 비판자가 된 것은, 비록 몇몇 유명론자(唯名 論者)들이 맹렬히 반대했다 하여도 마침내 9세기에서 13세기에 이르는 동안 주요한 스콜라 철학자들은 진리 탐구 과정에서 이성이 계시(啓示)의 협력자 가 되는 것으로 보았기 때문이다. 이것은 어디까지나 사실로서, 이성의 여러 능력에 대한 신념은 스콜라 철학 전성기의 주요한 특성이 되고 있다. 이와 달리 특히 이런 의미에서 중세 후기에서는 스콜라 철학의 활기와 희망이 사 라져 가고 있었다.

성 토마스 뒤로 스콜라 철학이 더 일반적인 의미에서 쇠퇴했는지 그렇지 않은지는 현재로서는 자세히 알 길이 없다. 최근에 이르기까지 역사가들은 성 토마스가 누렸던 커다란 권위에 눌려, 둔스 스코투스와 윌리엄 오브 오컴 의 철학을 소홀히 여겨 왔다. 둔스가 쓰지 않은 것들이 그의 저서로서 알려 지고, 그 몇몇 후계자들이 전혀 앞뒤가 맞지 않는 견해들을 그의 것이라 내 세우면서 둔스에 대한 혼동은 더욱 커져 왔다. 학자들은 지금 중세 후기에서 우리에게 전해진 문서들을 조사 검토하고 있으며, 아마 얼마 지나지 않아 이 여러 저서의 저자·저작일 그리고 그 의의에 대해서 확실한 것을 발견하게 될 것이다. 이 저서들이 분류되어 훌륭하게 편찬되고 또 좀 더 쉽게 이용할 수 있게 되기 전에는, 우리는 어쩔 수 없이 둔스 스코투스와 윌리엄 오브 오 컴에 대해 지난 몇십 년 동안 그래 왔던 것처럼 매우 그릇된 판단을 내릴 수 도 있다. 즉 이들을 성 토마스 사상을 엉성하게 뜯어고친 자들이라는 편견을 가지고 보게 마련인 것이다.

둔스 스코투스의 철학은 정확하게 그 성격을 규정하거나 평가하기 어렵 다. 둔스와 윌리엄이 교육받은 옥스퍼드는 종종 아우구스티누스주의 부활의 중심지로 여겨져 왔다. 따라서 이 두 사람의 사상은 아우구스티누스 전통에 매우 가깝다고 지적받아 왔다. 그러나 적어도 둔스는, 그리고 윌리엄까지도, 몇 가지 중요한 점들에 있어서 성 토마스 자신보다 더 아리스토텔레스적인 것으로 보인다. 그러므로 많은 세밀한 부분들이 학문적으로 먼저 해결되기 전에는 철학 사상 발전에 있어 둔스와 윌리엄의 위치를 분명히 이해할 수는 없다. 둔스는 종종 '체계의 파괴자'라 불리며, 앞선 사상가들의 이론을 웃음

거리로 만들어 버리는 재치 있고 익살맞은 비평가로 여겨져 왔다. 그러나 그 자신도 남들의 성급한 조롱거리가 되어 왔다. *¹ 예를 들어, 그는 한 개의 바늘 끝에서 얼마나 많은 천사가 춤을 출 수 있는지에 대한 문제에 골몰한다며 비웃음을 받았다. 하지만 언뜻 우스꽝스러워 보이는 이 문제를 제기함으로써, 모든 물질적 실체들을 제약하는 공간적 조건 아래에서 실제로 천사들 같은 비물질적 실체들이 어떻게 그들 자신을 드러낼 수 있는가 하는 매우 진지한 문제(이것은 그보다 앞서 성 토마스가 다룬 문제이다)를 그는 다루고 있었던 것이다. 비록 충분하지는 않지만 요즈음 널리 행해지고 있는 해석을 보더라도, 둔스 스코투스와 윌리엄 오브 오컴은 뛰어난 사상가로 두각을 나타내고 있다. 앞으로 더 많은 연구가 이루어지면 이들이 위대한 철학자였음이 드러날 것이다.

2. 둔스 스코투스

둔스 스코투스는 성 토마스의 사상을 지나친 주지주의(主知主義)로 보고 이에 반대하여 주의주의(主意主義)를 주장했다는 점에서, 사상사(思想史)에서 매우 주목할 만한 사람이다. 그는 하느님을 무한하고 전능한 의지(意志)라 생각했으며, 또 이 관점에 따르는 여러 결론을 두려움 없이 주장했다. 하느님은 그의 이성에 의해서 어떤 식으로든 제한받고 있기 때문에 자기가 하고 싶은 대로 하지는 않는다. 즉 하느님은 그가 원하는 것이 좋다고 먼저 판단했다고 해서 원하는 것을 하려 하지는 않는다. 오히려 그는 자유롭게 두기를 바라며, 그리고 나서 그가 바라는 것이 좋음을 본다. 하느님의 창조는 그 자신의 영원한 관념들을 통해서 미리 의도된 계획에 따라 이루어지는 것이 아니다. 둔스는 성 토마스에 반대하여, 실제로 하느님의 정신 안에는 '사물들에 앞서' 어떠한 관념도 없다고 주장했다. 하느님의 의지는 하느님 밖에 있는 그 어떤 것에 의해서도 결정되지 않음은 물론, 그의 안에 있는 그 어떤 것에 의해서도 결정되지 않는다는 점에서 절대적(絶對的 ; absolute)이다. 따라서 창조된 세계는 영원한 이성(eternal reason)을 표현하는 게 아니라, 전

---

*1 영어의 dunce(우둔한 사람)는 그의 이름에서 나온 말이다. 그러나 이 dunce란 말이 본디 멍청이라는 뜻보다는 오히려 공연히 반대만 하는 궤변가를 뜻했었음을 깨닫는다면 이 어원의 의도는 더 분명해진다.

능한 권능(權能 ; almighty power)의 표현인 것이다.

둔스는 성 토마스의 원리들 가운데에서 많은 것에 동의했다. 그러나 그는 이 원리들의 의의를 그의 주의주의적 견해에 알맞게 수정했다.

예를 들어 신학과 철학을 구별하는 점에 있어서 둔스는 성 토마스에 동의했다. 하지만 그는 성 토마스보다 훨씬 더 엄격하게 자연 신학(自然神學)의 영역을 제한했다. 그는 세계의 우연성을 긍정하는 관점 안에서 하느님의 존재를 증명하는 논법을 받아들였다. 그러나 움직임을 가지고 증명하는 논법은 부정했다. 이 움직임과 관련된 논증은, 움직이는 것은 무엇이든지 그 자신 밖에 있는 어떤 것에 의해 움직여지는 것이라는 원칙을 처음에는 내세웠지만, 그 다음에는 그 자신 밖에 있는 어떠한 것에 의해서도 움직여지지 않는 하나의 원인(原因 ; cause)의 관념으로 넘어가고 있다고 그는 지적했다. 움직여지지는 않고 다른 것을 움직이게만 하는 존재가 있을지도 모르지만, 그러한 존재는 결론과 모순되는 전제로부터는 증명될 수 없다. 더욱이 둔스는 움직여지지는 않고 움직이게만 하는 그런 것은, 만일 존재한다 해도, 사람들이 하느님이라고 부르는 것을 뜻하지는 않는다고 말했다.

이와 비슷한 방법으로 둔스는 영혼 불멸에 대한 성 토마스의 여러 논증을 비판했다. 성 토마스의 논증들 가운데 하나는, 모든 자연적 인간의 욕망(예를 들어 죽은 뒤에도 어떤 생명을 이어가려는 인간의 욕망)은 하느님의 인자함을 드러내고 있는 우주 안에서 어떻게든 실현된다고 하는 가정을 토대로 한다고 둔스는 생각했다. 이 가정을 논평하면서 둔스는 낮은 단계에 머물러 있는 동물들도 사람 못지않게 죽은 뒤에도 삶을 이어가려는 욕망을 가지고 있으며, 또 낮은 단계에 있는 동물들에 대한 영혼의 불멸성을 부정하는 것이 하느님의 인자함을 무시하는 것으로는 생각되지 않는다고 말했다. 더 나아가 영혼의 불멸에 대한 성 토마스의 또 하나의 논증은, 이성과 같은 기능(이 기능은 그것이 의존하는 어떤 특정한 기관 없이 수행될 수 있는 것이다)은 신체의 소멸과 함께 사라지는 것이 아니라는 가정을 토대로 한다고 주장했다. 둔스는 이 가정에 대하여, 어떤 특정한 기관에도 의존하지 않는 것은 아마도 많은 신체 기관들이 서로 관계를 맺고 배치되어 있는 방법에 의존하고 있을지도 모른다고 시사했다.

철학적 수단에 의해 신학적 이론을 세우려는 것은, 특정한 사람들이 여러 희망이나 두려움에 따라 그럼직하게 여겨지는 상대적인 것을 뚜렷한 증거인 듯 자주 혼동하게 한다고 둔스는 주장했다. 성 토마스는 이성에 의해 신앙의 여러 교리를 증명할 수 있다고 생각했지만, 이처럼 하기에는 우리 인간의 능력이 턱없이 부족하다. 신학은 어디까지나 계시(啓示)로부터 성립하는 것이며, 이성을 통하여 얻을 수 있는 인식(認識)이란 바로 자연 세계에 대한 인식인 것이다. 이성은 이성에 앞서는 것의 존재를 증명하거나, 그 본질을 밝힐 수가 없다. 하느님 자신 안에 있는 이성은, 그의 자유롭고 구속 없는 의지에 의해서 생겨나는 것을 무엇이든지 인지하며 이해하는 것이다. 인간 안에 있는 이성은 먼저 인간이 하느님의 창조를 맞닥뜨리고 나서, 또는 이같이 맞닥뜨리면서 이러한 창조의 본질을 기본적으로 받아들이게 된다. 먼저 존재가 주어지면 인간의 이성은 그것을 깨달을 수 있고, 그를 둘러싸고 일어나는 여러 결과에 대해 합리적으로 판단할 수 있다. 또 인간이 추구할 만한 것이나 피해야 할 것을 합리적으로 찾아낼 수가 있다. 그러나 이성은 하느님의 의지를 결정하는 것은 아니므로, 창조된 세계의 근원을 살피고 연구하는 데 사용될 수는 없다.

또 하나 예를 들면, 둔스는 인간이 현재 상태에서 자기 주위 세계에 있는 실체들을 직접 관찰함으로써 그의 모든 자연적 인식을 얻게 된다는 원칙을 긍정하여, 이 점에서 성 토마스와 일치했다. 하지만 그는 성 토마스와는 달리, 인간의 관찰력이 받고 있는 것과 똑같은 여러 한계를 인간의 인식적 삶 또한 받고 있다고 보았다. 인간은 그의 자연적 이성에 의해 그의 감각으로 접하게 된 것들을 초월하여 존재하는 대상들을 인식하는 단계에는 이를 수 없다. 인간은 이 대상들을 어떤 원인에서 나온 결과로서 올바르게 다루며, 더 나아가 좀 더 높은 어떤 단계에 있는 것으로 짐작되는 존재에 대해서 여러 사색 과정들을 통하여 결론에 이를 수 있다고 자신만만하게 말할 수 없다. 둔스는 인간이 '사물들 뒤에 오는' 관념들을 가지기 위해서는 '사물들 안에 있는' 형상들을 맞닥뜨려야 한다는 성 토마스의 원칙을 받아들였다. 그러나 성 토마스와는 달리, 그는 이 원칙을 철학이 그저 눈에 보이는 가시적 세계의 분석에 국한되어야 한다는 것으로 해석해 버렸다.

하느님에 있어서나 인간에 있어서나 의지(意志 ; the will)가 으뜸가는 것이며, 오성(悟性 ; the intellect)은 이에 종속하는 것이다. 하느님의 의지가 존재를 낳으며 그 다음에 그의 오성이 이를 인식하는 것이다. 그리고 인간의 이성은 하느님의 의지가 창조한 것에 발맞추어 활동을 시작한다. 따라서 이성은 하느님의 의지에 순응하게 되어 있지만, 인간의 의지는 이성의 지시를 따라야만 하는 것은 아니다. 인간은, 만일 스스로 그렇게 선택한다면 그의 지식으로 말미암아 인도될 수 있다. 하지만 그는 이렇게 인도되기를 스스로 선택하지 않을 수도 있다. 그리고 그의 의지가 지식에 의하여 인도될 때에도, 그의 의지는 지식에 의하여 결정되는 것은 아니다. 지식에 의해 좋다고 여겨지더라도 인간의 의지가 아니라고 판단한다면, 그는 언제든지 다른 선택을 할 수 있기 때문이다. 인간의 의지는 모든 결정에 있어서 그것이 실제로 선택한 것과는 다른 어떤 것을 선택했을 수도 있는 자유로운 힘이다. 따라서 자유에는 합리적 행위만이 뒤따르는 것은 아니다. 또한 인간의 구원(救援)은 자신의 오성에 의존하는 것도 아니다. 인간의 구원은 오히려 자신의 의지를 신의 의지에 일치하는 의지적 행위에 의존하고 있는데, 이 신의 의지는 신의 이성보다도 앞서는 것으로 인간의 이성만으로는 알아낼 수 없는 것이다.

3. 윌리엄 오브 오컴

윌리엄 오브 오컴(오컴의 윌리엄 또는 윌리엄 오컴)은 둔스 스코투스의 주의주의(主意主義)와 철저한 유명론(唯名論)을 결합하여, 둔스의 반(反)토미즘 비판을 한층 더 극단적인 여러 결론으로 이끌어갔다.

윌리엄 오브 오컴의 철학은 문헌에서 보통 '오컴의 면도날'이라 불린다.*2 오컴의 면도날이라는 말과 그 관련 사상은 윌리엄의 생각을 아주 근본적으로 밝혀주므로, 그의 사상들 가운데 어느 것을 훑어볼 때에도 유용한 길잡이가 된다. 윌리엄은 라틴어로 '*Entia non multiplicanda sunt praeter necessitatem*'이라 썼다. 이를 의역하면, '설명을 할 때에는 최소한 필요한 것 이상을 가정해서는 안 된다'가 된다. 확실히 알 수 없는 것들을 명백하며 그 자체로 충분한 근거인 듯 전제화해서는 안 된다. 검증할 수 없는 가설들을, 경험된 사실들을 설명하기 위한 충분한 근거로 받아들여서는 안 된다. 오히려

---

*2 이 '면도날'의 비유는 사상을 면도질하듯 다듬으며 사상에서 자라는 모든 쓸데없는 것들을 제거한다는 생각으로부터 온다.

우리는 가능한 학설들 가운데에서 올바른 것을 선택함에 있어, 더 단순하고 덜 까다로운 것을 받아들여야만 한다. 윌리엄은 자신의 면도날 원리를 상황에 따라 저마다 다른 형식으로 펼쳐나갔다. 그는 이 원리를 다른 여러 문제에 적용했는데 특히 신학과 철학의 관계에 대한 문제와, 여러 세기를 거쳐온 보편적 개념〔普遍者〕의 본성과 그 지위에 대한 문제에 적용한 것에 큰 의미가 있다.

윌리엄은 모든 신학을 계시(啓示)된 학문으로 여겼다. 인간은 온갖 종류의 신학적 가설들을 세울 수가 있다. 그러나 이 여러 가설 가운데 그 어느 것이나 이론적으로는 가능하다 하여도 그 진리를 이성에 의하여 확립할 수는 없다. 하느님의 존재에 대한 갖가지 논증들은 그 어떠한 것이라도 만족할 만한 증명이 되지 못한다고 윌리엄은 주장했다. 이것들은 기껏해야 크레디빌리아(credibilia), 다시 말해 믿어진 명제(命題)들이기는 해도 증명된 명제들은 아니다. 이미 신앙으로 받아들인 사람들을 설득할 수는 있을지 모르나, 그 어느 것이나 비판적으로 검토되지 않은 가정들에 의존하고 있다. (둔스 스코투스가 그대로 받아들인) 우연성(偶然性)을 기초로 하는 논증도 매우 불확실한 것이다. 우리는 세계를 관찰하지만 세계가 하나의 필연적 존재에 의존하는지 아닌지는 알 수 없고, 세계가 하나의 필연적 존재에 의존한다 하여도 이 존재가 하느님인지 아닌지는 알 수 없으며, 이 존재가 하느님이라도 하느님이 기독교 신앙에서 말하는 속성들을 가지고 있는지 아닌지도 알 수 없다. 윌리엄은 독실한 정통 가톨릭 교도로서 교회 교리들을 받아들였다. 그러나 그는, 신학은 인간의 이성적 견해로 볼 때에는 도저히 말도 안 되는 것이라 했고, 이성은 신학적 견해로 볼 때에는 무의미하며 부적절한 것이라 했다. 그는 둔스와 마찬가지로, 하느님의 의지(意志)는 이성에 기초하지 않으므로 이를 증명해 보여줄 수는 없다고 주장했다. 그것은 오로지 드러날 뿐이다. 우리는 계시만으로 하느님이 모든 사람을 사랑한다는 것을 알고 있다. 그러나 이성을 가지고 따진다면 하느님은 무관심할 수도, 적의를 품을 수도 있다. 우리는 계시에 의해, 하느님이 인간들에게 은총을 내리기 위한 통로로서 교회를 세웠음을 안다. 하지만 이성만을 가지고 따진다면 하느님은 다른 어떤 구원 기관을 세웠을 수도, 또 전혀 세우지 않았을 수도 있다. 우리는 계시에 의해 하느님이 예수의 몸을 빌려 사람 모습으로 세상에 오셨음을 안다. 하지만 이성만 가지고 따진다면 하느님은 당나귀나 돌의 모습으로 세상에 올 수도 있으며, 하느님의 화신(化身)으로서 그 어떤 구체화된 모습도 드러내지 않을 수 있다.

도덕 원리도 신학 원리와 마찬가지이다. 윌리엄은 주의주의(主意主義)에 따라 독특한 도덕 원리를 이끌어냈다. 도덕 원칙들은 합리적이지 않고 자의적(恣意的 ; arbitrary)이다. 예컨대 하느님은 도둑질과 간음을 사악한 것이라고 못박았다. 그러나 그는 의지에 의하여 그런 행위들을 좋은 것이 되게 할 수도 있다. 실제로 그렇게 하지 않았을 뿐이다. 옳고 그름은 하느님의 제한 없는 의지에 따라 생겨난 결과이다.

윌리엄은 오히려 극단적인 유명론(唯名論)을 옹호했다. 현실에 존재하는 모든 것은 저마다 하나의 독특한 존재[個別者]이다. 유(類)와 종(種)은 사물들의 본성으로서 사물들 안에 있는 것이 아니다. 둔스는 보편적 개념[普遍者]들이 '사물들에 앞서' 하느님의 정신 안에 있다는 것을 부정했는데, 윌리엄은 더 나아가 보편자들이 '사물들 안에' 있다는 것조차 부정했다. 보편적 개념들은 오로지 '사물들이 생겨난 뒤에' 관념으로서 정신 안에 존재할 따름이다. 더구나 보편적 개념들은 뚜렷하지 않은 관념들이다. 이것들은 심적 표상으로서 사물들의 그룹이 속해 있는 기호는 될 수 있다. 하지만 너무나 불분명하기 때문에, 많은 사물들 가운데 어느 하나에 대해 부정확한 기호의 역할은 할 수 있지만, 그 어느 하나에 대해서도 정확한 기호의 역할은 할 수 없다. 정확하고 확실한 관념은 대상 하나하나마다 따로따로 단일적 기호를 갖게 하는 것이다. 관념이 보편적이 될수록 그것이 지시하는 대상은 더욱 많아지고, 또 그 의미는 더 모호해진다. 따라서 일반 명제는 여러 단일한 사실들에 대한 부분적 지식만을 대략적으로 요약한 것이다. 그리고 이 여러 단일 사실들에 대한 우리의 지식이 이 일반 명제에 의존하는 한, 우리의 지식은 많은 단일한 사실들에 대해 적절한 것이 될 수 없다. 현실에 존재하는 사물들을 직접 경험하지 않고서는 그에 대한 지식이 있을 수 없는 것처럼, 감각적 경험을 떠나서는 사물들을 전적으로 올바르게 인식할 수 없다. 우리 주위 세계에 있는 독특한 사물들과 우리의 정신 안에 존재하는 불충분한 보편적 개념들 사이에는 차이가 있다.

윌리엄은 두 명제를 구별함으로써 자신의 논지를 더욱 분명하게 했다. 그

두 명제란 구체적 사물들에 대한 명제와, 우리의 보편적 관념들 사이의 관계에 대한 명제이다. 그리고 이 결과로서 두 과학 사이의 구별이 생겨난다. 한편으로 구체적 사물들에 대한 명제들은, 사물들 하나하나가 '존재한다는 것'과 이것들이 '무엇인지'를 관찰하면서 이 사물들을 직접 경험하는 데 기초한다. '소크라테스는 백인종이고 그 사람은 동물이다' 같은 명제들이다. 이 명제들이 제시하는 현실에 존재하는 사물들을 관찰함으로써 우리가 이미 알고 있는 것을 이 명제들이 말하고 있는 한, 우리는 이러한 명제들의 내용을 알게 된다. *3 자연 과학(물리학·식물학·광물학 등)은 이러한 명제들로 이루어져 있으며, 현실에 존재하는 세계에 대한 진리를 될 수 있는 대로 많이 제시할 것을 목표로 삼는다. 다른 한편에 있어서 우리의 보편적 관념들에 대한 명제는 직접적으로 관찰된 사물을 제시하여 진리를 탐구하려는 것이 아니다. 이는 '검은색은 흰색이 아니며, 대머리는 머리터럭이 없는 것이다' 같은 명제들이다. 우리는 관념들 사이의 필연적 관계를 현실에 존재하는 사물들과는 아무 상관없이 검토함으로써, 이런 명제들이 어떤 것인지 알 수 있게 된다. 논리학은 우리로 하여금 이런 명제들을 다룰 수 있게 하는 과학이므로, 진리가 아니라 타당성을 다루는 것이다. 순수하게 논리학만 다루는 논리학자는 그의 명제들이 현존하는 대상들에 대응하는지 아닌지에 대해서 조금도 개의치 않는다. 그는 대상들 사이의 관계들을 찾기보다는, 오히려 관념들 사이의 관계들을 해석하고 설명한다. 또한 그는 관념들 사이의 관계가 대상들 사이의 관계와 일치하는지 확인하지 않으며 또 그럴 생각도 없다.

윌리엄은 주의주의와 유명론을 함께 받아들인 결과로서 토미즘에 반대하는 극단적인 견해를 갖게 되었다. 그는 마침내 논리학이, 어떤 사물이 존재한다는 것과 그것이 무엇인지, 그리고 이 사물이 다른 사물들과 어떠한 관련이 있는지 결정하는 데 쓰일 수 있음을 부정하게 되었다. 논리학은 어떤 사실에 대해서도 지식을 얻기 위한 도구는 아니라고 그는 주장한다.

---

*3 윌리엄은 구체적인 사물들 하나하나에 대한 직접적 관찰을 notitia intuitiva(직관적 인식)란 말로 나타냈다. 하지만 영어의 intuitive란 말은, 이 문구를 번역하는 데 사용하기가 곤란한 여러 의미를 포함하고 있다. notitia intuitiva는 감각과 감각 속에 현존하는 것에 대한 지적인 식별을 포함하는 선논리적 인식(또는 선논리적 의식 ; prelogical awareness)이다.

4. 중세의 종말

중세 끝무렵 한 세기 반 남짓은 철학사에 이렇다 할 공헌을 남기지 못했다. 프란체스코파와 도미니크파가 대립함에 따라 토마스주의자들과 스코투스주의자들 사이의 논쟁이 더욱 거세어지면서, 이미 주의 깊게 검토된 견해들을 과장하여 되풀이 주장하기만 할 뿐이었다. 이 분규에서 사람들은 진리 탐구를 위한 초연한 자세를 가지기보다는 오히려 파벌의 이익을 위해 열광한다. 예를 들어 어떤 스코투스주의자들은 아주 이상야릇하고 극단적인 방법으로 신학과 철학을 구별했다. 이들은 주지주의(主知主義)에 지나치게 반대하여, 신학에서 옳은 것은 철학에서는 그르며, 철학에서 옳은 것은 신학에서는 그르다고 주장하기에 이르렀다. 이들 가운데 어떤 사람은, 기독교도란 자기의 이성이 불합리한 것으로 여겨 받아들이지 않는 것을 권위에 의존하여 받아들이는 사람이라고 말했다. 일정한 원칙 없이 모든 것은 신의 자유의지(또는 恣意性 ; arbitrariness)에 따라 일어난다고 강조하는 사람들은 때로 회의론에 빠졌다. 실제로 자연적 실체들(natural substances)은 아예 존재하지 않을 수도 있다고 말하는 사람까지 있었다. 하느님의 능력이 절대적이라면, 언뜻 실체처럼 보이는 것이 존재하지 않아도, 하느님은 우리로 하여금 이런 것들에 대한 지각(知覺 ; perceptions)을 가지게 할 수도 있기 때문이다. 따라서 자연세계가 실제로 존재한다는 명확한 증거가 하나도 없으므로 이성이 자연 세계를 탐구하기 위해 의존할 근거가 없다는 것이다.

스콜라 철학은 온전한 노선을 따라 이끌어갈 위대한 인물이 없었기에, 쓸쓸한 종말을 맞고 말았다. *4 윌리엄 오컴이 자연 과학과 논리학 사이에 지은 구별은 그 자신도 예측하지 못했을 만큼 불행한 결과를 재촉했다. 이는 스콜라 철학자들이 자연 과학을 그 분야 전문가들과 세속인들에게 맡겨 버리고 자기들은 논리학 문제들에만 푹 빠져 있었기 때문이다. 그러나 논리학이 구체적 사물들에 대한 문제들에 대해 관심을 갖지 않는다면, 마침내 논리학은 그 자체 안에 의미 있는 주제를 가지지 못하게 되고 만다. 이렇듯 스콜라 철

---

*4 스콜라 철학은 19세기와 20세기에 부활했다. 이 부활은 근세 철학이 점차로 추구해 온 세속주의와 대결하려는 욕망에서 크게 비롯된다. 최근의 스콜라 철학은 모두가 그러한 것은 아니지만, 대체로 토미즘 경향을 보인다. 이 부활은 신학 교리에 대한 합리적 기초와, 하느님과 사람 또는 하느님과 세계의 관계에 대한 합리적 이론을 회복할 것을 목표로 했다.

학은 끝에 가서는 쓸모없는 여러 변론으로 퇴보하여, 근세 철학자들이 평가한 대로 무익한 논리 유희에 빠져버린 듯했다. 그래서 '스콜라적'이란 말은, 기원전 4세기에 '소피스트적'이란 말이 그러했듯이 비난하는 뜻을 가지게 되었다. 초기 스콜라 철학의 풍부한 내용은 잊혀지고 이제는 '말장난'과 다름없다고 여겨졌다. 따라서 방법론에만 빠져 구체적인 일들에 대한 탐구를 소홀히 함에 따르는 어떤 운명에 맞닥뜨리게 되었다.

스콜라 철학의 쇠퇴와 때를 같이하여 신비주의가 눈부시게 부활했다. 물론 신비주의는 중세에만 두드러지게 발전한 것은 아니다. 이는 여러 세기에 걸쳐 서양 문화를 통해 흘러내려오며, 여러 분야에서 거듭 꽃을 피웠다. 이것은 예나 지금이나 많은 위대한 사상 체계의 한 부분을 이룬다. 우리는 이것을 성 토마스·거짓〔僞〕 디오니시우스·성 아우구스티누스, 그리고 특히 플로티노스에서 찾아볼 수 있다. 몇몇 비평가들은 플라톤의 〈향연 饗宴; The Symposium〉에 나오는 '사랑의 사다리' 이야기와 〈국가론 國家論; The Republic〉에서 선(善)의 이데아를 황홀하게 다루고 있는 부분에서도 신비주의를 찾아볼 수 있다고 말한다. 우리는 또한 신비주의를 루터와 같은 많은 신교 지도자들에게서, 17세기 케임브리지의 플라톤주의자들에게서, 또 근대 문학의 많은 시인들에게서 찾아볼 수 있다. 그러나 14세기에는 날로 시들어가는 철학에 대한 보상으로 신비주의가 일어났다. 역사가들에 따르면 14세기에는 신비주의가 여러 철학체계의 한 부분이 아니라, 하나의 독립적인 철학 체계로 자리잡았다고 말할 수 있다. 하느님의 현존(現存; presence)을 곧바로 깨닫게 된다는 의미에서, 느낌〔感覺; feeling〕은 종교적 믿음을 갖게 하는 자율적 근거가 되었다. 이성과 그 이성이 애써 펼쳐 나아가는 논증들은 때로는 심심풀이로, 또 무익한 오락보다도 못한 것으로 여겨졌다. *5 이러한 신비주의의 철학적 귀결은 이성의 역할에 대한 회의주의·주의주의·개인주의로 이어진다. 또 자연 세계보다는 인간의 내적 생활에 대해 관심을 갖게 되

---

*5 14세기에 눈에 띄는 신비주의자들 가운데에는 John Eckhart(1260~1327), John Tauler (1300~1361), Henry Suso(1295~1365) 그리고 John Ruysbroeck(1293~1381) 같은 사람들이 있다. 또 이름이 밝혀지지 않은 어느 신비주의자가 쓴 것으로 여기 들어 둘 만한 두 저서가 있다. 바로 Imitatio Christi(1400)와 이보다 훨씬 뒤에 나온 Theologia Germanica(1516)이다.

었음을 뜻한다.

중세 철학 또는 스콜라 철학은 온갖 이론과 체계들이 풍부하게 엮인 하나의 집합체였다. 그리스 철학이 하나만 있던 것이 아닌 것처럼, 중세 철학 또한 하나만 있었던 것이 아니다. 실제로 서로 다른, 그리고 때로 완전히 대립하는 견해를 가진 많은 중세 철학들이 있었다. 중세 철학들은 무엇보다도 하느님의 존재나 세계와 하느님과의 관계에 관심을 가졌다는 점, 또 이와는 별로 일치하지는 않으나 진리 탐구의 도구로서 인간의 이성을 완전한 것으로 보고 존중했다는 점을 전체적인 특징으로 볼 수 있다. 그 도구가 으뜸가는 관심 대상에 대한 문제들을 탐구할 수 없다고 여겨졌을 때, 중세 철학은 쇠퇴의 길을 걸으며 마침내 종말을 고하게 된다.

제3부
근세 철학

제8장 근세 철학으로의 전환

1. 과거와의 결별

근세 철학(近世哲學 ; modern philosophy)은 서양 문화 역사에서 사상의 연속성에 뚜렷한 단절을 불러왔다. 여기서 우리가 '근세 철학'이라는 말로 일컫는 17세기부터 19세기까지 형성된 철학의 위대한 체계들은, 새로운 문제들을 새로운 연구 방법으로 다루었다. 근세 철학과 그 이전의 모든 철학적 사고가 단절된 것은 우연이 아니었다. 그것은 근세 철학자들이 의도적으로 만들어 낸 것이다. 오랜 서양 문화사 그 어느 시기에도 이토록 큰 단절이 일어난 적은 없었다. 플라톤은 피타고라스 학파와 소피스트들의 주장에 주석(註釋)을 달고 또 그들을 반박했다. 아리스토텔레스는 앞선 철학자들의 견해를 비판하기 위해 하나의 논제를 내세워 자신의 이론들을 펼쳐 나갔다. 헬레니즘 시대 사상가들은 그리스 철학자들로부터 빌려 온 사상을 이용했다. 중세 암흑 시대가 서양 철학의 발전 과정에서 오랜 단절기였음은 사실이다. 그러나 9세기에 철학적 활동이 다시 기지개를 켜고 중세를 거쳐 이어져 올 때, 스콜라 철학자들은 고대의 사상가들, 성경, 교부(教父)들, 그리고 보에티우스나 거짓(僞) 디오니시우스 같은 학자들의 견해를 자랑스럽게 인용했다. 근세 철학은 일시적 휴지기 다음이라기보다는 오랜 단절 뒤에 시작되었다. 1600년이(또는 이 무렵 어느 연대가) 다른 어느 때보다도 더욱 확연한 단절의 선을 서양철학 위에 긋고 있음은 분명하다.

근세 철학의 단절이 어느 정도인가는, 근세 철학 최초의 위대한 인물이며 종종 그 창시자로 알려진 프랜시스 베이컨(Francis Bacon)과 르네 데카르트(René Descartes)의 사상을 언급함으로써 설명할 수 있다. 이 두 사람의 견해는 여러 점에서 날카롭게 대립한다. 그러나 이들은 둘 다 전통과 권위를 믿지 않으며, 진리에 이르는 자신들의 방법에 확신을 가졌다. 베이컨은 자기가 살고 있던 시대와 그보다 앞선 시대의 저명한 철학자들을 몹시 비난하며, 이들을 진리를 모독하고 진실을 왜곡하는 자라고 불렀다. 그는 데모크리토스에게는 (그의 정직한 유물론과 자연계에서 궁극 원인에 대한 부인을 높이 평가하여) 어느 정도 호의를 보였으며, 플라톤에 대해서도 (그의 귀납적 연구 방법으로 말미암아) 비슷한 정도의 호의를 보였다. 하지만 아리스토텔레스에 대해서는 그가 사상을 언어로써 대체했다고 비난했으며, 그의 논리학(論理學)은 대체로 쓸모없는 장황한 말들이라고 평가했다. 또한 베이컨은 스콜라 철학자들을 아리스토텔레스의 아류라고 비난했으며, 언어상의 차이가 마치 사상(事象 ; things, 사물과 현상)의 객관적 차이를 나타내는 것처럼 생각했다고 이들을 공격했다. 데카르트도 마찬가지이다. 데카르트는 '철학에서 논쟁의 대상이 되지 않는 것, 따라서 의심스럽지 않은 것은 하나도 없다'고 말한 적이 있다. 그래서 그는 자신이 배워 온 이론 모두를 먼저 깨끗이 쓸어 버리고 이성(理性)에 따른 성찰을 한 다음에 그보다 나은 것으로 대치하든지 그대로 다시 받아들이든지 해야 한다고 결론을 내렸다. *1 베이컨과 데카르트 둘 다 전통에 의존함은 불길한 재앙을 맞이하게 되며, 권위에 매달림은 비굴한 짓이라고 믿었던 것이다. 진리를 참되게 탐구하려는 자는 마땅히 새로운 출발을 해야 하며, 스스로 기초를 세우는 동시에 지난날 사람들을 잘못된 길로 이끌고 간 악몽으로부터 헤치고 나와 자유로워져야 한다고 주장했다.

이처럼 옛것에 대한 의존을 의도적으로 배척한 베이컨과 데카르트는 진리를 찾기 위해 좀 더 확실하다고 믿어지는 새로운 방법을 생각해냈다. 베이컨은 학문 연구의 방법을 논하여 〈새로운 기관 *Novum Organum*〉이라는 책을 썼다. 책의 이름에는 아리스토텔레스에 대한 의도적인 비난이 담겨 있다. 아리스토텔레스의 논리학적 저술을 한데 묶어 〈오르가논 *Organon*〉이라고 오랫동안 불러 왔기 때문이다. 데카르트가 발표한 첫 저서는 〈이성(理性)을 올바로 이끌어 학문의 진리를 탐구하는 방법에 대한 연구 *Discourse on the Method of Rightly Conducting the Reason and Seeking the Truth in the Sciences* ; '방법서설(方法敍說)'이라고도 함〉였다. 이들이 제시한 이 두 방법

---

*1 〈방법서설 *Disourse on Method*〉, 제1부와 제2부.

론은 서로 뚜렷한 차이를 보이며, 어떤 점에서는 서로 대조를 이룬다. 그러나 두 사람의 목표는 같다. 이들의 공통된 목적은, 지난날의 잘못을 되풀이하지 않으면서 신뢰할 만한 지식에 이르기 위하여 누구나 따를 수 있는 방법을 가르쳐 주는 것이었다. 데카르트의 〈방법서설〉 첫머리는 다음 같은 구절로 사람들의 눈길을 사로잡는다. '이 세상 모든 것 가운데 사람들에게 가장 고르게 나누어진 것은 올바른 분별력이다.'*2 다시 말하면 모든 사람은 태어나면서부터 진리에 이를 수 있는 능력을 타고났다는 뜻이다. 더욱이 이 능력을 제대로 사용할 수 있는 올바른 방법의 실마리만 잡는다면 누구나 성공적으로 진리에 이르게 된다는 것이다. 올바른 방법에 대해 확실하게 이해하기만 하면, 인간은 자기가 사는 세계에 대한 지식을 폭넓게 갖추는 동시에 삶의 문제를 해결함에 있어서도 점점 더 큰 성취를 기대할 수 있게 된다. 베이컨은 인간이 자연의 이치를 깨닫게 되면 자연 위에 왕국을 세울 수 있다고 말했다. 그리고 데카르트는, 자신의 방법론을 따르면 인간은 자연의 주인으로서 자연을 소유할 수 있게 된다고 주장했다. 데카르트는 그의 방법을 유익한 결과로 이끌어가기 위한 길잡이로서 그의 저서 〈방법서설〉에 논문(광학·기상학·해석 기하학에 대한 것) 세 편을 부록으로 싣고, 모든 지성인에게 저마다의 연구 분야에 계속적으로 참여하라고 호소했다. 베이컨도 데카르트도 우리를 둘러싼 세계에 대한 인간의 지식이 더는 다다를 수 없는 자연적 한계에 맞닥뜨릴 것이라고는 믿지 않았다. 이들 가운데 그 누구도 삶의 즐거움을 더하고 인간사를 복되게 하는 과정에서 극복할 수 없는 장애가 있으리라고는 생각지 않았다. 새롭고 올바른 방법을 받아들이는 것이 영광스러운 장래를 위한 열쇠라고 이들은 저마다 믿었던 것이다.

　새로운 방법으로 힘찬 출발을 함에 부족함이 없다고 본 베이컨과 데카르트의 구김살 없는 자신감을 그 뒤 모든 근세 철학자들이 한결같이 가지고 있던 것은 아니다. 어떤 이들은 베이컨과 데카르트의 서로 대립되는 방법을 어떻게 연결할 것인가 하는 문제를 두고서 참으로 만족할 만한 방법을 정의하는 일 자체가 가장 힘든 문제임을 깨달았다. 어떤 학자들은 타당하다고 여겨

---

*2 어떤 비평가들은 데카르트의 이 말이 매우 반어적인 표현이라고 주장했다. 그러나 이렇게 주장하는 사람들은 누구라도 확신을 가지고 따를 수 있는 도구로서 데카르트가 자기 나름의 방법을 제시했을 때 그의 의욕이 얼마나 강했는지 깨닫지 못하고 있다.

진 방법에 대해 이들이 내린 어떠한 정의도, 다른 문제에 대해 확실한 결론에 이르기 위하여 그 방법을 사용하는 과정에서 예측하지 못한 장애물을 만나게 된다는 사실을 알아냈다. 그래서 학자들 가운데에는 자신의 역량을 낙관적으로 신뢰하지 못하고 본의 아니게 회의(懷疑 ; skepticism)에 빠지곤 하는 사람들도 있었다. 그러나 17세기 초 베이컨이 귀납적(歸納的) 방법을 희망적으로 발표했을 때부터 19세기에 마르크스가 그의 변증법(辨證法 ; Marxian method of dialectics)을 대담하게 선포할 때까지, 새로운 방법론에 대한 확고한 믿음은 여러 문맥 안에 꾸준히 모습을 드러내 왔다. 그리고 방법론이 계속 신뢰받았든 또는 회의론이 세력을 떨쳤든, 300년 역사를 통하여 근세 철학의 특색을 이룬 것은 베이컨과 데카르트에게서 볼 수 있는, 과거에 대한 불신과 새로운 출발에 대한 열망이다. *3 근세 철학자들은 대부분 새로운 출발은 곧 좀 더 나으리라고 믿었다. 새롭게 시작함은 앞으로 나아가기 위해 꼭 필요한 전제 조건이라고 그들은 흔히 생각했다.

근세 철학자들이 과거의 전통과 결별함으로써 나타난 중대한 결과의 하나는, 이들이 인식론(認識論)적 문제들에 몰두하게 되었다는 사실이다. 근세 철학은 줄곧 인식론에 관심을 가져왔다. 물론 근세 사상가들은 형이상학·윤리학·정치학을 비롯하여 신학의 문제들에까지도 관심을 가졌다. 그러나 대부분 이들은 인식론으로부터 출발하여, 지식에 다다르기 위한 가장 좋은 방법은 무엇이며 지식의 본질과 한계는 무엇인지 물었다. 그리고 이들이 다른 분야의 문제로 넘어갔을 때, 이들의 견해는 보통 인식론적 문제에 대하여 일찍이 자신들이 내린 해답의 함축된 의미에 따라, 비록 전적인 것은 아니더라도 대부분이 결정되었다. 세계에 대한 이들의 학설은, 여러 사물과 현상(事象)을 직접 연구함으로써 얻은 발견을 토대로 하기보다는, 그들 자신의 인식론적 전제와 결론들로부터 나오는 논리적 귀결에 따라 결정되는 수가 많았다. 실제로 근세 여러 과학자가 세계의 구조, 어떤 특정한 사물과 현상을 직접 연구했다. 베이컨과 데카르트도 스스로 이러한 직접적 연구에 참여했다고 믿었으며, 심지어는 이 같은 연구 분야의 종합적 체계화를 이루는 과정

---

*3 여기 한마디 덧붙여야만 할 것은, 스피노자가 근세 어느 위대한 철학자들보다도 전통 사상에 밝았으며, 또 이를 존중했다는 사실이다. 그러나 그는 전형적인 근세 철학자들과는 가장 거리가 먼 사람이다.

에서 선도적(先導的) 역할을 했다고까지 생각했다. 그러나 17세기 중엽 그 뒤로 근세 철학자들은 방법론적 문제들에 몰두함으로써 지식의 기원과 본질, 그리고 한계에 대한 이론에 점점 깊이 빠져들어갔다. 이들은 때로는 자기들 이론이 과학자들이 사용한 방법에 대한 평가가 되도록 시도했다. 그러나 이들은 때로 자신들의 이론적 결과가 과학자들이 다다른 결론들의 신빙성에 대해 의심을 품게 함을 깨달았다. 이에 따라 철학과 신학을 갈라놓았던 중세기적 대립의 뒤를 이어 이제는 철학과 과학이 마주서게 되었다. 서구 문화 그 어느 시대보다도, 철학과 과학의 관계가 그 자체로 논쟁의 여지가 있는 철학적 문제로서 크게 다루어졌다. 이러한 문제가 철학의 중심을 이루게 되었다는 사실부터가 근대적 기질에서 비롯된 것이다.

2. 근세 철학의 배경

근세 철학은 비록 고대와 중세 철학의 전통과는 단절된 부분도 있었으나, 중요한 점에 있어서 17·18세기의 새로운 사회적·사상적 흐름에 의하여 결정적 영향을 받았다. 이 두 세기 동안 서양 문화 여러 부분에 걸쳐 커다란 변화가 일어났다. 지리적 탐험의 결과로서 지구상의 새로운 지역들이 서구인의 지식권 안에 들어왔다. 무역이 옛 봉건 사회의 국경선을 넘어서서 확대됐으며, 새로운 자본주의 경제의 징조가 고개를 쳐들었다. 민족국가들이 봉건적 결합을 대신하여 점차 등장했다. 중산층이 서서히 일어났으며, 정치에 참여할 권리를 요구했다. 그러나 근세 철학의 발전 과정에 가장 중대한 영향을 미친 것은 르네상스와 프로테스탄트 종교 개혁, 그리고 천문학을 비롯한 여러 자연 과학 분야의 눈부신 발전이었다. 이 변화들은 복잡하게 서로 관련을 맺고 있다.

르네상스

르네상스란 처음에는 하나의 문예 운동(文藝運動)으로서 일어났다. 르네상스라는 말이 뜻하는 '부활'은 고대 사상가들에 대한 관심의 회복을 의미한다. 이 새로운 관심은 스콜라 철학자들이 자신들의 목적을 이루는 데 아무 쓸모도 없다고 생각한 부분에까지 영향을 미쳤다. 이들 고대 사상가들의 다수는 그들 학설에 있어서 순수하게, 또는 도전적이라 할 만큼 세속적이었다.

르네상스는 줄잡아 페트라르카(Petrartca, 1304~1374)—단테보다는 좀 나중이었지만 여러 점에서 다른 관점을 드러낸 페트라르카—때에는 이미 시작되었다. 페트라르카와 그 밖의 이른바 휴머니스트(人本主義者, humanist)들은 고대 문헌을 다루는 스콜라 철학자들의 태도에 대해 나날이 적개심이 커져 갔다. 스콜라 철학자들은 고대 문헌을 자신들이 다루는 문제들에 대한 의견들을 끌어오는 출처로서 받아들였는데, 휴머니스트들은 이런 태도를 바람직하게 생각하지 않았다. 휴머니스트들은 고전이 간직한 그 자체의 본래적 아름다움과 현세적 지혜를 모두 받아들였다. 고전에 대한 이들의 호소는 실제로 (교회의 통제를 벗어나 자유로운) 개인의 존엄성(초월자에게 의존하는 것으로부터 벗어나 그 자체 본디 모습으로 돌아간)과 자연계, 그리고 (전통에 대한 복종과는 다른) 개인적 경험에 대한 새로운 태도의 모색이었다. 휴머니스트들은 인간이 이성적 존재—자신이 관여하는 여러 분야에서 자율적이며 언제나 권위의 통제를 받을 필요는 없는, 스스로 선택한 목적을 추구할 특권을 가진 이성적 존재—라는 사실을 고전을 통해 배웠다. 르네상스 정신은 인쇄기가 발명되고 이에 따라 서적이 급속히 보급되면서 널리 퍼져나갔다. 피코 델라 미란돌라(Pico della Mirandola, 1462~1493)는 〈인간의 존엄성에 대하여 *Oration on the Dignity of Man*〉라는 책에서 '자비로운 신은 인간에게 무엇이든 스스로 선택한 것을 가지며, 스스로 원하는 것이 되기를 허락하셨다'고 말했다. 카스틸리오네(Castiglione, 1478~1529)는 〈궁정인의 서 *Book of the Courtier*〉에서 플라톤을 떠오르게 하는 필치로 탁월한(excellent) 사람을 묘사하며, 이탈리아 왕궁에서 거행되던 행사에 대한 찬사를 여기에 덧붙였다. 르네상스 운동이 이탈리아로부터 북녘 각국으로 퍼져감에 따라 사람들은 〔로테르담의 에라스무스(Erasmus, 1466~1536)의 경우처럼〕 더 종교적 색채를 띠고, 〔영국의 성(聖) 토머스 모어(St. Thomas More)처럼〕 경제적·정치적 개혁에 더 열정적인 관심을 갖게 되었다. 르네상스 운동은 몽테뉴(Montaigne, 1533~1592)의 〈수상록 隨想錄 ; Essays〉에서 아마도 그 절정에 이른 것으로 보인다. 몽테뉴는 겉으로만 가톨릭을 믿었을 뿐, 고전에 대한 해박한 지식 덕분에 그는 자신이 살고 있는 시대의 관습과 결함, 그리고 이상들에 대한 현명한 비판가가 될 수 있었다. 르네상스의 영향으로 개인을 더 존중하게 되었으며, 권위에 대한 복종은 무너졌다. 또 사람들은 서슴지 않고 기존 관습에 물음을 던지며, 인간 이성의 비판력에 대한 신뢰를 키워갔다.

종교개혁

16세기 프로테스탄트 종교 개혁이 끼친 영향은 몇 가지 점에서 르네상스와 비슷했으며, 한 가지 중요한 점에서 뚜렷하게 대조를 이루었다.

종교 개혁 지도자들은 르네상스의 개인주의(個人主義)를 부추기는 동시에 이 세계와 사회 전반에 대한 르네상스적 관심을 권장했다. 루터(Luther, 1483~1546)는 그의 〈기독교인의 자유 *Christian Liberty*(또는 *Von der Freiheit eines Christenmenschen*)〉 첫머리에서 이렇게 말하고 있다. "기독교인은 모든 이의 가장 자유로운 왕이며 그 누구의 신하도 아니다. 또한 그는 모든 이의 가장 충실한 하인이며 모든 사람에게 속한다." 루터는 각 개인에게 종교적 신앙의 기본 문제들을 자기 양심에 비추어 해결할 권리와 의무를 부여하기 위해 싸웠다. 그리고 신교도들은 모든 신자가 다 같이 성직자라는 이 주장을 되풀이 강조해 왔다. 이들의 개인주의는 르네상스 휴머니스트들에게서 흔히 볼 수 있는 개인주의보다도 더 철저했다. 왜냐하면 르네상스 휴머니스트들은 종교 문제에 대해서는 대체로 가톨릭 교회의 충실한 자녀들로서 남아 있었지만, 신교(新敎) 개혁론자들은 본질적으로 개인은 교리를 공식화하는 문제에 있어서나 교회의 통제를 받아들이는 데에 있어서 완전히 자유라고 주장했기 때문이다. 프로테스탄트와 가톨릭 교회 사이의 정치적 투쟁과 얼마 지나지 않아 일어난 프로테스탄트 사이의 집단 싸움으로 말미암아 사태가 긴급해지자, 어떤 신교도들은 신앙의 일치를 강조하고 자기들 집단 내부의 규율을 강화하고자 했다. 그러나 프로테스탄티즘의 특징은 철저히 개인주의적 성향을 띠고 있었다. 그리고 프로테스탄티즘이 발전해가며 뒤를 이어 신교 지도자들이 새로운 정설(正說)을 차례로 선포함에 따라, 프로테스탄티즘의 영향은 더욱더 개인주의적 성향으로 흘러 서로 나뉘면서 무질서해졌다.

프로테스탄티즘도 르네상스와 비슷하게, 현세의 세속적 일을 위한 활동의 중요성을 강조했다. 루터는 의로운 행위가 아닌, 바로 신앙이 사람을 의롭게 한다는 교리를 강하게 주장했다. 하지만 그는 성 바울이 그랬듯이, 이 교리에 아울러 '참된 신앙은 이웃 사람들에 대한 관용과 봉사를 실천하는 과정에서 가장 신속하고 빠르게 표현된다'는 주장을 잊지 않고 덧붙였다. 신교도들도 가톨릭 못지않게 신의 존재와 영혼불멸성을 진심으로 확신했다. 그러나 이들은 세상을 등지고 수도자로서 계율을 지키며 살아가는 관조적인 삶에 대해서는 그다지 찬미하지 않았다. 오히려 이들은 신에 대한 자신들의 신앙이 세속적 일에 대한 적극적 참여를 불러일으키는 힘이 되어야 한다고 주장했다. 확실히 칼뱅(Calvin, 1509~1564)은 사회적 의무에 대해 루터만큼 깊은 관심을 갖지는 않았다. 그는 오히려 세속적인 것으로부터 오점 하나 없이 순수성을 지키려는 소극적 의무에 사로잡혀 있었다. 그래서 신교가 의식적으로 칼뱅주의로 기울어진 곳이라면 어디에서든, 신도들은 도덕의 근본이 악한 행동을 금하고 육체적인 욕정을 삼가는 것에 있다고 생각했다. 그러나 프로테스탄트 윤리관(倫理觀)은 현세적 삶에 기반을 둔 종교에 의미를 부여했다. 행복한 삶과 소중한 인간 관계, 경제적·정치적 실천을 통한 사회 개편에 종교적 신앙이 미치는 영향, 그리고 신이 만드신 세계의 본질적 선을 마음껏 누릴 수 있는 기독교인의 권리를 발견하려 노력해 온 것이 프로테스탄트의 특색이다.

신교 사상(新敎思想)이 르네상스와 다른 점이 한 가지 있다. 르네상스의 위대한 인물들은 플라톤과 아리스토텔레스의 사상을 따라서, 이성(理性)을 훌륭한 삶을 살아가기 위한 최고의 지침이라고 믿었기 때문에 흔히 휴머니스트라 불렸다. 그러나 신교 지도자들은 적어도 신교 운동 초기에는, 그리고 어떤 경우에는 오늘날에 이르기까지 이성을 신뢰하는 것은 인간의 오만함을 나타내는 하나의 증거라고 비난해왔으며, 때로는 원죄의 증거라고까지 주장하며 경멸했다. 이들에 따르면, 인간은 신의 은총으로 믿음이 그 마음속에 깃들 때까지는 죄를 지으며 살아간다. 그리고 믿음은 의지의 전환(轉換; conversion)이며 이것은 신에 의한, 그리고 신에게로 나아가는 전환이다. 루터는 그가 로마와 관계를 끊기 이전까지는 아우구스티누스 교단의 수도사였다. 따라서 그는 둔스 스코투스와 윌리엄 오컴의 영향은 받지 않았다 하여도, 적어도 이들의 가르침에 의해 해외로까지 널리 퍼진 주의주의(主意主義)의 영향은 받았으리라고 보아야 한다. 하지만 그가 이성과 구별되는 의지를 강조한 것은 아우구스티누스적 사상의 과장된 표현이다. 루터와 그를 따른 여러 신교 지도자들의 견해로 볼 때 믿음은 이성의 관점에서 본다면 이론적 근거가 없는 하나의 결의(決意)이며, 이성은 믿음의 관점에서 본다면 그저 아무 관계도 없는 것이 아니라 외람된 것—유혹의 함정이다.

신교의 개인주의와 현세적 관심은 르네상스의 비슷한 지적 흐름과 어울려 근세 철학 발전에 영향을 끼쳤다. 그러나 신교가 가진 그 밖의 특징들은 근세 철학과는 거의 관계 없거나 또는 완전히 반대되는 성질의 것이었다. 신교에는 맹신주의(盲信主義 ; fideism)적 태도, 즉 이성(理性) 안에서는 어떠한 근거도 없을 뿐 아니라 이성같이 지극히 세속적이며 힘없는 기능 따위는 단호히 멸시해 버리고 마는 교부시대적(敎父時代的) 신앙 경향이 짙다. 신교의 종교 개혁은 여러 중요성을 띠고는 있으나 지성적인 운동은 아니었다. 그리고 신교로부터는 성 아우구스티누스나 성 토마스 또는 다른 위대한 스콜라 철학자에 비할 만한 신학자가 전혀 나오지 않았다. 신교 신학자들은 철학적이라기보다는 맹신적이었다. 신교 신학자들 가운데에서는 칼뱅을 최고 수준에 가까운 사상가로 꼽을 수 있다. 그러나 그도 비록 교리에 대한 정의와 스스로의 전제로부터 그 함축된 의미를 이끌어 내는 논리에 있어서 매우 뛰어났다고는 하지만, 그를 참된 철학적 사상가라고 보기는 어렵다. 실제로 근세에는 신교도이기도 한 철학자의 수가 많다. 그리고 이들 다수는 칸트 이전이나 그 뒤로도 신과 자유, 그리고 영혼의 불멸을 주장했다. 그러나 이들의 철학적 관심은 신학과는 다른 맥락에서 일어났다. 이러한 철학자들의 대표적 예로서 로크를 들 수 있다. 그는 서로 맞싸우는 신교 교파들 사이의 대립된 주장들이 지나치게 광신적이라고, 즉 증명도 되지 않은 의견을 감정에 이끌려 무의미하게 주장한다고 비난했다. 그리고 17세기에 뒤이어 18·19세기가 되자 근세 철학자들은 때로는 회의주의로, 좀 더 흔히는 현세주의로 점차 기울어지는 경향을 보였다. 신학과 철학은 토미즘에 기초하여 구별되다가 마침내 신교 사상가들에 이르러 거의 완전히 분리되었다. 근세 철학자들은 받아들일 철학적 근거가 별로 없는 신학 교리들을 최소한으로 줄였으며, 어떤 신학 교리들은 아예 물리쳐 버렸다.

근세 과학의 발달

16세기에서 17세기 초에 이르는 동안 천문학자와 물리학자들이 이룩한 획기적 업적은, 근세 철학의 발생과 발전에 있어 르네상스나 종교 개혁보다도 더 결정적 영향을 미쳤다. 과학자들이 다다른 결론과 특히 이들의 연구 방법은 근세의 철학적 사고에 큰 영향을 끼쳤으며, 새로운 논쟁들을—고대와 중세의 전통들을 시대가 흐른 뒤에 다시 받아들이게 되면서 일어난 새로운 논쟁들을—불러일으켰다.

과학적 견해에서의 혁명은 1543년 코페르니쿠스(Copernicus, 1473~1543)의 〈천체의 회전에 대하여 De Revolutionibus Orbium Coelestium〉가 출간되었을 때 맨 처음 큰 승리를 거두었다. 고대 학자들 가운데에는 지구가 공중에 떠 있고 더 나아가 태양 주위를 돌고 있다고 믿은 사람들이 있었다. 그러나 이 같은 신념은 프톨레미(Ptolemy)가 주장한 지구중심설(地球中心說)의 권위에 눌려 수세기 동안 파묻혀 있었다. 코페르니쿠스는 지구가 행성(行星)이며 다른 행성들처럼 태양 둘레를 돌고 있다는 학설을 지지했음은 물론, 이 태양중심설의 정당성을 밝히기 위해 여러 근거를 내놓았다. 어느 분별 있고 조심성 있는 코페르니쿠스의 친구는 코페르니쿠스에 대한 저서 머리말에서, 코페르니쿠스가 이 학설을 발표한 것은 자연계의 진리로서가 아니라 천문학적 문제들을 계산하기 쉽게 유용한 가설(假說)로서 제안한 것이라 주장했다. 코페르니쿠스 자신이 쓴 책 가운데에서도 그 친구의 주장을 뒷받침하는 구절을 찾아볼 수 있다. 그러나 코페르니쿠스는 확실히 자기의 학설이 그 머리말이 가리키는 것보다는 좀 더 혁명적이라고 믿은 것으로 보인다. 그가 쓴 저서의 역사적 의의 또한 틀림없이 그와 같은 것이었다. 왜냐하면 그는 움직임이 관찰자의 위치에 따라 상대적이고, 공간 안의 어떠한 점도 중심으로서의 특권 같은 것은 가지지 않으며, 아무 점이나 하나를 표준점으로서 선택하는 것은, 오직 그렇게 함으로써 학설이 간단해지고 그에 따라 계산이 쉬워지므로 타당하다는 중요한 견해를 나타냈기 때문이다. 코페르니쿠스 태양중심설에는 주로 그가 원(圓)을 가장 완전한 기하학적 도형(圖形)으로서 선호하여, 태양을 돌고 있는 행성(行星 ; planets)들의 궤도를(타원형이 아닌) 원형(圓形)이라고 주장한 것으로 말미암아 부분적인 잘못이 있다. 비록 잘못된 점이 있기는 하지만, 그의 태양중심설은 물리학적 우주의 크기가 중세 시대를 통하여 사람들이 보통 생각한 것보다도 훨씬 더 광대하다는 사실을 밝혀 주었다. 이 학설은 인간이 살아가는 삶의 무대가 되는 이 지구를 이를테면 우주의 중앙으로부터 변두리로 떨어뜨려 버렸다. 이는 인간으로부터 저 으뜸가는 천체―다른 모든 천체를 자기의 장식물이나 부속물로서 거느리는 저 으뜸가는 천체―의 으뜸가는 주민이라는 자랑스러운 지위를 앗아갔다. 또한 인간을 찬란한 우주의 여러 태양 가운데 하나에 지나지 않는 태양의―그것도 비교적 작은 태양의―보잘것없는 한 행성의 표면에 매달려 있는 존재로 전락시키고 말았다. [*4]

케플러(Kepler, 1571~1630)는 코페르니쿠스 공식의 어려운 점들을 해결함에 따라, 코페르니쿠스적 방법의 중요성을 더욱 명백히 했다. 케플러는 여러 수학적 가능성을 차례로 검토한 뒤에 이 수학적 결과를 가지고 지구와 행성들 사이의 거리에 대하여 실제로 관찰된 것을 비교했다. 마침내 그는 코페르니쿠스 사상에 들어 있는 두 가설을 버려야 함을 깨달았다. 즉 (1)태양을 도는 행성들의 궤도가 원형(圓形)이라는 가정과, (2)궤도 위에서 행성들의 운동 속도가 일정하다는 가정이었다. 그는 이 두 가지 점에 대해 새로운 가설을 세움으로써 '자연의 단순성과 질서정연한 규칙성'을 인정하는 가운데 수학적 계산의 결과와 천문학자들의 관찰들이 서로 들어맞는다는 사실을 발견했다. 케플러는 그의 결론을 두 법칙으로 요약했는데, 이른바 '케플러의 법칙' 첫 번째와 두 번째 부분이다. (1)태양 주위를 도는 행성들은 태양을 두 중심의 하나로 삼아 타원형을 그리며 움직인다. (2)행성들이 일정한 시간 동안 움직이는 부채꼴의 면적은 언제나 같다. 이로써 그는 자연계의 구조를, 모든 자연 현상에 보편적으로 한결같이 적용할 수 있는 일치된 수학적 공식으로 요약할 수 있다는 신념을 갖게 되었다. 그는 자연계에서 수학적으로 나타낼 수 있는 관계들을 계속 탐구했다. 이같이 탐구된 관계의 하나를 그는 '제3의 법칙'이라고 불렀다. 이는 행성들 공전(公轉) 주기의 제곱은 태양으로부터의 평균 거리의 세제곱에 비례한다는 것이다.

갈릴레이(Galileo Galilei, 1564~1642)는 자연 과학의 혁명을 역학(力學) 분야로 끌어들여 '운동의 법칙'을 공식화했다. 그가 어떤 방법으로 진자(振子)의 법칙(the laws of motion)을 발견했는지에 대한 이야기는 유명하다.

[*4] 그는 여러 해 동안 덴마크의 천문학자 티코 브라에(Tycho Brahe)의 조수로서 일했다. 브라에의 천문대에는 그때까지의 서구 문명 역사에 있어서 가장 광범위하고 가장 정확한 자료들이 수집되어 있었다.

갈릴레이는 피사의 대사원 천장에 매달린 샹들리에가 흔들리는 것을 보고, 한 번 진동할 때마다 걸리는 시간을 자기의 맥박으로 측정했다. 이렇게 하여 그는 주의 깊게 관찰하지 않으면 혼란스럽게만 보이는 감각적 경험들 속에 감추어진 법칙을 발견했다. 이에 따라 그는 또 다른 종류의 움직임들을 관찰하여, 마침내 서투른 감관(感官)으로는 혼돈으로밖에 보이지 않는 것 가운데에서 수학적 제1성(齊一性 ; uniformities, 같은 조건에서는 같은 현상을 되풀이하여 일어나게 하는 원리)을 발견했다. 갈릴레이는 떨어지거나 던져지는 물체들이 그리는 포물선의 공식들과 낙하하는 물체의 가속도에 대한 제1성 원리를 발표했다. 그는 직접 만든 망원경으로 달의 표면이 산악 지대 같이 생겼다는 사실, 목성(木星)의 네 위성(衛星 ; satelites), 그리고 금성(金星)의 바뀌어 가는 모습 등을 발견했다. 갈릴레이는 코페르니쿠스와 케플러, 그리고 자신의 연구들이 매우 혁명적인 것임을 강력히 주장했기 때문에 교회와 학계를 자극하여 적개심을 불러일으켰다. 코페르니쿠스의 책은 약간 수정되기 전까지 교회의 금서 목록에 들었으며, 케플러와 갈릴레이의 저서도 200여 년 동안 금서 목록에서 벗어나지 못했다.

16세기 중엽에서 17세기 중엽에 이르는 동안 과학적 혁명은 여러 세기를 통하여 우세하던 사상, 특히 신플라톤 학파와 중세기적 아리스토텔레스의 전통 사상을 물리치는 경향이 있었다. 예를 들어 존재(存在)는 계층적 단계로 이루어져 있다는 생각, 천상의 움직임과 지상의 움직임은 종류가 다르다는 생각, 또 이와 비슷한 것으로서 천국은 완전하고 질서정연한 데 비해 지상의 변화는 불완전하고 무질서하다는 생각 등이 점차 사라져갔다. 새로운 과학에 따르면, 온 우주는 수학적 용어로 정확하게 나타낼 수 있는 하나의 공통된 자연법칙의 지배를 받는다.

그러나 과학 혁명이 근세 철학사에 끼친 가장 깊은 영향은 다음과 같다. 이 혁명은 오래된 두 문제를 새로운 각도에서 제시했으며, 이미 과학에서 성공적으로 사용하고 있던 방법을 정당화할 해답을 이 두 문제에서 찾도록 철학자들을 자극했다. 이 두 문제란 지식을 얻는 일에서 이성(理性)과 감각(感覺)의 관계, 그리고 인간의 경험과 자연의 실재(實在)들과의 관계에 대한 것들이다.

철학에서는 이성과 감각의 관계에 대해 오랫동안 논쟁이 끊이지 않았다.

이 문제에 대한 하나의 공통된 학설―고대 그리스 철학자들로부터 위대한 스콜라 철학자들에 이르기까지 되풀이 주장된 하나의 공통된 학설은, 비록 이성은 감각을 통해 관찰된 사실의 한계선 밖에까지 우리의 마음을 이끌어 가기는 하지만, 이성은 관찰된 사실을 존중하고 그 사실들에 근거를 두어야 한다는 것이었다. 예를 들어 성 토마스는, 이론은 언제나 우리 앞에 나타난 '현상(現象; appearances)을 살려야' 한다고 강조했다. 그리고 대립되는 두 학설이 때로는 둘 다 관찰된 사실과 일치하는 것처럼 보일 수도 있으며, 이 때에는 두 학설의 어느 것도 증명된 것으로서 주장될 수 없음을 그는 인정했다. 성 알베르투스는 "감관(感官)을 통해 얻은 경험적 지식과 일치하지 않는 원리(原理)는 원리가 될 수 없다"고 말했다.*5 이성이 아무리 먼 곳까지 갈 수 있다 하여도, 먼저 감각에 나타나는 현실적인 것들로부터 출발한 것이다. 코페르니쿠스는 이 전통적 견해에서 멀리 벗어나지 않았다. 그러나 케플러와, 특히 갈릴레이는 감각적 경험을 주관적이며 충분하지 못한 것으로서 의심하는 쪽으로 나아가고 있었다. 따라서 이성과 그 수학적 명백성을 그 자체만으로 진리를 파악하기에 충분한 것으로서 믿는 경향으로 기울어졌다. 케플러와 갈릴레이는 과학적 연구로 너무나 바빴기 때문에, 인식론적(認識論的) 문제들을 초연한 자세로 고찰할 여유가 없었다. 그러나 이들은 둘 다, 특히 갈릴레이는 더욱 뚜렷하게 자신들의 방법에 대해 논평했다. 그 논평은 데카르트 같은 전문적 철학자들로 하여금 그들의 방법에 내포된 인식론적 경향을 뚜렷이 드러내게 했다. 예를 들어 갈릴레이는 '모든 이가 동의하는 현상(現象)에 대하여, 우리는 그 경험의 참됨을 확인하거나 또는 그 거짓됨을 밝히기 위해 이성(reason)을 앞세우고 나아간다'고 썼다.*6 이 말 가운데에서 '이성에 대한 가설이 타당함을 증명하는 데 필요한 증거를 감각 경험(感覺經驗; sense experience)이 제공한다'는 경험론적 신념은 보이지 않는다. 거기에는 오히려 이상하게 일그러진 모습으로 감각적 경험 현상들을 설명해 줄 수학적 확증의 능력으로서 지성을 믿는 합리론적(合理論的) 신념이

---

*5 Lynn Thorndike의 'Natural Science in the Middle Ages'(*Popular Science Monthly*, Vol. 87. 1915).

*6 J.H. Randall, *Making of the Modern Mind*, 개정판(Boston, Houghton Mifflin, 1940), p. 221.

나타난다. 감각은 피상적일 뿐만 아니라 기만적—적어도 이성만이 명백히 찾아낼 수 있는 원리들에 의해 설명되기까지는 기만적—이기까지 하다고 여기기에 이르렀다. 데카르트의 다음과 같은 말은 갈릴레이의 주장을 단적으로 표현하고 있다.

　　물체는 감각(sense)이나 상상력(imagination)에 의해서가 아니라, 오직 지성(intellect)에 의해서 그 참된 모습을 파악할 수 있다. ……물체는 시각이나 촉각을 통하여 인식되는 게 아니며 오직 이해(理解)를 통해서 인식되는 것이다. *7

하지만 데카르트 같은 철학적 통찰력으로써 갈릴레이 방법론의 함축적 의미를 꿰뚫어 볼 수 있는 사람이라면, 갈릴레이 학설 안에 감각적 경험을 낮게 평가하고 이성을 높이 평가하는 사상이 깃들어 있음을 알게 될 것이다.

　인간의 경험과 자연의 본질 사이의 관계에 대한 문제도 이성과 감각의 관계에 대한 문제와 결부되었다. 갈릴레이는 감각을 통해 경험된 사실과 모순되는 이론은 받아들이지 않겠다고 주장했다. 따라서 이론은 감각으로 나타나는 '현상(現象 ; appearance)을 존중'해야 한다는 원칙을 그는 여전히 어느 정도 받아들이고 있었다. 그러나 '현상'이라는 말은 뜻이 모호하다. 갈릴레이가 말한 현상은 그보다 앞선 시대의 학자들이 말한 것과는 다르다. 옛 학자들은 현상이란 관찰자에게 직접적으로 나타난 실체(實體 ; substances)들의 모습이라고 했다. 그러나 갈릴레이는 현상이란 실체들이 관찰자의 마음속에 일으킨 결과(effects)들로서, 심적 상태(mental states)라고 했다. 갈릴레이 이전에는 현상은 자연계에 속하는 객관적 실재(objective realities)였다. 그러나 갈릴레이에게 있어서 현상은 주관적 실재(subjective entities)로서 이성에 의해 타당성을 인정받아야 비로소 외적 실재의 존재와 본질을 인식하는 단서가 될 수 있다. 갈릴레이 이론에서 현상은 그 자체가 실재를 충실히 나타낼 수도 있고 그렇지 않을 수도 있는 모습(images)들이다. 그러므로 갈릴레이의 생각에는, 감각 경험은 그 자체만으로는 믿을 수 없음은 물론 그릇된

---

*7 〈성찰록 省察錄 ; *Meditations*〉, 제2부 마지막 단락.

판단으로 이끌 수도 있으므로, 인식론적 가치의 정도를 판가름하기 위해서는 이성이 반드시 필요하다고 본다.

따라서 그 뒤로 근세 철학 300년간 이어져 온 현상(現象)과 실재(實在)의 대립 문제는 이때 처음 일어났다. 갈릴레이는 수식(數式)으로 나타낼 수 있는 모든 성질과 사물의 관계는 객관적이라고 믿었다. 사물들의 모양과 크기, 그리고 그 숫자와 위치와 움직임은 사물들로부터 분리할 수 없는 것들이다. 물론 그것들은 감각을 통해 알게 되는 방법으로는 완전히 파악할 수가 없으며, 오직 이성의 작용에 따른 원리들에 기초하여 인식되는 것이다. 수식으로 나타낼 수 없는 것은 오히려 주관적이며 마음속에 존재하는 것이라고 갈릴레이는 생각했다. 새털로 피부를 살짝 건드리면 간지러울 것이다. 그러나 이 간지러운 느낌은 새털 안에 존재하는 게 아니라 사람 안에 있는 거라고 그는 말했다. 이와 마찬가지로 빛깔과 소리, 뜨겁거나 차가운 감각, 향기와 맛은 우리 주위에 있는 사물들 안에 속하는 것이 아니라 우리 자신에게 속한다. 객관적 세계는 한 번 정해지면 바뀌는 법이 없고 수학적이며, 감각을 통한 주관적 경험은 변화를 거듭하며 어느 정도는 사람의 신체적 조건에 달려 있는 것이므로 얼마쯤 무질서한 부분이 있다. 경험, 적어도 감각 경험(感覺經驗)은 자연의 제한을 받는다. 하지만 이 경험은 자연의 모습을 있는 그대로 드러내는 것만은 아니며, 자연계의 과정을 이루는 사건들의 참된 부분도 아니다.

코페르니쿠스에서 시작된 과학 혁명은 전통적 인간관(人間觀)을 뒤바꾸어 우주 안에서의 인간의 위치를, 그 중심으로부터 벗어난 하찮은 관찰자(spectator)의 자리로 떨어뜨렸다. 실재(reality)와 현상(appearance), 자연(nature)과 경험(experience), 이성(reason)과 감각(sense)은 어떤 사건이나 사실들에 서로 관련된 의존 관계가 아니라, 근세 철학이 오랜 세월을 두고 다투어 온 논리적 대립을 나타내게 되었다.

제9장 17세기 대륙(大陸)의 철학

1. 데카르트

르네 데카르트(René Descartes, 1596~1650) : 프랑스 귀족 출신. 라 플레슈에 있는 제수이트(Jesuit ; 예수회) 대학에서 교육을 받았다. 아버지가 세상을 떠난 뒤에도 생활을 꾸려가기에 넉넉할 만큼의 수입이 있었다. 파리의 사교 생활에 권태를 느낀 데카르트는 스물한 살 때 학문을 연구하며 철학적 삶을 살기 위해 조용한 곳을 찾기로 결심한다. 그는 자신이 원하는 장소를 찾아, 전쟁이 없던 때에는 네덜란드군에서 2년을 보내고, 다시 2년 동안 바바리아 군대에 있었다. 그 뒤에는 라로셀의 위그노들을 포위 공격한 프랑스 군대에서 3년 동안 복무했다. 1629년에는 그 무렵 서구에서 사상의 자유가 가장 많이 보장되었던 네덜란드로 이주하여 20년 동안 살았다. 그동안에도 프랑스 수도사인 메르센 신부를(파리에 있던 그의 거처는 유럽 지성인들의 중심지였다) 통해 주로 지식인들을 만났다. 1649년 스웨덴 크리스티나 여왕을 방문했다가 낯설고 추운 날씨에 병을 얻어 세상을 뜨고 말았다. 그의 저서는 광학(光學)·기상학·태양계 형성·일식과 월식, 밀물과 썰물 등 그 무렵의 여러 과학적 문제들을 다루고 있다. 그는 해석 기하학의 기본 원리들을 제시했다. 1633년에 〈달 *De Mundo*〉이라는 책을 완성했으나, 출판을 미루다가 심지어 그 일부는 없애 버렸다. 그가 이렇게 한 이유는 부분적으로는 먼저 갈릴레이에서 시작된 교회의 박해를 피하려는 것이었고, 또 새로운 과학에 대한 가톨릭 지도자들의 태도를 서서히 바꾸어감으로써 이들에게 충격을 주지 않으려 했던 것 같다. 그의 신중함에도 불구하고 네덜란드에서는 신교 신학자들이 그를 몰아세웠으며, 가톨릭 교회는 그의 저서를 금서 목록에 올렸다. 그의 가장 중요한 철학적 저술은 〈방법서설(方法敍說) ; *Discourse on Method*〉(1637), 〈제1철학에 대한 성찰 *Meditations on First Philosophy*〉(1642) 그리고 〈철학원리(哲學原理) ; *Principles of Philosophy*〉(1644)이다. 초기 저술의 하나인 〈정신을 이끌어가는 규칙들 *Rules for the Direction of the Mind*〉은 1626년 이전에 씌었으나 1701년에 비로소 출판되었다. 〈방법서설〉은 프랑스어로 씌어 처음 출판되었는데, 이것은 아마도 될 수 있는 대로 널리 읽히기를 데카르트 자신이 원했기 때문이리라. 다른 세 가지 철학 저서들은 학자들을 위한 것이며, 라틴어로 첫 출판되었다.

젊은 시절에 데카르트는 학계를 내다보며, 철학자들의 저술은 그다지 쓸모가 없으며 새로운 과학자들, 특히 갈릴레이의 발견은 너무나 흥미진진하며 눈부실 만큼 일깨워 주는 부분이 많다고 단정했다. 그는 새로운 철학을 세우기 위한 첫발을 내디뎠다. 이는 거추장스러운 철학적 전통의 굴레에서 벗어나 새로운 과학이 이룩한 업적을 정당화하려는 것이었다. 이와 더불어 과학이 더 발전할 수 있도록 길을 닦아 앞으로 모든 과학적 지식을 신·인간·우주에 대한 원만한 체계의 맥락 안에 자리잡게 하려는 것이었다.

〈방법서설(方法敍說) ; *Discourse on Method*〉에서나 〈성찰(省察) ; *Meditations*〉에서 데카르트는 자기의 사상을 지적 전기(傳記) 형식으로 쓰고 있다. 극적이며 다소 꾸며낸 듯한 이 전기는, 저자 개인의 내면적 발전을 강조한 점에서(이 두 책은 모두 일인칭 단수 대명사를 쓰고 있다), 또 인간에게 깨달음(開明 ; enlightenment)과 행복의 새로운 시대가 밝아 오고 있다고 믿는 그 낙관론에서, 근대 정신의 특징을 잘 나타내고 있다. 데카르트는 자신이 처음에는 사방에서 죄어 들어오는 거의 절망적인 의구심들에 휩싸였다가, 나중에는 거부할 수 없는 새로운 철학의 원리를 형성하는 절대적으로 확실한 통찰들을 통해 그 의구심에서 빠져 나온 것처럼 이야기를 전개함으로써, 자신의 전기적(傳記的) 저술이 일반 독자에게 더 큰 매력을 가지고 다가가도록 꾀했다.

방법론적 회의(懷疑)

데카르트의 초기 의구심은 주로 두 가지에 집중되었다. 이 두 가지는 모두 갈릴레이의 방법론에 대한 그의 탐구에서 비롯된 것이었다. 데카르트는 갈릴레이의 업적을 높이 칭송하고 그의 이론을 정당화하려 했다. 그러나 데카르트는 철학자로서, 과학자인 갈릴레이가 깨닫지 못했거나 적어도 문제삼지 않은 두 가지 인식론적 문제를 갈릴레이의 방법론에서 발견했다. 데카르트는 자신이 지니게 된 의구심들을 극단적 형태로 표현했는데, 이는 자신이 마침내 이르게 된 궁극적인 해결점을 좀 더 성공적인 것으로 보이도록 관심을 끌기 위해서였다.

데카르트의 첫 번째 의구심은, 우리를 둘러싼 세계에 대한 인식의 토대로서 감각적 경험의 가치에 대한 것이었다. 감각은 때때로 사람을 속이는 결함을 가지고 있으며, 이것이 전적으로 주관적이라는 사실에 훨씬 더 심각성이 있다. 다시 말하면, 우리의 감각적 경험은 마음속에 떠오른 모습[心象 ; images]일 따름이며, 우리에게 심상을 불러일으켰다고 상상되는 외부 세계의 사물과 닮았는지 안 닮았는지 우리로서는 알 수 없다. 뿐만 아니라 우리의 마음 밖에 사물이 존재한다는 증거조차 없다. 감각적 경험은 '의식의 형태 [樣態 ; modes of consciousness]' 또는 '마음의 상태(modes of thought)'이다. 우리는 이와 같은 의식의 형태 또는 심상을 꿈에서도 갖게 되는데, 꿈속에서 보는 사물들이 실제로 존재한다고는 믿지 않는다. 그러므로 우리가 이른바 잠들지 않고 깨어 있는 동안 경험하게 되는 모든 심상도 꿈속의 심상들처럼, 심상을 일으키는 원인 작용을 하는 외부 세계의 사물 없이 저절로 우리 마음 속에 일어날 수도 있다. 우리의 심상이 우리에게 알려주는 것만으로 판단한다면, 우리의 모든 심상은 마음이 스스로 만들어 낼 수도 있고, 신의 직접적 작용에 의해 만들어질 수도 있다. 또는 인간을 함정에 빠뜨리면서 즐거워하는 심술궂은 악마의 장난일 수도 있다. 감각적 경험이 알려주는 것만을 따지고 본다면, 물질 세계는 전혀 존재하지 않으며, 신과 악마는 존재하지 않는다고도 볼 수 있다. 우리가 의식의 형태 또는 심상을 가지고 있으며, 이는 우리 육체의 감각 기관을 통해 외부 세계의 사물로부터 오는 것이라고 대체로 믿고 있지만, 실제로는 우리의 육체도 없으며 감각 기관도 없고 외부 사물과의 접촉도 없을 수 있다.

데카르트의 초기 의구심 가운데 두 번째 것은, 우리의 마음이 감각적 경험의 주관성을 넘어서서 우리의 외적 세계에 대한 지식에 이를 수 있는 능력을 가지고 있을까 하는 데에 있었다. 데카르트는 시일이 조금 지난 뒤에야 이 문제의 중요성을 깨달았다. 초기 두 논문에서 데카르트는 갈릴레이의 방법론을 오로지 옹호하기만 하고, 그 안에 들어 있는 인식론적 문제에 대해서는 전혀 의구심을 나타내지 않았다. 〈정신을 이끌어가는 규칙들〉에서 그는 수학이 "사람들이 찾아낸 다른 어떤 것보다도 강력한 진리 인식(眞理認識)의 도구이며, 실로 다른 모든 도구의 근본이다"라고 자신 있게 주장한다. *1 그리고 〈달 De Mundo〉에서 의기양양하게 외치고 있다. *2

내가 세운 규칙들과 이 규칙들이 이끌어준 진리를 주의 깊게 성찰해 본 사람이라면, 누구나 세상에서 일어나는 모든 일에 대해 선천적 논증을 지향해 나아갈 수 있을 것이다.

이보다 더 열렬하게 갈릴레이를 지지하며 따를 수는 없으리라. 데카르트는 이 지지를 끝까지 밀고 나아갔다. 그러나 그는 갈릴레이의 방법론이 갈릴레이 자신으로서는 아무런 해결 방법도 제시하지 못한 인식론적 문제를 품고 있음을 깨달았다. 마음 밖에서 마음과는 상관없이 독립적으로 실재하는 대상이나 물체들이, 명확하고 단순한 여러 수학적 원리들과 일치한다는 사실을 보장해 줄 무언가가 필요하다고 그는 깨닫게 되었다. 〈방법서설〉에서 데카르트는 이렇게 말했다. *3

기하학(幾何學)에서 가장 단순한 증명들을 고찰하는 과정에서, 오직 그 증명이 명확하게 이해되기 때문에 이에 대한 확실성을 모두가 인정한다는 사실을 알게 되었다. ……그러나 나는 또한 이 증명들 안에서 논의되는 대상들이 정말 존재한다는 것을 확실히 믿게 할 만한 그 어떤 것도 찾아볼 수 없음을 깨달았다.

---

* 1 Rule 4. 이 점에 대한 데카르트의 상세한 논의는, E.S. Haldane과 G.R.T. Ross가 편찬한 *The Philosophical Works of Descartes*(Cambridge, Cambridge University press), 제1권, pp. 10~ 13 참조.
* 2 Charles Adam과 Paul Tannery가 편찬한 *Œuvres de Descartes*(Paris, Cerf, 1897~1913), 제11 권, p.47 참조.
* 3 〈방법서설〉, 제4부, 제5 단락.

대자연의 힘과 그 내용은 헤아리기 어려울 만큼 크고 범위가 넓을지도 모른다. 그리고 수학적 원리들은 아무리 명료한 것이라 하여도 일반적이며 단순하다. 그렇다면 명료한 수학적 원리들을 가지고서 외부 세계의 복잡한 내용들을 밝힐 수 있음을 무엇으로 확신할 수 있을까?

확실성으로의 단계

위에서 말한 회의(懷疑), 즉 의구심에 의해 제기된 인식론적 문제들에 대해 데카르트는 세 단계 해결 방안을 내놓았다. 올바른 순서에 따라 이 단계들을 하나하나 밟아 나간다면, 모든 이론적 불확실성을 없애버릴 수 있다고 그는 믿었다. 데카르트는 이 과정들을 지적 전기(知的傳記 ; intellectual biography)의 세 발전 단계로 표현했다.

그 첫째 단계는 확실성(certainty)에 대한 근본 원리로서, 모든 데카르트 철학의 기본 토대가 된다. 이는 그가 자기의 존재에 대한 확신에 이르는 단계이다. 가장 철저하고 극단적인 의구심들을 스스로 제기하는 동안 자신이 존재하지 않고서는 의구심조차 일어날 수 없다는 사실을 그는 깨달았다. 내가 보고 있다고 믿는 것은 그저 하나의 착각일지도 모른다. 그러나 이러한 착각을 하기 위해서도 나는 존재해야 한다. 논리학과 수학의 원리에 의존한 나의 생각들은 그릇된 판단일지도 모른다. 하지만 그릇된 판단을 하기 위해서도 먼저 나 자신이 존재해야만 한다. 데카르트 자신의 표현으로 말하면 '나는 생각한다. 그러므로 나는 존재한다.' (그는 〈방법서설〉에서는 프랑스어로 'Je pense, donc je suis'라고 말했으며 〈성찰〉에서는 라틴어로 'Cogito ergo sum'이라 말했다.) 그리고 데카르트는 자아(自我 ; self)의 존재와 마찬가지로 자아의 본성에 대한 확신도 직각적(直覺的)으로 느꼈다. *4

나는 정확하게 말해서 오직 생각하는 존재, 즉 마음 또는 정신, 오성(悟性 ; understanding) 또는 이성(理性 ; reason)이다—이 말들의 뜻은 이제야 비로소 깨닫게 된 것이지만, 진실로 나는 '하나의 실재(a real thing)'로서 정말 존재한다. 그러나 어떠한 존재인가? 나는 대답한다. '생각하는 존재'

---

*4 *Meditations*, 제2부.

라고.

이 생각하는 존재는 육체와 자연계로부터 독립해 있다. 이 존재는 공간 속에서 어떤 자리를 필요로 하지 않는다. 내가 나의 존재함을 직각적으로 확인하고 다른 모든 것에 대해서는 계속 의심한다는 사실로부터, 자아는 하나의 실체*5이며 이 실체의 본질은 오직 '생각하는 존재'라는 결론에 이르게 된다 —이렇게 데카르트는 생각했다. 자아에 대한 지식은 직각적이다. 다시 말하면 직접적 통찰에 의해 자아를 인식할 수 있다. 실제로 자아는 직접적 인식이 가능한 오직 하나뿐인 존재이다. 이는 우리가 확실하게 인식할 수 있는 최초의 존재이며 직접적으로 인식할 수 있는 오직 하나의 존재이기도 하다. 내가 뒤에 다른 어떠한 존재를 알게 되더라도, 그것은 모두 이 최초의 직각적인 인식을 전제로 하는 논증에 따른 것일 따름이다. *6 자아에 대한 지식은 다른 존재에 대한 모든 지식 체계가 확고히 세워지기 위한 필수적인 토대라고 데카르트는 말했다.

데카르트의 인식론적 문제 해결 방안의 두 번째 단계는 신(神)의 존재에 대한 증명이다. 데카르트가 자기 존재를 직각적으로 알게 된 뒤에도 그는 다른 모든 존재에 대해서는 여전히 의구심을 가졌다. 그가 직접적으로 의식하는 것은 오직 그의 마음에 떠오르는 심상뿐인데, 그는 심술궂은 악마의 희롱으로 그 심상을 그릇되게 의식하고 있을지도 모른다고 생각했던 것이다. 그는 다른 존재의 인식을 위해 자기 이성을 사용할 권리를 주장하려면 어떤 보증이 필요했다. 그는 이 보증을 바로 신의 존재 안에서 발견했다고 믿었다.

신의 존재를 증명하는 주요한 이론을 펼쳐 나가는 과정에서, 데카르트는

---

*5 데카르트는 이 용어를 뒤에 〈철학원리 *Principles of Philosophy*〉, 제1부 원리 81에서, '그것이 존재하기 위해서 자기 자신 말고는 아무것도 필요로 하지 않는 것'이라고 정의했다.

*6 데카르트는 직관지(直觀知 ; the knowledge of intuition)와 논증지(論證知 ; the knowledge of demonstration)라는 두 종류 또는 두 단계의 지식만을 인정했다. 직관지는 기본적 단계이다. 그 것은 〈정신을 이끌어가는 규칙들 *Rules for the Direction of the Mind*〉의 규칙 3에 따르면, 감각의 변화무쌍한 증언이나 상상력의 믿을 수 없는 구성이 아닌, 순수하고 조심스러운 마음이 직접적으로 분명하게 제공하는 확실한 지식으로서, 이 직관지를 통해 파악된 것에 대해서는 절대로 의심할 여지가 없다. 논증지는 보충적인 역할을 하는 지식이다. 이것은 직관지로부터 필연적으로 연역되는, 미루어 짐작된 지식이다. 직관지는 논리학과 수학에 대한 어떤 원리들이나 자아의 존재에 대해서 가능하다. 그러나 자아 말고 존재에 대해서는 직관지가 있을 수 없다.

모든 관념〔心象〕을 세 가지로 나누어 분류했다. *7 데카르트는 첫째 관념을 외래 관념(外來觀念)이라고 불렀다. 그 이유는 우리 밖에 있는 사물에 의해 이 관념들이 마음속에 일어나는 것처럼 보이기 때문이다. 이 관념을 예로 들면, 우리가 소리를 듣거나 더위를 느끼는 것 등이 있다. 두 번째는 인위관념(人爲觀念)이라고 불렀다. 그 이유는 우리 스스로 이것들을 만들어 내기 때문이다. 예컨대 '인어(人魚)'나 '귀신'과 같은 관념들을 말한다. 세 번째는 본유관념(本有觀念 ; innate ideas)이라 했다. 데카르트 철학은, 관념 가운데 본유하는 것들이 존재한다는 그의 주장에 적지 않게 의존한다. 그러나 그의 '본유하는'이라는 말의 정의가 무엇을 뜻하는지는 그다지 분명치 않다. 본유관념이란 언제나 마음속에 있는 관념이라는 뜻이 아니다. 더욱이 날 때부터 가지고 있는 관념을 뜻하는 것도 아니다. 이러한 뜻의 본유라면, 데카르트에게 있어서 본유관념은 존재하지 않는다. 데카르트의 본유관념은 '마음 안에 저절로 생긴' 관념이라는 뜻에 가깝다. *8 아마 본유관념에 대한 데카르트의 설명 가운데 가장 마음에 차는 것은, 그가 앞날에 출판할 뜻 없이 기록한 어떤 초고(草稿) 안에서 찾아볼 수 있을 것이다. 이 초고에서 그는 다음과 같이 말하고 있다. *9

내 마음속에는 외부 세계의 사물에서 온 것도 아니며 내 의지의 결정에 따라 생긴 것도 아닌, 오직 나의 생각하는 능력에서 나온 사상이 있음을 관찰했을 때, 이 사상들을 나는 본유관념이라 부른다. 이렇게 부름으로써 나는 이 관념들을 저 밖으로부터 오는 것, 또는 나 스스로 그려낸 관념들과 구별한다.

데카르트에 따르면, 우리는 누구나 순수한 지성의 힘을 통하여 어떤 본유관념을 가질 수가 있다. 우리가 이 관념을 분명한 의식 위에 확실하게 그려

---

*7 그는 또 성 안셀무스의 이론과 매우 비슷한 본체론적 증명도 이용했다.

*8 데카르트의 〈성찰록(省察錄)에 대한 반대론 제3에 대한 답변〉 참조.

*9 〈1647년 벨기에서 발표한 어느 프로그램에 대한 주석들(註釋)〉. 이 프로그램 제12조에 대한 주석 참조. 이 〈주석〉의 영역판은 E.S. Haldane과 G.R.T. Ross가 편찬한 *The Philosophical Works of Descartes*(Cambridge, Cambridge University press, 1911), 제1권, pp. 431~450에서 인용.

낼 수 있을 만한 재주와 주의력을 얼마만큼 가지고 있느냐 하는 것은 문제가 되지 않는다. 데카르트는 자기 안에서 발견한 본유관념 가운데 다음 것들을 나열하고 있다. 즉 자아의 관념, 물건이니 진리니 사상이니 하는 이름으로 불리는 관념들, '어떤 물건과 같은 성질을 띠는 두 사물들은 서로 같다'는 원리 따위의 수학적 관념들, 그리고 '원인은 그에 따른 결과보다 더 완전할 수는 있어도 그 결과보다 덜 완전할 수는 없다'는 인과(因果) 원칙과 같은 철학적 공리들이 있다. 또 한 가지, 신에 대한 관념도 본유한 것들 가운데 하나라고 데카르트는 주장했다.

데카르트가 본유관념을 주장한 동기에는 지적인(intellectual) 삶을 충실하게 유지하려는 열망이 깔려 있었다. 만일 우리가 갖는 모든 관념이, 외래 관념과 인위 관념처럼 물리적 자극과 신체 기관의 작용으로 일어나는 것이라면, 우리의 신념이 모두 기계적으로 형성되는 것은 아닐까 하는 점을 그는 두려워했다. 만일 그렇다면 우리는 기계적 힘이 강요하는 대로 믿게 될 것이며, 거짓된 관념도 참된 관념이나 다름없이 쉽게, 열정적으로 믿게 되는 것은 아닐까? 그렇게 되면 우리는 진리의 객관적 기준, 다시 말하면 참된 지식을 위한 표준을 갖지 못할 것이다. 그렇지만 우리로 하여금 참과 거짓을 구별할 수 있게 하는 어떤 관념이 있다면, 이러한 관념은 반드시 물질계의 기계 작용을 떠나 독자적으로 우리 마음속에 일어나는 것이어야만 한다고 데카르트는 생각했다. 다시 말하면, 이러한 관념들은 우리 자신의 순수하고 오염되지 않은 지성에서 나왔다고 보아야 한다. 데카르트는 무엇보다도 진리를 인식(眞理認識)하는 지성(the intellect)의 능력을 옹호한 사상가였다. 그는 정념(情念 ; passion)의 압력과 신체 감관에 미치는 물리적 자극의 영향에 대해 지성의 권위가 유지되기를 바랐다. 물리학적 문제를 다룰 경우에도, 외래 관념이나 감각적 경험에 의해 마음이 이리저리 흔들리도록 허락해서는 안 된다. 우리는 본유하는 원리들에 비추어 감각적 재료(data)들에 대해 판단을 내려야 한다. 그 이유는 데카르트가 확신하는 바로는, 먼저 우리가 본유관념을 분명하게 제대로 이해한다면 우리는 진리를 위한 확실한 방법 한 가지를 갖게 되기 때문이다. 그리고 물리학에서 타당한 이론은 철학의 근본 문제에 있어서도 물론 타당하다. 본유관념이 먼저 마음속에 형성되면, 우리는 사람들 마음을 대체로 일반적 믿음으로 저절로 기울게 하는 물리적·사회적 힘으로부터 자유로워질 수 있다. 본유관념은 '순수한 지적 능력'이다. 따라서 기계적 작용력과는 전혀 다른 '자연의 빛'을 우리 마음속에 불러일으킨다. 본유관념은 생리학적으로 제한받지 않는, 절대적 진리에 대한 투명한 인식으로서 우리를 이성적 판단으로 이끌어간다.

데카르트가 지닌 신에 대한 본유관념은 '무한하고 영원하며, 변치 않고 독립적인, 또한 전지전능하며, 나 자신과 그 밖의 모든 존재를 (실제로 그런 존재들이 정말 있다면) 창조한 하나의 실체'를 이른다. *10 이 신의 관념 안에는 나 자신으로부터 왔다고 볼 수 없는, 실제로 어떤 유한한 존재〔有限者〕로부터 왔다고도 생각할 수 없는 많은 것들이 있다고 그는 판단했다. 따라서 그는 자기 홀로 이 세상에 존재하는 것이 아니라, 자기 안에 '이러한 신에 대한 관념을 일으킨 또 하나의 존재'가 있다고 결론지을 수밖에 없었다. 그리고 신에 대한 관념을 자기 안에 불러일으키는 그 존재는 적어도 그 결과로서 일어난 이 관념에 못지않은 완전성을 갖추어야 하리라는 결론을 내릴 수밖에 없었다. 다른 유한한 존재들에 대한 관념, 예컨대 무생물이나 타인 또는 짐승 같은 다른 관념은 나 자신이 만들어 낼 수도 있을지 모른다. 나도 또한 유한하고 생명 있는 실체이기 때문이다. 하지만 신에 대한 관념만은 이 관념 자체가 포함하고 있는 '완전성'을 가진 존재로부터만 올 수가 있다. 이 같은 존재는 물론 신이다. 그러므로 신은 분명히 존재한다는 결론에 이른다. 데카르트는 이렇게 표현했다.

"만일 이 관념이 전적으로 무한한 실체로부터 나에게 주어진 것이 아니라면, (나 자신은 유한한 존재이므로) 나는 무한한 실체에 대한 관념을 갖지 않았으리라."

인식론적 문제를 해결하는 데카르트의 마지막 세 번째 단계는, 자연계를 구성하는 존재들에 대한 지식에 이를 수 있도록 마음의 권리와 능력을 확인하는 단계이다. 본디 데카르트는 이 권리와 능력에 대해 의구심을 가졌다. 하지만 신의 존재에 대해 증명해 보임으로써 이 권리와 능력을 되찾았다고 그는 믿었다. 세계는 신의 세계이며 나의 마음은 신이 준 것이라고 그는 믿었다. 그러므로 나의 마음은, 이를 올바로 사용하기만 하면 세계에 대한 진

---

*10 *Meditations*, 제3부.

리를 발견할 수 있도록 짜여 있다. 그리고 나의 마음은 나의 감관과 나의 모든 비지성적 성향으로부터 벗어날 때 올바로 사용된다는 것이다. 완전한 존재 그 자체인 신에게 거짓이나 속임은 있을 수 없다―거짓이나 속임은 불완전한 것이기 때문이다. 이런 이유로 데카르트는 신으로부터 받은 모든 능력은, 이를 올바르게 사용하기만 하면 신뢰할 수 있다는 결론을 내렸다. 데카르트는 때로 자신도 오류에 빠지는 일이 있다고 고백한다. 하지만 오류는 능력을 그릇되게 쓰기 때문에 일어난다는 것이다. 지적 능력을 사용할 때 평정심을 유지하면 오류는 결코 일어나지 않는다. 오류는 성급함이나 심지어는 오만하기까지 한 의지로부터 온다. 의지(the will)는 지성(the intellect)보다도 그 미치는 영역이 넓다. 따라서 이 지적 능력이 진리를 파악하는 데 있어 자신의 한계들을 뛰어넘어 능력을 발휘하며 자신 있게 판단을 밀고 나아가게 한다. 그러나 데카르트는, 자신이 분명하게 파악하지 못한 것에 대해 섣불리 판단을 내리지 않는다면 결코 오류에 빠지지 않을 것이라며 의기양양하게 결론을 내렸다. 신이 부여한 지성은 그 본디 영역 안에서라면 진리, 즉 명백한 지식에 이르기 위한 틀림없는 수단이라는 것이다.

이로써 데카르트의 인식론적 문제는 그 해답을 얻었다. 데카르트는 순수하게 주관적인 자아의 의식에서 출발했다. 그는 자기의 본유관념 이론을 통해 신의 존재를 증명하기에 이르렀다. 그리고 마침내 데카르트는 인간이 자신의 순수한 지성을 다른 모든 사물에 대한 지식을 탐구하기 위해 자유롭게 사용할 권리가 있다고 대담하게 선언한다.

물질적 실체

자연 과학에 대한 뜨거운 열정을 품은 데카르트에게 절실한 문제는 물질적 세계의 존재와 그 본질에 대한 것이었다. 데카르트는 인식론적 문제가 만족스럽게 해결되자 위의 물음을 자기의 첫째 관심사로 선택했다. 그리고 물질계의 존재를 증명하기에 앞서 전형적인 데카르트식 방법으로 그 본질을 찾아내 보이려 했다. *11 감각적 경험을 주관적인 것으로 보는 자기의 견해에

---

*11 비판자들은 〈Meditations〉 제5부와 제6부에서 논의된 논제 순서의 중요성에 대해서 그다지 주의를 기울이지 않았다. 이 두 성찰의 제목이 보여주듯이 데카르트는 5부에서 물질적 존재의 본질을, 6부에서는 그 존재를 논했다.

따라, 그는 어떠한 자연물도 관찰하고 분석할 대상으로서 마음에 주어지는 것이 아니라고 생각했다.

데카르트는 자연물에 대한 고찰을 이것들의 본질로부터—즉 자연물들 자체에 대한 관념을 명백히 함으로써—시작하며, 그 다음에 비로소 마음속에 있는 명석하고 뚜렷한 관념으로부터 이 관념과 일치하는 마음 밖의 존재로 나아갈 수밖에 없었다. 데카르트는 이 과정을 이렇게 남겼다.*12

내가 생각하고 있는 것 같은 이러한 사물이 나의 외부 세계에 존재하는지 아닌지를 고찰하기에 앞서 나는 그 사물들에 대한 여러 관념을, 이런 관념들이 그 마음속에 있는 한 먼저 검토하지 않으면 안 된다—이것은 어느 관념들이 분명하고 어느 관념들이 불분명하여 혼란을 일으키는지 명확하게 구분하기 위해서이다.

자연물들에 대해 우리는 두 종류의 관념을 가지고 있다고 데카르트는 말한다. 첫째로 우리는 빛깔·소리·냄새·맛, 그리고 고통 같은 여러 감각적 경험들을 가지고 있다. 둘째로 삼차원에 관련된 구체적인, 즉 '부피'의 관념과 이에 따른 세부적인 모든 관념(예를 들어 모양·크기·수·운동 같은)들을 가지고 있다. 첫째 관념은 모호하여 혼란을 일으키는 데 비해 두 번째 관념은 명석하고 분명하다. 첫 번째는 정신과 물체의 서로 주고받는 관계나 뒤섞임에서 온 것이고, 두 번째는 순수한 지성의 개념인 듯하다. 그리고 데카르트는 자기가 이미 세운 인식론적 원리에 기초하여, 존재에 대한 진리를 파악하는 수단으로서 오직 정신만을 신뢰할 수 있으며, 정신과 물체가 결합된 것을 신뢰해서는 안 된다고 단정했다.

내가 자연물에 대하여 나의 오성(悟性 ; understanding) 안에서 찾아볼 수 있는 가장 명석하고 분명한 모든 관념(모양·크기·운동의 관념들)을 고찰했을 때, 그리고 기하학 원리들과 앞의 세 관념들이 서로 관련을 맺고 변화하게 되는 여러 역학적 원리를 고찰했을 때, 나는 사람이 자연계에 대해

---

*12 *Meditations*, 제5부 첫머리.

가질 수 있는 모든 지식은 오로지 이 원리들로부터 나올 수밖에 없다는 판단을 내렸다. 왜냐하면 감관들을 통하여 우리가 사물에 대해 갖게 된 모든 관념은 모호하여 혼란을 일으키기 때문이다. 따라서 외부 사물에 대한 지식을 제공할 수 없을뿐더러, 이 지식에 이르는 데에 오히려 방해물로서 작용할 수도 있기 때문이다. [*13]

만일 자연물들이 존재한다면, 이것은 우리가 감각 기관을 통하여 지각하는 것과 같은 게 아니라, 우리가 기하학과 역학을 통해 명석하고 분명하게 이해하는 것과 같다고 보아야 하리라. 기하학과 역학이 명석하고 뚜렷하게 알려주는 바에 따르면, 물체나 자연물의 본질은 연장(延長 ; extension, 부피와 공간성)에 있다. 따라서 모든 자연물은 (만일 이런 것이 존재하기만 한다면) 연장된 실체(res extensa)이다. 물질의 세계는 연장된(extended), 즉 구체적인 부피와 공간을 차지하는 세계이다. 이 세계에는 기하학과 역학(力學)의 모든 정리(定理)가 들어맞는다. 이 세계에 대해, 만일 그 존재만 증명된다면 우리는 풍부한 지식을 가지고 있다. 왜냐하면 그 본질은 부피를 가지고서 공간을 차지하기 때문이다.

물질적 세계의 존재에 대한 데카르트의 증명은, 자신의 마음속에 물질적인 것들의 본질에 대한 명석하고 뚜렷한 관념들이 존재한다는 스스로의 생각에 기초를 두었다. 신은 존재하며 거짓이 없다고 그는 이미 증명했다. 따라서 데카르트는, 사물에 대한 그의 관념이 물질적 존재들에 의해 그에게 전해졌음을 믿으려는 뿌리 깊은 경향을 신뢰해도 좋다고 보았다. 그러나 다만 성급하게 남용하지 않도록 스스로 조심한다는 조건 아래에서만 이 경향을 신뢰할 수 있다. 이제 그는 사물에 대한 모든 관념은 그의 마음과는 근본적으로 다른 어떤 것으로부터 마음속으로 들어온 것이라는 결론을 내려도 좋을 뿐만 아니라, 그렇게 결론을 내리지 않을 수 없게 되었다. 하지만 우리가 사물의 빛깔이나 그 밖의 어떠한 불확실한 것을 감각이 의식한다고 막연히 말할 때, 이 말의 정확한 뜻은 그 참된 성질은 알지 못하는 어떤 것을 우리

[*13] 〈철학 원리〉 제4부, 원리 203. 이 구절은 1644년 출간된 라틴어 판에는 들어 있지 않았다. 이 부분은 1647년에 나온 프랑스어 판에 처음 실렸다. 이 프랑스어 판은 본디 데카르트의 벗 Picot가 번역했으며, 데카르트 자신이 수정하고 보충한 것이다.

가 보고 있다는 것 이상은 될 수 없다. 이 어떤 것을 우리의 감각을 일깨우는 원인으로 보아도 좋다. 이 어떤 것을 우리의 감각과 같은 것으로 보아서는 안 된다. 그러나 감각에 대한 깊은 성찰을 통해 길이와 넓이와 깊이에 대한 명석하고 뚜렷한 관념에 이른다면, 그때는 바로 이 같은 길이와 넓이와 깊이를 가진 사물의 존재를 알고 있다고 당당하게 주장할 수 있다.[*14] 이로써 데카르트는 그의 인식론적 견해에 일치하는 방법으로, 물질계의 존재를 증명해 보였다.

데카르트는 그의 인식론을 기초로 하여, 갈릴레이 같은 과학자들이 발견한 사실을 받아들일 수 있었으며, 더 나아가 스스로 자연계의 구조와 진행 과정에 대해 새로운 발견을 할 수 있었다.

합리론(合理論 ; rationalism)과 이원론(二元論 ; dualism)

역사가들은 데카르트를 흔히 합리론자(合理論者)이며 이원론자(二元論者)로서 분류하는데 이는 타당하다. 데카르트는 인식론(認識論 ; epistem ology)에 있어서는 합리론자이며, 존재론에 있어서는 이원론자이다. 그러나 사상(思想)의 흐름 안에는 여러 유형의 합리론과 이원론이 있다. 따라서 데카르트의 합리론과 이원론이 지닌 정확한 특징을 주의깊게 구별해야 한다.

일반적으로 합리론(合理論)이란, 모든 이론과 행동의 문제에서 인간 이성이 궁극적 권위를 갖는다는 원리를 말한다. 그러나 데카르트의 합리론은 그 범위가 이론 문제에만 제한된다(데카르트는 행위에 대한 문제라면 국법과 교회의 가르침에 따르는 게 좋다고 믿었다). 이론 문제에 있어 데카르트의 합리론은 극단적 태도를 취한다. 이는 감각 경험에 따른 혼란만 겪지 않는다면, 지성은 독자적으로 관념을 형성할 수 있으며, 이 관념들의 참됨을 확정할 수 있다는 인식론적 이론을 주장한다.

데카르트 자신도 스스로 많은 실험들을 했다는 사실을 역사가들은 잊어서는 안 된다. 1630년 메르센(Mersenne)이 효과적 실험 방법에 대해 묻자 데카르트는 프랜시스 베이컨의 저서를 추천한 적이 있다.[*15] 데카르트는 자기의 견해를 이렇게 설명했다. 즉 유럽 해안의 모든 조개껍데기가 같은 방향으

[*14] 〈철학원리〉 제1부, 원리 70, 제2부, 원리 1.
[*15] 베이컨의 견해에 대해서는 바로 뒤에 나오는 제10장 제1절을 참조.

로 나선형을 그리며 돌고 있다는 사실을 발견한 뒤에는, 우리는 다시 적도(赤道) 아래의 조개껍데기들도 같은 방향으로 돌고 있는지 조사해 보아야 한다는 것이다. 그러나 데카르트는, 어떠한 실험도 그 실험자가 이미 가지고 있는 보편적 지식에 따라 시도되지 않는다면 아무 도움이 되지 않는다고 덧붙였다. 그리고 데카르트의 이 마지막 발언으로 그 의미를 쉽게 짐작할 수 있다. 즉 그는 실험이 세계의 어떤 부분을 우리 앞에 펼쳐 보여 주는 것이라고 생각지 않았다. 오히려 그는 필연적 원리들을 가지고 설명할 수 있는 어떤 체계를 순수한 지성으로 발견하는 과정에서, 그 계기가 될 수 있는 감각적 경험들을 실험자의 마음속에 일으키는 것이 실험의 사명이라고 생각한 것이다.

데카르트 또한 그의 합리론적 견해를 주장하는 데에 있어서, 모든 논리가 모순되지 않고 일치했다고는 물론 보기 어렵다. 친구 메르센에게 보낸 편지에서 그는 이렇게 썼다. '물리학에서 기하학적 증명을 구하는 것은 불가능을 구하는 것이다.'*16 그리고 일주일 뒤에 같은 친구에게 보낸 또 다른 편지에서는, '나는 기하학에서 증명되는 원리가 아니라면 물리학에서도 받아들이지 않는다'고 쓰고 있다. *17 만약 역사가의 관점에서 이 두 주장을 화해시킨다면, 이는 아마 다음과 같은 해석이 될 것이다. 즉 '물리학과 기하학의 원리들은 너무나 일반적인 데 비해 자연계의 사건들은 너무나 여러 모습을 가지고 있으므로, 주어진 사건들에 있어서 저마다 적절한 원리들을 선택하기 위해 우리의 지성이 주관적 감각 경험들을 필요로 하는 것이다.'*18 아무튼 데카르트 합리론의 근본 사상은, 감각은 마음과 세계 사이에 혼란한 관념들을 일으키며, 지성은 이 혼란을 떠나서 스스로 필연적 법칙들을 확정하고 선험적(a priori ; 연역적) 진리에 다다를 수 있다고 주장하는 것이다.

일반적으로 이원론(二元論)이라고 하면, 실재하는 세계는 서로 뚜렷한 차이를 보이며 관련성이 없는 두 존재로 구성되어 있다는 신념을 말한다. 서로 다른 독자적인 두 존재를 무엇과 무엇이라고 생각하는가에 따라서 이원론도 여러 종류로 나뉜다. 플라톤의 이원론은 (만일 플라톤을 이원론자라고 부른

---

*16 이 편지의 날짜는 1638년 5월 17일로 되어 있다. *Œuvres de Descartes* 제2권, p. 142 참조.
*17 이 편지의 날짜는 1638년 7월 27일로 되어 있다. 앞에 인용한 책 제2권, p.268 참조.
*18 〈방법 서설〉 제6부 제3단락.

다면) 모든 실재를 이데아(이념 ; forms)이거나 개별적 존재[個別者 ; particulars]로 보는 신념이다. 데카르트의 이원론은 모든 실재가 정신이거나 물체, 즉 정신적 실체이거나 물질적 실체라는 신념을 말한다. 정신을 물체나 물체의 작용, 또는 물체가 가진 성질로 돌릴 수는 없다. 그리고 물체를 정신이나 정신이 가진 관념, 또는 정신의 산물로 돌릴 수도 없다. 이러한 견해를 굳게 취하고 있었으므로 데카르트는 정신과 물체를 모두 실체(즉 다른 어떤 것에도 의존함이 없이 그 자체로서 존재하는 것)라고 부를 수 있었던 것이다. 정신은 생각은 하지만 부피와 공간성[延長 ; extension]이 없는 실체이다. 물체는 부피와 공간성은 가지지만 생각하지 않는 실체이다. 인간은 정신과 물체의 어떤 결합이며, 따라서 존재의 두 영역에 모두 속한다. 인간은 정신으로 본다면 영적 존재이며, 육체로 본다면 물질적 존재이다. 그러나 인간이 정신과 육체의 결합체이기는 하지만, 그를 구성하는 두 실체는 결코 혼동되어서는 안 된다. *19

인간과 자연, 정신과 육체

데카르트는 자연계를 물질적 힘들의 기계적 체계로 보았다. 이러한 견해는 수학과 물리학의 원리들이 자연계에 예외 없이 절대적으로 적용된다는 그의 굳은 신념에 근거한다. 그의 시대는 종교를 쉽게 받아들이던 시기였으므로, 이러한 견해를 내세운 것은 데카르트로서는 매우 대담한 일이었다. 루이 13세는 라로셸 요새에서 위그노 교도를 체포할 때 궁중 점성가에게 물어보고 그 지시에 따랐다. 과학자 파스칼(Pascal, 1623~1662)까지도 '신성한 침'을 안질에 사용하여 기적적인 효과를 보았다고 보고하고 있으며, 또 어떤 사람이 어느 점성가가 예언한 바로 그 시간에 죽었다는 소식을 전하려고 파스칼은 메르센에게 편지를 썼다. 그러나 데카르트는 물리학 법칙의 일률적 작용을 방해할 만한 어떠한 요소도 자연 안에 허용하지 않았다. 심지어 그는 신이나 천사라 하더라도 물리학 법칙을 어길 수는 없다고 주장하기에 이르렀다. 데카르트는 스스로 신의 존재를 증명했고 영혼을 정신적 실체로서 인정했으므로, 이로써 종교의 요구를 충분히 만족시켰으리라고 여겼던 것이

---

*19 이 단락에 씌어진 전체 내용은, 신(神)이 정신과 물체를 둘 다 창조했다는 데카르트의 선언을 뒷받침해 준다.

다. 그는 자연의 세계는 완전한 물질적 체계로서, 과학자에게 이를 탐구하도록 맡겨야 한다고 믿었다. 그는 정신 작용이 자연계에 영향을 미칠 수 있다고 인정하는 것은 자연을 무질서하게 만드는 것일 뿐만 아니라, 정신을 모독하는 것이라고 생각했다. 이는 정신을 세계의 무궤도하고 이그러진 혼란 속으로 빠뜨리기 때문이다. 데카르트는 자기의 이원론적 체계로 바라보는 두 측면을 똑같은 열정을 가지고 강조했다. 그는 과학자가 주장할 만한 어떠한 견해도 고려하지 않고, 신(神)과 정신에 대한 학설을 독자적 원리 위에 세웠다. 그리고 신학자가 주장할 만한 모든 견해를 물리치고 대신 자연계의 기계적 성질을 주장하는 학설을 세웠다.

데카르트가 그의 기계론적 자연론에서 맞닥뜨린 가장 큰 어려움은 자연 안에서 인간의 위치를 논하는 문제였다. 인간 말고 다른 동물에 대해서라면 그는 조금도 어려움을 느끼지 않았다. 왜냐하면 그는 동물은 자동 기계처럼 의식을 갖지 않으며, 복잡하기는 하지만 전적으로 물질적 체계라는 견해를 주장했기 때문이다〔여기서 데카르트는 식물적·동물적·이성적으로 나뉘는 세 단계의 심혼(心魂)이 있다고 보아 온 아리스토텔레스적 전통에서 완전히 벗어나 있다〕. 혈액의 순환이(혈액 순환 이론을 데카르트는 하비로부터 배웠으며, 또 스스로 그의 〈방법 서설〉 제5부에서 논하고 있다) 펌프와 도관(導管)에 의한 기계적 과정이듯이, 모든 동물의 행동은 바람이나 홍수 같은 움직임과 다름 없는 기계적 현상이라는 것이다. 따라서 데카르트는, 우리였다면 생물학이라 불러야 할 분야를 물리학 안으로 완전히 흡수하는 동시에 그 분야에 고유한 독립적 원리가 있을 수 없다고 단정해 버렸다. 사람의 육체도 자연계라는 기계적 체계의 일부임을 주장하는 데 그는 조금도 주저하지 않았다. 그러나 인간은 육체인 동시에 정신이기도 하다. 따라서 자연 안에서 인간의 위치에 대한 문제는 데카르트의 입장에서는 특별히 고찰해 보아야 할 문제이다.

데카르트는 이 문제를 해결하기 위해 심신 상호 작용설을 주장했다. 인간의 정신과 육체는 서로 만나는 접촉점을 가지고 있는데, 뇌의 아래쪽에 붙은 송과선(松果腺)이라는 조그마한 기관이 바로 그것이다. 사람의 몸에 닿은 물리적 자극은 신경 계통을 거쳐 송과선에 이르며, 송과선에 이른 자극은 마음속에 감각을 일으킨다. 그리고 이와는 반대 방향으로, 의지의 작용과 결정은 영혼으로부터 영향을 받아 송과선 내부에서 움직임을 다시 자극함으로써, 송과선을 기점으로 온몸으로, 그리고 마침내는 외부 세계에까지 전달된다. 이같이 몸은 마음에 영향을 주고 마음은 몸에 영향을 미친다고 그는 주장한다. 데카르트는 물질계의 운동 분량을 늘이거나 줄일 수 있는 능력을 정신이 가지고 있다고 인정한 것은 아니다. 그는 오로지 물질계의 운동 방향을 바꿀 수 있는 능력을 정신에 인정했다. 그리고 운동력 보존설(the theory of the conservation of motion)은 데카르트가 살아 있을 때에는 아직 운동의 양뿐만 아니라 그 방향에까지 적용되도록 다듬어지지 않았기 때문에, 데카르트는 자기의 상호 작용설이 기존 현상들에 적합하다고 보았던 것이다. 뿐만 아니라 그는 이 상호 작용설은 기본적 관심 분야 두 가지를 만족시켜 준다고 믿었다. 첫째로, 의지의 능동성이 전적으로 인정되었으므로 종교와 도덕을 지켜 나가기 위해 필요하다고 보는 인간 의지의 중요성이 고스란히 보전되었다. 둘째로, 자연계에 대해서는 기계론이 그대로 전해졌으므로 자연 과학적 연구를 방해받지 않고 그대로 진행해도 지장이 없게 되었다.

데카르트의 영향

17세기에 데카르트는 살아 있을 때나 죽은 뒤에나 엄청난 영향을 끼쳤다. 그 시대에 과학적으로 계몽을 받은 지식인들은 대체로 자신들이 데카르트의 제자임을 자랑으로 여겼다. 데카르트가 명성을 떨치게 된 주요 원인은, 인식론과 형이상학 이론을 펼쳤기 때문이라기보다는, 과학의 혁신을 옹호하는 사상가였다는 점에 있었다. 그렇지만 그의 인식론과 형이상학 이론도 뒷날 철학 발전에 여러 뚜렷한 영향들을 미쳤다. 비록 데카르트의 해답이 언제나 환영을 받은 것만은 아니었으나, 적어도 그가 제시한 문제들은 두고두고 논의의 대상이 되었다. 물론 데카르트에게는 충실한 제자들이 몇 있었다. 그러나 그는, 그들 스스로나 역사가들이 보았을 때 데카르트 학파라고는 생각지 않을 사상가들에게 지적 자극을 주었다. 그의 특수한 이론들 가운데 어떤 것은, 그의 사상 체계 전체 맥락을 떠나 종종 여러 방면으로 널리 영향을 미쳤다. 그러한 이론들은 때로 부분적으로 채택되기도 했다. 그러나 그보다는 비판받고 수정되어 이리저리 나누어지면서, 이로부터 결과된 철학적 여러 견해는 종종 데카르트에 의해 터무니없는 오류로서 비난받고는 했다.

데카르트가 끼친 영향 가운데 하나는 정신과 육체의 관계에 대한 문제를 논쟁의 중심으로 끌어들였다는 사실이다. 상호 작용설은 그 자체로 약점을 지니고 있었을 뿐만 아니라, 데카르트의 이원론과도 연관되어 있었다. 뒷날 학자들은, 물리적 자극이 감각을 일으킨다거나 의지의 작용이 움직이는 물체의 방향을 돌린다는 것은 상상하기 어려운 일로 생각하게 되었다. 스피노자는 바로 이 점에서 데카르트를 비판했다. 그는 상호 작용설을 거부했을 뿐만 아니라, 정신과 물체가 실체(實體)라는 것조차 부정했다.[20] 데카르트 그늘을 벗어나는 데 스피노자처럼 철저하지 않은 사람은 괼링크스(Geulincx, 1625~1669) ─ 데카르트의 네덜란드인 제자이며 한때 데카르트 학파임을 자처한 사상가들 가운데에서 지도자격이었던 괼링크스였다. 괼링크스는 데카르트의 이원론은 받아들였다. 그러나 그는 운동력 보존 법칙(保存法則)이 수정되어 '일정한 방향으로 향하는 자연물의 움직임 총량은 일정 불변하다'로 된 뒤에 나온 사람이다. 따라서 그는 의지의 능동성을 증명한 데카르트의 방법을 포기할 수밖에 없었다. 그래서 몸과 마음은 본디 서로 완전히 다른 실체이므로, 하나가 다른 것에 영향을 미칠 수는 없다고 주장했다. 이들이 서로 작용하는 것같이 보이는 것은 사실이다. 그러나 실제로 서로 작용할 수는 없다. 괼링크스는 다음과 같은 비유로 설명했다. 즉 시계 두 개는 서로 같은 시각을 가리키고 같은 횟수로 종을 울리도록 맞추어 놓을 수가 있다. 이 두 시계는 서로 영향을 미치지는 않지만 완전히 일치할 수는 있는 것이다. 마음과 몸도 마찬가지이다. 신이 모든 정신 현상과 물질 현상을 통제하여, 비록 정신과 물질은 직접적으로는 하나가 다른 것에 변화를 일으키지는 않지만, 마치 서로 영향을 주고받는 것처럼 움직이게 한다는 것이다. 육체 안에 어떤 신경적 변화가 일어나면 감각이 정신 안에 생겨나며, 어떤 의지 작용이 정신 안에 일어나면 이때 신경과 근육 움직임이 생겨난다고 그는 주장했다. 이로써 괼링크스의 학설에 '기회 원인설(機會原因說; occasionalism)'이라는 이름이 주어졌다. 기회 원인설에 따르면, 데카르트의 상호 작용설에서보다 더 철저하게 물질계는 정신의 영향을 받지 않는다. 하지만 모든 영광은 놀라울 만큼 정확한 예견과 빈틈없는 상관 관계성을 가진

＊20 스피노자의 견해에 대해서는 본장 다음 절 참조.

신에게로 돌아간다. 그러나 기회 원인설에도 문제점이 나타났다. 왜냐하면 이제 정신은 그 독립적인 변화에 있어, 물질계의 기계적인 질서가 보여주는 것과 똑같은 유형의 법칙들을 따르고 있는 것처럼 여겨졌기 때문이다.

따라서 필링크스의 기회 원인설은, 정신도 물질과 마찬가지로 기계론적으로 다루어져야 할 것이라는 결론으로 기울어졌다.

약 50년 뒤에 라메트리(La Mettrie, 1709~1751)는 데카르트 학설에서 더 멀어져 갔다. 라메트리의 견해는 〈인간기계론 *The Man-Machine*〉이라는 그의 저서 이름에서 잘 나타난다. 라메트리는 동물의 육체가 자동 기계라는 견해를 받아들인 점에 있어서 데카르트적이었다. 그러나 이 기계론을 인간의 육체에까지 적용한 점에서는 반(反)데카르트적이었다. 감각뿐만 아니라, 지(知)·정(情)·의(意)로 나뉘는 모든 의식이 물리적 자극과 육체적 과정의 산물이라고 라메트리는 주장했다. 사람은 어떤 설명할 수 없는 이유로 말미암아, 육체에 일어난 어떤 변화에 따라 의식을 다르게 가질 수 있다. 그러나 인간은 마치 자신이 의식을 가지지 않은 것처럼 언제나 똑같이 행동한다. 인간은 의식을 부산물(by-product)로서 가진 물질적 기계이다. 실체로서의 정신은 존재하지 않는다. 이 세상에 정신적인 실체란—인간적인 것이든 신적인 것이든—없다.

상호작용설(相互作用說)의 문제점에도 불구하고, 데카르트의 이원론(二元論)은 근세 철학에서 거듭 되살아나는 형이상학론 가운데 하나임을 그 역사적 영향력을 통해 입증했다. 이원론이란 철학적으로 볼 때 불안정한 것이다. 라메트리는 물질과 운동만이 참된 실재라는 유물론(唯物論)으로 이것을 고쳤다. 라이프니츠(Leibnitz)는 의식만이 실재하며 물질은 가상(appearance)일 따름이라는 유심론(唯心論 ; idealism)으로 대치했다. *21 그러나 이원론은 데카르트 학설에 대한 이러한 반대론이나 수정론들보다 더 오래 살아남았다. 이원론은 종교적 신앙을 위한 정신 세계를 보장하는 동시에, 자연 과학에 대해서는 그 지지자로서 존경할 만한 지위도 부여해 주므로, 이 무렵 많은 사람들에게 동감을 불러일으켰다. 특히 과학자들은 데카르트 철학으로 차츰 기울어졌다. 그것은 데카르트 철학에 기초를 두게 되면 종교적 신앙의

---

*21 라이프니츠의 견해에 대해서는 본장 제3절 참조.

타당성과 정신적 존재로서 인간의 존엄성을 인정할 수 있음은 물론, 일정불변한 법칙에 따라 전개되는 자연의 변화 과정에 대해 어떠한 방해도 받지 않고 과학적 연구를 해 나갈 수 있었기 때문이다.

근세 철학에 미친 데카르트의 영향 가운데 또 하나는, 철학자들이 그들의 문제를 다루는 과정에서 흔히 따르던 순서에서 찾아볼 수 있다. 후세 철학자 가운데 신의 존재에 대한 증명을, 자연계의 존재를 증명하는 데 필요한 전제 조건으로 삼은 사람은 별로 없다. 성 토마스는 자연 지식의 첫째 대상은 우리를 둘러싼 세계라고 믿었으며, 이 세계를 분석하는 과정으로부터 신에 대한 인식을 이끌어내려 했다. 토마스에게 있어 철학은 신학의 하녀에 불과했다. 그런데 데카르트는 이 순서를 뒤바꿔 버린 것이다. 왜냐하면 데카르트의 인식론적 탐구의 출발점에는 세계라는 것이 주어지지 않았다. 그에게는 오직 자기 자신과 자신이 처한 상태만이 주어져 있었다. 데카르트는 자아를 인식하는 경우처럼 직각적(直覺的)인 정확성을 가지고 다른 존재를 인식할 수는 없다고 주장했다. 따라서 그는 간접적인 방법으로 세계에 대한 지식에 다가가려 했다. 그는 세계에 대한 지식에 다다를 수 있는 정당한 방법을 확립하려면, 먼저 신의 존재를 증명해야 한다고 생각했다. 데카르트에게 있어 신학이란 철학, 적어도 자연 철학의 하녀라고까지 말할 수 있으리라. 그러나 이 점에 대한 데카르트의 견해를 후세 철학자들이 열렬히 지지한 적은 없었다. 이들에게도 워즈워스(Wordsworth)에게 있어서와 같이, 이 세계는 인간에게 너무나 소중한 존재로서 여겨졌던 것이다.

그러나 데카르트는 뒤에 많은 사상가들로 하여금 자아에 대한 인식을, 인식론 확립을 위한 기본 요건으로 받아들이게 했다. 실제로 근세 철학에 끼친 데카르트의 영향 가운데에서 가장 큰 것은, 인식론적 탐구는 자아로부터, 즉 자아의 내면적 의식 상태와 자아의 주관적 심상(心象)들로부터 출발해야 한다고 믿게 만들었다는 사실이다. 성 아우구스티누스조차도 데카르트처럼 주관주의적(主觀主義的)은 아니었다. 아우구스티누스의 Si fallor sum(내가 오류를 범한다 할지라도 나는 존재한다)은 데카르트의 Cogito ergo sum(나는 생각한다. 그러므로 나는 존재한다)의 선구(先驅)였다. 그러나 성 아우구스티누스는 마음이 경험하는 모든 내용을 오로지 심적 상태로 보지는 않았다. 성 아우구스티누스는 심상들 가운데에는 플라톤의 이데아처럼 실재하는 것도 있다고 믿었다. 또 감각이란 몸 안에서 일어난 사건을 마음이 관찰한 것이라고 보았다. 데카르트는 서양 문화사에서, 마음에 나타난 모든 심상은 (감각적인 것이든 지적인 것이든) 전적으로 '생각의 양태'로서 마음에 일어난 사건이라고 생각한 최초의 철학자이다. 이로써 데카르트는 개인의 마음과 그 마음이 품고 있는 모든 관념을 다른 존재들과는 완전히 격리된 영역으로 보았다. 한 개인의 경험은 모두 그 사람만이 간직한 것이라고 생각하게 된 것이다. 이 비밀스런 재난을 극복하고 신과 세계의 인식에 다다르는 방법에 대한 데카르트의 견해에 대해 근세의 사상가들은 대체로 찬성하지 않았다. 그러나 이들은 보통 철저한 주관주의적 견해를 인식론적 탐구의 오직 하나뿐인 정당한 출발점으로서 채택했다. 이 주관주의(主觀主義)는 데카르트로 하여금 확실성(certainty)의 토대를 발견할 수 있게 해주었다. 또 이 주관주의는 뒤에 많은 사상가들을 회의주의의 늪에 빠뜨리는 결과도 가져왔다. 과학의 역사에서, 데카르트는 무엇보다도 세계에 대한 수학적 진리의 대담한 발견자로서 유명하다. 그러나 인식론과 형이상학의 역사에 있어서는, 그는 무엇보다도 경험의 유일한 소재는—또는 가장 확실한 소재는—한 개인만이 아는 의식의 상태들이라 보고, 마음과 마음 밖의 것들 사이를 단절시킨 사상가로서 유명하다.

2. 스피노자

바루흐 (또는 베네딕투스) 데 스피노자(Baruch, 또는 Benedictus de Spinoza, 1632~1677) : 유대인계 네덜란드 인. 그의 가족은 이단자(異端者) 탄압을 피하기 위해 포르투갈로부터 망명해 온 사람들이었다. 그의 아버지는 암스테르담에서 크게 성공한 상인이었으며, 유대인 교회의 중요한 인물이기도 했다. 바루흐 자신은 스무 살 무렵 이단으로서 이름이 알려졌다. 그의 아버지 덕분에, 신학에 대해서 침묵을 지켜 주면 연금을 지급하겠다는 제의를 받았으나, 스피노자는 이를 거절했다. 1653년 아버지를 여의고 1656년에는 심한 욕설을 들으며 파문을 당했다. 스피노자는 아버지의 상속인으로서 자기 권리를 지키기 위해, 누이에게 맞서 법정 싸움을 벌이기도 했다. 하지만 재판에서 이기자 그는 유산 대부분을 누이에게 넘겨주었다. 스피노자는 안경 렌즈를 갈아서 생계를 꾸려갔는데, 이는 큰 기술을 요구하는 직업이었으므로, 그 무렵 광학(光學 ; optics)과 관련이 있던 새 과학을 접할 수 있었다. 1660년 스피노자는 린스부르크(Leyden 부근)라는 작은 마을로 은퇴하여 여러 해 동안 살다가 마침내 헤이그로 이사했다. 하이델베르크 대학 철학 교수로 초빙되었으나 공공 단체와 결연함으로써 사상의 자유를 잃게 될까 두려워 이를 거절했다. 그는 한 친구의 아들로부터 연금을 받았는데, 제시된 금액보다 적게 받겠다고 고집을 부렸다. 스피노자의 삶은 고독하고 조용했으며, 끊임없는 철학적 사색에 바쳐졌다. 그는 폐결핵으로 세상을 떠났다. 스피노자의 저서들 가운데 〈데카르트 철학의 제원리 *Principles of Descartes' Philosophy*〉(1663)와 〈신학—정치론 *Theological-Political Tractate*〉(1670) 두 권만이 그가 살아 있는 동안에 출판되었다. 〈신학—정치론〉은 성서를 과학적으로 비판한 선구적 저술이며 또 완전히 세속적인 국가관 그리고 사상과 신앙의 자유주의를 옹호하고 있다. 스피노자의 다른 저서들이 1677년 그가 세상을 떠난 뒤 출판되었는데, 이 가운데 가장 위대한 저서인 〈기하학적으로 증명된 윤리학 *Ethics Demonstrated in the Manner of Geometry*〉과 미완성으로 그친 〈국가론 *Political Treatise*〉이 들어 있다(그리고 이 〈국가론〉은 홉스의 〈국가론〉과 비슷한 견해를 주장하고 있다). 한 100년 뒤에 〈지성개선론 知性改善論 ; *Treatise on the Improvement of the Understanding*〉이 출간되었는데, 이것은 〈윤리학〉보다 먼저 쓰인 것이다. 이보다 1세기 뒤에 〈신과 인간 그리고 인간의 행복에 대한 글 *A Short Treatise on God, Man, and His Well-Being*〉(1862)이 세상에 나왔다. 스피노자는 그가 죽은 뒤 100년 동안 무시당하고 오해를 받았다. 예를 들면 로크는 그를 '정당하게 신의 버림을 받은 무신론자'라고 말했다. 그러나 스피노자는 레싱과 괴테의 시대로부터 오늘에 이르기까지 열광적인 칭송을 받고 있다. 스피노자는 유대인 자손으로서 바루흐라는 이름을 얻었으나, 유대인 교회로부터 파문을 당한 뒤 자신의 히브리 이름을 라틴어로 번역하여 베네딕투스라 고쳤다.

스피노자는 플라톤이나 다른 고대 철학자들처럼, 철학이란 무엇보다도 사람으로서 살아갈 수 있는 가장 훌륭한 삶에 대한 진지하고 오랜 탐구라고 생

각했다. 스피노자의 최초 저술이라고 여겨지는 책 첫머리에서 스피노자는 다음과 같이 말하고 있다. [22]

경험을 통해서 나는 사회 생활 가운데 일상적으로 일어나는 모든 일이 헛되고 쓸모없음을 깨달은 뒤—내가 두려워했던 모든 일, 바로 그것들이 내 마음을 움직인다는 것밖에는, 그 자체로서는 선도 악도 아니라는 사실을 깨달은 뒤—나는 마침내 다음 문제를 탐구하기로 결심했다. 즉 정말 값지고 그 가치를 나에게 나누어 줄 수 있으며, 오직 이것만이 (다른 온갖 것을 거부하고 나서) 내 마음을 움직일 수 있는 어떤 것이 있을까, 이를 발견하고 내 것으로 만듦으로써 내가 계속적으로 완전한 행복을 영원히 누리게 될 그런 것이 정말 있을까 하는 것이다.

사람들은 대개 명예와 재물 그리고 관능적 쾌락을 얻고자 한다. 그러나 그것들은 모두 물거품 같은 것이며, 비록 이것들을 잠깐이나마 얻을 수 있다 하더라도, 이것들을 잃을 때에 사람들은 스스로 불행하다고 느끼고 비참해한다. 행복과 불행은 오직 이 한 가지, 즉 그가 사랑하고 애착을 갖는 대상이 어떠한 것이냐에 달려 있다고 스피노자는 단정했다. 일시적인 것을 사랑함은, 우리가 사는 이러한 종류의 세계에서는 끊임없는 불안과 방황의 원인이 된다. '영원하고 무한한' 것에 대한 사랑은 넘치는 기쁨을 쉬임없이 마음에 가져다 준다. 따라서 우리는 영원하고 무한한 것을 '열망하며 온 힘을 다하여 추구해야 한다' 이렇게 그는 결론지었다.

철학의 주요한 목적을 이같이 보았으므로, 스피노자는 그의 위대한 체계적 저서에 〈윤리학 Ethics〉이라는 이름을 붙였다. 그리고 이 이름은 그의 저서에 꼭 들어맞는 것이기도 하다. 그러나 인간이 애착을 갖게 될 영원하고 무한한 대상을 발견하고, 또 인간으로 하여금 최선을 다하여 그 대상을 지향하도록 마음 닦는 법을 가르치는 것을 목표로 하는 윤리학—이러한 종류의 윤리학은 마땅히 그 규모가 광범위했다. 실제로 스피노자의 〈윤리학〉은 바로 그러한 책이다. 이 책은 형이상학 체계를 포함하고 있다. 영원하고 무한

---

[22] 〈지성개선론 Treatise on the Improvement of the Understanding〉.

한 것에 대한 탐구는 실재의 본성과 구조를 철저히 고찰하도록 요구하기 때문이다. 그리고 세부적으로 나눈 심리학을 포함한다. 인간 본성에 대한 충분한 이해 없이는 마음을 닦아 나갈 수 없기 때문이다. 또한 이 책은 인식론을 포함한다. 왜냐하면 원하는 목적에 이르기 위해 지성의 모든 힘이 모아져야 하기 때문이다. 스피노자의 〈윤리학〉은 근세철학을 다룬 어느 책보다도 철학적 문제들의 범위를 넓고 체계적으로 다루고 있으며,[*23] 그 문제들에 대한 사색을 철저하면서도 간결하게 정리하고 있다. 스피노자의 판단에 따르면, 형이상학과 인식론과 심리학을 포함하지 않은 윤리학은 실패로 끝나게 되며 혼란스럽고 도움이 되지 않는 것이다. 인간은 오직 그가 세계를 이해하고 자신의 약점과 장점을 알고 있으며, 더불어 살아가는 여러 힘에 대해 도덕적으로 적응하는 방법을 터득했을 때에만, 이 세계에서 자기의 가장 고귀한 목적과 사명을 결정할 수 있다.

스피노자의 사상은 조심스럽게 준비된 계획에 따라 전개되므로, 〈윤리학〉을 한 장 한 장 끝까지 읽어 나가는 것이 그의 사상을 이해하는 가장 좋은 방법이다. 정치 철학 저술 말고 스피노자의 다른 책들은 그의 주요 저서인 〈윤리학〉을 보조적으로 뒷받침하는 역할을 한다.

기하학적 방법에 의한 증명

스피노자의 〈윤리학〉을 처음 읽어보면 그의 서술 방법에 놀라게 된다. 이 책의 전체 이름은 〈기하학적 방법으로 증명된 윤리학〉인데, 바로 이 이름이 가리키는 대로 정확하게 전개된다. 〈윤리학〉은 다섯 부문으로 나뉜다. 각 부는 공리(公理)와 정의(定義)로 시작되며, 이어서 나오는 명제들은 공리와 정의, 그리고 앞선 명제들에 의거하여 증명된다. 이런 식으로 스피노자 사상은 연역적으로 조직된 체계로서 제시되고 있다.

스피노자를 비판하는 사람들은 이러한 방법으로 철학 체계를 서술한 그의 의도를 오해하고는 했다. 이들은 스피노자가 증명될 수 없는 원칙과 독단적 정의를 내세움으로써 선결 문제 전제에 대한 오류를 범했다고 비난했지만

---

*23 스피노자의 〈윤리학〉과 비슷한 종합적 철학 저서로서는 흄의 〈인성론 人性論 : *Treatise of Human Nature*〉이 있을 따름이다. 그러나 여기에서도 스피노자의 〈윤리학〉 같은 치밀한 체계는 찾아볼 수 없다.

이 비난은 전혀 타당한 것이 못 된다. 세 가지 예를 들어 이 비난의 부당성을 살펴보자. 첫째로, 스피노자의 방법은 해설을 위한 것이며 발견을 위한 것이 아니다. 지식의 단계에 대한 스피노자의 생각은, 그가 먼저 원칙과 정의를 알고서 이에 따라 명제들을 이끌어내려고 생각하지는 않았음을 분명히 보여준다. 스피노자는 데카르트처럼 스스로 전개 순서를 주장하는 것이 아니다. 오히려 그가 책을 쓰기 전에 철학 사상 전체가 형성되었다고 보아야 한다. 철학 사상이 형성된 뒤에 철학이라는 것이 복잡하고 어렵다는 사실을 깨닫고, 쉬운 설명들을 덧붙이기 위해 명확한 수학적 방법을 채택한 것이다.

둘째로, 〈윤리학〉에 나타난 정의와 원칙들은 스피노자가 사상을 치밀하게 체계화하기 위해 시도한 단 하나뿐인, 또는 최초의 것이 아닐지도 모른다. 스피노자는 사람들이 보지 않는 곳에서 책을 썼으며 저술의 진행 과정에 대한 어떠한 글도 남기지 않았기 때문에, 이에 대한 증거는 없다. 그러나 그가 체계화를 위해 몇 가지 방안을 시도한 뒤에도 마음에 들지 않아, 마침내 저 기하학적 방법을 선택했다고 보는 게 맞을 것 같다.

셋째로, 그의 원칙과 정의는 이들이 놓여 있는 전체적 맥락을 떠나 그 자체만을 따로 떼어 볼 때, 종종 모호하고 때로는 도무지 이해가 되지 않는 부분들도 있다. 이들은 연역적 방법으로 이끌어가기 위한 구체적 명제들이 전개되는 것을 보고서야 비로소 의미가 분명해진다. 이 구체적 명제들은 관찰을 통해 그 참됨이 증명되는 경우도 적지 않다. 그 원칙과 정의가 체계 조직을 위해 유용하다는 사실을 증명해 주는 것이 바로 이 구체적 명제들이다. 좀 더 정확하게 말하자면, 이 체계화된 사상 전체의 타당성이 실제로 하나하나의 원칙과 정의, 그리고 정의가 참됨을 증명해 준다. 만일 뒤따르는 명제들이 그 원칙과 정의를 분명히 밝혀 주지 않았더라면, 그 원칙과 정의가 참됨을 스피노자 자신은 물론 그의 가장 열렬한 추종자들도 알지 못했을 것이다. 스피노자의 인식론에 따르면, 추상적 개념(the abstract)들이 먼저 알려지고, 이로부터 연역적 추리 방법을 통하여 구체적인 개념들이 밝혀지는 것은 아니다. 그보다는 뒤죽박죽 혼란스러운 관념들이 먼저 일어나고, 다음에 좀 더 정확한 생각이 차츰 형성되어 맨 처음 어지러움을 바로잡으며, 마침내 (지식이 언젠가 그 이상적 목적에 이른다고 하면) 넓은 범위의 존재를 전체적으로 파악하는 지적 인식 작용이 그 바로잡힌 관념들을 질서정연하고 합리적인 체계로 구성한다. 그러므로 우리는 지식의 높은 수준에까지 이르기 전에는 철학 쓰기를 삼가야 한다. 그러나 그러한 수준에 이르렀을 때에는, 혼란에 빠져 있던 초기 사상을 기록할 게 아니라, 완성된 체계를 발표함이 마땅하다. 이 같은 인식론으로 비추어 볼 때, 스피노자가 자기의 출발점과 마침내 닿은 목적을 구별하지 못했다고 비난하는 것은 정당하지 못하다. 스피노자는 그의 한 편지글에서 자신은 참된 철학을 가졌다고 주장하면서도 자기의 철학이 가장 훌륭한 것은 아닐지도 모른다고 털어놓는다. *24 이 참된 철학과 가장 훌륭한 철학의 구별은 오직 한 가지를 뜻한다. 즉 스피노자는 자기의 철학이 옳다고 믿었으나, 이 철학을 주장하기 위해 사용한 원칙과 정의가 가장 으뜸가는 것은 아닐지도 모른다고 인정하려는 것이다.

이 세 가지 이유를 근거로 우리는 스피노자가 선결 문제 전제의 오류를 범하지 않았다고 단정할 수 있으리라. 그는 그러한 어리석은 오류를 범하는 대신에, 오히려 기하학적 방식의 설명들을 통해 사고를 명석하게 하고 이해를 쉽게 하고자 했던 것이다.

실체·자연·신

〈윤리학〉제1부 제목은 '신에 대하여'이다. 그러나 스피노자가 말하는 신(神)은 전통적 신의 관념과는 너무나 동떨어져 있어, 이 '신'이라는 말은 부주의한 독자를 자칫 오해로 이끌기도 한다. 제1부에 첨가된 부록은 전통적 신의 관념을 분명히 배격하고 있다. 스피노자는 신이 세계의 창조자는 아니라고 말했다. 창조자는 피창조물과 반드시 구별되어야 하므로, 창조자가 가진 속성과 피창조자가 가진 속성은 다르지 않을 수 없다. 신을 창조자로 본다면, 그는 자기와 구별되는 피창조자에 의해 제한을 받을 것이다. 다시 말하면, 신은 무한하지 않은 존재가 될 것이다. 그리고 무한하지 않은 신이란 자기 모순을 품은 개념이다. 뿐만 아니라 만일 세계가 그 자체 말고 다른 어떤 원인을 필요로 하는 것이라고 생각된다면, 같은 원리에 따라 그 세계의 원인도 또 그것의 원인에 의해 설명되어야 할 것이다. 그리고 더 나아가 자연에는 목적인(目的因 ; final causes, 넓은 뜻으로는 원인을 말하는 철학 용

---

*24 Letter, 제76호.

어)이라는 것이 없다고 스피노자는 생각했다. 즉 자연은 설계—자연의 배후에 어떤 설계자의 존재를 예상하는 설계—에 따라서 만들어졌다는 증거가 없다는 것이다. 이로써 스피노자는 유대교적 기독교 전통에서 일반적으로 긍정되어 온 신의 관념을 거부했다. 그는 나중에[*25] '신 또는 자연'이라는 말을 쓰고 있다. 이것은 스피노자 사상의 맥락 안에서는 '신'과 '자연'의 두 개념이 같은 대상, 즉 하나의 거대하고 감탄할 만한 존재 체계를 가리킴을 뜻한다. 그리고 스피노자는, 〈윤리학〉 제1부에서 신과 자연의 동일성(identification)은 가능할 뿐 아니라 필연적이라고 생각한 이론을 전개하고 있다.

〈윤리학〉 제1부는 제2부와 나머지 부분들을 위한 형이상학적 기초를 논했다. 이 부분은 매우 추상적 정의(定義)의 제시로 시작되고 있으며, 그 정의로써 자기가 의도한 대로 상세한 의미들이 뒤따르는 명제들에 의해 서서히 밝혀지고 있다. 이 가운데 스피노자 철학의 윤곽을 이해하는 데 특히 중요한 세 가지 정의가 있다. 그것은 다음과 같다.[*26]

'실체(實體 ; substance)'란 독자적으로 존재하며 그 자체를 통하여 이해되는 것, 다시 말하면 그 개념의 근거가 되는 다른 어떤 개념을 요구하지 않는 것이다.

'속성(屬性 ; attribute)'이란 실체의 본질을 구성하는 것으로서 지성(the intellect, 지적 능력)이 지각하는(perceive, 감각 기관을 통해 인식하는 것) 것이다.

'양태(樣態 ; mode)'란 실체의 변용(modification, 변형 또는 변화), 다시 말하면 다른 무엇에 의존하여, 또는 다른 무엇을 통해서 이해되는 것을 말한다.

위의 정의들은 그 본디의 추상적 표현만으로는 뜻이 매우 모호하지만, 이 정의들을 체계적 원리로 삼고 전개되는 이론을 통하여 뜻이 분명해진다.

이 실체(實體)의 정의는, '실체란 그것이 존재하기 위하여 다른 아무것도 필요로 하지 않는 것'이라고 말한 데카르트의 정의와 같은 뜻이다.[*27] 그러나

[*25] *Ethics*, 제4부 서문.
[*26] 정의 3, 4, 5.

스피노자가 밝히는 바에 따르면, 데카르트는 이 정의를 실제로 적용하는 과정에서 자기 자신의 정의를 충실하게 따르지는 않았다. 물체(데카르트가 말하는, 부피와 공간성을 가지는 실체)와 인간의 정신(데카르트의 생각하는 실체)은 피창조자이며, 따라서 여러 가지로 서로 작용한다. 그러므로 물체와 인간의 정신은 실체라고 부를 수 없는 것이다. 물체와 인간의 정신은 틀림없이 존재한다. 그러나 이들의 발생 과정은 여러 조건의 제한을 받는다. 그러므로 이들은 실체가 아니라 양태(樣態)인 것이다. 이들은 실체의 양태이다. 그러나 이들 양태의 주체인 실체는 스스로 충족하며(self-sufficient) 모든 것을 포괄하는 체계로서 유한한 존재들을 자기 안에 소유한다. 세상에는 실체가 오직 하나 존재할 수 있다고 스피노자는 지적한다. 같은 속성을 가진 두 개 또는 두 개가 넘는 실체는 존재할 수 없다. 왜냐하면 같은 속성을 가진 두 사물은 서로 상대를 제한할 것이며, 이 제한을 받은 존재는 유한한 존재〔有限者〕로서 이해되어야 할 것이므로, 이것은 양태라고 말할 수 있다. 마찬가지로 이 세상에는 서로 다른 속성을 가진 둘 또는 둘 이상의 실체도 있을 수 없다. 왜냐하면 속성이 다른 두 사물은 서로 상대편의 성질을 부정하는 부분을 포함하고 있을 것이며, 따라서 그 본질이 무한히 풍부할 수 없으므로, 이들도 또한 양태라고 말할 수 있다. 실체는 필연적으로 존재한다. 왜냐하면 실체는 그 자체 말고 다른 어떤 것에 의해서도 생겨날 수 없기 때문이다. 실체는 오직 하나밖에 없다. 이것은 그 자체 말고는 어떠한 것에 의해서도 제한을 받을 수 없기 때문이다. 그리고 실체는 (물론 위에 말한 것과 같은 이유로) 반드시 무한한 종류의 속성을 가지고 있으며, 그 속성의 하나하나는 실체의 영원하고 무한한 본질을 나타낸다. 이 세상에 존재하는 것은 무엇이든 반드시 저 하나밖에 없는 실체이거나 또는 그 실체의 양태이다. 실제로 이 하나밖에 없는 실체를 떠나서는 어떠한 것도 존재할 수 없으며 어떠한 것도 이해될 수 없다.

〈윤리학〉의 처음 열다섯 개 명제들은 앞 단락에서 요약한 내용을 표명하고 있다. 그러나 일반 독자들은—스피노자의 경우에는 다른 철학자들보다 더 정도가 심한데—그 학술적 주장만으로는 저자의 철학적 견해를 쉽게 파

---

*27 본장, 각주 5 참조.

악하지 못한다. 스피노자는 오늘날 우리가 자연주의(自然主義)라고 부르는 견해를 스콜라 철학이나 데카르트를 떠올리는 언어로 표현했다. 그는 거대한 자연 체계(하나의 실체)가 존재한다고 믿었고, 이 체계 안에서 여러 가지 사물[樣態]들이 생겨난다고 믿었다. 이 자연 체계는 이 세상에서 일어나는 모든 것을 포함하며 (따라서 그것은 무한하다), 처음과 끝이 없고(이것은 영원하다), 또 생산력을 가지고 있다. 이것이 생산력을 가지고 있다는 사실은, 자연 체계의 법칙에 따라 이미 생겨났으며 또 앞으로 생겨나리라 짐작되는 수많은 사물들을 통해서 명백하게 증명된다(생산력을 가진 자연의 체계는 그 속성들을 무수하게 펼쳐 보이며, 그 속성들 하나하나는 이 체계의 무한하고 영원한 본질을 나타낸다). 자연의 체계를 근원으로 하여 '무수한 사물들이 무한한 모습을 띠고 생겨난다.'[28] 그리고 이 무수한 사물들은 인과(因果)의 연속 과정을 지배하는 자연의 규칙성과 통일성(uniformity)에 따라서, 그리고 유한한 존재들 하나하나가 서로 얽혀 있는 자연적 구조의 상호의존성에 따라서 필연적으로 생긴다. [29]

더 나아가 그가 주장하는 바에 따르면, 자연(自然)은 어떤 의미로는 언제나 늘 같은 모습으로 존재하며, 또 다른 의미로는 언제나 변화하고 있다. 스피노자는 이 두 가지 의미를 '능동적 자연(natura naturans)'과 '수동적 자연(natura naturata)'이라는 두 용어로 나타냈다. [30] 첫째로 능동적(能動的) 자연이란 적극적이며 창조적인 자연을 말한다. 다시 말하면 이것은 모든 사물을 생기게 하는—그러나 일정하며 영구적으로 확립된 원리에 따라 생기게 하는—생산적 역량(energy)이다. 능동적 자연은 그 작용이 일어났다가 언젠가 소멸하는 것이지만, 그 작용은 영원불변의 원칙에 따라서 일어난다. 예를 들어, 물은 (다른 조건에 변동이 없는 한) 언제나 일정한 온도에서 얼음이 된다. 어떤 약품은 생물체들에 대해 언제나 독성을 일으킨다. 그리고 인간은 누구나 죽음을 피할 수 없다. 다음에 수동적(受動的) 자연이란 소극적이며 일정한 순간에만 존재하는 자연을 말한다. 다시 말하면 이것은 잠시 생겼다가 지는 상

---

*28 Ethics, 제1부, 명제 16.

*29 이 점에서, 즉 자연의 우연성을 거부하고 엄격한 필연론을 주장한다는 점에서, 스피노자의 자연론은 아리스토텔레스의 자연론과는 다르다.

*30 Ethics, 제1부, 명제 29, 주석.

태를 뜻한다. 그러나 자연이 지금 이 순간 실제로 나타내는 것과 같은 모습은 과거에는 전혀 일어나지 않았을 것이며, 미래에도 다시는 일어나지 않을 것이다. 즉 물은 언제나 어는 것은 아니며 약품이 언제나 동물을 중독시키는 것은 아니다. 그리고 인간은 늘 존재해 왔던 것은 아니며, 따라서 늘 죽어 가고 있는 것도 아니었다. 자연의 질서는 어느 때 어느 곳에서나 똑같이 작용한다. 그러나 우주의 상태는 시시각각 변화한다. 우주가 나타내는 무수한 모습들 하나하나를 스피노자는 그 순간의 '우주의 얼굴'이라고 불렀다. 우주의 얼굴은 끊임없이 변화하는 모습을 나타낸다. 세계는 운동과 에너지 보존의 법칙과도 같이 불변성으로 가득하며 닫혀 있는 기계적 체계이다. 또한 고정된 원리들에 따라, 왔다가 사라지는 무상(無常)한 여러 현상의 흐름이다. 한편 능동적 자연 법칙에는 절대로 변화가 일어나지 않으며, 수동적 자연에는 끊임없는 변화가—연속적으로 나타나는 양태들과 그 양태들의 위치와 성질 및 배열, 그리고 다른 것으로 바뀌는 과정에서—일어난다.

〈윤리학〉 제1부에 나타난 36개 명제는 왜 스피노자가 자연(自然)과 실체(實體)와 신(神)이라는 세 용어를 같은 뜻으로 쓰게 되었는지 알려 준다. 자연이 그 기본 개념이다. 이것은 우리가 눈을 돌리기만 하면 어디에서나 볼 수 있다. 이것을 자연이라고 부르는 이유는, 그 안에서 일어나는 모든 것이 외부 영향을 받지 않고 스스로의 법칙에 따라서 생겨나기 때문이다. 이것을 실체라고 부르는 이유는 실체라는 정의가 가리키는 것이 바로 이것이며 또 이것뿐이기 때문이다. 이것을 신이라고 부르는 이유는, 이것이 (이교와 유대교, 그리고 기독교 등 기존 종교의 인격신보다도) 정통파 신자들이 신에게 속한다고 말하는 여러 성질을 가지고 있기 때문이다. 다시 말하면 이것은 무한하고 영원하며, 모든 존재의 궁극적 근원이고 또 오직 하나의 필연적 존재이기 때문이다. 더욱이 스피노자에 따르면 이것은 완전하다. 그러나 그 완전성은 도덕적인 것을 뜻하는 게 아니다. 이는 빈틈없는 질서와 무한한 역량에서 오는 완전성이다. 스피노자는 어떤 존재의 힘이 크면 클수록 그것은 보다 완전하다고 보고, 자연 또는 신의 힘은 끝이 없다고 주장했다. 뿐만 아니라 〈윤리학〉 마지막 부분에서 설명하듯이, 신에 대한 사랑은 인간이 최고의 덕(德) 또는 행복을 성취할 수 있는 단 하나의 방법이기도 하다.

스피노자가 '신'이라는 말을 쓴 데 대해 마지막으로 두 가지 주의의 말을 덧붙이려 한다. 왜냐하면 그가 말한 신이란 독자들이 생각하기 쉬운 인격적 존재를 뜻하는 것이 아니기 때문이다. 스피노자가 생각하는 신은 유대교적 기독교 전통에서 말하는 신과는 다르다. 스피노자에 따르면, 유대교적 기독교 신의 개념은 분명치 않으며 모순으로 가득 차 있다. 만일 이 개념이 분명하게 일관성을 가지게 되면, 이는 거대한 비인격적 자연 체계가 될 것이다.

첫째로 주의할 것은, 스피노자에 있어 '지성도 의지도 신의 성질에 속하지 않는다'는 것이다. *31 스피노자도 어떤 의미로는 '생각(思惟, thought)은 신의 속성, 즉 신은 생각하는 존재'라고 주장한 것이 사실이다. *32 이 마지막 명제에 대하여는 곧 설명을 할 생각이다. 아무튼 이 명제는 올바로 해석되기만 한다면, 신에게 지성이나 의지 또는 그 밖의 모든 인간적 특징들을 인정하지 않는 것과 모순되는 것은 아니다. 바위나 나무가 신의 모습을 따라 만들어진 것이 아니듯, 인간도 신을 본보기로 하여 만들어진 것이 아니라고 스피노자는 당당히 말할 수 있었으리라. 모든 유한한 존재들은 '신 또는 자연' 안에 잠재 가능성을 가진 전형적 사례들이다. 그러나 유한한 존재들의 어떠한 특성도 신의 속성이라고 단정해서는 안 된다. 스피노자의 신은 인간적이지 않다. 이것은 어떤 목적을 위해 행동하지 않으며, 무엇을 인식하거나 지적 행위를 하지도 않는다. 신과 인간의 관계는 다른 어떤 유한한 모습들과 신의 관계보다 특별한 것이 없다. 신은 전혀 들을 줄을 모르는 까닭에 기도도 들어주지 않는다. 신에게 호소하는 인간들은 어리석다. 인간의 뜨거운 외침에 냉담하다는 이유로 신을 찬미하는 사람이 있다면 그는 어진 사람이다.

두 번째 주의할 것은, 신에 대한 스피노자의 이론에 대해 많은 사람들은 범신론(汎神論)이라고 비판하지만 결코 그렇지 않다는 것이다. 스피노자는 자연의 아름다움에 빠져 자연을 신성하게 바라보며 열정적으로 시를 읊은 시인 워즈워스 같은 낭만주의자는 아니었다. 스피노자는 결코 우주의 어떤 순간적 상태, 즉 '우주의 얼굴'을 '신(神)'이라 부르지 않았으며, 이 순간적 상태들의 연속적인 전체 모습에 대해서도 '신'이라는 이름을 적용하지 않았다. 순간순간마다 우주의 상태는 가장 높은 단계의 영원한 모습을 끝없이 펼쳐 보여준다. 그러나 어디까지나 모습(樣態 ; mode)일 뿐, 실체는 아니다.

*31 *Ethics*, 제1부, 명제 17, 주석.
*32 *Ethics*, 제2부, 명제 1.

순간순간마다 우주의 상태는 그 순간에 존재하는 모든 유한한 모습(양태)의 총집합이며, 그 유한한 모습들 하나하나는 좀 더 작은 모습들의 집합을 이룬다. 그리고 이 같은 관계는 (우리가 더 나눌 수 없는 궁극적 요소에 이를 때까지) 다시 계속된다. 바꾸어 말하면 신은 수동적 자연이 아니라, 능동적 자연에 적용할 이름이다. 신은 수많은 사탕무와 당근, 사람과 짐승, 강과 산, 그리고 행성(行星)과 혜성(彗星)과 항성(恒星)들을 모두 모아 놓은 것이 아니다. 일시적인 것들을 아무리 많이 모아 놓더라도 이들이 영원한 것이 될 수는 없다. 신은 일정불변하게 고정된 자연 체계로서 자연계에 잇따라 나타나는 삼라만상의 근원이다. 말하자면 신은 세계라기보다는 세계의 이법(理法 ; order)이다. 순간순간마다 세계의 모습은 세계의 이법에 따라 결정된다. 그러나 순간의 세계는 이 이법의 생산력과 무한성을 고갈시키지 않으며, 이 이법의 영원성을 소유하지도 않는다. 세계의 이법 또는 자연의 체계만이 실체 또는 신의 이름으로 불릴 수 있다.

실체의 속성

〈윤리학〉 제2부에는 '정신의 본성(本性)과 기원(起源)에 대하여'라는 제목이 붙었다. 스피노자는 이 부분에서 정신과 물체의 관계와 인식론에 대한 자기 생각을 적었다. 이 두 문제에 대한 이론에서, 스피노자는 데카르트의 견해에 대해 노골적으로 비판하고 반대 의견을 말하고 있다.

스피노자는 데카르트의 심신 상호 작용설을 거부했다. 스피노자는 데카르트의 이론에 잘못되고 이치에 안 맞는 주장이 들어 있다고 주장했다. 예를 들어 데카르트 학설에 들어 있는 주장의 하나로서, 육체 안에 정신이 자리 잡고 있음을 인정하는 부분이 있다. 그러나 정신이 송과선(松果腺)이나 신체 어느 부분에 자리를 잡는다는 생각은 너무나 터무니없는 것이며, "그 이론이 그토록 교묘하게 꾸며지지만 않았다면, 나는 '데카르트처럼' 탁월한 사람이 그러한 생각을 했다고는 믿지 못했을 것이다" 스피노자는 이렇게 말했다. *[33] 이는 데카르트의 견해가 자연 안에서 정신의 활동을 인정하면서도, 자연에 작용하는 정신의 원리들을 자연 그 자체의 원리들과 대조되는 것으

---

*[33] Ethics, 제5부, 서문.

로 보기 때문이다. 스피노자의 주장에 따르면, 데카르트의 잘못은 자연 안에서 정신의 지위를 '왕국 안에 있는 또 하나의 왕국'처럼 다룬 점에 있다. *34 다시 말하면, 데카르트는 정신에는 목적이 있고 자연에는 원인이 없다고 보면서도, 정신이 자연의 기계적 운행에 간섭하는 것처럼 본다는 것이다. 인간은 자연의 장엄한 진행 과정을 방해하거나 자연의 법칙을 거스를 수 없다는 점을 들어, 스피노자는 데카르트를 반박하고 있다. 인간이 자연을 거스른다고 생각하는 것은 자연에 어떤 결함이 있음을 인정하는 것이다. 복잡한 기계 조직과 같은 인간의 육체와 열정과 관념, 그리고 의지 작용을 가진 인간의 정신은 둘 다 자연의 원리들을 그 안에 포함하고 있으며, 이 자연의 원리들을 통해서, 그리고 이 원리들을 통해서만 이해될 수 있다. 어떤 육체적 현상의 원인이나 결과들을 올바로 더듬어 가면 우리는 언제나 어떤 육체적 현상들에 맞닥뜨린다. 그리고 어떤 정신 현상의 원인이나 결과들을 올바로 더듬어 가면 우리는 반드시 어떤 정신 현상들에 맞닥뜨리게 된다. 육체나 정신에 대해 올바른 설명을 한다면 다른 종류의 현상들에 맞닥뜨리는 일은 있을 수 없다. 우리는 정확성이 없는 일상적인 발언들 속에, 육체의 자극이 감각의 원인이 된다거나 의지의 결정이 근육에 변화를 일으킨다는 등의 말을 한다. 이러한 말들 속에 우리는 여러 가지 언어들을 뒤섞고 있다. 이 말에서 저 말로 왔다 갔다 하면서 모든 언어의 규칙을 어기고 있다고 그는 주장한다.

'정신의 본성(本性)과 기원(起源)'에 대한 스피노자의 이론은 〈윤리학〉가운데 가장 어려운 부분이다. 아마 스피노자 자신으로서도 자기 견해의 어떤 세부적인 부분들에 대해서는 완전히 명백하게 결론짓지 못한 데가 있었으리라고 본다. 확실히 스피노자를 비판하는 사람들은 그의 이론을 여러 가지로 해석했다. 스피노자가 데카르트의 이원론(二元論)과 상호작용설(相互作用說)에 반대하며, 또 육체와 정신을 서로 뚜렷이 구분되는 두 개의 원리로 보고, 한 인간의 행동을 그 두 원리 가운데 어느 것으로도 고찰할 수 있다고 주장한 것은 틀림없는 사실이다. 그러나 그는 정신과 육체에 대한 이론을 인간의 행동 밖에까지 연장하여 이것을 모든 자연에도 고루 적용했다. 여기에 이르러 스피노자는 '정신' 또는 '생각'이라는 말을 보통 쓰이는 것과는 다른

---

*34 Ethics, 제3부, 서문.

뜻으로 사용한 것이다.

인간이 몸과 마음의 두 측면을 가지고 있는 것은 사실이다. 그러나 스피노자는 다른 모든 것도 정도는 낮을지언정 이 두 측면을 가지고 있다고 주장한다. 이는 하급 동물이 이성적이라거나 식물이 감각을 가졌다거나, 또는 바윗돌이나 강물에 의식이 있음을 뜻하는 게 아니다. 그는 원시적 물활론(物活論 ; animism)의 견해를 옹호하는 게 아니다. 그가 말하고자 하는 것은, 자연계의 모든 존재에는 두 부분이 있다는 것이다. 그리고 데카르트의 용어를 빌려 오는 것이 편리하다고 생각했기 때문에 이 두 부분을 사유(思惟, 생각)와 연장(延長 ; extension, 부피와 공간성)이라는 이름으로 불렀던 것이다. 실제로 이 두 부분은 자연계 전반에 걸쳐서 보편적으로 존재한다. 이 둘은 실체라는 속성을 가진다. 즉 제2부의 처음 두 명제에 따르면,

생각하는 것[思惟]은 신(神)의 속성이다. 즉 신은 생각하는 존재이다. 부피와 공간성(延長)은 신의 속성이다. 즉 신은 부피와 공간성을 가진 존재이다.

그러므로 인간에게 있어서 마음과 몸의 관계는, 실체가 가지는 두 속성 사이의 관계에 대한 한 가지 사례일 뿐이다.

그리고 실체가 가지는 두 속성의 관계는 동일성(同一性)의 관계이다. 스피노자가 주장하는 바에 따르면, "생각하는 실체와 부피·공간성을 가진 실체는 서로 다른 두 속성을 통해 따로따로 이해된 하나의 실체이다."*35 실체는 무한히 많은 속성을 가지며, 그 어느 속성에 대해서도 사유와 연장의 개념을 똑같이 말할 수 있다고 스피노자는 믿었다. 원칙적으로, 우리는 어떤 속성을 통해서도 실체를 충분히 묘사하고 분석하며 인식할 수 있을 것이다. 그러나 무수히 많은 속성들 가운데 우리 인간이 아는 것이라곤 오직 두 가지뿐이다. 따라서 우리 인간의 관점에서, 수많은 속성들의 상호 관련성 문제는 마침내 사유와 연장(부피와 공간성)의 문제로 축소된다. 그리고 앞서 말했듯이 사유와 연장의 관계는 동일성의 관계이다. "관념의 순서와 연결은 물

---

*35 *Ethics*, 제2부, 명제 7, 주석.

체의 순서와 연결과 똑같다."*36 모든 모습[樣態, 個物]은 관념이라고 볼 수도, 또 물체라고 볼 수도 있다. 연장과 사유라는 두 가지가 신비롭게 평행선을 그리면서 따로 존재하는 것이 아니다.*37 실제로는 오직 하나가 존재할 뿐이다. 다만 그 한 존재를 우리는 연장의 관점에서 볼 수도, 또 사유의 관점에서 볼 수도 있다.

인간의 경우에, 그리고 인간의 경우에만 그 치밀하게 조직된 육체가 가진 관념이 곧 정신이다. 다른 모습들의 경우에는 몸[體]이 그렇게 치밀하게 조직화되지 못했으며, 몸이 가진 관념은 결코 마음[精神]이 아니다. 살아 숨쉬는 몸을 가지고서 관념이 마음이 되는 것은 오직 특별한 구조적 발전을 이룩한 자연에 있어서뿐이다. 그렇지만 물체의 모든 모습은, 그 구조가 매우 조직적이든 또는 매우 단순하든 두 가지 속성을 가지고 있으며, 따라서 우리는 그것을 물체 또는 관념으로서 이해할 수 있다. 예를 들어 평면 위의 선 같은 단순한 모양은 연장(부피와 공간성)을 가진 존재이다. 또 이것은 선의 방정식으로 나타낼 수 있는 하나의 관념이기도 하다. 선에 어떤 변화가 일어나면 반드시 방정식에도 변화가 따르며, 또 방정식에 어떤 변화가 일어나면 반드시 선에도 변화가 뒤따른다. 이 선과 방정식은 다른 두 양태가 아니라 똑같은 것으로서, 다만 하나는 연장(부피와 공간성)의 양태로서 이해된 것이고, 다른 하나는 사유라는 양태로서 이해되었을 뿐이다. 모래 위에 그려진 원과 $x^2 + y^2 = 1$이라는 방정식은 똑같은 것이다. 마찬가지로 흙이나 돌이 무너져 내리는 물질 현상과 사태(沙汰 ; avalanche)라는 관념은 똑같은 것이며, 또 물의 범람이라는 물질 현상과 홍수라는 관념도 똑같은 것이다.*38 이러한 모습(양태)의 관념들은 성찰의 과정은 없지만 관념임에는 틀림이 없다. 우

---

*36 *Ethics*, 제2부, 명제 7.

*37 불행히도 스피노자의 수많은 비판자들이 이 점에 대해 그를 오해하고 있다. 이들은 스피노자를 심신평행론자(心身平行論者)로 만들어 버렸다. 그리고 이들은 더 나아가 그를 물과 폭풍과 그 밖의 자연 현상이 물체이면서 정신도 가지고 있다고 생각하는 물활론자(物活論者)로 만들었다. 그리고 마침내 스피노자의 신에 대한 견해까지도 때로는 왜곡해 버렸다. 마치 스피노자가 신을 자연과 분리된 것, 그리고 초자연적 힘에 의해 연장(부피와 공간성)과 사유 사이에서 일대일 대응하는 것으로 생각한 듯이 이들은 말한다. 그러나 이 같은 생각은 스피노자가 그의 〈윤리학〉에서 말한 것과는 전혀 다르다.

*38 이 점에 대한 스피노자의 견해와, 모든 개체를 질료(質料)와 형상(形相)의 결합으로 본 아리스토텔레스의 이론은 매우 비슷하다.

리는 자연을 하나의 실체이면서 여러 모습(양태)을 가지는 것으로 이해해야 하며, 또 사유(생각)와 연장(부피와 공간성)이라는 두 속성에 따라 이해해야 한다고 스피노자는 말했다. 물체들 하나하나와 그 물체들에 대한 관념들은 나눌 수 없는, 오직 하나의 실체를 가진 여러 양태(모습)들이다. 하나의 실체, 즉 자연의 체계는 공간을 채우고 펼쳐지며 동시에 관념 안에서도 전개된다. 부피와 공간성을 가진 수많은 물체들은 하나의 연속적인 공간적 체계를 이루고, 수많은 관념들은 서로 작용하는 가운데 통합된 하나의 관념 체계를 형성한다. 그러나 사물의 공간성과 진리는 두 가지가 아니라 하나이다.

지식의 세 단계

인간의 지적 단계에 대한 스피노자의 이론은 비록 데카르트식 언어로 표현되기는 했으나, 데카르트와는 뚜렷하게 다른 점이 있다. 데카르트는 인간의 마음을 정신적 실체라고 보았으므로, 직각(直覺 ; intuition)이라는 매우 정신적인 인간 활동으로부터 출발했다. 한편 스피노자는 인간의 마음을 자연 체계의 한 양태로 보고 자연 현상의 구조 안에 얽힌 인간의 원초적 혼란을 그 출발점으로 한다.

스피노자는 인간의 지식에 세 가지 단계가 있다고 말한다. 우리 인간은 누구나 가장 낮은 단계, 즉 세속적 생각(俗見)의 단계로부터 시작한다. 우리가 가진 세속적인 생각들 가운데 어떤 것들은 들려오는 소문에, 다른 것들은 우리 자신의 감각에 기초한다. 어떤 경우라 하여도 이들은 믿을 만한 것이 못된다. 소문이란 보통 근거 없는 말들이다. 감각은 인간의 육체와 외부 물체와의 관계에서 생긴다. 따라서 이 외부 물체의 성질에 대해 매우 혼란스러운 관념만을 불러일으킨다. 육체가 자극을 받음에 따라 정신에도 감각 작용이 일어난다. 그러나 자극은 무질서하고 일시적이며, 따라서 감각도 똑같지 아니하며 단편적이다. 모든 관념과 감각은 인간의 육체를 둘러싼 세계에 존재하는 물체들 또는 인간 자신의 육체 어느 부분들에 대응하는 것들이므로, 우리 마음이 가진 어떤 관념도 전혀 거짓이라고 볼 수는 없다. [*39] 그러나 감각에 기초한 생각들은 인간의 몸이 놓여 있는 상황을 모두 반영하는 것이 아니

---

*39 스피노자는 데카르트처럼 전적으로 감각적 경험에 대해 결코 가벼이 여긴 것만은 아니다.

므로, 이것은 완전무결할 수가 없다. 예를 들면 우리가 해를 바라볼 때, 우리는 그것이 '약 200피트 떨어진 곳에 있는' 비교적 작은 원반이라고 생각할지도 모른다. *40 뒷날 우리는 자연계에 대해서 더 많이 알게 될 수도 있으며, 그때 우리는 해가 왜 그렇게 작아 보이는지, 또 자연의 법칙에 따라 그렇게 보일 수밖에 없는 이유가 무엇인지 알게 될 수도 있다. 그러나 우리의 몸이 주위 다른 물체들과 처음으로 매우 제한된 접촉만을 하는 단계에서는, 이 제한된 접촉을 반영하는 관념에 작용하게 될 감각도 그 물체들에 대한 좀 더 타당한 지식으로서 관념이라는 실체에 우리 마음이 극히 작게 참여한 것에 지나지 않는다. 우리의 마음속에 불완전하고 혼란스러운 관념들이 일어나는 것은 어쩔 수 없다. 왜냐하면 우리 육체는 처음 외부 사물들을 접할 때 매우 제한된 접촉만을 하게 되며 우리의 감각 기관은 몇 개밖에 없으므로, 거대한 자연계 안에서 물체들이 서로 물리적 관계를 통해 우리 육체에 작용할 때 이론적으로 가능한 많은 자극들 가운데 오직 제한된 영향만을 실제로 받게 되기 때문이다. 감각은 그것이 반드시 일어날 수밖에 없는 필연성을 가진다면, (데카르트가 생각한 것처럼) 착각이라거나 거짓이라고 말할 수는 없다. 그러나 감각은 피상적인 인식으로서 포괄성을 결여하고 있다. 따라서 감각은 광범위하고 복잡한 대자연의 체계를 이해하는 척도가 될 수는 없다.

우리는 사물에 대해 적합한 관념을 가질 때 좀 더 높은 단계의 지식에 이를 수 있다. 모든 사물에는—모든 유한적 모습들에 있어서나 하나의 총체적 실체에 있어서나—어떠한 공통된 특색 또는 특징이 있으므로 우리는 이들을 통해 적합한 관념을 가질 수 있게 된다. 자연의 모든 부분과 전체에 공통적으로 퍼져 있는 성질은 우리에게 적절하게 인식되어 공통 관념(共通觀念)을 형성하게 되는데, 사람이라면 누구나 공통 관념을 명석하고 분명하게 의식한다. *41 이러한 공통 관념이란 예를 들어, 연장(延長)·운동·정지·단단함·크기·모양·원인·평면·선 등이 있으며, 수학과 역학의 모든 기본 관념이 이에 속한다. 더 나아가, 우리가 가진 최초의 적합한 관념인 이 공통 관념들을 전제로 우리는 연역적 논리를 통하여 적합한 관념들을 더 많이 이끌어 낼 수가 있다. '스피노자의 학설에 따르면, 이로써 마침내 우리에게는 자연계에

---

*40 *Ethics*, 제2부, 명제 35, 주석.
*41 *Ethics*, 제2부, 명제 38과.

대한 학문과 인간에 대한 지식〔人間知 ; human knowledge〕을 점점 키워갈 수 있는 길이 열린 것이다.

　세 번째 가장 높은 단계의 지식을 스피노자는 직관지(直觀知 ; intuition)라고 불렀다. 이 용어는 데카르트로부터 가져온 것이다. 그러나 스피노자가 의미한 것은 데카르트와는 크게 다르다. 스피노자가 뜻하는 '직관지'란 모든 존재를 아우르는 전체계(全體系)에 대한 포괄적 지식을 말한다. 비록 적합한 관념이라 하여도 오직 상대적인 적합성만을 가질 뿐이다. 공통 관념은 바로 모든 사물에 공통적인 성질에 대한 관념이므로, 여러 사물 가운데 어느 한 사물의 모든 성질, 즉 그 본질을 밝혀줄 수는 없다. 적합한 관념은 그 자체만으로 볼 때 참된 것이기는 하나, 그것이 논리적 완결성에 이르려면 체계적 이해—서로 복잡하게 관계를 주고받는 사물들의 상세한 성질에 대해 좀 더 구체적으로 파악하여 보충된 체계적 이해—가 필요하다. 스피노자도 인정하듯이 원칙에 있어서 직관지에 대한 그의 개념은 포부에 가득 찬 이상을 나타내는 것이기에, 그것의 완전한 달성은 인간에게 불가능한 일일 것이다. 그러나 적어도 그것은 인간이 실제로 이르게 된 여러 단계의 지식을 저울질할 수 있는 표준이 된다는 의미에서 뜻깊은 이상(理想)이다. 그리고 만일 적합한 관념의 소유가 세계를 과학적으로 탐구하기 위한 기초가 될 수 있다면, 직관지에 대한 갈망은 철학자의 과제인 '총체적 진리의 통찰'을 위한 기본 조건이라고 말할 수 있다.[42]

　스피노자는 그의 인식론을 세워 나가면서 어떤 인식론적 궤변의 힘도 빌리지 않았다. 스피노자의 견해는 그 내용면에서 인간 이성의 확실성을 보증하기 위해 신을 끌어낸 데카르트에 대한 반박론이다. 데카르트의 이론이 순환논법(循環論法)에 빠졌다고 스피노자는 주장한다. 즉 데카르트는 신의 존재를 증명하기 위한 수단으로 이성과 자아의 본유관념(本有觀念)을 이용했고, 다음에 이성을 정당화하고 본유관념의 참됨을 밝히기 위해 신의 자비에 호소했다는 것이다. 데카르트의 이 같은 주장에 대해 반박하여 스피노자는 대담하게도, "진리는 그 자체의 표준이다"라고 주장했다. 또 이렇게 바꾸어

---

*42 비록 데카르트의 용어를 빌려 쓰기는 했으나, 스피노자가 제시한 인식론은 데카르트보다도 플라톤에 훨씬 가깝다. 스피노자의 직관지(直觀知) 개념은 플라톤의 이성지(理性知)와 거의 같은 내용이다.

말하기도 했다.

> 참된 생각을 가진 사람은 이와 함께 자기 생각이 참됨을 알며, 자기가 알
> 고 있는 것이 '참'임을 의심할 수가 없다. *43

스피노자는 어떠한 관념이 참되다는 것을 직접 인식하는 것밖에는 진리에
이르는 길이 없다고 실제로 주장한다. 데카르트가 그의 인식론적 모험의 종
착점에서 주장한 것, 즉 명석하고 분명한 관념을 가짐으로써 진리에 이르게
된다는 주장은 옳은 것이다. 그러나 진리를 밝혀내기 위해서 데카르트처럼
신을 우러러보며 호소할 필요는 없다. 자기의 참된 인식을 참된 것으로서 받
아들이기 위해 그 누구도 신의 허락을 필요로 하지 않는다.

도덕적 삶을 위한 심리학

〈윤리학〉 제3부는 제4부에 나오는 일부 명제들과 함께 스피노자의 심리
학, 특히 그의 윤리학 정립에 가장 관계가 깊은 심리학을 다루고 있다. 제3
부의 제목은 적절한 우리말로 옮기기가 어렵다. 왜냐하면 스피노자가 쓴 '아
펙투스(affectus)'라는 라틴어에 알맞은 쉬운 우리말이 없기 때문이다. 제3부
의 세 번째 정의에서 스피노자는, 아펙투스란 인간이 주위 사물들과 교류하
는 동안 전해지는 자극의 힘에 의해 영향을 받는 모든 반응 방식을 가리키는
말이다. 아펙투스는 (육체적 현상과 정신적 현상은 서로 동등한 표리 일체
(equivalence) 관계에 있다는 스피노자의 이론에 따라) 사람 몸에 일어난 변
화와 마음에 일어난 변화를 아울러 포함한다. 따라서 우리는 제3부의 제목
을 '인간이 외부들로부터 영향을 받는 방식의 기원과 본성에 대하여' 이렇게
옮길 수 있다. 이에 대한 스피노자 이론은 정의 3의 각주에서 밝힌 하나의
기본적 구별을 기초로 형성된다. 아펙투스가 사람의 힘을 크게 증가시킬 때
인간의 본성을 나타낸 용어로 말하자면, 이는 능동(能動)이다. 반대로 아펙
투스가 사람의 힘을 감소시킴에 따라서 외부의 힘에 의해서만 우리가 영향
을 받을 때, 이는 수동(受動)이다. 스피노자가 사용한 다른 표현에 따르면,

---

*43 *Ethics*, 제2부, 명제 43과 그 주석.

사람 스스로 자기가 하는 행동의 충분한 원인이 된다면 그의 행동은 능동이며, *44 사람이 자기가 하는 행동의 불충분하고 부분적인 원인이 된다면 그의 행동은 수동이다. 능동의 경우에 사람은 자신의 본성과 힘을 밖으로 드러낸다. 수동의 경우에 사람은 적어도 부분적으로, 밖으로부터 작용하는 힘의 노예가 된다.

스피노자의 생각에 따르면, 우리가 이끌어가야 할 값진 삶은 능동적인, 즉 스스로가 자기 행위의 충분한 원인이 되는 삶이다. 그러나 이 같은 삶을 살아가기란 쉽지 않다. 왜냐하면 사람은 누구나 예외 없이 부적합한 관념들을 가지고 있기 때문이다. 어떤 이는 '더 많이', 어떤 이는 '더 적게'라는 차이는 있지만 부적합한 관념은 누구나 어느 정도는 가지고 있다. 값진 삶을 살아가기 위해 우리가 선택할 수 있는 가장 가까운 방법은 될 수 있는 대로 적합한 관념을 많이 획득하는 것, 다시 말해 주위에 작용하는 힘들에 의해 흔들리지 않고, 가능한 한 자기 문제를 스스로의 뜻에 따라 처리하는 주체적 행위자가 되는 것이다. 자연에서 어떤 유한한 존재도, 비록 인간이라 하여도 스스로의 삶에 대해 완전한 주인공이 될 수는 없다. 인간 존재의 비극성에 대해 스피노자는 다음 명제에서 슬프게 인정하고 있다. *45

인간은 자연의 일부일 수밖에 없다. 따라서 오직 인간 자신의 본성에 따라 받아들일 수 있는 변화, 또는 오로지 자기 자신만을 원인으로 하여 일어나는 변화 말고 다른 어떠한 변화도 겪지 않는다는 것은 있을 수 없다.

그러나 비록 우리가 이에 대한 완전한 성취를 바랄 수는 없다 하여도, 어떠한 종류의 삶이 인간을 위한 값진 삶인지 분명히 헤아릴 수는 있으리라. 덕(德)은 곧 힘이라고 스피노자는 말했다. *46 그러나 (스피노자가 말하는)

---

*44 영어의 action(행동 ; 본 번역서에서는 능동이라고 번역함)이라는 말을 이런 뜻으로 쓰는 것은 이례적이다. 왜냐하면 사람들은 action의 경우보다 passion(정념 ; 본 번역서에서는 수동이라고 번역함)의 경우에 더 흥분하며 폭력적으로 행동하기 때문이다. 이 뒤에 나오는 심리학과 윤리학에 대한 여러 명제에서 스피노자가 사용한 '능동(action)'의 정확한 의미에 대해 주의해야 한다.

*45 *Ethics*, 제4부, 명제 4.

*46 *Ethics*, 제4부, 정의 8.

힘이란 육체적 힘이나 군사적 힘 같은 물리적인 것만을 뜻하지는 않는다. 이 것은 격렬한 충동을 억제하지 않고 있는 그대로 드러내는 것이 아니다. 힘이 란 오히려 인간의 본질 또는 인간성의 법칙에 조화롭게 뒤따르는 행위이다. 덕은 곧 힘이라고 말한 스피노자의 의도가 무엇인가는 〈윤리학〉 제4부와 제 5부 명제들이 펼쳐짐에 따라서 분명해진다.

스피노자는 종종 laetitia와 tristitia라는 개념을 사용하여 인간의 성공과 실 패에 대해 썼다. 이 두 라틴어 낱말은 흔히 pleasure(쾌락)와 pain(고통)이라 는 영어로 옮겨지고 있으나, 매우 어색한 표현이다. 스피노자는 쾌락주의자 와는 거리가 멀었다. 또 결코 금욕주의적 성향을 지닌 인물도 아니었다. 그 는 친지들이 사교 모임을 즐기고 물질을 소유하는 것을 기쁘게 바라보았다. 그러나 그는 쾌락을 인격 또는 행위의 도덕적 가치 기준으로 보는 생각에 대 해서는 플라톤이나 아리스토텔레스 못지않게 비판적이었다. 스피노자는 laetitia라는 말을 온갖 종류의 쾌락을 가리키기 위해 마구잡이로 사용한 적이 결코 없었다. 그가 육체적 쾌락에 대해 말하고자 원했을 때에는 '관능적 쾌 락(sensual pleasure)'이라는 말을 사용했다. laetitia는 사람의 정신적인 힘이 성숙하게 실현되는 과정에서 '인격의 성장'을 통해 얻어지는 행복감, 또는 행복감에서 오는 정신적 기쁨을 뜻한다. 이것은 인간의 마음이 좀 더 높은 덕 또는 완전성으로 나아갈 때에 따르는 만족감이다. 그리고 tristitia는 이와 반대되는 경험을 가리킨다. 이것은 인격의 도덕적 발전 단계에서의 후퇴나 성숙한 힘의 감퇴에 따르는 무능함과 열등함의 느낌이다. 스피노자는 가장 훌륭한 삶은 자연계에서 자기에게 가능한 최대의 능력을 발휘하는 삶이라고 생각했다. laetitia는 도덕적 성장에 대한 의식이며, tristitia는 실패와 쇠퇴에 대한 자각이다. *47

스피노자는 또 자기 보존(self-preservation)이라는 개념에 대해서도 아주 길게 써내려 갔다. 하지만 그는 다윈보다 두 세기나 앞서서 글을 썼다. 따라 서 그는 인간이 동료들과의 치열한 생존 경쟁에서 승리할 것을 천성적으로 추구한다거나, 이를 추구해야 할 도덕적 의무가 있다고 주장하려 한 것은 아 니었다. 그가 모든 개체는, 사람뿐 아니라 자연계의 모든 유한한 존재들은

---

*47 *Ethics*, 제3부, 명제 11과 그 주석, 명제 19~26, 제4부, 명제 41 참조.

'자기 자신을 보존하려고 한다'고 썼을 때, *48 그는 사람들에게 자연에서 자신의 정신적 단계를 끌어올리도록 최선을 다해 노력하라고 강조했던 것이다. 다시 말하면, 누구나 적합한 관념을 획득하여 스스로 자기 행동의 충분한 원인이 될 수만 있다면, 그는 정신을 어지럽히는 주위로부터의 자극들에 따라 이리저리 흔들리지 않고, 자기 자신의 성숙한 힘과 활기 넘치는 인간적 힘을 펼쳐 나아갈 수 있게 된다.

스피노자는 동료와 대립하는 무자비한 경쟁을 인간다운 값진 삶이라 생각하지 않고 오히려 이와 반대되는 견해를 가졌다. 자신의 힘을 좀 더 크게 할 수 있는 것들이 이 세상에는 많이 있다. 그러나 이것들 가운데 어느 것도 타인과의 협력만큼 효과적인 도움을 줄 수는 없다. 같은 목적을 가진 두 사람은 개인 한 사람 한 사람보다 두 배나 힘이 강하다. 그리고 사람 수가 더 많은 집단의 경우에서도 이치는 마찬가지이다. 이론상으로 본 인간의 이상은, 실제로 모든 사람의 몸과 마음이 하나가 되어 서로 조화를 이루며 다 같이 공동의 행복을 추구하는 일이다. *49 스피노자는 그의 웅변적인 한 구절에서 다음과 같이 말한다. *50

사람들과 떨어져서 홀로 살아가는 것보다 더 어려운 일은 인간에게 없다. 그래서 수많은 사상가들이 인간은 사회적 동물이라고 정의했다…….
그러므로 풍자가들이 삶을 실컷 비웃고 조롱하도록 내버려두어라. 신학자들이 세속적 삶을 멸시하도록 내버려두어라. 실망한 인간들이 거친 은거(隱居)의 삶을 찬미하도록 내버려두어라. 그들로 하여금 사람을 무시하고 짐승을 찬미하게 하여라. 그러나 모든 말이 내뱉어지고 모든 행동이 이루어진 뒤에, 사람들은 자기에게 필요한 것을 얻고 여기저기서 맞닥뜨리게 되는 위험을 막기 위하여 서로 돕지 않을 수 없음을 깨닫게 된다.

그러나 이 이론적 이상에 접근하려면 우리는 진실로 이성적이어야만 한다. 우리는 우리 안에 일상적으로 자리잡은 정념(情念)들을 극복해야 하며,

---

*48 *Ethics*, 제3부, 명제 6.
*49 *Ethics*, 제4부, 명제 18의 주석.
*50 *Ethics*, 제4부, 명제 35의 주석.

우리 삶의 능동적 부분을 키워 나아가야 한다. 정념에 사로잡힌다면 우리는 질투로 가득 차 서로 싸우게 되며, 미움으로 자기의 삶을 피폐하게 하고 악의에 찬 공격으로 남의 삶을 무너뜨리게 된다. 그리하여 사회가 분열되어 서로 싸우게 된다. 오직 이성의 지시에 따라 살 때에만 우리는 사회를 조화롭게 하고, 이웃 사람을 행복하게 하며, 인격 실현의 기쁨을 얻을 것이다.

스피노자는 〈윤리학〉 제3부에 사람의 행동 가운데 특히 뚜렷한 능동과 수동에 대한 목록을 덧붙였다. 이 목록 머리말에서 그는 인간의 본질을 욕구(desire, 아직 얻지 못한 것을 추구하는 갈망이나 행동)라고 주장했다. 그리고 모든 욕구는 반드시 laetitia 또는 tristitia를 불러일으킨다―이것은 스피노자 학설의 필연적 결론이다. 왜냐하면 욕구가 도덕적 성장을 결과로 얻을 때 이는 '능동'이며 행복을 가져오고, 만일 욕구가 도덕적 감소를 결과로 일으킬 때에는 이는 '수동'이며 불행을 가져오기 때문이다. 목록에 있는 항목들은 (모두 48가지인데) 예를 들면 사랑과 미움, 자신감과 절망감, 소심함과 대담함처럼 보통 짝〔對〕을 이루고 있다. 짝을 이루지 않는 것들은 수동이 능동보다 수적으로 많다―예를 들어 야망·폭식·술주정·탐욕·색욕 등은 모두 인간미(humanity)나 절제(moderation)와는 거리가 먼 것들이다. 비록 스피노자는 인간이 조화로운 사회를 이루며 화합할 수 있는 가능성을 통찰하기는 했으나, 삶의 고상한 부분은 물론 추악한 부분까지도 날카롭게 바라보았다. 이론에 있어서나 실천에 있어서나 스피노자는 사물을 지나치게 좋게 보거나 나쁘게 보지 않고, 인간의 본성이나 문제들을 냉철하게 판단했다.

얽매인 인간과 자유로운 인간

〈윤리학〉 제4부와 제5부의 제목은 이 책 전체가 추구하는 궁극적 주제가 무엇인가를 보여준다. 제4부와 제5부의 제목은 하나의 대립을 웅변적으로 표현한 것으로, 그 대립은 삼중 구조로 펼쳐진다. 그 제목의 하나는 '인간의 노예 상태 또는 인간에게 작용하는 자연의 충격적인 힘에 대하여'이며, 또하나는 '지성의 힘 또는 인간의 자유에 대하여'이다. 이 두 제목에서 스피노자는 노예 상태와 자유, 자연의 힘과 인간의 지성, 그리고 강제력과 자제력을 서로 대조하고 있다.

도덕적 용어들이 일반적으로 그렇듯, 선과 악도 사물이 사람에게 미치는 영향을 떠나 사물 그 자체만을 두고 적용되는 말은 아니다. 그리고 선과 악은 전체로서의 자연에 대해서도 적용되지 않는다. 스피노자가 자연을 보고 감탄한 것은, 아주 광대하며 놀라울 만큼 복잡한 자연의 체계가 스스로 완전하고 장엄한 모습으로 그에게 감동을 주었기 때문이다. 그가 자연을 완전하다고 한 것은, 자연의 운행이 치밀하고 틀림없으며 변함없기 때문이다. 자연에는 선도 악도 없다. 우리 인간은 자연의 과정과 싸울 필요도 없고 자연의 법칙을 바꿀 힘도 없다. 데카르트에게 있어 자연에 대한 이해는, 자연을 정복하는 데 필요한 하나의 조건이었다. 스피노자에게 있어 자연에 대한 이해는, 자연이 펼쳐 나가는 그 장엄함에 대하여 순수하게 지적인 기쁨을 느끼기 위한 전주곡이다. 오랜 세월을 거쳐오며 많은 사람들이 은혜와 축복을 받기 위해, 신들에게 제물을 바치고 기도를 올렸다. 스피노자는 자기가 신이라고 부른 모든 것(萬有)을 포함하는 실체에 대해 명상하기를 즐겼는데, 신에게는 분별심(partiality)이나 이랬다저랬다 하는 변덕스러운 뒤바뀜(whim)이 불가능하기 때문이었다. 스피노자가 신의 이름으로 부른 이 자연의 궁극적 체계는 그 고정된 원리들로부터 벗어날 수 없는 것이었다. 신은 이용할 대상이라기보다는 존경과 찬미, 심지어 사랑받아야 할 대상이다.

그러나 인간은 비록 자연의 체계 안에서 생겨났지만, 도덕적 존재이다. 인간은 주위의 폭력에 대하여 비열하게 굴복하는 타락의 길을 갈 수도, 또 스스로 이성적 힘을 훌륭하게 발휘하여 고귀한 길에 오를 수도 있다. 실체(實體)가 도덕적 실재가 아님을 솔직하게 인정하고 나서, 실체의 모습 가운데에는 선한 것도 많으며 악한 것도 많음을 스피노자는 망설임 없이 주장했다. 왜냐하면 이러한 좋고 나쁜 모습들 가운데에는 인간의 힘이 성장하도록 도와 주는 것도 많으며, 또 그 성장을 방해하거나 좌절시키는 것도 많기 때문이다. 스피노자는 음악을 예로 들어 자기 견해를 설명했다. 즉 음악은 우울한 사람에게는 좋을 것이며, 초상을 당한 사람에게는 나쁠 것이다. 또 귀먹은 사람에게는 좋지도 나쁘지도 않을 것이다. 사람에게 영양을 주는 것은 좋은 것이니 음식이라 부를 수 있을 것이며, 사람을 해치는 것은 나쁜 것이니 독이 있다고 말할 수 있을 것이다. 자연계의 여러 사물은 인간이 자기 고유 능력을 발전시키려고 하는 노력을 돕기도 하고 또 가로막기도 하므로, 우리는 도덕적 용어를 그 사물들에 적용할 수 있으며, 또 꼭 적용해야만 하는 것이다. 자연은 도덕을 초월한 것이나, 그 안에 있는 인간은 필연적으로 도덕적이다.

스피노자는 형이상학에서 아리스토텔레스와 다름에도 불구하고, 그의 윤리학은 플라톤이 기초를 닦고 아리스토텔레스가 체계화한 인본주의(人本主義) 윤리설(倫理說)에 가깝다. 그러나 스피노자는 이성의 힘만으로는 정념(情念)을 극복할 수 없다는 점을 이전의 인본주의자들보다 더 철저하게 강조했다. 그가 믿는 바에 따르면, 인간은 자연의 기계적 구조와 관련을 맺고 있다는 사실에서 오는 삶의 번거로움을 떨쳐낼 수는 없다. 어떠한 것으로부터의 영향은 그보다 더 강한 것의 영향을 받지 않고서는 누르거나 없애 버릴 수 없다고 그는 말한다. *51 그러므로 실천윤리학(實踐倫理學)의 긴급한 문제는, 가치 있는 삶을 추구하는 인간의 노력에 도움이 될 자극을 자연으로부터 좀 더 많이 얻는 길이 무엇이냐에 달려 있다.

이 물음에 대해 스피노자는 매우 형식적인 언어로 표현된 다음 같은 명제(命題)로 대답하고 있다. *52

우리 마음은 신체의 모든 변화와 사물의 모든 형상을 신에 대한 관념과 연관지어 볼 수가 있다.

여기 스피노자가 부르짖는 방법에서 핵심이 되는 것은 물론 인간의 이성(理性 ; the reason) 또는 지성(知性 ; the intellect)이다. 왜냐하면 신에 대한 관념은 일시적 자극이나 일시적 자극들의 인과율적(因果律的) 결과로부터 변화를 겪는 마음의 제한적 형태가 아니기 때문이다. 신의 관념은 치밀한 구조로 연결된 힘들의 거대한 체계에 대한—우리의 감각과 감정에는 오직 피상적으로 반영될 뿐인—관념이다. 그러나 모든 일시적 자극을 존재의 전체 계와의 관련 아래 이해하게 될 때, 우리의 감각과 감정은 질적 변화를 일으키게 된다. 예를 들면 자연계에서 유한적(有限的) 존재인 우리로서는 우리가 받는 육체적 고통을 피할 수 없음을 깨닫게 될 때, 이러한 고통에 대해 분노의 감정을 느끼지 않게 될 것이다. 다른 사람에 대한 모욕적 행동은 일

---

* 51 *Ethics*, 제4부, 명제 7.
* 52 *Ethics*, 제5부, 명제 14.

정한 상황에서 어떤 종류의 사람들이 으레 하는 자연스러운 행동임을 이해하게 될 때, 우리는 자기를 모욕하는 사람들에 대해 분노를 느끼지 않게 될 것이다. 죽음을 피할 수 없음이 자연계의 유한한 존재들에게 주어진 운명임을 이해한다면 우리는 죽음을 두려워하지 않게 될 것이다. 요약해서 말하면 모든 사건이 자연의 법칙에 따라 불가피하게 일어난다는 사실을 아는 사람은 자기에게 일어난 사건들에 대해, 그 사건이 자기에 대한 고의(故意)와 악의(惡意)에서 비롯된 재난이라고 여기는 사람들과는 다르게 느껴질 것이다. 다르게 느껴짐은 물론, 좀 더 굳세어질 것이다. 그리고 이렇게 굳세어진 느낌은, 그가 만일 자기의 모든 경험을 신의 관념 또는 확립된 질서로서 자연의 체계에 관련시키지 않았다면 좀 더 약해질 수 있었던 느낌을 대신하게 될 것이다. *53 사리를 판단하여 아는 마음에 의해 인과율적 체계의 한 부분으로서 이해되지 못한 단편적 경험들은 삶을 일그러지게 하는 불안의 원인이 된다. 그러나 '자연이 우리에게 일으키는 모든 정념(受動)은 우리가 그것을 명석하고 분명하게 이해하자마자 벌써 정념이 아닌 것으로 바뀌어 버린다.'*54 즉 능동으로 바뀌는 것이다. 자연은 쉼 없이 우리의 몸과 마음에 그림자를 지어낸다. 그러나 사리를 헤아릴 줄 아는 지성인은 자연이 주는 모든 그림자를 수동이 아니라 능동으로 받아들인다. 이는 불안의 원인이 아니라, 오히려 세계와 조화를 이룰 수 있게 마음을 깨우쳐 주는 경험이 된다.

지성의 힘은 우리가 마음속에 '신에 대한 지적인 사랑'을 품을 때 절정에 이른다고 스피노자는 생각했다. 그 누구도 신을 미워할 수는 없다. 왜냐하면 신의 관념은 모든 관념 가운데 가장 적절한 것이며, 미움은 수동(정념)이기 때문이다. 신에 대한 지적인 사랑 안에서 우리는 인색함과 비열함, 마음의 동요와 질투, 그리고 육체적 욕망 같은 정념으로부터 자유로워짐을 깨닫는다. 신에 대한 사랑 가운데 우리는 마음의 안정과 침착함, 육체적 욕망의 억제, 이웃에 대한 동정, 그리고 우주와의 조화를 발견한다. 신에 대한 사랑은 능동·힘·덕·자유(이것은 가치 있는 삶을 열어주는 네 가지 본질, 또는 네 가지 이름이다)를 위한 열쇠이다.

---

*53 Ethics, 제4부, 명제 11.
*54 Ethics, 제5부, 명제 3, 명제 6 참조.

고요한 행복(blessedness)

〈윤리학〉제5부 명제 20에서 명제 21로 넘어가는 부분에서 논제의 전환이 이루어진다. 명제 20에 대한 토론이 끝날 무렵 스피노자는 다음 같이 말하고 있다.

위의 명제들을 기초로 나는 현세(現世)의 삶에 대한 모든 문제를 성찰했다. 따라서 이제부터는 육체와의 관계를 떠나서 영원히 존재하는 정신에 대한 문제들을 다루어보려 한다.

여기에 인용한 스피노자의 말은 그의 참뜻을 밝혀 주기보다는 오히려 감추고 있다. 스피노자의 철학 체계에서 정신은 현재나 과거나 미래 어느 때에라도, 상응하는 육체를 떠나게 되면 일시적 존재라 말할 수 없다. 스피노자는 여기서 시간적인 것의 성찰로부터 영원한 것으로의 성찰로 옮겨 가고 있다. 그러나 영원한 것(the eternal)과 죽지 않는다는 것(the immotal)은 다르다. 영원이란 시간 안에서의 끝없는 존속을 말하는 게 아니다. 스피노자에 따르면, 영원이란 어느 일정한 시간과 일정한 장소에 생겨난 어떤 존재에 대해 말하는 게 아니라, 여러 관념 체계를 포용하는 하나의 관념—세계에 대한 진리를 알려주는 관념—으로서 이해된 어떤 존재에 대해 말하는 것이다. *55 부피와 공간성〔延長〕의 속성에는 관련짓지 않고 오로지 생각에만 기초해서 성찰된 실체는 참된 관념의 체계이다. 이 관념의 체계 안에는 모든 유한한 개체에 대한 진리가 들어 있다. 그러므로 이 체계 안에 과거와 현재 그리고 미래의 모든 사람 하나하나에 대한 진리가 모두 들어 있다. 관념의 무한한 체계 안에서 자기의 본질인 이 관념을 통하여 스스로 이해하게 될 때, 우리는 자신에 대한 완전하고 궁극적인 인식에 이르게 된다. 물론 이 점은 다른 어떤 존재를 같은 방식으로 이해할 경우에도 마찬가지이다. 사물을 그러한 방식으로 이해하는 것은 스피노자가 한 유명한 말처럼, 사물을 영원의 빛(光明)을 통하여 성찰하는 것이다. 그리고 사물을 영원한 빛을 통하여 성찰함은 (스피노자의 인식론 전문적 용어로 나타낸다면) 사물을 직각적(直

---

*55 Ethics, 제1부, 정의 8, 제5부, 명제 22.

覺的)으로 파악하는 것이다. *⁵⁶ 이것은 스피노자가 그의 〈윤리학〉 제2부에서
말한 것처럼, 인간이 가질 수 있는 인식의 가장 높은 단계이다. 그리고 이것
은 이제 그가 말하게 된 것처럼, 가장 고귀한 단계의 삶이기도 하다. 이것은
인간의 고요한 행복이다.

고요한 행복에 대한 스피노자의 이론은 그의 〈윤리학〉 마지막을 장식하는
찬가이다. 이는 스피노자가 덕·힘·laetitia·초월성의 실현에 대한 오랜 분석
을 통하여 이룩한 이론과 같은 것은 아니다. 그러나 이것이 아니었다면, 〈윤
리학〉 나머지 부분은 미완성에 그치고 말았다는 인상을 주거나, 그렇지 않으
면 적어도 충분히 이해가 되지 않는다는 인상을 주었으리라. 왜냐하면 쉬임
없이 밖으로부터 간섭해 오는 힘의 영향을 받으며 살아가는 우리 인간은, 결
코 자기의 도덕적 품위를 완전히 실현할 수 없기 때문이다. 우리는 완전한
자유를 결코 얻을 수 없다. 제한된 시간 안에서 살아가는 존재로서 인간이
다다르리라고 기대할 수 있는 것은, 오직 제한된 정도의 도덕적 성취—제한
된 범위 안의 상대적 행복—뿐이다. 고요한 행복에 대한 이론은 laetitia와는
다른 무엇을—서로 반대되는 것은 아니지만 같지도 않은 무엇을—우리에게
제시한다. 완전한 덕이 불가능한 경우일지라도 고요한 행복은 가능하다. 인
간은 자기 laetitia의 정도와, 불가피한 오점(汚點)으로서 따라오는 tristitia의
여러 상황을 이해할 수가 있다. 그는 사리를 헤아려 깨달을 수 있으며, 또
이 깨달음으로 고요한 행복에 이를 수 있다. 고요한 행복은 덕을 대신하는
말이 아니며, 도덕적 실패에 대한 보상도 아니다. 오히려 이것은 유한한 존
재가 자기의 유한성을 무한한 존재와 대비하여 성찰할 때 스스로에 대해 내
릴 수 있는 철저히 올바른 판단의 결과로서 얻을 수 있다. 고요한 행복은 영
원한 것에 대한 통찰인 까닭에, 외부로부터 오는 기계적 힘에 의해 해를 입
지 않는다. '신에 대한 지적 사랑과 반대되거나 또는 이를 파괴할 수 있는
것은 자연 안에 전혀 없다' 이렇게 스피노자는 말하고 있다. *⁵⁷ 따라서 자연
속의 그 어느 것도 우리가 고요한 행복에 이르는 데에 방해가 되지 않는다.
우리는 종교 박해와 독재 정치, 경제적 어려움과 신체의 질병, 그 밖에 모든
유한한 존재들이 맞닥뜨리게 되는 불행들 가운데에서도 고요한 마음의 행복

＊56 *Ethics*, 제5부, 명제 25 및 명제 29.

＊57 *Ethics*, 제5부, 명제 37.

에 이를 수 있을 것이다. 스피노자는 우리가 고요한 행복에 이를 수 있다고 말했을 뿐, 쉽게 이를 수 있으리라고는 생각지 않았다. 〈윤리학〉에 자주 인용되는 마지막 구절에서 그는, '모든 탁월에 이르기는 매우 어려우며 또 매우 드물다' 이렇게 지적했다.

3. 라이프니츠

고트프리트 빌헬름 라이프니츠(Gottfried Wilhelm Leibnitz, 1646~1716) : 독일의 수학자이며 법률가, 철학자. 도덕 철학 교수의 아들로 학구적인 환경에서 자랐으며, 라이프치히 대학에서 학사와 석사과정을 마치고, 알트도르프 대학에서 박사 학위 과정을 밟았다. 마인츠 선거후(選擧侯, 독일 황제 선거권을 가진 제후)와 브룬스뷔크 공작 아래에서 일한 적이 있으며, 많은 곳을 여행한 뒤에 하노버 도서관 사서를 맡았다. 그는 신교 교파들을 다시 통합할 계획을 세웠는데, 심지어 가톨릭과 신교까지도 합치려 시도했다. 또 미적분 원리들을 계통을 세워 밝혀냈다. 그는 런던에 있는 영국 학사원(英國學士院) 회원이 되었으며, 독일에서는 여러 학회를 설립하는 데 공로를 세웠다. 스피노자를 방문하여 한 달 동안 함께 보낸 적도 있다. 철학에 대해서 그는 스피노자에게 도움을 얻기도 했다―라이프니츠 자신은 그 사실을 인정하기를 꺼렸다. 그는 법률·운동·논리학·과학의 방법론·형이상학·인식론, 그리고 신학에 대한 수많은 논문을 썼다. 라이프니츠는 여러 지식인과 편지를 주고받았는데, 3만 통이나 되는 그의 편지가 하노버 도서관 서고에 보관되어 있다. 그가 살아 있을 때 발간된 책은 〈신정론 神正論 ; Theodicy〉 (1710) 단 한 권 뿐이다. 로크의 〈인간오성론 人間悟性論 ; Essay Concerning Human Understanding〉에 대한 비판서인 〈인간오성신론 人間悟性新論 ; New Essays on the Human Understanding〉은 1704년에 이미 출판 준비가 되어 있었으나 로크가 세상을 떠나자 미루어졌다가, 그 뒤 1765년에 이르러서야 비로소 출판되었다. 그의 여러 논문 가운데 가장 유명한 것으로는 〈형이상학서설 形而上學序說 ; Discourse on Metaphysics〉(1686)·〈자연의 새로운 체계 New System of Nature〉(1695)·〈단자론 單子論 ; Monadology〉(1714)과 〈이성에 기초한 자연과 은총의 원리들 Principles of

Nature and Grace, based on Reason⟩(1714) 등이 있다.

라이프니츠는 독일 군주들을 위해 여러 해 동안 외교 일에 몸담은 적이 있다. 그가 뒷날 쓴 철학적 저술에 뚜렷이 나타난 외교관적 정신은 이 초기 활동을 반영한 것이다. 라이프니츠는 데카르트 사상과 여러 데카르트 학파 사이에서 제기된 문제들이 널리 퍼져 나가며 영향을 끼친 결과로서 유럽 철학계에 일어난 논쟁들을 논리적으로 해결하려 했다. 라이프니츠는 현실적인 일들을 처리할 때처럼 철학적인 문제들에 대해서도 대립된 학설들을 절충하려 힘썼다. 그러나 절충이란, 관련이 있는 어느 편에게도 만족을 주지 못하는 게 보통이다. 라이프니츠의 철학적 절충도 이 일반적 원칙으로부터 예외는 아니었다. 라이프니츠를 '모든 시대를 통틀어 가장 위대한 사상가'라고 감탄한 어느 학자까지도 라이프니츠의 어떤 학설에 대해서, '라이프니츠에 앞서 데카르트주의의 역사가 없었다면 결코 수긍할 만한 것이 되지 못했을 것"이라고 말했다. *58 라이프니츠의 책을 읽은 독자들 가운데 많은 사람들은 그의 학설에 대해서 (수학과 논리학에 대한 몇 가지 발견 말고는) 전혀 수긍을 하지 못한다. 그러나 라이프니츠의 영향은 매우 크다. 그의 독자들은 종종 그의 상상력과 재치에 깊은 감동을 느낀다. 라이프니츠의 형이상학설(形而上學說)은 비록 수긍은 가지 않는다 하여도, 그가 죽은 뒤 약 200년이 지난 오늘까지 '영속적 문제' 또는 주요한 교단철학 문제(敎團哲學問題)로서 남아 있는 문제들에 대한 한 가지 해답의 가능성을 분명히 나타내고 있다.

라이프니츠는 신학에도 깊은 관심을 기울였다. 그는 서부 유럽의 종교적 전통에서, 스피노자 이론보다 더 받아들여질 수 있는 신에 대한 이론을 주장하고자 했다. 라이프니츠는 성 안셀무스의 본체론적(本體論的) 증명과 성 토마스의 우주론적 증명을 부활시켰다. 라이프니츠는 〔갈릴레이 과학과 데카르트 철학의, 자연계로부터 목적인(目的因)을 배제하려는 경향에 대해 강력히 반대하면서〕 저 오래된 목적론적 증명, 즉 자연은 설계에 의한 창조물이라는 증거에 기초한 증명을 또다시 지지받게 하려고 애썼다. 또 라이프니츠는 자신의 예정 조화설(豫定調和說)을 바탕으로 신의 존재를 증명하는 새

＊58 Bertrand Russell, *A History of Western Philosophy*(New York, Simon and Schuster, 1945), pp. 581, 588.

로운 이론을 덧붙였다. 그러나 라이프니츠의 유신론적 신념을 뒷받침하기 위해서는 여러 다른 철학적 문제에 대한 새로운 견해가 필요했다. 라이프니츠는 이러한 철학적 문제들을 자신의 논문들을 통해 고찰하고 있다.

형이상학적 유심론(唯心論)

라이프니츠가 독창적 견해를 표명한 논제들 가운데 하나는, 몸과 마음의 관계에 대한 것이었다. 그는 몸과 마음의 상호 작용이 불가능하다고 본 점에서 괼링크스와 스피노자의 견해를 따랐다. 관념은 신체를 움직일 수 없으며, 신체가 관념을 만들어낼 수도 없다. 불가능한 것을 우리는 분명히 부인하지 않으면 안 된다. 그러므로 이 둘 사이에 상호 작용은 일어나지 않는다고 라이프니츠는 단호하게 주장한다.

상호 작용(相互作用)에 대한 라이프니츠의 부인은 주목할 만한—그가 자신의 사상 체계를 논리적으로 풀어 낸—두 결론을 이끌어냈다. 그 하나는 이른바 형이상학적 유심론(metaphysical idealism), 즉 정신적 실체만이 오직 존재한다는 주장이다. 라이프니츠는 부피와 공간성(延長 ; extension)이 실체의 본질일 수 있다는 데카르트와 스피노자의 신념을 비판하여, 자신의 형이상학적 유심론의 정당성을 밝히려 했다. 라이프니츠는 불가분성(indivisibilities)이 모든 실체의 필연적 특성이라고 주장했다. 오직 나눌 수 없는 것만이 실체로서의 자격을 갖는다는 것이다. 부피와 공간성은 언제나 나눌 수 있으며, 따라서 실체의 참된 성질이 될 수 없다. 실체의 참되고 본질적인 성질이 무엇인지는 우리 자신의 직관을 통해 알 수 있다. 실체는 정신 활동을 독립적으로 하는 중심체이다. 모든 실체가 '마음'이라는 말로 부를 수 있는 것은 아님을 라이프니츠도 인정한다. 실체들 가운데에는 훨씬 단순한 것들이 많으며, 발전 단계로 보아 더 낮은 단계에 속하는 것들도 많다. 그러나 이 모두가 데카르트가 말한 물질적 존재들보다는 마음들에 더 가깝다. 왜냐하면 이것들의 참된 본질은 부피와 공간성에 있는 게 아니라, 외부의 영향력에 대해 자기를 지켜 나갈 수 있는 힘에서 찾을 수가 있기 때문이다. 실체는 점(點)과 같다. 물리학자들은 힘을 점과 같이 다룬다. 형이상학자들도 실체를 그렇게 다루어야 한다고 라이프니츠는 주장한다. 실체는 다른 모든 실체로부터 오는 간섭이나 접근을 물리치고, 그 자체가 독립된 존재로서 자신의 본질을 지키는 부피와 공간성이 없는 실재, 다시 말하면 비물질적 실재이다.

이에 라이프니츠는 우주를 수없이 많은 정신적 실체, 즉 정신들의 계층적 체계라고 보기에 이르렀다. 최고의 정신은 신이다. 그리고 신 아래에 이성적인 영혼들, 감각과 욕망을 느끼게 하는 동물적 의식 중추(意識中樞), 식물의 영혼들, 그리고 마지막으로 매우 희미한 지각(知覺 ; perception)만을 가졌기 때문에 보통 관찰자에게는 내적·정신적 성질을 가지고 있는 것처럼 보이지 않는 (무생물적) 영혼들이 단계적으로 존재한다. 이 영혼들은 어느 것이나 모두 자기 자신 안에 질료와 형상이 만나게 되는 '완전'의 가능성을 내포하고 있으므로 엔텔레케이아(entelechies, 생명력)라고 부를 수 있다. 가장 단순한 정신은 이를테면 우리가 기절했을 때 경험하는 혼수 상태와 비슷하다. 기절 상태로부터 깨어날 때, 우리는 생생하게 의식을 회복하는 과정을 알 수 있다. 우리는 그 의식 회복 과정이 점차적이며, 회복되기에 앞서 아주 희미하고 무의식에 가까운 상태가 존재한다는 사실을 안다. 바로 이 같은 희미한 의식 상태로 늘 있는 것이 가장 단순한 정신들이다. 그러나 우주 안에 생명이 없는 물건은 없다. 우주는 전체가 정신적인 존재라고 보아야 한다. 우리는 우주를 '신의 나라'라고 부를 수 있으리라. 신과 다른 여러 영혼의 관계는 왕과 신하 또는 아버지와 그 자녀들의 관계와 같다.

라이프니츠는 매우 교묘한 비유를 들어서, 희미한 의식(意識)에 대한 자기 생각들을 곧이듣게 하려고 애를 썼다. 예를 들면 바닷가에서 웅장한 파도 소리는 들을 수 있어도 바닷물 한 방울 한 방울의 소리는 절대로 들을 수 없다. 수없이 많은 물방울이 모여 바다를 이루었듯이, 우리가 듣는 웅장한 파도 소리는 들리지 않을 정도로 희미한 수없이 많은 소리들의 집합이다. 그 희미한 소리들이 아니었다면 저 웅장한 소리도 없었으리라. 우리가 알아볼 수 없을 만큼 희미한 의식, 이것이 바로 가장 낮은 단계의 실체들이 가지고 있는 의식이다.

영혼들은 서로 다른 영혼들에게는 모두 물체같이 보인다는 사실을 라이프니츠는 인정하지 않을 수 없었다. 그러나 물체는 실재가 아니며, 또 실재하는 것의 본질도 아니다. 오히려 이것은 하나의 모습(apperance), 정신적 실체가 다른 실체의 의식 속에 상징화되는 표현 양식이다. 영혼들은 마치 이 세상에 물체라는 것이 없는 것처럼 행동한다. 왜냐하면 영혼의 연속적인 상태들은 물체로부터 인과적(因果的) 영향을 받지 않고 생겨나기 때문이다. 마찬가지로 물체들은 마치 이 세상에 영혼이라는 것이 없는 것처럼 운동한다. 왜냐하면 영혼이 다른 영혼에게 의식될 때에는 반드시 부피와 공간성[延長, extension]을 통해서 나타나기 때문이다. 이 점에 대한 라이프니츠의 견해는, 같은 실체를 우리는 생각과 연장(부피와 공간성) 어느 속성에 기초하더라도 충분히 인식할 수 있다고 한 스피노자의 이론에 힘입었음을 보여준다. 그러나 라이프니츠는, 정신을 유일한 실재로 보고 물체는 상징적 이론이라고 보는 점에서 스피노자의 생각과 다르다. 라이프니츠는 영혼이 직관적으로 파악할 수 있는 것은 오직 자기 자신이 가진 의식 상태뿐이라고 한 데카르트의 주관주의(主觀主義)를 이용했다. 이른바 물질계라는 것은 영적 세계가 의식을 가지고 나타나기 위한 방식일 따름이다. 따라서 역학과 물리학은 영혼이 자기를 드러내 보이는 과정에서 겪는 지각적(知覺的 ; perceptual) 경험의 구조와 순서, 그리고 상호 관계에 대한 연구이다.

단자론(單子論 ; monadology)

라이프니츠는 상호작용설(相互作用說)을 부정함으로써 필연적으로 또 하나의 놀랄 만한 결론에 이르렀다. 바로 단자론(單子論)이다. 모든 영혼은 어느 것이나 외부의 간섭이나 인과적 영향을 받는 일 없이 오직 그 스스로의 여러 본질적 원리들에 따라 발전한다고 라이프니츠는 주장했다. 그는 앞서 스피노자가 그랬듯이, 자기의 주장을 뒷받침하기 위해 실체에 대한 데카르트의 정의를 이용했다. 그러나 라이프니츠와 스피노자는 저마다 목적이 달랐으며, 따라서 데카르트 정의를 적용하는 요령도 서로 달랐다. 데카르트의 정의에 따르면, 실체는 스스로 존재하기 위해 자기 자신 말고 다른 어떤 존재도 필요로 하지 않는다. 스피노자는 유한한 존재들이 서로 작용한다는 사실을 보고 유한한 존재들은 실체가 아니며, 오직 거대한 자연 체계만이 실체라는 결론을 논리적 요구에 따라 이끌어 냈다. 라이프니츠는 유한한 정신적 존재들이 실체라는 신념에서 출발하여, 이들 하나하나는 완전한 독립체이며, 따라서 갑이라는 영혼이 을이라는 영혼에 영향을 미칠 수는 없다는 논리적 결론에 이르렀다. 그래서 그는 하나하나를, 독자적으로 존재하는 실체라는 뜻의 단자(單子 ; monad)라 불렀다. 단자 하나하나는 온 우주를 표현한다. 따라서 단자 하나하나는 우주에서 존재하고 발생하는 모든 것에 대한 관념들을—그 관념이 분명하거나 희미한 정도의 차이는 있으나—그 자체 안에 가지고 있다. 한 사람이 말을 하고 또 한 사람이 들을 때, 그 말하는 행위가 듣는 행위의 원인이 되는 것이 아니다. 두 사람은 저마다 자기 자신의 법칙에 따라서 살아가고 있을 따름이다—두 사람의 경험이 매우 조화롭게 얽혀 있기 때문에 우리는 보통 두 사람 사이에 상호 작용이 일어난다고 생각하기 쉽다. 인간과 그 밖의 모든 단자의 삶에서 일어나는 모든 사건에 대해서도 마찬가지이다. 어떠한 정신적 존재에 대해서도 이 존재와 교류를 하게 되는 (또는 이론적으로 교류를 할 수 있는) 외적 영향력이라고는 전혀 존재하지 않는다. 모든 단자의 모든 경험은 '그 단자 자체에 대해서는 거의 무의식적으로, 그러나 다른 존재들에 대해서는 비교적 자신에게 완전히 일치시키며' 그 단자의 삶 안에서 일어난다. *59 라이프니츠는 자기의 논점에 대해, 단자에게는 '창(窓)이 없다(windowless)'고 마치 그림을 보듯이 표현했다.

예정조화설(豫定調和說 ; pre-established harmony)

라이프니츠의 단자론은 스스로의 삶을 지탱하기 위해 수없이 많은 단자들이, 실제로는 전혀 서로 작용하지 않지만 보기에는 마치 서로 작용하는 것처럼 저마다 조화롭게 펼쳐지는 방법에 대해 설명해야 했다. 이것이 바로 라이프니츠의 예정조화설(豫定調和說 ; pre-established harmony)이다. 신은 전능하므로, 단자들이 정신적 발전을 해 나가는 무수한 과정에서 언제나 조화가 가득하도록 수많은 유한한 영적 존재들을 창조했다는 것이다. 라이프니츠는 자기의 〈형이상학서설〉을 변호하는 어떤 편지에서, 우주를 엄청난 숫자의 관현악단 또는 합창단에 비교하여 다음과 같이 말했다. *60 관현악단 또는 합창단 몇몇이 서로 듣거나 볼 수 없는 위치에 배치되었다고 가정해 보자. 또 이 관현악단이나 합창단은 저마다 자기들의 악보를 따르고 있는데, 그 악보는 눈에 보이지 않는 지휘자 한 사람이 정해 준 것이라고 가정해 보자. 그러

---

*59 〈자연의 신체계 New System of Nature〉 제14절, 그리고 〈형이상학 서설 Discourse on Metaphysics〉 제28절 참조.

*60 Arnauld에게 보내는 1687년 4월 30일자 편지에서.

면 이때 그들이 하는 음악 전체는 하나의 조화로운 교향곡을 울려 퍼지게 할 것이다—비록 각 관현악단이나 합창단들에게는 그 웅장한 교향곡이 자신만의 연주나 연기 때문인 것처럼 보이겠지만, 우주의 질서는 바로 이러한 끝없이 광대무변한 음악 같은 것이라고 라이프니츠는 스스로 결론을 내렸다.

신정론(神正論, theodicy)

라이프니츠는 그의 예정조화설을 이용하여, 신이 세계를 다루는 방식에 대해서 설명했다. 그에 따르면, 이 세계는 모든 가능한 세계 가운데 가장 훌륭한 세계이다. 이 세상은 우리가 상상할 수 있는 세계들 가운데 최선의 것은 아닐 수도 있다. 왜냐하면 이 세계에 대해 우리는, 현재 있는 세계와 똑같으며 다만 이른바 악이라는 것이 몇 가지 또는 모두 사라져버린 세계를 상상할 수 있기 때문이다. 그러나 이 같은 세계를 상상할 수 있다고 해서 이 같은 세계가 가능하다는 것을 뜻하지는 않는다. 먼저 말한 여러 독립적인 합창단의 비유를 다시 한 번 쓴다면, 우리는 이렇게 말할 수 있으리라. 즉 불협화음(不協和音)은 음악 전체를 떠나서 이것만을 따로 생각한다면 귀에 거슬리고 불쾌한 것이지만, 음악 전체의 아름다움과 가치를 위해서는 도움을 주는 요소이다. 이와 마찬가지로 유한한 존재의 편협된 안목으로는 악으로 보이는 것이라 하여도, 우주 전체의 탁월함(excellence)을 위해서는 없어서는 안 될 요소일 수도 있다. 신의 안목으로 본다면 틀림없이 악이란 존재하지 않을 것이다.

라이프니츠의 신정론(神正論 ; Theodicy)은 18세기 종교 사상의 몇몇 흐름과 조화를 이루었으며, 근대의 이른바 철학적 낙천주의(philosophical optimism)의 근본 이념이 되었다. 볼링브룩(H. Bolingbroke, 1678~1751)은 이 사상을 받아들여 알렉산더 포프(Alexander Pope, 1688~1744)에게 전해주었는데, 포프는 이 사상을 〈인간론 Essay on Man〉에서 이용하고 있다. [61]

모든 자연은 네가 알지 못하는 하나의 예술(藝術 ; art),
모든 우연은 네가 보지 못하는 길의 계시(啓示 ; direction),

---

[61] 사도서(使徒書) I, 11, 289~292.

모든 불협화음은 이해되지 못한 조화(調和 ; harmony),

모든 부분적 악은 전체적 선(善 ; universal good).

그러나 보수적 성향이 적은 사상가들은 '존재하는 것은 그 자체로 옳은 것이다'라는 이론에 대해 강한 거부감을 나타냈다. 예를 들면 볼테르(Voltaire)는 〈캉디드 *Candide*〉에 나오는 팡글로스 박사를 통해 라이프니츠를 조롱하고 있다.

인간의 지식과 신의 지식

라이프니츠는 논리학 역사에서 중요한 몇 가지 원리들을 명확하게 제시했다. 이 가운데 두 가지는 그 자체로서도 유명하지만, 그의 형이상학과 관련이 되면서 매우 중요한 의미를 지닌다. 그 두 가지 원리란 모순율(矛盾律 ; law of contradiction)과 충족이유율(充足理由律 ; law of sufficient reason)이다. 이 두 원리는 라이프니츠의 순수하게 독창적인 이론은 아니다. '모순율'의 원리는 적어도 아리스토텔레스까지 거슬러 올라간다. 그러나 이 원리들은 라이프니츠의 사상적 맥락 안에서 새롭고 특별한 의미를 지니게 된다.

모순율(矛盾律)은, 모순된 명제는 거짓임을, 그리고 거짓된 명제에 모순 대립하는 명제는 참됨을 말한다. 모순율을 활용하여 우리는 이성진리(理性眞理 ; truths of reason, 필연적이어서 그 반대가 있을 수 없는 진리)들을 발견할 수가 있다. 이성진리들은 절대 필연성을 가진 진리이다. 라이프니츠에 따르면, 이 이성진리들은 실제로 분석적 명제이기 때문에 선천적으로 (*a priori*) 알 수가 있다〔분석적 명제는 주개념(主概念 ; subject term, 주어) 안에 이미 빈개념(賓概念 ; predicate term, 서술어)이 명확하게 또는 내재적으로 포함되어 있는 명제를 말한다〕.

충족이유율(充足理由律)은 어떠한 사물도 이유 없이는 존재할 수 없으며, 어떠한 명제도 근거 없이는 참될 수 없음을 말한다. 충족이유율을 활용하여 우리는 사실진리(truths of fact, 우연적이고 그 반대가 가능한 진리)들을 발견할 수가 있다. 흔히 인간은 주위에서 발견하는 존재들의 이유를 실제로 깨닫지 못한다. 따라서 우리가 갖는 사실진리들은 후천적(*a posteriori*)이 아닐 수―즉 경험에 의존하지 않을 수―없다. 사실진리들은 인간에게 있어서 우연적인(또는 경험적인, contingent) 진리이다.

이성진리들과 사실진리들에 대한 라이프니츠의 논의에서 가장 독창적인 것은, 이 구별이 인간처럼 유한한 정신에 대해서만 적용된다고 주장하는 점이다. 무한한 정신인 신에게 있어서는 모든 진리가 이성진리들이며 선천적으로 이미 알고 있는 것이다. 신의 마음 안에서는, 모든 참된 명제의 주개념(주어, subject term)은 이미 그 빈개념(서술어, predicate term)을 내포하고 있다. 오직 총명하지 못한 우리 인간만이, 신 같으면 경험에 앞서 알 수 있는 진리들을 깨닫기 위해 경험을 할 때까지 기다리지 않으면 안 되는 것이다. 예를 들면 어떤 개인이 어느 시점에 죽는다는 사실을 알려면 우리는 경험에 호소할 수밖에 없다. 그러나 영원한 과거로부터 신의 마음 안에서는, 그 개인에 대한 관념 안에 어느 시점에 그가 죽는다는 관념이 포함되어 있다. 즉 이상적으로 생각해 볼 때, 모든 진리는 논리적 필연성을 가졌다. 다만 인간은 신과 같이 관념의 내용을 두루 알지는 못하므로 세계를 탐구하려면 절름발이식 방법을 써야 하며, 경험이 주는 가르침을 기다릴 수밖에 없다. 이러한 견해의 밑바탕에는 우리가 세계에 대해 아는 것이 많으면 많을수록 경험을 덜 필요로 한다는 생각이 담겨 있는 것으로 보인다. 이성만으로는 사실진리들을 얻을 수 없음을 인정하기는 했지만, 라이프니츠의 인식(認識 ; knowledge)에 대한 생각은 완전히 합리주의적(合理主義的)이다.

제10장 17세기 영국 철학

1. 프랜시스 베이컨

프랜시스 베이컨(Francis Bacon, 1561~1626) : 영국 황실 옥새상서(玉璽尙書)였던 니콜라스 베이컨 경의 아들이며, 또 세실가(家) 벌리 경(卿)의 조카이다. 변호사 면허를 얻은 뒤 세실가의 작은 도움으로 관직을 얻었다. 엘리자베스 여왕 아래서부터 서서히 두각을 나타내더니, 제임스 1세 때는 두터운 신임을 받아 1618년 마침내 대법관이 되었다. 1603년 기사 작위를 받고 1618년엔 베룰럼 남작, 그리고 1621년에는 세인트 올반스 자작 작위를 받았다. 1621년 그는 그의 법원 기소자(起訴者)들로부터 뇌물을 받았다는 혐의로 재판을 받게 되자, 죄를 자백하여 큰 벌금과 기나긴 감옥살이를 선고받았다. 그러나 실제로 벌금은 면제되었으며 감옥에도 며칠밖에 있지 않았다. 다만 그 뒤 관직에는 다시 오를 수 없었다. 베이컨은 자기가 받은 재판과 그 선고에 대해 다음과 같이 말했다. '나는 이제까지 50년 동안 영국에서 가장 공정한 재판관이었다. 그러나 나에 대한 재판은 이제까지 200년 동안 영국 국회에서 가장 공정한 견책이었다.'(아마 이것은 공정하고 객관적인 평가일 것이다.) 베이컨은 영국 문학에서 위대한 수필가로 꼽힌다. 그는 1597년에 수필집 한 권을 내놓았으며, 1618년과 1625년에 그 증보판을 출간했다. 그의 주된 철학적 저서로는 〈학문의 진보 *The Advancement of Learning*〉와 〈노붐 오르가눔 *Novum Organum*〉(1620)이 있다. 그는 이 두 저서를 자신이 계획한 과학과 철학의 종합적 체계인 〈대개혁 *Great Instauration*〉의 한 부분으로서 썼던 것이며, 그 체계의 다른 부분들도 단편적으로 썼다. 철학적 중요성을 지닌 미완성의 환상(幻想) 소설 〈새로운 아틀란티스 *The new Atlantis*〉는 1627년 〈숲, 가도 가도 끝없는 숲 *Sylva Sylvarum*〉 끝부분에 처음 발표되었다.

베이컨은 명석함에 있어서나 그가 가진 한계(限界)에 있어서나 르네상스가 낳은 인물이었다. *1 데카르트보다 한 세대 앞서 살았던 그는 데카르트의 열정을 어느 정도 나누어 가졌었다. 그러나 그의 철학 사상을 세부적으로 살펴보면 데카르트와는 아주 다른 견해를 보인다.

베이컨은 근대 경험론적 흐름의 선구자였다. '경험론(經驗論 ; empiricism)'이라는 말은 베이컨이 사용한 것은 아니다. 아마 베이컨은 그의 철학적 견해를 경험론이라고 일컫는 데 찬성하지 않았을 것이다. 왜냐하면 베이컨이 살았던 시대에 '경험주의자'라고 하면 학식이 있는 사람이라기보다는 학문을 한낱 재밋거리로 만지작거리는 사람, 다시 말해 거의 엉터리 학자를 가리키는 말이었기 때문이다. 이는 그저 주먹구구식 학자로서 자기 방법론을 정당화할—그 방법론이 정당화될 수 있는 것이라 하여도—원리들을 알지 못하는 사람을 일컬었다. 그러나 19세기와 현대에 이르러 '경험론'이라는 말은 새로운 의미를 갖게 되었다. 이것은 데카르트가 옹호한 합리주의 같은 이론들과 맞서는 인식론적(認識論的) 이론들을 지칭하는 말이다. 경험론이란 인간의 앎이 관찰과 실험을 통한 경험 과정에서 점차적으로 생긴다고 주장하는 인식론적 견해이다. 그리고 경험론자들이 보통 생각하는 경험은 본래감각경험(本來感覺經驗)을 말한다. 경험론자들은 일반적으로 제1원리·본유개념(本有概念)·이성의 구성이라는 것들에 대해 회의적이다. 대체로 이들은 사물을 관찰하고 만져 보며 그에 대한 지각에 의존하는 것이 사물의 참모습을 이해하기 위한 가장 적절한 방법이라는 견해를 따랐다. 그들은 이성에 대한 관념들을 (이 관념들이 관찰된 사실에 의해 확증되기 전에는) 상상에서 온 허구(虛構)로 여기는 경향이 있다. 그리고 경험론이라는 말의 이 같은 새로운 의미 안에서 우리는 베이컨을 경험론(empiricism)의 선구자라 불러도 좋을 것이다.

베이컨은 경험론적 전통의 창시자라기보다는 그 선각자였다. 왜냐하면 그는 이 견해를 충분히 발전시키는 데 이르지 못했으며, 경험론이 포함하는 이론적 의미들과 뒤에 드러난 경험론의 문제점들을 적절하게 이해한 것 같아 보이지는 않기 때문이다. 그에게는 진리를 체계화할 만큼의 시간적 여유가

---

*1 르네상스 시대에 이루어 놓은 베이컨의 업적에 대한 예비적 고찰은 이미 본서 제8장 제1절에서 다룬 적 있다.

없었다. 그는 다가오는 시대를 위한 복음을 알리고 있었다. 그는 학자들을 연구실에서 활짝 열린 대자연으로 이끌어 내고자 했다. 그는 사상가들에게, 연역적 사상 체계에 대한 편견에 사로잡히지 말고, 관찰할 수 있는 여러 사실에 대한 생생한 고찰로 시선을 돌리라고 강조했다.

베이컨은 학문을 목적이 아닌 수단으로 여겼다. 그는 지적인 삶의 즐거움을 찬미하기보다는 앎이 실생활에 미치는 결과를 더욱 강조했다. 최초의 저서 〈학문의 진보〉에서, 베이컨은 자기 생각을 다음과 같이 말하고 있다. *2

> 도덕 철학(道德哲學)은…… 명상 중심의 삶과 행동 중심의 삶 가운데 어느 쪽이 더 가치가 있는가에 대한 문제를 해결해 주는데, 그 해답은 아리스토텔레스와는 반대 입장을 취한다. 왜냐하면 명상적인 삶에 우월성을 인정하는 이유로서 아리스토텔레스가 제시한 것은 모두 개인적인 것들로, 개인 자신의 행복과 존엄성을 존중하는 정도의 것들이기 때문이다…… 그러나 이 삶이라는 무대에서 관객의 자리에 앉아 지켜볼 수 있는 것은 오직 신과 천사들뿐이라는 사실을 알아야 한다.

〈노붐 오르가눔〉의 부제목은 '자연과 인간 세계의 해석에 대한 교훈'이다. 베이컨은 신학적 문제는 철학의 영역 밖에 있다고 생각하여 다루지 않았다. 그는 종교를 믿는다고 고백했다. 그러나 모든 종교적 신앙들을 철학에서 제외해 버렸다. 그는 언젠가 이런 말을 한 적이 있다. '우리는 신에 대해 알지 못한다. 다만 우리는 경이로움을 갖고 숭배할 뿐이다.' 철학은 눈에 보이는 세계와 인간의 삶을 다룬다.

만일 우리가 효과적으로 지식을 탐구하고 응용하려면, 수많은 과학의 일꾼들이 애써 도와야 함을 베이컨은 잘 알고 있었다. 그는 여러 권으로 나눈 의욕적 저술을 시도하여, 가장 중추적인 부분들은 자신이 직접 쓰고, 다른 부분들은 다른 전문 과학자들에게 맡길 계획을 세웠다. 베이컨은 이 거대한 공동 저술을 〈대개혁 *The Great Instauration*〉이라 이름 지을 것을 제안하고, 계획된 각 부분을 위한 머리말과 서론(緒論)을 직접 썼다. 책 첫머리에

＊2 베이컨은 〈노붐 오르가눔〉 제1권 단장(斷章 ; aphorism, 짧은 글 모음) 129에서는 다른 견해를 취했다. 그러나 위에 인용한 구절이 베이컨의 특색을 더 잘 보여주고 있다.

서 그는 '나는 모든 지식을 이 책들 안에 포함했다'고 밝혔다. 하지만 이 말은 자기 혼자 연구한다는 뜻이 아니었다. 그는 다른 사람들이 함께 참여하여 관찰하고, 관찰한 사실들을 기록하며, 또 기록한 사실들을 중요성과 가치에 따라 일람표에 작성하는 데 힘을 보태기를 바랐다. 베이컨은 〈학문의 진보〉에서 그 무렵 학문의 결점과 보완할 점을 밝히는 동시에 미래에 가장 필요한 보충적 연구에 노력을 기울이기 위해 그 무렵 학계 상황을 살펴보았다. 실제로 그는 다른 학자들과 함께 연구와 실험이라는 공동 사업을 이루어내지는 못했으며, 또 어떻게 그것을 해낼 수 있는지도 알지 못했다. 그러나 인간지 (人間知 ; human knowledge)의 영역을 넓히고 인간의 삶을 향상하기 위한 지식 응용을 목표로 공동의 노력을 기울이기 위해 어떤 기관을 중심으로 학자들을 모이게 하는 학회(學會)에 대해서는 그야말로 선견지명을 가졌던 것이다.

〈새로운 아틀란티스〉는 베이컨의 철학적 환상을 다룬 소설로서, 어느 영국 배 한 척이 큰 폭풍우를 만나 해도(海圖)에도 없는 바다로 떠내려가다가 낯선 섬에서 피난처를 찾는 이야기이다. 이 섬에서 영국 선원들은 사람들의 행복을 증진할 수 있도록 매우 훌륭하게 조직된 사회를 발견한다. 이 섬의 문명은 '솔로몬의 집'이라는 거대한 실험 연구소를 중심으로 이루어져 있다. 선원들이 이 연구소의 사명에 대해 묻자 너무나 유창한 답변이 돌아왔다. '우리 연구소의 목적은 사물의 원인과 보이지 않는 움직임을 밝히는 것이며, 또 모든 가능한 일을 이루어내기까지 인간 제국(人間帝國)의 국경을 넓혀 나아가는 것입니다.'

베이컨의 이 전형적인 발언은 열정에 잔뜩 들떠 있으면서도 한편으론 냉정함이 엿보인다. 이는 과학적 지식의 굉장한 진보와 그에 따르는 삶의 향상을 꿈꾼다는 점에 있어서 열정적이다. 하지만 이것은 인간의 업적을 자연적으로 가능한 범위 안에 제한한다는 점에서는 매우 냉정하다. 이 말은 인간의 업적을 소망되는 모든 것, 또는 상상할 수 있는 모든 것에까지 과대 망상적으로 확대하지는 않는다. 우리 인간이 모든 일을 해내리라고 기대할 수는 없음을 베이컨은 인정한다. 그러나 만일 우리가 자연 법칙을 따를 줄만 안다면 많은 일을 이룩할 수 있다는 것이다. 인간은 자연 법칙을 따름으로써 더 큰 힘을 얻게 되며, 자기의 앞길을 더욱 풍부하게 만들 수 있다.

자연 과학의 영향과 이것이 실제적인 삶에 미치는 바람직한 결과, 그리고 과학 연구의 귀중함을 베이컨만큼 웅변적으로 칭송한 사람은 역사적으로 찾아보기 어렵다.

베이컨의 부정적 가르침, 마음의 우상들

인간 지식(人間知識)의 향상을 위한 베이컨의 경험적 방법론은 크게 두 부분으로 나뉜다. 즉 인간을 때로 잘못된 판단으로 이끌어갈지도 모르는 위험한 요소들을 지적한 부정적 관점과, 과학자들이 따라야 할 올바른 방법을 개략적으로 제시한 긍정적 관점이다.

베이컨의 가장 우수한 점은 그의 부정적 관점에 있다. 그는 지나치게 자신만만한 합리론자들의 오만함과 이들이 내린 조급한 결론의 어리석음을 가차없이 비난했다. 그는 영국 문학 유산의 한 부분이 되어 버린 다음의 비유를 들어 자기의 생각을 표현했다. [*3]

내가 주로 과학에 관련된 저술과 과학의 활발한 분야에 열정을 쏟는 것은 사실이다. 하지만 나는 추수의 계절을 기다리며, 이끼를 떼거나 덜 여문 곡식을 거두어들이려고 시도하지는 않는다. 먼저 올바른 공리(公理)가 발견되면, 이 공리는 연구를 전체적으로 이끌어가게 되므로 여기저기서 하나씩 열매를 맺지 않고 한꺼번에 많은 열매를 맺는다는 사실을 너무나 잘 알고 있기 때문이다. 그리고 조급해진 나머지, 맨 처음 손에 닿는 첫 열매를 따려고 서두르는 어리석은 태도를 나는 전적으로 비난하고 거부한다. 이는 경주의 장애물이 된 '아탈란타의 사과'와 같은 것이다.

이 같은 논점에 대해 베이컨은 '자연에 대한 예측들'과 '자연에 대한 해석들'을 대립시켰을 때에도 다시 강조했다. 그는 이렇게 말하고 있다. [*4]

인간은 자연을 예측하며 해석하는 존재(解釋者)들이므로, 자연의 진행 과정에서 사실을 밝혀내고 이에 대해 생각하고 관찰되는 한계 안에서만

---

*3 〈대개혁 *The Great Instauration*〉 서론 '이 책의 저술 계획' 가운데에서.

*4 *Novum Organum*, 제1권, 단장 1.

행동하고 이해할 수 있다. 이 한계를 넘어서면 인간은 아무것도 알지 못하며 아무 일도 하지 못하게 된다.

자연을 '생각하면서' 관찰하라 말함이 무슨 뜻인지 베이컨은 굳이 설명하지 않았다. 아마도 그는 자연이 말을 하고 인간이 그 소리를 듣기를 바랐던 것 같다. 하지만 이에 대한 구체적인 뜻은 밝혀 주지 않았다. 아무튼 우리가 너무 조급하게 군 사실을 왜곡하고 오직 우리 자신의 선입견만을 주장하는 일이 없도록 베이컨이 주의를 주는 것만은 분명하다. 그가 자연에 대한 예측을 비난한 이유도 여기에 있다. 그러나 베이컨은 '자연에 대한 해석'에 관한 자기 생각을 충분히 자세하게 설명한 일은 없었다. 그는 만일 사실을 사실대로 관찰하기를 원한다면 수동적인 마음가짐을 유지하라고 권유하는 것 같다. 그는 일람표로 작성되고 우리 '생각들 속에' 쌓아 온 수많은 사실들 그 자체로부터 자연에 대한 해석이 그런대로 나올 수 있다고 생각한 것으로 보인다.

'마음의 우상'을 논한 부분은*5 베이컨의 비유 가운데 가장 유명하다. 그대로 내버려두면 사람을 거짓 속으로 말려들게 하는 마음의 모든 성향을 우상(偶像 ; idols)이라 일컫는다. 베이컨은 이러한 우상을 네 가지로 구별하고 정의하여 각각 독창적이고 재미있는 이름을 붙였다.

'종족의 우상(The idol of the tribe)'은 인류 모든 종족에게 고유한 것으로서, 사람을 오류로 이끌 수 있는 위험한 충동들을 통틀어 일컫는 말이다. 베이컨에 따르면, 인간의 오성(悟性)은 언제나 감정과 의지로 말미암아 자칫 잘못된 판단으로 이끌려 가기 쉽다. 단순화하기를 좋아하므로 사람들은 행성(行星)들의 궤도가 원형이라고 자연스레 믿어 버린다. 사람들은 자신들이 목적을 추구하며 살아가는 것처럼, 자연도 당연히 궁극의 목적을 가지고 있다고 믿는다. 사람들은 자신들이 무엇을 간절히 바라거나 몹시 두려워하므로, 자신들의 기도가 효과를 보고 답을 얻게 되리라고 믿는다.

'동굴의 우상(The idol of the cave)'은 개개인의 특수한 차이 때문에 나타나는 오류의 특별한 성향을 말한다. 베이컨은 모든 사람마다 자기만의 고유

---

*5 *Novum Organum*, 제1권, 단장 41~44.

한 동굴을 가지고 있다고 설명한다. 그리고 사람이 자기만의 동굴에 들어가 있을 때에는 자연의 빛(光明)이 비추어 들어가기는 하겠지만, 그 빛은 일정한 모양으로 변질되기 쉽다. 베이컨이 지적했듯이, 이 우상이라는 관념에 대해서는 똑같은 원칙을 적용할 수가 없다. 사람이란 저마다 자기가 속한 무리가 있고, 읽는 책이 다르며, 취미도 가지가지이다. 따라서 사람들은 저마다 자신을 탐구하고 성찰하는 과정을 통하여 자신의 주관적 성향을 줄여 나아가야 한다.

'시장의 우상(The idol of the market)'은 우리가 언어에 의해 기만당하기 쉬운 성향을 말한다. 왜냐하면 사람들은 시장에서 물건만 사고파는 게 아니라, 이야기를 나누거나 수다를 떨기도 하기 때문이다. 사람이란 모든 언어와 일치하는 실재가 있다고 쉽게 믿어 버린다. 그래서 사람들은 때로 '운명의 여신'을 실재하는 신으로 숭배하고, '제1 질료(第一質料)' 또는 '움직이지 않으면서 움직임을 일으키는 것' 같은 무의미해 보이는 공론(空論) 체계를 세우며, 헛된 논쟁에 휘말려 들어가고는 한다.

'극장의 우상(The idol of the theater)'은 사람의 판단을 어긋나게 하고 사람을 편파적 인물로 만들기도 하는 역사적 전통에 대한 충성을 가리킨다. 아마 베이컨은 셰익스피어 작품에 나오는 왕과 귀족들이 무대 위에서 걸어다니는 장면을 떠올리며 '극장의 우상'이라는 표현을 만들어 냈으리라. 베이컨은 '일반 사람들이 받아들이는 삶의 체계들은 모두 무대 연극에 불과하며, 사실과 관계없이 연극적으로 꾸며진 창작 세계에 속하는 것들이다'라고 말하고 있다. 극장의 우상 가운데 가장 나쁜 예로는 종교적 미신과 신학이 인간의 판단력에 미치는 영향에서 볼 수 있다. 다른 예로서 모든 철학적 분파(分派)에서 비롯되는 비슷한 영향들 안에서도 찾아볼 수 있다.

베이컨의 긍정적 가르침 : 귀납적 방법

베이컨의 경험적 방법의 긍정적인 부분은 그의 귀납법(歸納法) 이론이다. 믿을 만한 결론들은 우리 마음속에 있는 관념들을 전제로 삼단 논법이나 연역적 추리방법을 거쳐 나오는 게 아니라, 관찰된 사실들로부터 잘 정리된 커다란 개념의 가르침을 받고 나온다. 우리는 싸리 가지들을 쓰기 알맞게 묶어 줄 끈이 없다면 빗자루로 만들어 마당을 청소할 수가 없다. 이와 마찬가지로 우리는 적절한 체계적 원리가 결여된 단편적 지식만으로는 자연을 충분히 조사할 수 없다. 베이컨에 따르면, 과학적 방법의 비결은, 관찰된 사실들을 정리함으로써 자연의 진리가 명백히 드러나게 하는 것이다. 그리고 귀납법이 바로 그 방법이라고 베이컨은 주장한다.

베이컨은 열(熱)의 성질에 대한 긴 설명으로 귀납적 방법을 설명한다. 첫째로 우리는 열의 존재표(a table of presence)—예컨대 태양광선·별똥별(流星)·낙뢰 그리고 불꽃처럼 열을 발산하는 것들에 대한 목록이나 일람표—를 작성해야 한다. 둘째로 우리는 열의 부재표(不在表 ; a table of absence)—위에서 말한 첫째 일람표와 비슷하면서도, 열은 존재하지 않는 사례들의 목록이나 일람표—를 준비해야 한다. 이 둘째 목록에 들어가는 것으로 베이컨은 달빛·북극광, 그리고 어둠 속에서 빛나는 물고기의 비늘을 말한다. 그리고 마지막으로 우리는 정도표(程度表 ; a table of degrees or instances)—즉 조건의 변화에 따라 다르게 열이 발견되는 사례의 목록이나 일람표—가 있어야 한다(셋째 목록에 들어갈 예로서는 말라리아열, 같은 동물이라도 신체 부분에 따라 다른 체온, 타는 석탄이나 목탄이 발산하는 서로 다른 온도의 열 등이 있다). 이상 세 가지 경우의 일람표를 기초로, 열이란 중심에서 변두리로 퍼져 나가며, 위로 급하게 옮아가는 하나의 움직임이라는 결론을 내렸다—또는 마치 그 세 가지 일람표에서 그런 결론이 나온 것처럼 그는 주장했다.

열에 대한 베이컨의 긴 논설은 독자들에게 별로 확신을 주지 못한다. 독자들은 대부분 베이컨이 그 결론을 유능한 과학자들로부터 빌려 오기는 했으나, 그 결론을 뒷받침할 만한 적절한 예증을 찾아내지는 못했다고 생각한다. 그러나 베이컨의 세 가지 일람표를 뒷받침하는 생각은, 뒷날 귀납법의 규준(規準)으로 발전하고 경험적 방법론의 기본 원리가 될 새싹이 되었다.

세 가지 일람표에 대한 말을 마친 뒤에 베이컨은 우리 눈앞에 드러난 모습(現象 ; phenomenon)들이 가지는 증거물로서의 가치는 경우에 따라서는 크게 다를 수 있다고 주장한다. 마음속으로 명백한 결론을 이끌어 내도록 돕는 현상도 있으며, 그렇지 못한 현상도 있다. 그러므로 우리는 '특별한 사례'를 수집하도록 주의해야 한다고 강조한다. 또 그는 어떤 곳에서 특별한 사례를 찾아볼 수 있을까에 대한 긴 목록을 제시했다. 예를 들면 공중을 나는 물고기(물고기와 새의 중간)나 박쥐(새와 길짐승의 중간), 또는 원숭이(짐승과 사람의 중간) 같은 '경계선상의 사례'들이 있는데, 이러한 사례들은 모두 생명의 형태를 올바로 분류하는 데에 도움을 줄 것이다. 다음에 '이동하는 사례들', 예컨대 부서진 유리 가루나 움직이는 물결, 거품의 흰 빛깔 등은 색채의 본질을 확인하는 데 도움을 줄 것이다. 이 밖에 망원경이나 현미경 관찰 같은 '입구의 사례들'이 있는데, 이런 사례들은 평범한 관찰보다 더 빨리 관찰자가 자연의 비밀을 헤치고 나아갈 수 있도록 허락한다. 위의 논술에서는 과학자 베이컨의 실력보다는, 재치와 말을 교묘하게 엮어가는 그의 특별한 재능이 훨씬 돋보인다.

베이컨의 단점 및 그의 영향

베이컨은 경험론의 선구자이기는 하지만 경험론적 방법이나, 그 방법이 은연중에 제기하는 인식론적이고 형이상학적인 문제들에 대한 유능한 해설자는 아니었다.

이상하게도 베이컨은 그 자신과 같은 시대의 과학자들이 사용하던 방법에 대해서도 이해가 모자랐다. 그는 코페르니쿠스를 과소평가하여, '비록 그의 계산이 정확했다 하여도, 그는 자기가 자연 속으로 끌어들이는 허구(虛構)에 대해서는 주의하지 않았다'고 말했다. *6 그는 아마도 케플러에 대해서는 별로 아는 게 없었던 것 같다. 그는 망원경을 완성했다는 이유로 갈릴레이를 칭송했다. 그러나 갈릴레이의 방법에서 이론적 문제점을 찾아낸 데카르트의 예리함은 그에게서 찾아볼 수 없다. 과학적 사고에서 수학이 맡은 사명을 깨닫지 못한 것은 베이컨의 큰 결점 가운데 하나이다. 그는 자연과학을 양적 측정(quantitative measurement)보다는 사물에 대한 질적 기술(記述 ; qualitative descriptions)이라는 관점에서 이해했다. 또 질(質)은 양(量)이나 수(數)와 상관 관계를 가지며, 양이나 수로 가장 잘 표현될 수 있다고 보는 근대 물리학의 기본 원리를 전혀 모르고 있었다. 그리고 17세기 초 여러 예리한 사상가들이 의심의 여지가 있다고 본 어떤 것들을 아무런 비판 없이 수긍해 버리는 결점도 있었다. 그 총명함과 기지, 탁월한 상상력에도 불구하고 베이

＊6 J.M. Robertson, *The Philosophical Works of Francis Bacon*(London, Routledge, 1905), p. 685
　　에서 인용.

컨은 인간의 정신 생활에서 과학이 맡은 사명을 제대로 이해하지 못하고 있었다.

더욱이 베이컨은 사물을 바라보기만 하면 그에 대한 지식을 얻을 수 있으리라 상상했으며, 또 단편적 사실들을 주워 모아 일람표로 정리만 하면 거기서 자연의 법칙이 저절로 솟아나오리라 기대했는데, 이 점에서 그는 유치했다고 해도 틀린 말이 아니다. 실제로 그는 경험적 방법을 화려한 필치로 서술할 수 있었다. 예를 들면 그는 이렇게 말했다. *7

과학에 몸담은 사람들은 실험에 몰두하거나 독선에 빠지는 사람들이었다. 실험하는 사람들은 개미와 같다. 이들은 오직 수집하고 사용하는 일들을 되풀이한다. 독단적 추론가(推論家)들은 자기 자신 안에 있는 것을 풀어서 집을 짓는 거미와 같다. 그러나 꿀벌은 중간 안을 택한다. 벌들은 뜰과 들판에 핀 꽃들로부터 재료를 모아들여, 이것을 스스로의 힘으로 변화시키고 소화해낸다. 바로 이 꿀벌의 태도야말로 참된 철학이 나아갈 길이다. 참된 철학은 오로지 이성(理性)의 힘에만 기대지도 않고, 박물학(博物學 ; natural history)이나 실험을 통하여 수집한 것을 곧이곧대로 받아들이거나 기억 속에 쌓아 두지도 않는다. 오히려 이것을 변화시키고 소화하여 오성(悟性 ; understanding) 안에 담아 두는 것이야말로 참된 철학이다.

이 구절은 표현이 아름답고 그 관점도 타당하다. 그러나 대부분의 경우 베이컨 자신은 꿀벌보다는 개미에 가까운 태도를 보여주었다. 아마도 그는 인간의 마음속에 자리잡은 편견들에 대한 억제할 수 없는 공포심 때문에 그렇게 했을 것이다. 베이컨은 너무 세밀한 구별을 싫어했다. 그는 이미 가지고 있던 이론들과 일치하는 사실만을 관찰하려는 사람들을 보고 탄식했다. 베이컨은 지금 인용한 구절들 가운데에서, 과학자가 관찰한 바를 '고치고 소화하여' 오성(悟性 ; understanding) 안에 저장할 수 있음을 인정했다. 그러나 곧이어 마음에 따른 어떠한 변화도 마치 왜곡인 듯, 어떠한 소화(消化)도 마치 파괴인 듯 열렬히 비난했다. 베이컨은 과학적 탐구에서 가설(假說 ;

---

*7 *Novum Organum*, 제1권, 단장(aphorism) 95.

hypotheses) 역할에 대해 잘 이해하지 못했다. 그는 가설을 무서운 편견에 대한 위험천만한 공약으로 여긴 것 같다.

역사가들은 그 뒤에 발전한 근세 경험론의 예고를 베이컨에서 찾을 수 있다. 베이컨의 경험론은 적극적이기보다는 소극적이다—그의 의도는 그렇지 않았을지 모르나 결과로 보면 그렇다. 다시 말하면 그의 경험론은 적극적인 방법을 말하기보다는 오류를 범하지 않도록 충고하는 데에 훨씬 더 성공적이었다. 베이컨뿐만 아니라 그 뒤 18세기 내내, 그리고 19세기에 이르러서도 경험론은 세계에 대한 어떤 적극적인 학설을 주장하기보다는 경솔한 믿음, 근거 없는 몰입, 그리고 조급한 결론을 공격하는 데에 더 관심을 가졌다. 역사에 나타난 고전적 경험론의 역할은 자연의 윤곽을 그려내기보다는 마음을 맑고 깨끗하게 하는 정화제(淨化劑)로서 작용해 왔다. 과학자들은 경험주의 철학자들에게 도움을 받는 일이 거의 없었다. 그러나 과학을 진심으로 받아들이고 인정한 철학자들은, 과학자들이 제시한 견해들을 누구나 쉽게 받아들이지 못하게 가로막던 장애물들을 무너뜨릴 수 있었다.

2. 홉스

토머스 홉스(Thomas Hobbes, 1588~1679) : 영국 윌트셔의 맘즈베리 가까운 곳에서 태어났다. 그의 어머니는 스페인 무적 함대가 영국 해안으로 접근해 올 무렵 아직 달이 차지 않은 토마스를 낳았다. '어머니는 쌍둥이를—나와 공포라는 쌍둥이를—낳았다'고 뒤에 홉스는 떠올리고 있다. 20세에 그는 캐번디시 집안에 소속되었다(이 구성원들 가운데에는 디본셔 공작과 뉴캐슬 후작 집안도 있었다). 그는 이 집안 아들들의 가정 교사로서, 신임받는 고문 겸 친구로서 여러 세대에 걸쳐 봉사했다. 그는 70여 년 뒤 세상을 떠날 때까지 3년의 중단 기간 말고는 이 집안의 신하로 남아 있었다. 홉스는 프랜시스 베이컨이 죽기 전 5년 동안 그와 많은 시간을 보내면서, 베이컨이 부르는 것을 받아쓰거나 그의 수필집을 라틴어로 옮기기도 했다. 1640년 (그의 보호자인 디본셔 공작이 망명하고 얼마 지나지 않아) 그는 영국을 탈출하여 11년 동안 프랑스에서 살았다. 그는 메르센 신부와 알게 된 뒤 그의 요청에 따라, 데카르트의 〈성찰록 省察錄 ; *Meditations*〉

에 대한 '이론집(異論集 ; objections)'에 글 한 편을 썼다. 홉스와 데카르트는 둘 다 메르센 집안에 손님으로 갔을 때, 한 번 만난 일이 있다고 전한다. 그는 뒤에 찰스 2세가 된 젊은 영국 황태자의 수학 가정 교사를 한 적도 있었다. 1651년에는 자기 보호자가 하는 그대로, 크롬웰과 화해하고 영국으로 돌아왔다. 하지만 1660년에는 그의 보호자와 함께 찰스 2세의 즉위를 환영했으며, 그 뒤 종종 궁정에 참렬(參列)했다. 홉스가 맨 처음 출판한 책은 투키디데스(Thucydides)의 번역이었다(1629). 그리고 말년에 쓴 책으로 〈오디세이 Odyssey〉와 〈일리아드 Iliad〉의 번역이 있다(1676). 그는 유명한 두 수학자 세스 워드와 존 월리스에 반대하여 논쟁을 이어가며 논문 10여 편을 썼다. 이 논문들 안에서 특히 눈에 띄는 것은 원형을 정사각형으로 고치고 구체(球體)를 정육면체로 고치는 일에 성공했다는 그의 주장이다. 또 다른 논쟁에서 그는 의지(the will)의 자유와 필연에 대해 브램홀 사교(司敎)와 대립했다. 그의 철학 저서들은, 비록 내용이 중복된 것도 있고 심지어 똑같은 구절을 되풀이한 것도 물론 있으나, 여러 제목으로 꽤 많이 출간되었다. 이 저서들 가운데 주요한 것은, 〈공민론(公民論) ; De Cive〉〔1642년 파리에서 그 자신이 돈을 들여 출간했고, 1647년에는 엘지버(Elzivir) 출판사에서 세 가지 판본으로 나왔으며, 1651년에는 홉스 자신이 이를 영어로 번역했다〕·〈인성론(人性論) ; Human Nature〉(1650)·〈국가론(國家論) ; De Corpore Politico〉(1650)·〈리바이어던 Leviathan, or the Matter, Form, and Power of a Commonweatlth Ecclesiastical and Civil〉(1651)·〈자유와 필연에 대하여 Of Liberty and Necessity〉(1654)·〈물체론(物體論) ; De Corpore〉(1655)·〈인간론(人間論) ; De Homine〉(1658)·〈비헤모스 Behemoth〉(1681) 등이다. 이 밖에 그의 인물과 사상에 대한 공격에 맞서 자신을 변호하기 위한 책 두 권을 썼다. 〈충성과 종교와 명성, 그리고 행동으로 본 홉스 Mr. Hobbes Considered in his Loyalty, Religion, Reputation, and Manners〉(1662)와 〈맘즈베리의 토머스 홉스, 운문(韻文)으로 표현된 일대기 Thomas Hobbes Malmesburiensis Vita Carmine Expressa〉(1679)가 이러한 책들이다.

토머스 홉스는 철저한 세속주의자였다. 그는 종교 전쟁과 내란으로 어수 선한 시대에 살았는데, 사회 질서를 파괴하는 혼란들은 특정한 종교 분파를 지나치게 맹신하는 사람들 때문에 일어나는 경우가 많다고 비난했다. 토머스 홉스는 신학 이론들이 대부분 인간적 공상 속에 쓸데없이 사로잡혀서, 국가의 안정을 위협하도록 부추긴다고 믿었다. 그는 종교를 국법으로 철저히 단속하여, 신학에서 비롯된 폐단을 뿌리 뽑자고 제안했다. 그러나 토머스 홉스도 세계 창조의 원인이 있음을 인정하지 않을 수 없다는 논거에서 신의 존재를 인정했다. 그리고 언젠가 다음 같은 대담한 주장을 하기도 했다. '언제나 하나이며 똑같은 신은 모세로 나타난 인간이고, 그리스도로 화신한 인간이며, 사도(使徒)들로 온 인간이다.' 홉스는 삼위일체설에 대한 완전히 종교적 해석인 이 대담한 주장을 하면서, 이 같은 주장이 그 무렵 존재했던 법제화된 영국 교회에 순응하는 것이라고 믿었다. 만일 그의 국법이 필요로 하는 것이라면, 홉스는 주저 없이 다른 주장들도 했을 것이다. 그러나 그가 이처럼 이상한 태도를 취한 것은 아무 생각 없이 기분에 따른 것은 아니었다. 오히려 홉스는 자신의 진지한 철학적 이론을 충실하게 실천하고 있었다. 왜냐하면 종교의 교리와 실천에 대한 위험한 논쟁을 효과적으로 끝낼 수 있는 방법은, 오직 종교를 모든 부문에 걸쳐서 국가의 절대 권위 아래 종속시키는 길뿐이라고 홉스는 굳게 믿었기 때문이다. 만일 그렇게 할 필요만 있었다면 홉스는 교육·과학·철학, 또는 문학에 대해서도 주저하지 않고 똑같은 태도를 취했을 것이다. 아마 그렇게까지 할 필요성은 일어나지 않았을지도 모르며, 홉스 자신도 그럴 필요는 없으리라고 낙관했으리라. 홉스는 그 자신이 진리 탐구자였다. 그는 자유롭게 진리를 탐구하며, 그 탐구 과정 안에서 발견된 진리를 자유롭게 발표할 권리를 자기 자신과 남들을 위해 존중했다. 홉스는 사회 혼란이 교육과 과학과 예술을 해치는 가장 큰 재난이라고—국가권위에 의한 통제보다 훨씬 더 큰 재난이라고—판단했다. 그러므로 문명(civilization)과 그 소중한 부분으로서 문화(culture)를 지켜 나가기 위한 전제 조건으로서, 어떠한 희생을 하더라도 사회 질서는 반드시 유지해야 한다. 정권이 예술과 학문을 유해 무익한 통제로써 억제하는 군주 국가에서보다도 오히려 무정부와 전쟁 상태에서 우리는 한층 더 불행할 것이다. 국민들은, 많은 경우에 있어 권위에 대한 복종을 매우 못마땅한 것으로 여길 것이다. 하지만 만일 이들도 현명하다면, 이것이 반항과 그에 따르는 폭동만도 못할 정도로 나쁘다고는 생각지 않을 것이다. 이에 홉스는 확립된 정권에 복종함은 사회의 평화와 질서를 지켜 나가기 위해 없어서는 안 될 필요 조건이며, 평화와 질서는 그 밖의 모든 개인적·사회적 선(善)을 이루기 위한 필요 조건이라고 생각했다. 따라서 인간은 자기의 모든 이해 관계를 군주 국가의 세속적 권위에 복종시켜야 한다고 홉스는 결론을 내렸다.

자연의 상태

위에서 훑어본 홉스의 견해에는 두 가지 주제가 한데 얽혀 있다. 하나는 사회적 무질서에서 오는 혼란과 국가 권력의 통치에서 오는 안정 사이의 뚜렷한 차이이다. 또 하나는 국가 권력 안에는 강력한—심지어 절대적인—군주가 필요하다는 사회적 요구이다. 홉스의 정치적 저술은 이 두 주제 사이의 관계와 함축적 의미를 밝혀 나갔다. 이 두 주제는 마치 우연인 듯, 홉스가 출판한 두 권의 책 첫머리에 그림으로 표현되고 있다. 첫 주제는 〈공민론(公民論)〉 첫머리에, *8 두 번째 주제는 〈리바이어던〉 첫머리에 그려져 있다. 이 두 그림을 소개하여, 홉스의 주제에 대한 설명의 일부로 삼으려 한다.

〈공민론〉의 그림에는 리베르타스와 임페리움이라는 두 인물이 그려져 있다. 이 라틴어 이름은 '무정부 상태'와 '군주 정치'로 번역될 수 있다. '무정부 상태'는 비참하고 초췌한 모습의 여인으로서, 거의 벌거벗은 몸에 부러진 활을 들고 있다. 이 여인의 뒤에는 하나의 풍경이—허술한 울타리가 몇 안 되는 주민들을 위태롭게 보호하고 있는—그려져 있다. 이 울타리 밖에서는 도둑들이 한 남자를 공격하고 있으며, 한 여인이 다른 한 사람의 난폭한 포옹을 피하려 안간힘을 쓰고 있다. 약탈과 강간이 일어나는 가운데 사람들은 나무를 심고 곡식을 가꿀 생각을 하지 않는다. 따라서 이 나라는 곡식도 열매도 맺지 않는 황폐한 곳이 되어 버렸다. 한편 '군주 정치'는 아름답고 젊은 여자로서 머리에는 왕관을 썼으며, 손에는 힘과 정의를 상징하는 칼과 저울을 들고 있다. 이 여자의 뒤에는 울창한 풍경이 펼쳐져 있는데, 멀리 언덕 위에는 아름다운 도시가 세워져 있다. 이 도시 앞에서는 상인들이 자유롭게 돌아다니고, 어머니들은 개울가에서 아기에게 젖을 먹이며, 농부들은 풍성

---

*8 개인 비용으로 출간된 1642년판과 1647년에 나온 세 가지 Elzivir판들 가운데 초판에만 들어 있다.

한 수확을 거두어 들이고 있다. '무정부 상태'와 '군주 정치'를 두 여인이 손 가락으로 떠받치고 있는 널판 위에는 중세 미술 전통 방식으로 그리스도와 최후의 만찬 그림이 그려져 있다. 이 작은 그림은, 마치 통속적인 사상가들 이 천당의 성자들과 지옥의 죄 지은 사람들 사이에 건널 수 없는 큰 못이 가 로놓여 있음을 말하듯이, 강력하고 현명한 군주의 통치 아래에 사는 백성들 과 황폐하고 잔인한 혼란 속에 사는 야만인들 사이에도 또한 넘을 수 없는 엄청난 차이가 있다는 홉스의 신념을 나타낸다.

무정부 상태와 군주 정치의 차이를 말하는 홉스의 주제는, 인간과 인간의 생활 양식에 대한 생생한 관찰을 기초로 한 것이다. 홉스는 이 주제를 하나 의 커다란 철학적 구조 체계 안에 넣으려 시도하기는 했지만, 그 주제는 어 떤 선행된 이론으로부터 나온 것은 아니다. 그러나 홉스는 그의 주제를 언어 로 표현함에 있어 고대로부터 일반적으로 사용해 오던 어떤 개념들을 때로 는 그대로 인정하지 않고 다른 뜻으로 해석했다. 그렇게 사용된 개념들 가운 데 다음 세 가지가 있다. 즉 '자연의 상태', '자연의 권리' 그리고 '자연의 법 칙'이다.

홉스가 말하는 '자연의 상태'는 무정부 상태를 말한다. 이것은 과거와 현 재, 미래 어느 때 어느 곳에서나 발견할 수 있는 무정부 상태이다. 이것은 인류의 어떤 원시적 상태가 아니다. 또한 인간이 국가를 형성함으로써 극복 해낸 역사적 과거도 아니다. 차라리 이것은 인간의 삶 안에 깊이 뿌리박은 불변인자(不變因子 ; a constant factor)라고 보아야 하리라. 이 자연의 상태 는 때로는 매우 깊숙이 숨겨져 있는 까닭에 간과되거나 잊히기도 한다. 또 때로는 겉으로 매우 두드러지게 나타나 사회를 흔들어 놓을 때도 있다. 이 상태는 언제나 악이라고 말할 수 있으며, 이것이 세력을 떨칠 때 사람들은 이성을 잃는다. 이것은 인간이 두 가지 슬기로운 힘을 잃었을 때 빠지게 되 는 삶의 방식이다. 이 슬기로운 힘들의 첫째는 사건을 확고한 법률에 따라 다스리는 정부의 권위이다. 슬기로운 힘의 둘째는 인간의 이성이다. 인간의 이성은 인간의 행위를 위한 올바른 원리들을 언제나 분별할 수가 있다. 그러 나 때로는 이성이 판단한 것을 실천에 옮기지 못할 때가 있다. 국가의 기능 이 약화되고 인간의 이성이 존중받지 못할 때 바로 자연의 상태로 남겨지게 된다. 그리고 국가의 기능이 약화되었을 때 인간의 이성은 틀림없이 존중을 받지 못하게 될 것이다. 왜냐하면 사람들은 폭력이 날뛰는 혼란한 상황 속에서는, 좀 더 안정된 환경에서 이성을 따르던 자신의 행동 방식을 구태여 고집하지 않기 때문이다. 사람들은 자신의 이성이 기만당하리라고 걱정할 때에는 구태여 자신도 약속을 지키려 하지 않는다. 사람들은 다른 사람들이 자신이 가진 모든 것을 약탈하고, 나아가 자신을 습격하여 생명까지 빼앗을지 모른다고 두려워할 때에는 자신의 정당한 재산을 남들에게 아낌없이 나누어 주지 않는다. 법이 침묵을 지키면 이성도 침묵을 지킨다는 것이 홉스의 주장이다. 이때 법과 이성을 대신하여 공포와 증오, 탐욕과 색욕의 정념들이 사정없이 삶을 뒤흔들어 놓는다. 이러한 것이 바로 자연의 상태이다.

홉스의 말에 따르면, 자연의 상태는 전쟁 상태이다. 그리고 사람들이 이 상태를 피할 수 있도록, 그는 매우 과장된 표현으로 묘사했다. 그의 가장 유명한 구절의 하나는 다음과 같다. *9

그러므로 모든 이가 모든 이에 대해 적이 되는, 전쟁 중에 일어나는 모든 결과는, 자기 자신의 힘과 창의력 말고는 아무것도 자기를 보호해 줄 것이 없는 시대에도 일어난다. 이러한 상황에서는 공업이 일어날 여지가 없다. 왜냐하면 생산물에 대해 마음이 놓이지 않기 때문이다. 따라서 농사도 짓지 않을 것이며, 항해를 하거나 해외로부터 수입된 물품을 사용하는 일도 없을 것이다. 훌륭한 집도 짓지 않을 것이며, 많은 마력을 요구하는 이동 수단도 생기지 않을 것이다. 지구에서 일어나는 여러 현상에 대한 탐구도 하지 않을 것이며, 시대에 대한 연구도 하지 않을 것이다. 예술도 문학도 사교 생활도 모두 사라져 버릴 것이다. 그리고 무엇보다도 불행한 일은, 끊임없는 공포심과 잔인한 죽음의 위협 속에서, 삶은 외롭고 가난하며 더럽고 잔인한데, 그나마도 짧다는 사실이다.

원죄(原罪)와 인류 전체의 타락에 대해 말하는 어떠한 정통 기독교인들이라 해도, 홉스가 자연 상태를 묘사한 것보다 더 강렬하게 지옥의 모습을 그린 사람은 없었으리라. 어떠한 정통적 기독교 신학자도, 홉스가 인간을 자연

---

*9 *Leviathan*, 제13장.

상태로부터 구하고자 한 그 이상의 열정으로 인류를 죄지은 상태로부터 구하려 애쓴 적이 없다.

자연의 권리

'자연의 권리'란 '사람들이 자기 자신의 본질을 지키기 위해 자신의 힘을 자기 의지에 따라 스스로 사용할 수 있는 자유'를 뜻한다고 홉스는 말한다. *10 이것은 도덕적 원리는 아니다. 그는 사람들로 하여금 이것을 사용하도록 부추길 것이 아니라, 이 한탄할 만한 일이 일어나지 않게 그 사람들을 이끌어야 한다고 밝히고 있다. 정부가 없거나 또는 약하고 무능한 정부밖에 없을 때에는, 이성도 힘을 잃게 되어 우리가 맞닥뜨린 일들을 삶의 바람직한 목적지로 이끌지 못하며, 따라서 인간은 자신의 짐승 같은 폭력과 이기심을 무작정 휘두르는 것 말고는 어떠한 수단도 가지지 못하게 된다. 사회적 관계에 대한 공정하고 합법적인 재판관이 없을 때에는 인간은 스스로 법이 되어, 목숨과 음식과 육체적 만족만을 위해 이성을 저버린 채 싸우는 것밖에는 아무것도 할 줄을 모른다. 그러므로 자연의 상태에서 모든 사람은 모든 사람에 대해 적이다. '자연의 상태에서 모든 사람은 무엇을 갖든, 무슨 짓을 하든 나쁠 게 없다.'*11 자연의 상태에서는 자신의 이익밖에는 옳고 그름을 가릴 기준이 존재하지 않는다. 그리고 행위자 자신의 욕망 말고는 이해(利害)를 판단할 척도도 존재하지 않는다. '자연은 모든 이에게 모든 권리를 부여했다.'

자연의 법칙

'자연의 법칙'은 '생명과 종족을 그대로 지켜 나가기 위해, 우리가 해야 할 일과 해서는 안 될 일에 대해서 올바른 이성이 내리는 명령이다.'*12 이 주장에서 홉스는 여러 다른 관점들보다도, 전통적 견해와 완전히 일치하고 있다. 자연의 법칙(law of nature)은 이성의 법칙(law of reason)이다. 이는 신의 법칙이며, 도덕의 기준이 된다. 이것은 자연의 획일성을 나타내는 법은 아니

---

*10 *Leviathan*, 제14장, 첫 구절.
*11 〈공민론 *De Cive*〉, 제1장, 제10절.
*12 〈공민론〉, 제2장, 제1절.

다. 오히려 철저하게 그 반대이다. 자연의 법칙은 인간이 자연의 상태에서 보여주는 행동과는 완전히 반대되는 원칙을 말한다. 이것은 윤리적 판단의 규범을 제시한다. 인간이 자연 상태를 벗어나 문명화된 상태로(홉스에게 있어 문명화된 상태란 언제나 국가 권력에 의해 통치되는 상태를 말한다) 들어갈 수 있는 방법을 명시한다. 자연의 법칙은 거의 무제한적 범위에 해당하는 행위의 준칙―인간의 삶에 보편적으로 적용할 수 있는 일반적 준칙과, 또 이성의 소리를 인간의 삶에서 일어날 수 있는 모든 부분에까지 전달하는 구체적인 준칙―으로서 낱낱이 규정될 수 있다.

자연의 첫째가는 기본적 법칙은, 인간은 인간에게 허용된 모든 수단을 사용하여 평화를 추구해야 한다는 것이다. 이 법칙에는 사람들이 사회를 평화롭게 다스릴 수 있는 하나의 권력체계에 자신의 모든 자연적 권리를 내맡겨야 한다는 뜻이 포함되어 있다고 홉스는 덧붙인다. 통치권을 수반하지 않는 평화란 한갓 헛된 꿈일 뿐이다. 평화란 인간의 정념(情念 ; passion)까지도 이를 무시해서는 안 되는 강한 권력의 산물이다. 그러므로 자연의 첫 번째 원칙은, 인간은 독립된 개인으로서 행동하기를 그만두고 동시에, 자신을 다른 사람들과의 계약에 의해 법을 제정할 권한을 가진 통치자 아래에 묶여 있는 존재로 보아야 한다고 강하게 주장한다.

자연의 다른 법칙들이 사람들에게 요구하는 것은 계약을 이행할 것, 남에게 도움을 받으면 감사의 뜻을 표할 것, 다른 사람들에게 도움이 되도록 행동할 것, 죄를 뉘우친 사람들에게는 자애(慈愛)를 베풀 것, 복수를 부끄러이 여기며 삼갈 것, 겸손하고 공정할 것, 폭식(暴食)과 술주정을 삼갈 것 등―요컨대 (홉스의 표현을 빌린다면) 신이 성경에서 지시하신 여러 덕을 발휘함―이다. 이런 법칙들은 변하지 않는다. 즉 우리는 다른 사람이 우리에게 하지 않았으면 하는 일들을 다른 사람에게 해서는 안 된다는 하나의 원칙으로 요약해서 말할 수 있다.

그러나 홉스의 판단으로는, 자연의 상태에서는 대부분의 경우에 자연의 법칙이 안전하게 지켜질 수가 없으며 따라서 자연의 상태에서 우리는 자연의 법칙에 얽매이지 않는다. 이 법칙들 가운데 어떤 것들은 예컨대 폭식과 술주정을 금하는 것처럼 우리가 언제나 지켜야 할 것들이다. 왜냐하면 이러한 법칙들은 오로지 한 개인이 자신을 억제하는 부분에 속하는 것으로, 다른 사람들과의 협조에 기대지 않기 때문이다. 그러나 대부분 자연의 법칙은 두 사람 이상의 협조에 의존한다. 이런 법칙들은 내면적으로는, 우리의 양심 안에서 언제나 지켜야 할 의무를 지운다. 비록 우리가 이것들을 실천에 옮기지 않을 때에도 이를 존중해야 한다. 비록 우리가 이것들을 고의로 어긴다 하여도 이 원칙들이 행위를 위한 바람직한 원리임을 잊어서는 안 된다. 그러나 외재적으로는, 다시 말해 겉으로 드러나는 행동에 대해서 말한다면, 다른 사람들도 다 같이 그 법칙을 지켜주리라는 보증이 있는 환경 속에 우리가 살고 있지 않으므로, 우리는 이러한 법칙들을 지켜야 할 의무를 지지 않는다. 우리의 이성은 비록 자연의 상태 또는 전쟁 가운데 있다 할지라도 평화와 정직, 그리고 서로서로 돕는 것이 도덕적으로 바람직하다는 사실을 깨닫는다. 그러나 이성 그 자체의 힘만으로는 이성적 인간이 이성적 행동을 이성적으로 수행할 수 있는 여러 조건을 충분히 이끌어 낼 수가 없다. 자연의 법칙은 순진한 나 자신을 짐승 같은 사람들의 공격 앞에 제물로서 제공하라고 우리에게 요구하지 않는다. 사회 질서를 확립해 줄 만한 통치권이 세워진 경우에는 자연의 법칙은 곧 내면적으로뿐만 아니라 외면적으로도 우리의 행동을 다스릴 수 있는 구속력을 갖게 된다. 그러나 이러한 통치권이 없다면, 또는 정부가 있기는 해도 치안을 확보할 만한 통솔력이 없다면 자연의 법칙은 비록 미래를 위한 훌륭한 이상임에는 틀림이 없으나 현실적으로는 타당성이 없으며, 따라서 사람의 행동을 다스릴 제재권(制裁權)도 가지지 못한다.

통치권

홉스의 정치 철학에서 주된 이론을 형성하는 두 가지 관련된 주제들의 두 번째는, 정부에 대해 절대적 통치권을 부여할 필요가 있다는 것이다.

이 주제는 〈리바이어던〉 첫머리 그림 안에 묘사되고 있다. 그림 위쪽에 한 남자가 크게 그려져 있는데, 그는 머리에 왕관을 쓰고 손에는 힘을 상징하는 물건들을 들었다. 그는 언뜻 쇠사슬 갑옷을 입은 것처럼 보인다. 그러나 자세히 살펴보면 그는 수많은 사람들 머리며 어깨들로 이루어져 있다. 이 그림이 뜻하는 것은 분명하다. 즉 이는 수많은 사람들의 자연적 권리를 통치자 한 사람에게 위임함으로써 통치권이 형성됨을 뜻한다. 사람들은 자신의 자연적 권리를 군주에게 바침으로써 공민(公民)이 된다. 그 군주, 즉 '리바이어던'*¹³ 이 손에 들고 있는 것은 칼과 십자장(十字杖, 종교의식 때 주교가 드는 지팡이)이다. 이것으로써 홉스가 말하려는 것은, 군주는 속세의 일뿐만 아니라 종교에 대해서도 모든 권한을 쥐고 있다는 것, 다시 말하면 종교도 본질적으로 정권이 마땅히 전적으로 통제해야 할 여러 영역 가운데 하나라는 것이다. 칼*¹⁴과 십자장 아래에는 또 다른 상징들이 의미상 서로 대조되는 짝을 이루며 나열되어 있다. 그 상징들이 짝을 이루고 있는 것은 군주의 대권이 미치는 두 영역을 뚜렷이 보여주기 위해서이다. 이 상징들의 내용을 살펴보면 성(城)과 교회, 왕관과 사교관(司敎冠), 대포와 파문(破門; excommunication, 교단에서 내쫓는 일)의 빗장, 전쟁 때 입는 갑옷과 변증법 문서(文書), 그리고 무술 경기와 이교도 재판 등이다. 홉스는 군주가 모든 인간 생활에 대해서도 절대적인 권한을 갖기를 원했다. 종교적 분쟁에 따른 사회적 혼란을 주목한 그는, 특히 종교 교리와 교회 제도에 대한 군주의 통제권을 강조했다. 〈리바이어던〉의 반은 가톨릭 교회의 세속적 권리 주장과 프로테스탄트 신학자들의 정치적 오만을 통렬히 비난하고 있다.

홉스가 지적한 공민 사회(公民社會), 즉 국가가 형성되기 위해서는 여러 방법이 있다. 계약을 맺어 성립하는 경우는 매우 드물다. 이보다는 외부 세력이 정복하거나 아니면 같은 사회 안에서 강한 사람 또는 강한 당파가 승리함에 따라 국가가 생겨나는 경우가 많다. 그러나 한 국가가 어떻게 해서 권력을 잡게 되었는가에 따라서가 아니라, 그 권력의 행사가 사회에 어떠한 결과를 가져왔는가에 따라서 정부를 판단해야 한다고 홉스는 생각한다. 어떤 합법성의 원리를 옹호하는 것은 그의 관심사가 아니었다. 실질적인 정부가 그 결과에 있어 합법적 정부보다 낫다고 밝혀질 수도 있음을 그는 주장한다. 실질적인 정부가 우세하게 되면, 그 성과를 고려하여 그 정부를 옹호해야 할

---

*13 홉스는 이 말을 욥기 제41장에서 가져왔다. 〈리바이어던〉 첫머리 그림 맨 위에는 그 24절의 라틴어가 불가타 성서에 인쇄된 대로 이렇게 씌어 있다. Non est potestat super terram quae comparetur ei(그와 겨룰 만한 힘을 가진 자, 땅 위에 없느니라). 이 시는 제임스 왕의 영역 구약성경 제33절에 해당하며, 이 영어 번역에는 내용이 약간 다르게 되어 있다.

*14 이 칼은 군왕의 절대권을 상징하며 물론 그 이상의 뜻을 가질 수도 있다. 왜냐하면 중세 그림에서 칼은 보통 정의(正義)를 뜻하며, 홉스의 그림은 여러 가지 점에서 중세의 관례를 따르고 있기 때문이다. 그렇다면 이 그림에서 칼은 군주가 교회와 국가를 완전히 장악했을 때 이루게 될 정의를 상징한다.

것이다. 물론 홉스는 군주가 왕위를 계승할 '권리'를 가졌다거나 또는 국민들은 자신들이 원하는 정부를 스스로 선택할 '권리'가 있다고 목소리를 높이던 당파심 강한 인사들 모두를 불쾌하게 만들었다. 홉스는 어떠한 정부든지 확고하게 수립된 뒤에는, 그 정부가 자연의 상태를 끝내고 나서 스스로 선택한 유형의 사회 질서를 이끌고 나아가는 그 공로로 말미암아 존중되어야 한다고 믿는다. 모든 정부는 잘못을 저지르기 쉬운 인간에 의해 운영되는 것이므로, 때로는 현명하고 정당한 판단을 내리지 못할 수도 있으리라. 그러나 인간이 하는 일은 본디 완전에 이를 수 없는 것이라고 생각한다. 따라서 통치권 아래에 있는 신하들이 정부를 견제하거나 정책을 따르지 않고 통치자를 처벌하려 드는 것 또는 정부를 비판하여 권위를 손상하는 것까지도 모두 옳은 일이 아니다.

홉스는 분할된 권위란 개념상 모순을 포함한다고 주장했다. 왜냐하면 권위의 분할이 생긴 곳에서는, 그 분할된 세력들의 관계를 조정할 만한 더 큰 어떤 세력, 즉 어떤 절대적 권위가 다시 나타날 때까지 사람들은 군웅이 할거하는 혼란 상태로 되돌아갈 것이기 때문이다. 따라서 통치권은 그 본질상 모든 부분에서 절대적이어야만 한다. 홉스는 자신의 경험을 통해 어떤 정부가 훌륭하며 어떤 정부가 그렇지 못한가를 너무나 잘 알고 있었다. 그는 백성에 대한 통치자의 의무에 대해 길게 논했다. 통치자는 도덕 원리가 되는 자연의 법칙들을 지켜야 할 도덕적 의무가 있다고 그는 강조했다. 그러나 모든 저술을 통하여 그가 한결같이 주장한 근본적 견해는, 잘못을 저지르는 정부라 해도 자연의 상태보다는 낫다는 것이다. 따라서 비록 나쁜 정부라 해도 공민이 정부를 타도하는 것은 도덕적으로 옳지 않다고 주장한다. 한마디로 신을 제외하고는 그 누구도 군주에 대해 잘잘못을 가릴 권한이 없다. 그러므로 백성들은 자신들 위에 존재하는 어떠한 통치권에 대해서도 복종할 의무가 있으며, 통치자의 결점이나 부정에 대한 심판은 최후의 심판에 맡겨두어야 한다.

홉스는 아리스토텔레스의 〈정치학〉에 나타난 분류법에 따라, 정부를 세 가지 전통적 유형, 즉 군주 정치(君主政治)·과두 정치(寡頭政治)·민주 정치로 나누었다. 이 가운데 홉스 자신이 가장 좋다고 생각한 것은 군주 정치, 즉 한 사람이 다스리는 체제이다. 그가 군주 정치를 선택하게 된 가장 으뜸가는 이유는, 여러 사람이나 모든 국민이 통치권을 골고루 나누어 가졌을 때보다도 오직 한 사람이 권력을 쥐었을 때, 통치자 국민의 이익과 어긋나는 이기적 욕망을 가장 신속하고 경제적으로 충족시킬 수 있기 때문이다. 그러나 이 부분은, 비록 홉스의 동시대인들과 오늘날 홉스의 책을 읽는 많은 독자들로 하여금 그에 대해 혐오감을 갖게 한 것은 사실이지만, 홉스의 학설 전체로 본다면 부차적이며 비본질적인 이론에 불과하다.

홉스에 따르면, 군주는 자기가 통치하는 국가에 대해 여러 의무를 짊어지고 있다. 지혜로운 군주라면 삶의 어떤 부분들은 자기 백성들의 자유 의사에―또는 적어도 몇몇 지혜롭고 재능이 뛰어난 신하들에게―맡기는 편이 낫다. 그러나 이러한 문제에 대해서 모두 똑같은 규칙을 세울 수는 없다. 왜냐하면 한 국가에 있어 절실히 요구되는 것은 때에 따라 달라질 수 있기 때문이다. 국가의 안전과 복지를 위해 통제가 필요하다고 군주가 판단할 때에는, 우리는 인간 활동의 모든 부분에서 군주가 행사하는 제약들을 받아들여야 한다. 경제와 생산 활동, 교육, 그리고 종교 제도처럼 입법과 사법 기능도 군주의 의지에 달려 있다. 군주는 재산이란 어떤 것들이며 그것을 어떻게 사용해야 하는가, 그리고 백성들이 국가에 대해 어떠한 의무를 이행해야 하는가 하는 문제들을 스스로 결정할 수 있다. 그는 필요할 때 신하와 상의해도 좋으나, 마음에 내키지 않는 충고는 받아들이지 않아도 된다. 군주는 스스로 법률 또는 특수한 경우에 내릴 수 있는 결정권을 행사하여 벌을 내리고 상을 베풀 수 있다. '좋은 법률을 만드는 일이야말로 군주가 할 일이다' 이렇게 홉스는 말하고 있다. *15 그러나 어떠한 법률이 좋은 법률인가는 자신이 다스리는 백성들에 의해 조금도 제약을 받지 않고 군주가 스스로 판단한다. 홉스는 군주도 모든 자연의 법칙을 존중할 의무가 있다고 생각했다. 그러나 이 의무에 대해 밝히는 구절에서 그는 다음 같이 말하고 있다. *16

도둑질·살인·간음, 그리고 모든 종류의 상해(傷害)는 자연의 법칙이 금지하는 부분이다. 그러나 무엇을 도둑질이라 부르며, 무엇이 살인이고, 무엇이 간음인가, 또 어떻게 하는 것을 상해로 볼 것인가 하는 문제는 자연

---

*15 *Leviathan*, 제30장.

*16 〈공민론〉, 제6장, 제16절.

에 의해 결정되는 게 아니라, 국법에 의해 정해지는 것이다.

자연의 법칙이 국민에게 요구하는 구체적이며 상세한 내용을 결정하는 권한을 홉스는 전적으로 군주 한 사람에게 맡겼다. 따라서 군주의 의무는 다음 한마디로 요약할 수 있다. 즉 군주는 매우 추상적인 자연의 법칙에 구체적 의미들을 부여해야 한다.

물체(物體 ; body)의 철학

홉스는 자기의 철학적 사색을 종합적 체계의 형태로 나타내고자 하는 열망을 가졌었다. 이 체계는 물체(物體)라는 개념을 구조 원리로 하여 세워질 수 있을 것으로 생각했다. 따라서 이 체계는 세 부분으로 나뉘는데, 그의 세 저서의 제목—〈물체〔自然的物體〕에 대하여 De Corpore〉·〈인간적 물체〔人間〕에 대하여 De Corpore Humano〉, 그리고 〈정치적 물체〔國家〕에 대하여 De Corpore Politico〉—에도 이러한 생각들이 뚜렷이 나타나 있다. 자연·인간·국가는 홉스의 유물론적 체계의 세 부분에서 저마다 다루어야 할 문제들이다. 홉스는 모든 실체는 물질적 실체들이라고 믿기에 이르렀다. 인간은 특수한 종류의 물체이며, 국가는 이 특수한 종류의 물체들이 질서 체계를 이룬 것이다. 이로써 홉스는 물체의 성질과 운동의 법칙을 이해하는 것이 철학적 사명의 전부라는 결론에 이른다.

홉스는 자기의 유물론적 주장을 상세하게 체계화하지는 못했다. 그는 갈릴레이 운동 법칙을 형이상학이나 자연 철학의 기본 원리로 받아들였다. 홉스는 기계론(機械論 ; mechanism)적 관념을 인간 생명과 사회 현상의 과정에 응용했다. 데카르트의 〈성찰록 省察錄〉에 대한 '반대론'을 썼을 때, 홉스는 '나는 생각한다. 그러므로 나는 존재한다' 이 명구를 배척했다. 그는 데카르트 학파에 반대하여, 생각함에 대한 우리의 관찰이 증명해 주는 것은 오직 생각〔思惟 ; thinking〕이라는 현상이 일어나고 있다는 사실뿐이라고 주장했다. 유기적(有機的) 조직으로서의 신체만 있을 뿐, 자아라는 것은 존재하지 않는다. 홉스는 감각과 심리 현상을 때로는 신체적 운동의 결과로 보았으며, 또 때로는 신체적 운동 그 자체와 같은 것으로 보았다. 그리고 그는 이 관점이 지닌 모호성을 끝까지 바로잡지 않았다. 홉스는 아마 이러한 애매모호한 점이 있다는 것조차 깨닫지 못했으리라. 왜냐하면 이 문제에 대한 그의 관심은 건설적인 해결보다는 논쟁하는 데에 있었기 때문이다. 홉스는 물질과 운동의 기계론적 법칙의 지배를 받지 않는 정신적 실재에 대한 상상을 없애버리고자 했다. 그리고 이런 상상이 없어지기만 한다면 그것이 어떻게 없어지는가에 대한 방법은 그다지 중요하지 않았다. 그렇지만 그가 유물론적 심리학의 발전에 공헌한 것만은 사실이다. 홉스는 관념을 '쇠약해진 감각(decaying sense)'*17 즉 그 전에 지니고 있던 감각의 잔상(殘像 ; after-images)으로 정의한다. 이렇게 함으로써 홉스는 추리 작용을 기계론적 과정으로 변형했다고 여긴 것 같다. 왜냐하면 미루어 짐작해 가는 추리라든지 그 밖의 모든 생각하는 작용을 그는 '상상의 연속(trains of imaginations)'*18이라고 불렀기 때문이다. 예를 들면 그가 말하는 '자연의 법칙'의 공식화 같은 과정 속에 포함된 이성의 작용을 그의 유물론적 가설을 토대로 하여 제대로 설명하지 못했다. 또 모든 정치적 문제들을 운동의 법칙에 따라 해결할 수 있다는 그의 자신만만한 선언을 뒷받침해줄 상세한 이론들도 내놓지 않았다. 그러나 홉스는 자기의 유물론에 대해서는 용감한 투사였다. 홉스는 유물론이 자기의 세속주의 정치학설을 위한 방패가 되어 주리라고 믿었던 게 틀림없다. 우리의 지식이 충분하기만 하다면 기계학으로부터 심리학을, 또 심리학으로부터 정치학을 이끌어 낼 수 있다고 그는 생각했다.

홉스와 호비즘(Hobbism)

가장 위대한 사상가들의 철학을 세기에서 세기로 전하는 전통설의 경우에도 그 전해진 학설이 사상가 본인의 생각에 완전히 충실한 경우는, 비록 있다 해도 매우 드물다. 플라톤주의가 신플라톤주의에 의해 각색된 결과, 도덕 판단의 기준에 대한 플라톤의 탐구는 정치 생활 무대로부터 도피하는 수단이 되어 버렸다. 천상의 나라와 지상의 나라를 맞세운 아우구스티누스의 철학은, 교황과 황제 사이의 싸움에 이용되었을 때 교회와 국가를 맞세우는 구별로 전환되었다. 에피쿠로스의 쾌락주의(快樂主義)가 관능적 만족에 대한 성급한 탐닉론으로 소개되었을 때마다 이 이론은 창시자 에피쿠로스의 본뜻

---

*17 *Leviathan*, 제2장.
*18 *Leviathan*, 제3장.

에 어긋났었다.

그러나 후세에 전해진 학설이 창시자의 본뜻을 벗어난 점에 있어서, 호비즘과 홉스 자신의 사상 사이의 관계보다 더 심한 경우는 이제까지 없었다. 17세기가 끝나기 이전에 홉스의 이론을 공격하는 글들은 50여 가지나 되었지만, 그를 옹호한 인쇄물은 오직 두 가지뿐이었다. 홉스는 그의 세속주의 정치 이론으로 말미암아, 가톨릭이나 프로테스탄트를 막론하고 성직자 모두를 화나게 만들었다. 또 강력한 힘을 가진 실질적인 모든 정부를 옹호하는 그의 주장으로 말미암아, 스튜어트나 민주주의파를 막론하고 정치에 있어서 모든 정통주의자(正統主義者)들을 분노하게 했다. 홉스는 또 그의 유물론(唯物論)과 무신론(無神論)〔홉스 자신은 무신론을 주장한 적이 없었지만〕때문에, 신을 모독하는 그의 말(홉스의 글 가운데에는 그런 표현이 전혀 나타나지 않는다)과 그의 부덕한 인격(홉스를 가장 잘 아는 그의 친구들과 보호자들의 증언에 따르면, 홉스의 인격은 부덕함과는 반대되는 것이었다)으로 말미암아 비난을 받았다. 홉스의 철학과 인물에 대한 평가는 그가 살아 있었을 때나 죽은 뒤에나 흔히 왜곡되어 왔다. 사상사(思想史)를 공부하는 사람들은 호비즘(Hobbism)과 홉스 철학을 구별해야 하며, 사상사에 더 큰 영향을 끼쳐 온 것은 불행히도 홉스 철학보다는 호비즘이라는 사실을 염두에 두어야 한다. 물론 호비즘도 홉스가 저술한 원전을 기초로 하고 있다. 그러나 이것은 홉스의 글귀를 왜곡하여, 그의 글귀에 뜻하지 않은 의미를 부여하고 꾸며낸 것이다.

호비즘은 홉스의 사상을 서투르게 모방한 것이다. 이것은 인간과 국가에 대한 하나의 견해로서 대략 다음과 같이 요약할 수 있다. (1)인간의 본성은 철저히 악하며, 양심도 없고 참된 반성의 가능성도 없다. 인간은 때로 가치 있고 훌륭한 동기를 가진 것처럼 가장하기도 한다. 그러나 이러한 가면은 오직 그의 악을 하나 더 늘릴 뿐이다. 인간은 행위의 올바른 원리(자연의 법칙)를 알고 있다고 확신하지만, 실제로는 이 원리를 무시하고 경멸한다. 인간은 다른 사람에 대한 동정심을 갖지 않으며, 주위 모든 사람에 대해 그저 잔인하고 무례할 뿐이다. (2)국가라는 사회는 얄팍하게 덮어씌운 하나의 위선에 지나지 않는다. 통치자도 백성들도 여전히 악인으로 남아 있다. 통치자는 공공의 선(善)을 위해 봉사한다는 명분 아래 자기 자신의 욕망을 채운다. 백성들은 형벌을 받을까 두려워 성문법(成文法)을 굳게 따르며 통치자에게 순종한다. 그러나 이 성문법을 감히 무시하기도 할 때에는 은밀히 통치자에게 반항한다. (3)덕이니 선이니 하는 관념 자체는 하나의 기만일 따름이다. 옳고 그름을 구별할 객관적으로 타당한 기준은 없으며, 오직 통치자의 우세한 권력에 따른 인위적 명령만이 있다. 통치자의 힘이 명령하는 것이면 무엇이든 실제로 옳다고 불리며, 그 힘이 금지하는 것이면 무엇이든 그르다고 불린다. 그러나 순간순간마다 바뀌는 욕망을 만족시켜 주는 데 성공 말고는, 행동의 가치를 측정할 참된 척도라는 것은 존재하지 않는다.

홉스는 호비즘의 본보기로서 고발당하여 '맘즈베리의 괴물'이라는 별명으로 불렸다. 그는 자연 상태에 대해, 사회 생활의 제재와 이성의 올바른 인도가 아니었다면 인간은 어떻게 되었을까를 말해 주는 한 그림으로 묘사해서 보여주었다. 그러나 그는 무시무시한 경고(警告)로서 그가 제시한 사태에 대해 마치 대단히 즐거워하기라도 한 양 비난받았다. 그가 동물적인 욕망을 방종하게 만족시키는 일에 기뻐 날뛰며, 다른 사람들에게도 같은 악덕의 길을 가도록 권했다는 것이다. 홉스에게 호비즘의 책임을 지우는 것은 사상사에 나타난 역설적 현상의 하나이다.

3. 뉴턴

아이작 뉴턴 경(Sir Isaac Newton, 1643~1727) : 그랜덤 부근에서 태어났다. 소년 시절부터 놀라울 만큼 학구열이 강하여, 농장 일을 팽개치고 몰래 빠져 나와 수학 문제를 풀곤 했다. 1661년 케임브리지 대학 트리니티 칼리지에 입학하여 1667년에는 모교의 평의원, 1669년에는 수학 교수가 되었다. 그는 무려 30년 넘게 케임브리지 대학에 몸담았다. 1688~89년 사이에는 케임브리지 대학 선출 국회의원으로 있었으며, 이때 오렌지 왕가가 확립되었다. 새로운 정부는 1696년 그를 조폐국장으로, 1699년에는 조폐장관으로 임명했으며 이 덕택으로 그는 런던에서 살 수 있었다. 1705년 나이트 작위를 받았고, 1703년부터 세상을 떠날 때까지 해마다 왕립협회 회장으로 선출되었으며, 1699년에는 프랑스 한림원(翰林院) 추천 회원이 되었다. 그는 보일·로크·헨리 모어 등 그 무렵 사상가들과 교류했다. 사람을 대할 때는 까다로운 편이었고, 라이프니츠·후크(몇 가지 과학적 사상에 있어서는 뉴턴보다 앞서 있었다)·로크 같은 사람들과 논쟁을 하기도 했다. 케임브리지 대학에 있던 초기 몇 해 사이에 그의 주요한 사상 대부분을 체계화했으나, 논쟁을 벌이다가 마지못해, 또는 친구들의 간청이 있을 때에만 그 내용들을 기록해 두었다. 그의 손꼽히는 두 저서는 〈자연 철학의 수학적 원리 *Philosophiae Naturalis Principia Mathematica*〉(1686)와 〈광학—반사·굴절·굴곡 및 빛의 색깔에 대한 논구 *Opticks : Or, a Treatise of the Reflections, Refractions, Inflections, and Colours of Light*〉(1704)이다. 그는 철학을 '당돌하게 다투기를 즐기는 숙녀'라 일컬었다. 과학 서적에 대해서는 신학이나 성경의 연대학(年代學)보다도 관심이 없다고 털어놓았다. 그는 로마 가톨릭 교회를 맹렬히 비난하고 삼위 일체의 교리를 거부했다. 그는 성경을 틀림없는 권위로서 의심하지 않고 받아들였다. 그의 영향은 자연 신학(自然神學)의 운동을 지지하는 역할을 했다.

뉴턴은 이 세계를 과학적으로 탐구하기 위한 올바른 체계로서 널리 받아들여진 개념을 공식화(公式化)함에 있어, 그보다 앞선 시대의 베이컨이나 뒤에 나타난 로크보다도 공헌한 바가 크다. 특히 영국에서 이 개념들은 거의 200년 동안 큰 힘을 떨쳤다. 이 개념들의 등장은 데카르트 철학의 방법과 원리들이 일부 쇠퇴했음을 뜻했다. 뉴턴은 두 노선을 따라 영향력을 가지고 있었다. 즉 그는 과학적 방법의 규칙들을 발표했으며, 또 실제로는 그렇게 생각하지 않았다 하더라도, 우주 체계의 개념을 세운 결론들을 변호했다.

뉴턴의 방법은 실험적 관찰과 수학적 연역법을 결합했다. 이 자연계는 자연의 진리가 정확한 기본 원리에 따라 필연적으로 증명되리라는 의미에서, 전적으로 합리적이라고 뉴턴은 믿었다. 그러나 그의 주장으로서는, 이 기본 원리들은 오직 '현상', 즉 관찰된 사실들로부터, 다시 말해 귀납법에 의해서만 다다를 수 있기 때문에 아무도 이러한 기본 원리들을 출발점으로 선택할 수는 없다. 이른바 '명석하고 분명한 관념'의 무오류성(無誤謬性)에 대한 데카르트의 호소는 무익한 허구와 개인적 환상을 헛되이 좇을 따름이다. 자주 인용되는 뉴턴의 신념은 (그의 저서나 편지 속에 여러 번 되풀이 표현되고 있는데), '나는 가설(假說)을 꾸며내지 않는다'는 것이다. 이 신념은 실험적 연구를 계속하여 참과 거짓을 시험하기 위한 일시적 가설을 세우지 않겠다고 거부한다는 뜻은 아니었다. 충분한 관찰로부터 귀납적으로 다다르지 않은 근거 없는 원리 세우기를 거부한다는 뜻이었다. 그는 〈원리 原理 ; Principia〉1·2권에서 확립된 수학적 원리들을 기초로 3권에서는 태양계의 인력과 혜성·달·밀물과 썰물 같은 자연계의 움직임을 연역해 나갔다고 주장했다. [19] 더 나아가 그는 같은 추리 방법으로, 즉 역학의 원리로부터 연역적 방법을 이어감으로써 그 밖의 모든 자연 현상에 대한 인식에 이르고자 한다고 계속해서 말했다. 그러나 역학의 원리들은, 실제로 모든 기본 원리들은 과학적 사고를 위한 매개 역할을 한다는 것이다. 그는 연역적 철학(演繹的 哲學 ; deductive philosophy)의 테두리 안에 자연을 완전히 드러낼 수 있다고 생각했다. 그러나 이 연역적 원리들은 발견하기가 어렵다는 것이다. 그가 이용한 원리들은 현상들로부터 일반화한 것이었으며, 다른 현상들에다 더 적용해 봄으로써 검증할 필요가 있었다. 더욱이 세계에 대한 우리의 지식은 매우 제한되어 있으므로, 우리는 결코 궁극적이며 포괄적인 연역 체계 원리를 발견했다는 확신을 갖지 못한다. 그의 주장에 따르면, 가설 내지 일반 원리는 사물을 설명하기 위해서 이용되어야 하며, 오직 관찰을 토대로 그 설명이 이루어지고 또 마침내 그 설명을 실증하는 실험적 관찰에 의해서만 정당하게 이용되었다고 말할 수가 있다. [20] 과학은 설명의 원리를 매개로 사실로부터 사실로 검증해 나아가는 것이다.

우리는 오직 실험을 통해서만 물체의 본질을 알 수 있다. 그러나 우리의 관찰 범위 안에 있는 모든 물체의 성질들은 어떠한 물체나 다 보편적으로 가지고 있다고 결론지어도 좋다. 물체들이 가진 보편성 가운데에는 부피와 공간성〔延長〕·경성(硬性)·불가입성(不可入性) 그리고 관성(慣性) 등이 있다. 이러한 성질들은 정도가 늘거나 줄지 않는 것들이므로, 따라서 불변적이다. 더욱이 모든 물체는 서로 끌어당기는 인력(引力)의 원리를 나타내고 있다. [21] 물체들 안에 이러한 성질들이 보편적이며 영구적으로 나타나 있음은,

---

[19] Principia, 초판에 있는 뉴턴의 서문을 참조할 것. H.S. Thayer편 〈뉴턴의 자연 철학 Newton's Philosophy of Nature〉(New York, Hafner, 1953, p. 10).

[20] Thayer, 같은 책 pp. 5~6.

[21] 뉴턴의 인력의 법칙〔물체들은 그들의 질량에 비례해서, 그리고 그들 사이에 존재하는 평방 거

모든 물체를 구성하고 있는 궁극적 분자(分子)의 불변성 때문이라고 뉴턴은 생각했다.

뉴턴은 근세에 다른 어떠한 사상가보다도 더 권위 있게 물질의 원자설(原子說)을 널리 퍼뜨린 사람이었다. 그는 세계를 하나의 충실체(充實體 ; plenum)로 볼 수가 없었기 때문에, 데카르트가 물체를 연장(부피와 공간성, 또는 확장 ; extension)과 동일시하는 데 반대했다. 우리는 크기가 같으면서도 밀도가 다른 물체들을 볼 수 있다. 이 사실에 기초하여 우리는 물체들을 이루는 궁극적 분자들 사이에 비어 있는 공간의 크기가 저마다 다르기에 때로는 더 촘촘하게, 때로는 더 엉성하게 물체들이 결집되어 있다고 결론 내릴 수밖에 없다. 우리는 진공〔물체 숨구멍 같은〕의 존재를 인정해야만 한다. 그리고 이들 궁극적 분자의 운동은 그 분자들이 서로 부딪히기 전에는 어떠한 장애에 의해서도 방해받지 않는다. 따라서 이 운동은 저항을 받지 않는 텅 빈 공간 속에서 일어나는 것으로 보인다. 분자들은 그로 말미암아 나타나는 결과가 여러 가지로 다르기 때문에, 저마다 다른 형태와 크기를 가지고 있을 법도 하다. 궁극적 분자들의 모든 성질은 변하지 않으며, 모든 물체에 나타나는 보편적 성질들은 바로 이 사실의 결과이다.

뉴턴은 시간과 공간이 먼저 있었고 물체들이 나중에 그 시간과 공간 속에 들어온 것으로, 즉 시간과 공간을 물체의 분자들보다 훨씬 더 궁극적인 것으로 본 것 같다. 뉴턴은 '절대 시간(absolute time)'과 '절대 공간(absolute space)'이라고 표현했다. 자연 안의 어떠한 곳에 우리로 하여금 절대 시간을 정확히 측정할 수 있도록 일정하게 움직이는 물체가 존재하든 말든, 절대 시간은 '저절로 그리고 그 자체의 본성에 따라서' 일정하게 흘러간다. *22 절대 공간 또한 우리는 측정할 수 없을 것이다. 왜냐하면 우리가 측정하려고 시도하는 순간, 측정자인 우리 자신도 움직이는 지구 위에 있기 때문이다. 우리 인간이 수행하는 시공(時空)의 측정은, 우리가 마음대로 어느 지점을 선택

리에 반비례로 서로 잡아당긴다는 법칙)은 물론 관찰할 수 있는 것은 아니다. 이것은 관찰을 기초로 한, 끊임없는 관찰에 의해 확증된 수학적 원리이다. 이것은 '눈앞에 드러난 현상(現象)을 구해 주었다(It saved the appearances).' 즉 이것은 수학적 원리를 이용하여 경험 관찰하게 했다.

*22 Thayer, 같은 책 p. 17.

하여 그곳을 중심으로 관찰하게 되므로 상대적이라고 말할 수 있다. 그러나 추시계에 의한 실험이든 목성의 위성들 사이에 일어나는 식현상(蝕現象 ; eclipse)을 이용한 실험이든, 우리는 모든 실험에서 추구하는 절대적인 것으로서 시간과 공간의 '참다운 수학적' 실재성(實在性)을 연역적으로, 즉 어떤 규칙으로부터 미루어 짐작해 나아갈 수가 있다. 상대적 시간과 상대적 공간은 우리의 실제적 목적 대부분을 위해서는 충분히 정밀하다. 그러나 '철학적 논구'에서는 물체에 대한 우리의 감각적 측정과 그 물체 자체와의 차이를 꼭 깨달아야 한다. *23 모든 물체는 움직일 수 있으며, 어떤 물체의 상대적 공간(예컨대 선원이 잠자는 배 위)은 그 물체와 더불어 움직일 수 있다. 그러나 움직일 수 있는 물체와 장소는 움직임이 없는 '부동(不動)'의 공간 또한—예컨대 이 부동의 공간에 대한 우리의 측정은 매우 부정확하다 하여도—예상할 수가 있다.

궁극적 분자(分子)와 궁극적 공간(空間)에 대한 뉴턴의 이론은 데모크리토스와 루크레티우스의 '원자(原子)와 공간'에 대한 이론과 매우 가깝다고 볼 수 있다. 그러나 고대 원자론자(原子論者 ; atomist)들과는 달리 뉴턴은 자연을 분석한다 해서 우주를 충분히 설명할 수 있다고는 생각지 않았다. 뉴턴은 물리학을 신학의 테두리 안에 넣었고, 물질의 본성은 신의 손길(handiwork)이라고 믿었다. 신이 궁극적 분자들을 창조했으며, 그의 목적을 이루어내기 위해 저마다 형태와 크기를 이 분자들에게 부여하고, 적절한 시간에 공간 속에다 이들을 퍼뜨렸다는 것이다. *24 뉴턴은 처음에는 만물이 신의 권능(power)에 의존하고 있음을 명백히 증명해 준다고 생각했기 때문에 자연 철학(自然哲學)을 좋아했던 것 같다. 뉴턴은 신을 만물을 창조하고 다스리는 무한하고 영원하며 완전한 존재라고 불렀다. 신은 육체를 가지고 있지 않으면서도 언제 어디서나 존재한다. 우리는 그 능력과 속성을 통해서 신을 알지만, 신의 실체나 참다운 본성은 알지 못하며, 또 이것을 인간이 이해할 수도 없다. 신은 모든 것을 보며, 모든 것을 알고, 모든 것에 작용한다고 말해도 좋다. 그러나 신이 보고 알고 작용하는 방식은 인간의 방식과 같지

*23 Thayer, 같은 책 p. 20.
*24 그는 창조의 시기를 성경에 의해서 상당히 정확하게 정할 수가 있으며 그리스도의 탄생보다 불과 수천 년 앞선다고 상상했다.

않을 뿐더러 인간의 마음으로 파악할 수도 없다. 우리는 신적 존재의 신비를 통찰할 수는 없지만, 신에 대해 '우리와 세계 위에 존재하는 주(主 ; Lord)' 라고 고백하지 않을 수 없다.

신의 창조력과 자연의 구조를 조화롭게 연결함으로써 뉴턴은 세계를 하나의 거대한 기계, 즉 처음에는 전지전능한 힘에 의해 움직이다가 이제는 신의 간섭 없이 원활히 움직이고 있는 거대한 기계로 생각하게 되었다. 자연을 견고하게 조직된, 그리고 기본 원리로부터 미루어 짐작할 수 있는 사물들의 한 체계로 본 뉴턴의 철학은, 그로 하여금 신의 작업이 이미 끝난 것으로 보게 했다.

자연은 신에 의해서 만들어졌지만, 만들어진 뒤에는 불변의 법칙에 따라서, 그리고 그 자연 속에 깃들어 있는 힘에 의해서 한결같이 움직이며 또 움직임을 이어가고 있는 것이다.

뉴턴이 철학에 미친 주요한 영향은 세계기계설(世界機械說 ; the theory of the world machine)을 퍼뜨린 데 있었다. 뉴턴 스스로는 자기 신학이 물리학보다 더 중요했다. 그러나 사상(思想)의 역사를 볼 때 이따금 다른 곳에서도 종종 그러했던 것처럼, 여기서도 한 사람의 영향이 자신이 의도했던 방향대로 미치지는 않고 있다.

뉴턴의 뒤를 이어 그의 물리학 이론에 의지한 많은 사람들에게는 이 물리학 이론이 그 자체만으로 완전히 독립적인 것이었으며, 어떠한 신학적 뒷받침도 전혀 필요하지 않았다. 따라서 뉴턴 자신은 그러한 의도를 품지 않았으나, 그의 이론은 자연주의(自然主義)를, 심지어는 유물론(唯物論)까지도 부추기는 결과를 가져왔다. 세계가 처음에 어떻게 생겨났다 해도, 또는 계속 존재해왔으므로 결코 생겨난 것이라 말할 수 없다 해도, 세계는 하나의 기계이다. 그리고 그 운행은 세계의 법칙이 다른 것에 의해서 정해진 것이든, 또는 그 자체의 물질적 본성에 의한 것이든 불변의 필연성을 따르고 있다. 뉴턴의 신학은 오로지 뛰어난 과학자의 한 기이한 미신으로서만 기억되었다. 하지만 그의 물리학과 기계론적 세계관은 수많은 사람들의 사고를 끊임없이 쥐고 흔들었다.

5. 로크

존 로크(John Locke, 1632~1704) : 영국 브리스톨 근처 링턴에서 태어나, 런던에서 북쪽으로 20마일쯤 떨어진 오츠라는 곳에서 세상을 떠났다. 아버지는 1640년 국회의 의회군 기병대장이었다. 로크는 웨스트민스터 학교와 옥스퍼드 대학 크라이스트처치 칼리지에서 배웠다. 그는 스콜라 철학을 공부하는 것은 시간 낭비라고 생각했다. 그러나 데카르트 저서는 즐겨 읽었는데, 뒷날 자신의 저서 안에서 데카르트적 영향을 많이 보여 주었다. 로크는 20여 년 동안 크라이스트처치 칼리지의 평의원(評議員)으로 있었다. 1668년에는 왕립 협회 회원으로 선출되었으며, 대기(大氣)의 본성을 연구하는 로버트 보일에게 도움을 주었다. 노년에는 뉴턴과 친구가 되었으며, 의학 박사 학위를 받은 뒤에는, 때로 의학 지식을 써서 위급한 친구들을 치료해 주기도 했다. 1666년에는 초대 샤프츠베리 백작이 된 애슐리 경(卿)을 만나 그 손자의 개인 교사로서, 그리고 정치 고문으로서 샤프츠베리 집안과 가깝게 지냈으며, 동생을 후계자로 하는 왕제(王弟)[1685년 제임스 2세를 왕위에 오르게 한] 계승에 반대하는 백작의 음모에도 어느 정도 관련이 있는 듯하다. 1682년 후원자인 백작이 죽은 뒤, 그는 스스로 망명의 길을 떠나 네덜란드와 프랑스에 살면서 대륙의 지성인들과 사귀었다. 로크는 윌리엄과 메리와 가까운 사이였으므로 이들이 즉위하자 영국으로 돌아와, 적은 시간 일하고도 넉넉한 수입이 보장된 관직에 올랐다. 관직에서 물러난 뒤에는 오츠로 돌아가 남은 삶을 조용히 지냈다. 로크가 처음으로 쓴 두 저서는 그 시대에 대한 논구의 구실을 하여, 영국에서는 물론 대륙과 미국에서까지도 사회적으로나 철학적으로 매우 큰 영향을 미쳤다. 그 두 저서는 〈관용론(寬容論) ; *Letter Concerning Toleration=Epistola de tolerantia*〉(1689)과 〈통치론 2편 *Two Treatises of Government*〉(1690)이다. 로크의 가장 위대한 철학 저서로 〈인간오성론(人間悟性論) ; *Essay Concerning Human Understanding*〉을 들 수 있는데, 이는 1671년에 쓰기 시작하여 로크가 살아 있는 동안 4판이나(1690년, 1694년, 1695년, 1700년) 나왔다. 로크가 쓴 다른 저술들 가운데에는 〈교육에 대한 몇 가지 견해 *Some Thoughts Concerning Education*〉와 〈기독교의 합리성 *The Reasonableness of Christianity*〉(1695) 등이 있다. 그는 또 수 차례 논쟁에 참여한 뒤 관용에 대한 자신의 견해를 담은 변호문 세 편, 자신의 종교관에 대한 변호문 두 편, 그리고 〈인간오성론〉에 대한 변호문 세 편(워세스터 주교의 반박에 대한 답변)을 썼다. 그리고 경제·종교·과학에 대한 책도 썼다. 그가 〈인간오성론〉에 덧붙이려고 했던 한 부분은 그가 죽은 뒤 〈오성의 행위에 대하여 *On the Conduct of the Understanding*〉(1706)라는 제목의 단행본으로 출판되었다.

존 로크는 홉스가 살았던 17세기 영국의 사회적 혼란들을 대부분 겪으면서 살았지만, 홉스보다는 한 세대 뒤에 태어났으며, 홉스와 달리 1688년부터 1689년 사이에 일어난 명예 혁명 때—이때 오렌지가(家)가 스튜어트 왕조에 이어 영국의 왕위를 계승했다—까지 살아 있었다. 그의 철학은 꽤 다양한 형태로서, 그의 삶과 인간적 성실함 안에 구현되고 있는 평화로운 화해와 관대한 순응의 지혜에 대한 신뢰를 보여준다.

로크는 한 사람이나 한 집단이 통치권이나 절대권력을 쥐는 것을 좋아하지 않았다. 그가 윌리엄 왕이나 메리 여왕 같은 군주를 반긴 이유는 다름 아니라, 이들이 중요한 문제들을 법적으로 군주의 권한 밖에 둔다는 권리 선언을 받아들이는 조건 아래 즉위했기 때문이다. 로크는 자신이 찾아낼 수 있는 한, 영국의 어떠한 개인이나 집단도 다른 개인이나 집단에 대해서, 홉스가 평화를 확립하기 위해 필수적이라고 생각한 사법권을 가지고 있지 않다는 데 대해 크게 만족했다. 만일 아무도 지배권을 가지지 않으며, 다른 사람들보다 더 큰 권력을 가지고 있는 사람이 누구인지조차 알지 못한다면, 평화를 얻기가 훨씬 쉽다고 그는 생각했다. 권리선언(The Declaration of Rights)은 스튜어트 집안의 왕들이 요구했던 몇 가지 권리들을 의회에 부여하고, 어떠한 정부도 침범할 수 없는 몇 가지 '양도할 수 없는 권리'들을 모든 국민에게 물려주었다. 영국 내의 모든 당파가—즉 군주나 의회, 점차 강력해지는 부유한 중류 상인 계급, 대학과 종교 단체들, 또는 일반 국민까지도—어떤 실효성 있는 타협을 통해, 자신들의 뜻에 맞서는 주장들을 지혜로운 방법으로 서로 만족하도록 조절해 나가기를 바랐고, 또 그렇게 되리라고 그는 기대했다. 만일 이 같은 다행한 결과가 일어나 17세기의 기나긴 싸움에 종지

부를 찍게 된다면, 그 누구도 이론적으로나 실제적으로 궁극적인 권력이 어디에 있는지 찾아낼 필요가 없게 될 것이다. 로크는 '통치권'이라는 말이나 이 말이 나타내는 사상을 한 번도 언급하지 않고 장편의 정치론을 써 내려갈 수 있었다. 이 사실이 로크 철학의 특징을 가장 뚜렷이 나타내고 있다. 그의 논문은—만일 있다면—홉스가 뜻하는 주권자(主權者)가 누구인가를 그 누구도 알 필요가 없을 만큼 온건해져야 한다는 호소를 담고 있다.

관용의 필요

그의 성격과 신념에 딱 맞게, 처음 출판된 로크의 저서는 〈관용론(寬容論) ; A letter of Toleration〉이었다. 이 책은 1689년 영국 사회의 주된 문제였던 교회와 국가와의 관계를 시기적절하게 잘 다루었다. 로크는 〈관용론〉 첫머리의 주석 '독자에게'에서 다음과 같이 선언하면서 이 문제에 다가갔다. '우리에게는 절대적 자유, 바르고 참된 자유, 평등하고 공정한 자유가 필요하다.' 홉스가 서로 다투는 세력들 위에 최고 권력을 세우는 방법으로 싸움을 해결하려 시도했던 것에 비하여, 로크는 싸움을 벌이는 당파들이 더 온건해짐으로써 홉스가 제시한 위협적인 방법으로부터 벗어나 같은 목적을 이루어 내려고 했다. 로크는 국가나 공화국 같은 것은 사람들이 시민으로서 자신의 이익—이러한 '이익'은 생명·자유 그리고 재산을 뜻했다—을 보호하고 증진하기 위해 만들어낸 하나의 사회라고 주장했다. 국가는 그 구성원들에게 내세(來世)를 준비하게 하는 것과는 아무런 관계도 없으며, 종교적 조직이나 신앙의 다름 같은 것은 전적으로 무시해도 좋다고 보았다. 이에 비하면 교회는 전혀 다른 종류의 조직체이다. 이것은 들어갈지 말지를 스스로 선택할 수 있는 하나의 자유롭고 임의적인 사회인 것이다. 이 교회는 그 구성원들이 하느님을 기쁘게 하며 자기들의 구원에 필요하다고 생각하는 양식에 따라 하느님을 숭배할 수 있도록 사람들을 이끌어 주는 데 그 존재 목적이 있다. 그러므로 국가는, 만일 교회가 그 구성원들에게 부도덕한 행위를 부추기거나 어떤 낯선 군주에게 충성을 다하도록 강요하지만 않는다면, 모든 교회를 아무런 제재 없이 내버려두어야 한다. *25 예컨대 무신론자만 허용되지 않는다

＊25 1689년 영국인들은 가톨릭 교회가 가톨릭 군주들을 부추겨서 영국 정복을 꾀할까 봐 커다란 공포심을 느끼고 있었다. 스페인 무적 함대가 영국 해안에 접근한 것은 이보다 불과 100년 전

면 모든 시민으로 하여금 교회 구성원이 되느냐 안 되느냐에 대해서 고뇌하지 않도록 내버려두어야 한다. *26 교회와 개인은 신앙의 자유라는 특권을 국가로부터 받고 있으므로 국가에 대해서 보답할 의무를 지고 있다. 즉 그들은 자기 종파(宗派)가 아닌 사람들의 교리상의 죄나 예배 의식에 대해 간섭하지 않을 의무가 있다. 로크 자신이 영국 교회(성공회)의 회원이었으며, 이 영국 교회야말로 그 포용력으로 모든 온건한 견해를 가진 사람들을 모아 영국의 기본적 이상들을 충실히 추구해 나가는 데 협력할 수 있으리라 믿었다. 그러나 한편으로 그는 국교 신봉 행위를 혐오했다. 이러한 행위는 국가에 대해서는 불법적인 도전이며, 비국교파에 대해서는 위험하기 짝이 없는 저항을 불러일으킨다고 생각했다.

로크는 그 밖의 또 다른 이유로 해서 종교 파벌 사이의 상호 관용을 지지했다. 그는 인식(認識)과 의견(意見)은 서로 다름을 민감하게 깨닫고 있었으며 결코 공론적(空論的)인 회의론자(懷疑論者)가 아니었다. 그는 신의 존재를 논증할 수 있다고 믿었다. *27 그리고 영혼 불멸에 대한 믿음—비록 이 믿음은 논증할 수 있다고 생각지 않았지만—을 가지고 있었다. 그러나 종파적인 기독교 교리의 특성에 대해서는, 쓸데없이 공론(空論)에 치중하며 지나치게 호전적이고, 지지할 만한 명확한 증거가 전혀 없다고 보았다. 그는 비록 다른 사람들의 신앙이 환상적이며 터무니없다고 여겨질 때에도 이러한 신앙에 대해 정치적 수단을 들여 간섭하는 것을 원치 않았다. 그러나 사회적 평화뿐만 아니라 지적인 성실을 위해서도 그는 명증(明證)에 기초한 결론과 정서적인 이유에서 채택한 교리의 차이를 사람들이 이해하게끔 애썼다. 그는 이른바 '광신(狂信)'에 대해 개탄했다. *28 진리 그 자체를 위한 진리를 사랑함은, '어떠한 명제(命題)가 증명을 통해 보증해 주는 것보다 더 큰 확신

이었다. 로크도 '가톨릭 교회는 시민의 자유와 국가 독립에 대한 적'이라는 그 무렵 널리 퍼진 감정을 품고 있었다.

*26 무신론자는 바로 하느님에 대한 신앙을 결여하고 있으므로 도덕적 원리를 가지고 있지 않다고 로크는 생각했다. 〈인간오성론〉 제2권, 제28장, 제8절.

*27 그의 증명(Essay, 제4권, 제10장)은 데카르트의 우주론적 증명에 대한 모호한 재해석이다. 이것은 그의 가장 '합리론적' 문장들 가운데 하나이다.

*28 그는 1700년에 네 번째 판으로 나온 자신의 Essay에다 광신에 대한 부분을 첨가했다. Essay, 제4권, 제19장 참조.

을 가지게 하는 것'이라고 말하고 있다. 계시(啓示)를 내세우는 사람들은 많다고 그는 지적한다. 그러나 그 계시를 참된 것으로 단정할 만한 이유를 갖기 전에는 사람들이 스스로 계시라 주장하는 어떠한 말들도 받아들일 수 없다는 것이다. 내적인 빛에 대한 호소나, 또는 '구하지 않아도 내려주는 빛'에 대한 호소 등은 '흥분하여 우쭐대는 두뇌의 환상'이라고 그는 크게 비난했다. 서로 적대시하는 광신들의 격한 싸움에 대해서는, 그는 진지하게 '이성(理性)이 우리에게 최후의 심판자로서 모든 것을 이끌어가야만 한다'*29고 주장했다.

로크와 이신론(理神論 ; deism)

로크는 과학적 신념과 마찬가지로 종교적 신념을 실증하기 위해서도 증명이 필요하다고 주장했으며, 이는 역사가들로 하여금 그를 이신론자(理神論者)로 분류하게 했다. 이신론(理神論 ; deism)은 그 의미가 모호하다. 이것은 17·18세기 신학 사상의 한 흐름을 말하는 것으로, 기독교 신앙의 본질적 신념들은 오로지 자연 종교의 일부에 지나지 않는다고 이들은 주장한다. 말하자면 이신론은 가장 작은 범위의 기독교라 하겠다. 이신론자들은 보통 계시에 대한 주장, 성경의 권위에 대한 호소, 이른바 기적의 발생에 대한 주장, 그리스도 개인과 신의 은총에 대한 생각 등을 거부했다. 이들은 성직자가 굳이 필요없다고 생각했으며, 성직자를 협잡꾼이나 사기꾼으로 여기는 사람들도 있었다.

사실 로크는 생전에 종교적 논쟁을 일으키는 이신론자들과 그다지 가까이 지내지 않았다. 정통파가 적극적 신념을 품은 점에서 오만하듯이, 이 이신론자들은 소극적 신념을 품은 점에서 오만하다고 그는 생각했다. 그는 체버리의 허버트 경(Lord Herbert of Cherbury, 1581~1648)이 내세우는 주장을 명백하게 반박했다. 이는 허버트 경이 자기의 다섯 가지 적극적 이설(理說)들을 본유관념(本有觀念 ; innate ideas)이라고 주장했기 때문이다. *30 로크는 〈인간오성론〉 제1권 전체를 통하여 인간의 마음속에는 본유 관념이 없다는 논의에 집중하고 있다. 이 1권에서 그는 데카르트의 본유관념설(本有觀念

---

*29 *Essay*, 제4권, 제19장, 제1, 7, 14절.
*30 *Essay*, 제1권, 제2장, 제15절부터.

說)에 대한 답변을(이게 사실이라면 그는 데카르트 논점의 핵심을 찌르는 데 조금도 성공하지 못하고 있다) 의도하고 있었다. 그러나 거의 모든 문장에서 그는, 자기들이 굳게 믿고 있는 것을 틀림없는 진리라고 성급하게 정해 버리는 종교 권위자들의 그럴듯한 주장들에 대해 비난했다. 로크의 말에 따르면, 본유관념설은 '게으른 자에게 탐구의 고통을 덜어 주었다.'*31 그러나 실제로는 인간에게 가장 필요한 지적 요구—의견을 받아들여 진정한 지식이 되게 하는 명증에 대한 요구—를 회피한 것이었다.

로크는 허버트 경의 증명 방법에 반대했으며, 이신론자들에 대해서는 다른 사람들의 진지한—너무 쉽게 맹목적이 되기도 하지만—신념을 비웃는 이들의 성향 때문에 의심을 품고 있었다. 그러나 한편으로는 기독교 신앙을 몇 가지 단순한 본질적 요소로 돌이키려는 이신론적 경향의 영향을 받기도 했다. 로크에 따르면, 사람은 긍정해야 할 신념이 적으면 적을수록 더욱더 기독교를 지지하게 된다. 물론 우리가 알기만 한다면 내세우고 싶어질 더 많은 진리가 있음에는 틀림이 없다. 그러나 우리는 오로지 우리가 알고 있는 것만을 긍정할 권리가 있고 또 함께 긍정하도록 다른 사람에게 떳떳이 요구할 수 있다. 기독교는 단순화됨으로써 설득력을 가질 수가 있다. 그래서 로크는 그의 손꼽히는 저서 〈기독교의 합리성〉에서 기독교 신앙을 세 가지 '기본원리'로 요약해 버렸다. 즉 만물의 창조자로서 우리 눈에 보이지는 않지만 가장 드높은 존재인 하나의 신을 받아들이고 숭배해야 한다는 것, 예수는 구세주(the Messiah)라는 것, 사람들은 자기 죄를 참회하고 하느님이 예수를 통해서 내린 율법에 복종해야 한다는 것, 이 세 기본 원리들 가운데 첫째 것은 유대교에서 기독교로 이어져 내려온 것이다. 다른 두 가지는 '신약(神約) 성경에서 없어서는 안 될 교리들'이다.

기독교적인 두 신념을 논하는 로크의 태도는 너무나 모호했다. 그는 예수가 구세주라고 하는 말이 무엇을 뜻하는지 설명하지 않았다. 또 신이 예수를 통해 내린 율법들을 제시하지 않았다. 그는 정확한 교리를 내세우기보다는, 사람들에게 선한 의지에서 우러나오는 너그러운 태도를 심어주려 했다. 그 자신은 성경 구절들을 읽고 명상하기를 즐겼다. 그리고 노년에는 사도 바울

---

*31 *Essay*, 제1권, 제3장, 제25절.

의 편지들에 대한 길고 지루한 해설을 쓰는 데 푹 빠졌다. 틀림없이 그는 사람들이 기독교 경전의 가르침들을 이용하리라고 기대했으리라. 그러나 그는 자신이 지지한 관용의 원리를 깨뜨리게 되지나 않을까 하는 죄의식 때문에, 경건한 도덕주의적 분위기를 자아내는 것 이상으로 더 나아가는 것은 두려워했다.

  로크는 그 뒤에 이어진 이신론(理神論)의 발전에 아주 큰 영향을 미쳤지만, 이는 그의 본의는 아닌 듯하다. 왜냐하면 그가 많은 전통 기독교 교리들을 무시하고 거부한 사실들이, 막연히 표현된 기독교의 두 기본 원리들을 그가 채택한 사실보다 더 많은 주목을 받았기 때문이다. 그의 두 젊은 숭배자들은 로크의 이와 같은 소극적인 가르침에 대하여 설명했다. 톨란드(John Toland, 1670~1722)는 그의 저서 〈기독교는 신비주의가 아니다 *Christianity Not Mysterious*〉에서, 기독교 역사에서 모호하거나 이해할 수 없는 것들은 모두가 단순한 복음에 첨가된 위작(僞作)이라고 주장했다. 틴들(Matthew Tindal, 1673~1733)은 그의 저서 〈기독교는 오래전 창세기 때부터 존재한다 *Christianity As Old As Creation*〉에서, 기독교 역사상 참된 부분은 인류의 모든 다른 종교들과 함께 공유하는 교리들뿐이라고 주장했다. 이 두 사람 모두 신앙은 이성의 영역을 넘어서서는 안 된다고 주장했다. 그리고 로크의 그 전 제자로서 3대 샤프츠베리 백작이 된 쿠퍼(Anthony Ashley Cooper, 1671~1713)는 그의 산만한 저서 〈인간·풍습·의견 그리고 시대의 특질 *Characteristics of Men, Manners, Opinions, and Times*〉에서, 도덕은 전적으로 종교로부터 독립된 것으로서, 유신론적 신앙에 의한 지지는 전혀 필요치 않다(자연적이거나 사회적인 세계의 뒤에는 틀림없이 신이 있다고 그는 덧붙였지만)고 주장했다. 뒷날 이러한 저서들을 가능하게 한 것은 바로 로크의 철학이었다. 비평가들의 공정한 말에 따르면, 이 책들은 로크 자신이 그의 막연한 신학적 일반론에서 보여준 것보다도 로크의 인식론에 더 일치한다. 따라서 로크의 종교론은 이 이론이 성립하는 과정에서 매우 시기 적절한 것이기도 했지만, 이신론(理神論) 보급의 역사에서 또 하나의 역할을 맡게 되었다.

시민 정부(市民政府)

로크는 자신이 머리말에서 말하고 있는 것처럼, '우리의 너그러우신 윌리엄 왕의 왕위(王位)를 확립하기 위해서' 〈정치론〉을 썼다. 이 과정에서 그는 홉스가 이루어내지 못했다고 생각한 두 가지 정치 철학을—홉스의 이론을 직접 연구하지 않고—완성할 기회를 얻었다. 첫째로 그는, 근본적인 문제들이 야기되지 않고 또 그 누구도 실질적 주권의 자리를 결정 지을 필요를 느끼지 않도록 정치 권력을 정부의 여러 부문과 국민에게 골고루 나누었다. 둘째로는, 모든 사람과 단체가 도덕적 판단에 복종하도록 도덕 원리들이 정치 권력보다 우위를 차지하게 만들었다.

인간이 시민 사회로 들어오기 전에는 자연 상태로 살아갔다고 로크는 주장하고, 아메리카 원주민을 전정치적(前政治的) 사회의 한 실례로서 지적했다. 자연 상태에서 모든 인간에게는 어떤 권리들이 주어져 있으며, 이 가운데 주요한 것은 생명·자유 그리고 재산에 대한 권리들이다. 이 권리들은 다른 사람에게 넘겨줄 수 없으며 누구나 동등하게 가지고 있다. 자연 상태에서 사람들이 가지고 있는 것은

> 다른 이의 의사에 의존하거나 허락을 구하지 않고 자연 법칙의 테두리 안에서, 스스로 옳다고 생각하는 대로 자기의 행동을 결정하고, 또 자기의 재산과 몸을 스스로 마음대로 사용할 수 있는 완전한 자유이다.[*32]

자연 법칙은 곧 모든 사람에게 다른 모든 사람에게도 똑같은 권리를 존중하도록 요구하며, 따라서 사회 질서를 바로잡아 평화를 증진하도록 요구하는 이성의 가르침이다. 인간은 천성적으로 사회적 존재이다. 따라서 사회는 시민 제도나 국가보다 앞서는 것이다. 만일 인간이 충분히 이성적이기만 하다면, 자연 상태야말로 실제로 조화와 행복의 조건이 될 것이다.

불행하게도 자연 상태는 그렇게 목가적이고 평화로운 게 아니다. 모두가 그런 것은 아니지만 몇몇 사람들이 탐욕을 일으켜 다른 사람들의 권리를 빼앗으려 하고 있기 때문에, 자연 상태는 전쟁 상태로 빠져버리고 마는 것이

[*32] *Treatise of Civil Government*(시민 정부론), 제4절.

다. 따라서 대다수 어진 사람들은 자기의 권리를 지켜내기 위해 자연 상태의
공격에 맞서 대책을 마련하지 않을 수 없었으며, 서로 보호해주기 위해 계약
을 맺어 힘을 모으게 된다. 이 계약을 맺은 사람들은 계약을 수행하도록 선
출된 사람들에게 자신들의 권리를 어느 정도 넘겨주어야만 한다. 그러나 이
들은 자기의 권리를 모두 넘겨주지는 않는다. 더도 말고 사람들에게 그들의
임무를 수행해 나아가는 데 필요한 만큼만 권리를 양보한다. 로크는 마치 자
연 상태가, 만일 몇 안 되는 악한 자들에게 침범당하지만 않는다면, 시민 사
회(市民社會)의 상태보다 더 훌륭하리라고 확신하는 듯한 글을 썼다. 자기
의 자연적 권리를 모두 가지고 있는 것이, 약간의 권리만 가지며 다른 권리
들을 넘겨주는 것보다 낫기 때문이다. 그러나 자연 상태는 불안정하여, 전쟁
상태와 시민 사회의 두 지점을 오가며 존재한다. 그리고 시민 사회 상태는
전쟁 상태보다 훌륭하기 때문에, 시달림의 경험을 쌓은 모든 사회는 정치적
힘의 보호 아래서 살겠다는 계약을 이제까지 맺어 왔다. 추상적으로 생각한
다면, 자연 상태가 인간에게는 가장 좋은 상태일지도 모른다. 그러나 실제적
으로 생각한다면, 정치적 사회 상태야말로 사람들이 넉넉한 자유와 확보된
안전의 공동 보장을 위해 생각해 낼 수 있는 최선의 상태이다. 시민 사회 상
태는 전쟁 상태에 대비한 하나의 보험과도 같은 정책인 것이다.

하지만 어떠한 정부도, 피지배자들이 서로 동의하여 수립된 것이 아니라
면, 정당한 것이 못 된다고 로크는 단호하게 주장했다. 어떠한 정부도 정복
이나 난폭한 힘으로 약자를 눌러서 세워진 것이라면 복종을 요구할 도덕적
권리를 갖지 못한다. 그뿐 아니라 로크가 거듭 주장한 것처럼, 만일 어떤 정
부가—합법적으로 세워진 것이라 해도—주어진 직분의 한계를 넘어 시민들
저마다에 속한 개인의 권리를 침해한다면, 그 정부는 곧바로 그 자신의 피지
배자와 알력에 빠질 것이며 또 전복되어도 마땅할 것이다. 이렇게 주장했다
고 해도 로크는 정부의 잦은 교체를 실험해 보고 싶어한 급진주의자는 아니
었다. 그는 한 국가의 시민에게는 혁명을 일으킬 권리가 제한적으로 부여되
어 있음을 인정했다. 이것은 그가 영국에서 일어난 1688~89년의 명예 혁명
을 뒷받침하려 했기 때문만은 아니다. 혁명의 권리에 대한 인정은 지배자를
지지하게 하며, 이와 함께 지배자를 법적 한계 내에 머무르게 할 것이다. 따
라서 혁명의 권리를 행사해야 할 기회의 횟수를 줄일 수 있을 거라 생각했기

때문이다. 그는 이미 시민 집단을 도덕적 권위 아래 두었던 것처럼, 정권을 가진 사람들을 자연 법칙의 도덕적 권위 아래에 두고 있었다. '법의 효력이 끝나는 곳에서는 폭정이 시작된다.'*33 그리고 폭정은 도전을 불러일으키며, 또 도전을 받아 마땅하다고 하겠다.

시민 사회(市民社會)의 상태 또는 국가는 세 가지 조건이 충족될 때에, 그리고 그렇게 되었을 때에만 존재하게 된다. 그러므로 널리 알려진 고정된 성문법(成文法)과 법적으로 선출된 입법가(立法家)가 있어야 한다. 쟁의를 접수하여 성문법에 따라서 문제들을 해결할 수 있는, 공명정대하다고 알려진 재판관이 있어야 한다. 그리고 법을 시행하며 재판관의 판결을 뒷받침할 수 있을 만한 힘을 가진 이름 높은 행정관이 있어야 한다. 이들 정부의 세 부분은 서로 힘의 균형을 이루며 협력해 나아가지만, 서로 지배를 받지 않는다. 정부의 권력을 세 부분으로 나누면 정부는 온순해질 것이며, 위험한 존재라기보다는 오히려 시민들이 저마다 어느 정도의 자유를 지켜나가는 데 도움을 주게 될 것이다.

로크의 〈관용론〉과 〈시민 정부론〉은 우리가 예로 들 수 있는 어떠한 다른 문헌보다도, 흔히 '자유주의'—이는 근대 정치의 특징을 이루어 왔다—라고 불리는 전통의 전형으로 되어 있다. 보통 이러한 유형의 자유주의는 로크 자신이 제시한 특질들을 모아 한 단어로 표현한 것이다. 그리고 이 자유주의는 인간 인식의 범위에 대해서는 온건한 회의적(skeptic) 입장을 취해 왔으며, 종교 신앙의 막연하고 짜임새 없는 희미해져 가는 신념들에 대해서는 비교적 만족해 왔다. 확신이 어렵고 변화가 삶의 기쁨을 더해 줄 수 있는 넓은 범위의 사건에 대해서는 관용적이었다. 개인의 권리를 고집하면서도 사회적 의무에 민감했으며, 날카로운 논쟁을 일으키지 않고 정치적 문제들을 처리하려 했다. 저항을 하겠다고 위협하기를 좋아했으나 실제로 저항하는 것은 꺼렸다. 또 무엇보다도 악(惡)은 실제로 그렇게까지 악한 것은 아니며, 선(善)이 머지않아 이 세계를 가득 채우게 되리라는 희망에 차 있었다. 바로 이러한 모습(형태)의 자유주의 속에 로크의 정신이 살아 있다.

---

*33 *Treatise of Civil Government*, 제202절.

인간오성론(人間悟性論 ; Essay Concerning Human Understanding) 의 유래

로크의 최대 걸작은 〈인간오성론〉이다. 이 길고 산만한 저서는 1671년에 쓰기 시작해 그 뒤 20년간 거듭 수정되었다. 1690년에 초판이 출간되고, 다음 판을 위해 수정되었다가 1704년 그가 세상을 떠날 무렵 다시 수정되었다. 로크는 30여 년 동안 조금씩 간격을 두며 이 〈인간오성론〉에 공을 들여온 것이다. 그는 처음에는 사회·종교·정치 문제들에 대한―물론 그가 일생을 통해서 품고 있었던―평화주의적 의도로 가득 차 있었다. 그러나 얼마 지나지 않아 그는 과학적 탐구 모든 분야에서 다루어지는 인간적 인식(認識)에 대한 좀 더 일반적인 문제로 시선을 돌렸다. 일찍이 그는 보일―베이컨의 전통적 관념에 따라 사실 자료(factual data)의 중요성을 강조한 사람―과 같은 영국 과학자들에 의해 영향을 받았다. 뒤에 그는 갈릴레이와 데카르트 그리고 대륙의 합리론적 전통을 통해 맞닥뜨린 감각적 경험과 과학적 방법의 개념들을 설명하려고 시도했다. 〈인간오성론〉에서는 그가 주장하는 지적 발전의 여러 단계와 문제점들에 대한 자신의 의견을 점진적으로 수정하여 반영하고 있다. 그가 가장 거리낌 없이 사용한 몇 가지 말들―경험·관념·지식 같은 것들―은 그 의미가 너무나 모호하여 이해하기 어렵다. 또 집필 초기에는 확실하게 예상하지 못했던 것으로, 실제로는 받아들이고 싶지 않았으나 마지못해 결론으로 내몰리고 있음을 스스로 느낀 적도 있었다. 그의 철학적 편력이 교훈적인 것은, 그가 마침내 분명하게 하나의 견해를 밝힐 수 있게 되었기 때문이 아니라(왜냐하면 그는 결코 그러한 견해를 밝히지 않았으므로), 굽힐 줄 모르는 성실함과 지적인 솔직함으로 잇따른 난관들에 맞서 왔기 때문이다.

〈인간오성론〉 집필을 시작하여 이어 나간 과정에 대해 로크는 이렇게 돌아보고 있다. [*34]

이 〈인간오성론〉이 나오게 된 과정을 이야기해도 괜찮다면 이 자리에서 밝히겠다. 친구 대여섯이 내 방에 모여서 이 책의 주제와는 거리가 먼 문제에 대해 토론을 하다가, 모든 면에서 문제점에 맞닥뜨리면서 곧 이러지

[*34] *Essay* 앞부분에 있는 'The Epistle to the Reader(독자에게 드리는 글)'.

도 저러지도 못하게 되었다. 이 번거로운 의문들을 해결하는 데에 조금도 실마리를 찾지 못한 채로 한동안 당황하던 끝에, 내 머릿속에 한 생각이 홀연히 떠올랐다. 즉 우리는 잘못된 길을 가고 있으며, 이러한 본질 탐구에 나서기 전에 먼저 우리 자신의 능력을 성찰하여 우리의 오성(悟性)이 어떤 대상을 다루기에 알맞은 것인지 살펴볼 필요가 있다는 것이다. 내가 이렇게 제안했을 때 친구들은 모두 기꺼이 동의했다. 그리고 그 자리에서 이것을 우리의 첫 번째 연구 문제로 삼는 데 합의를 보았다. 내가 전에는 깊이 생각해 본 적 없는, 다음 모임을 준비하여 기록해 놓은 성급하고 미숙한 몇 가지 생각들이 이 논구(論究)의 첫 단서가 되었다. 이 논구는 우연히 시작되었지만 절실한 요구에 의해서 계속되었다. 그러나 이것을 일관성도 없이 조금씩 써 나갔으며, 한동안 내버려두었다가는 기분이 내키거나 기회가 나는 대로 다시 쓰곤 했다. 그러다가 마침내 여가를 얻어 요양할 수 있었던 은퇴 생활 동안에 이 논구는 독자들이 보는 것 같은 체제를 갖추게 되었다.

일반적 인식론과는 '아주 거리가 먼 주제'는 바로 도덕 원리들과 계시 종교(啓示宗敎)였다. *35 '우리 자신의 능력을 성찰하려는' 계획에 따라서 로크는 확신에 찬 하나의 원리에 이르게 되었다. 즉 우리가 사물에 대한 인식을 얻을 수 있는 것은 오직 그에 대한 경험을 가질 때뿐이라는 원리였다. 계시 종교는 경험을 초월하며 존재하는 것들과 관련이 있다고 그는 믿었다. 우리는 이러한 문제에 대해 의견을 제시할 수는 있으나, 이러한 의견들은 불확실하며 또한 인식(knowledge)을 구성하는 것은 아님을 깨달아야 한다. 우리는 날마다 경험을 통해 보고 만지는 것을 쉽사리 알 수가 있다. 또 만일 우리가 (예를 들면 로크 자신이 보일을 도와 기상 현상(氣象現象)을 연구했을 때 보여주었듯이) 체계적으로 의식적인 관찰을 시작하기만 한다면, 과학적 탐구에 의해서 소박한 지식을 넓혀갈 수가 있다. 자연과학자들은 끊임없이 인간의 지식을 증진하고 있지만 신학자들은 세계의 기원과 최후의 심판에 대

---

*35 로크 자신은 이 사실을 밝히지 않았다. 우리는 이것을 James Tyrrell(1642~1718)로부터 들어 알게 되었는데, 그는 로크의 친구로서 그의 모임에 참석했던 사람이다. Tyrrell은 자신이 가지고 있던 로크의 *Essay* 사본 여백란에 이렇게 적어 놓았다.

해서, 인간의 타락과 신의 은총에 대해서, 천사와 천국과 지옥 그리고 우리가 직접 관찰할 수 없는 그 밖의 많은 것들에 대해서 무익한 논쟁을 벌이고 있다고 로크는 지적했다. 그러므로 우리는 지식과 의견을 확실하게 구별해야 한다고 그는 주장한다. 존재하는 사물에 대한 지식은 경험이 미치는 데까지 이르지 못할 수도 있으며(우리는 경험적 사실들을 언제나 주의 깊게 살펴보는 것은 아니므로), 그 이상으로는 결코 미칠 수가 없다.

로크의 초기 인식론(認識論)

인간의 인식을 다룬 로크의 첫 이론은, 철저한 경험적 방법이 뒷받침을 하는 단순하고 미숙한 실재론(實在論)이다. 〈인간오성론〉의 예비적 서술 즉 초안에서*36 진리의 척도는 '이러이러하게 실제로 존재하는 사물을 우리가 감관에 의해서 그대로 발견하는 것'이라 했다. 우리는 감관을 통해서 '확고하며 뚜렷이 구별되는, 사물들의 완전한 본성'을 확인할 수는 없을 것이다. 그러나 우리는 비록 부분적이기는 해도 직접적으로 사물들을 관찰하고 있다. '우리는 사물들을 발견하고, 자연이 이러한 대상에 부여한 능력에 대해 성찰하고 나서 (이것이 우리 인간이 할 수 있는 최선의 방법이므로) 이것들에 대한 관념을 형성하고 이름을 부여하게 된다.'

완성된 〈인간오성론〉의 4회나 거듭된 판에서, 로크는 때에 따라 일관성은 없으나 같은 견해를 거듭 표현했다. 어린아이조차도 사과가 무엇이고 불이 무엇인지 알고 있으며, 따라서 '사과는 불이 아니다'*37라는 명제에 서슴지 않고 동의한다고 그는 쓰고 있다. 그리고 자연 철학자들은 어린이보다 더 폭넓고 적절하게 체계화된 경험에 의해, '하양은 검정이 아니다'라든가 '사각형은 원이 아니다'라는 사실을 모든 사람이 다 알고 있듯이 확실하게 '두 물체는 같은 장소에 있을 수 없다'는 사실을 알고 있다는 것이다. *38 실제로 어린아이든 과학자든, 우리의 '경험'이라는 조그만 섬을 둘러싸고 있는 존재의

---

*36 로크가 출판할 생각이 없었던, *Essay* 초안 몇 가지가 다행히도 로크의 서류들 가운데 보존되어, 근래에 인쇄되었다. 여기에 사용된 초안은 1931년 Benjamin Rand, *An Essay Concerning the Understanding, Knowledge, Opinion, and Assent*〔오성 (悟性)·지식·의견 및 동의론(同意論)〕이라는 제목으로 출판된 것이다. 위의 세 인용문은 이 초안의 p. 300과 p. 154에 있다.

*37 *Essay*, 제1권, 제1장, 제23절.

*38 *Essay*, 제1권, 제1장, 제18절.

거대한 바다에 대해서는 그 누구도 알지 못한다. 왜냐하면 우리가 만일 경험에서 얻는 관념을 경험해 본 적 없는 사물에 대해 생각하는 데 이용한다면, 우리를 즐겁게 해주며 아마도 소중하게 생각될 의견을 형성할 수는 있겠지만, 그렇다고 해서 제멋대로 환상을 그려내거나 이러한 의견을 지식으로 여겨서는 안 되기 때문이다. 우리가 신뢰할 수 있는 지식은 사물에 대한 직접적 관찰을 통해서 얻어진다.

〈인간오성론〉의 초안과 일부 완성된 장(章 ; chapter)의 구절에 나타난 이 단순하고 미숙한 견해는 얼마 지나지 않아 복잡하고 학술적인 이론으로 모습을 바꾸었다. 그러나 그는 마지못해 초기 견해를 덧붙였던 것인데, 이렇게 얻어진 견해는 완전히 버려지지는 않은 상태로, 그 뒤 로크의 이론 전개 방식을 어느 정도 결정지었다. 예컨대 이것은 '전충성(塡充性 ; solidity, 두 물체가 동시에 같은 곳에 존재할 수 없는 성질)의 관념'이라는 제목을 가진 장에서 찾아볼 수 있다. 이 장에서 로크는 다음과 같이 말하고 있다. *39

우리는 촉각에 의해서 전충성의 관념을 얻는다. 그리고 이 관념은 어떤 물체가 차지하고 있는 공간 안에 다른 물체가 들어올 때—그 물체가 그곳을 떠날 때까지—그 물체가 받는 저항으로부터 생겨난다. 만일 누가 나에게 전충성이 무엇인지 묻는다면, 그에게 알려주기 위해서는 그의 감각에 호소하게 할 수밖에 없다. 그의 두 손 사이에 돌이나 공을 놓고 두 손을 합치게 하면 그는 곧 알게 될 것이다.

이 구절은 우리의 모든 관념이 경험으로부터 온다고 하는, 로크가 제시한 원리의 많은 실례들 가운데 하나일 따름이다. 이 구절이나 이와 비슷한 구절에 나오는 경험이란, 우리 주위 세계에 있는 돌이나 공 같은 자연적 대상들을 보거나 만지거나 또는 그 밖의 감각을 통해 느끼게 되는 것을 말한다. 다시 말하면 이것은 사물과의 직접적 교류이며, 사물에 대한 직접적 감지인 것이다. 더 나아가 로크가 지적한 대로 우리는 우리 자신의 정신 활동을 통한 경험도 가지고 있다. 우리는 우리 주위에 있는 대상들을 관찰하듯이 직접적

---

*39 Essay, 제2권, 제4장, 제1절과 제16절.

으로 '마음의 활동(actions of the mind)'*40을 관찰할 수 있으므로, 지각(perceiving)이나 생각(thinking) 그리고 의지(willing)가 어떤 작용을 하는지 알고 있다. 다시 말하면, 경험은 외적이거나 내적인 사물이나 사건에 대한 것이다. 더욱이 우리가 경험으로부터 얻은 관념들은 바로 우리가 이해나 판단들을 할 수 있게 도와준다. 우리가 대충 한 번 본 것이나 또는 직접 관찰하지 않은 것에 대해서 잘못 추측할 때에는 관념들은 부적합한 것이거나 거짓이 된다. 그러나 예컨대 전충성(塡充性)의 관념처럼 관념들이 적합하고 참일 때에는, 이것들은 참된 지식이다. 경험으로부터 전충성의 관념을 얻는다는 것은 곧 전충성이 무엇인지 알게 됨을 뜻한다.

로크가 여기서 다루고 있듯이 인식 상황(cognitive situation)에서 우리는 세 가지 요소를 구별하게 된다. 대상(對象 ; the object), 마음, 그리고 대상에 대한 마음의 생각하는 방식[思惟方式]이다. 대상에 대한 마음의 사유 방식은 관념이며, 어떤 관념이 그 대상에 대해서 참이며 또 참이라고 인정될 때에는 지식이 된다. 마음과 대상과의 교류에 있어서는 어린아이라 하더라도—로크가 주장한 대로—대상이 어떠한 것인지를 알 수 있을 만큼 경험이 분명하고 확실하다. 그리고 과학자들이 세계를 여행하며, 또는 망원경이나 현미경 같은 기구를 써서, 보통 사람들의 일상적 경험 속에는 들어오지 않는 대상에 대해서 꼭 같이 분명하고 확실한 경험을 얻고자 한다면 이들은 그러한 지식을 얻을 수 있게 될 것이며, 또 실제로 얻고 있다. 예를 들어 과학자는 어떤 질병의 원인에 대해서, 태양계 천체들 사이의 거리에 대해서, 또는 오지에 사는 소수 부족들의 결혼 관습에 대해서 지식을 얻을 수도 있으리라. 이러한 더 많은 지식을 얻는 데 있어서, 이들은 '전충성의 관념'을 얻기 위해 누구나 할 수 있는 것과 같은 종류의 인식 활동을 특수한 조건 아래에서 하고 있는 것이다.

경험과 관념에 대한 후기 사상

완성된 〈인간오성론〉에서 로크는, 인간 오성(悟性 ; understanding)에 대한 연구를 처음 시작했을 때의 단순한 주장과는 전혀 다른 학술적 인식론(認識

---

*40 *Essay*, 제2권, 제6장.

論 ; epistemology)을 보여 주었다. 그가 초기 견해로부터 벗어나 다른 이론을 펼치게 된 것은, 갈릴레이나 데카르트 또는 근대 과학의 사상적 흐름으로부터 이어받은 학설의 영향 때문이다. 로크는—그가 이 중요한 사상적 흐름에 대해 알고 있는 바로는—세계에 대한 지식을 얻는 데 있어 감각적 경험이란 믿음성 없는 기초라는 주장을 했다. 로크는 경험이야말로 우리가 호소할 수 있는 최선의 것이라는 초기의 확신을 결코 버리지는 않았다. 그러나 경험은 외적 대상으로부터 받는 자극에 의해 인간의 마음속에 일어나는 주관적 결과(subjective effects)라는 생각에 동의하게 되었다. 그런데 외적 대상은 경험에 의해 직접적으로 드러나는 게 아니라, 그 대상을 닮을 수도 있고 닮지 않을 수도 있는 감각에 의해 다시 드러난다. 그러므로 드러난 관념들은 자연적 대상을 알 수 있는 방법이 되지는 못하며, 하나의 재료(material)—이 재료를 넘어서 그 외적 원인에 대한 결론에 이르기 위해 마음의 작용을 다시 필요로 하는 하나의 재료—가 된다.

〈인간오성론〉에서 찾아볼 수 있는 많은 비슷한 논술들 가운데에서 다음 두 구절은 로크의 견해를 말해주는 좋은 실례이다. *41

마음(mind)이 관찰하는 대상들은 그 어느 것도 마음 자체를 벗어나 오성(悟性 ; understanding)에 나타나지는 않는다. 그러므로 마음이 고려하는 대상을 표시(sign)하거나 상징(representation)할 수 있는 다른 어떤 것이 제시되어야 한다. 이는 다름 아닌 관념들(ideas)이다.

……마음은 생각(thoughts)하고 추리(reasoning, 이성의 작용)하는 데에 있어서 그 자신의 관념 말고는 다른 어떠한 직접적인 대상도 가지고 있지 않다. 오직 이 관념만을 받아들이거나, 받아들일 수가 있다.

이제 로크는 인식 상황을 세 가지가 아닌 네 가지 요소로 구별했다. 첫째로 비록 더 이상 경험 안에 직접적으로 나타나지는 않지만 여전히 외적 대상들은 존재한다. 둘째로 비록 더는 외적 대상들을 직접적으로 인식하지는 못하지만 마음이라는 것이 존재한다. 그리고 셋째로 지식(知識 ; knowledge)이

---

*41 *Essay*, 제4권, 제21장, 제4절 ; 제1장, 제1절.

있다. 이제 지식은 관념을 소유하는 것과는 엄밀하게 구별되고 있다. 네 번째 요소로서 마음속에는 관념이라는 것이 존재한다. 이 관념은 마음과 외적 대상의 중간에 위치한다. 실제로 이 관념은 경험 안에 주어지는 유일한 대상이다. 왜냐하면 경험은 세계에 대한 진실을 밝혀 놓은 것이 아니라, 세계가 마음속에 일으키는 결과들이기 때문이다. 관념들은 우리가 탐구하여 알고자 하는 바로 그 대상은 아니다. 관념들은 외적 대상을 상징화한다. 그러나 관념들은 그 외적 대상의 본성을 드러내지는 않는다. 오히려 관념들은 마음과 세계 사이에 놓여 있는 하나의 장막이라고 볼 수 있다. 관념들은 지식을 얻기 위해서 반드시 필요하다. 우리의 지식은 우리가 가진 관념의 범위까지는 나아갈 수 있어도, 그 범위를 넘어서 나아갈 수는 없다. 그러나 관념들은 초상화가 사람을 묘사하고 있는 것 같은 의미에서 대상을 상징하고 있는 것은 아니다. 관념들이 어떤 대상을 상징한다는 것은 어떤 언어적 기호나 표시들이 그것을 보는 사람들에게 변덕스러울 수도, 의심스러울 수도, 더 나아가 매우 모호할 수도 있음을 암시하는 것과 같다. 따라서 관념들은 비록 대상이 마음에 나타나고 있음을 암시해 주지만 그 대상을 보여준다기보다는 오히려 숨겨 놓은 채, 마음으로 하여금 관념들을 만들어낸 사물의 본성에 대한 인식보다는 추측을 하게 한다.

제1 성질과 제2 성질(primary and secondary qualities)

로크는 〈인간오성론〉의 한 장(章)과*42 여기저기 흩어진 몇몇 구절에서 그 무렵의 과학자들, 특히 그의 친구였던 뉴턴이 시사한 방식으로 외적 대상에 대한 인식 문제를 해결하려 애썼다. 그보다 앞서 이미 뉴턴과 갈릴레이는 물체의 실재적 성질들이 수학적으로 나타낼 수 있는 것들임을 발견했다. 그리고 뉴턴은 궁극적 분자(分子)들의 성질에 대해 정의를 내림으로써 이 분자들로 이루어진 모든 물체의 성질을 설명할 수 있었다.

로크는 제1 성질과 제2 성질에 대한 갈릴레이의 구별을 고찰하여, 이를 그의 인식론적 문제에 활용했다. 그의 말에 따르면, 관념이란 어떠한 것이든 마음이 그 자체로 지각하는 것들이며, 성질이란 이 관념들을 생기게 하는 대

---

*42 *Essay*, 제2권, 제8장.

상이 지니는 힘들이다. 제1 성질들에 의해 생겨난 관념들은 '그것들(제1 성질들)을 닮고 있으며, 그 원형은 물체 자체 안에 실제로 존재한다.'[43] 그러나 제2 성질들에 의해서 생긴 관념들은 '그 이름이 말해주듯이 우리 밖에 있는 어떤 것과 더 이상 닮아 있지 않다.'[44] 제1 성질의 관념은 전충성(塡充性)·연장(부피와 공간성)·형상·운동이나 정지 그리고 수(數) 등이라고 로크는 말했다. 제2 성질들의 관념은 뜨거움과 차가움, 밝음과 어둠, 흰색과 검은색, 단맛과 신맛 등 보통 '감각적 성질'이라고 말하는 모든 관념이다. 더나아가 로크는, 제2 성질은 '제1 성질의 모습(樣態 ; modes)들'이라고 한다. 대상을 이루는 미립자들의 크기·형상·조직 그리고 운동의 기능, 즉 대상이 지니고 있는 힘들이라는 것이다.

'자연 철학에의 이 조그만 편력'—로크는 이렇게 불렀다[45]—에 실제로 그는 만족하지 못했다. 그는 갈릴레이와 뉴턴과는 매우 다른 수학 이론을 발전시키게 되었다. 그의 주장에 따르면 수학은 외적 세계의 구조를 탐구하는 게 아니라, 마음에 의해서 제멋대로 형성된 어떤 복합관념들 사이의 관계를 경험적 방법으로 탐구하는 하나의 과학이다.[46] 더구나 우리 눈에 보이는 대상의 형상, 사물에 대해서 우리가 경험하는 움직임이나 크기 등은 자연 안에서 사물이 객관적으로 실재하는 형상이나 움직임이나 크기 등과 같다고 믿을 수는 없다. 뉴턴은 물리학적 방법으로 상대적 운동과 객관적 운동을 구별했지만, 로크는 인식론적 관념과 사물을 구별했다. 이를 통해 알 수 있듯이 로크는 자기의 인식론을 발전시켜 가는 과정에서 갈릴레이나 뉴턴으로부터 얻은 지식을 억지로 끌어들이지는 않았다. 오히려 그는 우리의 주관적 경험을 이끌어내는 사물들의 본성을 미루어 짐작하기에 앞서 모든 관념이 타당한 것인지에 대해서 점점 회의를 품게 되었다.

---

[43] Essay, 제2권, 제8장, 제15절.
[44] Essay, 제2권, 제8장, 제7절.
[45] Essay, 제2권, 제8장, 제22절.
[46] 로크는 이 특수한 종류의 복합관념들을 '양태(樣態 ; modes, 모습)들'이라고 불렀다. 여러 종류의 복합관념들은 이어서 논의된다.

단순관념(simple ideas)과 복합관념(complex ideas)

로크가 〈인간오성론〉에서 발전시켜 나간 그의 인식론적 관점은 두 주요 부분, 즉 관념 이론과 지식 이론으로 이루어져 있다. 관념 이론은 〈인간오성론〉 제2권에서 가장 완벽하게 제시되어 있다.

로크는 인간의 마음은 처음에는 '빈 방', '아무것도 씌어 있지 않은 흰 종이' 또는 '완전히 빛이 가려진 암실'과 같다고 주장한다. *47 인간의 마음은 그 자체로 어떤 힘을 지니고 있다. 그러나 마음은 어떤 관념은 물론 그 어떤 지식도 처음부터 가지고 있지는 않다. 인간의 마음은 이성적 능력을 발휘할 재료들을 경험으로부터 얻을 때까지는 어떠한 추론도 할 수 없다. 이는 목수가 훌륭한 연장을 갖고 있다 해도 그것을 사용할 재료를 얻기까지는 집을 지을 수 없는 것과 마찬가지이다. '이성과 지식의 재료들'은 경험으로부터 오는 관념들이다. 이들 관념 가운데 일부는 외인 대상이 신체 감관에 미치는 자극으로부터 일어나는 것이므로 감각관념(感覺觀念 ; ideas of sensation)들이다. 다른 관념들은 마음이 그 자체의 작용을 스스로 지각하는 과정에서 일어나므로 내성관념(內省觀念 ; ideas of reflection)들이다. *48 감각이나 내성을 통해서 얻어지는 모든 관념은 따로따로 마음에 나타난다. 즉 관념들은 저마다 단순하다. 그러나 로크가 든 단순관념의 실례는 가지각색이며 서로 일치하지 않는다. 그는 흰색과 검은색, 단맛과 신맛, 뜨거움과 차가움 등 감관에서 오는 관념들 ; 전충성·공간·운동·형상·지각 작용·사고 작용·의지 작용 및 그 밖에 마음의 작용에 대한 관념 ; 쾌락과 고통, 힘·존재·단일성 등, 여기저기서 실례를 들었다. 로크는 단순관념들을 굳이 체계화하려고 시도하지는 않았다. 왜냐하면 처음부터 그는 오직 모든 관념은 어떠한 것이든 마음 자체의 힘을 통해서가 아니라 경험이 만들어 내는 방식대로 마음속에서 일어난

---

*47 *Essay*, 제1권, 제1장, 제15절 ; 제2권, 제1장, 제2절 및 제11장, 제17절.

*48 내성(內省 ; reflection)이라는 말은 종종 로크의 독자들을 괴롭혀 온 용어이다. 여기에서 이 말이 뜻하는 것은 다른 저술들이 내성(introspection), 즉 마음 그 자체에 대한 관찰(the mind's inspection of itself)이라고 불러 온 말과 같은 뜻이다. 로크는 다른 곳에서는 이 말을 다른 뜻으로, 즉 깊이 생각하는 과정이나 성찰적 연구(reflective inquiry)의 의미로 사용함으로써 독자를 혼란스럽게 만들었다. 그러나 여기에서 그가 생각하고 있던 것은 모습(像)이 거울에 비친다는 의미에서의 reflection이다. 이러한 의미의 내성에 있어서 마음은 감각과 같이 수동적인 역할을 한다고 그는 주장했다.

다고 하는 핵심 주장에만 관심을 두었기 때문이다.

이어서 로크는 마음은 많은 단순관념뿐만 아니라 수많은 복합관념들도 가지고 있다고 설명했다. 마음은 단순관념들로부터 복합관념들을 만들어낸다. 이 과정은 여러 방식으로—즉 단순관념들을 결합하고 대조하며 공통적인 특성들을 이끌어냄으로써—이루어진다. 로크는 복합관념들을 모두 남김없이 보여 주지는 않았다. 그는 어느 누구라도 복합관념을 모두 철저하게 보여줄 수는 없음을 깨달았다. 그러나 로크는 많은 복합관념들—그 가운데에서도 특히 모든 관념의 시작은 경험에 있다고 하는 그의 일반적 이론에 대한 예외로서 사람들이 여기기 쉽다고 생각한 복합관념들—을 다시 성찰했다. 로크는 지속·부피와 공간성·무한성(infinity)·신(神)·실체·인과성·도덕적 관계, 자유와 필연, 물질과 정신 같은 관념에 대해 몇 장에 걸쳐 다루었다.

로크에 따르면 복합관념은 세 가지 유형으로 나뉜다. 즉 양태(樣態; mode, 모습 또는 상태), 실체에 대한, 관계에 대한 관념들이다. 이 분류는 정확하지 않으며, 각 유형에 대한 논구도 어떤 점에서는 막연하다. 양태란 '아무리 복합적이라 하여도 그 자체로서 따로 존재한다고 가정할 수 없으며, 실체에 대한 의존물이나 부수물로 여겨지는' 복합관념이다. [*49] 양태의 예로는 삼각형·감사하는 마음·살인·피트〔尺〕와 마일〔里〕, 하루와 시간, 분노·질투·자유 등을 들 수 있다.

로크에 따르면, 마음이 그 자체로 독립적인 하나의 관념을 생각하는 데 한정되어 있지 않고, 관념들이 서로 어떠한 관계에 놓여 있는가를 볼 수 있기 때문에 관계의 관념이 일어난다고 한다. 하나의 관념은 수많은 방법으로 다른 관념들과 관계를 맺는다. 따라서 관계성에 대한 우리의 관념들은 종류와 형태가 수없이 많다. 로크는 관계의 관념으로서 원인과 결과, 동일성과 다양성, 공간과 시간과의 관계, 성질의 정도에 대한 관계, 생물학적 관계, 그리고 인간의 행위와 도덕적 판단 기준과의 관계 등을 제시한 적이 있다.

실체(實體; substances)의 관념은 로크에게 아주 큰 괴로움을 주었다. 우리는 누구나 어떤 단순관념들이 우리의 경험 속에서 언제나 무리 지어 다니고 있음을 발견한다. 따라서 우리는 이러한 관념의 무리를 한 사물로부터 나온

---

*49 *Essay*, 제2권, 제12장, 제4절.

것으로, 그리고 어떤 토대 또는 기초가 되는 실체(substratum)에 의해 서로 연결되어 있는 것으로 생각하기 쉽다. 그러나 우리는 이 토대 또는 실체가 무엇인지 모르며 또 알 수도 없다. 그러므로 우리가 가지고 있는 어떤 특정한 실체에 대한 관념은, 주어진 한 관념군(觀念群)을 연결해주는 '무엇인지 알 수 없는 어떤 것'에 대한 관념이다. 예를 들면 황금에 대한 우리의 관념은 황색, 상당한 무게감, 불에 타지 않고 녹는 성질, 왕수(王水, 염산과 질산 혼합액)에 의한 용해성 등의 관념들을 언제나 불러일으키는 어떤 것에 대한 관념이다. 또 다른 예로서 정신(spirit)이라는 관념은 생각하고 이성적으로 판단하고 두려워하며, 아마도―그러나 결코 확신할 수는 없는―물질적인 것들로는 흉내낼 수 없는 활동들을 하는 어떤 것에 대한 관념이다. 물질적 실체와 정신적 실체는 오직 이들이 우리에게 불어넣어 주는 다른 종류의 관념들에 의해서만 구별할 수가 있다. 그 어느 쪽도 객관적 존재로서는 식별될 수 없다(이런 이유로, 비록 로크는 이러한 생각을 좋아하지는 않았지만, 실제로 물질과 정신이 서로 다른 두 가지 실체일 수도 있다는 가능성은 정직한 로크로서는 불확실한 것으로서나마 받아들이지 않을 수 없는 문젯거리였었다). 그리고 만일 우리가 경험하는 많은 개별적 실체의 관념들을 일반화하여 '일반적 실체'에 대한 관념을 형성하고자 한다면, 우리는 이 일반적 실체에 대한 관념은 한 무리로 결합된 단순관념들을 우리에게 불어넣어 줄 힘을 가진 미지의 실체(基體 ; substratum)에 대한 관념이라고 말할 수가 있다.

로크는 살아 있을 때나 죽은 뒤에도 '관념에 의한 새로운 인식 방법'*[50]을 제시했다는 이유로 비난을 받았다. 그는 이러한 비난에 대해서 불같이 화를 냈지만, 비난받을 만한 일을 많이 하기도 했다. 인간의 오성에 대해서 처음 탐구를 시작했을 무렵 그는 관념이라는 것을 어떤 시에 대해 생각하는 방법으로, 또 심지어 어떤 때에는 사물을 알게 하는 방법으로도 생각했다. 그 뒤 관념은 생각할 때 마음에 작용하는 유일한 즉각적인 대상이 되었으며, 관념이 마음속에 일어나면 마음은 관념에 의해서 상징되는 사물의 단순관념을 뚜렷이 구별할 수 없게 된다.

로크의 초기 견해는 직접적 실재론 또는 자연적 실재론이라고 할 만하다.

---

*50 이 구절은 로크와 오랫동안 논쟁을 벌여 왔던 Worcester의 주교, Edward Stillingfleet에 의해 처음 사용되었다.

그리고 후기 견해는 상징적 실재론이라고 불러도 좋다. 이 상징적 실재론의 이론은 로크로 하여금 '관념에 의한 새로운 인식 방법'을 통해서 인간의 오성이 얼마나 많은 지식을 얻을 수 있거나 또는 얻을 수 없는지 정의를 내리기 위해 노력을 기울이면서 탐구를 이어가게 했다.

인식(認識 ; knowledge)의 단계와 범위

'인식이란 우리가 가진 관념들의 연결과 일치, 또는 불일치와 대립에 대한 지각(知覺 ; perception) 이외의 그 어떠한 것도 아니라고 나는 생각한다' 이렇게 로크는 그의 유명한 한 구절에서 말하고 있다. *51 이러한 지각(知覺 ; perception)이 있는 곳에 인식(認識 ; knowledge)이 있다. 그리고 지각이 없는 곳에는 세속적 생각들(俗見)이나 억측은 있을지 모르나 지식은 없다.

이어서 로크는 관념들의 일치와 불일치는 다음 네 종류에 귀속된다고 주장한다. *52

(1) 동일성 또는 상이성(Identity, or diversity)
(2) 관계(Relation)
(3) 공존 또는 필연적 연결(Coexistence, or necessary connexion)
(4) 현실적 존재(Real existence)

이 분류는 그다지 잘된 것이 아니다. 여기에 쓰인 말은 모호하고 허술하며 어떤 말은 그 뜻이 매우 애매하다.

이 분류에서 한 가지 주요한 문제점은 '현실적 존재(real existence)'라는 말에 어떠한 의미를 부여해야 하는가이다. 로크가 (위에서 논한 대로) 추리와 인식을 위한 대상으로서 우리가 가진 것은 오직 관념들뿐이라는 견해를 고집한다면, 그는 우리가 관념과 관념 서로 간의 일치와 불일치를 지각한다고 말할 수는 있다. 하지만 우리가 관념 이외의 존재들과 관념과의 일치 또는 불일치를 지각한다고는 말할 수 없게 된다. 그러나 이런 결론은 로크가 기대하던 것이 전혀 아니었다. 그는 사물에 대한 지식을—인간의 정신과 신

---

*51 *Essay*, 제4권, 제1장, 제2절.
*52 *Essay*, 제4권, 제1장, 제3절.

에 대한 지식은 물론, 물체와 같은 자연계의 사물에 대한 지식도—원했다. 로크는 심각한 문제에 맞닥뜨렸음을 깨달았다. 예를 들어 관념들이 추리와 인식을 위한 재료의 전부임을 계속 주장하면서도, 한편으로 (관념 이외의) 현실적 존재—마음 밖에 있는 현실적 존재—에 대한 인식에 어느 정도까지는 이를 수 있다고 그는 주장했다. 로크는 후기 저술에서 자신이 사용한 용어 가운데에서 형용사 하나를 끌어와 이 문제에 대처했다. 관념은 오직 마음의 즉각적인(immediate) 대상이라고 그는 말하기에 이르렀다. 로크는 생각〔思惟〕과 인식을 위한 다른 대상들이 존재할 것이라 생각했다—비록 그 다른 대상들이 즉각적인 대상은 아니라 해도 이 다른 대상들은 즉각적 대상, 즉 관념을 통하여 인식될 수 있는 방법이 있을 거라고 보았다. 그렇다면, 관념과 관념과의 관계를 지각한 것이 아니라 관념과 외부 대상과의 관계를 파악한 그러한 종류의 인식이 있으리라. 그래서 로크는 자기가 (가능한 한) 확인하고 정당화하기를 꾀했던 인식의 종류 가운데 감히 '현실적 존재(real existence)'를 포함했던 것이다.

이 점에 대한 로크의 인식론적 문제점은 뚜렷하다. 하지만 그는 이른바 '인식의 단계'에 대한 문제를 논하는 그 태도로 말미암아 일을 더욱 어렵게 만들었다. 왜냐하면 로크는 자신이 존경해 마지않던 데카르트의 합리주의적 견해에 철저하게 의존하여 이 문제를 풀어 나갔기 때문이다.

로크가 말하는 가장 높은 단계의 지식은 직각(直覺 ; intuition)이다. 직각은 의심의 여지가 없다. 이것은 너무나 확실한 것이므로 직각을 가진 사람은 굳이 증명해 보일 필요가 없다. 그러나 로크가 이 직각에 대한 생각을 인식이 경험을 넘어설 수는 없다고 한 그의 주장 한가운데로 끌어들였을 때, 로크는 데카르트와 같은 방식으로 이 이론을 활용할 수는 없었다. 로크는 이성으로 하여금 마음속 관념을 뛰어넘어 마음 밖의 사물에 이르도록 할 수는 없었다. 오히려 그는 대체로 하찮은 문제들에 대해서만 가장 확실한 인식이 가능하다는 것을 인정해야만 했다. 흰빛은 검은빛이 아니라는 것, 모든 관념은 그 자체와 동일한 동시에 다른 모든 관념과 다르다는 사실 등은 누구나 알고 있다. 로크는 현실적 존재에 대한 인식 가운데에서 직각을 통해서 얻을 수 있는 것은 오직 한 가지뿐임을 고백했다. 이 한 가지란 인간이 저마다 자기 자신의 존재에 대해서 가지고 있는 인식이다. 여기서 로크는 데카르트의

Cogito ergo sum의 가르침을 감사히 따르고 있는 것이다. [*53] 로크에 따르면, 우리는 또 '동일한 두 사물은 서로 같다'는 수학 공식과 같은 어떤 원리를 직각적으로 인식할 수가 있다. 그러나 마음과 외부 세계와의 중간에는 관념들이 가로막고 있으므로 이 외부 세계에 대한 지식을 직각이 우리에게 주지는 못한다.

다음 단계의 지식은 논증(論證; demonstration)이다. 로크는 이에 대해서도 데카르트식으로 생각했다. 논증은 일련의 과정을 밟은 증명으로서, 그 하나는 직각적으로 명백한 진리이다. 논증 방법을 성공적으로 적용하는 예는 수학에서 찾아볼 수 있다. 그리고 여러 도덕적 원리들에 대해서도 수학에서와 같이 타당한 논증에 이를 수 있으리라는 희망을 품었다. 그러나 실재하는 세계를 탐구하는 데에 있어서는 논증 또한 직각 못지않게 결론을 이끌어낼 수 없었다. 로크는 신의 존재를 논증할 수 있으리라고 생각했으며 한곳에서 이러한 논증을 제시했는데, 이는 데카르트의 우주론적 증명을 그대로 본뜬 것이었다. [*54] 그러나 이 한 가지 중요한 예외 (이러한 예외를 인정하는 것은, 인식은 경험의 범위를 넘어설 수 없다는 로크의 주장과 일치하지 않는다는 것이 비판자들의 일반적 견해이기 때문이다) 말고는, 논증은 실재하는 세계에 대한 지식을 내어 주지 않는다는 점에 있어서 직각과 조금도 다를 바 없다고 로크는 결론을 내렸다. 직각도 논증도 광대한 자연에 대한 지식을 이끌어낼 수는 없음을 그는 인정한 것이다.

이로써 로크는 그의 인식론적 고찰 과정에서 한 위기에 맞닥뜨리게 되었다. 한편 그는 데카르트 사상에 나타난 합리론적 이상을 지지했다. 로크는 만일 우리가 출발점으로 삼을 수 있는 기본 원리만 얻을 수 있다면, 우리 인간은 이 이상에 이를 수 있으리라 확신했다. 예를 들면 로크는 이렇게 말한 적이 있다. [*55]

만일 우리가 임의의 두 물체를 이루는 미세한 구성 요소들의 모양과 크기와 조직과 그리고 운동을 발견하기만 한다면, 우리는 그 두 물체 서로

---

* 53 *Essay*, 제4권, 제9장.
* 54 *Essay*, 제4권, 제10장.
* 55 *Essay*, 제4권, 제3장, 제25절.

간의 작용에 대해 여러 실험을 해보지 않고도 알 수 있으리라—이는 마치 우리가 정사각형이나 삼각형의 성질을 아는 것과 같다.

로크는 물리학이 수학과 마찬가지로 논증적 과학이 되기를 원했다. 로크는 물리학에서 실험해 보지 않고 결론에 이를 수 있기를 바랐다. 또한 그는 우리가 경험에서 출발해야 함을 주장했다. 우리는 논증의 근거를 가지고 있지 않다. 우리는 물체의 구성 요소에 대한 성질을 알지 못한다. 우리는 오직 마음과 자연물들의 중간에 자리 잡은 관념들을 재료로 이용할 수밖에 없다. 합리론적 이상은 비록 매혹적인 것으로 여겨지기는 하지만, 우리 인간이 머무르는 인식의 단계에서는 실현할 수 없다. 로크는 인식과 세속적 생각들[俗見 ; opinion]을 엄격히 구별하고자 한 자신의 결의를 충실하게 따르기 위해서는 다음과 같이 말해야 했다. *56

이 두 가지, 즉 직각(直覺)과 논증(論證)은 인간이 가진 지식의 두 가지 단계이다. 이 두 가지 가운데 어느 것에도 미치지 못하는 것들은 모두 —그것이 아무리 확신에 찬 것이라 하여도—적어도 모든 일반적 진리에 관한 한, 오직 믿음(faith)이나 세속적 생각(俗見 ; opinion)일 뿐 지식은 아니다.

또한 로크는 자신의 경험론을 충실히 따라서, 위의 주장 끝머리에 한마디 덧붙였다. '우리는 직각과 논증 말고는 어떠한 방법으로도 보편적 진리들을 인식할 수는 없다.'*57 그러나 개별적 진리들을 인식하는 데 있어서는 그 이외의 방법에 의해서, 즉 우리의 감관에 호소함으로써 인식 또는 인식 못지않은 무언가에 이를 수가 있다. 그러므로 인식의 처음 두 단계, 즉 직각과 논증에 이어서 로크는 마침내 세 번째 단계, 즉 감각적 인식을 하나 더 보태게 되었다.

---

* 56 *Essay*, 제4권, 제2장, 제14절.
* 57 이 신념 때문에 로크는 '자연 철학은 과학이 될 수 없다(*Essay*, 제4권, 제12장, 제10절)'고 썼다. 왜냐하면 여기에서 그가 뜻하는 과학이라는 용어는 검증되고 체계화됨은 물론, 일반화된 지식을 뜻하기 때문이다.

명목상의 본질과 참된 본질

로크의 인식론 나머지 부분은, 직관과 논증의 한계성들을 보충하기 위해 감각적 인식을 이끌어낸 점에 대해 정당화하려는 그의 노력의 산물이다. '마음은 사물들을 직접 인식하지는 못하며, 오직 마음이 사물들에 대해서 가지게 된 관념들을 매개로 삼아 사물들을 인식할 뿐'이라고 주장했다.[58] 그러나 관념들은 분명히 밖의 자극으로부터 일어난다. 따라서 우리 마음속에 관념들을 일으키는 외부 사물에 대해서 틀림없이 관념들은 우리에게 어떤 암시를 줄 것이다. 복합관념(複合觀念 ; complex ideas)들은 마음에 의해 만들어진 것이므로 아마도, 대개는 거짓으로 드러나기가 쉬울 것이다. 그러나 단순관념들은 비록 이들이 사물의 성질을 정확하게 묘사하지는 못하더라도, 실제적인 일에 대해서는 마치 사물을 그대로 그려내듯이 우리에게 유용하다. 단순관념들이 우리 인간에게 필요하다고 신(神)은 생각한 것이다.

단순관념들은 공상의 산물이 아니라 우리 밖에 존재하며 우리에게 실제로 작용하는 사물들의 자연스럽고 정상적인 산물이다. 따라서 단순관념들은 우리가 생각하는 것과 같은 일치성을 가지고 있다. 또는 우리의 상태가 요구하는 것과 같은 일치성을 가지고 있다.[59]

따라서 우리가 단순관념들을 '사실이다', '타당하다', 또 심지어는 '참되다'라고 부른다 하더라도, 만일 우리가 그렇게 부르는 뜻을 깨달은 뒤 독단에 빠지지만 않는다면, 잘못된 판단을 하는 일은 없을 것이다.[60] 단순관념들은 사물이 가진 힘에 호응하는 것이다. 이들은 사물이 가진 힘에 '부합한다'. 이들은 '예를 들면 우리의 마음이(나는 사람들 마음이 대부분 그렇게 한다고 믿는다) 이 단순관념들을 사물 그 자체에 속하는 것처럼 판단하더라도, 거짓이라는 비난을 들을 이유는 없다.' 미친 사람이 아니라면, 외부 세계에 대해 자기의 감관이 주는 지시를 무시하고 행동하는 사람은 없을 거라고 로크는 생각했다. 현명한 사람이라면 자기의 단순관념이 실재하는 대상인 것처

---

[58] *Essay*, 제4권, 제4장, 제3절.
[59] *Essay*, 제4권, 제4장, 제4절.
[60] *Essay*, 제2권, 제30~32장, 특히 제32장, 제14절.

럼—또는 적어도 실재하는 사물의 참된 성질인 것처럼—행동할 것이다. 단순관념들은 감각에서 비롯된 것이든 또는 내성(內省)에서 비롯된 것이든, 모든 실천적 목적을 위해 우리에게 참된 인식을 제공한다.

그러나 비록 실제로는 그렇지 않다 하더라도 이론상으로 감각적 인식은, 이를테면 상징적이거나 묘사적이지 않다는 사실을 인정해야 한다고 로크는 주장했다. 다시 말해 감각적 인식은 우리로 하여금 사물을 명목상의 본질에 근거하여 다룰 수 있게 할 뿐 결코 참된 본질에 기초하여 다룰 수 있게 하지는 않는다. 로크는 '본질'을 정의하여 '사물로 하여금 바로 그 자체가 되게 하는 성질'이라고 말했다. 그렇다면 사물의 참된 본질은 '사물의 참되고 내면적인, 그러나 일반적으로(실제로) 알려지지 않은 구조로서 그 사물에서 발견될 수 있는 성질을 좌우하는 것'이라고 말할 수 있으리라. 그러나 명목상의 본질은, '복합관념 또는 단순관념들의 결합으로서, 우리가 사물들을 구별하고 이들을 종류에 따라 배열하는 과정에서 도움을 주는 것이다.'*61 그러므로 사물의 명목상 본질은 자연적인 발견이기보다는 인간이 만들어낸 것이다. 우리는 우리의 경험들 가운데에서 자주 함께 일어나는 관념들을 하나로 묶어, 이 관념의 묶음을 하나의 대상(또는 사물)으로 여긴다. 그러나 이러한 관념들을 우리 안에 일으키는 힘이 그 사물의 참된 본질의 주요 부분인지 아닌지 우리로서는 결코 알 수가 없다. 참된 본질은 우리의 생각들을 이끌어나가기 위한 표준이 될 수가 없다. 왜냐하면 우리의 생각들은 우리 자신이 지닌 관념들을 쉽게 뛰어넘을 수 없기 때문이다.

로크는 그의 〈인간오성론〉에 대한 서론을 썼다. 이 서론이, 〈오성론〉의 다른 부분들이 형태를 갖추고 나서 사람들 사이에 회의적인 반응을 불러일으키며 논쟁거리로 떠오른 뒤에 쓴 것은 분명한 사실이다. 우리는 이 서론을, 로크가 자기 자신과 그의 독자들로 하여금 〈오성론〉의 결론이 되어버린 회의적 이론과 화해시키려 한 노력의 산물이라고 특징지을 수 있으리라. 로크는 (데카르트가 말한 대로) '자연의 주인이며 소유자'가 되게 할 지적 모험(a cognitive venture)의 길로 사람들을 이끌지는 않았다. 그는 (베이컨처럼) '아는 것이 힘이다'와 같은 발견에 크게 기뻐하지도 않았다(비록 로크에

---

*61 *Essay*, 제3권, 제3장, 제15~18절.

게도 어느 정도 베이컨과 비슷한 성향이 없는 것은 아니지만). 그는 또 (스피노자처럼) 우리 인간이 가장 높은 단계의 인식을 통하여 광대한 우주의 구조를 통찰하는 경지에 이를 수 있으리라는 희망을 가진 적도 없었다. 그는 17세기 다른 철학자들처럼 가슴 뛰게 하는 결론에 이르지는 않았다. 그는 온건하고 겸손했으며, 신이 그의 지혜로써 인간에게 맡겨 준 사명에—자연의 일부로서 주어진 작은 사명에—충실하게 복종했다. '이 지구에서 우리가 할 일은 모든 것이 아니라, 우리의 행위에 관련된 것들을 알게 되는 것'이라고 그는 쓰고 있다. 우리는 '삶의 편의와 덕(德)을 위한 식견'을 합리적으로 준비하기에 충분할 만큼, 다시 말하면 '현세의 안락한 삶을 위한 방법과 좀더 나은 삶으로 이끄는 길'을 발견하기에 충분할 만큼 알고 있다. 즉 우리는 우리의 경제와 정치 문제들을 해결할 수 있으며, 우리의 영혼을 구할 수가 있다. 우리는 비록 세계의 참된 구조가 어떠한 것인지는 잘 알지 못하더라도 우리 인간의 삶을 어떻게 처리할 것인지는 잘 알고 있다. 이 세계에서 우리의 위치는 배를 타고 있는 선원과 같다.

선원이 자기 배의 닻줄 길이를 아는 것은, 비록 이로써 그가 바다의 모든 깊이를 측정할 수 있는 것은 아니지만, 그에게는 큰 도움이 된다. 항해해 나아갈 길을 바로잡고 또 모래톱에 배가 걸려 좌초하지 않도록 주의하기 위해서, 필요한 곳에서 물 바닥에 충분히 닿을 만한 길이를 그 닻줄이 가지고 있음을 안다는 것은 선원으로서는 매우 소중한 일이다.

다른 철학자들은 모호하고 어지러운 문제들로부터 출발했다. 그리고 때로는 그 문제들을 헤치고 나아가서, 그들의 생각에는 성공적인 해결 방법처럼 보이는 것에 이르기도 했다. 그러나 로크는 거의 그 반대의 길을 걸었다. 그는 인간의 단순한 능력—우리가 분별력을 가지고 인생을 계획하며, 또 세계에 대해 증가하는 지식을 획득할 수 있게 해주는 단순한 능력—에 대한 단순한 신념을 출발점으로 삼았다. 로크는 사람들이 인식의 한계를 올바로 인정하기만 한다면, 인생을 분별 있게 계획할 수 있다는 신념을 끝까지 지켜나갔다. 그러나 그는 참된 인식에 이를 수 있는 가능성에 대한 그의 본디 신념은 거의 잃어버렸다. 세계에 대한 인식 대신 그보다 범위가 좁은 인간지

(人間知 ; human knowledge)에 대한 인식을 제시했던 것이다.

경험주의 철학의 전통(empirical tradition)

로크를 위대한 사상가로 생각한 비평가들은 있었다 하여도 그 수가 매우 적다. 그러나 그의 영향이 매우 넓고 깊게 미쳐 왔다는 사실은 누구나 알고 있다. 데카르트가 합리론(合理論)을 고전적 형태로 제시했듯이, 로크는 경험론(經驗論)을 그 고전적 형태로 제시했다고 말할 수 있다. 로크는 세계를 탐구하는 적극적인 프로그램으로서보다는 근거 없는 믿음에 대한 경고로서 경험론을 제시했는데, 이는 심지어 프랜시스 베이컨의 경우보다 더하다. 그리고 경험주의 학파는 그의 시대 이래 (아마도 최근에 이르기까지) 같은 소극적 정신을 나타내 왔다. 로크의 〈인간오성론〉을 근원으로 하는 이 경험론의 여러 가지 전통들 가운데 가장 중요한 것은, 로크가 주관주의(主觀主義 ; subjectivism)와 불가지론(不可知論 ; agnosticism, 세계의 본질은 인간의 경험으로 알 수 없다는 이론)을 경험론과 연결했다는 사실이다. 왜냐하면 그는 경험에 대한 호소를 하나의 조직된 이론으로 세웠는데, 그 이론에 따르면 생각하는 작용을 위해서 마음이 필요로 하는 모든 재료는 사람들의 마음 속에만 존재하는 주관적 관념들이며, 이 때문에 사람들은 외부 세계의 참된 성질에 대해서는 영원히 무지한 상태로 남아 있게 된다는 것이다. 로크의 인식론이 비록 그 무렵 과학의 영향을 받은 흔적이 있기는 하지만, 그 시대의 과학에 근원을 두고 있는 것은 아니다. 로크의 인식론은 모든 문제에 적용되도록 일반화되기는 했지만, 근본적으로는 사회 문제들로부터 일어난 것이다. 따라서 로크는 역사상 과학자들의 탐구와 철학자들의 성찰을 저마다 독립된 방향으로 움직이게 하는 하나의 전환점을 마련했다. 로크는 과학자들이 뛰어넘지 못하고 외면해 버린, 연결할 수 없는 간격을 관념들과 사물들 사이에 가로놓았다. 그러나 그는 철학에 있어서 후세 모든 경험론자에게, 경험과 자연의 관계에 대한 문제에 최초로 관심을 갖게 해주었다. 로크는 경험에 대하여 이성적으로 주의를 기울임으로써 사람들이 인간의 삶을 끌어올릴 수 있는 방법들을 찾아낼 수 있음을 인정했다. 그러나 그는 바로 이 경험이 세계의 참된 본질을 드러낼 과학의 형성을 방해했음을 또한 고백했다—로크는 실망과 좌절감에 휩싸여 마지못해 이렇게 고백했던 것이다.

제11장 18세기 영국 철학

18세기 철학은, 17세기에 지배적이었던 여러 철학적 특징들에 대해서 부분적으로는 비판적 반응을 보였다. 이런 성향은 뒤에 다루게 될 칸트 철학에서도 찾아볼 수 있지만, 18세기 영국 철학에서 두드러지게 나타난다.

대륙의 데카르트와 영국의 로크는 여러 점에서 서로 달랐지만, 감각적 경험 내용이 현실 세계를 인식하는 토대로서는 불충분하다고 보는 점에서 서로 견해가 같았다. 그즈음 데카르트는 명석하고 분명한 관념들에 이르게 하는 정신 능력으로서 '이성'이 감관(感官)의 한계를 극복할 수 있다고 보았다. 그리고 로크는 이 감관의 한계에 비추어 필연적으로 얻게 되는 불가지론적(不可知論的 ; agnostic) 결론들에 만족해 버리려 했다. 데카르트와 로크에게 감각적 경험은 외적 대상에 의해 인간의 마음속에 생겨나는 관념들이기는 하지만, 이 관념들이 그 외적 대상의 참된 본성을 나타낸다고는 생각하지 않았다. 이 둘은 경험과 자연 사이에 하나의 대립이 있다고 보았다. [1] 경험은 사람들 마음속에 저마다 고유하게 존재하므로 주관적인 것이라 말할 수 있고, 자연은 사람들 저마다의 마음과는 관계없이 존재하므로 객관적인 것이라 말할 수 있다.

뉴턴의 권위는 18세기부터 19세기 초에 이르기까지 자연 과학자들을 지배했다. [2] 그러나 경험과 자연의 분리는 많은 철학자들에게 하나의 근본적인 문제—자연 과학의 여러 결과보다도 오히려 먼저 철학자들의 주의를 끌 만큼 근본적인 문제—가 되었다. 경험과 자연을 나누어서 보는 학설은 18세기

---

[1] 영국 철학자·수학자 화이트헤드(A.N. Whitehead)는 데카르트 철학과 로크 철학을 '자연을 둘로 가르는 이론들(theories of the bifurcation of nature)'이라고 말했다. *The Concept of Nature* (New York, Cambridge University Press, 1920), 제2장 참조.

[2] 다윈의 〈종의 기원 *Origin of Species*〉이 세상에 모습을 드러내면서 생물학 이외 분야에까지 많은 과학적 견해들을 수정하기 시작한 1859년까지라고 말할 수 있다.

초 버클리에 의해 공격을 받았다. 이는 18세기 중엽에는 흄에 의해, 그 뒤로는 거의 모든 철학자로부터 끊임없이 공격 대상이 되어 왔다. 역사가는 과학자들을 두둔하여 이렇게 말할지도 모른다. 과학자들은 물리학과 화학의 문제들에 몰두하느라 사색적 인식론의 여러 문제에 대해 관심을 가지지 못했으며, 따라서 경험과 자연의 관계에 대해 따져 볼 여유가 없었다. 그러나 철학자들은 바로 이런 전문적이고 원대한 문제들에 대해서 고뇌하기 위해 태어났다고 말할지도 모른다. 실제로 철학자들은 18세기 전반에 걸쳐 경험과 자연의 관계를 문제 삼았다. 그리고 역사적으로 한 가지 흥미로운 것은, 철학자들이 인식론적 성찰의 결과로서 그 무렵 과학자들을 지배하던 뉴턴의 확신들에 대해 많은 점에서 과학자들과 의견을 달리했다는 사실이다. 세계를 기계로 보는 이론은, 과학자들 사이에서 일어난 여러 새 학설들에 의하여 뒤집혀지고 대체되기 오래전부터, 이미 철학자들 사이에서 옳지 않은 것으로 여겨지고 있었다.

1. 버클리

조지 버클리(George Berkeley, 1685~1753) : 남부 아일랜드 킬케니 군(郡)에서 태어났으며, 영국인 혈통을 부분적으로 이어받았다. 버클리는 1700년 더블린에 있는 트리니티 칼리지에 입학한 뒤 그곳에서 학생·석사·연구원을 거치며 20년 세월을 보냈다. 1709년 성공회에 성직자로 들어가, 1724년 북아일랜드 런던데리의 주임사제가 되었고, 1734년 남부 아일랜드 클로인에서 주교가 되었다. 버클리는 아메리카 원주민들을 기독교도로 만들겠다는 웅대한 포부를 가지고, 버뮤다에 대학을 세워 토착민들을 상대로 전도 사업을 시작하겠다고 제안했다. 마침내 그는 영국 정부로부터 자신의 계획에 대한 재정적 뒷받침을 약속—그는 그렇게 생각했다—받고 약혼자와 함께 1728년 로드아일랜드로 갔다. 버클리는 땅을 사서 집을 한 채 짓고, 정부로부터 기대한 돈이 오기만을 기다렸으나, 그의 기대는 헛수고로 돌아갔다. 1731년 버클리는 아메리카를 떠났는데, 이때 그는 자신의 부동산과 많은 책들을 그 무렵 뉴헤이번 대학이라 불렸던 지금의 예일 대학에 기증했다. 버클리는 1734년까지 런던에 살았으며 그 뒤 18년 동안

클로인에서 성직에 헌신하다가 옥스퍼드에서 은퇴했는데, 은퇴지에 도착하고 나서 몇 달 지나지 않아 세상을 떠났다. 1705년에서 1753년에 이르는 오랜 세월 동안 버클리는 주로 저술에 몰두했다. 그의 철학 저서는 크게 두 부류로 나눌 수 있다. 초기 저서는 일반적으로 더 중요한 것으로 다루어지는데, 〈시각 신론 視覺新論; An Essay Towards a New Theory of Vision〉(1709), 〈인간 지식의 원리 논구 A Treatise Concerning the Principles of Human Knowledge〉(1710, 1734), 그리고 〈하일러스와 필로너스 사이의 세 대화 Three Dialogues Between Hylas and Philonous〉(1713)가 있다. 후기 저서로는 〈알시프론—세심한 철학자 Alciphron, or the Minute Philosopher〉(1732)와 〈사이리스; 타르수(水)의 여러 가지 효능과 다른 여러 주제에 대한 철학적 고찰 및 탐구 Siris; A Chain of Philosophical Reflexions and inquiries Concerning the Virtues of Tar-Water and Divers Other Subjects〉(1744)가 있다. 〈알시프론〉은 버나드 맨데빌과 제3대 샤프츠베리 백작 같은 자유 사상가들을 논박하는 일곱 개의 대화로 이루어져 있다. 〈사이리스〉에서는 신플라톤 철학의 관점을 옹호하고, 아울러 타르수가 대부분 신체 질환들에 특효가 있다 하여 이에 대해서 많은 찬사로 긴 설명을 덧붙이고 있다. 전통적으로 버클리 철학이라 불린 것 가운데에는 전기(前期)의 저서들만이 주목을 받았다. 따라서 이 책에서도 전기에 속하는 저서들만을 다루기로 한다.

버클리는 드물게 나타나는 날카로운 자기 평가에서, 자신의 철학을 다음과 같이 짧은 글로 적절하게 요약하고 있다.[3]

나는 새로운 개념을 세웠다고 스스로 자부하지는 않는다. 나는 그저, 전에는 세상 사람들과 철학자들이 공유했던 진리를 통일하여 이를 좀 더 밝은 빛 속에 드러내려는 것뿐이다. 이 진리는 첫째, 우리가 직접 지각하는 것들은 실재한다는 것이다. 둘째, 직접 지각된 것들은 관념들이며, 관념들은 오로지 마음속에만 존재한다는 것이다. 이 두 가지 생각을 합쳐 놓은

---

[3] 이 말은 하일러스와 필로너스 사이에서 오고 간 세 번째 대화 마지막 페이지에서 필로너스가 한 말이다.

것이 마침내 내가 말하려는 주장의 핵심이다.

이 두 명제를 설명하고 나서, 이 두 명제의 긍정에서 필연적으로 따라나오는 셋째 명제를 설명하면, 보통 버클리의 이름과 결부되어 온 철학적 관점이 윤곽을 드러낸다.

버클리의 실재론(實在論 ; realism)

버클리의 첫째 명제는, 우리가 직접 지각하는 것들이 실재적인 것들이라는 것이다. 이 명제는 '일반 사람들'에게 잘 알려져 있는 진리라고 버클리는 말했다. 즉 이것은 사색적으로 성찰하는 일에 훈련을 받은 사람이든 받지 않은 사람이든, 또 철학자들의 전문적 저서들을 읽고 깊이 생각한 사람이든 그렇지 않은 사람이든 누구나 잘 알고 있는 진리이다. 직접적으로 지각한 사물들이 실재한다는 사실을 증명하기 위해서는 많은 학식이 필요치 않다. 회의적으로 따져 볼 필요도 없다. 이 점에 대해 버클리는 목소리를 높이고 있다. 이를 밝히기 위해 그는 푸르른 숲과 빽빽한 나무들, 강들과 맑은 샘들, 깊은 바다와 높은 산, 오래전부터 있어 온 울창한 삼림과 바위와 사막들, 하늘길을 수놓은 빛나는 천체들, 그리고 수많은 별들을 들고 있다. 너무 멀어 볼 수 없는 천체와 별들도 이제 망원경을 사용하면 충분히 볼 수 있게 되었다. 세계의 '장엄한 체계를 구성하는 이 모든 광대한 물체들'은 이것들을 관찰하는 모든 사람에게 명백한 증거를 보여주고 있다. *4 이것들은 논쟁을 통해서 결론에 이르는 추측의 산물이 아니다. 이것들은 사람들이 관찰해낸, 따라서 이성이 있는 사람이라면 조금도 의심할 수가 없는 분명한 현실이다. 과학자들은 처음에 관찰한 것보다 더 많은 심오한 사실들을 찾아내기 위해 이 실재적 대상들을 더 깊이 연구하는 것이 사실이다. 그들은 별똥별〔遊星〕들의 움직임, 혜성들이 지나가는 길, '공간의 심연 속에 파묻힌' 머나먼 별들과 지구와의 거리를 탐구하기도 한다. 그리고 특히 그들은 이 실재하는 것들 사이의 여러 관계와 질서를 규정하는 법칙들을 세우려 애쓰기도 한다. 그러나 관찰된 사물들의 실재성을 증명하기 위해서는 과학도 철학도 필요치 않다. 과학자이든 철학자이든 관

---

*4 하일러스와 필로너스의 두 번째 대화 앞부분에서 필로너스가 말한 부분이다. A.C. Fraser, ed, *The Works of George Berkeley*(Oxford, Clarendon Press, 1901), Vol. I, pp. 422~423 참조.

찰된 사물들의 실재성이 이 실재들에 대한 연구의 출발점에서나 과정에서도, 그리고 그 연구의 마지막 단계에서도 전제되어 있어야 함을 잊어서는 안 된다. '천상의 코러스와 지상의 만물, 즉 세계의 거대한 조직 체계를 구성하고 있는 모든 물체'[*5]는 학문이 부족한 일반 사람들에게나 학식이 풍부한 학자들에게나 똑같이 명백한 사실이다. 그 사실들이 명백한 것은 즉각적으로나 직접적으로 지각된 것이기 때문이다.

버클리의 실재론적 관점과[*6] 버클리가 반대하던 17세기 몇몇 철학들과의 관계를 살펴보면, 그의 관점이 가지는 의의와 중요성을 충분히 알 수 있다. 오늘날 버클리는 그의 철학에 대해 거의 아무것도 알지 못하는 사람들 사이에서도 널리 알려져 있는데, 이는 그가 물질의 존재를 부인한 것으로 여겨지고 있기 때문이다. 실제로 버클리는 물질의 존재를 부인했다. 그러나 그는 일반 사람들과 학식이 많은 사람들이 직접 지각하는 수많은 물체들의 존재를 부인한 것은 아니다. 버클리가 부인한 '물질'은 철학자들이 생각하는 물질적 실체였다. 그는 데카르트의 '연장실체(延長實體 ; res extensa)'와 로크의 '내가 알지 못하는 어떤 것(something-I-know-not-what)'을 부인했다. 즉 버클리가 부인한 것은 추측에 의해 짐작되는 실체들의 존재였는데, 이 실체들은 인간의 경험으로는 파악할 수 없다고 여겨지는 것으로, 우리 주위에 있는 물체들처럼 우리가 직접적으로 지각하는 빛깔이나 냄새나 그 밖의 감성적 성질들이 전혀 없는 것으로 생각되었다. 버클리는 우리가 직접 지각하는 물체들을, 우리가 지각할 수 없으며 알 수 없는 실체들을 가지고 설명해야 한다는 이론을 옳게 여길 수가 없었다. 그는 이러한 이론을 환상적(幻想的)인 이론이라고 보았다. 그의 날카로운 경험적 정신은, 그로 하여금 데카르트와 로크 두 사람에 반대하여 감관(感官)들을 통한 명증만이 자연 세계의 실재적 대상들에 대해 믿을 만한 지식을—비록 완벽한 지식은 아닐지라도—주는 것으로 보게 했다. 버클

---

*5 *Principles of Human Knowledge*, 제6절.

*6 버클리는 교과서에서 보통 관념론자로 다루어지고 있다. 이에 대해서는 논쟁의 여지가 있지만 어떤 의미에서는 관념론자라고도 할 수 있다. 또한 그는 실재론자이기도 했다. 그는 모든 지각된 물체들의 실재성을 믿은 점에서는 실재론자였다. *Studies in the History of ideas*(New York, Columbia University Press, 1918), Vol. I, pp. 188~215에 실린 F.J.E.Woodbridge의 'Berkeley's Realism'을 참조할 것. 이 논문은 버클리에 대한 훌륭한 역사적 분석이다.

리는 정신이 감관들을 떠나서 작용하는 직관(直觀)에 호소한 데카르트의 생각에 반대했다. 그는 '실재적 본질'과 '명목상 본질'을 가르는 로크의 구별을 옳지 않은 것으로 보았다. 로크에게 있어서 '실재적 본질'은 인식될 수 없는 것이며, '명목상 본질'은 사물들의 본성에 대한 인식을 주는 것으로는 볼 수 없다는 것이다.

버클리는 17세기 철학의 특징으로서 갈릴레이·데카르트·뉴턴·로크에 나타난 감관 경험(感官經驗)을 경시하는 이들에 대해 처음으로 강력하게 반기를 든 사람이었다. 그는 감각적 경험을 지나치게 경시하는 데 반대하는 일반 사람들의 대변인으로 자처했다. 그는 로크의 이른바 '미세한 입자들'을 가지고 실재(實在)를 정의했으며, 나아가 빛깔·냄새·맛 같은 것들을 개인적 착각에 속하는 요소들이라 하여 과소평가한 철학적 관계를 따르지 않았다. 버클리는 그의 〈비망록 備忘錄 ; Commonplace Book〉 첫 부분에 다음과 같은 말을 썼다. *7 (아마 자기의 생각을 표현하는 데 있어 아주 정확하다고는 말할 수 없을지도 모르겠다.) '나는 연장(延長 ; extension, 부피와 공간 개념)·빛깔 등이 우리의 정신과는 관계없이 물체들 속에 실제로 존재한다고 생각하는데, 이 점에서 나는 데카르트 학파의 사람들과는 다르다.' 그가 주장하는 것은, 빛깔이 실재적인 것이 아니라면 어떤 의미에서도 물체를 이루는 부피와 공간 개념 또한 실제적인 것으로는 볼 수 없다는 것이다. 부피와 공간 개념을 가지고 있다고 우리가 지각하는 물체들은 또한 빛깔을 가지고 있으며, 빛깔을 가졌다고 우리가 지각하는 물체들은 또한 부피와 공간 개념을 가지고 있다. 그 누구도 하나의 성질을 선택하여 일차적인 것이라 말하며 다른 성질들을 이차적인 것이라 주장할 권한이 없다. 또 어느 하나에 대해 긍정한 것과 꼭 같은 객관적 실재성을 다른 하나에 대해 거부할 권한도 없다. 똑같은 하나의 세계가 펼쳐지는 동시에 빛깔을 가지고 있다. 또 이 세계는 우리가 우리의 감관들을 통해서 지각하는 세계이다. 우리가 지각(知覺 ; perceive)하는 물체들의 상태대로 그 물체들은 실제로 거기에 있다. 물론 그것들은 우리가 지각하는 것보다 더 많이

---

*7 Commonplace Book에 있는 글귀들은 1705년부터 1708년 사이에 쓰인 것으로, 좀 더 조심스럽게 표현된 버클리의 주장들이 책으로 나오면서 때로 매우 허술하게 표현되고 있다. 여기에 인용한 구절은 Fraser, op. cit., Vol, I, p.50에 있다.

있을 수 있으나 그보다 적게 있을 수는 없다. 버클리는 지적하기를, 17세기 철학의 경향은 대부분, 실재(사물들의 실상)와 경험(사물들의 관찰된 부분)을 분리하는 것이었다고 했다. 그러나 이 같은 실재와 경험의 분리는 실재를 너무나 보잘것없는 것으로 만들어 버리며 경험을 비극적으로 쓸모없는 것이 되게 한다. 버클리는 이 같은 분리에 대해 다음과 같이 맹렬하게 비난했다. *8

(세계의) 온 체계가 말로 표현할 수 없을 만큼, 그리고 우리의 생각이 미치지 못할 만큼 광대하고 아름답고 영광스럽기만 하구나! 그렇다면, 이 모든 '실재'의 고상하고 기쁨에 넘친 광경들을 송두리째 제거해 버리는 철학자들은 어떠한 대접을 받을 수 있을 것인가? 눈에 보이는 온갖 창조의 아름다움을 거짓된 환상이라고 생각하도록 이끌어가는 이 원리들은 도대체 어디서 나왔을까?

추상 관념(抽象觀念 ; abstract ideas)에 대한 비판

〈인간 지식의 원리〉에서 버클리는 추상 관념들의 존재를 부정하는 서론을 씀으로써 독자들에게 물질적 실체에 대한 그의 생각을 미리 알려주려 했다. 우리는 본래 감관을 통해 얻는 관념들을 가르고 섞어가며 실제로 온갖 종류의 관념들을 만들어 낼 수 있다. 우리는 '손·눈·코를 신체의 나머지 부분으로부터 하나하나 분리하여 그 자체로서만 생각해 볼 수 있다.' 우리는 '사람의 상체에 말의 하체가 붙은' 어떤 동물에 대한 관념을 꾸며낼 수도 있다. *9 그러나 우리의 모든 관념은 어디까지나 특수하고 구체적이다. 우리는 사람에 대한 일반적인 관념을 논할 수 있으며, 이때 우리가 하나의 추상 개념을 가지고 있다고 생각할 수도 있다. 그러나 우리가 이때 논하고 생각하는 사람에 대한 일반적 또는 보편적인 관념이란 '그 의미하는 바'*10가 개개의 사람들 모두를 대표하는 하나의 특정한 개념이다. 관념들을 일반적 또는 보편적

---

*8 하일러스와 필로너스의 두 번째 대화 시작 부분에 있는 필로너스의 긴 변론에서 인용. Fraser, *op. cit,* Vol. I, pp. 423~424.

*9 *Principles of Human Knowledge,* 서론, 제10절.

*10 *Principles of Human Knowledge,* 서론, 제12절.

인 것이 되게 만드는 것은 관념들의 상징 기능이다. 이때 낱말들이 상징 기능을 하는 일반적인 관념들을 나타내면 이 낱말들 또한 일반적인 낱말들이 된다. 특정한 개념들은 무수한 개개의 대상들에 대해 차이를 두지 않고 무작위로 나타낼 수 있을 때 일반성을 얻게 되는 것이다.

버클리가 추상 관념을 부인했기 때문에 역사가들은 그를 유명론자(唯名論者)로 분류했는데, 이는 정당하다고 볼 수 있다. 그러나 때로 비평가들은 그가 관념(ideas)과 심상(images)을 혼동하고 있다고 비난했는데, 이 비난에는 충분한 근거가 있다. 이 비평가들은 더 나아가, 버클리는 관념들의 상징 기능을 인정함으로써 추상 개념을 옹호하는 사람들이 주장해 온 것을 다시 끌어들였다고 주장하기도 했다. 버클리가 가장 진지하게 주장하려 한 것은, 사람에 대한 일반 개념이 '어떤 한' 사람이나 수많은 개개의 사람들이 아닌, 즉 어떤 전체에 대응한다기보다는 오히려 어떤 무리의 사람들에 대응한다는 것이다. 이와 마찬가지로 물체에 대한 일반 개념은 '어떤 하나의' 물체도 여러 개별적 물체들도 아닌, 즉 그 어떤 전체에 대응한다기보다는 오히려 어떤 무리의 개별적인 물체들에 대응한다는 것이다. 다시 말하면 그는 물질 그 자체로서의 물질이란 것이 존재하지 않음을 분명하게 밝히고자 했다. 그는 '물질'이라는 일반적인 낱말이 있다고 해서 '물질'이라는 일반적인 실재물이 있다고 생각할 수는 없다고 주장했다. '물질'이란 낱말을 우리가 보고 만지는 구체적인 물체들이 아닌 다른 어떤 것을 가리키는 것으로 생각한다면, 이는 한낱 당찮은 말이거나 무의미한 하나의 낱말일 따름이다. 이같이 말함으로써 버클리는 물질적 실체, 실재적 본질, 외적 실재, 그리고 '내가 알지 못하는 어떤 것'과 같은 17세기 여러 이론을 맹렬히 비난했다. 그의 유명론(唯名論)이 아주 만족할 만한 형식으로 표현되었든 어떻든 간에, 그는 자기의 경험론(經驗論)을 야심차게 끝까지 밀고 나아갔다.

버클리의 관념론(觀念論 ; idealism)

버클리의 둘째 명제는, 직접적으로 지각된 것들은 오직 마음속에만 존재하는 관념들이라는 것이다. 첫째 명제에서 그는 17세기 전통에 적대적인 비판자였으나, 이 둘째 명제에서는 바로 이 전통의 충실한 계승자였다. 버클리의 〈인간 지식의 원리〉 첫머리는 로크의 〈인간오성론〉 제2부 첫머리와 내용이 매우 비슷한 말로 시작된다.

‘인간의 인식 대상들’을 살펴보면 누구에게나 다음과 같은 사실들이 분명하게 드러난다. 즉 인간의 인식 대상들은 감관에 실제로 새겨진 ‘관념들’이거나, 그렇지 않으면 정신의 여러 가지 감정과 작용에 대해서 주의를 기울임으로써 지각된 ‘관념들’이거나, 마지막으로 기억과 상상의 도움을 받아 만들어진 ‘관념들’이다―이 세 번째 것은 처음 두 방식으로 지각된 관념들을 혼합하거나 분리하거나 그저 상징하는 것이다.

버클리는 맨 처음 생기는 관념들이 단독으로 우리에게 온다는 의미에서 단순하다고 주장하는 로크의 관점을 따르지 않았다. 최초의 관념들은 때로는 여러 가지가 합쳐져서 우리에게 떠오른다고 그는 주장했다. 그것들은 ‘서로 한데 묶여 있는 것으로서 관찰되며’, 또 이때 ‘하나의 이름으로 불리며’, ‘하나의 물건으로 불린다.’ ‘돌 하나, 나무 하나, 책 한 권, 그리고 이와 비슷한 감각적 사물들’이 우리가 처음 맞닥뜨리게 되는 대상들이다. *11

그러면서도 버클리는 로크와 마찬가지로 우리가 직접적으로 지각하는 것들이 관념이라고 주장했다. 그리고 이들은 관념들(ideas)이므로 정신(mind)을 떠나서는 절대로 존재할 수 없다. 이것들의 본성은 관념이라는 점에 있다. 이것들의 ‘엣세(esse ; 存在, 존재한다는 것)’는 ‘페르키피(percipi ; 被知覺, 지각된다는 것)’이다. *12

내가 글을 쓰고 있는 동안 내 앞에 책상이 존재한다고 나는 말한다. 즉 나는 그 책상을 보면서 손으로 만지기도 한다. 어디선가 무슨 냄새가 난다고 생각해 보자. 그 냄새는 곧 내가 맡은 냄새이다. 어디선가 무슨 소리가 난다고 생각해 보자. 그것은 곧 내가 들은 소리이다. 어떤 빛깔이나 모양이 있다면 이는 시각이나 촉각에 의하여 지각된 것이다.

---

*11 *Principles of Human Knowledge*, 제1절.
*12 이 유명한 문구와 바로 그 아래에 나오는 글은 *Principles of Human Knowledge*, 제3절에서 인용.

세계의 거대한 조직을 구성하는 모든 물체는 관념이다. 따라서 이것들을 지각하는 마음의 밖에는 어떠한 것도 존재하지 않는다. 관념들 말고 다른 것들이 존재한다고 말하는 것은 생각 없이 하는 말이거나 무의미한 말일 따름이다. 만일 관념 이외에 어떤 것이 있다고 생각하고는 확실히 자기 마음속에 있는 어떤 것, 즉 자기의 관념인 어떤 것에 대해서 말하고 있음을 깨닫지 못하는 사람이 있다면 그는 생각 없는 말들을 하고 있는 것이다. 어떠한 관념도 가지고 있지 않은 어떤 것이 존재한다고 우겨대는 사람은 아무 의미 없는 말을 하고 있는 것이다. 버클리는 그의 독자들에게, 어떤 것에 대한 관념을 가지지 않고서 그것에 대해 생각할 수 있는지, 또 어떤 것을 생각할 때에 현재 가지고 있거나 지금까지 가져온 관념들과 비슷한 것으로 보지 않고 그것에 대해서 생각할 수 있는지, 그리고 원래 생각할 수 없는 어떤 것에 대해 생각해 볼 수 있는지 물었다. 이 여러 물음, 매우 수사적 냄새가 나는 이 여러 물음에 대해, 그는 그렇지 않다는 것을 유일하게 가능한 답으로 생각했다. 그리하여 그는 사물들의 존재를 이것들에 대한 지각과 구별하려는 시도는 '도저히 이해할 수 없는', 그리고 '추상(抽象 ; abstraction)의 온갖 모순'을 포함하는 것으로 결론을 내림이 마땅하다고 느꼈다. *13

버클리는 이어서 다음과 같은 말을 하고 있다. 즉 관념들 말고도 많은 정신들이 존재하며, 이 정신들은 스스로 지각하는 관념들로 변형되거나 그 안에 포함될 수 없다는 것이다. 버클리는 다음과 같이 말했다. *14

수많은 관념들 또는 인식의 대상들 말고도 이것들을 인식하거나 지각하는 '어떤 것'이 있다. 그리고 이 '어떤 것'은 이것들에 대해서 의지를 갖고 상상하고 기억하는 것과 같은 온갖 활동을 한다. 이 지각하는 능동적 존재를 나는 '마음'·'정신'·'영혼', 또는 '나 자신'이라고 부른다. 이 말들은 관념들과 전혀 다른 어떤 것, 즉 그 속에 이 관념들이 들어 있음을 가리킨다. 다시 말하면 이것에 의해 관념들은 지각된다.

그러므로 실재 또는 존재에는 정신과 관념 두 가지가 있다. 이 두 종류는

---

*13 *Principles of Human Knowledge*, 제6절.
*14 *Principles of Human Knowledge*, 제2절.

'서로 전혀 다르고 이질적'이다. *15 정신은 능동적이며 때에 따라서는 생산적이고, 관념은 수동적이며 타성적이라고 버클리는 보았다. 정신은 분해할 수 없으며 썩지 않은 실체들이고, 관념은 사라지며 썩는 것들이다. 정신은 그 자체로서 스스로 존재하지만, 관념은 그 자체만으로 존속할 수 없고 다만 마음이나 정신 속에만 존재하는 의타적인 존재이다.

버클리가 그의 주장을 나타내는 데 사용하는 언어에는 모호한 부분들이 많다. 적어도 〈인간 지식의 원리〉 제1판에서는 그렇다. 그는 이러한 주장을 거듭해 왔다.

인간의 인식 대상들은 모두 관념이다. '영혼이나 정신에 대해서는 어떠한 관념도 형성될 수 없다.' 우리는 저마다 '지각하고, 인식하며, 의지를 가지며, 관념들의 테두리 안에서 활동하는, 생각하는 능동적 원리'로서의 자기 자신에 대한 '직접적인 지식'을 가지고 있다. *16

버클리는 자기가 언어를 혼동하고 있음을 깨달았던 것 같다. 그래서 그는 〈인간 지식의 원리〉 제2판(1734)에 〈하일러스와 필로너스 사이의 세 대화〉 속에서, 이미 여기저기서 사용한 바 있는 '개념(notion)'이란 말을 끌어들였다. 우리는 비록 정신의 관념은 가지고 있지 않더라도 정신의 개념은 가지고 있다고 버클리는 말하게 되었다. 즉 우리는 정신이나 마음 또는 영혼 같은 것을 하나의 관념으로서 상징하려다 그것을 어떤 얇고 비치는 물체나 증기(蒸氣) 같은 것과 혼동하는 그릇된 미신에 빠지게 마련이지만, 우리가 정신이나 마음 또는 영혼을 말할 때 그것이 무엇을 뜻하는가는 이미 알고 있다. 버클리가 그의 관점을 고쳐서 표현한 말은, 우리는 물체에 대해서는 관념을 가지고 있고 영혼이니 마음 또는 정신 같은 것에 대해서는 개념을 가지고 있다는 것이다. 그러나 그의 모든 저서에 담긴 분명한 의도는, 존재하는 모든 것은 정신이거나, 어떤 정신 속에 있는 관념이라고 주장하는 것이었다. 정신

---

*15 *Principles of Human Knowledge*, 제89절.
*16 이 세 명제는 *Principles*와 *Dialogues* 두 책 전편을 통하여 계속해서 나타난다. 두 번째 명제로서 인용된 구절은 *The Principles of Human Knowledge*, 제27절에 있다. 세 번째 명제로서 인용된 것은 하일러스와 필로너스의 세 번째 대화, Fraser, *op. cit.*, Vol. 1. p. 450에 나타난다.

과 이 정신이 가지는 관념은 실재적이며, 그 밖에는 실재적인 것이 없다는 것이다.

실재는 전적으로 정신들과 정신 안에 있는 관념들로 이루어져 있다고 하는 버클리의 주장이 바로 버클리의 관념론이라고 불리게 되었다. 하지만 버클리의 관념론은, 플라톤이나 플로티노스로부터 내려오는 관념론들과는 아주 다르다. 여러 낡은 형태의 관념론에 있어서는 관념이 정신을 떠난 실재성을 가지고 있으며, 또 사물들 하나하나와 뚜렷이 구별되어 있다. 거기서는 사물들 하나하나가 관념들의 '그림자'에 지나지 않는다. 버클리의 관념론에서 관념들은 정신 안에서 존속해 가는 것이며, 정신을 떠나서는 어떠한 존재도 있을 수 없다. 또 그것들이 하나씩 따로따로 나타나든 또는 우리가 보통 지각하는 것처럼 서로 모이거나 분리되어 나타나든, 관념들은 사물들 하나하나와 꼭 같은 것이다. 이 두 가지 유형의 관념론은 모두가 그 근본 취지에 있어서는 형이상학적이다. 버클리의 관념론은 관념들을 정신 또는 마음속에 있는 것으로 본다. 하지만 플라톤이나 플로티노스에게서 이런 생각은 어디에서도 찾아볼 수가 없다.

버클리의 유신론(有神論 ; theism)

버클리의 첫 번째 명제와 두 번째 명제로부터 필연적으로 세 번째 명제가 따라나온다. 실제로 버클리는 이 세 번째 명제에서 그의 철학이 절정에 이르기를 진심으로 바랐다. 이 세 번째 명제란 즉 하느님의 정신이, 세계의 거대한 조직 체계를 이루는 수많은 관념들의 존재를 떠받치고 있다는 것이다. 버클리는 자기의 철학을 '회의론·무신론·무신앙의 근거들'에 대해 반박하며, 또 '회의론자들과 무신론자들에 반대하여 신의 직접적인 섭리'를 증명해 보인다고 생각했다. [17] 그는 자기의 철학이 기독교 유신론의 근거들에 대한 새롭고 확고한 증명을 제시해 준다고 자신만만하게 생각했다.

버클리의 논의는, 직접적으로 지각하게 되는 사물들이 실재적 사물이라는 그의 실재론적 명제와, 직접적으로 지각하는 사물들은 오직 정신 안에만 존재하는 관념이라는 그의 관념론적 명제를 함께 긍정한 데에서 온 논리적 귀

---

[17] 이 문구들은 *Principles of Human Knowledge*와 *Three Dialogues Between Hylas and Philonous*의 부제(副題)들 가운데 일부분이다.

결을 설명해 준다. 실재적 사물들—천상의 코러스와 지상의 만물들—은 우리가 그것들을 지각할 때에나 지각하지 않을 때에나 확실히 존재한다. 자연 세계에 있는 물체들이 오직 어떤 사람 또는 모든 사람이 그것들에 대한 관념을 가졌을 때에만, 즉 그것들을 관찰할 때에만 존재한다고 주장할 만큼 변덕스럽고 교만한 사람은 아마 하나도 없으리라고 버클리는 생각했다. 우리는 누구나 우리 자신의 상상 안에서만 존재하는 어떤 관념들을 가지고 있음을 그는 인정했다. 그러나 우리는 또한 개인적인 것이 아닌 다른 여러 관념, 예를 들어 감각 같은 것을 가지고 있다. 우리 자신의 상상 안에서만 존재하는 관념들은 공상이다. 감관(感官)이 우리에게 제시하는 것들은, 우리가 그것들을 지각할 때뿐만 아니라, 그것들을 지각하기에 앞서 또는 그 뒤에도 존재할 수 있으며, 또 보통 실제로 존재하는 물체들이다. 우리가 관찰하는 '집·강·산·나무·돌', 그리고 우리 자신의 신체들은 우리가 이것들을 감각할 때 존재하다가, 우리가 이것들을 감각하지 않으면 존재하지 않는 것이 아니다. 광대한 자연 세계는 유한한 정신들이 자신들의 관념으로서 이들을 품지 않을 때에도 계속하여 존재한다. 그러나—여기에서 버클리의 핵심적 관점을 보게 되는데—만일 우리 인간이 지각할 수도 있고 지각하지 못할 수도 있는 이 광대한 자연 세계가 정말 관념들의 한 체계라고 한다면(이것은 바로 그런 관념들의 체계이다) 어느 때에나 이것을 관찰하는, 인간의 정신 아닌 어떤 정신이 있지 않으면 안 된다. 즉 그의 지각으로 다름 아닌 이 자연 세계를 관찰하는 어떤 무한한 정신이 있어야만 한다. 이 무한한 정신이야말로 신(神)이며 세계는 그의 관념 체계이다. 세계의 객관성은 하느님의 전지전능한 정신에 의해 철학적으로 보증된다. 우리 유한한 정신들이 하느님의 관념 체계에 속하지 않는 관념들을 마음에 품게 되면 이때 우리는 공상이나 오류에 빠진다. 그러나 우리가 실재적인 물체들을 관찰하며 건전하게 학문을 추구할 때, 우리는 어느 정도는 신의 관념들을 함께 나누고 있는 것이다.

　종교에서 참된 경건함은 '학문에 있어 좀 더 쉽고 유용하며 간결한 방법'을 제공해 줄 것이라고 버클리는 주장했다. *18 로크의 〈인간오성론〉의 불가지론적 결말은, 건전한 학문과 건전한 종교를 모두 파괴하는 성질을 띠고 있

＊18 이 문구는 *Three Dialogues Between Hylas and Philonous*의 부제에서 인용한 말이다.

다. 한편으로 그것은 하느님의 세계로 나아가는 직접적 통로를 막아 버린다. 따라서 자연과학들의 여러 이론은 검증될 수가 없으며 그저 하나의 인간적 열정이나 고집으로서 받아들일 수 있을 따름이다. 다른 한편으로 하느님의 존재에 대해서는 경험론적 선언에서 일탈하여 데카르트의 합리주의적 논법을 사용하지 않으면 안 되었다. 그런데 이 데카르트의 논법들은 쉽게 확신할 수 없는 것인 데다가 하느님을 일상적인 인간 경험의 영역으로부터 추방하기도 한다. 건전한 학문과 건전한 종교는 서로 가깝게 연결된 것이라고 버클리는 주장했다. 버클리의 철학적 주장이 요약된 두 기초 명제를 받아들이는 사람은 누구든지 간절히 바라던 두 목표물을 동시에 얻게 될 것이다. 그 사람은 실재적 물체들에 직접 다가가, 이 물체들 서로의 관계와 과정을 연구할 수 있다. 또 이것들은 하느님의 정신에 속한 관념들인만큼, 하느님의 생각과 신성한 질서에 직접 다가갈 수 있다. 하느님은 '우리 자신과는 다른 어떤 마음이나 정신들에 못지않게 확실히 그리고 직접적으로 인식된다'고 버클리는 주장했다. *19 누구나 자신의 경험이 가르쳐 주는 것에 주의를 기울이기만 하면, 그의 주위 세계에 있는 다른 어떤 사람의 정신보다도 더 쉽게 하느님을 알 수 있다. 왜냐하면 누구든지 동물들을 인식할 때 그들의 모습이나 행동으로 이성적 판단을 하여 인식하듯이 다른 인간의 정신들을 알 수 있기 때문이다. 그러나 우리는 누구든지 만일 원하기만 한다면 인간의 신체이든 동물의 신체이든 또는 그 밖의 어떠한 것이든, 어떤 물체를 관찰할 때마다 언제나 하느님의 정신을 알 수가 있다. 왜냐하면 모든 물체는 하느님의 정신 안에서 실재성을 얻는, 관념들의 집합이며 배열이기 때문이다.

다만 모든 자연적 물체들이 하느님에 대한 관념들의 집합일 뿐만 아니라, 또한 자연 법칙들도 하느님의 정신에 따라 활동하도록 정해진 절차들이다. *20 '음식물은 살아갈 수 있게 기운을 불어 넣어주고, 잠은 피로를 풀어 몸과 마음을 새롭게 해주며, 불은 우리를 따뜻하게 해준다.' 그리고 사람들은

---

*19 *Principles of Human Knowledge*, 제14절.

*20 기적은 하느님의 관념들 안에 있는 연속적 사건의 과정들 안에 있지만, 기존의 정해진 절차들과 일치하는 것이 아니다. 기적은 자연 법칙들의 규칙적 작용을 보여주는 사건들과 꼭 같이 일어날 수 있다. 그러나 하느님은 인자하시므로 인간들이 자신의 일들을 신중하게 예견하도록 격려하기를 원하기 때문에, 보통은 이미 정해진 절차에 따라 행하신다.

자연의 여러 일정한 모습들에 너무나 익숙해져서, 이를 존재케 하는 신의 의지를 보지 못하는 경우가 있다. 그런데 자연의 이 정상적인 진행이나 이와 비슷한 모든 과정은 '하느님 힘의 꾸준하고 변함없는 활동'을 뚜렷하게 보여준다.*21 위에서 지적한 대로 버클리는 관념들은 모두 수동적이고 무력하며, 오직 정신들만이 능동적이고 때에 따라서는 생산적이라고 믿었다. 그러므로 인과성(因果性)은 언제나 의지의 결과이다. 자연에 있어서 인과적 사건들이 인간의 의지에서 나오는 경우는 어쩌다 있을 뿐이다. 이러한 인과적 사건들과, 또 실로 광대한 우주의 노력과 힘을 드러내는 모든 사건은 하느님의 의지인 것이다. 버클리의 견해에서 보면, 자연 법칙들의 과학적 발견 또한 다름 아닌 하느님의 정신을 보여주는 기존 섭리의 발견이다. 현명한 철학자라면, 음식물이 영양분을 제공해 주고 잠이 몸과 마음에 새롭게 힘을 불어넣는 것을 보고서 음식물이 양육의 '원인이 되며', 잠이 몸과 마음을 새롭게 하는 '원인이 된다'고 말하지는 않을 것이다. 오히려 버클리는 음식물을 뒤에 양육의 결과에 대한 '표시'로, 또 잠을 피로 회복의 '표시'로 볼 것이다. 이러한 자연 현상이나 이와 비슷한 모든 현상을 바라보며 그는 진정으로 인과 관계를 지배하는 힘이 하느님의 뜻에 있다고 여기게 될 것이다. 그리고 버클리는 어떤 정신이 (음식물 대신) 생기를 주고 어떤 정신이 (잠 대신) 피로를 회복시켜 준다고 말하는 것이 우습게 들릴지도 모른다고 생각하고는 이에 대한 답변으로서 '그런 문제들에 있어서는 학자처럼 생각하고 속인(俗人)처럼 말하지 않으면 안 된다'고 했다.*22 '사실 '정신' 말고는 행위 또는 움직임의 주체가 달리 있을 수 없다.'*23 하느님의 정신은 사람들이 존재하기 이전부터 자연을 다스려 왔으며, 또 현재 사람들이 볼 수 있는 한계를 훨씬 뛰어넘은 먼 곳에서 자연을 다스리고 있는 것이다—이는 마치 하느님의 지각하는 정신이, 인류가 생겨나 그들의 관찰을 시작하기에 앞서 물체들을 존재하게 했고, 또 현재 인간들의 관찰 능력 한계를 훨씬 뛰어넘은 곳에 물체들을 존재하게 하는 것과 같다.

---

*21 *Principles of Human Knowledge*, 제31~32절.
*22 *Principles of Human Knowledge*, 제51절.
*23 *Principles of Human Knowledge*, 제102절.

버클리의 영향

버클리의 실재론(이것은 주로 인식론적 주장이다), 그의 관념론(이것은 주로 형이상학적 주장이다), 그리고 그의 유신론(이것은 그의 철학의 핵심이며 다른 두 주장을 받쳐주는 것이다)은 후기 저작보다 더 유명한 그의 초기 저작들에 나타나는 주요한 주장들이다. 그러나 버클리에 대한 평가에 있어 불행한 일은, 그의 실재론이 아닌 관념론만이 일반적으로 비평가들의 주의를 끌어온 사실이다. 따라서 비평가들은 종종 그의 철학을 올바로 평가하지 못했다. 예를 들면 유명한 새뮤얼 존슨 박사(이 사람은 버클리의 처녀작이 출판된 해에 태어났다)가 바로 이런 종류의 비평가였다. 그는 누구든지 돌을 발로 차는 행위만으로 버클리의 학설을 깨어버릴 수 있다고 생각했다. 왜냐하면 돌을 차는 사람은 누구든지 돌이 하나의 관념 이상의 것임을 알게 되기 때문이라고 존슨은 비웃으며 말했다. 버클리는 존슨의 철학에 대해서 이런 종류의 반대가 있으리라고 예상했다. 존슨은 이렇게 말하고 있다. *24

> 앞에 말한 원리들에 의해 자연의 실재적이고 실체적인 모든 것은 세계로부터 추방되고, 그 대신 '관념들'의 해괴한 조직체가 들어선다는 데에는 반대가 있을 것이다. 존재하는 모든 것은 오직 마음속에만 존재한다. 즉 이것들은 순수하게 개념적인 것이다. 그렇다면 태양, 달 그리고 별들은 어떤 것일까?

버클리는 이런 종류의 반대에 즉각적으로 대응할 준비가 되어 있었다. 우리가 보거나 만지는 모든 것은 저마다 그것이 하나의 관념으로서 인식될 때에나 그렇지 않을 때에나 꼭 같이 실재적이다. 자연이 하느님의 관념들임을 사람들이 깨닫기 전에나 깨달은 뒤에도 꼭 같이 '자연 세계'는 존재한다.

버클리의 철학을 좀 더 올바르게 평가한다면 그의 관념론과 실재론을 따로 분리하지 않게 될 것이다. 그리고 무엇보다도 버클리가 두 가지에 관심을 가졌음을 깨닫게 된다. 한편으로 버클리는 앞선 철학자들이 경험과 자연을 분리한 데 대해 대담하게 공격하려 했다. 그리고 다른 한편으로는, 자연에는

---

*24 *Principles of Human Knowledge*, 제34절.

우리가 일상적으로 경험하는 매혹적인 감각적 정신들이 전혀 없다고 한 뉴턴과 갈릴레이의 생각을 결정적으로 반박하려고 했다. 또 이 두 주장에서 나오는 마땅한 결과로써 그는 그 무렵의 무신론(無神論)을 극복하려 했다. 비록 뉴턴과 로크는 경건한 마음에서 무신론을 배척했으나, 다른 사상가들은 무신론을 그 무렵 철학적·과학적 경향의 소산으로 여기는 듯했다. 이에 버클리는 새로운 유형의 경험론 기초를 세움으로써 이 복잡한 상황들을 해결했다. 그의 경험론은 경험과 자연의 분리에서 출발하지 않는다. 따라서 이 경험론은 자연에서 경험의 모든 감성적 성질들을 발견하고, 또 하느님을 부인하거나 세계에 대해서 의구심을 품지 않으며, 오히려 하느님과 세계에 대한 인식으로 꽃을 피우게 된다.

2. 흄

데이비드 흄(David Hume, 1711~1776) : 에든버러에서 태어나 평생 이곳에서 살았다. 그의 집안은 스코틀랜드계로서, 검소한 중산층이었다. 아버지는 흄이 아주 어릴 때 세상을 떠나 어머니에게서 세심한 교육과 보살핌을 받았다. 흄은 학교와 교실보다는 책과 도서관에서 더 많은 것을 배우고 얻었다. 뒷날 그가 〈자서전〉에 쓴 대로 일찍이 그는 '학자병에 걸렸다.' 죽을 때까지 그는 학문적 명성을 얻으려는 열렬한 욕망에 사로잡혀 있었고, 다른 직업을 겸해서 갖더라도 언제나 여러 방면의 글을 쓰는 데 몰두했다. 1734년 한 편지에 흄은 이렇게 썼다. '열여덟 살쯤 되었을 때 나에게는 하나의 새로운 세계가 열리는 것 같았다. 이것은 나를 말할 수 없는 기쁨으로 가득 차게 하였다. 또 나로 하여금 젊은이다운 자연스러운 열정을 가지고, 다른 모든 오락이나 일을 아랑곳하지 않고 전적으로 이것에만 몰두하게 만들었다.' 그래서 흄은 얼마 안 되는 재산으로 프랑스에서 3년 동안 조용하게 생활하면서 자신의 사상을 글로 옮겼다. 이 글이 바로 그의 처녀작 〈인성론 人性論 ; *A Treatise of Human Nature*〉이다. 이 책은 세 권으로 되어 있는데, 두 권은 1739년 1월에 런던에서 간행되고 셋째 권은 1740년에 간행되었다. 흄은 이 저술이 크게 환영받지 못한 데 낙심했다. 〈인성론〉은 1000부밖에 찍지 않았으며, 그가 살아 있는 동안에는 두 번째 판이

나오지 않았다. 이에 대해 흄은 〈자서전〉에서 '〈인성론〉은 인쇄되어 나오자마자 죽어 버렸다. 조금도 인정을 받지 못한 나머지 지지자들의 수군거리는 소리조차 들리지 않았다.' 이렇게 쓰고 있다. 하지만 처음 두 권에 대한 서평〔1739년 11월 스코틀랜드의 잡지 〈학자들 업적의 역사 *The History of the Works of the Learned*〉에 실렸음〕에서는, 이 두 권의 책이 '위대한 능력과 드높은 천재성의 여러 특징을 보여 주고 있지만, 아직 젊어서 이에 대해 완전하게 검증되지 않았다'라고 썼다. 그 뒤 몇 해 동안 흄은 정신착란에 걸린 어느 후작을 보살피거나, 비엔나와 토리노(이탈리아)의 영국 대사관에서 어느 장군의 비서로 일하면서 생계를 꾸려나갔다. 그러나 그는 계속해서 글을 썼다. 경제와 정치 문제에 대한 많은 논문들을 발표했으며, 세 권의 〈인성론〉 속에 있는 자료를 활용하여 좀 더 읽기 쉬운 책을 세 권 써냈다. 이 책들은 〈인간 오성에 대한 연구 *An Enquiry Concerning the Human Understanding*〉(1748), 〈정념론 情念論 ; *Dissertation on the Passions*〉(1757), 그리고 〈도덕원리에 대한 연구 *An Enquiry Concerning the Principles of Morals*〉(1751)이다. 그리고 1754년부터 그 뒤 여러 해에 걸쳐 〈영국사 *History of England*〉가 잇달아 여러 권으로 간행되었다. 이 책으로 흄은 철학 방면의 저술에서 한 번도 얻어 보지 못한 명성과 재정적 대가를 받았다. 1767년 그 자신이 기록했듯이, 흄은 '해마다 1000파운드'를 벌어 '아주 부유하게' 되었다. 1763년 흄은 영국 대사의 수행원으로 프랑스에 갔는데, 그 무렵 프랑스 계몽 운동 철학자들의 주목을 끌어 즐겁고 만족스러운 생활을 했다. 그러나 형편이 넉넉해지자 그는 에든버러에 정착하여, 자가용 마차를 두고 사치를 즐기며 화려한 사교 생활을 이어갔다. 에든버러 대학과 글래스고 대학으로부터 철학 교수로 초청을 받았으나 이를 거절했는데, 전 같았으면 그 스스로 찾아다녔을 만한 자리였다. 흄은 은근한 유머와 겸손하고 소탈한 태도, 그리고 관대한 성격으로 널리 많은 사람들의 존경과 사랑을 받았다. 아직 청년이었던 기번(Gibbon)이 그의 의견과 지도를 구하자 이를 기꺼이 승낙하고, 기번을 격려하여 역사 저술에 평생 헌신하게 했다. 흄은 1750년 무렵부터 죽을 때까지 〈자연 종교에 관한 대화 *Dialogues Concerning Natural Religon*〉를 쓰고 또 고쳐 쓰면서 대부분의 시간을 보냈다. 그는 이 〈대화〉

를 그가 살아 있는 동안에는 출판하지 않기로 마음먹고, 그의 유언에 따라 출판하도록 미리 계획해 놓았다. 흄은 친구 애덤 스미스가 이 책을 3년 안에 출판한다는 조건 아래, 스미스를 〈대화〉 출판의 첫 번째 권리자로 정했다. 그런데 스미스는 이 유언을 지키지 못했다. 아마도 종교에 대한 흄의 견해가 정통적인 것과 달랐기 때문에 사회에 미칠 영향과 결과를 두려워해서 그랬던 것 같다. 흄의 조카가 〈대화〉의 상속자가 되자 1779년 재빨리 이를 세상에 내놓았다.

흄은 예리하고 적극적인 정신의 소유자였다. 그는 독서와 사색에서 얻은 여러 사상의 의미와 그 귀결을 언제나 더듬어 찾아갔다. 흄은 17세기와 18세기 초 철학자들의 저술에 통달하고 있었고, 이 저술들에서 자신이 맞닥뜨린 여러 사상의 옳고 그름을 예리하게 살펴보았다. 그는 시도적인 견해들을 취하여, 이 견해들을 철저하게 발전시켜 나아갔다. 또 명확한 결론에 이를 될 때마다 이 견해들에 대해 의구심을 가지고 조심스럽게 지켜 보았다. 자신감을 가지고 과감하게 내세우려 한 결론들도 그는 신중하게 내세웠고, 그 결론들을 확실한 진리로서 주장하기보다는 오히려 그 결론들 속에 있는 어려운 문제들을 지적하곤 했다. 흄은 날카로운 비판자였으며 정직한 탐구자였다. 그러나 그는 종종 풍자를 하다가, 그 무렵 사회에서 통용되던 종교적 신앙의 교리에 거슬리는 듯한 결론에 이르고 있을 때에는, 논의의 끝머리에 가서 지금까지 자신이 온 방향과는 뚜렷이 반대되는 견해로 넘어가는 것 같은 인상을 주었다. *25 세상 사람들에게 환영받지 못할, 또는 '위험스러운' 결론들에 이르기를 꺼리고 있었지만(이 꺼림 또한 진심이라기보다는 오히려 표면적인 것으로 보이는데), 흄은 자기가 살던 시대에서는 그야말로 아주 새로이 독창적인 몇 가지 견해를 주장했다.

흄이 그의 잇따른 저작에서 나타낸 많은 견해들은 전체적으로 일관된 체계를 이루고 있지는 않다. 하지만 이렇게 말한다고 해서 그가 한때나마 앞뒤가 맞지 않는 견해를 품고 있었다고 비난하려는 것은 아니다. 실제로 이러한

＊25 〈기적과 섭리에 대한 그의 에세이들 *An Enquiry Concerning the Human Understanding*〉 제10절과 제11절, 그리고 〈자연 종교에 관한 대화 *Dialogues Concerning Natural Religion*〉 마지막 페이지에서 이런 태도를 엿볼 수 있다.

비난이 그의 초기 저술 속에 있는 조그마한 문제들에 대해서는 용허될 수 있었음에도, 오히려 그는 꾸준한 탐구 정신으로 오랫동안 철학적 성찰에 몰두하면서 느리지만 꾸준한 발전 과정을 밟아갔다고 지적하려는 것이다. 어떤 문제에 대해서는—예컨대 정치학설이나 윤리학설에 있어서는—그의 학문 생활 전체를 통하여 거의 변함없는 태도를 지켰다. 그러나 다른 문제들—경험의 본성, 경험과 자연과의 관계, 그 밖의 인식론적 문제들(이 문제들은 백여 년 동안 논쟁의 중심이 되어 있었다)—에 있어서는 잇따른 저작들을 써 나갈 때마다 견해가 크게 바뀌었는데 〈인성론〉 제1권, *26 〈인간 오성에 대한 연구〉, 그리고 〈자연 종교에 대한 대화〉에서 논하였다. 이 저작들이 간행된 해는 각각 1739년, 1748년, 그리고 1779년이다. 흄은 그의 철학 사상을 글로 표현하기 위해서 프랑스로 간 1734년에서 그가 죽은 1776년에 걸쳐 이 책들의 저술에 몰두했다. 1734년에서 1776년에 이르는 40여 년의 기간 동안 그는 복잡 미묘하고 전문적이고 이론이 분분한 문제들을 다루어 나갔다. 흄은—처음에는 이러한 문제들에 갈피를 잡지 못하다가 자신이 이런 난처한 처지에 놓여 있음을 알고서는, 그 의구심에서 조금씩 헤어나와 마침내 모험

---

*26 〈인성론〉, 특히 1권은 영어로 나온 철학 저서들 가운데 가장 위대한 책으로 불리어 왔다. 이것은 그러한 칭송을 받을 만한 가치가 있기 때문일 것이다. 그러나 모름지기 그릇된 이유로 이 저서를 칭송해서는 안 된다. 흄이 뒤에 계속해서 주장했고 Enquiry에서는 전보다 훌륭하지 못하게 되풀이되었으며, Dialogues에서는 무시되고 있던 견해들을 다른 데에서보다 여기에서 더 충분히 설명했다고 해서 이 책을 위대하다고 말한다면 과오를 범하는 것이다. 흄이 나중에 그 내용 일부를 마땅치 않게 여겼음에도 불구하고 〈인성론〉이 위대한 것은, 여기에서 흄이 놀라울 만큼 날카롭게, 그리고 매우 끈기 있게 복잡하고 까다로운 인식론적 문제들을 검토하고 있기 때문이다. 그는 스스로 좀 더 만족스러운 결과를 얻기 위해 이 어려운 길을 헤쳐가야 했다. 흄은 뒤에 자기의 〈인성론〉에 대한 평가에서 너무 가혹했다. 왜냐하면 그가 자기 생애 거의 마지막에 이르러 쓴, 그리고 그의 책을 낸 출판사에게 그 무렵 판매되는 그의 모든 책에 덧붙이라고 요구한 '광고'에서, 그는 〈인성론〉을 나이 어린 사람들이나 볼 미숙한 저서라고 간단히 평가해 버렸기 때문이다. 하지만 그가 이 광고문에서 덧붙이기를, 자기의 후기 저작 (Enquiry를 말하고 있음이 분명하다)에서 〈인성론〉의 문체뿐만 아니라 그 추리 과정에서도 '여러 소홀했던 것들'을 수정했다고 말했을 때, 그는 자신에 대한 성실한 심판관이었다. 〈인성론〉이 위대한 이유의 하나는, 이전의 근대 철학에 대해서 지금까지 어느 누구보다도 맹렬하게 여러 비판을 가하고 있는 데에 있다. 또 다른 이유는, 이 〈인성론〉이야말로 후기의 흄을 철학자로서 가능케 한 데 있다. 그런데 후기의 흄은 그 뒤의 비평가들로서 〈인성론〉을 그의 결정적인 철학적 관점을 충분히 밝힌 것으로 생각하는 사람들보다 사실 더 많은 것들을 자신의 〈인성론〉으로부터 얻고 있다.

적으로 제시하고자 한 그럴듯한 견해들에 이르렀다. 흄의 철학 저서들을 그가 살아온 역사에 비추어 볼 때, 가장 이른 시기로부터 맨 나중의 시기에 걸쳐 그가 발전해온 발자취가 역사적으로나 철학적으로 그의 어느 한 책만의 내용보다도 더 중요하다는 것은 조금도 놀라울 것이 없다.

흄의 초기 주장들

흄의 사상은 주관주의(主觀主義 ; subjectivism)로부터 실재론(實在論 ; realism)으로 발전해갔다. *27 즉 그는 데카르트와 로크에게 공통적이었던, 그리고 17세기에 널리 받아들여졌던 감관 경험(感官經驗)에 대한 생각에서 출발하여 이에 완전히 반대되는 이론으로 끝나고 있다. 초기 이론은 〈인성론〉 제1권 전체를 지배하고 있으며, 〈인간 오성에 대한 연구〉의 몇몇 짧은 글에 다시 나타나고 있다. *28 후기 이론은(〈인성론〉 몇몇 구절 안에만 암시되어 있다) 〈인간 오성에 대한 연구〉에서 약간 주저하는 태도로 제시되었다가, *29 〈대화〉에 가서는 그 전체를 통하여 의심할 여지없이 옳은 것으로 받아들여지고 있다.

흄은 그의 〈인성론〉을 로크의 〈인간오성론〉 제2권 첫 문장, 버클리의 〈인간 지식의 원리 논구〉 첫 문장과 매우 비슷한 문장으로 시작했다. 그는 이렇게 썼다. '인간 정신의 모든 지각(知覺)들은 서로 뚜렷이 다른 두 종류로 환원되는데, 나는 이것들을 인상(印象 ; impressions)과 관념(觀念 ; ideas)이라고 부르려 한다.' 이 말은 조금은 새로운 말이다. '인상'이란 용어는 용어법에 대한 여러 공헌 가운데 하나이다. 로크와 버클리가 관념으로서만 일괄한 것을 흄은 다른 두 종류, 즉 인상과 관념으로 나눈 것이다. 이는 이 구별에 대한 몇 가지 근거—비록 어느 하나도 전적으로 명료하게 구분되지는 못했으나—를 다음과 같이 제시한다.

(1)언제나 그런 것은 아니지만, 인상은 좀더 뚜렷하고 생생한 지각(知覺)

---

*27 '주관주의(subjectivism)'란 말은 이 책에서, 어떤 사람의 마음에 직접 나타나는 것들은 그 사람의 마음을 떠나서 존재하지 않으며 또 존재할 수도 없음을 뜻한다.

*28 특히 *An Enquiry Concerning the Human Understanding*, 제2~3절. 이 단락은 *Treatise*, 제1권, 제1~4절에서 그대로 같은 논점을 되풀이하고 있다.

*29 특히 제4, 5절 및 12절.

을 말한다. 그리고 관념은 때로는 기억이나 신앙의 어떤 경우에서처럼 인상으로 착각할 만큼 생생한 경우도 있으나, 보통은 인상보다 덜 생생한 지각들이다. 이 생생함의 정도는 물론 인상과 관념을 구별하는 데에 확실한 기준이 아니라 대체적인 기준일 따름이다.

(2) 인상은 그것을 나타내는 그 어느 관념보다도 원초적이며 관념에 앞서는 것이다. 그리고 한 관념은 이에 앞선 어떤 인상에 대한 모사(copy)로서, 언제나 그 의미와 타당성을 이 인상으로부터 얻는다.

(3) 인상은 마음에 주어지는 것이며, 이것을 지각하는 사람이 자기 마음대로 어떻게 바꿀 수 있는 것이 아니다. 따라서 어느 의미에서는 좀 더 신뢰할 수 있는 것이다.

그런데 관념은 아주 공상적인 것일 수도 있으며, 이것이 모사하는 인상이 선행되어 일어날 때에만 신뢰할 수가 있다. 인상이나 관념은 둘 다 어떤 때는 단순하고 어떤 때는 복잡하다고 흄은 덧붙였다. 복합인상(complex impression ; 예를 들어 파리 시에 대한 어떤 사람의 인상 같은 것)은 동시에 지각된 여러 인상이 한데 모여 하나의 그룹을 이룬 것이다. 그러나 복합관념은 이에 앞서는 인상들에 대해 충실한 일이 거의 없다. 심지어 어떤 사람이 파리 시에 대해서 품은 관념은 그가 이제까지 가져온, 그리고 아마도 떠올리려고 애쓰고 있는 복합인상을 충실히 그대로 드러내는 일은 거의 없을 것 같다. 그리고 새 예루살렘(New Jerusalem)에 대한 관념은 더욱이 앞선 인상들에 대해 그가 지각한 순서와는 아무 관계없이 꾸며대는 자유로운 상상의 조작물이다. *30 따라서 인상은 관념이 가지지 못한 권위를 가지고 있다. 이 권위의 기반이나 성질에 대해 흄이 뚜렷이 밝히고 있지는 못하지만, 인상은 이러한 권위를 가지고 있다.

인상이 가지는 권위의 성질을 밝히는 데 있어 흄이 실패한 것은, 일찍이 그의 초기 철학적 사색에서 감관(感官)에 대한 데카르트와 로크의 관점이 그의 사고에 끼친 영향 때문이다. '모든 인상은 내적이고 생멸하는 존재들이며, 또 그런 모습으로 나타난다'고 그는 썼다. *31 일반 사람들, 즉 철학에 대

---

*30 David Hume, *A Treatise of Human Nature*, ed. L. A. Selby-Bigge(New York, Oxford University Press, 1941), p. 3.—앞으로는 이 책을 *Treatise*, S.B. 로 표시하기로 함.

*31 *Treatise*, S. B., p. 194.

한 전문적 소양이 부족하며 그런 훈련을 받지 못한 모든 '평범한 사람들'은 인상을 마음과는 관계없이 나타나는 대상이라고 여기며, 마음이 이들을 지각하지 않을 때에도 존재한다고 생각한다. 그러나 이러한 소박한 관점은 지지할 수 없다고 흄은 주장했다. '우리의 감성적 지각들이 독립해서 존재한다는 생각은 가장 알기 쉽고 뚜렷한 경험에 반대되는 것이다.'[32] 우리는 누구나 '객관적 존재들'이 있다고 믿는 경향이 있다. 우리에게는 몇 가지 인상들이 우리의 신체 밖에 있는 것으로 보이는 것 같다. 우리의 방에 있는 가구는 우리 몸 저편에 있고, 방의 벽은 가구 저편에, 창 너머로 보이는 뜰이나 건물들은 우리 방 저편에 있다. 그러나 '정확하게 말한다면, 우리의 팔다리를 바라보면서 우리가 지각하는 것은 우리의 몸이 아니고, 감각에 의해 들어오는 어떤 인상들이다.'[33] 우리의 가구, 방들, 그리고 방 저편에 있는 광경 또한 마찬가지이다. 이런 것들 또한 감관을 통해서 들어오는 인상들이다. 우리의 지각(知覺)들이 객관성이나 지속성을 가졌다고 보는 것은 잘못된 생각이다. '이것은 우리에게는 관념이나 인상(印象)과는 뚜렷이 다른 어떤 것에 대해 관념을 품거나 형성하는 것만큼이나 불가능한 일이다.' 왜냐하면 '마음에 대해서는 그 지각들이나 인상들과 관념들 말고는 그 어떤 것도 실제로 존재하는 것이 아니기 때문이다.'[34]

비록 초기에 그는 인상들과 관념들에 대한 주관주의적 이론을 가지기는 했으나, 데카르트와 로크를 따라 인상들 저편에 있는 '실재적' 대상들의 세계를 긍정하는 일은 결코 하지 않았다. 정신 안에 있는 지각들과 정신 저편에 있는 실재들을 갈라놓는 이원론을 그는 '그릇된 철학'이라 불렀다. 평범한 사람들이 인상을 외부에 존속하는 실존이라 봄으로써 과오를 범하고 있다면, 인상들을 떠난 또 다른 존재들의 세계를 가상하는 철학자들은 진리에서 더욱 멀어졌다고 말할 수 있다. 인상들은 경험의 마지막 재료(data, 자료)이며, 우리는 이것들을 넘어 좀 더 궁극적인 어떤 것으로 나아갈 수 없다.

---

*32 *Treatise*, S. B., p. 210.

*33 *Treatise*, S. B., p. 191.

*34 *Treatise*, S. B., p. 67.

감관(感官)으로부터 생기는 인상들에 대해 말하면, 내 견해로는 이들의 궁극 원인이 인간의 이성에 의해 완전히 설명될 수 있는 것이 못 된다. 또 이들이 대상을 보거나 듣거나 하는 감각에 의해 직접적으로 생기는지 정신의 창조적 능력에 의해 만들어지는 것인지 또는 우리 존재의 창조자로부터 오는 것인지, 이에 대해 확실성을 가지고 결정한다는 것은 언제나 불가능한 일이 될 것이다. *35

우리는 인상에서 출발하여 인상에서 그친다고 그는 주장했다. 우리는 인상들과 이들을 모사(copy)하는 관념들 말고는 어떤 것도 정당하게 긍정할 수 없다.

모든 사람은 천성적으로, 물체들이 존재한다고 하는 굳은 믿음을 가지고 있다. 즉 물체들에 대한 우리의 지각과 관계없이, 독립적으로 물체들이 존재한다고 굳게 믿고 있다. 흄은 모든 인상이 내적이며 나타났다가 사라지는 존재라는 자신의 주장에 비추어서, 이 실재론적 신념이 어떻게 해서 널리 퍼지고 있는가를 설명해야겠다고 느꼈다. 이 신념은 감관에 의존할 수도, 이성에 의거할 수도 없다고 그는 주장했다. 이것이 우리 안에 생기는 것은 상상력이 활동하기 때문이다. 우리는 우리가 가지게 되는 모든 인상이 독립적 존재라고는 보지 않고, 그 가운데 일부만이 독립적 존재라고 본다. 우리는 우리의 여러 고통, 사랑, 증오, 또는 흄의 용어로 정념, 정서, 이차적 인상 같은 인상들의 그 어느 것도 독립적 존재를 가진다고는 보지 않는다. *36 그러나 우리는 우리 감관의 인상들은 그 전부는 아니라 하여도 그 가운데 많은 것이 독립적 존재를 가지고 있다고 생각한다. 감관의 인상들은 때로 불변성을 지니고 있어서, 우리로 하여금 일련의 비슷한 인상들을 같은 인상의 현시(顯示)나 재현으로 다루게 한다. 그리고 불변성이 결여되어 있을 때에도, 감관의 인상들은 때로 그 연속(succession)에 있어서 변화의 일관성이나 규칙성을

---

*35 Treatise, S. B., p. 84. 이 구절에서 흄은, 관념들을 외부 세계로부터 오는 자극의 결과로 생각한 로크의 이론과, 어떤 관념들이 하느님의 정신 세계 안에 있다고 봄으로써 관념들의 객관성을 확보하려고 노력한 버클리의 이론에 대한 전적인 회의(skepticism)를 강하게 나타냈다.
*36 흄이 둘 다 똑같이 최초의 인상들이라고 생각한 감각들과 정념들 사이의 차이에 대해서는 Treatise, S. B., pp. 7~8, 175~176 참조.

가지고 있으므로 우리로 하여금 이들을 단일한 한 사물의 발전 단계로 다루게 한다. 정신은 일련의 분리된 인상들과 관련된 관념들 사이를 아주 '미끄럽게, 그리고 쉽게 스쳐 지나가므로 그 연속을 동일성(identity)과 혼동한다.'[37] 따라서 '일반 사람 누구나 모자, 구두, 돌 같은 말로 의미하는 것'[38]은 실제로는 일련의 생멸하는 인상들인데, 그럼에도 불구하고 이것은 '지속되는 존재라는 허구(虛構)에 의해 이 흩어진 현상들을 결합하곤 한다.'[39] 감관이든 이성이든 그 어느 것으로도 지속되는(독립적인) 존재에 대한 가정을 지지할 수는 없다. 비록 '상상은 그런 생각에 빠지기 쉬우나', 허구는 '그야말로 그릇된 것이다.'[40]

그리하여 흄은 지속되는, 즉 독립해서 존재하는 대상들이 있다는 사람들의 기본 신념은 불가피한 것이지만 동시에 근거 없는 것이라는 결론을 내렸다. 그것이 불가피한 것은 상상이 그러한 신념을 만들어 내도록 자연스럽게 활동하기 때문이다. 그것이 근거 없다는 것은, 이 신념이 진리라는 데 대한 확실한 증거가 전혀 없음을 그의 비판이 보여주기 때문이다. 흄은 자기 자신도 평범한 사람들의 이 신념을 또한 품고 있음을 인정했다. 왜냐하면 그의 비판도 자신의 상상력이 자연스럽게 활동하는 것을 아주 막을 수는 없었기 때문이다. 하지만 그는 자기가 내린 결론에 대해 어리둥절하지 않을 수 없었다. 흄은 자신의 '세련되고 형이상학적'인 성찰들이 자신으로 하여금 어쩔 수 없이 자연적이고 불가피한 신념을 하나의 근거 없는, 그리고 심지어는 그릇된 허구로 보게 했다고 고백하며 허심탄회하게 그 괴로움을 표현했다. 그는 〈인성론〉 제1권을, 철학적 성찰이 자신을 '우울하고 혼란스러운' 상태로 몰아넣었다고 고백하고, 이런 성찰들은 인간 생활의 정상적인 모습과는 아무런 인연도 없는 것이라 지적하면서 끝맺고 있다. 흄은 다음과 같이 썼다. [41]

나는 이 모든 문제로 말미암아 마음이 어지러워져서, 나 자신이 상상해

---

*37 *Treatise*, S. B., p. 204.

*38 *Treatise*, S. B., p. 202.

*39 *Treatise*, S. B., p. 205.

*40 *Treatise*, S. B., p. 209.

*41 *Treatise*, S. B., p. 269.

볼 수 있는 가장 한심스러운 상태에 빠져 있다. 가장 깊은 혼돈에 휩싸여 모든 기관과 능력이 온통 쓸 수 없게 된 것처럼 착각하기 시작했다.

매우 다행스럽게도 이성이 이 구름들을 헤쳐 줄 수 없기 때문에, 자연 스스로가 그 목적에 맞게 이 구름들을 흩어지게 한다. ……나는 맛있는 음식을 먹으며, 주사위놀이를 하며, 대화를 나누며, 친구들과 즐겁게 지낸다. 그리고 서너 시간 이렇게 즐긴 뒤에 다시 철학적 사색으로 돌아갈 때면, 이것은 너무나 차갑고 억지스러우며 또 우습게 보여, 더는 그러한 사색에 몰두할 생각이 들지 않는다.

여기에 이르러 나는, 일반적인 삶의 문제에 몰두하는 다른 사람들처럼 살며 이야기하며 행동하기로 단단히 마음먹고 있는 나 자신을 발견하게 된다. 그러나 나의 타고난 성격과 동물적 심성이나 정념이 나로 하여금 세계의 일반적인 규칙들을 이렇게 아무렇지 않게 믿어 버리게 한다 할지라도, 내 안에는 아직도 그 전 버릇이 남아 있다. 나는 모든 책과 종이를 불속에 집어던지고 다시는 추리니 철학이니 하면서 삶의 온갖 즐거움을 내던지는 일은 저지르지 않기로 결심했다.

회의론적 철학들에 대한 흄의 비판

〈인성론〉 제1권의 결과에 대한 흄의 환멸이 그가 철학적 성찰로 더 나아가는 것을 그리 오래 막지는 못했다. *42 그러나 이 환멸은 그로 하여금 〈인성론〉에서 그가 내세운 견해들에 대해 다시 살펴보게 했으며, 그 견해의 많은 부분을 포기하게 했다. 〈인간 오성에 대한 연구〉 일부는 〈인성론〉에 있는 문제를 좀 더 간단하게 요약한 것이고, 또 일부는 〈인성론〉에서 내세운 여러 견해를 비판적으로 포기하면서 동시에 하나의 새로운 견해를 시도한 것이었다. 〈인간 오성에 대한 연구〉 마지막 절은, 그의 초기 저서에서 언급

---

*42 어떤 비평가들은 흄이 철학으로부터 역사로 시선을 돌린 것을 철학에 대한 싫증 때문이라 생각했다. 또 이들은 〈인성론〉의 가장 회의론적 부분들 일부가 〈인간 오성에 대한 연구〉에서 빠져 있는 것에 대해 독자들로 하여금 그러한 까다롭고 어려운 내용에서 벗어나게 하려는 의도라고 생각했다. 이 두 비평은 모두 잘못된 것으로 보인다. 비록 철학 저서보다는 더 많은 독자를 얻기 위해 역사 저서를 내는 것을 좋아하기는 했지만, 흄은 결코 철학을 버리지는 않았다. 그리고 *Enquiry*(〈인간 오성의 연구〉)에서 〈인성론〉과 비슷한 구절들을 찾아볼 수 없는 것은, 흄이 이제는 이 여러 전제나 귀결을 더는 받아들이지 않았기 때문이다.

한 철학들에 반대할 뿐만 아니라 자신의 이 초기 저서 자체에도 반대하는 것이었다.

〈인간 오성에 대한 연구〉 마지막 부분에는 몇 가지 유형의 회의론에 대한 흄의 신중한 견해가 제시되어 있다. 그 절에는 '강단 철학 또는 회의 철학에 대하여(Of the Academical or Sceptical Philosophy)'란 제목이 붙어 있다. 흄이 말하는 회의론이란, 그 무렵 학술원과 대학들 사이에 퍼져 있던 철학이다. 이는 주로 데카르트나 로크의 회의론이었다. 흄의 의도는 이 회의론들을 옹호하려는 게 아니라, 이것들의 본성을 드러내 보이려는 것이었다. 그는 이 회의론들의 출발점을 이루는 여러 가정의 본성을 찾아내고, 또 그가 이 회의론들을 옳지 못한 것으로 생각하게 된 이유를 설명하려 했다. 이러한 과정에서, 흄은 자기가 전에 가졌던 여러 견해 가운데 몇 가지를 수정했다. 또 감관(感官) 경험의 본성과 의의에 대해 〈인성론〉에서 표현한 많은 의문들로부터 스스로 벗어나게 되었다.

선행적 회의론은 '데카르트에 의해 주입된', 그리고 모든 철학적 연구의 예비적 단계가 되어 버린 '보편적 회의(懷疑)'이다. *43 흄이 말하고 있는 회의는, 데카르트가 그의 〈방법 서설〉과 〈성찰〉에서 맨 처음 제기한 방법론적 회의이다. 이는 오로지 결론들에 대한 회의만이 아니라, 연구할 주제를 가질 수 있는가 없는가 하는 것에서부터 의구심을 갖는 회의이다. 우리가 연구하는 주제가 무엇인가에 대해 여러 의구심을 품는 것은 마땅한 일이다. 실제로 우리가 어떤 주제에 대해 연구를 시작할 수 있는 것은, 바로 연구에 앞서 그것이 무엇인지에 대해 의구심을 품고 있기 때문이다. 그러나 만일 우리가 연구할 주제가 있는가 없는가에 대해 끊임없이 의구심을 품는다면, 우리는 회의로부터 벗어날 길이 없다. 출발에 있어서 회의론은, 데카르트의 방법과 같은 극단의 또는 '지나친' 형태로 사용되면, 세계에 대한 인식 또는 세계의 그 어떤 사실 문제의 인식에 다다르려는 모든 과학적이거나 철학적인 노력을 파괴해 버린다. 보편적 회의가 먼저 연구에 대한 태도와 방법으로 세워지

---

*43 *An Enquiry Concerning the Human Understanding, and An Euquiry Concerning the Principles of Morals*, ed. L. A. Selby-Bigge(Oxford, Clarendon Press, 1894), p. 148—앞으로 이 책을 인용할 때 그 안에 들어 있는 흄의 두 저서를 *Enquiry HU*와 *Enquiry PM*으로 각각 표시하기로 한다.

면, 이성은 거기서 빠져 나갈 어떠한 도피처도 제공할 수 없다.

흄이 이러한 보편적 회의로부터 빠져 나갈 어떠한 도피처도 이성(理生 ; reason)이 제공할 수 없다고 말했을 때, 이 '이성'이란 말을 아주 엄밀한 어떤 의미로 사용하고 있음을 주의하지 않으면 안 된다. 흄은 이 말을 선천적 추리 능력을 의미하는 것으로 쓰고 있다.*44 그리고 이 능력은 경험에 따른 명확한 증명을 할 수 없음에도 불구하고, 직관을 통해 쉽게 파악할 수 있는 자명한 진리들을 인식할 수 있다고 생각하게 되었다. 흄은 우리의 성찰이 이성 자체, 아니 다른 어떤 근원으로부터 얻어지는 명확한 증명에 의해 뒷받침되며 그 결과 일반적으로 받아들여지는 결론이 될 수도 있음을 부정하지 않았다. 오히려 그는 모든 감각 경험의 명증적 가치를 독단적 또는 심지어 회의적으로 거부하는 성찰들은 사실 문제들에 대한 인식에 결코 이를 수 없다고 생각했다. 감관의 명증은 별문제로 하고 이성은, 흄이 '관념들의 관계'에 대한 연구라고 부르는 것 같은 추상적인 과학들 안에서도 확실성에 이르는 데 성공할 수 있다. 즉 이성은 '직각삼각형 빗변의 제곱은 다른 두 변의 제곱을 더한 것과 같다'라든가, 또는 '재산이 없는 곳에는 불의(不義)가 없다' 같은 형식적 진리들을 깨닫는다.*45 이 진리들은 자연에 존재하는 그 어떤 것과도 관계없이, 대개는 제멋대로 정의된 용어들의 의미를 더 자세하고 정확하게 해준다. '이런 종류의 명제들은 우주에 존재하는 어떤 것에도 근거하지 않고 생각하는 작용만으로 발견할 수 있다.'*46 그러나 그 누구도 관념들의 관계에 대한 연구로부터 '실재적 존재나 사실 문제'에 대한 연구로 넘어갈 수는 없다.*47 흄은 데카르트가 바로 이러한 일을 시도했던 것으로 생각했다. 그러므로 만일 데카르트의 선행적 회의론이 하나의 마음가짐 이상의 것으로서, 어떤 사상가에 의해 진지하게 받아들여졌다면, 이는 마침내 실패

---

*44 David Hume, *Dialogues Concerning Natural Religion*, ed. Norman Kemp Smith(Oxford, Clarendon Press, 1935), p. 198.—앞으로 *Dialogues*, N.K.S.로 표시하기로 함. 그가 죽기 얼마 전에 쓴 이 구절에서, 흄은 자기가 '이성'이란 말을 특별한 의미에서 사용하고 있었다는 사실에 주의를 기울였다. 이 의미에서는, 어떤 문제를 이성으로 판단하는 것과 경험에 비추어 판단하는 것은 서로 받아들일 수 없는 대립적인 것이었다.

*45 *Enquiry HU*, p. 163, 또 p. 25.

*46 *Enquiry HU*, p. 25.

*47 *Enquiry HU*, p. 27.

로 돌아갔을 것이다. 또 세계나 하느님, 심지어 자아(自我)에 대한 인식을 가능케 해주는 어떠한 탈출구도 제공하지 못했으리라.

선행적 회의론이 만일 충분히 온건하거나 또는 '완화되면', 이것은 실제로 독단주의를 전적으로 고쳐 나아갈 수도 있다. 그렇게 되면 이것은 명증(明證)에 대한 조심성 있는 검토를 위해 꼭 필요한 지적 겸손이 된다. 이것은 마음에서 여러 편견을 떨쳐버리게 한다. 이것은 인간의 오성(悟性; under-standing)을 사실 문제들의 실재적 질서와 문제들 사이의 참된 관계에 대해 성찰할 수 있게 해준다. 그런데 이 사실 문제들 가운데 어떤 것은 이미 관찰되었으며, 앞으로 더 많은 것들이 관찰될 수 있다. 그러한 성찰은 순수하게 이성만으로는 이끌어 낼 수도, 무시해 버릴 수도 없는 전체 환경 속에서 일어난다. 그리고 성찰은 이 전체 환경을 이끌어 나가는 데 필수불가결한 무대로서, 또 그 검증을 위한 자료로서 존중하지 않으면 안 된다. 순수하게 개념적인 생각〔抽象的理性〕으로 보면, 모든 사실 하나하나에 완전히 반대되는 것이, '실재에 일치하는' 것에 못지않게 가능하다. 어떤 사실이든지 그것에 완전히 반대되는 것은 자기 모순을 포함하고 있지 않으며, 또 참된 사실 못지않게 분명하고 쉽게 마음에 나타나기 때문이다. *48 그러므로 미루어 짐작하기에 앞서, 관찰과 실험의 기초 위에서 받아들인 자료들을 다루면서 나아갈 때에만 유용하다.

결론적 회의론은, '먼저 우리의 감관들이 의구심을 갖게 되었을 때' 서서히 우리의 판단들을 뒤집어엎는 회의론이다. *49 흄은 결론적 회의론을 옳지 않은 것으로 판단함에 있어 로크만을 꼬집어 비난한 것은 아니다. 그러나 정신의 직접적 대상을 정신 자체의 지각(知覺; perception)들이라고 여긴 다른 사람들과 함께 로크가 흄의 주요 공격 대상이었음은 확실하다. 그 모든 개연성에도 불구하고 흄은 어느 누구도 따로 꼬집어서 공격하지 않았는데, 이것은 그가 이제는 사실상 그 자신의 〈인성론〉에서 되풀이하여 주장한 논점, 즉 정신의 모든 지각은 '내적으로 생멸하는 존재들'이라는 논점을 공격하고 있었기 때문이다. 흄에게는 〈인성론〉에서 취했던 관점들을 포기하는 것이 쉬운 일이 아니었다. '좀 더 심오하고 철학적인 회의론자들은, 하나의 보편

---

*48 *Enquiry HU*, p. 25 ; *Dialogues*, N.K.S., pp. 232~233.

*49 *Enquiry HU*, p. 150.

적 회의를 인간의 인식과 연구의 모든 주제에 끌어들이려 노력할 때, 언제나 승리를 얻을 것이다'라고 흄은 인정했다. *50 그러나 이 심오한 회의론들에 대해 그는, 사람들이 '자신의 감관을 신뢰하려는 자연적 본능 또는 타고난 소질'을 대립시켰다. 우리는 누구나 인식론 체계의 논구에 휘말려 들어갔을 때를 제외하고는, 이러한 신뢰를 가지고 있다. 흄은 비록 이론적으로 정당한 근거를 제시할 수는 없었으나, 이러한 신뢰를 결론적 회의론보다 나은 것으로서 선택했다. 흄은 솔직하게 다음과 같이 말했다. *51

어떠한 짐작도 하지 않으며, 심지어 이성을 사용하기 전에도 우리는 언제나 밖에 있는 하나의 우주를 상상한다. 이 우주는 우리의 지각에 근거하는 게 아니라, 우리 인간과 모든 감성을 가진 생명체가 존재하지 않거나 사라진다 하더라도 존재한다.

로크와 그의 〈인성론〉의 결론적 회의론에 대해 명쾌하게 반박하는 방법은 찾아내지 못했으나, 흄은 그것을 지나친 것이라고 비난하기에 이르렀다. 흄은 실제로 결론적 회의론이 충분히 '완화'되기만 하면, 이를 그대로 지켜나갈 생각이었다. 이 완화된 결론적 회의론이 연구를 진행해 나아감에 있어 지성을 겸허하게 하듯이, 이 완화된 선행적 회의론은 연구의 마지막 단계에 가서 지성을 겸허하게 하리라고 흄은 생각했다. 흄은 '감관들만을 무조건 의존해서는 안 된다'고 쉬임없이 주장했다. *52 그러나 그는 감관들이 우리의 이성으로 미루어 짐작하기에 앞서, 자연 세계의 실재적 대상들에 대한 어떤 직접적 지식을 우리에게 준다고 여겼다. 그리고 이 감관들은 미루어 짐작해가는 과정〔推理 ; reasoning〕에서 그 여러 결함을 수정하여 그것들을 '참과 거짓'의 타당한 '기준'이 되게 함으로써 우리에게 도움이 되리라는 생각을 더욱 품게 되었다.

이렇게 볼 때, 흄이 〈인간 오성에 대한 연구〉에서 회의론을 논하게 된 의도는 다음과 같은 것이라고 볼 수 있다. 흄이 보고 듣거나 감관을 통해 알게

---

*50 *Enquiry HU*, p. 153.

*51 *Enquiry HU*, p. 151.

*52 *Enquiry HU*, p. 151.

되는 것이 그가 보거나 듣거나 감각하는 그대로, 진실과 조금도 다름이 없다는 사실을 어느 누구도 증명할 수 없다. 그렇지 않다는 사실 또한 어느 누구도 증명할 수 없다. 이런 것에 대해 이리저리 따지고 캐묻는 것은 도움이 되지 않는다. 온건한 또는 완화된 회의론은 맨 처음 관찰이나 편협한 경험들을 충분한 것으로 받아들이는 데 있어 조심하며, 또 이성적 추리 작용으로 더 많은 관찰을 함으로써 세계를 탐색할 준비를 갖추게 한다. 최종적인 관찰이나 지속적이며 세밀한 관찰도 사실 문제들을 판단하기 위해 모든 오류를 제거하는 데에는 불충분할 수 있다. 그러나 인간적으로 말하면 받아들일 만한 결론들에 이르기 위해 감각적 경험들을 대신할 수 있는 것은 없다. 흄은 언제나 주장하기를, 감관들을 통해 우리가 세계에 대해 얻는 지식은 부분적이며 단편적이라고 말했다. 하지만 흄은 데카르트·로크의 전통에서 오는 주관주의(主觀主義 ; subjectivism)를 버렸다. 흄은 평범한 사람들이 자신의 감관에 주는 신뢰를 조심스럽게 받아들이는 것을 좋게 보았다. 그가 이런 종류의 신뢰를 좋게 받아들인 이유는, 비록 이것이 지나치게 결론적인 회의론자들의 파괴적 비판에 대해서 이론적으로는 스스로를 지키기가 어렵다 하여도, 실제적으로는 이치에 맞는 결과들을 이끌어 냈기 때문이다.

　감각적 경험의 신뢰성에 대한 (그리고 또 다른 많은 문제들에 대한) 흄의 견해들 가운데 가장 원숙한 마지막 부분은 그의 〈자연 종교에 관한 대화〉에 제시되어 있다. 감관과 이성의 역할에 대해 '철학적으로 생각한다는 것은 일상적인 삶에 대해 생각하는 것과 본질적으로 다르지 않다'고 그는 썼다.[53] 누구나 '여러 정념이 우리를 유혹하는 것'과 마찬가지로 '외부의 대상들이 우리에게 어떤 인상을 준다'는 사실을 알고 있다.[54] 그리고 행동하며 살아가야 할 이 현실 세계에서 그 누구도 여러 학파의 회의론 속에서 오래 방황할 여유가 없다. 우리의 관념들은 자신이 경험해 온 테두리를 넘어서지 않는다. 그러나 우리가 잘 알고 있는 대상들에 대해서는 어렵지 않게 판단을 내릴 수 있다. 우리는 누구나 '돌은 위에서 아래로 떨어지고, 불은 타오르며, 땅은 단단하다는 사실을 수없이' 관찰했다.[55] 우리는 실제로 물질을, 즉 많은 물

---

*53 *Dialogues*, N. K. S., p. 166.
*54 *Dialogues*, N. K. S., p. 163.
*55 *Dialogues*, N. K. S., p. 178.

질적 대상들을 지각한다. 그리고 (신학적 추측에 있어서나 그 밖의 철학적 추측에 있어서도) '대상들의 세계를 이와 비슷한 관념들의 세계'로 묶어 결론 지을 때 어떠한 것도 얻지 못한다.*56 우리는 '그 어떤 우주개벽설의 체계라든지 이를 수립할 자료(data)'들을 충분히 가지고 있지 않다. 왜냐하면 우리의 경험은 그 자체로 아주 불완전하며, 범위나 지속성에 있어서 너무나 제한되어 있어서, 사물들 전체에 대한 그럼직한 추측을 결코 우리에게 해줄 수 없기 때문이다.*57 그러나 우리가 가지고 있는 관념들은 '실재적인 대상들로부터 모사(模寫 ; copy)한' 것이므로,*58 우리를 둘러싼 자연 세계의 어떤 사물들을 우리가 알 수 있게 해준다.

홈은 종종 회의론자라고 불려 왔다. 피론이 고대의 회의론자로 불려 왔듯이 홈은 근대 최고의 회의론자로 불려 왔다. 실제로 홈은 〈인성론〉에서는 거의 모든 결론에 대해 자신이 없었으나, 그의 후기 여러 저서에서는 회의론에 대해 맹렬히 공격하는 비판자가 되었다. 회의적 논의들은 '어떠한 대답도 받아들이지 못하며 어떠한 확신도 낳지 못하는' 것이라고 그는 썼다.*59 이 정의는 감각적 경험의 주관성을 내세우는 로크의 이론에 맞서는 홈 자신의 우유부단함(irresolution)을 반영하는 것이기는 해도, 매우 아이러니한 것이다. 그는 더 나아가 '어떠한 이론도 회의론 자체보다 더 회의적인 것일 수는 없다'고 말했다.*60 지나친 회의론을 반박하려는 우리의 노력이 실패한다 하여도, 그런 회의론이 옳다는 확신을 할 수는 없다. 우리의 삶은 모든 부분에서 제약을 받고 있다. 우리는 그 일상 경험에서 이 세상의 많은 특성들을 찾아내야 하며, 또 그렇게 할 수 있다는 신념을 가져야 한다.

로크와 버클리와 흄의 관계
홈에 이르러, 17세기 주관주의(主觀主義)에 대한 18세기의 대립은 절정

---

*56 *Dialogues*, N. K. S., pp. 200~201.

*57 *Dialogues*, N. K. S., p. 219.

*58 *Dialogues*, N. K. S., p. 229.

*59 *Enquiry HU*, p. 155n. 현실적 대상들이 하느님의 정신 안에 깃들어 있는 관념들이라는 버클리의 이론을 거부하여 홈이 한 말이다. 그러나 이 말은 훨씬 넓은 범위에 적용될 수 있다.

*60 *Enquiry HU*, p. 158.

에 이르렀다. 이 대립적 관점을 표현하는 데 있어 흄은 조금 주저하는 태도를 보이고는 있으나, 그는 이 대립을 버클리보다도 훨씬 두드러지게 만들었다. 그는 이 사실을 스스로 뚜렷이 표명하지는 않았으나, 회의론에 대한 그의 분석은 이 대립을 충분히 드러내 주고 있다. 로크와 버클리 그리고 흄의 역사적 관계는, 자신의 견해를 요약한 버클리의 두 원리를 다른 두 사람이 받아들였는가 또는 배격했는가를 살펴봄으로써 잘 이해할 수 있다. 로크는 우리가 직접 지각하는 것들이, 오직 마음속에만 존재하는 관념들이라는 기본 관점을 분명하게 주장했다. 버클리는 이 원리를 받아들였으나, 자신의 독창적 원리, 즉 우리가 직접적으로 지각하는 것들은 또한 우리 주위 세계에 있는 실재적 대상들이라는 원리를 덧붙임으로써 로크 이론의 주관주의적 귀결을 피했다. 흄은 초기에는 여러 이유로 주저했음에도 점차로 자신이 덧붙인 원리들을 더 옳게 여기게 됨에 따라, 로크의 이론들을 그대로 지키지는 않게 되었다. 모든 증거를 살펴볼 때, 흄이 이 원리들을 버클리로부터 얻어 왔다고는 볼 수 없다. *61 그러나 흄의 철학적 성찰이 계속되는 과정에서, 그는 점차로 이 로크의 이론들을 옳다고 여기게 되었다. 감관들을 통해 알게 되는 사실들이나 대상들은, 미루어 짐작해서 알 수 있거나 전혀 알지 못하는 다른 많은 사실들이나 대상들과 함께 자연 세계의 현실적 질서를 이룬다고 흄은 생각했다. 흄의 〈인성론〉 제1권에서는, 로크의 〈인간오성론〉에서처럼, 경험은 주관적 지각들이었다. 그러나 흄의 〈인간 오성에 대한 연구〉와 〈자연 종교에 관한 대화〉에서는, 경험이란 오히려 그 본성들이 아직 알려져 있지 않은, 따라서 오직 관찰하고 조작하여 발견될 수 있는 대상들을 다루는 방법이었다. 이렇게 되고 보면 역사가는 다음과 같이 말해도 좋으리라. 즉 흄의 원숙기 저서들에서 경험론*62은 사람들이 자신의 심적 상태로부터 출발하여, 그 다음에는 관찰과 직접 경험

＊61 흄은 버클리에게서 배운 적이 있음을 고백했다. 그는 추상 관념들을 다룬(이것은 버클리의 *Principles* 서론에서 전개된다) 버클리의 능력을 칭찬했다. 그러나 흄은 버클리의 관념론 때문에 버클리에게서 멀어졌다. 또 그의 논평이 보여주듯이 버클리 사상의 실재론적 의도를 좋게 여기지도 않았다.

＊62 '경험론'이란 흄의 용어가 아니라, 경험을 인간이 얻는 모든 지식의 근원으로 보는 모든 철학에 대해 적용되는 것이 보통이다. 역사상 많은 종류의 경험론들이 일어나고 있는 것은, 경험의 성질에 대해 다른 견해들이 많이 있었기 때문이다.

의 범위를 뛰어넘는 다른 대상들에 다다르려고 시도해도 좋다는 데 이르기를 그쳤다. 이러한 이론이 되는 대신, 경험론은 인간의 여러 정념과 관념은 물론, 물질적 대상들과 물리적 사회적 사건들을 포함하는 온갖 종류의 대상들을 연구하는 방법이 되었다. 원숙기의 여러 저서 안에서 흄의 경험론은, 정신의 출발점이 되거나 종착점이 될 수 있는 대상의 종류에 대해 문제삼지 않는다. 경험론은 사람들이 일상 생활에서 관심을 가지는 사물들을 연구하며, 이 단순한 사물들이 다른 사물들과 어떻게 관련되어 있는지에 대해, 또는 현재 시점의 관찰 범위를 넘어선 곳에 있는 다른 사물들의 본성에 대해 아무 편견 없이 연구할 것을 권하는 하나의 주장이다. 흄은 〈자연 종교에 대한 대화〉에서 주장하기를, '우리는 그 어떤 우주개벽설에 대해서도 이를 내세울 만한 충분한 자료들을 가지고 있지 않다'고 말했다. 더 나아가 흄은 '우리는 그 어떤 우주론이나 모든 실재의 보편적 법칙들을 위한 자료도 충분히 가지고 있지 못하다'고 지적했다. 그러나 '우리는 실재하는 수많은 사물들에 대해 성찰하기에 앞서 이에 대한 직접적 증거를 이미 가지고 있으며, 또 성찰을 통하여 이전보다 더 만족스럽게 이를 소유하게 될 수도 있다'고 그는 주장했다.

흄의 후기 주장

회의론에 대한 흄의 분석은 그가 〈인성론〉에서 나타낸 의구심 가운데 많은 것들을 떨쳐 버렸음을 보여주고 있지만, 그의 새로운 견해는 〈인간 오성에 대한 연구〉 제4절과 제5절에서 더 건설적으로 제시되고 있다. 흄은 여기서 '어떤 실재적 존재나 사실에 대한 확신을 주는 명증(明證 ; evidence)의 성질'에 대해 우리에게 질문을 던졌다. *63 세 종류의 명증들이 있다고 그는 주장했다. 즉 감관들의 현재 증험(證驗 ; testimony), 기억에 대한 기록들, 그리고 원인과 결과의 관계에 기초를 둔 추리가 바로 그것이다. 이 셋 가운데 어느 것도 절대로 오류가 없을 수는 없다. 그리고 이 셋은 모두 유용하다. 첫째 것은 가장 믿을 만한 것이지만 동시에 가장 드문 것이기도 하다. 마지막 것은 가장 흔하지만 동시에 우리를 오류로 이끌기 쉬운 것이다. 이상의 세 가지 명증들

---

*63 *Enquiry HU*, p. 26.

은 저마다 다른 두 가지 명증들을 검증하는 데에 쓰일 수 있다. 그리고 위의 세 가지 명증이 함께 쓰일 때 매우 좋은 지침이 될 수가 있다.

흄은 처음 두 명증에 대해서는 길게 논하지 않았다. 그러나 그는 이들을 맨 처음에 다루었다. 그는 감관들의 현재 증험을 무엇보다도 먼저 제시했다. 흄은 전에는 우리가 보고 만지고 또 우리의 감관들을 통해서 직접 의식하는 것에 대해 '인상(印象 ; impression)'이나 '지각(知覺 ; perception)'이라는 말을 썼지만, 이제는 이런 용어들을 거의 쓰지 않고 있다. 흄은 오히려 대상(對象 ; object)들에 대해서, 심지어 때로는 '자연적 대상들'에 대해서, 실재적 존재에 대해서, 또는 사실에 대해서 말하고 있다. 우리가 우리의 감관들을 통해 알고 있는 것은 자연 세계에 있는 실재적 대상들이다. 흄은 감관 경험의 신뢰성을 길게 논하지는 않았다. 이는 그가 감관 경험이 아무 때에나 흔한 것은 아니더라도 우리에게 어느 정도는 실재적 대상들을 알게 해준다는 사실을 마땅하게 여겼기 때문이다. 흄은 이제는 몇몇 다른 철학자들처럼 '지각'이라고 부르는 것으로부터 출발하여, 실제로 있다고 사람들이 믿는 실재적 대상들을 추리해 나갈 수 있는가 없는가 하는 문제를 고찰하지 않았다. 흄은 오히려 어떻게 하면 우리가 직접 지각하여 확실히 기억하고 있는 몇몇 대상들로부터 출발하여, 이 광대한 세계에서 감관과 기억의 한계를 뛰어넘는 다른 많은 대상들을 확신할 수 있게 되는가 하는 문제에 대해 생각하고 있었다. 즉 그의 문제는 어떻게 하면 추리(推理 ; reasoning)가 실재적 존재와 사실들에 대한 제3 종류의 명증으로 쓰일 수 있는가 하는 것을 설명하는 일이었다.

이러한 문제가 그에게 일어난 것은, 이성이 경험의 도움을 받지 않는 하나의 분리된 능력으로서는, 사실 문제들에 대해서 어떠한 추리도 결코 끌어낼수 없음을 그가 오랫동안 주장해 왔으며, 여전히 굳게 믿고 있었기 때문이다. 이렇게 엄격한 의미에서 이성은 하나의 사실 문제(예를 들어 우유나 빵, 당구공이나 돌의 움직임)에 대한 가장 정확한 검토로부터, 그 원인들이나, 그에 따라나오는 결과들을 결코 결정지을 수 없다. '모든 결과는 저마다 그 원인과는 별개의, 또 하나의 사건이다.' 그리고 이성은 그 자체만으로는 '결정(結晶)이 열(熱)의 결과이며, 얼음은 차가운 온도의 결과라는 사실'을 결코 발견할 수 없다. *64

흄은 자기 관점을 나타내는 데 있어, 흔히 사용되지 않는 몇 가지 용어를 썼는데, 그의 독자들 가운데 상당수가 이 말들을 잘못 받아들였다. 그러나 그는 자연에서 일어나는 사건들은 절대로 연결되어(connected) 있지 않다고 말했다. 그러나 흄은 자연에서 일어나는 사건들이 서로 연관성을 가지고 있지 않다고는 말하지 않았다. 즉 인과적으로나 유사성, 근접성, 연속적 규칙성 등으로 관련되어 있지 않다고는 말하지 않았다. 흄의 습관적인 용어법에서, 연관성(connection)은 하나의 특별한 관계를 뜻한다. 이는 인간의 오성(understanding)으로 하여금 연결된 사물들의 하나에서 다른 하나로 연역적(deductive, 이미 알고 있는 일반적 진리를 근거로 하는) 또는 선험적(a priori, 인간의 선천적 인지 능력에 따르는) 사고를 할 수 있게 하는 하나의 합리적이며 이해하기 쉬운 유대 관계이다. 이 연결은 관념들 사이에, 오직 관념들 사이에서만 찾아볼 수 있다고 흄은 믿었다. 즉 관념들은 때로 감관의 경험에 관계없이 이들에 대해 우리가 생각할 수 있도록 서로 연결되어 있다. 즉 이러한 논리적 관계에 있다. 그러나 연관성은 우리를 둘러싼 자연 세계에서는 그 어디에서도 찾아볼 수 없는 것이라고 흄은 진지하게 주장했다. 사건들은 때때로 연속적인 통일성을 가지고 함께 일어나므로, 이때 우리는 사건들이 연합해서 일어난다고 말할 수 있을지도 모른다. 하지만 이러한 연합은 다른 어떤 것의 도움도 받지 않는 이성의 눈으로 볼 때에는 언제나 일정하게 정해진 것이 아닌, 임의적(任意的 ; arbitrary)인 것이다. 우리는 한 사물을 원인이라 부르며, 또 이것과 연합된 다른 한 사물을 결과라고 부를지도 모른다. 그러나 연합은 비록 우리의 경험이 미치는 범위 안에서는 하나의 지속적 관계일지 모르나, 이성이 그 필연성을 확신할 수 있는 하나의 연결은 될 수 없다. 모든 자연적 연합의 경우에는, 현실적으로 일어나는 결과에 못지않게 충분히 지속적이고 자연적인 것으로 보이는 서로 다른 많은 결과들이 언제나 존재한다.'*65 자연에서의 연관성들을 부인하는 것은, 이성 그 자체만으로는 사실 문제를 결정할 수 없다고 주장하는 흄의 관점을 다른 방식으로 표현한 것이다.

그러므로 원인과 결과의 관계에 기초를 둔 추리(reasoning, 아는 것을 바

---

*64 *Enquiry HU*, p. 30, 32.

*65 *Enquiry HU*, p. 30.

탕으로 미루어 생각함)는, 적어도 그 출발점에 있어서나 좀더 단순한 형태들에 있어서는 논리적이라고 말할 수 없다. 이것은 경험에서 비롯된 결과이다. 그리고 이 영향력은 복잡하게 계획된 것이 아니다(이것은 교육받은 사람들뿐만 아니라 농부나 어린아이들, 그리고 심지어 동물들에게서도 찾아볼 수 있기 때문이다). 오히려 이것은 모든 정신에 대해서 경험이 미치는 하나의 자연적 결과이다. 더 나아가 흄이 고백한 것처럼, 도대체 이것을 '추리'라고 불러도 좋은가 하는 정도의 의심조차 하게 한다. 왜냐하면 이것은 오성(understanding)이나 이성(reason)이 하는 일이 아니며, 관념들의 연합(association) 또는 상상이 하는 일이기 때문이다. 흄의 글 여기저기에서 상상이란 용어가 의미하는 것은 하나의 공허한 환상이 아니라, 조심스러운 관찰자들에게 있어 경험이 세워 나아가는 관념들의 연합이다.

하나의 대상 A에 이어 다른 하나의 대상 B가 나타나는 것을 처음 보게 될 때, 정신은 이 두 대상 사이에서 근접성의 관계 말고는 다른 어떠한 관계도 볼 수 없다. 만일 경험이 좀 더 충분해지고 다시 A에 뒤이어 B가 되풀이하여 계속적으로 일어나면, 정신은 마침내 B라는 관념을 다음에 나타날 A의 현상에 연합시키게 된다(그리고 이 연합은 아주 확고한 것이 되어, 심지어는 B가 실제로 A에 이어 나타나기 전에 이루어질 수도 있다). A-B 연속의 무수한 실례에서는 맨 처음 실례에서 관찰된 것 말고는 더는 어떠한 것도 관찰되지 않는다. 그러나 그 사이에 관찰자의 정신 안에는 하나의 연상(聯想 ; association)이 세워진다. 경험의 규칙성은 정신 안에 습관이나 관습을 만들어 낸다. A라는 사건이 다시 일어나게 되면서 B의 관념으로 정신이 옮겨가는 것은, A가 B의 원인임을 추리하게 한다. 그리고 이 추리는 심리적으로는 필연적인 것이지만, 이성적으로 인도되는 것이 아니다. 이성은 이 추리를 옳다고 옹호하거나 그르다고 거부할 수 없다. A-B의 연속에 대한 경험이 충분해질수록 B의 관념은 아마 더욱더 뚜렷해질 것이다. 그리고 B의 관념이 충분히 뚜렷해질 때, B의 관념은 B에 대한 신념이 된다. 즉 A로부터 B로의 추리는 우리에게 B가 반드시 일어나리라고 믿게 한다. 왜냐하면 '신념이란 상상만으로 다다를 수 있는 것보다 훨씬 더 생생하고, 뚜렷하고, 힘 있고, 확실하며, 한결같은 하나의 대상에 대한 상념 말고는 다른 어떤 것도 아니기' 때문이라고 흄은 생각했다. [*66]

'그런즉 습관은 인간 생활의 커다란 지침'이라고 흄은 썼다.[67] 오성이 먼저 습관을 만들어 내는 것이 아니다. 오히려 습관이 관념연합(觀念聯合) 또는 연상의 여러 법칙 아래 작용하면서, 감관들의 현재 증험과 기억 체계의 기록들보다 더 폭넓게 자연을 이해할 수 있게 해준다. 그러나 한편으로 오성은 습관을 고쳐 나아갈 수 있고, 이제까지의 습관들에 대해 다시 새로운 실험적 검증을 받게 할 수가 있다. 따라서 습관을 순수한 인과 관계에 대한 더 적절한 지침이 되게 할 수가 있다. 사람의 정신이 갖게 되는 처음 습관들은 제한된 경험들이 우연히 연속적으로 일어나게 되면서 생긴다. 습관들은 자연의 여러 법칙을 발견해 가기보다는 오히려 미신과 같은 관념들로 우리를 이끌어 갈 것이다. 좀 더 회의적인 〈인성론〉에서도 흄은 습관적 신념들에 대해 수정해 나아가는 과정에서 오성을 이끌어 내는 규칙들을 만들었다.[68] 그리고 나서 흄은 다음과 같이 우리에게 일러주고 있다. 즉 그의 규칙들에 의해서 우리는 '불필요한 것은 무엇이든 모두 조심성 있게 가려내며, 또 처음 실험의 모든 특수한 사정 때문에 꼭 필요하다고 여겨질 때에는 새로운 실험들에 의해 탐구할' 수 있게 된다는 것이다. 그리고 〈인간 오성에 대한 연구〉에서 흄은 지적하기를, 자연적 연속의 규칙성 말고도 다른 심리적 조건들 또한 사실적인 자연적 관계들에 따르기보다는, 오히려 훨씬 더 어떤 사적인 정념이나 자기가 좋아하는 권위에 대한 존경심을 반영하는 신념들을 정신 안에 불어넣어 줄 수가 있다고 주장했다.[69] 따라서 상상력의 여러 작용을 통해 우리는 감관들의 현재 증험이나 기억에 대한 기록들로부터 확인할 수 있는 것들 이상의 많은 존재들로 우리의 세계를 채우고 있다. 인간의 상상력이 자연의 여러 실재적 인과 관계들을 고찰하는 데에 있어 조금도 오류가 일어나지 않으리라고 확신할 수는 없다. 그러나 정상적인 인간의 상상력은 '자연의 진행 과정과 우리의 연속적인 관념들 사이에 하나의 예정된 조화'가 일

---

[66] *Enquiry HU*, p. 49.

[67] *Enquiry HU*, p. 44.

[68] *Treatise*, S.B., pp. 173~175.

[69] 흄의 유명한 글 '기적론(Of Miracles)'은 이러한 관점을 강하게 주장하고 있다. 그는 수많은 사람들에게 기적에 대한 믿음을 갖게 하는 개인적·사회적 조건들을 제시했다. 그리고 나서 흄 자신은 '그 어떤 종류의 기적이든, 증거는커녕 가능성의 근거조차 찾을 수 없다'고 결론을 맺었다. *Enquiry HU*, p. 127.

어나도록 작용한다. *70 따라서 사실 문제들에 대한 우리의 탐구는 자연계 아주 먼 곳에까지 미칠 수 있다. 또 우리의 신념들은 자연의 참된 규칙들을 진실에 가깝게 나타낼 수도 있다.

필연성(必然性 ; necessity) 또는 힘의 관념

우리가 많은 사실들을 원인과 결과 관계에 기초를 둔 추리과정들을 거쳐 확신하게 된다는 결론을 내린 뒤, 흄은 '필연적 연관성(necessary connexion)에 대한 관념'을 탐구하게 되었다. '형이상학에 나오는 관념들 가운데, 힘·세력·에너지 또는 필연적 연관성 같은 관념들보다 더 모호하고 불확실한 것은 없다'는 사실을 흄은 인정했다. *71 우리는 힘 또는 필연성(반드시 그렇게 될 수밖에 없는 성질)에 대한 관념을 가지고 있다. *72 그러나 우리의 감관들을 통해 갖게 되는 경험 안에서, 우리는 필연성의 실례를 결코 찾아볼 수 없다고 흄은 굳게 믿었다.

실제로 자연계에서 감각적 성질들에 의해 힘이나 에너지를 나타내는 것은 하나도 없다. 또 자연은 우리가 결과라고 부르는 것을 만들어내거나, 또는 그 결과라고 부를 수 있는 어떤 다른 대상에 뒤이어 일어나는 연속성에 대한 근거도 우리에게 주지 않는다. *73

또한 우리는 우리의 의지 작용 안에서도 어떠한 필연성의 실례도 찾아 볼 수 없다(버클리는 우리의 의지 작용 안에 필연성이 있다고 주장했다). 우리는 우리 자신의 의지를 인식한다. 또 우리는 자신의 의지에 따라 근육이 움

---

*70 *Enquiry* S. B., p. 54.

*71 *Enquiry HU*, pp. 61~62.

*72 역사의 이상한 장난들 가운데 하나는, 그의 *Treatise*와 처음에 나온 *Enquiry*의 길고 주도면밀한 추론을 전개한 여러 부분에서, 우리가 가지고 있는 필연성의 관념을 추적하여 인상(印象 ; impression)으로부터 이 관념이 생긴다고 본 흄이, 그의 비판자들에게 우리가 그러한 관념을 가지고 있음을 부정했다고 짐작되는 사실이다(다음에 나오는 주 75 참조). 우리는 때로 이 비판자들이 흄의 논의를 주의 깊게 읽었는지 의구심을 갖게 된다. 실제로 흄은 우리가 가지고 있는 필연성의 관념이 그 모사(模寫 ; copy)인 필연성의 인상을 발견한 데 대해서 대단히 만족한 것으로 보인다.

*73 *Enquiry HU*, p. 63.

직이는 것을 관찰할 수 있다.

그러나 이러한 움직임을 일으키는 수단이 되며, 의지로 하여금 이 같은 엄청난 작용을 수행케 하는 에너지는 우리가 직접적으로 이를 의식하기에는 너무나 거리가 멀어서, 아무리 열심히 붙잡으려고 해도 언제나 한결같이 우리에게서 달아나고 만다. [74]

따라서 우리를 둘러싼 자연의 연속적 사건들에서도, 또 우리 자신의 의지 안에서도, 우리는 힘이나 필연성을 관찰할 수 없다. 우리는 힘이나 필연성의 관념을 일으키는 인상(印象 ; impression, 어느 대상을 보고 마음속에 새겨지는 느낌)을 다른 곳에서 찾아보아야 한다.

필연성의 관념에 대한 기원을 찾아가는 과정에서, 흄은 논리적 필연성을 문제로서 제시했던 것이 아님을 주의해야 한다. 즉 그는 우리의 생각(긍정적이거나 부정적인 생각들)이 맞닥뜨린 합리적 관계들을 적절하게 받아들여야 할 만큼 엄밀한 한 관념과 다른 관념 사이의 관련을 문제로서 제시하였던 것이 아니다. 그러한 논리적 필연성은 오직 '관념들의 관계(relations of ideas)' 안에서만 일어난다. 또 거기서 우리의 이성을 연역적으로 아무런 경험적 검증 없이 사용할 수 있게 하는 근거를 찾는다. 필연성의 관념에 대한 기원을 찾아갈 때 흄이 문제로서 제시한 것은, 오히려 자연의 어떤 연속적 사건들에 있어서 앞선 요인을 순수한 원인이 되도록 하며 뒤따르는 요인을 순수한 결과가 되도록 만드는 어김없는 산출성(産出性 ; productiveness)이었다. 물론 흄은 이때에만 필연성이란 말을 '힘'·'세력' 또는 '에너지'의 동의어로 사용했다. [75]

우리는 자연이나 의지 안에서 찾을 수 없는 것을, 여러 상상 작용 안에서 찾아볼 수 있다고 흄은 믿었다. 같은 경험이 정신 안에 습관을 형성해 놓으

---

[74] *Enquiry HU*, p. 65.

[75] 최근 20세기 철학에서 '필연성(necessity)'이란 용어는 논리적 필연성(logical necessity)이란 의미 말고는 거의 사용되지 않는다. 이 때문에 아마도 비평가들이 종종 흄의 관점을 파악하지 못했던 것으로 보인다. 그런데 최근 몇몇 저술가들은 논리적 필연성뿐만 아니라 또한 자연적 필연성(natural necessity)에 대해서도 문제삼고 있다. 그들은 이렇게 함으로써, 흄의 용어를 계속 사용하고 있다.

면, 이 같은 경험 이전에는 상상(imagination) 속에 없었던 새로운 인상(impression)을 얻게 된다. 그는 이러한 관점을 되풀이 강조했다. *76

똑같은 실례들이 거듭 나타나고, 또 똑같은 대상에게 언제나 똑같은 사건이 일어날 때, 우리는 원인과 연결(connexion)의 개념을 품기 시작한다. 이때 우리는 하나의 새로운 느낌 또는 인상을 '느낀다'. 즉 하나의 대상과 거기에 늘 뒤따르는 사건 사이의 사고(思考) 작용 또는 상상 속에서 습관적 연결을 '느낀다'. 이 느낌이 바로 우리가 찾고 있는 관념의 시초이다.

이런 식으로 흄은 필연성 또는 힘의 여러 실례를 발견했다. 상상력은 필연성 또는 힘과 함께 작용하며, 우리는 그 필연성을 탐구하고 잇따른 필연성의 관념들을 이끌어낸다.

그러나 필연성의 인상은 오직 상상력의 작용 안에서만 찾아볼 수 있다고 흄은 확고하게 주장했다. 이것은 (고통, 사랑, 미움 같은) 느낌(sentiment)이지, 감각(또는 知覺 ; sensation)이나 또는 우리 주위에서 관찰되는 사실이 아니다. 그리고 필연성의 관념을 설명하려는 그의 노력에 대한 이런 결론은 흄으로 하여금, 우리가 어느 정도까지 이 필연성의 관념을 (우리가 이를 획득했을 때) 자연의 연속적 사건들을 해석하는 데에 사용할 수 있는가에 대해 의구심을 갖게 했다. 회의적인 〈인성론〉 제1권에서 그는 필연성의 관념을, (지속적으로 나타나는 독립적 대상들의 관념처럼) 감관 경험(感官經驗 ; sense experience)의 세계에 이를 적용할 때 우리에게 어떠한 보증도 해줄 수 없는 하나의 허구라고 생각한 듯하다. 그러나 다른 데에서는, 〈인성론〉 제2권 열정을 논한 부분에서나 〈인간 오성에 대한 연구〉 전체에서처럼 다른 관점을 취하고 있다. *77

외부에 있는 물체들의 활동이 필연적이라는 것, 그리고 그 움직임들의 교류, 서로 끌어당김 또는 달라붙음 등에는 임의성이나 자유로움의 흔적 등이 조금도 없음은 누구나 다 인정하는 사실이다. 모든 물체는 그 운동의

---

*76 *Enquiry HU*, p. 78. 또 *Enquiry HU*, p. 75 그리고 *Treatise*, S. B., pp. 155, 165, 171 참조.
*77 *Treatise*, S. B., pp. 399~400.

정도와 방향이 어떤 절대적 운명에 따라 결정된다. 또 어떤 물체든지 천사나 영혼 또는 다른 어떤 우월한 실체로 전환될 수 없는 것처럼 자신이 움직이고 있는 일정한 범위에서 벗어날 수도 없다. 따라서 물질의 활동은 필연적 활동의 실례라고 볼 수 있다. 그리고 이 점에서 물질과 꼭 같은 성질을 띠는 것은, 어떤 것이든지 필연적인 것으로 인정되어야만 한다.

예를 들어 우리가 파란색에 대한 관념을 얻게 되면, 우리는 이 관념을 아직 보지 않은 대상들에다 적용할 수 있다(아마도 다음 해 여름에 어떤 꽃들이 파란 꽃잎을 펼치며 피어나리라고 추측할 수 있으리라). 그리고 이러한 적용은 올바른 것이 될 수도 있다. 이처럼 우리가 힘이나 필연성에 대한 관념을 얻게 되면, 비록 이것을 우리의 상상 안에서만 관찰할 수 있다 하더라도, 자연계의 많은 연속적 사건들에다 이 관념을 적용할 수 있다. 그리고 이때에도 우리의 적용은 올바른 것이 될 수도 있다. 그러나 흄이 그 나름의 조건을 두면서 주장했듯이, 우리는 이 관념을 조심스럽게 적용해야만 한다. 만일 우리가 어디까지나 독단적으로 생각하여 나아간다면 우리가 가진 희망과 공포심이 우리를 잘못 이끌어가기 쉽다. 우리가 우리의 경험들을 세심하게 연구하고 확실한 증거들을 찾기 위해 가장 정확한 규칙들을 따르지 않는다면, 우리는 우연한 연속 관계들(casual sequences)을 인과적 연속 관계들(causal sequences)로 잘못 생각하기 쉽다.

신학 비판(神學批判)

흄의 가장 원숙한 저서인 〈자연 종교에 관한 대화〉는, 그가 〈인성론〉과 〈인간 오성에 대한 연구〉에서 전개한 인과(因果) 이론들을 신학적 문제들에다 적용한 것이다. 이 〈대화〉는 세 논쟁자들 사이에 일어나는 긴 논쟁 형식으로 되어 있다. 데메아는 이성이 유신론적 신앙의 수단이 될 수 없다고 생각하는 신비가(神秘家)이다. 그는 하느님의 본성은 인간의 이해력으로는 파악할 수 없다고 강조한다. 그러면서도 '필연적으로 존재할 수밖에 없는 하나의 존재'가 정말 존재한다는 데 대해서 '아 프리오리(a priori; 연역적인, 선험적인)하고 숭고한 논증' 또는 존재론적 논증을 사용한다. 클레안테스는 오랫동안 자연 종교라고 불리어 온 것을 옹호한 사람이다. 그는 인간의 예술 작품들과 자연의 운행 사이에는 믿을 만한 똑같은 비율이 존재한다고 생각한다. 그래서 클레안테스는 자기가 경험적 근거라고 여기는 것에 기초하여 하느님의 존재를 증명하기 위해 우주론적이며 목적론적인 논증법을 사용한다. 필로는 흄이 그의 다른 저서들에서 주장한 여러 논점을 사용하면서, 자기 이론에 반대하는 두 논쟁자들을 야릇하게 대립시켜 놓는다. 데메아의 편에서 필로는 이성이 사실 문제를 결정할 수 없다고 주장한다. 클레안테스의 편에서 필로는 사실 문제들에 대한 올바른 신념에는 증거가 뒷받침되어야 한다는 데 대해서 동의한다. 필로는 데메아와 클레안테스를 비판하고 자신의 견해를 나타내는 과정에서 흄의 대변자 역할을 한다. 즉 필로는 흄이 다른 데에서 주장한, 또는 그 주장들로부터 쉽게 추론할 수 있는 견해들을 옹호한다. 데메아는 필로의 익살과, 클레안테스가 지나치게 추리에 의존하는 데 싫증을 느낀다. 그래서 데메아는 〈대화〉가 끝나기 전에 자리를 떠나 버린다.

이 〈대화〉를 하나의 철학적 해설서로 본다면, 이는 주로 인간의 예술 세계와 자연의 운행 사이에 같은 비율이 존재한다는 것이 신뢰할 만한 것인가를 고찰하는 데 중점을 두고 있다. 〈대화〉에서는 먼저 인간의 예술에는 반드시 목적성이 있음을 인정하고 있다. 그러고 나서 자연의 경우에도 목적성이 계획의 명증으로서 가정될 수 있는지 탐구되고 있다. 클레안테스는 이 유추(類推 ; analogy)를 옹호한다. 필로는 이를 공격한다. 필로가 이 유추에 대해 공격하는 것은 주로 다음과 같은 세 가지 이유에서이다. (1)목적인(目的因 ; final causes, 사물의 존재 이유가 넓은 의미로 하나의 원인이 된다는 용어)들의 질서·배치·계획 또는 조정(調整)은, 결코 그 자체로 계획의 증거가 될 수는 없다. *78 합리적으로 말한다면, 질서는 물질에 본래 내재하는 것이며 정신에 의해 물질에 가해지는 것은 아니기 때문이다. (2)이성(지적인 목적)은 자연 곳곳에서 찾아볼 수 있으나, 광범하게 어디서나 찾아볼 수 있는 것은 아니다. '어떤 타당성을 가지고 우리는 이 성질을 만물의 최초 원인으로 볼 수 있는가?*79 (3)우리는 가설적 추리에 의해, '언제나 함께 연합해 있는 것으로 관찰되어 온' 대상들 사이에 인과 관계가 있음을 볼 수 있다. 그

---

*78 *Dialogues*, N. K. S., p. 180.

*79 *Dialogues*, N. K. S., p. 183.

러나 우리는 하나의 세계를 만들어 본 경험이 전혀 없다. 더욱이 이러한 과정에서 똑같은 실례들을 되풀이하여 경험한다는 것은 있을 수 없는 일이다. *80 다시 말하면, 우리는 자연에서 일어나는 사건들에 대해서는 인과적인 추리를 할 수 있으나, 이러한 종류의 추리를 하나의 대상으로서 집합적인 세계에 확대하여 적용하는 데 대해서는 어떠한 확신도 갖지 못한다. '모든 사건은 경험 이전에는 똑같이 파악하기 어렵다. 그리고 모든 사건은, 경험한 뒤에는 똑같이 이해하기에 쉬운 것이 된다. 우리는 우주론의 체계를 세울 만한 어떠한 '자료(data)'도 가지고 있지 않다.'*81

필로는 그의 논점을 이 정도로 펼치고 나서 물러날 만도 하다. 그러나 흄은 만족하지 않고, 필로로 하여금 더 추궁하게 한다. 더 나아가 필로는 유추에 의한 논증이 비록 허용된다 하더라도 클레안테스가 이로부터 끌어내려는 결론에는 이를 수 없으리라는 것을 증명한다. 유추에 의한 논증은 기껏해야 제한된 힘의 원인밖에 증명하지 못한다. 즉 현실 세계를 산출할 만큼의 힘의 원인밖에는 증명하지 못한다. (2)이는 또한 기껏해야 모순으로 가득한, 그리고 도덕적 결과에 대해서 무관심한 하나의 원인을 증명할 수는 있으리라. 왜냐하면 이 세상은 혼란과 악으로 가득 차 있기 때문이다. (3)좀 더 살펴본다면, 이는 단 하나의 궁극적 원인을 확립하는 것과는 아무 관계도 없으며, 또 세계에 대해서 일신론적 가설보다는 오히려 다신론적 가설에 훨씬 더 잘 어울린다. (4)끝으로 이것은 과거의 미신들, 예컨대 신들이 사람의 얼굴을 하고 자식들을 낳으며, 또 그 목적이 변하기 쉽고 심지어 변덕스럽기까지 하다고 말하는 따위의 미신들과 완전히 일치할 수도 있으리라.

흄은 클레안테스의 철학적 신학을 거부하는 것이 곧 클레안테스의 유신론적 신앙의 오류를 증명하는 것은 아님을 깨달았다. 흄은 교만하게 신앙을 내세우는 것만큼이나 독단적 무신론도 싫어했다. 그러나 흄이 자연 신학을 깨끗이 뒤집어 버린 뒤로 이런 종류의 신학을 지지하는 프로테스탄트 신학자는 극히 드물었다. *82 그리고 프로테스탄트 신학자들이 때때로 사용한 자연

---

*80 Dialogues, N. K. S., p. 185.

*81 Dialogues, N. K. S., pp. 225, 219.

*82 성 토마스 아퀴나스의 철학적 신학에 기초한 로마 가톨릭 교회의 신학에 대해서 흄은 거의 어떠한 영향도 미치지 못했다.

신학이란 말은, 신의 존재를 증명하는 근거로서 제시된 자연 현상들로부터 이성적으로 추리할 수 있는 결론이 아니다. 이는 오히려 인간에게 자연스러운, 또는 어울리는 신앙을 의미하는 것으로 보인다.

윤리학설(倫理學說)

도덕론 분야에서 흄은 이른바 도덕감학파(道德感學派 ; the moral sense school)에 속했다. 제3대 샤프츠베리 백작(1671~1731), 프란시스 허치슨(1694~1746), 그리고 주교 조지프 버틀러(1692~1752)는 자신들이 데카르트·스피노자·로크에게서 발견한 갖가지 형태의 합리주의적 윤리학에 대해 반대했다. 얼마 뒤에는 애덤 스미스(1723~1790)가 그의 〈도덕적 정서의 이론 Theory of the Moral Sentiments〉(1759)에서 흄의 견해와 매우 비슷한 견해를 훌륭하게 표현했다. 〈인성론〉 제3권과 〈도덕 원리에 대한 연구〉에서 윤리학에 대한 흄의 논술은 도덕감학파의 완성된 저술이라 말할 수 있다.

흄은 이성이 어떠한 사실 문제도 결정할 수 없다고 보았듯이, 또한 이성이 인간 행위의 어떠한 궁극적 목적도 결정할 수 없다고 보았다. 흄의 윤리학적 태도는 매우 반이성주의적이다. 이성은 어떤 목적에 대한 수단을 우리에게 가르쳐 줄 수는 있다. 예컨대 이성은 운동이 건강에 좋으며 우리의 직무를 성공적으로 수행해나가는 데 좋음을 깨우쳐준다. 이성은 이런 종류의 유용성을 발견하여, 우리가 적절하게 행동하도록 도움을 준다. 그러나 이성은, 무엇이 그 자체로 참되게 좋은 것인가에 대해, 자신이 아닌 다른 어떤 근원으로부터 어떤 지시들을 받기 전에는 효과적으로 작용할 수 없다. 이성이 제공할 수 있는 '영원하고 불변적인 도덕적 원칙'이란 없다.

모든 도덕적 실천 이론의 기초와 마찬가지로, 모든 도덕 실천의 일반적 기초는 우리의 도덕적 정서(情緖)이다. 여기에서는 우리의 정서가 우리의 이성에 대해서 우위를 차지한다. '이성은 열정의 노예이며, 오직 그 노예일 수밖에 없다. 또 열정에게 시중들며 복종하는 것 말고는 다른 어떠한 일도 결코 할 수 없다.'[83] 모든 열정이, 심지어 모든 정서(sentiment ; 조용하고 지속적인 열정을 가리키는 흄의 용어)가 올바른 행위로 우리를 이끄는 것만은

---

* 83 *Treatise*, S. B., p. 415.

아니다. 그러나 도덕적 정서는 여러 열정 가운데 하나이다. 도덕적 정서들은 고통이나 공포심이나 사랑과 마찬가지로 매우 원초적이며, 다른 어떤 것으로도 대체되거나 해소될 수 없다. 이것들은 이성의 활동이 아니라 마음(the heart)의 활동이다. *84 이것들은 '인간 구조의 보편적 원리이며', 이 원리 안에서 '모든 인류는 일치하며 공감을 갖는다'. *85 왜냐하면 '어느 한 사람이 지니고 있는 인간성은 곧 모든 사람의 인간성이다. 같은 대상이 모든 사람의 가슴속에 있는 이 열정을 건드리기 때문이다.'*86 도덕적 판단들은 '기호(嗜好 ; taste)와 정서의 맹목적인, 그러나 확실한 경험'의 결과이다. *87

우리의 마음속에 도덕적 정서를 일으키는 대상들은 행동(actions)이 아니라 동기(motives)라고 흄은 주장했다. 너그러운 마음은 어떤 것이든 좋게 받아들인다. 즉 '붙임성 있고, 성격 좋고, 인정 많고, 자비롭고, 언제나 감사하는 마음을 가지며, 상냥하고, 관대하고, 남에게 선을 베푸는 등 이 같은' 모든 동기를 우리는 좋게 생각한다. *88 그리고 우리는 이러한 동기들에 반대되는 것, 즉 사악하거나 추하고 타락한 동기들을 비난한다. 자비롭지도 사악하지도 않은 것을 우리는 도덕적으로 선하지도 악하지도 않은 것으로 본다. *89

흄은 덕(德)을 '보는 이로 하여금 기꺼이 받아들이게 하는 정신적 활동이나 성질'이라고 정의했다. *90 하지만 그는 쾌락주의자와는 거리가 먼 사람이었다. 물론 그는 금욕주의와 지나친 엄격함에도 반대했다. 그리고 그 성품과 신념으로 인해 그는 늘 기쁨으로 가득한 사람이었다. 그러나 기꺼이 받아들이는 감정이 쾌락의 아주 특별한 경우이며, 실제로 도덕의 근본적 의의를 갖

---

*84 *Enquiry PM*, p. 290.

*85 *Enquiry PM*, p. 272.

*86 *Enquiry PM*, p. 273.

*87 *Enquiry PM*, p. 267.

*88 *Enquiry PM*, p. 176.

*89 흄은 정의(正義)에 대해 길게 논했다. 그러나 정의를 하나의 인위적인 덕(德)으로 보았다. 즉 사람들로 하여금 오랜 경험과 관념들의 연상 작용을 통해 너그러운 마음이 필수적 실천 수단임을 깨닫게 해주는 덕이라고 보았다. 따라서 그는 '올바른' 동기들을, 우리의 도덕적 정서를 자연적으로 일으키는 동기 유형들 가운데 포함하지 않았다.

*90 *Enquiry PM*, p. 289 ; *Treatise*, S. B., p. 475.

게 하는 단 하나의 쾌락이라고 굳게 믿었다. 향기로운 술과 감미로운 음악은 우리를 즐겁게 해주며, 가정의 안락함도 우리를 즐겁게 해준다. 그러나 이런 것들로부터 얻는 즐거움들은 도덕적 승인(承認 ; approbation)의 대상들이 아니다. 그러나 어떤 사람이 자기 동료 한 사람에게 향기로운 술이나 감미로운 음악이나 또는 안락한 가정을 제공해 주려고 애쓰고 있다면, 그 사람의 동기는 곧 받아들여질 것이다. 도덕적 정서의 유일한 궁극 목적은 사회 일반에 대한 자비심이나 인류의 행복을 위하는 감정이다.

흄은 자신이 홉스의 견해라고 여긴, 인간성을 이기적인 것으로 보는 태도에 대해 의도적으로 반대하고 있었다. 누구나 자기 자신을 남보다 더 사랑할 수는 있다. 그러나 모든 사람은 또한 다른 사람들에 대해 애정을 가지고 있다. 사람들이 언제나 자신의 욕심만을 채우기 위해 행동하는 것은 아니다. 이기주의는 측은한 심리적 상태이다. 다른 사람들에 대한 동정과 이에 따라 일어나는 봉사의 정신은, 그 어느 것 못지않게 궁극적인 인간의 특성이다. 물론 동정심은 어떤 사람으로 하여금 그의 모든 동포에 대해 똑같은 관심을 갖게 하는 것은 아니다. 이는 시간적·공간적으로 또 친분상 멀리 있는 사람들보다 우리에게 가까운 사람들에 대해서 좀 더 강하다. 그러나 이 마음은 때로 많은 사람들에게로 널리 퍼져가기도 한다. 이는 자비심이나 박애의 형태로 그 자신을 드러낸다. 그러므로 자비심과 박애 정신은 도덕적 정서의 유일한 궁극적 목적이 아닐 수 없다.

자연주의의 전통

흄의 철학적 영향은 지난 두 세기 동안 놀랄 만한 것이었다. 그런데 비평가들과 역사가들은 그에 대해 서로 다르게 해석해 왔다. 흄은 '관념적 이론'의 옹호자, 또는 (철저한) 회의론자, 또는 현상론자(現象論者), 실증주의자(實證主義者), 관념 연합론자, 실재론자, 그리고 자연주의자로 불리어 왔다. 흄이 끼친 영향의 역사는, 그의 뒤에 이어지는 근세 철학 대부분의 역사라고 말할 수 있다. 위에 적은 여러 명칭 가운데 아마도 그에게 가장 적합한 것은 자연주의자일 것이다. *91 흄은 방법과 용어와 기질에 있어서는 전혀 다르지

---

*91 현대에 와서 George E. Moore와 Norman Kemp Smith 같은 유능한 비평가들이 이같이 규정했다.

만, 고대에 아리스토텔레스가 대표한 자연주의적 전통을 근대에 와서 대표한다고 말할 수 있을 것이다. 그러나 이렇게 말하면 꼭 한마디 덧붙여야 할 것이 있다. 아리스토텔레스에 있어서는 그의 결론이 우리로 하여금 그를 자연주의자라고 부르게 하는 데 반해, 흄에 있어서는 그의 방법이 우리로 하여금 그를 자연주의자라고 부르게 하는 것이다. 그는 세계를 기계로 보는 뉴턴의 학설 같은 우주론적 개념들에 대해서나, 세계의 기원을 설명하려는 신학적 노력들에 대해서 다 같이 의구심을 품어 왔다. 그는 무엇보다도 자기 주위 세계에 대한 편견 없는 탐구자였다. 흄은 자신의 가설적 결론들을 최종적인 것이라고 무턱대고 주장하지는 않았으며, 언제나 이 결론들을 재검토하고 수정할 준비가 되어 있었다. 또 우주의 근본적 원리들에 대한 폭넓은 개념들을 찾아가는 것보다는 인간의 지식을 조금씩 넓혀 가는 데에 마음을 썼다. 그의 비판적 능력은 주관주의(主觀主義)와 불가지론(不可知論)에 기울어지는 로크의 경험론에서 자연주의적 경향을 가진 경험론으로 나아가는 하나의 길을 제시해 주었다.

3. 리드

토머스 리드(Thomas Reid, 1710~1796): 스코틀랜드 스트레이찬에서 태어나, 글래스고에서 죽었다. 열여섯 살에 애버딘 대학을 졸업하고, 이어 10년 동안 이 대학 도서관에서 사서로 근무했다. 그는 1752년까지 장로교 목사로 지내다가 애버딘에 있는 킹스 칼리지의 철학 교수로 갔다. 애버딘에서 그는 철학회를 조직했는데, 여기서 주요 논제는 흄의 철학이었다. 1764년에는 글래스고 대학 도덕 철학 교수가 되었다. 1781년 교수직에서 물러나, 남은 생애 동안은 자신의 철학 강의들을 정리하고 출판하는 데 온 힘을 기울였다. 그의 저서로는 〈상식의 원칙에 기초한 인간 정신 연구 *An Inquiry into the Human Mind on the Principles of Common Sense*〉(1764), 〈인간의 지적 능력에 대한 논문집 *Essays on the Intellectual Powers of Man*〉(1785) 그리고 〈인간의 능동적 능력에 대한 논문집 *Essays on the Active Powers of Man*〉(1788)이 있다.

스코틀랜드 장로교 성직자들은 흄의 철학이 자신들의 교리를 무너뜨리는 요소를 가지고 있다고 보고, 재빨리 방어책을 찾기 시작했다. 흄의 〈인성론〉은 그의 독자들에게 그럴듯한 회의론을 담은 책으로 보였다. 또 (〈인간 오성에 대한 연구〉에서) 기적과 섭리에 대한 흄의 논문들은 때로 매우 이단적인 것으로 보였을 뿐만 아니라, 심지어 무신론적으로 보이기까지 했다. 1779년 〈자연 종교에 관한 대화〉가 출판되기 이전에 이미 흄은 강의와 저서들로 인해 기독교 신앙의 적으로 여겨져 공격받았다. 목사 제임스 오스왈드는 1766년 〈상식에 호소하여 종교를 옹호함 An Appeal to Common Sense in Behalf of Religion〉을 발표했다. 시인 제임스 비티(1735~1803)는 1770년 〈궤변과 회의론에 반대하여 진리의 본성과 불변성을 논함 An Essay on the Nature and Immutability of Truth in Opposition to Sophistry and Scepticism〉을 발표했다. *92 이 책들은 후세에 중요한 가치가 있는 저서로 인정받지는 못했으나, 세상에 나왔던 그 무렵에는 큰 갈채를 받았다. 저 유명한 새뮤얼 존슨 박사는 비티를 칭찬해 마지않았으며, 조지 3세는 그에게 연금을 내려 주었다. 칸트는 리드의 〈궤변과 회의론에 반대하여 진리의 본성과 불변성을 논함〉에서 흄에 대한 지식을 얻었다.

토머스 리드가 펼친 주장은 흄에 대한 스코틀랜드인의 항의를 철학적으로 훌륭하게 다듬었다. 그는 스코틀랜드의 실재론 학파(實在論學派 ; Scotch realism) 또는 상식학파(常識學派 ; the common sense school)로 불리는 사람들 가운데에서 가장 뛰어난 인물이다. 그는 오스왈드와 비티가 그러했듯이, 사색에 대한 흄의 회의론적 결말에 항의했다. 그러나 그는 이 결말이 흄의 출발점을 이루는 맨 처음 가설(假說 ; hypothesis)의 논리적 귀결임을 인정했다. 그는 이 가설을 '관념설'이라고 불렀다. *93 이 가설은 이러하다. '어떠한

---

*92 오늘날 어떤 사람들은, 비티에 대해서 가장 중요한 사실은 그의 초상화가 여호수아 레이놀즈 경에 의하여 그려진 것이라고 말할지도 모른다. 이 초상화는 애버딘에 있는 마리샬 칼리지에 걸려 있다. 이 초상화에서 비티는 진리를 논한 자신의 책과 진리를 상징하는 정의의 저울을 들고 있다. 또 궤변·회의주의·불신을 상징하는 세 인물이 어두운 곳에 내던져져 있다. 여호수아 경은 이 마지막 세 인물 가운데 두 사람은 흄과 볼테르라고 말한 것으로 전해 온다.

*93 리드는 흄이 이 가설을 넘겨받기 전에 데카르트와 로크가 이것을 내세웠다고 지적했다. 리드는 또 버클리가 이 가설을 지지했었다고 생각했다. 따라서 그는 버클리의 주장 속에 포함된 실재론적 요소를 파악하지 못했다. 그는 흄의 초기와 후기 견해 사이의 차이점을 인식하지 못했다.

것도 그것을 지각(知覺 ; perceive)하는 정신(또는 마음, mind) 안에 있는 것 말고는 지각되지 않는다. 즉 우리는 외부에 있는 것들을 정말 지각하는 것이 아니라, 오로지 우리의 정신에 새겨진 이들의 어떤 영상(images)이나 심상 (pictures)을 지각하는 것이며, 우리는 이것을 인상(印象 ; impressions)과 관념(觀念 ; ideas)이라고 부른다.'*94 이 가정을 받아들이면 영속적 대상들, 물질 세계, 영혼 그리고 하느님의 실재성에 대한 여러 의구심으로부터 벗어날 수 없다고 리드는 주장했다. 따라서 리드는 인간 경험의 본성과 과정에 대해 다시 한 번 새로운 분석을 하려고 시도했다. 즉 '관념설'에서보다 더 철저하고 더 경험론적인 분석을 시도했다.

로크의 '관념(觀念)'이란 용어와 흄의 '이상'과 '관념' 두 용어는 뜻이 모호하게 사용되었다고 리드는 주장한다. '관념'이란 말은, 첫째로 정신이 작용하는 과정을 뜻한다. 즉 생각하는 것, 마음속에 무엇을 그려보는 것, 이해하는 것, 지각하는 것, 보는 것, 듣는 것 같은 마음의 과정을 뜻한다. 둘째로 '관념'이란 말은, 우리가 생각하며 지각하게 되는 과정에서 다루는 대상들을 뜻한다. 첫째 의미에서 관념들은 분명히 마음에서 일어나는 사건들이다. 이 관념들은 마음 속에서 일어나며, 마음속에서만 일어난다. 그러나 둘째 의미에서는 관념들은 어떤 것이라도 좋다. 반드시 정신적 과정이어야 하는 것은 아니다. 첫째 의미의 관념들이 지닌 성격을 적용해야만 하는 것도 아니다. 우리는 언어의 모호성으로 말미암아 다음과 같은 오류에 빠져들어서는 안 된다. 즉 '본다'는 작용이 '마음속에' 일어나고 있으므로, 보이는 대상들이 또한 '마음속에' 존재하고 있다고 단정하는 오류에 빠져서는 안 된다. 리드는 데카르트로부터 흄에 이르는 철학사에 대해 익살스럽게 논평하면서 다음과 같이 말했다. '관념은 본질상 다른 존재물들과 좋은 관계를 가지지 못하는 것 같다.'*95 따라서 그는 이제까지 써 오던 '관념'이란 말을 버리고, 그 대신 '감각(感覺 ; sensation)'과 '지각(知覺 ; perception)'이란 말을 쓰기로 마음먹었다.

이어서 리드는 '감각'과 '지각'은 똑같은 상황에서 일어나는 것이 아니라고 주장했다. 감각에는 뚜렷이 다른 두 요인이 있다. 즉 마음과 그 마음의 느낌 또는 작용이다. 우리의 감각은 흔히 신체의 세 가지 감관—냄새를 맡는 것,

---

*94 Thomas Reid, *Inquiry into the Human Mind*, dedicatory epistle.
*95 *Inquiry into the Human Mind*, 제2장, 제6절.

맛을 보는 것, 듣는 것—과 관계가 있다. 이 세 가지 감관의 경우에는, 우리는 우리의 정신 속에 활동을 일으키는 대상을 보통은 쉽게 의식하지 못한다. 우리는 어떤 향기와 장미꽃을, 또는 어떤 소리와 달리는 말을 연결할지도 모른다. 그러나 이때 장미꽃과 말은 추측된 것이다. 즉 이들은 직접 감각에 주어진 것이 아니다. 그러나 지각에서는 뚜렷이 다른 요인이 둘이 아니라 셋이 있다. 즉 마음, 마음의 느낌 또는 작용, 그리고 이 작용의 대상이 있다. 우리의 지각은 보통 신체의 다른 두 감관—보는 것과 만지는 것—과 관계가 있다. 지각은 감각이 가진 것 전부를, 그리고 그 이상의 것을 가졌다. 지각이 감각보다 더 많은 것을 가지고 있는 한, 지각은 의심할 여지없이 직접적으로 이 대상을 통해 마음(정신)의 활동을 한다. 대상은 여기에서 추리 이상의 것이다. 정신 작용의 대상은 이미 우리에게 주어진 자료(datum)이다. 왜 신체 기관의 셋은 감각을 낳고 다른 두 기관은 지각을 낳는지 우리는 설명할 수 없을지도 모른다. 그러나 이 점을 설명할 수 없다고 해서 우리는 경험적 사실을 외면해서는 안 된다. 우리는 물질로 이루어진 물건들을 보거나 만지기도 한다. '나는 물질을 객관적으로 지각한다'고 리드는 말했다. *96 그러므로 우리는, 우리의 정신 밖에 있는 존재가 우리의 정신에 의존하지 않는 세계 속에 살고 있음을 안다. 우리는 이것에 대해 조금도 의심을 품을 여지가 없다. 또 우리는 이 외부 세계 안에 있는 어떤 물체들을 지각하기 때문에, 이 외부 세계에서 무엇이 일어나고 있는지 어느 정도 알고 있다. 그리고 이러한 지식 또한 의심할 여지가 없는 확실한 것이다.

리드는 감각과 지각을 뚜렷이 다른 것으로 구별함으로써 제1 성질과 제2 성질의 전통적 분리를 새로운 형태로 부활시켰다. 제1 성질(Primary qualities)이란, 우리의 지각으로 하여금 '직접적이고 뚜렷한' 의식을 우리에게 갖게 하는 외부 대상의 성질들을 말한다.

외부 대상들은 실제로 지각된 성질들 아닌 다른 성질들도 가지고 있을지 모르지만, 이 지각된 성질들을 가지고 있다는 것 또한 틀림없는 사실이다. 부드러움과 거칢, 모양·움직임·부피와 공간성〔延長; extension, 또는 확장〕 및 위치는 리드가 일차적인 것으로 보는 성질들이다. 이 성질들은 마음속에 있는 감각들이 아니다. 이것들은 우리가 그 직접적인 의식, 즉 확실한 지식을 가지게 되는 물체들에 대한 실재적 고유성 또는 객관적 성질들이다. 제2

성질들도 우리가 지각하는 사물들에 속해 있는 것이기는 하나, 이것들에 대해서 우리는 어떠한 직접적 의식도 가지고 있지 않다. 즉 이것들은 물체의 성질들이기는 하지만, 우리 안에 주관적 감각 경험을 불러일으키는 성질들이다. 소리·맛·냄새·빛깔·열·차가움 등은 물체의 성질이라고는 할 수 없는 것들이다. 이것들은 감각이다. 그러나 물체들은 이 감각을 우리 안에 주관적으로 불러일으키는 성질들을 그 자체로 가지고 있다. 그리고 뚜렷하게 주어진 것이라기보다는 오히려 어렴풋하게 추측된 것으로서 이차적인 성질이라 불러도 좋은 것이다.

리드는 일상적으로 겪는 모든 복잡한 현상들에 대해 부주의함으로써 우리가 빠지게 될지도 모르는 두 가지 오류에 대해서 독자들에게 주의를 주었다. 우리는 별 생각 없이 우리의 감각을, 그 감각을 느끼게 하는 물체에 속하는 것으로 여기기가 쉽다. 그래서 이 감각들에 대한 주관성과 우리 신체와의 관련성을 빠뜨리고 생각하기가 쉽다. 다른 한편으로, 우리는 데카르트로부터 흄에 이르는 인식론적 전통 노선을 무조건적으로 따름으로써, 우리의 지각들을 그저 감각들이 복잡하게 얽혀 있는 것으로 보기 쉽다. 따라서 경험에 의해 우리가 의심할 여지없는 확증을 얻게 된 여러 실재에 대해서도 의구심을 갖게 한다. 지각은 경험 과정에서 미루어 짐작하여 연상하게 된 한갓 감각에 불과한 것이 아니다. 이것은 우리가 점차적으로 추측하게 된 데 따른 우연한 산물이 아니다. 이것은 감각 못지않게 원초적인 형태의 경험이다. 지각과 감각이 다른 점은, 지각은 우리의 감각을 일으키게 하는 외부 대상들을 드러내 보여주는데, 감각은 그렇지 못한 데에 있다. 그리고 지각은 우리에게 새로운 경험을 불러일으키는 외적 조건들을 적어도 어느 정도는 우리로 하여금 알 수 있게 하지만, 감각을 통해서는 이렇게 할 수 없다. '지각(知覺)은……언제나 지각하는 작용과는 뚜렷이 다른 하나의 대상(對象)을 가진다. 그 대상은 우리에게 지각되든 지각되지 않든 어김없이 존재한다.'[97] 감각에 의해 경험된 성질들을 의심할 어떠한 근거도 가지고 있지 않듯이, 우리는 지각에 의해 발견된 것들을 의심할 근거들도 가지고 있지 않다. [98]

---

[97] *Inquiry into the Human Mind*, 제6장, 제20절.

[98] 데카르트 학파와 소요학파(즉 아리스토텔레스 학파)의 서로 반대되는 두 주장에 있어서, 감각들이 우리에게 외부 세계에 대한 지식을 준다는 견해를 거부한 점은 데카르트 학파가 옳고, 우

지각에 대한 철학적 고찰뿐만 아니라 리드는 신념(信念 ; belief)에 대한 이론도 펼쳐 나갔다. 그는 신념은 뚜렷한 관념으로 해소될 수는 없다고 역설하여, 그가 흄의 것으로 간주한 견해를 반박했다. 모든 신념이 다 옳은 것만은 아니라는 사실은 누구나 알고 있다. 그러나 어떤 신념들은 옳다. 그리고 이 가운데 몇 가지는 의심할 여지없이 옳다. 이 의심할 수 없는 신념들을 리드는 상식의 원리, 제1 원리, 또는 우리의 본성 안에 들어 있는 원리라고 불렀다. 이것들은 태어나면서부터 가지고 있던 것이 아니다. 왜냐하면 이것들은 경험에 앞서 마음속에 있는 것이 아니기 때문이다. 그러나 이것들은 또한 감각이나 지각에 의한 추리의 결과도 아니다. 왜냐하면 이것들은 어떤 감각이나 지각들만큼이나 원초적인 우리의 경험적 요소들이기 때문이다. 이것들은 필연적이고 보편적인 진리에 대한 원초적 직관(直觀 ; intuition, 감각이나 경험 등을 거치지 않고 대상을 직접적으로 파악함)들이다. 촉각과 시각에 의해 물체의 제1 성질들을 지각하듯이 우리는 이것들을 내적인 상식에 의해 직접적으로 깨닫게 된다.

따라서 그와 같은 원초적이고 자연적인 판단들은, 자연이 인간의 오성 (悟性 ; understanding)에 부여한 자질의 일부이다. ……이것들은 우리의 추리 능력이 나아갈 방향을 찾지 못할 때, 일상 생활에서 우리를 이끌어 줄수 있다. 이것들은 우리 마음의 일부이다. 그리고 우리의 이성이 이루어내는 모든 발견은 이 신념들에 기초를 두고 있다. 이것들은 이른바 '인류의 상식'을 형성한다. 그리고 제1 원리들에 뚜렷하게 반대되는 것에 대해, 우리는 '부조리하다(不條理 ; absurd, 이치에 맞지 않음)'고 말한다. *99

상식은 철학보다 더 근본적인 것이라고 리드는 주장했다. 상식의 원리들에 의구심을 갖거나 또는 이 원리들을 증명해 보이겠다고 나서는 철학은 그 어느 것이나, '일종의 형이상학적 광기(狂氣 ; lunacy)'이다. 건전한 철학은 상식을 그 기초로 삼는다. 상식의 원리들은 현실과의 직접적 접촉을 통해 알게 된 이치로서, 잇달아 나타나는 많은 합리적 결론들을 증명하는 수단으로

리가 소유한 지각들의 데이터를 신뢰하는 점에 있어서는 소요학파가 옳다고 리드는 평했다.
*99 *Inquiry into Human Mind*, 제7장, 제4절.

서 유용하게 사용한다. 상식에 따라서 판단하는 마음의 능력은 음식물을 삼키는 능력과 꼭 같이 자연적인 것이다. 교육을 전혀 받지 못했거나 철학에 대해 아무것도 모르는 사람들도 이 능력은 가지고 있다.

리드가 내세우는 상식의 원리들 가운데에는 다음과 같은 것들이 있다. 즉 시각이나 촉각으로 우리가 지각하는 성질들은 하나의 주체(主體)를 가져야 하는데, 이 주체를 우리는 물체라고 불러도 좋다. 우리가 의식하는 내적(mental) 작용도 하나의 주체(subject)를 가져야 하는데, 이 주체를 우리는 정신 또는 마음(mind)이라고 불러도 좋을 것이다. 존재하는 것은 무엇이든지 반드시 그것을 낳게 한 원인이 있다. 원인 안에 있는 계획(design)은 결과 안에 있는 여러 표상(sign, 상징)으로부터 충분히 미루어 짐작할 수 있다. 우리 인간들은 우리의 의지를 결정할 수 있는 능력을 어느 정도 가지고 있다. 우리의 자연적 정신 능력들은 오류만 저지르는 것이 아니다. 자연의 과정 안에서는 비슷한 원인들이 비슷한 결과들을 낳는다.

리드는 상식에 대한 호소가 여러 편견을 독단적으로 고집하는 구실로 이용될 수도 있음을 잘 알고 있었다. 그는 자신의 견해가 한쪽으로 치우치지 않도록 조심스럽게 자기의 주장을 체계화했다. 그러나 리드가 그저 개인적 취향에 불과한 것들을 고집스럽게 주장했다고 비난한 비평가들도 많았다. 그를 가장 따르던 제자도 '상식(common sense)'이란 말을 아주 포기해 버리고 전혀 쓰지 않았다. 에든버러 대학의 도덕 철학 교수이며 영국 역사상 가장 위대한 스승의 하나로 인정받는 두갈드 스튜어트(Dugald Stewart, 1753~1828)[100]는 상식에 대한 리드의 신뢰가 지적인 문제들을 투표수로 해결하는 것처럼 되지 않을까 염려했다. 그는 오히려 이성의 법칙들을 제시하기로 했다. 왜냐하면 이 법칙들을 사용하지 않으면 그 어떤 쟁점이라 하여도 생각이 깊은 사람들의 까다로운 분석적 태도를 만족시켜 주지 못하리라고 판단했기 때문이다. 그러나 리드에 대한 그의 충성심은 자신의 비판들을 너무나 조심스러운 것이 되게 함으로써, 그와 스승 사이의 진정한 차이점들을 흐리게 했다.

---

*100 그의 주요 저서로는 *Elements of the Philosophy of the Human Mind*이 있다. 이 책은 3권으로 되어 있으며 1792년, 1814년, 그리고 1827년에 한 권씩 세상에 나왔다.

제12장 18세기 프랑스

피에르 벨(Pierre Bayle, 1647~1706) : 〈역사적 비평적 사전 *Dictionnaire historique et critique*〉(1697)

바롱 드 라 브레드 에 드 몽테스키외(Baron de la Brède et de Montesquieu, 1689~1755) : 〈법의 정신 *De L'esprit des lois*〉(1749)

볼테르(Voltaire, 1694~1778) : 〈영국인에 대한 서한집 *Lettres sur les Anglais*〉(1732)·〈뉴턴 철학의 강요 *Les éléments de la philosophie de Newton*〉(1738)·〈철학 사전 *Dictionnaire philosophique*〉(1764)

줄리앙 오프레 드 라 메트리(Julien Offrey de la Mettrie, 1709~1757) : 〈인간 기계론 *L'homme machine*〉(1748)

에티엔 본노 드 콩디약(Etienne Bonnot de Condillac, 1715~1780) : 〈감각론 *Traité des Sensations*〉(1754)

드니 디드로(Denis Diderot, 1713~1784) : 1751년부터 1766년까지 〈백과 전서 *Encyclopédie*〉의 편집자.

장 르 롱 달랑베르(Jean le Rond d'Alembert, 1717~1783) : (디드로 편찬 *Encyclopédie*의) 〈예비적 서설 *Discours préliminaire*〉(1751)

클로드 아드리앙 엘베시우스(Claude Adrien Helvétius, 1715~1771) : 〈정신론 *De l'esprit*〉(1758)

바롱 돌바크(Baron d'Holbach, 1723~1789, 파리에 정착한 독일 남작) : 〈자연의 체계 *Le système de la nature*〉(1770)

장 자크 루소(Jean Jacques Rousseau, 1712~1778) : 〈학문 예술론 *Discours sur les sciences et les arts*〉(1750)·〈인간 불평등 기원론 *Discours sur l'origine et les fondements de l'inégalité parmi les hommes*〉(1753)·〈사회 계약론 *Le contrat social*〉(1762)·〈에밀 *Emile*〉(1762, 특히 제4권 사부아 보좌신부의 신앙 고백 *Profession de foi du vicaire Savoyard*)

18세기 프랑스는 보통 프랑스 계몽주의(啓蒙主義 ; enlightenment) 시기라 불린다. 칸트는 '계몽주의'란 말을, 인간이 다른 사람들의 의견에 굴종하지 않고 자기 자신의 독립적 이성을 발휘할 마음의 준비가 되어 있는 것이라 정의했다. 그러나 18세기 많은 프랑스 사상가들 사이에는 사상의 통일이 없다. 어떤 이는 이성(reason)을 높이 평가했으며, 어떤 이는 생각하는 작용〔思考作用 ; thinking〕을 감각들과 심상들(images)의 기계적 연속에 불과하다고 보았다. 그리고 루소는 감정을 인간의 여러 의견을 위한 실제적이고 타당한 기초로 보고 이성보다 높게 평가했다. 이성이 높이 평가되었을 때에도, 이는 여러 다른 의미에서 그러했던 것이다. 이성은 사람들로 하여금 물리적 세계와 사회적 세계의 이지적(理智的) 원리들을 발견하게 하며, 또 이 원리들을 이해함으로써 욕망과 의지를 통제할 수 있게 해주는 하나의 정신적 능력으로 받아들여졌다. 또 이성은 때로 풍자의 성격을 띠고서 기지를 발휘하여, 종교적·정치적 제도와 신앙에 타격을 주기도 했다. 이런 조롱들은, 종교적·정치적 생활의 부패로 인해 매우 큰 영향을 끼쳤다. 그러나 이것은 새로운 사상과 법의 건설보다는 오히려 낡은 관습들을 타파하려는 데에 목적이 있었다.

18세기 바로 직전에 나온 벨의 〈역사적 비평적 사전〉은 그 다음에 이어지는 지적 흐름을 주도했다. 이 책은 얼마 되지 않는 역사적 지식을 가지고 과거의 잘못들을 신이 나서 지적했으나, 신중하고 건설적인 견해는 하나도 세우지 못했다. 디드로·달랑베르·볼테르, 그리고 이 세기 중엽이 지난 뒤의 〈백과전서(百科全書)〉 집필자들은 종종 그들의 실제 모습보다 덜 과격해 보였다. 왜냐하면 이들이 여러 소논문에서 자신들의 진지한 견해들을 감추었기 때문이다. 이들은 어떻게 해서든지 의심 많은 당국의 검열을 피해 가야 했던 것이다. 달랑베르는 볼테르에게 보낸 편지에서, 〈백과전서〉의 주요 논문들에 있는 견해들이 겉으로는 정통으로 보이지만, 시간이 지나면 독자들은 저자들이 공언한 견해들로부터 이들이 실제로 표현하고자 의도한 것을 이해할 수 있게 되리라고 썼다.

프랑스 계몽주의

여기서는 프랑스 계몽주의에서 나타난 의견들 가운데 다섯 가지 흐름을 언급하려고 한다. 이것들은 대부분 17세기에 발전한 사상들이 이어져 온 것이며 때로 과장된 형식을 취하고 있다.

(1)기존의 풍습을 독단적인 것으로 보고 이에 거부하는 흐름이 있었고, 이 결과로 이성에 대한 호소를 주장했다. 이성을 중시하는 태도는 일부 데카르트의 합리주의에서 비롯된다. 그러나 이것은 두 영국 사상가 뉴턴과 로크에게서 더 많은 영향을 받았다. 프랑스 사상가들, 특히 볼테르는 영국의 사상을 계몽주의의 모범으로 받아들였다. 프랑스 사상가들은 뉴턴에 이르러 인간의 이성이 세상에 일어나는 모든 현상에 대한 물리적 자연법칙들을 발견할 수 있음을 증명해 보였다고 믿었다. 또 로크는 인간의 이성을 사용하여 모든 사회 문제를 바로잡을 수 있는 법칙들을 찾아낼 수 있음을 증명했다고 이들은 믿었다. 이성에 대한 이 호소는 본디 독단적인 권위층에 대항하여 사람들의 자유롭게 생각할 권리를 주장하기 위한 것이었다. 이것은 주의 깊게 펼쳐진 인식론(認識論)에 근거를 두고 있지 않았다. 이것은 사회 개혁을 위한 하나의 테크닉이었다. 뉴턴이 우리에게 하나의 새로운 (그리고 최종적인 것으로도 여겨지는) 물리학을 전해 주었듯이, 우리는 하나의 새로운 궁극적인 사회 제도를 만들어 낼 수 있다. 우리에게 계시된 종교는 필요없다. 아니, 우리는 이러한 것을 내버려야 한다. 하지만 우리는 하느님이 우리에게 물리적 자연은 물론 사회를 위한 법칙들을 찾아내는 데에도 충분한 지적 능력을 주었다고 믿어도 좋다. 몽테스키외는 로크의 정치학적 원리 대부분을 받아들였다. 예컨대 권력의 분리, 여러 개인적 권리, 정부의 마땅한 목표로서 일반 민중의 복리 같은 것을 받아들였다. 그는 기후와 심리적 조건이 나라마다 다르듯이 정치 제도 또한 다를 수밖에 없음을 깨달았다. 로크는 이것을 깨닫지 못했던 것으로 보인다. 그러나 한편, 어느 나라에서나 널리 시행되어야 할 법률들은 타당한 사실들에 대한 이성의 분석에 의해 결정될 수 있다고 몽테스키외는 생각했다.

(2)감각주의(感覺主義 ; sensationalism)가 널리 퍼져 있었다. 데카르트는, 동물은 감정이 없는 자동 기계라고 가르쳤다. 로크는 유기적으로 조직된 물질이 생각하는가 생각하지 못하는가 하는 데 대한 물음을 던졌다(이 물음에 부정적인 답을 내렸다). 볼테르는 동물과 인간을 나눈 데카르트의 구별이 옳지 않다고 생각했다. 벼룩이나 벌레도 사람처럼 불멸의 영혼을 가지고 있

으며, 사람도 벼룩이나 벌레처럼 생각하는 물질이라고 그는 말했다. 라 메트리는, 사람과 다른 생물들의 차이는 유기체의 복잡성 정도에 따른 차이일 뿐이라고 주장했다. [*1] 이 뒤에 콩디약은 맨 처음의 단순 관념들은 실제로는 저마다 별개의 감각들이라고 주장하는 로크의 학설을 받아들였다. 또 모든 심적 사실들(mental facts)이란 이 단순관념들과, 이 관념들이 끌어내는 여러 고통과 쾌락들이 기계적으로 얽혀 결정짓는 복합관념들이라는 이론을 발전시켰다. 그는 생명을 불어넣은 하나의 조각상(彫像)을 상상했다. 그리고 이 조각상에 감관(感官)을 하나씩 주다 보면, 그 조직이 충분히 복잡하게 된 뒤엔 마침내 이 조각상이 하나의 어엿한 사람이 될 수가 있으리라고 결론지었다. 디드로는 루크레티우스와 비슷한 사상을 가졌던 사람으로, 그는 자연 속에 (물리적인 요소들은 물론 또한) 살아서 의식 작용을 하는 요소들이 언제나 있었다고 상상했다. 이 요소들이 서서히 함께 모여 마침내 동물과 사람들의 영혼을 형성하게 되었다고 디드로는 생각했다. 엘베시우스는 단순한 요소들로부터 복잡한 형태로 발전해 나아간다는 생각을 했다. 또 이 생각을 도덕 규범(moral codes)의 발달에 적용했다. 사람은 누구나 기쁨과 고통에 대한 감수성을 가지고 있으며, 기쁨을 구하고 고통을 피한다. 우리가 도덕 규범이라고 부르는 것은 사람들이 기쁨을 추구하는 과정에서 경험을 통해 믿게 된 확신들이다. 따라서 우리는 지적으로 잘 이끌어 주는 교육을 통하여 사람들을 훈련시킴으로써 사람들로 하여금 도덕 규범을 잘 따르게 할 수 있다고 엘베시우스는 낙관적 자신감을 가지고 덧붙였다. 우리는 그저 이들의 행동에 적절한 상벌을 가하기만 하면 된다. 그렇게 하면 우리는 사람들을 높은 도덕적 목적을 가진 존재로 만들 수 있다. 그래서 엘베시우스는 본래 지니고 있던 도덕적 허무주의 위에 도덕적 열정을 담은 교육 계획을 세웠다.

(3) 프랑스 계몽주의의 감각주의적이고 관념연합설적(觀念聯合說的 ; associationistic) 이론들은 유물론적인, 심지어는 무신론적 세계관으로 흐르는 경향마저 있었다. 다른 누구보다도 뉴턴의 사상에 가까웠던 볼테르는 좀 주저하는 듯하면서도 이신론자(理神論者 ; 하느님이 우주를 창조했으나 관여는 하지 않고 우주는 자체의 법칙에 따라 운행된다고 믿는 사람)로 만족하고 있었다. 볼테르는 무신론자들은 도덕적 제재를 받으려 하지 않으며, 따

---

*1 본서 p.317 참조.

라서 무신론자들의 사회란 존재가 불가능하다고 생각하는 경향이 있었다. 더욱이 볼테르는 하느님이 비록 그 능력에 있어서 한계가 있을지는 모르지만 세계의 제1 원인(第一原因)으로서 꼭 필요하다는, 뉴턴과 일치하는 생각을 가졌다. 디드로는 무신론을 열렬히 지지했다. 디드로는 어떤 종교 이론도 악으로 드러난 사실 앞에서는 날아가 버리고 말며, 또 여러 지적 모순에 빠지게 된다고 생각했다. 그리고 콩디약의 감각주의(感覺主義 ; sensationalism)는 유물론을 그럴듯한 것으로 만들었다. 독일계 남작 돌바크는 유물론과 무신론을 극단적인 형태로 표현했다. 그는 뉴턴이 물리학에서 신학으로 넘어가 이러쿵저러쿵 말하는 것은 독단이라고 대담하게 주장했다. 목적론(目的論 ; Teleology, 모든 것은 목적을 실현하기 위해 존재한다는 이론)이란 혼란스러운 개념이다. '정신'이나 '영혼' 같은 말은 경험적 증거가 없는 무의미한 말이다. 의식(意識)이란 뇌 속의 움직임이다. 기독교의 예정론적(豫定論的) 신이 모순으로 가득 차 있다고 한다면, 이신론(理神論)의 관점에서 신은 쓸데없는 공상이다. 철학에서 둘 가운데 하나를 선택할 만한 실제적인 것이 있다고 하면, 이는 미신과 유물론이다.

(4) 우리가 프랑스 계몽주의에서 고찰한 모든 사상적 흐름의 뒤에는 사회주의에 대한 갈망이 있다. 이것은 부르봉 왕조 프랑스에서 혁명적인 갈망이었고, 다른 흐름들은 도중에 끊겼으나 이것만은 프랑스 대혁명 시기까지 이어졌다. 달랑베르가 〈백과전서〉의 〈예비적서설 ; Discours Préliminaire〉에서, 그의 세기는 현행 법률과 관례들을 모두 뜯어고쳐 사회정의 정권을 세우고자 열망하였노라고 말함으로써, 그 시기의 기본 흐름을 잘 말해주고 있다. 프랑스 계몽주의 시기는 기존 제도를 비판하며 앞날에 대한 희망으로 끝없이 부풀어 오른 낙관주의(樂觀主義 ; unlimited optimism) 시기였다.

루소

(5) 루소의 낭만주의(浪漫主義 ; romanticism)는 가장 독창적인 것이었음은 물론, 프랑스 계몽주의의 가장 두드러진 철학적 공헌이다. 루소는 비록 인간관계에서 허영심 강하고 성미가 급하며 다투기를 잘했으나, 온 인류에 대한 감성적 사랑을 품고 있었다. 루소는 너무 냉정하다는 이유로 유물론을 싫어했으며, 또 인격에 대해서 관심을 갖지 않는다 하여 무신론을 싫어했다. 그

러나 그가 살았던 세기의 사상가들 대부분이 그랬던 것처럼 그도 기존 질서에 대해 반감을 가지고 있었다. 루소는 좀 더 나은 세계를 성취하는 데 있어서 이성(理性)이 아무 소용도 없다고 생각했다. 이성은 너무나 일정(一定)한 틀 안에 고정되어 있어서 무엇이든지 현재 행해지고 있는 것들을 지켜 나아가는 데에만 매달린다. 사람들이 문명이라고 부르는 것을 루소는 일련의 도덕적·지적으로 어리석은 짓들이며, 또 사람들을 어쩔 수 없이 거의 노예 상태로 이끌고 간다고 보았다. 오직 가슴에서 우러나는 자연적 충동에 의지하는 방법으로 인간은 좀 더 나은 쪽으로 인도될 수 있다.

루소는 디종 시(市) 학술원에서 모집한 현상 논문에 당선되면서 처음 명성을 얻었다. 이 논문은 〈학문·예술론〉이었다. 아마 이러한 경쟁에서 사람들의 주의를 끌기 위해 루소는 자신의 견해를 과장하여 표현했던 것 같다. 그러나 그의 초기 사상들이 성공을 가져오자, 루소는 살아가는 내내 이를 고수했다. 루소는 예술과 학문은 모두 인간의 악덕에서 나온다고 주장했다. 천문학은 미신에서, 웅변은 야망과 아첨에서, 기하학은 탐욕에서, 물리학은 게으른 호기심에서, 도덕 철학은 저 잘난 자만심에서 나온다는 것이다. 그래서 문명은 추악한 냄새를 풍기게 되어 있다. 그리고 과거에 널리 퍼져 있던 순진함과 소박함으로 되돌아가는 것 말고는 이 악들을 없애 버릴 방법이 없다. 사람들이 이성의 간사한 꾀들에 의해 미로에 빠지기 전에는, 사람들은 본래 서로 사랑하며 또 신들을 사랑했다. 나뭇가지와 뿌리로 가려진 굴 속에서 평화롭게 함께 살았으며, 또 자연의 아름다움을 기꺼이 즐겼다.

현상 논문으로 명성을 얻은 뒤, 루소는 사회에 대해 과장해서 말한 것들을 공공연히 버리기를 주저했다. 심지어는 수정하는 것조차 주저했다. 그러나 그의 다음 논문, 〈인간불평등기원론 人間不平等起源論〉(이것 또한 디종의 현상 논문에 냈던 것으로 당선되지는 못했다)에서 루소는 자신의 주장에 여러 중요한 제한들을 덧붙였다. 이제 루소는 역사에 대해서 천진난만한 목가적 상태로부터 부패한 문명으로 나아가는 것이 아니라, 다듬어지지 않은 야만 상태로부터 다듬어진 악으로 나아가는 것이라고 설명했다. 그렇다면 자연의 상태라고 하는 것은 하나의 역사적 시기를 기술하는 개념이 아니다. 오히려 이것은 좋은 사회에 대한 하나의 심상(心像; a picture)이다. 인간의 본성은 본디 선하지도 악하지도 않으며, 환경에 따라서 소수의 선인과 다수의 악인이 만들어질 뿐이다.

문명은 약간의 이익을 가져오기도 했다. 그러나 이것은 또한 사람들로 하여금 권력을 얻기 위하여 애쓰도록 자극했다. 따라서 문명은 오늘날 우리 사회에 여러 불의와 불평등을 끌어들였다.

초기 논문들에서 루소는 그가 한탄해 마지않던 악들을 없애는 방법에 대해서는 조금도 의견을 내놓지 않았다. 그는 좀 더 긴 저서 〈사회계약론 社會契約論〉에서 개선책을 하나 제시했다. 루소는 이 책을 다음과 같은 외침으로 시작했다. '사람은 자유로운 몸으로 태어났지만, 어디에서나 사슬에 매여 있다.' 이제 그는 역사에 대해 사회적 원자 관계(原子關係 ; social atomism)로부터 사회적 연관 관계(social involvement)로 나아간다고 덧붙였다. 그리고 우리가 맞닥뜨린 문제는 어떻게 하면 야만 상태로 되돌아가지 않고, 국민의 이익을 위해 어떻게 정부를 통제하느냐 하는 것이다. 물리적 힘은 물러가고 도덕적 행위가 드러나야 한다. 이 위대한 목적의 성취는 사람들의 주권을 인정하느냐 하지 않느냐에 달려 있다. 우리는 누구나 사회에 들어갈 때 엉뚱한 권위가 아니라, 일반 의지가 지배하는 곳으로 자발적으로 들어간다. 사회를 벗어난 사람들은 오직 충동의 노예로서 행동할 수 있을 뿐이다. 그러나 사회에서는 사람들이 법과 자유 아래에 있게 되기를 갈망한다. 사회 안에서—그 사회가 공정한 사회일 때—사람은 새로운(때로 뜻하지 않은 새로운) 흥미, 인격의 발전, 참된 자아 실현, 그리고 좀 더 큰 전체에 일치하는 한 구성원이라는 의식을 갖게 된다(루소는 여기에 '박애'라는 이성적 신념을 선언하고 있었던 것이다. 이 이상은 프랑스 혁명의 세 슬로건 가운데 하나가 되었는데, 이 슬로건은 때로는 잘 이해되지 못하기도 했다).

일반의지(一般意志)의 개념은 문젯거리가 되어 온 개념의 하나이다. 실제로 루소 자신에게 있어서도 언제나 분명한 것은 아니었다. 그것은 일반 투표에서 표시된 다수의 의지와 때로 일치하는 경우도 없지 않으나, 꼭 같은 것만은 아니다. 어떤 다수의 결정을 일반 의지의 표시로 받아들이는 것은, 그 다수를 구성하는 투표자들의 숫자가 아니라 이들에 의해 그 사회 집단 전체의 공동이익을 받아들일 수 있을 때 가능해진다. 일반의지와 감정으로 흐르기 쉬운 다수결 이론 사이의 관계는 마치 개인에게 있어 도덕적 행위와 당돌한 충동 사이의 관계와 같다. 다수의 결정은 두 정책 사이를 갈팡질팡하며 오가기도 한다. 이것은 마치 열정들이 서로 대립하며 한창 부풀었다 시드는 것과도 같다. 그러나 일반 의지는 언제나 변함없고 순수하다. 그러나 루소는 왕이나 세습 귀족이 지배하는 정부보다는 일반 민중의 국민 투표에 의한 정부가 더 낫다고 생각하여 이런 정부를 가지기를 원했다.

루소는 홉스와는 달리, 주권과 속박되지 않는 권력 사이에 구별을 두었다. 정부가 일반 의지에 반대하여 행동할 때에 그 정부는 주권에 반대하여 행동하고 있는 것이다. 실제로 정부가 국민의 손 안에 있고 국민이 공동의 선에 대해서 적극적인 관심을 가지기 전에는, 정부는 절대로 주권을 소유하지 못한다.

루소는 종교에 대해서 볼테르와 그 밖에 프랑스의 이신론자(理神論者)들과 비슷한 견해를 주장했다. 1755년 리스본에서 지진이 일어나자 볼테르는 마음이 동요되었으나, 루소는 그렇지 않았다. 그는 이 자연 재해와 하느님의 섭리를 일치시켜 보려 애쓸 필요가 없다고 생각했다. 그는 오히려 이 재앙이 시골에서 흩어져 살지 않고 도시에서 높은 건물을 짓고 몰려 사는 사람들의 어리석음 때문이라고 주장했다. 그리고 루소는 하느님의 능력에는 한계가 있다고 믿었으며, 자연에서 일어나는 일 대부분은 하느님에게 책임이 있는 것은 아니라고 보았다. 그가 일반적으로 이신론자들과 달랐던 점은, 종교적 믿음에 있어서 이성보다 감정을 더 신뢰하려고 한 데에 있다. 〈사부아 보좌신부의 신앙 고백〉에서 그는 자신의 견해를 적절하게 표현한 것으로 생각된다. 실제로 이 보좌신부는 데카르트와 뉴턴과 로크가 하느님의 존재를 증명하기 위해 사용한 논법들과 매우 비슷한 말을 하고 있다. 그러나 그는 이 논법들에 의존하지는 않는다. 스스로 감정에 고무되어 자기의 견해를 다른 사람들에게 주장할 때에만 이들을 사용하고 있다. 루소는 자신에게 동의를 보내주지 않는 세계에서 고독감을 느꼈다. 그러나 낭만적 자연의 아름다움을 내다보았을 때, 그는 혼자라고 느껴지지 않았다. 종교적으로나 도덕적으로 그의 이른바 '높은 철학 원리들'로부터 여러 결론을 끌어내려 한 사람들에 대해 루소는 반감을 가졌다. 그는 추상적 생각들보다는 그 자신의 정서와 취향들을 훨씬 더 신뢰했다.

루소는 역사상 어느 누구보다도 철학에 있어 낭만주의를 대표하는 사람이다. 그는 원시적 생활을 이상적인 것으로 표현했으나, 언제까지나 이러한 생활을 이상화하지는 않았다. 그러나 이성적 판단에 반대하여 감정에 호소한 것만은 사실이다. 그는 이성을 신뢰하지 않았으므로 이제까지 한 번도 진실되고 신뢰할 만한 감정과, 헛되고 공상적이거나 악의에 찬 감정 등을 구별하는 기준조차 제시하지 않았다. *2

---

*2 미국 문학에서 루소의 철학이 칭송할 만한 인물을 찾는다면, 제임스 쿠퍼의 소설에 나오는 아메리카 원주민보다는 마크 트웨인의 허클베리 핀이 바로 그러한 인물이 될 것이다.

제13장 칸트와 그 후계자들의 독일 철학

1. 칸트

임마누엘 칸트(Immanuel Kant, 1724~1804) : 동프로이센의 쾨니히스베르크 (Königsberg)에서 태어나, 일생 동안 이 고장과 그 부근에서 조용히 살았다. 그의 부모는 가난했지만 신앙심이 깊었으며, 칸트를 경건주의(敬虔主義)의 전통 속에서 교육했다. 이 경건주의란 내적 순결과 도덕적 성실성을 강조한 비독단적인 그리스도교의 한 종파였다. 칸트는 쾨니히스베르크 대학에 다녔다. 몇 년 동안 가정 교사를 한 뒤 모교인 쾨니히스베르크 대학에서 강의를 했으며, 1770년 논리학과 형이상학 부문의 교수가 되었다. 그는 철학뿐만 아니라 물리학도 연구했으며, 초기 저서로는 〈천체들에 대한 이론 *Theory of the Heavens*〉(1755)과 〈바람에 대한 이론 *Theory of Winds*〉(1756)이 있다. 이 두 저서를 낸 뒤 25년 동안은 이렇다 할 저서를 내놓지 않고 가끔 논문을 발표했을 뿐이다. 그는 자신의 독창적 철학을 깊은 생각들로 체계화해 가고 있었다. 그 다음 10년 동안 그는 다섯 가지 위대한 저서를 세상에 내놓았다. 즉 〈순수이성비판 純粹理性批判 ; *Critique of Pure Reason*〉(1781, 1787)·〈다가올 모든 형이상학에의 프롤레고메나 序論 ; *Prolegomena*〉(1783)·〈도덕철학의 근본 원리 *Fundamental Principles of the Metaphysic of Ethics*〉(1785) 〈실천이성비판 實踐理性批判 ; *Critique of Practical Reason*〉(1788) 및 〈판단력 비판 判斷力批判 ; *Critique of Judgment*〉(1790)이 그것이다. 1794년 〈이성의 한계 안에서의 종교 *Religion Within the Bounds of Reason Alone*〉가 나왔다. 그의 기력은 조금씩 쇠퇴하여 만년에는 시력과 기억력을 잃고 쓸쓸하게 보냈다. 하인리히 하이네가 쓴 글 가운데 시(詩)로서는 좀 어색한 느낌이 있으나 칸트의 성격을 훌륭하게 묘사한 것이 있다(로이스의 〈현대 철학 정신 *Spirit of*

Modern Philosophy〉에 이것을 번역하여 인용한 부분이 있다).

칸트는 17세기와 18세기 철학자들이 전개한 지식에 대한 이론들을 가지고
는 도저히 설명할 수 없는 많은 지식들이 여러 과학 안에 있다는 사실(또는
사실이라고 그가 생각한 것)에 의해 깊은 감동을 받았다. 올바른 인식론(認
識論), 다시 말해 지식에 대한 이론(a theory of knowledge)은 여러 과학을
통해 우리가 그 본질을 깨닫지 않으면 안 된다고 그는 생각했다. 철학자들은
이러한 과학적 지식을 제쳐 놓고 자신의 개인적 생각만을 가지고 좀 더 나은
어떤 것을 끄집어내려고 시도해서는 안 된다(칸트는 데카르트와 그의 신봉
자들이 대체로 이 같은 실수를 했다고 생각했다). 또한 철학자들은 우리 '지
식'의 본질을 고찰하지 않고 지식의 '기원'에 대한 심리적 가설을 세워서도
안 된다. 특히 그 가설이 우리로 하여금 실제로 가지고 있는 지식에 이르는
것을 논리적으로 불가능하게 하는 것이라면 더욱 그러한 가설을 세워서는
안 된다(칸트는 로크와 경험론자들이 대체로 이러한 실수를 했다고 생각했
다). 우리는 언제 또는 어디서 어떻게 지식이 시작되었는지 알 수 없을지도
모른다. 그러나 우리는 학문이 우리에게 주는 지식의 본질이 어떤 것임을 밝
힐 수는 있다. 따라서 칸트는 그 무렵의 모든 지식으로부터 출발하여, 어떤
종류의 지식을 우리가 실제로 소유하고 있는지를 보여 주는 하나의 인식론
(認識論 ; a theory of knowledge)을 수립하기로 마음먹었다. 이렇게 함으로
써 우리는 하나의 건실한 인식론을 얻을 수 있고, 또 형이상학의 가능성에
빛을 던져 줄 수 있다.

우리가 소유하고 있는 지식을 살펴볼 때, 우리는 그것이 여러 종류의 판단
들을 포함하고 있음을 발견하게 된다고 칸트는 주장했다. 우리의 판단들 가
운데 어떤 것들은 분석적이고, 다른 어떤 것들은 종합적이다. 그리고 우리의
종합적인 판단들 가운데 어떤 것들은 후천적(*a posteriori*)이고 어떤 것들은
선천적(*a priori*)이다.

분석 판단(分析判斷)이란 그 서술어가 주어를 되풀이하거나 또는 주어를
여러 요소로 나누어, 이미 주어 속에 모호하게 들어 있는 여러 요소 가운데
어떤 것을 분명하게 드러내 보여주는 판단이다. 예컨대, '물체는 부피와 공
간성(延長 ; extension, 또는 확장)을 가졌다'고 말하는 것은 하나의 분석 판

단이다. 비록 우리가 '물체'라는 말이 무엇을 뜻하는지 완전히 파악하지는 못한다 하더라도, 이 말을 논리적으로 분석함으로써 '물체'라는 하나의 개념에서 멀리 벗어나지 않고서 이 판단에 이를 수가 있다. 이와 비슷하게 '어떤 결과에도 반드시 원인이 있다'는 판단도 분석적이다. 왜냐하면 '원인'이 있음은 바로 '결과'가 있음을 정확히 뜻하기 때문이다. 분석 판단들은 우리의 지식을 확장해 주지 않는다. 그러나 우리의 개념들을 더욱 뚜렷하게 하며, 우리로 하여금 더욱 잘 이해하게 도와준다. 그리고 분석 판단은 그것만이 줄 수 있는 더 나은 질서를 우리가 가진 여러 개념에 부여한다.

종합 판단(綜合判斷)이란 주어 속에—분명히 또는 암시적으로라도—들어 있지 않은 어떤 것이 술어를 통해 덧붙여지는 판단이다. '물체는 무게를 가지고 있다' 이것은 하나의 종합 판단이다. 왜냐하면 오직 물체에 대한 우리의 경험을 되돌아봄으로써 우리는 중력을 '물체'라는 말 자체의 의미에 연결할 수 있기 때문이다. 종합 판단들은 이들이 참된 판단들인 경우, 우리의 지식을 확장해 준다. 과학적 지식의 확대는 우리가 종합 판단을 내릴 수 있을 때 가능하게 된다.

우리의 종합 판단들은 대부분 경험에 기초를 두고 있다. 물이 기름보다 무겁다는 것, 어떤 꽃은 푸른 빛깔이라는 것, 어떤 농부가 보리밭을 소유하고 있다는 것, 그리고 실제로 물리적·사회적 세계에 대한 대부분의 판단들—이것들은 모두 사실들을 관찰함으로써, 그리고 경험이 가르쳐 주는 것만으로 배워 알게 된다. 그런데 어떤 종합 판단들은 선천적인 것들이다. 그리고 이 선천적 종합 판단들은 모두 과학의 기초를 이루는 것들이기 때문에 매우 중요하다. 선천적 종합 판단들은 그저 A가 B임을 보고하는 데 그치는 게 아니라, 더 나아가 A가 B이어야 함을 주장하는 것이다. 이 판단들은 필연적이다. 예를 들어, 모든 사건에는 원인이 있다는 판단, 물리적 세계에서 물질의 양은 언제나 같다는 판단, 모든 운동에 있어서 작용과 반작용의 운동량은 같다는 판단, 직선은 두 점 사이의 최단거리라고 하는 판단, 그리고 그 밖에 많은 수학적 판단들이[1] 그러한 종류의 판단들—즉 필연적 판단들이다. 이

---

[1] 칸트는 모든 수학적 판단들은 거의 모두 종합적 판단이라고 생각했다. 7+5=12 같은 등식도 종합적 판단이다. 칸트의 견해를 올바르게 이해하려는 사람은 18세기의 지적 분위기 속에 자기 자신을 두어야 한다. 즉 칸트 자신도 몰랐던, 칸트 다음 세대에 전개된 수학 사상(數學思想)에 기

명제들 가운데 어떤 것은 경험적 요소를 포함할 수 있다. 사건과 물질과 움직임이 있다는 사실을 알게 되는 것은 경험을 통해서이기 때문이다. 그러나 어떠한 경험이나 경험들의 누적도 이 종합 판단들이 참이며 또 참이어야 한다는 사실을 우리로 하여금 알 수 있게 할 수는 없다. 어떤 판단들은 필연적이다. 즉 이들은 필연적으로 '반드시 그러하지 않을 수 없는' 것에 대한 지식을 우리에게 제공해 준다. 그리고 이들은 우리가 이미 살펴본 원인과 물질과 움직임 같은 특수한 경우에 있어서만 타당한 것이 아니라, 언제든지 일어날 수 있는, 또는 경험될 수 있는 다른 모든 경우에 있어서도 타당하다.

칸트는 이전 세대의 근세 철학을 돌아본 뒤, 아직 그 누구도 선천적 종합 판단이 인식론에 있어서 얼마나 중요한지 깨닫지 못했음을 알았다. 따라서 그는 '선천적 종합 판단들이 어떻게 가능한가?' 하는 물음을 그가 제시한 근본 문제들 가운데 첫 번째로 선택했다. 데카르트를 따르는 사람들이 두 가지 필연성—분석 판단의 논리적 필연성과 선천적 종합 판단의 필요성—사이의 차이를 전혀 깨닫지 못했다고 칸트는 생각했다.

경험론자들은 선천적인 종합적 지식의 사실을 아예 부인하는 것이 보통이었다. 따라서 칸트 이전의 두 학파, 즉 데카르트 학파와 경험론자들은 그 어느 쪽도 올바른 인식론을 전개할 수 없었다. 합리론(合理論)과 경험론(經驗論)에 반대하여 칸트는 그 자신의 새로운 인식론을 내세우고, '비판'이란 이름을 붙였다. 칸트가 말하는 비판이란 지적(知的)인 날카로움과 섬세함을 의미하는 것이 아니다. 이는 우리로 하여금 선천적인 종합적 지식을 가질 수 있게 하는 여러 조건을 찾아서 밝혀주는 하나의 인식론(a theory of knowledge)이다.

경험에 대한 칸트의 견해

칸트가 주장한 선천적 종합 판단들에 대해서는 뒤에서 더 다루려고 한다. 그러나 이 판단들에 대해서 자세히 논하기 전에 우리는 칸트가 경험의 본질을 어떻게 보았는지 대략적으로 살펴볼 필요가 있다. 왜냐하면 선천적 종합 판단에 대한 신념으로 말미암아, 칸트는 경험이 무엇인가에 대해서 영국의

초하여 그에게 반대해서는 안 된다. 우리는 여기서 그저 수학적 판단이 종합적 판단이라는 사실만 받아들이면 된다.

경험론자들과는 완전히 다른 하나의 새로운 견해를 내세웠기 때문이다. 칸트는 우리의 모든 지식이 경험과 '함께' 시작한다는 사실을 인정했다. 그러나 우리의 모든 지식이 경험'으로부터' 시작한다는 것은 부정했다. 우리는 모든 지식이 경험과 '함께' 시작한다고 말할 수 있다. 왜냐하면 우리는 먼저 '선천적' 지식을 가지고 있는 상태에서 특수한 사실들의 경험을 그 뒤에 가지게 되는 것이 아니기 때문이다. 모든 지식은 경험하고 있는 동안에 얻어지는 것이다. 실제로 우리가 가지고 있는 지식 가운데 일부가 선천적이라는 것을 깨닫는다고 해도, 이를 깨닫기에 앞서 우리는 이미 많은 경험을 하고 있다. 선천적인 것은 시간적으로 앞서는 것을 뜻하는 게 아니다. 또 이것은 그저 경험을 통해 우리에게 주어질 수 있는 것은 아니다.

　이로써 칸트는 경험에 대하여 자기 이전의 어느 누구도 갖지 않았던 색다른 견해를 주장하게 되었다. 칸트가 생각한 경험은 두 가지 중요한 점에서 영국 경험론자들이 기술한 경험과는 달랐다. 첫째로, 경험은 처음에 단순한 요소들로 되어 있어 다음에 정신이 이것들을 어떤 방법으로 정리해야 하는 것이 아니다. 오히려 경험은 맨 처음 생길 때 이미 여러 사상(事象)이 고도로 복잡하게 얽힌 조직체로서, 이 사상들 가운데에서 몇 가지 특별한 것들을 주의 깊게 살펴볼 대상으로서 정할 수 있다. 둘째로 경험은 수동적(受動的)인 정신에게 주어진 재료가 아니다. 오히려 경험은 하나의 세계—이것이 나타나자마자 지각(知覺)하며 인식하는 정신이 적극적으로 작용하는 하나의 세계—이다. 사물들은 정신이 부여하는 여러 요구 조건에 일치하지 않는 한 결코 경험 속에 들어올 수 없다. 감관을 통해 지각하든 개념을 통해 인식하든, 정신은 경험으로 하여금 몇몇 필요한 상황들을 나누어 가지게 하는데, 그러면 정신은 이 상황들을 이미 경험을 통해 자리잡은 보편적 구조로서 받아들이게 된다. 경험은 정신에 들어오는 구체적 자료의 요소들과, 정신이 부여하는 형식적(形式的) 요소들의 결과물들이다. 경험 속 구체적 자료의 요소들에 대한 하나의 인식을 얻기 위해서 우리는 경험이 일어날 때까지 기다려야만 한다. 즉 우리의 판단들은 경험적인 것이다. 그러나 경험 속 형식적 요소들에 관한 한 우리는 모든 경험이 일어나는 데에 필요한 보편적 조건들을 다루고 있다. 즉 우리의 판단들은 심지어 종합적인 경우에도 필연적이며 선천적이다. 정신은 정신과 완전히 분리되어 있는 세계를 그대로 다시 드러내는 것이 아니다. 오히려 정신은 부분적으로는 스스로 지각하고 인식하는 세계를 구성한다. 우리가 지각하고 인식하는 세계는 언제나 정신의 선천적인 여러 요구에 따르게 되는데, 그 이유는 이같이 따르면 어떠한 것도 경험으로 나타날 수 없기 때문이다.

칸트는 사물들이 경험 속에 나타날 때 정신이 부여하는 선천적(先天的 ; a priori) 조건들에 대해 '선험적(先驗的 ; transcendental)'이라는 서술어를 사용했다. 선험적인 것은 경험을 초월하여 존재하는 것과는, 예컨대 그런 것이 있다 해도 아무 관계가 없다. *2 경험 속에 선험적 요소들이 있다는 것을 전혀 깨닫지 못하는 사람도 많이 있을 줄 안다. 실제로 칸트 이전의 궤변적 합리론자들과 경험론자들도 이런 요소들이 있음을 인식하지 못했다. 그러나 이 요소들은 분명히 존재한다. 그리고 이 요소들이 있기 때문에 우리는 필연적 지식을 가질 수 있으며 또 선천적 종합 판단도 내릴 수가 있다. 이 선천적 종합 판단들이야말로 과학적 탐구 과정에서 필수적인 수단이 된다.

철학의 코페르니쿠스적 전환

칸트는 그의 비판적 인식론(認識論)을 철학의 코페르니쿠스적 전환이라고 불렀다. 그의 이러한 비유는 적절한 것이었다. 코페르니쿠스가 사람들의 천문학적 견해를 근본적으로 바꾸어 놓았다고 칸트는 지적했다. 코페르니쿠스 이전에는 사람들은 태양이 지구 주위를 돌고 있다고 상상했다. 그런데 코페르니쿠스는 이 생각을 뒤집어 지구가 태양 주위를 돌고 있다고 믿었다. 칸트는 철학에서 이와 비슷한 혁명을 수행하고 있다고 자부했다. 그 이전 아리스토텔레스로부터 칸트 시대에 이르기까지 사람들은 정신이 어떤 대상(對象)들을 인식하려고 그 대상들의 주위를 돌고 있는 것으로 여겼다. 그런데 칸트는 대상들로 하여금, 이를테면 정신이라고 하는 중심적 실체의 주위를 돌게 했다. 또 대상들을 정신이 정해 놓은 조건들에 일치시켜 경험 속으로 들어오게 했다. 정신은 경험 속에 언제나 존재하는 하나의 요소이며, 하나밖에 없는 요소이다. 정신은 감관에 나타나는, 그리고 판단에서 인식되는 모든 대상

---

*2 경험을 초월하여 존재하는 것에 대해 그는 초험적(超驗的 : transcendent)이라고 불렀다. 안타깝게도 선험적(先驗的 : transcendental)이란 말과 초험적이라는 말은 부주의한 독자에게 혼란에 빠뜨릴 수 있다. 그러나 이 두 말의 의미는 완전히 다르다.

에 대해서 입법적(立法的 ; legislative)이다. 다시 말해서 규제하는 역할을 한다. 만일 우리의 판단들이 대상들 자체의 성질에 따라야 한다면, 우리는 언제나 대상들이 그것들 자신의 성질을 우리에게 알려주기만을 기다려야 하리라. 이렇게 되면 우리는 공간과 시간과 물질과 운동에 대한 선천적인 인식을 절대로 가질 수가 없다. 하지만 우리는 실제로는 선천적인 인식을 아주 많이 가지고 있다. 따라서 선천적 인식이 가능한 그만큼, 대상들은 정신의 선험적 (先驗的) 요구 조건들에 따르지 않으면 안 된다. 감관들에 지각되는 과정에 있어서나 그 뒤에 이어지는 판단을 통한 인식 과정에 있어서나, 대상들은 이 선험적 요구 조건들에 따라야 한다. 칸트는 대상의 존립에 대한 이 같은 선험적 조건들의 이론에 따라서, 마침내 경험이 인식을 위한 자료(materials)라 기보다는 오히려 그 자체가 인식의 한 양식(a mode)이라고까지 말하기에 이르렀다. 정신은 이미 모든 경험 안에서 작용하고 있었다. 따라서 경험을 통해 이해될 수 있도록 대상들을 정신이 요구하는 바에 일치시키고 있었다.

경험이 대상의 성질에서 비롯된 것인지 정신이 요구하는 조건 상황들에서 비롯된 것인지 구별하는 것은 우리에게 있어 언제나 쉬운 일은 아니다. 그런데 이러한 구별을 하는 데에 도움이 되는 기준 두 가지가 있다. 이것은 필연성과 보편성이다. 이 두 기준은 서로 의존적이다. 다시 말해서 하나를 만족시키면 이에 따라서 다른 하나도 만족시키게 된다. 대상들은 이들을 인식하는 데 있어 그 자체로서는 우리에게 필연성도 보편성도 줄 수 없는 것이었다. 어떤 한 사람의 경험 속에 모든 대상이 다 들어갈 수는 없다. 또 어떠한 대상도 언제나 우리 눈앞에 있는 것은 아니다. 그러나 정신은 언제나 모든 경험 속에 존재한다. 따라서 정신은 필연적·보편적 경험들의 근원이 된다고 볼 수 있다.

경험에 있어 필연적인 것은 무엇이든지 또한 보편적이다. 그리고 보편적인 것은 또한 필연적이다. 그 밖의 모든 것은 우연적이고 경험적이며 외부로부터 오는 것이다. 경험의 보편적·필연적 요소들은, 정신이 대상들에게 요구하는 조건 상황들에서 비롯된 것이다. 경험의 외래적·우연적 요소들은 대상들 자체의 본성에서 비롯된 것이다. 따라서 우리는 경험들을 충분히 주의를 기울여 분석함으로써, 경험 속 어느 요소들이 선험적이며 어느 요소들이 경험적인가를 결정할 수 있다.

〈순수이성비판 純粹理性批判 ; critique of pure reason〉의 구조

이제까지 칸트의 철학에 대해 말한 것은 모두 칸트가 〈순수이성비판〉의 두 간행판을 위해 쓴 머리말과 서론(緖論)들의 내용을 설명한 데 지나지 않는다. 이 방대한 저서의 나머지 부분은 칸트의 견해를 자세히 보충 설명하고 있으며, 철학의 코페르니쿠스적 전환으로부터 비롯된 여러 귀결을 논하고 있다.

칸트는 그의 저서를 크게 세 부분으로 나누었다.[*3] 이것은 칸트가 세계에 대한 인식에 있어 인간의 능력을 세 가지로 보았기 때문이다. 이 셋은 감성 (感性 ; sensibility)·오성(悟性 ; understanding) 그리고 이성(理性 ; reason)이 다. 칸트는 이 세 능력을 하나씩 차례로 다루었다. '선험적 감성론(先驗的 感性論 ; Transcendental Aesthetic)'에서 그는 정신이 부여하는, 그리고 마침 내 모든 감관적(感官的) 또는 지각적 경험 과정에서 드러나는 감성의 형식 들을 논했다. '선험적 분석론(先驗的 分析論 ; Transcendental Analytic)'에 서는 정신이 모든 경험으로 하여금 만족시키기를 요구하는 오성(悟性)의 범 주들(categories)을 논했다. 그리고 '선험적 변증론(先驗的 辨證論 ; Transcendental Dialectic)'에서는 이성의 이념(관념)을 논하고 있다. 여기서 는 정신이 이성을 사용하는 과정에서 경험을 초월하여 '사물들 자체(Things -in-themselves)' 즉 그 본질을 알고자 유혹을 받게 되는 사실에 대해 논한 다. 하지만 '사물들 자체'는 그 발생(occurrence)에 있어서 선험적 조건들에 매여 있지 않다.[*4] 〈순수이성비판〉세 부분 가운데 처음 두 부분은 과학적 인식의 여러 양상을 다루고 있다. 제3부는 〈순수이성비판〉의 부정적 또는 파괴적 부분이라고 말할 수 있다. 이 부분이 파괴적인 것은, 칸트의 판단에

[*3] 어떤 비평가들은 오히려 두 부분으로 나누어 보려 한다. 즉 '선험적 감성론(Transcendental Aesthetic)'과 '선험적 논리학(Transcendental Logic)'이다. 이 비평가들은 칸트의 원전에 아주 충실하다고 볼 수 있다. 그러나 '선험적 논리학'은 그 자체가 다시 '선험적 분석론'과 '선험적 변 증론'으로 나뉘어 있다. 〈순수이성비판〉을 설명하는 데에는 위에서 말한 것처럼 세 부분으로 나 누는 것이 더 편리하다.

[*4] 칸트는 철학사에서 가장 까다롭고 전문적인 용어 몇 가지를 사용했다. 감성의 형식·오성의 범 주·이성의 관념·사물들 자체 그리고 그 밖에 칸트가 여러 목적을 위해서 지어낸 용어들은 그의 사상을 설명하는 데 있어서 없어서는 안 될 것들이다. 칸트 철학의 요점을 알고자 하는 사람은 이 용어들을 잘 익혀 두어야 한다.

따르면 이성의 이념들이 인간의 생각하는 과정(thinking)을 훈련시키는 데 큰 도움이 된다 하더라도 궁극적으로 인식을 낳게 하지는 못하기 때문이다.

〈순수이성비판〉의 세 부분을 하나씩 살펴보자.

감성(sensibility)의 형식 : 공간과 시간

'선험적 감성론(先驗的感性論 ; Transcendental Aesthetic)'에서 칸트는 감성의 형식들을 다루었다. 감성의 형식은 두 가지, 곧 공간과 시간이다. 칸트는 우리의 지각적 생활(perceptual life)이 우리의 개념적 생활(conceptual life)과 성찰들(reflections)과는 관계없이 그 자체로 완전한 것이라고는 생각지 않았다. 실제로 그는 감성을 격리하는 것은 설명을 명확하게 하기 위해서 만드는 하나의 추상(抽象 ; abstraction) 개념이라는 점을 조심스럽게 덧붙이고 있다. 그러나 만일 우리가 어떤 물체에 대한 우리의 의식으로부터, 오성의 작용과 대상에 의해 주어진 정신적인 모든 것을 인위적으로 분리한다면, 그 결과로 우리에게 남는 것은 감성의 순수한 형식들(the pure forms of sensibility)이다. 이 두 형식, 다시 말해 공간과 시간은 정신의 지각 작용에 의해 경험에 주어짐을 칸트는 증명하려고 했다. 이 증명을 위해 그는 네 가지 논증을 전개했다. 공간에 대한 논증은 시간에 대한 논증과 동일하다. 따라서 여기에서는 공간에 대한 논증만을 요약하기로 한다.

(1)공간은, 어떤 물건의 빛깔 또는 단단함 같은 감각들로부터 얻게 된 경험적 개념이 아니다. 왜냐하면 이런 감각들에 앞서, 그리고 이 감각들과는 별개로 우리가 공간 의식을 가지고 있지 않다면, 결코 이 감각들을 우리 외부에 있는 어떤 것이라고 말할 수 없기 때문이다. (2)우리는 우리가 무시해 버리려는 어떤 대상이든지 이를 생각 밖으로 떨쳐낼 수 있다. 우리는 모든 대상을 그렇게 내버릴 수 있다. 우리는 공간을 텅 빈 것으로 여길 수 있다. 그러나 우리는 공간을 우리의 생각으로부터 떼어버릴 수는 없다. 따라서 공간은 지각적(知覺的) 경험의 선험적(a priori) 형식이라고 말할 수 있다. (3)공간은 하나이다. 우리는 공간의 여러 다른 부분들을 지각한다. 우리는 지각된 부분들을 하나하나 붙여가면서 하나의 포괄적 공간을 얻을 수는 없다. 그러므로 모든 것을 포괄하는 하나의 공간은 지각된 부분들에 앞서 존재한다. (4)공간은 하나의 무한한 전체로서 우리의 의식 속에 나타난다. 그리고 이

전체 속에 모든 지각된 부분들이 서로 적절한(proper) 관계들을 유지하고 있다. 하지만 경험은 그 어떤 무한한 것도 정신에게 줄 수는 없다. 따라서 정신이 무한한 공간의 형식을 경험에게 주지 않으면 안 된다.

공간에 대한 이 논증들과 시간에 대한 이와 비슷한 논증들은 공간과 시간이 경험의 발생을 위해 정신에 부여하는 필연적 형식임을 밝히는 충분한 증거라고 칸트는 보았다. 우리는 사물들 자체가 공간과 시간 속에 있다고 단정할 만한 근거가 없다. 그러나 경험 속에는 공간과 시간이 보편적으로 포함되어 있다. 칸트는 이러한 견해를 다음과 같이 표현하고 있다. 즉 공간과 시간은 경험적으로는 실재성(實在性)을 띠고 있으며, 선험적으로는 관념성(觀念性)을 띠고 있다. 공간과 시간이 실재성을 띠는 이유는, 경험은 언제나 공간과 시간이 주어지는 가운데 일어나기 때문이다. 그리고 공간과 시간이 선험적으로 관념성을 띠는 이유는, 그 기원(起源)의 관점에서 보았을 때, 시간과 공간의 개념은 정신에서 나온 것이기 때문이다. 시간과 공간의 관념성(idealty)은 이들이 정신에 의해 경험에 부여되었다는 사실에 있다. 그리고 이 관념성은 선험적인 것인데, 특정한 정신들 하나하나가 그 경험 과정에서 제멋대로 작용하는 것이 아니라, 모든 정신이 그 작용에 의해 지각적 생활의 모든 부분에 영향을 주는 필연적 조건이 되기 때문이다. 이에 대해 칸트는 공간은 모든 외적 경험의 형식이라고 덧붙였다. 그리고 시간은 모든 외적·내적 경험의 형식이라고—즉 현상들에 대한 모든 경험과, 우리 자신 안에서 일어나는 여러 감정과 이에 대한 반성의 과정을 위한 형식이라고—했다.

칸트는 '선험적 감성론' 결론 부분에서, 과학자들의 연구에 대해 자신의 견해에서 비롯된 여러 귀결을 지적했다. 그 가운데 으뜸가는 귀결은 기하학〔기하학은 순수 공간 지각(純粹空間知覺)의 형식을 다룬다〕이 물리학과 그밖의 모든 자연 과학이 연구하는 세계 전체에 대하여 타당한 원리임을 알 수 있다는 것이다. 그러므로 수학적 계산들은 경험에 앞서서 경험적 세계의 구조에 대한 올바른 측정을 가능하게 한다고 신뢰할 수 있다. 우리는 세계에 대한 수학적 해석을 지지하기 위해서, 데카르트처럼 신학적인 궤변을 늘어놓을 필요가 없다. 또 로크처럼 사물들의 구조를 인식하는 우리의 능력에 대해서 절망할 필요도 없다. 과학자들은 이미 오래전부터 수학을 하나의 도구로서 사용해 왔다. 특히 갈릴레이와 뉴턴이 그러했다. 칸트는 자기가 처음으로 합리적인 근거를 가지고 자연 과학을 받쳐줄 수 있는 하나의 인식론을 찾아냈다고 생각했다.

범주(範疇; categories)의 연역(演繹; deduction)

'선험적 분석론'에서 칸트는, 우리가 시간적·공간적 세계를 지각하기 위한 수단으로서 기본적 개념들의 필연성을 옹호하려 했다. 이 기본 개념들을 그는 오성의 범주들(categories of understanding)이라고 불렀다. 이들이 범주인 것은, 우리가 경험으로부터 얻은 귀납적 결과들을 통해서 경험적으로 다다르게 되는 모든 개념보다 논리적으로 앞서는 것이기 때문이다. 이들은 오성에 속한다. 왜냐하면 칸트가 말하는 오성이란, 우리가 경험하는 세계에 대한 인식에 이르게 하는 정신을 의미하기 때문이다.

범주에는 모두 열두 가지가 있다고 칸트는 상상했다. 그는 자기가 구별할 수 있다고 생각한 판단의 유형들을 살펴봄으로써 그의 범주표(範疇表)를 이끌어냈다. 칸트가 그의 범주표를 전개한 '분석론' 부분은 학생들에게는 대체로 딱딱하고 별 도움이 되지 않는 대목이다. 그러나 세 개의 범주는 어떤 방법으로 완성되었든 간에 칸트의 철학에서 대단히 중요한 것이다. 이 세 개의 범주란 실체성(實體性)·인과성(因果性) 그리고 상호성(相互性)의 범주이다.

범주들의 선험적 관념성(觀念性)은 칸트에 의해 공간과 시간의 선험적 관념성과 연결되고 있다. 우리 인간은 의미가 아직 주어지지 않은 지각적 자료(perceptual material)를 먼저 가진 뒤에, 이 자료에 대해 성찰함으로써 의미를 부여하는 것은 아니라고 그는 생각했다.

우리의 지각하는 삶과 개념적 삶은 서로 얽혀 있다. 이 두 부분은 하나의 통합된 삶을 여러 모습으로 바라보게 한다. 그의 유명한 구절에 따르면, '개념 없는 지각(칸트의 원문에서는 직관)은 맹목적이며, 지각 없는 개념은 공허하다.' 우리의 지각적 경험은 맨 처음부터 이미 여러 의미로 물들어 있다. 그리고 우리의 개념적 해석들은, 만일 우리가 보고 만지고 듣는 것들을 외면해 버린다면, 존재하지 않는 것에 대한 쓸데없는 공상이 되고 말 것이다. 칸트가 '감성론(感性論)'에서 공간과 시간에 대해 펼친 견해들은, 나아가 정신이 경험으로 하여금 만족시키기를 요구하는, 다시 말해서 정신이 언제나 경험 속에서 찾아보는 선천적 개념들을 밝히게 했다.

실체성(實體性 ; substance)의 범주는 칸트에 의해 공간의 형식과 밀접하게 연결되고 있다. 이것은 자연의 모든 변화를 통하여 그 양이 늘지도 줄지도 않는 하나의 영속적 요소가 존재한다는 원리이다. 영속성이 없다면 변화는 참다운 변화가 될 수 없다. 그렇게 되면 변화는 참된 변화라기보다는 한 사물이 끝나고 다른 사물이 시작하는 것이 되어 버린다. 우리가 경험하는 것이 공간 속에 있다면, 이것은 오직 정신 안에 현존하는 실체성의 개념을 통해서만 생각해 볼 수 있다.

인과성(因果性 ; causality)의 범주는 또한 위의 범주들과 비슷하게 칸트에 의해 시간의 형식과 연결되어 있다. 시간적으로 사건들의 순서가 분명하게 이해될 수 있다면, 그 순서는 순간들의 계기(繼起 ; 어떤 일이나 현상이 잇따라 일어남) 즉, 연속성(succession)이 그러하듯 우연적인 것이 아니고 필연적인 것이어야 한다. 그리고 인과성의 원리는 시간의 계기적(연속적) 순간들을 한데 묶는 필연성에 대한 인식이다.

상호성(相互性 ; reciprocity)의 범주는 칸트에 의해 경험을 구성하는 요소로서 정신의 집중성이 연결되어 있다. 공간과 시간은 두 개의 형식이며, 범주는 그 수가 여럿이긴 하지만, 이것들은 모두 하나의 근원에서 선험적으로 나온다. 따라서 의미 있는 사물들과 사건들의 시공적 조직망 안에 경험적으로 현존하는 것은, 그 무엇이라도 반드시 여러 사건이 서로 관련된 하나의 전체이다. 그리하여 정신은 어떤 방법에 의해 (그 방법은 특수한 경험들의 경험적 성격에 달려 있다) 경험의 어느 한 부분으로부터 다른 어느 한 부분 또는 다른 모든 부분으로 넘어 갈 수 있다. 아무리 경험이 풍부하고 복잡하게 되더라도, 이는 반드시 서로 의미 있는 관계로 얽히지 않을 수 없다. 정신의 통일성(unity)은 경험의 전체성(全體性)을 보장한다. 상호성의 범주는 우리가 지각하고 인식하는 모든 것에 대해서 근본적인 것이다. 칸트의 전문용어로 말한다면, 경험은 자기 의식의 선험적 통합, 즉 지각의 선험적 통합을 나타내게 되어 있다.

칸트는 '범주들의 연역(deduction of the categories)'이란 말을 사용하여, 경험이 언제나 정신적 범주들의 요구를 만족시킨다는 사실에 대해 증명하고자 했다. 그는 이 연역에 대해서 오직 하나의 진술만이 아닌, 여러 가지 진술을 했다. *5 연역에 대한 어떤 진술들을 그는 경험적이라고 불렀다. 그것은 이 진술들이 우리가 경험하는 모든 것에는 범주들이 현존한다는 관찰에 기초하고 있기 때문이다. 다른 진술들을 그는 선험적이라고 불렀는데, 그것은 이 진술들이 정신의 통일성, 즉 나타나는 모든 사건에 대해 정신이 부여하는 여러 요구 조건의 통일성에 기초하고 있기 때문이다. 다음은 가장 분명하고 간단한 진술들 가운데 하나이다. *6

　공간과 시간은 내적인 것과 외적인 것을 다 포함하는 모든 지각(知覺)의 선천적(a priori) 형식들이다. 하지만 이 형식들과 이들 속에서 경험되는 모든 감성적 자료는 하나의 선천적 통일성을 갖도록 정해져 있다. 왜냐하면 이 선천적 통일성이 없다면 어떠한 것도 정신에 나타날 수 없으며, 어떠한 경험도 일어날 수 없기 때문이다. 이 통일성으로 말미암아 경험은 가해성(可解性 ; intelligibility)의 모든 조건을 드러낼 수 있다. 즉 이해될 수 있는 하나의 전체가 되는 것이다. 다시 말해서 이 통일성은, 정신에 나타나는 것은 무엇이든지 오성(悟性)의 범주들에 따를 것을 요구한다. 그러므로 범주들은 경험의 가능성을 나타내는 조건들이며, 따라서 범주 안에 있는 것들은 경험의 모든 대상에 대해서 선천적으로 타당하다고 말할 수 있다.

사물들 자체

칸트는 말하기를, 과학들은 우리가 경험하는 세계에 대해 관찰하고 분석하고 설명해 준다고 했다. 칸트는 이 점에 대해 버클리만큼, 그리고 흄이 마침내 그랬던 것만큼 확고한 신념을 가지고 있었다. 따라서 그는 감관 경험(感官經驗)의 주관성을 내세운 17세기 이론에 대립적 태도를 나타낸 18세기의 사상적 흐름에 속한다. 그러면서도 여전히 그는 경험에 맞서는 사물들 자체를 내세웠다.

＊5 칸트는 이 잇따른 진술들을 여러 번에 걸쳐 써 두었다가 뒤에 조금씩 원고에 옮긴 것으로 보인다. 책이 인쇄되었을 때 그는 한 연역이 어디에서 끝나며, 다른 연역이 어디에서 시작하는지 거의 뚜렷하게 제시하지 않았다. 그래서 그의 원전, 특히 제1판은, 칸트가 어려운 점을 쉽게 이해시키기 위해 자기의 생각들을 되풀이했다는 사실을 깨닫지 못하는 독자들에게는 오히려 갈피를 잡지 못하게 한다.

＊6 이 구절들은 〈순수이성비판〉 제2판 pp. 160~161의 원문을 의역한 것이다.

칸트는 경험과 이른바 '사물들 자체'와의 관계에 대한 자기의 생각을 분명하게 정의한 적이 없었다. 그는 이 점에 대해 한 번도 뚜렷한 생각에 이르지 못했던 것 같다. 그는 현상(現象 ; phenomena)으로서, 즉 나타나는 것으로서 우리가 경험하는 것에 대해 논했다. 오직 현상에 대해서만 우리는 선천적인 종합적 인식을 가질 수가 있는데, 이는 현상이 존재하지 않는다면 정신 활동이 어떠한 것도 구성할 수 없기 때문이라고 그는 주장했다. 과학을 통해서 사물들 자체를 인식할 수 없다고 그는 결론지었다. 또한 우리는 이들에 대해 경험할 수도 없다. 한 부분에서는 비록 공간과 시간이 감성의 유일한 형식들이기는 해도, 정신(우리의 것과는 다른 정신)이 사물들에 대해 가질 수 있는 의식의 종류는 오직 감성만 있는 것은 아니라는 사실을 인정해야 한다고 그는 주장했다. 따라서 그의 말은, 경험되지 않은 외부 대상과 경험되는 현상을 나누는 로크의 이원론(二元論)으로 되돌아감을 암시해준다. 그리고 그의 〈도덕철학의 근본 원리〉와 〈실천이성비판〉의 생각 가운데 어떤 것들은 이런 종류의 이원론을 가지고 논의를 전개하고 있는 것처럼 보인다.

그러나 칸트는 로크의 이원론을 지지하려 하지 않았다. 그는 '사물들 자체'에 대해 또 다른 용어를 〈순수이성비판〉 제2판에서 많이 사용하고 있다. 누메나[noumena ; 가상적(可想的) 존재]가 바로 그것이다. 어원적으로 이 말은 '이성(理性)이 본 대상(對象)'을 뜻한다. 그러나 이성은 경험된 대상들 말고는 다른 어떤 대상의 인식에도 결코 이를 수 없다고 그는 단호하게 주장했다. 그리고 확실히 〈순수이성비판〉에서, 현상들은 사물이 정신에 의해 관찰되는 필연적인 방법이라는 데 중점을 두고 있다. 즉 정신은 사물들을 현상의 부분들로 보는 것이다. 그가 '정신(mind)'이란 말을 사용할 때 그는 인간적인 정신 작용을 어떤 인간적인 것 아닌, 그리고 인간의 것보다 우월한 종류의 정신 작용에 대립시키고 있었던 것이 아니다. 그는 사람들이 가지고 있으나 반드시 사람들만이 독점하는 것이 아닌, 모든 지각하고 인식하는 의식에 대해 꼭 같이 '정신(精神)'이란 말을 썼던 것이다. 그렇다면 현상과 대조를 이루는 누메나는 정신이 생각할 수 있는 것과는 다른 어떤 방법으로 생각되는 사물들 자체일 수밖에 없다. 그러나 이 호기심을 불러일으키는 견해에 대해 칸트는 뚜렷이 밝히거나 옹호하지 않았다.

따라서 칸트의 〈순수이성비판〉의 한 결과로서 칸트가 분명한 해결 방법을 제시하지 못한 어려운 문제가 하나 남게 되었다. 그의 후계자들 가운데 몇몇이 여러 방법으로 해결하려고 애쓴 것도 바로 이 문제였다. 하지만 이 문제를 해결하는 과정에서 자신들의 견해를 펼치는 가운데 그들이 대개 이르게 된 결론들은, 칸트가 이미 예상했으며 동시에 거부한 것들이었다.

칸트의 변증론(辨證論 ; dialectic)

칸트의 〈순수이성비판〉 마지막 긴 부분은 '선험적 변증론'이다. 보통 변증론법이라 함은 분석론법 못지않은 이성의 활동을 가리킨다. 그러나 칸트가 생각하는 의미의 변증론은 오성(悟性 ; understanding)의 한계 안에서만 활동하는 것을 거부하는 이성의 활동이다. *7 그리고 선험적 변증론은, 정신이 어떠한 방법으로도 구성할 수 없는 대상들의 성질을 결정하기 위해 감성의 형식들과 오성의 범주들을 사용하려고 시도하면서 이를 거부하게 된 변증론이다. 변증론은 정신을 훈련하는 과정으로서는 가치를 가질 수 있으나 결코 지식을 생기게 하지는 못하며, 고찰하는 대상들에 대해 타당한 이론도 끌어낼 수 없다.

변증론적(辨證論的) 사고(思考)가 다루는 관념들은 보통 절대적 자아(the absolute self), 세계의 전체성 그리고 가장 높은 존재에 대한 것들이다. 이 관념들을 성찰함으로써 이성적 심리학과 이성적 우주론, 그리고 이성적 신학이 각각 나왔다. 이 변증론적 관념(이념)들의 대상은 그 어느 것도 경험적으로 확실한 것이 아니며, 그 어느 것도 정신의 구성적(構成的 ; constitutive) 작용을 받지 않는다. 따라서 각 분야의 변증론적 사고는 마침내 모두 지적 좌절감을 겪게 된다.

이성적 심리학(理性的心理學 ; rational psychology)은 영혼의 본질을 설명하려 한다. 심리학은 보통 영혼이 하나의 실체라고 본다. 단순한 하나의 개체이며, 그것이 깃들어 있는 신체와는 아주 뚜렷이 구별됨을 주장한다. 하지만 이 주장들은 모두 오류추리(誤謬推理 ; paralogism)이다. 오류추리란 내용과 관계없이 그 형식이 올바로 되어 있지 않은 추리를 말한다. 이 주장들이 오류 추리가 되는 것은, 초월적인 것을 이끌어내기 때문이다.

---

*7 다이얼렉틱(dialectic ; 변증론)이란 말은 칸트가 쓸 때와 플라톤이 쓸 때를 주의 깊게 살펴보아야 한다. 본서, p. 76 참조.

이성적 우주론(理性的宇宙論)은 세계의 전체성을 설명하려고 한다. 이 우주론은 언제나 한 쌍의 모순되는 명제—그러나 어느 하나도 옳다고 정의할 합리적 이유가 없는 한 쌍의 명제—즉 정립 명제(定立命題 ; thesis)와 반정립 명제(反定立命題 ; antithesis)로 우리를 이끌어간다. 정립 명제의 타당성을 끌어내기 위한 유일한 설명 방법은 반정립 명제를 부조리한 것으로 밝히는 것뿐이며, 반정립 명제의 경우에도 마찬가지이다. 짝을 이루는 이 모든 모순 명제의 한 쌍들은 저마다 하나의 안티노미(antinomie ; 二律背反)로 구성된다. 하나의 안티노미는 그 정립 명제로서 세계가 시간에 있어 시초를 가졌으며 공간적 한계에 둘러싸여 있다는 명제를 가진다. 그 반정립 명제로서는 세계가 시간에 있어 시초를 가지지 않았으며 어떠한 공간적 제한도 받지 않는다. 다른 안티노미들은 원자론(原子論)의 정립 명제와 무제한적으로 나뉠 수 있다는 가분성(可分性)의 반정립 명제 및 완전한 결정론의 정립 명제와 자유로운 인과성의 반정립 명제, 절대적으로 필연적인 존재의 실재성을 주장하는 정립 명제와 이러한 존재를 부인하는 반정립 명제들이다. 이 사색적 문제들을 해결하려는 대신, 칸트는 이들을 해결할 수 없는 것으로 보았다. 그러나 그는 이 문제들이 해결될 수 없는 데 대해 그 이유를 파악하는 사람들에게는 이것들이 아무 도움도 되지 않는다고는 생각지 않았다. 예컨대 첫째 안티노미는, 시간과 공간이 경험 속에 보편적으로 존재한다는 것에 대해 다시 한 번 우리의 주의를 불러일으킨다. 또 경험과 함께 우리의 인식 과정은 끝난다는 것을 깨닫게 한다. 다른 안티노미들도 이와 비슷한 의의를 가진다.

이성적 신학(理性的神學)은 가장 높은 존재, 즉 하느님의 존재를 증명하려고 한다. 칸트는 이성적 신학의 역사를 돌아보면서, 하느님의 존재에 대한 증명의 세 가지 주요한 유형을 들고 있다. 본체론적 증명(本體論的證明), 우주론적 증명(宇宙論的證明) 그리고 목적론적 증명(目的論的證明)〔이 마지막 것을 그는 자연 신학적(自然神學的) 증명이라 부른다〕이 그것이다. 끝으로 두 가지 증명에 대한 그의 논평은 흄의 〈자연종교에 관한 대화〉에 있는 논평과 비슷하다. 그러나 그는 논평을 덧붙여, 이 두 논증은 어떤 발달 단계에서 본체론적 증명으로 돌아가 제1 원인(第一原因) 또는 규제하는 목적이 정말 완전하고 가장 높은 것을 증명하고 있다고 주장했다. 본체론적 증명에 대한 칸트의 분석은 더 독창적이다. 그는 이 증명이 필연적 판단과 필연적 존재 사이에 혼동을 일으키고 있음을 지적했다. 가장 높은 완전한 존재라는 관념을 품는 사람들은 반드시 이런 존재가 실재하는 것으로 생각하게 된다. 왜냐하면 만일 그렇지 않다면 그들이 존재를 생각하는 대신 환상을 가지고 장난하는 것이 되고 말기 때문이다. 그러나 필연적 판단은, 이것이 아무리 가장 높은 존재 또는 '엔스 레알리시뭄(ens realissimum ; 가장 현실적인 존재자)'에 대한 것이라 하여도 우리가 판단하는 대상의 필연적 실재(實在)를 보증하는 것이 아니다. 실재(실제로 존재한다는 것)는 현실적으로는 도저히 서술어가 될 수 없는 것이다. 이것은 한 물건의 일부 성질을 뜻하는 것이 아니다. 공상 속의 100달러는 진짜 100달러와 똑같은 수의 센트를 포함하고 있다. 완전한 존재에 대한 관념은, 이로부터 분석적으로 끌어낼 수 있는 몇몇 특정한 의미들을 포함하고 있다. 그러나 실재는 하나의 속성이 아니므로 어떤 관념으로부터도 실재를 끌어낼 수는 없다. 어떠한 관념도 그 대상의 필연적 실재, 또는 심지어 현실적인 실재도 보증할 수 없다.

이성적 신학에 대한 칸트의 비판은 그의 '변증론' 가운데 가장 많은 영향을 끼쳐 왔다. 하지만 이러한 영향은 나중에 쓴 저서들 안에 제시된 이론들과 관련하여 비롯된 것이다.

정언명법(定言命法 ; the categorical imperative)

〈순수이성비판〉의 결과는 과학적 관심들에 대해서 유리하게 작용했다. 이를테면 이것은 갈릴레이와 뉴턴 같은 지도적 사상가들에게서 많은 열매를 맺어 온 유형의 탐구들을 과학자들이 계속할 권한을 보장해 주었다. 그러나 언뜻 도덕적·종교적 관심에 대해서는 매우 불리한 것처럼 보인다. 그것은 경험을 통해서 본다면, 인간은 자유로운 선택에 따른 도덕적 책임이 들어설 여지가 없이 인과의 사슬로 묶여 있다는 것, 그리고 하느님에 대한 인식이 불가능함을 주장한다. 그러나 칸트는 그의 〈순수이성비판〉을 통해 도덕과 종교를 공격하려고 의도한 것은 아니다. 많은 사람들이 도덕적·종교적 관념의 기초로 삼은 이제까지의 여러 전제를 이 비판을 통해 그가 거부하려 한 것은 사실이다. 하지만 그는 더 나아가 기존의 전제들보다 훨씬 뛰어난 도덕과 종교의 새로운 기초들을 세우고자 했다. 그리고 〈순수이성비판〉 제2판에서 자기는 신앙을 위한 여지를 두기 위해 하느님과 자유 그리고 불멸(不滅)에 대한 인식을 부인한 것이었다고 공공연히 선언함으로써 자신의 견해를 더 분명하게 나타냈다. *8

정당한 것이라고 그가 믿은 신앙을 충분히 설명하기에 앞서 그는 〈도덕철학의 근본 원리〉에서 하나의 근본적인 물음을 던지고 있다. 행위를 진정으로 도덕적인 것이 되게 하기 위해 필요한 조건이 무엇인가에 대해 그는 생각했다. 우리가 이 물음에 대한 답을 알기 전에는 사람들이 어떠한 종류의 행위를 할 수 있는가 없는가에 대해 토론해 보았자 아무 대답도 얻을 수 없다.

도덕적 행위는 의무를 존중하는 마음에서 비롯된 행위이며, 의무는 도덕 법칙에 대한 경외심에서 행동하게 만드는 것이라 칸트는 주장했다. 그 자체가 무조건적으로 선한 것은 오직 선의지(善意志 ; a good will) 말고는 없다. 사람들이 보통 선하다(좋다)고 칭찬하는 것은 무조건적으로 선한 것이 아니다. 지능도 선하며(좋으며), 용기와 같은 여러 개인적 성품들도 선하고(좋고), 부(富)와 건강도 선한(좋은) 것이다. 그러나 이 여러 성질은 오직 이들을 다루는 데 있어 사람들을 이끌고 가는 의지가 선할 때에만 도덕적으로 선하다. 의지가 선하지 않으면 이 여러 성질은 해로움을 끼칠 뿐이다. 선의지는 모든 도덕적 가치에 있어 없어서는 안 될 전제 조건이 된다. 그리고 선의지는 지능이나 용기나 부의 성취를 지향하는 의지가 아니다. 이것은 의무를 따라서, 즉 오직 도덕 법칙을 존중하는 마음이 저절로 우러나오게 되어 지능과 용기와 부를 사용하려고 하는 의지이다.

의무에서 행동하려는 의지는 욕망이나 기질의 명령을 따르는 의지가 아니라 순수한 이성의 명령을 따르는 의지이다. 어떤 어머니가 아이를 사랑한다는 이유만으로 자기 아이를 돌본다면, 이 행위는 도덕적 행위라 할 수 없다. 그녀의 행위는 의무를 소중히 여기는 마음에서 나온 행위와 결과는 꼭 같을 수도 있다. 그러나 그 행동이 의무감에서 나온 것이 아니라면 그녀의 의지는 아직 도덕적 의지라고 말할 수 없으며, 그녀의 행위는 도덕적 가치가 결여된 행위이다. 어떤 행위도 그것이 추구하는 목표에 의해 도덕적 가치를 얻는 게 아니며, 더욱이 그 목표를 성취한다고 해서 도덕적 가치가 얻어지는 것도 아

＊8 제2판의 머리말, p. 30.

니다. 그 목표를 성취한 행위와 목표를 성취하는 데에 완전히 실패한 행위는, 만일 이 두 행위가 동일한 동기에서 나왔다면 동일한 도덕적 가치를 지닌다. 이 두 행위는 만일 의무에 대한 존경심에서 나온 것이라면 도덕적이다. 그리고 만일 이 두 행위가 욕망이나 기질 또는 행복에 대한 갈망에서 나온 것이라면 모두 도덕적 의의가 없다.

따라서 도덕 법칙은, 이를 존중함으로써 행위가 도덕적 가치를 지니게 되므로 이성적이며 동시에 순수하게 형식적인 것이다. 이 이성적이며 형식적인 법칙은 다음과 같은 원리 말고 다른 것일 수는 없다. 즉 사람은 자신의 행동 원칙이 동시에 모든 사람을 위한 보편적 법칙이 되도록 행동해야 한다.

칸트의 엄격한 주장은, 그가 다음과 같이 설명한 것을 읽어 보면 더 쉽게 이해할 수 있다. 거짓말을 하는 것은 잘못된 것이라고 그는 지적한다. 거짓말을 하는 것은 남을 속이려는 의도를 가졌기 때문이다. 그리고 만일 모든 사람이 남을 속이려는 생각만으로 가득 차 있다면, 사람들이 주고받는 말은 그들 사이에 더는 의사 소통 수단이 되지 못하며 거짓말을 하는 일은 불가능하게 되고 만다. 따라서 거짓말을 해도 좋다는 준칙은 모든 사람을 위한 하나의 보편적 법칙이 될 수 없으므로 옳지 못한 준칙이다.

칸트는 그의 형식적 도덕 법칙에다 정언명법(定言命法 ; categorical imperative)이란 이름을 붙였다. 여기에는 많은 가언명법(假言命法 ; hypothetical imperative)이 존재할 수 있다. 만일 우리가 건강을 원한다면 이러이러한 방법대로 행하지 않으면 안 된다, 만일 우리가 친구를 원한다면 이러이러한 몸가짐으로 행동해야만 한다 등등. 그렇지만 정언명법, 즉 가장 높은 가치를 지니는 지상 명령(至上命令 ; one categorical imperative, 행위의 결과에 관계없이 행위 자체가 선(善)이기 때문에 무조건 따라야 하는 도덕적 명령)은 오직 하나뿐이다.

더 나아가 칸트는 말하기를, 하나의 정언명법이 두 형식 가운데 어느 것으로든지 표현될 수 있다고 주장했다. 첫째 형식은 위에서 이미 말한 것이다. 이는 언제나 자신의 행동 법칙을 모든 사람을 위한 보편적 법칙이라고 여길 수 있도록 행동하라는 것이다. 이 명법(命法)의 다른 형식은, 모든 이성적 행위자가 정언명법을 가려내고 이에 복종할 수 있다는 사실을 인정하는 데에서 나온다. 그리고 정언명법을 따르는 모든 행위자는 자기 본성 안에 본질적 가치를 지니고 있다. 이러한 행위자는 누구나 그 자신이 하나의 목적이 된다. 사물이나 현상들은 결코 궁극의 목적일 수 없다. 물체들은 오직 상대적 가치만을 가지고 있으며 또 수단으로서 사용될 수 있다. 그러나 이성적 행위자는 하나의 물건이 아니고 하나의 인격이다. 그리고 그의 가능한 본질적 가치 때문에, 어떤 인격도 오직 수단으로서 사용되어서는 안 된다. 이로써 우리는 선의지(善意志)를 가진 사람들의 사회라는 개념에 이른다. 이러한 사회는 목적의 왕국을 이루게 될 것이다. 도덕이란 목적의 왕국이 실현되도록 격려하는 행동에서 성립한다고 말할 수 있다. 그러므로 정언명법은 다시 다음과 같이 나타낼 수 있다. 즉 언제나 모든 사람을 결코 수단으로서가 아니라 목적으로 대하도록 행동하라는 것이다.

이로써 칸트는 행위를 진정으로 도덕적인 것이 되게 하는 데 꼭 필요한 조건들에 관한 근본 문제에 대해서 스스로 답을 내렸다. 그러나 이 근본 문제에 대한 그의 답에서는, 경험 세계의 철저한 결정론에 휘말려 있는 인간들이 도덕적 행동을 할 수 있는가 없는가 하는 문제는 해결되지 않은 채로 남아 있다. 왜냐하면 그 누구도 이성의 명령을 따를 수 있을 만큼 자유롭지 못하다면 도덕적 명법(道德的命法)대로 행동할 수 없기 때문이다. 오직 자유로운 사람만이 선의지를 가진 사람이 될 수 있다. 만일 사람들이 외부로부터 그들에게 가해지는 인과적 힘들에 의해 지배를 받는다면, 또는 자신들의 타고난 본성·욕망·기질에 의해 지배를 받는다면, 정언명법의 여러 요구에 따를 수 없게 된다. 이성은 도덕적 행위가 가능해지기 위한 조건이다. 그러나 자유는 도덕적 행위가 현실적으로 가능해지기 위한 조건이다. 그렇다면 인간은 자유롭거나 또는 인간에게 도덕이란 것이 아예 없거나 한두 가지 상황만이 있을 수 있다. 그리고 경험 세계에 대한 인식 과정에서 우리가 제한을 받게 된다는 관점에서 본다면, 자유란 하나의 착각일 따름이다. 이 때문에 칸트는 인식의 한계를 초월하는 신앙에 대한 근거가 예컨대 한 가지라도 있는지 없는지를 고찰하지 않을 수 없었다.

신앙의 요청들

칸트의 〈실천이성비판 實踐理性批判〉은 인간을 올바른 실천으로 이끌어 갈 수 있는 원리들을—이 원리들은 비록 사람들이 지각하고 인식하는 세계와는 관계가 없지만—고찰한 저서이다. 이러한 원리들이 참되다는 것을 알 수 있는 가능성은 없다. 왜냐하면 안다는 것은 현상 세계에서 이루어지고 있는 것에 제한을 받기 때문이다. 한편 이러한 원리들이 모두 잘못된 것임을 알게 될 가능성도 전혀 없다. 왜냐하면 안다는 것은 또한 가상계(可想界)에는 미칠 수 없기 때문이다. 그리고 칸트는 경건주의적 배경과 강한 도덕적 성실성을 가졌기 때문에 인간의 내면에 깊이 자리잡은, 도덕적 가치들의 궁극성에 대한 떨쳐버릴 수 없는 느낌을 갖게 해 주는 원리들이 반드시 있으리라는 생각을 신앙에 의해서 품게 되는 것은 마땅하다고 생각했다. 이 원리들은 결코 지식의 일부가 될 수는 없다. 이것들은 도덕적 생활에 대한 요청들이다. 그리고 도덕이란 이성적 법칙을 따르는 것이므로, 이것들은 실천 이성에 대한 요청들이라고 부를 수 있다.

도덕의 최고 원리는 의지(意志)의 자율성(自律性 ; autonomy)에 대한 원리라고 칸트는 주장했다. 의지의 자율성이란, 우리가 경험하는 세계로부터 오는 모든 압력을 물리칠 수 있는, 그리고 자기의 의지가 스스로 제한하는 이성적 법칙을 따르는 의지의 능력이다. *9 의지의 자율성에 대한 원리는 오직 하나의 가정, 즉 사물들 자체는 현상들에 대해서 현상들 서로의 관계와 똑같은 관계를 가지고 있는 것만은 아니라는 가정에 의해서만 지탱될 수가 있다. 다시 말하면 우리는 본체적 자아(本體的自我 ; noumenal self)가 경험 세계의 현상적 자아처럼 구성되어 있지 않다고 가정할 수 있다. 이 가정은 이론적으로 증명할 수는 없으나, 또한 우리가 이 가정을 잘못된 것이라고 증명할 어떠한 것도 없다. 이것은 하나의 신앙에 관련된 것으로, 우리가 이 가정을 받아들이지 않는다면 인간이 도덕적 존재라는 전제를 모두 포기해야 할 것이다. 따라서 도덕의 최고 원리는 실천 이성의 첫째 요구에 따르게 되는데, 이 요구는 곧 도덕적 존재로서의 인간은 자유롭다고 하는 것이다.

칸트는 이 신념을 깊이 파고들면 여러 궁극적 의미에 이르게 된다고 생각했다. 최고선(最高善 ; the highest good)의 조건은 인간의 의지와 도덕 법칙의 완전한 조화이다. 그러나 이러한 조화는 감관의 세계에서 살아가고 있는 그 누구에게도 불가능한 것이다. 그러한 조화는 거룩함[神聖性]이며, 또한

---

*9 칸트는 의지의 자율성에 대해 〈도덕 철학 *Metaphysic of Ethics*〉에서 다루고 있으며, 〈실천 이성 비판〉에서는 이 개념을 더 풍부하게 펼쳐 나가고 있다.

완전을 향하여 끊임없이 나아가도록 요구한다. 따라서 우리가 도덕 법칙의 여러 요구를 충족하고 싶어하는 우리의 열망을 성취하려면, 우리는 영혼의 불멸(不滅)을 필요로 하지 않으면 안 된다. 우리는 인간과 같은 도덕적 행위자들이 어떤 방법으로든 어느 정도 자신들의 도덕적 발전이라는 목적을 성취할 수 있다는 것에 대해서 신념을 가져야 한다.

거룩함도 인류의 도덕성을 만족시키기에는 충분치 않다. 거룩함은 실제로 최고의 선일 수 있으나 완전한 선일 수는 없다. 인간은 덕에는 그에 비례하는 행복이 뒤따라야 한다는 뿌리 깊은 의식을 가지고 있다. 인간은 감히 행복을 목표로 두지 않는다. 왜냐하면 그렇게 하는 것은, 하나의 본래적 선(善)으로서 의무를 존중하고 따라야 하는 원리를 위배하는 것이기 때문이다. 그렇지만 덕 있는 사람은 그 최고선(最高善)이 완전선(完全善)의 경지에 이르게 하기 위해서 복을 받지 않으면 안 된다. 이로써 우리는 마침내, 그 계획에 따라 덕(德)과 행복의 합일을 일어나게 하는 데 꼭 필요한 힘으로서 하느님의 존재를 요청하게 된다.

따라서 칸트에게 있어서는 의지의 자율성 원리가 그 충분한 정당화를 위해 자유, 영혼의 불멸, 그리고 신의 존재라는 세 가지 요구 사항을 필요로 한다. 이 요구들은 이론적 학설(theoretical doctrines)이 아니라 오히려 여러 도덕적 갈망들에 대해서 의미와 품위를 주는 실천적 조건들이다. 이들은 지식이 아니라, 오히려 신앙이다. 그러나 이성이 정언명법(定言命法)의 권위를 발견한다는 사실에 그 근거를 두는 신앙이다.

칸트의 영향

칸트의 주장이 전적으로 받아들여진 적은 거의 없었다. 그러나 그의 영향은 후세 사람들의 철학 안에 이리저리 스며들어 갔다. 지난 세대 동안에는 그의 영향이 매우 쇠퇴했었다. 이는 그의 철학에서 이른바 코페르니쿠스적 전환이 많은 사상가들에게 자연과 정신의 관계에 대한 옳지 않은 이론으로 여겨졌기 때문이다.

그를 지지하는 이들도 그의 사상 체계를 전적으로 따르는 경우는 매우 드물었다. 스스로를 칸트 학파라 부르는 사람들(독일 사람들이 때로 스스로 이렇게 부르기를 좋아했다)도 그의 사상을 전적으로 따르는 일은 거의 없었다. 오히려 이들은 칸트 사상의 복잡한 내용에서 자기가 좋아하는 몇몇 요소만을 받아들이고 다른 요소들은 무시해 버리거나 심지어는 거부하기까지 했다. 이들 가운데 많은 사람들은 경험은 물론 존재를 결정하는 데 있어서도 정신이 아주 중심적인 역할을 하는 것으로 보았기 때문에, 칸트 자신의 의도와는 아주 거리가 먼 형이상학적 관념론의 여러 체계를 세웠다. 이들 가운데 어떤 이들은 칸트가 정신에 대해서 생각한 것을 절대정신(絶對精神 ; absolute mind)의 이론으로 발전시켰다. 그런데 모든 것을 삼켜 버리는 이 절대정신이라는 개념 속에, 칸트가 개인의 자율성을 지키기 위해 주장했던 견해는 그 흔적마저 사라져 버렸다. 칸트를 지지한 영국 학자들 가운데 한 사람은 심지어 칸트라는 사람을 실제로는 관념론자(idealist)로 해석하려고 했다. *10

　신학에 대한 칸트의 영향은 철학에 대한 그의 영향만큼이나 깊었다. 그리고 더 지속적이며 영원한 것이 되었다. 성 토마스 아퀴나스를 기억하는 가톨릭 신학자들은 칸트가 부인한 자연신학(自然神學)을 조심스레 다시 표명했다. 그러나 신교(新敎) 신학자들은 믿음으로 의롭게 된다는 루터의 교리를 따라서, 자신들의 신앙을 지켜 나가기 위한 새로운 방법으로서 칸트의 주장을 끌어들이는 것이 보통이었다. 이들 가운데 몇몇 사람들은 칸트의 저서를 읽는 가운데 과학과 종교가 전혀 다른 두 세계이며, 과학자들이 무엇을 발견하든 신학자들은 자신의 신앙들을 그대로 지켜갈 수 있다고 생각하기에 이르렀다. 이들에게 신앙은 어떤 초월적 근원으로부터 오는 것으로서 자연의 허락을 필요로 하지 않는 것으로 받아들여졌다.

2. 피히테

요한 고틀리프 피히테(Johann Gottlieb Fichte, 1762~1814) : 작센에서 태어났다. 어려서부터 너무나 조숙했기 때문에 부유한 이웃들의 도움으로 교육을 받을 수 있었다. 그는 신학과 철학을 공부했으며, 몇 해 동안 가정교사로 생계를 꾸려간 적도 있다. 1792년 〈계시 비판(啓示批判) ;

---

*10 Edward Caird, *The Critical Philosophy of Immanuel Kant*(Glasgow, Maclehose, 1889).

Critique of All Revelation〉을 간행했으나 인쇄인의 잘못으로 이름이 표지에서 빠져, 비평가들이 이 책을 칸트의 저서로 오해하고 크게 환영했다. 칸트는 곧바로 그 저자가 피히테임을 해명하고 동시에 그를 높이 평가했다. 이 때문에 피히테는 독일 전체에서 갑자기 유명해졌다. 1794년에는 예나 대학 철학 교수로 임명되었다. 그러나 얼마 뒤 그에 대해 무신론자라는 비난이 일자 작센 주 정부는 그를 바로 해임했다. 그는 여러 철학 저서를 내었는데, 1800년에 나온 〈인간의 사명 *The Vocation of Man*〉이 가장 널리 알려져 있다. 1807년 나폴레옹의 침략에 자극 받아 〈독일 국민에게 고함 *Addresses to the German Nation*〉을 간행하면서, 한때 그는 애국적 열정가들 모임의 중심 인물이 되기도 했다. 그는 베를린 대학 설립에 이바지했으며, 1810년에서 1812년까지 총장직을 맡았다. 또한 독일로부터 나폴레옹과 프랑스 사람들을 쫓아내려 한 여러 세력에 가담하여 전국 순회 강연을 하기 위해 총장직마저 사임했다. 1814년 그의 아내가 베를린의 여러 병원에서 부상병들을 간호하다가 열병에 걸렸는데, 그는 아내를 간호하던 중에 전염되어 세상을 떠났다.

젊은 시절에 피히테는 주저하면서도 결정론적(決定論的) 철학을 신봉했다. 그 뒤 1790년 칸트의 저서들을 읽고, (칸트의 〈실천이성비판〉에 있는) 신앙에 대한 이론을 결정론(determinism)에서 빠져나오기 위한 하나의 방법으로서 열정적으로 받아들였다. 그는 모든 철학이 의지의 범위 안에 있으며, 사람들의 도덕적 결심에 기초를 두고 있다고 주장하기에 이르렀다.

〈인간의 사명〉에서 그는 세 가지 철학적 주장들을 묘사했다. 이 주장들은 사람들이 명증이나 논증이 아닌 도덕적 신앙을 기초로 그 하나를 선택해야 하는 것들이다. 이 세 주장의 지지자들은 저마다 자기 주장을 일정한 양식으로 내놓을 수 있다. 그리고 이 지지자들에게는 경험이 그 견해를 입증해 주는 듯이 보일 것이다. 따라서 어느 철학을 선택하느냐는 것은 개인적 성향의 표현이다. 외부로부터 맞닥뜨리는 세력들에 굴복하는 사람은 자기 자신이 세계의 메커니즘[機械的運動 ; mechanism, 기계론] 안에 전적으로 뒤얽혀 있다고 보게 된다. 지각적(知覺的) 경험의 감관적(感官的) 내용에만 주의를 기울이는 사람은 자기 주위 세계와 자기 자신의 인격이 모두 해체되어 공상이라는 허구 속으로 사라져 버린다. 그러나 자기가 옳다고 여기는 가치들을 추구하기 위해 자유롭게 행동하려는 사람은 스스로 자기 자신의 운명의 주인이 되며, 세계가 그의 도덕적 목적들을 위해 그의 뜻대로 움직이게 된다. 세 권으로 구성된 〈인간의 사명〉에서는 이 세 가지 철학을 다루고 있다. 그리고 자신의 견해를 웅변적으로 분명하게 나타내면서, 처음의 두 철학은 거부하고 세 번째 철학에 찬사를 보내고 있다. 이 세 주장을 표현하는 데 있어 피히테는 일인칭 단수를 사용하고 있다. 이 주장들 하나하나는 정신의 모험으로 다루어지고 있는데, 이 모험은 자아의 성실성에 대한 여러 도덕적 효과들에 따라서 거부되거나 받아들여져야 할 것이다.

〈인간의 사명〉 제1권에서 피히테는 메커니즘의 견해를 제시했다. 나는 세계의 현상(現象)들을 주의 깊게 살펴볼 때 천편일률적인 경험의 규칙성을 발견하게 된다. 모든 것은 그것에 앞선 것들에 의해 이미 결정되어 있으며, 또 서로 연결되어 있는 전체 속에 필연적인 하나의 부분임을 나는 발견하게 된다. 따라서 나 자신이 이 전체의 한 부분이며, 또 나의 몸·사고·행동에 있어 엄격한 필연성(必然性 ; necessity)에 묶여 있다고 결론짓게 된다. 내가 지금의 나인 것은 자연의 전체 구조 안에 내가 하나의 현상으로서 나타나게 된 배경과 지금 존재하고 있는 상황으로 말미암은 것이다. 그리고 앞으로 내가 어떻게 될 것인가는 내 모습을 만들어 가는 여러 힘에 달려 있다. 심지어 자유의 느낌도 필연성에 의하여 내 안에 일어난다. 따라서 나는 스스로 행동하는 것이 아니며, 내 안에 있는 자연이 작용하고 있는 거라고 결론지을 수밖에 없다. 이러한 이론적 결말에 대해 나는 공포와 전율을 느끼는데, 왜냐하면 나는 진정으로 자유로운 나이기를 바라기 때문이다. 그러나 이 이론의 전제들을 받아들이는 한 나는 이 결론으로부터 탈출구를 찾을 수는 없다.

제2권에서 그는 지각주의(知覺主義 ; perceptualism)의 견해를 제시했다. 모든 지각에 있어 만일 내가 세심하게 주의를 기울인다면, 나 자신의 의식적 상태 말고는 그 어떠한 것도 지각하지 못함을 발견하게 된다. 내 밖에 있는 그 어느 대상·실체·영속적 세계에 대해 나는 지각하지 못한다. 나는 나 자신이라고 부를 수 있는 그 어떠한 것도 지각할 수 없으며, 다만 잠시 존재하다가 사라져 버리는 감각들과 관념들의 허무한 연속만을 지각할 따름이다. 영속하는 사물 또는 영원한 자아 같은 개념들은 모두 공상이 만들어 낸 허구

세계이다. 나는 나에게 이야기하는 듯이 보이는 어떤 정신에 의해, 마치 환상처럼 내 의식을 통해서 하나하나 지나가는 상황들 속에서 내가 볼 수 있는 것보다 훨씬 뛰어난 그 무엇을 내 안에 가지고 있다고 공상할 수 있다. 그러나 나의 바로 앞에 있는 것에 집중하는 한 나는 주관성의 진흙탕 속에서 벗어나지 못하고 무력하게 허우적거릴 수밖에 없다. 지각주의 이론의 여러 전제를 받아들이는 한, 나는 완전히 헛수고만을 거듭하게 된다.

제3권에서 피히테는 스스로 주의주의(主意主義)의 견해를 제시했다. 나는 나 자신 안에서 〔결정론(決定論 ; determinism)으로 인도하는〕 지능보다도, 그리고 〔지각주의(知覺主義)로 인도하는〕 감각보다도 더 근원적인 무엇을 발견한다. 나는 행동하려는 충동을 발견한다.*11 나는 지능에 대한 나의 신뢰가 그 자체로 나의 세계를 이해할 수 있도록 일정한 질서를 유지하려는 나의 의지의 결과이며, 감각에 대한 나의 신뢰는 그 자체로 경험의 원리를 소중히 여기려는 내 의지의 결과임을 발견한다. 지능과 감각의 뒤에는 의지가 있다. 인식과 지각의 뒤에는 행동하려는 결심이 있다. 그리고 나의 의지는 본질적으로 도덕적 의지이다. 양심은 모든 경험과 모든 현실의 뿌리이다. 나는 힘찬 행동에 필요한 수단들을 내 주위에 가지기 위해서 하나의 질서 잡힌 세계를 원한다. 나는 이것을 다음과 같이 말할 수도 있다. 즉 존재하는 것으로서 내가 '인식'하고 있는 것은 나 자신의 행위이며, 이 행위는 스스로 힘차게 앞으로 나아가게 하기 위해 나 자신을 객체화(客體化)한다. 나의 자아는 모든 동적인 행위에서 그 짝(counterpart)으로서 하나의 비아(非我 ; Nicht-Ich)를 필요로 한다. 나는 정신적 발전의 여러 조건을 재료로 승리감으로 가득 찬 성취를 향하여 나 자신의 길을 나아갈 수 있다. 우주가 아무리 엄격하고 또 어김없는 인과의 쇠사슬을 가지고 있다 하더라도, 결국 내가 나 자신으로부터 시작된 도전일 따름이다. 내가 이같이 도전하는 것은, 내 도덕

---

*11 독일인 특유의 이러한 태도는 위로는 루터로 거슬러 올라가, 믿음으로 의롭게 된다는 그의 교리에서 찾아볼 수 있다. 또 아래로는 현대의 유신론적 또는 무신론적 실존 철학 양쪽에서 다 같이 찾아볼 수 있다. 그것이 가장 분명하게 표현된 것은 괴테의 〈파우스트〉(1808) 제1부에서이다. 파우스트는 그의 서재에서 명상하다가 갑자기 성경 구절, '태초에 말씀이 있었느니라(Im Anfang war das Wort)'가 쓰여 있는 것을 보게 된다. 그는 이것을 치워 버리고 대신 '태초에 뜻이 있었느니라'를, 그 다음엔 '태초에 힘이 있었느니라'를 내걸어 본다. 그러나 마지막으로 그는 '태초에 행위가 있었느니라'라는 확신에 이르게 된다.

적 삶이 나아가는 길을 힘차고 고상한 것이 되게 하며, 또 내가 애써 추구하는 도덕적 목적에 맞는 가치 있는 삶을 살아가기 위해서이다.

현실은 우리가 해내지 않으면 안 되는 의무의 재료라고 피히테는 결론지었다. 이는 정언명법(定言命法)에 그 기원을 두고 있다. 충동적으로 이리저리 헤매고 다니는 것은 너무나 나태한 일이다. 양심은 힘차게 나아갈 것을 요구한다. 그러나 칸트와는 달리 피히테에게는 정언명법이 규칙의 보편성에 대한 요구가 아니라, 개인적 성장에 대한 요구이다. 따라서 정언명법은 우리가 좀 더 큰 정신적 자유를 얻기 위해 성장해 나아갈 것을 명령한다. 또한 정언명법은 자아의 모든 자질을 발전시키며 개인의 힘을 증가시키는 여러 조건 아래서 세계에 대해 작용하기 위한 완전한 법칙의 세계를 만들라고 명령한다. 세계는 이를테면 그 자체로서는 어떠한 실재성도 가지고 있지 않다. 세계는 자유인의 사명의 터전이다. 또는 무대라 해도 좋을 것이다.

피히테는 칸트의 정언명법 가운데 둘째 형식을 첫째 형식보다 더 충실하게 보전했다. 만일 한 사람이 자기 자신에 대립함으로써 스스로 지어낸 세계를 극복하여 뛰어넘으려면, 다른 사람들과 긴밀히 연결되지 않으면 안 된다. 사람들은 물체들의 세계와는 달리 정신적 존재들이며, 그들 자체가 실재하는 존재들이다. 한 개인은 오직 자기의 동료 인간들과 함께 있을 때에만 그 자아를 충분히 드러낼 수 있다. 분리된 자아는 능력이 너무 제한되어 발휘되므로 한 사람으로 하여금 충분한 힘을 가지고 비아(非我)에 반응할 수 있게 할 수 없다. 자유로운 인간은 모든 정신적 인격체들과의 합일(合一 ; a corporate unity) 안에서 자기의 한계성을 버리고 도덕적 성장을 이루어 낼 수 있다. 피히테는 사도신경(使徒信經)에 있는 옛 용어를 사용하여, 이 합일을 성인(聖人 ; saints)들의 교류라 불렀다. 그의 견해로는 이러한 정신적 하나됨이 그저 신비적 감정에서 이루어지는 것도 아니며, 다가올 미래의 삶에 전적으로 속하는 것도 아니다. 이는 감정보다는 오히려 행동에 의해 현실화되는 것이며, 또 지금 바로 시작되지 않으면 안 된다. 이것은 특히 국가의 조직 생활에서 발견된다. 물론 국가란 인류 앞에 놓인 좀 더 조화롭고 폭넓은 삶의 전주곡에 지나지 않는 것이지만, 우선 국가라는 조직적 삶 안에서 이 하나됨을 찾아 볼 수 있다.

피히테를 의지주의적 관념론자라 불러도 좋을 것이다. 그는 실재(實在 ;

reality)를 인격으로 보았으며, 인격을 의지(意志 ; will)로 보았다. 또한 인격의 힘을 자유롭게 그리고 성공적으로 표현하는 것을 선한 생활로 보는 낭만주의적 도덕가라 부를 수도 있을 것이다. 그는 독일 문화의 여러 영역 사이에서 이어져 내려온 사상적 흐름을 대표한다. 이 사상적 흐름은 서로 얽힌 두 개의 실로 이루어져 있다. 이 두 개의 실은 첫째로 강력한 그리고 기술적으로 매우 효율적인 국가에 대한 예찬이며, 둘째로 이 국가에 대한 적극적 충성을 통해 느끼게 되는 정서적 자유이다. 피히테 자신의 삶은 나폴레옹의 강대한 세력에 대한 성공적 항쟁을 일으키기에 필요한 효소들을 어느 정도 제공했다. 그리고 그의 철학 이론은 강력한 인격적 의지를 자유롭게 표현하는 데 대한 일시적 찬성 이상의 것이었다.

3. 헤겔

게오르크 빌헬름 프리드리히 헤겔(Georg Wilhelm Friedrich hegel, 1774~1831) : 슈투트가르트에서 태어났다. 헤겔은 튀빙겐 대학에서 공부했으며, 1790년 이 대학에서 철학 박사 학위를 받았다. 그는 여러 곳에서 가정 교사 일을 했는데 처음에는 베른에서, 그 다음에는 프랑크푸르트에서 일했다. 헤겔은 종교에 흥미를 가져 기독교의 기원을 연구하고 예수의 생애에 대한 저서를 냈는데, 여기에서 기적과 정통적 그리스도관을 받아들이지 않았다. 처음에 헤겔은 자연에 대한 셸링의 낭만적이고 신비적인 해석을 채택한다고 공언했다. 또 헤겔은 셸링의 도움으로 예나 대학에서 가르치는 자리도 얻었다. 그와 셸링은 〈비판적 철학 잡지(*Critical Journal of Philosophy*)〉를 함께 발간했는데 1802년과 1803년 2년 동안 함께 편집 일을 했다. 1803년 셸링이 예나를 떠나자 헤겔은 셸링의 여러 견해와 결별하고, 그 뒤 10년 동안 자신의 철학을 발전시켜 나아갔다. 예나를 떠난 뒤 뉘른베르크 대학, 하이델베르크 대학 그리고 베를린 대학에서 가르쳤다. 헤겔은 철학계의 지도자로 인정을 받으며, 많은 학생들과 일반 대중들로부터 흠모의 대상이 되었다. 헤겔은 1831년 베를린에 퍼진 콜레라에 걸려 죽었다. 헤겔의 주요 저서로는 〈정신현상학 精神現象學 ; *Phenomenology of Spirit*〉(1807) · 〈대논리학 *Science of Logic*〉(1812년 제1권, 제2권이 나오고 1816년 제3권이 나옴)·〈철학백과전서 *Encyclopedia of Philosophical Sciences*〉(1817)가 있다. 이 〈철학백과전서〉는 그의 체계를 〈소논리학〉·〈자연철학〉·〈정신철학〉 등 3부로 요약한 것이다. 또 〈법철학 *Philosophy of Right*〉(1821)도 그의 주요 저서 가운데 하나이다. 이 밖에 그가 죽을 때 남긴 강의 초고로부터 뒤에 다음과 같은 저서가 세상에 나왔다. 즉 〈미학(美學) ; *Aesthetics*〉·〈종교 철학 *Philosophy of Religion*〉·〈역사 철학 *Philosophy of History*〉 그리고 〈철학사 *History of Philosophy*〉.

헤겔의 철학은 하나의 칸트주의이다. 그러나 칸트 후계자들 대부분이 그렇듯이 그도 칸트의 불안정한 주장들을 그대로 지키지는 않았다. 그는 칸트의 몇 가지 논점들을 열정적으로 받아들였으며, 다른 몇 가지 논점들은 전적으로 거부했다. 이렇게 하여 칸트의 비판 철학을 이른바 절대적 관념론(觀念論 ; absolute idealism)의 체계로 바꾸어 놓았다.

헤겔은 경험의 이성적 성격에 대한 칸트의 주장에 의해 깊은 감동을 받았다. 경험은 아무런 합리적 구조도 없이 그저 우리의 의식에 들어오는 재료가 아니다. 헤겔은 로크와 흄이 경험을 이 같은 재료로 보고 있다고 생각했다. 또 이성(理性)은 개인 안에 머물러 있는, 경험과는 관계없이 여러 직관을 가지고 작용하는 추상적 능력이 아니다. 데카르트는 이성을 이 같은 추상적 능력(abstract faculty)으로 보았다. 헤겔에게 있어 이성과 경험은 둘이 아니고 하나이다. 이성은 경험의 객관적 구조이다. 그리고 우리 인간은 개인의 변덕스러운 심리적 성향을 따르지 않고 우리의 생각으로 하여금 경험이 일어나는 방식 그대로 따르게 할 때 가장 참된 이성적 인간이 될 수 있다.

헤겔은 '사물들 자체'에 대한 칸트의 생각을 못마땅하게 여겼다. 이성이 오직 현상 세계에만 적용되며 모든 실재(實在)에 대해서는 구성적인 역할을 하지 못한다고 칸트가 가르쳤을 때 칸트도 결국 이성을 너무나 하찮은 우연적인 것이 되게 했다고 그는 주장했다. 물론 실재는 개인의 정신들로부터 독립적이며 객관적으로 존재하지만 정신과 전혀 관계없이 존재한다고는 생각할 수 없다. '사물들 자체'는 만일 이성의 한계를 넘는 것이라면 그 어떠한 것도 될 수 없다. 실제로 현상(現象)들은 실재와 대립되는 것이 아니다. 그러나 현상들과 대립을 이루는 실재는 경험의 배후에, 생각과는 완전히 동떨어져서 존재하는 가상적(可想的) 세계가 아니다. 오히려 이것은 단편적인, 따라서 아직 합리적이지 못한 우리의 불완전한 인간적 경험이 인간을 뛰어넘는 정신의 객관적 질서로서 지향하는 완성된 경험이다. 현상과 실재는, 부분과 전체의 관계로 생각할 수 있다. 경험은 단순히 또는 본디 인간적 사건인 것만은 아니다. 그것은 하나의 광대한 우주적 과정으로서, 우리 인간의 유한한 참여를 뛰어넘어 공간적으로나 시간적으로 무한하게 펼쳐지고 있는 것이다. 우리가 가지는, 또는 전체로부터 인위적으로 추상하는 우주적 경험의 어느 부분에서나 우리는 여러 가지 혼란·모순·애매성 등을 발견한다. 우리의 유한한 경험이 더욱 폭넓어지고 우주에 대한 견해가 더욱 구체화될수록 우리의 경험은 더욱더 많은 합리성을 가지게 된다. 이로써 우리는 경험의 전부가 완전히 이성적인 것임을 깨닫게 되는 것이다. 경험의 여러 부적절한 점, 또는 부적절한 것으로 우리에게 여겨지는 사건들은 시간을 통한 우주의 점진적 움직임 안에서 모두 극복될 수 있다.

절대적 관념론(觀念論 ; absolute idealism)

이렇게 하여 헤겔은 나중에 하나의 유명한 철학적 명문구가 된 말로, 현실적인 것은 이성적이며 이성적인 것은 현실적이라고 주장하기에 이르렀다. 그는 이 원리를 역사의 연속적 사건들로부터 떼어 낸 순간순간의 경험들에 적용하려고는 생각지 않았다. 우리는 우리의 당연한 기대가 사건들이 일어나는 과정에서 가끔 좌절되는 사실을 지켜보며, 우리 자신의 삶에서 합리성과 비합리성이 뒤섞여 일어남을 보게 된다. 그러나 헤겔은 절대적 경험, 즉 시간이 지남에 따라 발전해 가는 우주 전체의 충만한 구체성(具體性) 안에 온전한 합리성(合理性)이 깃들어 있다고 보았다. 그를 비평하는 사람들이 종종 말해 왔듯이, 헤겔은 19세기 문학에서 그 모든 단계의 특징을 보여주면서 중대한 역사 의식을 철학에 끌어들였다. 또는 적어도 이 역사 의식을 그 자신의 철학에서 강조했다. 그러나 헤겔이 다룬 역사는 그저 과거의 이해에만 그치는 것이 아니다. 이것은 경험의 시간적 구조를 하나의 전체로서, 즉 과거·현재·미래 안에서 이해하는 것이다. 경험들 하나하나는 그 어느 것이나 아무리 발전 단계 과정에 있는 것이라 하더라도 마침내 현상적인 것에 지나지 않는다. 그러나 우리는 절대적 경험이 우리가 가지는 단편적 경험들의 여러 결함을 지니고 있다고 생각해서는 안 된다. 모든 부조화(不調和), 모든 의미의 결여, 모든 허무는 인간 정신에 있어서는 사라지지 않지만 절대 정신(絶對精神)에 있어서는 이러한 것들은 모두 사라져 버린다. 절대적 경험 안에서는 발생하는 모든 것이 그 필연적 자리를 차지하며, 철저하게 이해할 수 있게 된다.

따라서 헤겔은 실재(實在)와 인식(認識)에 대해 논했다. 환상(幻想)은 우리의 경험에서 실제로 일어나지만, 이것은 하나의 현상(現象)일 따름이며 낮은 정도의 실재만을 가지고 있다. 이처럼 환상의 존재를 우리가 믿는다는 것은 우리의 유한한 견해에서는 옳은 것이 될 수 있다. 하지만 이것은 낮은 정도의 지식밖에 주지 못한다. 아리스토텔레스로부터 헤겔 자신의 시대에 이르기까지, 철학자들은 실재가 이미 완성된 것이며, 실재를 목적으로 하는 우리의 인식이 온전하고 궁극적인 것이 될 수 있다고 가정함으로써 오류를 범했다고 헤겔은 생각했다. 실재(reality)도 인식(knowledge)도 결코 완성될 수는 없다. 실재는 끝없는 과정이며, 이에 대한 전적으로 올바른 인식은 오직 절대정신(絶對精神 ; aboslute mind)에게만 가능하다. 우리가 우리 삶의 순간순간마다 우리 주위에서 발견하게 되는 이 세계는, 우리가 삶을 수행해 나가는 터전으로서, 그리고 과학들의 재료로서 우리에게 주어지는 한에 있어서는 실재적이다. 그러나 이 세계는 세계 역사의 진행 과정에서 추측되고 상상된 것이다. 우리의 학문은 비록 고귀한 것이기는 하지만 지적 발달의 단계들에 속하며, 학자들 저마다의 정신적 각성의 정도와 지역 사회의 문화 발전 정도를 말해주는 것이다. 전적으로 실재적인 유일한 세계는 우주 전체이며, 전적으로 올바른 유일한 인식(認識)은 이 우주의 완전무결한 인식이다. *12

---

*12 테니슨은 헤겔의 관념을 그의 시 〈담장 틈에 핀 꽃 *Flower in the Crannied Wall*〉(1869)에서 이렇게 표현했다.

'담장 틈에 핀 꽃
나는 너를 담장 틈에서 꺾는다.
나는 너를 뿌리째 내 손에 들어 본다.
작은 꽃—그러나 내가 널 이해하게 된다면, 네가 무엇인지, 뿌리와 네 모든 것을 알게 된다면,
또한 하느님과 인간이 무엇인지 내 알게 되리라.'

따라서 헤겔의 견해에서는 우주가 곧 절대정신이다. 인간 존재들 사이의 정신은 하나의 주관적 과정이지만, 우주 안의 정신은 하나의 포괄적 역사적 과정이다. 바로 이 절대적 정신에 의해 우주는 그 자신의 완전한 성취를 향하여 서서히 나아가는 것이다. 절대정신을 헤겔은 신(God)이라 부르고자 했다. 이 견해는 역사상 유대교나 기독교 교리들과 아주 일치한다고는 결코 말할 수가 없다. 헤겔의 신은 제1 원인도 아니며 궁극적 목적도 아니다. 이는 세계와 대립하기 위해 세워진 하나의 존재가 아니다. 헤겔은 이것을 '가이스트(Geist)'란 말로 표현했다. 이 말은 보통 '정신'이라고 번역되지만 헤겔의 경우에는 '문화'라고 번역해도 좋을 것이다. 절대적인 것은, 모든 물건과 모든 사건 속에 깃들어 있는 문화적 발전의 여정(旅程 ; a line)이다. 이것은 우주가 더욱더 잘 이해될 수 있도록 앞으로 발전해 나아가는 하나의 광대한 역사적 과정이다. 역사는 그저 우리 인간 존재들이 신을 의식하게 되거나 또는 세계를 포괄하는 문화에 이르는 과정에 불과한 것이 아니다. 역사는 또한 신(神), 즉 가이스트가 그 자신의 발전과 그 성장하는 미래에 대한 드높은 포부를 더 충분하게 의식하게 되는 과정이기도 하다.

헤겔의 변증법

헤겔은 실재(reality)와 인식(knowledge)에 대한 그의 이론이 하나의 새로운 논리학을 필요로 한다는 사실을 깨달았다. 여러 해 동안 그는 이 논리학을 체계화하는 데에 힘썼다. 헤겔은 아리스토텔레스 논리학을 분명하게 거부했다. 이것은 아리스토텔레스 논리학이, 영구적인 실체들이 존재하며 모든 실체가 주기적으로 되돌아오는 고정된 형식들이 있다는 가정에서 출발했기 때문이다. 아리스토텔레스 논리학은 명제들이 참이거나 거짓이며, 또 참인 때에는 궁극적으로 참이라고 가르친다. 헤겔은 발전하는 사물들과 변화하는 사건들의 모습을 드러내 주는 논리학을 원했다. 우리는 때로 사건들의 논리에 대해서 이야기한다. 이 같이 할 때 우리는 의미 있는 이야기를 하고 있는 것이라고 헤겔은 생각했다. 학교에서 가르치는 형식 논리학(形式論理學)은 이 논리학, 즉 사건들의 논리학이 아니다. 형식 논리는 오히려 이 논리로부터 나온 것이다. 형식 논리학은 세계의 동적 과정들로부터 무작위로 아무렇게나 끄집어낸 고정된 용어들과 생명 없는 존재물들을 다루기는 하지만 이 동적 과정들의 본질을 살펴보지는 않는다. 헤겔이 제창한 논리학은 절대정신을 점진적으로 펼쳐 나아가는 과정에서 사상의 주기적 흐름을 인정한다. 이 새로운 논리학은 우리 사고의 형식이 되지 않으면 안 된다. 왜냐하면 그것은 이미, 그리고 우리의 유한한 정신들과는 별개로 우리가 벌써부터 알려고 추구하는 절대적 경험의 형식이기 때문이다. 우리가 논리학을 생각〔思考 ; thinking〕의 법칙을 연구하는 신학(神學)이라고 정의하는 것은 잘된 것이며 바람직한 일이다. 그러나 이 경우, 우리는 사고나 생각의 법칙을 특별히 인간적인 그 어떤 것으로라도 생각해서는 안 된다. 이것들은 절대적 사고 또는 보편적 문화의 발전에 대한 법칙이다. 논리학에 의해 법칙이 주어지는 이 사고는 무엇보다도 진화하는 세계의 동적 발전이며, 가장 훌륭한 통찰의 순간에 현인(賢人)들에게서 오직 부차적으로 그리고 결과적으로 일어나는 사고 작용이다. 생각〔思考〕의 법칙들이 인간 사고의 규범적 원리가 되는 것은, 오직 이들이 무엇보다도 우주의 시간적 진행 과정에서 나타나는 현실적 구조들(actual structures)이기 때문이다.

헤겔은 역사를 세 단계로 바뀌어 가는 주기적 움직임(rhythmic movement)이라고 보았다. 이 단계들을 헤겔은 정립(定立 ; these)·반정립(反立 ; antithese) 그리고 종합(綜合 ; synthese)이라고 불렀다. 이 단계들은 세계의 발전하는 생명들에게서 찾아볼 수 있다. 즉 군사·경제·정치·사회·사상의 각 부문에 모두 나타난다. 물론 이 부문들은 실제로는 서로 얽혀 있다. 첫 단계에서는 오성(悟性 ; understanding)이 우주의 상황이 뜻하는 것을 어떤 정설(定說)로 요약해서 설명한다. 이 정설은 그 상황에 대해 어느 정도 부분적 진리를 뚜렷하게 표현하고 있다. 둘째 단계에서는 처음에 내세워진 정설에 대한 비판이 일어나 처음 정설의 여러 부족한 점들을 지적함으로써 그 부분적 진리에 대한 전반적 회의(skepticism)를 시도한다. 마지막 단계에서는 이성이 부분적 이해와 부정적 비판을 종합하여 실재에 대해 좀 더 올바르게 파악한다. 정립과 반정립의 부분적 진리들은 모두 종합 속에 포함되어 좀 더 전체적인 견해로 통합된다. 그리고 이 정(正)·반(反)·합(合)의 주기적 운동은 끊임없이 이어진다고 헤겔은 믿었다. 이 과정에는 끝이 없다. 모든 효율적인 종합은 새로운 비판적 검토를 위한 정립이 된다. 그리고 이 새로운 비판적 검토는 저 종합이 올바른가에 대해 의구심을 품게 할 새로운 근거들을 제시하는 동시에 훨씬 더 폭넓은 경험에 대한 좀 더 충분한 이해로 이끌어 준다.

(우주의 역사와 인간에 대한 여러 성찰 과정에서) 사상의 주기적 움직임을 헤겔은 역사의 변증법(辨證法)이라고 불렀다. *13 세계 역사는 하나의 변증법적 과정이다. 이것은 그가 세계 역사에 대해 단정한 말이다. 헤겔이 변증법적 과정을 논함에 있어 우주론적 측면에 치우친 부분은 인류 역사를 다룬 부분에 비해 너무나 딱딱하고 이해하기 어려워서 전문 철학자로서도 이를 이해할 수 있는 사람은 매우 드물 것이다. 그의 〈철학백과〉에서 제시된 기본적인 3원(三元), 즉 정(正)·반(反)·합(合)은 유(有)·무(無)·생성(生成)이다. 순수한 유(有)가 그 출발점이 된다. 이것은 지각되지 않으며, 느껴지지도 상상되지도 않고, 또 일정한 형태를 가지고 있지도 않다. 따라서 그 자체로서 하나의 추상 개념이며, 그 어떠한 것도 아니다. 즉 무(無)이다. 유와 무는 서로 완전히 다르며, 또한 전적으로 같다. 이 두 가지 종합에서 생성, 즉 변화가 나온다. 또 하나 다른 3원은 질(質)·양(量)·척도(尺度)이다. 질은 저 홀로 존재할 수 있는 게 아니다. 이것은 반드시 어떤 종류에 속하는 물건의 질이다. 따라서 질은 양과 연결되어 있다. 그리고 질과 양의 종합에서 일정한 분량 또는 척도가 나온다. 헤겔은 이 3원과 이 밖의 여러 3원을 하나의 도식으로 나타냈다. 그리고 이 도식은 그로 하여금 막연한 사상으로부터 벗어나 우리 주위에 그 충만한 구체성을 띠고 펼쳐지는 세계의 진행 과정에서 매우 복잡하고 발전한 사상으로 나아갈 수 있게 도와준다고 그는 생각했다. 그가 이 도식을 사용하게 된 의도는 아마도 다음과 같을 것이다. 즉 세계는 막대한 수(數)의 입자[Lucretius의 원자(元子) 같은]들로 되어 있다. 이것들은 여러 다른 결합과 순서의 연속 안에서 스스로 자신을 배열하는 것이 아니라 비교적 비어 있음[空; emptiness]의 상태로부터 점차 의미 있는 것[有; meaningfulness]으로 발전하며 끊임없이 성장한다는 것이다.

헤겔은 그의 변증법적 공식을 인류 역사의 진행 과정에 적용하여 이 공식을 훨씬 더 이해하기 쉽게 함으로써 더 많은 영향을 끼치게 했다. 그는 이 인류 역사 분야에서 폭넓은 학식을 가지고 있었다. 또 고대로부터 그 자신의

---

*13 헤겔의 다이알렉틱(dialecttic ; 변증법)이 뜻하는 것은 플라톤이나 칸트가 생각하는 것과는 아주 다르다. 본서 p. 79와 p. 504와 비교해 볼 것.

시대에 이르는 유럽의 정치사와 사회사에서 자신의 논리에 대한 적절한 실례들을 찾아낼 수 있었다. 플라톤의 관념론(觀念論)은 그것의 반정립(反定立)으로서 데모크리토스의 유물론(唯物論)을 탄생시킨 하나의 정립이었다고 주장했다. 그리고 서로 대립하는 이 두 견해는 아리스토텔레스의 실재론(實在論)에서 종합 또는 절충을 보게 되었다. 에피쿠로스 학파의 쾌락주의(快樂主義)는 쾌락에 대한 무관심을 주장하는 스토아 학파의 항변을 불러일으켰다. 둘 다 옳은 부분도 있지만 부분적 오류가 있었던 이 두 학설은 비판을 받으며 기독교의 좀 더 균형 잡힌 윤리학으로 대체되었다. 특권 계급들의 세습적 권리에 대한 부르봉 왕가의 주장은, 모든 사람의 평등한 권리를 요구한 자코뱅당(黨)의 혁명적 주장을 직접적으로 불러일으켰다. 그리고 이 두 부분적 진리는 한데 합쳐져, 민족국가 국민들을 위한 법적으로 보장된 권리들이라는 좀 더 건전한 이론과 그 실천으로 발전했다. 헤겔은 인류 역사에서 충돌과 이를 재료로 새로운 형태의 사회 질서를 세워 나간다는 정치가다운 주장을 함에 있어서 그의 변증법적 방법을 아주 교묘하게 활용했다.

역사 철학(歷史哲學)

헤겔이 세상을 떠난 뒤에 출간된 〈역사철학〉 서론에서, 헤겔은 이집트와 메소포타미아의 고대제국(古代帝國)들로부터 18세기 서구 여러 나라에 이르는 인류 역사를 개략적으로 살펴보고 나서, 그가 발견한 역사의 의미에 대해 하나의 해석을 제시했다. 헤겔은 이 인류 발전의 역사에서 주요한 네 단계를 발견했다. 고대 여러 제국에서는 전제 정치가 널리 행해졌는데, 그 무렵의 도덕은 외부로부터 대중에게 강요된 것이었다. 이러한 전제 정치는 인류의 유아기(幼兒期)에 속한다고 볼 수 있다. 이 뒤로 그리스 세계에서는 개인주의(個人主義)와 더불어 모든 사람이 그들 자신의 개인적 취미와 사상을 자율적으로 표현할 수 있는 자유로운 시기가 왔다. 이 같은 자유는 인류의 청년기(靑年期)이다. 그 다음에는 다시 로마 국가의 균형 잡힌 정치 체제가 일어났다. 이는 제국(帝國)의 여러 제도에 대한 참여를 통해 권력을 얻을 수 있도록 개인들을 훈련함으로써 권위와 자유(自由)에 대한 요구를 조정했다. 이 시대는 인류의 장년기(壯年期)라고 할 수 있다. 마지막으로 여러 세기에 걸쳐 혼란한 시기를 겪은 뒤에는, 헤겔이 서슴지 않고 이 모든 역사적 발전 과정의 완성이라고 부른 것, 곧 독일 국가의 출현을 보게 되었다. 그리고 이 국가의 생명은 기쁨으로 가득 차 있으며 이성적이고 완전하다고 헤겔은 감히 말했다. 그렇다면 여기서 인류는 그 원숙기(圓熟期)에 이른 것이다.

윤리학(倫理學)

우리는 헤겔의 절대적 관념론(絶對的觀念論)으로부터 몇 가지 귀결(歸結)을 그의 윤리학적 이론에서 볼 수 있다.

개인은 사회로부터 추상(抽象)된 존재이며, 자연적 권리들에 대한 찬미는 (그것이 로크가 한 것이든 자코뱅 당원들이 한 것이든) 도덕적으로 옳지 않다고 헤겔은 믿었다. 사회는 사람들의 한갓 집합체에 불과한 것이 아니다. 이것은 하나의 정신적 실재(實在)이며, 그 안에 깊숙이 파고들어감으로써 사람들은 자아의 인식에 이를 수도 있다. 개인을 구속하는 사회는 물론 완전한 것이 못 된다. 왜냐하면 이것은 절대정신의 발전에 있어 한 단계에 지나지 않기 때문이다. 그러나 이것은 한 개인이 가지는 유일한 사회이다. 이 사회는 그 사람의 시대와 장소의 가이스트이며, 적어도 그에게 있어서는 과학·예술·종교·철학 등 모든 부분에서 문화의 지킴이요 계발자요 육성자이다. 자기의 사회가 완전한 것이 못 된다는 이유로 그 사회로부터 물러서는 것은 자기의 제한된 완성을 위해 없어서는 안 될 기반을 버리는 것이다. 따라서 한 개인의 의무는 마치 그가 현재 사회를 대신하여 들어서리라고 공상하는 어떤 미래 사회 속에 이미 들어간 듯이 사는 것이 아니라, 현실 사회가 그의 삶에 대해 가지는 여러 의미를 자기 힘이 미치는 데까지 충분히 살리는 것이다. 가족과 정치 조직 같은 사회 제도는 사회가 그에게 부여하는 여러 의미를 안정시켜 놓은 것들이다. 이 제도들은 비록 불완전한 것이지만 기성 제도에 반항하는 사람들의 주관적 의견들보다는 훨씬 더 건전한 도덕 기준이다. 우리 인간이란 존재는 절대정신이 우리 자신의 시대에서 취하고 있는 변증법적 발전에다 자신들을 밀접하게 관련시킬 때에만 더 나은 존재로 발전할 수 있다. 도덕적이라 함은 자기 자신이 속한 사회의 가이스트에 맞추어 가면서 사는 것이다.

헤겔의 윤리학은 그 결과들 가운데 하나로서 보수주의 강화와 국가 예찬을 불러일으켰다. 헤겔을 비평하는 사람들은 종종 그를 비난하면서, 그가 부당하게도 개인의 인격을 정부의 권위 아래 굴복시켰다고 말했다. 그리고 실제적인 여러 목적을 위해서는 이 비평가들이 아주 옳다고 여길 수도 있다. 그러나 헤겔은 국가와 정부를 자기의 이론과 동일시할 의도가 전혀 없었다. 정부는 국가의 한 조직이며 또한 매우 중요한 조직으로서 없어서는 안 되는 것이다. 그러나 이것은 여러 조직 가운데 하나일 따름이다. 국가가 하나의 정치적 실체라는 것은 틀림없는 사실이다. 그러나 헤겔은 '정치적'이란 형용사를 그리스어적 의미에서, 단단히 조직된 하나의 집단 안에서 이루어지는 사회 생활의 모든 부분이란 뜻으로 사용했다.

국가는 한 사회로 하여금 여러 예술 활동을 추구할 수 있게 하며, 과학을 발달시킬 수 있게 한다. 또 그 성원 하나하나의 정신을 교육할 수 있는 모든 관습과 기회와 제도를 포함하는 포괄적 실재(實在)이다. 국가는 한 사회의 문화적 정신의 전달자(carrier)이다.

헤겔의 영향

헤겔의 이론은 19세기 후반과 20세기 초엽에 걸쳐 큰 영향을 미쳤었다. 절대적 관념론의 학파는 실용주의자들과 신실재론자(新實在論者)들의 반대가 일어나기 전까지 독일 안에서 지배적이었음은 물론, 영국과 미국의 강단 철학 사이에서 널리 퍼져 나갔다. 헤겔 철학에 호의를 보이는 비평가들은, 헤겔 철학이 편파성에 저항하는 훌륭한 항변이었다고 주장했다. 그러나 편파성에 대한 항변은 있는 그대로의 현상을 위한 변명으로 쉽게 바뀌어 버린다. 왜냐하면 이 항변은 모든 선(善)뿐 아니라 모든 악(惡)도 우주의 진행 과정에 있어서는 불가피한 것으로 보일 수 있게 하기 때문이다. 그리고 헤겔주의자들은 실제로도 그렇게 했다. 아우구스티누스주의가 어떤 이들의 손 안에서 신의 나라를 현존하는 교회와 동일시하며 나아간 것처럼 헤겔주의는 이상적인 것을 현실적인 것과 동일시하며 나아갔다. 헤겔주의자들은 모든 현실적인 악이 절대정신의 상승 과정에서 극복된다고 믿을지도 모른다. 그러나 이들은 또한 모든 악이 모든 선과 마찬가지로 절대자의 사상이 새롭게 발전하기 위한 변증법적 과정의 불가피한 일부라고 고백하지 않으면 안 된다. 그리고 개혁에 대한 열정을 가지고 절대자로 하여금 서둘러 그 과정을

나아가게 하려고 애쓰는 유한한 행위자는 그 누구를 막론하고 그의 이론은
웃음거리가 되며, 그의 실천은 부당한 것이 되고 만다. 왜냐하면 절대자는
그 스스로의 방식을 따라서, 그리고 그 자신의 시기(時機)에 맞추어서 모든
일을 하기 때문이다.[14]

헤겔에 대한 마르크스의 응답

헤겔의 저서로부터 가장 많은 영향을 받은 사람은 카를 마르크스(Karl
Marx, 1818~1883)이다. 카를 마르크스는 독일 사람으로서 프랑스에서 두
번 그리고 벨기에에서 한 번 추방당했으며, 성년기(成年期) 대부분을 영국
에서 보냈다. 그는 영국에서 제1차 공산주의 인터내셔널(국제 노동자 동맹)
을 위해 활동했다. 또 그의 주요 저서 〈자본론 資本論 ; Das Kapital〉[15]을
대영박물관 도서관에서 썼다. 마르크스는 헤겔의 제자로 출발했으나 나중에
는 헤겔의 적대적 비판자가 되었다. 그는 일반적인 형이상학적 견해나 우주
론을 펼치는 일에는 흥미가 없었다. 마르크스는 이른바 유물 사관(唯物史
觀 ; the materialistic interpretation of history)을 정의하고 옹호하는 데 온 힘
을 쏟았다. 헤겔과 그의 철학적 관계는 이렇게 요약할 수 있다. 즉 마르크스
는 관념론(觀念論)과 절대주의(絶對主義)를 버렸으나 변증법적 방법은 그대
로 물려받았다.

마르크스는 자신의 주장에 대해 '유물론(唯物論 ; materialism)'이란 말을
사용하여 자주 오해를 받아왔다. 그는 생각지도 않는 물질이 사회적 변화의
과정을 결정한다는 가정을 지지하지는 않았다. 또한 정신이 물질의 쓸데없
는 부산물이라고 주장하지도 않았다. 마르크스는 오히려 정신을 가지고 실

---

[14] 영국 헤겔 학파의 가장 위대한 학자인 프랜시스 허버트 브래들리(Francis Herbert Bradley,
1846~1924)는 〈나의 지위와 의무 My Station and Its Duties〉라는 제목으로 에세이 한 편을
썼다(1876년 〈윤리학 연구 Ethical Studies〉에 발표됨). 이 에세이 안에 다음과 같은 구절이
있다. '역사는 참된 인간성을 여러 불완전한 단계들을 거쳐 완성으로 나아가게 한다. 각 단계의
도덕은 그 단계에 대해서만 옳은 것이 될 수 있다. 그리고 어느 단계와도 관계없이 그 자체로
옳은 것을 규정하려는 것은 불가능한 요구이다. 만일 그대가 그대의 세계만큼만 선하다면, 그
대에게 가능한 가장 선한 상태에 있다고 말할 수 있다. 그리고 세계보다도 더 선하기를 바라는
것은 이미 부도덕의 문턱에 들어선 것이다.'

[15] 마르크스는 〈자본론〉 제1권을 1867년에 출간했다. 나머지 두 권은 그가 정성들여 써 놓은 미완
성 원고를 그의 친구들이 완성한 것으로, 그가 죽은 뒤에 세상에 나왔다.

재(實在)를 정의할 수 있다는 헤겔의 이론에 반대하고 있었다. 마르크스는 정신이 물질보다 우월한 위치에 있다고 보려 하지도 않았다. 또 물질이 정신보다 우월한 위치에 있다고도 보려 하지 않았다. 사유(思惟; thought), 이성 작용을 통한 순수한 생각들이 비록 있다 하더라도 이것은 아무것도 생산해 내지 못하며, 또 이 세계에서 어떠한 변화도 일으키지 못한다. 하지만 생각하는 사람들은, 조직 사회에서 자연적·사회적 재료들을 가지고 많은 일을 할 수 있다. 물론 인간의 참여와 관계없이 많은 변화가 자연에서도 일어날 수 있다. 그러나 마르크스가 가장 많은 관심을 가졌으며 인류의 복지에 가장 중요하다고 믿은 변화는, 사람들이 그 지능으로 충분히 생각해 낼 수 있는 여러 실제적 기술과 방법들을 통해서 일으키는 변화였다. 사람들은 역사를 만든다. 그리고 생각하는 사람들은 생각하지 않는 사람들과는 다르게 역사를 만들어 간다. 사람들은 자신의 물질적 환경을 더 잘 관리하게 될 수 있으며, 이렇게 됨으로써 미래 역사 방향을 이끌어가는 힘을 더 많이 얻을 수 있음을 마르크스는 깨달았다. 그러나 세계는 생각들을 펼치는 곳이 아니다. 이것은 하나의 물질적 세계이며, 그 안에서 사유는 물질적 구조들과 과정들 속에 구체화되지 않는 한 의미가 없다.

마르크스는 헤겔의 절대주의를 거세게 비난했다. 그는 절대주의를 사회적 반동의 방패로 여겼다(1830년과 1848년 유럽의 혁명 운동 탄압이 바로 그러한 반동이었다). 그는 헤겔이 사회적 반동을 신비적이고 낭만적인 광채로 감싸며, 사회의 특권 계급들로 하여금 필요한 개혁들에 반대하도록 부추겼다고 주장했다. 가난과 인류의 고통은 절대정신(絶對精神)의 발전 단계들이라고 말함으로써 받아들여질 수 있는 것이 아니라는 것이다.

그러나 마르크스는 헤겔의 변증법적 방법을 그대로 받아들였다. 그의 유물론은 변증법적유물론(辨證法的唯物論)이다. 다시 말해 그는 역사를 적대 세력들 사이의 끊임없는 충돌 과정이라고 보았다. 그리고 이 세력들 하나하나는 아무리 기존 사회의 여러 제도를 가지고 자신을 지켜 나간다 하여도, 마침내 불만을 일으켜 폭력이 일어날 수 있는 조건을 조성하게 된다. 저마다 혼자서 일하는 개인들은 변화를 일으킬 힘도 없다. 그러나 계급들은 철저한 변화를 일으킬 수도 있는 행동의 수단을 찾을 수 있다. 변증법적 유물론은, 경제적 집단들이 권력을 위해 서로 투쟁하며, 그들 시대의 사건들을 결정하는 정립(定立)·반정립(反定立)·종합(綜合)의 이론이다. 마르크스는 경제적 동기가 사회의 주요한, 거의 모든 것을 포함하는 힘이라고 믿었다. 그리고 예술과 교육과 철학, 심지어 과학적 문제들과 발견들을 경제적 이익에 대한 근본적 욕구를 불러일으키는 수단으로 보았다. 그 자신의 매우 중요한 역사 연구는 그 무렵 널리 행해지던 공업 생산의 자본주의 체제로부터 사회주의 체제로 넘어가게 하는 직접적이고 실제적인 문제들에 집중되어 있었다. 따라서 그는 자기 주장을 일반적인 철학 용어로 표현하는 데 시간을 허비하지 않았다. 그러나 자본주의로부터 사회주의로의 변화를 역사의 변증법적 흐름 안에서 여러 연속적인 단계들의 하나에 불과한 것으로 보아야 한다고 그는 고백했다.

마르크스는 사회적 변화를 꾀하는 데 있어 보통 선거(普通選擧), 일반의 동의, 대의 정부(代議政府) 같은 민주주의적 방법에 대해서는 거의 관심이 없었다. 그리고 그가 죽은 뒤에 끼친 영향은 그의 이러한 사상적 특징들을 특히 두드러지게 했다. 만일 어떤 계급이 다수결에 의한 일반의 동의를 기다린다면, 그 계급은 이 목적들을 절대로 이루지 못할 것이다. 역사가 계급들 사이의 충돌로 이루어지는 곳에서는, 보통 선거는 이미 권력을 쥐고 있는 계급의 이익 또는 일반 대중의 무력함을 보여줄 따름이다. 과감한 소수파는 투표자들의 무리 속에서 지지자들을 만들기 위해 힘을 낭비하는 것보다는 오히려 직접 행동에 의해 더 많은 일들을 이루어낼 수 있다. 과감한 소수파의 성원들을 단결시켜 주요한 유대감을 갖게 하는 것은 언제나 경제적 이해 관계를 함께 나누는 하나의 공동체일 것이다. 오직 이러한 경제적 이해 관계를 함께 나누는 곳에서만 비로소 한 공동체의 성원들이 지적(知的)인 원리들과 이 밖에 다른 사회적 힘에 의해서도 힘을 모을 수 있다. 어떤 개인들은 다른 사람들의 이익이 곧 자신의 이익이라고 생각하며 그것을 위해 일하기를 좋아하기 때문에, 자기의 개인적 이익과는 반대되는 행동을 한다고 말할 수 있을 것이다. 실제로 이런 사람들도 없는 것은 아니다. 그러나 역사에서 지배적 힘과 사회 변화의 주요 수단은 모두 경제적인 것이다. 마르크스가 많은 사람들을 위해 공민권의 침해를 허용하려 한 것은, 필요한 사회적 개혁의 여파로 인해 몇몇 사람들은 틀림없이 고통받게 되리라는 그의 확신 때문이다. 헤겔처럼 그도 국가 안에 있는 개인들의 행복보다 하나의 전체를 대표하는 국가에 더 많은 관심을 가지고 있었다.

4. 쇼펜하우어

아르투어 쇼펜하우어(Arthur Schopenhauer, 1788~1860) : 독일 단치히에서 태어났다. 그의 아버지는 부유한 은행가였는데 볼테르와 영국인들이 품은 자유에 대한 이상들을 찬미했다. 그리고 독일 문화가 뒤떨어졌다고 보았으며, 프로이센을 매우 증오했기 때문에 1793년 프로이센이 단치히를 합병하자 가족과 함께 함부르크로 이사했다. 그의 어머니는 낭만주의에 속하는 이름 없는 소설가였다. 쇼펜하우어는 2년 동안 파리에서 학교에 다녔으며, 다시 2년 동안 영국에서 교육받았다. 그는 그리스어와 라틴어를 잘했으며 고전 문화에 열정적인 관심을 보였다. 한동안 그는 어느 상점에서 일하면서, 될 수 있는 대로 빨리 학자 생활을 해야겠다고 결심했다. 아버지가 세상을 떠난 지 얼마 안 되어 스물한 살이 되었을 때 아버지의 유산으로 자립할 수 있었으며, 1809년 괴팅겐 대학에 입학했다. 그는 어머니와 사이가 좋지 않았기 때문에, 아버지가 세상을 떠난 뒤로 어머니와는 거의 만나지 않았다. 1813년 박사 학위 논문 〈충족 이유율의 네 근거에 대하여 *The Four-fold Root of Sufficient Reason*〉를 발표했다. 그는 칸트의 여러 저서를 찬미했으나, 피히테가 베를린 대학에서 하는 강의를 듣고는 이를 비웃었다. 1818년 그의 대표적 저서 〈의지와 표상으로서의 세계 *The World As Will and Idea*〉가 나왔지만, 거의 주목을 받지 못했다. 1819년 베를린 대학에서 몇 가지 강의를 할 기회가 찾아왔다. 헤겔의 명성을 시기하고 있던 그는 헤겔과 똑같은 시간에 강의 시간표를 짰으나, 그 때문에 강의를 듣는 사람이 거의 없어 마음만 크게 상했다. 1831년 그는 콜레라를 피하여 베를린을 떠나 프랑크푸르트 암마인에 정착한 뒤 이곳에서 삶을 마쳤다. 그는 이웃들에게 무뚝뚝한 사람으로, 심지어는 무례하게까지 보였으며, 이 때문인지 친구가 거의 없었다. 그는 많은 여자와 관계를 가졌는데, 자신이 육욕에 사로잡혀 있는 데 대해 언제나 부끄럽게 여겼다. 그리고 여자를 많은 인간적 불행의 근원이라며 비난했다. 1848년 자유주의 운동 탄압을 계기로 독일 정부에 대한 사회적 환멸이 치솟자 그의 논문들 내용은 그 무렵 대중의 구미에 더욱 맞아들어갔다. 그래서 만년에는 자신이 그렇게도 바라던 명성을 어느 정도 얻게 되었다.

쇼펜하우어는 칸트의 저서들로부터 칸트 자신은 생각지도 않은 하나의 암시를 얻어 완전한 이론으로 발전시켰다. 그런데 이 이론은 인간의 본질은 물론 세계 전체의 본질에 대한 이론이다. 그리고 이 암시는 현상 세계(現象世界)를 논하는 칸트의 〈순수이성비판〉과 의지(意志)로서의 본체적 자아를 다루는 칸트의 후기 저서들 사이의 관계를 살펴보는 과정에서 그에게 떠오른 것이다. 그리하여 쇼펜하우어는 세계를 관념(또는 표상)과 의지로 보게 되었다. 그러나 그는 이 표상이나 의지 어느 부분에서도 칸트의 이론을 충실히 따르지는 않았다.

의지주의적(意志主義的) 관념론(voluntaristic idealism)

쇼펜하우어는 칸트와 마찬가지로 경험의 소여(所與), 즉 경험의 내용이 곧 현상(現象 ; phenomena)들이라고 생각했다. 그러나 칸트와는 달리 이 현상들이 인간 존재들 하나하나의 정신 안에 존재하는 주관적 관념들이라고 생각했다. 온 세계와 그 안에 있는 모든 것은 감관 경험(感官經驗)을 초월하여 존재하는 실재적 사물들에 의해 사람들의 마음속에 만들어지는 관념들이라고 그는 주장했다. 그러나 이와 같이 바라보는 세계는 현상들의 세계일 따름이다. 이것은 사람들이 경험을 하지 않고는 실재적인 것이 될 수 없는 세계이다. 물리학과 다른 자연 과학들은 현상들의 과학이라고 불러도 좋을 것이다. 이 과학들은 그럴듯한 진리를 가지고 있으며, 또 확실히 실제적으로 크게 쓸모가 있다. 그러나 이들은 세계를 피상적으로만 다루므로, 우리 자신과 우리 밖에 있는 세계의 실상이 무엇인지에 대해서는 이해시키지 못한다. 따라서 과학들로부터는 사물들 자체에 대해서, 즉 우리 자신의 존재나 우리 속에서 관념들을 만들어내는 진정한 힘들에 대해서 어떠한 결론도 이끌어낼 수 없다. 과학자들이 다루는 현상 세계의 영역을 넘어서 파고들어갈 수 있어야만 비로소 실재 그 자체가 무엇인지 우리는 알 수 있다.

철학자는 자기 자신을 연구함으로써 과학적 지식의 피상적 영역을 뛰어넘을 수 있는데, 이는 그가 그 자신 속에서 하나의 본체적(本體的 ; noumenal)

대상을 직접적으로 만나기 때문이라고 쇼펜하우어는 믿었다. 우리는 저마다 직접 들여다볼 수 있는 자기 자신의 존재를 가지고 있으며, 또 자기 자신을 다른 모든 사물의 궁극적 성질에 대한 열쇠로 볼 수 있다. 우리는 저마다 마침내 자기 자신이 의지(意志)임을 발견한다. 그런데 이 의지는 칸트가 경건한 마음에서 상상한 것처럼 도덕적인 의지가 아니다. 오히려 이것은 자기 아닌 것, 그리고 자기가 가지고 있지 않은 것을 추구하는 쉼 없는 노력이다. 여기서 더 나아가 쇼펜하우어는 세계 안에 수없이 많이 존재하는 다른 모든 것은 우리가 발견하게 되는 자기 자신과 근본적으로 동일한 성질을 가지고 있다고 추론하고 있다. 그는 어디에서도 이 추론을 증명하지는 못했으나 우리 자신의 본질과 다른 모든 것의 본질이 같다는 데 대해서는 확신을 하고 있다. 우리는 주위에서, 강물이 쉼 없이 바다로 흘러들어가는 것, 나침반 바늘이 북쪽을 가리키는 집요함, 쇠부스러기가 자석으로 순식간에 끌려들어가는 성질, 소금기 있는 침전물이 언제나 수정체 형태를 이루게 되는 사실, 우리 몸에 대한 지구의 인력, 그리고 모든 물체가 서로 끌어당기거나 밀어내는 힘을 발견한다. 우리가 우리 자신의 본질을 이해하기만 하면, 우리 주위 어디서나 우리는 수없이 많은 의지들이 존재함을 보게 된다. 그리고 우리 자신은 이 의지들의 한가운데 있는 것처럼 느껴진다. 우리의 눈은 보려고 하는 의지가 현상(現象)으로 나타난 것이며, 우리의 위는 배고픔을 없애려는 의지, 우리의 오장 육부는 소화하려는 의지, 우리의 두뇌는 알려는 의지, 물체를 쥐는 손과 바삐 달려가는 다리는 여러 가지 일과 목적들을 실행하려는 의지가 현상으로 나타난 것이다. 우리 자신의 내부에서, 그리고 우리를 둘러싼 세계 어느 곳에서나 우리는 대체로 의지라고 부를 수 있는 충동적 힘이 언제나 존재함을 보게 된다. 현상적으로 또는 외적으로 관념으로서 나타나는 모든 것은 그 자체로, 우리 저마다가 우리 자신의 참된 존재 안에서 보게 되는 것과 같은, 끊임없는 의지의 작용이다.

　의지는 지성보다도 근원적인 것이라고 쇼펜하우어는 주장했다. 어떤 의지들은 적어도 어떤 경우에는 지적인 의지일 수 있다. 그러나 의지(意志 ; will)는 이 세계에서 보편적이지만 지성(知性 ; intelligence)은 그렇지 않다. 의지는 종종 우리 주위의 자연 세계에 있어서 맹목적인 모습을 보여준다. 이는 자신이 추구하고 있는 목적을 내다보지 않는다. 심지어 자기의 목적을 의식하고 있는 의지들도 그 목적에 이르는 수단을 잘 사용하지 못하고 충동이 이끄는 대로 이리저리 헤매고 있다. 그리고 인간처럼 의지가 지성의 도움을 받는 경우에도, 반드시 좀 더 고상한 의지만 있는 것은 아니다. 왜냐하면 쇼펜하우어가 지적한 대로, 지성이 도덕적 행위를 보증하는 것은 아니기 때문이다. 지성은 의지가 요구하는 자신의 이익들을 추구하기 위해서 비열한 수단을 생각해 낼 수도 있다. 교묘하게 사기를 치고 좋지 못한 것을 좋은 것처럼 보이게 하려면 부도덕한 면이 있어야 하지만, 또한 지능도 필요한 것이다.

그런즉 쇼펜하우어 생각에 따르면, 세계는 관념인 동시에 의지이다. 그는 세계가 일부는 의지이며 일부는 관념이라고 생각지는 않았다. 오히려 쇼펜하우어는 세계 전체가 이 둘 가운데 어느 하나로 해석될 수 있다고 생각한 것이다. 세계는 현상들을 가지고 연구하는 과학자들에게는 관념이며, '사물들 자체'로 파고들어가는 철학자에게는 의지이다. 쇼펜하우어는 의지주의적(意志主義的) 관념론자였다. 인간에 대해서 인격(personality) 또는 정신(mind)으로 모든 실재(實在)를 해석한 점에서 그는 관념론자였다. 인간을 포함하는 만물에 있어서 의지를 으뜸가는 것으로 본다는 점에서 그는 또한 의지주의자였다.

염세관(厭世觀 ; pessimism)

쇼펜하우어는 그의 의지주의적 관념론의 체계에 염세관을 보태었다. 의지주의나 관념론은 논리적으로 염세관을 포함하는 것은 아니다. 염세관은 의지주의적 관념론을 내세우는 사람들이 그 체계를 전개해 나아가기 위해 선택할 수 있는 여러 방법 가운데 하나이다. 쇼펜하우어는 자신의 불행한 삶으로 말미암아 이러한 방법을 선택하게 된 것으로 보인다.

의지 작용(意志作用)이라는 것은, 자기가 가지고 있지 않은 것을 원하는 것이라고 쇼펜하우어는 계속해서 말한다. 이것은 무엇을 결여한 상태이다. 따라서 고통을 겪는 것이다. 의지는 (때로 그렇듯이) 그 바라던 목표를 이루고 나면, 곧 사라져 버리고 만다. 이것은 열 번에 한 번, 또는 그보다 더 적게 완전한 충족에 이를 수 있다고 쇼펜하우어는 우울하게 추측했다. 쾌락은 하나의 소극적인 상태라고 그는 말했다. 이것은 의지가 충족되면서 때로 잠깐 느낄 수 있는 행복감일 따름이다. 이와 반대로 고통은 좀 더 정상적인 상태로서 늘 존재하며 적극적이고 잔인한 것이다. 이것은 좌절된 의지의 끊임없는 절망이다. 욕망은 대부분 의식의 밑바닥까지 갉아먹으며 우리 인간을 지칠 대로 지치게 한다. 그러나 만족은 '쉽게 얻을 수도 없으며 그리 오래가지도 않는다.'*16 그리고 부조리하게도 만족이 이를테면 충족된다고 해도, 새로운 욕망들이 잇따라 일어나서 만족되지 않은 여러 요구 사항을 가지고 또다시 괴롭힌다.

쇼펜하우어는 폭넓은 독서로 자신이 알고 있었던 세계 문학을 샅샅이 뒤져서, 인간 경험에서 고통이 쾌락을 압도하고 있다는 사실의 예들을 찾았다. 그는 탄탈로스(Tantalos)와, 그 밖에 그리스 신화에 나오는 여러 인물이 우주라는 조직 체계에서 인간의 위치를 잘 나타내는 상징이라고 주장했다. 그는 단테의 지옥이 우리의 일상 세계에서 유효하게 모은 재료들을 사용하고 있어서 독자들에게 실감을 준다고 말했는데, 이는 〈신곡(神曲) ; Divine Comedy〉에 대한 일반의 비평과 일치한다. 그러나 단테의 천당은 비현실적이고 무기력하며, 인류의 정상적 경험과는 거리가 먼 것이다. 고통을 겪는 것은 그저 누구에게나 일어나는, 법칙에 그치는 것이 아니다. 이것은 바로 의지의 본질이다. 삶은 어쩔 수 없이 본질적으로 불행한 것, 그 비이성적 욕망의 바탕에 있어서나 경험적으로 일어나는 그 현상에 있어서나 한결같이 불행한 것이다.

해탈(解脫 ; deliverance)에 이르는 두 길

쇼펜하우어는 그의 저서 〈의지와 표상으로서의 세계〉의 많은 페이지를 인간이 삶에서 흔히 있는 불행에서 벗어나기 위한 방법을 고찰하는 데 할애하고 있다.

그는 자살을 지지하지 않았다. 죽을 운명을 지닌 이 삶의 끝은 다만 현상적(現象的)인, 육체의 종말일 따름이다. 이 육체의 종말이 온다고 해서 살고자 하는 영원한 의지를 가진 진정한 자아의 종말이 오는 것은 아니기 때문이다. 그러므로 자살은 천박하고 어리석은 행위이다. 불행으로부터 벗어나

---

*16 R.B. Haldane과 J. Kemp의 영역본 *The World As Will and Idea* (London, Truebner, 1883~1886), vol. I, p. 253.

진정한 해탈에 이르는 데는 좀 더 심오한 방법들이 필요하다. 쇼펜하우어는 두 가지 방법을 스스로 제시했다.

쇼펜하우어는 이 두 가지 해탈 방법의 첫째 것을 고대 그리스인들의 철학과 문화, 특히 플라톤 철학에 대해 오랫동안 철저히 연구하여 얻었다. 쇼펜하우어는 관념들에는 완전히 다른 두 종류가 있다고 보았다. 첫째로 감관 경험의 내용이 되며 일상 생활에서 나타나는 현상들의 대상이 되는 관념들이 있다. 둘째로는 영원한 관념들이 있는데, 이것들은 생성의 과정과 그 과정에 따르는 여러 고통의 지배를 받지 않는다. 사람들은 영원한 관념들을 명상하게 되면 그만큼 끊임없는 의지의 투쟁으로부터 벗어나게 된다. 또 변화가 침범하지 못하게 됨에 따라서 고통으로부터 벗어나 고요한 세계로 올라갈 수 있다.

인간이 영원한 관념들을 명상하는 데 자신을 바치려면 테크닉〔방법 또는 기술〕이 필요하다. 그 방법은 바로 예술을 탐구하는 일이라고 쇼펜하우어는 가르쳤다. 가장 훌륭한 예술은 작품 그 자체를 위해 어떤 특정한 예술 작품(조각·회화·시)을 제공하지 않는다. *17 예술이 특수한 예술 작품을 제공하는 것은, 이 예술 작품을 넘어서 영원한 관념으로 주의를 돌리게 하기 위해서이다. 따라서 이 예술 작품은 영원한 관념의 일시적 표현이다. 성공적으로 표현된 예술은 그 특정한 대상이 표상적이기보다, 즉 직접 표현하기보다는 오히려 상징적이다. 그것은 본디 어느 특정한 것을 상징하는 것이 아니다. 어떤 사람이 하나의 예술 작품을 보고 그 안에 내포된 영원한 관념을 명상하는 데 몰두하게 되면, 그 사람은 시간의 흐름이 그를 위해 멈추게 되고, 그의 의지가 애쓰기를 그치며, 마음의 동요가 사라지고 고요함이 들어섬을 발견할 수 있다. 만일 우리가 보통 때의 삶의 여정을 사납고 광포한 폭풍우에 비긴다면, 심미적 기쁨은 마치 아무리 거친 비바람이 불더라도 조금도 진로를 바꾸지 않고서 그 사이를 꿰뚫고 들어오는 말없는 태양 광선과도 같다. 이렇듯 예술 안에서 의지는 광포함을 그치고, 영원 속에서 자신을 버리고 영원과

---

*17 쇼펜하우어는 예술가들이 제공하는 어떤 대상들, 예컨대 나체화 같은 것이 사람들로 하여금 개별적인 존재들에 대한 욕망을 초월하여 높은 경지에 이르게 하는 대신 오히려 이러한 욕망을 부추긴다는 사실을 잘 알고 있었다. 따라서 그는 이런 종류의 대상(對象 ; object)을 가짜 예술, 또는 잘못된 예술이라고 보았다.

하나가 되며, 또 잠시나마 휴식을 얻게 된다.

그러나 예술은 쇼펜하우어가 그것을 아름다운 문장으로 찬미하면서도 인식에 이를 수 있었다고 해서, 삶의 여러 고뇌에 대한 궁극적 해결 방법이 될 수 있는 것은 아니다. 예술은 일시적 해탈이다. 심미적 경험은 오래 유지될 수가 없다. 인간은 그 이상의 어떤 것을 필요로 한다.

쇼펜하우어는 두 번째 해탈 방법(解脫方法)으로 인도 철학을 제시했는데, 특히 불교에 대해 많은 공감을 했다. 이는 고난을 겪고 있는 사람들과 자기가 한 몸이라고 느끼는 의식에서 출발하여 성자와도 같은 성품에서 절정에 이르는 하나의 도덕적 실천이다. 모든 사람이 그들의 쉼 없는 의지의 동요와 이에 따르는 괴로움을 겪는다는 점에서 자기 자신과 조금도 다를 바 없음을 깨달을 때, 쇼펜하우어는 혼자라는 개별성을 초월하게 되는 동시에 인류에 대해 보편적 동정심을 가지게 된다. 이제 그는 공포나 시기나 노여움을 느끼지 않는다. 이제 그는 그 자신의 사소한 욕망들에 의해 이리저리 방황하지 않는다. 그는 그의 가련한 개별성(個別性)에서 벗어난다. 그는 한때 자신을 괴롭힌 현상 세계의 환상들에 대해서 무관심해진다. 그는 입가에 미소를 띠고 세계의 열띤 과정을 내다볼 수 있다. 그는 자신의 의지(意志)를 거부할 수 있다. 그는 성자다운 태도를 몸에 지니게 된 것이다. 성자다운 태도란, 삶의 의지 작용을 거부하는 데에 기초를 둔 삶의 자세이기 때문이다.

5. 니체

프리드리히 빌헬름 니체(Friedrich Wilhelm Nietzsche, 1844~1900) : 니체는 라이프치히에서 가까운 뢰켄에서 태어났다. 그는 홀어머니와 친척 부인들에 둘러싸여 자랐는데, 이들은 종교적 경건함을 니체에게 주입하려고 했다. 그러나 니체는 온갖 형태의 종교에 대해 맹렬히 비난했다. 라이프치히 대학에서 그는 고전 언어학과 고전 문학을 공부했다. 니체의 언어학 논문들은 곧 우수한 것으로 인정받았다. 스물네 살에 그는 바젤 대학의 고전 언어학 교수로 초빙되었는데, 이를 받아들이기 위해서 그는 스위스 시민이 되는 데 동의해야 했다. 그러나 보불 전쟁(普佛戰爭)이 일어나자 니체는 독일군 편에서 열정적으로 봉사했다. 그러나 전쟁 동안 자신이 부상자를 운반하는 것 말고는 할 수 있는 일이 없다는 사실에 매우 실망했다. 1879년 니체는 건강이 나빠져 교수직을 그만두어야 했다. 그는 휴양지를 전전하면서 기력을 회복하려고 애썼으나 1889년 졸도성 (卒倒性) 뇌일혈로 보이는 병에 걸려, 가끔 잠깐씩 의식을 되찾았을 뿐 죽을 때까지 회복하지 못했다. 그의 많은 저서들 가운데에서 주요한 것들을 들면 다음과 같다. 〈비극의 탄생 *The Birth of Tragedy*〉(1872)·〈인간적인, 너무나 인간적인 *Human, All Too Human*〉(1878~1880)·〈이 기쁜 지혜 *This Joyful Wisdom*〉(1882)·〈차라투스트라는 이렇게 말했다 *Thus Spake Zarathustra*〉(1883~1884)·〈선과 악을 넘어서 *Beyond Good and Evil*〉(1886)·〈도덕의 계보 *Genealogy of Morals*〉(1887)·〈권력에의 의지 *The Will to Power*〉(1901)·〈반그리스도론 *Antichrist*〉(1901).

니체는 체계를 세운 철학자라기보다는 오히려 한 사람의 예언자였다. 그는 형이상학과 인식론에 대해서는 별로 관심을 갖지 않았으며, 독일 사람들의 이른바 '생 (生) 의 철학(Lebensphilosophie)'에 그의 위대한 문학적 자질을 모두 기울였다. 니체는 칸트를 도덕적 광신자라고 비웃었다. 그는 다윈과 헉슬리의 저서들을 알고 있었으나, 가치없는 것으로 여겼다. 그의 해석에 따르면 이들은 생물학적 생존에만 너무 많은 가치를 두었다는 것이다. 니체의 세계관 (世界觀)을 그의 저서들로부터 찾아내려고 하는 비평가는 (이 같은 시도는 특별히 보람 있는 것은 못 된다) 몇 가지 모호한 명제들만을 모을 수 있을 뿐이다. 니체는 이 세계에는 어떠한 고유한 질서도, 일관된 목적도, 도덕적 정부도 없다고 생각했다. 그는 '선하다 또는 악하다, 아름답다 또는 추하다, 기계이다 또는 유기체이다'라는 말들을 일반적으로 적용하는 것이 잘못된 것이라고 생각했다. 세계는 무수한 방식으로 서로 작용하는 온갖 종류의 무수한 사물들이다. 니체는 자기의 정신 세계는 매우 넓기 때문에 어떤 체계 하나만을 품을 수는 없다고 자랑했다.

'생의 철학' 분야에서도 니체는 체계적인 것과는 거리가 멀었다. 그는 수려한 문장과 긴 논문들을 쓸 수 있었다. 몇몇 저서들에서 그는 초연한 명언들을 숱하게 쏟아놓았다. 이 명언들 하나하나는 갑작스런 외침과도 같다. 이 명언들은 때로는 지혜로우며, 대개는 언제나 날카롭고 알맹이가 있고, 가끔 의식적으로 도발적이기까지 하다. 니체는 자신의 사상을 과장해서 표현하기를 좋아했는데, 이는 경건한 독자를 괴롭히려는 이유도 있지만, 생각이 깊은 독자들 사이에서 개인적인 반성을 불러일으키기 위한 것이었다. 니체를 싫어하는 사람들은 누구든지 니체가 쓴 글귀에 엄격하게 파고드는 한편 니체의 참된 의도를 찾아보려고 애쓰지 않았기에, 뚜렷한 자기 모순을 범했다고 말할 수가 있다. 그러나 니체는 실제로는 더할 나위 없이 성실했다. 그는 지혜로운 사람으로 보이기 위해서 기지를 부리는 일은 결코 없었다(볼테르에게는 그런 면이 있었던 것 같다). 그는 여러 세대 동안 목사로 일해 온 그의 조상들이 목표로 했던 결과들과 완전히 반대되는 결과들을 목표로 삼았으나, 그들의 열정을 그도 또한 가지고 있었다. 니체는 압도적으로 우세한 유대교적 기독교 전통을 깨뜨리기 위해 사람들로 하여금, 또는 소수 몇몇 사람들로 하여금 보다 새롭고 높은 업적을 성취하도록 격려했다. 이따금 눈에 띄는 명민한 사람으로 하여금 사회의 일반 조류에 휩쓸려 들어가기를 그만두게 하고, 아름답고 뛰어난 독창적 업적을 이루도록 길을 열어 주려면 일반대중(그는 일반 대중이 답답하게 인습에 얽매여 있다고 말하며 이를 경멸했다)의 비위를 거스르는 모험을 스스로 해야 함을 알고 있었다. 니체는 일반 사람들이 받아들인 기준들을 맹렬히 비난했다. 그는 천재에 대한 칭송을 아끼지 않았는데, 천재가 혼란과 고통을 대가로 치르고 성공을 거두었을 때에도 찬사를 아끼지 않았다. 그는 자기의 사상을 조용히 분석하느니 차라리 소리높여 투쟁해 나아가도록 외치는 데 저술 활동의 초점을 두었다.

니체는 쇼펜하우어에게서 많은 것을 얻었으나, 그리스인들에게서는 더 많은 것을 얻었다. 그리고 쇼펜하우어가 오류를 범했다고 본 것들은 그리스인들로부터 얻은 것으로 수정했다. 니체는 인간이 근본적으로 의지(意志; will)를 가지고 있다는 것(다만 쇼펜하우어처럼 모든 자연을 의지라고 보지는 않았지만), 그리고 인간이 여러 예술을 통해 아름다운 형상들을 창조함으로써 세상의 단조로움과 혼란을 피할 수 있다는 것에 대해서는 쇼펜하우어와 같은 생각을 가졌다. 니체는 의지를 인간의 경험에 있어서 디오니소스적 요소라 불렀으며, 형상(形相)에 대한 관조를 아폴론적 요소라 불렀다. 그러나 인간이 의지의 여러 충동으로부터 피해야만 한다고 주장하는 쇼펜하우어의 신념에 대해서는 옳다고 말하지 않았다. 니체는 의지를 거부하라는 쇼펜하우어의 충고를 받아들이지 않았다. 니체는 의지로 말미암아 사람들이 고통을 겪게 된다는 것을 알았다. 그러나 그는 고통을 거부하지 않았다. 고통을 어떤 사람이 적극적으로 살아가고 있다는 상징으로서 기꺼이 받아들였다. 삶에의 의지가 권력에의 의지로 되는 그런 삶을 원했다. 니체는 디오니소스적 황홀경과 아폴론적 균형이 결합된 그런 삶을 원했다. 오직 겁이 많은 소심한 사람들만 이 고통 앞에 굴복하며 염세적으로 된다고 생각했다. 용감한 의지는 고통을 무시하고, 뛰어난 목적을 이루기 위해 수많은 고통을 참고 견딜 것이며, 고난을 이겨내고 창조해 나아가는 자기의 힘에 큰 기쁨을 느낄 것이다. 우리 삶에서 디오니소스적 요소와 아폴론적 요소가 잘 결합되면 훌륭한 귀족이 탄생하게 된다. 이 결합은 위대한 문학과 위대한 삶에서 볼 수 있는 것 같은 비극의 참된 본질이라고 그는 주장했다. 아폴론적 균형의 뉘앙스가 지나치면 삶이 지나치게 지적인 것이 된다(초기 그리스 사상가들에게 훨씬 못미치는 능력을 가졌던 소크라테스 뒤에 나타난 철학자들이 바로 그렇게 되었다고 그는 믿었다). 디오니소스적 환락에의 도취가 지나치게 허용되면, 삶은 어지럽혀지고 타락하게 된다. 니체는 호메로스와 아이스킬로스와 소포클레스 같은 사람들은, 아폴론적 요소와 디오니소스적 요소 사이의 균형이 적절하게 이루어져 있으며, 예술이나 삶의 기술에 있어서 창조성(創造性)을 가지고 있다고 보았다.

니체는 인습에 끌려가는 인류 대중에게는 어떠한 부탁의 말도 하지 않았으며, 또 하려고 하지도 않았다. 그는 많은 사람들이 고통을 내다보고는 의지가 약해진다는 것과 모든 훌륭한 업적은 격렬한 고통을 겪어야만 얻어진다는 사실을 잘 알고 있었다. 많은 사람들이 자신의 사회적 환경으로부터 여러 도덕적 교훈을 받아들인다는 것, 그리고 만일 사회의 단조로운 기준을 넘어서는 일이 있다면, 그것은 오직 어떤 강한 의지가 자신의 도덕적 자율성을 발휘하여 관습의 타성을 물리칠 때뿐임을 또한 잘 알고 있었다. 니체는 많은 사람들이 죄의식으로 말미암아 좌절하고 있음을 잘 알고 있었다. 그래서 그는 사람들에게 자신의 과거 잘못들을 들추어내어 스스로를 괴롭힐 것이 아니라, 진정으로 훌륭하고 뛰어난 행동을 하도록 충고했다. 니체는 많은 사람들이 잘 순종하며 의무를 지키도록, 온건하고 신중하며 이기적이 아닌 행동을 하도록 권한다는 사실을 잘 알고 있었다. 그래서 그는 '점잖지 못한'과 같은 형용사를 비웃었다. 니체는 많은 사람들을 노예라고 불렀다. 사제(司祭)들의 노예, 관습의 노예, 일상적인 것들의 노예라고 본 것이다. 그는 사람들이 기사답게 분투할 용기를 가지기를, 전투를 열망할 것을, 많은 사람들을 '짓밟는' 것조차 빛나는 공적을 세우는 데 필요하다면 기꺼이 행동하기를 염원했다. 참으로 뛰어난 사람은 초인(超人)이다. 니체는 결코 포악한 자만은 아니다. 그는 정의로운 사람이다. 그러나 정의는 열등한 사람들을 우월한 사람들과 동등하게 대우하는 데 있는 게 아니다. 정의는 열등한 사람들을 수단으로서 대우하는 데 있다. 다만 여기에는 한 가지 조건이 있는데, 열등한 사람들은 무가치한 복수나 다른 사람들을 악의로 지배하기 위한 수단이 되어서는 안 되며, 위대한 예술의 탄생이나 위대한 사상의 해방을 위한 수단이 되어야 한다.

니체의 저서들 가운데 하나의 제목을 인용하여 말한다면, 뛰어난 인간은 '선과 악을 초월해' 있다. 이 문구는 부주의한 독자들을 오해로 이끌어 갈지도 모른다. 니체는 뛰어난 사람이 지극히 선한 것과 극도로 악한 것 또는 비도덕적인 것 사이의 여러 구별을 초월해 있다고 본 것은 아니다. 그의 용어법에 있어서, 악이란 사람들의 병적인 양심이 그들로 하여금 두려움을 갖게 하는 것이다. 이러한 것은 어느 것이나 악이다. 니체는 사람들이 '온유한 자는 복이 있다'거나, '마음이 가난한 자는 복이 있다'거나, 또는 '화평케 하는 자는 복이 있다'고 하는 따위의 격언을 따르는 것을 비난했다. 사람들이 온유함과 마음의 가난과 투쟁에 대한 공포를 찬양함은 이들이 자신들만의 척도로 세상을 바라보는 것이며, 자신들의 약함을 알았기 때문이다. 그래서 이들은 다른 사람들에게 이런 격언들을 따르도록 덮어씌운 것이다. 이 격언들을 일반 사람들이 잘 따르면 연약한 이들은 보호를 받게 되는 것이다. 악한 일들이란 사람들이 두려워하는 것들이다. 사람들이 이것들을 두려워하는 것은 이들에게 힘써서 행동할 용기가 없기 때문이다. 물론 뛰어난 사람은 약자들이 두려워하는 것들을 초월하고 있다. 뛰어난 사람은 악한 것은 무엇이든 피할 것이다. 그런 사람은 게으름, 자기 만족, 관능적 쾌락의 유혹, 그 자체만을 목적으로 하는 상업적 이익, 명성을 얻기 위한 값싼 과시, 그리고 온갖 핑계들을 피할 것이다. 또한 용기를 내어 여러 위험에 맞설 것이다. 그리고 대담하게 살아갈 것이며, 언제나 얻고 잃는 것을 계산하며 주저하게 되지는 않을 것이다. 선과 악 사이의 구별은, 우월한 것과 열등한 것 사이의 차이를 발견하는 데 그 기초를 두는 하나의 참된 구별이다. 선함과 사악함 사이의 구별은 약자가 생각해 낸 거짓된 구별이다. 그것은 이들의 보잘것없는 연약함을 변명하거나 보호하기 위해서 생각해 낸 것이다.

체념하기 위해서 체념하는 것보다 더 도덕적으로 추악한 일은 없다. 보통 실천되고 있는 금욕주의(禁慾主義)는 어리석고 천박하다. 실제로 엄격한 자기 훈련은 위대한 일을 성취하기 위한 필수 조건이 될 수 있으며, 금욕적 수행(修行)은 예술가나 철학자로 하여금 자신이 추구하는 드높은 경지에 올라갈 수 있게 하는 단 하나의 길이 될 수 있다. 좀 더 좋은 것을 위해서 무언가를 단념한다는 것은 좋은 일이다. 하지만 체념을 추구하기 때문에 무언가를 단념한다는 것은 마땅하지 않다. 어떤 강한 경구들에서 니체는 남녀의 순결을 비난하고 있다. 니체가 순결을 비난한 것은 탕아를 찬미해서가 아니라, 욕망이 없는 사람을 혐오했기 때문이다. 강렬한 욕망은 뛰어난 사람이 되게 하는 보증이 되는 것은 아니지만, 없어서는 안 될 하나의 필수 조건이다. 성문제(性問題)뿐만 아니라 삶의 모든 영역에서, 좀더 훌륭한 일을 성취하기 위해 절제하는 것은 좋은 일이지만, 그저 체념을 하기 위해 절제하는 것은 비겁한 짓이다.

니체는 자기의 주장이 모든 가치를 뒤엎는 것이라고 선언했다. 그의 이 말은 대체로 옳았다. 그의 이상은 아마도 근세 철학에서 그리스의 귀족주의적 이상의 부활에 가장 가까운 것이라 말할 수 있을 것이다.[18] 니체는 칸트의 정언명법(定言命法)에서 주장하는 보편주의적 견해에 대해서 조금도 동의하지 않았다. 모든 사람은 똑같은 행위를 할 권리가 없으며, 심지어 똑같은 판단을 내릴 권리도 없다고 그는 가르쳤다. 뛰어난 사람은 자기보다 열등한 사람들을 다룸에 있어 뛰어난 사람들끼리는 하지 않는 방법으로 다루는 것이 현명할 수도 있다. 또 자기 자신의 공적을 높이기 위해 결정한 판단들에 따라 열등한 사람들을 대하는 방법을 찾을 수도 있을 것이다. 모든 사람에게

---

* 18 어떤 비평가들은 니체의 초인(超人 : superman)과 아리스토텔레스의 고귀한 정신의 사람(high-minded man) 사이에 비슷한 점을 지적했다. 니체는 이 점에 대해서 주의를 기울이지 않았다. 아마도 이것은 그가 아리스토텔레스를 소크라테스 뒤에 나타난 지적으로 뛰어난 사상가들 가운데 한 사람으로 여겼기 때문일 것이다.

제13장 칸트와 그 후계자들의 독일 철학 527

옳은 것이어야만 어떤 한 사람에게도 옳은 것이 될 수 있다고 생각하는 것은 너무나 어리석다. 오직 윤리적 감상가만이 도덕적 경지가 서로 다른 이 세상에서 행위에 대한 지침으로 보편주의적 원리를 주장할 수 있다.

니체는 그의 말 속에 나타난 한계성들로 인해 비평가들로부터 비난을 받았다. 뛰어남이 매우 절실하게 요구된다는 점을 매우 강조하면서도, 니체는 참으로 뛰어난 것과 뛰어난 듯하면서도 실제로는 그렇지 않은 것을 구별하는 기준을 제시하지 않았다. 아마도 이러한 비평은 공정한 것이라고는 말할 수 없을 것이다. 어떤 철학자도 그의 비평가들이 나중에 묻는 모든 질문에 대답할 수는 없다. 니체는 뛰어남의 경지에 대한 갖가지 단계들을 판단하는 형식적 기준을 체계적 철학자로서 정의하지는 않았다 하여도, 예언자로서 이 뛰어남에 대해 크게 외친 것이다. 또한 니체의 비평가들은 그의 후기 저서에서 가혹하고 잔인해 보이는 논점들을 더 과장해서 그를 맹렬히 비난했다. 그러나 이 맹렬한 과장들은 날로 악화해 간 그의 건강 때문이었다고 볼 수 있을 것이다. 우리는 니체에게 불리한 비평들에 대해서 동의하든 안 하든 유리하게 평가할 수 있는 한 가지 점을 놓쳐서는 안 된다. 세계 문학에서 이제까지 니체만큼 평범한 삶 안에 존재하는 도덕적 부당성을 철저하게 폭로한 작가는 한 사람도 없다.

제14장 19세기 영국과 프랑스

19세기 영국과 프랑스는 철학 분야에서 이전 200년 동안과는 아주 달랐다. 19세기에는 가장 위대한 이론적 사상가가 나오지 않았다. 즉 체계적 세계관을 세우는 데에 있어 데카르트와 버클리에 비교할 만한 사상가, 또는 인식론(認識論)적 문제들을 따지는 데 있어 로크와 흄에 비교할 만한 사상가가 나오지 않았다. 19세기는 사람들이 '모든 시간과 모든 존재의 관찰자'가 되기를 추구하는 때가 아니었다. 오히려 이 시대는, 사람들이 현실 생활에 별 도움이 되지 않는 사색에 치우치지 않으려 노력하며, 대신 몇몇 주어진 탐구 분야들을 세심하게 검토하던 시대였다.

매우 놀랍게도 영국과 프랑스의 이름난 철학자들은 독일 철학이 어떻게 발전하고 있는지에 대해 거의 몰랐다. 콜리지와 칼라일이 칸트의 영향을 반영한 것은 사실이다. 그러나 칸트 철학의 전문 용어들은, 순수문학이 찾아낼 만한 적절한 재료가 될 수는 없었다. 레이드의 저서를 편찬한 스코틀랜드의 윌리엄 해밀턴 경(Sir William Hamilton)은 칸트에게서 얻은 몇 가지 사상을 레이드의 사상과 결합해 보려고 시도했다. 그는 스스로 요약한 대로 '생각하는 것은 한정하는 것이다(To think is to condition)'라는 견해를 나타냈다. 그는 레이드처럼, 우리의 지각 경험(知覺經驗)에서 우리는 관찰과는 별개로 실제로 존재하는 대상들과 맞닥뜨리게 된다고 생각했다. 또 칸트와 마찬가지로 이 대상들이 우리의 관찰 방법 또는 개념 형성의 방법에 연결되어 있으며, 이들에 대한 우리의 경험은 또한 이 방법들과 연결되어 있다고 생각했다. 따라서 그는 형이상학(실재 또는 무제한자(the uncoditioned)의 객관적 성질에 대한 인식)이 불가능함을 가르쳤으며, 인간의 인식은 오직 '제한된 것에 대한 과학'만을 우리에게 준다고 보았다. 이즈음 영국 사상가들은 독일 사상에 대해 더욱 관심이 없었다. 이들은 독일 사상과 접하게 되더라도, 이를 무익한 것으로 보고 가까이하지 않았다. 제임스 밀(James Mill)은 '빈약한 칸트'라 말했으며, 허버트 스펜서(Herbert Spencer)는 칸트의 저서를 읽는 것을 시간 낭비라고 보았다. [1]

19세기 영국과 프랑스의 철학자들은 세계의 본질에 대한 지식을 제공하는 임무를 과학자들에게 맡기는 경향이 있었다. 실제로 과학자들은 많은 분야에서 훌륭한 일을 하고 있었으며, 많은 중요한 지식을 쌓아 올리고 있었다. 철학자들은 과학자들이 하는 일을 존경했으며, 과학자들이 주는 교훈을 겸허하게 받아들였다. 웨이틀리(Whately)는 1826년 나온 그의 저서 〈논리학 원리 *Elements of Logic*〉에 과학자들로부터 얻은 귀납법적 논의와 참신한 실례들을 끌어들였다. 휴얼(Whewell)은 1827년 〈귀납적 과학들의 역사 *History of the Inductive Sciences*〉란 책을 썼다. 이 책들은 그릇된 개인적 편견을 극복하는 정신 훈련으로서, 또 사회적 복리를 증진하는 데 목표를 둔 베이컨과 같은 이들의 열망을 실현할 수 있는 사회적 진보의 테크닉으로서 과학적 방법을 추천했다. 철학자들은 일반적으로 웨이틀리와 휴얼의 주장을 따랐다. 이들은 종종 아마추어가 직업 선수들을 바라보듯이 과학자들을 우러러본 것 같다. 이들은 과학적 '방법'의 분석만을 자기들의 과제로 삼거나, 그렇지 않으면 (과학적 결론들의 내용을 조금이라도 다루게 될 때에는) 철학을 과학적 지식의 체계적 요약으로 보았다.

이 무렵 영국과 프랑스 사상가들은 대개 현재의 사회 생활에 관련된 직접적이고 실제적인 문제들에 몰두했다. 산업 혁명은 이미 시작하여 계속 이어지고 있었다. 철학자들은 다른 사람들과 힘을 모아 많은 공장 노동자들의 곤궁함과 많은 공장 소유주들의 이기적 만족, 산업의 이익 분배 과정에서 정의롭지 못한 제도 등을 묘사했다. 소설가 찰스 디킨스(Charles Dickens) 못지 않게 철학자 벤담(Bentham)도 형법(刑法)의 여러 잔인성과 감옥의 끔찍한 상태를 개혁하려고 시도했다. 이 무렵 철학적 정신을 가졌던 사람들은, 인간의 여러 동기에 대한 건전한 이론과 정치적 테크닉들, 그리고 도덕적 판단의

---

[1] 스펜서는 그의 〈자서전 *Autobiography*〉(New York, D. Appleton and Company, 1904), Vol. I. p. 289에서, 자기가 칸트의 저서를 한 번 접했던 것을 이야기하고 있다. 1844년 그가 스물네 살 때 우연한 기회에 〈순수 이성 비판〉을 한 권 얻게 되었다. '나는 이 책을 펴 보았으나 얼마 안 가서 읽기를 그만두었다. 시간과 공간이 주관적 형식 이외의 다른 아무것도 아니라는 이론……이것을 나는 곧바로, 그리고 전적으로 거부하였다. 그러고 나서 더 읽지 않았다'라고 그는 쓰고 있다.

궁극적 기준들이 이끌어 가지 않으면 실제적 개혁을 이룰 수 없다고 확신하고 있었다. 그래서 이들은 심리학과 논리학·윤리학과 정치학 등에 몰두했다. 이들은 이 특수 분야의 근본 원리들을 이용하여 사람들이 바라는 사회적 변화가 가능하다는 것에 주목하게 했다. 이들은 프랑스 혁명에서 내세운 공약들이 추상적이고 합리주의적이라 하여 이를 거부했다. 그러나 이들은 또한 나폴레옹 뒤에 나타난 반동적 경향과 낡은 특권들과 편견들에 대한 독단적인 고집에 대해 매우 한탄했다. 이들은 여러 관습적 생활 양식들의 변화를 바랐다. 이들이 원한 것은 폭넓은 변화였다. 그러나 이들은 이 여러 변화를 현명하고 확실하게 얻으려면, 먼저 자신들을 이끌어 가기 위한 건전한 철학과 지지자들을 얻기 위한 교육 개혁 과정을 거쳐야만 한다고 확신했다. 철학과 행동은 함께 손을 맞잡고 나아가지 않으면 안 된다고 이들은 믿었다. 휘그당(Whigs) 좌파의 한 그룹은 '철학적 급진당'이란 조직을 비공식으로 만들었다. 이들의 견해를 전하는 기관지로서 1824년 〈웨스트민스터 리뷰 *Westminster Review*〉, 그리고 1835년 〈런던 리뷰 *London Review*〉를 발간했다. 이들은 순전히 당파적 목적을 위한 선전에만 열을 올리지는 않았다. 오히려 자신들이 바라는 개혁들을 이루기 위해 응용할 수 있는 일반 원리들을 강조했다. 원리들을 이해하면 곧 여러 부문에서 응용이 가능해지리라고 굳게 믿었기 때문이다. 이들은 행동하는 사람들인 동시에 또한 철학자들이었다. 그러나 이들은 개혁에 대한 관심이 너무나 컸기 때문에 이전 두 세기 동안 일어난 것 같은 전체적이며 포괄적인 세계관을 수립할 여지가 거의 없었다.

1. 초기 공리주의자(公利主義者 ; utilitarian)들

제러미 벤담(Jeremy Bentham, 1748~1832) : 런던에서 태어나 런던에서 세상을 떠났다. 그는 조숙하여 어린 시절부터 닥치는 대로 책을 읽었으며, 또 감수성이 예민하여 자기 방에서 오랫동안 혼자 조용히 있고는 했다. 열다섯 살 때 옥스퍼드에 있는 퀸스 칼리지를 졸업하여 문학사 학위를 얻었고, 3년 뒤 석사 학위를 받았다. 벤담은 블랙스톤의 강의를 들으며 법률을 공부했고, 링컨스 법학원의 회원이 되었으나 변호사 일을 굉장히 싫어했다. 그는 아버지의 관대함과 유산 덕택으로 오로지 독서와 집필을 하며 지낼 수 있었다. 그는 초기의 정치적 성향으로 토리당(Tories)에 가담했으나, 차츰 견해가 바뀌어 마침내 급진주의자들의 지적 영도자로 인정받게 되었다. 1776년 벤담은 블랙스톤을 비평하여 〈정부론 단편 *Fragment on Government*〉을 발표했다. 그는 러시아에서 몇 년 동안 사업하는 형과 함께 지내기도 했다. 1789년 벤담의 가장 위대한 저서 〈도덕과 입법의 원리 입문 *An Introduction to the Principles of Morals and Legislation*〉을 발표했다. 1790년 벤담은 프랑스의 명예 시민이 되었다. 비록 성공은 못했으나, 그는 형사 재판에서 유죄를 선고받은 약 1,000명의 사람들을 유능하고 근면한 시민이 되도록 훈련하기 위한 기관을 세우려고 여러 해 동안 활동하기도 했다. 이 기관은, 벤담 자신의 말을 빌리자면 (좀 우스운 표현이지만) '건달들을 정직하게 하며, 게으른 인간들을 부지런하게 만드는 방앗간'이 될 것이다〔〈저작집 *Works*〉(ed. John Bowring, Vol. X. p. 226)〕. 벤담은 계획을 세워가며 글을 썼는데 날마다 큰 종이에 열 페이지나 열다섯 페이지를 썼다고 한다. 그 글 대부분은 그때 그때의 사회 문제를 논한 것이었다. 벤담은 특히 역사적으로 성장한 여러 국가에서 혼란스러운 입법(立法)을 대체할 만한 체계적 법전(法典)을 만드는 일에 관심을 가지게 되었다. 벤담은 여러 국가 원수에게 이와 관련된 봉사를 하겠다고 제안하였다(이 국가 원수들 가운데에는 미국 대통령 제임스 매디슨도 있었다). 위의 저서들 말고도 그의 방대한 저술 가운데 중요한 것으로는 〈대금업의 변호 *Defense of Usury*〉(1787)·〈행동의 원천들 *A Table of the Springs of Action*〉(1815), 그리고 자유주의적 견해들을 표명한 〈모든 국가와 모든 정부가 사용할 헌법 법전 *Constitutional Code for the Use of All Nations and All Governments Professing Liberal Opinions*〉(1830)이 있다.

제임스 밀(James Mill, 1773~1836) : 스코틀랜드 포파셔(Forfarshire)에서 태어나, 영국에서 성인기를 보냈으며 런던에서 세상을 떠났다. 1790년 에든버러 대학을 졸업하고, 4년 동안 신학을 공부했다. 밀은 설교자가 되려고 면허를 얻었으나, 뒤에 자기 자신을 불가지론자(不可知論者 ; agnostic)로 생각하게 되었다. 다시 말하면, 인간은 신을 인식할 수 없다는 종교적 인식론을 받아들이게 되었다. 밀은 존 스튜어트 경의 도움으로 그를 따라 1802년 런던에 갔다. 그는 철학과 경제학 분야의 잡지에 글을 써서 생계를 꾸려 나갔다. 그의 대작 〈인도의 역사 *History of Inidia*〉는 1806년 쓰기 시작하여, 1817년 세 권으로 발간되었다. 이를 계기로 제임스 밀은 1819년 인디아 하우스(India House)에서 한 직책을 맡아 보게 되었고, 여러 해 동안 이곳에서 승진하면서 중책을 수행했다. 1808년 밀은 벤담과 가깝게 지내게 되면서, 이 공리주의파 거장을 중심으로 한 열정적 모임의 유명 인사로 알려졌다. 밀의 주요한 철학 저서는 〈인간 정신의 현상들에 대한 분석 *Analysis of the Phenomena of the Human Mind*〉 두 권으로, 1829년 출판되었다. 그는 많은 논문을 썼는데, 인디아 하우스에서 공직에 있었기 때문에 익명으로 발표했다. 이 논문들 가운데 몇몇은 1816년~1823년 사이의 〈대영 백과 사전 *Encyclopaedia Britannica*〉 증보판에 실렸다.

벤담과 제임스 밀은 공리주의(公利主義 ; utilitarianism)를 공동 신념으로서 충실하게 받아들이며, 또한 해외에 전파해야 할 복음으로 생각한 '철학적 급진주의자들(philosophical radicals)'이라는 거대한 모임의 두 철학적 지도자들이었다. 이 모임에는 또한 퀘이커 교도로서 노예제도 반대 운동의 선동자인 윌리엄 앨런(William Allen), 의회(議會)의 선거 개혁을 위해 힘쓴 프랜시스 플레이스(Francis Place), 역사가 조지 그로트(George Grote), 법리학(法理學) 원리에 대한 뛰어난 저술가 존 오스틴(John Austin), 제임스 밀의 권유로 자신의 경제학적 관점을 체계화하여 〈경제학과 과세의 원리 *Principles of Political Economy and Taxation*〉(1817)라는 저서를 펴낸 데이비드 리카도(David Ricardo)가 있었다. 에피쿠로스 학파와 스토아 학파 뒤로, 매우 독립적인 정신을 가진 많은 사람들이 시대의 병폐를 고치기 위한 구제책으로서 하나의 공통되는 철학적 주장을 지키기 위해 이토록 의식적(意識的)으로, 그리고 이토록 열렬하게 한데 뭉쳤던 일은 이제까지 없었다.

벤담은 영국과 스코틀랜드의 시기적으로 앞선 철학자들이 도덕과 정치에 대해 쓴 글 속에 나타난 여러 유행어들을 우습게 여기고 거부했다. 사람들의 '도덕 정신'에 호소하는 것은 편견들을 아무 비판 없이 무조건 고수해 나가려는 은밀한 수단이라고 그는 생각했다. 왜냐하면 이를 통해 언제나 자신의 스승이 불어넣어 주는 신념들을 무엇이든지 고지식하게 받아들이도록 사람들을 훈련할 수 있기 때문이라고 생각했다. 이른바 상식의 원리에 호소하는 스코틀랜드 학파의 태도에 대해, 벤담은 그 무렵의 관습을 과학적으로 확인된 결론인 것처럼 혼동한 것이라고 보았다. 사회 계약(社會契約)과 자연권(自然權)과 자연법(自然法)에 대한 로크의 사상에 대해서는, 근거가 없으며 경험적으로 입증할 수 없는 주의·주장들의 연역적(演繹的 ; a priori) 가정들이라고 보았다. 그리고 미국 독립선언서를 '혼동과 부조리가 뒤죽박죽되어 있다'고 평가했다. *2 벤담은 영국 관습법(慣習法)의 원리들을 앞뒤가 모순되는 개념들이 뒤섞여 있으며, 그 가치는 기껏해야 욕심 많은 변호사들에게 사례금을 많이 지불하는 정도밖에 안 된다고 비웃었다. 사물들의 영원한 적합성이나 명예 또는 성품에 대한 신학자들의 가르침에 대해서 벤담은 모호한 감정적 연상을 불러일으키는 낱말들을 쓰고 있으며, 지적 내용이 조금도 없다고 혹평했다.

이런 모든 유행어 대신에 벤담은 올바른 행위의 기준에 대한 분명한 정의를 내리려 했다. 그는 이 기준을 처음엔 공리(功利 ; utility)의 원리라고 불렀으며, 나중에는 최대 행복의 원리라고 불렀다.

벤담이 세운 사상의 학파는 그 이름을 이 초기 용어에서 얻은 뒤로 이제까지 공리주의라는 이름으로 세상에 알려져 왔다. 벤담은 이 원리를 다음과 같이 표현했다. *3

공리(utility)의 원리라는 것은, 어떠한 종류이든지 모든 행동의 옳고 그름을 판단할 때, 그 행동이 다수(the party)의 행복을 증대하는가 감소하는가 하는 기준에 따라서 판단하는 원리이다. 다시 말하면 행복을 증진하는가, 그렇지 않으면 행복에 거스르는가 하는 그 지향하는 바에 따라서 모든 행동을 좋다거나 나쁘다고 평가하는 원리이다. 나는 '어떠한 종류이든지 모든 행동'이라고 말했다. 따라서 개인의 모든 행동은 물론, 정부의 모든 정책에 대해서도 이 원리는 적용된다.

---

*2 1827년 1월 30일자 존 보우링(John Bowring)에게 보낸 편지에서 그는 이렇게 썼다. *Works*, ed. Bowring, Vol. X, p. 63 참조.

*3 *Principles of Morals and Legislation*, 제1장, 제2절.

벤담은 이어서, 행복은 다름 아닌 쾌락(기쁨)이며 불행은 고통이라고 주장했다. 행복이란 많은 쾌락(기쁨)과 여러 가지 고통들로부터 비교적 자유로운 상태를 뜻한다. 불행이란 고통이 두드러지게 많은 의식 상태를 뜻한다.

벤담은 공리의 원리에 대한 증명을 하지 않았다. 그는 다른 사람들이 잘못 취했던 여러 반대론의 견해들을 다루고는 있으나, 이 공리의 원리는 누가 보아도 옳은 것이라고 스스로 생각했다. 모든 것을 증명하는 데에 사용되는 자료 또한 그 자체가 증명될 수 없다는 근거에서, 벤담은 이 원리에 대한 증명이 불필요한 만큼이나 또한 불가능하다고 말했다. 그의 초기 저서에서 이미 흄이 이 원리를 '가장 강력한 증거를 가지고'[4] 증명했다고 쓴 적이 있지만, 이 강력한 증거가 어떤 것인지는 그의 저서 어디에서도 말하지 않았다. 더욱이 그는 공리의 원리가 흄에게는 기본 도덕 원리라기보다는 하나의 부차적 원리로서, 우리가 가지는 도덕적 감정들의 좀 더 궁극적 기준에 따라 그 스스로 좋다고 생각한 목적들을 이루기 위한 수단들을 잘 선택하기 위해서만 이 원리들을 사용했음을 설명하지 않았다.[5] 벤담은 그저 흄의 〈인성론 人性論 ; Treatise〉 제3부 어떤 부분을 읽고, 마치 자기 눈앞을 가로막고 있던 안개가 걷힌 듯했다고 말하고 있을 따름이다.

쾌락(pleasures, 기쁨)의 계산

쾌락은 여러 가지 다른 근원들로부터 온다고 벤담은 지적했다. 감각·부(富)·재주·자선·악의, 이 밖에도 여러 가지 것들로부터 쾌락(기쁨)들은 생겨난다. 그런데 그 자체가 나쁜 쾌락은 없다. 모든 쾌락은 그 자체가 선하다. 그러나 인간이 살아가면서 맞닥뜨리게 되는 복잡한 사건들 속에서 쾌락과 고통은 따로 한 가지만 생기지 않고, 오히려 서로 인과적인 여러 관계 속에서 생겨난다. 따라서 최대의 행복에 도움이 되며, 이에 따르는 여러 고통으로부터 될 수 있는 대로 자유로워지도록 쾌락(기쁨)들을 선택하기 위해서는 이성(理性)이 우리를 이끌어야 한다.

따라서 벤담이 말한 것처럼, 공리주의자들은 행위의 쾌락(기쁨)과 고통의 양을 정확하게 측정할 필요가 있다. 벤담은 정부의 정책들과 사회의 시책들

---

* 4 *Fragment on Government*, 제1장 제36절, n.

* 5 본서 p. 461에 있는 흄의 〈윤리학〉을 논한 부분.

이 물체들의 운동과 속도를 측정하는 것과 꼭 같은 과학적 정확성을 가지고 결정되기를 바랐다. 그래서 벤담은 나중에 쾌락(기쁨)의 계산이라 불리게 된 것을 발전시켰다. 모든 쾌락과 고통의 양은 오직 쾌락이나 고통을 일곱 가지 관점에서 살펴봐야만 올바르게 측정될 수 있다. 이 일곱 가지 관점은 쾌락(기쁨)과 고통의 강도·지속성·발생의 확실성·근접성·다산성(多産性 ; 같은 종류의 감각이 뒤따를 가능성)·순수성(반대되는 종류의 감각이 뒤따르지 않을 가능성), 그리고 범위(그 영향에 의해 사람마다 다르게 경험하는 쾌락의 질)이다. 사람들은 똑같은 것을 다르게 느낄 수가 있다. 어떤 사람에게는 맛있는 고기가 다른 어떤 사람에게는 해로운 독이 될 수 있다. 즉 어떤 사람에게는 특별한 쾌락적(기쁨의) 가치를 지닌 어떤 자극이 다른 사람들에게는 그렇지 못할 수가 있다. 따라서 모든 쾌락이나 고통은 그것을 느끼게 하는 행동에 의해 영향을 받게 되리라고 볼 수 있는 모든 사람에 대해 처음의 여섯 가지 관점에서 측정되어야만 한다. 쾌락과 고통을 느끼게 하는 행동들의 모든 경우에 대해서 낱낱이 살펴볼 시간이 우리에게는 없다. 따라서 우리는 조금 막연하기는 하지만 그래도 인류가 경험을 통해 세워 나간, 어느 정도 의존할 수 있는 신념으로 만족하지 않으면 안 된다. 그러나 충분한 시간이 있을 때에는—예를 들면 정부의 어떤 중대한 정책이 토의되고 있을 때—쾌락주의적 계산이야말로 토의를 건전한 결론으로 이끌어 갈 수 있는 오직 하나의 적절한 수단이 된다.

벤담은 개인들의 사적인 행동보다는 입법 문제, 법전을 편찬하는 일, 감옥의 개혁과 형벌학, 행정학에 더 많은 관심을 가지고 있었다. 제임스 밀처럼 초기에 그를 따르던 사람들도 이런 부분에 많은 관심을 가졌었다. 이러한 사실은 쾌락의 계산에 대해 벤담이 가졌던 확신을 어느 정도 정당화한다고 볼 수 있다. 이는 또한 벤담의 사색 가운데 은연중에 나타나는 두 가지 다른 귀결을 낳게 한 원인이기도 하다.

이 두 귀결 가운데 하나는, 벤담이 행동의 동기를 윤리학적 고찰의 영역으로부터 제외한 일이다. 우리의 행동에서 나오는 실제적인 결과가 도덕가들이 관심을 기울여야 할 유일한 문제라고 벤담은 주장했다. 어떤 동기들은 고상하다고 칭찬받으며, 어떤 동기들은 비열하다고 비난을 받는다. 그러나 고상한 동기들은 대체로 쾌락을 가져오며 악한 동기들은 대체로 고통을 가져

온다는 사실을 경험이 보여주기 전에는, 이런 동기들에 대한 칭찬이나 비난은 마땅하지 않다. '그 자체로 악한 동기란 없다' 이렇게 벤담은 썼다. *6 어떤 동기이든지 어떤 환경 속에서는 고통보다 쾌락을 더 많이 불러일으킬 수 있으며, 또 다른 환경에서는 쾌락보다 고통을 더 많이 불러일으킬 수도 있다. 따라서 쾌락의 계산을 받아들이는 관점에서 본다면, 동기란 그 자체로는 어떠한 도덕적 의미도 없다. 공리주의자들에게는 행위의 동기가 아니라, 행위의 쾌락적 결과야말로 선악을 과학적으로 결정하는 데에 있어서 고려해야 할 중요한 사항이다.

벤담이 사적인 도덕보다 공적인 도덕에 더 주의를 기울임으로써 생긴 또 하나의 귀결은 그가 점차로 사람들을 입법자와 행정자가 조종하게 될 수많은 단위들로 보게 된 일이다. 벤담을 비평하는 사람들이 때로 말한 것처럼, 인간들은 그에게 마치 사회 체제 속에서 우월한 상위 계층들에 의해 이리저리 움직여지는 수많은 장기 말처럼 보였다. 벤담은 즐겨 말하기를(가끔 이런 견해를 벗어나는 적도 있었지만), 사람들은 언제나 자신의 행위를 통해서 앞으로 얻게 될 쾌락을 예상하고서 행동한다고 했다. 그렇다면 입법가들과 행정가들은 어떤 행동에 대해서는 쾌락과 고통을 고정적으로 결부함으로써 사람들로 하여금 그 행동을 힘써 하도록 부추기거나 또는 못하게 막을 수도 있다. 물론 도덕의 궁극적 제재는 육체적인 것이다. 왜냐하면 자연이란 것이 어떻게 행동하는 사람들에게는 쾌락을 주고, 이와 다르게 행동하는 사람들에게는 고통을 가하는 세력들의 조직체이기 때문이다. 그러나 수많은 사람들을 통제 관리하는 입법가들과 행정가들은, 비록 자연의 육체적 제재가 인간 행동의 쾌락적 결과를 거의 결정하게 되는 성향으로 인해 불가피하게 제재를 당하고는 있으나, 그러면서도 이들의 지혜로 아주 중요한 부차적 제재를 다시 생각해 낼 수 있다. 민법적으로 관리되는 상벌의 방법을 통해서 어떤 유형의 행위는 권하고, 어떤 유형의 행위는 권하지 못하게 할 수 있다. 따라서 정치적 제재는 비록 육체적 제재를 대신할 수는 없으나, 사회 발전의 방향에 영향을 주는 데에는 중요한 역할을 할 수 있다. *7

---

* 6 *Principles of Morals and Legislation*, 제10장, 제10절.
* 7 육체적 제재와 정치적 제재 말고도 벤담은 다시 대중적 제재와 종교적 제재를 더하였다. 대중적 제재는, 세상의 여론이 미칠 수 있는 쾌락과 고통들에 관심을 갖는다. 종교적 제재는 신의 명령

관념 연합설(觀念聯合說; associationist psychology)

공리주의자(公利主義者; utilitarian)들은 자신이 지지하는 여러 개혁의 성취에 대해 대체로 희망에 부풀어 있었다. 그들이 이렇게 희망을 품게 된 것은 그 무렵 정치적 집단들 가운데 거의 자신들만이 인간성을 과학적으로 다루는 방법에 대해 이해하고 있다고 믿었기 때문이다. 도덕 이념으로서의 공리주의는 인간성에 대한 하나의 심리학적 해석과 손을 맞잡고 나아갔기 때문이다.

제임스 밀의 〈인간 정신의 현상들에 대한 분석〉은 대체로 모든 초기 공리주의자들에게는 가장 충실한 심리학적 표현으로 받아들여진다. 제임스 밀은 몇몇 선구자들—영국의 흄과 하틀리, 프랑스의 콩디약과 엘베시우스—의 이론에 의거했음을 인정하고 있다. 그러나 그는 다른 사람들의 글에서 온건하게 표현되었던 관념 연합설(觀念聯合說; associationism) 이론을 더 극단적으로 발전시켰다. 또는 더 과감하게 발전시켰다고 해도 좋을 것이다.

제임스 밀에 따르면 심리학은 물리학 못지않게 정확하며, 많은 열매를 맺는 과학이 될 수 있다. 물리학은 물리학자들이 물체들의 궁극적 요소 즉 원자(原子)들을 가지고 출발해야 한다는 것과, 원자들의 배열 방식을 나타내는 법칙들(예컨대 갈릴레이의 운동 법칙들과 뉴튼의 인력 법칙)에 따라서 어떻게 이 모든 것이 일어나는지 밝혀야 함을 마침내 깨달았다. 이와 비슷한 이치로 심리학도 가장 단순한 요소들, 즉 감각과 감정들, 그리고 이 최초의 감정들의 모사물인 관념들로부터 출발하지 않으면 안 된다. 그리고 이 최초의 요소들이 결합하는 방법을 나타내는 연합(또는 연상)의 법칙(the laws of association)을 통해서 다른 모든 정신 현상의 발전을 더듬어 나아가야 한다.

제임스 밀에 따르면 정신 현상(精神現象)에는 두 가지 타입의 연속 계기(連續繼起; sequence), 즉 연속성이 있다. (1)한 종류의 연속성은 정신의 자연적 구조의 결과로서 모든 정신에 한결같이 일어나는 것이다. 예컨대 어떤 관념은, 그것이 모사(模寫; copy, 그대로 받아들임)하고 있는 감각으로부터 자연스럽게 따라나온다. 그리고 이어서 어떤 특정한 감각들과 관념들로부터

으로 일어나는 쾌락과 고통들에 관심을 갖는다. 벤담은 대중적 제재는 너무 걷잡을 수 없어 자기의 여러 목적에 도움이 되지 않음을 깨달았다. 그리고 그는 늙어감에 따라 점차로 종교적 제재를 공상적인 것으로만 여기게 되었다.

어떤 특정한 행동들이 자연스럽게 따라 일어난다. 어떤 욕망은 즐길 수 있는 어떤 유쾌한 감각에 대한 관념이며, 이 유쾌한 감각을 생기게 하는 행위를 자연적으로 하게 만든다. (2)또 한 가지 다른 종류의 연속성은, 서로 다른 개인들이 우연히 가지게 되는 경험의 종류에 따라 개인마다 서로 다르게 나타난다. 이러한 연속성은 심리학의 근본 법칙인 연상(聯想 ; association)의 법칙의 결과로서 생긴다. 모든 연상은 시간적 공간적 접근에 의한 연상이라고 제임스 밀은 생각했다. 시간적 접근에 의한 연상은 경험에서 계기적(繼起的) 순서, 쉽게 말해 연속성을 반영한다. 공간적 접근에 의한 연상은 동시 발생적 순서(synchronous order)를 반영한다. 일정한 연상의 강도는 어떤 순서가 일어난 빈도에 따라, 또 연합된 감각들과 감정들의 생생함에 따라 차이가 나타날 것이다. 의지와 단순한 자연적 욕망은 서로 다르다. 의지는 어떤 행위의 관념과 어떤 쾌락의 관념(이 관념들은 자연적 연속성을 전혀 포함하지 않아도 좋다)이 연상을 통해서 서로 분리될 수 없게 한데 뭉쳐지게 한 것이다.

자연적인 종류의 연속성은 인간 정신의 구조 안에 고정되어 있음을 제임스 밀은 알았다. 이것은 변할 수 없다. 그러나 접근에 의한 연상에 의거하는 종류의 연속성은 낡은 연상들을 떨쳐버리고 새로운 연상들을 불러일으키는 적절한 배열이 확립되기만 하면 깨뜨릴 수도, 또 새로 만들어 낼 수도 있다. 그러므로 사람들의 마음속에 있는 연상을 통제 관리할 수 있는 테크닉을 가장 잘 이해하는 사람이라면 누구든지 사람들의 의지를 이끌 수 있는 힘을 얻을 것이다. 따라서 사람들의 과감한 행동들을 불러일으킬 수 있는 힘도 얻을 것이다.

제임스 밀은 정부에 대한 그의 논문에서, 자기가 내세운 관념 연합의 심리학이 정치와 사회에 대해서 가지는 의의를 밝혔다〔이 논문은 그의 〈분석(分析) ; Analysis〉이 완성되던 수년 전에 *Encyclopaedia Britannica*의 증보판에 기고되었다〕. 이 논문에서 그는 말하기를, 경험이 주는 가르침으로부터는 최선의 형태를 가진 정부가 무엇인지에 대해 거의 알 수 없다고 했다. 왜냐하면 경험은 이 부분에서 혼란과 명백한 모순으로 가득 차 있기 때문이라고 했다. 최선의 형태를 가진 정부는 오히려 심리학 원리들로부터 연역될 수 있다. *8 인간성에 대한 연구는 우리로 하여금 모든 쾌락과 고통을 두 부류로 나눌 수 있게 한다. 즉 사람이 노력함으로써 자기 자신에게 가져오는 것과, 다른 사람들의 행동이 그에게 미치는 영향의 결과로 나타나는 것으로 나눌 수 있다. 정부는 개인에 속하는 쾌락과 고통에 개입할 필요가 없다. 사람마다 자기가 누리고 싶어하는 것과 피하고 싶어하는 것에 대해 스스로 가장 훌륭한 판단을 내릴 수 있다. 따라서 이런 모든 개인적 문제에 있어서는 스스로 자기 일을 처리하도록 내버려 두지 않으면 안 된다. 그러나 정부는 사람들이 상대방으로부터 얻는 쾌락을 서로 최대한 증가시켜 주며, 상대방으로부터 얻는 고통은 될 수 있는 데까지 최대한 막아 줄 권리와 의무를 가지고 있다. 정부를 적게 가질수록 우리의 삶이 더 나아지고 행복하게 되려면 여기에는 조건이 있다. 즉 우리 자신이 자기가 경험하는 모든 쾌락과 고통의 원인이 될 때에만 정부를 적게 가질수록 더 행복하게 된다. 그러나 불행히도 사실은 그렇지 못하다. 우리는 정부를 필요로 한다. 왜냐하면 우리가 추구하는 쾌락과 고통들은 서로 얽혀 있기 때문이다. 그리고 이처럼 필요한 정부가 관념연합설의 여러 원리를 이해하는 사람들 손안에 있을 때, 인류 문명은 폭넓게 발전할 것이다.

2. 콩트

오귀스트 콩트(Auguste Comte, 1798~1857) : 몽펠리에에서 태어나 파리에서 세상을 떠났다. 1814년 그는 에콜 폴리테크닉(理工科大學)에서 공부하기 시작했다. 여러 과학에 대한 그의 학식은 사람들로부터 감탄과 존경을 자아냈다. 콩트의 부모는 가톨릭 교도이며 왕당파였으나, 그 자신은 시큘러리스트(비종교적 도덕론자 ; secularist)이며 공화주의자(共和主義者)였다. 1816년 정부는 과격 사상의 혐의를 내세워 콩트가 다니던 이공과 대학을 폐쇄했지만 그는 계속해서 과학적 연구에 몰두했다. 사회주의 지도자였던 생시몽(Saint-Simon)과 여러 해 동안 친하게 지내다가 1822년에는 콩트와 갈라졌으며, 그 뒤로는 콩트로부터 아무것도 얻은 바 없다고 잘라 말하였다. 1826년에 대중을 상대로 하는 강좌를 열겠다고 선언하고 강의

---

*8 이러한 주장 때문에 매콜리(Macaulay)는 제임스 밀의 철학을 가리켜, '증명으로 가장한……궤변'이라고 말했다.

를 시작하면서 열렬한 찬사를 받게 되자, 계속해서 여러 해 동안 이런 강좌를 열었으며, 종종 자신의 노고에 대해 강의료도 받지 않았다. 그는 에콜에서 시험관으로 일하며 겨우 생계를 유지해 나갔다. 그러나 때로는 존 스튜어트 밀과 자신의 견해를 지지해 주는 영국 사람들에게 재정적 원조를 호소했다. 그리고 프랑스인 동료들과 제자들이 모은 기금에서 나오는 수입의 수혜자가 되었다. 1845년 콩트는 드 보 부인의 친한 벗이 되었으나 그녀는 이듬해에 죽었다. 이 우정은 그로 하여금 인간사에서 정서가 얼마나 중요한 역할을 하는가를 깨닫게 하는 데 도움이 되었다고 여겨진다. 콩트의 〈실증주의 철학 강의 *Course of Positive Philosophy*〉는 여섯 권으로 1830년에서 1842년 사이에 나왔다. 〈실증주의 정치 체계 *System of Positive Polity*〉는 1851년에서 1854년 사이에 나왔다. 1848년 그는 '실증주의협회'를 설립했으며, 이와 연결하여 '인류교 人類敎 ; Religion of Humanity'란 종교를 만들어 냈다.

콩트는 생시몽으로부터 인류 문명에 있어서 꾸준한 진보의 가능성에 대한 신념을 얻었다. 또 스스로 과학을 연구하며 과학적 지식의 정확성과 확실성에 대해 거의 종교적인 존경심을 품었다. 콩트는 사고(思考 ; thinking) 체계 안에 있는 이 두 요소를 스스로 실증주의(實證主義 ; positivism)라고 부르는 견해 안에서 결합했다. '실증주의(實證主義)'란 말은 콩트의 저서에서 유래한다. 부정적인 측면에서 콩트는 자기 이전의 영국과 독일의 철학을, 사색이 경험적 검증의 한계를 넘어서기 때문에 무의미한 것이라며 거부했다. 긍정적인 측면에서 콩트는 과학들의 체계를 세워 서로에 대한 관련성을 밝히고, 기존의 과학들에다 사회학(社會學 ; sociology)이라는 새로운 과학을 더하였다. 그런데 이 사회학은 과학적 방법들을 도덕과 정치와 종교 문제에까지 영역을 확대하는 것이라고 자부했다. 실증주의는 철학을 과학과 동일한 확고한 지적 기초 위에 자리잡게 할 것이라고 콩트는 믿었다.

인류의 지적 발전에 대해 깊이 생각한 콩트는 모든 탐구 분야에 똑같이 적용되는 하나의 양식(pattern)을 찾아냈다고 믿었다. 이 양식을 그는 이른바 세 단계 법칙으로 나타냈다. 이 법칙에 따르면 인간은 사고 작용에 있어서 뚜렷이 구별되는 세 단계를 통과한다. 콩트는 이 세 단계를 신학적 단계·형이상학적 단계, 그리고 과학적 또는 실증적 단계라고 불렀다. 신학적 단계에서는 사람들은 미지의 광대한 세계를 자신들이 바로 알게 되는 한 가지, 즉 그들 자신의 열정과 정서로 설명한다. 이들은 자연의 힘은 친절하거나 사납거나 그렇지 않으면 다른 어떤 인격적 감정들로 가득 차 있다고 생각한다. 이들은 객관적인 것을 주관적인 것과 같은 것으로 다룬다. 그래서 이들은 세계를 가상의 지어낸 존재들로 채우지만 이런 존재들이 정말 있는지 없는지에 대해서는 어떠한 확실한 증거도 가지고 있지 않다. 다음 단계, 즉 형이상학적 단계에서 사람들은 인격화된 힘들에 의하지는 않지만 여전히 경험적 사실이 아닌 다른 존재에 마음이 끌린다. 이들은 어떤 사물에다 추상적 용어를 붙여서 그 사물을 분류하기만 하면 그것에 대해 설명해 낸 것으로 생각한다. 이들은 본질, 실체, 속성, 힘 같은 것들에 대해 논한다. 그러나 이들이 사용하는 이 용어들은 구체적 사물들의 선택된 부분들을 추상적으로 지시하는 데 지나지 않음에도, 마치 이 용어들이 현상 세계(現象世界 ; phenomenal world)를 초월해 존재하며 또 현상계를 인과적으로 만들어 내는 힘을 가리키는 것처럼 사용하고 있다. 그 다음 셋째 단계, 즉 과학적 단계에서 사람들은 경험적 현상들을 뛰어넘으려고 하는 어리석음을 깨닫는다. 이들은 이 현상들을 실증적 소여(所與 ; data), 즉 실증적 내용으로서 받아들인다. 그리고는 이 현상들이 의존한다고 상상되는 어떤 신비로운 것을 탐구하는 게 아니라, 이 현상들의 순서·연속·서로에 대한 관계 등을 탐구한다. 이로써 사건들 사이에 공존과 계기(繼起, 인과적 연속성)의 법칙들을 세우게 된다. 그러나 법칙이라는 것을, 사건들을 지배하는 인과적(因果的 ; casual) 힘으로 보지 않고, 비슷한 사실들에 대한 일반화(generalized statements)라고 본다. 이들은 법칙과 현상(現象)들의 관계는 일반적 사실과 다수의 주어진 구체적 사실들의 관계와 같다고 본다. 이들은 지적으로 경험의 테두리 안에 머무른다. 설명을 위해 가설들을 끌어들이지 않는다. 그렇지만 경험이라는 수많은 특정 사실들 사이에 확고한 연관성들을 밝힘으로써 경험을 이해하기 쉽게 해 준다.

콩트는 인류 문명이 갑자기 한 단계로부터 다른 단계로 넘어갔다고 말할 생각은 없었다. 인류 문명은 오히려 어떤 연구 분야에서는 전진해 나아가며, 다른 분야에서는 제자리에 머물러 있을 수도 있다. 따라서 세 발전 단계 모두가 어떤 시대의 어떤 사회에도 공존할 수 있다. 즉 그 사회가 받아들이는 관념들의 어떤 부분과 다른 부분들이 서로 다른 단계에 속하는 것일 수도 있다. 콩트는 바로 이와 같이 세 단계가 동시에 겹쳐져 있는 상태가 그 자신이 속한 세대의 유럽 문명의 특징이라고 믿었다. 사람들은 태양계에 대한 생각에 있어 과학적 단계에 이르렀다고 그는 믿었다.

그러나 심리학에서는 여러 가지 의식 상태를 가지고 정신 활동을 하는 실체적 영혼 또는 자아에 대해 논하는 것을 보면, 이들은 아직 형이상학적 단계에 머물러 있다. 그리고 우주의 신적 기원과 통치에 대한 신앙을 그대로 가지고 있는 한 이들은 신학적 단계에 있다는 것이다. 한 분야에서의 궤변(sophistication)과 다른 한 분야에서의 우직성(naiveté)이 한 사회 안에, 그리고 개개인의 태도 속에 때로 공존하고 있다.

물론 콩트는 사람들의 생각이 여전히 가장 뒤떨어져 있는 영역에서 과학적이거나 실증적인 태도를 불러일으키고자 했다. 그는 인류의 도덕적·정치적 그리고 종교적 부분이 뒤떨어져 있다고 생각했다. 도덕과 정치와 종교 문제들은 사회학 분야, 과학들 가운데에서도 가장 마지막에 이르게 될 성숙한 발달 단계이며, 또 그런 것으로 기대되지 않으면 안 된다고 주장했다. 그 이유는 과학들이 서로 하나의 자연적 연속 관계를 이루기 때문이다. 과학들의 자연적 순서는 수학·천문학·물리학·화학·생물학에 이어 사회학으로 되어 있다. 그 하나하나는 이 배열에서 자신에 앞서는 모든 것을 전제로 한다. 하지만 반대로 그 어느 것에 의해서도 미리 예상될 수는 없다. 콩트는 사회학이 이 분야에 대한 자신의 노력의 결과로 이제 막 탄생하려 한다고 생각했다.

도덕의 주요 문제들 가운데 하나로서 콩트는 사람들의 이타적 감정(이것은 천성적으로 약하다)으로 하여금 이기적 감정(이것은 천성적으로 강하다)을 물리치게 하거나 지배하게 하는 방법을 찾아내야 한다고 생각했다. 그는 초기 저서에서, 개인은 누구나 자기가 속하는 사회에 의존하게 되어 있음을 올바로 가르쳐 줌으로써 이 목적을 이룰 수 있다고 생각했다. 인류는 거대한 유기체와 다름없다고 그는 지적했다. 개인은 그의 언어, 습관, 생계 수단, 이상 등을 자기가 자라난 집단으로부터 얻는다. 따라서 한 개인은 자기가 사회에 도움을 받고 있음을 이해하게 될수록 더욱더 그의 활동을 사회에 대한 봉사와 공공 복리가 증진하는 방향으로 나아가게 된다고 콩트는 생각했다.

그러나 시간이 지남에 따라, 특히 짧은 기간 동안이나마 드 보 부인과 사귄 뒤로는, 개인의 감정 표현을 하는 데 있어서 올바르게 이끌어 줄 이성의 힘에 대해 그렇게 자신 있게 신뢰할 수만은 없다는 사실을 깨닫게 되었다. 사람들은 교육을 통해서, 또는 사회적으로 서로 의존 관계에 있다는 사실을 이해함으로써 이타적이 될 만큼 그렇게 이성적 존재는 되지 못한다고 콩트는 단정했다. 도덕적 훈련과 이기적 인간성의 변화를 꾀하기 위해서는 여러 가지 감정과 애착에 대한 훈련이 필요하다. 그리고 이 훈련은 세심하게 계획된 종교 생활을 통해서만 효과를 얻을 수 있으리라 콩트는 확신하게 되었다. 그리고 모든 사람으로 하여금, 특히 성품이 형성되는 시기에 이런 종교 생활을 하게 해야 한다. 콩트는 인간의 애착심을 도덕적으로 올바르게 훈련하기 위해 스스로 만들어 낸 새 종교 체제를 인류교[또는 인도교(人道敎) : Religion de L'humanité, Religion of Humanity]라고 불렀다.

콩트가 생각한 인류교(人類敎)란 그 사상과 실천이 인류 발달의 과학적 또는 실증적 단계에 어울리는 종교이다. 이것은 신학적 교리나 형이상학적 원리를 결코 내세우지 않는다. 이것은 인간성을 본디의 상태보다 더욱 고상한 것으로 변화시키는 수단이 된다는 의미에서 종교인 것이다. 이것은 이를 신봉하는 사람들 마음속에 이타적 목적들을 위해 자기를 버리고 헌신할 새로운 정서를 불러일으킬 것, 사람들의 감정을 사회의 여러 요구 사항들에 대한 가장 앞선 과학적 해석과 일치하게 할 것, 공동선(共同善)을 추구함에 있어서 모든 개인의 단결을 불러일으킬 것을 목표로 한다. 콩트는 인류 종교(人類宗敎)의 여러 가르침을, 적어도 많은 부분에서, 가톨릭 교회를 본떠서 정했다. *9 그는 많은 축제일(祝祭日)을 인류의 고귀한 봉사자로 생각되는 사람들의 이름을 따라 부르는 달력을 만들었다. 또 이 고귀한 봉사자들의 인품과 인류 복지에 대한 공헌을 엄숙히 기념하며 가슴에 새기기 위해 이들 특별한 날에 행할 의식을 정했다. 콩트는 아홉 가지 성례식(聖禮式) 제도를 만들었는데, 이는 사람들로 하여금 이러한 의식들에 참여함으로써 자신의 의지를 엄숙하게 정화하여 이타적 목적을 위해서 헌신하게 하려는 것이었다. 그는 교육적 목적을 위해 실증주의적 도서에 넣을 가치가 있다고 여겨진 몇

---

*9 헉슬리(T.H. Huxley)는 인류교를 '그리스도 정신은 사라지고 없는 가톨릭교(Catholicism without Christianity)'라 불렀다.

몇 책들을 세계 문학에서 뽑았다.

콩트가 이끄는 실증주의자 협회가 런던과 그 밖의 여러 도시에서 조직되었다. 이 협회는 한때 활발하게 활동했으며, 어느 정도 영향력을 끼치고 있었다. 그런데 콩트의 비평가들 가운데 많은 사람들은 인류교의 의식을 괴상한 것으로 보았다. 콩트의 초기 실증주의적 가르침을 기꺼이 따르던 몇몇 사람들도 콩트 후기의 사상적 흐름이 지나치게 환상적이라며 개탄했다. 예컨대 존 스튜어트 밀은 1865년 〈오귀스트 콩트와 실증주의 *Auguste Comte and Positivism*〉란 책을 썼는데, 이 책 제1부에서는 실증주의를 좋게 해석하고 있으나, 제2부에서는 인류교의 조직이 지나치게 화려하다고 비난하고 있다.[10] 콩트의 영향 가운데 더 많은 영속성을 가지게 된 부분은, 그가 사회학이란 과학과 실증주의 철학이란 개념을 새로 탄생시켰다는 사실이다. 실증주의는 여러 형태를 취하면서, 과거 백 년 동안 이어 온 철학적 전통들 가운데 하나가 되어 왔으며 이 형태는 모두 콩트의 주장과 비슷하다.

3. 존 스튜어트 밀

존 스튜어트 밀(John Stuart Mill, 1806~1873) : 영국 런던에서 태어나 프랑스 아비뇽에서 세상을 떠났다. 그는 아버지에게서 엄격한 교육을 받았는데, 뒤에 이러한 교육을 '벤담주의의 과정'[11]이라고 쓰고 있다. 밀은 세 살 때 그리스어 공부를 시작하여, 어릴 때 많은 역사책과 고전들을 읽었다. 스무 살 때 그는 실망과 좌절의 시기를 경험했는데, 이에 대해 그는 지능의 발달을 지나치게 강조하며 정서를 소홀히 한 때문이라고 생각했다. '구름이 조금씩 걷히어 갔다'고 그는 회상하고 있다.[12] 그러나 행위라는 외적 결과는 '감정의 도야(陶冶 ; cultivation)'를 통하여 균형을 얻도록 주의하지 않으면 안 되며, 이는 시와 예술을 통해서 가장 잘 성취할 수 있

---

[10] 그는 더 나아가 '위대한 지성의 우울한 퇴폐주의'라고 말하기까지 했다. *Auguste Comte and Positivism* (London, Truebner, 1865), p. 199 참조.

[11] *Autobiography* (London, Longmans, Green, Reader, and Dyer, 1873), p. 64, 그의 아버지 제임스 밀은 벤담 사상의 정통적 추종자였다.

[12] 같은 책 p. 141.

다고 확신하게 되었다. 그는 정통 공리주의자들이 쓰는 말들과는 아주 다르게 자신의 생각을 표현했으므로, 칼라일은 그를 '새로운 신비가'라고 칭송했다. 1838년 그는 벤담과 콜리지를 '그 시대 영국의 가장 위대한 두 정신'이라고 불렀다. *[13] 밀은 자기의 철학적 견해가 공리주의 전통에 머물러 있다고 생각했다. 그러나 그는 심리학·논리학·윤리학에서 공리주의를 반대하는 이들에게 많은 양보를 했다. 일찍이 1823년 밀은 아버지의 힘으로 동인도 회사에서 작은 일자리를 얻었으며, 1858년 이 회사가 해체될 때까지 여러 지위에 올랐다. 그는 오랫동안 해리엇 테일러 부인을 사랑해 오다가 그 부인의 남편이 죽은 뒤에는 그녀와 결혼했다. 밀은 후기 저서에서 발전시킨 사상들이 대개 이 부인에게서 힘 입은 것이라 말하고 있다. 이 부인은 아마도 그로 하여금 정통적 공리주의자들보다는 덜 극단적인 개인주의 색채를 띠게 하며, 사회 개혁을 위한 사회주의적 계획에 대해서는 저들보다 더 많은 동정심을 그에게서 이끌어 낸 것으로 보인다. 밀은 1858년 은퇴하여 프랑스의 아비뇽에 머물렀다. 1865년에는 영국으로 돌아가 하원 의원이 되었으나 재선되지는 못했으며, 다시 아비뇽으로 돌아가 남은 생을 보냈다. 그의 저서로는 다음과 같은 것들이 있다. 〈논리학 체계 *A System of Logic*〉(1843) —이 책은 1872년에 제8판이 나올 때까지 여러 번 수정되었다. 〈경제학 원리 *Principles of Political Economy*〉(1848)·〈자유론 *Of Liberty*〉(1859)·〈대의정부론 *Considerations on Representative Government*〉(1861)·〈공리주의 *Utilitarianism*〉(1863)·〈윌리엄 해밀턴 경의 철학에 대한 검토 *Examinations of Sir William Hamilton's Philosophy*〉(1865)·〈오귀스트 콩트와 실증주의 *Augute Comte and Positivism*〉(1865)·〈자서전 *Autobiography*〉(1873)·〈종교에 관한 세 논문 *Three Essays on Religion*〉(1874). 그의 많은 논문들이 1859년 〈논문과 토론들 *Dissertations and Discussions*〉 제1권과 제2권에, 1867년 제3권에, 그리고 1875년에는 제4권에 실려 있다.

---

*13 'Bentham', *Dissertations and Discussions*(London, John W. Parker and Son, 1859), Vol. I. p. 331. 이 에세이는 이보다 앞서 *London and Westminster Review*(August, 1838)에 발표되었었다.

존 스튜어트 밀의 〈논리학; Logic〉은 19세기 위대한 책들 가운데 하나가 되었다. 그 무렵부터 오늘까지 내려오면서 이 책이 지니고 있는 명성은 밀의 이른바 귀납적 증명의 다섯 가지 전형을 명확하게 체계적으로 설명하고 있는 데에서 비롯된다. 밀은 귀납적 탐구 방법을 처음으로 제시한 논리학자는 아니다. 프랜시스 베이컨은 이미 현존(現存; presence)과 결여(缺如; absence)와 정도(程度; degrees)의 비교표(比較表; tables)들을 논했으며, 데이비드 흄은 베이컨이 말한 것을 발전시킨 규칙들을 세웠다. *14 그러나 그 다섯 가지 전형들에 대한 정의(定義)에서 밀의 언어는 아주 세밀한 곳까지 분석한 명확성의 모범이 되고 있다. 그 전형들은 이 책이 처음 나온 뒤로 백 년이 넘게 많은 논리학 교과서에 거의 그대로 실려 왔다.

밀은 논리학에서 아리스토텔레스적 전통이라고 자신이 생각한 것에 반대하여, 논리학은 본디의 직접 추리나 삼단 논법 같은 연역적 방법을 통한 명사(名辭)들과 명제(命題)들 사이의 형식적 관계를 세우는 것이 아니라고 주장했다. 연역적 추리가 논리학에서 타당한 지위를 차지하고 있으며, 과학적 방법으로서 하나의 역할을 하고 있다는 것은 사실이다. 그래서 밀은 논리학에서 이 부분을 분석하여, 이것을 '정합성(整合性; consistency)의 논리'(앞뒤 조리가 맞는가를 살피는 논리)라고 부르기도 했다. 논리학의 이 부분은 사상가가 먼저 지식을 얻은 뒤에 이 지식을 체계화하며, 이 지식을 앞뒤 모순이 없는 체계로 만드는 데 유용하다. 그러나 논리학에는 형식 논리보다 훨씬 더 많은 것들이 존재한다. 논리학은 '명증(evidence)을 찾아내는 데 이바지하는 오성 작용(悟性作用; understanding)에 대한 과학'이라고 밀은 말했다. *15 그 첫째 가는 관심사는 새로운 진리를 발견하도록 이끄는 것이다. 연역적 방법을 가지고서는 단 하나의 특정한 사실도 새로 발견할 수 없다. 이미 받아들여진 보편적 사실의 형식적 내용들을 설명하기 위해 연역적 방법을 사용할 수는 있다. 그러나 이러한 내용들은 언제나 새로운 탐구에서 얻은 명증에 의해 검증될 때까지, 그리고 이렇게 검증되지 않는 한 앞으로의 탐구

＊14 베이컨의 표들에 대해서는 본서 pp. 369~371 참조. 흄의 규칙들에 대해서는 *A Treatise of Human Nature*, 제1권, 제3부, 제15절 참조. 밀의 기준이 되는 근거(準據; canons)들에 대해서는 그의 *Logic*, 제3권, 제8장 참조.

＊15 *Logic*, 서문, 제7절.

를 이끌어 가기 위한 실험적 가설로서만 여겨지지 않으면 안 된다. 인간의 사고 과정 전체는 특정한 사실들(particular facts)의 관찰에서 시작하여 끝을 맺는다. 따라서 보편적 사실들(generalizations)은 실제로 이미 관찰된 특정한 사물로부터 명증적 가치를 가진 또 다른 특정한 사물로 유리하게 움직여 가는 것을 돕기 위한 논리적 고안물이다. 그래서 밀은 그의 〈논리학〉에서 귀납적 방법을 설명하는 데 몰두했으며, 연역적 사고 방법은 실험적 사고 과정 안에서 부차적 위치에만 두었다.

그의 논리학 체계가 발전하여 일반적 인식론에 이르렀을 때, 밀은 몇 가지 어려움에 맞닥뜨렸다. 그는 이 모든 어려움을 극복하지 못했을 뿐 아니라, 또한 어떤 경우에는 문제가 있다는 것조차 깨닫지 못했던 것으로 보인다. 이 문제점들은 서로 반대되는 두 지적(知的) 사고 방법의 영향에 대한 밀의 충실성에서 비롯되었다. 한편 그는 자기 주위에 있는 과학자들이나 그 밖의 사상가들을 좀 더 성공적인 연구로 이끌었던 방법을 설명하고자 했다. 그리고 다른 한편으로는, 경험론적인 여러 철학적 전통에 충실했다. 이 전통들은 그가 아버지에게서 받은 확고한 교육적 훈련에 의해 그의 마음속에 스며든 것들이었다. 그는 1869년 그의 아버지가 쓴 〈인간 정신의 현상들에 대한 분석〉을 편찬하면서 수정할 필요가 있다고 생각하는 몇 군데를 고쳤다. 그러나 그는 아버지로부터 이어받은 심리학과 인식론적 이론들로부터, 또 그의 아버지가 그를 교육하기 위해 읽힌 로크와 버클리 그리고 흄의 경험론적 전통들로부터 자신이 의식했던 것보다 더 많은 전제들을 계승하고 있었다. 그리고 로크나 버클리 그리고 흄에 대해서는 그의 아버지가 이끌어 낸 해석을 따르고 있었다.

밀의 논리학 저서에 있는 이 같은 미해결의 예를 하나 들어 보겠다. 한편 밀은 논리학의 기능은 우리로 하여금 제한된 경험들의 우연적이며 주관적인 연합(associations, 연상 작용)을 뛰어넘어, '자연 과정'의 객관적 질서를 알려주는 것이라고 주장했다. *16 우리의 경험은 제멋대로 일어나는 감정들과 엉뚱한 사건들로 뒤얽혀 있을지도 모른다. 우리의 경험은 자연 세계의 사물들과 사건들을 지배하는 여러 유형의 질서들을 우리에게 드러내 주기보다는

---

*16 이 문구는 *Logic*, 제3권, 제4장, 제1절에서 인용한 것으로, 이 책의 다른 많은 곳에서도 나타나고 있다.

오히려 모호하게 흐뜨려 놓을 수도 있다. 실제로 우리는 경험을 뛰어넘는 그 어떤 것에도 의지할 수 없다. 그러나 우리는 제한된 개인적 경험들로부터 하나의 포괄적이고 교훈적인 경험에 이르기까지 이러한 경험들에 호소할 수 있다. 우리는 심리적으로 그럴듯해 보인다고 해서 이를 논리적으로 확실한 것이라고 생각해서는 안 된다. 어떤 감정이 아무리 뚜렷한 것이라 할지라도 우리는 그 감정을 신뢰할 수 없으며, 아무리 믿음이 강한 것이라 할지라도 우리는 그 믿음을 신뢰할 수 없다. 우리는 명증(明證 ; evidence)을 필요로 한다.

경험이 논리적 의의를 가질 때에만 그 경험은 명증이라 불릴 수 있다. 밀은 명증에 대해서 정의를 내렸는데, '명증이란 정신이 실제로 거기에 굴복하거나 반드시 굴복해야 하는 것이 아니다. 이것은 마땅히 굴복하게 되는, 그런 것이다. 즉 이에 굴복함으로써 신념이 사실에 일치하게 되는 그런 것이다'라고 주장했다.*17 그러나 그는 이 정의에 따라 우리가 어떻게 경험의 명증적 가치를 구체적으로 결정할 수 있는지 밝히지는 않았다.

다른 한편으로 밀은 모든 경험의 '사실들은 감정이 아니면 의식 상태'라는 그의 아버지의 이론을 계속해서 받아들였다. 우리는 단순한 의식의 요소들로부터 출발한다고 밀은 생각했다. 그는 언제나 이 단순한 요소들을 명증으로 보려 했다. 심지어 그는 어떤 구절에서, 만일 우리가 유아(幼兒) 때 가졌던 의식의 최초의 인상적인 부분들을 되찾을 수만 있다면(그는 이것이 불가능하다고 생각했으나), 우리는 나중에 덧붙여진 의식들과 연상 작용들의 뒤섞임이 없는, 따라서 으뜸가는 명증적 가치를 지닌 요소들을 가지게 될 것이라고 주장했다.*18 그러나 이 심리적 순수성은 되찾기 어렵다. 밀은 계속해서 말하기를, 맨 처음의 단순한 요소들은 관념 연합(觀念聯合)의 법칙에 의해 한데 묶어서 '현상'을 이루게 되며, 심리학적으로 볼 때, 심지어 분리될 수 없는 전체를 이루게 된다. 심적 사실들(mental facts) 말고 다른 사실들을 우리는 가지고 있지 않다. 밀은 물질(matter)이란 '감각의 영속적 가능성 외에 다른 어떠한 것도 아니다' 이러한 유명한 말을 남겼다.*19 여기서 그가 말

---

*17 *Logic*, 제3권, 제21장, sec, 제1장.

*18 *An Examination of Sir William Hamilton's Philosophy* (London, Longmans, Green, Longmans, Roberts and Green, 1865), p. 147.

하려는 것은, 물질이 경험을 초월한 하나의 실재(實在)로서 앞으로 감각들을 불러일으킬 가능성을 우리 안에 포함하고 있는 것은 아니라는 것이다. 오히려 물질은 우리가 가지게 될 수 있는, 또는 우리 자신이나 다른 사람들이 앞으로 일어날 수 있는 일들에 대해서도 가지리라고 생각할 수 있는 가능한 감각들에 대한 이름(a name)이다. 이런 경우에, 경험의 주관적 질서와 대조를 이루는 객관적 질서란 존재하지 않는다. 우리 자신이나 다른 사람들의 심적 사실의 계기, 즉 인과적 연속성과 대조를 이루는 자연의 진행 과정 또한 존재하지 않는다. 그저 좀 더 폭넓은 경험에서 오는 좀 더 나은 연상(聯想)들과는 대조되는 제한된 경험의 빈약한 연상들만이 있을 뿐이다. 감정들을 연합(또는 연상 ; associations)의 법칙에 의해 그룹으로 묶은 것들은 모두 같은 기원(起源)을 가지고 있다. 또 과학의 귀납적 일반 개념들과 환상들은 다 같이 동일한 연합 법칙의 결과이다. 왜냐하면 만일 모든 사실이 감정 또는 심적 사실이라고 한다면, 어떠한 사실도 감정들 사이의 질서ㅏ 아닌 다른 어떤 질서에 대해서는 명증적 가치를 지니지 못할 것이기 때문이다. 이때 모든 연속적 생기(生起 ; 또는 연속성 ; sequences)와 모든 상관 관계는 감정들 사이에서 일어나는 것으로, 비록 어떤 연속적 생기는 특수하며 다른 연속적 생기는 좀더 일반적이라고 말할 수 있다 해도, 이것들은 모두 감정들 사이에서 일어나는 것이다. [20]

귀납법에 대한 밀의 이론은 바로 위에서 논한 문제점을 반영하고 있다. 밀이 관념 연합의 심리학을 배경으로 논리학을 다루었을 때, 그는 귀납법의 가치가 현상(現象)들을 연결하는 어떤 방식에 유리한 실례 또는 경우의 수(數)에 근거하게 했다. 밀은 더 나아가 모든 가능한 관련 사항들을 남김없이 들어 열거하는 것을—완전한 열거가 보통은 실제로 불가능하다는 것을 어쩔

---

[19] 같은 책 p. 200.

[20] 이 점에 대한 밀의 주장은 어떤 비평가들에 의해, 머리 잘린 버클리주의에 비교되었는데, 이것은 올바른 비교라 할 수 있다. 만일 어떤 이가, (정신 또는 마음 이외의) 유일한 실재가 관념들(ideas)이라고 하는 버클리 이론을 받아들이며 동시에 신의 존재를 부인한다면, 그는 밀처럼 진퇴양난의 어려움에 처하게 된다. 신의 존재를 부인한다면, 신의 존재를 부인하지 않음으로써 버클리주의자가 되었을 사상가로부터, '세계의 강대한 골격'을 구성하는 관념들과 사람들 하나 하나의 사적인 정신 세계에서 일어나는 다른 관념들을 구별하기 위해 버클리 자신이 가지고 있던 수단을 빼앗아 버리고 말 것이다.

수 없이 인정했으나—이상적 귀납법이라 생각했다. 그러나 논리학을 객관적 자연 질서에 대한 분석 과정에서 다루었을 때, 특별한 고찰을 위해 어떤 현상의 결정적 사례들을 선택하는 데 귀납법적 가치를 응용했다. 단 하나의 실례도 숙련된 기술을 가지고 다루게 되면, 때로는 '하나의 완전한 귀납적 추리로서도 충분한 사례가 될 수 있다'고까지 생각했다. [*21] 그러나 밀은 서둘러 정직하게 고백하기를, '옛날 가장 현명한 사람들'도 또 (실제로는) 자기 자신도 단 하나의 실례가 '같은 성질을 보여주는 무수한 사례'들보다 더 많은 논리적 가치를 지닌 것이 될 수 있음을 설명할 수는 없었다고 말했다. 확실히 관념 연합의 심리학 이론과 고전적 경험론의 주관주의적 전제들을 기초로 작업하는 한, 단 하나의 실례에 대한 명증적 의의를 그 누구도 설명할 수 없었다.

밀은 그의 귀납적 논리학에서 '이것 다음에(post hoc)'와 '이것 때문에(propter hoc)'를 구별하는 방법, 즉 주관적인 심리적 연속과 객관적인 자연적 연속을 구별하는 방법을 찾아내려 했다. 그는 이 목적을 이루는 수단으로서 인과법칙(因果法則 ; causality)에 주의를 돌렸다. 그러나 인과 법칙에 대한 그의 설명은 그가 목적을 이루는 데에 오히려 방해가 되었다. 밀은 인과 관념이 경험에 대한 분석에 합리론적(合理論的)으로 설명될 수 있는 것이 아님을 열렬히 주장했다. 따라서 인과 법칙은 경험으로부터 나온 하나의 보편적 개념이라고 말했다. 또 이것은 다른 개념들에 앞서서 그 개념들을 이끌어가는 것이 아니라, 오히려 최후의 가장 추상적 개념이라는 것이다. 인과법칙은 '이전에 일어난 일에 대해서는 한결같이 원인이라고 부르며, 나중에 일어난 일에 대해서는 한결같이 결과라고 부르는' 원리라고 그는 설명했다. [*22] 우리는 먼저 여러 다른 개념들을 얻고, 그리고 나서 이 개념들의 본성에 관련한 또 다른 개념을 만들게 된다. 인과법칙은 심리적 관념연합 법칙 과정의 가장 마지막 결과이다. 따라서 '이것 다음에(propter hoc)'는 '이것 때문에(post hoc)' 이상의 것은 되지 못한다. 그러므로 이 법칙은 주관적 관념연합들을 넘어서 '자연의 진행 과정' 분석으로 나아가는 기술을 제공해 주지 못한다. 인과법칙은 오히려 경험적으로 짐작은 가나 결코 검증될 수 없는 하나

---

*21 *Logic*, 제3권, 제3장, 제3절.

*22 *Logic*, 제3권, 제5장, 제2절.

의 신념이다. 즉 경험이 자꾸 쌓여감에 따라 개개의 사람들에게 실제로 일어나는 경험들보다는 그 계기성(繼起性), 즉 그 인과적 연속 성질을 더 따르려고 하는 신념이다. *23

밀의 윤리학

밀의 윤리학 이론은 그의 논리학 이론처럼 뒤에 그의 학파의 근본 원리가된 것으로, 어려서 그가 교육 받은 사상들과 그 자신의 도덕적 경험에서 나온 몇 가지 비판적 원리들을 조화하려고 애쓴 하나의 정신적 산물이다. 밀은언제나 자기 자신이 벤담의 공리주의(功利主義)적 견해에 충실하다고 생각했다. 그러나 그는 벤담이 소홀히 했음은 물론 때로는 분명히 부인했다고 스스로 생각한 몇 가지 가치들을 예리하게 의식하게 되었다. 그는 벤담의 본질적인 원리들을 버리지 않으면서도 그 견해들의 편협함을 수정할 수 있다고믿었다. 좀 더 정통적인 벤담주의자들은 그가 공리주의(utilitarianism)를 버렸다고 비난했으며, 벤담주의를 반대하는 사람들은 그의 수정이 마땅한 것이 못된다고 생각했다. 어떻든 〈공리주의〉란 제목이 붙은 그의 논문은 대단히 감동적이어서, 그 지지자와 반대자들 모두 이를 공리주의 학파의 결정적주장으로 보기에 이르렀다.

밀은 자신이 세운 윤리학 체계의 근본 원리를 다음과 같이 표현했다. *24

공공의 이익 또는 최대 행복의 원리를 도덕의 기초로 받아들이는 신념은, 행동은 행복을 더해 주는 정도에 비례하여 선하며, 행복에 반대되는것을 불러일으키는 정도에 비례하여 악하다고 본다. 행복이란 쾌락(기쁨)을, 그리고 고통의 결여를 뜻한다. 불행이란 고통을, 그리고 쾌락(기쁨)의 결여를 뜻한다.

---

*23 밀의 〈논리학〉은 인과법칙에 대한 문제점을 아주 명백하게 보여 주었다. 이로써 그의 시대 이후로 많은 경험론자들은 자연의 일정불변성(uniformity)에 대한 신념을 '귀납법의 중심 문제'로서 다루어 왔다. 경험론자들은 경험을 '감정과 의식 상태'의 계기(繼起; 연속)가 아닌 다른 어떤 것으로 보게 됨에 따라 실험적인 일을 객관적 자연 질서의 분석으로 보는 이들의 주장을 입증할 인식론을 비로소 가지게 되었다. 존 듀이의 철학을 다룬 부분을 참조할 것. p. 668.

*24 *Utilitarianism*, 제2장, par. 2.

여기까지는 벤담주의를 그대로 받아들이고 있다. 그러나 밀은 곧 덧붙이기를, 쾌락(또는 고통)은 오직 양만 가지고 평가될 수 있는 것이 아니라고 주장했다. 따라서 그는 쾌락을 계산된 수치로 나타내는 방법을 받아들이지 않았다. 쾌락(또는 고통)은 질적으로 같은 것이 아니다. 따라서 양적으로도 함께 다루어질 수는 없다. 쾌락(기쁨)은 그 종류가 서로 다르다. 인간 존재는 많은 종류의 쾌락을 누릴 수 있는 대단한 능력을 가지고 있다. 인간이 여러 가지 동물적 욕망을 가지고 있음은 사실이나 또한 좀더 높은 여러 능력들을 가지고 있다. 그리고 좀더 높은 이 능력들을 발휘함으로써 얻는 쾌락(기쁨)은 동물적 욕망을 충족함으로써 얻는 쾌락(기쁨)과 그 성질이 아주 다르므로, 지혜로운 판단을 하는 사람들 가운데 좀더 높은 능력에 대해 더 좋게 말하기를 주저할 사람은 아무도 없을 것이다.

어떤 종류의 쾌락(기쁨)이 다른 종류의 것들보다 더 좋고 더 가치가 있다는 사실을 인정하는 것은 공리의 원리에 조금도 어긋나지 않는다. 다른 모든 일을 헤아릴 때에는 양과 질을 함께 고려하면서, 쾌락(기쁨)의 평가는 양에만 의지하는 것으로 생각하는 것은 마땅한 일이 아니다.[*25]

이 말에는 벤담의 생각에 대한 밀의 부드러운 시정이 들어 있다.

밀은 이 쾌락주의적 원리가 많은 사람들, 아니 실제로는 쾌락을 관능의 만족과 연결해 생각하는 사람들의 반감을 불러일으키게 될까 봐 염려했다. 쾌락의 질을 강조함으로써 그는 쾌락주의가 교양 있고 잘 교육받은 사람들에게 좀 더 환영받는 것이 되기를 바랐다. 비록 강렬한 쾌락을 맛본다 할지라도, 단순하게 동물적인 존재로만 살아가는 데 만족을 느끼는 사람은 극소수일 거라고 그는 생각했다. 아무리 방해받지 않고 끊임없이 쾌락을 누리게 된다 하더라도 사람들은 바보나 얼간이나 건달 역할을 맡으려고는 하지 않을 것이다. 인간은 다른 동물들보다 더 위대한 감수성을 가지고 있으며, 다른 동물들을 만족시키는 욕망에 자기 삶을 송두리째 내맡기는 것을 부끄럽게 여긴다. 따라서 밀은 이러한 유명한 말로 표현된 결론에 이르렀다.[*26]

[*25] *Utilitarianism*, 제2장, par. 4.

[*26] *Utilitarianism*, 제2장, par. 6.

배부른 돼지보다 배고픈 사람이 되는 편이 낫고, 배부른 바보보다 배고픈 소크라테스가 되는 편이 낫다. 그리고 만일 바보나 돼지가 다른 생각을 가지고 있다면, 이들은 오직 그 문제에 관련하여 그들 자신의 한 가지 생각만을 이해하기 때문이다. 이들과 반대로, 사람이나 소크라테스는 양쪽 생각을 다 이해하고 있다.

어떤 기준에 따라서 우리가 좀 더 높은 질의 쾌락들을 결정할 수 있는지에 대해, 밀은 한결같은 견해를 취하지는 않았다. 그는 〈윤리학〉 마지막 부분에서, 고상한 의지를 길러나감이 행복의 증진 못지않게 사람들이 추구할 만한 목적이라고 주장했다. 또한 이에 덧붙이기를, 의지나 성격의 고상함은 아주 오랜 기간에 걸쳐 많은 행동으로부터 드러나고 증명되는 행복한 감정에 의해 평가되어야 한다고 말했다. *27 그러나 밀이 맞닥뜨린 문제에 대한 이 초기의 좀 애매한 해결 방법은 그를 만족시킬 수가 없었다. 밀의 견해를 가장 원숙하게, 그리고 마지막으로 표명한 〈공리주의〉에서, 그는 질적 기준이 '자격 있는 판단자들'이나 '좀 더 고상한 감정을 가질 수 있는 능력'을 가지고 있는 사람들이 한결같이 보여주는 우선적 선택에 있다는 것만을 확신했다. 밀은 쾌락들 사이에 있는 여러 질적 차이의 중요성을 인정함에 있어, 도덕심에 대한 신뢰를 주장하는 사람들에게 한 가지 중요한 점을 양보하고 있음을 깨닫지 못하고 있었던 것 같다. 벤담은 바로 이 주장에 대해서 맹렬한 비난을 퍼부었으며, 이것을 하나의 부당한 주관성이며 사회 생활에서 실제적 개혁들을 이뤄 나가는 데 대한 장애물이라고 비난했다. 쾌락의 계산이 충분히 가능하다는 주장을 거부함으로써 밀은 실질적으로 쾌락주의 자체를 거부한 것이다. 왜냐하면 만일 쾌락이 가지고 있거나 가지고 있지 않은 어떤 하나의 성질 또는 여러 성질에 비추어 판단되어야 한다면, 쾌락은 가치 표준의 구실을 멈추기 때문이다. 이 성질 또는 성질들은 인간의 쾌락이나 행위를 판단하는 기준이 될 것이다. 밀은 쾌락을 고상한 쾌락이 되게 하는 질(質)에 대해 정의한 적이 한 번도 없다. 밀은 이 문제를 훌륭한 판단자들의 취미나 도덕적 감수성에 맡겼다. 그는 어떻게 우리가 우리 자신을 좋은 판단자가

---

*27 *Logic*, 제6권, 제12장, 제7절. 이 구절은 *Logic*의 제1판에는 없었으며, 1850년에 나온 제3판에 추가된 것이다.

되게 할 수 있으며 또 좋은 판단자들을 우리가 만났을 때 어떻게 좋은 판단자임을 알 수 있는지 말하려 하지는 않았다.

밀은 그의 〈공리주의〉 속에서, '공리의 원리에 대해 어떤 종류의 증명을 할 수 있는가'라는 제목의 장(章)을 하나 넣었다. 이 장 첫 부분에서 밀은 두 가지 논법을 썼는데, 이것들은 그 뒤로도 자주 인용되어 왔다. 이 구절들은 아주 유명하므로 여기에 다시 인용한다. [28]

어떤 대상(對象)이 보일 수 있다(visible)는 데 대한 유일한 증거는 사람들이 그 대상을 실제로 본다는 사실이다. 어떤 소리가 들린다(audible)는 것을 증명하는 유일한 증거는 사람들이 그것을 듣고 있다는 사실이다. 우리 경험의 다른 근원들은 모두 이와 같다. 마찬가지로 어떤 것이 바람직하다(desirable)는 데 대한 유일한 증거는 사람들이 그것을 실제로 원한다는 사실에 있다고 나는 생각한다.

사람마다 스스로 이를 수 있다고 믿는 한 이를 바란다는 사실 말고는, 왜 일반적 행복이 바랄 만한 것인가에 대해서 들 수 있는 이유는 하나도 없다. 하지만 이는 사실이므로, 행복이 선(善)임을 밝히기 위해 필요한 모든 증거를 우리는 가지고 있다. 그러므로 사람들 하나하나가 가지는 행복은 그 사람에 대해서 선이다. 따라서 일반적 행복은 모든 사람의 총체적 선(또는 공동의 선)이다.

이 구절들은 아마도 뒤에 나온 윤리학 저서들보다 논리학 교과서에서 더 많이 인용되었을 것이다. 논리학 교과서들은 이 구절들을 명백한 논리적 오류의 예로 자주 실었다. 첫째 구절은 언어에 있어서 애매성의 오류라고 자주 규정되었다. 왜냐하면 보인다는 말은 보이는 것이 '가능하다'는 것을 뜻하는 데 반해, 바람직하다는 말은 바람(being desired)이 '가능하다(capable)'는 것을 뜻하는 게 아니라, 바랄 만한 '가치가 있다(worthy)'는 것을 뜻하기 때문이다. 둘째 구절은 교과서에서 결합의 오류(개별적 부분으로서는 참되나, 그 부분들을 합친 전체로서는 거짓이라는 것)의 실례로 인용되어 왔다.

---

[28] *Utilitarianism*, 제4장, par. 3.

밀의 사회 철학

밀의 사회 철학(社會哲學 ; social philosophy)은 역사적으로 매우 중요한 것으로, 이는 1860년에서 제1차 세계 대전에 이르는 동안 자유주의자들의 생각을 크게 대변하는 것이었다. 밀은 여기에서도 논리학과 윤리학에서처럼 벤담학파의 주장을 그대로 따르기는 했으나 여러 조건을 고려하는 방법들을 받아들였다. 〈대의 정부 代議政府〉에 대한 그의 논설은, 벤담이 〈모든 국가와 모든 정부가 사용할 헌법 법전〉에서 양보하려 한 것보다 훨씬 더 분명하게, 올바른 정치 제도는 인간 심리학의 일반 원리들만을 가지고 막연하게 결정될 수는 없으며, 한 사회의 문화 수준과 역사적으로 발전해 온 관습 같은 다른 요인들도 고려해야 함을 인정했다. 밀은 또한 대의 정부나 민주주의의 여러 제도는 소수에 대한 다수의 전제(專制)로부터 비롯되는 힘의 남용을 스스로 막을 수 있는 것은 아니라고 지적했다. 그는 여기에서 사람들이 저마다 자신의 선을 추구하면 마침내 이것이 모두 합쳐져 공동선(共同善)을 추구하게 되리라는 그의 〈공리주의〉 주장을 실질적으로는 포기한 셈이다.

밀의 사회적 저서들 가운데에서 가장 영향이 컸던 것은 그의 작은 저서 〈자유론 自由論〉이다. 그의 중심 논지는 개인들에게 의견의 자유는 물론 행동의 자유까지도 크게 허용하는 것이 좋다는 것이다. '만일 어떤 사람이 어느 정도 상식과 경험을 가지고만 있다면, 그의 존재를 펼쳐 나가는 그 자신의 방법이 최선의 양식(樣式)이다. 이는 그 자신의 양식이 그 자체로 최선의 것이어서가 아니라, 이것이 그 자신의 삶의 양식이기 때문이다.'*29 어떤 논제(論題)이든지 공개 토론을 못하게 막는 것은 도덕적으로 죄악이다. 죄악이 되는 이유는, 이러한 토론을 하지 못하게 막는 자들은 절대로 과오를 범할 리가 없다는 잘못된 생각을 불러일으키기도 하며, 또 더 많은 사람들에게 논지를 이해시킬 수 있는 기회를 막아 버리기도 하기 때문이다. 토론의 자유는 '결정된 의견의 깊은 무기력 상태'에 대한 유일한 사회적 치료법이다. 따라서 '모든 억압은 억압인 한 하나의 악(惡)이다.'*30 밀은 사람들이 언제나 교훈을 잘 받아들이는 것만은 아니라는 것과, 때로는 자기에게 반대하는 사람들의 조심스럽게 다듬어진 사상들을 들어보려고도 하지 않는다는

---

*29 *On Liberty* (London, John W. Parker and Son, 1859), p. 121.

*30 같은 책 p. 170.

사실을 개인적 경험을 통해 알고 있었다. 적어도 밀은 개인이나 사회에서 지성(intelligence)과 지식(knowledge)을 깨우치고 불러일으키는 데에는 그 어떤 형태의 사회적 통제나 검열보다도 토론의 자유가 훨씬 더 도움이 된다고 믿었다. 밀은 사람들에게 그들의 의견에서처럼 행동에서도 완전한 자유를 허용하는 데에는 찬성하지 않았다. 그러나 행동에서도, 예를 들면 어떤 이가 현명하게 행동하지는 못한다 하여도, '다른 사람들에게 폐해를 끼치는 일'만 없다면 자유롭게 행동하는 것을 허용하는 데 대해 찬성했다. *31 이와 같이 한 사회가 정부를 덜 가질수록 그 사회를 위해서 다행한 일이라고 하는 정통적 공리주의의 생각을 따랐던 것이다. 그는 심지어 어쩔 수 없이 사람들의 자유를 억압해야 할 경우에는, 법률과 법관들과 경찰력의 강압적인 힘보다는 여론의 조작되지 않은 압력을 사용하도록 자주 견해를 밝혔다. *32

4. 스펜서

허버트 스펜서(Herbert Spencer, 1820~1903) : 영국 더비에서 태어나 런던에서 세상을 떠났다. 그는 학교에 다니지 않았으며, 다른 소년들과도 거의 사귀지 않았다. 대신에 집에서 아버지와 숙부에게 교육을 받았다. 17세에는 철도공으로 들어가 약 10년 동안 이 분야에서 일했다. 그 뒤 약 10년 동안은 언론계에서 일했다. 1850년 그는 〈사회 정학(社會靜學 ; Social Statics)〉을 간행했다. 1857년경 그는 모든 인간 지식의 총괄적 체계에 대한 윤곽을 구상하게 되었는데, 이 체계를 그는 '종합철학(Synthetic Philosophy)'이라고 불렀다. 이 웅대한 계획을 실현하기 위해 그는 40년 동안 헌신했다. 이 일을 수행해 나아가는 데 필요한 재정 일부는 기부금으로 충당되었는데, 이 돈은 대부분 영국과 미국에서 모금되었다. 스펜서는 1882년 미국에 가서 대중들에게 연속 강연을 했다. 또한 그는 실업계 지도자들과 많은 지식인들로부터 과학 시대를 여는 계몽의 선구자라는 칭송을 들었다. 그는 종합철학에 대한 저서를 연속적으로 내는 일에도 열정을

---

*31 같은 책 p. 101.

*32 밀은 만년에 이르러 사회주의자들의 개혁의지에 많은 공감을 했다. 그러나 사회 철학 분야에서 가장 영향을 많이 끼친 그의 평론집 〈자유론〉은 이러한 종류의 양보를 결코 허용하지 않았다.

쏟아부었다. 몹시 병약해졌을 때에도, 사회로부터 거의 은둔하다시피 하며 계속해서 저술 활동을 했다. 1896년 〈종합철학〉이 10권으로 완성되어 나왔다. 〈제1 원리 *First Principles*〉(1862)·〈생물학 원리, 2권 *Principles of Biology*, 2 vols, 1864~1867〉·〈심리학 원리, 2권 *Principles of Psychology*, 2 vols〉(1870~1872)·〈사회학 원리, 3권 *Principles of Sociology*, 3 vols.〉(1876~1896), 그리고 〈윤리학 원리, 2권 *Principles of Ethics*, 2 vols〉(1879~1893). 이 저서들 가운데 몇 권은 판이 거듭 나오는 과정에서 여러 번 수정되었다. 스펜서의 다른 많은 저서들은 이 10권의 저서에서 제창한 사상들을 부연 설명한 것들이다. 예컨대, 〈인간 대 국가 *Man versus the State*〉(1894) 같은 책이 있다.

허버트 스펜서는 거의 100년 동안 흔히 '진화(進化) 철학(the philosophy of evolution)'이라고 불리는 철학의 주요한 제창자로서 알려져 있었다. 찰스 다윈도 개인적인 한 편지에서 그를 두고, '나는 이제부터는 그가 영국의 현존하는 철학자들 가운데 가장 위대한 인물로 평가되리라고 생각한다. 아마 지금까지의 어느 위대한 철학자에게도 뒤지지 않을 것이다' 이렇게 썼다. *33 오늘날 이 같은 다윈의 찬사에 생각을 같이할 비평가는 극히 적을 것이다. 그러나 모든 비평가는 스펜서가 진화 사상을 총괄적 세계관의 체계적 원리로 전환한 최후의, 그리고 가장 주목할 만한 철학자였다는 데 대해 동의할 것이다.

스펜서가 그의 포괄적 체계 속에 포함한 자료들은 여러 곳에서 가져온 것이다. 스펜서는 흔히 자기는 다른 사상의 영향을 아주 조금밖에 받지 않았으며, 그의 사상은 모두 그 자신의 정신으로부터 나왔다고 자랑했다. 이 점에서 스펜서는 아주 올바로 판단했다고는 말할 수 없다. 그는 판단의 독립성(그는 특히 이 점에 있어서 뛰어났다)과 견해의 독창성(이 점에 있어서는 그렇게까지 뛰어나지는 않았다)을 혼동했던 것이다. 사실에 근거한 그의 자료는 대부분 다른 이들로부터 얻은 것이었다. 이것은 그가 실험적 과학자가 아니었기 때문이다. 진화에 대한 그의 근본 원리는, 아무리 살펴 보아도 찰

---

*33 *The Life and Letters of Charles Darwin* (London, 1887), Vol. Ⅲ, p. 120.

스 다윈에게서 온 것이 아닌, 라마르크(Lamarck)로부터 온 것이다. *34 그러고 보면 스펜서는 라마르크의 견해에서 개괄해 나아가 진화의 원리를 일반적인 우주 원리로 삼은 것이다. 또한 윌리엄 해밀턴 경의 무제약자(無制約者 ; the unconditioned) 이론〔실제로는 절대자를 불가지자(不可知者)라고 부르기를 더 좋아했다〕, 콩트의 실증주의적 태도, 그리고 철학적 급진론자들의 개인주의적인 여러 사회학설로부터 영향을 받았다. 스펜서는 자기가 어떤 사상에 근원을 두고 있는지, 즉 어떤 사상가들로부터 자기의 사상을 이루는 자료를 얻었는지를, 스스로 더듬어 올라가 찾을 줄을 몰랐다. 그러나 그는 여러모로 19세기의 전형적인 아들로서, 이 시대의 지적 흐름을 따랐다. 스펜서는 멸시에 가까운 무관심으로 철학 고전들을 팽개쳐 버렸다. 그는 자신이 어떻게 플라톤이나 로크나 칸트의 골치 아픈 저서들을 공부하지 않게 되었는지 설명했다. 대신에 스펜서는 그 무렵에 유행하던 사상들을 쉽게 받아들였으며, 또 이것들을 아주 확고하게 자신의 것으로 만들어 나갔다. 그리고 얼마 지나지 않아 그는 이 사상들이 자기 자신의 머릿속에서 싹튼 것으로 여기게 되었다. 하지만 역사가는 이 유행 사상들이 모든 것을 받아들이는 진화 원리의 전체 상황 속에 들어갈 때 이들이 다른 곳에서는 가질 수 없는 주요한 의의를 종종 가지게 됨을 인정하지 않으면 안 된다.

불가지자(不可知者)

〈제1 원리 第一原理〉는 종합 철학(the Synthetic Philosophy) 전체에서 맨 처음 저술되고 출판된 책이다. 이는 스펜서의 기본 사상들을 포함하고 있다. 이 기본 사상들 가운데에는, 물론 제1권에 뒤이어 나올 책들의 사상을 지배하는 진화의 원리가 담겨 있다. 이 원리에 대한 스펜서의 주장은 널리 알려져 있으며, 또 자주 인용되고 있다. *35

---

*34 물론 라마르크로부터 직접 온 것은 아니다. 그는 라이얼(Lyell)의 〈지질학 원리 *Principles of Geology*〉를 읽으면서 라마르크에 반대하는 라이얼의 견해들을 거부했으며, 라마르크의 생각을 따라서 결론을 내렸던 것이다. 그의 *Autobiography* (New York, D. Appleton and Company, 1904), Vol. I. p. 201 참조.

*35 *First Pricioples*, 제145절.

진화(進化)란 물질의 완성이며, 또 이에 따르는 운동의 사라져 흩어짐〔消散 ; dissipation, 또는 소멸〕이다. 진화가 이루어지는 동안 물질은 불확정적이고 일정치 않은 동질성으로부터 시작하여 확정적이고 일정한 이질성으로 넘어간다. 그리고 진화가 이루어지는 동안 지속되는 운동은 하나의 평행적인 변형을 겪는다.

스펜서는 이 원리가 물리학·생물학·심리학·사회학, 더 나아가 윤리학에까지 적용될 수 있다고 생각했다. 그는 철학이 할 일은 여러 과학적 자료들을 체계적으로 배열하는 것이라고 주장했다. 일상의 지식은 통일되지 않은 지식이다. 과학적 지식은 부분적으로 통일된 지식이다. 철학은 완전히 통일된 지식이다. *36 과학의 주요 분야들의 하나하나—스펜서는 네 부분이 있다고 보았다. 즉 물리학·생물학·심리학, 그리고 사회학을 말한다—는 그 자체의 특별한 원리들을 가지고 있으며, 그 자체의 특별한 결론들에 이른다. 그러나 철학은 앞으로 더 나아간다. 진화의 원리는 우리로 하여금 과학의 특별한 원리들을 서로 연결해 주며, 또 이 과학들의 보편적 개념들을 체계화하여 하나의 개념에 이를 수 있게 하는 철학적 원리이다. 따라서 철학은 인간의 지식 전체를, 서로 긴밀하게 연결된 부분들의 조화로운 전체가 되게 한다.

인간의 지식은 현상(現象)을, 즉 실재(實在)가 우리의 경험으로 나타나는 모습이나 상태를 다루는 것이라고 스펜서는 말했다. 그런데 생각하는 과정에서 언제나 우리는 명확한 인식을 허락지 않는, 현상을 뛰어넘는 하나의 실재(實在 ; a reality)를 의식하게 된다. 실재는 직접 눈앞에 존재한다기보다는 오히려 우리의 생각 안에서 나타난다. 우리는 어떤 현상들을 '외적 현상들'이라 부르고, 이들을 공간과 시간, 물질과 운동과 힘을 가지고 설명한다. 그리고 다른 어떤 현상들을 '내적 현상들'이라 부르며 이것을 감각 또는 의식 상태로서 설명한다. 그러나 이 모든 현상은 외적인 것이든 내적인 것이든, 우리의 경험 속에 모두 드러나지는 않지만 언제나 관련성을 가지는 하나의 실재를 우리에게 보여주는 것들이다. 이 실재는 절대자(the absolute)이다. 또는 내적 작용(mental processes)들의 본성으로 말미암아 우리는 현상을 넘

---

*36 *First Principles*, 제37절.

어선 곳에 이를 수 없으므로 이것은 우리 인간으로서는 알 수 없는 존재, 불가지자(不可知者 ; the unknowable)이다. 이것은 우리 인간이 그 존재에 대해서 '불멸의 신념'*37을 가지고 있는 하나의 실제(實際 ; an actuality, 실제적 현상)이다. 그리고 이 신념은 정당한 신념이기는 하나, 이 불가지자는 그 진정한 본성을 찾아내려는 우리의 모든 시도를 꺾어 버린다.

불가지자는 종교적 부분이라고 스펜서는 단정했다. 그러나 그는 뚜렷하게 종교적인 사람은 아니었다. 종교에 대한 그의 관심은 처음부터 사회학적인 것이었다. 스펜서는 종교의 발달 과정을 그 최초의 형태(그는 조상 숭배가 종교의 최초 형태라고 믿었다)로부터 이에 뒤따르는 단계로서 물활론(物活論 ; animism)과 다신교(多神敎)를 거쳐서, 불가지자의 신비를 막연하게 인정하는 마지막 단계로서 일신교 사상으로 나아간다고 보았다. 과학과 철학이 더 발전해감에 따라, 절대자에 대한 미신들은 점차로 자취를 감추었다. 그 대신에 인식의 한계를 뛰어넘는 헤아릴 길 없는 힘에 대한 단순한 긍정이 들어선다. 우리의 지식이 아무리 발달하더라도 이런 의미에서의 종교는 결코 과학으로 대체될 수 없다. 왜냐하면 이제까지 늘 그랬듯이 앞으로도 언제나 존재에 대한 궁극적 신비가 남아 있을 것이기 때문이다. 이 신비는 더 가까이 다가갈 수 있는 것이기는 하지만 결코 완벽하게 밝혀지지는 않을 것이다. 이것은 밝혀질 수가 없다. 과학은 결코 종교를 대신할 수 없다. 이는 과학이 현상적(現象的)이며 상대적인 것을 다루기 때문이다. 또 종교는 과학에 반대할 수 없다. 왜냐하면 종교의 관심 분야는 경험을 초월한 부분이기 때문이다. 종교와 과학의 충돌은 역사에서 되풀이되었다. 그러나 이 충돌들은, 종교와 과학이 다루는 영역이 서로 성질이 아주 다른 분야임을 이해하지 못하기 때문에 일어난다. 역사가 그 목표를 향해 진화해 가는 과정에서, 이 충돌들은 사라질 것이다. 진화는 마침내 균형과 조정을 가져올 것이다. 그리고 과학과 종교는 평화로운 조화 속에서 서로 부족한 것을 보충하게 될 것이다.

특수 과학들

온갖 종류의 과학들은 여러 가지 방법으로 진화(進化)의 기본 법칙을 설

---

*37 *First Principles*, 제26절.

명해준다고 스펜서는 주장했다. 모든 분야에서 진화가 이루어지는 과정에서 끊임없이 다양성이 증가한다. 그리고 이에 수반하여 상관적으로, 서로 다른 여러 형태의 존재들 사이에 끊임없이 평형성(equilibrium)이 증가한다. 그리고 언제나 진화의 목표는 완전한 조정 또는 조화의 상태이다.

물리학은 그 특별한 기본 원리로서 세력 불멸(勢力不滅)의 법칙을 가지고 있다. 물리학의 다른 모든 법칙은, 그 전체 양에 있어 힘의 크기는 불변하면서 특수하고 제한적인 여러 조건 아래서 자신을 드러내는 특정한 방법을 다룬다. 더 복잡한 양상의 끊임없는 진화 과정에서 변형은 다시 변형을 낳는다. 그러나 그 계기(繼起), 즉 연속성은 무질서한 것이 아니라 질서를 가지고 있다. 그것은 세력과 세력의 충돌이, 균형 잡힌 조직 체계들 속에서 정합(整合)으로 나아가도록 질서 있게 되어 있다. 그리고 복잡한 우주의 광대한 질서는 아직 이르지 않은 목표로서 조화로운 세력들의 완전한 평형성을 꿈꾼다.

생명, 정신 그리고 사회의 진화도 물리적 우주의 전체 구조 속에서 힘의 균형 원리를 잘 보여주고 있다. 그러나 생명과 정신과 사회는 더 발전한 과학들의 세 주제들로서, 이 과학들은 저마다 그 자체의 특수한 기본 원리를 가지고 있다.

생물학은 물리학의 기초 위에 서 있는 것이지만 또한 새로운 관념들을 끌어들이고 있다. 스펜서는 말하기를, 생명이란 유기체와 환경 사이에 서로 작용하는 어떤 과정들에 대한 이름(a name)이라고 했다. 생명은 유기체의 형태들이 더욱 다양하게 갈라져 변화함에 따라 내부 여러 조건이 외적 환경 조건들에 더욱 적응하게 된다는 법칙을 따른다. 생명의 초기 단계에서는 투쟁과 파괴가 우세하다. 그러나 진화가 계속됨에 따라 생물 형태들의 복잡성이 더해지면서 충돌이 제거되며, 서로 간에 좀 더 조화로운 작용을 일으킨다. 그리고 내부 조건들이 잘 발전하여 외부적인 힘에 아주 완전히 평화적으로 적응하게 될 때, 비로소 생명은 완전해진다고 스펜서는 결론 내렸다.

스펜서는 심리학이 생물학의 한 분야라고 보았다. 즉 심리학은 의식의 현상을 특수하게 다루는 생물학의 한 부문이라고 생각했던 것이다. 의식은 하나의 발전된 형태의 생명이다. 유기체는 이로써 외부의 여러 조건에 대한 발전된 조정 수단(調整手段 ; means of adjustment)을 소유하게 된 것이다. 감관(感官)들은 유기체가 사용하는 조정의 도구들(tools of adjustment)이다.

사고(思考)는 감관 이상의 더 정교해진 조정 형식으로서, 좀 더 넓은 환경 영역으로 유기체의 조정 영역을 확대한다.

　스펜서가 심리학을 논하는 과정에서 가장 재미있는 것의 하나는, 인간의 인식(認識) 본성에 대한 유물론자와 경험론자의 두 주장을 절충해 보려는 그의 노력이다. 스펜서가 가슴 깊이 느낀 공감은 경험론자 편에 기울어져 있다고 말할 수 있을 것이다. 모든 관념은 경험에서 생겨난다는 사실을 그는 인정했다. 모든 관념은 종족(種族)의 역사에서 경험으로부터 생겨나지만, 이것들은 모두가 개인의 경험에 의해서만 일어나지는 않는다. 스펜서는 라이엘(나센)에 반대해서 라마르크의 논점에 동의하여 말하기를, 어떤 유기체가 경험을 통해서 성취한 어떤 관념은 습득된 다른 특징들처럼 그 유기체의 구조 속에 들어가 자리를 잡고 미래의 세대로 전달될 수 있다고 했다. 이렇게 되면 종족의 역사에서 경험에 의해 나타난 것은 개인의 발달에 있어서는 직관(直觀)으로 나타날 수 있다. 스펜서는 공간과 시간에 대한 우리의 관념들이 바로 이런 관념이라고 말했다. 따라서 경험주의와 직관주의의 옹호자들은 방향을 달리하면서도 그 이론에 있어서는 다 같이 옳다고 볼 수 있다. 진화의 과정에서 유기체가 더욱 복잡하게 될수록, 이 유기체는 직관적 관념들을 더 많이 가지게 된다. 이로써 생득 관념(生得觀念 ; innate ideas, 또는 본유관념)의 가정은, 스펜서의 판단에 의하면 경험론적 인식론과 화해할 수 있게 해준다. 그리고 진화의 목표는 언제나 완전한 조정과 균형이므로, 심리학적 진화의 목표는 직관적으로 식별된 원리들과 경험 과정 사이의 완전한 조화를 가져올 것이다.

　스펜서는 그의 사회학에서 사회를 하나의 유기체로, 더 나아가 하나의 진화하는 유기체로서 다루었다. 어떤 유형의 사회이든지 사회 형태들의 발전하는 파노라마 속에서 저마다 일정한 위치를 차지하고 있다. 이 사회학적 체계를 이끌어가는 원칙들 가운데 하나는, 사회가 군대적 사회로부터 산업적 사회로 자연적으로 진화한다는 것이다. 군대적 사회는 비교적 동질적인 사회이며, 산업적 사회는 쉴 새 없이 증가하는 기능의 다양성을 그 특징으로 한다. 사회는, 충분히 산업적으로 되면 군대적 활동을 넘어서 성장하게 되어, 이전의 활동을 벗어나게 된다고 스펜서는 생각했다. 따라서 사회 진화의 목표는 세계평화의 시대를 가져오는 것이며, 이런 시대에는 완전한 조정이 이루어질 것이다. 투쟁은 사라지고 그 대신 생성물들 사이에 서로 도와주는 교류가 이루어질 것이다.

도덕 기준으로서의 진화(進化)

〈윤리학의 원리〉는 '종합철학' 가운데에서 스펜서가 가장 많은 관심을 가지며 자랑스럽게 여겼던 부분이다. 그는 여기서 진화(進化)의 원리를 사용하여 모든 과학을 살펴보는 가운데, 이 진화의 원리가 가지고 있는 듯이 보이는 윤리적 의의를 요약했던 것이다. 스펜서는 자신의 결론을 다음과 같이 표현했다. '이제까지 우리의 설명은, 선하다는 이름을 적용하는 행위는 비교적 더 진화한 행위이며, 악하다는 것은 비교적 덜 진화한 행위에 대해서 우리가 적용해 온 이름이라는 것이다.'*38

스펜서는 진화의 과정이 우리에게 도덕적 판단의 주요 기준을 마련해 준다고 보았다. 이는 생명이 좀 더 넓고 완전하게, 좀 더 풍부하고 조화롭게 되는 것을 진화가 보증해 주기 때문이라고 생각했다. 스펜서는 또한 철학자들이 내세운 다른 윤리학설들도 충분히 고찰되고 검토된다면 실제적 가치 판단에 있어서 자신의 기본 이론과 일치하게 되리라고 주장하고 싶어했다. 도덕 정신을 내세우는 학파는 스펜서 자신의 이론과 똑같은 이론을 간접적으로 좀 덜 명료하게 표현한 것일 따름이라고 그는 주장했다. 왜냐하면 교양 있는 사람들의 여러 도덕적 감수성은 비록 도덕적으로 정말 신뢰할 수 있는 것이라 하여도, 인간의 발전을 가장 잘 이끌어 낼 수 있는 수단에 대해서 오랜 세월에 걸쳐 하나씩 쌓아 온 관념들의 결과이기 때문이다. 개개의 사람에 있어서는 이 감수성이 직각적(直覺的)인 것이지만, 종족(種族)에 있어서는 낡은 수준의 사회로부터 좀 더 발전한 사회로의 발전을 특징짓는 여러 변화를 겪고서 얻어지는 것이다. 공리주의 학파의 쾌락주의(快樂主義)에 대해서도 이와 마찬가지라고 스펜서는 보았다. 쾌락(기쁨)은 그 생물학적 연관성에서 생각되어야만 한다고 스펜서는 주장했다. 이와 같이 볼 때, 쾌락은 하나의 유기체가 자신의 여러 능력을 실현하면서 성장하고 있음을 보여 주는 주관적 암시이며, 따라서 진화의 발전 단계로 나아가고 있음을 보여주는 것이다. 쾌락(기쁨)은 우리의 선택들에 대한 상대적 가치를 결정할 수 있는 유용한 지침이다. 물론 가치의

---

*38 Vol. 1, 제8절.

진정한 규범은 어떤 선택이 진화의 발전에 이르는 정도에 있는 것이기는 하다. *³⁹ 또한 이기주의(利己主義)와 이타주의(利他主義) 사이에 일어났던 오랜 논쟁에 있어서도 이와 마찬가지이다. 이기주의는 인간의 원래 또는 원시적 본성이라고 스펜서는 말했다. 그러나 진화가 거듭될수록 사회적 관계는 더욱 복잡해지며 사람들의 이기적인 충동들은 더욱 수정되어, 마침내 가장 높은 단계의 가장 성숙한 사회에 이르러서는 이타적 관심들이 모든 비열한 이기주의를 완전히 몰아낸다. 자신의 진화론적 주장들의 포괄적 보편성에 대해 자신만만해진 스펜서는, 다른 학파의 적대적(敵對的) 견해들을 흡수하여 자신의 우월한 중심 원리에 이바지하게 하는 데 여념이 없었다.

스펜서의 초기 저서 〈사회정학(社會靜學)〉에서 그는 철학적 급진론자들이 취했던 것보다도 훨씬 더 과격한 입장을 취했었다. 그는 개인주의를 극단화하여 무정부주의적인 것이 되게 했다. 그는 개인에게 국가를 무시할 권리를 허용하고, '법의 보호로부터의 자발적 박탈 상태를 채택할 것'을 주장했다. *⁴⁰ 그리고 또 세금 내는 것을 거부할 권리도 개인에게 허용하여 경찰의 보호를 받지 않아도 좋다고 주장했다. 스펜서는 그의 일생을 통하여 이 태도를 굳게 지켜나갔다. 하지만 25년 뒤에 〈윤리학 원리〉에서는 이 태도를 훨씬 누그러뜨려 표현했다. 스펜서의 〈사회 정학〉은 오늘날 반진화(半進化)된 국가라는 불완전한 사회 안에서 살아가는 사람들의 도덕적 관계를 다루는 것이 아니라, 충분히 진화한 사회 안에서 충분히 진화한 사람들이 따르는 '절대 윤리학'을 다루는 것임을 더욱 강조했다(이는 스펜서가 처음부터 말해 온 것이다). 불완전한 사람들이 불완전한 사회에서 어떻게 행동해야 하는가를 따지는 한, 윤리학이라는 과학은 도저히 성립할 수 없다고 그는 생각했다. 이 단순한 진리를 깨닫지 못한 것이 이제까지의 모든 윤리학 체계 수립자들의 결함이었다고 스펜서는 믿었으며, 이들의 실패의 역사에 그 자신이 또 하나의 실패를 보탤 것을 거부했다. 그는 주장하기를, 자기는 진화의 목표가 이루어졌을 때에 사람들이 보여 줄 행위를 묘사하고 있다고 했다. 국가

---

*39 존 스튜어트 밀이 한 번 스펜서를 반공리주의자라고 불렀을 때, 스펜서는 이를 거부했다. 그는 밀의 판단이 공정하고 관대하므로 밀을 존경했다. 그는 비록 자신이 공리의 원리를 진화의 원리에 종속하는 것으로 보기는 했으나, 자기 자신이 공리주의자라 불릴 수 있다고 믿었다.

*40 *Social Statics*, 초판, 제19장, 제1절.

는 사라질 것이며, 이는 투쟁과 알력이 완전한 조정(調整)에 의해 대체될 것이기 때문이다. 악에 대한 충동과 정의감 사이의 도덕적 투쟁은 두 번 다시 일어나지 않게 될 것이다. 이는 모든 충동이 정의에 순응하게 될 것이기 때문이다. 심지어 선택마저 사라져 없어질 것인데 이는 모든 사람이, 또 모든 사물이 자동적으로 선하게 될 것이기 때문이다.

스펜서는 진화의 목표를 묘사하는 일로부터 시선을 돌려 동시대의 도덕 문제들을 논함에 있어, 즉 '사회 역학(또는 사회동학 social dynamics)'에 있어서는 별로 할 말이 없었다. 그의 생각으로는 동시대의 도덕 문제들이란 과학적으로 다루어질 수 없는 것이기 때문이다. 스펜서는 다만 사람들이 길을 재촉하여 진보의 발걸음을 늦추지 말기를 바랄 뿐이었다. 완전한 사회의 완전한 사람들에 대한 묘사는 적어도 사람들에게 자극을 주어, 진화가 나아가고 있는 보다 높은 수준들의 여러 요구에 맞추어 행동하게 할 수 있을 것이다.

분해(分解 ; dissolution)

스펜서의 철학을 설명하려면 진화만이 우주의 운명이나 인류 운명의 전부가 아니라는 그의 가설을 제시하지 않을 수 없다. 스펜서는 순환설(循環說 ; a cyclic theory), 즉 진화는 사물들이 가장 복잡한 형태를 이루어 가는 과정에서 가장 완전한 조정을 얻게 될 때까지만 이어진다고 주장했다. 진화의 완성된 상태는 다시 불안정해지고, 이렇게 되면 분해 또는 붕괴가 일어날 것이다—그리고 모든 것은 다시 그 본디 동질적 상태로 되돌아갈 것이다. 그리고 다시 진화가 시작된다. 또 이렇게 시작된 진화가 마지막에 이르면 다시 붕괴가 일어난다. 이렇게 진화와 분해는 영원히 계속된다.

그러나 스펜서의 '종합 철학'에서는 분해 이론이, 그것이 스펜서 사상에서 정말 차지했으리라고 흔히 짐작하는 것만큼의 뚜렷한 위치를 차지하고 있지는 않다. 분해라는 생각은, 우주의 체계를 완전한 것이 되게 하는 과정에서 연역적으로 필요한 조건으로 생각되었을지도 모른다. 그러나 스펜서는 사람들에게 진화가 제대로 일어나도록 협력할 것을 호소하느라 분해를 자세히 고찰하지 못했다. 그는 분해가 반드시 일어나리라고 확신했다. 하지만 스펜서는 어디까지나 진화를 주장하는 철학자였던 것이다.

제15장 20세기 유럽

1. 베르그송

앙리 베르그송(Henri Bergson, 1859~1941) : 파리에서 나서 파리에서 세상을 떠났다. 그는 콩도르세 고등학교와 에콜 노르말 쉬페리외르(고등 사범학교)에서 공부했다. 1881년부터 교편을 잡아 처음에는 앙제 고등학교에서, 다음엔 클레르몽페랑에 있는 고등학교, 파리의 앙리 4세 고등학교, 에콜 노르밀 쉬페리외르에서 가르쳤으며, 마지막으로 1898년부터 콜레즈드 프랑스에서 가르쳤다. 1914년 교육계를 떠난 뒤 제1차 세계 대전 중 주미 프랑스 위원단 일원으로 활동했으며, 국제 연맹의 지적(知的) 협력 기관에서 일하기도 했다. 건강 상태가 좋지 않아 그의 생애 마지막 20년 동안에는 두드러진 활동은 할 수 없었다. 그러나 그는 죽기 얼마 전 비시에 있는 페탱 정부가 베푼 여러 면제 혜택을 거부하고, 그 무렵 파리를 점령하고 있던 독일 당국에 늙고 병든 몸으로 나아가, 유대인으로 등록했다. 만년에 그는 여러 가지 점에서 가톨릭 교회의 입장에 공감했으나, 그의 동포인 유대인들이 박해를 당하고 있는 동안 유대인이라는 자기 신분을 바꾸는 것에 대해 단호히 거절했다. 그의 주요 저서는 다음과 같다. 〈시간과 자유의지 *Time and Free Will*〉(1889) · 〈물질과 기억 *Matter and Memory*〉(1896) · 〈형이상학 입문 *Introduction to Metaphysics*〉(1903) · 〈창조적 진화 *Creative Evolution*〉(1907) · 〈도덕과 종교의 두 근원 *The Two Sources of Morality and Religion*〉(1932).

베르그송은 앞서 칸트가 그러했듯이, 전통적 형태의 유물론과 경험론을 모두 날카롭게 비판한 사상가였다. 그러나 그는 칸트와는 아주 다른 관점에서, 아주 다른 이유로 이 낡은 철학들에 반대했다. 칸트는 자기 시대의 물리적 과학들이 선택한 방법이 정당한 것임을 입증하려 했다. 이에 따라 정신은 세계를 경험하는 일정한 필연적 방식들을 가지고 있다고 주장했다. 베르그송은 기계적인 메커니즘과 필연(必然)으로부터 자유를 얻으려는 인간의 갈망을 정당한 것으로 입증해 보이려 했다. 그는 생명력(élan vital=생명의 비약)이 언제나 새로운 인격, 심지어는 우주의 발전 방향을 이끌어 간다고 주장했다.

베르그송의 저서 〈창조적 진화〉는 그 제목 자체가 혁명적인 것이었다. 19세기에서 20세기로 넘어가는 과도기를 살아 온 사람들은 대부분 창조론과 진화론 가운데 하나를 선택해야 한다고 생각했다. 베르그송은 창조란 것이 과거에 언젠가 한 번 있었다가 지금은 끝나고 만 행위라고 생각하는 방식의 창조론을 거부했다. 그리고 진화를 불가피하며 예견된 목적으로 나아가는 것이라고 생각하는 방식의 진화론을 그는 거부했다. 그는 일찍이 스펜서 학설을 많이 따랐다. 그러나 그의 철학은 원숙기에 이르러서는 스펜서의 공식들을 완전히 포기하고 있다. 스펜서는 진화를 내적 조건이 외적 조건에 적응하는 상태로 나아가는 것이라고 생각했다. 베르그송은 진화를 생명력이 어떤 내적 요구에 따라 외적 조건들을 다시 만드는 과정이라고 생각하게 되었던 것이다. 그가 본 진화란 영원히 창조적인 하나의 과정으로서, 언제나 새로운 방향으로 움직여 나아가는 것이다.

베르그송의 맨 처음 저서는 〈의식의 직접 자료들 *The Immediate Data of Consciousness*〉이었다. *1 이 책은 우리의 의식적 삶 안에 두 가지 다른 방식이 존재한다는 주장을 지지하고 있다. 한편으로 우리는 직접적 의식을 통하여, 순수한 열정을 가진 동적 과정으로서 힘차게, 여러 가지 유한성으로 말미암아 어느 정도 제한을 받는 신체를 이용하여 세계로 나아가며 또 세계에 작용한다. 그러나 우리의 갈 길이 신체에 의해 결정되거나 또는 신체의 제한된 기능이나 결과만으로 구성되어 있지 않음을 발견한다. 우리는 생명력을 가진 작은 덩어리들이다. 이 생명력은 형식적인 정의로 단정할 수 없다. 이는 과학의 양적(量的) 공식들로 적절하게 표현될 수 없다. 다른 한편으로 우리는 과학적 심리학에서 흔히 사용되는 용어로 우리 자신을 생각해 볼 수

---

*1 이 책 *Essai sur les données immédiates de la conscience*(의식에 직접 주어진 것들에 대한 소론)가 영어로 번역될 때 제목이 불행히도 *Time and Free Will*(시간과 자유 의지)로 되었다.

있다. 즉 우리는 각각 분리되어 있는 구체적 감각들과 감정들과 관념들의 연속으로 우리 자신을 생각해 볼 수 있다. 이때 이 감각들과 감정들과 관념들 하나하나는 그 강도와 공간성(外延量 ; extensity)을 측정할 수 있다. 이로써 우리는 여러 신체적 상태에 의존하고 있는 듯이 보이며, 또 매순간의 의식 상태를 기계적으로 다스리는 법칙들의 지배 아래에 있는 듯이 보인다. 의식을 앞엣것과 같은 것으로 보면 진정한 자아가 드러난다. 뒤엣것과 같은 방식으로 보면, 이 진정한 자아 대신에 그럼직한, 기호로 표시된 도식(圖式)을 얻게 되는데, 이 도식은 과학적으로는 많은 열매를 맺게 하지만 '의식(意識)의 직접 자료'에 대해서는 적절한 것이 못된다.

분석과 직관

의식(意識)의 자료에 대한 자기 견해를 입증하기 위해서 베르그송은 일반적 인식론을 체계적으로 세워야 했다. 그는 이것을 〈형이상학입문〉에서 실행에 옮겼다. 무엇을 인식하든지 인식에는 서로 다른 두 방법이 있다고 그는 생각했다. 하나는 과학의 상징적 방법이다. 이 방법을 사용하는 과정에서 우리는 어떤 사물의 주위에서 그 외부의 여러 특성을 관찰하고, 이렇게 관찰한 것을 부분들로, 그 부분들을 다시 부분들로 분석하여 마침내 본디 통합되어 있던 그 사물을 나눌 수 있는 데까지 나누어 우리가 원하는 가장 작은 부분들로 만든다. 이 방법은 물리학에서(원자 같은 것으로), 생물학에서(세포 같은 것으로), 심리학에서(심적 상태 같은 것으로) 사용되고 있다. 이렇게 되면 운동은 점(點)의 연속들로 보이게 되는데, 이때 이 수많은 점들은 더이상 그 어느 것도 움직이지 않는 것이 된다. 그리고 생명과 정신은 정적 요소(靜的要素)들의 연속으로 생각되기에 이른다. 어떤 사물이든지 이를 인식하는 또 하나의 방법은, 그 사물 속에 파고들어가 그 사물과 나 자신을 동일한 것으로 보고, 그 사물의 독특한 성질을 직관적(直觀的)으로 파악하며, 그 사물의 구체적 발생 과정에서의 통합성(integrity)을 존중하는 것이다. 과학적 방법은 실제로는 종종 다른 방법보다 더 나은 경우가 있는데, 이는 과학적 방법이 우리로 하여금 예측하고 조작(操作)하며, 또 표준 개념들 아래에서 분류할 수 있게 해주기 때문이다. 그러나 형이상학을 위해서는 직관적 방법이 반드시 필요한데, 오직 이 방법만이 사물들 하나하나에 대한 전체성을 오점 없이 파악할 수 있게 하기 때문이다.

베르그송은 분석과 직관(直觀)을, 기호에 의한 상징적 묘사와 직접적 이해(理解)를, 실제적 효능과 이론적 타당성을 서로 대립시켰다. 한 사물을 분석하여 얻은 요소들이 그 사물의 참된 본성이 될 수 있다고 추측하는 것만큼, 바른 철학에 걸림돌이 되어 온 오류는 없다. 분석은 언제나 불완전하다. 더욱이 분석은 종종 왜곡되기도 한다. 이는 분석에 따라 분리된 요소들의 그 어느 하나도, 심지어 이 요소들을 모두 다시 그러모은 전체도 분석의 출발점이 되었던 맨 처음의 독특한 성질을 되찾을 수는 없기 때문이다. 그러므로 분석은 실재(實在)의 파괴이며, 사물들의 참된 존재를 허구들로 대체하는 것밖에는 되지 않는다.

베르그송은 경험론자들과 합리론자들 모두 분석의 결과로 얻은 요소들을 본디 실재들의 대체물로 보는 어리석음을 저질렀다고 생각했다. 경험론자들은, 특히 로크로부터 흄과 스펜서에 이르기까지 여러 실제적 이유들 때문에 인위적 실체들을 가정하여 심리학적 분석의 출발점으로 삼았는데, 영원한 생명력을 가진 참된 자아를 회복하지는 못했다. 경험론자들의 그럴듯한 결과들에 만족하지 못한 합리론자들은 개념 분석으로 나아갔는데, 실재적 존재를 '영혼', '정신' 또는 '정신적 실체'라 불렀다. 그러나 합리론자들의 개념들은 경험론자들의 분석적 요소들처럼 참된 자아의 특성을 이루는 과정(process)과 생성(becoming ; 결과, 轉化) 같은 추진력이 없다. 오직 직관에 의해서만 자아의 전체성은 회복될 수 있다.

따라서 베르그송은 활동력 없는 상태, 죽은 사물, 정적인 존재란 있을 수 없다는 결론에 이르렀다. 모든 것은 쉬임없이 변화(可動性 ; mobility)하는 과정(process)을 겪는다. 그는 '지속성(durée)'이란 말을 즐겨 사용했는데, 영어로는 보통 'duration'이라 번역된다. 지속은 물리학 방정식에 나오는 기호 t처럼 측량된 시간의 길이가 아니다. 이것은 우리 자신과 그 밖의 모든 것에 대한 내적 생명의 질(質)이다. 우리 도시화된 현대인들은 우리 주위 사물들을 살펴보는 일에만 몰두하여 보통 우리 자신 안에 있는 지속성을 소홀히 한다. 그러나 이 지속성은 과학을 존중하는 사람들이 자신들과 다른 사람들에게 마치 이 과학적 분석 결과들이 이 세계에 대한 진리인 듯이 받아들이게 하지 못하도록 철학자들이 강조해야만 하는 부분이다. 사물(things)이라는 것은 존재하지 않는다고 베르그송은 말했다. 존재하는 것은 오직 과정이나 사건(events) 또는 생성이나 지속뿐이다. '사물'이란 우리가 어떤 지속성을 생각할 때 정지된 것으로, 다시 말해 그 횡적인 부분(a cross section, 공간 개념)을 파악하려 할 때 받아들이는 개념[conceptualized artifice]이다. 따라서 철학은, 스펜서가 생각한 것처럼 여러 과학의 종합이라고 볼 수 없다. 철학은 과학의 분석적 방향을 거꾸로 하여, 분석(分析)에 의해 파괴되지 않은 질적 전체(質的全體)들을 다루는 것이다.

창조적 진화

지속(持續 ; duration)과 직관(直觀 ; intuition)에 대한 베르그송 이론의 전체적 의도는 그의 놀라운 저서 〈창조적 진화〉에서 뚜렷이 나타난다. 생명의 진화, 심지어 우주 발전에 대한 이론들은, 생명력의 끊임없는 창조적 업적으로 이해될 수 있다. 자연 안에서 일어나는 수없이 많은 변화들 뒤로 불변하는 실체가 있는 것은 아니다. 모든 것의 실재(實在)는 끊임없는 창조성, 즉 끊임없이 새로워지는 것(novelty)이다. 진화에는 미리 의도된 결말(end)이 없다. 이것은 과거에 지나온 길을 반영하는 법칙들의 테두리 안에 갇혀 있지 않다. 그저 단순한 반복이란 없다. 모든 변화의 밑바닥에는 예측할 수 없는 것들이 존재한다. 이 예측 불가능성(unpredictability)은 단순히 사물들의 본성을 우리가 모두 파악할 수는 없기 때문이 아니다. 이것은 창조적인 에너지가 어떤 순간에든 과거의 탄생 작업들에 의해 이미 성취된 형태들을 헤치고 나아가, 낡은 형태들이 스스로 생성해 낼 수 없었던 새로운 형태들을 자유로이 생성할 수 있게 되는 데에 따른 예측 불가능성이다. 생물들의 갖가지 형태는 창조적 에너지가 모든 인과적 연속성에 의해 '현상(現狀 ; status quo, 현재의 상황)'으로부터 온갖 방향으로 분출해 나아가는 결과이다.

하나의 훌륭한 비유로 베르그송은 자기의 주장을 확고히 하려고 했다. 예컨대 막대한 양의 쇠부스러기 무더기가 있다고 상상해 보자. 또 이 쇠부스러기를 뚫고 힘차게 뻗는 보이지 않는 팔이 있다고 상상해 보자. 때로 이 보이지 않는 팔의 힘은 일시적으로 멈추며 쇠부스러기는 정지하여 가만히 있다. 그러다가 팔은 다시 그 힘을 발휘하여 쇠부스러기를 뚫고 어떤 새로운 방향으로 나아간다. 사람들이 이 쇠부스러기가 가만히 있는 순간에 보여주는 배열을 설명하려고 애쓸지도 모른다고 베르그송은 말했다. 기계론자(機械論者 ; mechanist, 유물론자)들은 쇠부스러기의 움직임을 지배하는 법칙들을 가지고 설명하려 한다고 그는 지적했다. 과거에 창조론자(創造論者)들은, 쇠부스러기를 움직이게 하는 어떤 전반적인 계획에 대해 설명하려고 시도하곤 했다. 기계론자들과 과거의 창조론자들은 모두 똑같은 오류를 범하고 있다. 이들은 보이지 않는 팔과 그 무한한 힘을 미처 생각지 못하고 있었던 것이다. 정지되어 있는 그 어느 순간에나 이 쇠부스러기가 취하고 있는 형태는 세계 역사에서 그 어느 한때에만 일어나는 생명의 종(種)을 상징한다. 위에서 말한 팔은 생명력의 창조적 충동을 상징한다. 보이지 않는 팔에 대해 말하지 않는다면, 이 쇠부스러기의 상태를 온전히 설명할 수 없다. 이와 마찬가지로 생명력에 대해 말하지 않는다면 종(種)의 진화(進化) 또한 온전히 설명할 수 없다.

베르그송은 생존 경쟁과 적자 생존에 대한 다윈의 학설이 생물학에서 설명의 원리로서 어느 정도 가치를 지니고 있음을 인정했다. 그는 이 학설이 아주 불충분하다고 생각했다. 그 이유는 여러 가지 변종(變種 ; variations)의 출현을 전혀 설명하지 못하기 때문이다. 그리고 이 변종들 사이에서는 경쟁과 도태가 다시 일어난다. 여러 변종이 출현하는 이유는 다름 아닌, 바로 생명력 때문이라고 그는 주장했다. 베르그송은 이 판단을 뒷받침하기 위해 다음과 같은 세 가지 관점을 고려하고 있다. (1) 완전히 발달한 시력을 가진 눈은, 물론 갑자기 나타난 것이 아니다. 이것이 발달하는 데에는 많은 세대가 걸렸다. 처음 몇 세대 동안 초기의 불완전한 눈은 감수성을 지닌 하나의 점에 불과했다. 그래서 변이(變異 ; variation)를 가진 유기체들은 변이를 하지 않은 유기체들과 경쟁하는 데 다소 불리했다. 미숙한 눈은 이 기간 동안 도움이 되기보다 오히려 방해가 되었다. 하지만 이것은 그대로 생존해 갔다. 초기의 미숙한 눈이 완전한 형상을 가진 눈으로 천천히 발달하는 동안 어떠한 과정을 거쳐 이러한 변화가 일어났는지 설명하기 위해, 우리는 그 어떤 기계론적 설명도 이끌어 낼 수 없다. 오히려 우리는 물질의 저항을 헤치고 나아가며, 그 여러 필요성을 만족시키기 위해 물질을 이러저러하게 변형시키며, 마침내 여러 세대의 마지막에 이르러 그 목적을 이루는, 그 생명력을 인정하게 된다. (2) 척추 동물의 눈과 연체 동물의 눈은 아주 비슷하다. 하지

만 이 두 유형의 유기체는 서로 잡종 번식을 통한 연관성을 전혀 가지고 있
지 않으며, 또 아주 다른 환경의 조건들 속에서 진화해 왔다. 여기에서도 우
리는 여러 놀라운 사실들을 기계론적 가설만 가지고 설명할 수는 없다. 오히
려 우리는 물질을 헤치고 나아가 하나 이상의 영역에서 그 목적을 이루는 생
명의, 보려고 갈망하는 생명의 추진력에 대한 가설을 받아들이지 않을 수 없
다. (3)우리는 눈에서, 눈이 수행하는 단순한 기능(보는 것)과 우리의 행동
에 서로 관련된 부분들의 복잡한 구조 사이의 대조들을 보게 된다. 여기서
다시 한 번 여러 사실에 의해 기계론의 가설은 믿을 수 없는 것이 되고 만
다. 따라서 우리는 신체 각 부분에 그 의지를 작용시키는, 생명 욕구의 동적
인 힘에 대한 이론을 받아들이게 된다.

생명과 물질

베르그송의 〈창조적 진화〉에서 많은 구절이 생명과 물질의 이원론에 대해
말하고 있다. 생명의 에너지, 즉 생명력이 새로운 기관(器官 ; organs)들과
새로운 종(種)의 유기체(有機體 ; organism)를 창조하기 위해서 작용한다.
이 생명 창조의 힘은 그 여러 열망을 만족시키고 뜻을 이루기 위해 물질에
작용하게 되는데, 이 물질(matter)이 바로 질료(質料 ; stuff), 즉 생성 변화
의 재료가 된다. 이 이원론은 보이지 않는 팔과 쇠부스러기의 비유 안에, 눈
의 기능과 구조의 대조 안에, 또 그 밖의 비슷한 많은 구절로 표현되어 있
다.

그러나 베르그송은 이 이원론적 표현들을 우주론(宇宙論)에 대한 궁극적
견해로 받아들이려는 생각은 없었다. 그는 프랑스인이기는 했으나 데카르트
철학의 전통에 서지는 않았다. 베르그송은 다른 누구보다도 플로티노스를
자기의 정신적 조상으로 보았다. 플로티노스처럼 그에게 있어서도 물질이란
정신의 드러남(外化 ; externalization)과 쇠퇴(退化 ; deterioration)의 극한(lim-
it)을 보여준다. 생명 에너지는 궁극적으로 유일한 실재(實在)라고 그는 주
장했다. 그러나 이 생명 에너지가 수많은 개별적 존재들 속으로 흩어져 나뉘
게 되면 그 활동은 멈추게 되는데, 적어도 얼마 동안만은 (마치 보이지 않는
팔처럼) 정적(靜的)이거나 또는 거의 정적인 상태가 된다. 생명은 무기력한
형태로 물러나 물질처럼 보이게 된다. 물질은 이전의 창조적 추진력들이 모

호하고 무기력하게 되어 버린, 또는 위축되어 버린 그 잔재물이다. 따라서 새로운 생명은 늘 그 자신의 지친 과거의 사라져 가는 유산을 가지고(또 이것을 통해서) 작용하고 활동할 과업을 짊어지고 있다. 물질은 생명이 그 창조적 활력을 상실할 때 생명의 변화로 이루어진 것이다.

베르그송은 자신의 주장을 분명히 하기 위해 적절한 비유를 했다. 우주의 생명 전체는 마치 고기압의 증기가 가득 들어 있는 그릇(the vessel)과 같다. 이 증기의 분출물은 쉴 새 없이 밖으로 새어 나오고 있다. 그런데 이 분출물은 조그마한 입자들로 분리되어 응축하거나 물체화하여 아래로 떨어진다. 새 분출물은 이 입자들을 얼마 동안 붙들어 놓고 이것들에 새 생명을 불어넣을 수 있다. 증기(steam)는 생명력의 저장소이며, 분출물들은 진화의 여러 나뉜 모습들이다. 입자들은 유기체들 하나하나를 뜻하며, 떨어진 입자들 하나하나는 저마다 하나의 물질 세계를 뜻한다. 이 비유를 문자 그대로 받아들여서는 안 된다고 베르그송은 강조했다. 왜냐하면 그릇과 분출물은 기계적인 조건들에 의해 결정되고 필연적으로 움직인다. 하지만 생명은 그 자신에게 생성된 과거의 견제적(retarding) 물질을 통해서 움직이고 활동하지 않으면 안 될 때에도, 어디까지나 자유롭고 창조적인 것이기 때문이다.

세계 변화의 과정은 자기 자신을 파멸시키고 있는 실재(實在)의 한가운데에서 앞으로 내닫고 있는 하나의 실재로 볼 수 있다고 베르그송은 말했다. 생명과 물질은 대립하는 두 실재처럼 보인다. 물질이 없었다면 생명은 그 창조성에 있어서 아주 자유로웠을 것이다. 과거에 역행하는 새로운 움직임에 맞닥뜨릴 때, 생명은 물질을 통해서 그 창조성을 드러내지 않으면 안 된다. 그리고 물질은 완전한 필연이다. 이처럼 진화의 과정은 앞으로 나아가는 것뿐만이 아니라 또한 퇴보나 역행(retrogressions)으로 가득 차 있는 듯이 보인다. 인간은 구불구불한 길들을 헤쳐 나아가며 자신의 장애물들과 싸우는 데에 때로 그 에너지를 모두 써 버리고 만다. 그러나 생명이 대항해서 싸우는 물질 또한 실제로는 생명의 한 형태이다. 이것은 지쳐 버린 쇠퇴한 생명이지만, 하나의 생명이기는 한 것이다.

생명 에너지의 저장소, 즉 생명의 근원을 베르그송은 신(神)이라고 불렀다. 그렇다고 하면 신은 모든 생명의 근원이다. 신은 창조적이며, 자유롭고, 끝없이 새로운 세계를 펼쳐 나갈 수 있다. 신의 창조는 완전히 끝나는 법이 없다. 이는 한 번 일어나 영원히 끝나버리는 게 아니라, 끊임없이 이어지는 것이다. 그리고 이 활동은 결코 과거의 창조 과정 또는 생명과 물질의 현재 상태에 의해 구속되지 않는다.

도덕의 두 가지 유형

베르그송의 마지막 저서는 〈도덕과 종교의 두 근원〉이었다. 여기에서 그는 분석과 직관, 과학과 철학, 물질과 생명 사이에 언제나 세워 온 대립을 도덕과 종교 문제에서도 그대로 세워 가는 데 놀라운 솜씨를 보여 주었다. 분석과 직관, 과학과 철학, 물질과 생명 사이에 있었던 대립은 여기서 정적 도덕과 동적 도덕 사이의 대립, 정적 종교와 동적 종교 사이의 대립이 된다.

정적 도덕(靜的道德)은 의무의 도덕이다. 이 도덕은 '닫힌 사회'에서 일어나며, 지나간 창조성의 기존 가치들을 지켜 나가는 것이다. 이는 금기(禁忌)나 관습의 준수, 고정 질서에 대한 순응 등을 포함한다. 물론 이것은 하나의 닫힌 사회와 다른 닫힌 사회에서 서로 같은 것은 아니다. 그러나 이것이 일어나는 곳에서는 어디서나 집단의 안정성을 유지하기 위해 개인들에게 여러 제한을 가한다. 이런 정적 도덕이 없다면, 사회는 여러 충동이 뒤얽힌 혼란 속에서 마침내 해체되고야 말 것이다. 어떤 한 집단의 관습들 가운데 어느 한 가지가 도전을 당하여 동요가 일어나더라도, 공인된 책무들 전체는 의무감으로 지탱되고 있으며, 이 의무감이 없다면 사회는 곧 무너져 버리고 말 것이다.

동적 도덕(動的道德)은 열망의 도덕이다. 이것은 그 어떤 기성의 사회 질서와도 관계가 없다. 이를테면 하나의 효소로서 거기서 새로운 것이 생겨날 수도 있다. 이것은 정적 도덕처럼 개인에게 지속적인 압력을 가하는 것이 아니다. 또한 이것은 그 목적하는 바도 뚜렷하지 않다. 이것은 일반적으로 인정되고 있는 삶의 가치들을 초월하여 어떤 이상(理想)을 바라보며 이 이상을 성취해 나아가는 것이다. 그리고 이 이상은 아직 실현되지 않았으며 또 흔히 몇 가지 점에서 관습과는 양립할 수 없다. 이것은 좀 더 나은 무엇을 획득하기 위해 이미 성취된 것을 버리려 하는 개혁자의 혁명적인 도덕이다. 인류 역사에서 이것은 갑자기 나타나며, 강렬한 힘을 가지고 소용돌이친다. 그러나 이것은 불규칙한 간격을 두고 일어난다. 그리고 그 이상(理想)은 언제나 다소 불분명하므로, 이 이상을 선포하는 예언적인 사람들도 자신이 추구하는 것 속에 정확하게 무엇이 내포되어 있는지 잘 알지 못하는 경우가 있다. 그것은 보수적인 양심가들에게 내놓는 도전장으로 말미암아 때로 여러 사회적 충돌을 불러일으킨다.

이 두 가지 형태의 도덕은 시간과 장소에 따라 다르게 나타나지만, 그 어느 한쪽도 다른 한쪽을 떠나서 존재하는 법은 없다. 정적 도덕은 사회 구조로부터 나오는 것이다. 동적 도덕은 인류 역사의 파노라마 속에서, 또는 이런 저런 모양으로 사회 구조를 창조하는 생명의 에너지로부터 나온다. 정적 도덕은 쾌락(기쁨)을 가져오고(쾌락은 언제나 여러 인간 기능의 안이하고 평탄한 수행과 더불어 생겨난다), 동적 도덕은 환희를 가져온다(환희는 세상에 어떤 새 생명을 가져오는 데에서 생기는 만족감이다). 정적 도덕은 지성의 영역 아래 있는데, 이는 개인적 습관과 사회적 순응에 따르는 것이기 때문이다. 동적 도덕은 지성의 영역을 넘어서는데, 이는 인간의 힘이 미치는 것 이상의 것을 바라기 때문이다. 하지만 이 두 형태의 도덕은 서로 대조를 이루는 것이라 하더라도 그 발생에 있어서 서로 완전히 대립하는 것은 아니다. 이 두 가지는 서로 대립하기가 거의 불가능하다. 이는 정적 도덕이 진화(進化) 초기 단계에서는 동적 도덕의 현재 상태와 같은 환경에 있었기 때문이다. 동적 도덕이라고 해서 반드시 신뢰할 만한 것도 아니며, 이것이 수행되었을 때 반드시 우리가 바라는 훌륭한 결과가 나타나는 것만도 아니다. 왜냐하면 진화의 과정에는 또한 이제는 사라져 버린 목적과 실패들도 많이 있었기 때문이다. 그러나 진화가 계속되는 한 이 두 형태의 도덕은 사람들의 성실성을 이끌어 내려고 쉼 없이 경쟁할 것이 확실하다. 물질을 만들어내는 것이 생명인 것처럼, 열망은 그것이 성취될 때 숭고한 의무의 새로운 굴레를 만든다.

종교의 두 가지 유형

종교의 역사는 과오와 어리석음에 대한 오랜 기록이라고 베르그송은 보았다. 그러나 이 같이 강한 주장을 통하여 그는 종교를 전적으로 잘못된 것이라고 비난한 것은 아니다. 종교는 여러 결함을 가지고 있지만, 종교만이 해낼 수 있는 중요한 역할을 하고 있다. 실제로 종교는 두 가지 본질적 임무를 가지고 있다. 이 임무들 가운데 하나는 정적(靜的) 종교가 맡고 있고, 다른 하나는 동적(動的) 종교가 맡고 있다.

정적 종교는 지성(知性 ; intelligence)의 여러 붕괴 작용에 대항하여 사람들의 감정(feelings)을 보호하는 역할을 한다. 베르그송은 여기서 지성이 생명에 대해 하는 분석들은 생명력을 파괴한다는 생각으로 되돌아갔다. 지성은 생명력을 여러 심적 상태로 분해한 다음, 기계적으로 조정될 수 있는 하나의 조직체로 바라본다. 지성은, 물질적 환경의 인과적 힘에 의해 그 필연성이 증명되지 않은 희망들을 파괴해 버린다. 지성은 인간이 가지고 있는 능력들의 불가피성에 대한 스스로의 지식을 통해 여러 가지 공포들을 불러일으킨다. 지성은 어떤 다른 힘의 반대 작용에 의해서 중용의 자세를 취하게 하지 않으면 사람들로 하여금 굴종하게 하며, 도전에 맞닥뜨려 무기력하게 하며, 모험을 시작함에 있어서 두려움을 느끼게 하는 경향이 있다. 그런데 종교는 바로 이 반대 작용을 하는 다른 힘이다. 종교는 인간이 갖는 공포의 산물이 아니라고 베르그송은 주장했다. 오히려 종교는 인간의 공포를 물리치게 하는, 그리고 인간의 공포가 자신들의 모험적인 삶에 미칠지 모르는 불행한 결과들에 대해서 치유책을 마련하는 사회적으로 인정된 수단이다. 종교의 터부(禁忌)들, '저 세상'에 대한 신화적 환상들, 그리고 영혼들과 신(神)들에 대한 많은 근거 없는 망상들은 지성을 가지고 비판적으로 검토할 때, '과오와 어리석음' 말고 다른 어떠한 것도 아니다. 그리고 이 '과오와 어리석음'은 바로 베르그송이 역사에서 이제까지 종교가 밟아 온 과정을 잘 말해주고 있다고 주장한 부분이다. 베르그송은 어떤 형태의 터부나 신화나 환상도 옹호하려 하지 않았다. 그러나 그는 종교가 사람들에게 제공하는 종류의 것들을 사회는 필요로 한다고 지적했다. 사회는 지성이 사람들 속에 심어주는 절망에 파묻히지 않기 위해 이런 종류의 것들을 필요로 한다는 것이다. 종교는 자유 대신 필연(必然)을, 생명력 대신 물질을, 동적 과정 대신 정적 존재들을, 용기 대신 까다로운 회의(懷疑)를, 그리고 새로운 성취를 위한 창조성 대신 밤낮으로 같은 일상들을 되풀이하게 하는 지성적 태도에 반대하는 인간성의 방어적 반작용이다. 베르그송은 어떤 종교이든지 여러 모순으로 차 있음을 부인하지는 않았다. 그러나 그는 사회에서 종교의 역할은 바람직한 것이며, 이 특수한 역할을 수행할 수 있는 것은 오직 종교밖에 없다고 주장했다.

동적 종교는 사람들로 하여금 이 세계의 근원이 되는 생명력에 자신들이 의존하고 있다는 것, 그리고 이 근원에 함께 뿌리를 두고 있다는 것에 대해서 깨닫게 하는 임무를 가지고 있다. 베르그송은 여기서 자기 속에 있는 신비가적 충동을 잘 표현하고 있다. 신비가는 모든 생명의 창조적 근원과 접촉하는데, 그 접촉은 파악하기 어렵고 막연함에도 불구하고 어디까지나 생생한 현실로 존재한다고 베르그송은 생각했다. 동적 종교는 정적 종교의 연속적 체계들을 불러일으키는 예언적 추진력이다. 그리고 이 체제들 하나하나가 동적 종교의 여러 감수성에 맞지 않게 되면, 동적 종교는 앞으로 나아가며 그 기쁨에 넘치는 미래의 상념들을 새로이 표현하는 것이다. 동적 종교를 지지하는 사람들은 많은 것들을 성취하기 위해 모험을 무릅쓰는 강한 심령의 소유자들이다. 이들은 신비적으로 느껴지는 생명의 충동을 사랑한다. 이들은 생명의 충동 그 자체가 사랑—새로운 생명에 대한 사랑—임을 발견한다. 행동하지 않고 물러서는 곳에서 올바른 신비주의(神祕主義)는 나오지 않는다고 베르그송은 주장했다(그는 플로티노스가 이 같은 생각, 즉 행동에서 물러서는 것이 신비주의라는 생각을 가졌다고 보았다). 더욱이 신비주의는 삶으로부터의 해탈에서 나오는 것도 아니다(그는 불교 신자들의 열반에서 이런 생각, 즉 삶으로부터의 해탈에서 신비주의가 나온다는 생각을 볼 수 있다고 여겼다). 오히려 신비주의는 세계의 생명력을 모방하는 가운데 드높여진 창조성에서 나오는 것이다.

종교의 두 형태는 도덕의 두 형태와 마찬가지로, 인류 역사에 깊숙이 스며들어 있다. 인과적 연속성을 이루는 사회 정세 하나하나에서는 끊임없이 서로 겨루지만, 이 다툼과 경쟁들은 진화의 과정에서 전체적으로 보았을 때에는 서로 조화를 이루며 도와주는 관계에 있다. 왜냐하면 현재의 정적 종교는 과거의 동적 종교의 잠든 형태이기 때문이다.

2. 최근의 추세

우리 자신의 시대로 내려올수록 많은 다툼의 소리들 사이에서, 미래의 역사가들이 20세기 철학의 지도자라고 인정할 만한 인물들을 찾아내는 것이 더욱 어렵게 된다. 따라서 우리는 여기서 어떤 한 사상가의 철학적 견해 전체를 구성하는 복잡한 사상 체계들을 밟아가는 일을 계속하려 하지 않는다. 오직 사상의 몇 가지 방향, 즉 여러 가지 모습으로 나타난 철학가들의 생각 밑바닥에 흐르는 방향들을 살펴봄으로써 만족하려 한다. 우리는 어떤 한 사람에 대해서도 충분히 다루지는 않을 것이다. 그러나 지난 수십 년 동안 이어진 사상의 경향과 분위기의 특징은 정의할 수 있을 것이다.

여기에서 고찰하려는 세 가지 사상적 흐름은 모두가 최근에 많은 논란이 있어 온 것들이다. 이것들은 완성된 이론들이 아니다. 최근에 일어난 여러 논쟁 가운데 중점 논제가 된 것들이다. 이들 세 가지 사상적 흐름에 속하는 사람들은 종종 그들 사이에서 극단적으로 다른 생각을 가지고 있다. 그러나 이 세 가지 사상적 흐름 모두 그 붙여진 이름 둘레에 모여든 지지자들의 뜨거운 목소리를 들을 수 있다.

실재론(實在論 ; realism)

20세기 철학사상의 한 특징적 흐름은 실재론이다. 실재론은 관념론에 대한 반감에서 일어났다. 그것은 에세(esse ; 존재)가 페르키피[percipi ; 피지각(被知覺)]라고 하는 버클리의 주장에 반대하는 것이었으며, 심지어는 정신 또는 이성이 경험의 세계를 구성한다고 주장하는 칸트의 이론에 대해서도 반대하는 것이었다. 이것은 칸트가 스스로 일으켰다고 자부하는 코페르니쿠스적 혁명을 무효로 만드는 것이었다. 이것은 헤겔 철학에 대한 거부를 목적으로 삼았다. 이 헤겔 철학은 유럽 대륙의 사상에 널리 침투해 있었음은 물론, 19세기의 마지막 수십 년과 20세기 초기에 영국과 미국에서도 커다란 위세를 떨치고 있었다. 실재론적 흐름은 실재 세계가 이에 대한 우리의 경험이나 인식과는 관계없이 독립적으로 존재한다는 것, 더 나아가 모든 경험과 모든 인식으로부터도 독립하여 존재함을 주장하는 것이었다. 스스로를 실재론자라 부른 많은 사람들은 관념론(觀念論 ; idealism)에 대한 자신들의 혐오 말고는 별로 공통되는 점이 없었다. 이들은 자신의 주장을 적극적으로 펼칠 때에는 주저하지 않고 서로 다른 의견들을 내세웠다. 그러나 이들은 모두 정신이 세계 또는 경험적 질서의 근원이라고 하기에는 거리가 먼 것으로서, 이 세계는 정신에 앞서 존재한다고 보았다. 또 정신이 세계를 인식하기 위해서는 그 모든 사고 방식을 이 선행하는 세계의 본성에 일치시켜야 한다고 가르쳤다.

실재론의 주요한 유형은 두 가지가 있다. 하나는 비판적 실재론(critical realism)이며, 또 하나는 신실재론(新實在論 ; new-realism, 또는 neo-realism)으로 알려져 있다.

비판적 실재론을 옹호하는 사람들에 따르면, 경험의 자료들(data, 내용들)은 외부 사물들의 현존과 또 어느 정도 이 외부 사물들의 본성을 알려주는, 마음의 주관적 산물이다. 우리는 우리의 인식 과정에서 이 현상들로부터 출발하여 외적 대상들로 추리해 나가려고 한다. 그리고 이 외적 대상들은 '우리와 우리의 지각들과는 관계없이 독립적으로 존재한다.'[2] 비판적 실재론자들은 때로는 외적 대상들에 대한 정확한 인식에 다다르는 가능성에 대해서 불가지론적(不可知論的) 견해를 취했으며, 때로는 물리학자들의 견해들을 외부 세계에 대한 신뢰할 만한 결론으로서 곧바로 받아들였다. 이들은 로크의 전통을 지지했다. 이들은 로크의 문제점과 혼란들을 피했다고 주장했다. 그러나 비판적 실재론자들의 글을 전체적으로 살펴보면, 로크에서와 같이 대상들의 참된 성질에 대해 물리학이 가지게 하는 실제적 확신과, 우리 자신의 주관적 경험들 이외의 다른 것을 아는 능력에 대한 이론적 불가지론, 이 두 가지 가운데 어느 것을 택할 것인가 주저하고 있음을 알 수 있다.

신실재론(新實在論)은 좀더 독창적인 실재론이다. 신실재론자들 몇몇은 경험된 내용의 많은 부분들은 그 자체로 정신적인 것도 아니며 물질적인 것도 아니라고 주장했다. 이 내용들은 중성적(中性的) 실체들(neutral entities)이다. 이 중성적 실체들의 몇 가지가 의식·기억·기대 그리고 그 밖에 이와 비슷한 과정을 겪게 되면, 이 실체들은 정신을 구성한다고 말할 수 있으며, 또 정신적이라고 말할 수 있다. 이 중성적 실체들이 다른 어떤 관계를 가지게 되면, 이들은 하나의 물질적인 존재, 즉 사물을 구성한다고 말할 수 있다. 이 다른 관계들은 하나의 논리적 구성을 통해 수립된다. 예를 들어 우리가 어떤 잉크 스탠드(또는 다른 어떤 특정한 물건)를 본다고 말할 때, 우리

---

*2 이 말은 버트런드 러셀의 초기 저서 〈철학적 문제들 *The Problems of Philosophy*〉 (Home University Library, New York, Holt, 1912), p. 42에서 인용했다. 러셀 경은 이러한 실재론적 견해를 오랫동안 지켜 오지는 않았으며 대신 신실재론의 옹호자가 되었다.

는 실제로, 현재의 감관 경험에 주어진 대상이 (현실에 있거나, 또는 존재 가능한) 다른 시야 속에 있는 수많은 그 비슷한 대상들과 서로 관련되어 있을 가능성에 대해서 판단하고 있는 것이다. 그리고 이 모든 시야들 속에 들어오는 모든 대상에 대한 완전한 체계만이 하나의 물질적 존재로 불릴 수 있는 것이다. 물론 이런 대상들의 체계는 참된 존재론적 지위를 전혀 가지고 있지 않다. 그것은 심지어 허구라고 불려도 좋은 것이다. 따라서 정신과 물질은 경험의 내용들에 질서를 부여하는 방식들이며, 이러한 방식들을 떠나서는 그 경험된 자료는 정신적인 것도 물질적인 것도 아니다. 신실재론 옹호자들에 따르면, 정신과 물질을 나누는 이원론(dualism)이란 있을 수 없으며, 경험론자들을 혼란에 빠뜨려 온 어떠한 인식론적 문제도 일어나지 않을 것이다. *3

논리실증주의(論理實證主義)

20세기 철학의 또 다른 사상적 흐름은 논리실증주의(logical positivism)이다. 이 움직임은 중앙 유럽 사상가들의 한 그룹에서 (특히 비엔나·프라하 그리고 베를린에서) 일어났는데, 이들은 '비엔나 학파(Vienna Circle)'로 알려져 있다. 이 움직임은 (부분적으로는 대학 생활의 단절에 대한 전체주의의 공격의 결과로) 영국의 케임브리지와 옥스퍼드로 퍼졌다. 그 뒤 미국으로 전해졌는데, 미국에서는 광범위하기는 하나 약하게 퍼졌다. 이 사상은 또 논리적 경험주의(logical empiricism)라고도 불린다.

논리실증주의는 문장 또는 언어학적 표현의 갖가지 유형들 사이에 있는 여러 차이점의 연구를 그 기초로 한다. 어떤 문장들은 인식적 의미를 가지고

---

*3 철학에서 최근의 실재론적 경향을 더 깊이 연구하려면 다음의 책들을 보라.
George E. Moore, *Philosophical Studies*, International Library of Psychology, Philosophy, and Scientific Method(New York, Harcourt, 1922).
Bertrand Russell, *Our Knowledge of the External World*, Lowell Lectures(Chicago, Open Court, 1914).
The New Realism(New York, Macmillan, 1912). 이 책은 여섯 사람의 여섯 논문을 실었다.
Essays in Critical Realism(London, Macmillan and Co. Ltd., 1920) 이 책은 일곱 사람의 일곱 논문을 실었다.
마지막 두 책은 최근 철학의 실재론적 경향에 대한 미국적 견해를 대표한다.

있고, 다른 어떤 문장들은 비인식적 의미만을 가지고 있으며, 또 다른 어떤 문장들은 전혀 의미를 가지고 있지 않다. 그러나 이 이상의 아주 중요한 차이점을 우리는 여기서 찾아내지 않으면 안 된다. 인식적 의미를 지닌 어떤 문장들은 분석적 성질을 띤 순전히 형식적 명제들(formal propositions)이며, 인식적 의미를 지닌 다른 어떤 문장들은 종합적 성질을 띤 사실 명제(事實命題 ; factual propositions)들이다. *4

논리실증주의자들은 자신들의 특별한 목적을 위해, 현대 수학 이론을 자주 이용해 왔다. 이들은 지적하기를, 순수 수학은 임의로 정의된 기준들을 가지고 출발하며, 논리학 원리들을 가지고 이 기준들이 나타내는 의미들을 전개하는 엄격하게 연역적인 학문이다. 따라서 수학은 현존하는 세계에 대해서나 또는 이 세계의 그 어떤 사실 문제에 대해서나 어떠한 발언도 하지 않는다. 아니, 할 수도 없다. 수학은 하나하나의 명제가 다만 논리적 체계만을 형성하는 예비적 기준들과 정의들 말고는, 명제들 하나하나가 그에 선행하는 명제들로부터 필연적으로 나오는 명제들의 집합체이다. 알프레드 노스화이트헤드(Alfred North Whitehead)와 버트런트 러셀(Bertrand Russell)의 공저, 〈프린키피아 마테마티카 *Principia Mathematica*〉(수학 원리, 3 vols., 1910~1913)는 흔히 수학적 사고의 본질을 가장 잘 밝힌 획기적인 책들 가운데 하나로 여겨지고 있다.

논리실증주의의 몇몇 옹호자들의 말에 따르면, 수학은 진리에 관심을 두지 않으며 오직 타당성에만 관심을 둔다. 이들의 어법에 있어서, 진리 또는 거짓은 사실을 다루는 명제들만의 고유한 성질이다. 이에 대하여 타당성 또는 비타당성은 형식적 명제들 사이의 필연적 논리 관계들을 정확하게 또는 부정확하게 나타내는 명제들의 고유한 성질이다. 철학적 분석에 대한 다른 옹호자들의 말에 따르면, 수학은 연역적 진리에 관심을 두는 것이며 사실상의 참과 거짓〔眞僞〕에 관심을 두는 것이 아니다. 이들의 어법에서 연역적 진리란, 위에 말한 논리 실증주의자들 어법의 타당성과 같다. 그런데 이 두 가지 표현 방식은 언어학적으로는 서로 다르지만, 이들이 의도하는 의미는 같다.

＊4 논리실증주의 옹호자들은 언어의 의미론과 문장론에 대한 연구에 여러 가지 이바지를 했다. 따라서 '철학적 분석'의 옹호자들로서 이름난 옥스퍼드 학파와 비슷한 점이 많다. 그러나 여기에서는 논리실증주의자들의 주장들만을 살펴보려 한다.

논리실증주의 옹호자들은 여기서 한 걸음 더 나아가, 많은 사람들이 여러 경우에 내세우는 많은 명제들은 논리적으로 수학 명제들과 비슷한 것이라 지적한다. 예를 들어 '모든 총각은 미혼이다'란 명제와 '모든 사람은 죽는다'란 명제를 생각해 보라. 이 명제들은 수학의 명제들처럼 분석적이다. 엄밀하게 따지면 이것들은 총각들과 모든 사람의 존재를 확인하는 것이 아니다. 이것들은 이 명제들의 주어가 사용되는 문장의 의미에 대한 정의 또는 부분적 정의이다. 이것들은 우리가 온전한 정신을 가지고 이야기하거나 토론할 때, 우리가 어떤 한 용어를 쓰고, 이 용어에 대해 우리 자신이 내린 정의의 논리적 의미들을 거부할 수는 없다는 의미에서 타당한 것이다. 그러나 이 명제들은 그 어떤 현존하는 사실에 대해서도 그 진리를 말하고 있다고 주장하지는 않는다.

　사실적 문장들, 즉 사실을 표현하는 문장들은 사실적 진리를 목표로 하며, 또 그 의미와 진리를 밝히기 위해서 논리적 타당성과 그 이상의 다른 어떤 것을 필요로 한다. 사실적 진술(a factual statement)은 적어도 이론적으로 확인하거나 부인할 수 있는 상황을 우리가 지시할 수 있을 때에, 오로지 이 때에만 의미 있는 것이다. 그리고 여기에 관련되는 하나의 사실적 진술은 적어도 원칙상 그러한 증명이나 반증의 상황이 주어지지 않으면 무의미한 것이 된다. 사실적 의미의 기준은 실제로 존재하는 상황들과 관련하여 검토될 수 있는가 없는가 하는 데 있다. 물론 의미 있는 진술들은 증명될 때 참이 되며, 반증을 받을 때는 거짓이다.

　논리실증주의의 주장 가운데에서 지금까지 말해 온 것은 자기 자신을 논리실증주의자라고 부르기를 꺼리는 경험론자들도 동의해 왔다. 이 경험론자들이 스스로를 논리실증주의자라 부르기를 꺼리는 이유는, 논리실증주의자들이 더 나아가 내세우는 여러 주장을 이들이 싫어하기 때문이다. 논리실증주의 옹호자들은 실제로는 무의미한 문장들 안에 모든 형이상학적·윤리적 문장들을 자주 포함하고 있기 때문이다.

　논리실증주의자들은 가능한 경험의 한계를 넘는 본체(本體)들 또는 절대(絶對)적 존재들에 대한 사변(思辨 ; speculations, 사색적인 말들)이라는 의미에서 형이상학을 비웃는다. 여기까지는 경험론자들이 대개 그러하므로 탓할 필요는 없다. 그러나 이 특별한 (그리고 반대하는 것이 마땅하다 싶은)

의미에서의 형이상학을 떨쳐버리고 나서, 논리실증주의자들은 종종 다른 모든 의미의 형이상학도 버렸다고 생각하는 것처럼 보인다. 이들은 세계를 움직이게 한 최초의 존재(原動者 ; prime mover)에 대한 아리스토텔레스의 초기 형이상학적 사색을 무의미한 것으로서 거부할 뿐만 아니라, 또한 아리스토텔레스가 〈형이상학〉 후반의 좀더 경험론적 부분에서 행한 탐구도 조심스럽게 살펴보지도 않고 거부해 버린다. 그들은 존재의 일반적 특성들을 정의하려는 아리스토텔레스와 그 뒤의 많은 경험론적 정신을 가진 형이상학자들의 노력을 무의미한 것으로서 거부한다. 이들은 자기들이 다루는 논제들을 명료하게 따진다. 그러나 자기들의 주장을 몇 가지 선택된 논제에만 한정하며, 스스로 무의미하다고 하는 다른 모든 문제를 너무나 빨리 치워 버린다.

이와 비슷하게 논리실증주의 옹호자들은 흔히 '좋다'나 '옳다' 또는 '……이어야 한다'와 같은 말이 들어 있는 모든 문장을 오로지 정서적(情緒的)인 것으로만 본다. 이러한 문장들은 비인식적 의미밖에 지니고 있지 않다고 흔히 말한다. 즉 이런 문장들은 이 문장들을 입 밖에 내는 사람의 찬성이나 불찬성의 태도를 나타낼 따름이며, 이 문장들이 나타내려는 상황과는 아무 관계도 없는 것이다. 따라서 이러한 문장들은 참도 거짓도 아니다. 윤리적 문장들은 그저 말하는 이의 주관적 정서들을 나타낼 따름이다.

다른 경험론자들, 즉 의미 있는 문장들은 현재 상황에 따라 확증 또는 반증되어야 한다는 조건을 받아들이는 경험론자들은, 논리실증주의자들을 지나치게 극단적이라고 비난한다. 이들은 말하기를, 논리실증주의는 체계적이지 못한 사고(思考), 말초적 언어 표현, 다의성(多義性), 그리고 지적 모호성에 대한 공격에 대해 맑게 정화(淨化 ; catharsis) 작용을 하는 가치를 지닌 사상의 한 유형이라고 한다. 그러나 이것은 그 방향을 전환하여 모든 형이상학적 윤리적 성찰에 대해서 너무나 성급한 공격을 가함으로써 그만 이 같은 철학에 대한 기여를 넘어 지나친 점이 없지 않다.

여기에서 현 시대의 논쟁을 충분히 살펴볼 여유는 없다. 그러나 최근 논의되는 것으로 한 가지 예를 들 수 있다. 한 논리실증주의자는 이렇게 썼다. "원인이란 말은 일상 생활에서 쓰일 때 인과적 연속성 '말고는 그 어떠한 의미로도 사용될 수 없다'. 왜냐하면 인과적 연속성 '말고는 그 어떠한 의미로도' 원인이란 말이 들어 있는 명제들을 경험하는 데 사용되지 않기 때문이다."[*5] 그러나 다른 경험론자들은, 예를 들어 사람들은 대부분 어떤 특정한 불[火]의 원인을 찾는다고 할 때 원인이란 말에서 그 어떤 종류의 규칙성을 의미하지 않는다는 사실을 지적한다. 오히려 사람들은 이 특별한 불을 생기게 한 어떤 특정한 사람이나 작용을 찾으려 한다. 이들 다른 경험론자들은 말하기를, 원인이란 인과적 연속성을 의미할 수 있을지는 모르지만, 이것은 또한 어떤 특수한 현재 상황에서 하나의 유효하고 생산적인 요인을 의미하기도 한다는 것이다. 논리실증주의자들은 자연에 있는 동적인 요소들을 구태여 부인하지는 않는다 하여도 이를 무시해 버리려는 경향이 있다. 왜냐하면 이들이 '상황들'을 너무 좁게 생각하여 감각적 자료의 병렬 배치라고 여기고 있기 때문이다. 이들은 자연으로부터 오는 힘을 물리쳐 버리는데, 이 힘에 해당하는 하나의 감각적 내용 또는 감각적 내용들의 한 집합체를 따로 떼어 낼 수가 없기 때문이다. 다른 경험론자들은 논리실증주의자들이 허약한 경험론을 가지고 주장을 펼치고 있다고 비난한다. 그들은 논리실증주의자들이 자신이 경험하는 대로 세계에 대한 충분한 내용(자료)들을 새롭게 검토하기보다, 오히려 스스로 경험자로서 마땅히 주장해야만 한다고 생각하는 인위적 이론을 따지는 데에만 지나치게 몰두하고 있다는 것이다. [*6]

실존주의(實存主義 ; existentialism)

20세기 사상의 또 다른 흐름은 실존주의(實存主義)이다. 이 사상은 이 시대의 다른 모든 철학적 흐름과 뚜렷한 대조를 이루고 있다. 실제로 이것은

[*5] Moritz Schlick, "Causality in Everyday Life and in Recent Science," *Readings in Philosophical Analysis*, ed. Herbert Feigl and Wilfrid Sellars(New York, Appleton-Century-Crofts, 1949), p. 516에 다시 수록됨.

[*6] 논리 실증주의를 더 연구하려면 다음과 같은 책들을 보라.
A.J. Ayer. *Language, Truth and Logic*(London, Gollancz, 1936).
L. Wittgenstein, *Tractatus Logico-Philosophicus*(New York, Harcourt, 1922).
—, *Philosophical Investigations*(Oxford, Blackwell, 1953).
R. Carnap, *The Logical Syntax of Language*, International Library of Psychology, Philosophy, and Scientific Method(London Kegan Paul, Trench, and Truebner, 1937).
Herbert Feigl and Wilfrid Sellars, eds., *Readings in Philosophical Analysis*(New York, Appleton·Century-Crofts, 1949). 이 책은 최근의 유용한 논문들을 많이 싣고 있다. 그 가운데 몇 편은 논리실증주의자들의 것이며, 다른 것은 이와 가까운 견해를 가지고 쓴 것들이다.

근대 세계의 모든 주요한 철학 체계를 강력하게 거부하는 것이다. 실존주의를 좋지 않게 보는 비평가들 가운데 어떤 이는 실존주의를 철학이라고 부르기를 아예 거부한다. 이런 사람들은 실존주의를 이성적이거나 논리적인 것이 아니며, 따라서 아주 제멋대로 된 자의적 의지 행위라고 본다. 실제로 실존주의자들은 이성과 의지를 어떻게 관련시키느냐 하는 점에서 이들 사이에서도 서로 크게 다르다. 하지만 실존주의는 그 누구의 실존주의이든 실존주의자 그 자신을 위해서 하게 되는 의지 행위를 중심으로 전개되고 있다. 실존주의는 이를 내세우는 사람 개인의 문제를 다룬다. 그 옹호자들 가운데 어떤 이들은 반항적인 무신론자이며, 다른 어떤 이들은 헌신적인 종교가, 심지어는 기독교인이다. 실존주의는 어느 경우에나 인격 전체를 과감하게 내던지며, 세계에서 자기의 위치에 대해 궁극적인 진리(眞理)에 이르렀다는 억지스러운 확신을 갖는다.

실존주의를 설명하려면 마치 한 실존주의자의 전기를 기록하듯이 써내려가지 않으면 안 된다. 이 전기에서 우리는 어떠한 사상도 다룰 수는 있으나, 무엇보다 먼저 정서와 태도와 의지 등을 다루게 된다.

이런 전기(傳記)를 하나 생각해 보자. 한 사람이 어떻게 그의 여러 경험에 반응하는지를 살펴보자. 그는 몇몇 감각—시각·촉각 등—을 가지고 있다. 그는 또한 몇 가지 정서와 감정—공포, 헛된 희망, 주저하는 마음—을 가지고 있다. 그는 어떤 막연한 관념들을 가지고 있다—이것들은 아마도 자기들도 가지고 있다고 다른 사람들이 그에게 말하더라도 그에게는 공유할 수 없는 신념들일지도 모른다. 그리고 그는 자기 주위 세계에 있는, 또 자신의 영혼 속에 있는 알 수 없는 여러 신비로운 감정들을 막연히 느끼고 있다. 그는 이 감각과 감정과 관념 등이 서로 관련 없는 것들의 잡동사니로서 뭐가 뭔지 알 수 없는 것들임을 발견하고 절망적 기분에 사로잡힌다. 이때 그의 의식 속에서 하나의 변화가 일어난다. 이 변화는 아마도 하나의 말없는 통찰과 함께 갑자기 나타난다. 그는 이 세계에서의 그의 목적을 알게 되며, 또 이 세계가 그의 목적에 이바지할 수 있음을 발견한다. 전에는 단조롭고 무의미했던 모든 것이 이제는 그의 목적을 위해서 존재하는 듯이 우뚝 서 있다. 아마도 그의 새로운 통찰력은 신으로부터의 계시이며, 그의 목적은 신의 은혜로 그에게 주어진 것이리라. 또는 그의 새로운 통찰력은 아마도 그가 신이 없는 세계에 홀로 서 있으며, 스스로 운명의 주인으로서, 모든 것을 자신의 견고한 목적에 맞게 일치시킬 수 있다는 직관(直觀)일 수도 있다. 그러나 신적인 계시이든 신이 존재하지 않는 세계에서의 결단이든, 그의 통찰력은 모든 것에다 그것이 이제부터 영원히 가지게 될 의미를 부여한다. 그는 궁극적 진리에 대한 확신을 얻은 것이다.

역사적으로 보면 실존주의는 키에르케고르(Kierkegaard, 1813~1855)로부터 비롯되었다고 볼 수 있다. 키에르케고르는 덴마크 사람으로 그 무렵 학계에서 헤겔의 영향에 반대했다. 또 그의 나라에서 교회의 기독교적 가르침과 사회적 관습의 횡포(라고 그가 느낀 것)에 반대한 사람이다. 그러나 어느 실존주의자도 자세히 살펴보면 그 어느 모로 보아도 다른 실존주의자들이 따라야 할 모범이 될 수는 없다. 실존주의는 어느 시대를 따질 것 없이 소수의 사람이 취하는 개인적 태도이다. 20세기에서 실존주의가 뚜렷하게 드러난 것은 그 옹호자들 가운데 몇몇이 실존주의 원리들의 체계적 윤곽을 설명함으로써 자신들의 생각을 세상에 많이 알렸기 때문이다. 실존주의 원리를 말하거나 또는 실존주의를 하나의 체계로 단순화함으로써, 아마도 우리는 실존주의자의 사명이나 가치를 잘못 평가하게 될지도 모른다. 그러나 몇몇 실존주의자들은 자기들 스스로 이러한 종류의 일을 시도하려 했기 때문에, 우리는 어떻게 이들이 자신의 주장들을 체계적으로 서술하려 했는지 말하려 한다.

어떤 실존주의자들은 실존이 본질에 앞선다는 원리에서 출발한다.*⁷ 이 이상한 말은, 어떤 실존주의자의 경험이 혼동에서 명료성으로 나아가는 전기적 흐름에 있어서는 분명한 것일지도 모르나, 철학적으로는 아주 애매한 말이다. Existence란 영어 단어는 여기에서 매우 엉뚱하고 어색하다. 오히려 독일어로 Existenz란 말을 써서 Existenz가 본질에 앞선다고 말하는 편이 훨씬 낫다. 어떻든 세계는 헤겔 철학에서처럼 범주(category)들의 서로 작용으로부터 연역되어 나올 수는 없다. 실존하는 것은 이성에 의해 결정될 수 없다. 한 사람의 개인적 의지에 의해 주어지기 전에는, 실존은 따로 형식을 가지지 않는다고 실존주의자들은 흔히 단언하는 것 같다. 이들은 이런 경우 세

---

*7 이 주장은 사르트르의 실존주의 속에 있는 것으로, 하이데거의 실존주의에는 없다.

계가 각 실존주의자에 대해서 저마다 다른 형태를 가지게 되지 않을까 하는 비판은 생각지도 않는 것 같다. 실존주의자들은 가끔 자신들 서로의 관계와 또 다른 사람들과의 관계를 결정하는 데 깊은 관심을 가진다. 그러나 이들은 사람들마다 전적으로 서로 다른 세계에서 살지 않을 수 없다는 태도를 취한다.

한 실존주의자가 지금 위에서 말한 원리에서 출발한다면, 나아가 실존주의자 한 사람이 밟아가는 과정과 참여가 단순히 이성적인 결정만은 아니라는 원리를 가지게 된다. 이러한 참여는 물론, 고의적으로 반이성적인 것은 아니다. 이성은 한 사람의 본질에 관련된 한 부분일 따름이다. 그리고 참여는 그의 인격 전체와 관련된다. 참여는 감정과 이성, 욕구와 희망, 창조적 충동과 갈망이 모두 동시적으로, 또 서로 분리될 수 없게 결합된 행위이다. 그리고 자연 과학자들이 내세우는 감관 경험으로부터의 명증이나, 논리학자들이 내세우는 이성의 규칙성이나, 또는 생존을 가능케 하는 생물학적 가치가 진리의 기준이 될 수는 없다. 오히려 끈질긴 성실성을 가지고 참여하는 사람에게 부여된 마지막 승리감이 진리의 기준이다. 승리하는 삶이란 자아와 자기 세계의 의미를 분명히 깨닫고 확립했다는 굳은 확신을 가지고 살다가 죽는 것이다.

실존주의(實存主義)는 서로 다른 지지자들에 의해 여러 부분에 이용되어 온 하나의 견해이다. 이는 때로 유럽에서, 그리고 미국에서는 자기들의 신념을 주장하는 수단을 찾기에 절실했던 프로테스탄트 신학자들 사이에서 이용되었다. 프로테스탄트 신학은 가톨릭의 성(聖) 아우구스티누스와 성 토마스처럼 여러 세기에 걸쳐 그 견해가 규범이 되어 온 철학적 지도자를 한 번도 가져 보지 못했다. 그래서 프로테스탄트 신학자들은 그때그때 나타난 시대적 흐름을 끌어들이곤 했다. 이 시점에서 이들이 나아갈 길의 하나는 실존주의였다. 독일의 카를 바르트(Karl Barth, 1886~1968)와 미국의 이른바 신정통파들은 바로 이 방법을 이용했다. 이들은 자연에서 신의 존재에 대한 증거들을 찾으려 하는 자연 신학, 고전적 우주론 및 존재론적 논증을 이어가는 이성적 신학, 심지어 칸트의 실천 이성(實踐理性)에 기초를 둔 신학 등을 모두 가치 없는 것으로 여긴다. 이들은 자연과 역사 그 자체로는 결코 우리에게 부여할 수 없는 선험적(先驗的) 의무를 이 자연과 역사에 부여하지 않는 한, 그리고 부여하기 전에는 자연도 역사도 의미 있게 체계화될 수 없다고 한다. 이런 종류의 실존주의 신학(實存主義神學)을 비판하는 사람들은, 자연과 역사에 주어졌다고 생각되는 초월적 의미가 왜 그렇게도 자주 슬쩍 방향을 바꾸어 신학자들로 하여금 역사적 칼뱅주의의 많은 교리들을 확인시켜 주는지 의아하게 여겼다. 그러나 실제로 그러한 일들은 일어나고 있다.

　실존주의는 온건한 형태와 극단의 형태를 다 같이 펼쳐 나가고 있는 듯하다. 온건한 형태에 있어서 실존주의는 헤겔 철학의 여러 전통적 추상 개념과 연역적 이론들에 반대하는, 또 하나의 경험론적 저항 정신이다. 다른 많은 경험론자들로부터 실존주의를 구별짓는 특색은, 실존주의는 그저 여러 가지 개연성(蓋然性 ; probabilities)들을 추산한 결과가 아니라 단일한 전인간(全人間)적 반응을 받아들이고 주장한다는 것이다. 그런데 극단의 형태에 있어서는, 실존주의는 맹렬하게 반주지주의적이며 의지주의(意志主義)적 낭만주의이다. 윤리학에서는 이는 아집(我執)을 내세우는 것이며, 존재론에 있어서는 변덕을 되풀이하는 것이다. *8

＊8 실존주의를 더 연구하려면, 다음과 같은 책들을 보라.

　J.P. Sartre, *L'étre et le néant*(*Paris, Gallimard, 1947*), *Hazel E. Barnes*에 의하여 이 책의 일부가 *Existential Psychioanalysis*(New York, Philosophical Library, 1953)란 제목으로 영역되었다.

　M. Heidegger, *Existence and Being*(*Chicago, Regnery, 1949*).

　—, *Sein und Zeit*(Tubingen, Niemeyer, 1953).

제16장 미국 철학

　미국 초기 역사에서 철학은 유럽에 본거지를 둔 철학적 사색들을 그대로 받아들이지는 않았다 하더라도 적어도 그 추종자였다. 몇몇 미국 사상가들은 뚜렷하게 독립적인 정신을 가지고 있었으며, 또 이들의 글은 이들의 비상한 능력을 보여 준다. 조나단 에드워즈(Jonathan Edwards, 1703~1758)와 랠프 월도 에머슨(Ralph Waldo Emerson, 1803~1882)은 미국 지성사(知性史)에서 중요한 인물들이다. 그러나 독립성이 곧 독창성은 아니다. 그리고 대체로 1890년 이전 미국의 철학 정신은 유럽의 여러 전통을 계승하고 있었다. 로크의 〈시민 정부론 *Treatise of Civil Government*〉은 직접적으로, 그리고 프랑스의 찬미자들을 통해 미공화국의 초기 정치 사상을 크게 지배했다. 그리고 그의 〈인간 오성론 *Essay Concerning Human understanding*〉은 하버드와 예일 두 대학에서 한 세기 넘게 여러 교과 과정의 교과서로 채택되었다. 킹스 칼리지(지금의 컬럼비아 대학) 총장 사무엘 존슨(Samuel Johnson, 1696~1772)은 그의 신학적 사색에서 버클리의 철학을 사용했다. 예일 대학 총장 노아 포터(Noah Porter, 1811~1892)와 프린스턴 대학 총장 제임스 매코슈는 미국의 여러 대학에서 스코틀랜드 상식학파(常識學派)의 가르침을 따랐다. 포터와 매코슈, 그리고 이들의 저서는 19세기 후반에 미국 여러 대학에서 스코틀랜드 상식학파의 실재론(實在論)이 널리 퍼지도록 도왔다. 애머스트 대학 교수였던 로렌스 히콕(Laurens P. Hickok, 1798~1888)과 찰스 가먼(Charles E. Garman, 1850~1907), 뉴욕윤리문화협회 창립자인 펠릭스 애들러(Felix Adler, 1851~1933), 그리고 캘리포니아 대학 교수였던 조지 하위슨(George H. Howison, 1834~1917)은 서로 조금씩 다르기는 했지만 모두 칸트의 철학 원리들을 받아들인 사람들이었다. 세인트루이스 철학 운동은 헤겔 연구를 불러일으켰다. 그 가운데 가장 뛰어난 윌리엄 해리스 (William T. Harris, 1835~1909)는 철학 일반과 특히 헤겔 연구를 장려하기 위해 〈사변철학(思辨哲學 ; Speculative Philosophy, 사색철학) 잡지 *Journal of Speculative Philosophy*〉를 창간했다. 하버드 대학 교수 조시아 로이스 (Josiah Royce, 1855~1916)의 절대주의(絶對主義)는 미국 헤겔주의 역사의 후편이다.

1890년*¹ 이전의 미국 철학사는 다른 시기들의 철학사와 비슷한 데가 있다. 로마 사람들은 그리스 사람들로부터, 서구 여러 나라 국민들은 고대(古代) 고전철학으로부터 배웠다. 철학은 오직 사람들이 여가를 가질 수 있을 때에만 번성한다고, 아리스토텔레스는 의미심장한 말을 했다. *² 이것은 굳이 강조하지 않아도 누구나 잘 아는 사실이다. 미국 사람들은 로마 사람들과 서구 여러 국민과는 달리, 자신들이 철학적 자극을 얻은 나라들로부터 이주해 온 사람들이었다. 그리고 위대한 유럽의 여러 전통을 따르는 유럽 사람들과 마찬가지로 이 전통들을 발전시킬 자격을 가진 사람들이었다. 그러나 새로운 땅, 새로운 문제들, 새로운 인간 관계와 인간과 자연 사이의 새로운 관계, 새로운 정치적·사회적 조건, 새로운 목적과 과업—이것들은 미국 철학에 영향을 끼치지 않을 수 없었다. 1890년 뒤로 미국 철학은 서구와 로마와 그리스에 그 뿌리를 박고 있으면서도, 서양 문화의 지적 발전에 있어 중요하고 창조적인 역할을 해오고 있다. 이는 미래 역사가(歷史家)들에게 20세기 사상 가운데 가장 풍요 부분으로 보일지도 모른다.

1890년 뒤로 미국 철학의 지도적 인물들 모두가 미국 사람이었던 것은 아니다. 산타야나(Santayana)는 스페인 사람으로서, 1872년에서 1912년에 이르는 동안(이 기간은 그의 89년에 이르는 생애 절반에 가깝다) 미국에 있었다. 그의 저서는 모두 미국에서 출판되었으며, 미국 말고 다른 곳에서는 별로 영향을 끼치지 않았다. 화이트헤드는 영국 사람으로서 1924년에야 미국으로 건너왔다. 이때 그는 이미 63세 노년이었다. 그러나 1947년 죽을 때까지 하버드 대학과 그 근처에서 살면서, 그의 철학적 저서 대부분을 미국에 머무르는 동안 썼다. 미국에서 미국 사람 아닌 이들이 미국의 지적 발전에

---

*1 1890년이란 해는 물론 임의로 정한 해이다. 여기에서 이 해를 정한 것은 그해에 윌리엄 제임스 의 *The Principles of Psychology*가 나왔기 때문이다. 이 위대한 저서야말로 다른 어떤 저서보 다도, 하나의 새로운 시기를 알리는 것이라 볼 수 있다.

*2 *Metaphysics*, 981b23.

참여하게 됨으로써, 전체주의(全體主義) 탄압을 피해 온 다른 사상가들에 의해 더욱 풍요로운 사상적 발전이 이루어지게 된 것은 매우 다행한 일이었다. 그러나 미국에서 철학을 가르치고 책을 쓴 철학자들은 대부분 미국 본토 사람들이었다.

어떤 역사가들은, 미국의 근대 철학을 가리켜 미국 철학의 전형을 이루며 토착화되었다고 말하고들 있다. 이 말이 너무 좁은 의미에서 해석되지만 않는다면, 이렇게 말하는 데 대해서는 구태여 반대할 이유가 없다. 미국 철학은 미국인의 삶에서 중요한 요소이다. 이는 그 질(質)에 있어서는 세계주의적인 것이며, 국소적인 것이 아니다. 미국 철학은 시간과 영원에 대한 폭넓은 개념들을 아리스토텔레스나 스피노자나 흄에 못지않게 충분히 살핀다. 역사가는 모름지기 미국 철학이 서양 문화 전체를 이어받고 있으며, 유럽 사상에 깊이 뿌리박고 있음을 지적해야 한다. 그러나 역사가는 미국 철학이 또한 서양 문화 발전에 여러 모로 새로이 이바지하고 있음도 인정해야 한다. 서양 세계 전체는 이러한 공헌들을 높게 평가하지 않을 수 없을 것이다.

1. 제임스

윌리엄 제임스(William James, 1842~1910) : 뉴욕에서 태어나, 뉴햄프셔에 있는 그의 여름 별장에서 생을 마쳤다. 소년 시절에는 정식 학교 교육을 거의 받지 않았으며, 그의 아버지와 아버지 친구들과 함께 많은 여행을 하며 더 많은 가르침을 받았다. 1861년 제임스는 하버드 대학의 로렌스 사이언티픽 스쿨에서 공부를 시작했다. 처음에는 화학을, 나중에는 해부학과 생물학을 공부했다. 1864년 하버드 의과 대학에 들어가 1869년 의학 박사 학위를 받았다. 1865년 제임스는 아가시(Agassiz)와 함께 브라질 탐험여행을 떠났다. 그는 여러 차례 유럽에 오래 머물기도 했다. 유럽에서는 여러 가지 일을 하면서 베를린 대학에서 칸트에 대한 강의를 들었다. 또 하이델베르크 대학에서 헬름홀츠(Helmholtz)로부터 가르침을 받았다. 1870년 그는 심각한 정신적 위기를 맞이했는데, 뒤에 자기 자신이 겪은 일임을 밝히지 않고 이때 상황들을 묘사한 바 있다. *3 제임스는 하버드 대학에서 생물학 강사로 임명된 1872년부터 1910년 사이에 거의 쉬지 않고 학생들을 가르쳤다. 1885년에 철학 교수, 1889년에 심리학 교수, 1897년에는 다시 철학 교수가 되었다. 그가 가르친 과목들은 그의 폭넓은 호기심과 관심 분야들을 나타내 준다. 그 과목들은 생리학·심리학·허버트 스펜서·진화론(進化論)·윤리학·논리학·철학 일반의 문제들·르누비에(Renouvier)·헤겔·로크·버클리와 흄·데카르트·스피노자와 라이프니츠·칸트·형이상학·자연 철학·철학사 등에 이른다. 제임스는 대중과 학자들을 상대로 많은 강연과 연설을 했다. 출판된 그의 저서들로는 〈심리학 원리 *The Principles of Psychology*〉(2권, 1890)·〈믿음의 의지와 기타 통속 철학 방면의 논문들 *The Will to Believe and Other Essays in Popular Philosophy*〉(1897)·〈다양한 종교 경험들 *The Varieties of Religious Experience*〉(1902)·〈실용주의 *Pragmatism*〉(1907)·〈진리의 의미 *The Meaning of Truth*〉(1909)·〈다원적 우주 *A Pluralistic Universe*〉(1909)·〈철학의 몇 가지 문제들 *Some Problems of Philosophy*〉(1911)·〈근본적 경험론 *Essays in Radical Empiricism*〉(1912) 등이 있다.

윌리엄 제임스는 연구 분야를 의학에서 철학으로 옮겨갔다. 이 사실은 그의 철학적 태도를 이해하는 데 꽤 깊은 의의를 담고 있다. 제임스는 모든 사색과 성찰 과정에서 근본적으로 치료적 부분에 관심을 가지고 있었다. 그는 사람들(물론 자신도 포함해서)이 좀 더 힘 있게, 그리고 좀 더 온전하게 살도록 돕고 싶어했다. 그는 조금도 거리낌 없이 현실을 맞닥뜨리면서 도덕적 의무감을 느꼈다. 그러나 그는 사람들이 과학적 발견으로부터 그러모을 수 있는 모든 진리를 철저히 정직하게 받아들인 뒤에는, 나아가서 풍요롭고 행복한 생활을 하도록 돕고 싶어했다. 그는 그 어느 과학적 결론이든지 그것을 우주에 대한 최종 진리로 보려고 한 적이 한 번도 없었다. 그는 명증(明證)이 잘 드러난 결론은 그 어느 것이든 받아들였으나, 또한 세계는 여러 가지 예측할 수 없는 일들로 가득 차 있어서 여러 다른 결론을 내릴 여지가 또한 있음을 주장했다. 그리고 만일 처음 결론이 인간의 자유를 지나치게 제한하는 것처럼 보이면, 다음 결론이 그 여러 제한을 없애는 데 도움이 되리라고

---

*3 *The Varieties of Religious Experience*(London, Longmans, Green, 1913), pp. 160~161.

기대했다. 그는 이를테면 심령(心靈 ; soul)을 고치는 의사였다. 그는 '과학
들'은 사람들로 하여금 신뢰할 만한 진단을 할 수 있게 길을 열어준다고 생
각했다. 그리고 이 진단은 여러 까다로운 세력들에 맞닥뜨리게 된 순간에 가
장 훌륭한 진단을 내려줄 거라고 생각했다. 그리고 그는 '철학'은 이 진단으
로 드러난 병을 고치도록 약을 처방해 줄 수 있다고 생각했다. 이 약이 실망
하거나 두려움을 느끼는 사람들을 살릴 수 있기를 바랐다. 이 약은 또한 어
느 정도 활력은 있으나 삶의 싸움을 계속하는 과정에서 새로운 힘을 더 필요
로 하는 사람들에게 기운을 돋우어 주는 강장제로 쓰일 수도 있을 것이다.

　　제임스의 초기 여러 논문은 치료법에 대한 그의 관심을 잘 보여준다. 그는
이 논문들에서 그 무렵 널리 퍼져 있던 학설들을 검토했다. 이 학설들은 올
바로 해석되지 않으면, 어떤 사람들에게는 스스로의 힘으로 어떻게 할 수 없
는 여러 세력에 자신을 예속함으로써, 활기찬 삶을 가로막게 할 수도 있는
것이었다. 1880년 제임스는 다윈이 내놓은 진화론(進化論)에 논평을 하고,
다시 스펜서의 우주 이론(宇宙理論)을 비판했다. 그는 생명이 주위 여러 세
력의 움직임에 의해 위협을 받는다고 하는 다윈의 적극적인 발견을 선뜻 받
아들였다. 그러나 이 학설이 생존 경쟁을 위한 여러 어려운 요건들을 강조하
고 있기는 해도, 아직 개인의 자발적 힘에 따른 여지를 많이 남기고 있다고
주장했다. 그는 과학적 진화론을 고정된 목표를 향한 불가피한 단계의 철학
으로 전환한 스펜서의 태도에 대해서는 더 맹렬하게 비난했다. 제임스는 스
펜서의 자동적 진보(進步) 이론을 '시대착오적인 낡은 생각'이라고 불렀는
데, 이는 그의 이론이 인간 정신을 외부 여러 세력에 의한 수동적 제물(a
passive victim)로밖에 여기지 않기 때문이라는 것이다. *4 1882년 그는 헤겔
철학을 공격했다. 이것은 그 사고 방식이 정립(定立)과 반정립(反定立)과
종합(綜合)이라는 한결같은 틀만을 가지고 있어서, 마치 '쥐덫'과 같이 그
문에 들어서는 모든 이가 '영원히 길을 잃을 수도 있는' 것이기 때문이었
다. *5 1884년에는 결정론적 이론에 대해 통렬한 비난을 퍼부었다. 이것은 이
주장들이 미래를 과거의 일상적인 고정불변성들의 반복에 제한함으로써 새

＊4 William James, 'Great Men and Their Environment,' *The Will to Believe and Other Essays*(New
　　York, Longmans, Green, 1921), pp. 223, 233, 254.

＊5 'On Some Hegelisms,' 앞에 인용한 책, p. 275.

로운 여러 가지 가능성들이 있음을 부인하고 있기 때문이다. *6 그리고 1895
년 제임스는 '우리의 삶은 살아갈 가치가 있는가?'라는 제목으로 논문을 또
하나 썼다. 여기서 그는 이전의 논문들에서는 뚜렷하게 비치지 않았던 물음
을 분명하게 던졌다. 우리가 스스로를 과학자들이 하나의 고정된 질서로 단
순화한 저 세계 한쪽의 고정된 구조 안에 갇혀 있는 것으로 생각지 않는다
면, 우리의 삶은 살아갈 가치가 있다고 제임스는 답했다. 우리가 가진 자연
적 지식의 세계는 좀 더 광대한 보이지 않는 하나의 세계 속에 놓여 있다.
앞서 말한 좁은 세계는 풀 수 없는 수수께끼들을 가지고 우리에게 닥쳐오는
것으로 보일는지도 모른다. 그러나 뒤에서 말한 세계, 즉 좀 더 광대한 보이
지 않는 세계는, 우리에게 이 수수께끼들에 대한 해답을 줄 수 있다는 희망
을 줄지도 모른다. 따라서 우리는 영웅처럼 도덕적 삶의 필요성들을 신뢰하
여야 하며, 또 삶이 그만한 가치가 있다고 주저함 없이 주장할 수 있어야 한
다. *7

　제임스의 초기 여러 논문은 그가 이제까지 쓴 논문들 가운데 가장 유명한
논문, 즉 '믿음에 대한 의지'에서 자신의 주장을 다시 표명하는 데 이바지했
다. 이 논문은 1896년 발표되었다. 제임스가 이 논문에서 관심을 가진 것
은, 어떻게 우리의 의지가 적어도 몇 가지 점에서 우리가 살아가면서 품게
되는 여러 신념을 결정하는가 하는 것이었다. 그는 의지력이 신념을 지배한
다고 인정하고, 이런 지배가 인간의 의견을 이끌어내는 실제적인 심리적 환
경을 제공하는 것으로 보았다. 그는 한 걸음 더 나아가 어느 정도까지, 그리
고 어떤 상황에서 이 지배가 정당화될 수 있는지 밝히려 했다. 그는 인간이
이 세상에서 어떻게 행동할 것인가를 결정하기에 앞서 이 세계에 대한 진리
를 모두 알 수 있는 것은 아니라고 지적했다. 우리는 종종 가졌으면 하고 바
라는 지식 없이도 행동하지 않으면 안 되는 때가 있다. 또 우리는 그러한 지
식이 없다고 해서 능률적이고 활기찬 활동을 하지 못한 채 나태하게 지내서
도 안 된다. 우리는 어떤 문제를 해결할 수 있는 명증을 얻을 때는 이 명증
을 소중히 여겨야 한다. 그리고 명증이 부족하여 어떤 문제에 대해서 결정을
지체해야 할 때는 판단을 보류해야만 한다. 그러나 우리가 어떤 선택을 하지

---

*6 'The Dilemma of Determinism,' 앞에 인용한 책, p. 121.

*7 'Is Life Worth Living?' 앞에 인용한 책, pp. 51, 54.

않으면 안 될 때, 그리고 그 선택이 현실 생활에 관계된 중요한 것이며 곧바로 이를 결정하여 힘차게 행동해야만 할 때, 우리는 믿으려는 의지를 행사해도 좋다. 우리의 지성이 명증이 부족하기 때문에 결정을 내리지 못할 때, 우리의 열정은 모든 선택을 바로 할 수 있다. 아니, 해야만 한다.

제임스는 과학적 연구가 해결할 수 있는 문제들에 대한 미숙한 신념을 부추길 생각은 전혀 없었다. 그는 믿으려는 의지의 원리를 두 가지 주요한 부분들에 적용했다. 그 하나는 도덕 문제에 대한 적용이며, 다른 하나는 종교 문제에 대한 적용이었다. 도덕적 문제들에 있어서 우리 자신의 여러 가지 힘들에 대한, 또는 우리 친구들의 진실성에 대한 우리의 변하지 않는 신념은 이러한 힘들과 진실성을 낳는 충분한 원인이 될 수 있다고 제임스는 지적했다. 종교 문제들에 있어서, 우리는 제한된 지식의 좁은 영역을 삼켜 버리는 끝없이 넓은 미지(未知)의 세계에 우리 자신을 관련시키지 않으면 안 되는 어쩔 수 없는 선택에 맞닥뜨리게 된다. 이때 우리는 이 끝없이 넓은 미지의 세계가 우리의 여러 가치를 세우고 보존해 주며, 우리가 실패할 때 우리를 동정해 주며, 마침내 이 실패들을 성공으로 바꾸어 주는 것으로 믿어도 좋다.

제임스는 그의 초기 논문들에서, 용기와 희망을 불어넣는 자신의 복음을 뒷받침하기 위해 세계에 대한 체계적 학설을 만들어 내려고 그다지 힘쓰지 않았다. 그는 체계적 사상가가 아니었으며, 자기 친구들에게도 자신은 체계적 사상가가 아니라고 공공연히 말했다. 제임스는 온갖 이론들 하나하나가 세계에 대해 얼마나 많은 빛을 던져 세계를 이해할 수 있게 해 주는지를 보고 싶어했다. 하지만 이 학설들 어느 하나에 대해서도 총체적인 견해라거나 또는 마지막 결론이라고는 믿지 않았다. 그는 심지어 모순을 포함한 이론들도 포용할 마음 자세를 가지고 있었다. 이것은 그의 생각에 세계 자체가 여러 모순으로 가득 차 있으며, 세계에 대한 그 자신의 여러 관념처럼 미완성 상태로 되어 있고, 부분이 부분에 대해서 가지는 관계가 어설프기만 하기 때문이었다. 제임스가 엄격한 인과적(因果的) 필연성에 대한 하나의 신념과 예측할 수 없는 우연에 대한 또 다른 신념을 동시에 품을 수 있었던 것은, 그 스스로 말했듯이, 이론에 있어서는 해결할 수 없는 막다른 골목이 실제로는 용기 있는 사람들에게는 영광스러운 승리로 바꿀 수 있는 기회가 될 수도 있기 때문이다.

의식(意識)의 흐름

제임스가 그의 〈심리학 원리〉에서 제시한 철학적 사상으로서 가장 큰 영향을 끼친 것은 사상의 흐름, 또는 의식의 흐름(stream of consciousness)이다. *8 제임스의 이 위대한 저서는 이론적으로 딱 들어맞는 것은 못 된다. *9 제임스는 그의 초기 논문들의 치료적 견해를 더욱 발전시키는 심리학을 원했던 것이다. 비록 그는 자신의 이전 사상들로부터 전적으로 벗어나지는 못했으나, 의식의 흐름이란 사상에서 참으로 새로운 견해를 가지게 되었다.

제임스는 인간의 의식이 심리학 법칙에 따라 나중에 복합적으로 꾸며지게 되는 단순한 관념들이나 감각들, 또는 다른 어떤 심적 요소들에 의해 정확하게 설명될 수 있다는 기존의 이론에 단호히 반대했다. 단순한 관념들이나 다른 심적 요소들을 의식의 흐름으로부터 떼어낼 수 없는 것은 아니다. 그러나 이것들은 본래부터 있는 자료들이 아니다. 이들은 인위적인 것들이며, 의식의 여러 부분을 좀 더 만족스러운 결과로 이끌어 나가려는 실제적 목적을 위해 구분된 것이다. 전체적인 의식의 흐름은 이러한 모든 분리된 요소들에 앞선다. 이것은 하나하나 분리된 것들의 연속(a chain)이 아니며, 오히려 서로 작용하는 의식의 흐름이다. 우리는 누구나 같은 현실들, 의자나 별이나 초록빛의 성질 같은 현실들이 반복적으로 떠오른다는 따위의 말을 한다. *10 그러나 이러한 사물들에 대한 우리의 의식은 두 번 다시 같은 것이 아니다. 우리가 같다고 부르는 것은 언제나 새로운 환경 속에 나타나며, 새로운 여러 가지 정서들로 물들어 있어서, 심지어 '같다'고 인정됨으로써 새롭게 바뀌는 것이다. 의식의 흐름은 정신의 여러 가지 명암들(明暗), 그 기복(起伏)의 강도(强度), 그 선명한 윤곽과 희미한 가장자리들(fringes, 주변의식)을 가지고 있다.

---

*8 제임스는 *The Principles of psychology* 제9장에 '생각의 흐름(The Stream of Thought)'이란 제목을 붙였다. 그는 '생각'이란 말을 단순히 지적인 과정을 의미하기 위해서가 아니라, 온갖 형태의 의식·감각·감정·정서·의지 등을 의미하기 위해서 썼다. '의식의 흐름(stream of consciousness)'이란 말이 더 분명하므로 이 말이 더 자주 쓰이게 되었다.

*9 제임스를 그렇게도 찬양한 존 듀이도 이 점을 주장하였다. 듀이는 가끔 제임스의 *Principles of Psychology*를 교실에 가지고 들어가서 몇몇 부분(예컨대 제17장 감각)을 펼치고, 어떻게 제임스가 낡은 주장들과 자기 자신의 새로운 주장 사이를 왔다갔다 했는가를 지적하곤 하였다.

*10 *The Principles of Psychology*(New York, Holt, 1890), Vol. I. p. 231.

의식의 흐름을 유기적 신체의 두뇌와 신경계의 기능으로서 다루는 것만큼 쉬운 일은 없다고 제임스는 인정했다. 그는 실제로 생리학적 부분에 대해서 많은 주의를 기울였으나 의식 안에는 두뇌의 과정과 그 밖의 신체적 기능들이 나타내는 것보다 훨씬 더 많은 것이 존재한다고 강력히 주장했다. 두뇌가 의식을 만들어 낸다는 것을 보여주는 증거는 하나도 없다고 제임스는 말했다. 오히려 두뇌야말로 의식이 세계에 대해서 효과적으로 작용하려고 노력할 때 사용되는 도구라는 데 대한 증거가 있다는 것이다. 우리가 어떤 목적을 이루기 위해 우리의 손을 쓰는 것과 꼭 같이, 우리는 우리의 두뇌를 쓰는 것이다. 우리의 의식은 많은 관념들로 가득하다. 이 관념들 가운데에는 공상적인 것들도 있으며, 실제로 일어나는 것들도 있다. 그리고 우리의 두뇌는 이 관념들을 체로 쳐서 가려내듯, 공상적인 것들은 버리고 실제로 일어날 수 있는 것들을 잘 이끌어 내어 신체 활동들이 이 관념들을 실현하게 한다. 이로써 두뇌는 외부 세계와의 적절한 접촉점들에다 우리의 여러 목적을 배치하는 데 유용하게 쓰인다. 이때 의식은 신체를 필수적인 도구로 보게 된다. 그러나 의식은 그 동적인 움직임에 있어서 유기적 신체보다도 더 충만하고 더 풍부하다. 신체의 여러 부분에서는 눈에 띄는 그 일부만을 보게 되므로 사물을 완전히 이해하기가 어렵다.

의식(意識)이란 본디 인식이나 지적 활동의 문제가 아니라고 제임스는 생각했다. 정신에 대한 기존의 이론들은 이것을 인식하는 데에만 지나치게 결부했다. 의식은 충동적이며, 정서적이거나 열정적이며, 그 진행 과정 내내 의욕에 넘쳐 있다. 그리고 다만 때때로 지적(知的 ; intellectual)일 따름이다. 그리고 지적 과정이나 성찰 과정이 일어날 때에는 이에 앞서 좀 더 근본적인 유형의 의식이 자리 잡는 방법에 따라 그 시기와 문제, 그리고 그 중요성이 주어진다. 일찍이 1881년 제임스는 의지 작용(意志作用)은 아는 것(인식하는 것 ; knowing)과 더 나아가 지각(知覺 ; perceiving)하는 것을 지배한다고 주장했다. 즉 '지각(知覺 ; perception)과 사고(思考 ; thinking)가 거기에(의식 속에) 있는 것은 오직 행동하기 위해서이다'[11]라고 주장했다. 제임스는 정신이 경험의 구조에 기여한다는 칸트의 주장에 공감했다. 그러나 칸트에

---

*11 'Reflex Action and Theism,' *The Will to Believe and Other Essays*, p. 114.

반대하여, 제임스는 정신의 기여는 단편적(斷片的)인 것으로서 미리 정해진 조건들을 가지고 있지는 않다고 주장했다. 이는 정신이 언제나 좀 더 기본적인 종류의 의식들에 관련되어 있으며, 또 다른 종류의 의식들에 임시적으로 또 실험적으로 관련되기 때문이라고 주장했다. 제임스가 이렇게 말하는 것은 인식 작용(knowing)을 완고하고 변덕스러운 것으로 보려 의도한 것이 아니다. 왜냐하면 인식 작용은 참된 이해를 제공해 주지 않는 한, 의지 작용으로 하여금 좀 더 좋은 결과를 낳게 할 수 없기 때문이다. 이렇게 말하는 것은 오히려 인식 작용을 통하여, 생명의 충동적 힘들이 이 세상에서 얻을 수 있는 성공의 범위를 폭넓게 하며 이러한 성공의 정도를 증가시킨다고 말하려는 것이다.

근본적 경험론

〈심리학〉을 출간한 뒤 10년 또는 12년 동안 제임스는 자신이 '근본적 경험론'이라고 부르기로 한 이론으로 그의 주장을 발전시켰다. 그가 근본적(radical)이란 형용사를 쓰게 된 것은, 그의 경험론이 스스로 보기에 여러 고전적 경험론들을 중요한 두 가지 면에서 수정했기 때문이다.

이 두 가지 가운데 하나는 의식(意識)의 성질에 대한 것이다. 제임스는 '도대체 '의식'이란 것이 존재하는가?'*12라고 물었다. 그리고 이에 대해 도발적이고 부정적인 답을 내렸다. 즉 의식이란 것은 존재하지 않는다고 말한 것이다. 그는 이러한 부정적인 답으로써 로크와 그 추종자들이 경험의 직접적 사실이라고 본 것 같은 그 어떤 실재(實在)나 실체, 그 어떤 주관적 실존에 대해 부인하려 했다. 경험 안에는, 만일 우리가 원한다면 '의식'이라고 하는 추상적 이름으로 불러도 좋은 기능이 없는 것은 아니다. 구름, 즉 물리적 태양을 가리는 물리적 구름은 비를 뜻하는 것일 수 있다. 이 구름이 태양을 가리는 한, 이것은 하나의 물리적 대상이다. 이 구름이 비를 뜻하는 한 이것은 하나의 심적(정신적) 대상이다. 지각하는 것과 인식하는 것, 의도하는 것과 믿는 것은, 사랑과 증오처럼 자주 일어나는 과정들이다. 그러나 이 과정들은 걷기와 몸짓, 해가 나오는 것과 비가 내리는 것처럼 사건들의 뒤얽힘 안에서

---

*12 이 질문은 1904년 그가 발표한 한 논문 제목이다. 이 논문은 *Essays in Radical Empiricism* (New York, Longmans, Green, 1922), pp. 1~38에 다시 실렸다.

일어난다. 근본적인 자료(stuff)는 하나밖에 없다. 이것은 곧 경험이다. 제임스는 자기의 주장이 자연적 실재론(實在論)에 가깝다고 말한 적이 있다.[13] 우리가 어떤 대상을 지각할 때, 우리는 우리 앞에 있는 대상에 대해 어떠한 표상(表象 ; sign, 상징)의 결과를 가지는 것이 아니다. 우리는 우리 앞에 있는 실재적인 물리적 대상을 가진다. 그리고 둘이나 둘 이상의 사람들이, 실재로 똑같은 하나의 물리적 대상을 지각할 수가 있다. 의식이라는 것은 만일 우리가 이렇게 말할 수 있다면 다음과 같은 것이다. 즉 이것은 물리적 사물들의 한 집합체이다. 이 집합체는 대상들에 대한 우리의 지각 작용이나 인식 작용이 이 대상들 사이에 세우는 새로운 기능적 관계들로 인해 나머지 물리적 세계들로부터 분리된 것이다. 따라서 의식은, 전에는 심적 반응을 불러일으키지 않았던 대상들이 어떤 방식으로 한데 뭉치게 될 때 가지게 되는 하나의 기능이다. 정신과 의식은 실제로 생기(生起 ; occur)하는, 즉 발생하는 것이다. 그러나 이것들은 온갖 다른 비정신적 관계들이 발생하는 자연 세계에서 발생하며, 또 그 발생에 있어서 다른 비정신적 관계만큼이나 자연적이다. 정신은 자기 세계에만 갇혀 탐닉하는, 유아적(唯我的 ; solipsistic) 세계가 아니다. 정신은 오히려 자연 세계 안에서 발생하는 사건들이다. 이들은 때때로 서로 만나며 같은 대상들을 공유한다. 이들은 경험에 있어서 다른 어떤 유형의 생기에 못지않게 객관적 검토를 할 수 있다.

제임스가 그의 근본적 경험론을 이전의 경험론들과 구별한 둘째 부분은 심적 과정들(mental processes)의 역할이 유효함을 강조하는 데 있다. 그는 자연적 세계와 그 과정들을 한쪽에, 그리고 정신을 다른 한쪽에 놓고서, 정신이 참여하지 않은 사건들에 대해서는 정신이 관찰한다고 하는 입장을 거부했다. 그는 정신이 자연의 진행에 참여한다고 주장했다. 지각하는 일, 인식하는 일, 믿는 일, 생각하는 일—이러한 일들은 변화하는 세계의 방향에 큰 차이를 불러일으킨다. 이러한 일들이 일어나면 세계는 이전과는 다른 방향으로 움직여 간다. 이들은 여러 가지 자연적 성취(成就)들을 일어나게 하며, 또 자연적 세계의 여러 독특한 가능성들을 펼쳐 보여 준다.

제임스는 그 사색의 출발에서부터 세계를 다원적(多元的)인 것으로 보았

---

[13] 'A World of Pure Experience,' *Essays in Radical Enpiricism*, p. 76 참조.

다. 그는 모든 일원론(一元論)에 대하여, 세계가 주어진 길을 불가피하게
밟아 간다고 보는 모든 학설에 대하여 크게 반대했다. 제임스의 근본적 경험
론은 세계가 미완성의 여러 가지 사물들로 구성되어 있다고 보았다. 이 사물
들 가운데 어떤 것은 서로 의존하며 밀접한 관련을 맺고 있고, 다른 어떤 것
들은 허술하게 관련되어 있어서 많은 새로운 모습으로 자리바꿈할 수 있다
고 하는 자신의 신념을 강조했다. 정신은 다른 여러 가지 일들을 하는 가운
데에서도 특히 가설적(假說的)로 세워진 여러 가능성을 탐험하고 개척한다.
따라서 정신이 생기하는 세계는 새로운 것이 들어오는 데 대해 열려 있다.
그리고 과감한 사람에게는 현재 상황에서 현실을 뛰어넘어, 이제까지 존재
하지 않았던 새로운 관계들을 존재케 할 수 없는 한계란 조금도 보이지 않는
다. 우리는 단원우주(單元宇宙 ; a universe)에 사는 게 아니라 다원우주(多
元宇宙 ; a multiverse)에 산다. 흔히 쓰이는 'universe'란 말을 계속해서 그대
로 사용하려면, 우리는 '다원적 우주(pluralistic universe)'에 대해 말하지 않
으면 안 된다. *14

프래그머티즘

20세기 처음 10년 동안(그의 생애 마지막 10년이기도 했다) 제임스는 학
계와 일반 청중들에게, 여러 철학 주제에 대한 강연자로서 누구보다 손꼽히
는 존재였다. 스스로 밝혔듯이 그는 자기의 원숙해진 견해들을 충분히, 그리
고 될 수 있는 대로 체계화하려 했다. 1909년 그의 시대에 대한 외적 압력
들과 자신의 내적 욕망의 결합으로 〈프래그머티즘, 몇 가지 낡은 사고 방식
들에 대한 새로운 이름 *Pragmatism, a New Name for Some Old Ways of
Thinking*〉이란 책이 나왔다. 제임스는 이 책에 만족하지 못했다. 그러나 이
책은 다른 어느 것보다도 철학자들 사이에서 그의 명성을 떨치게 했다.

'프래그머티즘(實用主義, 실용주의)'이란 말은 퍼스(Charles Sanders
Peirce, 1839~1914)가 어떤 특정한 이론에 대한 용어로서 지어낸 것으로,
제임스는 자기가 퍼스에게서 얻은 것이 많다고 말한 바 있다. 퍼스가 프래그
머티즘을 가지고 내세우려 한 것은 하나의 일반적 철학적 주장이 아니라, 오

---

*14 제임스의 히버트 강의(Hibbert Lectures)는 *A Pluralistic Universel*(New York, Longmans,
   Green, 1909)란 제목으로 되어 있다.

히려 하나의 특정한 논리학 이론이었다. 즉 어떤 한 관념의 의미는 그 관념이 포함된 진리로부터 개념적으로 따라올 수 있는 모든 실제적 결과라고 하는 이론이었다. 한 사물에 대해서 생각한다는 것은 그 사물을 어떤 특정한 방법으로 다루도록 준비하는 것이다. 또 이에 따르는 행동의 결과에 대해 적응하고 조정하는 것이다. 아무런 결과도 없이 추측되거나 주장된 관념은 관념이라고 할 수 없다. 그리고 두 개의 관념처럼 보이는 것도 그 결과가 어떠한 차이도 없으면 하나의 관념일 뿐이다.

제임스는 실용주의적 방법을 전적으로 받아들였다. 그는 이론들은 수단이며, 개념들은 행동의 계획이라고 말했다. 이론은 과거 경험의 총계가 아니다. 마치 우리가 세계에 관한 진리를 소유하고 있다는 확신을 이미 가진 듯 의존할 수 있는 것들이 아니다. 오히려 이론들은, 만일 우리가 사건들의 과정에 대해 더 깊이 파고들지 않는다면 곧바로 그 의미를 잃고 만다. 사람들이 흔히 '제1 원리' '궁극의 범주' 같은 찬사 섞인 명칭을 붙여 소중히 여기는 말들은, 대개 생각에 도움이 되기보다는 오히려 방해가 되고 있다. 이런 용어들은 사람들을 실험적 탐구 정신으로부터 멀어지게 하기 때문이다. 그리고 변화하는 세계에서는 과거에 가장 훌륭하다고 인정받은 원리들도 끊임없이 재검토되고 보충되고 재구성되지 않으면 안 된다. 신념들은 과거를 그대로 따르라고 존재하는 것이 아니다. 이것들은 오히려 알 수 없는 미래로 나아갈 때, 우리가 의지할 수 있는 여러 요소에 대한 예견들이다. 이 예견들은 들어맞는 경우도 있고 맞지 않는 경우도 있다. 우리는 모두 과거로부터 누적된 진리에 의지하면서 살아간다. 하지만 우리가 이 진리들을 기초로 앞으로 나아가며 새로운 사실들을 받아들이고, 열린 마음으로 낡은 추측들을 수정해 가는 가운데 또 새로운 진리들을 더 받아들이지 않는다면—우리가 이런 식으로 발전해 가지 않는다면, 낡은 진리는 죽은 언어가 되고 말리라. 생각한다는 것은 행동하기 위해 준비하는 것이다.

제임스는 실용주의를 제창한 뒤 그 실용적 견해에다 그의 치료적 관심을 첨가했다. 그는 주장하기를, 실용주의는 단순히 의미의 이론일 뿐만 아니라 진리의 이론이라고 말했다. 하나의 관념은 이것이 관념으로서 작용할 때(즉 현실 세계에 유효한 영향을 미칠 때) 참이다. 그리고 관념은 만족스러운 결과들을 낳을 때 작용한다고 할 수 있다. 작용의 종류와 만족의 종류에 대해서 제임스는 대단히 너그러운 태도를 보여 주었다. 작용의 한 가지 종류는, 우리의 기대들이 관찰된 사실들에서 검증되는 일이다. 그리고 이 사실들은 감관들을 통해서만 관찰되어야 하며, 또 검증의 과정에 참여하기를 원하는 관찰자들이라면 누구나 다 볼 수 있는 것이어야 한다. 또 하나 다른 종류의 작용은, 우리 자신이 날마다 맞닥뜨리는 삶의 과정에서 용기를 잃지 않으며 우리가 지금은 소유하지 않은 기쁨들에 대한 희망 속에서 힘을 얻는 일이다. 우리는 어떠한 관념이든지, '그 자체가 신념으로서 가치 있는 것이라면' 참된 관념으로 볼 수 있다고 제임스는 말했다. *15 그러나 관념들은 여러 부분에서 가치 있는 것이 될 수 있다. 이들은 자연 세계의 여러 사실을 정확히 예측하며, 다른 신념들과 조화를 이루고, 인류의 온갖 운명과 상황에 대해서 힘을 불어넣어 줄 때 가치 있는 것이 될 수 있다. 제임스는 이러한 여러 객관적인 종류의 선과 주관적인 종류의 선을 구별하는 데 관심을 두지 않았다.

퍼스는 이러한 제임스류(流)의 실용주의에 대해서 반대했다. 퍼스는 어떤 신념들로부터 얻는 정서적 만족들을 이 신념들의 진리 여부에 대한 판단 기준으로 받아들이지 않았다. 그는 정서적 만족들은 신념들의 가치를 평가하는 사람들의 개성과 기질에 따라 차이가 있을 수 있다고 주장했다. 그는 신념들이 정서적 만족을 줄 때 이러한 신념들을 참되다고 말하는 것은, 어떤 주어진 하나의 신념이 어떤 사람에게는 참되고 다른 어떤 사람에게는 거짓이 됨을 허용하는 것이어야 한다고 지적했다. 그는 개인적 만족이 명증적(明證的) 가치를 조금이라도 가질 수 있다는 것을 부정했다. 진리는 공적(公的)인 것이지 사적인 것이 아니라고 그는 주장했다. 진리는 다수의 사람들이 개인의 여러 희망과 두려움과는 관계없이 확인하는 명증만을 받아들이는 동의 아래 세워지는 것이다. 진리(truth)는 공공의 이익과 똑같은 것이 아니다. 왜냐하면 공공의 이익은 개인들의 여러 필요와 이해(利害)에 따른 것이며, 진리는 모든 이에게 꼭 같이 적용되는 것이기 때문이다. 퍼스는 심지어 프래그머티즘(pragmatism)이란 말이 그 무차별적인 사용으로 말미암아 아주 타락해 버렸다고 말하며 이를 버릴 것을 제안했다. 그리고 그의 엄격한 논리학설을 프래그머티시즘(pragmaticism)이라고 부르는 것이 좋겠다고 제안했다.

---

*15 *Pragmatism* (New York, Longmans, Green, 1907), p. 76.

하지만 제임스는 공적 명증과 사적 만족을 날카롭게 구분하자고 한 퍼스의 요구에 결코 굴복하지 않았다.

제임스의 관대한 신앙

제임스가 쓴 저서들의 마지막 장(章)들은, 어떻게 그가 뜻을 굽히지 않고 치료적 견해로 돌아갔는지에 대해 보여 준다. 그는 스스로 객관적 명증을 끌어낼 수 없었던 많은 신념들을 어쩌면 받아들이지 않았을지도 모른다. 하지만 제임스는 그 자신이 필요로 하지 않거나 사용하지 않은 신념들을 다른 사람들이 마음대로 쓰기를 원했다. 〈다양한 종교 체험들〉 마지막 장에서 제임스는, 언젠가는 과학의 비개인적 견해가 하나의 완벽하고 타당한 주장이라기보다는 오히려 '일시적으로 유용한 하나의 기설(奇說 ; eccentricity)'로 생각될지도 모른다고 말했다. *16 〈다원적 우주〉 마지막 장에서 그는 생명이 언제나 논리보다 우월하다는 말을 했다. *17 이 말에서 그가 뜻한 것은, 우리의 유한한 경험을 초월한 실재(實在)들에 대해서 개인적으로 품은 몽상들이, 이 몽상들을 품은 사람에게 현실이 될 수 있다는 것이다. 그리고 〈프래그머티즘〉에서 그는, 삶에 유용한 결과들을 가져오는 가설은 그 어느 것이나 거부해서는 안된다고 주장했다. *18 그러나 이 모든 장에서 주의해야 할 중요한 일이 있다. 이는 제임스가 무엇보다도 그 자신이 제시한 세계관을 확립하려는 데 관심이 있었던 것은 아니라는 사실이다. 오히려 그는 사람들이 다른 사람들의 여러 신앙에 대해서, 비록 그 신앙이 이상하게 보일 때에라도 이를 너그럽게 받아들이는 태도를 갖게 하려는 데 무엇보다도 관심이 있었다. 프래그머티즘의 관점에서 하느님을 믿는다는 것은, 비극은 일시적인 것이며 구원에 대한 소망은 이유가 있다고 하는 것이라고 그는 썼다. 자연이 어떤 목적을 가지고 움직인다는 것은, 우리가 장래에 대해서 확신을 가질 수 있음을 뜻한다. 자유 의지(自由意志 ; free will)에 대한 믿음은, 우리의 희망을 이미 있었던 사실의 반복에만 제한할 필요가 없으며, 지나간 것보다 훨씬 더

---

*16 *The Varieties of Religious Experience*, Gifford Lectures(New York, Longmans, Green, 1902),
　　p. 501.

*17 *A Pluralistic Universe*, p. 329.

*18 *Pragmatism*, p. 273.

좋은 새로운 것들을 기대하고 꿈꿔도 좋다는 사실을 뜻한다. 제임스는 그 어떤 과학적이거나 철학적인 체계를 궁극적 진리로 보는 데 대해서 언제나 반대했다. 그는 모든 문제를 되돌아보고 새로운 해결 방법을 추구하기를 원했다. 그러나 제임스는 이 해결 방법들이 다시금 하나의 새로운 정설로 되어 버리는 것은 그대로 받아들일 수 없었다.

2. 산타야나

조지 산타야나(George Santayana, 1863~1952) : 스페인 아빌라에서 태어나, 이탈리아 로마에서 세상을 떠났다. 그는 1872년 미국으로 건너가 1912년까지 주로 미국에서 머물렀다. 그는 보스턴 래틴 스쿨과 하버드 대학을 다녔으며, 베를린에서 공부했다(1886~1888). 하버드 대학에서 철학 박사 학위를 얻었으며(1889), 다시 옥스퍼드 대학에서 연구를 했다(1896~1897). 산타야나는 1889년부터 1912년 교수직을 그만둘 때까지 하버드에서 강의했다. 1912년부터는 유럽에서 살았는데 1914년에서 1918년까지는 영국에서, 그 뒤로는 주로 로마에서 살며 가끔 파리에 머물렀다. 산타야나는 시집을 여러 권 냈다. 〈소네트와 다른 시들 *Sonnets and Other Verses*〉(1894)·〈샛별 *Lucifer*〉(1899)·〈카르멜의 은자(隱者)와 다른 시들 *A Hermit of Carmel and Other Poems*〉(1901)·〈시인의 언약 *A Poet's Testament*〉(1953). 소설도 한 편 썼는데, 바로 〈마지막 청교도 *The Last Puritan*〉(1935)이다. 산타야나의 철학 저서로는 다음과 같은 것들이 있다. 〈미의식 美意識 ; *The Sense of Beauty*〉(1896)·〈시와 종교에 대한 해석 *Interpretations of Poetry and Religion*〉(1900)·〈이성적 삶 *The Life of Reason*〉(5 vols, 1905~1906)·〈세 철학적 시인 *Three Philosophical Poets*〉(1910)·〈미국의 인물과 의견 *Character and Opinion in the United States*〉(1920)·〈영국에서의 독백 *Soliloquies in England*〉(1922)·〈회의론과 동물적 신념 *Scepticism and Animal Faith*〉(1923)·〈림보에서의 대화 *Dialogues in Limbo*〉(1925), 그리고 〈존재의 여러 영역 *Realms of Being*〉(4권, 1927~1940). 마지막의 〈존재의 여러 영역〉은 〈회의론과 동물적 신념〉을 도입부로 하여 종종 5부작으로 다루어지기도 한다. 산타야나는 〈인물과 장소들 *Persons and Places*〉

(1944, 1945, 1953)이란 일반 제목으로 자서전을 세 권 썼다.

산타야나의 거의 60년에 가까운 저작 활동은 뚜렷이 다른 두 시기로 나누어 볼 수 있다. 전기에서 산타야나는 인류의 문화적 성취들을 감사하는 마음으로 비평하는 데 헌신했다. 특히 서양 문화를 발전시킨 사람들의 여러 문화적 성취, 곧 서양 여러 전통의 근원이 되는 문화적 성취들을 비평하는 데 온 힘을 기울였다. 처음 두 저서는 예술과 종교를 다룬 것이며 뒤이어 다섯 권으로 된 〈이성적(理性的) 삶〉이 나왔다. 이 〈이성적 삶〉은 출간된 날부터 현재까지 미국에서 폭넓은 영향을 끼친 책이다. 위의 책들은 어떤 종류의 세계에서 예술과 종교 같은 문화 산업이 일어나 번성하게 되는가에 대한 몇 가지 가정(假定)을 제시하고 있다. 그러나 이 책들의 뚜렷한 목표와 그 주된 효과는 이 세계와 그 존재론적 구조에 대해서보다도, 어떻게 인류가 여러 세기를 지나면서 상상으로 가득한 삶을 가꾸고 이루어 왔는지에 대해서 더 많은 주의를 환기하는 것이었다. 산타야나는 자연의 요소들을 완성된 문명의 생산품(生產品)으로 변형하기 위해 인간들이 기울이는 노력들의 성공과 실패, 파토스(열정)와 아이러니(노력대로 되지 않는 운명의 장난), 추측된 영광과 (바라던 만큼은) 얻지 못한 영광을 동정적으로, 그러면서도 정확하게 설명했다. 그는 사람들이 세계에 대해서 품어 온 몽상들을 이것들이 갖는 진리의 정도 때문이라기보다, 오히려 그 몽상들을 믿는(산타야나 자신은 대체로 이것들을 믿지 않았다) 사람들 속에 불러일으킬 수 있는 벅찬 기쁨과 정신의 고양(高揚) 때문에 높이 평가했다. 산타야나는 천성이 시인이었으므로 이런 몽상들 속에서 무한한 기쁨을 맛보았다. 그는 또 도덕가로서 인간의 여러 제도와 관례, 예술과 과학, 예의나 이상들을 건전하고 유익한, 그러면서도 기쁨에 찬 생활에 대한 상대적 기여와 관련지어 판단했다.

산타야나는 그의 철학 저서에서 초기의 여러 관심과 확신들을 한 번도 버린 적이 없다. 그러나 그는 많은 독자들이 그의 〈이성적 삶〉에 대해서 품었다고 스스로 생각한 한 가지 오해를 섭섭하게 여겼다. 그는 사람들을 일깨워 경험을 질서 있는 것이 되게 하는 도덕적 성찰들을 논했을 때, 자연의 질서가 인간을 위한 수단이나 편의(便宜)를 위한 것으로 해석된 것에 반대했다.[*19]

〈이성적 삶〉 전체는 경험에 대해 논할 목적으로 쓰인 것이며, 우주를 논할 목적으로 쓰인 것은 아니다. ……그 무렵, 나는 하나의 휴머니즘에 열중하고 있었다. 또 모든 현상을 휴머니즘 개념 안에서 그 가치를 높이거나 낮추기를 좋아했다. 또한 현상들이 생각의 과정들에서 차지하는 역할들에 대해 그 가치를 높이거나 낮추기를 좋아했다. 이것은 내가 이제는 잊어 버렸으면 하고 바라는 현대적 태도—괴테, 또는 메피스토펠레스가 말한 '옳지 못한 현대적' 태도이다.

초기의 여러 관심과 확신들을 그대로 지키면서도, 산타야나는 초기 저서들에 숨겨진 인식론적 가정과 형이상학적 가정을 명백히 하고 치밀하게 하는 데 더 열정을 기울였다. 그래서 그는 〈존재의 여러 영역〉에서 그의 인식론을 충분히 밝히고 나서 형이상학적 신념들을 펼쳐 보였다. 이 형이상학에서 그는 자기의 인식론이 스스로 주장할 수 있게 하는 한도에서 시도적으로 그의 여러 존재론적 신념들을 드러냈다. 경험의 뒤에서 경험이 일어나도록 뒷받침하면서, 그러나 경험 안에 그 자체를 드러내지 않으면서 우주는 존재한다. 현상(現象 ; appearance)에는 실재(實在 ; reality)가 있다. 그리고 비록 실체적 세계의 비밀들을 꿰뚫어 볼 수는 없을지라도, 우리는 적어도 헤아릴 수 없는 노력과 전능한 힘을 지닌 이 실체적 세계를 실제로 보고 접할 수는 있다고 산타야나는 생각했다. 그리고 이처럼 실체적인 세계를 접하는 일은, 비록 이 세계의 무감각한 운행에 어떠한 영향을 주지는 않더라도 우리를 존재론의 변덕과 미신적 환상으로부터 어느 정도 자유롭게 해줄 것이다. '사물들의 현상은 언제나 이들의 실재(實在)를 말해주는 참된 지표(指標 ; index)이다.'[20] 그리고 우리가 이들의 실재를 솔직하게 그리고 과감하게 설명하지 않는다면, 이 현상들을 바라보면서 우리는 제멋대로 감상에 빠져버리게 된다. 이리하여 산타야나의 후기 성찰은 방향이 바뀌었다. 그는 전에 자신이 가졌던 견해를 바꾸었다기보다는 오히려 전에 어렴풋이 가정했던 것을 뚜렷

---

*19 1933년 11월 15일자로 저자에게 보낸 편지. 이 편지는 그가 *Realms of Being* 제1권을 출간하고 다른 후속 편들을 준비하는 동안 쓴 것이다.

*20 *Some Turns of Thought in Modern Philosophy*(Cambridge, Cambridge University Press, 1933), p. 37.

하게 밝히며, 전에 열정적 웅변으로 가득했던 부분들에 대해서는 오히려 말하지 않고 넘어가고 있다.

〈이성적(理性的) 삶〉

〈이성적 삶〉은 산타야나가 그리스 사람들로부터 배운 하나의 근본 원리에 기초하고 있다. 이 근본 원리는 플라톤과 아리스토텔레스가 생각했던 것으로, 곧 사람을 위해서 바람직한 삶은 자연적 충동이 이성과 조화를 이루며 발전해 나아갈 때 그 결과로서 드러나는 것이라고 말하는 것이다. 사람은 자기 본성 안에 두 가지 요소를 지니고 있다고 산타야나는 주장했다. 이 두 요소란 충동과 관념화(觀念化)이다. 이 두 요소가 저마다 따로 작용하도록 내버려두면 도덕적 재앙을 불러일으키게 된다. 충동이 그 의도하는 바와 가능한 결과를 이해하지 못하고 서두르면 짐승과 다름없는 행위로 나아가게 된다. 관념화가 물리적 세계와 사회적 세계, 이 두 동적 세력과 연결되지 못하면, 난폭하고 병적인 공상에 빠지게 된다. 이 두 요소가 생활 속에서 효과적으로 결합되면, 인간이 합리적 행복을 위해서 이룰 수 있는 여러 가지 진보를 가져온다. 충동이 관념들에 의해 인도되면, 조직 생활에서 이것이 표현되는 이상적 가능성들(ideal possibilities)을 의식하게 된다. 그리고 관념화는 행동의 여러 다급한 요구들에 응하게 될 때, 비로소 실제로 세상 일과 관계를 맺게 된다. 따라서 충동(impulse)은 기술(art)이 되고, 관념화(ideation)는 지혜(wisdom)가 된다.

〈이성적 삶〉의 부제(副題)는 '인류 진보의 단계들(*The Phases of Human Progress*)'이다. 산타야나는 진보에 대한 환상을 조금도 품지 않았다. 그는 진보가 그 어떤 우주의 흐름에도 의존한다고는 생각지 않았다. 진보는 인류 역사에 때로 일어나고 있으며, 그 연속성은 불확실한 것이라고 그는 생각했다. 그러나 진보는 가능하다. 이것이 가능한 것은, 인간성이 본디 자연 세계의 다른 재료들처럼 고쳐 다듬어질 수 있으며, 따라서 자기의 좀 더 좋은 능력들 가운데 몇 가지를 현실화할 수 있기 때문이다. 인간의 진보는 인류 역사에서 간헐적으로 일어났다. 거친 충동들이 함부로 날뛰며, 도저히 옳다고 인정할 수 없는 개념들을 제멋대로 내세우는 일들은 지금도 어떤 개인들과 더 나아가 사회의 희망적인 미래에 걸림돌이 되고 있기도 하다. 그러나 인류는 여러 세기를 두고 조금씩 그 최선의 완성을 명확하게 정의하는 여러 사상에 의해 자연적 충동에 변화를 주는 방법을 조금씩 배워 왔다. 산타야나는 '관념적인 모든 것은 자연적 기초를 가지며, 자연적인 모든 것은 관념적 발전을 이룬다'고 주장했을 때, 그가 숭배한 아리스토텔레스와 완전히 의견이 일치함을 드러냈다. [21] 자주 인정된 이 두 공식적 부분은 그 어느 것이나 산타야나의 주장에 없어서는 안 되는 것이다. 한편으로, 사람을 위해서 좋은 삶이란 나면서부터 소유하거나 타고나는 것이 아니다. 이는 오직 훈련과 수업과 오랜 경험의 가르침으로부터 오는 것이다. 다른 한편으로, 좋은 삶은 자연을 멸시하며 도덕적 가치를 규정하는 어떤 권위를 인간에게 떠맡김으로써 얻어지는 것이 아니다. 만일 현실에서 이런 일들이 일어나게 된다면 이는 자율적인 개인의 여러 능력을 찾아냄으로써 가능한 것이다.

다시 말하면 산타야나가 늘 말한 대로, 좋은 삶이란 하나의 기술이다. 이것은 실제로 포괄적이며 궁극적인 기술이다. 어떤 활동이든 그것이 그 목적을 의식하고, 하나의 건전한 이론에 따라서 그 이상적 결과를 위해 올바로 나아갈 수 있을 때 하나의 기술이 되는 것이라고 그는 말했다. 실제로 많은 기술들이 있다. 어떤 기술들은 공학 분야의 모든 재주처럼, 이 기술들 자체는 어떠한 일들을 수행할 목적들에 대해 그 수단으로서 효율적으로 봉사한다는 의미에서 다른 것의 수단이 되는 것이다. 그러나 다른 어떤 기술들은 그것들이 실제로 하는 일과 그 결과들이 인간의 삶을 아름답게 하는 동시에 기쁨을 주며, 또 자연에서 일어나는 일들의 영역 안에서 꽤 많은 이상적 완성을 이룩한다는 의미에서 '좋고 아름다운' 것이며, 그 자체로 선한 것이 된다. 그러나 수단이 되는 기술이나 순수예술 모두 포괄적인 '삶의 기술'에 부차적으로 존재하는 것이다. 이것들은, 이것들이 사람에게 자연적 충동의 우연적이며 재앙을 가져올 수 있는 상태를 이상적 목적들을 합리적으로 추구하는 삶으로 바꿀 수 있게 한다면, 이성적 삶의 최고 기술에 이바지할 것이다.

산타야나는 정당한 역사적 상상을 통하여 즐겨 말하기를, 자연 철학에서는 자기가 데모크리토스의 철저한 제자이며, 도덕 문제에 있어서는 소크라

---

[21] *The Life of Reason*(New York, Scribner, 1905), Vol. I, p. 21.

테스의 충성된 추종자라고 했다. 그는 이 말 앞부분에서, 원자(原子)들과 공간성에 대한 과거 학설을 무비판적으로 지지하고 있었던 것이 아니다. 왜냐하면 그는 현대의 과학자들이 물리적 세계의 구조와 세부적 과정들에 대해서 제공할 수 있었던 모든 가르침을 아주 겸손히 받아들이고자 했기 때문이다. 그는 다만 데모크리토스와 마찬가지로, 물리적 세계의 운행 과정이 그 어떤 관념들의 변증법적 유희나 신의 뜻에 따른 섭리적 계획으로 이루어진다고 보는 것을 거부하고 있을 따름이다. 데모크리토스에 대한 그의 찬사는 그에게 좀 더 중요한 사건인 소크라테스에의 귀의(歸依)에 비하면 예비 단계에 지나지 않는다. 그의 〈이성적 삶〉은 이상적인 미(美)나 또는 이와 비슷한 다른 포괄적 원리를 통찰하여 보는 것이, 특수한 미와 가치들을 여러 인간 관계·제도·법률·사상과 관념에 끌어들이는—즉 충동의 힘이 어찌할 수 없게 인류를 옭아매어 인간 생활의 모든 부분에 끌어들이는—테크닉이 될 수 있다는 소크라테스의 가르침을 따른 것이다.[*22] 부차적인 몇 가지 기술들이 물질적 실체들과 그 세력들에 우아한 형식을 부여하듯, 좋은 삶에 대한 포괄적인 기술은 충동들의 소용돌이에 형식을 준다. 또 인간에게 일어나는 여러 상황에, 도덕적 이상의 요구에 맞게 양식(良識)을 부여한다.

〈이성적 삶〉의 연속적인 여러 권은, 산타야나가 그의 일반 원리를 인간 생활의 갖가지 부분에 적용하려 한 방향을 더듬어 나아가고 있다. 분책(分冊)으로 된 이 여러 권의 제목들은 갖가지 관점들을 보여 주고 있다. 그 제목들은 다음과 같다. 〈상식적 이성 *Reason in Common Sense*〉·〈사회적 이성 *Reason in Society*〉·〈종교적 이성 *Reason in Religion*〉·〈예술적 이성 *Reason in Art*〉·〈과학적 이성 *Reason in Science*〉. 이 책들은 인류 역사와 인간의 갈망들에 대한 통찰이 너무 풍부하여 여기서 요약할 수 없다. 그러나 그 몇 가지 관점만을 예로 들면 다음과 같다.

〈상식적 이성 ; Reason in common sense〉

〈상식적 이성〉은 자연물들, 자연 법칙들, 자연의 체계, 자기 자신의 정신과 다른 사람들의 정신에 대한 신념과 같은 일반적으로 널리 퍼진 이론들의

---

*22 산타야나의 견해는 플라톤의 *Symposium*(향연)에 있는 구절들을 늘 떠올리게 한다.

발달을 이끌어내는 데 도움이 된 여러 도덕적 관심들을 다루고 있다. 산타야나는 이 신념들이 조심스럽게 표현되면 아주 올바르고 참된 신념이 될 수 있다는 사실을 인정했다. 그러나 그는 이것들의 진리를 확립하는 데는 관심이 없었다. 그는 오히려 인간성의 여러 요구에서 이것들이 발생했음을 밝히는 데 관심이 있었다. 경험이란, 감각에서 시작하여 정서와 관념과 충동이 뒤섞인 하나의 혼돈체이다. *²³ 이는 이 지상에서 인류의 원시 시대에 있어서는 하나의 혼돈이었으며, 지금도 인간 저마다의 유년기(幼年期)는 하나의 혼돈 시기이다. 이 혼돈 (또는 끊임없는 변화 ; flux)는 그 가운데 어떤 요소가 관심을 일으키고, 욕망을 만족시키며, 동요(動搖)를 완화해 줄 때, 한 줄기 합리성의 흔적을 처음으로 지니게 된다. 이 끊임없는 변화의 요소가 고립되지 않고 다른 요소들과 뚜렷한 연관성을 가지고 있다고 생각됨으로써 이 다른 요소들이 더 깊이 추구되며, 또 거듭 나타나는 가운데 조정 작용이 이루어짐으로써 하나의 실체적 대상에 대한 신념이 생겨난다. 만족스러운 경험에 대한 인간의 열망은 그로 하여금 자신이 경험하는 사항들을 인과적 관계로 정리할 수 있게 한다. 또 그가 믿게 되는 대상들을 그 지위에 있어 독립적이며, 그 의미에 있어서는 한결같은 것으로 다루게 한다. 믿어지는 대상들은 감관(感官)에 나타나는 것이 아니며, 오직 신념에만 드러나는 것이다. 즉 신념의 대상들은 경험의 직접적인 변화 속에 있는 사항들이 아니다. 신념의 대상들은 경험을 설명하는 것이다. 또 경험이 갖는 질서의 증가하는 정도들을 설명하는 것으로 생각할 수 있다. 그리고 신념의 대상들은 마침내, 인간이 자기의 경험을 다루는 데 있어 빈틈 없게 되었을 때 자연물들의 한 체계가 된다. 그리고 이 체계는 직접적으로 볼 수 있는 대상을 훨씬 뛰어넘는 범위에까지 미치며, 이것에 대한 인간의 모든 경험을 지배하게 된다. 따라서 인간성에 대한 여러 도덕적 요구들로부터 모든 사람이 보통 품게 되는 상식적 신념들이 생기게 된다.

산타야나는 자연 세계가 경험이라는 주관적 재료들에 작용하는 인간의 상상력의 산물이라고는 생각지 않았다. 그는 존재론(存在論)에 있어 자기가 데모크리토스의 제자임을 잊어버린 적이 없었다. 그가 언제나 확고하게 주

---

*23 산타야나는 여기에서 윌리엄 제임스의 '의식의 흐름'에서 영향을 받았음을 보여주고 있다. 산타야나는 몇 해 동안 제임스에게서 가르침을 받았다.

장해 온 바에 따르면, 자연 세계는 존재론적으로 또 시간적으로 경험에 선행한다. 그리고 물질은 생명에 선행한다. 산타야나는 아주 다른 한 가지 관점에 대한 이해를 철저하게 하려고 했다. 그것은 자연물들과 자연 체계에 대한 사람들의 여러 신념은 객관적으로 독립해서 존재하는 세계를 제대로 헤아릴 수 없을지도 모른다는 것이다. 이 신념들은 비록 옳다고 할지라도(이것들은 대개 옳다), 객관적 세계 가운데 오직 경험으로 나타나는 부분과 연관성을 가지고 있다. 그리고 우리는 객관적 세계가 이에 대한 우리의 제한된 경험 안에 그 모든 비밀을 반드시 기록해 주었으리라고 독선적으로 내세울 만한 어떠한 논리적·도덕적 권리도 가지고 있지 않다. 아마 그 누구도 자기 자신의 경험에 대해 완전한 질서를 세우지 못했을 것이라고 산타야나는 생각했다. 자기 자신의 모든 경험뿐만 아니라, 다른 사람들의 모든 경험에 대해 설명해주는 하나의 신념을 만들어낸 사람은 이제까지 한 사람도 없다. 그리고 그 누구도 인간의 모든 축적된 경험들이 객관적 존재의 풍부함과 다양함을 남김없이 그대로 드러낸다고 추측할 만한 근거를 조금도 가지고 있지 않다. 가장 훌륭한 과학들—산타야나는 언제나 자연 세계를 세심하게 탐구하는 일에 대해서 경의를 표했다—은 현실 존재의 부분들 가운데에서 경험의 과정 속에 들어오는, 그리고 우리 주위 세계에 있다는 증거를 얼마쯤 우리에게 주는 존재의 부분들만을 기록할 수 있으며, 그 이상의 부분들은 기록할 수 없다. 인간은 자연 안에 나타난다. 또 자연은 제한된 범위 안에서만 인간의 경험 안에 나타난다. 그러나 인간은 보잘것없이 작고 자연은 광대무변하다. 그리고 우리는 인간에게 나타난 자연의 모습이 그 자체를 완전히 드러낸 것이라는 오만한 상상을 해서는 안 된다. 우리는 객관적 세계의 여러 부분 가운데 경험의 합리성을 더하려는 노력에 관련된 부분만을 자연의 이론 안으로 받아들인다.

자연 사회·자유 사회·이상 사회

산타야나는 여러 적절한 비유들을 해 가면서, 어떻게 이상(理想)들이 인간의 삶 가운데 들어와 맹목적인 자연의 거친 힘들을 변형할 수 있다고 스스로 믿게 되었는지 설명했다. 이 비유들 가운데 하나는, 그가 인간의 활동들을 자연 사회·자유 사회, 그리고 이상 사회로 분류한 것이다. 자연 사회(自

然社會 ; natural society)는 한 사람이 그 출생에 관련된 우연한 사건들 때문에 가지게 되는 여러 관계를 나타내는, 그리고 이 여러 관계로 인해 그의 삶에 일어나는 여러 성질과 활동들을 나타내는 말이다. 한 사람이 현실 세계에 존재하기 위해서는 어떤 특정한 장소에, 그리고 특정한 시간에, 어떤 특정한 부모 아래, 그리고 특정한 언어·정치·경제 및 문화적 힘에 의해 형성된 환경 속에서 태어나지 않으면 안 된다. 그는 또한 특정한 여러 장점과 단점, 능력과 한계를 가진 신체를 가지고 있어야 한다. 그는 결코 그의 특수성에서 생기는 여러 결과로부터 벗어날 수 없다. 또 완전히 벗어나기를 바라서도 안 된다. 그러나 자신이 태어날 때 가졌던 여러 관계 속에 어떠한 변화도 없이 그대로 머물러 있게 되는 것만도 아니다. 자연 사회는 인간이 살아가는 데 기본 조건이 된다. 이것을 현명하게 인식하지 않는다면 이를 떠나 좀 더 나은 것들을 얻어 보려 해도 소용이 없다. 하지만 그는 더 나은 것들을 열망할 수 있다.

그는 자유 사회(自由社會 ; free society)로 들어갈 수 있다. 즉 새로운 여러 관계 안으로 들어갈 수 있는데, 그는 이 관계들이 자신의 취향에 맞으며, 자신의 이상에 적합하며, 또 자신의 능력을 더 잘 발휘하게 해주기 때문에 이 관계들을 선택한다. 사랑은 산타야나가 자연 사회와 자유 사회를 설명할 때 쓰는 여러 예 가운데 하나이다. 사랑은 동물적 욕망 속에 그 기초를 두고 있으며, 욕정의 만족을 뛰어넘은 여러 선(善)에서 완성된다. 바로 어버이의 기쁨, 두 사람 또는 한 가족 사이에 이해 관계의 공유, 힘없는 아이들을 보호하는 것, 학교 같은 기관들이 쉽게 대체될 수 없는 방식으로 이 아이들을 교육하는 일, 이러한 것들에 의해 사랑은 완성된다. 정부는 또 하나의 예이다. 아리스토텔레스와 아주 비슷하게 지적하기를, 정부는 사람들이 삶을 이어갈 수 있도록 해주기 위해 만들어진 것으로서, 사람들을 잘살 수 있게 해줄 때 정당화되는 것이라고 그는 말했다. 현존하는 정부들은 그 국민들을 사회의 한갓 자연적인 수준에서 자유로운 수준으로 나아갈 수 있도록 이끌어 주는 정도에 따라 평가될 수 있다. 우정은 또 다른 예이다. 우정은 이미 존재하는 자연적 관계(자식과 부모 관계 같은)를 드높이며 아름답게 할 수 있다. 또는 이것은 사회 생활의 폭넓은 가능성으로부터 분별 있게 자유 의사에 따라 친구를 선택할 수 있게 한다. 이 두 가지 어느 경우에나 우정은 삶의 다른 어느 특성들보다 더, 자연적인 것으로부터 자유로운 것으로 나아갔다. 이것은 열렬한 동물적 결합에 그 기초를 둘 수도 있다. 그러나 이것은 친밀한 벗의 사귐을 즐기는 일에서, 서로 보살펴주는 따뜻한 마음에서, 함께 나누는 사상과 아름다움(美)의 충족에서 완성된다.

이상 사회(理想社會 ; ideal society)는 또 하나 아주 다른 것이다. 이것은 유토피아(인간이 생각할 수 있는 가장 완전한 사회)가 아니다. 산타야나는 유토피아를 꿈꾸는 데 관심이 없었다. 이것은 '사회'란 말이 가지는 좁은 의미의 사회를 뜻하는 것이 아니다. 이는 아리스토텔레스가 말하는 관조(觀照)의 생활*24 즉 이데아(형상)들을 명상하는 가운데 보내는 생활이다. 산타야나는 때로 정신적 생활을 이상 사회로 들어가는 문이라고 불렀다. 그는 언젠가 한번, 자신은 순수한 정신이 되기보다는 하나의 이성적 동물이 되기를 원한다고 말한 적이 있다. *25 1912년 은퇴한 뒤로 여러 해 동안 그는 독서와 저술로 시간을 보냈다. 이때 그의 생활은, 인간이 이상 사회를 선택하여 살아갈 수 있음을 보여주는 것처럼 많은 비평가들에게는 생각되었다. 산타야나가 쓴 〈림보에서의 대화〉의 극적 신화에서, 그는 지구에서 온 나그네가 되어 림보[Limbo ; 그리스도가 나기 전에 이 세상에 살았던 선인(善人)들과 세례를 받지 않고 죽은 어린아이의 영혼이 가는 곳]를 찾아간다. 이곳에는 데모크리토스·알키비아데스, 그 밖의 영혼들이 그 역사적 인물이 아닌, 명상을 위해서 가능한 관념들과 이상들을 상징하는 영적 존재들이 되어 있다. 그러나 그 스스로 인정한 바에 따르면, 인간은 이성적 삶(the life of reason)으로부터 완전히 벗어나지 않고도 이상 사회를 가꾸어 나갈 수 있다. *26

나는 잊지 않는다……영적인 삶과 이성적 삶의 관계를. 내가 신비주의 대신 취미에 몰두하고 있었다고 상상해 보라. 시인이나 음악가는 벅찬 기쁨을 느끼는 순간에 그의 이상적 주제를 직관하는 가운데 자기 자신을 완전히 잊을 수 있다. 이것은 '이성적 삶'을 이어가며 하나의 움직임으로 나아가도록 제한한다. 인간성과 도덕성으로 되돌아가기 위해 그는 이러한

---

*24 본서, pp. 100-101 참조.

*25 *The Realm of Essence*(New York, Scribner, 1927), p. 65.

*26 1929년 2월 28일자로 그에게 보낸 편지에서 인용.

기쁨의 건전성을 살펴보아야 한다. 그는 이것을 정치적 삶 안으로 다시 끌어들여야 한다. 하지만 도덕적 세계는 (그 여러 요소가 동물적이며 자발적이어서) 저 여러 창(window)들을 가지고 있다. 나는 최근 이 창들 가운데 하나를 찾아 헤매었다. 그러나 그대가 상상하는 것처럼, 그 창으로부터 뛰어나가려 했던 것은 아니다.

산타야나는 철학자가 되어서도 여전히 시인이었다. 그는 기하학적 체계가 하나의 심미적 대상으로서 얼마나 흥미진진한(thrilling) 것이며, 타원들과 이 밖의 다른 곡선 방정식들이, 즉 이런 곡선들이 자연적 세계에 실제로 일어나든 일어나지 않든 얼마나 사람의 마음을 끌어당기는지 잘 알 만큼 수학에 대한 충분한 지식을 가지고 있었다. 산타야나는 모든 과학과 모든 종교를 미적 관조(esthetic contemplation)를 위한 재료로 보았다. 과학자들과 신학자들의 주장들은 언제나 참이거나 거짓이다. 그러나 이들이 주장한 사상들은 참이든 거짓이든 상상력의 모험들이며, 그 심미적 성질들이 지니는 매력 때문에 즐거움에 빠지게 하는 모험들이다. 이리하여 산타야나는 온화하고 초연한 풍자로서 천체들과 지구, 인간과 그 운명, 또 정치와 교육에 대해 이제까지 사람들이 품어 왔던 신념들의 역사를 돌아보았다. 산타야나는 누구든지 자기의 실제적 문제들로부터 떠나 시간을 내어 여러 사상(思想)을 즐기며 그 삶의 일부를 보내지 않는 사람은 보잘것없는 사람, 지적으로나 도덕적으로 피폐하고 가련한 사람이라고 생각했다. 자유 사회의 사람으로서 이성적 성취(rational success)를 이루는 사람들도 그들 마음속에 품을 수 있는, 또 품어야만 하는 여러 가지 선(善)들에 대해 이 세계가 무관심함을 발견하게 된다. 따라서 그도 때로 여러 도덕적 압력들로부터 벗어나 이상 사회의 정적(靜寂) 속에 주기적으로 머무는 것으로써 마음의 평화를 회복하고, 도덕적 자세를 바꿀 필요가 있다. 이 논지는 아마도 플라톤이 철학자를 시간과 영원의 관조자(a spectator, 관찰자)라 부르면서 말한 것을 산타야나가 우리 시대에 알맞게 표현한 것이리라.

종교적 이성

산타야나는 예술과 과학과 사회를 다루었을 때처럼, 종교 또한 인간이 이성적 삶을 살아가려는 노력의 한 방향으로 보았다. 종교적 삶을 통해 인간은 그 최대의 기쁨을 맛보며, 궁극의 이상들을 정의하며, 영혼의 거듭남을 추구한다고 그는 생각했다. 그러나 종교는 이성적 삶을 목표하고 있기는 하지만, 대개 이에 미치지 못하고 있다는 것이다.

이성적 삶을 종교가 목적으로 하는 것과 종교가 이 목적에 이르지 못하고 있는 것은, 종교들의 역사적 진행 과정 속에 있는 뚜렷이 다른 두 요소와 관계가 있다고 산타야나는 주장했다. 이 두 요소는 깊은 도덕 의식과 시적 사물관(詩的事物觀 ; 여러 사물을 시적으로 보는 것)이다.*27 역사상 종교들은 이 두 요소를 혼합함으로써, 그리고 앞엣것이 어느 정도 뒤엣것에 의존하고 있다고 생각함으로써 과오를 범하고 있다. 산타야나는 이 두 요소의 역할과 관계에 대한 이러한 생각들을 수정하려고 했다. 그는 도덕 의식을 모든 종교적 갈망의 기초적 내용으로서, 그리고 종교 생활의 영원히 고귀한 부분으로 여겼다. 시적 사물관은, 만일 자유롭게 상상할 수 있는 삶 안에 어떤 극적인 계기로 주어진다면, 갈망으로 찾아낸 이상들(ideals)의 매력에 더 충분한 설득을 할 수 있다. 이것은 사람들의 마음을 사로잡을 수 있으며, 또 그 구상의 아름다움과 그 상징성의 섬세함으로 인해 사람들을 적극적으로 따르게 할 수 있다. 그러나 이 시적 사물관이, 만일 세계와 인간에 대한 정확한 이론으로 받아들여진다면 이는 하나의 거짓 과학, 즉 신화적인 것으로 자연적인 것을 그럴듯하게 설명하는 사이비 과학이 되고 말 것이다. 마치 소네트(열네 줄로 된 시)나 심포니를 즐기듯 종교적 교리들의 상상적 구성들을 즐길 수는 있으리라. 그러나 만일 교리의 공식들이 실제로 존재하는 세계의 구조에 대한 과학적 결론들에 필적하거나 또는 과학적 탐구로 발견해 낸 것들을 보충이라도 할 수 있다고 생각한다면, 이는 종교 생활을 해치게 될 것이다.

하느님의 존재는 어떤 의미에서는 분명하며, 또 다른 의미에서는 전혀 종교적이지 않은 부분이라고 산타야나는 말했다.*28 이것이 마치 또 다른 행성(行星)의 존재에 대한 천문학자의 긍정이나 또 다른 원소(元素)의 존재에 대한 화학자의 긍정처럼 자연의 내부에 또는 그 뒤에 실제로 존재하는 어떤

---

*27 Reason in Religion, p. 55.
*28 앞에 인용한 책, p. 158.

실체나 힘을 긍정하는 것이라면, 하느님의 존재는 전혀 종교적 문제가 되지 않는다. 이 모든 존재물은 만일 발견된다면 인간이 자신의 열망들을 성취하려고 애쓰는 노력들에 비추어 이들을 해석할 필요가 있다. 예컨대 아테네〔Athene ; 지혜·예술·전술(戰術)의 여신〕는 파르테논〔Parthenon ; 그리스 아테네의 아크로폴리스 언덕 위에 있던 신전. 지금은 기본 구조만 남아 있음〕 신전 안으로 깊숙이 들어감으로써 경험에 의해 찾아볼 수 있는 존재가 아니다. 오히려 아테네는 아테네 시민들이 가슴에 품고 있는 여러 의미와 가치들의 상징이다. 다른 종교의 신들도 마찬가지이다. 하지만 상상적 상징들이 인류의 여러 도덕적 문제들에서 가지는 실제적인 역할을 인정하는 것이므로, 하느님의 존재는 매우 분명한 사실이다.

종교가 인간의 삶 속에서 가꾸어 나가지 않으면 안 되는 여러 좋은 성질들 가운데에서 산타야나는 경건함·자애·정신성의 셋을 들어 말했다. 이 성질들은 인간으로 하여금 과거·현재·미래에 대해서 현명하게 대처하게 한다. 경건함(piety)은 자신의 삶을 가능하게 한, 그리고 자신에게 어느 정도 이성적 행복을 준 자연적·사회적 요소들에 대한 인간의 존경심과 감사하는 마음을 나타낸다. 이것은 지나친 자존심, 교만과 오만불손의 적(敵)이며, 또 이들을 고치는 약이다. 자비심(charity)은 한 사람이 이 마음으로 말미암아 자신의 열망을 굳게 지켜 나가는 동시에 다른 사람들의 나와 다른 여러 열망을 너그럽게 인정하는 세련된(fine) 도덕적 균형 감각이다. [29]

그리고 정신성(精神性 ; spirituality)은 어떤 사람이 품고 있다고 공언하는 이상들의 빛 가운데 언제나 살아 있다. 이것은 삶의 여러 수단〔부(富), 외적인 성공, 명예〕 안에 흡수되어 버리는 세속성(世俗性)에 대립하는 것이며, 또한 어떤 한 가지 선(善)만을 고집하여 도덕적 성취의 다른 여러 가능성에 대해서는 눈을 감아버리는 광신(狂信)에 대립하는 것이다. 이 세 가지 미덕을 갖추며 다른 불필요한 주의 주장들로 인해 이로부터 멀어지지 않는다면, 인간의 삶은 종교적인 성질을 띠게 될 것이다. 또한 이성적 삶을 올바르게

---

*29 어떤 구절에서 산타야나는 다음과 같이 쓰고 있다. '자애심은 언제나 어떤 영혼을 심판할 것이다. 그런데 이것은 영혼이 외적으로 만들어내는 성공에 의해 심판하지 않고, 육체나 말들이나 또는 이 영혼의 여정(旅程) 가운데 일어나는 지엽적인 일들에 의해 심판하지도 않으며, 이 영혼이 저 피할 수 없는 비극 속에 침투시킨 빛과 사랑의 요소들에 의해 심판할 것이다.'

실천하는 데 있어 이제까지 늘 실패만 거듭해 온 종교들의 전철을 밟지 않게 될 것이다.

직관(直觀)과 동물적 신념

도덕 철학(道德哲學 ; moral philosophy)이야말로 스스로 '선택한 주제'라고 산타야나는 인정했다. *30 그러나 시간이 지남에 따라 산타야나는 〈이성적 삶〉의 여러 주제를 버리지는 않으면서도, 현대의 여러 논쟁에 개입하여 하나의 인식론을 형성하게 되었다. 위에서 말했듯이, 그는 언제나 자연과 경험 사이의 대립을 전제(前提)로 내세웠다. 자연은 경험을 좌우하나 그 본질적 존재는 경험을 통해서는 드러나지 않는다고 그는 추측했다. 경험은 모든 가치의 본거지요 기준이 되지만, 자연의 여러 비밀을 헤아리는 데에는 별로 쓸모가 되지 않는 하나의 광기(狂氣)이다. 산타야나는 이 '광기'란 말을 플라톤에게서 얻어 왔다. 광기는 정신 이상을 의미할 때도 있다. 그러나 '정상적인' 광기는, 자연을 멀찍이 바라다보면서 인간의 일들에만 집중하는 정신의 용의주도한 건전성이다. 정상적 광기는 감관들이 마음에 그리는 상(像 ; imagery), 사랑의 기쁨, 종교적 환상 같은 인간의 일들을 포함한다. *31 경험과 자연을 나누어 생각하는 이 이분설(二分說)을 옹호하기 위해 산타야나는 그의 후기 4부작, 〈존재의 여러 영역〉에서 인식론을 명료하게 펼쳐 나갔다. 이 인식론은 종종 혼동되지만 그 내용과 결과가 아주 다른, 두 유형의 인간 활동 사이에 나타나는 근본적 구별에 의거한다. 이 두 인간 활동은 직관과 동물적 신념이다.

직관(直觀 ; intuition)은 즉각적 의식(意識 ; immediate awareness)이라고 산타야나는 생각했다. 이것은 사람들이 그 내용을 가지고 그 존재를 믿게 되는 자연물을 가지고 있지 않으며, 오직 어떤 본질들 또는 '현상'들만을 가지고 있다. 산타야나는 제임스에게서 '즉각적(또는 직접적)인 것에 대한 의식, 다시 말해서 더럽혀지지 않은, 설명되지 않은, 순간적 경험 사실에 대한 의식'을 배웠다고 분명히 말했다. *32 그러나 모든 즉각적 경험 사실은 그 어떠

---

*30 *Soliloquies in England*(New York, Scribner, 1922), p. 257.

*31 *Dialogues in Limbo*(New York, Scribner, 1926), p. 46.

*32 'Brief history of My Opinions' in *Contemporary American Philosophy*(New York, Macmillan,

한 것이든 하나의 특정한 존재물이라기보다는 오히려 물체성(物體性)을 떠난 하나의 본질이라고 주장했을 때, 산타야나는 제임스의 입장을 플라톤화했던 것이다. '주어진 것은 어떤 것이든지 실제로 존재하는 것은 아니다' 이렇게 그는 되풀이하여 주장했다. *33

어떤 사람이 자기 자신을 직관의 내용에 제한한다면, 산타야나는 그 어떤 존재물에 대한 확신도, 어떤 것이 실제로 존재함을 믿는 데 대한 근거도, 어떠한 사실에 대한 증거도 가질 수가 없다. 산타야나는 또한 착각을 할 가능성도 가지지 않는다. 사람들은 직관에다 다른 여러 활동을 따르게 하기 때문에, 순수한 직관이란 인간 생활에서는 대부분 흔치 않다. 아마도 사람들은 이렇게 직관에 다른 활동들이 따라 일어나는 것을 막지 못할 것이다. 순수직관(純粹直觀)은 시인·신비가·에피쿠로스학파(즉 쾌락주의자) 같은 사람들, 즉 초연한 경험적 순간들의 달콤함에 도취되는 것을 즐기는 사람들에게 적합한 활동이다. 그러나 대부분 사람들에게 있어 순수직관은 삶을 가로막는 것이 되므로 오직 드물게 그리고 특별한 목적을 위해서 가져볼 만한 일이다. 이 특별한 목적이란 우리의 편견들로부터 정신을 완전히 정화하기 위한 하나의 경계선으로 이 순수직관을 사용하는 것이다. 순수직관은 그 자체가 하나의 목적이라기보다는 오히려 하나의 신념에 이르기 위한 예비 단계로 볼 수 있다. 이것은 순수한 지성으로서, 오직 합당하고 현명한 신념만을 따라야 한다.

동물적 신념은 우리가 살아가는 동안에 실제로 품게 되는 신념이다. 이것은 세계 여러 세력에 맞닥뜨려 자기의 일을 정당화하며 합리적인 것이 되게 하기 위해 품게 되는 것이다. 이것은 자연물들을 그 내용으로 가지고 있다. 이 자연물들은 세계의 실체들과 이 실체들이 서로 작용할 때 가지는 힘들을 구성한다고 짐작되는, 또는 정말 구성하고 있는 것들이다. 동물적 신념은 물체들, 자아(自我), 다른 사람들의 마음, 자연 체계에 대한 신념들로 나타난다. 이런 존재들에 대해 추측하고 가정하는 것은 생명의 여러 기능을 유효적절하게 수행하기 위해서는 필수적인 조건이다. 이 가정들은 직관에 대해

1930), Vol. Ⅱ, p. 251.

*33 이 문구는 예컨대 *Scepticism and Animal Faith* 제7장의 제목 같은 데에서 볼 수 있다.

서는 불합리한 일이지만, 삶에 맞닥뜨려서는 부당한 것이 아니다. 이것들은 깊이 생각한 뒤에 신중하게 선택된 것이라고는 말하기 어렵다. 이것들은 비판에 앞선다. 왜냐하면 동물은 자신이 무엇을 살피고 성찰하기에 앞서 이미 살아 있는 유기체 그 자체이기 때문이다. 동물적 신념은 직관보다 시간적으로 앞섰을 뿐만 아니라 더 원시적이기도 하다. 이것은 맨 처음 경험 속에도, 그리고 맨 마지막 경험에도 결코 주어지지 않는 것에 대한 사람들의 확고한 자신이다. 그러나 이것은 기억, 기대, 두려움, 희망, 수단이나 목적의 선택에 포함되어 있다. 이것은 동물들(인간도 포함해서)에게는 피할 수가 없는 것이다. 이것은 언제나 오류의 가능성들을 포함한다. 따라서 그 어떤 형태의 삶도 이 신념 없이는 이어갈 수 없다. 특히 이성적 삶은 나타날 수 없다.

〈이성적 삶〉에서 산타야나가 합리성을 관념화와 충동의 행복한 결합이라고 논한 것처럼, 〈존재의 여러 영역〉에서 그는 인식(認識 ; knowledge)에 대해 동물적 신념을 이끌어 내기 위해 본질직관(本質直觀)을 성공적으로 사용하는 것이라 설명했다. '인식이란 상징(symbol)들에 의해 전달된 신념'이라고 산타야나는 썼다. *34 직관에 있어서 우리가 우리 앞에 직접적으로 가지는 본질들은, 이것들 너머에 있는 그 어떤 것과도 관계없이 이것들만 따로 생각해 볼 때, 여러 가지 시적 심상(poetic visions)들을 불러일으킬 수 있다. 이 것들이 열정의 불길 속에, 또는 제대로 주어지면 오류와 착각을 불러일으킬 수도 있다. 그러나 동물적 행동과 동물적 신념이 여러 성취를 얻게 되면, 또한 우리가 흔히 인식이라고 부르는 것에 이를 수 있다. 이 인식은 외부 현실들의 신비스러운 모습들을 들추어내고 파헤치지는 않지만, 실제적인 삶에서 정당성을 가지는 신념들을 생기게 한다. 인식이란 우리가 알고 있는 직접적인 것들로부터 직관이 미치지 못하는 감추어져 있는 대상들에게로 비약하는 것(a leap)이다. 이 비약이 만일 부주의하게 일어나는 것이라면, 이것은 인식이 아니다. 그러나 이것이 살아 있는 동물과 그 주위 세계에 날마다 서로 작용하며 충분한 경험에 의해 검증될 때, 이것은 인식이 되는 것이다. 직관에 있어서는 엉뚱한 공상과 합리적 신념의 모든 관념은 서로 같은 본질들이다. 따라서 이들의 참과 거짓에 대해서는 회의론밖에 나올 게 없다. 그러나

---

*34 이 문장은 *Scepticism and Animal Faith* 제18장의 제목이다.

동물적 신앙에서는 직관의 본질이 자연계의 동적인 힘들을 상징하는 것이며 효율적인 행동의 기준이 된다. 따라서 인식은 경험과 함께 생기며 성장한다.

불가지(不可知 ; unknowable)의 것

산타야나의 형이상학에 대해서는 좀 더 말할 필요가 있다. 그는 종종 형이상학을 인식(認識)에 대한 쓸모없는 겉치레라 하여 좋지 않게 여겼다. 그러므로 비평가는 그의 형이상학이 아니라 실재 세계에 대한 그의 여러 가정(假定)을 논하지 않으면 안 되었다. 인간의 경험을 초월한 실재 세계의 존재는, 회의론자에게는 불확실한 것이라 해도, 적어도 의심할 여지 없이 추측하고 가정될 수 있는 것이다.[35]

이 세계는 동물적 신념의 기본 전제(前提 ; presupposition)이다. 산타야나는 때로 이 세계를 '원자(原子)들과 텅 빈 공간'이라는 말로 논하기를 좋아했다. 또 다른 때에는 이것을 불가지(不可知)의, 즉 알 수 없는 것이라고 말했다. '조건부로……나는 허버트 스펜서를 따른다'라고 산타야나는 쓰고 있다.[36] 그러나 그가 자신을 데모크리토스의 제자라 말하든 또는 스펜서의 제자라 말하든, 그는 실재(實在)에 대한 그 어떤 특정한 분석도 지지하지 않았다. 즉 원자적 분석이나 다른 어떤 분석도 옹호하지 않았다. 산타야나는 오히려 불가지한 세계에 파고들어가 이를 설명하는 짐스러운 일들을 물리학자들에게 떠맡기려 했다. 그는 이런 문제들에 대해서 주춤했다. 그는 다만 실체(또는 많은 실체들 ; substance)가 존재론적으로나 인식론적으로 우리의 경험과 사색에 앞선다는 것을 주장하려 했다. 우리가 실체와 여러 가지로 동물적 접촉을 가진다고 설명하기 위해서, 산타야나는 실체가 떠다니며 공간 전체에 고르지 않게 분포되어 있고, 서로 관련된 사물들의 한 우주를 구성하고 있다는 사실을 믿는 것이 필수 조건임을 발견했다. 산타야나는 이러한 신념 말고도 몇 가지 신념이 꽤 합리적인 가정임을 발견했다. 예컨대 실체는 그 양에 있어 언제나 불변하다는 신념과, 실체의 여러 모습은 그 원인이 되는 선행물에 의해 모두 결정된다는 신념을 합리적 가정이라고 보았다.[37] 이

＊35 *The Unknowable, Obiter Seripta*(New York, Scribner, 1936), p. 188.

＊36 앞에 인용한 책, p. 162.

＊37 실체에 대한 indispensable properties(불가결의 속성들)와 presumable properties(추측할 수 있

온갖 신념들은 모두 합해져서 우리로 하여금 아주 극단적인 것들을 주장하도록 이끄는 것은 아니다. 사실 산타야나는 이런 관점들을 극단적으로 밀고 가기를 원치 않았다. 실체를 논하는 과정에서도 그는 여전히 도덕주의자였다. 그가 자연 세계를 설명하는 데 관심을 가지지 않고(왜냐하면 그는 자연 세계가 불가지한 존재라고 생각했기 때문에), 이 세계에 대해 가장 유리하게 취할 수 있는 인간의 태도를 제시하는 데에 관심을 가졌다. 실체들에 대한 그의 이론은, 사람들에게 자신의 보잘것없는 힘에 비해 엄청나게 큰 힘 앞에서 진심으로 겸손해져야 한다고 주의를 주려는 것이었다. 산타야나의 인과적 결정설(因果的決定說; causal determination)은, 사람들에게 자신의 희망을 자연의 여러 가능성과 일치시켜 조화를 이루며 스스로를 단련함으로써 지혜를 찾으라고 말하는 하나의 도전이다. 산타야나는 자신을 '철저한 유물론자(唯物論者)—현재 살아 있는 유일한 유물론자'라고 부르고는 했다. *38 하지만 그가 이렇게 말한 것은 존재론적 문제들을 집어치우기 위해서이며, 따라서 실체들이 인간의 경험에서 맡는 역할에 대해 다시 성찰하기 위해서였다. 철학자들이 도덕 철학의 영역이라고 부르는 분야 밖으로 나갔을 때에도, 여전히 산타야나는 하나의 도덕주의자(moralist)였다.

3. 화이트헤드

알프레드 노스 화이트헤드(Alfred North Whitehead, 1861~1947) : 영국 캔터베리에 가까운 아일 오보 다넷에서 태어나 미국 매사추세츠 주 케임브리지에서 세상을 떠났다. 그는 1880년 케임브리지 대학에 들어가 주로 수학을 공부하면서도, 고전과 시들을 폭넓게 읽었다. 1885년 케임브리지 대학의 트리니티 칼리지 연구원이 되었고, 1910년까지 케임브리지 대학에서 강의했다. 1903년 영국 학술원 회원으로 선출되었으며, 1910년에는 케임브리지 대학을 떠나 런던으로 가서 런던 대학의 교수와 행정관으로 일했다. 이때까지 그가 가르친 것은 수학 분야였으나 그의 연구는 언제나 철학

는 속성들)을 살펴보려면 *The Realm of Matter*(New York, Scribner, 1930), 제2장과 제3장 참조.

*38 *Scepticism and Animal Faith*(New York, Scribner, 1923), p. vii.

적 의의를 지니고 있었다. 1924년 그는 하버드 대학 철학 교수 자리를 받아들여 여기서 1937년까지 강의하며, 죽을 때까지 명예 교수로 있었다. 그의 처음 저서들은 수학 분야에 관련된 것이었다. 예컨대 〈대영백과 사전 *Encyclopaedia Britannica*〉 제11판(1910)과 그 뒤 여러 판의 수학(數學)에 대한 글, Home University Library의 하나로서 〈수학 입문 *Introduction to Mathematics*〉, 그리고 버트런드 러셀과 공저한 〈수학 원리 *Principia Mathematica*〉(3 vols, 1910~1913) 같은 것이 있다. 그의 후반기 철학 저서로는 〈자연 인식의 원리 *Principles of Natural Knowledge*〉(1919)·〈자연의 개념 *The Concept of Nature*〉(1920)·〈과학과 현대 세계 *Science and the Modern World*〉(1925)·〈종교의 성립 *Religion in the Making*〉(1926)·〈상징 *Symbolism*〉(1927)·〈과정과 실재 *Process and Reality*〉(1929)·〈사상의 모험 *Adventures of Ideas*〉(1933)·〈자연과 생명 *Nature and Life*〉(1934) 등이 있다.

화이트헤드는 미국의 다른 뛰어난 철학자들과는 달리, 수학 분야에서 철학으로 넘어갔다. 이 전기적 사실은, 그가 마침내 다다른 철학적 관점을 이해하는 데 꽤 중요한 의의를 지닌다. 이것은 그가 수학 연구를 통해 추상적 생각들의 유용성과 한계를 몸소 체험했기 때문이다. 그리고 그가 성찰의 범위를 넓혔을 때, 같은 종류의 유용성과 한계성들이 인식의 다른 분야에서 만들어진 추상(抽象) 개념들의 특징을 또한 이루고 있음을 알게 되었다. 수학은 완전한 일반성을 추구한다고 그는 주장했다. 그리고 이것은 모든 사실의 구체적인 세부 사항들을 무시함으로써, 또 이 사실들이 드러내는 순수하게 추상적인 조건들을 공식화함으로써 이러한 완전한 일반성을 얻게 된다. 수학적 성공은 모든 사실 '하나하나의' 구체성을 고려하는 것을 피하고 '모든' 사실의 일반적 조건에 대한 엄격한 분석을 체계적으로 하기 때문이다. 수학이란 학문은 모든 것에 관련이 되지만 그 어느 분야에 대해서도 완전한 이론을 우리에게 알려 주지는 못한다고 볼 수 있다.

철학은 수학과는 완전히 반대되는 것이라고 화이트헤드는 말했다. 철학은 추상에 대한 비판이다. 이것은 세계의 아주 구체적인 현실들을 주시하는, 그리고 제안된 추상들이 이 구체적인 현실들에 대해서 얼마나 적합한가를 헤아리는 성찰이다. 철학자의 필수적 임무 가운데 하나는 특수 과학들에 대한 감독을 하는 것이다. 그는 특수 과학들이 저마다 사용하는 추상들을 설명하고 사물들의 완전한 구체성에 주의를 환기하는 역할을 맡고 있다. 철학자는 사물들의 완전한 구체성이 그 어떤 과학적 분석이나 또는 그 어떤 일련의 과학적 분석들에서도 완전히 드러나는 법이 없음을 염두에 두어야 한다.

과학적 추상과 구체적 현실과의 관계에 대해 이 같이 봄으로써, 화이트헤드는 자연 과학에 대한 하나의 철학을 세우게 되었다. 그는 모든 자연 과학을 통일하여 이들의 관계를 올바르게 세우는 데 도움이 되는 하나의 개념을 얻고자 했다. 이에 요구되는 개념은 곧 '자연'의 개념이다. *39 이런 의미에서의 '자연'은 감관 의식(sense awareness)·인식(knowledge)·정서·사고 앞에 놓인 모든 것이다. 그러나 이것은 의식이나 정서나 인식이나 사고를 포함하지 않는다. 이것은 '정신에 대해서 닫혀 있다.' 화이트헤드는 그의 맨 처음 저서로부터 마지막 저서에 이르기까지, '자연의 이분(二分)'을 주장하는 학설들에 대해 단호히 반대했으나, 그러면서도 자연에 대한 이러한 관점을 꿋꿋하게 지켜 나갔다. 형이상학으로 들어갔을 때 그는 현실(reality, 실재)을 두 영역, 즉 자연(nature)과 정신(mind)으로 나뉜 것으로 보려 하지 않았다. 그러나 자연 과학의 방법론적 목적을 위해서는 정신을 자연으로부터 분리할 필요가 있다고 그는 생각했다. 자연은 현실로부터 프래그머티즘적으로 정당화된 하나의 추상이다.

이어서 화이트헤드는 추상의 과정은 조심스럽게 이루어져야 한다고 말했다. 모든 추상이 다 똑같이 유용한 것이 아니며, 어떤 추상들은 아주 잘못된 것일 수도 있다. 그는 자연 과학자들이 그가 '외연적(外延的) 추상의 방법(the method of extensive abstraction)'*40이라고 부른 것을 가지고 점(點)·순

---

*39 화이트헤드는 그의 독자들 가운데 어떤 이들이 생각하듯이, 우리 주위에 있는 현실 세계가 무엇인가에 대한 이론을 펼쳐 나간 것이 아니다. 그는 오히려 현실 세계로부터 추상하여 과학적인 일을 위한 기초를 발견하려고 시도했다. 그는 자연의 개념이 하나의 형이상학적 원리로 간주되기를 원치 않았다. 저자와 여러 차례 담론하는 가운데, 그는 자기의 독자들 가운데 어떤 이들이 그의 분석 의도를 잘못 생각한 것에 대해 유감의 뜻을 나타냈다.

*40 그는 이 방법을 그의 *Principles of Natural Knowledge*(Cambridge, Cambridge University Press, 1919) 제8장에서 정의했다. 이 방법에 대한 그의 해설은 이곳에서 찾아볼 수 있다. 여기에서는 이 방법을 논할 여유 공간이 없다.

간, 외연 없는 순간들의 연속으로서의 시간, 한 순간에서의 모든 자연(all -nature-at-an-instant), 사건—입자(event-particles) 등의 개념에 이를 수 있음을 지적했다. 그러나 우리는 이런 것들이 구체적 현실들이 아님을 깨닫지 않으면 안 된다. 우리는 이런 것들을 아무리 주워 모아 보았자 이것들이 그 추상에 의해서 나온 본래의 구체적 현실들을 회복할 수 없음을 깨달아야 한다. 이러한 것들을 우주의 구성 요소라고 생각해서는 안 된다. 이런 잘못된 생각을 하는 것은 '구체성을 엉뚱한 곳에서 찾는 오류'를 범하는 것이다. 즉 어떤 인위적인 추상이 하나의 추상으로서 아무리 유용하다 하여도, 이를 구체적 자연물로 보는 오류를 범하는 것이다.

화이트헤드는 나아가*41 자연에 관한 뉴턴 이론에서 기본개념들을 비판했으며, 이 뉴턴의 자연 이론(自然理論)을 수정하여 현대의 과학적 관념들에 일치하게 했다. 뉴턴적 세계에 대한 그의 비판들 가운데에서 두 가지만을 여기서는 말하려 한다.

이 비판들 가운데 하나는 물질의 입자에 대한 뉴턴의 개념에 반대하는 것이었다. 이 뉴턴의 개념에 따르면, 물질의 입자들은 저마다 시간의 어떤 특정한 순간에 어떤 특정한 공간의 점 위에 존재하는 것이며, 그 자체가 처음부터 가지고 있는 성질에 의해 존재하는 것이다. 이 개념은 상상력이 없는 경험론의 결과라고 화이트헤드는 말했다. 우리는 뉴턴이 말하는 유형의 입자들이 있는지 구체적으로 볼 수 없다. 우리가 발견하는 것은 언제나 자연계에서 변화하는 어떤 생멸(生滅) 또는 사건으로서, 이런 생멸이나 사건은 시간이 흐름에 따라서 전개되어 나아가며, 또 그 성질은 이것이 포함되어 있는 사건들의 조직망에 대해서 갖는 여러 관계에 의해 결정된다. 어떤 사건도 분리된 존재로서 홀로 성립하는 것은 하나도 없다. 어떤 사건이든지 그 주위에 있는 다른 사건들을 고려에 포함한다(물론 이 '고려에 포함하는 일'은 반드시 인식의 수준 속에 들어와 있는 것이 아니며 또 보통 그런 것도 아니다). 구체적인 세계는 사건들의 광대한 연쇄망이며, 이 사건들 하나하나는 다른 사건과 서로 연관성을 가지고 있고, 또 이 연관성 때문에 성립하는 것이다. 뉴턴의 입자들은 '단순한 위치'를 가지고 있지만, 구체적인 사건들은 이런

---

*41 특히 그의 *Science and Modern World*(New York, Macmillan, 1925)에서.

성질을 차지하고 있지 않다. 예컨대 하나의 철봉은 하나의 구체적인 현실이다. 그것은 한가할 때 바라보는 관찰자에게 여러 날에 걸쳐 변함없이 눈에 띄게 된다. 그러나 이것은 어디까지나 하나의 사건이다. 왜냐하면 화이트헤드가 언젠가 이렇게 말하고는 좋아했듯이, 쇠가 만들어지는 데에는 시간이 걸리기 때문이다. 한 입자(a particle)가 한 핵(a nucleus)을 한 바퀴 도는 데에는 충분한 시간이 필요하다.

존재하는 것은 생기(生起 ; occur, 발생)하는 것이다. 물질의 즉각적인 형성이란 있을 수 없다. 더욱이 구체적 사건들은 고립된 존재들이 아니다. 오히려 이들은 이들의 환경으로부터 오는 영향과, 또 스스로 휘어잡는(나아가는) 방향에 따라 끊임없이 여러 변화를 겪고 있다. 휘어잡는다(prehend)는 것은 다른 존재물을 고려하고 파악하여 나아간다는 것으로, 그렇게 함으로써 어떤 특수한 변화를 갖게 된다. 휘어잡음(prehension, 포착 또는 파악)이란, 어떤 사건이든지 다른 사건들의 여러 양상 또는 상황들을 그 자신의 부분으로서 또는 그 자신의 생멸 방식으로서 포함하는 것이다. *42 그 하나하나가 단순한 위치를 차지하고 있는 뉴턴의 입자들은 완전히 그것들 자체를 통해서 그 본유의 성질들을 가지며, 또 그저 외부적인 관계를 통해서만 서로 결합한다. 화이트헤드의 사건들은 그 하나하나가 다른 모든 사건에 침투하며, 또 다른 모든 사건에 의해 침투되는 것이다. 따라서 이 입자들의 존재는 서로 상관적으로 일어나는 내적 관계들로 말미암아 사건으로 꾸며진다.

뉴턴의 자연 개념에 대한 화이트헤드의 비판들 가운데 두 번째 것은 감각적 성질들의 존재론적 지위에 대한 것이다. 뉴턴의 입자들은 색채를 가지거나, 향기를 뿜거나, 또는 그 어떤 감각적 성질을 전혀 가질 수가 없는 것이었다. 왜냐하면 한편에서는 이 성질들이 끊임없이 변화하는 것이며, 다른 한편에서는 이 입자들은 이미 그 본질에 있어서 완전하므로 외적 관계들에 의해 변화될 수 없기 때문이다. 이로써 뉴턴의 자연론은 논리적으로 로크가 그의 철학에서 이 이론을 보여 주듯이 감각의 여러 성질을 자연으로부터 제거하고 이것들을 관찰자의 정신 안에 있는 주관적 지위로 몰아내 버리는 결과가 되었다. 이 이론은 경험적 사실들에 반대된다고 화이트헤드는 주장했다.

---

*42 *Adventures of Ideas*(New York, Macmillan, 1933), p. 300 참조.

감관의 대상들은 어떤 뚜렷한 조건들 아래에서만 사건들 속에 포함된다고 그는 생각했다. *43 예컨대 어떤 한 벌의 플란넬 웃옷은 푸른 빛깔이 되고, 연주회장은 하나의 음악 선율로 가득 차게 된다. 빛깔이나 소리는 이것들이 나타나는 곳 이외의 어떤 곳에 있다는 의미에서 '정신(精神) 안에' 있는 것이 아니다. 그것들은 사건(事件) 안에 있다. 이것들은 사건들의 양상에 따라 함께 오고 가는 특성들이다. 이것들은 바로 그 자신이 모습을 드러낼 때, 그리고 모습을 드러내는 곳에 존재하는 것이다.

경험에 대한 그의 설명

화이트헤드는 모든 관념이 저마다 특정한 구체적 사실들을 해석하는 데 적절한지에 대해 검증되어야 한다고 주장한 점에서 경험론자였다. 그러나 그의 경험관(經驗觀)은 고전적 경험론자들과 크게 달랐다. 그는 단순한 관념들 또는 다른 어떤 고립된 심적 요소들을 출발점으로 하여, 이것들로부터 인간인식(人間認識)의 한계를 결정하는 태도를 옳지 않은 것으로 보았다. 그는 고전적 태도를 비판한 뒤, 그 자신의 경험관을 제창했다. 이 경험관은 몇 가지 점에서 아주 새로운 것으로, 고전적 경험론자들이 상상했던 것보다도 현실 세계에 대해서 훨씬 더 많은 지식에 이를 수 있게 한다.

첫째로 그는 감관 경험(感官經驗)이 우리로 하여금 세부적 사실들을 깨닫게 해준다고 보았다. 식별된 것은 식별될 수 있는 것들과 더불어 그 환경의 전체 구조 속에 주어진다고 그는 말한다. 예컨대 우리는 벽의 빛깔 또는 어떤 빛깔을 가진 조그마한 점이 퍼져 있는 것을 그 부분만 따로 분리하여 경험하지 않는다. 오히려 우리는 '저쪽 벽에 퍼져 있는 빛깔'을 경험한다. *44

---

*43 화이트헤드는 objects(대상들)을 elements in nature which do not pass(자연 안에 있는 요소들로서 영원히 사라지지 않는 것들)이라고 정의했다. *The Concept of Nature*(Cambridge University Press, 1920), p. 143 참조. 대상들은 구체적 존재물들이 아니라, 구체적 존재물들이 때로 가지게 될 수 있는 특질이다. 사건들과는 달리 이것들은 반복적으로 나타날 수 있다. 즉 많은 사건에서 같은 성질을 가질 수 있다. 그리고 화이트헤드는 'ingression'(流入 ; 대상들이 사건 속에 들어가는 것)을 prehension(휘어잡음·파악·이해)의 한 형태라고 정의했다. 어떤 사건이 어떤 존재물을 휘어잡을 때, 이것은 물리적 파악이다. 그러나 어떤 사건이 어떤 대상을 휘어잡으면, 이것은 개념적 파악 또는 유입이라고 말한다. *Process and Reality*(New York, Macmillan, 1929), p. 35 참조.

*44 *Symbolism*(New York, Macmillan, 1927), p. 13.

그 빛깔은 하나의 감각적 사항이지만, 이는 전체 경험으로부터 추상화된 것이다. 벽은 그 관찰자인 우리와의 관계에서 빛깔을 가진 것으로 우리에게 관념이 주어진다. 이것은 그 너머에 있는, 그리고 즉각적으로 식별되지 않는 것들과의 공간적 관계 속에서, 존재하는 물체로서 주어져 있다. 또한 이것은 앞서서 일어난 어떤 경험으로부터 나왔으며, 또 뒤이을 어떤 경험으로 나아가게 한다. 경험의 모든 계기(연속성)는, 하나의 벡터(vector ; 크기와 방향을 가진 양)와 비교할 수 있다. 왜냐하면 경험은 그 자체가 본디 가지고 있는 형식 말고도 온갖 방식으로 그 자체를 넘어선 부분들을 지향한다. 이는 경험이 현상(現象)으로 나타나는 하나의 광범한 전체 구조를 포함하고 있기 때문이다. 하나의 감관 경험이 그 자체의 한계를 넘어 지향하는 방식들이야말로 감관 경험이 가지는 중요한 의의이다. 이 의의는 얼마간 우연적인, 더 나아가 있으나마나 한 해석이나 판단으로서 사실들에 덧붙여진 것이 아니다. 그것은 감각적 사항의 그 어떤 성질이나 넓이 못지않게 직접적으로 식별된 것에 본질적으로 연결되어 있다.

둘째로 화이트헤드는 감관 경험을 인간이 하는 경험(人間經驗)의 여러 양식 가운데 하나에 지나지 않는 것으로 보았다. 인간의 경험은 때로 막연하며 또 언제나 단편적(fragmentary)이다. 하지만 주의해서 살펴보면, 이것은 구체적 현실의 본질에 깊이 스며들어 가고 있다. 이것은 무엇보다도 인식적(認識的)인 것이 아니다. 이것은 또 본디 감각적인 것도 아니다. 우리의 경험은 갖가지 양식(mode)을 가지고 있다. 개념적 분석(conceptual analysis)과 인식(cognition)의 양식은 고도로 복잡화된 것으로, 이 과정들은 좀 더 기초적인 지각 양식(知覺樣式 ; perceptivity)들을 통해서 가능해진다. 그러나 순수한 지각 안에서도(즉 지각에 실제로 수반되는 그 어떤 개념적 분석으로부터 따로 분리된 지각 안에서도) 서로 다른 두 경험 양식(經驗樣式)을 구별할 수 있다. 이 두 양식을 화이트헤드는 상징적 직접성(表象的 直接性 ; presentational immediacy), 그리고 인과적 힘의 지각(perception of causal efficacy)이라고 불렀다. *45 이것들이 인간 경험에서 함께 일어난다는 것은 의심할 여지가 없다. 그러나 상징적 직접성은 매우 높은 단계의 유기체들만

---

*45 *Symbolism*의 제1장과 제2장 가운데 특히 p. 17을 보라.

이 가지는 경험 양식으로, 인간 경험에서 우리 주위 세계에 대한 지식의 근원이 되는 아주 기본적인 것은 아니다. 상징적 직접성은 꽤 정확하다(여기에 그 가치가 있다). 그러나 이는 또한 다른 경험 양식들과 분리해서 보면 매우 사소한 것이다.

예를 들어 어떤 실체의 빛깔이나 맛은 그 실체의 전체 성질에 대해서 거의 아무런 지식도 우리에게 주지 않는다. 인과적 힘의 지각은 상징적 직접성과 달리 모호하고 파악하기 어려우나, 이것은 또한 우리가 겪는 사건들의 역동적인 압력들과 직접 부딪치는 '하나의 무겁고 근원적인 경험'이다.*46 이것은 우리에게 들이닥치며, 지지하거나 위협하고, 잡아끌거나 밀치고, 앞당기거나 늦추며, 조정하거나 변화를 가해 온다. 또 그 밖에도 여러 가지로 우리는 서로 영향을 끼치는, 여러 알 수 없는 힘들의 세계 안에 있음을 깨닫게 한다. 이는 사건들이 마치 그 자체로 완전한 자연수들처럼, 또는 경험에 대한 고전적 경험론자들의 설명처럼 잇따른 감각적 심상들에 의해 연속하는 것은 아님을 우리에게 깨닫게 해준다. 즉 사건들이 서로 스며들며, 더불어 나란히 움직이며, 커가며, 돌진하며, 강요한다는 것을 알게 해준다.

인과적 힘에 대한 지각으로부터 분리된 상징적 직접성은, 사건들의 동적 진행 과정들을 그대로 보여준다. 그러므로 그 감각적 사항들은 세계의 여러 현실에 대한 하나의 장식에 지나지 않는 불필요한 것이며, 또 착각일 수도 있다. 왜냐하면 그것들은 우리로 하여금 오직 현상(現象)들만을 다룰 수 있게 하기 때문이다.

상징적 직접성에서 분리된 인과적 힘에 대한 지각은 혼란 그 자체이다. 이것은 비인식적인, 심지어 비감각적인 수준에서 생존하는 생물들(예를 들어 식물 같은 생물)의 경험 양식과도 비슷한 경험 양식이다. 이것이 우리가 염두에 두어야 할 여러 힘을 우리로 하여금 알게 하는 것은 사실이다. 하지만 이 세력들을 다루는 방법들, 즉 갖가지 세력들의 강도를 측정하며, 이 세력들과의 맞닥뜨림을 통해 좋은 결과를 가져올 방법들을 결정하고, 이 세력들에 의해 피해를 입지 않고 우리의 목적들을 이루는 데 도움이 되도록 이것들을 이용하는 방법을 우리로 하여금 알게 하지는 않는다.

---

*46 *Symbolism*, p. 44.

인간 경험에서 두 지각 양식의 유효한 결합은 경험을 통해 세계를 이해하는 데 좋은 결과를 얻게 해준다. 이렇게 되면, 상징적 직접성의 자료들은 세계에 존재하는 동적인 세력들의 상징이 된다. 이것들은 우리가 이 세력들과 접촉하는 것을 원활하게 한다. 인과적 힘에 대한 지각은 상징적 직접성의 내용들에다 의미를 부여하며, 이 내용들을 과학적 지식과 인도적 실천을 위한 명증이 되게 한다.

우주론(宇宙論 ; cosmology)

과학의 추상(抽象)들과 철학의 전통(傳統)들에 대한 화이트헤드의 여러 비판은 마침내 그 자신의 우주론에서 절정에 이르렀다. 그가 하나의 우주론을 세우게 된 것은, 고집스럽게 내려오는 대중의 뉴턴적 사고 방식과 싸워 이기기 위해서이며, 또 현대의 여러 과학적 발견들에 더욱 일치하는 하나의 체계를 세우기 위해서였다. 화이트헤드는 우리의 경험을 통해 모든 것을 해석할 수 있고 우리의 경험에서 맞닥뜨리는 모든 것이 그 특수한 예가 되게 하는 일반적 관념들의 한 체계를 만들어 볼 것을 목표로 했다. 그는 이 웅대한 일을 사변철학(思辨哲學 ; speculative philosophy ; 또는 사색철학, 경험철학과 대조됨)의 한 시도라고 불렀다.

화이트헤드는 모든 것을 포함하는 하나의 사실이 있는데, 이것은 전진해 나아가며 부단히 팽창하는 우주의 역사라고 주장했다. 독립된 실체란 있을 수 없다. 확실히 우주 속에는 개체들이 있다. 그러나 개체화가 독립성을 의미하는 것은 아니다. 현실의 존재들은 모두 온 세계에 침투하며, 또 다른 모든 현실적 존재들과 더불어 그 독특한 존재 양식을 가지고 휩싸여 있다. 또한 현실적 존재들은 세계 전체를 반영하며, 또 다른 모든 현실적 존재들로부터 얻어들인 것들을 자기 형식의 통일성 안에 결합하고 있다. 이로써 존재물마다 그 내재적인 본질적 현실과 외부적인 우연적 현실을 가지고 있다. 내재적 현실은 다른 모든 존재물을 이것이 휘어잡는 형식이며, 외부적 현실은 다른 존재물들의 서로 휘어잡는 통일성 안에 나타난 존재물의 여러 존재 형식들이다. 우주는 하나의 유기체로서, 그 전체의 성격이나 형식은 서로 작용하는 부분들의 성격과 모습들로부터 드러난다. 그리고 우주에 존재하는 개체들은 저마다 다른 모든 개체로부터 휘어잡은 것들을 그 자체의 성격이나 형식이 되게 한다는 점에서 하나의 유기체라고 말할 수 있다. 따라서 화이트헤드의 우주론은 그 스스로가 말한 것과 같이 유기체의 철학(a philosophy of organism)이다.

세계를 구성하는 '궁극의 실재적 사물들(final real things)'을 화이트헤드는 그의 저서 여러 군데에서 대여섯 가지 이름으로 불렀다. 사건 또는 현실적 존재물, 또는 경험의 사례, 더 나아가 '세포'라고까지 불렀다. 이 이름들은 그가 논하는 중점들과 깊은 관련성을 가지고 있다. 어떠한 경우에도, 즉 모든 경우에 있어서 궁극의 실재적 사물들은 광대한 우주의 전체 구조 속에서 일어나고 있는, 그리고 그 본성 안에 이 전체 구조의 여러 영향을 반영하고 있는 과정들이다. 이것들이 생기(生起 ; occurrence, 발생)의 전체 구조(또는 주위 환경)를 반영하고 있다는 사실에 비추어, 이것들을 사회적 존재물들이라고 불러도 좋다. 화이트헤드가 되풀이하여 강조한 한 가지는, 이 궁극의 실제적 사물들이 고정되어 있거나 정지해 있는 것이 아니라는 점이다. 하나의 특수한 사건은 얼마 동안 그 본디 모습이 그 어떤 외부 세력에 의해서도 변화를 겪지 않고 있을 때, 꽤 오랫동안 그 성격의 영속성을 보여준다. 그러나 이 성격의 영속성은 어떠한 변화도 없는 동일성을 뜻하는 것은 아니다. 이것은 오히려 한 형식의 반복이며, 이 반복되는 형식 하나하나는 어느 정도 시간의 경과와 발전을 위한 어떤 리듬 있는 변화를 필요로 한다. 위에서 말한 철봉이 고정된 것처럼 보이는 것은, 오직 그 생기(발생)의 형식이 이에 대한 감관 의식에서 나왔다고 하기에는 너무 짧은 시간에 일어나며, 눈에 띄는 변화는 없지만 쉴 새 없이 움직임이 일어나기 때문이다. 폭발하는 로켓이 철봉보다 더 진정한 의미에서 하나의 사건이 된다고는 말할 수 없다.

과정(過程)이나 이행(移行)은, 현실의 본성 속에 본디부터 내재해 있는 것이다. 이 과정은 언제나 잠재적인 것으로부터 현실적인(actual) 것으로 나아간다. 이 같은 구조로 되어 있는 세계에서는 새로운 경험이 나올 여지가 있다. 그리고 화이트헤드는 새로운 것이 쉴 새 없이 나타나고 있는 것을 우리가 실제로 관찰한다고 단호히 주장했다. 하나의 현실적 사건은 다른 여러 사건으로부터 자기에게 관련된 것들을 자신 안으로 흡수하며, 또 이같이 함으로써 새로운 발전 단계로 나아간다. 자연은 진화적 팽창을 보여주고 있다. 확실히 세계에는 필연도 존재한다. 왜냐하면 모든 과정이 제한을 받고 있는 현실로부터 출발하기 때문이다. 예를 들면 인간이 그의 좀 더 높은 단계의 활동들을 위한 조건으로서 식물(食物)·온기·주택을 필요로 하는 것과도 같다. 그러나 환경은 지성의 활동에 좀더 유연적이다. 따라서 지성이 변화에 참여하는 그만큼 필연의 범위는 좁아지고 창조성(creativity)의 부분은 증가한다. 자연은 인간의 수준에서 펼쳐 보이는 것을, 좀 더 낮은 수준들에서는 덜 뚜렷하게 보여준다. 몇 가지 사건들에 있어서는 필연성이 지배적인 것으로 보인다. 다른 어떤 곳에서는 지성이 주도적 역할을 하는 인간의 여러 사건에서처럼 창조성이 아주 뚜렷하다. 그리고 창조성이 나타나는 그만큼 팽창하는 우주 내부에서도 새로운 경험이 나타난다.

창조성과 새로운 경험에 대한 철학적 이론을 뒷받침하기 위해 화이트헤드는 자연법칙의 성질과 역할에 대해서 얼마간 더 고찰할 필요가 있었다. 그는 이러한 고찰을 그의 저서 여러 군데에서 했다. *47 그는 근대와 현대에서 주장된 여러 학설을 검토하고 나서 그 가운데 몇 가지를 버리고, 마침내 그 자신의 견해를 밝히게 되었다. 예를 들면, 그는 하느님의 힘에 의해서 자연법칙이 생겨났다고 하는 학설[이신론(理神論 ; 하느님이 우주를 창조하긴 했지만 관여는 하지 않고 우주는 자체의 법칙에 따라 움직인다고 봄)]을 버렸다. 또한 그는 관찰된 연속적 사건들을 일반화하여 기술(記述)하는 자연법칙의 이론(실증주의적 개념)을 버렸다. 화이트헤드가 이 학설을 버린 것은, 이 우주에는 광대한 질서 영역들이 존재한다는 사실을 그 스스로 깨달았으며, 이 영역들의 발생을 설명해 주는 하나의 이론을 원했기 때문이다. 그는 우리가 자연에서 발견하는 것을 탐구자들이 모아서 요약한 것을 법칙으로 삼는 데 만족할 수 없었다. 화이트헤드는 우리가 발견하는 것을 설명해 주는 법칙의 이론을 원했던 것이다. 그래서 그는 법칙이 사건들 속에 내재한다고 생각하는 좀 더 합리주의적 이론을─아래에 든 여러 조건을 붙여─채택하게 되었다. 자연 법칙은 자연에 대한 우리의 공식들이기에 앞서 먼저 자연의 여러 가지 습관들이다. 각 법칙은 자연(또는 적어도 우리의 관찰과 탐구에서 다루고 있는 자연의 여러 넓은 영역)에 널리 퍼져 있는 하나의 공통되는 성격을 나타낸다. 이 이론은 현실적 존재물들이 서로 관련을 맺으며 성립되어 있고, 또 이 관련들이 이 존재물들 본성의 결과라고 주장하는 화이트

---

*47 특히 *Adventures of Ideas*, 제7장, 제8장.

헤드의 앞선 견해에 일치한다. 즉 유기체의 철학은 '발전'을 향해 나아간다고 하는 공통의 성질이 넓은 우주 영역 전체에 퍼져 있다는 결론에 이른다.

자연 법칙이 내재한다는 이 이론을 화이트헤드는 몇 가지 조건부로 받아들였다. 이 조건들은 그의 견해를 이끌어 내는 데 매우 중요한 역할을 한다. 이 가운데 하나의 조건은 법칙들, 또는 적어도 법칙들 가운데 어떤 것들은 통계적이라는 것이다. 즉 자연의 습관들이 모여 그 법칙들로 나아가는 하나의 규범을 세운다. 또 하나의 조건은 법칙들 자체가 진화할 수 있다는 것이다. 자연의 습관들은 변화할 수 있다. 우주 역사의 어느 한 시기에 참된 법칙이었던 것이 다른 시기에는 이와 다른 또 하나의 법칙에 의해 대체될 수 있다. 셋째 조건은 법칙에 대한 기존 이론을 어느 의미에서는 받아들일 수 있다는 것이다. 하지만 이것은 법칙이 내재한다는 이론을 버리지 않고 설명될 수 있을 때에만 받아들일 수 있다. 우리는 충만한 존재들의 무한한 풍부성에 의해 자연을 파악하려는 것이 아니다. 다만 우리가 가장 관심을 두는 몇 가지 점에서 자연과 맞닥뜨리려 한다. 자연에 대한 우리 인간의 태도는 자연의 많은 습관들 가운데 어느 것을 발견하게 되는가를 결정한다. 자연은 우리가 일구어낸 과학들뿐 아니라, 우리 인간들이 아직 다다르지 못한 많은 과학들까지도 설명할 수 있다. 그렇지만 우리 인간은 자연을 있는 그대로 받아들여야 하며, 주관적 환상들을 더해서는 안 된다. 관례(慣例)는 변덕이 아니다. 관례는 어떠한 유형의 법칙들을 우리가 이끌어낼 수 있는가를 해결해 주지만, 정확히 '어떤' 법칙들을 우리가 이끌어내는가는 해결해 주지 않는다. 자연에 대한 우리의 관례적 태도가 우리 자신의 단계인 인류의 문화적 기능임을 깨닫는 순간에도, 우리는 우리의 정신이 자연의 객관적인 방식들을 따르게 하지 않으면 안 된다.

신관(神觀)

화이트헤드는 신에 대한 하나의 이론으로서 그의 우주론을 완성하려고 생각했다. 신에 대한 그의 논의는 많은 점에서 분명치 않다. 그 자신도 이 사실을 잘 알고 있었다. 궁극적인 철학적 사변(思辨, 또는 사색)에 있어서 정확성을 내세우는 것은 '하나의 속임수'라고 화이트헤드는 말했다.*48 화이트헤드는 자기가 주장하는 것으로 해석되기를 원치 않는 것에 대해 충분한 설명을 했다. 그는 서양 문화의 전통적인 신학적 관념들에 대한 대담한 비판자였다. 화이트헤드는 흄이 그의 〈대화〉에서 이 관념들의 몇 가지에 대해 가한 비판을 하나의 걸작이라고 칭송했다. 그는 신이 제1 원인(第一原因) 또는 세계의 창조자라고 하는 상상(가정)을 버렸다. 또한 그는 신이 전능하다는 것과 심지어는 신이 이미 완성된 자연이라고 하는 것까지도 부인했다. 그러나 화이트헤드가 기존의 주장을 반대하고 앞으로 나아갔을 때, 그의 사상은 정밀하지도 정확하지도 않았다.

출판된 그의 저서들 가운데 신을 충분하게 논의한 글에서(〈과학과 현대 세계〉에서) 화이트헤드는 신을 우주에 있어서 '구체화 원리(principle of concretion)'라고 불렀다. 그의 논점은 대개 다음과 같다. 어느 경험론적 철학이든지(그는 자신의 철학을 경험론의 하나라고 보았다) 현실 존재가 추상적 이성에 의해 증명되고 드러날 수 없다는 것을 확신한다. 현실 존재는 경험에서 맞닥뜨리는 것이다. 우주는 지금 있는 그대로의 특정한 우주이며, 단지 무수히 상상될 수 있는 것들이 아니다. 따라서 어떤 구체적 원리가 없을 수 없다. 즉 현실 존재의 광대한 가능성들을 현실의 세계에 국한하는 어떤 형이상학적 근거가 있어야만 한다. 그리고 만일 하느님이, 왜 현실 세계가 지금 있는 대로 존재하는가를 설명하는 구체화의 원리라면, 하느님은 이 이상 더 궁극적인 어떤 것에 의해서도 설명될 수 없다.

하느님이 구체화(concretion)의 원리라고 말함으로써 화이트헤드는 하느님이 선(善)뿐만 아니라 악(惡)의 형이상학적 근거이기도 함을 말하려 한 것은 아니다. 화이트헤드는 하느님을 다룬 나중의 저술들 〈종교의 성립〉과 〈과정과 실재〉에서 하느님을, 세계 안에 있는 하나의 현실적 존재라고 생각했다. 그렇다면 하느님은 다른 모든 현실적 존재물들처럼, 비록 다른 현실적 존재물들보다 훨씬 더 광대하기는 해도 세계와 더불어 서로 작용하는 관계에 있는 것이다. 하느님은 세계의 나머지 부분을 휘어 감고(prehend) 있으며, 이 나머지 부분은 또 하느님을 휘어 감고 있다. 그리고 하느님이 이같이 생각될 때, 화이트헤드는 하느님이라는 존재에 대한 두 가지 다른 부분을 구

---

*48 1941년 하버드 신학교에서 한 그의 잉거솔 강연 마지막 문장을 볼 것. P.A. Schilpp, ed. *The Philosophy of Alfred North Whitehead*(Chicago, Northwestern University, 1941)에 실려 있다.

별하게 되었다. 곧 근원적(根源的) 국면과 결과적(結果的) 국면이 바로 그것이다. 하느님은 모든 점에서 무한하지는 않으며, 그 자신의 선에 의해 제한을 받는다. 하느님은 세계 전체에 스며 있는, 그리고 사건들의 진행 과정에서 점진적으로 힘을 드러내는 세력으로 여겨질 수 있는 '사랑'으로 나타난다. 하느님의 근원적 본성은 존재의 광대한 가능성들을 선한 것에 제한하며 나아간다는 것이다. 이런 의미에서의 하느님은 세계의 구세주(救世主 ; a savior), 또는 세계의 모든 가치가 완전히 파괴되지 않게 막아내는 동적인 힘이다. 그의 지각 안에는 우주가 진화해 나아가는 창조성과 함께 드러나는 온갖 가치들이 모두 보전되어 있고, 또 융합되어 있다. 그리고 하느님의 결과적 본성은, 하느님과 세계의 나머지 부분이 서로 작용하며, 세계의 진행 과정이 지금까지 실현된 것보다 더 위대한 것을 앞으로 내다보며 나아간다는 것이다. 이는 현존하는 여러 현실성에 비추어 볼 때 불가능한 여러 가치가 가능하게도 되고, 또 실제로 실현될 수도 있음을 뜻한다. 하느님은 그의 결과적 본성에 있어서, 세계 과정을 훨씬 더 선한 방향으로 발전시켜 나아가는 존재이다.

화이트헤드는 스스로 신학적 입장을 논증했다거나, 또는 논증할 수 있다고 주장하지는 않았다. 그는 하느님의 본성에 대한 그의 생각들을 그의 사변 철학(思辨哲學 ; a speculative philosophy)의 일부로 생각했다. 그리고 사변 철학은 어느 특정 과학이 어떤 실재들을 단편적으로 탐구함으로써 축적해 온 기성 지식의 일부로서가 아니라, 지금까지 알려진 모든 것에 보조를 맞추면서도 구체적 현실을 더욱 포괄적으로 이해하며 미래의 성찰들을 이끌어내는 하나의 견해로 보았다.

4. 우드브리지

프레드릭 J.E. 우드브리지(Frederick, J.E. Woodbridge, 1867～1940) : 온타리오 주의 윈저에서 태어나 뉴욕에서 세상을 떠났다. 그는 1889년 애머스트 칼리지를 졸업하고, 1889년부터 1892년까지 유니언 신학교에서, 그리고 1892년에서 1894년까지 베를린 대학에서 공부했다. 그는 수많은 기관들로부터 명예 법학 박사와 명예 문학 박사 학위를 받았다. 그는 1894년부터

1902년까지 미네소타 대학에서 철학을 강의했으며, 1902년부터 1939년 명예 교수가 될 때까지 컬럼비아 대학 철학 교수로 있었다. 1931년에는 베를린 대학의 시어도어 루스벨트 기념 교수가 되었다(1931~1932). 1904년에 시작된 〈철학 잡지 *Journal of Philosophy*〉의 창간자 가운데 한 사람이었으며, 1904년부터 죽을 때까지 이 잡지를 편집하는 일에 참여했다. 그의 철학 저서로는 〈역사의 목적 *The Purpose of History*〉(1916)·〈정신의 세계 *The Realm of Mind*〉(1926)·〈아폴론의 아들 : 플라톤의 문제들 *The Son of Apollo : Themes of Plato*〉(1929)·〈자연론 *An Essay on Nature*〉(1940) 등이 있다. 그의 철학 논문과 강의들은 그의 제자들과 친구들에게 아주 소중한 것이었으므로, 이것들을 모아 책으로 엮어 그의 70회 탄신을 축하했다. 이 책이 곧 〈자연과 정신 *Nature and Mind*〉(1937)이다.

우드브리지는 철학사(哲學史)와 형이상학(形而上學) 분야에 대한 여러 공헌으로 잘 알려져 있다. 플라톤의 주요 대화편들에 대한 재치 있고 깊이 있는 책에서처럼, 그는 수십 년 동안 대학 강의를 하면서 철학사를 다루었다. 그는 20세기 미국에서 철학사를 철학의 여러 과목 가운데 하나로 포함하게 한 운동을 이끌었다. 아마도 이러한 운동을 이끈 단 한 사람이었을지도 모른다. 또한 그는 형이상학을 부활시키는 데에도 많은 공헌을 했다. 즉 그는 근대의 인식론자(認識論者)들이 떨어뜨린 열등한 지위로부터 형이상학을 다시 끌어올려, 아리스토텔레스적 의미의 '제1 과학(the first science)'으로 재확립했다.[49] 그는 자기가 아리스토텔레스에게서 많은 것을 얻었음을 스스로 잘 알고 있었으며, 자기 자신을 휴머니스트인 동시에 자연주의자(自然主義者)라고 불렀는데, 이 말들은 각각 플라톤과 아리스토텔레스로부터 내려오는 전통적 의미에서 쓰인 것이다. 그러나 그는 아리스토텔레스의 여러 사상을 자유자재로 다루면서 자신만의 주장을 발전시켜 나아갔다. 그의 형이상학은 근대의 과학적·철학적 사상에 비추어서 필요하다고 생각한 부분을 수정하여 아리스토텔레스의 형이상학에 더한 것이라고 말할 수 있다.

---

[49] 본서 pp. 101~103 참조.

실재론(實在論)

우드브리지는 형이상학의 중요성을 강조했다. 실제로 그 중요성을 강조하지 않을 수가 없었던 것은, 그가 한결같이 성찰해 온 실재론(實在論 ; realism) 때문이었다. 그는 실재론의 여러 '학파'가 영국과 미국에서 드러나기 앞서 이미 오랫동안 실재론자였다. 그러나 그의 실재론은 하나의 주의 주장(主義主張)이라기보다는 태도에 가까운 것이었다. 이는 그가 즐겨 인용하던 매슈 아놀드의 다음과 같은 말에 잘 나타나 있다. '사물들은 지금 있는 그대로 그 본성을 드러내고 있으며, 그 본성의 결과는 앞으로 드러나게 될 사물들의 미래가 될 것이다. 이치가 이러한데 무엇 때문에 우리는 스스로를 속여야만 하는가?' 이러한 종류의 태도는 철학적 반성들의 한 흐름을 이루며 확고하게 유지될 때 새로운 이론들을 탄생시키는데, 그의 태도 또한 형이상학적 이론들을 만들어 내게 되어 있었다. 왜냐하면 세계가 아무리 현재와 다르게 바뀐다 하더라도 마침내 그 세계는 적어도 우리가 행하는, 또는 우리가 그 현상(現象)이라고 기대할 수 있는 것 속에 모두 포함되어 있다는 태도 때문이었다. 우드브리지의 실재론적 태도는, 이로 말미암아 탄생한 이론들과 관계없이 우리 눈앞에 있는 주제, 즉 우리의 온갖 경험 작용에 의해 그 여러 부분을 이끌어 내게 되는 주제를 완전 무결한 것으로서 존중하는 태도이다. 세계는 우리의 사유(思惟), 즉 생각들의 결과물이 아니다. 세계는 우리의 생각에 앞서는 것이다. 지식은 때로 실험적 활동에 의해 얻어질 수 있고, 우리가 탐구하는 대상들은 우리가 실험하는 동안에 변형되거나 심지어 파괴될 수도 있음을 우드브리지는 인정했다. 그러나 인식(認識 ; knowledge)은 그 대상들을 변형하는 것도 파괴하는 것도 아니다. 우리의 손 또는 우리가 사용하는 기구들(우리 자신의 신체, 또는 우리가 다루는 다른 물체들)이야말로 대상들을 변형하거나 파괴하는 것이다. 우리의 정신들은 변형하거나 파괴하지 않는다. 우리의 정신들은 대상들이 변형되거나 파괴되기 이전 상태 그대로 사물들의 본성을 파악할 수 있으며, 또 실제로 이렇게 파악하기도 한다. 우리의 정신들은 이 지식을 변형이나 파괴가 이루어지는 동안이나 그 뒤에 얻기는 해도, 이런 지식을 얻는 것만은 사실이다. 인식이란 그 안에서 대상들, 또는 어떤 대상에 대한 관점들이 드러나는 지적 관조(知的 觀照 ; vision, 통찰)이다. 인식에는 피상적인 것도, 깊이 파고드는 것도 있다. 그러나 그 어느 경우에서도 인식은 어디까지나 실제로 있는, 그리고 인식이 가능하게끔 이미 존재하고 있는 것을 인식하는 것이다. 만일 우리가 사물들을 편견 없이 이리저리 살펴보고 또 여러 각도로 실험하면, 우리는 사물들의 실상을 '보게 된다(see)'고 하는 것은 그리스 사람들의 이른바 테오리아(θεωρια; 觀照)이다. 우드브리지 같은 유형의 실재론자는 마치 그리스인들이 극장에서 무대의 장면을 보았듯이 세계라는 무대의 장면을 바라본다.

'우리가 거듭 필요로 하는 것은, 무엇보다도 가장 순수하고 동시에 가장 심오한 실재론이다'라고 우드브리지는 말했다. *50 그는 순수하게 시작한 실재론만이 마침내 심오하게 될 수 있다고 덧붙이고 싶어한 것 같다. 왜냐하면 우리가 보고 듣고 만지는 것들이 자연적인 사물일 경우에만, 이들을 더욱 조사 연구하여 자연의 본성에 대해 더 많은 것을 깨달을 수 있기 때문이다. 모든 경험은 자연 세계에서 일어나는 현상이라고 우드브리지는 주장한다. 감각이란 말이 감관으로 느끼고 받아들이는 과정을 뜻한다면, 감각들은 실제로 존재한다고 말할 수 있다. 그러나 이 감각이란 말이 심적(정신적) 상태를 의미하는 것으로 해석된다면, 감각들은 실제로 존재하지 않는다. 우리의 감관 경험(感官經驗)에 나타나는 사물들이 그 사물들의 실제 모습이 아니라고 생각하는 것은 옳지 않다. 이른바 착각들(곧은 막대기가 절반쯤 물에 들어갔을 때 구부러진 것처럼 '보이는' 것과 같은 착각)은 모두 외부 사물들에 대한 주관적(그리고 그릇된) 심상들이라고 설명될 수 있는 것이 아니다. 이것은 자연적 사물들과 사건들 사이에 일어나는 물리적 상대성을 이해함으로써 설명될 수 있다. 상대성은 경험들 사이에 확실히 존재한다. 그러나 상대성은 결코 정신이 아니라, 오직 어떤 물체에 대해서 작용한다(언제나 그런 것은 아니지만 때로는 지각하는 유기체인 특정한 신체에도 작용한다). 관찰된 사항들에 대한 우리의 해석은 때로 그릇된 것일 수도 있다. 이에 대한 우리의 실제적 반응 또한 서투르며 경험과 훈련을 필요로 하기도 한다. 그러나 우리가 관찰하는 것은 무엇이든지 우리가 관찰하는 그만큼 실재적이다. 또한 우리에게 '보이는(드러나 보이는)' 것은, 무엇이든지 그것이 드러나 보이는 그대로 존재하는 것이다. 그리고 이런 종류의 순수한 실재론의 기초로부

＊50 *The Realm of Mind*(New York, Columbia University Press, 1926), p. 115.

터 올바로 나아가 관찰하는 대상들을 더욱 분석하여 더 많은 대상들을 발견할 수 있다고 우드브리지는 생각했다. 이로써 마침내 우리의 실재론은, 우리 시대의 여러 기구와 기술들을 가지고 자연 세계에 대해서 성취할 수 있는 '가장 심오한' 견해가 된다.

형이상학적 원리들

위대한 형이상학적 체계라 하더라도 절대적으로 옳다고 받아들일 수만은 없다고 우드브리지는 생각했다. 그렇지만 고대 세계의 데모크리토스와 아리스토텔레스로부터 근래의 헤겔이나 스펜서에 이르기까지, 형이상학적 시도는 '통합(integration)에 대한 지성(intelligence)의 영역에서 가장 높은 단계의 시도들' 가운데 하나이다. *51 형이상학적 성찰에서 인간은 우주를 그 우주 전체에서 가장 보편적으로 나타나는 특징들을 가지고서 살펴본다. 왜냐하면 우주는 특정 과학 분야들에서 분석하는 서로 다른 물체들의 여러 모습 가운데 드러난 특수한 성질들 말고도 몇 가지 일반적 성질들을 또한 가지고 있기 때문이다. 형이상학은 사람들이 처음에 한 전문가(예컨대 천문학자)의 말에 귀를 기울이고 나서, 다음에 다른 전문가(예컨대 심리학자)의 말에 귀를 기울임에 따라 그의 정신이 여러 갈래로 나뉘는 것을 막아준다. 물론 지식은 전문화를 통해 가장 잘 획득된다. 그러나 이해(理解)는 통합을 필요로 한다. 그리고 형이상학은 이 통합에 대한, 따라서 이 이해에 대한 하나의 수단이다. 이 통합이 완전히 행해질 때, 이것은 최선의 수단이 될 수 있다.

통합된 이해(integrated understanding)의 가치를 인정하면서도 우드브리지는, 여러 형이상학적 논점들로 분리된 분석적 논문의 형식으로 형이상학에 크게 이바지했다. 여러 형이상학적 확신들을 이 같은 방식으로 선택하여 표현한 것은 그의 뿌리 깊은 실재론의 결과이다. *52 우드브리지는 구체적 현실들을 보려고 했다. 이 구체적 현실들만이 그 자신 또는 어느 누구라도 자신

---

*51 'Metaphysics,' *Nature and Mind*(New York, Columbia University Press, 1937), p. 105.

*52 호의적인 비평가들은 또한 우드브리지가 그 지적 능력이 한창이었던 여러 해 동안, 큰 대학의 행정을 맡아보는 중책 때문에 하나의 체계를 지속적으로 발전시켜 나갈 시간적 여유를 갖지 못했다고도 지적했다. 이런 견해도 일리 있음을 부인할 수 없다. 그러나 우드브리지가 분석 논문들을 따로따로 쓰기로 한 주된 이유는 위의 본문에서 지적한 내용이 더 타당하리라 본다.

의 성찰에 대해서 인식적 조절을 가능하게 해주는 것이었다. 때로 우리는 매우 추상적인 개념들을 사용하여 구체적 현실들을 올바로 분석할 수 있다. 그러나 이런 방법만을 가지고는 얼마 지나지 않아, 자연이 펼쳐 보이는 여러 현상을 보고할 때에는 있어서 우리 능력의 한계에 이르게 된다. 이렇게 되면 형이상학적 분석을 애매한 변증론적 체계로 전환한 뒤에 자연의 온갖 특성들 가운데에서 자기 마음에 드는 것만을 골라내고 나머지는 무시해 버리는 위험에 빠질 수도 있다. 우리는 때로 우리 자신이 가지고 있는 추상적 체계의 어떤 초기 관념이 아니라, 구체적인 자연 그 자체로 돌아가 다시 새로운 분석을 시작할 필요가 있다. 여러 갈래의 분석은 기술적으로 행해지면 서로 보완하고 보충하는 작용을 하게 된다. 이것들이 나란히 정리되면 통합된 이해(理解)를 낳으며, 이때 형이상학적 예지(叡智 ; wisdom)는 절정에 이르게 될 것이다. 그러나 통합된 이해는 하나의 변증론적 체계를 지적으로 터득하는 것이 아니다. 오히려 이것은 뚜렷한 상관 관계를 가진 견해들의 연속성들을 통해서 구체적인 세계를 보게 되는 것이다. 다시 말하면, 이것은 테오리아(관상(觀相))이다.

우드브리지는 형이상학에 있어서 아리스토텔레스의 제자인 동시에 그 비판자이기도 했다. 그리고 지성사(知性史 ; intellectual history)에 대한 그의 폭넓은 지식은, 아리스토텔레스 사상을 받아들이는 과정에서 아리스토텔레스의 전통 속에 있는 그릇된 해석들을 조심스럽게 피해 나가야 할 필요성을 그에게 가르쳤다. 아리스토텔레스가 질료(質料 ; matter, 현실계의 구체적 대상들)와 형상(形相 ; form, 세상의 근본원리 또는 진리)을 논한 곳에서 우드브리지는 구조(構造 ; structure)와 행동(行動 ; behavior)을 논했다. 구조와 행동은 자연의 분석과정을 통해 마침내 이르게 되는 두 개의 궁극적 관념이다. 이 두 관념은 따로따로 다룰 수 있기는 하지만, 함께 합쳐야 의미를 가지게 된다. 구조에는 많은 유형들이 있다. 물리적(기계적) 구조와 화학적 구조들도 있고, 생물학적 구조와 심적(心的 ; mental) 구조들도 있다. 구조는 그 유형이 무수히 많지만, 자연 어디에나 어떤 형태로든 존재하고 있다. 우리는 자연을 다양한 구조들이 모여서 이루어진 것이라고 말할 수 있다. 우드브리지는 자연이 구조를 가지고 있다고 말하기보다는 오히려 자연이 구조라고 아주 조심성 있게 말하기를 선택했다. 이같이 말함으로써 그는 나중에 구조를 가지게 되는 마테리아 프리마(Materia prima ; 제1 물질), 또는 우리가 경험적으로 발견하는 구조들 그 뒤에 있는 '그것이 무엇인지 알 수 없는 어떤 것'과 같은 가정을 피하고 싶어했다. 구조는 원인(cause)이나 동인(動因 ; agent)이 아니라고 우드브리지는 생각했다. 이것은 절대적으로 활동력이 없는 것이다. 이것은 그 자체가 하나의 (발생하는) 사건은 아니지만, 모든 발생하는 사건들 안에 분명히 존재한다. 구조는 형이상학적 의미에서는 '질료'이다. 즉 이것은 사물들 속에 있는 특수성의 원리이다. 우리가 생각하는 사물의 어떤 '종류'와 이 종류의 사물이 지니는 하나의 특수한 사례 사이의 차이를 지적할 때 불가피하게 이 구조라는 개념에 이르게 된다. 그리고 어디에서나 행동은, 우리의 자연 탐구가 마침내 우리에게 가르쳐 주는 바와 같이 구조와 관계가 있다. 구조가 행동으로 환원 또는 변형될 수 없듯이 행동은 구조로 환원 또는 변형될 수 없다. *53 더욱이 행동은 오직 목적을 가지고 있을 때에만 바르게 정의될 수 있다. 이 목적들은 활동하지 않는다. 이것들은 운동하는 세력들이 아니다. 또 베르그송이 말하는 생명력처럼, 마치 이것들이 행동을 불러일으키는 내재적 힘으로서 구조들 속에 포함되어 있는 것으로 생각되어서는 안 된다. 행동은 어디에서나 그 결과에 있어서 목적론적(目的論的)이다. 우리는 이 사실을 그저 지적할 수 있을 뿐이다. 행동은 경험에 의해 단정지을 수 없으며, 다만 자연에서 성취되는 여러 목적을 지적함으로써만 그것이 무엇인지 알 수 있다. 우리는 어떤 구조를 발견하여 그 부분들이 어떻게 서로 관련되어 있는가를 알아볼 수는 있다. 그러나 이것이 어떻게 행동하며(움직이며), 그 행동(움직임)을 통해서 어떠한 목적을 이루는가를 알 때까지는 이것을 이해한다고 말할 수 없다. 어떤 구조를 가진 한 행동자는 시간을 지키면서 행동한다. 또 다른 어떤 구조를 가진 한 행동자는 열매와 씨앗을 산출하게 행동한다. 이렇게 우리는 구조들과 이들 저마다의

---

*53 우드브리지는 여기에서 사건들을 현실적 존재의 하나의 궁극적 종류로 보려는 시도(베르그송·화이트헤드·퓨이에게서 서로 다른 방식으로 이러한 시도가 이루어지고 있음을 볼 수 있다)에 반대하는 견해를 취하고 있었다. 그가 늘 말한 대로 한 어린아이의 출생을 하나의 사건으로 생각할 수는 있으나, 그 아이를 하나의 사건으로 생각하려는 것은 쉽게 납득이 가지 않는 일이었다. 사물들과 사건들이 엄연히 따로 있는 것이다. 이 둘에 대한 궁극적 고찰이 일대일로 서로 대응한다 할지라도 사물은 사물, 사건은 사건이다. 그의 좀 더 전문적인 용어로 표현하면, 구조(構造)도 있고 행동(行動)도 있는 것이다.

행동(움직임)들을, 이 행동들이 수단이 되어 이바지하는 목적들에 의해 구분하는 경향이 있다. 따라서 행동의 목적론적 성격은 자연의 가지성(可知性 ; intelligibility, 알 수 있는 능력)을 구성한다고 말하는 것은 옳은 일이라 하겠다.

이런 까닭에 우드브리지에게 구조와 행동에 대한 고찰은 목적론(目的論 ; teleology)에 대한 고찰을 다시 필요로 한다고 생각되었다. 그는 여러 논문에서 되풀이하여 주장하기를, 자연은 어떤 일정하고 특수한 목적들을 지향하는, 그리고 완강한 주위 환경에 의해 방해받지 않는 한, 이 목적들을 이루어 가는 변화들의 세계라고 말했다. 그런데 이 목적론은 '자연적' 목적론이다. 이것은 설명을 필요로 하지 않는 것이다. 즉 이것은 설명될 필요가 없는 것으로 자연의 일반적 특성이다. 이것은 기술 분야에서 실제로 사용될 하나의 사실이며, 또 과학에서 이론적으로 제기될 하나의 사실이다. 사물들의 유용성이나 목적성은 사물들의 기원에 대한 증거로 생각되지는 않는다. 유용성을 자연의 외부로부터 오는 어떤 선행적인 의도의 결과로 설명하려는 이론들은 공상적인 신화들일 따름이다. 우리는 자연의 진행 과정에서 어떤 특수한 물건이 어떻게 생기게 되었는가를 설명할 수 있다. 그러나 우리는 그 특수한 물건의 유용성이 어떻게 발생하게 되었는가를 설명할 수는 없다. 한 물건이 그 본성을 가지는 동시에 그 본성에 유래하는 유용성을 지니지 않으리라는 법은 없다. 비인간적 자연이든 인간의 기술이든 모두 자연의 목적론이 끊임없이 적용되고 있다. 그것들은 다 같이 과정들이며, 이 과정들에 의해 사물들은 사물들 안에 어렴풋이 포함되어 있는 목적들을 향해서 움직여 나아가게 된다. 우드브리지는 인간의 기술이 이제까지는 이 자연물들에게 무관심했던 여러 용도를 슬며시 끌어들이는 것이 아님을 강조하려 했다. 기술이란 오히려 자연이 인간에게 제공하는 목적론적 기회들을 제한된 조건 아래 이용하는 것이다. 기술 분야는 자연의 무차별적 목적론에 길을 터주며, 파괴적인 세력들로부터 보호해 주고, 이 결과들을 더욱 쌓이게 하며, 동시에 더 잘 선택된 것이 되게 한다. 자연의 목적론은 너무나 다원적이다. 자연의 목적들은 때로 인간에게 매우 잘 어울린다. 실제로 자연에서 의식의 탄생과 종의 진화에서 합리성의 출현은 둘 다 인간의 진보에 매우 적절할 뿐만 아니라, 인간에게 새로운 가능성을 열어주며 앞으로 힘차게 나아가게 하는 자연적 목적론의 예들이다. 그러나 자연의 목적들은 어떤 때에는 인간에게 적대적이다. 그리하여 자기 자신의 이익을 추구하는 인간은 자신을 파멸시킬지도 모르는 것과 싸우지 않으면 안 된다. 인간은 자연의 여러 목적론적 기회 가운데에서 선택하며, 이 목적론을 문명들의 구조 안에 쌓이도록 조정한다. 또 자연의 여러 유용물을 기술의 자기 의식적 진행 과정 안으로 끌어들인다. 이러한 사실들의 발견으로 우리는 자연이 어떤 존재인지 가늠할 수 있다. 따라서 철학자들로 하여금 목적론을 인간의 욕심을 만족시키기 위해 꾸며낸 이론 정도로 다루게 해서는 안 된다. 인간이 자연의 무차별한 목적성 가운데에서 몇몇 도움이 되는 부분들을 파악하기에 앞서 자연이 이미 목적론적인 것이 아니었다면 인간은 말할 수 없이 무력해져서 자연의 무자비한 메커니즘(기계적 운동) 속에 휩쓸려 들어가 버렸을 것이다. 예컨대 인간이 존재하게 되었다 하여도 마침내 그렇게 되고 말았을 것이다.

구조·행동, 그리고 목적론은 관념 안에서는 구별될 수 있다 하여도 실제로는 모든 존재물의 서로 맞물린 부분들이다. 자연의 이 세 가지 관념적 특성들은 형이상학적 사변 또는 사색의 시작을 알린다.

시간론

우드브리지는 하나의 역사 철학을 세웠다. 그의 역사 철학은 대부분의 고전적 역사 철학들과는 아주 다르다. 그는 인간이나 우주에 일어나는 사건들의 진행 과정을 하나의 포괄적 계획의 단계적 실현으로, 또는 어떤 궁극 목표를 위해 발전해 나아가는 과정으로 보려는 모든 시도를 바람직하지 않게 여겼다. 자연은 서로 방향이 다른 수많은 목적들을 가지고 있으며, 하나의 통일된 계획을 전혀 가지고 있지 않다고 우드브리지는 단호하게 주장했다. 그러므로 만일 우리가 역사에 대해서 살펴보려면 사건들을 다루되, 집합적으로가 아니라 분산적으로 다루어야만 한다. 즉 자연적 변화의 갖가지 경우들로부터 보편적으로 드러난 변화의 특성들로 나아가지 않으면 안 된다. 건전한 역사 철학은 형이상학의 한 부문이다. 이것은 모든 변화가 언제 어디서나 가지는 일반적 성질을 밝혀주는 형이상학의 한 부문이다.

따라서 역사 철학(歷史哲學)은 시간론(時間論 ; a theory of time)이 된다. 우리는 시간을 과거·현재·미래로 나누는데 이는 아주 옳은 일이라 하겠다.

그러나 우리는 이 명백한 진리로부터 나아가 과거는 현재의 원인이며, 현재는 미래의 원인이라고 생각해서는 안 된다. 모든 힘(efficacy)은 현재에 머무르고 있다. 현재—현재라는 시점 안에서 각 방면의 세력들과 활동적인 힘들을 가지고 존재하는 많은 것들—는 생멸하는 모든 것의 원인이다. 현재는 한 가지 매우 중요한 의미에서 과거의 원인이 된다. 이 역설을 진리가 되게 하는 중요한 의미에 대해 우리는 잘못 생각하기 쉽다. 우리는 이 역설을 쓸데없는 일이 되게 해서는 안 된다. 우리는 여기에서 사건들이 일어나는 모습을 눈여겨볼 필요가 있다. 우리는 과거가 우리로 하여금 하게 하는 것을 우리 스스로 하지는 않는다. 오히려 과거가 우리로 하여금 작용하도록 제공하는 재료들에 대해 가능한 범위 안에서, 우리는 현존하는 재료들을 재구성하거나 변형하거나 한다. 그리고 우리는 이 현존하는 재료들을 재구성하는 작업에 앞서 이들이 지녔던 속성을 역사를 토대로 재구성해 본다. 변화란 과거에 불분명하게 존재했던 것의 갑작스런 출현이 아니다. 오히려 변화는 '이미 일어난 것에 대한 새로운 작용'이다. *54 이것은 언제나 새롭게 고쳐 나아가는 것이며, 주어진 이용 가능한 재료들에다 무엇을 더해 가는 과정이다. 그리고 주어진 재료들이 우리의 작업에 엄격한 여러 제한을 가한다는 사실을 고려하지 않는 것은 어리석은 일이기는 하지만—왜냐하면 우리가 쇠를 가지고 할 수 없는 일을 우리는 나무를 가지고 할 수 있으며, 또 이를 역으로 바꾸어 말해도 마찬가지인데, 다른 모든 재료에 대해서도 이러하다—또한 이 재료들을 현재 우리가 이것들을 다루고 있는 특정한 방식대로만 다루어야 한다고 생각하는 것도 진리로부터 멀어지는 것이라고 볼 수 있다. 우리는 재료들이 제공하는 여러 가능성의 한계 안에서 이 재료들을 다루는 방법을 선택한다. 또 위에서 말한 바와 같이 현재의 활동은, 재료들이 전부터 지녀왔던 것을 그 역사의 일부가 되게 한다. 심지어 우리가 어떤 새로운 사건 또는 상황들을 실현함으로써 이전의 사건 또는 상황들을 과거에다 '밀어 넣는다고' 말할 수 있다고 우드브리지는 생각했다.

그리고 우리 인간의 작업 방식에 대해서 지금 말한 것은, 다시 말하면 생물이든 무생물이든 자연의 모든 행동 주체들에 대해서도 타당하다고 말할

---

*54 *The Purpose of History*(New York, Columbia University Press, 1916), p. 35.

수 있다. 수많은 행동 주체들은 자신의 활동에 대한 의식과 그 활동이 지향하는 목적에 대한 의식을 결여하고 있다. 그러나 무생물인 행동자들도 행위하는 것은 사실이며, 또 이들의 행위는 어떤 작용들에 유효한 영향을 미친다. 이 무생물들의 행위 또한 이들 자체가 작용을 미친 이전 상태를, 새로운 현재를 생산적으로 실현해 나아감으로써 과거에다 '밀어 넣는다'는 것이다.

우리는 시간을 하나의 선으로, 그리고 시간의 계기적(繼起的, 연속적) 순간들을 그 선 위의 점들로 나타낼 수 있다. 그러나 이때 우리는 시간을 공간적으로 나타냄에 있어, 시간을 이미 그어진 선(이 선에서 과거·현재·미래가 모두, 이를테면 완성되어 끝이 난)과 비교할 것이 아니라, '지금 그어지고 있는 선'과 비교해야 한다. *⁵⁵ 하지만 현재는 그 선 위에 하나의 점으로 나타낼 수 없다. 오히려 이것은 선을 긋는 과정으로 나타내지 않으면 안 된다. 오직 과거만이 선 위에 있다. 그리고 선이 그어짐에 따라, 이미 선 위에 존재하는 점 하나하나는 계속 선을 긋는 작업이 행해지고 있는 곳으로부터 점점 더 멀어진다. 이같이 끝나버린 사건들은 현재로부터 조금씩 멀어지며 과거로 남게 된다. 과거는 계기적(연속적) 현재들의 결과물이다.

물론 역사는 연속적이다. 그러나 이 연속성(continuity)은 과거가 현재를 거쳐 미래로 나아가기 때문이 아니다. 오히려 이 연속성은, 만일 현재(즉 지금 실재하는 현실적인 것들)가 작용한다고 하면, 과거가 물려준 유산에 대해서 작용하여 이것을 재료로 삼아 재구성하기 때문이다. 지금 실재하는 것들이 비교적 그 행동 습관들을 바꾸어 나가지 않는다면 역사는 큰 변화 없이 비슷한 성향을 지닌 시대들을 보여 줄 것이다. 지금 실재하는 것들이 그 행동 방향을 바꾸거나, 또는 이성적 행동 주체들의 경우에 자신들의 목적을 바꾸게 되면 역사는 급속하게 혁명적 변화를 보여 줄 것이다. 하지만 어느 경우에나, 재료를 재구성하는 활동은 언제나 잠재되어 있는(potential) 것을 현실적인 것으로 변환하는 과정이다. 자연의 전개 과정을 과거에서 현재로 나아가는 것으로 보는 것보다는 잠재적인 것에서 현실적인 것으로 나아가는 것으로 봄이 더 마땅하다. 현재 활동들을 제한하는 것은 기간을 뜻하는 어떤 시간적 과거가 아니다. 이러한 제한을 하는 것은 오히려 과거 또는 그 재료

---

*55 앞에 인용한 책, p. 38.

들의 잠재된 힘(또는 잠재된 힘의 결여)이다. 우드브리지의 다음과 같은 결론은 매우 옳다고 볼 수 있다. '세계는 언제나 새로운 것이며 언제나 낡은 것이다.'[*56] 과거로부터의 유산은 쉴 새 없이 변형되어, 새로운 것으로 나타난다. 그리고 이러한 유산 말고는, 실행해 나갈 그 어떤 재료도 없으며 이 때문에 과거와의 연속성은 유지되는 것이다.

정신의 세계

우드브리지는 근대 여러 세기에서 인식론적(認識論的) 생각들을 고찰함으로써, 정신에 대한 하나의 이론을 세우게 되었다. '정신'(또는 마음)이란 말은 두 가지 의미로 쓰이게 되었다고 그는 지적했다. 이 두 의미는 서로 깊은 관계성이 있으나 또한 서로 뚜렷이 다르다. 한편으로 정신은 지각(知覺)하는 작용, 생각하는 작용, 느끼는 작용 같은 활동들—이 활동들은 인간이 가장 뛰어나게 잘할 수 있는 활동들이지만, 어느 정도까지는 다른 생물들도 할 줄 아는 활동들이다—을 뜻한다. 다른 한편으로는 정신이란 그 안에서 생각하는 과정이 행해지는 세계(또는 영역)을 뜻한다. 앞의 의미로는 우리는 많은 정신 작용들을 말할 수 있다. 뒤의 의미에서는 어떤 객관적 정신을 논할 수 있다.

많은 사람들 하나하나가 하는 정신 작용들의 의미에서 정신을 말할 때, 우리는 어떤 종류의 대상물을 다루고 있는 것이 아니라, 어떤 활동들을 다루고 있는 것이라고 우드브리지는 주장했다. 여기서 '정신'이란 말은 어떤 신체들의 본성이나 내용보다는 오히려 그 신체들이 행하는 것을 뜻한다. 걷는 것, 소화하는 것, 그리고 호흡하는 것을 우리는 육체적 활동이라 부른다. 생각하는 것, 기억하는 것, 그리고 지각하는 것을 우리는 정신적 활동이라 부른다. 이 두 가지 활동을 수행하는 것은 하나의 존재, 즉 살아 있는 개체의 유기적 신체이다. 정신은 어떤 행동자가 아니다. 사고·기억 및 지각 활동들을 하는 행동의 주체와 걷기·소화 및 호흡 활동을 하는 행동의 주체는 같다. 물론 이 두 종류의 활동들은 서로 복잡하게 관련되어 수행되므로 그 하나하나는 다른 것이 존재함으로써 스스로도 활동하게 된다. 우리가 어느 때에 어느 곳을

---

*56 앞에 인용한 책, pp. 82~83.

걷는다는 것은, 우리가 어느 방향으로 생각하고 계획한다는 것을 뜻한다. 그리고 우리가 어떤 것을 지각하는 것은 우리가 어떤 방향으로 나아가기 때문이다. 그러나 정신적인 것은 아무리 신체적인 것과 밀접하게 관련되어 있다 하더라도, 신체적인 것으로 변형될 수 없다. 그리고 신체적인 것은 관념론자들이 자신들의 이론을 내세워 주장한다 하더라도, 정신적인 것으로 변형될 수는 없다. 사람들의 신체는 신체가 직접적으로 접촉하고 있는 것보다 더 많은 물리적 대상들과 관련을 맺게 된다. 왜냐하면 사람들의 정신적 활동은 지나간 과거, 공간적으로 먼 곳에 있는 어떤 것, 보이지 않고 추측된 것들과 여러 관계를 맺고 있기 때문이다. 반대로 사회, 도덕 그리고 온갖 문화적 부분들 안에서는 사람들의 정신이 서로 관련을 맺게 된다. 왜냐하면 이들의 신체들은 싫든 좋든 이 지구에서 더불어 살아가야 하기 때문이다. 정신(많은 사람들 하나하나가 행하는 정신 작용들을 말할 때의 의미로)과 신체와의 관계는 이러하다. 즉 정신은 신체를 다른 많은 것들과 결합하기도 하고, 또 신체에 의해 다른 많은 것들과 결합되기도 한다. 따라서 어떤 유기적 신체들이 생각하고 기억하고 지각할 때, 이 신체들은 그 안에서 걷고 소화하고 호흡하면서 물리적 세계가 아닌 또 하나의 다른 세계로 나아가는 것이 아니다. 오직 하나의 세계에서 다른 물리적 대상들과 새로운 하나밖에 없는 세계의 존재 영역 관계들로 맺어지는 것이며, 이에 대해서 우리는 아주 희미한 증거만을 가지고 있다고 결론짓지 않으면 안 된다. 신체들은 정신적 활동을 수행할 때, 그것들은 여전히 자연적 세계에 있다. 그러나 이들은 아주 풍부해지고 크게 변모한 모습으로 자연 세계 안에 있는 것이다. 우드브리지는 매우 적절한 비유를 하나 사용하여 자기 견해를 나타냈다. *57 많은 광선들을 받고 있는 렌즈가 이 광선들을 하나의 뚜렷한 형상을 가진 그림 안에 집중하듯, 사고와 기억과 지각 활동으로 말미암아 다른 물리적 대상들과 연결된 유기적 신체는 그 상황의 여러 의미를 이성적 사고에 집중한다. 정신이 없는 신체는 좁은 범위 안에서 여러 물리적 압력들과의 접촉만을 가진다. 정신을 가진 신체는 그 접촉의 범위가 확대되어 있으며, 그 접촉의 과정이 이지적(理智的 ; intelligible)이다.

---

* 57 *The Realm of Mind*, pp. 103~104.

우리가 정신을 객관적 정신이란 의미에서 논할 때, 우리는 자연적 세계를 다루고 있는 것이라고 우드브리지는 주장했다. 그의 주장은 정신의 세계가 자연을 떠난 사적인 영역이라고 하는 로크의 이론에 의도적으로 반대하는 것이다. 신체야말로 생각하는 행동자이며—어떤 정신적 실체가 생각하는 것이 아니므로—생각은 신체가 움직이는 영역과 똑같은 영역에서 일어난다. 물론 이 세계는 물질로 이루어진 물리적 세계이다. 그러나 이 세계는 또한 이해가 가능한 예지계(叡智界 ; mundus intelligibilis)이다. 한 개인의 정신, 즉 한 특정한 유기체의 정신적 활동은 이 신체를 자연의 이해력과 결합한다. 우리 인간은 관념들을 가지고 있다(다른 동물들도 그럴 수 있을 것이다). 그러나 관념은 물리적 사물에 대한 정신적 모사(模寫 ; a mental replica) 또는 정신적 표상(表象 ; a mental representative)이 아니다. 우드브리지는 늘 말하기를, 근대인들 가운데 스피노자가 관념의 성질을 가장 잘 이해했었다고 주장했다. '관념들의 질서와 연관성은 사물들의 질서 및 연관성과 동일하다'고 스피노자는 말했다. 이 두 가지 질서는 동일한 하나의 질서이다. 왜냐하면 관념은 그 여러 이론적 연관성 안에 있는 하나의 대상이기 때문이다. 걸어가면서 인간은 자연의 공간적 측면을 탐구한다. 생각하면서 인간은 자연의 지적(知的 ; intelligible) 측면을 탐구한다. 말하자면 인간은 탐구하는 객관적 정신이다. 우리는 신체적 자극들이 우리의 신경 계통을 지나 뇌에 전달되는 사건들을 통해서 관념들을 얻을 수 있다. 그러나 우리로 하여금 관념들을 얻게 하는 이 구조 체계(mechanism)는 관념들이 무엇임을 알려 주지 않는다. 이것은 생각하는 신체가 그 나머지 세계와 연결되어 있는 방식을 알려 줄 따름이다. 관념을 가졌다고 하는 것은 자연의 지적 구조를 드러냈음을 의미한다. 우리는 관념들을 전달하는 데 신체적 수단을 쓴다—예컨대 말, 글, 벙어리의 몸짓, 배 위의 깃발들은 이러한 수단들이다. 우리가 관념의 전달에 신체적(물리적) 수단들을 쓸 수 있는 것은, 세계의 물질적 부분(physicality)과 정신적 부분(intelligibility)이 존재론적으로 분리될 수 없는 것이기 때문이다. 객관적 정신은 자연 세계가 지니는 하나의 특징으로서, 유기적 구조를 가진—따라서 지각하고 기억하고 생각하는 능력을 가진—물리적 신체들에 의해 탐구된다.

자연주의와 휴머니즘(인본주의)

우드브리지는 자기 자신을 자연주의자라고 불렀다. 그는 '자연주의(自然主義)'란 말은 (관념론 또는 유물론 같은) 하나의 사상적 흐름만을 뜻하는 것은 아니라고 말하고는 했다. 철학에서 자연주의자는 위로는 하늘과 아래로는 땅을, 또 땅 밑에 흐르는 물을 탐구하되 무엇을 발견하려고 미리 의도하지 않으며, 발견되는 것은 어느 것이든지 받아들일 마음의 준비가 되어 있는 사람이다. 하지만 실제로 우드브리지는 좀 더 특별한 의미에서 자연주의자였다. 그는 아리스토텔레스로부터 내려오는 전통적 의미에서 자연주의자였다. 그러나 그가 예찬한 아리스토텔레스는 〈윤리학〉을 쓴 아리스토텔레스, 즉 플라톤이 〈국가편〉에서 펼친 인본주의적(人本主義的) 태도를 다시 체계적으로 밝힌 아리스토텔레스였다.

우드브리지의 자연주의는 이런 것이었다. 즉 그는 자연의 일반적 특성들에 대한 형이상학적 성찰로부터 구조·행동 및 목적론의 한 특정한 예로서—거의 방해받지 않고 바로—인간의 도덕적 생활을 제시하여 나아가는 것이 바람직하며 또 절대적으로 그렇게 해야만 한다고 생각했다. 우리는 자연에 대해서는 자연주의적 이론을 가져야 하며, 인간에 대해서는 휴머니즘적 이론을 가져야 한다고 우드브리지는 말하고는 했다. 우리는 인간 아닌 자연에다 도덕적 의의를 신화적으로 부여해서는 안 된다. 또 온대성 저기압이나 강물의 흐름을 측정하듯 속도와 물리적 에너지를 응용하여 인간을 측정해서도 안 된다. 휴머니즘(人本主義) 없는 자연주의는 야만성을 드러내기가 쉽다. 왜냐하면 이것은 도구들과 기계들을 사용할 때 나타나는 효율성, 자연 안에서 인간의 지배력을 증가시키기 위한 발명들의 진보 및 공업적·상업적 자산의 중요성을 강조하지만, 그 효율성이 이바지할 목적들을 고려하고 정하지 않은 채 그대로 내버려두기 때문이다. 자연주의 없는 휴머니즘은 르네상스 초기에 그랬듯이 감상에 흐르기 쉽다. 왜냐하면 이것은 과거의 위대한 업적들—고대 문학, 고대 예술, 그리고 일반적으로 고대 문화—에 심취하여 이러한 것들과 똑같은 가치들을 동경하며 단순히 따르고 모방하려 했기 때문이다. 자연주의와 휴머니즘의 결합은 균형잡힌 철학을 낳는다. 도덕적 가치들과 활짝 꽃 피운 예술들의 가장 아름다운 개화(開花)는 자연의 드러나지 않은 능력들 안에 그 뿌리를 두고 있으므로, 물리적 과학과 생물학적 과학에서 자연의 탐구는 인간의 도덕적 발전의 가능성들을 증가시킨다고 우드브리지는 가르쳤다. 그리고 자연의 원료들은 그 목적론적 가능성들에 비추어 볼 때, 인간의 갈망 또 그 갈망을 여러 현실적인 소유로 바꾸려는 이성적 노력들을 불러일으키는 하나의 자극이 된다. 자연주의는 수단에 더 많은 관심을 가지며, 휴머니즘은 목적에 더 많은 관심을 가진다. 그러나 목적은 수단에 도덕적 지위를 주고, 수단은 목적에 실제적인 기초를 마련해 준다. 수단과 목적이 조화를 잘 이루었다고 말하는 것은, 곧 인간이 자연 속에서 마땅히 있어야 할 자리를 찾았으며, 또 자연은 인간에게서 그 여러 완성 가운데 하나를 가지게 되었다고 말하는 것과 같다. 그리고 이 둘 가운데 어느 하나를 말하는 것은 인간의 삶이 비록 비인간적인 자연의 광대하고 강력한 세력들 앞에서 불안정하고 양적으로 보잘것없는 것이라 해도, 질적으로 풍부해짐으로써 이성적이고 기쁨에 가득 찬 것이 될 수 있다고 말하는 것과 같다.

5. 듀이

존 듀이(John Dewey, 1859~1952) : 미국 버몬트 주 벌링턴에서 태어나 뉴욕에서 세상을 떠났다. 그는 자기가 태어난 도시의 여러 공립 학교와 버몬트 대학에서 교육을 받았으며, 1879년 열아홉 살 때 버몬트 대학을 졸업했다. 그 뒤로 3년 동안 학생들을 가르쳤는데, 2년 동안 펜실베이니아 주의 사우스오일 시에서, 그리고 다른 한 해는 벌링턴 근처 어느 마을에서 가르쳤다. 그는 버몬트에서 공부할 때 스코틀랜드의 실재론자(實在論者)들과 오귀스트 콩트의 책들을 읽었다. 고향으로 돌아와서 친구이자 동시에 스승인 토리 교수(A.P. Torrey)의 지도 아래 여러 철학 고전을 폭넓게 읽었다. 그는 〈사변 철학 잡지 *Journal of Speculative Philosophy*〉에 논문 두 편을 냈다. 그리고 이 잡지의 편집자 해리스(W.T. Harris) 박사가 이 두 논문을 받아들여 1882년에 발표했을 때, 듀이는 이미 절반쯤 자기의 삶을 철학에 바치기로 결심했다. 그는 존스 홉킨스 대학원에서 공부하기 위해 충분한 돈을 꾸었다. 여기서 그는 조지 S. 모리스(George S. Morris) 교수의 영향을 받아 독일 철학자들, 특히 헤겔을 철저히 연구하였다. 1883년 모리스가 미시간 대학으로 옮긴 뒤, 듀이는 그 이듬해 초빙되어 모리스 밑에서 철학 강사직을 맡았다. 듀이는 1884년에서 1894년까지 (미네소타 대학에서 1년 동안 강의한 것 말고) 미시간에서 강의했다. 1894년에서 1904년까지 그는 시카고 대학에서 철학과·심리학과·교육학과의 주임으로 있었다. 1904년에는 컬럼비아 대학 교수로 초빙되어 1905년부터 25년 동안 (일본과 중국에서 강의하고, 또 중국 당국의 교육 고문으로 일한 2년 동안을 제외하고) 강의했다. 그는 1930년에 은퇴하여 세상을 떠날 때까지 명예 교수로 있었다. 교육 이론과 교육적 실천에 대한 그의 영향은 현세기의 어느 누구보다도 널리 퍼져 나갔다. 존 듀이의 저서는 철학뿐만 아니라 교육·정치·사회 문제에 대한 것들도 꽤 많다. 그 가운데 중요한 철학서만 들면 다음과 같다. 〈학교와 사회 *The School and Society*〉(1900)·〈윤리학 *Ethics*〉(James H. Tufts와 공저, 1908. 제2판 1932)·〈생각하는 방법 *How We Think*〉(1910)·〈민주주의와 교육 *Democracy and Education*〉(1916)·〈철학의 재구성 *Reconstruction in Philosophy*〉(1920)·〈인간의 본성과 행동 *Human nature and conduct*〉(1922)·〈경험과 자연 *Experience and Nature*〉(1925, 제2판 1929)·〈대중과 여러 문제 *The Public and Its Problems*〉(1927)·〈확실성의 탐구 *The Quest for Certainty*〉(1929)·〈경험으로서의 예술 *Art as Experience*〉(1934)·〈하나의 공통 신앙 *A Common Faith*〉(1934)·〈논리학, 탐구의 이론 *Logic, the Theory of Inquiry*〉(1938).

존 듀이는 유달리 오랜 기간에 걸쳐 철학 분야에서 많은 글을 써낸 사람이다. 최초의 철학 논문은 1882년에 나왔는데, 이로부터 70년 뒤 죽을 때까지 철학 부문의 글을 계속해서 썼다. 초기에 존 듀이는, 나중에 스스로 버린 몇 가지 견해들을 발표했다. 그는 과거와 그가 속한 시대의 몇몇 위대한 사상가들에게서 깊은 영향을 받았다. 이 영향들이 아무리 그의 사상에 크게 기여했더라도, 그는 결코 어느 하나의 전통에 사로잡히지는 않았다. 또 그는 남에게서 얻은 지혜를 가져다가 이리저리 짜맞추는 절충가도 아니었다. 오히려 그는 사실들을 관찰하는 데 있어 날카로운 감각을 가지고 꿰뚫어 보는 사람이었다. 또 자신이 맞닥뜨린 모든 사상이 사실들을 충실히 드러내는가 그렇지 않은가에 따라 그 타당성에 의해 가치를 측정하는 방법을 잘 알고 있었다. 존 듀이는 언제나 새로운 사상들에 대해서 마음을 열고서 이제까지 가졌던 사상들을 기꺼이 수정하려 했다. 그는 여러 해 걸려 자기 자신의 성숙하고 독자적인 이론을 세웠다. 마침내 1929년 〈경험과 자연〉 제2판(수정판)에서 이 이론을 제시했다. 이 이론은 그의 철학의 결정적 표현이라 말할 수 있다.

듀이는 '절대주의에서 실험주의로'*58란 말로 자신의 지적 발전을 표현했다. 또 그의 인식론을 도구주의(道具主義 ; instrumentalism)라고 불렀다. 〈경험과 자연〉 제2판에서는 자신의 철학을 '경험론적 자연주의 또는 자연주의적 경험론' 또는 심지어 '자연주의적 휴머니즘'이라 말하고 있다. *59 이 여러 명칭이 나오게 된 것은, 그가 자기의 원숙한 이론을 세우기 위해 끌어들인 몇 가지 사상과 또 그가 반대한 사상들을 생각해 보면 잘 알 수 있다. 여기에서는 그의 발전 단계들을 모두 설명하는 것은 피하기로 한다. 다만 그의 사상 발전에 기여한 여러 지적인 사상들과 관련하여 그의 원숙한 견해를 설명해 보려고 한다.

헤겔의 영향

듀이는 초기 여러 저서에서 헤겔의 전통으로부터 여러 가지 점에 깊은 영향을 받았음을 보여 주고 있다. 나중에 그의 사상이 원숙해진 다음에 초기 시절을 회상하여, 자기는 처음에 충실한 헤겔 학파가 될 뻔했다고 말했다. *60 그는 철학적 생애 거의 맨 처음부터 헤겔 학파의 절대주의(絕對主義 ; absolutism)와 관념론(觀念論 ; idealism)에 몹시 비판적이었다. 그러나 그에게는 초기에 헤겔 학파의 손에서 훈련된 것이 도움이 되었으며, 또 그 스스로도 도움이 되었다고 말하고 있다. 그는 언제나 헤겔 사상에서 받은 영

---

*58 그는 이 문구를 *Contemporary American Philosophy*(New York, Macmillan, 1930), Vol. Ⅱ, pp. 13~27에 쓴 철학적 자서전의 제목으로 사용했다. 이 자서전은 *Experience and Nature*의 수정판과 거의 때를 같이하여 씌었다.

*59 *Experience and Nature*, 2d ed.(New York, Norton, 1929), p. 1a.

*60 그가 이 말을 한 것은 바로 1923년 1월 5일자로 나에게 보낸 편지에서였다. 이 편지에서 그는 이런 말도 했다. 즉 철학을 공부하는 이가 헤겔을 통해서 철학에 다가가면, 다른 유형의 근대 철학을 통해서 철학에 다가가는 것보다, 궁극적으로 건전한 경험론에 이르게 될 가능성이 더 많다는 것이었다.

향을 간직하고 있었다. 이것은 심지어 그의 원숙한 견해가 마지막 단계에 들어갔을 때에도 그러했다. 이 영향들은 때로 그의 독자들이 알지 못하고 지나쳐 버리기 쉬운 것이다. 왜냐하면 그 사상적 영향들이 헤겔의 다른 사상에 대한 반대 주장들과 나란히 그의 견해 속에 스며들어 있기 때문이다. 그러나 이것들은 찾아낼 수 있다. 그리고 오직 그것들을 알아볼 때에만 우리는 듀이의 원숙한 견해를 완전히 이해했다고 말할 수 있다.

첫째로 듀이는 헤겔 연구를 통해서 경험과 자연의 이원론(二元論)을 버리게 되었다. 이 이원론은 로크가 근대 철학의 경험론적 전통에 단단히 뿌리내린 것이었다. 듀이는 인간의 경험은 분리된 존재 영역도 아니며, 또 개인적인 존재 영역도 아니라고 주장했다. 그것은 자연적 사건들의 진행 과정 일부이다. 경험은 자연 '속에서(within)' 일어나며, 또 자연에 '대한(of)' 것이다. 다시 말하면, 자연은 경험 속에(불완전하더라도) 드러난다. 경험과 자연의 관계에 대한 이 견해는 정통적인 헤겔 사상이라고는 말할 수 없을지도 모른다. 그러나 이는 헤겔의 이론을 듀이가 신뢰하고 받아들인 부분이다.

둘째로 듀이는 헤겔로부터 사상이 역사적 과정에 효과적으로 즉 어떤 결과를 낳도록 관여하며, 사건들의 과정을 이루는 유력한 요인들 가운데 하나임을 배웠다. 사상은 차이를 낳는다. 사물들의 참된 본질이 이 사물들에 대한 사고가 시작되기 전에 있던 그대로 완전하게 존재한다고 보는 로크의 생각은 옳지 않다고 듀이는 주장했다. 그리고 사상이 사물들의 생성을 결정하며, 아울러 그 참된 본질도 결정한다고 생각한 헤겔의 견해가 옳다고 보았다. 헤겔은 역사를 정립(thesis)—반정립(antithesis)—종합(synthesis)의 발전으로 보았는데, 듀이가 사고를 회의(doubt)—탐구(inquiry)—답(answer)의 경험이라고 말한 것은 헤겔의 생각을 좀 수정한 것이다.*61 듀이가 헤겔의 생각을 고친 것은, 그가 보기에 헤겔의 생각이 너무 딱딱하고 도식적이었기 때문이다. 듀이는 사고 즉 우리의 생각은 이미 확립된 일정한 형식을 언제나 되풀이하는 것이 아님을 깨달았다. 그러나 이렇게 깨달으면서도 듀이는 헤겔에게서 하나의 확신을 얻고 이것을 언제나 간직했다. 이는 곧 생각의 기능은, 생각이 일어나기 전부터 이미 그 자체로 존재하고 있는 어떤 고정된 현

---

*61 예컨대 *How We Think*(Boston, Heath, 1910), 제8장 참조.

실을 밝히는 것이 아니라, 이 현실을 만들어 내는 데 함께 참여한다는 것이다. 그는 고전적 경험론자들이 종종 자연과 지식을 모두 '실체'나 '물질' 또는 '정신'과 같은 불변하는 존재물들을 가지고 해석하는 것을 못마땅하게 여겼다. 그는 오히려 헤겔처럼 자연과 지식을 역사·문화(헤겔의 Geist)·과정·변화·생성 같은 범주들을 가지고 살펴볼 때 그 특성을 더 잘 알 수 있다고 생각했다.

셋째로 듀이는 헤겔로부터 사상은, 적어도 의미 있는 사상은 사회적 성격을 띠고 있음을 배웠다. 언젠가 듀이는 이렇게 말했다. '오직 하나 가능한 심리학은 사회심리학(社會心理學)이다.'[62] 그리고 오직 하나 가능한 인식론은 헤겔에서처럼, 사회의 전체 구조 안에서 그 자체를 만들어 내는 사상을 다루는 인식론(theory of knowledge)이다. 사상은 문화의 한 단면이다. 한 개인이 뛰어난 천재성을 가지고 그 사회의 지적인 지도자로서 두드러진 능력을 발휘한다 하더라도, 정신은 언제 어디서나 유기체가 물리적 사회적 환경과 더불어 서로 관련을 맺으며 작용하는 과정이다. 천재도 끈질기게 노력하는 사람과 꼭 마찬가지로 문화의 전개 과정 속에서 어떤 특별한 때에 특별한 사회에 태어나는 것이며, 또 문화적 환경과의 관련 속에서 활동하지 않으면 안 된다. 그는 인습의 노예가 될 필요는 없다. 그는 문화적 환경의 재구성에 관여할 수 있다(천재의 경우에는 관여하게 되는 게 보통이다). 그러나 사상은, 즉 우리의 생각들은 계속해서 진행해 나아가지만, 이것은 머리나 신경계 안에서가 아니라 포괄적인 역사적 상황 속에서 진행하고 있다. 그리고 이 역사적 상황 속에서 머리와 신경 조직들은 여러 사회적 관계에서 어떤 결정적인 중심 역할들을 하게 된다.

생물학적 사상의 영향

비록 이와 같이 듀이는 그의 원숙한 견해 안에 일찍이 헤겔을 연구함으로써 얻은 몇 가지를 그대로 간직하기는 했으나, 차츰 헤겔의 정통적 전통에서 멀어져 갔다. 다른 여러 사상이 헤겔에게서 받은 그의 사상적 영향을 보충하거나 대체해 갔다. 이 영향들 가운데 두드러진 것은 찰스 다윈의 진화론(進

---

[62] P.A. Schilipp, ed., *The Philosophy of John Dewey*(Chicago, Northwestern University, 1939), p. 18.

化論)과 윌리엄 제임스의 심리학(心理學)이었다. 듀이는 19세기 후반 생물학적 과학의 발달에 깊은 감명을 받았다. 그의 다른 사상들은 이 생물학적 과학 이론으로부터 얻은 개념들로 체계화되어 있었으므로, 원숙기의 철학은 그 성격에 있어서 아리스토텔레스 철학 이후로 그 어느 철학보다도 더 생물학적이었다고 말할 수 있다. 생물학적 개념들의 영향 아래 관념론과 절대주의의 모든 흔적은 마침내 그의 사상으로부터 완전히 자취를 감추게 되었다. 그 대신 철저하게 자연주의적인 사상 체계가 나타났다. 이 생물학적 영향은 원숙기의 근본적인 견해들 속에 뚜렷이 나타나 있다.

첫째로 듀이는 역사적 과정을 어떤 포괄적인 우주적 계획의 전개 과정으로 보지 않고, 쉼없이 변화하는 조건들을 가진 다수 요인들의 상호 작용(interaction)으로 보게 되었다. 생명, 생물학에서 경험적으로 연구되는 생명은 바로 상호 작용하는 것이라고 그는 말했다. 그러나 생명은 상호 작용하는 유일한 예가 아니라 하나의 특별한 경우이다. 이것은 상호 작용하는 요인들의 하나(유기체)가 자기에게 작용해 오는 세력들을 그 자신의 보존·고침 그리고 전진을 위한 수단으로 전환하는 종류의 상호 작용이다.[*63] 이 작용이 주위 세력들을 자신의 생존과 복리를 위해 기여케 하는 데 성공하는 정도는 환경에 따라 다르다. 모든 유기체는 이 자기 갱신(自己更新 ; self-renewal) 과정을 끝없이 해 나갈 수 없게 되어 마침내는 죽고 만다. 유기체들이 계속해서 살아가는 동안에도, 그 환경과의 서로 작용들은 한편에서는 예상하지 못했던 어려움, 충동의 좌절, 성장의 저해를 내적으로 겪고 있으며, 다른 한편에서는 건강·번성·힘의 증가 등을 경험한다. 그러므로 경험은—인간의 경험은 물론 모든 생물의 경험, 다시 말해서 이 생물들과 환경과의 상호 작용도 포함하여—두 가지 방법으로 이루어지고 있다. 즉 이것은 환경의 영향을 받으며, 또 환경에 영향을 미친다. 인간뿐 아니라 일반적으로 모든 생물은 다른 여러 세력을 그 자신의 이익에 도움이 되도록 다루는 동시에 어떤 세력에 대해서는 자기 자신을 적응해 나아갈 필요가 있다.

나아가 듀이는 상호 작용의 개념을 전체 세계로까지 확대했다. 자연이란 '어떤 방식으로 상호 작용하는 사물들'에 대한 집합 명사이다.[*64] 우리는 때

---

[*]63 *Democracy and Education*(New York, Macmillan, 1916), pp. 1~2.

[*]64 *Experience and Nature*, 2d., p. 4a.

로 존재(existence)를 단수 명사로 쓴다. 그러나 이 말에서 우리가 뜻하는 것은 '존재들'이며, 또 우리는 이렇게 존재란 말이 복수의 의미를 가지고 있음을 잘 기억하지 않으면 안 된다. 그리고 이 많은 존재들은 인지할 수 있는 (認知; recognizable) 행동 양식의 질서 있는 반복과 '아직 불확실한 결과들을 향해 나아가는 새로운 과정들'의 혼합체이다. *65 우리는 많은 존재들을 어떤 무리 또는 종(種)들로 분류한다. 그러나 우리는 이 종들이 생물학적이기보다는 존재론적으로 좀더 고정되고 영원한 것이라고 생각해서는 안 된다. 그것들은 쉬임없이 변화해 가는 과정에서 여러 가지 변이를 일으키며, 또 사물들의 새롭고 일시적인 종들을 발생시키기도 한다. 사물들은 온갖 방법으로 서로에게 작용하기 때문에 이것들의 무한한 변화와 갖가지 모습들을 적절하게 드러낼 수 있는 공식은 하나도 없다. 자연은 변화로 가득 차 있다. 자연은 획일적이거나 동질적인 것이 아니다. 자연은 어느 곳에서나 안정되고 동시에 불안정하며, 질서가 있으면서 동시에 혼란하고, 완성되어 있는 동시에 아직 미완성 상태이다. 전형적인 동시에 독특하며, 언제나 같은 모습이지만 늘 새롭다.

둘째로 듀이는 다윈의 생물학과 제임스의 심리학에 동의하지만 헤겔의 인식론과 그 밖의 근대 인식론들에는 반대하여, 경험이 본디 인식(認識)의 성질을 띤 것이 아님을 강조하게 되었다. 사고(思考) 즉 우리의 생각은 유기체가 환경에 그 자신을 적응하거나 환경 속에 변화를 일으킬 때 쓰이는 테크닉의 일부, 즉 기술적 부분이다. 생각은 경험과 시공간을 같이하는 것이 아니다. 실제로 많은 생물들에게 있어서는 생각이 경험 속에 조금도 들어가지 않는다. 그리고 사람들에게 있어서도 생각은 경험의 아주 작은 일부분에 지나지 않는다. 사람들은 고통도 겪고, 기쁨도 맛본다. 이들은 소유하며 거래한다. 이처럼 고통을 피하고 기쁨을 얻기 위해, 또는 행복하게 소유하며 유익하게 거래하기 위해 생각이 우리의 생활 속에 자리잡게 된다. 그 열매는 값진 것이지만 동시에 그 발생은 우연적이다. 즉 어쩌다 예상치 않게 발생하는 것이다. 듀이는 헤겔과 마찬가지로, 현실적인 것은 이성적인 것과는 너무나 거리가 멀기 때문에, 현실적인 것은 아주 드물게 이성적인 것이 된다고

---

*65 *Experience and Nature*, 2d. ed., p. 48.

하였다. 생각은 경험을 제멋대로 맹목적으로 하는 행동으로부터 지혜로운 선견(先見)으로 바꿀 수도 있다. 그러나 경험이 근본적으로 여러 일을 겪지 않았다면, 즉 고통과 기쁨의 과정들이 없었다면 생각은 이 같은 일을 수행할 수 없을 것이다. 생각은 유기체의 행동에 있어서 생물학적 변이로서 시작되며 생존을 위해서 '선택'되는 것이다. 이는 그 선택이 여러 가지 일을 맞닥뜨림에 있어 더욱 적게 고통을 겪게 하며 더욱더 많은 기쁨을 맛보게 하기 때문이다. 이 점을 좀 더 전문적인 말로 표현하면, 헤겔에게 생각[思考 ; thinking]이란 구성(構成)하는 것이며, 듀이에게는 재구성하는 것이다.

셋째로 여기에서도 근대 생물학(近代生物學)에 동의하면서 헤겔에 대해서는 솔직하게 반대하여 듀이는 주장하기를, 사고가 경험과 외연(外延), 즉 시공간을 같이하는 것이 아닌 것처럼 경험은 자연과 외연을 같이하는 것이 못 된다고 했다. 경험은 '어디서나' 그리고 '언제든지' 일어나는 것은 아니다. *66

생활 또는 경험(듀이는 경험을 유기체와 환경의 서로 작용이라고 정의했으며, 따라서 삶과 똑같은 것으로 보았다)은 자연계에서 일어나는데, 이 자연의 체계는 삶 또는 경험이 시작되기 훨씬 전에 이미 오랫동안 존재해 온 것이며, 대체로 삶 또는 경험에 조금도 의존하지 않고 계속 존재한다. 경험은 자연에서 때때로 일어나는 것이며 어디서나 일어나는 것이 아니다. 경험은 경험이 일어나는 환경으로서 자연을 전제로, 즉 필요로 한다. 그러나 자연은 경험을 전제하지도 필요로 하지도 않는다. 자연은 그 자체 안에서 경험과 태풍과 일식(日蝕)이 일어나는 그런 존재이다. 그러나 자연이 그대로 태풍이거나 일식이 아니듯 자연 또한 그 자체로 경험은 아니다.

자연주의적 경험론

여기에서 듀이의 경험론을 충분히 이해하기 위해 좀 더 설명할 필요가 있다. '경험'은 좀 모호한 말이라고 그는 지적했다. 근본적인 의미는 위에서 말한 것, 즉 유기체와 환경의 서로 작용이다. 그 다음에는 여기서 확대되어 파생적이고 부차적인 의미를 지니게 된다. 이로써 '경험'이란 말은, 그 안에

---

*66 *Experience and Nature*, 2d. ed., p. 3a.

서 유기체와 환경의 서로 작용이 일어나는 자연적 무대 또는 자연 세계의 일부를 뜻한다.

이같이 어떤 낱말의 의미를 확대하는 일은 '경험'이란 낱말에만 있는 일은 아니다. 이런 일은 다른 낱말 안에서도 일어나며, 철학적인 문제와 관계없는 낱말 안에서도 일어날 수 있다. 예를 들어 '걸음(walk)'이란 말을 생각해 보자. 우리는 어떤 사람을 그 걸음으로(또는 걸음걸이로 ; by his walk) 안다고 말하며, 또 우리는 어떤 사람이 길(the walk)을 내려간다고도 말한다. walk는 어떤 과정을 의미하기도 하고, 또 그 과정이 일어나고 있는 장소를 의미하기도 한다. 첫째 의미는 본디 의미이며, 둘째 의미는 파생된 의미이다. 그러나 과정이란 것이 유기체 자체의, 혼자만의 활동이 아니라는 것에 매우 주의해야 한다. 어떤 유기체도, 만일 그것이 어떤 단단한 마룻바닥이나 땅바닥으로부터 분리된다면 걸을 수 없게 된다. 걸음은 유기체와 환경이 서로 작용하는 과정이다. 마루나 땅은 걸음의 과정에 관여하며, 또는 걸음의 과정이 일어나는 것을 돕는다. 그래서 걷는 과정이 발생하는 길 또한 walk(길, 보도(步道))라고 불리는 것이다. 이런 길은 어떤 유기체가 걷기 위해서 그 길을 사용하지 않을 때에도 여전히 walk라고 불린다. 그러나 이것이 이제까지 어떤 유기체의 걸음(walk)을 위한 장소가 아니었다면, 그리고 앞으로 다시 그런 장소가 되지 않는다면 이는 걸음이 아니다. 자연이 걸음들을 가지고 있는 것은 유기체들과 그 발 아래 있는 땅이 걸음(walking)이라는 행위를 위해 서로 돕기 때문이다.

'경험'이란 말도 그러하다. 경험(유기체가 환경과 더불어 하는 상호 작용)은 어떤 유기체 내부에서 일어나는 것도 아니며, 그 유기체만의 사적인 부분도 아니다. 어떤 철학자들은 이처럼 생각하는 오류에 빠졌다. 이들이 이러한 오류에 빠지게 된 것은, 아마도 유기체가 많은 경험들에 언제나 들어 있는 유일한 불변의 요소(constant factor)이기 때문이리라. 많은 경험들의 환경은 별들과 강들, 법적 결정들, 공장의 방법들, 교회의 예배들, 어느 방의 가구들일 수 있다. 그러나 이 여러 경험에서 불변적인 것은 경험이 일어날 때의 가변적인(variable) 것보다 더 필요한 조건이 되는 것은 아니다. 올바르게 생각하면 경험은 두 요인이 서로 작용해서 이루어지는 기능이며, 그 어느 하나도 예외는 아니다. 그리고 어느 누구도 경험을 분리하여 어느 부분은 유기체에서 오는 결과이며, 어느 부분은 환경에서 오는 결과라는 정확한 선을 그을 수 없다.

　따라서 의미의 확대에 의해, 마치 walking(걷는 곳)이 walking(걸음)의 과정이 일어나는 장소를 가리키는 말로 사용되듯이, 경험은 경험의 과정이 일어나는 장면(the scene)들을 구성하는 데에 사용된다. 이같이 듀이는 자연을 경험(經驗)으로서 논하고 있다. 땅을 평평하게 해 놓은 곳이 본디 걸음(walk, 步道)이 아니듯, 자연도 본디 경험인 것은 아니다. 자연은 경험이 '되는' 것이다. 즉 자연은 이것이 언제나 가졌던 것이 아닌 어떤 유형의 상호작용을 유기체와 더불어 가지게 된다는 것이다. 땅을 평평하게 해 놓은 곳은, 이것이 길이 되기 전에도 이미 존재해 있었으며, 자연물들은 경험이 되기 전에도 이미 존재해 있었다. 듀이는 결코 경험이란 것이, 이를 가지고 유기체들이 자연을 만들어 내는 어떠한 원료나 아직 완성되지 않은 재료라고 암시하려 하지는 않았다. 그가 사물들을 경험이라고 부른 이유는 사물들을 구성하는 재료 때문이 아니라, 그것들이 때때로 작용하는 방식 때문이었다.

　〈경험과 자연〉에서는 '자연'·'존재(즉 현실 존재)'·'경험'의 세 용어가 거의 서로 맞바꿀 수 있게 쓰이고 있다. 이 책 차례의 열 장(章) 가운데에서 다섯 장은 자연이란 말을 쓰고 있으며, 세 장은 존재를, 그리고 두 장은 경험이란 말을 쓰고 있다. 위에서 말한 것처럼, 이 세 개의 말은 대체로 서로 맞바꿀 수 있다. 하지만 언제나 그런 것은 아니다. 이 세 말은 모두 공간적으로나 시간적으로나 우리를 초월해서 퍼져 있는 사물들과 사건들의 광대한 하나의 체계를 가리킨다. 그러나 이러한 동일한 사물들과 사건들의 체계를 가리킨다 해도, 이 말들은 서로 다른(서로 관련성이 전혀 없는 것은 아니지만) 이유들을 가진다. 이 사물들과 사건들의 체계가 존재라고 불리는 것은, 이것이 우리 앞에 있으며 또 설명되지 않으면 안 되는 것이기 때문이다. 그것은 제1 원리(第一原理)들로부터 연역될 수 없으며, 다만 불가피하게 맞닥뜨리게 되는 것이다—그리고 오직 맞닥뜨림으로써 비로소 인식될 수 있다. 이 체계가 또한 자연이라고 불리는 것은 이것이 만물의 발생·지속 및 소멸을 지배하는 세력들을 포함하고 있기 때문이다. 이것은 지금까지 현실화한, 그리고 앞으로 현실화되거나 또는 될 수 있는 모든 잠재적인 요소들이 깃들어 있는 곳이다. 그리고 마지막으로 이 체계가 경험이라고 불리는 것은 유기체와 환경의 상호 작용[相互作用 ; interaction] 가운데 자연의 특성들과 모습들이 드러나기 때문이다. '따라서 경험은 더 아래 단계로 내려가면 자연과 연결되어 있다. 이것은 깊이를 가지고 있다.'*67 (첫째 의미에서) 경험은 자연의 어떤 부분을 소유하게 되면 자연의 다른 부분들로 하여금 접근할 수 있게 하는 방식으로 이 부분을 소유하게 된다. 즉 여기에 접근하여 지식으로 거두어들이며, 그 부분들을 소유하는 기쁨을 느낄 수 있게 한다. 듀이가 자연 전체를 경험이라 부른 이유는, 자신이 로크의 학설 같은 여러 이론에 얼마나 극단적으로 반대하는가를 강조하고 싶어서였다. 로크에게 경험은 정신과 외부 세계 사이에 걸려 있는, 그리고 이 외부 세계를 드러내기보다 오히려 감추는 하나의 장막이었다. 그러나 듀이에게 경험은 자연과의 상호 작용을 뜻한다. 이는 자연 안에서 일어나는 사물들의 어떤 본성이 드러나면서, 다른 사물들의 성질이 이로부터 믿을 만하게 추론될 수 있는 그런 것이다. 자연에 대한 우리의 지식을 확대하는 방식에는 많은 '실제적' 어려움이 있음을 듀이는 깨달았다. 어떤 사물들은 너무나 짧은 시간 안에 발생하기 때문에 우리가 미처 알아보지 못하며, 공간적으로나 시간적으로 너무 멀리 있고 구조가 너무 복잡하므로 우리가 현재 가지고 있는 기구(器具)들을 가지고는 분석할 수 없을지도 모른다. 하지만 실제적 어려움들은 과거에 이것들이 극복되었던 것처럼 기구의 개량이나 인간의 탐구 방법의 변화로 극복될 수 있다. 지식에 대한 '이론적' 한계란 있을 수 없다. 경험을 가지고 자연을 전부 알 수는 없다고 해서 한계가 그어지는 것은 아니다. 듀이가 자연을 경험이라 부른 것은, 자연적 대상들이 유기체와 환경의 상호 작용 안에 물리적으로 들어오듯 인식 안에도 들어오기 때문이다.

  '경험'이란 말을 유기체와 환경의 상호 작용이라는 첫째 의미에서 사용할 때, 우리는 언제나 이것이 '누구의' 경험인가를 따질 수 있다. 경험은 나의 경험이 아니면 당신의 경험이며, 아니면 그나 그녀의 경험 또는 그것의 경험이다. *68 그러나 우리가 '경험'이란 말을 유기체와 환경의 상호 작용이 일어나는 곳이란 파생적 의미에서 사용할 때에는 소유 대명사를 특별히 필요로

---

*67 *Experience and Nature*, 2d. ed., p. 4a.
*68 경험이 '그것의(its)' 경험일 수 있음은 유기체와 환경의 상호 작용이 인간이 아닌 다른 생명 형태(예컨대 채소의 생명)의 상호 작용일 수도 있기 때문이다.

하는 것은 아니다. 한 채의 집은 언제나 누군가의 재산이다. 우리는 이 집이 누구의 것인지 알지 못하면서도 집 한 채의 고유성(固有性; properties)들에 대해서는 말할 수 있다. 이처럼 하나의 경험은 언제나 어떤 유기체와의 상호 작용 속에 포함될 수 있다. 그러나 우리는 누구의 유기체인가에 대해서 말하지 않고서도 경험의 특성들을 말할 수 있다. 나무들과 별들, 책상들과 의자들, 제도들과 관습들, 그리고 그 밖에 끝없이 많은 것들이 모두 (파생적 의미에서) 경험이라고 볼 수 있다. 마치 우리가 집 한 채를 분석하며 심지어 그 벽돌의 수를 셀 수 있듯이, 우리는 이들을 분석하는 과정에서 경험의 특성들을 찾아낼 수 있다. 또 우리는 모든 과학이 물리적 과학이든 사회적 과학이든 경험의 특성과 고유성과 관련성들을 탐구하는 것이라고 말해도 좋다. 소유주가 누군지 모르면서도 집에 대해 정확하게 설명할 수 있듯이, 경험은 어떤 자아(自我)를 언급하지 않고, 즉 누구의 경험인지 모르면서도 정확하게 설명될 수 있다. 그리고 누구든지 이같이 경험을 설명할 때, 그는 동시에 자연을 설명하고 있는 것이라고 듀이는 주장했다.

듀이가 자신의 원숙기 철학을 경험론적 자연주의(empirical naturalism) 또는 자연주의적 경험론(naturalistic empiricism)이라 부를 수 있다고 말했을 때 그는 바로 이 같은 견해를 가졌던 것이다.

윌리엄 제임스와 존 듀이의 관계

윌리엄 제임스와 듀이의 관계는 자주 오해를 받아왔다. 듀이는 자신을 프래그머티스트(實用主義者)라고 부르기를 주저하지 않았다. 듀이는 고전적 경험론자들과 합리론자(合理論者)들에 대한 제임스의 비난에 공감했다. 그러나 그는 제임스의 주장들 가운데 많은 부분들을 받아들이지 않았다. 그는 스스로 제임스의 〈심리학〉에서 많은 것을 배웠다고 느꼈으나, 여기에서도 그는 제임스가 자주, 그 말투에 있어서나 생각에 있어서나 확실히 생물학 이전의 여러 심리학파의 주관주의적 태도에 빠져들어가는 실수를 저질렀다고 보았다. 그는 제임스가 그 프래그머티즘적 사상에다 감상주의(感傷主義; sentimentalism)를 마구 뒤섞었다고 못마땅해했다. 제임스는 다른 사상가들을 프래그머티즘적 견해 안으로 끌어들이려는 시도로서, 듀이를 자기에게 귀의한 사람들 가운데 포함했다. 그러나 듀이는 제임스의 〈프래그머티즘〉으로부터 얻은 게 거의 없었다. 첫째로 듀이는 〈프래그머티즘〉이 나오기 전에 이미 그의 인식론의 주요한 특성들을 대부분 완성했다. 둘째로 듀이는 〈프래그머티즘〉과 그 밖의 제임스 후기 저서들이 그 마지막 장(章)들에서, 〈믿음에의 의지〉에 수록되어 있는 여러 논문이 비논리적 감상주의로 되돌아간 것을 못마땅하게 생각했다. *69 듀이는 그 지적 경향에 있어서 제임스의 프래그머티즘(pragmatism)보다 퍼스의 프래그머티시즘(pragmaticism)에 훨씬 더 가까웠다. *70 따라서 그는 계속해서 '프래그머티즘적(pragmatic)'이란 형용사를 자주 썼지만, 무조건적으로 프래그머티스트라 불리는 것은 거부했다. 듀이는 '도구주의(instrumentalism)'와 '실험주의(experimentalism)'란 용어를 지어내어 자기 나름의 프래그머티즘과, 제임스를 비롯한 프래그머티즘 학파의 감상적 프래그머티즘을 구별하려 했다. 그는 〈프래그머티즘〉에 대해서 쓴 비평에서 제임스와 반대되는 견해를 분명히 나타냈으며, 이것을 〈프래그머티즘에서 실제적이란 말은 무엇을 뜻하는가〉라는 제목의 논문으로 발표했다. *71

역사적으로 중요한 이 논문에서 듀이는, 어떤 사물이 '의미'를 가진다고 말할 때, 이 '의미'란 말이 가질 수 있는 세 가지 뜻을 제임스가 혼동하고 있다고 비난했다. 또 이 세 가지 뜻을 구별함으로써 그가 제임스와 견해가 다름을 분명히 밝히려 했다. (1)우리는 하나의 '대상'이 어떤 의미를 가지고 있는가에 대해 물을 수 있다. 여기에서 대상이라 함은, 경험 속에 이미 주어진, 따라서 경험적으로 확실한 근거를 가진 어떤 것을 뜻한다. 그리고 우리는 이 물음에 대해서 그 대상이 가지는 의미는 그 대상이 만들어 내는, 따라서 우리가 고려하지 않으면 안 되는 결과들이라고 말함으로써 옳게 대답할 수 있다. (2)우리는 하나의 '관념(idea)'이 어떤 의미를 가지고 있는가에 대해 물을 수 있다. 여기서 우리는, 관념이란 그 관념이 우리로 하여금 행하게 하는 탐구들 그 자체이며 또 그 관념이 우리로 하여금 대상들 속에 만들어

---

*69 이 점에 대한 듀이 자신의 주장들에 대해서는 *Contemporary American Philosophy*, Vol. I, pp. 23~24에 있는 그의 자서전적 논문 'From Absolutism to Experimentalism' 참조.

*70 pragmatism과 pragmaticism의 차이에 대해서는 본서 p. 610 참조.

*71 *Essays in Experimental Logic*(Chicago, University of Chicago Press, 1916), pp. 303~329에 발표됨.

내게 하는 변화들이라고 대답할 수 있다. 이 두 의미는 서로 충분히 양립할 수 있다. 이 두 의미는 성찰의 과정 어디에서나 찾아볼 수 있으며, 또 관념들은 서로 연관성을 가지고 있다. 대상들과 관념들은 다 같이 미래를 포함하는 의미들을 가지고 있다. 하나의 대상이 가지는 의미는 우리의 관념들을 변화(modify)시키며, 우리가 가진 관념들의 의미는 대상을 변화시킨다. 그리고 이 두 가지 종류의 변화는 서로의 관계에 있어서 프래그머티즘적 인식론이 주의를 기울이지 않으면 안 되는 '실제적' 결과들이다. 그러나 (3)우리는 또한 하나의 '신념(belief)'은 어떤 의미를 가지는가에 대해서도 물을 수 있다. 그리고 우리는 여기에서 신념의 의미는 오로지 그 신념을 품은 사람의 정서적 태도에서 나오는 결과들이라고 대답할 수 있다. 신념이란 참된 것으로 이미 받아들여진 견해이므로, 앞으로 하게 될 탐구를 위한 지침으로서 시도적으로 검토되고 실험적으로 사용될 관념이 아니다. 이것은 이미 고정된 논리적 내용을 가지고 있다. *72 이것은 성찰 과정의 한 요소가 아니다. 이것은 즐겨야 할 어떤 것, 소중히 여겨야만 할 어떤 것이다. 신념의 가치는 이것이 현재의 소유물인 데 있다. 따라서 이것은 변화에 대해서 문을 닫으며, 세계(또는 세계의 몇몇 특별한 모습이나 부분)와 우리의 여러 관계를 바라보는 이제까지의 방식으로 만족하게 한다.

프래그머티즘은 진리란 관념(idea)과 사실(fact)의 일치임을 인정하는 것에서부터 출발했다고 듀이는 지적했다. 그러나 프래그머티즘이 뚜렷하게 구별되는 관점은, 이 일치가 정적이며 시간과 관계없이 성립하는 게 아니라, 관념들이 발전하여 새로운 사실들이 발견되는 가운데 마침내 성찰을 통해서 관념과 사실들의 일치를 깨닫게 되는 시간적 과정을 따른다는 것이다. 그리고 듀이는 제임스가 여러 신념을 사람들에게 궁극적인 것으로 받아들이게 함으로써 정서적 만족을 주기 위해 권했을 때 올바른 프래그머티즘의 이론에서 떠났다고 보았다. 그는 제임스가 관념의 순수한 프래그머티즘적 가치와 신념의 아주 비프래그머티즘적 가치를 혼동했다고 비판했다. 그리고 제임스의 폭넓은 영향은 사람들이 가슴 깊이 품은 신념들에 대해서 자기 만족을 가지게 해주었기 때문에, 듀이는 더욱더 자신의 주장을 뚜렷하게 내세울

---

*72 앞에 든 책, p. 313.

수 있게 됨으로써 스스로를 도구주의자(instrumentalist) 또는 실험주의자(experimentalist)라 부르게 되었다.

가치판단의 이론

듀이는 자기의 철학적 원리들을 인간이 관심을 기울이는 수많은 영역들에다 적용했기 때문에 여기에서 그가 현대 사상에 끼친 많은 공헌들을 모두 훑어볼 수는 없다. 그러나 여기에서 한 가지 문제만은 더 주의 깊게 살펴볼 수 있다. 이것은 듀이의 철학적 활동의 온 기간을 통해서 그의 깊은 관심을 끈 것이므로 주의할 만한 가치가 있다. 듀이는 자연 과학에서 눈에 띄게 성공적이었던 탐구 방법들을 도덕 문제와 사회 문제 영역에까지 확대하고 싶어했다. 이러한 확대를 실행에 옮기기 위해서 그는 현대의 철학적 저서들 대부분에 반대하여 두 가지 주장을 내세웠다. 이 주장들 가운데 하나는 도덕적 판단들이 경험적 사실들에 대한 것이라고 말한다. 그리고 다른 하나는 도덕적 판단들이 실험적으로 확증될 수 있다고 하는 것이다.

도덕적 판단들이 사실 문제에 대한 판단이라고 하는 주장을 옹호하기 위해, 듀이는 먼저 가치란 것이 자연에서 객관적으로 일어나는 것임을 주장했다. 그는 끊임없이 열정을 다해 이것을 주장했다. 가치란 빛깔이나 무게나 크기나 모양처럼 객관적 자연에서 일어나는 일이다. 물론 어떤 고전적 자연 이론은 자연으로부터 감각적 성질들을 버렸으며, 또 근대 여러 세기의 이론들은 이와 비슷하게 자연으로부터 미적(美的)·도덕적 특성들을 제거해 버렸다. 그러나 듀이는 언제나 이 같은 추방 선고에 동의하지 않았다. 경험적으로 살펴볼 때 사물들은 매섭고 비극적이며, 선하고 악하며, 아름답고 추하거나 한 여러 성질을 가지고 있다고 그는 주장했다. 사물들은 '즉각적으로, 그들 자체의 성질로 말미암아 이러한 모습들을 띠게 되는 것이다.'[*73] 심미적 특성과 도덕적 특성은 역학적 구조들과 물리적 특성들 못지않게 실제로 자연에 속한다. 경험은 종종 가장 완전한 것이 될 수 있다고 듀이는 말해 왔다. 그리고 이렇게 말하면서 그는 물론 '경험'이란 말을 자연과 분리된 어떤 사적인 영역으로 받아들이지 않았으며, 살아 있는, 그리고 생각하는 유기체

[*73] *Experience and Nature*, 2d. ed., p. 96.

들과 더불어 서로 작용하는 자연 세계에 대해 쓰고 있었던 것이다. 다시 말하면, 자연은 질적(質的) 특성을 지니고 있다. 좀 더 정확하고 확실하게 말한다면, 자연적 대상들은 우리의 주의를 끄는, 그리고 그 미적 직접성에 있어서 향락되는(또는 고통을 자아내는) 온갖 질적 특성들을 가지고 있다. 갖가지 자연 구조와 수단들은 자연의 목적들을 이루기 위해 나아가며, 마침내 목적을 이루게 된다. 자연은 온갖 수단과 목적들로 가득하다. 이같이 말한다고 해서 자연이 그 시간적 진행 과정에서 언젠가 멈추게 됨을 뜻하는 것은 아니다. 자연의 목적은 변화(change)나 이행(移行; passage)이 끝남을 뜻하는 것이 아니다. 자연의 목적들은 자연 안에 있는 다른 모든 것처럼 우리가 설명할 수 있는 어떤 종류의 결과들을 포함하고 있다. 그러나 자연은 어떤 고유한 본질적 요소들, 또는 눈에 띄는 가치(선한 것이든 악한 것이든)들을 순간순간 담아내는 경험들이란 의미에서 목적들을 가지고 있다. 자연물들은 이들이 '인식'되는 것보다 훨씬 더 폭넓게, 그리고 훨씬 더 일반적으로 '소유된다'. 그리고 이 '소유된' 대상들로서의 자연물들은, 그 발생 조건들과 마지막 결과들에 대한 고찰을 하지 않고도 직접적으로 경험되는 고유한 성질들을 통해 구별될 수 있다.

완료된 경험들, 또는 우리 주위 세계에 존재하는 자연적 목적들은 모두가 선한 것은 아니다. 죽음과 질병 또한 탄생과 행복 못지않게 진정한 목적들(결말들)이다. 그리고 고유한 본래적 선(善)인 자연적 목적들은 그 변화하는 모습들이 무한하다. 목적들 가운데에서 선택하는 일이 성찰 없이 이루어지면 제멋대로 되어 도덕과 무관한 것이 된다. 좋은 것들(선한 것들)은 자연히 좋다고 받아들여진다. 그러나 이것들 또한, 만일 그 추구가 지성적인 것이 되려면 반드시 평가되어야만 한다. 즉 이것들의 상관적 가치에 따라 평가되어야 하며, 도덕적 목적으로 이어져야만 한다. 좋다고 여기는 것과 평가하는 것은 현실적인 선과 가능한 선에 대한 뚜렷이 다른 두 가지 인간적 태도라고 듀이는 주장했다. 원시적이고 미숙하며 충동적인 태도는 그저 좋다고 여기는 것이다. 그러나 어떤 자연적 선은 여러 가지 가운데에서 선택되는 것이며, 또 모든 자연적 선은 고르지 않게 일어나기 때문에 풍족하게 이것들을 얻으려면 계획을 세우고 깊이 생각하여 고찰하는 것이 절대적으로 필요하다. 그리하여 좋다고 여기는 일은 차츰 평가하는 일로 바뀐다. 좋다고 여기는 일이 평가하는 일로 바뀌는 것은, 향유하는 삶이 종종 하나의 사실이기를 그치고 하나의 문제가 되기 때문이다. 그리고 문제의 해결을 위해서는 비판이 필요하다. 그리고 비판이 이루어지면서 도덕적 삶이 탄생하는 것이다.

평가는 비판적 판단을 하는 과정으로서, 이로 인해 자연적 선들이 분류된다. 이 자연적 선들 가운데 어떤 것들은 버려진다. 그리고 새로운 것들이 때로 발견된다. 이 모든 것은 좋지도 나쁘지도 않은 것, 좀 더 나은 것, 가장 좋은 것으로 분류된다. 듀이는 평가를 하나의 인식적 경험 또는 성찰의 과정 (reflective process)이라고 지적함으로써 평가의 본성을 설명하려 했다. 모든 성찰에는 관념들과 사실들 사이의 끊임없는 연관성이 존재한다. 관념들이 발전되고 검증되며, 사실들이 발견되고 관찰되는 과정에서 관념들과 사실들은, 적어도 성공적인 성찰에서는 일치 또는 조화를 이루게 된다. 하나의 성찰인 도덕적 비판에서도 이와 같다. 도덕적 비판에 있어서는 관념이 평가이며, 사실은 좋다고 여기는 것들이다. 그리고 비판이 건전한 것이 되려면, 성찰은 좋다고 여기는 것과 평가가 결합되어 하나의 성숙하고 일치된 판단이 될 때까지 계속되어야 한다. 사람들의 도덕적 판단들 또한, 마치 도덕적이지 않은 문제들에 대한 신념들이 서로 다른 것처럼, 서로 다를 수 있음을 듀이는 인정했다. 사람들이 사실 문제로 보고 단단히 붙들고 매달리는 몇 가지 신념들이 있다. 이 신념들이 건전한 것이든 불합리한 것이든 사람들은 이것들을 지켜 나간다. 그리고 충분히 생각하고 헤아린 뒤에 사람들이 받아들이는 어떤 신념들도 있다. 앞엣것은 '사실상'의 신념들이라 부를 수 있고, 뒤엣것은 '정당한' 신념들이라 부를 수 있다. 그리하여 도덕 분야에는 몇 가지 직접적으로 경험되는 선(善)들이 있는데, 이것들은 현명하게 향유되기도 하고 어리석게 향유되기도 한다. 또한 가치 있다고 평가되고 생각된 선들과 합리적으로 받아들여진 선들이 있다. 앞엣것은 욕구된(desired) 선들이라고 부를 수 있으며, 뒤엣것은 욕구할 만한(desirable) 선들이라고 부를 수 있다. *74

먼저 욕구된 무엇이 있지 않다면 욕구할 만한 것도 결코 있을 수 없으리라. 욕구할 만한 것은 '비판적 평가에 비추어 욕구된 것'이다. 그저 욕구된 것은 천박하고 피상적인 선일 수 있으며, 또 종종 그렇기도 하다. 이런 것들

---

*74 *Experience and Nature*, 2d. ed. p. 402. 그리고 제10장, *passim.*

은 충분히 냉철하게 검토하면 좋지 못한, 신통치 않은 것으로 판단되는 것이다. 자연적인, 그리고 비판되지 않은 선(善)들은, 말하자면 도덕적 판단들의 데이터[자료]들이다. 경험에 의해 즉각적으로 느낄 때에는, 비판되지 않은 자연적 선들과 비판적으로 평가된 선들 사이에 뚜렷한 차이가 지각되지 않을 수도 있다. 그러나 평가를 통해서 가치 판단들이 이루어짐에 따라, 많은 선들의 상대적 가치가 결정된다.

이렇게 가치의 중요성을 강조하고 나서, 듀이는 나아가 건전한 평가를 할수 있는 몇 가지 단계적 방법을 설명했다. 여기에서는 그 가운데 세 가지를 간략하게 제시하겠다. (1)목적과 수단은 함께 평가되어야 한다. 우리는 좋다고 여겨진 어떤 선들을 목적으로 받아들일 수 없으며, 또 우리로 하여금 이선들을 소유할 수 있게 하는 그 어떤 수단도 옳다고 할 수 없다. 목적과 수단은 도덕적 삶 전체 과정에서의 요인들이다. (2)어떠한 수단이든지 선하거나 악한, 또는 선하지도 악하지도 않은 고유한 성격을 지니고 있다. 따라서그 자체만으로 좋다고 여겨진 고립된 선으로부터 우리는 성찰을 통하여 좀더 넓은 범위 안에서 경험의 도덕성, 즉 선택된 수단을 사용하여 좋다고 여겨진 선을 성취하는 데 대한 도덕성을 살피는 데로 나아간다. 그리고 이로말미암은 원숙한 도덕적 판단은 고립된 목적을 좋다고 여긴 처음의 생각을크게 변화시킬 수 있다. (3)모든 목적(또는 결말)은 자연 세계의 전체 구조안에서, 인과 관계에 따라 여러 결과를 일어나게 한다. 어떤 특정한 목적이평가될 때 비판자는 이리저리 살펴보며, 그저 좋다 여겨졌던 목적에 대한 처음의 욕망을 되풀이함으로써 일어나게 될 결과들을 외면하는 대신, 이 목적을 여러 관련성을 두고 재평가하며 좀더 폭넓고 적절한 성찰들을 이에 더한다. 따라서 어떤 추론된 경험들에 대한 불완전한 인과적 평가 대신 수단과목적의 포괄적 체계에 대한 세부적 판단에 이르게 된다. 철저한 평가가 이루어진 뒤에도 어떤 것은 여전히 괜찮은 것으로 여겨질 것이다. 어떤 것은 전체적인 계획 안에서 세부적인 보조 활동을 이루게 하는 목적이 될 것이다. 이 목적을 듀이는 '내다본 목적(end-in-view)'이라고 불렀다. 내다본 목적은다른 어느 목적 못지않게 구체적인 것이며, 좋다고 여겨진 것이다. 그러나비판적 평가를 받은 뒤에 합리적으로 정당하다고 인정된 점에서 모든 다른종류의 목적과는 구별된다. 이것은 여전히 바라고 원하는 것(desired)이지만, 또한 바라고 원할 만한 가치가 있는 것(desirable)이기도 하다. 그리고 그 비판이 포괄적(包括的)이고 지성적인 것이라면, 이 '내다본 목적'은 '궁극적으로' 바라고 원할 만한 것이다.

듀이는 앞으로 낳을 결과들을 고려하여 목적들을 평가하는 과정이 후퇴 추리(regressus)를 쉬임없이 반복하게 한다는 이유로 비판받았다. 그의 비판자들은 어떤 목적을 그것이 낳을 여러 결과에 비추어 보게 됨으로써 그 목적이 한갓 수단에 불과한 선(善)이 되어 버리게 한다고 생각한 것 같다. 이들은 듀이가 자신들이 내다본 목적들이 실제로 그 고유한 본질적 가치를 지니고 있음을 부인했다고 생각한 것이다.

이 부정적인 비판은 듀이의 주요한 견해를 놓치고 있다. *75 듀이는 경험 하나하나에 내재된 도덕성을 신중하게 고려하는 하나의 도덕적 평가를 권하고 있었던 것이다. 듀이는 목적들의 고유한 가치는 물론, 수단들의 고유한 가치도 인정하고 싶어했다. 그의 의도는 고유한 가치로부터 수단으로서의 가치로 눈을 돌리려 한 것이 아니라, 이 둘을 모두 고려하려는 것이었다. 듀이는 사람들에게 고찰의 범위를 확대하도록 권했다. 그는 이 고찰의 하나하나가 모두 그 수단으로서의 가치와 특정한 본질적 가치를 다 함께 살피는 것이어야 한다고 생각한 것이다. 물론 그는 고찰의 범위를 어느 정도로 확대해야만 평가를 합리적으로 정당한 것이 되게 하는지 제시하지는 못했다. 특히 그가 도덕적 상황들의 일반적 성질을 추상적으로 다룰 때 그러했다. 듀이는 자기가 이것을 분명하게 제시할 수 없음을 인정했다. 그러나 그가 이것을 분명하게 제시할 수 없는 이유는, 이렇게 하는 것이 이론적으로나 실제적으로 가능하지 않기 때문이라고 주장했다. 그 누구도 도덕 문제들을 하나하나 올바르게 다루면서 자연이 얼마나 관련되어 있는지 미리(연역적으로) 말해줄 수는 없다. 그리고 누구도 사실 문제들에 대한 어떤 판단을 뒷받침하는 데 있어 얼마나 많은 증거가 있어야 충분한지 미리 말해줄 수는 없다. 도덕 문제들은 다른 모든 경험적 문제들보다 더 불확실하다고 나무랄 수 있는 것이 아니다. 그러나 어느 정도 증거를 가진 뒤에는 어떤 질병의 진단에 대해서,

---

＊75 듀이는 여러 차례 비판에 답변했다. 그 중 매우 적절한 한 답변은 *International Encyclopedia of Unified Science*(Chicago, University of Chicago Press, 1929), Vol. Ⅱ, No. 4, 특히 pp. 45~48에 있는 'Theory of Valuation'이다.

그리고 그 치료를 위한 최선의 방법에 대해서 합리적으로 확신할 수 있게 된다. 이처럼 어느 정도 평가가 이루어진 뒤에, 우리는 어떤 목적들의 가치에 대해서, 그리고 이 목적들을 이루기 위해 어떤 수단들을 쓰는 것이 도덕적으로 바람직한가에 대해서 이성적인 확신을 하게 된다. 그 어떠한 비판자에게도 이성적 확신 이상의 것을 경험론자에게 요구할 권리는 없다. 그리고 듀이는 물리적 문제에서든 도덕적 문제에서든, 절대적 확실성에 대한 합리주의적 요구를 합리주의자들로 하여금 유치한 자기 만족에 빠지게 하는 그릇된 주장으로 보았다. 마침내 그는 이성적 확신이야말로 착각을 일으킬지도 모르는 확실성의 느낌들보다 지적으로 더 존중할 만한 것이라고 밝혔던 것이다.

맺음말

역사가는 종종 과거에 대한 이야기를 그 자신의 시대에 이르기 훨씬 앞선 어느 시점에서 끝맺고는 한다. 이야기를 자신이 글을 쓰고 있는 그 순간까지 이끌고 온다면(바로 이 책의 저자처럼) 그는 과거와 현재의 관계에 대한 새로운 감각을 얻을 수 있으리라. 그는 자신의 이야기를 현재에서 멈추어야 하는데, 이는 그의 이야기가 어떤 자연의 마지막 목적지에 이르러서가 아니라, 오히려 역사가로서 더는 앞으로 나아갈 수가 없기 때문이다―그리고 예언의 방식들은, 흥망성쇠하는 지나온 삶의 변화를 설명하도록 배운 사람에게는 맞지 않는 일이기 때문이다. 우리의 철학 전통에 대한 이야기는 중단된 것이지 끝난 것이 아니다. 시간은 앞으로도 진행해 나아갈 것이다. 새로운 지적 흐름들이 뒤이어 일어날 것이다. 이 흐름들은 우리의 전통적인 생각들에 변화를 가져와, 현재 상태로부터 우리가 내다볼 수 없는 다른 어떤 상태로 바꾸어 놓을지도 모른다.

존 듀이는 언젠가 이렇게 말을 했다. '전통은 뒤를 돌아보는 것은 물론 앞을 내다보기도 한다.' 전통이 뒤를 돌아보기만 한다면 이는 잔인하게 구속하고 억압하는 것이 되고 말 것이다. 그러나 전통은 또한 앞을 내다보기도 한다. 마치 푸른 에게해를 바라보며 우뚝 서 있는 저 언덕 위의 그리스 사원이 아침마다 솟는 해를 향해 동녘을 내다보듯, 전통은 그렇게 앞을 내다본다. 앞을 내다보면서 새 날들이 무엇을 가져올까 궁금해하며, 새로운 업적들을 호기심 가득한 눈으로 바라보며, 새로운 업적들이 과거의 가장 훌륭한 업적들과 비교하여 뒤떨어지지 않고 때로는 창조적 천재성의 새로운 단계들에 이르기를 바라면서 앞을 내다본다.

우리는 모두 우리의 전통을 짊어지고 앞으로 나아간다. 이 전통들이 우리의 주인이 되게 할 필요는 없다. 우리가 지혜로우면 이들은 우리의 주인이 되지 못할 것이다. 오히려 우리에게는 새로운 기회가 찾아올 것이다. 전통들은 우리에게 우리 자신과 우리가 살고 있는 세계에 대해 어느 정도 이해할 수 있게 해준다. 따라서 우리는 지혜롭게 앞으로 나아갈 수 있다. 우리가 원시인들처럼 어떠한 사상도 없이 새로 출발하지 않아도 됨은 다행한 일이다. 우리는 정신적 유산을 가지고 있다. 우리는 이 정신 유산에 감탄하며 감상에 젖어들 필요는 없다. 우리는 정신 유산을 긍정적으로 받아들이거나 비판할 수 있으며, 무엇을 위해서 이용할 수도 있다—그런데 우리가 우리의 정신 유산을 무엇에 쓸 것인지는 오직 미래의 역사가만이 말할 수 있다. 그러나 한 가지만은 확실히 알 수 있다. 바로 어떤 사람이 전통 유산을 어떻게 받아들이는가 하는 것은 그의 용기를 시험하는 마지막 기회가 되리라는 사실이다.

서양철학 역사를 즐겁게 산책하며 미래를 바라본다
김문수

철학으로 들어가는 오솔길

'철학을 배우는 일은 불가능하다. 철학하는 그 방법을 배울 뿐이다.' 근대 철학 거장 임마누엘 칸트는 이렇게 말했다. 인문학의 위기, 그 근간이 되는 철학의 죽음을 말하는 시대. 과연 철학은 먹고 자고 숨쉬는 우리 삶과 너무나도 동떨어져 곧 사라져버릴 학문일까?

철학(哲學)은 말 그대로 나와 인간, 우주와 이 세계에 대한 근본 원리와 삶의 본질을 연구하는 학문이다. 흔히 인식, 존재, 가치 이 세 가지 기준에 따라 그 분야를 나눌 수 있다. 그러나 칸트는 철학은 배울 수 없으며 다만 철학하는 방법을 배울 뿐이라며 철학하고자 하는 이들의 기를 꺾어버리고 만다. 하지만 우리가 칸트의 말을 따라 순순히 포기해 버린다면 아무것도 이룰 수가 없다.

평범한 나날 속에서 문득 의문이 떠오른 적이 있지 않은가? '최근 국가나 국익이라는 말을 자주하는데 국가란 무엇일까? 정부를 뜻하는 것일까? 아니면 국민? 그것도 아니면 국토? ……' 불현듯 머릿속을 스치는 이런 의문들은 이미 철학으로 들어서는 문이라고 할 수 있다. 무엇을 국가라 하는가, 그 구조는 어떻게 되어 있는가, 국가를 처음 이야기한 사람은 누구인가…….

자연의 온갖 의문과 질문을 시작으로 세상에 대한 지식을 얻고 자신의 머리로 생각한다. 이 작업과 과정이 곧 철학을 하는 일이리라.

국가나 세계, 우주 또는 시간, 인간과 생명처럼 무언가 심오하고 커다란 의문이 아니더라도 상관없다. '인간의 마음이란 과연 무엇일까?' 아주 개인적인 일로 상처 입은 마음, 그 '마음이란 무엇인가?' 이런 스스로에의 질문이 철학의 시작이라 할 수도 있으리라.

이제까지 수많은 철학자들이 인간의 마음을 연구하며 여러 견해와 분석을

시험해 왔다. 그런 내용들을 조금
이라도 들여다보고 '아, 프로이트
는 이렇게 말했구나. 하지만 좀
이해하기가 어려운데' 또는 '오!
그래 헤겔이야, 뭘 좀 이해가 되
고 알 것만 같아.' 이렇게 생각하
기 시작한다면 이미 훌륭한 철학
적 사고에 들어가는 셈이다.

'아, 그녀에게 나는 무엇이었을
까?' 이런 생각을 한다면 존재의
본질을 생각하는 철학으로 들어가
는 좋은 기회가 되기도 하리라.

거기서 더욱 흥미가 솟아나 정
신이나 생명, 신(神)에 대해서도
알고 싶다는 의욕이 생긴다면 틀
림없이 본격적 철학의 세계로 들
어서고 있는 것이다.

스털링 P. 렘프레히트 (1890~1973)

'왜 그런 일을 했을까? 그럴 생각은 없었는데…….' 이렇게 자신의 행동에 의
문을 품는 일도 많지 않은가? 스스로도 이해할 수 없는 행동을 한 적이 누구에
게나 있다. 이렇듯 철학은 우리 주위 환경에서 늘 맴돌며 사소한 문제들로도 우
리에게 손짓한다. 우리 삶이 곧 철학이기도 한 것이다.

인간이 행동한다는 것은 무엇을 뜻하는가? 행동할 때까지 마음은 어떻게 움
직이는가? 행동하고 싶어 견딜 수 없는 일, 행동을 참아 내는 일, 이런 마음들
이 일어나는 그 존재의 이유는 무엇인가. 많은 철학자들이 이러한 문제들을 연
구했다. 우리들 삶의 조그만 의문과 호기심 또는 흥미를 일으킴에서 그것들과의
만남을 준비해간다. 만날지 그렇지 않을지는 의문이나 흥미를 그냥 지나치느냐
좀 더 깊게 생각해보느냐에 따라 다르리라.

나는 생각한다. 고로 존재한다. 철학의 세계로 들어가는 일, 세상이란 무엇인
가? 나란 무엇인가? 마음이란? 존재란? 생명의 근본에 다가가는 일이라 해도
좋다. 이제 모두 뜻밖의 모습을 그대에게 보여주리라.

철학은 정말 어려운가?

'철학'이라는 제목이 붙은 책은 관심이 깊은 사람 말고는 거의 손에 들어본 적이 없을 것이다. 비록 책을 펼치더라도 어렵게만 느껴지는 용어가 줄줄 나온다. '이렇게 학술적으로까지 이해할 필요는 없지 않을까?' 저도 모르게 이런 말을 하고 싶어지기도 한다.

그러나 철학은 추상화를 해석하는 작업과 비슷하다. 하얀 도화지 위에는 쓸데없이 빨강 파랑 초록 노란색 등 온갖 오방색들이 칠해져 있고 도무지 무엇을 그렸는지 알 수 없다. 제목은 혼란이라 적혀 있다. '그렇구나, 작가의 의도가 여기에 있었구나.' 이 정도까지는 알 수 있다. 하지만 어떻게 생각하면 이런 그림을 그릴 수 있는지 어떻게 이해해야 하는지 여기에 이르면 조금 어려워진다.

철학은 이 추상화를 말과 글자로 설명하려 한다. 그것도 꽤 치밀하다. 어떤 물감을 썼는지, 어떤 색과 어떤 색을 섞었는지, 붓은 무슨 동물의 털인지, 도화지는 무엇으로 만들었는지…… 이렇게 그린 그림을 해명하는데 그치지 않고 그 소재 등 모든 방향에서 분석해 나아간다. 즉 이것저것 빠짐없이 구석구석 깊게깊게 파헤치는 학문이다. 그러나 그저 그뿐이라면 탈레스(기원전 600년)에서 시작한 철학이라는 학문은 아주 오래전에 자취를 감추며 사라져 버리고 말았으리라.

인류 역사 가장 오래된 학문, 철학

오늘날까지 철학이 사라지지 않은 이유는 무엇일까? 그 까닭은 철학이 모든 사람에게 통하는 보편적인 이 세상 원리를 찾으려 했기 때문이다.

탈레스는 그 시대 '모든 사물은 물에서 시작됐다' 말했다. 현대를 살아가는 사람들에게는 매우 진부한 철학이라 생각되지만 아직 오늘날 밝혀진 사실들이 밝혀지지 않은 옛 시대에 이런 말을 했음을 상기한다면 굉장한 일이다. 물론 탈레스가 이러한 결론에 이른 것은 그럴지도 모른다는 감각적인 이유가 아니다. 바다를 보며, 꽃이 자라는 모습을 관찰하고 최종적으로 이끌어낸 결론이라고도 볼 수 있다.

철학이란 바로 구석구석 파헤치는 일을 반복해서 모은 자료를 이번에는 서로 조합하면서 보편이라는 공적인 원리를 위해 전제하는 즐거운 학문이다.

그렇기 때문에 철학은 신념과는 다르다. 신념은 어디까지나 개인적이며 개

하버드 대학교 렘프레히트는 이 대학에서 철학 공부를 하고 컬럼비아 대학에서 박사 학위를 받았다.

인으로 끝난다. '사람들이 뭐라고 하던 나는 내 길을 갈 거야.' 신념은 이런 것으로 이는 경험에서 나오고 모든 사람에게 적용할 수 없으며 논리적이지도 않다. 그러나 철학의 발전(계승) 역사는 모든 현상을 대상으로 한다. 그렇기 때문에 온갖 학문에 영향을 주는 학문으로서 그 지위를 확립해 왔다고 할 수 있다.

두뇌가 있는 한 인간은 철학을 하리라

철학은 매우 유동적이다. 탈레스가 '모든 사물은 물'이라 생각했을 때부터 2천년 넘게 시간이 흘렀다. 신을 생각한 아우구스티누스, 인식을 생각한 데카르트, 사회를 생각한 마르크스, 언어를 밝혀보고자 했던 소쉬르……. 그들 철학세계의 배경에는 늘 그 시대가 있다.

그 시대 안에서 그들은 앞서간 이들의 철학에 공감하며, 또 때로는 반대로 전개하고 뒤집어왔다. 그 원점은 모두 자신의 머리로 생각하는 일이었다. 오늘날의 관점에서는 아무 쓸모도 없어 보이는 철학이라는 학문이 가는 길에는 어느 시대에도 그 일밖에 없다.

또한 모든 학문은 철학으로 통한다. 정치, 경제에서 문학, 수학까지 모든 학문의 기초는 철학에 있다. 정치나 경제, 또는 법률이나 문학 등 '무엇을 할 것인가'가 뚜렷한 학문에 비해 철학은 확실하게 '무엇을 하는지' 알기가 어렵다. '철(哲)'을 '배운다' 하더라도 '철(哲)은 무엇일까?' 이런 의문에 빠져버릴 것만 같다.

그러나 철학은 모든 학문에 앞서고 있다고 해도 좋으리라. 철학의 발상지는 고대 그리스이지만 고대 그리스에서는 학문은 곧 철학이라 생각하고 무언가를 배운다고 하면 철학을 배운다는 뜻이었다. 사실, 그 무렵 철학이 미치는 영역은 너무나도 폭넓었다. 자연도 인간도 논리도 기하학도 모두 철학의 일부라 할 수 있었다. 철학이 학문의 모든 분야를 포함하고 있다고 해도 과언이 아니리라. 오늘의 과학도 철학에서 비롯되었다. '모든 학문의 기초는 철학에 있다'는 것이다.

'역사적 철학의 위치는 이제 잘 알았다. 그렇다면 지금 철학은 다른 문학과 어떤 관계를 맺고 있을까?' 이런 의문을 수많은 사람들이 품고 있을 것이다. 정치를 배우면서 철학이 이 학문과 어떻게 관계되어 있을까를 전혀 모르는 사람이 있어도 그리 신기한 일은 아니다. 그러나 정치의 원리를 분명하게 풀어낸 것이 바로 철학이다.

플라톤은 이상적인 정치형태로서 '철인지배'를 제안했다. 기술적 정치론의 근본에는 철학적인 정치원리가 맥맥이 흐르는 것이다. 법률 또한 마찬가지다. 육법전서나 형법, 민법 등을 '기억'만 하는 게 법률을 배우는 일이라 생각하면 확실히 철학은 멀게만 느껴진다. 그러나 역사적으로 법이 국가 안에서 어떤 의미를 갖고 위정자(정치를 행하는 자)에게 무엇이었는가, 또는 민중들에게 어떤 작용을 했는가는 철학의 영역에서 배워야 한다.

경제는 또 어떠한가. 자본주의라는 경제양식 구조를 뚜렷하게 밝힌 이는 사상가 마르크스였으며 경제를 움직이는 상품이나 화폐, 가격이나 잉여가치라는 주제를 언급한 이 또한 마르크스였다. 마르크스는 경제학자이기도 하지만 그의 경제학은 말할 것도 없이 마르크스주의라는 사상(철학) 체계를 바탕으로 출발한다.

문학과 철학의 관계는 새삼스레 말할 필요도 없으리라. 인간과 인간관계,

그리고 사회와 인간의 관계를 그려냄에 있어, 인간을 중심으로 한 표현세계인 문학은, 인간존재란 무엇인가, 관계란 무엇인가, 사회란 무엇인가, 마음이란, 행동이란…. 이런 철학적 사색을 빼놓고는 성립될 수 없다. 또 이과계 문학도 그 깊은 바탕은 철학과 이어져 있다. 우주나 자연의 원리를 탐구한 탈레스도, 생물이나 천체를 생각한 아리스토텔레스도, 피타고라스의 정의를 발견해낸 피타고라스도, 철학자였으며 근대에는 현상학을 세운 철학자 후설이 수학자이기도 했던 것을 보

토머스 홉스(1588~1679)
렘프레히트는 홉스와 로크 연구가로 알려졌다.

면, 그 증명이 충분히 되리라. 심리학이나 언어학, 문화인류학 등과의 접점도 철학은 분명하게 가지고 있다. 이렇게 보면, 철학은 다른 학문과 관계없기는커녕 모든 학문이 철학의 세례를 받았다고 할 수 있으리라.

이는 철학이 자연이나 세계, 또는 사회나 인간의 곳곳에 있는 근본 원리를 좇았기 때문이다. '모든 학문의 기초는 철학에서 시작한다'라는 말은 오늘도 여전히 살아 있다.

철학은 어디에 있을까?

철학이라 하면 서양 학문이라는 이미지가 강하다. 고대 그리스의 소크라테스나 플라톤, 근대의 칸트 데카르트나 헤겔 등, 머릿속에 떠오르는 철학자도 모두 서양인이다. 그들은 만물의 근원에 대한 사색을 멈추지 않고 존재에

끊임없이 의문을 가져 자신이란 무엇인가를 생각했다. 시대가 변함에 따라 인간이라는 존재를 추구하고 그 인간이 세계와 어떻게 관계되어 있는가, 세계를 어떻게 인식할 수 있는가를 주제로 삼게 되었다. 모두 '철학적'이라 할 수 있다.

사실 '철학'의 원어인 '필로소피아(philosphia)'라는 말은 고대 그리스의 고전시대에 만들어진 것으로, 라틴어를 거쳐서 근대 유럽 여러 나라 말에 거의 그대로의 형태로 계승되었다. 다른 문화권에서는 그에 해당하는 말이 좀처럼 발견되지 않는다. 따라서 엄밀히 말하면 '철학'은 그 출발부터 '서양'으로 불리는 문화권의, 특정 역사적 시대에 고유한 특수한 '앎[知]'의 존재방식이라 할 수 있다.

그렇다면 '동양의 철학은?' 이런 의문점이 떠오른다. 데카르트의 '나는 생각한다, 고로 존재한다.' 이러한 철학적 명언에 필적할 만한 말도 여간해선 잘 떠오르지 않는다. 그러나 동양에도 사색을 멈추지 않았던 선구들이 있다.

고대 그리스 철학이 전개된 시대에 인도에는 석가가 있었으며 중국에는 공자가 열변을 토하고 있었다. 다만 서양철학과 동양의 철학이 그 모양을 달리 하고 있음은 분명하다. 서양철학이 존재란 무엇인가, 세계란 무엇인가를 생각하고 규명했던 것에 비해, 석가는 존재에도 세계에도 실체는 없다고 말했다. 인간이라는 존재는 육체라는 물질적 요소와 관념작용, 심리작용으로 이루어져 있지만, 어느 것도 실체 따위는 없고 그 실체가 없는 게 모여 있을 뿐이라는 것이다.

'살아간다는 것은 무엇인가'라는 심도 깊은 문제에도 오직 한 마디, 살아가는 것은 모두 '고해[苦海]'이라고 단언했을 뿐이다. 그러면서 현실 속 고생에서 벗어나는 방법론을 전개한다. 석가의 철학은 서양철학에 비해 훨씬 실천적이라 할 수 있다.

즐거운 철학역사의 산책

철학을 배우는 가장 쉬운 방법은 철학의 역사를 되짚는 일일 것이다. 철학사 연구는 지적(知的) 전통에 대한 이해를 가져다주어, 그것을 연구하는 이로 하여금 그 전통이 실질적인 역할을 하는 오늘날의 사회에서 자신의 위치를 확인시켜 준다.

램프레히트의 즐거운 《서양철학사》는 말 그대로 서양 철학의 역사를 다룬다. 그러나 이 책의 목적은 단순히 거기에 그치지 않는다. 현존하는 다른 철학사(哲學史)들보다도 현실을 즐겁게 풀어나가면서 더 직접적인 자기성찰을 통하여 서구문명을 형성해 온 철학적 전통들을 과거 속에서 발견케 하고자 한다.

스털링 P. 램프레히트는 1890년 미국 클리블랜드에서 태어났다. 하버드 대학에서 철학 석사 학위 과정을 거쳐 컬럼비아 대학에서 박사학위를 받았다. 1919년에 프랑스로 유학

Effigies Iohannis Locke.
Ex Archetypo, quod in Musæo Alexandri Geekie Chirurgi adservatur expressa.

존 로크(1632~1704)

한 뒤 귀국하여 컬럼비아 대학에서 철학을 강의한 것이 교단생활의 첫 시작이었다. 그 뒤 일리노이 대학, 애머스트 대학, 캘리포니아 대학 등에서 교편을 잡기도 했으나 1949년에는 컬럼비아 대학으로 돌아갔다.

램프레히트는 독창성으로 명성을 날리기보다는 철학의 역사학자로서 더욱 그 이름을 드높인 학자이다. 특히 로크와 홉스 연구가로서 명성이 자자했다. 그러나 그는 로크와 홉스뿐만이 아니라 철학 역사에 등장했던 인물 하나하나의 중요성을 가벼이 여기지 않는다.

《즐거운 서양철학사》에서 램프레히트는 그리스 식민지 철학부터 그 역사를 짚어나간다. 밀레토스학파, 피타고라스학파, 헤라클레이토스학파, 엘레아학파 등을 거쳐 그리스의 소피스트들, 소크라테스, 플라톤, 아리스토텔

OUR PHILOSOPHICAL
TRADITIONS

A BRIEF HISTORY OF PHILOSOPHY IN
WESTERN CIVILIZATION

STERLING POWER
LAMPRECHT

《즐거운 서양철학사》(초판 1955) 표지

레스의 아테네 철학을 다룬다.
기독교철학, 중세초기 및 중세
후기 스콜라 철학은 물론 17세
기의 데카르트, 스피노자, 라
이프니츠 등 유럽 대륙철학,
17~18세기 영국 철학의 거장
들인 베이컨, 홉스, 뉴턴, 로
크, 버클리, 흄, 리드에 이르
기까지 서구 문명을 형성해 온
요소를 세밀하게 연구해 나간
다.

또한 18세기 프랑스 철학은
물론 칸트, 피히테, 헤겔, 쇼
펜하우어, 니체 등 칸트와 그
후계자들의 독일 철학, 19세기
영국과 프랑스의 철학(콩트,
존 스튜어트 밀, 스펜서), 베
르그송으로 대표되는 20세기

유럽철학에서 듀이, 우드브리지 등 미국철학까지 렘프레히트는 이 책에서
여러 세기를 통해 나타난, 지적으로 위대한 인물들이 우리에게 베풀어주는
엄청난 은혜로움들을 밝혀 보고자 한다.

렘프레히트가 규명해나간 이러한 거대한 전통은 때로는 경험주의가 로크
로부터 출발해 버클리와 흄을 통해 우드브리지와 듀이로 발전해 온 것과 같
이 차츰 더 명확하고 타당한 모습으로 발전해 나아감을 보여준다.

무엇보다 렘프레히트의 《즐거운 서양철학사》가 돋보이는 까닭은 지은이
자신이 서양 철학에 대한 깊은 이해를 바탕으로 흥미롭게 서술하고 있다는
점이다. 렘프레히트가 서양 철학 전반 모든 이론을 잘 소화했기에 그 어떤
철학책보다 쉬운 이야기로 독자에게 다가가고 있으며 원전에 충실하도록 애
썼기에 깊이와 정확성에서도 남다르다. 또한 철학의 '역사'를 다루고 있으므
로 '사상의 흐름과 연관성'에 깊이 유의한 점도 주목할 만하다. 앞선 철학자

와 그 뒤를 이은 철학자와의 사상적 관계와 유사성, 그 차이점에 대해 깊은 관심을 기울였기에 철학사 모두를 자연스럽게 이해할 수 있다. 이는 모두 '역사는 연속된 것으로서 이해해야 한다'는 그의 신념에 기초한 것이리라. 이러한 모든 점 때문에 《즐거운 서양철학사》는 철학을 전문적으로 공부하는 이들뿐만 아니라 철학에 입문하고자 하는 이들에게도 더할 나위 없는 즐겁고 재미있는 철학 지침서로서의 역할을 한다.

램프레히트는 철학사를 연구하는 가장 좋은 이유 가운데 하나로 위대한 사상가들 저마다 세계관을 따로 분리해, 예술품처럼 대할 수도 있음을 들었다. 시나 그림이나 교향곡처럼 그 세계관이 지니고 있는 아름다운 조화와 색채로 말미암아 가치가 높이 평가될 수도 있으며 역사상 유명한 인물들 사이의 의견이나 신념의 다양성은 연구자가 고루하게 굳어버린 편협성으로부터 벗어나 자신의 지적인 지평을 넓힐 수 있게 도와준다고 한다.

그의 말처럼 상반되는 철학의 충돌로부터 우리는 진리에 대한 새로운 통찰을 발견할 수 있다. 또한 이러한 통찰은 어느 한 사람 자신의 견해에 대한 신뢰를 통해서보다 역사적인 연구를 통해서 찾는 일이 더 많다. 과거와 오늘, 미래는 서로 복잡하게 연결되어 있다. 우리가 오늘을 지혜롭게 살아갈 수 있는 것은, 오직 그 '현실적' 구조의 부분인 과거를 이해하고 미래를 예측할 때뿐이다. 균형잡힌 시각으로 재미있게 철학의 역사를 이야기해주는 램프레히트의 《즐거운 서양철학사》는 우리에게 그 '지혜'를 흥겹게 이야기해준다.

참고 문헌

이 간략한 참고 문헌은 철학사를 공부하는 학생들을 위대한 철학자들의 원저(原著)들로부터 멀어지게 하려고 만든 것은 아니다. 원저들은 이차적 문헌들을 철저히 포함한 어떠한 참고 목록보다도 중요하다. 그러나 이 책에서는 각 장(章)의 내용을 보충해 줄 이차적 문헌을 적어도 하나는 제시하려고 노력했다. 때로 이차적 문헌이 두 가지가 제시되어 있기도 하다. 그리고 플라톤의 경우에는 세 가지가 제시되었다. 20세기 철학에 관련된 책들은 목록을 만들기 어렵다. 왜냐하면 20세기 철학에서는 비판이 역사적이고 해설적이라기보다 오히려 논쟁적으로 이루어졌기 때문이다. 저자는 이 책에서 간략하게 다룬 논점들을 보완하기 위해 본인의 역사적 논문들 가운데 일부를 감히 참고 문헌에 포함하려 한다.

Burnet, John, *Greek Philosophy*: *Part I, Thales to Plato*(London, Macmillan and Co., Ltd., 1924). 특히 탈레스로부터 그리스의 소피스트들에 이르기까지의 시기.

Taylor, A.E., *Socrates*(London, Davies, 1932). 소크라테스 사상과 플라톤 사상을 구별하는 우리의 능력에 대해 이 책〔서양철학사〕보다 훨씬 더 회의적(懷疑的)이다.

—, *Plato*: *The Man and his Work*(New York, Lincoln MacVeagh, 1927). 플라톤의 〈대화편〉을 저마다 철학적 문헌의 독립된 작품으로 지혜롭게 다루고 있다.

Field, G.C., *Plato and His Contemporaries*: *A Study in Fourth-century Life and Thought*(New York, Dutton, 1930). 플라톤 철학을 그 무렵 그리스 문화의 핵심적 부분으로 제시하고 있다.

Woodbridge, F.J.E., *The Son of Apollo*: *Themes of Plato*(Boston, Houghton

Mifflin, 1929). 플라톤의 주요 〈대화편〉들 속에 반복적으로 나타나는 몇 가지 사상을 재치 있고 날카롭게 평가했다.

Jaeger, W. W., *Aristotle : Fundamentals of the History of His Development* (Oxford, Clarendon Press, 1934). 아리스토텔레스의 철학 저서들이 발전해 왔으리라고 추측되는 과정을 이해하도록 돕는 획기적 학술서.

Murray, Gilbert, Five Stages of Greek Religion(New York, Columbia University Press, 1925). 제3장 퀴레네-에피쿠로스 학파(Cyrenaic-Epicurean)와 키니코스-스토아 학파(Cynic-Stoic)의 전통을 훌륭하게 다루었다.

Katz, Joseph, *Plotinus' Search for the Good*(New York, King's Crown Press, 1950). 플로티노스가 다룬 주제들 가운데 하나를 분명하고 체계적으로 제시하고 있다.

McGiffert, A. C., *A History of Christian Thought*, 2 vols.(New York, Scribner, 1932~1933). 1세기부터 에라스무스까지 기독교도 단체들 사이의 지적 흐름(潮流)을 거의 빠짐없이 다루고 있다.

Copleston, Frederick, *A History of Philosophy : Mediaeval Philosophy, Augustine to Scotus*(London, Burns Oates, 1950), Vol. Ⅱ. 지성사(知性史)를 다룬 대표적인 책—분명하고 깊이 있게 잘 설명되었다.

Gilson, E. H., *History of Christian Philosophy in the Middle Ages*(New York, Random House, 1955). 현대 최고 권위자가 쓴 기독교 철학 사상의 체계적 개론서. 초기 기독교 시대에 그리스어와 라틴어로 신학적 저술을 한 사람들로부터 14세기에 이르는 시기.

—, *The Philosophy of St. Thomas Aquinas*(Cambridge, W. Heffer and Sons, 1924). 현세기의 위대한 중세 예찬론자들 가운데 한 사람인 저자의 주요 저서.

Burtt, E. A., *The Metaphysical Foundations of Modern Physical Science*(New York, Harcourt, 1925). 코페르니쿠스로부터 갈릴레이에 이르는 시기까지, 철학적 발전과 과학적 발견들의 관계.

Randall, J. H., *The Making of the Modern Mind*, rev. ed. (Boston, Houghton Mifflin, 1940). 코페르니쿠스의 혁명, 데카르트의 혁명, 그리고 뉴턴의 이론 세계에 대한 부분.

Hampshire, Stuart, *Spinoza*(Harmondsworth, Penguin Books, 1951). 스피노자
에 대한 짧지만 균형 잡힌 해설서. 더 좋은 판으로 세상에 나올 만한 가치
있는 책.

Lamprecht, Sterling P., 'Hobbes and Hobbism,' *The American Political Science
Review*, Vol. ⅩⅩⅩⅣ, No. 1(February, 1940).

Strauss, Leo, *The Political Philosophy of Hobbes*(Oxford, Clarendon Press,
1936). 베이컨·아리스토텔레스 등 몇 사람과 홉스의 역사적 관계. 이 책〔서
양철학사〕에 담긴 홉스에 대한 해석보다 홉스를 더욱 홉스주의에 가깝게 해
석함.

Lamprecht, Sterling P., 'The Early Draft of Locke's *Essay*,' *Journal of
Philosophy*, Vol. ⅩⅩⅨ, No. 26(December, 1932).

―, 'John Locke and His *Essay*,' A Tercentenary Lecture(New York, Columbia
University Press, 1933).

Gibson, James, *Locke's Theory of Knowledge and Its Historical Relations*
(Cambridge, Cambridge University Press, 1917). 로크의 Essay를 이 책〔서양
철학사〕에서보다 훨씬 더 총괄적으로 다루고 있다.

Woodbridge, F. J. E., "Berkeley's Realism,' in *Studies in the History of Ideas*
(New York, Columbia University Press, 1918), Vol. I. 버클리의 철학 가운데
에서 소홀히 다루어진 부분을 훌륭하게 제시하고 있다.

Lamprecht, Sterling P., 'Empiricism and Epistemology in David Hume,' in *Studies
in the History of Ideas*(New York, Columbia University Press, 1925), Vol. Ⅱ.
안타깝게도 epistemology(인식론)란 말이 바르지 않게 사용되고 있으나, 이
논문은 이 책〔서양철학사〕의 흄에 대한 부분과 동일한 비평 방법을 제시하고
있다.

Laird, John, *Hume's Philosophy of Human Nature*(London, Methuen, 1932).
Treatise(인성론) 제1권에서 흄을 처음부터 끝까지 현상론자(現象論者)로 보
고 있다. 흄이 다룬 필연성의 개념 부분이 특히 좋다.

Royce, Josiah, *The Spirit of Modern Philosophy*(Boston, Houghton Mifflin,
1892). 4~8장은 칸트와 그 후계자들에 대한 짧지만 유익한 분석.

Stephen, Leslie, *The English Utilitarians*, 3 vols.(London, Duckworth, 1900).

산만한 문체에다 전기적(傳記的)인 부분에 너무 치중하고 있으나 매우 정확하고 예리하게 씌어 있어서 스티븐을 위대한 비평가가 되게 한 책.

Elliot, Hugh, *Herbert Spencer*(London, Constable, 1917). 스펜서처럼 철학을 과학적 지식의 종합이라고 생각하는 저자가 쓴 책.

Perry, R. B., *The Thought and Character of William James*, 2 vols.(Boston, Little, Brown, 1935). 제임스와 제임스의 많은 동시대인들, 그리고 19세기에서 20세기에 이르기까지 미국인들의 삶을 흥미롭게 설명함.

Fisch, H. M., ed. *Classic American Philosophers*(New York, Appleton-Century -Crofts, 1951). 최근의 미국 철학에 대한 일반적 소개와 미국 철학에서 중요한 몇 사람들에 대한 특별한 해설서.

김문수(金文秀)

독일 예나대학 철학 수학 일본대학교 문과 졸업. 매일신보 논설위원 영남대학교 교수 역임.
지은책 《산책자의 철학》 옮긴책 피히테 《독일국민에게 고함》 램프레히트 《서양철학사》 칸트
《영원한 평화를 위하여》 《계몽이란 무엇인가》 《도덕형이상학원론》 등이 있다.

세계사상전집096
Sterling Power Lamprecht
OUR PHILOSOPHICAL TRADITIONS
즐거운 서양철학사
S.P. 램프레히트/김문수 옮김
동서문화창업60주년특별출판
1판 1쇄 발행/2017. 1. 20
1판 2쇄 발행/2021. 6. 1
발행인 고정일
발행처 동서문화사
창업 1956. 12. 12. 등록 16-3799
서울 중구 마른내로 144(쌍림동)
☎ 546-0331~6 Fax. 545-0331
www.dongsuhbook.com
*
사업자등록번호 211-87-75330
ISBN 978-89-497-1611-4 04080
ISBN 978-89-497-1514-8 (세트)